WORLD LIST OF UNIVERSITIES

OTHER INSTITUTIONS
OF HIGHER EDUCATION
AND UNIVERSITY ORGANIZATIONS

1977–1978

LISTE MONDIALE DES UNIVERSITES

AUTRES ETABLISSEMENTS
D'ENSEIGNEMENT SUPERIEUR
ET ORGANISATIONS UNIVERSITAIRES

For further information about universities and other institutions of higher education throughout the world, the following three companion volumes, all produced by officially recognized academic bodies, may be consulted:

Pour plus amples renseignements sur les universités et sur les autres établissements d'enseignement supérieur du monde entier, on pourra se reporter aux trois volumes complémentaires suivants, dont chacun est publié par un organisme académique reconnu:

AMERICAN UNIVERSITIES AND COLLEGES. Edited by W. Todd Furniss. (American Council on Education, 1 Dupont Circle, Suite 800, N.W., Washington, D.C. 20036).

COMMONWEALTH UNIVERSITIES YEARBOOK. Edited by Sir Hugh W. Springer & T. Craig. ISBN O–85143042–2 ISSN 0069–7745 (Association of Commonwealth Universities, 36 Gordon Square, London WC1H OPF).

INTERNATIONAL HANDBOOK OF UNIVERSITIES. Edited by H. M. R. Keyes & D. J. Aitken. Macmillan ISBN 0330 22810 IAU ISBN 92–9002–129–2 ISSN 0074–6215 (Macmillan Press Ltd for the International Association of Universities, 1, rue Miollis, 75732 Paris Cedex 15).

WORLD LIST OF UNIVERSITIES

1977–1978

LISTE MONDIALE DES UNIVERSITES

Palgrave Macmillan

Joint Editors/Rédacteurs

H. M. R. KEYES

D. J. AITKEN

Assistant Editor/Rédactrice adjointe

ANN C. M. TAYLOR

© The International Association of
   Universities 1978

Softcover reprint of the hardcover 13th edition 1978

All rights reserved. No part of this publication may be reproduced or transmitted, in any form or by any means, without permission.

Published biennially.
Thirteenth edition 1978 by
THE MACMILLAN PRESS LTD
London and Basingstoke
Associated companies in Dublin
Melbourne Johannesburg and Madras

ISBN 978-1-349-03493-2   ISBN 978-1-349-03491-8 (eBook)
DOI 10.1007/978-1-349-03491-8
      ISSN 0084–1889

The designations employed in this volume and the presentation of the material do not imply any expression of opinion on the part of the International Association of Universities concerning the legal status of any country, or of its authorities, or concerning the delimitations of the frontiers of any country or territory.

Les désignations employées dans le présent ouvrage et la présentation des matières ne traduisent aucune prise de position de l'Association internationale des Universités quant au statut juridique des pays ou de leurs autorités, ni quant à la délimitation des frontières des pays ou territoires.

The institutions marked with an asterisk (*) are members of the International Association of Universities.

Les institutions marquées d'un astérisque (*) sont membres de l'Association internationale des Universités.

FOREWORD

The *World List of Universities* is revised every two years in an attempt to remain up-to-date in relation to the continuingly rapid development of higher education in all parts of the world. The present edition, like its predecessors, is a world directory, including more than 6,000 universities and other institutions of higher education in 151 countries, and a guide to the principal national and international organizations concerned with higher education. In particular it includes information about bodies which have special responsibilities for inter-university co-operation and for facilitating exchanges of academic staff and students.

Every effort has been made to ensure that the information published is authoritative, and the Secretariat of the International Association of Universities is grateful to government departments and central academic bodies in many countries and to the relevant international and regional organizations for their assistance in revising entries and providing new material.

The listing of institutions and organizations and the contents of the descriptive notes are based on information made available to the International Association of Universities. They do not imply any comment by the Association itself. If errors or omissions have occurred, corrections will be welcomed for inclusion in the next edition of the *World List of Universities*.

AVANT-PROPOS

La *Liste mondiale des Universités* est révisée tous les deux ans afin qu'elle reste autant que possible à jour par rapport au développement rapide et continu de l'enseignement supérieur dans le monde entier. Comme les précédentes, la présente édition constitue un répertoire mondial de plus de 6.000 universités et autres établissements d'enseignement supérieur de 151 pays et un guide des principales organisations nationales et internationales s'occupant d'enseignement supérieur. Elle comporte notamment des informations sur les organismes qui assument des responsabilités particulières en matière de coopération interuniversitaire et d'organisation des échanges d'enseignants et d'étudiants.

On s'est efforcé d'assurer aux informations publiées ici le maximum d'exactitude et le Secrétariat de l'Association internationale des Universités remercie vivement les services gouvernementaux et les nombreux organismes universitaires nationaux, ainsi que les organisations internationales et régionales intéressées qui ont bien voulu l'aider à réviser et à renouveler sa documentation.

La liste des institutions et organisations et le contenu des notes descriptives reposent sur des renseignements communiqués à l'Association internationale des Universités et ne comportent aucun jugement propre de sa part. Si des erreurs ou des omissions se sont produites, toutes corrections seront accueillies avec reconnaissance en vue de la prochaine édition de la *Liste mondiale des Universités*.

TABLE OF CONTENTS

TABLE DES MATIERES

	PAGE		PAGE
Foreword	vi	Avant-propos	vii
Explanatory Note	x	Notice explicative	xiii
Abbreviations	xvi	Abréviations	xvi

PART ONE:
  INSTITUTIONS
  AND NATIONAL
  ORGANIZATIONS 1
UNITED NATIONS
  UNIVERSITY 515
EUROPEAN
  UNIVERSITY
  INSTITUTE 519

PREMIERE PARTIE:
  ESTABLISHMENTS
  ET ORGANISATIONS
  NATIONALES 1
UNIVERSITE DES
  NATIONS UNIES 515
INSTITUT
  UNIVERSITAIRE
  EUROPEEN 519

PART TWO:
  INTERNATIONAL
  AND REGIONAL
  ORGANIZATIONS 525

DEUXIEME PARTIE:
  ORGANISATIONS
  INTERNATIONALES
  ET REGIONALES 525

University Vacations 619   Vacances universitaires 619

Appendix:
  THE INTERNATIONAL
  ASSOCIATION
  OF UNIVERSITIES 623
  Officers 624
  Members 627
  Publications 638

Appendice:
  L'ASSOCIATION
  INTERNATIONALE
  DES UNIVERSITES 623
  Responsables 624
  Membres 627
  Publications 641

INDEX 647   **INDEX** 647

EXPLANATORY NOTE

The *World List of Universities* has been designed as a concise directory likely to be helpful in facilitating exchanges throughout the world of higher education. Its contents are arranged in two parts : the first contains information presented country by country about universities and other institutions of higher education and about national academic and student bodies; the second deals with international and regional organizations concerned with higher education. The information given refers in almost all cases to the academic year 1976–1977.

PART ONE

Institutions and National Organizations

Information is classified under chapter headings for 151 countries and territories. These are placed in alphabetical order of their names in English, but indexes to both English and French names are provided (pages 647–651).

Each chapter begins with a list of the universities and other institutions of higher education in the country or territory concerned, and this is followed by information about national academic and student bodies.

(a) *Universities and other Institutions of Higher Education*

The terms "university" and "institution of higher education", as is well known, carry varying connotations. The selection of institutions for inclusion in the *World List of Universities* has, therefore, been based principally on the practices of the relevant national academic and educational bodies.

For countries with a considerable number of institutions, the entries are, as a rule, presented in two main groups :

(i) Universities (including where relevant Technical Universities and other Institutions having full university status);

(ii) Other Institutions of Higher Education.

In most cases, the second group is subdivided into institutions concerned with : Technical Education; Professional Education; Teacher Training; and General Education.

This classification has been adopted for the practical convenience of those consulting the *World List of Universities*, and should in no way be regarded as constituting an attempt at "evaluation" by the International Association of Universities. It should be noted that *independent* schools

and faculties of theology have not been included, nor is reference made to military academies or similar institutions.

For each institution the following information is given: its name (together with a translation into French or English where this appeared useful) and postal address; and the date (actual or legal) of its foundation. In a number of cases two or more dates are given; the first is that of the original foundation and the subsequent dates are those on which major changes took place, as for example a college founded in 1917 and accorded full university status in 1936.

Where appropriate, each entry also includes a note on the composition of the institution by faculties, colleges, schools, departments or institutes. A list of the abbreviations used appears on pages xvi–xxi. This information is merely indicative of the general nature of the institution and does not necessarily cover *all* principal fields of study. A Faculty of Medicine, for example, may or may not include dentistry, pharmacy or nursing; a Faculty of Philosophy covering the humanities, may or may not include the social sciences. More detailed information may be found in another publication of the International Association of Universities, the *International Handbook of Universities*, and in its companion volumes, the *Commonwealth Universities Yearbook*, issued by the Association of Commonwealth Universities, London, and *American Universities and Colleges*, issued by the American Council on Education, Washington. These three reference works, all published by officially recognized academic bodies, together constitute a comprehensive guide to university institutions all over the world. A complementary reference volume compiled by Unesco with assistance from the International Association of Universities is the *World Guide to Higher Education: a comparative survey of systems, degrees and qualifications*, 1976, the Unesco Press, Bowker Publishing Company, Unipub.

The title of the official (e.g., Secretary-General or Registrar) to whom general correspondence should usually be addressed is indicated for university institutions. It is given for the first university listed in each country and is the same for all universities of that country, unless otherwise stated.

Institutions marked with an asterisk (∗) had been admitted to membership of the International Association of Universities by 1 January 1977. (See also pages 627–637).

(b) *National Academic and Student Bodies*

The second section of each chapter lists associations of universities; conferences or committees of rectors and vice-chancellors; associations of university teachers; university information offices; and students' associations and unions. Governmental agencies (usually Ministries of Education) able to provide information about higher education and National Commissions for Unesco are included as the last entry in each country or territory. Learned societies, scholarly bodies and other academic associations concerned with particular disciplines are not listed.

Many of these bodies have special responsibilities for facilitating

academic interchange, offering services and assistance to foreign academic staff, graduates and students wishing to come to their respective countries or helping to arrange for their own students, graduates and academic staff to travel and work in universities abroad. In the few countries for which such bodies are not listed enquiries may be addressed directly to the universities themselves or to the Ministry of Education.

Descriptive notes in both English and French are included for many of the principal organizations but not as a rule for those related to the international bodies which are described more fully in Part Two of the Volume. Where the international bodies have provided the addresses of their national branches or affiliates, they figure in the relevant chapters and connection with an international organization is indicated by the inclusion of its initials after the national names, e.g., Associazione nazionale Professori universitari di Ruolo (IAUPL).

United Nations University
European University Institute

The final section of Part One contains information about the United Nations University and The European University Institute.

PART TWO

This section constitutes a guide to the principal international and regional organizations concerned primarily with higher education. It includes entries for the International Association itself as well as for its eight Associate Members, and a special entry deals with the work of Unesco in this field. Descriptive notes in both English and French outline the history, aims, structure and activities of each organization; the text for these notes, or the information for inclusion in them, were provided by the bodies themselves. A number of international organizations concerned with particular student activities are listed more briefly but, as in the case of the national chapters, references to learned societies, scholarly bodies and other academic associations concerned with particular disciplines have not been included.

NOTICE EXPLICATIVE

La *Liste mondiale des Universités* a été conçue comme un répertoire succinct susceptible de faciliter les échanges à travers le monde de l'enseignement supérieur dans son ensemble. Elle comprend deux parties : la première présente pays par pays des renseignements sur les universités et autres établissements d'enseignement supérieur, ainsi que sur les organismes universitaires et étudiants; la deuxième traite des organisations internationales et régionales s'occupant d'enseignement supérieur. Les renseignements fournis se rapportent, dans presque tous les cas, à l'année universitaire 1976–1977.

PREMIERE PARTIE

Etablissements et Organisations Nationales
Les renseignements sont classés par pays et territoires (au nombre de 151). Ceux-ci sont présentés dans l'ordre alphabétique de leur nom en anglais, mais un double index, anglais et français, est inclus (pages 647–651).

Chaque chapitre commence par une liste des universités et autres établissements d'enseignement supérieur dans le pays ou territoire intéressé, puis viennent des renseignements sur les organismes universitaires et étudiants nationaux.

(a) *Universités et autres établissements d'enseignement supérieur*

Les termes «université» et «institution d'enseignement supérieur» ont, on le sait, un contenu quelque peu variable selon les pays. La sélection des institutions figurant dans la *Liste mondiale des Universités* a été opérée principalement en fonction de l'usage des organismes académiques ou d'éducation des pays intéressés.

Pour les pays comptant un grand nombre d'institutions, celles-ci sont en règle générale réparties en deux rubriques principales :

(i) Universités (y compris, le cas échéant, les universités techniques et les autres établissements jouissant pleinement du statut universitaire);

(ii) Autres établissements d'enseignement supérieur.

Dans la plupart des cas, la seconde rubrique se trouve elle-même subdivisée en établissements d'enseignement technique; d'enseignement professionnel; de formation pédagogique; et d'enseignement général.

Cette classification n'a été adoptée que pour la commodité des usagers de la *Liste mondiale des Universités* et ne doit nullement être considérée comme une tentative «d'évaluation» de l'Association internationale des Universités. Il convient de noter que les écoles ou facultés *indépendantes* de théologie n'ont pas été mentionnées, non plus que les écoles de formation militaire.

On trouvera pour chaque institution les renseignements suivants : son nom (assorti, le cas échéant, de sa traduction anglaise ou française), son adresse et sa date (réelle ou légale) de fondation. Dans certains cas, deux dates ou plus sont indiquées : la première est la date primitive de fondation; les suivantes celles auxquelles des modifications importantes sont intervenues dans le statut de l'institution, comme, par exemple, un collège fondé en 1917, et qui a reçu le statut d'université en 1936.

Pour chaque institution, il est également fait mention, s'il y a lieu, de sa composition par facultés, collèges, écoles, départements ou instituts. Une liste des abréviations utilisées est donnée pp. xvi–xxi. Cette énumération ne fait qu'indiquer le caractère général de l'établissement et n'embrasse pas nécessairement *toutes* les matières principales d'enseignement. C'est ainsi qu'une faculté de médecine peut ou non comporter une section d'odontologie, de pharmacie ou une école d'infirmières; une faculté de philosophie englobant les humanités peut ou non enseigner les sciences sociales. On trouvera à ce sujet des renseignements détaillés dans une autre publication de l'Association internationale des Universités, l'*International Handbook of Universities*, et dans les ouvrages dont il constitue un complément, le *Commonwealth Universities Yearbook*, publié par l'Association of Commonwealth Universities, Londres, et *American Universities and Colleges*, publié par l'American Council on Education, Washington. Ces trois ouvrages de référence, dont chacun est publié par un organisme universitaire reconnu, constituent ensemble un guide détaillé des institutions universitaires du monde entier. Il convient aussi de noter qu'un ouvrage de référence a été publié en 1973 par l'Unesco, avec le concours de l'Association Internationale des Universités, sous le titre *Les études supérieures: présentation comparative des régimes d'enseignement et des diplômes*.

Le titre officiel de la personne à laquelle il convient habituellement d'adresser la correspondance générale (Secrétaire général, Registrar, etc.), est également indiqué pour les institutions universitaires. Il est donné pour l'université figurant en tête de la liste de chaque pays, et sauf indication contraire, il reste le même pour toutes les autres universités du pays considéré.

Les institutions marquées d'un astérisque (∗) ont été admises à la qualité de membre de l'Association internationale des Universités avant le 1ᵉʳ janvier 1977 (Voir aussi pp. 627–637).

(b) *Organismes nationaux universitaires et étudiants*

La deuxième section de chaque chapitre répertorie les associations d'universités, les conférences ou comités de recteurs et de vice-chanceliers, les associations d'enseignants universitaires, les bureaux

d'information universitaire et les associations ou unions d'étudiants. Les services gouvernementaux (en général les ministères de l'éducation) qualifiés pour donner des renseignements en matière d'enseignement supérieur, ainsi que les Commissions nationales pour l'Unesco, ont été indiqués à la fin de la rubrique consacrée à chaque pays ou territoire. Les sociétés savantes, les organismes scientifiques et les associations académiques s'occupant de disciplines particulières, par contre, ne sont pas répertoriés.

Nombre de ces organismes s'emploient à faciliter les échanges universitaires, assurent des services aux enseignants, chercheurs et étudiants étrangers désireux de venir dans leurs pays respectifs ou apportent leur aide aux enseignants, chercheurs et étudiants nationaux désireux de travailler dans des universités étrangères. Dans les quelques pays où aucun organisme de ce genre n'est mentionné, on pourra s'adresser directement aux universités elles-mêmes ou au ministère de l'éducation.

On trouvera des notes descriptives, en anglais et en français, sur un grand nombre des organisations principales mais non, en règle générale, sur celles qui se rattachent aux organismes internationaux dont il est traité plus en détail dans la deuxième partie de l'ouvrage. Là où les organismes internationaux ont indiqué les adresses de leurs sections ou adhérents nationaux, ceux-ci figurent sous les pays intéressés, leur lien avec une organisation internationale étant marqué par l'adjonction à leur nom du sigle de celle-ci : par ex. Associazione nazionale Professori universitari di Ruolo (IAUPL).

Université des Nations Unies
Institut Universitaire Européen

La dernière section de la première partie contient des renseignements sur l'Université des Nations Unies et l'Institut Universitaire Européen.

DEUXIEME PARTIE

Cette partie constitue un guide des principales organisations internationales et régionales s'occupant principalement d'enseignement superieur. Elle comprend des rubriques consacrées tant à l'Association internationale elle-même qu'à ses huit membres associés, ainsi qu'une rubrique traitant de l'œuvre de l'Unesco dans ce domaine. Des notes descriptives, données tant en anglais qu'en français, passent brièvement en revue l'histoire, les buts, la structure et les activités de chaque organisme; le texte de ces notes ou les renseignements qui y figurent ont été fournis par les organismes eux-mêmes. Un certain nombre d'organisations internationales s'occupant de certaines activités particulières concernant les étudiants sont indiquées plus brièvement. Mais, pas plus que dans les chapitres consacrés aux différents pays, on n'a répertorié les sociétés savantes, les organismes scientifiques ou les associations académiques s'occupant de disciplines particulières.

ABBREVIATIONS—ABREVIATIONS

The following abbreviations have been used to indicate the composition of institutions by faculties, colleges, schools, departments, and institutes. Those of English terms appear in *italics* and are listed in column I; those of French terms appear in normal print and are listed in column II. The meaning of each abbreviation is given both in English (column III) and in French (column IV):

Les abréviations suivantes ont été utilisées pour indiquer la composition des établissements par facultés, collèges, écoles, départements et instituts. Les abréviations des termes anglais sont imprimées en *italique* dans la colonne I; et celles des termes français, en caractères romains, dans la colonne II. La signification de chaque abréviation est néanmoins donnée en anglais (colonne III) et en français (colonne IV):

acc	...	accountancy	comptabilité
...	dr	law	droit

Where abbreviations are hyphenated, they refer to faculties or departments with compound names:
Lorsque plusieurs abréviations sont jointes par un trait d'union, il s'agit de facultés ou départements a noms composés:

eco-soc	...	economics and social sciences	sciences économiques et sociales
...	phil-let	philosophy and letters	philosophie et lettres

ENGLISH	FRANÇAIS	ENGLISH	FRANÇAIS
A	A	Academy	Académie
acc	...	accountancy	comptabilité
acct	act	actuarial sciences	actuaires (sciences)
adm	adm	administration	administration
ad	ad	adult	adultes
aero	aéro	aeronautics	aéronautique
aff	aff	business/affairs	affaires
agr	agr	agronomy/agriculture	agronomie/agriculture
...	alim	food	alimentaire
Am	am	American	américain
an hus	...	animal husbandry	zootechnie
anc	anc	ancient	ancien
anim	anim	animal	animal
anth	anth	anthropology	anthropologie
app	app	applied	appliqué
arc	arc	architecture	architecture
archae	arché	archaeology	archéologie
...	arp	surveying	arpentage
arts	arts	arts/letters	lettres/arts
...	ass	insurance	assurances
astr	astr	astronomy	astronomie
athl	...	athletics	athlétisme
...	atm	automation	automation
auto	auto	automobile	automobile
...	avic	aviculture	aviculture
ayur	...	ayurvedic medicine	médecine ayurvédique

ENGLISH	FRANÇAIS	ENGLISH	FRANÇAIS
B	...	Board(s)	Conseil(s)
...	ba	fine arts	beaux-arts
bact	bact	bacteriology	bactériologie
...	banc	banking	bancaire
...	bât	building	bâtiment
...	bibl	library science	bibliothéconomie
bioch	bioch	biochemistry	biochimie
biol	biol	biology	biologie
bot	bot	botany	botanique
boudh	boud	Buddhism	bouddhisme
bui	...	building	bâtiment
bus	...	business	affaires
C	C	College	Collège
...	cal	computing	calcul
can	can	canon	canonique
cartog	cartog	cartography	cartographie
cath	cath	catholic	catholique
Ce	*Ce*	*Centre*	*Centre*
cer	cér	ceramics	céramique
ch	ch	chemistry	chimie
Chris	chré	Christian	chrétien
civ	civ	civil	civil
class	class	classics	classiques
clima	clima	climatology	climatologie
clin	clin	clinical	clinique
...	colon	colonial	colonial
com	com	commerce	commerce
...	comb	fuel	combustibles
commun	commun	communications	communications
...	comp	accountancy	comptabilité
comp	...	computing	informatique
comty	comté	community	communauté
cons	cons	consular	consulaire
const	const	construction	construction
coop	coop	co-operative	coopérative
crim	crim	criminology	criminologie
cult	cult	culture	culture
cyb	cyb	cybernetics	cybernétique
D	D	Department/Division	Département/Division
decor	décor	decorative	décoration
dent	dent	dentistry	dentaire (art)
des	dess	design	dessin
dev	dév	development	développement
diet	diét	dietetics	diététique
dipl	dipl	diplomacy	diplomatie
div	...	divinity	théologie
...	doc	documentation	documentation
dom	dom	domestic	domestique
...	dr	law	droit
dram	dram	dramatic arts	dramatique (art)
...	E	School	Ecole
ecl	ecl	ecclesiastical	ecclésiastique
eco	éco	economics	économiques (sciences)
ecol	écol	ecology	écologie
ed	éd	education	éducation
elec	élec	electrical (engineering)	électrotechnique
electro	électro	electronics	électronique
...	élev	stock-raising	élevage

xvii

ENGLISH	FRANÇAIS	ENGLISH	FRANÇAIS
energ	énerg	energetics	énergétique
eng	...	engineering	génie
...	ensg	education/teaching	enseignement
...	entrep	undertaking/business	entreprise
env	env	environmental	écologique
...	ét	studies	études
ethn	ethn	ethnology	ethnologie
...	étr	foreign	étranger
Eur	eur	European	européen
...	évan	evangelical	évangélique
...	exp	expert	expert
expe	expé	experimental	expérimental
...	ext	abroad/foreign	extérieur
F	F	Faculty	Faculté
fa	...	fine arts	beaux-arts
fam	fam	family	familial
fash	...	fashion	mode
...	fem	feminine	féminin
...	ferm	brewing	fermentation
...	ferr	railway	ferroviaire
fgn	...	foreign	étranger
...	fiduc	accountancy	fiduciaire
...	fig	figurative art	figuratifs (arts)
fin	fin	finance	finances
fish	...	fishery	pêche
...	fond	fundamental	fondamental
for	for	forestry	forestières (études)
fund	...	fundamental	fondamental
...	gé	engineering	génie
gen	gén	general	général
geod	géod	geodesy	géodésie
geog	géog	geography	géographie
geol	géol	geology	géologie
...	géom	geometry	géométrie
geophy	géophy	geophysics	géophysique
geosc	géosc	earth sciences	géosciences
Ger	ger	German	germanique
govt	...	government	gouvernement
grad	grad	graduate	gradué
graph	graph	graphic	graphique
heal	sa	health	santé
hist	hist	history	histoire
hom	...	home	domestique
hort	hort	horticulture	horticulture
hous	...	household	ménagers (arts)
...	ht	high	haut(e)
hum	hum	humanities/human	humaine(s) (sciences)
hyd	hyd	hydraulics	hydraulique
hyg	hyg	hygiene	hygiène
I	I	Institute	Institut
ind	ind	industry	industrie
...	inf	nursing	infirmières
infor	infor	information	information
...	inft	computer sciences	informatique
...	ing	engineer	ingénieur
...	inor	inorganic	inorganique
ins	...	insurance	assurances
int	int	international	international

ENGLISH	FRANÇAIS	ENGLISH	FRANÇAIS
...	interp	interpretation	interprétariat
irrig	irrig	irrigation	irrigation
Isl	isl	Islamic	islamique
jour	jour	journalism	journalisme
...	jur	legal	juridique
L	L	Laboratory	Laboratoire
lab	lab	laboratory	laboratoire
lang	lang	language	langue
law	...	law	droit
let	let	letters	lettres
li	...	liberal	libéral
lib	...	library science	bibliothéconomie
ling	ling	linguistic (s)	linguistique
lit	lit	literature	littérature
mangt	...	management	gestion
mar	mar	maritime	maritime
...	march	merchandise	marchandises
...	masc	masculine	masculin
mater	matér	materials	matériaux
math	math	mathematics	mathématiques
mec	méc	mechanical (engineering)	mécanique (génie)
med	méd	medicine	médecine
medie	médié	medieval	médiéval
Medit	médit	Mediterranean	méditerranéen
...	mén	household	ménagers (arts)
met	mét	metallurgy	métallurgie
meteo	météo	meteorology	météorologie
microb	microb	microbiology	microbiologie
milit	...	military science	militaire (science)
mine	mine	mines	mines
miner	minér	mineralogy	minéralogie
mod	mod	modern	moderne
mus	mus	music	musique
nat	nat	natural (sciences)	naturelles (sciences)
nav	nav	naval	naval
...	nor	teacher training	normale (école)
nucl	nucl	nuclear	nucléaire
nurs	...	nursing	infirmières
nutr	nutr	nutrition	nutrition
...	obs	observatory	observatoire
obst	obst	obstetrics	obstétrique
occp	...	occupational	professionnel
oceanog	océanog	oceanography	océanographie
...	od	dentistry	odontologie
...	o-m	overseas	outre-mer
opt	opt	optics	optique
optom	optom	optometry	optométrie
org	org	organic	organique
orntl	orntl	oriental	oriental
...	ouv-pay	workers (industry-agriculture)	ouvrier-paysan
P	P	Programme	Programme
palae	paléo	palaeontology	paléontologie
pap	pap	paper technology	papeterie
...	pêch	fishery	pêche
ped	péd	pedagogics	pédagogie
pedi	pédi	pediatrics	pédiatrie
...	pédo	soil science	pédologie
...	pén	penal	pénal

ENGLISH	FRANÇAIS	ENGLISH	FRANÇAIS
pet	pét	petroleum	pétrole
phar	phar	pharmacy	pharmacie
phil	phil	philosophy	philosophie
phill	phill	philology	philologie
...	pho	phonetics	phonétique
phy	phy	physics	physique
phys	phys	physical education	physique (éducation)
physio	physio	physiotherapy	physiothérapie
pisci	pisci	pisciculture	pisciculture
plan	plan	planning	planification
plast	plast	plastic	plastique
pnt	pnt	painting	peinture
pol	pol	political science	politiques (sciences)
polytec	polytec	polytechnic	polytechnique
prac	prat	practical	pratique
prod	prod	production	production
prof	prof	professional	professionnel
prop	prop	propædeutic	propédeutique
prot	prot	protestant	protestant
psyc	psyc	psychology	psychologie
publ	publ	public	publique/public
rad	rad	radiology	radiologie
recr	...	recreation	récréative (éducation)
...	rech	research	recherches
reg	rég	regional	régional
rel	rel	relations	relations
relig	relig	religion	religion
res	...	research	recherches
rur	rur	rural	rural
S	E	School	Ecole
...	sa	health	santé
...	sani	sanitary	sanitaire
sc	sc	sciences	sciences
...	scq	scientific	scientifique
sculp	sculp	sculpture	sculpture
sec	sec	secretarial studies	secrétariat
Sect	Sect	Section	Section
Sem	Sém	Seminary	Séminaire
serv	serv	service	service
soc	soc	social (sciences)	sociales (sciences)
socio	socio	sociology	sociologie
...	spé	special	spécial
St, st	...	studies	études
stat	stat	statistics	statistique
stock	...	stock-raising	élevage
...	stom	dentistry	stomatologie
...	sup	higher	supérieur
surg	...	surgery	chirurgie
surv	...	surveying	arpentage
synd	synd	syndicalism	syndicalisme
tec	tec	technical sciences	techniques (sciences)
techn	techn	technology	technologie
telec	téléc	telecommunications	télécommunications
tens	tens	tension	tension
tex	tex	textile	textile
theat	théât	theatre	théâtre
theo	théo	theology	théologie
theor	théor	theoretical	théorique

ENGLISH	FRANÇAIS	ENGLISH	FRANÇAIS
ther	thér	therapeutics	thérapeutique
topog	topog	topography	topographie
tour	tour	tourism	tourisme
...	trad	translation	traduction
trans	trans	transport	transports
...	trav	work	travail
trop	trop	tropical	tropical
U	U	University	Université
urb	urb	town-planning	urbanisme
vet	vét	veterinary medicine	vétérinaires (sciences)
vis	vis	visual	visuel
vit	vit	viticulture	viticulture
voc	...	vocational	professionnel
w	...	work	travail
west	...	western	occidental
wom	...	women	femmes
...	zoo	animal husbandry	zootechnie
zool	zool	zoology	zoologie

**UNIVERSITIES
OTHER INSTITUTIONS
OF HIGHER EDUCATION
NATIONAL ORGANIZATIONS**

**PART ONE
PREMIERE PARTIE**

**UNIVERSITES
AUTRES ETABLISSEMENTS
D'ENSEIGNEMENT SUPERIEUR
ORGANISATIONS NATIONALES**

PART ONE
BEFORE THE WAR

AFGHANISTAN—AFGHANISTAN

UNIVERSITIES—UNIVERSITES

*Kabul Pohantoon [Kabul U.], Kabul. (The Rector). 1946, 1973
F : *med, phar, law-pol, sc, let-hum, Isl law, eng-agr, eco, ed, phar, vet.*
I : *polytec.*
C : *med* (Nangarhar).

OTHER INSTITUTIONS—AUTRES INSTITUTIONS

Industrial Management Institute, Kabul. 1962
Higher Teachers' Training College, Balkh. 1969
Higher Teachers' College, Herat. 1972
Higher Teachers' Training College, Kabul. 1964
Higher Teachers' College, Kandahara. 1968
Teachers' Training School, Kabul. 1970
Teachers' Training School, Kunduz. 1972
Teachers' Training School, Paktia. 1970
Teachers' Training School, Parwan. 1972
Kabul Teachers' Academy, Kabul.

Ministry of Education
Kabul.

National Commission for Unesco
Ministry of Education, Kabul.

ALBANIA—ALBANIE

Universiteti i Tiranës [U. de Tirana], Prof. Petit Radovicka, Tirana. (M. le Recteur). *1957*
F : hist-phill, éco, pol-dr, nat, ing-arch, méd-dent, géol-mine, lang étr.
I : hist-phill, folklore.

Instituti i Lartë i Arteve [I. sup. des Arts], Tirana. *1966*
F : arts fig, dram, mus, cult.

Instituti i Lartë Büjqësor, [I. sup. d'Agriculture], Tirana. *1951*
F : agr, vét, for.

Instituti i Lartë Bujquesor, Korcë.
agr.

Instituti i Lartë Bujquesor, Lushnje.
agr.

Instituti i Lartë i Kulturës Fizike «Vojo Kushi» [I. sup. de Culture physique «Vojo Kushi»], Tirana. *1960*

Instituti Ingenerise, Shkoder.

Instituti Mekanikes, Tirana.

Instituti i Inxhinierise, Berat.
éco, méc.

Instituti i Inxhinierise, Fier.
ch, perforation de naphtaline.

Institute Pedagogjik, Durrës.
méc-const, éco, ch ind, agr.

Instituti i Lartë Pedagogjik, Elbasan.
éco, const, phill-lit.

Instituti i Lartë Pedagogjik, Shkoder. *1957*
F : phill-lit, biol, math-phy, hist-géog.

Instituti Pedagogjik, Vlorë.

Union de la Jeunesse du Travail d'Albanie, Section étudiante—UJTA
Boulevard Dëshmorët e Kombit, Tirana.

*

Ministère de l'Education et de la Culture, Tirana.
Commission nationale albanaise pour l'Unesco
Ministère des Affaires étrangères, Service de l'Unesco, Tirana.

REPUBLIC OF—REPUBLIQUE ALGERIA ALGERIENNE

UNIVERSITIES—UNIVERSITES

*Université d'Alger, 2, rue Didouche Mourad, Alger. (M. le Secrétaire général). *1909*
F : sc.
I : sc méd, dr-pol-adm, éco, lang-lit arabe, soc, lang étr, bibl-doc, pol.
Université des Sciences et de la Technologie d'Alger, B.P. 9, Dar-El-Beida, Alger.
I : phy, électro, biol, ch, math, sc terre, gé civ, mét, méc, hyd, élec.
Université de Constantine, Ain-El-Bey, Constantine. *1966, 1969*
I : biol, éco, sc méd, const, let-cult arabe, lang étr, soc, psyc-sc éd, dr-adm, sc terre, arc-urb, math, phy, ch, phys.
Université d'Oran, Senia, Oran.
I : éco, sc méd, let-cult arabe. lang étr, soc, math, phy, ch, sc terre, biol, dr-adm.
Université des Sciences et de la Technologie d'Oran, Oran.
Centre Universitaire de Tlemcen, Tlemcen. *1974*
Université de 'Annaba, 'Annaba. *1975*

OTHER INSTITUTIONS—AUTRES INSTITUTIONS

Ecole nationale polytechnique, El Harrach, Alger.
Ecole normale supérieure, Kouba, Alger.
Ecole normale supérieure d'Enseignement polytechnique, Es Senia, Oran. *1970*
Ecole polytechnique d'Architecture et d'Urbanisme, El Harrach, Alger. *1970*
Ecole supérieure d'Interprétariat, Alger.
Ecole supérieure de Commerce, Rampe Chasseriau, Alger. *1900, 1966*
Ecole nationale vétérinaire, Alger.
Institut national agronomique, El Harrach, Alger. *1966*
Institut d'Optique, Es Senia, Oran. *1970*
Institut de Psychologie appliquée et d'Orientation scolaire et professionnelle, Alger.

Ministère de l'Enseignement supérieur et de la Recherche scientifique, 8, avenue de Pékin, Alger.

Commission nationale algérienne pour l'Unesco
Ministère des Enseignements primaire et secondaire, 8, avenue de Pékin, Alger.

ANGOLA—ANGOLA

Universidade de Luanda, Caixa postal 815–C, Luanda. *1962, 1968*
D : sc, méd, gé, éco (Luanda); agr-for, vét (Nova Lisboa); math, phill romane, hist, géog, éd (Sá da Bandeira).

Instituto de Serviço social Pio XII, Rua Guilherme Capelo 141, Luanda. *1963*

Direcção geral do Ensino
Nação.

ARGENTINA—ARGENTINE

UNIVERSITIES AND TECHNICAL UNIVERSITIES— UNIVERSITES ET UNIVERSITES TECHNIQUES

Governmental Establishments—Etablissements publics

*Universidad de Buenos Aires, Viamonte 444, Buenos Aires. (Sr. Secretario general). *1821*
F : agr, vét, arc-urb, ing, sc exactes-nat, phar-bioch, éco, dr-soc, phil-let, méd, dent.
Universidad Nacional de Catamarca, República 350, Catamarca. *1972*
D : agr, sc app-techn, éco.
I : péd.
E : inf.
Universidad Nacional del Central de la Provincia de Buenos Aires, Pinto 399, Tandil, (Buenos Aires). *1964, 1974*
F : vét, sc exactes, éco, hum; agr (Azul); ing; éco (Olavarría).
Universidad Nacional del Comahue, Buenos Aires 1400, Neuquén. *1964, 1971*
F : agr, ing, éco-adm, hum, éd soc, tour.
E : serv soc.
Egalement 7 centres régionaux.
*Universidad Nacional de Córdoba, Obispo Trejo y Sanabria 242, Córdoba. *1613*
F : arc-urb, sc exactes-phy-nat, ch, éco, dr-soc, phil-hum, méd, dent.
I : agr, for, math-astr-phy, tec.
E : serv soc, arts, lang, pol-adm publ, socio, infor, méd, diét, ing, inf, sa.
Universidad Nacional de Cuyo, Parque General San Martín, Mendoza. *1939*
F : agr, pét, éco, pol-soc, phil-let, méd.
I : phy (San Carlos de Bariloche).
E : arts, mus, dess, théât.
Universidad Nacional de Entre Rios, Onésimo Leguizamón 17, Concepción del Uruguay (Entre Rios). *1973*
F : agr, éd (Paraná); adm, alim (Concordia).
Universidad Nacional de Jujuy, Gorriti 237 San Salvador de Jujuy. *1973*
F : agr, ing, éco.
E : adm publ.
Universidad Nacional de La Pampa, 9 de Julio 149, Santa Rosa (La Pampa). *1958, 1973*
F : agr, vét, sc exactes-nat, éco, hum.
D : phil-péd.
Universidad Nacional de La Patagonia, Sarmiento 95, Comodoro Rivadavia (Chubut). *1973*
F : sc exactes-phy-nat; soc-éco (Trelew); hum-éd (Río Gallegos).
D : océanog-géog (Trelew).
E : trav soc, art-dess, inf; for (Esquel).
Universidad Nacional de La Plata, Calle 7 No. 776, La Plata (Buenos Aires). *1890*
F : agr, vét, arc-urb, ing, sc exactes, nat-musée, éco, dr-soc, hum-éd, méd, ba, dent.
E : for, jour, hyg, astr, obst.
Universidad Nacional del Litoral, Boulevard Pellegrini 2750, Santa Fe. *1889, 1919*
F : ch, adm, dr-soc, bioch-biol.
I : cinema, mus; alim (Reconquista).
D : hyd, phil.
E : péd, sa; agr-vét (Esperanza).
Universidad Nacional de Lomas de Zamora, Hipólito Yrigoyen 8308, Lomas de Zamora (Buenos Aires). *1972*
F : ing-agr, éco, soc.
*Universidad Nacional de Luján, Ruta 5 km. 70, Luján (Buenos Aires). *1972*
D : pol-techn, pol soc, pol éd-cult.
Egalement 4 centres régionaux.
Universidad Nacional de Mar del Plata, J. B. Albberdi 2695, Mar del Plata (Buenos Aires). *1961, 1975*
F : dr, arc-urb, ing, éco, tour, hum; agr (Balcarce).
D : lang

I : rech mar.
E : thér.
Universidad Nacional de Misiones, Colón 485, Posadas (Misones). *1973*
F : ch, soc; électromée (Oberá).
I : rel publ, péd.
E : adm, inf; for (Eldorado).
***Universidad Nacional del Nordeste,** 25 de Mayo 868, Corrientes. *1956*
F : agr, vét, sc exactes-nat-agr, dr-soc-pol, méd, dent; éd agr, for (Formosa); arc-urb, ing, éco, hum (Resistencia); gé ind agr (Presidente Roque Sáenz Peña).
I : crim.
Universidad Nacional de Río Cuarto, Campus Universitario, Enlace 8 y km. 603, Río Cuarto (Córdoba). *1971*
F : agr-vét, ing, sc exactes-phy-ch-nat, éco, hum.
I : éd.
E : inf.
Universidad Nacional de Rosario, Córdoba 1814, Rosario (Santa Fe). *1968*
F : agr, sc exactes-ing, bioch, éco, dr, pol-rel int, arc, phil, méd, dent; vét (Casilda).
E : com, serv soc, psyc-éd, arts.
Universidad Nacional de Salta, Buenos Aires 177, Salta. *1972*
D : techn, sc exactes, nat, éco-sc jur-soc, éd, hum.
I : nutr.
E : inf.
Universidad Nacional de San Juan, Sante Fe 10-Este, San Juan. *1973*
F : gé civ-arc, nat-gé ind, phil-éd, hum-arts.
***Universidad Nacional de San Luis,** Chacabuco esq. Pedernera, San Luis. *1973*

D : phy-ch, math, nat, éd, psyc; techn, rei soc-adm (Mercedes).
Universidad Nacional de Santiago del Estero, Avenida Belgrano 1912, Santiago del Estero. *1973*
D : techn-prod, sc, soc.
Universidad Nacional del Sur, Avenida Colón 80, Bahía Blanca (Buenos Aires) *1956*
D : agr, ing, sc exactes, com-adm, soc, biol, géol, ch-ing ch.
Instituts à : Río Gallegos, Trelew.
Universidad Tecnológica Nacional, 25 de Mayo 564, Buenos Aires *1959*
Facultés régionales à : Avellaneda, Bahía Blanca, Buenos Aires, Concepción del Uruguay, Córdoba, General Pacheco, General Pico, Haedo, La Plata, Mendoza, Paraná, Resistencia, Rosario, San Nicolás, Santa Fe, San Miguel de Tucumán.
***Universidad Nacional de Tucumán,** Calle Ayacucho 491, San Miguel de Tucumán. *1912*
F : agr-zoo, arc-urb, sc exactes-techn, bioch-ch-phar, éco, dr-soc, phil-let, dent, méd, nat
D : arts.
E : phys, inf, arts mus, arts plast.
Facultad de Ciencias aplicadas a la Industria, Comandante Salas 227, San Rafael (Mendoza). *1971*
Escuela de Ingenería Aeronáutica, Avenida Fuerza Aérea Argentina Km. 51/2, Guarnición Aérea, Córdoba. *1971*
Universidad Provincial de La Rioja, Avenida Ortíz de Ocampo 1700, La Rioja. *1972*

Private Establishments—Etablissments privés

***Pontificia Universidad Católica Argentina «Santa María de los Buenos Aires»,** Juncal 1912, Buenos Aires. *1959*
F : agr, phy-math-ing, soc-éco, dr-pol, phil-let, théo, arts-sc mus; ing, éco (Paraná); dr-soc, hum (Rosario); hum-éd (Mendoza).
I : cult.
E : commun.
et 5 établissements annexes.

Universidad Argentina de la Empresa, Libertad 1340, Buenos Aires. *1972*
F : agr, ing, adm, éco, dr-soc.
Universidad Argentina «John F. Kennedy», Bartolomé Mitre 1407, Buenos Aires. *1968*
E : adm, pol, serv soc, jour-commun, rel publ, socio, démographie-tour, éd, psyc, arts-théât, analyses des systèmes.
***Universidad de Belgrano,** Federico Lacroze.

1959, Buenos Aires. *1970*
F : arc-urb, éco, dr-soc, hum.
I : socio, psyc, plan arc, dess, arc, dr publ, eco, adm, gestion.
Universidad del Aconcagua, Catamarca 147, Mendoza. *1973*
F : éco-com, soc-adm, psyc.
E : phonoaudiologie
*****Universidad Católica de Córdoba**, Trejo 323, Córdoba. *1959*
F : agr, arc, ing, ch, éco-adm, dr-soc, phil-hum, méd.
E : serv soc, pol-rel int.
Universidad Católica de Cuyo, Avenida José I. de la Roza 1516, Oeste, Rivadavia, (San Juan). *1963*
F : alim, éco, dr-soc, phil-hum; adm-tour (Mendoza).
E : inf; serv soc (San Luis); lit-Castellano (Mercedes).
Universidad Católica de La Plata, Calle 13 No. 1227, La Plata. *1971*
F : arc, math app, éco, dr, soc, éd.
Universidad Católica de Salta, Casilla de Correo 18, Campo Castañares (Salta). *1968*
F : ing, éco-adm des aff, arts-sc, dr.
E : serv soc.
Universidad Católica de Santa Fe, Echagüe 7151, Santa Fe. *1960*
F : arc, éco, dr, éd, phil, hist, let, édaphologie.
Universidad Católica de Santiago del Estero, Libertad 321, Santiago del Estero. *1969*
F : éco, pol-soc-jur, éd.
D : math app.
Universidad de Concepción del Uruguay "La Fraternidad", 8 de Junio 522, Concepción del Uruguay (Entre Ríos). *1971*
F : éco.
Universidad de la Marina Mercante, Blanes 383, Buenos Aires. *1974*
F : ing, adm-éco.

Universidad de Mendoza, Dag Hammarskjøld 750, Mendoza. *1962*
F : arc-urb, élec, sc jur-soc.
Universidad de Morón, Maestra Cueto 759, Morón (Buenos Aires). *1972*
F : agr, ing, nat-sc exactes, éco, dr-soc, phil-let, arc.
I : tour, ét des aff.
Universidad del Museo Social Argentino, Avenida Corrientes 1723, Buenos Aires. *1961*
F : pol-jur-soc, serv soc, infor, eugénisme-hum, récupération humaine.
E : choral.
Universidad del Norte «Santo Tomás de Aquino», 9 de Julio 165, San Miguel de Tucumán. *1958*
F : gé ind, éco-adm, sc jur-soc, adm, hum.
I : trav soc.
Universidad de la Patagonia «San Juan Bosco», General Mosconi, Comodoro Rivadavia (Chubut). *1963*
E : sc, hum.
Universidad «Juan Agustín Maza», Salta 1690, Mendoza. *1963*
F : ing, phy-math, phar-bioch; oenologie (Rodeo del Medio).
*****Universidad del Salvador**, Alberti 158, Buenos Aires. *1959*
F : sc jur, soc, phil, hist-let, méd, psyc, psycpéd; théo, phil (San Miguel).
I : ét América latina de physiologie de la reproduction (rech).
E : ing, éd-commun.
Universidad Notarial Argentina, Calle 51 No. 435, La Plata (Buenos Aires). *1968*
Sections à : Buenos Aires, Morón, Corrientes, Paraná, Rosario, Santa Fe.
Centro de Altos Estudios en Ciencias exactas, Solis 550, Buenos Aires. *1968*
Instituto Tecnológico de Buenos Aires, Avenida Eduardo Madero 399, Buenos Aires. *1960*

OTHER INSTITUTIONS—AUTRES INSTITUTIONS

Professional Education—Enseignement professionnel

Instituto superior del Profesorado «Antonio Ruíz de Montoya», Buenos Aires 285,

Posadas (Misiones).
dess, pnt.
Instituto Santa Ana, Avenida del Libertador 6115/95, Buenos Aires.
dess, pnt, mus.
Instituto del Profesorado Secundario de Artes Plásticas, La Rioja.
Instituto «Monseñor Juan M. Terrero», Calle II No. 675, La Plata (Buenos Aires).
arts vis.
Escuela de Artes Visuales «Martín Malaharro», Funes 1357/71, Mar del Plata (Buenos Aires).
Escuela Nacional de Bellas Artes «Rogelio Yrurtia», Colón 428, Azul (Buenos Aires).
Escuela Nacional de Bellas Artes «Manuel Belgrano», Cerrito 1350, Buenos Aires.
Escuela superior de Bellas Artes «Ernesto de la Cárcova», Avenida Costanera esq. Brasil, Buenos Aires.
Instituto Nacional de Bellas Artes «Prilidiano Pueyrredón», Las Heras 1749, Buenos Aires.
Academia de Bellas Artes, Tucumán 450, Resistencia (Chaco).
Escuela Provincial de Bellas Artes «Tomás Cabrera», Zuviría 465, Salta.
Academia Nacional de Bellas Artes del Norte «Juan Yapari», Avenida Belgrano Sur 1289, Santiago del Estero.
Escuela Nacional de Bibliotecarios, Biblioteca nacional, Méjico 564, Buenos Aires.
Escuela Superior de Bibliotecología, Calle 44 No. 790, La Plata (Buenos Aires).
Escuela de Bibliotecologia, San Martin 3459, Santa Fe.
Escuela Nacional de Cerámica, Bulnes 43, Buenos Aires.
Escuela de Cerámica de Mar del Plata, Dorrego 2081, Mar del Plata (Buenos Aires).
Escuela Nacional de Danzas, Esmeralda 285, Buenos Aires.
Escuela de Danzas Clásicas, Calle 10 entre 51 y 53, Mar del Plata (Buenos Aires).
Escuela Nacional de Arte Dramático, French 3614, Buenos Aires.
Escuela de Ciencias Económicas, La Rioja.
Instituto Superior de Ciencias Económicas, Ministerio de Gobierno, Justicia y Educación, Otero 369, San Salvador de Jujuy (Jujuy).
Escuela Superior de Enfermería, Saavedra 2149, Sante Fe.
Escuela Superior de Ciencias de la Información y Relaciones Públicas, Garibaldi 267, Mendoza.
Conservatorio de Música de Bahía Blanca, Dorrego 120, Bahía Blanca (Buenos Aires).
Conservatorio de Música «Julián Aguirre», Gral. Rodríguez 7672, Banfield (Buenos Aires).
Conservatorio Nacional de Música «Carlos López Buchardo», Callao 1521, Buenos Aires.
Conservatorio Municipal de Música «Manuel de Falla», Corrientes 1530, Teatro municipal, Gral. San Martín, Buenos Aires.
Conservatorio de Música de Chascomus, Lavalle 281, Chascomus (Buenos Aires).
Conservatorio de Música de Chivilcoy, Calle Frías 37, Chivilcoy (Buenos Aires).
Conservatorio de Música de La Plata, Calle 7 No. 1141, La Plata (Buenos Aires).
Conservatorio de Música, Dorrego 2071, Mar del Plata (Buenos Aires).
Instituto Cuyano de Cultura Musical, Boulogne-sur-Mer 1685, Mendoza.
Conservatorio municipal «Manuel Aguirre», Rauch y Salta, Morón (Buenos Aires).
Escuela de Música, Avenida 9 de Julio, Resistencia (Chaco).
Instituto de Servicio Social de Avellaneda, French 146, Avellaneda (Buenos Aires).
Escuela de Servicio Social, Joaquín V. González 230, La Rioja.
Escuela Superior de Servicio Social, Julio A. Roca 343, Mendoza.
Instituto Superior de Servicio Social, Don Bosco 492, Gral. Roca, Río Negro.
Escuela de Servicio Social de Rosario, Córdoba 1770, Rosario (Santa Fe).
Escuela de Servicio Social, San Martín 2337, Santa Fe.

Teacher Training—Formation pédagogique

Facultad de Antropoligía Escolar, Martínez de Rosas 829, Ciudad de Mendoza. *1971*

Instituto Superior de Educación Rural, Casilla de Correo 77, Tandil (Buenos Aires).
Instituto de Perfeccionamiento Docente, Rivadavia 880, Azul (Buenos Aires).
Instituto de Perfeccionamiento Docente, Vieytes 51, Bahía Blanca (Buenos Aires).
Instituto de Perfeccionamiento Docente, 9 de Julio 1158, Campana (Buenos Aires).
Instituto de Perfeccionamiento Docente, General Paz 8, Chivilcoy (Buenos Aires).
Instituto de Perfeccionamiento Docente, Calle 12 entre 67 y 68, La Plata (Buenos Aires).
Instituto de Perfeccionamiento Docente, 25 de Mayo 254, Lincoln (Buenos Aires).
Instituto de Perfeccionamiento Docente, Garibaldi 253, Lomas de Zamora (Buenos Aires).
Instituto de Perfeccionamiento Docente, Calle 24 No. 338, Mercedes (Buenos Aires).
Instituto de Perfeccionamiento Docente, Gutiérrez 515, Pehuajo (Buenos Aires).
Instituto de Perfeccionamiento Docente, 11 de Septiembre 812, Pergamino (Buenos Aires).
Instituto de Perfeccionamiento Docente, Belgrano y Almafuerte, Saladillo (Buenos Aires).
Instituto Nacional Superior del Profesorado, Avenida de Mayo 1396, Buenos Aires.
Instituto Superior del Profesorado, San Martin 1152, Corondo (Santa Fe).
Instituto Superior del Profesorado «José Manuel Estrada», Mariano 1, Loza 824, Goya (Corrientes).
Instituto Superior del Profesorado de Misiones, Tucumán 448, Posadas (Misiones).
Instituto Superior del Profesorado (Humanidades), San Martín 246, Viedma (Río Negro).
Instituto Superior del Profesorado (Idiomas y Letras), Mitre 929, Gral. Roca (Río Negro).
Instituto Superior del Profesorado (Ciencias Exactas) «Biblioteca D. F. Sarmiento», San Carlos de Bariloche (Rio Negro).
Instituto Superior del Profesorado, Alvear y Ludueña, Casilla de Correo 35, Reconquista (Santa Fe).
Instituto Superior del Profesorado de Villa Constitución, Gral. López 1331, Villa Constitución (Santa Fe).

Instituto Nacional del Profesorado Secundario, Avenida Estrugamous 250, Venado Tuerto (Santa Fe).
Instituto Superior del Profesorado Secundario en Letras «Mariano Moreno», 25 de Mayo 135, Bell Ville, Córdoba.
Instituto Nacional de Profesorado Secundario, Boulevard Belgrano y Junín, Catamarca.
Instituto Nacional del Profesorado Secundario, San Martín 750, San Salvador de Jujuy.
Instituto Nacional del Profesorado Secundario, Urquiza y Corrientes, Paraná (Entre Ríos).
Instituto Nacional del Profesorado Secundario «D. F. Sarmiento», Santiago del Estero 48 (Sur).
Instituto Nacional Superior del Profesorado en Lenguas Vivas «J. R. Fernández», Carlos Pellegrini 1455, Buenos Aires.
Escuela Nacional Normal No. 1 de Profesoras «Pte. Roque Saenz Peña», Córdoba 1951, Buenos Aires.
Escuela Nacional Normal No. 2 de Profesores «Mariano Acosta», General Urquiza 269, Buenos aires.
Escuela Normal Mixta «Bernardino Rivadavia», Avenida 25 de May 775, Azul (Buenos Aires).
Escuela Nacional Normal Mixta, Hernández 250, Pehuajó (Buenos Aires).
Escuela Normal Mixta de Professores «Manuel Belgrano», Independencia 751, Santiago del Estero.
Escuela Normal de Profesores «Alejandro Carbo», Colón 951, Córdoba.
Escuela Normal de Maestros y Profesores «Mariano Moreno», Jordana 50, Concepción del Uruguay (Entre Ríos).
Escuela Nacional Normal «Pedro I. de Castro Barros», Pelagio P. Luna 749, La Rioja.
Instituto Nacional del Profesorado Secundario anexo a la Escuela normal mixta «Abraham Lincoln», Avenida Leandro N. Alem 1950, Lincoln (Buenos Aires).
Escuela Normal «Dr. Joaquín V. González», Uriburu 818, Pergamino (Buenos Aires).
Escuela Nacional Normal de Profesorado No. 1 «Dr. Nicolás Avellaneda», Avenida Corrientes 1191, Rosario (Santa Fe).
Instituto Superior de Educación de la Comu-

nidad de la Capital Federal, Rodriguez Peña 744, Buenos Aires.
Instituto de Psicopedagogía y Educación Diferenciada «Dr. Domingo Cabret», Hipólito Yrigoyen 115, Córdoba.
Instituto Superior de Especialización Docente para la Enseñanza Diferenciada, Calle 2 No. 639, La Plata (Buenos Aires).
Escuela Normal de Maestras No. 6 y Profesorado de Economía Doméstica, Güemes 3859, Buenos Aires.
Instituto Nacional de Educación Física «Dr. Enrique Romero Brest», Avenida Libertador Gral. San Martín 7101, Buenos Aires.
Instituto Nacional de Educación Física «General Belgrano», Avenida Libertador Gral. San Martin 7101, Buenos Aires.
Instituto del Profesorado en Educación Física, Ministerio de Educación y Cultura, Poeta Lugones 447, Córdoba.
Instituto Nacional de Educación de Mendoza, Belgrado 441, Mendoza.
Instituto Superior del Profesorado en Educación Física, Chacabuco 1365, Rosario (Santa Fe).
Instituto Nacional de Educación Física de Santa Fe, San Jerónimo 3139, Santa Fe.
Escuela de Profesorado «Sara C. de Eccleston» y Jardín de Infancia «Mitre», Avenida Figueroa Alcorta y Dorrego, Buenos Aires.
Escuela Normal de Maestros para Ciegos, Hipólito Yrigoyen 2850, Buenos Aires.
Instituto Experimental del Mogólico, Carlos Calvo 3176, Buenos Aires.
Instituto Nacional de Sordomudos «Profesor Bartolomé Ayrolo», Avenida Lincoln 4325, Buenos Aires.
Instituto Nacional de Niñas Sordomudas, Austria 2561–93, Buenos Aires.

Federación Argentina de Mujeres Universitarias (IFUW)
Présidente: Dr. Beatriz Gambourg de Segré.
Secrétaire internationale: Dr. Marta Fuchs.
Avenida Pte R. S. Peña 616, Buenos Aires.
Agrupación de Profesionales de la Acción Católica Argentina (Pax Romana)
Président: Luis Llorens.
Secrétaire: Susana Rodríguez Villamil.
Avenida de Mayo 621, Buenos Aires.
Juventud Universitaria Católica (Pax Romana)
Zapiola 427, Bahia Blanca, Buenos Aires.
Movimiento Estudiantil Cristiano de Argentina (WSCF)
Larrea 738 p. 7 Dep. 28, Buenos Aires.
Movimiento Argentino de Juventud pro Naciones Unidas (ISMUN)
Secrétaire général: Guillermo Giacosa.
Córdoba 1060, Rosario, Santa Fe.

*

Ministerio de Educación y Justicia Buenos Aires.
Comisión Nacional Argentina para la Unesco Avenida Eduardo Madero 235–6° piso, Buenos Aires.

AUSTRALIA—AUSTRALIE

UNIVERSITIES AND UNIVERSITY COLLEGES—UNIVERSITES ET COLLEGES UNIVERSITAIRES

*University of Adelaide, Box 498 GPO, Adelaide, South Australia 5001. (The Registrar). *1874*
F : *arts, sc, law, med, mus, agr sc, eng, dent, eco, tech & appl sc, arc-urb, math, sc.*

*Australian National University, Box 4, P.O., Canberra, A.C.T. 2600. *1946*
F : *arts, sc, eco, law, Asian st.*
S : *gen st, biol, ch, Pacific st, phy, soc, med earth sc* (all research).
I : *advanced st.*

*The Flinders University of South Australia, Bedford Park, South Australia, 5042. *1965*
S : *math, soc, phy, biol, hum, med, earth sc, ed.*

Griffith University, Nathan, Queensland 4111. *1971*
S : *Australian env st, hum, mod Asian st, sc.*

James Cook University of North Queensland, Post Office, Queensland 4811. *1961, 1970*
F : *arts, sc, eng, com-eco, ed.*

*La Trobe University, Bundoora, Victoria, 3083. *1967*
S : *hum, soc, phy, biol, agr, behavioural sc, ed.*

*Macquarie University, North Ryde, N.S.W., 2113. *1967*
S : *behavioural sc, biol, earth sc, eco-fin st, English-ling, hist, phil-pol, math-phy, mod lang, ed, ch, law.*

*University of Melbourne, Parkville, Victoria, 3052. *1853*
F : *arts, sc, ed, law, med, eng, arc, bui-town & reg plan, mus, vet, eco-com, agr-for, dent sc.*
B. of st : *crim, phys, soc st.*

*Monash University, Clayton, Victoria, 3168. *1958*
F : *arts, eng, eco-pol, med, sc, law, ed.*

Murdoch University, South Street, Bateman, Western Australia 6153. *1975*
S : *math-phy sc, soc inquiry, env-life sc, vet, ed.*

*University of New England, Armidale, N.S.W. 2351. *1938, 1954*
F : *arts, sc, rur sc, eco, ed.*

*University of New South Wales, P.O. Box 1, Kensington, N.S.W. 2033. *1949, 1958*
F : *arts, app sc, arc, eng, com, med, sc, milit, biol, law, prof st.*
P. of st : *gen ed, sc.*

W. S. & L. B. Robinson University College, P. O. Box 334, Broken Hill, N.S.W. 2880. *1967*
F : *sc, mine-miner.*

*University of Newcastle, Newcastle, N.S.W., 2308. *1951, 1965*
F : *arts, sc, eng, eco-com, arc, math.*

*University of Queensland, St. Lucia, Queensland 4067. *1910*
F : *arts, sc, eng, com-eco, agr, law, med, vet, ed, arc, dent, mus, soc w.*

*University of Sydney, Sydney, N.S.W. 2006. *1850*
F : *arts, sc, law, med, eng, vet, agr, eco, arc, dent.*
B. of st : *div, ed, mus, soc w.*

*University of Tasmania, Box 252 C, G.P.O. Hobart, Tasmania 7001. *1890*
F : *arts, sc, law, com, eng, ed, agr sc, med.*

University of Western Australia, Nedlands, Western Australia, 6009. *1913*
F : *arts, sc, eng, law, agr, ed, med, dent sc, eco-com, arc.*
B. of st : *soc w.*

*University of Wollongong, P. O. Box 1144, Wollongong, N.S.W. 2500. *1962, 1975*
F : *eng, hum, math, sc, soc.*

OTHER INSTITUTIONS—AUTRES INSTITUTIONS

Colleges of Advanced Education—Collèges de Formation avancée

Adelaide College of Advanced Education, Kintore Avenue, Adelaide, South Australia 5000. *1876, 1973*
S : *teacher ed, nurs ed.*

Alexander Mackie College of Advanced Education, P. O. Box 259, Paddington, N.S.W. 2021. *1969, 1971*
fa, teacher ed.

Armidale College of Advanced Education, Mossman Street, Armidale, N.S.W. 2350.
S : *teacher ed, further prof st.*

Ballarat College of Advanced Education, Gear Avenue, Mt. Helen, Victoria 3350. *1975*
S : *app sc, art, bus comty st, eng, ed st.*

Bendigo College of Advanced Education, Edwards Road, Flora Hill, Bendigo, Victoria 3550. *1976*
S : *app sc, bus st, eng, gen st, teacher ed.*

Brisbane Kindergarten Teacher's College, Box 80, PO, Red Hill, Queensland 4059 *1911*

Burnley Horticultural College, Swan Street, Richmond, Victoria 3121. *1891*

Canberra College of Advanced Education, Bruce, A.C.T. 2617. *1969*
S : *adm st, app sc, env des, infor sc, li st, teacher ed.*

Capricornia Institute of Advanced Education, MS 76, Rockhampton, Queensland 4700 *1971*
S : *app sc, arts, adm-gen st, eng, ed.*

Caulfield Institute of Technology, P.O. Box 197, Caulfield East, Victoria 3145. *1922, 1966*
S : *app sc, bus, eng, gen st, ind st, orientation st.*

Churchlands College of Advanced Education, P.O. Box 131, Doubleview, Western Australia 6018. *1972*
S : *teacher ed, bus st.*

Claremont Teachers' College, Cnr. Goldsworthy and Princess Roads, Claremont, Western Australia 6010. *1902, 1973*

D : *teacher ed.*

College of Nursing, Australia, 2–6 Arthur Street, Melbourne, Victoria 3004. *1950*

College of Nursing, Australia [Queensland Branch], Princess Alexandria Hospital Grounds. Ipswich Road, Woolloongabba, Queensland 4102. *1960, 1974*

Cumberland College of Health Sciences, P.O. Box K348, Haymarket, N.S.W. 2000.
S : *commun disorders, nurs, occp ther, orthoptics, physio.*
D : *behavioural-gen st, biol.*

Darling Downs Institute of Advance Education, P.O. Box 128, Toowoomba, Queensland 4350. *1967, 1971*
S : *app sc, arts, bus st, eng, resource mater, ed.*

Dookie Agricultural College, Victoria 3647. *1886*

Emily McPherson College, Corner Russell and Victoria Streets, Melbourne, Victoria 3000. *1907*
S : *fash, foods-hom eco.*

Footscray Institute of Technology, P.O. Box 64, Footscray, Victoria 3842 *1915*
S : *app sc, bus-gen st, eng.*

Gippsland Institute of Advanced Education, P.O. Box 42, Churchill, Victoria, 3842. *1968*
S : *bus-soc, eng-app sc, teacher ed, vis arts.*

Gordon Institute of Technology, P.O. Box 125, H Belmont, Victoria 3216. *1887, 1965*
app sc, gen st, techn.

Goulburn College of Advanced Education, McDermott Drive, Goulburn, N.S.W. 2580 *1970*
teacher ed.

Graylands Teachers' College, Mimosa Avenue, Graylands, Western Australia, 6010. *1955*
teacher ed.

Hawkesbury Agricultural College, Richmond, N.S.W. 2753. *1891*
S : *agr, dev-hum mangt, food sc, rur extension.*

Kelvin Grove College of Advanced Education,

Victoria Park Road, Kelvin Grove, Queensland, 4059. *1914, 1975*
Kingston College of Advanced Education, 211 Childers Street, North Adelaide, South Australia, 5006. *1907, 1974*
teacher ed.
Kuring-Iai College of Advanced Education, P.B. Box 222, Lindfield, N.S.W. 2070. *1946*
S : *fin & adm st, teacher ed.*
Lincoln Institute, Lincoln Institute, 625 Swanston Street, Carlton, Victoria 3053. *1972*
S : *med record adm, occp ther, orthoptics, physio, speech sc, prasthetics-orthotics.*
D : *behavioural sc, biol, ed resources*
Longerenong Agricultural College, Dooen, Victoria 3401. *1889*
Milperra College of Advanced Education, P.O. Box 108, Milperra, New South Wales 2214. *1974*
teacher ed.
Mitchell College of Advanced Education, Bathurst, N.S.W. 2795. *1970*
bus & adm st, gen st, teacher ed, external st.
Mount Gravatt College of Advanced Education, P.O. Box 82, Mount Gravatt, Brisbane, Queensland 4122. *1969, 1972*
teacher ed.
Mount Lawley College of Advanced Education, 2 Bradford Street, Mount Lawley, Perth, Western Australia 6050. *1970, 1973*
teacher ed.
Muresk Agricultural College, Northam, Western Australia 6401. *1926, 1969*
farm mangt.
Murray Park College of Advanced Education, 15 Larne Avenue, Magill, South Australia 5072. *1973*
D : *jour, teacher ed, gen st.*
Nepean College of Advanced Education, P.O. Box 10, Kingswood, N.S.W. 2750.
S : *bus-ed.*
New South Wales Institute of Technology, P.O.Box 123, Broadway, N.S.W. 2007. *1965*
F : *arc-bui, bus st, eng, hum-soc, math & comp sc, sc, law.*
New South Wales State Conservatorium of Music, Macquarie Street, Sydney, N.S.W.

2000. *1916*
Branches in Newcastle and Wollongong.
Newcastle College of Advanced Education, P.O.Box 84, Waratah N.S.W. 2298. *1949*
D : *art, teacher ed.*
North Brisbane College of Advanced Education, P.O. Box 117, Kedron, Queensland, 4031. *1961, 1972*
comty st, teacher ed.
Northern Rivers College of Advanced Education, P.O. Box 157, Lismore, N.S.W. 2480.
S : *bus ed, teacher ed, cult & sc st.*
Nursery School Teachers' College, 146 Burren Street, Newtown, N.S.W. 2042. *1932*
teacher ed.
Orange Agricultural College, P.O. Box 883, Orange, N.S.W., 2800. *1973*
farm mangt.
Prahran College of Advanced Education, 142 High Street, Prahran, Victoria 3181.
1854, 1870, 1970
S : *art & des, bus st.*
D : *gen st.*
Preston Institute of Technology, Bundoora, Victoria 3083. *1937, 1968*
S : *app sc, art & des, bus st, eng, hum, phys, soc w.*
Queensland Agricultural College, Lawes, Queensland 4345. *1897, 1971*
S : *bus st, env & rur st, food st.*
Queensland Conservatorium of Music, George Street, Brisbane, Queensland 4000.
Queensland Institute of Technology, P. O. Box 246, Brisbane North Quay, Queensland 4000. *1965, 1971*
S : *app sc, arc-bui, bus st, eng.*
D : *lib.*
Riverina College of Advanced Education, P.O. Box 588, Wagga Wagga, N.S.W. 2650. *1972*
S : *agr, app sc, bus & li st, teacher ed.*
Roseworthy Agricultural College, Roseworthy, South Australia 5371. *1883, 1974*
Royal Melbourne Institute of Technology, Box 2476v G.P.O., Melbourne, Victoria, 3001. *1887*
F : *arc-bui, art, eng, app sc, app soc.*

Salisbury College of Advanced Education, Smith Road, Salisbury East, South Australia 5109. *1968, 1973*
comty dev, teacher ed.
School of Forestry, Creswick, Creswick, Victoria 3363. *1910*
School of Medical Record Administration, Royal Prince Alfred Hospital, Missenden Road, Camperdown, N.S.W. 2050. *1956*
South Australian Institute of Technology, North Terrace, Adelaide, South Australia 5000. *1889, 1960*
S : *acc, app geol, arc-bui, bus adm, ch techn, civ eng, elec, electro, mec, miner, gen st, math-comp, met, occp ther, phar, phy, physio, soc st, surv.*
Branch at Whyalla.
State College of Victoria, Burwood, 221 Burwood Highway, Burwood, Victoria 3125. *1953, 1973*
S : *gen st, teacher ed.*
State College of Victoria, Coburg, P.O. Box 179, Coburg, Victoria, 3058. *1959, 1973*
teacher ed.
State College of Victoria, Frankston, McMahons Road, Frankston, Victoria 3199. *1959, 1973*
teacher ed.
State. College of Victoria, Geelong, Vines Road, North Geelong, Victoria 3215. *1950, 1973*
teacher ed.
State College of Victoria, Hawthorn, 442 Auburn Road, Hawthorn, Victoria *1951, 1972*
tec teacher ed.
State College of Victoria, Institute of Catholic Education, P.O. Box 146, East Melbourne, Victoria 3002. *1974*
Aquinas College, 1200 Mair Street West, Ballarat, Victoria 3350
tec teacher ed.
Christ College, 17 Castlebar Road, Oakleigh, Victoria 3166.
teacher ed.
Christian Brothers Teachers' College, 974 Canterbury Road, Box Hill, Victoria 3128.
teacher ed.
Mercy College, 251 Mt. Alexander Road, Ascot Vale, Victoria 3032.

teacher ed.
State College of Victoria, Institute of Early Childhood Development, P.O. Box 210, Kew, Victoria 3101.
teacher ed.
State College of Victoria, Melbourne State College, 757 Swanston Street, Carlton, Victoria 3053. *1972*
teacher ed.
State College of Victoria, Rusden, 662 Blackburn Road, Clayton, Victoria 3168. *1972*
teacher ed.
Larnock School of Home Economics, 519 Orrong Road, Armadale, Victoria 3145.
State College of Victoria, Toorak, P.O. Box 224, Malvern, Victoria 3144. *1951, 1972*
teacher ed, ed techn.
Sturt College of Advanced Education, Sturt Road, Bedford Park, South Australia 5042. *1966, 1973*
S : *nurs, speech pathology, teacher ed.*
Swinburne College of Technology, John Street, Hawthorn, Victoria 3122. *1908, 1969*
F : *app sc, art, arts, bus, eng.*
Sydney College of the Arts, P.O. Box 842, North Sydney, N.S.W. 2060 *1976*
graph des, ind des, interior des.
Sydney Kindergarten Teachers' College, 44 Henrietta Street, Waverley, N.S.W. 2024. *1900, 1973*
teacher ed.
Sydney Teachers' College, P.O. Box 63, Camperdown, N.S.W., 2050. *1906, 1974*
teacher ed.
Tasmanian College of Advanced Education, G.P.O. Box 1415 P, Hobart, Tasmània, 7001. *1968*
adm st, art, env des, mus, sc-techn, teacher ed.
Torrens College of Advanced Education, Holbrooks Road, Underdale, South Australia, 5032 *1972*
S : *art, app sc, performing arts,*
Townsville College of Advanced Education, P.O.Box 117, Aitkenvale, Queensland, 4814. *1969, 1972*
teacher ed.
Victorian College of Pharmacy, 381 Royal Parade, Parkville, Victoria 3052. *1881*
Victorian College of the Arts, 234, St. Kilda

Road, Melbourne, Victoria 3004. *1972*
art, mus, dram
Warrnambool Institute of Advanced Education, P.O. Box 423, Warrnambool, Victoria 3280. *1922, 1970*
F : *app sc, art-des, bus, eng, soc st, teacher ed.*
Western Australian Institute of Technology, Hayman Road, South Bentley, Western Australia 6102. *1965, 1967*
S : *app sc, arts-des, bus-adm, eng-surv, heal sc, mine-miner, soc, teacher ed.*

Western Australian School of Mines, P.O. Box 597, Kalgoorlie, Western Australia 6430. *1903, 1969*
geol, met, mine.
Western Australian Secondary Teachers' College, Cnr Stirling Highway, Nedlands, Western Australia 6009. *1967, 1973*
teacher ed.
Wollongong Institute of Education, Box 1496, Wollongong, N.S.W. 2500. *1962*
teacher ed.

General Education—Enseignement général

Avondale College, P.O. Box 19, Cooranbong, N.S.W. 2265. *1897*
D : *com, ed, fine-app arts, hum, mus, physical-biol sc, theo.*
Canberra School of Music, P.O. Box 804, Canberra City, A.C.T. 2601 *1965*
Catholic College of Education, P.O. Box 201, Castle Hill, N.S.W. 2154. *1970 teacher ed.*
Catholic Teachers' College, Sydney, P.O. Box 41, North Sydney, N.S.W. 2060.
S : *teacher ed.*
The College of Law, P.O. Box 2, St. Leonards, N.S.W. 2065. *1972, 1976*
The Film and Television School, Box 245 P.O., Chatswood, N.S.W. 2067. *1975*
Good Samaritan Teachers' College, 12 Avenue Road, Glebe, N.S.W. 2037.
1906, 1968, 1970
teacher ed.
The Guild Teachers' College, 3 Smail Street, Ultimo, N.S.W. 2007. *1894, 1970*
teacher ed.

Leo Cussen Institute for Continuing Legal Education, 497 La Trobe Street, Melbourne, Victoria 3000. *1972*
Marcus Oldham Farm Management College, Private Bag 116, Mail Centre, Geelong, Victoria, 3221. *1962*
McAuley College of Teacher Education, Gladstone Road, Dutton Park, Queensland 4102. *1955*
Mount Saint Mary College, 179 Albert Road, Strathfield, N.S.W. 2135. *1908 teacher ed.*
The National Institute of Dramatic Art, P.O. Box 1, Kensington, N.S.W. 2033. *1958*
Signadou Dominican Teachers' College, P.O. Box 535, Canberra City, A.C.T. 2601. *1963 teacher ed.*
Xavier Teachers' College, P.O. Box 14, Indooroopilly, Queensland 4068. *1970*
YMCA College of Leadership Training, 196 Albert Road, South Melbourne, Victoria 3205. *1947, 1964*
youth leadership.

The Australian Vice-Chancellors' Committee

The Committee was established as a result of a conference held in Sydney in May 1920 to deal with matters of common interest. It is purely a consultative body, and has no executive authority as such.

It consists of the Vice-Chancellors of all the Australian universities. It meets five times a year, the first meeting usually taking place in February and the last in November.

Le Comité des vice-chanceliers australiens fut créé à l'issue d'une conférence tenue à Sydney en mai 1920 pour traiter de questions d'intérêt commun. C'est un organisme purement consultatif qui n'a en lui-même aucun pouvoir exécutif.

Il se compose des vice-chanceliers de toutes les universités australiennes. Il se réunit cinq

fois l'an, la première réunion ayant généralement lieu en février et la dernière en novembre.
Chairman of Committee (1977–78) : Prof. Sir Zelman Cowen, Vice-Chancellor, University of Queensland.
Deputy Chairman (1977) : Prof. R. H. Myers, Vice-Chancellor, University of New South Wales.
Secretary : F. S. Hambly.
Churchill House, Northbourne Avenue, P.O. Box 1142, Canberra City, A.C.T. 2601.

The Universities Commission

The Commission was established in 1959 by the Australian Universities Commission Act with a view to promoting the balanced development of universities so that their resources might be used to the greatest advantage of Australia.

Under the Act, the Commission has submitted six triennial reports incorporating recommendations on financial assistance to universities, covering the triennial periods from 1961–63 to 1976–78. In addition, the Commission has examined issues relating to the working and future development of Australian universities, and in the past three years has produced special reports relating to medical education in Australia, proposed tertiary institutions in the States of New South Wales and Victoria, and open education in Australia. Members of the Commission have also chaired major reviews of post-secondary education in the States of Western Australia and Tasmania.

Prior to 1974, the State Governments and the Commonwealth Government shared the financial responsibility for tertiary education in Australia according to an agreed formula. From 1 January 1974, the Commonwealth Government took over full financial responsibility for tertiary education. In addition, the Commonwealth Government agreed that, as from 1 January 1974, arrangements would be instituted by the Commission for the regular adjustments of triennial programmes of tertiary institutions, to take account of movements in both salary and other costs over and above those which had been allowed for when the programmes were adopted.

The most recent of the Commission's triennial reports, the Sixth Report for the 1976–78 triennium, comprised some 400 pages and was tabled in Parliament in November 1975. Because of the economic situation the Commonwealth Government decided to defer the triennial programme for one year and the calendar year of 1976 was treated as a year outside the normal triennial programmes. A total of $498 million at December quarter 1974 prices has been allocated for university programmes for the year 1976.

La Commission des universités a été créée en vertu de la Loi portant son nom en vue de promouvoir le développement équilibré des universités et l'utilisation de leurs ressources au plus grand bénéfice de l'Australie.

Aux termes de la loi, la Commission a déjà soumis, pour les périodes 1961–63 à 1976–78, six rapports triennaux contenant des recommandations sur l'aide financière à apporter aux universités. En outre, la Commission a étudié certains problèmes concernant le fonctionnement et le développement des universités australiennes. Elle a également rédigé des rapports spéciaux sur l'enseignement médical, et proposé la création d'institutions d'enseignement tertiaire dans les Etats de Nouvelle-Galles du Sud et de Victoria, et d'un enseignement ouvert en Australie. Des membres de la Commission ont également dirigé d'importantes études sur l'enseignement post-secondaire dans les Etats d'Australie occidentale et de Tasmanie.

Avant 1974, les gouvernements des Etats et le gouvernement fédéral se partageaient la responsabilité financière de l'enseignement tertiaire en Australie, selon une formule concertée entre les parties. Depuis le 1er janvier 1974, c'est le gouvernement fédéral qui assume l'entière responsabilité financière de l'enseignement tertiaire. Le gouvernement fédéral a également décidé qu'à dater du 1er janvier 1974, la Commission prendrait des dispositions pour réajuster périodiquement les programmes triennaux des institutions d'enseignement tertiaire en fonction de l'augmentation des salaires et autres coûts par

rapport à ceux qui avaient été prévus lors de l'adoption des programmes.

Le dernier en date des rapports triennaux de la Commission, le Sixième (1976–1978), contient environ 400 pages et a été déposé au Parlement en novembre 1975. En raison de la situation économique, le gouvernement fédéral a décidé de reporter d'un an le programme triennal et l'année 1976 a été considérée comme une année à part, hors des programmes triennaux habituels. Des crédits d'un montant de $498 millions (en valeur évaluée au trimestre de décembre 1974) ont été affectés aux programmes universitaires pour l'année 1976.

Chairman: Emeritus Prof. P. Karmel.
Secretary: L. F. Hennessy.
P.O. Box 250, Canberra City, A.C.T., 2601.

Higher Education Research and Development Society of Australasia

The Society was formed in August 1972 at a meeting at which it was resolved that the general objective of the Society be to promote research and development in higher education and that membership be opened to any person interested in that objective. A Constitution was adopted at the first General Meeting of the Society, which was held in August 1973.

A Conference and second General Meeting were held in January 1975 and a Conference and third General Meeting were held in Melbourne in May 1976. A fourth General Meeting will be held in conjunction with a Conference in Sydney in May 1977. Present membership of the Society is over 400.

The Society produces a newsletter and plans to support publication of bibliographies, monographs and the like. A special interest group produces *Lab News*, a newsletter relating to laboratory work.

La Société australasienne pour la recherche et le développement en matière d'enseignement supérieur a été fondée en août 1972 au cours d'une réunion où il fut décidé que l'objectif général de la Société serait de promouvoir la recherche et le développement en matière d'enseignement supérieur et que toute personne s'intéressant à cet objectif pourrait y adhérer. Les Statuts furent adoptés lors de la première Assemblée générale de la Société, tenue en août 1973.

La Société a tenu une Conférence et une Deuxième Assemblée générale en janvier 1975; elle a organisé une autre Conférence, ainsi que la Troisième Assemblée générale, à Melbourne en mai 1976. La quatrième Assemblée générale aura lieu, conjointement avec une Conférence, à Sydney en mai 1977. La Société compte maintenant plus de 400 membres.

La Société édite un bulletin d'information et prévoit d'accorder son soutien à la publication de bibliographies, monographies, etc. Un groupe particulier au sein de la Société édite Lab News, bulletin consacré aux travaux de laboratoire.

President: Dr. R. A. Ross, Centre for the Advancement of Learning and Teaching, Griffith University.
Honorary Secretary: N. W. Henry, Education Unit, Royal Melbourne Institute of Technology, Box 2476V, GPO, Melbourne, Victoria 3001.

Federation of Australian University Staff Associations (IAUPL)
Secretary: L. B. Wallis.
499 St. Kilda Road, Melbourne, Victoria 3004.

Australian Federation of University Women (IFUW)
President: Mrs. M. Auchmuty.
9 Glynne Street, Hughes, A.C.T. 2605.
Chairman (Internat. Rel.): Mrs. Margaret B. Maxwell.
2 Bradley Avenue, Bellevue Hill, N.S.W. 2023

World University Service
Chairman: Ms. Ann Pickering.
69 Dominion CT, Canberra City, A.C.T. 2600.

Australian Union of Students—AUS
97 Drummond Street, Carlton, Melbourne, Victoria 3053.

Australian Federation of University Graduates
Executive Secretary: D. D. Neilson.

c/o University of New South Wales, Box 1, Post Office, Kensington, N.S.W. 2033.
Tertiary Catholic Federation of Australia
(Pax Romana) 22 Highgate Street, Highgate, South Australia 5063.
Australian Student Christian Movement (WSCF)
P.O. Box 1123, Adelaide, South Australia 5001.

*

Department of External Affairs
Canberra City, A.C.T. 2601.
Department of Education
P.O. Box 826, Woden, A.C.T. 2606.
Australian National Commission for Unesco
Department of Education, P.O. Box 826, Woden, A.C.T. 2606.

AUSTRIA—AUTRICHE

Universität Graz, Universitätsplatz 3, 8020 Graz. *1585*
F : théo cath, dr, méd, phil.
Universität Innsbruck, Innrain 52, 6020 Innsbruck. *1669*
F : théo cath, dr, méd, phil, gé civ-arc.
Universität Salzburg, Residenzplatz 1, 5020 Salzburg. *1622, 1962*
F : théo cath, dr, phil.
***Universität Wien,** Dr. Karl Lueger-Ring 1, 1010 Wien 1. *1365*
F : théo cath, théo évan, dr, méd, phil.
Technische Universität Graz, Rechbauerstrasse 12, 800 Graz. *1811*
F : gé civ-arc, méc-élec, nat.
Montanuniversität Leoben, Franz Josefstrasse 18, 8700 Leoben/Steiermark. *1840*
D : mine, mét, arp, minér.
Technische Universität Wien, Karlsplatz 13, 1040 Wien 4. *1815*
F : gé civ-arc, méc-élec, nat.
Universität für Bodenkultur Wien [U. d'Agriculture], Gregor-Mendelstrasse 33, 1180 Wien 18. *1872*
D : agr, for techn agr, ferm.
Veterinärmedizinische Universität Wien [U. vétérinaire], Linke Bahngasse 11, 1030 Wien 3. *1767*
F : vét.
Wirtschaftsuniversität Wien [U. de Commerce], Franz Klein-Gasse 1, 1190 Wien 19. *1898*
D : com, soc-éco.
Johannes Kepler Universität Linz, Auhof, 4045 Linz. *1962*
F : tec-nat, dr-soc-éco.
Universität für Bildungswissenschaften Klagenfurt, Hochschulstrasse 67, 9020 Klagenfurt. *1970*
péd.
Akademie der bildenden Künste [A. des Beaux-Arts], Schillerplatz 3, 1010 Wien. *1692*
Hochschule für Musik und darstellende Kunst [A. de Musique et d'Art dramatique], Lothringerstrasse 18, 1037 Wien. *1817*
Hochschule für Musik und darstellende Kunst Graz [A. de Musique et d'Art dramatique], Leonhardstrasse 15, 8010 Graz. *1962*
Hochschule für Musik und darstellende Kunst «Mozarteum» Salzburg [A. de Musique et d'Art dramatique "Mozarteum"], Schwarzstrasse 26, 5020 Salzburg. *1880*
Hochschule für künstlerische und industrielle Gestaltung (A. des Arts appliqués), Hauptplatz 8, 4020 Linz. *1973*
Hochschule für angewandte Kunst [A. des Arts appliqués], Stubenring 3–5, 1010 Wien. *1867*

Rektorenkonferenz

La Conférence des recteurs réunit à intervalles réguliers les recteurs de tous les établissements d'enseignement supérieur autrichiens, pour délibérer des problèmes touchant à l'enseignement supérieur. Le recteur de l'Université de Vienne en est le Président.

The Conference of Rectors regularly brings together the rectors of all Austrian institutions of higher education in order to discuss problems affecting higher education. The Rector of the University of Vienna is President of the Conference.

Secrétaire général: Dr. R. Kneucker.
Secrétariat général, Schottengasse 1, 1010 Wien.

Verband der wissenschaftlichen Gesellschaften Oesterreichs

Le Groupement des sociétés scientifiques autrichiennes a pour but de grouper les sociétés scientifiques autrichiennes en vue d'encourager l'organisation du travail scientifique sur de plus larges bases. Périodiques : Oesterreichische Hochschulzeitung (dix fois par an), Jahrbuch des Verbandes (annuel), Gesamtverzeichnis Oesterreichischer Dissertationen.

The Union of Austrian Scientific Societies seeks to bring together the Austrian scientific societies' with the object of promoting the organization of scientific work on as broad a basis as possible.
Journals: Oesterreichische Hochschulzeitung (ten times a year), Jahrbuch des Verbandes (annual), Gesamtverzeichnis oesterreichischer Dissertationen.
Lindengasse 37, 1070 Wien.

Oesterreichisches Komitee für Internationalen Studienaustausch

Le Comité autrichien d'échanges éducatifs internationaux a pour but d'encourager la collaboration internationale pour toutes les questions intéressant l'enseignement supérieur et les étudiants, en favorisant les échanges d'élèves, de jeunes gens, de professeurs, les stages d'été pour les étudiants, en vue de perfectionner leur formation professionnelle, ainsi que les voyages d'études et les camps de jeunesse.

The Austrian Committee for International Educational Exchange seeks to encourage international co-operation in all matters concerning higher education and students, by promoting exchanges of students, young people and teachers, and by organizing summer courses for students to improve their professional training, study tours, and youth camps.
Président: Dr. jur. Leo Leitner.
Secrétaire: Rolf Kratochwill.
Türkenstrasse 4, 1090 Wien IX.

Oesterreichische Landesgruppe der IAUPL
Président: Prof. Dr. R. Kerschagl.
Franz Kleingasse 1–48, Wien XIX–117.

Verband der Akademikerinnen Oesterreichs (IFUW)
Présidente: Dr. Irmgard Probst.
Présidente (Rel. internat.): Dr. Johanna Haberl.
Reitschulgasse 2, 1010 Wien.

Oesterreichische Hochschülerschaft—OH
Führichgasse 10, 1010 Wien I.

Büro für Studentwanderungen—BfSt
Schreyvogelgasse 3–5, 1010 Wien 1.

Kartellverband der Katholischen Oesterreichischen Studentenverbindungen (Pax Romana)
Président: Dr. Hans Egon Gros.
Secrétaire: Ministerialrat Karl Lager.
Lerchenfeldstrasse 14, 1080 Wien.

Katholische Hochschuljugend Oesterreichs (Pax Romana)
Président: Dr. Gebhard Mathis.
Ebendorferstrasse 8–III, 1010 Wien.

Katholischer Akademiker-Verband Oesterreichs
Président: Heinrich Schneider
Secrétaire: Gerhard Pawlowsky.
Ebendorferstrasse 6–12a, 1010 Wien.

Evangelische Studentengemeinde in Oesterreich (WSCF)
Président: Prof. Dr. Wilhelm Dantine.
Secrétaire général: Rev. Peter Fiermann.
Schwarzspanierstrasse 13, 1096 Wien.

Akademische Vereinigung für Aussenpolitik (ISMUN)
Président: Wolfgang Pircher.
Josefsplatz 6, Palais Palffy, 1010 Wien.

Vereinigung Jüdischer Hochschüler in Oesterreich (WUJS)
P.O.B. 99, 1090 Wien.

*

Bundesministerium für Wissenschaft und Forschung (Ministère de la Science et de la Recherche—Ministry of Science and Research)
Wien.

Commission autrichienne pour l'Unesco
Mentergasse 11, 1070 Wien.

BAHAMAS—BAHAMAS

College of the Bahamas, P.O. Box N–4912, Nassau.
1974
D : *hum, nat, soc, app sc, tec-voc st, ed, bus-adm st.*

Ministry of Education
Nassau.

BANGLADESH—BANGLADESH

UNIVERSITIES AND TECHNICAL UNIVERSITIES— UNIVERSITES ET UNIVERSITES TECHNIQUES

University of Chittagong, Chittagong.
1966
F : *arts, sc, com, law, med, eng, ed, soc.*
Bangabondhu Law Temple.
Chittagong, Government Medical College.
Chittagong Government Engineering College, Mohamuni.
Chittagong Law College.
Comilla Government Teachers' Training College, Kotbari.
Comilla Law College.
Sylhet Government Medical College.
Sylhet Law College.
Also 78 affiliated colleges.

*****University of Dacca,** Ramna, Dacca–2. (The Registrar). *1919*
F : *arts, fa, sc, law, ed, med, com, soc.*
Barisal Medical College.
College of Fine Arts and Crafts.
College of Home Economics.
College of Social Welfare and Research Centre.
Dacca Medical College.
Bangladesh College of Physical Education.
Institute of Education and Research.
Mymensingh Medical College, Mymensingh.
Salimullah Medical College.
Institute of Diseases of the Chest.
Institute of Postgraduate Medicine.
Central Law College.
City Law College.
Dacca Law College.
Hazaribagh Law College.
Narayanganj Law College.
Khandaker Nurul Hossain Law Academy, Manikganj.
Momenshahi Law College, Mymensingh.
Faridpur Law College.
Madaripur Law College.
Barisal Law College.
Patuakhali Law College.
Teachers' Training College.
Teachers' Training College, Mymensingh.
Teachers' Training College for Women, Mymensingh.
Institute of Social Welfare and Research.
Institute of Modern Language.
Institute of Statistical Research and Training.
Institute of Business Administration.
Institute of Nutrition.
College of Music.
Dental College.
Technical Teachers' Training College.
Also 139 affiliated colleges.

*****University of Rajshahi,** Rajshahi. *1953*
F : *arts, sc, law, med, ed, eng.*
Engineering College.
Rajshahi Medical College.
Teachers' Training College.
Teachers' Training College, Khulna.
Dinajpur Law College.
Aminuddin Law College, Pabna.
Rajshahi Law College.
Rangpur Law College.
Bogra Law College.
City Law College, Khulna.
Shahid Masiur Rahman Law College, Jessore.
Rangpur Medical College.
Institute of Bangladesh Studies.
Also 109 affiliated colleges.

Jahangirnagar University, Savar, Dacca.
1970
F : *arts-hum, soc, math-phy.*

Bangladesh Agricultural University, Mymensingh. *1961*
F : *agr, vet, an hus, agr-eco-rur socio, agr-eng-techn, fish.*

Bangladesh Agricultural Institute, Tajgoan, Dacca.
Bangladesh University of Engineering and Technology, Ramna, Dacca. *1961*
F : *eng-techn, arc-physical plan.*

Bangladesh Federation of University Women (IFUW)
President and Chairman (Internat. Rel.): Begum Taslima Abed.
173F, Dhanmandi Residential Area, CEN(H) 17 road 19, Gulshan, Dacca 12.
World University Service (WUS)
Chairman: Dr. K. S. Murshid.
General Secretary: Dr. Wadudar Rahman.
Dacca University, Dacca 11.

Bangladesh Students' Union. BSU
10 Purana Paltan, Dacca 2.

*

Ministry of Education, Cultural Affairs and Sports, Dacca.
Bangladesh National Commission for Unesco
Ministry of Education, Bangladesh Secretariat, Dacca.

BARBADOS—BARBADE

*University of the West Indies (see Jamaica, p. 217).
Cave Hill Campus, St. Michael.

F : *law, arts-gen st, soc, nat.*
I : *soc-eco res.*
D : *extra-mural st.*
S : *ed.*

Ministry of Education, Youth Affairs, Community Development and Sport St. Michael.

Barbados National Commission for Unesco Ministry of Education, Youth Affairs, Community Development and Sport, St. Michael.

UNIVERSITIES—UNIVERSITES

*Université libre de Bruxelles, 50, avenue F. D. Roosevelt, 1050 Bruxelles. (M. le Secrétaire). *1834, 1969*
F : phil-let, dr, sc, méd-phar, sc app, soc-pol-eco, psyc-péd.
I : phill-hist orntl & slaves, ét eur, hist chré, aéro, téléc-élec, urb, hyg-méd-soc, phys, stat, trav.
E : crim.

*Vrije Universiteit Brussel, Oefenplein, Pleinlaan 2, 1050 Brussel. *1969*
F : phil-let, dr, sc, méd-phar, sc app, soc-pol-éco.
I : phys.
E : crim, psyc-éd.

*Rijksuniversiteit te Gent, 25, St. Pietersnieuwstraat, 9000 Gent. *1816*
F : phil-let, dr, sc, méd-phar, sc app, éco, agr, méd-vét.
I : art-arché, psyc-péd, phill-hist orntl & africaine, phys, urb.
E : crim.
Ce : biol.

*Université de l'Etat à Liège, 7, place du 20 août, 4000 Liège. *1816*
F : phil-let, dr, sc, méd-phar, sc app, méd-vét, agr.
I : psyc-éd, phys.
E : adm des aff, crim.
Ce : trav, sc nucl.

*Université catholique de Louvain, 13, Oude Markt, 3000 Louvain. *1425, 1834, 1969*
F : théo, dr can, dr, méd-phar, phil-let, psyc-éd, sc, éco-soc-pol, sc app, agr.
I : sc relig, phil, phys, arché-hist-art orntl, urb-rur, éd fam & sex, sc nat-app, sc nucl & rad, math, trav, ét médié.
E : crim, sa publ.

*Katholieke Universiteit te Leuven, 22, Naamsestraat, 3000 Leuven *1425, 1834, 1969*
F : théo, dr can, dr, méd-phar, phil-let, éco-soc-pol, psyc-péd, sc, sc app, agr.
I : phil, sc relig, trav, éd fam & sex, phys, art-arché-hist, ét orntl, ét médié, urb-rur.
E : crim, sa publ.

*Université de l'Etat à Mons, 17, place Warocqué, 7000 Mons. *1965, 1971*
F : sc, éco app.
I : péd.
E : trad-interp.
D : ling.

OTHER INSTITUTIONS—AUTRES INSTITUTIONS

Institutions with full University Status— Establissements assimilés aux universités

*Faculté polytechnique de Mons, 9, rue de Houdain, 7000 Mons. *1837*
D : math, phy, ch, mine, géol, mét, élec, méc, arc, tec opérationnelles, inft-automatique.
I : sc nucl, lang vivantes.
Faculté universitaire catholique de Mons, Chaussée de Binche 151, 7000 Mons. *1896*
F : sc, éco app, ing, com.

*Facultés universitaires Notre-Dame de la Paix, 61, rue de Bruxelles, 5000 Namur. *1833*
F : phil-let, sc, méd, éco-soc, dr.
I : infor.

Facultés universitaires Saint-Louis, 113, rue du Marais, 1000 Bruxelles. *1858*
F : phil-let, dr.
E : sc phil & relig.
D : éco-soc-pol.
Rijksuniversitair Centrum te Antwerpen, Kasteel «Den Brandt», Beukenlaan, 12, 2000 Antwerpen. *1965*
Universitaire Instelling Antwerpen, Universiteitsplein 1, 2610 Wilrijk. *1971*
F : sc, dr, pol-soc, phil-let, méd-phar.
Limburgs Universitair Centrum, Universitaire Campus, 3610 Diepenbeek. *1971*

F : méd, sc.
Universitaire Faculteiten Sint-Aloysius, 1, Vrijheidslaan 17, 1080 Brussel. *1858*
F : phil-let, dr.
Universitaire Faculteiten Sint-Ignatius te Antwerpen, Prinsstraat 13, 2000 Antwerpen. *1852*
F : éco app, dr, phil-let, pol-soc.
***Faculté des Sciences agronomiques de l'Etat à Gembloux,** Avenue de la Faculté d'Agronomie, 5800 Gembloux. *1860*
F : agr.

UNIVERSITY LEVEL INSTITUTIONS— ETABLISSEMENTS DE NIVEAU UNIVERSITAIRE

Institut de Médecine Tropicale Prince Léopold, National Straat 155, 2000 Antwerpen *1931*
Ecole des Hautes Etudes commerciales, 21, rue Sohet, 4000 Liège. *1898*
E : com.
Handelshogeschool [E. sup. de Commerce], 33, Korte Nieuwstraat, 2000 Antwerpen. *1933*
E : com (du soir).
Institut catholique des hautes Etudes commerciales de Bruxelles, 2, boulevard Brand Whitlock, 1150 Bruxelles. *1931*
I : com.
Institut d'Enseignement supérieur Lucien Cooremans, 11, place Anneessens, 1000 Bruxelles. *1911*
I : com (du soir).
E : trad-interp, adm (du soir), nor-techn.
Institut supérieur de Commerce St-Louis, 113, rue du Marais, 1000 Bruxelles. *1927*
I : com (du soir).
St. Aloysius Economische Hogeschool (E. sup. Economie), Broekstraat 113, 1000 Brussel.
Economische Hogeschool Limburg, Limburgse Universitaire Campus, Universiteitslaan, 3610 Diepenbeek.
Vlaamse Economische Hogeschool, Brabantstraat 228, 1030 Schaarbeek.
Provinciaal Hoger Instituut voor Bestuurswetenshappen (I. sup. d'Administration), Koningin Elisabethlei 18, 2000 Antwerpen.
Hoger Instituut voor Bestuurs- en Handelswetenschappen [I. sup. d'Administration et de Commerce], Trierstraat 94, 1040 Brussel. *1917*
I : adm, com (du soir).
Provinciaal Handels- en Taalinstituut (I. de Commerce et de Langues), Savaan-straat 27, 9000 Gent.
Katholieke vlaamse Hogeschool Hoger Technisch Instituut (I. sup. de Technologie), De Bomstraat 11, 2000 Antwerpen.
Hoger Rijksinstituut voor Toneel en Cultuurspreiding (I. sup. du Théâtre et de la Culture), Naamsestraat 54, 1000 Brussel.
Hoger Rijksinstituut voor Vertalers en Tolken (I. sup. de Traducteurs et d'Interprètes), Trierstraat 84, 1040 Brussel.
Institut supérieur de l'Etat de Traducteurs et d'Interprètes, 34, rue Joseph Hazard, 1180 Bruxelles.
Institut libre «Marie Haps» (Section langues et psychologie), 11, rue d'Arlon, 1040 Bruxelles. *1965*
Fondation Universitaire Luxembourgeoise, 140, rue des Déportés, 6700 Arlon.

Conférence des recteurs des Universités belges

Cette assemblée est constituée de huit personnes : les recteurs de la Rijksuniversiteit te Gent, de l'Université de L'Etat à Liège, de l'Université catholique de Louvain, de la Katholieke Universiteit te Leuven, de l'Université libre de Bruxelles, de la Vrije Universiteit te Brussel; d'un recteur de l'une des trois institutions universitaires suivantes : l'Université de l'Etat à Mons, la Faculté polytechnique de Mons, la Faculté universitaire catholique de Mons; d'un recteur de l'une des trois institutions universitaires suivantes : l'Universitaire Instelling te Antwerpen, le Rijksuniversitaire centrum te Antwerpen, les Universitaire Faculteiten Sint-Ignatius te Antwerpen.

La Conférence examine toutes les questions susceptibles d'avoir une incidence sur le fonctionnement des institutions universitaires belges ainsi que celles résultant de leur participation aux organismes de coopération universitaire internationale.

La Conférence élit son Président par roulement, pour l'année académique, au cours de la séance ordinaire d'octobre.

The Conference of Belgian University Rectors is constituted by the rectors of the Rijksuniversiteit te Gent, Université de l'Etat à Liège, Université catholique de Louvain, Katholieke Universiteit te Leuven, Université libre de Bruxelles, Vrije Universiteit te Brussel; by a rector from one of the three following institutions: Université de l'Etat à Mons, Faculté polytechnique de Mons, Faculté universitaire catholique de Mons; and by a rector from one of the three following institutions: Universitaire Instelling te Antwerpen, Rijksuniversitaire centrum te Antwerpen, Universitaire Faculteiten Sint-Ignatius te Antwerpen.

The Conference examines all questions likely to affect the functioning of the Belgian university institutions, as well as those arising from their participation in organizations for international university co-operation.

The Chairman of the Conference is elected in rotation for each academic year at its ordinary meeting in October.

Président (1975–76) : Maurice Welsch, Recteur de l'Université de l'Etat à Liège.

Fondation universitaire

Etablissement d'utilité publique créé par la Loi du 6 juillet 1920, la Fondation poursuit l'avancement de la science. Elle ne professe aucune doctrine d'ordre philosophique ou politique.

Les ressources de la Fondation sont affectées à l'octroi de subsides pour tous objets se trouvant étroitement en rapport avec le développement de la haute culture scientifique dans le pays et l'amélioration de l'enseignement supérieur.

La Fondation alloue notamment des subsides pour favoriser la publication d'ouvrages et de revues scientifiques et pour aider des associations méritant, par leur activité et leur esprit d'initiative, l'appui qu'elles sollicitent.

Elle accorde des bourses à des jeunes gens belges ayant terminé leurs études supérieures, afin de leur permettre de compléter leur formation dans des établissements scientifiques à l'étranger.

En 1936, la Fondation a créé un Bureau de Statistiques universitaires qui publie chaque année un volume donnant les statistiques de l'enseignement universitaire ainsi que celles des diplômes de fin d'études délivrés par les établissements belges recensés dans ledit volume.

La Fondation a aménagé un Club où les savants belges et étrangers ont l'occasion de se rencontrer et de s'entretenir de leurs travaux. Le Club dispose d'une bibliothèque, de plusieurs salons et salles de conférences, réservés aux sociétés savantes, d'une salle de restaurant, d'une vingtaine d'appartements où peuvent résider les membres belges et étrangers, à l'occasion d'un séjour à Bruxelles.

La Fondation universitaire a aménagé, 43 rue des Champs-Elysées, 1050 Bruxelles, un Hôtel de Sociétés scientifiques dans lequel un certain nombre de compagnies savantes ont installé, dans des locaux rationnellement équipés, le siège de leur secrétariat et leur bibliothèque, cependant qu'elles peuvent y tenir leurs réunions de conseils et de commissions.

Enfin, la Fondation collabore à la gestion des prix scientifiques suivants : Prix Scientifiques Louis Empain, Prix européens Emile Bernheim, Prix Fernand Collin.

The University Foundation, a public body, created by the law of 6 July, 1920 promotes the advancement of learning. It has neither philosophical nor political doctrine.

The resources of the Foundation are used to subsidize undertakings of various kinds which are closely concerned with the development of higher learning and culture in the country and with the improvement of higher education.

In particular, the Foundation allows grants to encourage the publication of learned works and reviews and to assist associations whose activities and spirit of initiative show them worthy of support. It gives scholarships to young Belgian graduates so that they may pursue their training in institutions abroad.

In 1936 the Foundation created a Bureau of University Statistics which publishes annually a volume of statistics on higher education and on degrees and diplomas awarded by Belgian institutions of higher education.

The Foundation has organized a Club where Belgian and foreign scholars can meet and discuss their work. The Club has a library, several lounges and lecture rooms reserved for the use of academic societies, a restaurant, and some twenty apartments where Belgian and foreign members visiting Brussels may stay.

The University Foundation has equipped a centre for scientific Societies (43, rue des Champs-Elysées, 1050 Bruxelles), where various academic bodies have installed their secretariats and libraries and where they can hold meetings of their boards and commissions.

Lastly, the Foundation helps to administer the award of the following academic prizes: Prix Scientifiques Louis Empain, Prix européens Emile Bernheim, Prix Fernand Collin.

Président (1975–76) : A. De Vrecker.
Secrétaire général: Marcel Grosjean.
11, rue d'Egmont, 1050 Bruxelles

Fondation Francqui

Etablissement d'utilité publique, la Fondation Francqui a pour objet de favoriser le développement du haut enseignement et de la recherche scientifique en Belgique, notamment en complétant à cet égard l'action de la Fondation universitaire et du Fonds national de la Recherche scientifique.

Elle décerne tous les ans le «Prix Francqui», d'un montant de 1.000.000 de francs, à un savant belge âgé de moins de cinquante ans, qui a apporté à la science une contribution importante dont la valeur a augmenté le prestige de la Belgique.

De plus, elle convie annuellement des savants belges et étrangers à donner, sous ses auspices, un enseignement en Belgique (Chaires Francqui). Elle peut en outre accorder discrétionnairement des subventions pour tout objet relatif au développement du haut enseignement ou de la recherche scientifique en Belgique.

The Francqui Foundation, a public body, seeks to encourage the development of higher education and research in Belgium, and in particular to complement the work of the University Foundation and the National Scientific Research Fund.

It awards the annual "Prix Francqui" (1,000,000 Frs), which goes to a Belgian scholar under 50 years of age who has enhanced Belgian prestige by making an important contribution to the advancement of learning.

Furthermore, every year it invites Belgian and foreign scholars to teach in Belgium under its auspices (Francqui Professorships). It may also, at its discretion, allow grants to finance work involving the advancement of higher education and research in Belgium.

Président: Robert Gruslin.
Secrétaire général: Marcel Grosjean.
11, rue d'Egmont, 1050 Bruxelles

Fonds national de la Recherche scientifique

Etablissement d'utilité publique, le Fonds national a pour but de favoriser la recherche scientifique en Belgique.

Les revenus du Fonds national sont affectés aux objets suivants : a) des subsides sont accordés à des savants ou à des chercheurs pour leur permettre de poursuivre leurs travaux; b) des subsides sont mis à la disposition de jeunes gens belges que leur valeur désigne à l'attention du Conseil et qui désirent se consacrer à la recherche scientifique; c) des subsides sont octroyés en vue de faciliter la présence de chercheurs belges à des Congrès se tenant à l'étranger; d) des subsides peuvent en outre être accordés discrétionnairement par le Conseil pour tout objet qui se trouve étroitement en rapport avec le développement de la recherche scientifique en Belgique.

The National Scientific Research Fund, a public body, seeks to promote scientific research in Belgium.

The revenue of the Fund is used in the following ways: a) grants are made to scholars and research workers to help them in the pursuit of their work; b) grants are made to young Belgians whose ability has been brought to the attention of the Council and who wish to devote themselves to scientific research; c) subsidies are given to assist Belgian research workers attend congresses abroad; d) subsidies may also be given at the discretion of the Council for other purposes closely related to the advancement of scientific research in Belgium.

Président: Mgr. E. Massaux.
Secrétaire général: P. Levaux.
5, rue d'Egmont, 1050 Bruxelles.

Universitas Belgica (IAUPL)
Secrétaire général: A. Hacquart.
43, rue des Champs-Elysées, Bruxelles 5.

Fédération belge des Femmes diplômées des Universités (IFUW)
Président: Mme S. Gilissen-Valschaerts.
Présidente (Rel. internat.): Mme Y. Cops-Benker.
45, avenue Legrand, 1050 Bruxelles.

Entr'aide universitaire mondiale
Président du Comité belge: Prof. Edouard Maurice.
40, rue du Congrès, Bruxelles 1.
Mouvement des Etudiants universitaires belges d'Expression française—MUBEF
61, rue Belliard, Bruxelles 4.
Vereniging der Vlaamse Studenten—VVS
Koopliedenstraat 20, Brussel 1.
Tourisme des Etudiants et de la Jeunesse MUBEF-YMCA, asbl.—TEJ
61, rue Belliard, Bruxelles 4.
Centre belge de Pax Romana
Président: Jean Ladrière.
Secrétaire: J. Vandewalle.
51, rue de la Madeleine, 1000 Bruxelles.
Conférence Olivaint de Belgique (Pax Romana)
Président: Jean-Jacques Masquelin.
Rue André Fauchille 12, 1150 Bruxelles.
Hoogstudenten Verbond voor Katholieke Aktie (Pax Romana)
Président: Vital Peeters.
Jan Stasstr. 2, 3000 Leuven.
Paroisse universitaire de Louvain (Pax Romana)
9, place Hoover, 3000 Louvain.
Fédération belge des Associations chrétiennes d'Etudiants—Belgische Christenstudentenvereniging (WSCF)
Secrétaire général: Hendrik Braem.
Dr. De Reusestraat 33, 9110 Sint-Amandsberg.
Union des Etudiants juifs de Belgique (WUJS)
89, Chaussée de Vleurgat, Bruxelles 5.

*

Ministère de l'Education nationale et de la Culture/Ministerie van Nationale Opvoeding en Cultuur
Cité Administrative de l'Etat, Bloc Arcades—4ᵉ etage, 1010 Bruxelles.
Commission nationale belge de l'Unesco
Ministère des Affaires étrangères, 2, rue Quatre Bras, 1000 Bruxelles.

BENIN—BENIN
PEOPLE'S REPUBLIC OF—REPUBLIQUE POPULAIRE DU

*Université Nationale du Bénin, B.P. 526, Cotonou. *1970*
F : sc, agr, let-ling-hum, sc jur-éco, adm, med, péd, phys.

Fédération béninienne des Associations chrétiennes d'Etudiants (WSCF)
Secrétaire général: Alexandre Awounou.
B.P. 34, Cotonou.
Ministère de l'Education nationale, de la Jeunesse et des Sports
Porto-Novo.

Commission nationale du Bénin pour l'Unesco
Ministère de l'Education nationale, B.P. 24, Porto-Novo.

BERMUDA—BERMUDES

Bermuda College, Devonshire. *1972, 1974*   D : *arts-sc, com-techn, hotel techn.*

Department of Education
Hamilton.

BOLIVIA—BOLIVIE

UNIVERSITIES AND TECHNICAL UNIVERSITIES— UNIVERSITES ET UNIVERSITES TECHNIQUES

Universidad Boliviana Autónoma Gabriel René Moreno, Plaza 24 de Septiembre, Casilla postal 702, Santa Cruz de la Sierra. (Sr. Secretario general). *1880, 1938*
F : dr-pol-soc, éco, vét.
E : agr, ba
I : techn.
Universidad Boliviana «Juan Misael Saracho», Casilla 51, Tarija. *1946*
F : sc exactes-nat, techn.
E : dent, inf, dr-pol-soc-éco.
Universidad Mayor de San Andrés, Avenida Villazón 1995, Cajón postal 3072, La Paz. *1830*
F : arc-arts, dr-soc, hum-éd, sc exactes-nat, techn, heal sc.
I : polytec, phy, ch, soc, ét boliviennes, hyd.
Universidad Boliviana Mayor de San Simón, Avenida Oquendo-Sucre, Cochabambal. *1832*
F : arc, bioch-phar, agr, éco, dr-soc-pol, méd, dent.
E : agr.
Universidad Mayor y Autónoma «Tomás Frias», Casilla 36, Potosi. *1892, 1937*
F : dr, éco, ing.
I : agr, com, aff soc & syndicalisme, tec.
A : ba, lang mod.
*****Universidad Boliviana Mayor, Real y Pontificia de San Francisco Xavier de Chuquisaca,** Casilla 212, Sucre. *1624*
F : dr-pol-soc, heal, sc.
D : lang mod, ba.
I : éco, socio, biol, rech cancer.
A : ballet.
Universidad Boliviana Técnica de Oruro, Casilla 49, Oruro. *1892, 1937*
F : techn, sc exactes-nat.
D : dr, éco, tour.
I : polytec.
Universidad Boliviana Técnica «José Ballivián», Trinidad-Beni. *1967*
F : zoo.
I : techn ind.
Universidad Católica Boliviana, Casilla 4805, La Paz. *1966*
D : éco, adm des aff, commun, phil, psyc.
I : rech psyc, rech socio.
E : ét coopératives.

OTHER INSTITUTIONS—AUTRES INSTITUTIONS

Technical Education—Enseignement technique

Escuela Industrial Superior de la Nación «Pedro Domingo Murillo», La Paz *1942*

Professional Education—Enseignement professionnel

Escuela Superior de Bellas Artes, La Paz. *1928*
Instituto Comercial Superior de la Nación, Calle Campero 94, La Paz. *1944*
Instituto Comercial Superior de la Nación «Federico alverez Plate», Cochabamba.
Escuela Nacional de Comercio, Santa Cruz.

Escuela Nacional de Enfermeria, Calle 16 de Julio 83, Obrajes, La Paz.

Conservatorio Nacional de Música, Avenida 6 de Agosto 2092, La Paz. *1908*

Teacher Training—Formation pédagogique

Escuela Nacional de Maestros «Mariscal Sucre», Sucre. *1909*
Escuela Normal Superior Técnica, La Paz. *1959*
Escuela Normal Urbana «Enrique Finot», Avenida «Ejército esq., Aba Barba», Santa Cruz. *1956*
Instituto Normal Superior «Simón Bolívar», La Paz. *1917, 1946*

Instituto Normal Superior de Educación Física, La Paz.
Escuela Normal Superior Católica, Cochabamba. *1949*
Instituto Superior de Educación, La Paz.
Instituto Superior de Educación Rural, Tarija.

Confederación Universitaria Boliviana
Casilla 3865, La Paz.
Federación Nacional Boliviana de Mujeres universitarias (IFUW)
Présidente: Dra G. M. de Guerra.
Présidente (Rel. internat): Marta Centellas.
Casilla 3625, La Paz.
Juventud Universitaria Católica (Pax Romana)
Casilla 106, Potosí.

Movimiento Estudiantil Cristiano de Bolivia (WSCF)
Correspondant: Rosa Quispe.
Centro Universitario Boliviana (WOJS)
Casilia 3865, La Paz.

*

Ministerio de Educación y Cultura
La Paz.
Comisión Nacional Boliviana de la Unesco
Ministerio de Educación y Cultura, La Paz.

BOTSWANA—BOTSWANA
REPUBLIC OF—REPUBLIQUE DE

University of Botswana and Swaziland, P.O. Box 157, Gaborone. (The Pro-Vice-Chancellor).

Department of Education
Mafeking.

BRAZIL—BRESIL

UNIVERSITIES—UNIVERSITES

Universidade Federal do Acre, Avenida Getúlio Vargas 660, 69900 Rio Branco, AC.
1970
D : éco, dr, soc, let, math, éd.
Universidade Federal de Alagoas, Praça Visconde de Sinimbu 105, 57000 Maceió, AL.
1961
I : biol, sc exactes, phil-hum, géosc, let-arts.
F : dr, éco-adm des aff, éd, gé civ, méd, dent.
Universidade do Amazonas, Rua José Parangua 200, 69000 Caixa postal 378, Manaus, AM. *1965*
F : éco, dr, ing, phar-dent, phil-sc-let, méd.
E : serv soc.
Universidade Federal da Bahia, Rua Professor Augusto Viana s/n, 40000 Salvador, BA.
1946
I : biol, phy, géosc, let, math, ch, sa.
F : arc, éco, dr, éd, phar, phil-hum, méd, dent.
E : adm, agr, ba, bibl, inf, vét, mus & art théât, nutr, polytec.
Universidade de Brasília, Campus Universitário, Asa Norte, 70000 Brasília, DF. *1961*
I : biol, hum, let, sc exactes, arts-arc.
F : dr-soc, méd, éd, techn, socio.
Universidade Estadual de Campinas, Cidade Universitária, Barão Geraldo, 131000 Campinas, SP. *1962*
I : biol, phil-hum, phy, math-stat-cal, ch, arts.
F : éd, ing, alim, méd; ing (Limeira); dent (Piracicaba).
***Pontifícia Universidade Católica de Campinas,** Rua Marechal Deodoro 1099, Caixa postal 317, 13100 Campinas, SP. *1955*
I : arts-commun, biol, sc exactes, hum, phil-théo, let, psyc.
F : bibl, éco-adm, dr, dent, serv soc, méd,
arc-urb, inf, éd, phys, sc techn.
C : com.
Conservatoire : mus.
Ce : inft.
Universidade de Caxias do Sul, Rua Francisco Getúlio Vargas, 95100 Caxias do Sul, RS.
1967
F : dr, éco-adm, inf, ing, phil-sc-let, éd, med; phil-sc-let (Lageado); let (Vacaria).
E : ba.
Universidade Federal do Ceará, Avenida da Universidade 2853 Benfica, 60000 Fortaleza, CE. *1954*
Ce : hum, sc, techn, agr-fish, heal, ét soc appl.
Universidade Federal do Espírito Santo, Rua Pietrangelo de Biase s/n, 29000 Vitória, ES.
1961
Ce : ét gén, ba, techn, bioméd, éd, phys, dr-éco.
I : techn.
Universidade Federal Fluminense, Rua Miguel de Frias 9, Icaraí, 24000 Niterói, RJ.
1960
Ce : et soc app, ét gén, sc méd-techn.
I : arts-commun soc, hum-phil, phy, géosc, let, math, ch-bioméd.
F : dr, éco-adm, éd, phar-bioch, méd, dent, vét.
E : inf, ing, serv soc, ing ind mét; serv soc (Campos).
Conservatoire : mus.
Universidade Gama Filho, Rua Manoel Vitorino 623-zc 13 Piedade, 20000 Rio de Janeiro, GB. *1972*
F : sc jur, éco, adm, phil-sc-let, serv soc, ing, méd.
Universidade Católica de Goiás, Rua 240 s/n, Setor Universitário, Caixa postal 86, 74000 Goiânia, GO. *1959*

D : phil-théo, dr, éd, let, hist-soc, serv soc, ba-arc, math-phy, éco-adm des aff, sc biol-de terre, inf-obst.
Universidade Federal de Goiás, Praça Universitária, Caixa postal 131, 74000 Goiânia, GO. *1960*
I : biol, hum-let, math-phy, pathologie trop, arts.
F : dr, éd, phar, méd, dent.
E : agr-vét, ing.
Conservatoire : mus.
Universidade do Estado da Guanabara Rua Turf Club. 5, 20000 Rio de Janeiro, GB. *1950*
I : méd soc, biol, hum, crim, ét éco-soc-pol, math-phy, ch, géosc, dess et arts app, psyc et commun soc.
F : inf, adm-fin, éco, méd, dr, ing, let-phil-éd, serv soc, dent.
Ce : biomed.
Universidade de Itaúna, Rua Silva Jardim 189, 35680 Itaúna, MG. *1966*
F : éco, dr, ing, phil-sc-let, dent.
Universidade Federal de Juiz de Fora, Rua Benjamin Constant 790, 36100 Juiz de Fora, MG. *1960*
I : biol-géosc, sc exactes, hum-let.
F : éco, dr, ing, phar-bioch, méd, serv soc, éd, dent.
Universidade Estadual de Londrina, 86100 Londrina, PR. *1971*
Ce : biol, hum-let, sc exactes, ét soc app, sa, commun, éd, techn, vét.
Universidade Mackenzie, Rua Itambé 45, São Paulo, SP. *1952*
E : ing.
F : arc, soc, let-éd, éco, adm des aff-comp, sc éco-adm, dr.
Universidade Federal do Maranhão, Praça Gonçalves Dias 351, 65000 São Luiz, MA. *1952*
I : phil-hum, let-ba, sc-nat.
F : éco, méd, dr, inf, phar, dent, serv soc, éd.
Universidade Estadual de Mato Grosso, 79100 Campo Grande, MT. *1970*
Ce : biol, ét gen, phys-sports, inft; péd (Corumbá, Aquidaúna, Dourados, Três Lagoas).
Universidade Federal de Mato Grosso, Avenida Fernando Correa s/n, 78000 Cuiabá, MT. *1970*
Ce : hum, sc exactes-techn.
D : let, dr, phy, ch, nat, ing, éd, comp, éco, serv, soc, géog, math.
Universidade Católica de Minas Gerais, Avenida Dom José Gaspar 500, Caixa postal 2686, 30000 Belo Horizonte, MG. *1958*
F : commun, inf-obst, dr, éco-comp, hum.
I : polytec, phil-théo, psyc, éd.
E : serv soc.
D : sc, dent.
Universidade Federal de Minas Gerais, Avenida Antonio Carlos, 6627, 30000 Belo Horizonte, MG. *1927*
I : biol, sc exactes-phy, géosc.
F : éco, dr, éd, phar-bioch, phil-hum, let, méd, dent.
E : arc, ba, bibl, inf, ing, vét, phys, mus.
Ce : plan rég-dév.
Universidade de Mogi das Cruzes, Avenida Dr. Candido Xavier de Almeida Souza 200, 08700 Mogi das Cruzes, SP. *1973*
Ce : hum, sc exactes-techn, sc bio-méd.
F : éd, éco-adm des aff, méd, dent, phys, ing, dr, commun, arc-urb, gé prod.
I : phil-soc, let-ba, biol, psyc, math-phy-ch.
E : inf.
Universidade Regional do Nordeste, Avenida Floriano Peixoto 718, 58100 Campina Grande, PB. *1966*
I : sc fond, hum, let.
F : adm, dr, éd, ch, serv soc, phil-sc, let.
Universidade Federal de Ouro Prêto, Praça Tiradentes 1420, 35400 Ouro Prêto, MG. *1969*
E : mine-mét, phar-bioch.
Universidade Federal do Pará, Avenida Governador Malcher 1192, 66000 Belém, PA. *1957, 1971*
Ce : sc exactes-nat, biol, phil-hum, let-arts, biomed, techn, socioéco, éd.
Universidade Federal da Paraíba, Avenida Getúlio Vargas s/n, 5800 João Pessôa, PB. *1955*
I : phil, hum, phy, let, math-ch, puériculture, biol.
F : éco, dr, éd, méd, dent; éco (Campina Grande), phar, bioch.
E : inf, serv soc; polytec (Campina Gran-

de); agr (Areia).

Universidade Católica do Paraná, Avenida Imaculada Conceição s/n, 80000 Curitiba, PR. *1960*
E : inf, serv soc.

Universidade Federal do Paraná, Praça Santos de Andrade, 80000 Curitiba, PR. *1912, 1974*
Sec : sc exactes, biol, hum-let-arts, éd, soc-éco-dr, techn, sc sa, agr.
Ce : phys.

Universidade de Passo Fundo, Avenida Brasil 743, 99100 Passo Fundo, RS. *1967*
I : sc exactes-géosc, biol, phil-hum, ba.
F : agr, éco-adm, dr, méd, dent, éd, phys.

*****Universidade Católica de Pelotas,** Rua Felix da Cunha 412, 96100 Pelotas, RS. *1960*
Ce : soc, éd-hum, sc exactes-techn, sc biol-sa.

Universidade Federal de Pelotas, Praça Sete de Julho 180, Caixa postal «E», 96100 Pelotas, RS. *1969*
I : biol, socio-pol, ba-mus.
F : agr-zoo, vét, sc dom, dr, dent, méd.
E : ba.
Conservatoire : mus.

Universidade Católica de Pernambuco, Rua do Príncipe 526, 50000 Boa Vista-Recife, PE. *1952, 1973*
Ce : théo-hum, techn-sc exactes, soc, éd.

Universidade Federal de Pernambuco, Cidade Universitária, 50000 Recife, PE. *1946*
I : biol, phil-hum, géosc, nutr, math, antib, micol.
F : arc, éco, dr, méd, dent; péd (Arcoverde).
E : adm, ing.

Universidade Federal Rural de Pernambuco, Rua Manoel de Medeiros s/n, Caixa postal 2071, Dois Irmãos, 50000 Recife, PE. *1955*
I : sc exactes, biol, hum.
E : agr, vét, sc dom.

Universidade Católica de Petrópolis, Rua Benjamin Constant 213, 25600 Petrópolis, RJ. *1961*
I : arts-commun, théo-phil-hum, sc exactes & nat.
F : dr, éco-comp-adm, éd.
E : ing, réhabilitation.
Ce : rech jur, rech tour, techn.

Universidade Metódista de Piracicaba, Caixa postal 68, 13400 Piracicaba, SP. *1881, 1974*
Ce : hum, sc app, sc exactes, biol.

Universidade Federal do Piauí, Campus Universitario, 64000 Terezina, PI. *1958*
I : hum-let, math-nat.
F : phil, dr, dent, méd, inf, éd, ét cath; adm (Parnaíba).

Universidade Estadual de Ponta Grossa, Praça Santos Andrade, 84100 Ponta Grossa, PR. *1970*
F : sc-let, éd, phar-bioch, dent, dr, éco-adm.

Universidade de Rio Grande, Rua Luiz Loréa 261, 96200 Rio Grande, RS. *1969*
Ce : sc exactes-techn, mar, let-arts, hum-soc, sc biol-sa.

Universidade Federal do Rio Grande do Norte, Avenida Hermes da Fonseca 780, 59000 Natal, RN. *1958*
I : biol, hum, let-arts, math-phy, ch.
F : phar, méd, éd, éco, adm-comp, dent, dr.
E : ing, serv soc.

Universidade Regional do Rio Grande do Norte, Praça Miguel Faustino s/n, 59600 Mossoró, RN. *1968*
I : hum, let-arts.
F : éco, éd, serv soc.

*****Pontifícia Universidade Católica do Rio Grande do Sul,** Avenida Ipiranga 6681, Caixa postal 1429, 90000 Pôrto Alegre, RS. *1948*
I : phil-hum, let-ba, psyc, théo, phy, math, géosc, ch, biol.
F : pol-éco-adm, dr, éd, méd, commun, zoo, ing, dent, serv soc comp; phil-let (Uruguaiana).

Universidade Federal do Rio Grande do Sul, Avenida Paulo Gama s/n, 90000 Pôrto Alegre, RS. *1938*
I : phy, math, arts, biosc, géosc, let, ch, bibl-doc.
F : agr-vét, arc, éco, dr, phar-bioch, phil, méd, dent.
E : arts, inf, ing, géol, phys.

*****Pontifícia Universidade Católica do Rio de Janeiro,** Rua Marquês de São Vicente 209, 20000 Rio de Janeiro, GB. *1946*
Ce : théo-hum, soc, tec-scq, heal, téléc, inft.
I : ing.

*Universidade Federal do Rio de Janeiro, Cidade Universitária, Ilha do Fundão, 20000 Rio de Janeiro, GB. *1920*
Ce : math-nat, let, phil-hum, dr-éco, sc sa, techn.
Universidade Federal Rural do Rio de Janeiro, Rodovia Presidente Dutra, KM-47, 24000 Itaguaí, RJ. *1944*
Cours : ing agr, for, vét, éd, sc dom, éd tec, ing ch, ch, sc agr, géol.
I : biol, math-phy-ch, soc, éd, techn vét, zoo, agr, for.
Universidade do Vale do Rio dos Sinos, Praça Tiradentes 35, Caixa postal 275, 93000 São Leopoldo, RS. *1969*
Ce : éd-hum, commun, bioméd, socio-jur, éco, tec, techn.
Universidade Católica do Salvador, Rua Campo Grande 7, Salvador, BA. *1961*
I : sc exactes & nat, phil-hum, let, mus, théo.
F : ed, inf, dr, éco, ing.
E : serv soc, adm des aff.
*Universidade Federal de Santa Catarina, Campus, Universitário da Trindade, 88000 Florianópolis, SC. *1968, 1970*
Ce : math-phy-ch, biol, let, hum, agr-zoo, techn, soc-éco, bioméd, éd, phys.
Universidade P/O Desenvolvimento do Estado de Santa Catarina, Avenida Rio Branco 164, Caixa postal D-34, 88000 Florianópolis, SC. *1965*
F : éd, ing, agr-vét.
E : adm, phys.
Ce : ét & rech péd.
Universidade Federal de Santa Maria, Rua Floriano Peixoto 1184, Caixa postal 248, 97100 Santa Maria, RS. *1960, 1970*
Ce : ét fond, techn, bioméd, sc rur, dr-éco-adm, arts, éd, phys.
Universidade Santos Dumont, Rua Moreira Salles 850, 35100 Governador Valadares, MG. *1969, 1976*
Ce : soc-lang-éd, biol, sc exactes.
I : techn.
E : ét tec, rech techn.
Universidade Federal de São Carlos, Avenida Washington Luiz Km 235, Caixa Postal 384, 13560 São Carlos, SP. *1960, 1969*
Ce : éd-hum, sc-techn.

D : techn d'éd.
Universidade Estadual Paulista «Julio de Mesquita Filho», Avenida Rio Branco 1210, Campos Elíseos, São Paulo, SP. *1976*
F : mus; méd-vét-agr-biol (Botucatu); ing (Guaratinguetá); phar-dent (Araraquara); phil-sc-let (Araraquara, Assis, Franca, Marília, Presidente Prudente, Rio Claro, São José do Rio Prêto); vét-agr (Jaboticabal); dent (Araçatuba, São José dos Campos).
Universidade de São Paulo, Cidade Universitária «Armando de Salles Oliveira», Caixa postal 8191, 00550 São Paulo, SP.
1934, 1970
I : biol (Ribeirão Prêto); biol, bioméd, phy, math-stat, géosc-astr, ch, psyc, rech techn, élec, gé nucl; phy-ch, math (São Carlos).
F : dr, méd, phil-let-hum, phar, dent, vét-zoo, sa publ, éd, éco-adm, arc-urb; méd (Ribeirao Prêto); dent (Bauru).
E : inf, ing, phys, commun-ba, agr; inf (Ribeirão Prêto); ing (São Carlos).
Pontifícia Universidade Católica de São Paulo, Monte Alegre 984, 05014 São Paulo, SP. *1946*
Ce : hum, éd, math-phy; biol-méd (Sorocaba).
F : phil-sc-let (2), théo, dr, gé ind; inf, méd (Sorocaba).
E : serv soc, adm des aff, éco-comp-act.
Universidade Federal de Sergipe, Rua Lagarta 952, 49000 Aracajú, SE. *1968*
I : biol, phil-hum-let-arts, ch, math-phy.
F : éco, dr, éd, méd, serv soc, dent.
Universidade de Uberlândia, Rua Machado de Assis 844, 38400 Uberlândia, MG. *1969*
F : éco, dr, ing, phil-sc-let.
E : méd, arts.
Universidade Federal de Viçosa, Avenida Peter Henry Rolfs s/n, 36570 Viçosa, MG. *1969*
I : sc exactes, biol, géosc, hum, let-arts.
E : agr, sc dom, for.
Universita de Santa Ursula, Rua Fernando Ferrari 75, 20000 Botafogo, RJ.
1938, 1970, 1975
Ce : théo-phil-soc, éd, biol-psyc, bibl-lit, sc exactes-techn, arc.
I : psyc app.

OTHER INSTITUTIONS—AUTRES INSTITUTIONS

Technical Education—Enseignement technique

Faculdade de Tecnologia, Rua Campos Salles, 17100 Bauru, SP. *1970*
Instituto Tecnólogico de Aeronáutica, 12200 São José dos Campos, SP. *1950*
Faculdade de Tecnologia Senador Flaquer, Praça Getulio Vargas s/n, 09000 Santo Andre, SP. *1974*
Faculdade de Tecnologia, Praça Cel. Fernando Prestes 30, 01124 São Paulo, SP. *1970*
Faculdade de Tecnologia, 18100 Sorocaba, SP. *1971*
Escola de Engenharia Kennedy, Avenida Amazonas 6252, 30000 Belo Horizonte, MG. *1966*
Escola de Engenharios de Operação Vale de Aço, Rodovia BR-381, Km 200, 35170 Coronel Fabriciano, MG. *1972*
Escola de Engenharia, Avenida Nicola Zarvos, 1925, 16400 Lins, SP. *1964*
Escola de Engenharia, Avenida Mons. Martinho Salgot s/n, 13400 Piracicaba, SP. *1968*
Escola de Engenharia Mauá, Estrada das Lagrimas 2035, 09500 São Caetano do Sul, SP. *1962*
Escola de Engenharia Veiga de Almeida, Rua São Francisco Xavier 124, 20000 Rio de Janeiro, GB. *1972*
Escola de Engenharia Electro-Mecánicà, Avenida Joana Angelica 200, 40000 Salvador, BA. *1934*
Escola de Engenharia, Avenida Marechal Deodoro 605, 12100 Taubaté SP. *1962*
Escola de Engenharia Industrial Avenida Barão do Rio Branco 882, 12200 São José dos Campos, SP. *1968*
Escola Federal de Engenharia, Rua Coronel Renno 7, Caixa postal 50, 37500 Itajubá, MG. *1913*
Escola Naval do Ministério da Marinha, Ilha de Villegagnon, 2000 Rio de Janeiro, GB. *1779*
Escola Superior de Química Oswaldo Cruz, Rua Brigadeiro Galvão 540, 01151 São Paulo, SP. *1967*
Escola Técnica Federal de Minas Gerais, Avenida Amazonas 7675, 30000 Belo Horizonte, MG. *1972*
Escola Técnica Federal do Paraná, Avenida Seite de Setembro 3165, 80000 Curitiba, PR. *1974*
Escola Técnica Federal Celso Suckow da Fonseca, Avenida Maracaná 229, 20000 Rio de Janeiro, GB. *1966*
Faculdade de Engenheiro Civil, Avenida Afonso Peña 592, 37130 Alfenas, MG. *1974*
Faculdade de Engenharia Civil, 14800 Araraquara, SP. *1969*
Faculdade de Engenharia, 27100 Barra do Piraí, RJ. *1968*
Faculdade de Engenharia, 14780 Barretos, SP. *1966*
Faculdade de Engenharia, Rua Campos Sales, 17100 Bauru, SP. *1967*
Faculdade de Engenharia, Avenida Antonio da Veiga, 140, 89100 Blumenau, SC. *1973*
Faculdade de Engenharia, Rua Domingos Diniz Moreira, 32000 Contagem, MG.*1966*
Faculdade de Engenharia Civil, Rua José Joaquim 36, 37500 Itajubá, MG. *1973*
Faculdade de Engenharia Industrial e Civil, Rua Alexandra Rodrigues Barbosa 45, 13250 Itatiba, SP. *1971*
Faculdade de Engenharia, Avenida Gov. Magalhães Pinto s/n, 35680 Itauna, MG. *1968*
Faculdade de Engenharia, Avenida Rio Grande s/n, 38300 Ituiutaba, MG. *1973*
Faculdade de Engenharia Química, Avenida Capitã Messias Ribeiro 625, 12600 Lorena, SP. *1970*
Faculdade de Engenharia Civil, Avenida Abilio A. Tavoro 2134, 26000 Nova Iguaçu, RJ. *1972*
Faculdade de Engenharia, 89200 Joinville, SC. *1965*
Faculdade de Engenharia General Robert Lisboa, Avenida Misistro Edgard Romero

807, 20000 Rio de Janeiro, GB. *1971*
Faculdade de Engenharia Souza Marquês, Avenida Ernani Cardoso 335, 20000 Rio de Janeiro, GB. *1967*
Faculdade de Engenharia de Operàçao Santa Cecilia, Rua Oswaldo Cruz 266, 11100 Santos, SP. *1971*
Faculdade de Engenharia Industrial, Avenida Oreste Romano 112, 09700 São Bernard do Campo, SP. *1946*
Faculdade de Engenharia, Praça Candido Días Castejon 75, 12200 São José dos Campos, SP. *1968*
Faculdade de Engenharia da Fundação Armando Alvares Penteado, Rua Alagoas 903, 01242 São Paulo, SP. *1967*
Faculdade de Engenharia de Operação, Avenida da Universidade s/n, 62100 Sobrel, CE. *1971*
Faculdade de Engenharia, Fazenda Tres Poços s/n, 27180 Volta Redonda, RJ. *1970*
Escola Politécnica de Pernambuco, Praça do Internacional 455, 50000 Recife, PE. *1912*
Centro de Tecnologia da Industria e Construção, Avenida Darcy Vargas 1200, 69000 Manaus, AM. *1974*
Centro de Educação Técnica da Utramig, Avenida Afonsa peña 3400, 30000 Bela Horizonte, MG. *1966*
Instituto de Ciências Exactas a Tecnológicas, Rua Vaz Caminha 259, 87100 Maringà, PR. *1971*
Instituto Nacional de Telecomunicações, Avenida João de Camargo 510, 37540, Santa Rita do Sapucai, MG. *1965*
Instituto Politécnico «Moura Lacerda», 14100 Ribeirão Prêto, SP. *1967*

Professional Education—Enseignement professionnel

Faculdades Integradas, Trav. Quintino Bocaiuva 1808, 60000 Belém, PA. *1974*
adm, comp, éco.
Faculdades Integradas, Rua Solon Fernandes 151, Vila Rosália, Guarulhos, SP. *1968*
F : dr, adm des aff, phys.
Faculdade Integrada de Ciências Biológicas, Rua PA Olegario Maciel 25, 37750 Machado, MG. *1974*
agr, sc, biol.
Faculdade Unidas Católicas de Mato Grosso, Rua 13 de Maio s/n, Caixa postal 801, 79100 Grande, MG. *1970*
F : phil-sc-let, dr, éco-comp-adm, soc.
Faculdades Integradas Augusto Motta, Avenida Paris 72, 20000 Rio de Janeiro, GB. *1972*
adm, comp, éco, dr, geog, hist, let, éd.
Faculdades Integradas Bennet, Rua Marques de Abrantes 55, 20000 Rio de Janeiro, GB. *1972*
adm, acr-urb, éco, dess, dr.
Faculdades Integradas Celso Lisboa, Rua 24 de Màio 797, 2000 Rio de Janeiro, GB. *1972*
adm, comp, let.
Faculdades Integradas Estacio de Sá, Rua Bispo 83, 20000 Rio de Janeiro, GB. *1970*
adm, éco, commun, dr, formation des exécutifs.
Faculdades Integradas do Instituto Metódista de Ensino Superior, Rua do Sacramento 230, 09700 São Bernardo do Campo, SP. *1971*
commun, ét soc, hist, let, éd, psyc.
Faculdades Integradas Alicantara Machado, Avenida Jabaquara 2180, 04046 São Paulo, SP. *1972*
commun, ét soc, let.
Faculdades Integradas Santo Antonio, Rua Imaculada Conceição 7, 01226 São Paulo, SP. *1973*
adm, sc, comp, ét soc, let, éed.
Faculdades Integradas, Avenida Guilherme Ferreira 217, 38100 Uberaba, MG. *1947*
dr, phys, gé civ, ét soc, dent, éd, psyc.
Faculdade de Ciências Administrativas, Rua Vereador P. de Carvalho 267, 27400 Barra Mansa, RJ. *1970*
Faculdade de Administração de Empresas, Rua São Paulo 728, 16100 Aračatuba (São Paulo) *1969*
Faculdade de Ciências Administrativas, Rua Aimores 1451, 30000 Belo Horizonte, MG *1960*

Curso de Administração do Instituto Champagnat de Estudos Superiores, Rua Prof. Estevão Pinto 400, 30000 Belo Horizonte, MG. *1974*
Faculdade de Administração de Empresas, Rua Para 918, 15800 Catanduva, SP. *1972*
Faculdade de Ciências Administrativas, Rua Barão do Rio Branco 1182, 89460 Canoinhas, SC. *1973*
Faculdade de Administração, Rua Barão do Rio Branco 374, 13360 Capivari, SP. *1972*
Faculdade de Administração, Rua Dom Bosco 35, 12700 Cruzeiro, SP. *1974*
Escola Superior de Administração, de Negócios e Gerencia, Rua Visconde de Ouro Prêto 91, 88000 Florianopólis, SC. *1966*
Escola de Administração, Rua 25 de Março 780, 60000 Fortaleza, CE. *1948*
Escola de Administração de Empresas, Campus Universitario, 38300 Ituiutaba, MG. *1970*
Faculdade de Administração de Empresas, Rua Tenente Navarro 350, 17200 Jahú, SP. *1972*
Faculdade de Administração, Rua Frei Rogeiro 596, 89600 Joaçaba, SC. *1972*
Faculdade de Ciências Administrativas, Rua São José 144, 89200 Joinville, SC. *1971*
Faculdade de Administração e Finanças, Praça Olegario Maciel 12, 37750 Machado, MG. *1972*
Faculdade de Administração e Finanças do Norte de Minas, Rua P. E. Champanhat 81, 39400 Montes Claros, MG. *1972*
Faculdade Olindense de Administração, Rua do Bonfim 37/67, 53000 Olinda, PE. *1972*
Faculdade de Administração de Empresas Amador Aguiar, Rua Narcisco Sturlini 883, 06000 Osasco, SP. *1972*
Faculdade de Administração de Empresas, Rua Arlindo Luz 800, 19100 Ourinhos, SP. *1970*
Faculdade de Administração, Rua Hélio Vergueiro Leite s/n, 13990 Pinhal, SP. *1972*
Faculdade de Ciências da Administração, Avenida Abdias de Carvalho s/n, 50000 Recife, PE. *1965*
Escola Brasileira de Administração Pública, Praia de Botafogo 190, 20000 Rio de Janeiro, GB. *1952*

Faculdade de Administração de Empresas do Alto Vale do Itajaí, Rua Julio Roussenq Filho 13, 89160 Rio do Sul, SC. *1967*
Escola de Administração de Empresas, Avenida Cardeal da Silva 132, 40000 Salvador, BA. *1972*
Escola de Administração de Empresas, Avenida Antonio de Cassia 472, 375 40 Santa Rita do Sapucaí, MG. *1971*
Faculdade de Administração de Empresas Senador Flaquer, Rua Senador Flaquer 438, 09000 Santo Andre, SP. *1969*
Faculdade de Administração de Empresas, Rua Armando de S. Oliveira 150, 11100 Santos, S.P. *1969*
Escola superior de Administração de Negócios, Avenida Oreste Romano 112, 09700 São Bernardo do Campo, SP. *1965*
Escola de Administração de Empresas Avenida Nove de Julho 2029, 01313 São Paulo, S.P. *1973*
Faculdade de Administração, Rua Alagoas 903, 01242 São Paulo, SP. *1973*
Faculdade de Administração de Empresas Luzwell, Avenida Chibaras 74/84, 04076 São Paulo, SP. *1972*
Faculdade de Administração São Marcos, Avenida Nazare 900, 04262 São Paulo, S.P. *1973*
Faculdade de Administração Hospitalar, Avenida Pompeia 1214, 05022 São Paulo, S.P. *1973*
Faculdade de Administração de Empresas e Ciências Contábeis Campos Salles, Rua Nossa Senhora da Lapa 284, 05073 São Paulo, SP. *1973*
Faculdade Espírito Santense de Administração, Rua Alsemo Serrot s/n, 29000 Vitória, ES. *1973*
Escola Superior de Agronomia do Espírito Santo, Rua Alto Universitario s/n, 29500 Alegre, ES. *1971*
Escola Superior de Agrimensura, Avenida Brasil 782, Araraquara, SP. *1965*
Escola Superior de Agrimensura de Minas Gerais, Rua Aquiles Lobo 524, 30000 Belo Horizonte, MG. *1966*
Escola Superior de Agricultura, Campus Universitario, 37200 Lavras, MG. *1908*
Escola Superior de Agricultura, BR-110,

Km—47, 59600 Mossoro, RN. *1968*
Escola Superior de Agronomia, Rua de Ginasio 791, 19700 Paraguaçu Paulista, SP.*1974*
Faculdade de Agronomia Luiz Meneghel, Rodovia Br. 369, Km-54-Saida P/Andira, 86360 Bandeirantes, PR. *1971*
Faculdade de Ciências Agrarias do Pará, Avenida Permetral s/n, 66000 Belém, PA. *1951*
Faculdade de Agronomia do Médio São Francisco, 48900 Juàzeiro, BA. *1961*
Faculdade de Agronomia e Zootecnica Manoel Carlos Gonçalves, Avenida Helio Vergueiro Leite s/n, 13990 Pinhal, SP. *1969*
Faculdade de Agrimensura, Avenida des Academicos 1, 13630 Pirassununga, SP. *1972*
Faculdade de Arquitetura, Rodovia Benjamin Ielpo, Km—11, 27100 Barra do Piraí RJ. *1968*
Faculdade Canoense de Arquitetura e Urbanismo, Avenida Iconfidencia 1231, 92000 Canõas, RS. *1974*
Faculdade de Arquitetura e Urbanismo, Rua Uranos 721, 20000 Rio de Janeiro, GB. *1971*
Faculdade de Arquitetura e Urbanismo, Rua Sete de Setembro 34, 11100 Santos, SP. *1970*
Faculdade de Arquitetura e Urbanismo «Elma no Ferreira Velso», 12200 São José dos Campos, SP. *1969*
Faculdade de Artes e Communicaçoes, Rua Campos Salles 9–43, 17100 Bauru, SP.*1974*
Escola de Artes Plásticas, Rua Santa Catarina 466, 30000 Belo Horizonte, MG. *1954*
Escola Superior de Artes Santa Marcelina, Rua Dr. Costa Leite, 548, 18600 Botuacatu, SP. *1974*
Escola Superior de Artes Santa Cecilia, Rua 7 de Setembro 1121, 96500 Cachoeira do Sul, RS. *1957*
Faculdade de Artes Plásticas, Rua Osvaldo Cruz 266, 11100 Santos, SP. *1973*
Escola de Artes Plásticas Rua Alagoas 903, 01242 São Paulo, SP. *1963*
Faculdade Paulista de Arte, Rua Carlos Comenale 68, 01332 São Paulo, SP. *1957*
Escola de Artes Santa Marcelina, Rua Alberto Torres 164, 05013 Paulo, SP. *1957*
Escola de Belas Artes, Praça da Luz 2, 01120 São Paulo, SP. *1925*
Escola de Música e Belas Artes do Paraná, Rua Emiliano Perneta 179, 80000 Curitiba, PR. *1948*
Faculdade de Belas Artes, Rua Tupy Silveira 2099, 96400 Bagé, RS. *1961*
Escola de Biblioteconomia, Rua Barão de Piumhy 247, 37290 Formigà, MG. *1968*
Escola de Biblioteconomia e Documentação, Rua Marechal Deodoro 2069, 13560 São Carlos, SP. *1959*
Escola de Biblioteconomia, Rua General Jardim 522, 01223 São Paulo, SP. *1940*
Faculdade de Ciências, Via Conselheiro Antonio Prado s/n, 14780 Barretos, SP. *1969*
Faculdade de Ciências, Rua Campos Salles 9–43, 17100 Bauru, SP. *1969*
Faculdade de Ciências e Educação, Campus Universitario, 88800 Criciúma, SC. *1970*
Faculdade de Ciências e Pedagogia, Rua Lauro Muller s/n, 88500 Lages, SC. *1970*
Faculdade de Ciências e Pedagogia, Rua Acacio Morena 787, 88700 Tubarão, SC. *1970*
Institut de Ciências Aplicadas, 13480, Limeira, SP. *1970*
Faculdade integrada de Ciências Biológicas, Rua P. A. Olegario Maciel 25, 37750 Machado, MG. *1973*
Faculdade de Ciências Biologicas, Avenida Padre Alarico Zacharias 250, 13600 Araras, SP. *1975*
Faculdade de Ciências Exactas, Administrativas e Sociais, Avenida w/s Q 505 M4 SGA/-SUL, 7000 Brasília, DF. *1973*
Faculdade de Ciências Contábeis, Rua João Pinheiro 286, 35300 Caratinga, MG. *1972*
Faculdade de Ciências Contábeis do Litoral Santista, Avenida Nove de Abril 1811, 11500 Cubatão, SP. *1972*
Faculdade de Ciências Contábeis, Avenida João Barth, s/n, 18200 Itapetininga, Sp. *1966*
Faculdade de Ciências Contábeis, Avenida Internacional 3000, 17780 Lucélia, SP. *1972*
Faculdade de Ciências Contábeis, Rua Antonio Carlos 381, 35430 Ponte Nova, MG. *1973*
Faculdade de Ciências Contábeis, Rua 1, 15, 13500 Rio Claro, SP. *1972*
Faculdade de Ciências Contábeis da Funda-

ção Visconde de Cairu, 40000 Salvador, BA. *1966*
Faculdade de Ciências Contábeis, Rua Galvão Costa, 96800 Santa Cruz do Sul, RS. *1964*
Faculdade de Ciências Contábeis, Rua Mons José Gerardo F. Gomes s/n, 62100 Sobral, CE. *1970*
Escola de Ciências Contábeis, Rua Tres Poços s/n, 27180 Volta Redonda, RJ. *1975*
Faculdade de Ciências Contábeis e Atuariais da Alta Noroeste, Avenida Cussy de Almeida 187, 16100 Araçatuba, SP. *1974*
Faculdade de Ciências Administrativas e Contábeis, Avenida de 9 de Julho 288, 12940 Atibaia, SP. *1972*
Faculdade de Ciências Contábeis e Administrativas, Rua Tamoios 792, 30000 Belo Horizonte, MG. *1972*
Faculdade de Ciências Contábeis e Administrativas, Rua Costa Pereira 25, 29300 Cachoeiro do Itapemirim, ES. *1970*
Faculdade Camaquense de Ciências Contábeis e Administrativas, Rua Alvaro Macedo 105, 96180 Camaquã, RS. *1970*
Faculdade Canoense de Ciências, Administrativas e Contábeis, Avenida Inconfidencia 1231, 92000 Canõas, RS. *1972*
Faculdade de Ciências Contábeis e Administracão de Empresas C. Castelo Branco, Rua Metódista 51, 08200 Itaquera, SP. *1972*
Faculdade de Ciências Contábeis e Administrativas «Machado Sobrinho», Rua Constantino Paleta 203, 36100 Juiz de Fora, MG. *1969*
Faculdade de Ciências Contábeis e Administrativas, Rua Dom Bosco 265, 16400 Lins, SP. *1972*
Faculdade de Ciências Contábeis e Administração de Empresas, Rua Dr. J. A. Sampaio Vidal 618, 17500 Marília, SP. *1970*
Faculdade de Ciências Contábeis e Administrativas, 90000 Pôrto Alegre, RS. *1970*
Faculdade Pôrto-Alegrense de Ciências Contábeis e Administrativas, Avenida Arnaldo Bohrer 253, 90000 Pôrto Alegre, RS. *1971*
Faculdade de Ciências Contábeis e Administrativas «Moraes Junior», Rua Buenos Aires 283, 20000 Rio de Janeiro, GB. *1964*

Faculdade de Ciências Contábeis e Administracão de Empresas, Avenida Ernani Cardoso 345, 20000 Rio de Janeiro, GB. *1971*
Faculdade de Ciências Contábeis e Administrativas, Rua José Bonifacio 140, 20000 Rio de Janeiro, GB. *1974*
Faculdade de Ciências Contábeis e Administrativas Guerreiro Britto, Avenida Ministro Edgard Romero 807, 20000 Rio de Janeiro, GB. *1972*
Faculdade de Ciências Contábeis e Administrativas, Rua Dom Pedro 11, 400, 86600 Rolândia, PR. *1974*
Faculdade de Ciências Contábeis e Administrativas, 98800 Santo Ângelo, RS. *1969*
Faculdade de Ciências Contábeis e Administrativas, Rua Santos Dumont 820, 98900 Santa Rosa, RS. *1970*
Faculdade de Ciências Contábeis e Administrativas, Rua General Osorio 433, 13870 São João do Boa Vista, SP. *1973*
Faculdade de Ciências Administrativas e Contábeis Paulo Eiro, Rua Barão de Cotegipe 111, 04721 São Paulo, SP. *1972*
Faculdade de Administração e Ciências Contábeis, Tibiriça, Largo Sào Bento s/n, 01029 São Paulo, SP. *1972*
Faculdade de Ciências Administrativas e Contábeis Princesa Isabel, Avenida Irai 297, 04082 São Paulo, SP. *1973*
Faculdade de Ciências Administrativas e Contábeis Tabajara, Avenida Jandira 455, 04080 São Paulo, SP. *1972*
Faculdade de Ciências Contábeis e Administrativas de San Miguel Paulista, Rua Mario Rodrigues Fon 17, 08000 São Paulo, SP. *1972*
Faculdade de Ciências Contábeis e Administrativas, 18100 Sorocaba, SP. *1966*
Faculdade de Ciências Economicas e Administrativas, Rua Visconde do Rio Branco 210, 12100 Taubaté, SP. *1961*
Faculdade de Ciências Contábeis e Administrativas, 17600 Tupã, SP. *1970*
Faculdade de Ciências Contábeis e de Administração, Rua Catanduvas 173, 37100 Varginha, MG. *1970*
Faculdade de Ciências Contábeis e Administrativas, Rua Pernambuco 1624, 15500 Votuporanga, SP. *1973*

Escola Superior de Desenho Industrial, Rua Evaristo da Veiga 95, 20000 Rio de Janeiro, GB. *1963*
Faculdade de Desenho Plástica, Rua Francisco Tarsiã 773, 14400 Franca, SP. *1973*
Faculdade de Direito, 77100 Anápolis, GO. *1968*
Faculdade de Direito, Rua Mato Grosso 1146, 16100 Araçatuba, SP. *1971*
Faculdade de Direito, 14800 Araraquara, SP. *1970*
Faculdade de Dereito, Rua Tupy Silveira 2099, 96400 Bagé, RS. *1971*
Faculdade de Direito, 27400 Rua Vereador Pinho de Carvalho 267, Barra Mansa, RJ. *1966*
Faculdade de Direito, Praça 9 de Julho 1–51, 17100 Bauru, SP. *1953*
Faculdade de Direito, Avenida Miguel Cocicov s/n, 12900 Bragança Paulista, SP. *1966*
Faculdade de Direito, Avenida Antonio da Veiga 140, 89100 Blumenau, SC. *1968*
Faculdade de Direito do Distrito federal do Centro de Estudos universitários de Brasília, 70000 Brasília, DF. *1968*
Faculdade de Direito, 29300 Cachoeiro de Itapemirim, ES. *1965*
Faculdade de Direito de Campos, Rua Coronel Cardoso 349, 28100 Campos, RJ.
Faculdade de Direito do Instituto Ritter dos Reis, Rua 15 de Janeiro 500, 92000 Canoâs, RS. *1971*
Faculdade de Direito de Caruarú, Avenida Portugal, 55100 Caruarú, PE. *1959*
Faculdade de Direito de Colatina, 29700 Colatina, ES. *1967*
Faculdade de Direito, Praça Barão de Queluz 11, 36400 Conselheiro Lafaiete, MG. *1970*
Faculdade de Direito, Avenida Padre Cicero s/n, 63100 Crato, CE. *1974*
Faculdade de Direito, Cruz Alta, RS. *1969*
Faculdade de Direito, Rua Emiliano Perneta 268, 80000 Curitiba, PR. *1952*
Faculdade de Direito do Oeste de Minas, Rua Minas Gerais 900, 35500 Divinópolis, MG. *1966*
Faculdade de Direito, Avenida 14400 Major Ničacio 2377, Franca, SP. *1958*
Faculdade de Direito do Vale do Rio Doce, Rua Sete de Setembro 2479, 35100 Governador Valadares, MG. *1969*
Faculdade de Direito, Rua Dr. Solon Fernandes 155, 07000 Guarulhos, SP. *1968*
Faculdade de Direito, 18200 Itapetininga, SP *1968*
Faculdade de Direito, Rua São Sebastião 676, 35680 Itaúna, MG. *1966*
Faculdade de Direito, Praça de Independencia 151, 13300 Itú, SP. *1969*
Faculdade Estadual de Direito do Norte Pioneiro, 86400 Jacarèzinho, PR. *1968*
Faculdade de Direito Padre Anchieta, Rua Bom Jesus de Pirapora 140, 13200 Jundiaí, SP. *1969*
Faculdade de Direito, 17500 Marília, SP. *1970*
Faculdade de Direito, Avenida Colombo s/n, 87100 Maringá, PR. *1966*
Faculdade de Direito do Norte de Minas, Rua Coronel Celestino 75, 39400 Montes Claros, MG. *1965*
Faculdade de Direito, Avenida Marechal Floriano Peixoto 2370, 26000 Nova Iguaçu, RJ. *1974*
Faculdade de Direito, Rua de São Bento 200, 53000 Olinda, PE. *1971*
Faculdade de Direito, 06000 Osasco, SP. *1969*
Faculdade de Direito, 13990 Pinhal, SP. *1966*
Faculdade de Direito, 13400 Piracicaba, SP. *1970*
Faculdade de Direito do Sul de Minas, Avenida João Beraldo 430, 37550 Alegre, MG. *1960*
Faculdade de Direito, Praça Raul Furquin s/n, 19100 Presidente Prudente, SP. *1961*
Faculdade de Direito Cândido Mendes, Praça 15 de Novembro 101, 20000 Rio de Janeiro, GB. *1953*
Faculdade de Direito Cândido Mendes-Ipanema, Rua Visconde de Piraja 351, 20000 Rio de Janeiro, GB. *1974*
Faculdade de Direito, Rua Galvão Costa s/n, 96800 Santa Cruz do Sul, RS. *1969*
Faculdade de Direito de Santo Angelo, Rua Gaspar da Silveira Martins s/n, 98800 Santo Ângelo, RS. *1963*
Faculdade Católica de Direito, Avenida Conselheiro Nébias 589, 11100 Santos, SP. *1953*

Faculdade de Direito, Rua Java 425, 09700 São Bernardo do Campo, SP. *1965*
Faculdade de Direito, 13560 São Carlos, SP. *1968*
Faculdade de Direito, 13870 São João da Boa Vista, SP. *1967*
Faculdade de Direito do Vale do Paraíba, Praça Dias Castejon 116, 12200 São José dos Campos, SP. *1954*
Faculdade de Direito Riopretense, 15100 São José do Rio Prêto, SP. *1966*
Faculdade de Direito, Praça Melo Viana 20, 35700 Sete Lagoas, MG. *1970*
Faculdade de Direito, Rua Dr. Ursulina L. Torres 123, 18100. Sorocaba, SP. *1957*
Faculdade de Direito, Rua Conego Bernardino Vieira 09, 58800 Sousa, PB. *1971*
Faculdade de Direito, Parque Dr. Barbosa de Oliveira 285, 12100 Taubaté, SP. *1959*
Faculdade de Direito da Fundação Educacional Nordeste Mineiro, Rua Frei Dumas 11, 39800 Teófilo Otôni, MG. *1971*
Faculdade de Direito da Alta Paulista, 17600 Tupã, SP. *1970*
Faculdade de Direito, Rua Sargento Victor Hugo 161, 27600 Valençia, RJ. *1968*
Faculdade de Direito, Praça das Nações 108, 37100 Varginha, MG. *1966*
Faculdade de Ciências Jurídicas e Sociais, Rua Monsehor J. Augusto 204, 36200 Barbacena, MG. *1974*
Faculdade de Ciências Jurídicas e Sociais de Alto Vale de Itajaí, 88300 Iatjaí, SC. *1965*
Faculdade de Ciências Jurídicas e Sociais Vianna Junior, Avenida dos Andradas 415, 36100 Juiz de Fora, MG. *1970*
Faculdade brasileira de Ciências Jurídicas, Praça de República 54/62, 20000 Rio de Janeiro, GB. *1956*
Faculdade de Ciências Jurídicas Campo Grande, Rua Eng. Trindade 229, 20000 Rio de Janeiro, GB. *1975*
Faculdade de Ciências Jurídicas, Contábeis e Administrativas, Rua Cesario Galero 432, 03071 São Paulo, SP. *1972*
Conservatório Dramático e Musical, Avenida São João 269, 01035 São Paulo, SP. *1906*
Faculdade de Ciências Econômicas, Praça Getúlio Vargas 47, 97600 Alegrete, RS. *1964*
Faculdade de Ciências Econômicas, Avenida Juscelino Kubitschek s/n, 77100 Anápolis, GO. *1962*
Faculdade de Ciências Econômicas, Rua Rodrigues Alves, 16900 Andradina, SP. *1966*
Faculdade Estadual de Ciências Econômicas, Rua Elidio Stabile 379, 86800 Apucarana, PR. *1961*
Faculdade de Ciências Econômicas, Rua Tupy Silveira 2099, 96400 Bagé, RS. *1955*
Faculdade de Ciências Econômicas, 36200 Barbacena, MG. *1966*
Faculdade de Ciências Econômicas, Praça 9 de Julho, 17100 Bauru, SP. *1961*
Faculdade de Ciências Econômicas, Avenida Antonio de Veiga 140, 89100 Blumenau, SC. *1964*
Faculdade de Ciências Econômicas de Região dos Vinhedos, Avenida Oswaldo Aranha 540, 95700 Bento Gonçalves, RS. *1968*
Faculdade de Ciências Econômicas, Praça Antenor Santos Filho 44, 29700 Colatina, ES. *1970*
Faculdade de Ciências Econômicas, Praça Juarez Tavora 50, 63100 Crato, CE. *1960*
Faculdade de Ciências Econômicas, Rua Goias 1985, 35500 Divinópolis, MG. *1969*
Faculdade de Ciências Econômicas, Avenida Major Nicacio 2433, 14400 Franca, SP. *1951*
Faculdade de Ciências Econômicas do Sul de Minas, Avenida José Manoel Pereira 252, 37500 Itajubá, MG. *1965*
Faculdade de Ciências Econômicas, Rua São Sebastião 676, 35680 Itauna, MG. *1966*
Faculdade de Ciências Econômicas, 89200 Joinville, SC. *1965*
Faculdade de Ciências Econômicas, Rua Comendor Abel A. Fragata 58, 17500 Marília, SP. *1954*
Faculdade Estadual de Ciências Econômicas, Avenida Colombo s/n, 87100 Maringá, PR. *1960*
Faculdade de Ciências Econômicas, 58700 Patos, PB. *1969*
Faculdade de Ciências Econômicas «Dom Bosco», 27500 Resende, RJ. *1968*
Faculdade Católica de Ciências Econômicas, Avenida Joana Angelica 134, 40000 Salvador, BA. *1960*

Faculdade de Ciências Econômicas, 13870 São João da Boa Vista, SP. *1963*

Faculdade de Ciências Econômicas, Avenida Bady Bassitt 3777, 15100 São José de Rio Prêto, SP. *1962*

Faculdade de Economia «São Luis», Rua Haddok Lobo 400, 01414 São Paulo, SP. *1962*

Faculdade de Ciências Econômicas, Largo de São Francisco 19, 01005 São Paulo, SP. *1932*

Faculdade de Ciências Econômicas de Ribeirão Prêto, Rua Padre Euclides 995, 14100 São Paulo, SP. *1932*

Escola de Economia, Rua Julio de Castilhos 2084, 95600 Taquara, RS. *1969*

Faculdade de Ciências Econômicas, Avenida José Acacio Morena 787, 88700 Taubarão, SC. *1965*

Faculdade de Ciências Econômicas do Triângulo Mineiro, Avenida Leopoldino de Oliveira 389, 2° andar, C.P. 13, 38100 Uberaba, MG. *1966*

Faculdade de Ciências Econômicas, Praça Visconde do Rio Prêto 401, 27600 Valença, RJ. *1968*

Faculdade de Ciências Econômicas e Administrativas, Rua Voluntários da Pátria 1309, 14800 Araraquara, SP. *1968*

Faculdade de Ciências Econômicas e Administrativas, 18600 Botucatu, SP. *1970*

Faculdade de Ciências Econômicas e Administrativas, Avenida Pedro de Toledo 195, 12500 Guaratinguetá, SP. *1973*

Faculdade Municipal de Ciências Econômicas e Administrativas, Avenida Commandante Sampaio 285, 06000 Osasco, SP. *1965*

Faculdade de Ciências Econômicas e Administrativas, 19100 Presidente Prudente, SP. *1970*

Faculdade Municipal de Ciências Econômicas e Administrativas, Avenida Principe de Gales s/n, Nucleo Universidade ABC, 09000 Santo André, SP. *1954*

Faculdade de Ciências Comerciais e Administrativas, Rua da Constituição 374, 14000 Santos, SP. *1972*

Faculdade de Ciências Econômicas e Administrativas do Vale do Paraiba, Avenida São João 1500, 12200 São José dos Campos, SP. *1961*

Faculdade de Ciências Econômicas e Administrativas «D. Pedro», 01453 São Paulo, SP. *1968*

Faculdade de Ciências Econômicas, Administrativas e Contábeis de Tiradentes, Rua Lagarto 264, 49000 Aracajú, SE. *1972*

Faculdade de Ciências Economicas, Administrativas e Contábeis, 30000 Belo Horizonte, MG. *1966*

Faculdade de Ciências Econômicas, Administrativas, Contábeis e Atuariais da Reg Bragantina, Avenida Miguel Cocicov s/n, 12900 Bragança Paulista, SP. *1971*

Faculdade de Ciências Econômicas, Contábeis e Administrativas do Distrito Federal do Centro de Estudos Universitários de Brasília, 70000 Brasília, DF. *1968*

Faculdade de Ciências Econômicas, Contábeis e Administrativas, Rua Major Ouriques 2230, 96500 Cachoeira do Sul, RS. *1965*

Faculdade de Ciências Econômicas, Contábeis e Administrativas Prof. de Placido e Silva, Rua Carlos de Carvalho 129, 80000 Curitiba, PR. *1974*

Faculdade de Ciências Econômicas, Contábeis e Administrativas, Rua São Francisco 509, 98700 Ijuí, RS. *1971*

Faculdade de Ciências Econômicas, Contábeis e de Administração de Emprêsas Padre Anchieta, Caixa postal 240, 13200 Jundiaí, SP *1966*

Faculdade de Ciências Econômicas, Contábeis e Administrativas, Praça João Costa 37, 88500 Lages, SC. *1966*

Faculdade de Ciências Econômicas e Contábeis, Barão do Triunfo 1024, 97570 Sant'Ana do Livramento, RS. *1969*

Faculdade de Ciências Econômicas, Administrativas e Contábeis, Rua Itaiara 301, 26000 Nova Iguaçu, RJ. *1972*

Faculdade de Ciências Econômicas, Contábeis e de Administração de Emprêsas, 13400 Piracicaba, SP. *1964*

Faculdade de Ciências Econômicas, Contábeis e Administrativas Prof. Mario Henrique Simonsen, Rua Ibitiuva 151, 20000 Rio de Janeiro, GB. *1971*

Faculdade de Ciências Econômicas, Contábeis e Administrativas de Campo Grande,

Rua Engenheiro Trindade 229, 20000 Rio de Janeiro, GB. *1971*
Faculdade de Economia e Finanças, Praça da República 54/62, 20000 Rio de Janeiro, GB. *1916*
Faculdade de Ciências Econômicas e Comerciais, Rua Carvalho de Mendonça 140, 11100 Santos, SP. *1934*
Faculdade de Ciências Econômicas, Administrativas e Contábeis, Praça Frei Orlando 170, 36300 São João del Rei MG. *1972*
Faculdade de Economia e Finanças e Administração, Avenida Alberto Byington 2245, 02127 São Paulo, SP. *1942*
Faculdade de Ciências Econômicas, Administrativas e Contábeis, Trav. Alferes Patricio 207, 37950 São Sebastião do Paraíso, MG. *1971*
Faculdade de Ciências Contábeis, Econômicas e Administrativas, Rua Padre Anchieta 482, 89560 Videira, Sc. *1973*
Faculdade de Ciências Econômicas, Administrativas e Contábeis, Avenida Ruy Brouchardet s/n, 36520 Visconde do Rio Branco, MG. *1972*
Escola de Enfermagem Magalhães Barata, Travessa José Bonifácio 1289, 66000 Belém, PA. *1944*
Escola de Enfermagem São Vicente de Paulo, Avenida Imperador 1367, 60000 Fortaleza, CE. *1943*
Escola Superior de Enfermagem e Obstetricia Dom Epaminondas, Avenida João Pessoa s/n, 12500 Guaratinguetá, SP. *1973*
Escola de Enfermagem Wenceslau Braz, Avenida Cesário Alvim 492, 37500 Itajubá, MG. *1955*
Escola de Enfermagem Santa Emilia de Rodat, Praça Caldas Brandão s/n, 58000 João Pessoa, PB. *1959*
Escola de Enfermagem Hermantina Beraldo, Avenida Andradas 170, Palácio de Saúde, 2-andar, 36100 Juiz de Fora, MG. *1946*
Escola de Enfermagem, Rua Terezina 495, 69000 Manáus, AM. *1951*
Faculdade de Enfermagem Nossa Senhora Medianeira, Avenida Presidente Vargas 2377, 97100 Santa Marià, RS. *1955*
Escola Paulista de Enfermagem, Rua Napoleão de Barros 754, 04024 São Paulo,

SP. *1939*
Faculdade de Enfermagem São José, Rua Dr. Martinico Prado 71, 01224 São Paulo, SP. *1959*
Faculdade Adventista de Enfermagem, Est Itapeceria da Serra KM-23, 01000 São Paulo, SP. *1968*
Faculdade de Obstetricia, Avenida da Universidade, 62100 Sobral, CE. *1972*
Escola de Estatística da Bahia, Rua General Labatut 32, 40000 Salvador, BA. 1953
Escola Nacional de Ciências Estatísticas, Rua Andre Cavalcant, 106, 20000 Rio de Janeiro, GB. *1953*
Escola de Farmácia e Odontologia, Praça Emilio Silveira 45, 37130 Alfenas, MG. *1914*
Faculdade de Farmácia e Odontologia, Rua Expedicionários do Brasil 1621, 14800 Araraquara, SP. *1923*
Faculdade de Farmácia e Odontologia, Rua Tibiriça 714, 14100 Ribeirão Prêto, SP. *1924*
Faculdade de Farmácia e Bioquimicà do Espírito Santo, Avenida Cleto Nunes 433, 29000 Vitóriá, ES. *1967*
Faculdade de Jornalismo «Eloy de Souza», Rua Jundiaí 641, 59000 Natal, RN. *1963*
Escola de Ciências Médicas de Alagoas, Avenida Siqueira Campos 2095, 57000 Maceió, AL. *1970*
Faculdade de Medicina, Rua Monsenhor J. Augusto 204, 36200 Barbacena, MG. *1971*
Faculdade Estadual de Medicina do Pará, Trav. 14 de Abril s/n, 66000 Belém, PA. *1971*
Faculdade de Medicina de Minas Gerais, Almeda Ezequiel Dias 275, 30000 Belo Horizonte, MG. *1951*
Faculdade de Ciências Medicas e Biologicas, 18610 Botucatu, SP. *1963*
Faculdade Bandeirante de Medicina, Avenida Miguel Cocicov s/n, 12900 Bragança Paulista, SP. *1971*
Faculdade de Medicina, Avenida Juvencio Arruda 795, 58100 Campina Grande, PB. *1968*
Faculdade de Medicina, Rua Alberto Torres 217, 28100 Campos, RJ. *1967*
Faculdade de Medicina, Rua Monte Aprazi-

vel 297, 15800 Catanduva, SP. *1970*
Faculdade de Medicina, 37500 Itajubá, MG.
1968
Faculdade de Medicina, Rua Francisco Telles 250, 13200 Jundiai, SP. *1969*
Faculdade de Medicina, 17500 Marília, SP.
1967
Faculdade de Medicina de Norte de Minàs, Vila Mauriceia s/n, 39400 Montes Claros, MG. *1969*
Faculdade de Medicina do Paraná, 80000 Curitibá, PR. *1969*
Faculdade de Medicina, Avenida Duque de Caxias 250, 96100 Pelotas, RS. *1963*
Faculdade de Medicina, Rua Machado Fagundes 326, 25600 Petrópolis, RJ. *1967*
Faculdade católica de Medicina, Rua Sarmento Leite 245, 90000 Pôrto Alegre, RS.
1961
Faculdade de Ciências Médicas «Dr. Antônio Garcia Coutinho», Avenida Alfredo Custodio de Paula 320, 37550 Pouso Alegre, MG. *1969*
Faculdade de Ciências Medicas de Pernambuco, Rua Arnobio Marquês 310, 50000 Recife, PE. *1951*
Escola de Medicina da Fundação Educacional Souza Marquês, Rua do Catete 6, 20000 Rio de Janeiro, GB. *1970*
Escola de Medicina e Saúde Pública, Rua Frei Henrique 08, 40000 Salvador, BA.
1953
Faculdade de Medicina «ABC», 09000 Santo André, SP. *1969*
Faculdade de Ciências Médicas, 11100 Santos, SP. *1967*
Faculdade regional de Medicina, 15100 São José do Rio Prêto, SP. *1968*
Faculdade de Medicina de Santo Amaro, 03071 São Paulo, SP. *1970*
Faculdade de Ciências médicas de "Santa Casa de São Paulo", Rua Dr. Cesário Motta Júnior 112, 01221 São Paulo, SP. *1963*
Escola Paulista de Medicina, Rua Botucatu 720, 04023 São Paulo, SP. *1933*
Faculdade de Medicina, Avenida Tiradentes 500, 12100 Taubaté, SP. *1967*
Faculdade de Medicina, Avenida Alberto Torres 11, 27900 Teresópolis, RJ. *1970*
Faculdade de Medicina, Praça Manuel Terra s/n, 38100 Uberaba, MG. *1954*
Faculdade de Medicina, Praça Balbina Fonseca 186, 27600 Valença, RJ. *1968*
Faculdade de Medicina, Rua Dr. Joaquin Teixeira Leite 53, 27700 Vassouras, RJ.
1969
Escola de Medicina, Avenida N. Sra. da Penha s/n, Caixa postal 305, 29000 Vitória, ES. *1968*
Escola de Ciências Médicas, Avenida Paulo de Frontin 457, 27180 Volta Redonda, RJ.
1968
Museu histórico nacional, Rua Marechal Âncora s/n, 20000 Rio de Janeiro, GB.
1939
Faculdade de Música Pio XII, Rua Antônio Alves 12/66, 17100 bauru, SP. *1964*
Escola de Música, Rua Santa Catarina 466, 30000 Belo Horizonte, MG. *1954*
Faculdade de Música Santa Marcelinà, Rua Dr. Costa Leite 548, 18600 Botucatu, SP.
1963
Faculdade de Música São Domingos, Rua Tiradentes 190, 86300 Cornélio Procópio, PR. *1969*
Faculdade de Educação Musical de Paraná, Rua Treze de Maio 723, 80000 Curitiba, PR.
1968
Conservatório de Música «Alberto Nepomuceno», 60000 Fortaleza, CE. *1938*
Faculdade de Música «Mãe de Deus», Avenida São Paulo, 86100 Londrina, PR. *1965*
Conservatória de Música, Rua São Pedro 96, 24000 Niterói, RJ. *1965*
Faculdade Musical Palestrina, Rua Dr. Flôres 392, 90000 Pôrto Alegre, RS. *1938*
Academia de Música Lorenzo Fernandez, Rua da Lapa 120, 7-andar, 20000 Rio de Janeiro, GB. *1953*
Conservatório de Música, Avenida Paris 303, 20000 Rio de Janeiro, GB. *1969*
Conservatório Brasileiro de Música, Avenida Graça Aranha 57, 12–andar, 20000 Rio de Janeiro, G.B. *1936*
Escola de Música de Bahia, Rua Direito da Piedade 2, 40000 Salvador, BA. *1934*
Conservatório de Música, Rua Sete de Setembro 37, Santos, SP. *1965*
Instituto Musical Santa Marcelina, Rua Cardosa de Almeida 541, 05013 São Paulo,

SP. *1934*
Instituto Musical, Rua Glicerio 245, 01514 São Paulo, SP. *1963*
Faculdade de Música Carlos Gomes, Rua Pirapitingui 162, 01508 São Paulo, SP.*1962*
Faculdade Paulista de Música, Avenida Jabaquara 2180, 04046 São Paulo, SP.*1972*
Faculdade de Música Marcelo Tupinamba, Avenida Jabaquara 1552, 04046 São Paulo, SP. *1975*
Faculdade de Música Mozarteum, Rua Conego Eugenio Leite 568, 05414 São Paulo, SP. *1974*
Escola de Música do Espírito Santo, Rua Aleixo Neto 1060, 29000 Vitória, ES. *1971*
Instituto Estadual de Nutrição, Avenida Pasteur 44, 20000 Rio de Janeiro, GB.*1956*
Faculdade de Odontologia João Prudente, Avenida Universitaria Km–3, 77100 Anápolis, GO. *1971*
Faculdade de Odontologia, Rua José Bonifacio 1193, 16100 Araçatuba, SP. *1957*
Faculdade Bandeirante de Odontologia, Avenida Miguel Cocicov s/n, 12900 Bragança Paulista, SP. *1973*
Faculdade de Odontologia, Avenida Visc. de Alvarenga s/n, 28100 Campos, RJ. *1972*
Faculdade de Odontologia, Avenida Portugal, 55100 Caruaru, PE. *1959*
Faculdade federal de Odontologia, Rua Flória 187, 39100 diamantina, MG. *1954*
Faculdade de Odontologia, Rua Afonso Pena 631, 35680 Itaúna, MG. *1966*
Faculdade de Odontologia, Avenida Tiradentes s/n, C.P. 118, 76400 Lins, SP. *1954*
Faculdade de Odontologia, Rua Dr. Sylvio H. Braune s/n, 28600 Novo Friburgo, RJ.*1971*
Faculdade de Odontologia, Rua José Bongiovani 700, 19100 Presidente Prudente, SP. *1974*
Faculdade de Odontologia de Pernambuco, Avenida Gal Newton Cavalcanti 146, 54700 São Lourenço da Mata, PE. *1955*
Faculdade de Odontologia, Avenida Eng. Francisco José Longo 777, 12200 São José dos Campos, SP. *1960*
Faculdade de Odontologia da Fundação Educacional Dom André Arcoverde, 27500 Valença, RJ. *1968*
Faculdade de Odontologia, 27180 Volta Redonda, RJ. *1970*
Faculdade de Ciências Políticas e Econômicas, Rua Andrade Neves 308, 98100 Cruz Alta, RS. *1960*
Faculdade de Ciências Políticas e Econômicas, Praça 15 de Novémbro 101, 20000 Rio de Janeiro, GB. *1919*
Faculdade de Ciências Políticas e Ecônomicas do Rio de Janeiro—Ipanema, Rua Visconde de Piraja 351, 20000 Rio de Janeiro, GB. *1972*
Instituto de Psicologia, Rua Cel J. L. Ribeiro de Morais 279, 58000 João Pessoa, PB. *1972*
Escola de Reabilitação do Rio de Janeiro, Rua Jardim Botânico 660, 20000 Rio de Janeiro, GP. *1956*
Instituto de Ciências Sociais, Rua Dom Bosco 242, 13470 Americana, SP. *1972*
Escola de Serviço Social, Rua Padre Duarte 1463, 14800 Araraquara, SP. *1972*
Faculdade de Educação e Estudios Sociais, Rua Voluntarios da Patria 1309, 14800 Araraquara, SP. *1971*
Faculdade de Serviço Social, Praça 9 de Julho s/n, 17100 Baurú, SP. *1963*
Instituto de Ciências Sociais, EQS 704/904, BL A LOTES ABC, 70000 Brasília, DF. *1967*
Escola superior de Estudos Sociais, Rua Padre Galtone 112, 88350 Brusque, SC. *1973*
Instituto de Ciências Sociais do Paraná, Rua General Carneiro 216, 80000 Curitiba, PR. *1938*
Instituto superior de Estudos Sociais, Rua Marquês de Hervel 1216, 25000 Duque de Caxias, RJ. *1972*
Faculdade de Serviço Social de Santa Catarina, Rua Victor Konder 53, 88000 Florianópolis, SC. *1958*
Escola de Serviço Social, Avenida Barão de Studart 1685, 60000 Fortaleza, CE. *1950*
Faculdade de Serviço Social, Rua Dom Lucio 165, 16400, Lins, SP. *1958*
Faculdade de Serviço Social, Rua Boa Morte 1865, 13400 Piracicaba, SP. *1963*
Faculdade de Serviço Social, Avenida Rio Branco 243, 20000 Rio de Janeiro, GB. *1955*

Faculdade de Serviço Social Augusto Motto, Avenida Paris 72, 20000 Rio de Janeiro, GB. *1974*
Instituto Superior de Estudos Sociais Clovis Bevilacqua, Avenida Lusitania 169, 20000 Rio de Janeiro, GB. *1973*
Faculdade de Serviço Social, Rua Sete de Setembro 34, 11100 Santos, SP. *1970*
Faculdade Paulista de Serviço Social, Avenida Goiàs 2000, 09500 São Caetano do Sul. SP. *1966*
Faculdade Paulista de Serviço Social, Rua Conselheiro Brotero 1140 01232 São Paulo.

SP. *1940*
Faculdade de Serviço Social, 12100 Taubaté, SP. *1966*
Faculdade de Veterinária do Ceará, Avenida Paranjana, 60000 Fortaleza, CE. *1963*
Faculdade de Medicina Veterinaria e Agronomia, 14870 Jaboticabal, SP. *1966*
Escola de Medicina Veterinárià, Avenida Canões 2090, 88500 Lages, SC. *1973*
Escola de Medicina, Veterinária e Agronomià, Rua Antenor Navarro s/n, 58700 Patos, PB. *1971*

Teacher Training—Formation pédagogique

Faculdade de Educação, Avenida Doria 204, 19800 Assis, SP. *1971*
Faculdade de Educação Antonio A. Reis Neves, Rua 20, 283, 14780 Barretos, SP. *1973*
Curso de Educação do Instituto de Educação de Minas Gerais, Rua Pernambuco s/n,/Belo Horizonte. 30000 MG. *1970*
Faculdade de Educação do Distrito Federal, EQN 707/9, 70000 Brasília, DF. *1974*
Faculdade de Educação, Rua Duque de Caxias s/n, 65600 Caxias, MA. *1970*
Faculdade de Educação, Rua Conselheiro Franco 66, 44100 Feira de Santana, BA. *1968*
Faculdade de Educação de Santa Catarina, 88000 Florianópolis, SC. *1964*
Faculdade de Educaçao, Avenida Pédro de Toledo 195, 12500 Guaratinguetá, SP. *1974*
Faculdade de Educação São Luis, Rua Floriano Peixoto 839, 14870 Jaboticabal, SP. *1972*
Faculdade de Educação, Rua Dezessis s/n, 35930 João Monlevade, MG. *1972*
Faculdade de Educação, Rua São José 490, 89200 Joinville, SC. *1973*
Faculdade de Educação Padre Anchieta, Rua Dom Jesus de Pirapora 140, 13200 Jundiaí, SP. *1968*
Escola Superior de Educação da Funort, Rua Candido de Oliveira Ramos 142, 89500 Mafra, SC. *1973*
Faculdade de Educação, Rua Comendador Abel A. Fragata 58, 17500 Marília, SP. *1973*
Faculdade de Educação, Rua Augusto Chiesa 679, 15150 Monte Aprazivel, SP. *1973*
Faculdade de Educação, Rua Rangel Pestana 762, 13400 Piracicaba, SP. *1966*
Faculdade de Educação Jacobina, Rua São Clemente 77, 20000 Rio de Janeiro, GB. *1973*
Faculdade de Educação Osorio Campos, Rua Prof. H. a Rocha 809, 20000 Rio de Janeiro, GB. *1974*
Faculdade de Educação da Bahia, Rua Rocha Galvão 33, 40000 Salvador, BA. *1967*
Faculdade de Educação, Rua Inacío Ribeiro 62, 13670 Santa Rita do Passa Quatro, SP. *1972*
Faculdade de Educação, Rua Barão do Triunfo 1024, 97570 Santana do Livramento, RS. *1970*
Faculdade Adventista de Educação, Est Itapecerica da Serra 22900, 05859 São Paulo, SP. *1973*
Faculdade de Educação Campos Salles, Rua Nossa Senhora da Lapa 284, 05073 São Paulo, SP. *1971*
Faculdade de Educação Piratininga, Avenida Angelica 381, 01227 São Paulo, SP. *1972*
Escola superior de Educação Física e Técnicas Desportivas, Rua Bandeirantes s/n, 16900 Andradina, SP. *1973*
Escola superior de Educação Física e Tecnicas Desportivas, Rua Francisco Braga 414, 16100 Araçatuba, SP. *1971*

Escola de Educação Física, 19800 Assis, SP. *1970*

Escola superior de Educação Física, Praça Altino Arantes 163, 18700 Avare, SP. *1973*

Faculdade de Educação Física, Rua Tupy Silveira 2099, 96400 Bage, RS. *1973*

Faculdade de Educação Física, Rua João Gerin 275, 17340 Barra Bonita, SP. *1973*

Escola superior de Educação Física, 14300 Batatais, SP. *1970*

Escola de Educação Física, Praça 9 de Julho 1–51, 17100 Bauru, SP. *1952*

Escola superior de Educação Física do Pará, 66000 Belém, PA. *1970*

Faculdade de Educação Física e Desportos, Avenida Antonio de Veiga 40, 89100 Blumenau, SC. *1975*

Escola superior de Educação Física, Rua Ramiro Barcelos s/n, 96500 Cachoeira do Sul, RS. *1969*

Escola superior de Educação Física, Avenida Paulo de Farias s/n, 15800 Catanduva, SP. *1973*

Escola Superior de Educação Física e Desportos, Campus Universitario, 88800 Criciúma, SC. *1974*

Faculdade de Educação Física, Rua Andrade Neves 308, 98100 Cruz Alta, RS. *1972*

Escola superior de Educação Física, 12700 Cruzeiro, SP. *1970*

Escola de Educação Física e Desportos do Paraná, Avenida Victor do Amaral s/n, 80000 Curitibá, PR. *1942*

Escola Superior de Educação Física, Rua Paschoel Simone s/n, 88000 Florianópolis, SC. *1973*

Escola Superior de Educação Física, Avenida Anhanguera 1420, 74000 Goiânia, GO. *1963*

Escola de Educação Física, Rua Antonio Vieira de Moraes 443, 18200 Itapetininga, SP. *1971*

Faculdade de Educação Física, Praça Dr. Joaquim Nabuco s/n, 14870 Jaboticabal, SP. *1972*

Faculdade de Educação Física, Rua Cel J. L. Ribeiro de Morais 279, 58000 João Pessoa, PB. *1972*

Faculdade Estadual de Educacão Física Avenida Getulio Vargas 2, 86400 Jacarèzinho, PR. *1972*

Escola Superior de Educação Física, Rua Rodrigo S. de Oliveira s/n, 13200 Jundiaí, SP. *1974*

Faculdade de Educação Física, Rua Dom Bosco 265, 16400 Lins, SP. *1972*

Faculdade de Educação Fisica do Norte do Paraná, Rua Piauí 399, 86100 Londrino, PR. *1973*

Faculdade de Educação Física, Rua Comendador Abel A. Fragata 58, 17500 Marília, SP. *1971*

Escola Superior de Educação Física, Rua Barão de Souza, Leão 792, 50000 Recife, PE. *1946*

Escola superior de Educação Física, Rua Prof. Salatiel de Almeida 88, 37890 Muzambinho, MG. *1971*

Faculdade de Educação Física, Rua Rangel Pestana 762, 13400 Piracicaba, SP. *1971*

Instituto de Educação Física, Rua Cel Joaquim Pedro Salgado 80, 90000 Pôrto Alegre, RS. *1971*

Escola Municipal de Educação Física, Rua Prudente de Moraes s/n, 19100 Presidente Prudente, SP. *1971*

Faculdade de Educação Física de Guanabara, Avenida Santa Cruz 685, 200000 Rio de Janeiro, GB. *1973*

Escola Superior de Educação Física, Rua Galvão Costa s/n, 96800 Santa Cruz do Sul, RS. *1969*

Faculdade de Educação Física Alta Araraquarense, Rio Oito 854, 15777 Santa Fe do Sul, SP. *1972*

Faculdade de Educação Física, Avenida José Bonifacio 1392, 19360 Santo Anastácio, SP. *1971*

Escola Superior de Educação Física, Rua Amazonas 2000, 09500 São Caetano do Sul, SP. *1971*

Faculdade de Educação Física, Travesse Cisplatina 20, 09000 Santo André, SP. *1970*

Faculdade de Educação Física, Rua Arabutã 47, 11100 Santos, SP. *1969*

Escola de Educação Física, Rua S. Sebastião s/n, 13560 São Carlos, SP. *1949*

Faculdade de Educação Física, Rua Gustavo Teixeira 411, 18100 Sarocaba, SP. *1971*

Faculdade de Educação Física, Rua Professor

Oracy Gomes S/n, 18270, Tatué, SP. *1971*
Escola de Educação Física e Desportos, Praça Dr. Marcelino Monteiro 63, 12100 Taubate, SP. *1971*
Escola Superior de Educação Física da Alta Paulista, Rua Mandaguaris 274, 17600 Tupá, SP. *1970*
Escola de Educação Física, Rua 21 s/n, 27180 Volta Redonda, RJ. *1911*

General Education—Enseignement général

Faculdade de Educação, Ciências e Letras Marechal Castelo Branco, Avenida Santa Cruz 685, 20000 Rio de Janeiro, GB. *1973*
Faculdade de Educação, Ciências e Letras Mario Henrique Simonsen, Rua Ibitiuva 151, 20000 Rio de Janeiro, GB. *1972*
Faculdade de Educação, Ciências e Letras Notre Dame, Rua Barão da Torre 308, 20000 Rio de Janeiro, GB. *1973*
Faculdade de Educação, Ciências e Letras Olavio Bilac, Avenida Lusitania 169, 20000 Rio de Janeiro, GB. *1975*
Faculdade de Educação, Ciências e Letras Grande Rio, Rua Marquês de Herval 1216, 25000 Duque de Caxias, RJ. *1973*
Federação Estabelecimentos de Ensino Superior em Novo Hamburgo, Rua Maurício Cardoso 510, 93300 Novo Hamburgo, RS. *1970*
F : éd, comp, dess.
E : adm, jour, phys.
Faculdade de Ciências e Letras Plinio Augusto do Amaral, Rua Luiz Leite 232, 13900 Amparo, SP. *1971*
Faculdade de Ciências e Letras, Rua Antonio Ostrenski 272, 86800 Apucarana, PR. *1974*
Faculdade de Ciências e Letras, Avenida Washington Luiz 288, 13600 Araras, SP. *1974*
Faculdade de Ciências e Letras, Praça Attino Arantes 163, 18700 Avare, SP. *1969*
Faculdade de Ciências e Letras, Rua Conselheiro Rodrigues Alves 249, 12900 Bragança Paulista, SP. *1968*
Faculdade de Ciências e Letras, Avenida Comendador N. Marcondes 1972, 87300 Campo Mourão, PR. *1974*
Faculdade de Ciências e Letras, Rua Dom Jesus de Pirapora 140, 13200 Jundiaí, SP. *1973*
Faculdade de Ciências e Letras, Rua Arlindo Luz 800, 19900 Ourinhos, SP. *1972*

Faculdade de Ciências e Letras da Alta Sorocabana, Praça Raul Eurquin s/n, 19100 Presidente Prudente, SP. *1973*
Faculdade de Ciências e Letras, Rua Comendador João Ugliengo 12, 09400 Ribeirão Pires, SP. *1973*
Faculdade Paulistana de Ciências e Letras, Rua Madre Cabrini 36, 03071 São Paulo, SP. *1972*
Faculdade de Ciências e Letras Teresa Martín, Rua Antonieta Lettão 129, 02925 São Paulo, SP. *1971*
Faculdade de Ciências e Letras Geraldo Rezende, Rua General Francisco Glicerío 1095, 086 Suzano, SP. *1973*
Faculdade de Ciências e Letras, 15500 Votuporanga, SP. *1968*
Faculdade de Filosofia «Bernardo Sayão», Avenida Universitaria Km—3, 77100 Anápolis, GO. *1961*
Faculdade de Filosofia, de Campo Grande, Estrade da Caroba, 20000 Rio de Janeiro, GB. *1961*
Faculdade de Filosofia, Avenida Visc. de Alvarenga s/n, 28100, Campos, RJ. *1961*
Faculdade de Filosofia, Rua Coronel Antonio Luiz 1237, 63100 Crato, CE. *1960*
Faculdade de Filosofia do Ceará, Avenida Luciano Carneiro s/n, 60000 Fortaleza, CE. *1948*
Faculdade de Filosofia, Rua Dom Mandel 3, 60000 Fortaleza, CE. *1972*
Faculdade de Filosofia de Cidade de Goiás, Praça Desembargadora de Castro s/n, 76600 Goiás, GO. *1972*
Faculdade de Filosofia, Rua Major Porphirio Henriques 41, Caixa postal 11, Itaperuna, RJ. *1968*
Faculdade de Filosofia D. Aureliano Matos, Avenida Dom Aureliano 2058, 62930 Limoeira do Norte, CE. *1968*
Faculdade de Filosofia «Santa Dorotéa», Rua

Monsenhor Miranda 86, 28600 Nova Friburgo, RJ. *1967*
Faculdade de Filosofia, Avenida Juca Steckler s/n, 37900 Passos, MG. *1965*
Faculdade de Filosofia, Avenida Conde da Boa Vista 921, 50000 Recife, PE. *1940*
Faculdade de Filosofia, Rua Edmundo de Carvalho 800, 76200 Rio Verde, GO. *1973*
Faculdade de Filosofia «Nossa Senhora Medianeira», Km 26 da Via Anhanguera, Caixa postal 1187, 01000 São Paulo, SP. *1954*
Faculdade de Filosofia, Praça da Universidade s/n, 62100 Sobral, CE. *1961*
Faculdade de Filosofia Nossa Senhora Imaculada Conceicão, Rua Senador Salgado Filho 7427, 94400 Viamão, RS. *1957*
Faculdade de Filosofia e Letras, Rua de Glória 152, 39100 Diamantina, MG. *1968*
Faculdade de Filosofia, Ciências e Letras, 17800 Adamantina, SP. *1968*
Faculdade de Filosofia, Ciências e Letras, Rua Belo Amorim 100, 29500 Alegre, ES. *1973*
Faculdade de Filosofia, Ciências e Letras, Praça Getúlio Vargas 47, 97600 Alegrete, RS. *1970*
Faculdade de Filosofia, Ciências e Letras, Avenida 18 de Julho 210, 36660 Além Paraíba, MG. *1973*
Faculdade de Filosofia, Ciências e Letras, Rua Duque de Caxias 240, 37130 Alfenas, MG. *1972*
Faculdade de Filosofia, Ciências e Letras, Rua das Garças 290, 86700 Arapongos, PR. *1968*
Faculdade de Filosofia, Ciências e Letras «Rui Barbosa», Andradina, SP. *1970*
Faculdade de Filosofia, Ciências e Letras, Rua Mato Grosso 1141, 16100 Araçatuba, SP. *1967*
Faculdade de Filosofia, Ciências e Letras, 38440 Araguari, MG. *1968*
Faculdade de Filosofia, Ciências e Letras, Rua Luiz Colombo 115, 38180 Araxa, MG. *1973*
Faculdade Católica de Filosofia, Ciências e Letras, Rua Tupy Silveira 2099, 96400 Bagé, RS. *1959*
Faculdade de Filosofia, Ciências e Letras «Mater Divinae Gratiae», Rua Monsenhor J. Augusto 204, 36200 Barbacena, MG. *1966*
Faculdade de Filosofia, Ciências e Letras, Rua Vereador P. de Carvalho 267, 27400 Barra Mansa, RJ. *1971*
Faculdade de Filosofia Ciências e Letras, 27100 Barra do Piraí, RJ. *1968*
Faculdade de Filosofia, Ciências e Letras J. Olympio, Rua Dom Bosco 466, 14300 Batatais, SP. *1973*
Faculdade de Filosofia, Ciências e Letras «Sagrado Coração de Jesus», Rua Irmã Arminda, 17100 Bauru, SP. *1954*
Faculdade de Filosofia, Ciências e Letras, 14700 Bebedouro, SP. *1970*
Faculdade de Filosofia, Ciências e Letras, Avenida Antônio Carlos 521, 30000 Belo Horizonte, MG. *1964*
Faculdade de Filosofia, Ciências e Letras Newton de Paiva Ferreira, Avenida do Contorno 9384, 30000 Belo Horizonte, MG. *1972*
Faculdade de Filosofia, Ciências e Letras do Instituto Izabela Hendrix, Rua Bahia 2020, 30000 Belo Horizonte, MG. *1972*
Faculdade de Filosofia, Ciências e Letras, Rua Antonio da Veiga 140, 89100 Blumenau, SC. *1968*
Faculdade de Filosofia, Ciências e Letras, 37170 Boa Esperança, MG. *1973*
Faculdade de Filosofia Ciências e Letras, 18600 Botucatu, SP. *1963*
Faculdade Banderante de Filosofia, Ciências e Letras, Avenida Miguel Cocicov s/n, 12900 Bragança Paulsta, SP. *1974*
Faculdade de Filosofia, Ciências e Letras do Distrito Federal, EQN 707/9, 70000 Brasília, DF. *1968*
Faculdade de Filosofia, Ciências e Letras [Ferlagos], Avenida do Contorno s/n, 28900 Cabo Frio, RJ. *1974*
Faculdade de Filosofia, Ciências e Letras «Madre Gertrudes de São José», 29300 Cachoeiro do Itapemirim, ES. *1966*
Faculdade de Filosofia, Ciências e Letras, 96500 Cachoeira do Sul, RS. *1969*
Faculdade de Filosofia, Ciências e Letras, 58900 Cajazeiras, PB. *1970*
Faculdade de Filosofia, Ciências e Letras, Praça dos Estudantes 23, 36800 Carangola, MG. *1972*

Faculdade de Filosofia, Ciências e Letras, Avenida São José 49, 35300 Caratinga, MG. *1968*

Faculdade de Filosofia, Ciências e Letras, Rua Azevedo Coutinho, 55100 Caruarú, PE. *1961*

Faculdade de Filosofia, Ciências e Letras, Praça Santa Rita 340, 36770 Cataguases, MG. *1971*

Faculdade de Filosofia, Ciências e Letras, 15800 Catanduva, SP. *1967*

Faculdade de Filosofia, Ciências e Letras, Caixa postal 234, 29700 Colatina, ES. *1965*

Faculdade estadual de Filosofia, Ciências e Letras, Rua Portugal 340, 86300 Cornélio Procópio, PR. *1966*

Faculdade de filosofia, Ciências e Letras, Rua Andrade Neves 308, 98100 Cruz Atta, RS. *1969*

Faculdade de Filosofia, Ciências e Letras, Rua Dom Bosco 35, 12700 Cruzeiro, SP. *1972*

Faculdade de Filosofia, Ciências e Letras Tuiuti, Rua Fernando Simas s/n, 80000 Curitiba, PR. *1973*

Faculdade de Filosofia, Ciências e Letras, Avenida 21 de Abril 645, 35500 Divinópolis, MG. *1966*

Faculdade de Filosofia, Ciências e Letras, 17900 Dracena, SP. *1969*

Faculdade de Filosofia, Ciências e Letras, Rua Marechal Floriano 561, 25000 Duque de Caxias, RJ. *1972*

Faculdade de Filosofia, Ciências e Letras, Praça do Rosario 196–A, 37290 Formiga, MG. *1967*

Faculdade Francana de Filosofia, Ciências e Letras, Rua Campos Sales 217, 14400 Franca, SP. *1973*

Faculdade de Filosofia, Ciências e Letras, Rua Juiz de Paz J. de Lemos 695, 35100 Governador Valdares, MG. *1971*

Faculdade de Filosofia, Ciências e Letras, Rua Dr. Sales 166, 58200 Guarabira, PB. *1970*

Faculdade de Filosofia, Ciências e Letras, 875 Rua Presidente Zacarias, 85100 Guarapuava, PB. *1970*

Faculdade de Filosofia, Ciências e Letras «Farias Brito», 9000 Guarulhos, SP. *1970*

Faculdade de Filosofia, Ciências e Letras, Avenida D. Floriana s/n, 37800 Guaxupe, MG. *1964*

Faculdade de Filosofia, Ciências e Letras, Rua São Francisco s/n, Caixa postal 201, 98700 Ijuí, RS. *1957*

Faculdade de Filosofia, Ciências e Letras, 88300 Itajaí, SC. *1965*

Faculdade de Filosofia, Ciências e Letras, Rua José Joaquim 36, 37500 Itajubá, MG. *1965*

Faculdade Filosofia, Ciências e Letras, Avenida João Barth s/n, 18200 Itapetininga, SP. *1968*

Faculdade de Filosofia, Ciências e Letras, Rua Metodista 51, 08200 Itaquera, SP. *1971*

Faculdade de Filosofia, Ciências e Letras, Praça Siqueira Campos 145, 18460 Itararé, SP. *1973*

Faculdade de Filosofia, Ciências e Letras, Rua Alexandre Rodrigues Barbosa 45, 13250 Itatiba, SP. *1972*

Faculdade de Filosofia, Ciências e Letras, Rua Professor Francisco Santiago 275, 35680 itaúna, MG. *1966*

Faculdade de Filosofia, Ciências e Letras «Nossa Senhora do Patrocínio», Rua Madre Maria Basília 965, 13300 Itú, SP. *1959*

Faculdade de Filosofia, Ciências, Avenida Rio Grande s/n—Esq. c/Bahia, 38300 Ituiutaba, MG. *1970*

Faculdade de Filosofia, Ciências e Letras, Rua Domingos Ribeiro dos Santos 505, 14500 Ituverava, SP. *1971*

Faculdade estadual de Filosofia, Ciências e Letras, Avenida Getúlio Vargas 670, 86400 Jacarèzinho, PR. *1960*

Faculdade de Filosofia, Ciências e Letras, Rua 15 de Novembro 596, 96300 Jaguarão, RS. *1969*

Faculdade de Filosofia, Ciências e Letras de Jahú, 17200 Jahú, SP. *1966*

Faculdade de Filosofia, Ciências e Letras de Jales, 00313 Jales, SP. *1970*

Faculdade de Filosofia, Ciências e Letras, Rua Dr. Clementine S. Puppi s/n, 86900 Jandaia do Sul, PR. *1967*

Faculdade de Filosofia, Ciências e Letras, Rua São José 144, 89200 Joinville, CS.
1968
Faculdade de Filosofia, Ciências e Letras, Rua Pe. José Poggel 506, 37200 Lavras, MG.
1969
Faculdade «auxilium» de Filosofia, Ciências e Letras, Avenida Nicolau Zarvos 754, 16400 Lins, SP.
1957
Faculdade Salesiana de Filosofia, Ciências e Letras de Lorena, Rua Dom Bosco 284, Caixa postal 29, 12600 Lorena, SP. *1952*
Faculdade de Filosofia, Ciências e Letras Rua Ten Rui Lopes Ribeiro s/n, 18700 Macae, RJ. *1974*
Faculdade de Filosofia, Ciências e Letras «Prof. José A. Vieira», Rua P. A. Olegario Maciel 25, 37750 Machado, MG. *1968*
Faculdade de Filosofia, Ciências e Letras, Rua São Paulo 315, 86970 Mandaguari, PR.
1967
Faculdade de Filosofia, Ciências e Letras, Avenida Colombo s/n, 87100 Maringá, PR.
1966
Faculdade de Filosofia, Ciências e Letras, Rua Coronel Celestino 75, 39400 Montes Claros, MG. *1964*
Faculdade de Filosofia, Ciências e Letras «Santa Marcelina», Rua Barão do Monte Alto 2, 36880 Muriaé, MG. *1961*
Faculdade de Filosofia, Ciências e Letras, 2600 Nova Iguaçu, RJ. *1970*
Faculdade de Filosofia, Ciências e Letras, Avenida Barão do Rio Branco 145, 37570 Ouro Fino, MG. *1972*
Faculdade de Filosofia, Ciências e Letras de Palmas, 84670 Palmas, PR. *1969*
Faculdade de Filosofia, Ciência e Letras, Rua Provedor Randolpho Penna Júnior 300, 27860 Paraíba do Sul, RJ. *1971*
Faculdade Estadual de Filosofia, Ciências e Letras, Avenida Commendadór Correia Junior 81, Caixa postal 236, 83300 Paranaguá, PR. *1960*
Faculdade de Filosofia, Ciências e Letras, 87700 Paranavaí, PR. *1966*
Faculdade de Filosofia, Ciências e Letras, Rua Antenor Navarro s/n, 58700 Patos, PB.
1970
Faculdade de Filosofia, Ciências e Letras, Rua Irmão Exuperancio 18, 38700 Patos de Minas, MG. *1970*
Faculdade de Filosofia, Ciências e Letras, Praça Monsenhor J. Tiago 403, 38740 Patrocínio, MG. *1974*
Faculdade municipal de Filosofia, Ciências e Letras Avenida São José s/n, 16300 Penápolis, SP. *1967*
Faculdade de Filosofia, Ciências e Letras, Rua Rangel Pestano 762, 13400 Piracicaba, SP. *1971*
Faculdade de Filosofia, Ciências e Letras, Rua João Haiter 408, 18800 Pirajú, SP.
1975
Faculdade de Filosofia, Ciências e Letras, 37700 Poços de Caldas, MG. *1970*
Faculdade de Filosofia, Ciências e Letras Eugenio, Pacelli, Praça Dom Otavio 270, 37550 Pouso Alegre, MG. *1972*
Faculdade de Filosofia, Ciências e Letras, Avenida Barra Funda s/n, 19400 Presidente Venceslau, SP. *1972*
Faculdade de Filosofia, Ciências e Letras, Rua São Francisco Xavier 165, 11900 Registro, SP. *1972*
Faculdade de Filosofia, Ciências e Letras Dom Bosco, Estrada Resende/Riachuelo Km–1, 27500 Resende, RJ. *1973*
Faculdade de Filosofia, Ciências e Letras «Barão de Mauá», 14100 Ribeirão Prêto, SP.
1968
Faculdade de Filosofia, Ciências e Letras «Moura Lacerda», 14100 Ribeirão Prêto, SP.
1969
Faculdade de Filosofia, Ciências e Letras, Avenida Bandeirantes s/n, 14100 Ribeirão Prêto, SP. *1964*
Faculdade de Filosofia, Ciências e Letras, Anderson, Rua Barão de Mesquita 426/8, 20000 Rio de Janiero, GB. *1974*
Faculdade de Filosofia, Ciências e Letras Veiga de Almeida, Rua São Francisco Xavier 24, 20000 Rio de Janeiro, GB. *1974*
Faculdade de Filosofia, Ciências e Letras da Fundaçao Técnico educacional Souza Marquês, Avenida Ernani Cardoso 335, 20000 Rio de Janeiro, GB. *1968*
Faculdade de Filosofia, Ciências e Letras, 13720 Rio Pardo, SP. *1966*
Faculdade de Filosofia, Ciências e Letras

Carlos Queiroz, Avenida Tiradentes s/n, 18900 Santa Cruz do Rio Pardo, SP. *1971*
Faculdade de Filosofia, Ciências e Letras, Rua Joaquim de Souza Campos s/n, 18900 Santa Cruz do Rio Pardo, SP. *1972*
Faculdade de Filosofia, Ciências e Letras, Rua Galvão Costa s/n, 96800 Santa Cruz do Sul, RS. *1970*
Faculdade de Filosofia, Ciências e Letras **Imaculada Conceição**, Rua Andradas 1614, 97100 Santa Maria, RS. *1955*
Faculdade de Filosofia, Ciências e Letras **Dom Bosco**, Rua Santa Rosa 535, 98900 Santa Rosa, RS. *1970*
Faculdade de Filosofia, Ciências e Letras, Avenida Príncipe de Gales s/n, 09000 Santo André, SP. *1966*
Faculdade de Filosofia, Ciências e Letras, Campus da Fundames s/n, 98800 Santo Angelo, RS. *1970*
Faculdade de Filosofia, Ciências e Letras, Rua Pinheiro Machado 1577, 97700 Santiago, RS. *1969*
Faculdade de Filosofia, Ciêhcias e Letras, 11100 Rua Euclides da Cunha 247, Santos, SP. *1954*
Faculdade de Filosofia, Ciências e Letras, Rua Americo Brasiliense 449, 09700 São Bernardino do Campo, SP. *1971*
Faculdade de Filosofia, Ciências e Letras, Rua Riachuelo s/n, 97670 São Borja, RS. *1970*
Faculdade de Filosofia, Ciências e Letras, 09500 São Caetano do Sul, SP. *1969*
Faculdade de Filosofia, Ciências e Letras, Rua Cristião Osorio 10, 13870 São da Boa Vista, SP. *1971*
Faculdade Dom Bosco de Filosofia, Ciências e Letras, .Praça D. Helvécio 74, 36300 São João Del Rei, MG. *1954*
Faculdade de Filosofia, Ciências e Letras, 12200 São José dos Campos, SP. *1967*
Faculdade Riopretense de Filosofia Ciências e Letras, Rua Ipiranga 3460, 15100 São José do Rio Prêto, SP. *1972*
Faculdade de Filosofia, Ciências e Letras, Avenida Irmãs Cintra s/n, 18650 São Manuel, SP. *1973*
Faculdade de Filosofia, Ciências e Letras, **Castro Alves**, Rua Teodoro Sampâio 688, 05410 São Paulo, SP. *1972*
Faculdade de Filosofia, Ciências e Letras de **Moama**, Avenida Divino Salvador 12, 04078 São Paulo, SP. *1971*
Faculdade de Filosofia, Ciências e Letras **Nove de Julho**, Rua Diamantina 302, 02117 São Paulo, SP. *1972*
Faculdade de Filosofia, Ciências e Letras **Prof. Carlos Pasquale**, Rua Oriente 123, 03016 São Paulo, SP. *1972*
Faculdade de Filosofia, Ciências e Letras **Prof. Luiz Pardini**, Rua Bartolomeu Feio 267, 04580 São Paulo, SP. *1972*
Faculdade de Filosofia, Ciências e Letras **Santana**, Rua Altinopolis 147, 02334 São Paulo, SP. *1971*
Faculdade de Filosofia, Ciências e Letras **Santa Rita de Cassia**, Avenida Jacanã 648, 02273 São Paulo, SP. *1972*
Faculdade de Filosofia, Ciências e Letras de **Santa Amaro**, Rua Prof. Eneas de S. Neto 340, 01000 São Paulo, SP. *1970*
Faculdade de Filosofia, Ciências e Letras São **Judas Tadeu**, Rua Javari 433, 03166 São Paulo, SP. *1972*
Faculdade de Filosofia, Ciências e Letras São Marcos, Avenida Nazaré 900, 04262 São Paulo, SP. *1971*
Faculdade de Filosofia, Ciências e Letras **Tibiriça**, Rua Pamplona 1616, 01405 São Paulo, SP. *1972*
Faculdade de Filosofia, Ciências e Letras «**Oswaldo Cruz**», Rua Brigadeiro Galvão 540, 01151 São Paulo, SP. *1969*
Faculdade de Filosofia, Ciências e Letras do **Fundação Educacional «Monsenhor Messias»**, Praça Tiradentes 34, 35700 Sete Lagoas, MG. *1970*
Faculdade de Filosofia, Ciências e Letras, Avenida General Osório 35, Caixa postal 22–B, 18100 Sorocaba, SP. *1954*
Faculdade de Filosofia, Ciências e Letras, Rua Antonio Xavier de Freitas 2241, 18270 Tatui, SP. *1971*
Faculdade de Filosofia, Ciências e Letras, Rua Visconde do Rio Branco 22, 12100 Taubaté, SP. *1957*
Faculdade de Filosofia, Ciências e Letras, Rua Marcelo Guedes 50, 39800 Teofilo Otorig MG. *1966*

Faculdade de Filosofia, Ciências e Letras, Avenida Castelo Branco 289, 37410 Três Corações, MG. *1968*
Faculdade de Filosofia, Ciências e Letras de Tupà, 17600 Tupà, SP. *1968*
Faculdade de Filosofia, Ciências e Letras de Ubá, Praça São Januario 276, 36500 Ubá, MG. *1970*
Faculdade de Filosofia, Ciências e Letras Santo Tomás Aquino, Rua Manoel G. de Rezende s/n, 38100 Uberaba, MG. *1949*
Faculdade de Filosofia, Ciências e Letras, Praça Mascarenhas de Moraes s/n, 87500 Umuarama, PR. *1972*
Faculdade Estadual de Filosofia, Ciências e Letras de União da Vitória, Praça Coronel Amazonas s/n, Caixa postal 234, 84500 União da Vitória, PR. *1960*
Faculdade de Filosofia, Ciências e Letras, Praça Balbina Fonseca 186, 27600 Valença, RJ. *1965*
Faculdade de Filosofia, Ciências e Letras, Rua Dua Maria B. Rezende 78, 37100 Varginha, MG. *1966*
Faculdade de Filosofia, Ciências e Letras, Rua Gov. Luiz Monterra s/n, 27180 Volta Retonda, RJ. *1971*
Faculdade de Ciências Humanas, Rua Aimores 2679, 30000 Belo Horizonte, MG. *1971*
Faculdade Católica de Ciências Humanas, HC G/Norte s/n, 70000 Brasília, DF. *1974*
Faculdade de Ciências Humanas, Rodovia BR 381, Km 200, 35170 Coronel Fabriciano, MG. *1969*
Faculdade Anhanguera de Ciências Humanas, Praça Santo Afonso 733, 74000 Goiânia, GO. *1972*
Faculdade de Ciências Humanas, Rua 23 s/n, 35930 João Monlevade, MG. *1969*
Faculdade de Ciências Humanas, Avenida Formiga 175, 35595 Luz, MG. *1975*
Faculdade de Ciências Humanas, Largo da Misericordia s/n 53000 Olinda, PE. *1973*
Faculdade de Ciências Humanas, Rua Cantidio Drumond 92, 35430 Ponte Nova, MG. *1969*
Faculdade de Ciências Humanas Esuda, Rua Corredor de Bispo 175, 50000 Recife, PE. *1974*
Faculdade de Humanidades Pedro II, Rua Pirauba, 20000 Rio de Janeiro, GB. *1970*
Centro de Ciências Humanas e Sociais, Rua Mariz e Barros 612, 20000 Rio de Janeiro, GB. *1973*
Faculdade de Ciências Humanas e Exactas Tatuape, Rua Jacirendi 282, 03080 São Paulo, SP. *1972*
Faculdade Ibero-Americana de Letras e Ciências Humanas, Avenida Brigadeiro Luiz Antonio 871, 01317 São Paulo, SP. *1971*
Faculdade Ideal de Letras e Ciências Humanas, Avenida Angelica 1946, São Paulo, SP. *1973*
Faculdade de Relacões Publicas e Turismo de Brooklin, Rua Ribeiro do Vale 735, 04563 São Paulo, SP. *1975*
Faculdade de Turismo, Rua Conego Eugenio Leite 767, 05414 São Paulo, SP. *1973*
Faculdade de Turismo do Morumbi, Rua Visconde de Nacar 311, 05685 São Paulo, SP. *1971*
Faculdade de Turismo do Litoral Santista, Rua Ana Santos 101, 11100 Santos, SP. *1972*
Faculdade de Communicação Social Anhembi, Rua Casa do Ator 90, 04546 São Paulo, SP. *1970*
Faculdade de Comunicaçao Social Casper Libero, Avenida Paulista 900, 00310 São Paulo, SP. *1947*

Conselho de Reitores das Universidades Brasileiras (CRUB)

Le Conseil des Recteurs des Universités brésiliennes, établi en 1966, réunit en son sein les recteurs des universités brésiliennes (en qualité de membres effectifs), les exrecteurs (en qualité de membres coopérants) et des présidents et directeurs de fédérations, institutions d'enseignement supérieur comptant plus de trois facultés, écoles, etc. (en qualité de membres associés). Son but est de favoriser l'étude et la solution des problèmes posés par le développement des universités. Le Conseil élit tous les deux ans parmi ses membres effectifs un Président et un Directoire exécutif de quatre membres, et un

Conseil fiscal. Le Directoire exécutif, qui se réunit normalement six fois par an, propose aux membres du Conseil, lors des séances plénières qui ont lieu deux fois par an, des mesures et dispositions susceptibles de contribuer à la réalisation de ses objectifs. Il est responsable de l'exécution des décisions prises par le Conseil. Un Secrétaire exécutif est chargé de l'exécution, dans le détail, des plans et projets approuvés en séance plénière.

The Council of Brazilian University Rectors, set up in 1966, is composed of the rectors of the Brazilian universities (as full members), former rectors (as co-operating members) and presidents and directors of federations, institutions of higher education with more than three faculties or schools, etc. (as associate members). Its aim is to study and seek solutions to the problems created by university development. The Council elects biennially, from among its full members, a President, an Executive Board of four members, and a Finance Committee. The Board, which usually meets six times a year, makes recommendations to the members of the Council at their plenary meetings which take place twice a year, for furthering the aims of the Council. It is responsible for ensuring that the decisions of the Council are carried out. An Executive Secretary implements in detail the plans and projects approved at a Plenary Session.

Président (1975–77) : Delfim Mendes Silveira.
Secrétaire exécutif: Prof. Teodoro Rogério Vahl.
Avenida W–3 Norte, Quadra 516–Lote 9, Setor de Entidades de Utilidade Pública, 70000 Brasília, D.F.

Coordenaçâo do Aperfeiçoamento de Pessoal de Nivel Superior (CAPES)

Réorganisé en 1974, le CAPES est un organisme autonome du Ministère de l'Education et de la Culture. Son objet est de promouvoir le recyclage et le perfectionnement des cadres de haut niveau et, en particulier, des membres du corps enseignant, par l'octroi de bourses et de subventions à des centres ou à des cours d'études avancées, et notamment des subventions pour l'achat d'équipements spéciaux. Outre ses propres programmes il administre d'autres programmes financés par des organismes gouvernementaux et des institutions internationales ou étrangères. Le CAPES a un Conseil Administratif et un Directeur Général. Le Conseil se compose du Directeur Général de représentants du Ministère de la Planification et de la Coordination Générale, du Ministère de l'Extérieur, du Conseil National de la Recherche et du Département des Affaires Universitaires (du Ministère de l'Education et de la Culture) ainsi que de professeurs d'université et de savants.

Reorganized in 1974, CAPES is an autonomous agency of the Ministry of Education and Culture. It is destined to promote the further training of high-level personnel, especially academic staff, through scholarships and grants-in-aid to postgraduate centres and courses, including provision for the purchase of special equipment. In addition to its own programmes, it administers other projects financed by government agencies and international and foreign agencies. CAPES has a 9-member Administrative Council and a Director-General. The members of the Council are: the Director-General, representatives of the Ministry of Planning and General Co-ordination, the National Research Council and the Department of University Matters (of the Ministry of Education and Culture), Foreign Office and university professors and scientists.

Président du Conseil et Directeur Général: Dr. Darcy Closs.
SAS (Edificio ASCB), Quatra 6, Lote 4, Bloco L, 70000 Brasília, D.F.

Associação Brasileira de Mulheres Universitárias (IFUW)

Présidente: Marina S. de Lyra de Freitas.
Présidente (Rel. internat.): Dr. Alcina Koenow Pinheiro.
Praça Mahatma Gandhi, 2–5, 617, 20.000 Rio de Janeiro, GB.

União Nacional dos Estudantes do Brasil
Braia do Flamengo 132, Rio de Janeiro, GB.

Mesa Universitario de São Paulo (WUJS)

Avenida Paulista 726 60, São Paulo.

*

Instituto Brasileiro de Educação, Ciência e Cultura

Palácio Itamarati, Avenida Marechal Floriano 196, Rio de Janeiro, GB.

BRUNEI—BRUNEI

Maktab Perguruan Sultan Hassanal Bolkiah, Brunei (Sultan Hassanal Bolkiah Teachers' Training C.), Jalan Gadong, Brunei. *1956*

Department of Education
Brunei.

BULGARIA—BULGARIE

UNIVERSITIES—UNIVERSITES

*Sofiiski universitet «Kliment Ohridski» [U. de Sofia «Clément d'Ochrida»], Boulevard Ruski 15, Sofia. (M. le Recteur).   *1888*
F: phil-hist, phill slave et occidentale, géol-géog, dr, ch, phy, math.
*Plovdivski universitet «Paissii Hilendarski» (U. de Plovdiv «Paissii Hilendarski»), Rue Tzar Asséne 24, Plovdiv.   *1963, 1971*
F : math, nat.
*Vélikotarnovski universitet «Kiril i Metodi» (U. de Véliko-Tarnovo «Cyril et Méthode»), Rue Troudov front 3, Véliko-Tarnovo.   *1963, 1971*
F: hist, phill, ba.

OTHER INSTITUTIONS—AUTRES INSTITUTIONS

Technical Education—Enseignement technique

Visš himikotehnologičeski institut [I. sup. de Technologie chimique], Rue Guéorgui Dimitrov 4, Bourgas.   *1963*
Visš himikotehnoligičeski institut, Darvénitza, Sofia.   *1945*
F : techn org, techn inor & mét.
Visš institut po hranitelna i vkusova promišlenost [I. sup. d'Industrie alimentaire], Boulevard Vladimir I. Lénin 26, Plovdiv.   *1948, 1953*
Visš ingenerno-stroitelen institut [I. sup. du Génie civil], Boulevard Christo Smirnenski 2, Sofia.   *1942, 1953*
F: gé civ, hyd, arc, géod.
*Visš mašinno-elektrotehničeski institut [I. sup. électrotechnique et mécanique], Rua 19 February No 7, Sofia.   *1942,1953*
F : élec, méc, trans-commun, radio-electro, méc-énerg.

Visš mašinno-electrotehničeski institut, Rue V. Kolarov 1, Varna.   *1963*
F : méc-const nav, élec.
Visš minno-géoložki institut [I. sup. des Mines et de Géologie], Darvénitza, Sofia.   *1942, 1953*
F : mine, géol.
Visš mašinno elektrotehničeski institut, Rue Hadji Dimitr 4, Gabrovo.   *1964*
Visš institut po mašinostroene, mehanizacia i elektrifikacia na selkoto stopanstvo [I. sup. de Mécanisation et d'Electrification de l'agriculture], Rue Komsomolska 8, Roussé   *1953*
Visš lesotehničeski institut [I. sup. de Technologie forestière*)*, Rua Géliu Voivoda 10, Darvénitza, Sofia.   *1925, 1955*

Professional Education—Enseignement professionnel

*Visš ikonomičeski institut «Karl Marx» [I. sup. de Sciences économiques], Boulevard Rakovski 114, Sofia.   *1920*
F : éco gén, éco.
Visš finansovo-stopanski institut «D. A. Cenov» [I. sup. d'Economie et de Finances], Rue Emil Tchakarov 3, Svištov.   *1936*
D : comp, fin.
Visš institut za narodno stopanstvo «Dimitre Blagoev» [I. sup. d'Economie nationale], Rue V. Kolarov 1, Varna.   *1920*
Medicinska Akademijy [A. de Médecine],

Rue Sofiiski 1G, Sofia.
Branches at Varna, Plovdiv, and Pleven.
Selskostopanska Akademijy «Guéorgui Dimitrov» [A. de L'Agriculture], Sofia.
Branches at Plovdiv and Stara Zagora.

Teacher Training—Formation pédagogique

Visš institut za fizičeska kultura «Guéorgui Dimitrov» [I. sup. de Culture physique], Rue Tina Kirkova 35, Sofia. *1941*

Visš pedagogičeski institut [I. sup. de Pédagogie], Choumen. *1971*

General Education—Enseignement général

Visš institut za isobrazitelni izkustva «N. Pavlovič» [I. sup. des Beaux-Arts], Rue Sipka 1, Sofia. *1921, 1954*
F : ba, arts app.
Visš institut za theatralno izkustvo «Kristu Sarafov» [I. sup. d'Art dramatique], Rue G. S. Rakovski 180, Sofia. *1948*

Balgarska daržavna konservatoria [Conservatoire national bulgare], Rue Klement Gotvald 11, Sofia. *1921*
F : mus, théorie de la mus, compositeurs, chefs d'orchestre, chefs de chorale.
Visš muzikalno-pedagogičeski institut (I. sup. Musico-Pédagogie), Plovdiv. *1971*

National Student Council of Bulgaria—NSCB
11 Bul. Stamboliiski, Sofia.
Bureau d'Excursions internationales de la Jeunesse—BEIJ
10 Kaloyan, Sofia.

*

Comité d'Etat pour la Science, le Progrès Technique et l'Enseignement supérieur
Sofia.
Commission nationale pour l'Unesco
96b, rue Rakovsky, B.P. 386, Sofia.

BURMA—BIRMANIE

UNIVERSITIES AND UNIVERSITY INSTITUTIONS— UNIVERSITES ET INSTITUTIONS UNIVERSITAIRES

Arts and Science University of Rangoon, University P.O., Rangoon. *1920, 1964*
F : *arts, sc.*
Arts and Science University of Mandalay, University P.O., Mandalay. (The Registrar). *1958, 1964*
F : *arts, sc.*
Institute of Medicine I, Godwin Road, Rangoon. *1964*
Institute of Medicine II, Mingaladon P.O., Rangoon. *1964*
Institute of Medicine, Mandalay. *1964*
Institute of Education, University P.O., Rangoon. *1930, 1946, 1964*
Institute of Economics, University P.O., Rangoon. *1964*
Institute of Agriculture, Ye Zin, Pyinmana. *1937, 1946, 1958, 1964*
Institute of Animal Husbandry and Veterinary Science, Rangoon. *1964*
Rangoon Institute of Technology, Gyogon, Insein. *1964*
Bassein College, Bassein. *1958*
College of Dental Medicine, Shwedagon Pagoda Road, Rangoon. *1964, 1974*
Akyab College, Akyab.
arts, sc.
Magwe College, Magwe. *1955*
arts, sc.
Moulmein College, Moulmein. *1953*
arts, sc.
Myitkyina College, Myitkyina. *1963*
arts, sc.
Taunggyi College, Taunggyi. *1961*
arts sc.
Workers' College, Botataung Pagoda Road, Rangoon. *1964*
arts. sc.

OTHER INSTITUTIONS—AUTRES INSTITUTIONS

Technical Education—Enseignement technique

Government Technical Institute, Insein. *1890*
Government Technical Institute, Kalaw. *1968*
Government Technical Institute, Mandalay. *1955*

Professional Education—Enseignement professionnel

Institute of Para-Medical Sciences, General Hospital Compound, Rangoon. *1964*
State Agriculture Institute, Pyinmana. *1954*
State Agricultural Institute, Thaton. *1967*
Institute for Foreign Languages, University Avenue, Rangoon. *1963*

Teacher Training—Formation pédagogique

State Teachers' Training School, Bogalay. *1970*
State Teachers' Training College, Kanbe, Rangoon. *1947*

State Teachers' Training College, Mandalay
1952
State Teachers' Training College, Moulmein.
1953
State Teachers' Training School, Thegon, Prome District. *1965*
State Teachers Training School, Prome.
1968
State Teachers' Training School, Toungoo.
1967
State Teachers' Training School, Kyaukpyn.
1953
State Teachers' Training School, Meiktila.
1953
State Teachers' Training School, Myaungmya. *1953*
State Teachers' Training School, Myitkyina.
1962
State Teachers' Training School, Thinkangyun, Rangoon. *1969*
State Teachers' Training School, Sagaing.
1968
State Teachers' Training School, Taunggyi.
1964

The Universities' Central Council

The Council is composed of 30 members and formulates policy in matters of university expansion, planning and administration.

Le Conseil se compose de 30 membres et élabore la politique en matière d'expansion, de planification et d'administration universitaires.

Rangoon.

The Universities' Academic Council

The Council is composed of 45 members and formulates policy on academic matters and co-ordinates all academic matters between institutions of higher learning.

Le Conseil comprend 45 members et élabore la politique en matière d'enseignement et de recherche et assure la coordination entre les institutions d'enseignement supérieur.

Rangoon.

Student Christian Movement of Burma (WSCF)

Chairman: Dr. Hla Thwin.
General Secretary: Arthur Ko Lay.
601 Prome Road, Kamayut P.O., Rangoon.

*

Ministry of Education, Department of Higher Education
Rangoon.
Ministry of Union Culture
Rangoon.
Burmese National Commission for Unesco
Ministry of Education, Office of the Ministers, Rangoon.

BURUNDI—BURUNDI

*Université du Burundi, B.P. 1550, Bujumbura. (M. le Recteur). *1961*
F : phil-let, éco-soc, sc, dr, méd, agr.

Ecole normale supérieure, B.P. 1065, Bujumbura. *1975*
D : math-phy, bioch, phys-biol, Français-Anglais, Kirundi-Français, hist-géog, phy-techn.

Unirundi (IAUPL)
Président: Prof. F. Leroy.
B.P. 825, Usumbura.
Comité rundi de l'Entr'aide universitaire mondiale (WUS)
Président: Lazare Nzorubara.
Université officielle de Bujumbura, B.P. 1550, Bujumbura.

Ministère de l'Education Nationale et de la Culture
Bujumbura.
Commission nationale du Burundi pour l'Unesco
Ministère de l'Education nationale et de la Culture, B.P. 1990, Bujumbura.

*

CAMEROON—CAMEROUN

*Université de Yaoundé, B.P. 337, Yaoundé. (M. le Vice-Chancelier). *1961*
F : dr-éco, let-hum, sc.
Ecole nationale supérieure Agronomique, Yaoundé. *1960*
Ecole normale supérieure, B.P. 47, Yaoundé. *1961*
Institut d'Administration des Entreprises, Yaoundé. *1968*
Centre universitaire des Sciences de la Santel, B.P. 337, Yaoundé. *1968*
Ecole supérieure internationale de Journalisme de Yaoundé, B.P. 1180, Yaoundé. *1970*
Ecole nationale supérieure polytechnique, B.P. 337, Yaoundé. *1971*
Institut des Relations internationales du Cameroun, Yaoundé. *1971*
Institut International des Assurances, Yaoundé.
Ecole nationale d'Administration et de Magistrature, B.P. 1180, Yaoundé. *1959, 1962*
Ecole supérieure des Postes et Télécommunications, Yaoundé.
Ecole nationale Supérieure de Police, Yaoundé.
Institut national de la Jeunesse, des Sports et de l'Education populaire, Yaoundé.

Fédération des Mouvements des Elèves et Etudiants chrétiens du Cameroun (WSCF)
Correspondant: Rev. J. Samuel Zoe Aumônier.
B.P. 2082, Yaoundé.

Ministère l'Education, de la Jeunesse et de la Culture, Yaoundé.
Commission nationale de la République Unie du Cameroun pour l'Unesco
B.P. 1600, Yaoundé.

*

CANADA—CANADA

UNIVERSITIES AND—UNIVERSITES ET
OTHER INSTITUTIONS OF—AUTRES INSTITUTIONS
HIGHER EDUCATION (1)—D'ENSEIGNEMENT SUPERIEUR (1)

Acadia University, Wolfville, Nova Scotia BOP 1XO. (The Registrar). *1838, 1891*
F : *arts-sc.*
S : *bus, ed, eng, hom eco, mus, sec.*
C : *theo.*
Also 1 related college.
*University of Alberta, Edmonton, Alberta T6G 2E1. *1906*
F : *agr-for, arts, bus-com, dent, ed, eng, law, med, phar, phys, sc.*
S : *dent hyg, hom eco, lib, nurs, rehabilitation med.*
D : *Canadian st, cmty dev, fa, mus, prevet.*
C : *theo.*
Also 8 related colleges or schools.
Atlantic Institute of Education, Halifax, Nova Scotia B3J 1A4. (The Director). *1970*
F : *ed.*
*Bishop's University, Lennoxville, Quebec Tim 1Z7. *1843, 1953*
F : *bus, nat-math, hum-soc.*
S : *ed.*
D : *N. Am st, theo.*
Brandon University, Brandon, Manitoba R7A 6A9. *1899, 1967*
F : *arts, sc, ed.*
S : *mus.*
D : *gen st.*
*University of British Columbia, 2075 Wesbrook Place, Vancouver, British Columbia V6T 1W5. *1890, 1908, 1915*
F : *app sc, agr, arts, com-bus, dent, ed, for, law, med, phar, sc.*
S : *arc, hom eco, lib, nurs, phys, rehabilition med, soc w.*

D : *comty-reg plan, fa, mus.*
C : *theo.*
Also 5 related colleges or schools.
Brock University, Merrittville Highway, St. Catharines, Ontario L2S 3A1. *1962, 1964*
F : *arts-sc.*
S : *phys.*
D : *adm.*
C : *ed.*
*University of Calgary, 2920–24th Avenue, North West, Calgary, Alberta T2N 1N4. *1945, 1966*
F : *arts, bus, ed, eng, env des, fa, med, nurs, phys, sc, soc w.*
D : *mus.*
College of Cape Breton, P.O. Box 760, Sydney, Nova Scotia BIP 6J1. *1974*
F : *arts-sc.*
D : *tech.*
Also 3 related colleges or schools.
*Carleton University, Ottawa, Ontario K1S 5B6. *1942, 1952, 1957*
F : *arts, eng, sc.*
S : *arc, com, ind des, jour, publ adm, soc w.*
D : *Canadian st.*
*Concordia University, 1455 de Maisonneuve Boulevard West, Montreal, Quebec H3G 1M8. *1929, 1948, 1974*
F : *arts, com-adm, eng, fa, sc.*
D : *Canadian st, comp sc, wom st.*
*Dalhousie University, Halifax, Nova Scotia B3H 3J5. *1818*
F : *arts-sc, bus, dent, heal professions, law, med.*
S : *nurs, phys, physio.*
D : *ed, eng, lib, mus, soc w.*

(1) Excluding institutions granting degrees only in Theology.
(1) A l'exclusion des institutions ne conférant de grades qu'en Théologie.

C : *phar.*
Collège Dominicain de Philosophie et de Théologie, 96, avenue Empress, Ottawa, Ontario KlR 7G2. *1900, 1967*
F : *theo.*
D : *phil.*
I : *pastorale.*
University of Guelph, Guelph, Ontario N1G 2W1. *1864, 1964*
C : *agr, arts, hom eco, vet.*
S : *eng, hotel & food adm, landscape arc, phys.*
D : *Canadian st.*
University of King's College, Halifax, Nova Scotia B3H 2A1. *1789, 1802*
F : *arts, sc, theo.*
Also 1 related college or school.
Lakehead University, Oliver Road, Thunder Bay, Ontario P7B 5E1. *1948, 1962*
F : *arts, sc.*
S : *bus, eng, for, lib, nurs, phys.*
D : *ed.*
Laurentian University of Sudbury/Université Laurentienne de Sudbury, Ramsey Lake Road, Sudbury, Ontario P3E 2C6. *1913, 1960*
F : *arts, sc.*
S : *com, ed, lang, nurs, phys, soc w.*
Also 6 related colleges or schools.
***Université Laval,** Cité universitaire, Québec, Québec G1K 7P4. (M. le Registraire). *1852*
F : *adm, agr, arts, dr, éd, for-géod, gé, let, méd, phil, sa, sc, soc, théo.*
E : *arc, arts vis, dent, inf, mus, phar, psyc, serv soc.*
D : *catéchèse.*
University of Lethbridge, 4401 University Drive, Lethbridge, Alberta T1K 3M4. *1967*
F : *arts-sc, ed.*
D : *bus, fa, mus.*
***McGill University,** P.O. Box 6070, Station A, Montreal, Quebec H3C 3G1. *!831*
F : *agr, arts, dent, ed, eng, law, mangt, med, mus, theo, sc.*
S : *food sc, lib, nurs, phys & occp ther, soc w, arc, comp sc.*
D : *agr eng, Canadian st.*
Also 3 related colleges or schools.

***McMaster University,** Hamilton, Ontario L8S4L8. *1887, 1957*
F : *arts-sc, com, eng, med.*
S : *nurs, soc w.*
D : *mus, phys, Canadian st.*
C : *theo.*
Also 1 related college or school.
***University of Manitoba,** Winnipeg, Manitoba R3T 2N2. *1877*
F : *adm, agr, arc, arts-sc, dent, ed, eng, hom eco, law, med. phar.*
S : *fa, med rehabilitation, mus, nurs, phar, phys, soc w.*
D : *natural resources mangt, Canadian st, env.*
Also 6 related colleges or schools.
***Memorial University of Newfoundland,** Elizabeth Avenue, St. John's, Newfoundland A1C 5S7. *1925, 1949*
F : *arts, ed, eng, med, sc.*
S : *com, nurs.*
D : *for, phys, soc w.*
Also 3 related colleges or schools.
***Université de Moncton,** Moncton, Nouveau-Brunswick E1A 3E9. *1864, 1963*
F : *adm, arts, éd, sc.*
E : *sc dom, sc inf.*
D : *gé, psyc, soc.*
Egalement 3 collèges affiliés.
***Université de Montréal,** Case postale 6128, Montréal, Québec H3T 1J4. *1876, 1919*
F : *amen, arts-sc, dent, éd, dr, méd, mus, phar, théo.*
E : *adm, gén, nutr, optom, réadaptation, sa publ, vét.*
D : *bibl, biomed gén, hist des sc, inf, let, phil, phys, psyc, sc médié, trad, soc, urb.*
Egalement 2 collèges affiliés.
Mount Allison University, Sackville, New Brunswick E0A 3C0. *1840, 1858*
F : *arts-sc.*
D : *Canadian st, com, ed, eng, fa, mus, sec, theo.*
***Mount Saint Vincent University,** Halifax, Nova Scotia B3M 2J6. *1925, 1966*
D : *arts, bus, ed, hom eco, nurs, sc.*
***University of New Brunswick,** Fredericton, New Brunswick E3B 5A3. *1785, 1800, 1828, 1859*
F : *arts, ed, eng, for, law, nurs, sc.*

D : *bus adm, comp sc, phys.*
Also 2 related colleges or schools.
Notre Dame University of Nelson, Nelson, British Columbia V1L 3C7. *1950, 1963*
F : *arts-sc.*
S : *ed.*
D : *fa, heal record sc, sec arts.*
Also 1 related school.
Nova Scotia Agricultural College, Truro, Nova Scotia B2N 5E3. *1905*
D : *agr.*
Nova Scotia College of Art and Design, 5163 Duke Street, Halifax, Nova Scotia B3J 1N6.
1887, 1969
D : *fa, des.*
Nova Scotia Technical College, P.O. Box 1000, Halifax, Nova Scotia B3A 2X4.
1907
F : *arc, eng.*
***Université d'Ottawa/University of Ottawa,** Ottawa, Ontario K1N 6N5.
1848, 1866, 1965
F : *arts, dr can, dr civ, éd, méd, phil, psyc, sc, sc app, sc de la gestion, soc, théo.*
E : *crim, inf, phys.*
D : *arts vis, mus, sc dom, sc missionnaires.*
Egalement 3 collèges ou écoles affiliées.
***University of Prince Edward Island,** Charlottetown, Prince Edward Island C1A 4P3.
1834, 1855, 1969
F : *arts, ed, sc.*
D : *bus adm, eng, hom eco, mus.*
***Université du Québec,** 2875, boulevard Laurier, Québec, Québec G1V 2M3. *1968*
D : *adm, ba, bibl, dess, éd, gé, let, math, inf, psyc, récr, sc biol, sc hum, sc jur, sc phy, sc pures, sc sa, soc, théo, trav soc.*
E : *adm.*
I : *microb (Montréal), rech scq.*
Université du Québec à Chicoutimi, 930 est, rue Jacques-Cartier, Chicoutimi, Québec G7H 2B1.
Université du Québec à Montréal, 1187, rue de Bleury, Montréal, Québec H3C 3P8.
Université du Québec à Rimouski, 300, avenue des Ursulines, Rimouski, Québec G5L 3A1.
Université du Québec à Trois-Rivières, 3351, boulevard des Forges, Trois-Rivières, Québec G9A 5H7.

***Queen's University at Kingston,** Kingston, Ontario K7L 3N6. *1841*
F : *app sc, arts-sc, bus, law, med.*
S : *ed, nurs, phys, rehabilitation ther.*
D : *Canadian st.*
C : *theo.*
Also 1 related college.
***University of Regina,** Regina, Saskatchewan S4S 0A2. *1911, 1961, 1974*
F : *adm, arts-sc, ed, eng.*
S : *soc, w.*
D : *fa, lab tech, mus.*
Also 2 related colleges.
Ryerson Polytechnical Institute, 50 Gould Street, Toronto, Ontario M5B 1E8.
1948, 1971
F : *app arts, arts, bus, comty serv, techn.*
D : *jour, nurs, sec sc, soc serv.*
Collège Sainte-Anne, Church Point, Comté de Digby, Nouvelle-Ecosse. *1890, 1892*
F : *arts-sc, éd.*
D : *ét canadiennes.*
***St. Francis Xavier University,** Antigonish, Nova Scotia B0H 1C0. *1853, 1866*
F : *arts-sc*
S : *nurs.*
D : *bus, ed, eng, hom eco, sec arts.*
Also 1 related college.
***St. Mary's University,** Halifax, Nova Scotia B3H 3C3. *1802, 1841*
F : *arts-sc, com.*
S : *ed, eng.*
C : *theo.*
Also 2 related colleges.
Université Saint-Paul/Saint Paul University, 223, rue Main, Ottawa, Ontario K1S 1C4.
1965
F : *dr can, phil, théo.*
D : *commun soc, ét pastorale, sc missionnaires.*
Egalement 2 collèges ou écoles affiliées.
***University of Saskatchewan,** Saskatoon, Saskatchewan S7N 0W0. *1907*
F : *agr, arts-sc, com, ed, eng, hom eco, law, med, nurs, phar, phys, vet.*
S : *theo.*
D : *dent, fa, mus.*
Also 6 related colleges or schools.
***Université de Sherbrooke,** Cité universitaire, boulevard de l'Université, Sherbrooke,

Québec J1K 2R1. *1954*
F : adm, arts, dr, méd, péd, phys, sc, sc app, théo.
D : psyc, serv soc.
Egalement 2 collèges ou écoles affiliées.
*Simon Fraser University, Burnaby, British Colombia V5A 1S6. *1963*
F : arts, ed, sc.
D : *bus adm, commun, comp sc, crim, gen st, kinesiology.*
*University of Toronto, Toronto, Ontario M5S 1A1. *1827, 1849*
F : *arc, arts-sc, dent, ed, eng, food sc, for, law, med, mus, nurs, phar, phys.*
D : *com, comp sc, comty heal, lands arc, lib, museology, soc w.*
University of St. Michael's College, Toronto, Ontario M5S 1H8. *1852, 1958*
University of Trinity College, Toronto, Ontario M5S 1H8. *1852*
Victoria University, 73 Queen's Park, Toronto, Ontario M5S 1K7. *1836*
Also 7 other related colleges or schools.
Trent University, Peterborough, Ontario K9J 7B8. *1963*
F : *arts, sc.*
D : *Canadian st.*
University of Victoria, P.O. Box 1700, Victoria, British Columbia V8W 2Y2.
1903, 1963
F : *arts, ed, fa, law, sc.*
S : *publ adm.*
D : *child care, mus, nurs, soc welfare.*
Also 1 related school.
University of Waterloo, Waterloo, Ontario N2L 3G1. *1956, 1959*
F : *arts-sc, eng, env st, human kinetics, math.*
S : *arc, optom, urb & reg plan.*
D : *independent st, Canadian st.*
Also 3 related colleges.
*University of Western Ontario, London, Ontario N6A 3K7. *1878*
F : *arts-sc, dent, ed, eng, law, med, med rehabilitation, mus, nurs, phys, soc.*
S : *bus adm, lib.*
D : *Canadian st, jour.*
C : *theo.*
Also 3 related colleges.
Wilfrid Laurier University, Waterloo, Ontario N2L 3C5. *1913, 1960*
F : *arts-sc, mus.*
S : *bus adm, soc w.*
D : *Canadian st.*
C : *theo.*
Also 4 related colleges.
*University of Windsor, Windsor, Ontario N9B 3P4. *1857, 1953, 1963*
F : *arts-sc, bus adm, ed, eng, human kinetics, law, sc math, soc.*
D : *comp sc, fa, mus, nurs, soc w.*
Also 4 related colleges or schools.
*University of Winnipeg, 515 Portage Avenue, Winnipeg, Manitoba R3B 2E9.
F : *arts-sc, theo.*
D : *ed, Canadian st.*
Also 1 related college.
*York University, 4700 Keele Street, Downsview, Ontario M3J 1P3. *1959*
F : *adm, arts-sc, ed, env st, fa.*
S : *law.*
D : *Canadian st, soc w.*

Association of Universities and Colleges of Canada/Association des Universités et Collèges du Canada

The Association comprises 65 institutions. It holds an annual meeting to discuss matters of common interest, and publishes its proceedings. It engages in research concerning universities and acts as a clearing-house for information.

Periodical Publications : Universities and Colleges of Canada/Universités et Collèges du Canada (published in cooperation with Statistics Canada) (annual); Proceedings, Annual Meeting Association of Universities and Colleges of Canada/ Délibérations, Réunion annuelle Association des Universités et Collèges du Canada (annual); Select Bibliography on Higher Education/ Bibliographie sur l'enseignement supérieur (4 times a year); University Affairs/ Affaires Universitaires (10 times a year); Guide to Foundations and Granting Agencies/ Réper-

toire des fondations et organismes de subvention (occasional).

L'*Association des universités et collèges du Canada* comprend 65 institutions. Elle tient une réunion annuelle pour délibérer d'affaires d'intérêt commun et publie ses délibérations. Elle effectue des recherches concernant les universités et joue le rôle de centre de documentation.

Publications périodiques: Universités et Collèges du Canada/Universities and Colleges of Canada (publiée en coopération avec Statistique Canada) (annuelle); Délibérations, Réunion annuelle Association des Universités et Collèges du Canada/Proceedings, Annual Meeting Association of Universities and Colleges of Canada (annuelle); Bibliographie sur l'enseignement supérieur/Select Bibliography on Higher Education (quatre fois par an); Affaires universitaires/University Affairs (dix fois par an); Répertoire des fondations et organismes de subvention/Guide to Foundation and Granting Agencies (de temps à autre).

President: Dr. Michael Oliver, President Carleton University.
Vice-President: Dr. H. E. Duckworth, President, University of Winnipeg.
Executive Director: Dr. Claude Thibaut.
151 Slater Street, Ottawa, Ontario K1P 5N1.

La Conférence des Recteurs et des Principaux des Universités du Québec/Conference of Rectors and Principals of Quebec Universities

Le Conseil d'administration de la Conférence regroupe dix-huit personnes dont le recteur de chacune des institutions universitaires du Québec et quelques vice-recteurs. Un ensemble de comités, composés de vice-recteurs, doyens, directeurs de département et professeurs, examine et fait au conseil d'administration des recommandations concernant toutes les questions d'ordre pédagogique, financier et administratif susceptibles d'avoir une incidence sur le fonctionnement des universités.

The Administrative Board of the Conference comprises 18 members, including the rector of each university institution and several vice-rectors. A series of committees, composed of vice-rectors, deans, heads of departments, and professors, examines all educational, financial and administrative questions likely to affect the functioning of the universities and makes recommendations to the Administrative Board.

Président: J. W. O'Brien, Rector, Concordia University.
Directeur général: Richard Pérusse.
C.P. 124–Succursale Desjardins,
Montréal, Québec.

Council of Ontario Universities/Conseil des Universités de l'Ontario

The Council, formerly the Committee of Presidents of Universities of Ontario, was established in 1962 to promote co-operation among the provincially assisted universities of Ontario and between them and the Provincial Government and, generally, to work for the improvement of higher education in Ontario. Originally, members were the presidents of the provincially assisted universities. The membership of the Council, as reconstitututed in 1970, comprises the executive heads and academic colleagues elected by the senior academic body of each of the provincially assisted universities in Ontario which have power to grant university degrees in more than one field.

The Council meets every month or two during the academic year to deliberate matters of concern for the system of Ontario universities. It is aided in its deliberations by advice from numerous specialized subcommittees and affiliates.

Le Conseil des universités de l'Ontario, anciennement Comité des Présidents des Universités de l'Ontario, a été creé en 1962 pour promouvoir la coopération des universités de l'Ontario subventionnées par la province, tant entre elles qu'avec le gouvernement provincial, et, plus généralement, pour travailler à l'amélioration de l'enseignement supérieur dans l'Ontario. A l'origine en étaient members les présidents des universités subventionnées par la province. Les membres du Conseil, remodelé en 1970, sont les chefs des universités et des professeurs élus par le corps enseignant supérieur de chaque université de l'Ontario subven-

tionnée par la province et habilitée à conférer des grades universitaires dans plus d'une discipline.

Le Conseil se réunit à peu près tous des deux mois pendant l'année universitaire pour discuter des sujets concernant les universités de l'Ontario. Il est aidé dans ses délibérations par les avis de nombreux sous-comités spécialisés et de groupes affiliés.

Chairman: Dr. John Evans, President, University of Toronto.

Executive Director: Dr. John B. Macdonald.

Suite 8039, 130 St. George Street, Toronto, Ontario M5S 2T4.

The Carnegie Foundation for the Advancement of Teaching

Established by Andrew Carnegie in 1905, the Foundation pays retiring allowances to college professors and conducts educational studies in the United States and Canada. The list of individuals eligible to receive Foundation benefits has been closed. It is controlled by a self-perpetuating board of 25 trustees, chiefly presidents of colleges and universities. The administrative offices of the Foundation are at 437 Madison Avenue, New York, N.Y. 10022.

La Fondation Carnegie pour l'avancement de l'enseignement, fondée par Andrew Carnegie en 1905, verse des indemnités de retraite à des professeurs de l'enseignement supérieur et effectue des études sur l'enseignement aux Etats-Unis et au Canada. La liste des personnes susceptibles de recevoir des gratifications de la Fondation est actuellement close. La Fondation est administrée par un conseil de 25 membres se recrutant par cooptation et dont la plupart sont des présidents de collège et d'université. Les bureaux administratifs de la Fondation se trouvent à l'addresse suivante: 437 Madison Avenue, New York, N.Y. 10022.

Canadian Bureau for International Education/Bureau canadien de l'education internationale

The Bureau, formerly known as the Canadian Service for Overseas Students and Trainees, is a resource centre for people involved in international education. It gives information on programmes of work, study, and travel, both in Canada and abroad; operates a reception service on a national level for foreign students (during August and September) in co-operation with local reception services; and offers assistance, through workshops and training seminars, for university personnel in international education and foreign student advising.

The Bureau maintains liaison with federal and provincial government departments, and with national and international organizations.

Publications : Communications (monthly newsletter); Booklet on : Europe; Summer in Canada and Summer Programmes Abroad; Information Canada; List of Visiting Scholars in Canada; Volunteer Canada.

Le Bureau, anciennement le Service canadien pour les Etudiants et les Stagiaires d'outre-mer, met des services spécialisés à la disposition des personnes et groupements qui s'occupent d'éducation internationale. Le Bureau fournit des informations sur les programmes de travail, d'études et de voyages au Canada 'et à l'étranger; assure un service d'accueil d'envergure nationale pour les étudiants étrangers (en août et septembre) en coopération avec les services locaux; et organise des stages d'études pratiques et des cours de formation pour les responsables de l'éducation internationale et de l'orientation des étudiants étrangers dans les universités et collèges.

Le Bureau assure une liaison avec les administrations gouvernementales fédérales et provinciales et les institutions nationales et internationales.

Publications: Communications (nouvelles du mois); Brochure sur: l'Europe; Eté au Canada et Programmes d'Eté à l'étranger; Renseignements Canada; Répertoire des érudits étrangers en visite au Canada; Coopérant Canada.

President: Dr. A. N. Bourns, President, McMaster University.

Executive Director: J. Allan Rix.

151 Slater Street, Ottawa, Ontario K1P 5H3.

Canadian Society for the Study of Higher Education/La Société canadienne pour l'étude de l'enseignement supérieur

The Society was formed in 1970 as a grouping of scholars, researchers, administrators, and others interested in the general field of higher education. The interests of members of the Society cover a broad range, including : history and philosophy of higher education, comparative higher education, institutional research, structure and government, finance and economics, educational psychology, curriculum development, instructional methods. The purview of the Society includes universities, colleges, and continuing education.

The main activities of the Society are the holding of an annual conference and the publication of the Canadian Journal of Higher Education. The journal publishes scholarly articles on a variety of topics and in a variety of academic disciplines related to higher education, and bibliographical information of value to persons interested in the study of higher education. The principal focus of interest is on Canadian higher education, but not to the exclusion of developments taking place in other countries of direct concern to Canadian higher education.

La Société a été créée en 1970 comme groupement de savants, de chercheurs, d'administrateurs et d'autres personnes intéressées par l'enseignement supérieur en général. Les domaines d'activité couverts par les membres de la Société sont très vastes: histoire et philosophie de l'enseignement supérieur, enseignement supérieur comparé, recherche institutionnelle, structures et gestion, finances et économie, psychologie de l'éducation, amélioration des programmes, méthodes d'enseignement. Les universités, les collèges et l'éducation permanente constituent les domaines d'études de la Société.

Les principales activités de la Société consistent en l'organisation d'une conférence annuelle et en la publication de la Revue canadienne de l'enseignement supérieur. Cette revue publie des articles sur une vaste gamme de sujets appartenant à diverses disciplines de l'enseignement supérieur, ainsi que des informations bibliographiques précieuses pour les personnes qu'intéresse l'étude de l'enseignement supérieur. Son centre principal d'intérêt est l'enseignement supérieur canadien, sans toutefois exclure ce qui peut se passer à l'étranger et qui a une influence directe sur l'enseignement supérieur canadien.

President: Ronald J. Baker, President, University of Prince Edward Island
Secretary/Treasurer: Brian T. Newbold, Université de Moncton, Moncton, New Brunswick.

Canadian University Service Overseas (CUSO)/Service universitaire canadien outre-mer (SUCO)

CUSO (Canadian University Service Overseas) was established in 1961 as an independent non-profit organization to provide professionally and technically qualified Canadians to meet the changing manpower requirements of developing countries. Today, in addition to placing almost 900 persons in over 40 countries, it funds, administers and staffs a wide range of projects supporting the development efforts of those countries. CUSO is a "middle-level manpower" programme operating under the plans and priorities of the countries with which it co-operates. It is not a relief, religious or emergency aid programme. CUSO has programmes and projects in Africa, Asia, the Caribbean, Central and South America, and the Pacific.

Universities and colleges still play a vital role in the recruitment and initial selection of personnel for overseas assignments through a network of 70 local committees across Canada. These committees, which operate on a voluntary basis, are usually composed of faculty and student members, returned CUSO personnel, representatives of the participating countries and members of the local community wherever possible. In addition, many committees are involved in fund raising and development education activities. The programme is administered through an

Ottawa based secretariat and regional offices both in Canada and overseas.

CUSO receives a substantial part of its finances from the Canadian International Development Agency; an equal amount is contributed by overseas governments and agencies in the form of CUSO workers' salaries and housing supplements. The balance comes in the form of contributions from individuals, corporations, foundations, community groups, and provincial governments. Further support comes from Canadian universities which provide free office space, equipment and staff manhours at local committee level.

Le SUCO (Service Universitaire Canadien Outre-mer), créé en 1961, est une organisation indépendante et à but non lucratif qui offre à des Canadiens qualifiés professionnellement et techniquement la possibilité de répondre aux besoins changeants en main-d'œuvre des pays en voie de développement. Maintenant, en plus des 900 personnes placées dans plus de 40 pays, il subventionne, fournit la main-d'œuvre nécessaire, et administre un grand nombre de projets qui complètent l'effort que déploient ces pays en vue de se développer. Le SUCO, c'est un programme d'assistance en cadres moyens qui s'effectue en fonction des plans et des priorités définis par les pays avec lesquels il coopère. Ce n'est pas un programme de secours, religieux ou destiné à remédier à des situations d'urgence. Le SUCO a des programmes et projets en Afrique, en Asie, aux Caraibes, en Amérique centrale, en Amérique latine et au Pacifique.

Par l'intermédiaire d'un réseau de 70 comités locaux à travers le Canada, les universités et collèges jouent un rôle primordial pour le recrutement et la présélection du personnel à affecter outre-mer. Ces comités, travaillant bénévolement, se composent ordinairement d'enseignants et d'étudiants, coopérants de retour qui représentent les pays participants, ainsi que des membres de la collectivité locale partout où cela est possible. Plusieurs de ces comités s'occupent également de recueillir des fonds et participent à diverses activités en éducation du public. Le secrétariat d'Ottawa ainsi que des bureaux régionaux tant du Canada qu'outre-mer sont chargés de l'administration.

Le SUCO reçoit une part importante de ses fonds de l'Agence canadienne pour le développement international; un montant égal lui est versé par des gouvernements et des institutions outre-mer sous forme de traitements des personnes engagées au SUCO et par des indemnités de résidence. Le reste provient des contributions de personnalités, de sociétés, fondations, associations et gouvernements provinciaux.

Un appui supplémentaire lui est apporté par les universités canadiennes qui fournissent gratuitement les bureaux, le matériel et le personnel à l'échelon du comité local.

Chairman of the Board: Charles M. Williams.

Executive Directors: Murray Thomson, Executive Officer and Executive Secretary (Anglophone Programmes); Yvon Madore, Secrétaire général (Francophone Programmes).

CUSO, 151 Slater Street, Ottawa, Ontario K1P 5H5.

SUCO, 4828 Côte des Neiges, Montréal, Québec H3V 1G4.

Canadian Council for International Co-operation/Conseil canadien pour la coopération internationale

The Council was incorporated under Charter in 1968. Its aims are to mobilize the interest and participation of Canadians in actions and issues relating to the developing world. Its membership includes more than 100 major Canadian non-governmental agencies involved in international development including some universities and academic programmes, as well as over 100 persons who have a particular interest or expertise in international development.

The Council is a co-ordinating and service centre for other non-governmental groups involved in international development. It circulates relevant information among Canadian agencies, acts as a link between them and government and other social sectors, operates a clearinghouse for overseas development projects, and promotes public

education on development issues. It is financed by membership fees, government grants and donations.

Constitué en vertu d'une Charte en 1968, le Conseil a pour objectif de promouvoir l'engagement des Canadiens aux questions et activités qui concernent les pays en développement. Il compte plus de 103 grands organismes non-gouvernementaux travaillant au développement international, notamment des universités et mouvements académiques, ainsi qu'au moins une centaine de particuliers engagés ou versés dans le domaine du développement international.

Centre de coordination, le Conseil dessert d'autres groupes non-gouvernementaux intéressés au développement international, dissémine toutes informations appropriées entre les organismes canadiens, sert d'agent de liaison entre eux, le gouvernement et d'autres secteurs de la société, maintient un Centre de redistribution des projets de développement outre-mer et stimule l'éducation du public aux questions de développement. Il est soutenu par des dons, des cotisations et des crédits du gouvernement.

President: Murray Thompson.
Secretary-General: Richard Harmston.
75 Sparks Street, Ottawa, Ontario K1P 5A5.

Canadian International Development Agency (CIDA)/Agence canadienne de développement international (ACDI)

The Canadian International Development Agency (CIDA) was formed in 1968 to administer Canada's official foreign development assistance programme. It grew out of the earlier External Aid Office and reports to Parliament through the Secretary of State for External Affairs. Disbursements for development assistance during the fiscal year 1974–75 totaled more than $700 million.

During 1973 there were 1475 students and 1139 trainees from developing countries studying in Canada under CIDA programmes. In addition, 970 Canadian educators worked abroad through CIDA. Under a unique feature of Canada's technical training programme, 408 foreign students were studying in third countries (countries other than Canada or their own) as of 1 January 1974.

Canada also participates in the Commonwealth Scholarship and Fellowship Plan established in 1958 to give promising Commonwealth students the opportunity to study in other member countries. One-quarter of the annual scholarships are provided by Canada. There were 252 students under the plan in Canada on 1 January 1974.

Since 1972 CIDA has provided annually a small number of scholarships for young Canadians interested in careers in development assistance.

L'Agence canadienne de développement international (ACDI) administre l'aide publique du Canada aux pays en voie de développement. Elle a succédé, en 1968, au Bureau de l'aide extérieure et fait rapport de ses activités au Parlement par l'intermédiaire du secrétaire d'Etat aux Affaires extérieures. Les déboursés d'aide au Tiers Monde pour l'année 1974–75 se sont chiffrées à plus de 700 millions de dollars.

Cela comprend l'accueil au Canada de boursiers de l'ACDI: 1.475 étudiants et 1.139 stagiaires en 1973. L'ACDI a, en outre, envoyé 970 enseignants canadiens dans le Tiers Monde durant cette période. Une caractéristique unique du programme canadien de formation technique est l'envoi de boursiers de l'ACDI dans des pays tiers voisins de leurs propres patries au lieu de les accueillir au Canada: au 1er janvier 1974, il y en avait 408 dans ce cas.

Le Canada participe également à la mise en œuvre du Plan de bourses du Commonwealth qui, depuis 1958, permet à des étudiants doués de celui-ci d'aller acquérir une formation supérieure dans d'autres pays membres que les leurs. Un quart des bourses annuelles est fourni par le Canada. Au 1er janvier 1974, 252 étudiants bénéficiaient de ce plan au Canada même.

Depuis 1972, l'ACDI accorde chaque année un nombre restreint de bourses à de jeunes Canadiens intéressés à faire carrière dans la coopération du développement international.

122 Bank Street, Ottawa, Ontario K1A 0G4.

International Development Research Centre/ Centre de Recherches pour le Développement international

The Centre, founded in 1970, is a public corporation established by Act of Canadian Parliament "to initiate, encourage, support and conduct research into the problems of the developing regions of the world and into the means for applying and adapting scientific, technical and other knowledge to the economic and social advancement of those regions, and, in carrying out those objects: *a)* to enlist the talents of natural and social scientists and technologists of Canada and other countries; *b)* to assist the developing regions to build up the research capabilities, the innovative skills and the institutions required to solve their problems; *c)* to encourage generally the co-ordination of international development research; and *d)* to foster co-operation in research on development problems between the developed and developing regions for their mutual benefit".

Le Centre, créé en 1970, est une corporation publique, créée par loi du Parlement canadien, dont les buts sont «d'entreprendre, d'encourager, de soutenir et de poursuivre des recherches sur les problèmes des régions du monde en voie de développement et sur les moyens d'application et d'adaptation des connaissances scientifiques, techniques et autres au progrès économique et social de ces régions et, dans la réalisation de ces objets:
a) *de s'assurer les services de scientifiques et techniciens des sciences naturelles et des sciences sociales tant du Canada que de l'étranger;* b) *d'aider les régions en voie de développement à se livrer à la recherche scientifique, à acquérir les techniques innovatrices et les institutions requises pour résoudre leurs problèmes;* c) *d'encourager en général la coordination de la recherche pour le développement international; et* d) *de promouvoir la coopération en matière de recherche portant sur les problèmes de développement entre les régions développées et les régions en voie de développement, à leur avantage réciproque».*

President: W. David Hopper.
Secretary: James C. Pfeifer.
60 Queen Street, Ottawa K1G 3H9.

Association of Atlantic Universities/ Association des Universités de l'Atlantique [AAU]

Founded in 1964, the Association comprises 19 institutions in Canada's four Atlantic provinces, plus the University of the West Indies. Its governing body is the Executive Council, comprising the President of each member institution.

The Association also maintains semi-formal links with some 15 Atlantic university administrative groups, e.g., AAU Business Officers, Librarians, Directors of Physical Plants. The Secretariat provides services for the Executive Council and the Committee of Academic Vice-Presidents.

Fondée en 1964, l'Association comprend 19 institutions se trouvant dans les quatre provinces atlantiques du Canada, auxquelles s'ajoute l'Université des Antilles. Son organe directeur est le Conseil exécutif, formé des Présidents de chacune des institutions membres.

L'Association entretient également des relations de caractère semiformel avec une quinzaine de groupements administratifs des universités des provinces atlantiques, réunissant par exemple des responsables d'administration, des bibliothécaires, des directeurs des bâtiments. Le Secrétariat assure des services au Conseil exécutif et au Comité des Vice-Présidents pour les Affaires académiques.

Chairman: Prof. R. J. Baker, University of Prince Edward Island.
Vice-Chairman: Father Malcolm MacDonell, St. Francis Xavier University.
Executive Director: Jeffrey Holmes.
Suite 500, Duke Tower, Scotia Square, Halifax, Nova Scotia B3J 2L4.

Canadian Association of University Teachers (IAUPL)

Secretary: J. P. Smith.
77 Metcalfe Street, Ottawa, Ontario.

Canadian Federation of University Women (IFUW)

President: Mrs. Ruth M. Bell.

President (Internat. Rel.): Miss Irene Lambert.
Suite 209A, 151 Slater Street, Ottawa, Ontario K1P 5H3.
World University Service
Chairman: Dr Michael Oliver.
Executive Director: William McNeill.
27 Goulburn Avenue, Ottawa, Ontario K1N 8C7.
Student Christian Movement of Canada/ Association chrétienne des Etudiants canadiens (WSCF)
President: Ms. Betsy Anderson.
General Secretary: Ms. Linda Mulhall.
736 Bathurst Street, Toronto 4, Ontario.
Student United Nations Association of Canada/Association canadienne des Etudiants pour les Nations Unies (ISMUN)
President: Stephen Newton.
7 Desmont Road, Downsview, Ontario.
Canadian Union of Jewish Students (WUJS)
Chairman: Jack Eisner.
750 Spadina Avenue, Toronto, Ontario M5S 2JN.

*

Dominion Bureau of Statistics
Education Division, Ottawa, Ontario.
Canadian Commission for Unesco
222 Queen Street, Ottawa, Ontario K1P 5V9.

CENTRAL AFRICAN—EMPIRE
EMPIRE CENTRAFRICAIN

*Université Jean-Bedel Bokassa, B.P. 1450, Bangui. 1970

F : dr-éco, sc, let-hum.
I : agr, mine-géol, ensg math (rech).

Union des jeunes Chrétiens (WSCF)
Correspondant: P. Kette.
B.P. 45, Bamgassou.

*

Ministère de l'Education nationale et de la Réforme administrative
B.P. 791, Bangui.
Commission nationale pour l'Unesco
Ministère de l'Education nationale et de la Réforme administrative, B.P. 791, Bangui.

CHAD—TCHAD

*Université du Tchad, Avenue Mobutu, B.P. 1117, N'Djamena. *1971*
I : let-lang-hum, sc jur-éco-gestion, sc exactes et app, élev.
Ecole nationale d'Administration, B.P. 758, N'Djamena. *1963*
Institut national tchadien pour les Sciences humaines, N'Djamena. *1967*
Office de la Recherche scientifique et technique outre-mer (O.R.S.T.O.M.), B.P. 65, N'Djamena.
Institut d'Elevage et de Médecine vétérinaire des Pays tropicaux, B.P. 433, N'Djamena. *1952*
Institut de Recherches du Coton et des Textiles exotiques, route de Farcha, B.P. 764, N'Djamena. *1932*

Union des jeunes Chrétiens (WSCF)
Secrétaire général: Faustin Yamina.
B.P. 2138, N'Djamena.

*

Ministère de l'Education nationale et de la Culture
B.P. 731, N'Djamena.
Commission nationale tchadienne pour l'Unesco
Ministère de l'Education nationale et de la Culture, B.P. 731, N'Djamena.

CHILE—CHILI

UNIVERSITIES AND TECHNICAL UNIVERSITIES— UNIVERSITES ET UNIVERSITES TECHNIQUES

Universidad de Chile, Avenida Bernardo O'Higgins 1058, Casilla D-10, Santiago.
1738, 1842
F : agr, arc, ba, mus-scénographie, éco, phil-éd, ch-phar, sc-math, sc, sc jur-soc, méd.
E : bibl, péd, agr, gé for, vét, éco, pol-adm, jour, obst, dent, thér.
D : psyc, phys.
Universidad Austral de Chile, Ciudad Universitaria, Isla Teja, Casilla 567, Valdivia. (Sr. Secretario general). *1954*
F : sc, phil-soc, phil-let.
E : math-phy, vét, méd, adm, inf, gé agr, gé for, obst, biol-ch, techn méd, techn de son.
I : math.
*ature**Universidad de Concepción,** Barros Arana 631, Concepción. *1919*
E : dent, dr, éco-adm, éd, inf, ing, méd, obst, jour, ch-phar, serv soc, agr.
I : anth, biol, phy, hist, lang, math, ch, socio.
Centre : inft.
Universidad del Norte, Angamos 0610, Casilla 1280, Antofagasta. *1956, 1964*
E : const civ, géol, élec, gé pêch, gé ch, gé com, jour, ba, éd.
Universidad Técnica «Federico Santa María», Avenida Placeres 401, Casilla 110-V, Valparaíso. *1926*
E : const, électro, math-phy, méc, ch.
***Universidad Técnica del Estado,** Avenida Ecuador 3469, Casilla 4637, Santiago.
1947
F : ing, ét gen, sc, éco-adm.
E : techn.
Universidad Católica de Valparaíso, Avenida Brasil 2950, Casilla 4059, Valparaíso.
E : aff, dr, com, trans, arc, const civ, éd, agr, pêch-alim, élec-électro, méc, trav soc, phys, gé civ, mus.
I : sc, phil, géog, hist, lang-lit, math, soc-dev, art, théo.
***Universidad Católica de Chile,** Avenida Bernardo O'Higgins 340, Santiago. *1888*
E : agr, inf, méd, const civ, adm, gé civ, gé civ ind, gé com, élec, inft, ch, stat, tec, topog, dr, jour, psyc, sec, trav soc, trad, arc, commun, art, dess, éd.
I : math, phy, ch, phil, géog, socio, biol, pol, éco, hist, let, mus, théo, aesthétiques.

OTHER INSTITUTIONS—AUTRES INSTITUTIONS

Centro de Perfeccionamiento, Experimentación e Investigaciones Pedagógicas, Lo Barnechea, Santiago. *1969*

Consejo de Rectores Universidades Chilenas
Créé par une loi de 1954, le Conseil a pour mission d'assurer la coordination des universités chiliennes, qui sont toutes représentées en son sein par leur recteur. Dans le cadre d'une nouvelle loi adoptée en 1964 pour élargir la portée de ses objectifs, le Conseil assure maintenant, en outre, des services aux

institutions d'enseignement supérieur par ses études en matière de recherche. Quatre Départements et dix Commissions fonctionnent en permanence, sous le contrôle direct du Secrétaire général, dans les vastes secteurs d'intérêt pour les universités. Ces organismes effectuent des études techniques; rassemblent des données statistiques sur l'enseignement supérieur; publient des informations et des études; conçoivent des politiques d'enseignement et de recherche; analysent les besoins et les problèmes nouveaux qui se font jour au Chili dans le domaine de l'enseignement supérieur. Le Conseil élabore ainsi des propositions à l'intention des universités chiliennes et leur assure des services consultatifs, ce qui lui permet de mieux réaliser ses propres objectifs en matière d'enseignement et de recherche (qui ont été définis en toute autonomie et toute indépendance), tout en soutenant et en renforçant leurs tâches d'enseignement, leur protection du point de vue juridique, et leurs relations internationales. Des consultations avec des particuliers, des institutions, des organisations régionales et nationales, et des organismes publics ou privés s'occupant, à divers égards, du développement de la nation permettent d'autre part d'améliorer la gestion et l'administration des universités chiliennes, qui est l'un des objectifs du Conseil.

The Council of Chilean University Rectors was established by law in 1954 for the purpose of providing co-ordination between the Chilean universities, each of which is represented on it by its rector. In 1964 a new law was adopted in order to broaden the scope of its objectives and the Council now also serves higher education institutions through its research studies and services. Four Departments and ten Commissions operate permanently in large areas of the universities' interests, under the direct administration of the General Secretary. These units conduct technical studies; assemble statistical data on higher education; publish information and studies; design teaching and research policies; and identify and interpret new and emerging problems and needs in higher education in the country. The Council thus makes proposals and gives advice to the Chilean universities, leading to a better achievement of its own clearly autonomous and independently defined educational and research objectives, as well as safeguarding and strengthening the universities' academic work, legal protection, and international relations. The Council's purpose of promoting improvement in the organization and administration of the Chilean universities is also accomplished through consultation with individuals, institutions, regional and national organizations, and public or private agencies related in various ways to the nation's development.

Moneda 673, 8° piso, Casilla 14798, Santiago.

Unión de Federaciones Universitarias de Chile—UFUCH
Estado 115, Oficina 208, Clasificador 1161, Santiago.

Asociación de Universitarios Católicos (Pax Romana)
Villavicencio 337, Santiago.

Movimiento Estudiantil Cristiano de Chile (WSCF)
Alameda 723, Casilla 13599, Santiago.

Federación Universitaria Sionista Chilena (WUJS)
De las Claras 0195 3/A, Santiago

*

Ministerio de Educacion Pública
Santiago.

Comisión Nacional Chilena de la Unesco
Asstencia Técnica Internacional, Ministerio de Educación, Huérfanos 786, Santiago.

CHINA—CHINE

PEOPLE'S REPUBLIC OF (1)—
REPUBLIQUE POPULAIRE DE (1)

UNIVERSITIES AND TECHNICAL UNIVERSITIES—
UNIVERSITES ET UNIVERSITES TECHNIQUES

Amoy University, Amoy, Fukien. (The President). *1921*
F : *Chinese lang & lit, fgn lang & lit, hist, math, phy, ch, biol, eco.*
Anhwei University, Hofei, Anhwei.
F : *hist, phy, ch, geog.*
Chengchow University, Chengchow, Honan.
F : *math, phy, ch.*
Chinan University, Canton, Kwangtung.
F : *Chinese lang & lit, hist, math, phy, ch, biol, pisci, nav eng, geol, mine, eco.*
Chinese University for Natural Sciences and Technology, Peking, Hopeh.
Chungking University, Chungking, Szechuan.
F : *Chinese lang & lit, hist, math, phy, ch, biol, eco.*
Fu Tan University, Shanghai, Kiangsu. *1905*
F : *Chinese lang & lit, West lang & lit, hist, jour, phil, math, phy, ch, biol, eco, law.*
Hangchow University, Hangchow, Chekiang. *1959*
F : *Chinese lang & lit, fgn lang (Russian, English), hist, ed, math, phy, ch, biol.*
Hopeh University, Tienstsin, Hopeh. *1960*
F : *Chinese lang & lit, hist, math, phy, ch, biol, eco.*
Hupeh University, Wuhan, Hupeh.
F : *Chinese lang & lit, Russian lang & lit,* *hist, phil, lib, math, phy, ch, biol, eco, law.*
Inner Mongolian University, Huhehot, Inner Mongolia. *1957*
F : *Chinese lang & lit, hist, math, phy, ch, biol.*
Kirin University, Changchun, Kirin. *1958*
F : *Chinese lang & lit, hist, math, phy, ch, eco, law.*
Lanchow University, Lanchow, Kansu. *1946*
F : *Chinese lang & lit, hist, math, phy, ch, biol, phy, geog, eco, med.*
Nankai University, Tientsin, Hopeh. *1914*
F : *Chinese lang & lit, West lang & lit, hist, math, phy, ch, biol, eco.*
Nanking University, Nanking, Kiangsu. *1902*
F : *Chinese lang & lit, West lang & lit, hist, math-astr, phy, ch, biol, geog, meteo, geol, eco.*
Ninghsia University, Yinchwan Ninghsia. *1962*
F : *Chinese lang & lit, fgn lang, math, phy, ch, agr, med, an hus, for, Marxism-Leninism, hist.*
Northwestern University, Sian, Shensi. *1937*
F : *Chinese lang & lit, hist, math, phy, ch, biol, geog, geol, eco, law.*
Overseas Chinese University, Chuanchow, Fukien.

---

(1) No recent information having been received from the Chinese authorities, the list of institutions is reproduced in the form published in the preceding edition of this volume.

(1) Aucun renseignement récent n'ayant été reçu des autorités chinoises, la liste des institutions publiée ici est reprise sous la forme qu'elle avait dans la précédente édition de cet ouvrage.

Peking University, Peking, Hopeh. *1898*
F : *Chinese lang & lit, Russian lang & lit, West lang & lit, hist, phil, orntl lang, lib, math-mec, phy, ch, biol, eco, geol, law.*
People's University of China, Peking, Hopeh. *1950, 1953*
F : *hist, phil, archives sc, jour, pol eco, plan-stat, ind mangt, agr mangt, com, fin, law.*
Shantung University, Tsingtao, Shantung. *1926*
F : *Chinese lang & lit, math, phy, ch, biol, oceanog.*
Sinkiang University, Urumchi, Sinkiang. *1960*
Sun Yat Sen University, Canton, Kwangtung. *1924*
F : *Chinese lang & lit, West lang & lit, hist, phil, math, phy, ch, biol, geog.*
Szechuan University, Changtu, Szechuan. *1931*
F : *math, phy, ch, biol.*
Wuhan University, Wuchang, Hupeh. *1913*
F : *Chinese lang & lit, Russian lang & lit, hist, phil, lib, math, phy, ch, biol, eco, law.*
Yunnan University, Kunming, Yunnan. *1923*
F : *Chinese lang & lit, hist, math, phy, ch, biol, med, agr-for.*
Chekiang University, Hangchow, Chekiang. *1927*
F : *elec, mec, ch techn, const eng, hyd eng, math, phy.*
Heilungkiang University, Harbin, Heilungkiang.
Hunan University, Changsha, Hunan. *1959*
F : *math, phy, ch, biol, mec.*
Kweichow University, Kweiyang, Kweichow. *1958*
Liaoning University, Shenyang, Liaoning.
Shanghai University, Shanghai, Kiangsu. *1895, 1957*
Sian University, Sian, Shensi. *1884, 1957*
Tientsin University, Tientsin, Hopeh. *1895*
F : *elec, mec, ch, techn, hyd eng, arc, const techn, telec, tex.*
Tsin Hua University, Peking, Hopeh. *1911*
Tung Chi University, Shanghai, Kiangsu. *1907*
F : *arc, town plan, const mater techn, bridge & road eng, hyd & gas eng, railway eng, surv, ind mangt.*

OTHER INSTITUTIONS—AUTRES INSTITUTIONS

Technical Education—Enseignement technique

(General Technical Colleges)

— Canton, Kwangtung.
F : *mec, ch, food techn, paper techn, arc, const eng, radio eng.*
— Changchun, Kirin.
F : *auto, tractor eng, mec.*
— Chengtu, Szechuan. *1954*
F : *mec, elec, hyd eng, const eng.*
— Chungking, Szechuan.
F : *mine, met, mec, dynamics, elec.*
— Dairen, Liaoning. *1950*
F : *mec, ch, ch techn-mec, hyd.*
— Harbin, Heilungkiang.
F : *elec, mec-dynamics, mec, mec techn, instrument const, const eng, ind eng, radio eng.*
— Hofei, Anhwei.
— Kunming, Yunnan.
F : *mine.*
— Kweiyang, Kweichow. *1958*
F : *met, mine, mec, elec, const eng, ch techn, geol.*
— Nanking, Kiangsu.
F : *elec, mec, radio eng, ch techn, food techn, const eng.*
— Paoting, Hopeh. *1960*
— Peking, Hopeh. *1940*
F : *mec, ch, techn instrument const, radio eng.*
— Shanghai, Kiangsu.
(East China I. of Technology).
F : *ch techn, inorg ind tec, org ind tec.*
(Nanyang C.)
F : *mec, elec.*
— Shenyang, Liaoning.
F : *mine, iron & steel techn, iron & steel*

smelting & processing, non-ferrous metals, mec, elec & mec mine eng, elec.
— Sian, Shensi. 1960
— Sienyang Shensi.
F : mine, elec, mec, ch techn, tex, const eng.
— Tsinan, Shantung.
F : elec, mec.
— Tsingtao, Shantung.
F : light ind, arc, const eng, cartog, hyd, meteo.
— Wuchang, Hupeh.
F : dynamics, elec, mec.

(Colleges of Aeronautical Engineering)

— Nanking, Kiangsu. 1952
— Peking, Hopeh.
— Shanghai, Kiangsu.
— Sian, Shensi.

(College of Agricultural Mechanization)

— Peking, Hopeh. 1952

(Colleges of Chemical Technology)

— Chengtu, Szechuan.
— Fushun, Liaoning.
— Kaifeng, Honan.
— Luchow, Szechuan.
F : ch techn, paper techn, food techn, light ind eng.
— Peking, Hopeh.
  (C. of Coal Technology). 1958
  (C. of Fibre Technology). 1958
  (C. of Textile Engineering). 1959
  (C. of Petroleum Engineering).
— Shanghai, Kiangsu.
  (C. of Textile Engineering). 1951
  (C. of Chemical Technology). 1952
  — Sian, Shensi. 1958

(Colleges of Constructional Engineering)

— Changsha, Hunan.
F : const eng, railway techn, bridge & tunnel eng, road eng.
— Chungking, Szechuan.
F : arc, const eng, hyd & gas eng.
— Hankow, Hupeh.
F : hyd.

— Harbin, Heilungkiang.
— Nanking, Kiangsu.
F : hyd, river & port techn.
— Paoting, Hopeh. 1958
— Peking, Hopeh.
  (C. of Constructional Engineering). 1958
  (C. of Hydraulic Engineering). 1958
  (C. of Bridge Engineering). 1958
— Shenyang, Liaoning. 1958
— Sian, Shensi.
F : arc, const eng, const techn.
— Tientsin, Hopeh. 1895, 1952
F : ch techn, elec, const eng, precision eng, radio eng, hyd.
— Wuchang, hupeh.
F : hyd.
— Wuhan, Hupeh.

(Colleges of Geology, Meteorology, Oceanography, Mining and Metallurgy)

— Changchun, Kirin. 1950
F : geol-surv, geophy, hyd, geol techn.
— Changsha, Hunan.
  (Central-Southern C. of Geology).
  (Central-Southern C. of Mining and (Metallurgy).
— Chengtu, Szechuan.
F : geol-surv, hyd, geol techn, geol-surv (pet & gas).
— Hofei, Anhwei.
F : mine, elec-mec mine eng, miner, mine techn.
— Peking, Hopeh.
  (C. of Military Cartography). 1952
  (C. of Meteorology). 1955
  (C. of Iron and Steel Technology). 1952
  (C. of Mining Engineering).
  (C. of Geology). 1952
— Shihkingshan, Hopeh. 1960
— Sian, Shensi.
  (Northwestern China C. of Mining Engineering). 1958
  (Northwestern China C. of Metallurgical Engineering).
— Taiyuan, Shansi.
  (C. of Iron Steel Technology).
  (C. of Mining Engineering).

— Tsinan, Shantung.
— Tsingtao, Shantung.
  (C. of Oceanography).
  (C. of Geology).
— Wuhan, Hupeh. 1960

(Colleges of Mechanical and Electrical Engineering)

— Harbin, Heilungkiang.
— Peking, Hopeh. 1958
— Shanghai, Kiangsu. 1958
— Sian, Shensi.
  F : *mec, elec, thermodynamics, hyd.*
— Shenyang, Liaoning.
— Taiyuan, Shansi.

(Colleges of Telecommunications Engineering)

— Chengtu, Szechuan.
— Kalgan, Hopeh.
— Nanking, Kiangsu.

— Peking, Hopeh. 1959

(Colleges of Transport and Shipbuilding Engineering)

— Changchun, Kirin.
— Dairen, Liaoning.
  (C. of Marine Transportation).
  (C. of Railway Engineering).
  (C. of Maritime Commerce).
— Lanchow, Kansu.
— Peking, Hopeh.
— Shanghai, Kiangsu.
  (C. of Naval Construction).
  (C. of Marine Transportation).
— Shikiachwang, Hopeh.
— Sian, Shensi.
  (C. of Road Engineering).
  (C. of Heavy Transport and Tractor Engineering).
— Tangshan, Hopeh.
— Tsinan, Shantung.
— Wuhan, Hupeh.

Professional Education—Enseignement professionnel

(Colleges of Agriculture)

— Chungking, Szechuan.
— Fengyang, Anhwei.
— Hangchow, Chekiang.
— Kweiyang, Kweichow.
— Loyang, Honan.
— Peian, Heilungkiang.
— Taiku, Shansi.
— Yenki, Shensi.

(Colleges of Agriculture and Forestry)

— Changsha, Hunan.
— Chengchow, Honan.
— Foochow, Fukien.
— Hofei, Anhwei.
— Kunming, Yunnan. 1960
— Tsinan, Shantung.

(Colleges of Agriculture, Forestry, and Veterinary Medicine)

— Canton, Kwangtung.
— Wuhan, Hupeh.

— Wukung, Shensi.
— Yaan, Szechuan.

(Colleges of Agriculture and Veterinary Medicine)

— Chengtu, Szechuan.
— Harbin, Heilungkiang. 1950
— Lientang, Kiangsi.
— Nanking, Kiangsu. 1952
— Paoting, Hopeh. 1902
— Peking, Hopeh.
— Urumchi, Sinkiang. 1952
— Yangchow, Kiangsu.

(Colleges of Art)
(Music)

— Chengtu, Szechuan.
— Peking, Hopeh.
— Shanghai, Kiangsu.
— Shenyang, Liaoning.
— Sian, Shensi.
— Tientsin, Hopeh.
— Wuhan, Hupeh.

CHINA—CHINE

(Fine Arts)

— Chungking, Szechuan.
— Hangchow, Chekiang.
— Peking, Hopeh.
    (C. of Fine Arts).
    (C. of Applied Arts).
— Sian, Shensi.
— Wuhan, Hupeh.

(Drama)

— Peking, Hopeh.   1950
— Shanghai, Kiangsu.

(Dancing)

— Peking, Hopeh.

(Film)

— Peking, Hopeh.

(Colleges of Economics, Finance, and Commerce)

Chengtu College of Economics and Finance, Chengtu, Szechuan.
Peking College of External Trade, Peking, Hopeh.
Peking College of Internal Trade, Peking, Hopeh.   1960
Peking College of Finance and Credit, Peking, Hopeh.
Shanghai College of Economics and Finance, Shanghai, Kiangsu.
Shenyang College of Economics and Finance, Shenyang Liaoning.
Wuhan South and Central College of Economics and Finance, Wuhan, Hupeh.

(Colleges of Fishery) (1)

— Shanghai, Kiangsu.
— Tsingtao, Shantung.

(Colleges of Forestry)

— Harbin, Heilungkiang.
— Huhehot, Inner Mongolia.   1958

— Nanking, Kiangsu.
— Nanning, Kwangsi-Chuang.
— Peking, Hopeh.
— Wenchow, Chekiang.

(Colleges of Law) (2)

— Chungking, Szechuan.
— Peking, Hopeh.
— Shanghai, Kiangsu.
— Wuhan, Hupeh.

(Colleges of Medicine)

— Canton, Kwangtung.
— Changchun, Kirin.   1958
— Changsha, Hunan.   1913
— Chengchow, Honan.
— Chengtu, Szechuan.   1914
— Chungking, Szechuan.
    (Medical C.).
    (U. of Military Medicine).
— Dairen, Liaoning.   1949
— Foochow, Fukien.
— Hangchow, Chekiang.   1924
— Hankow, Hupeh.
— Harbin, Heilungkiang.
— Hofei, Anhwei.
— Huhehot, Inner Mongolia.
— Kunming, Yunnan.   1920
— Kwejyang, Kweichow.   1940
— Lanchow, Kansu.
— Nanchang, Kiangsu.
— Nanking, Kiangsu.   1927
— Nanning, Kwangsi-Chuang.
— Nantung, Kiangsu.
— Paoting, Hopeh.
    (Medical C.)   1958
    (Provincial Medical C.).   1921
— Paotow, Inner Mongolia.
— Peking, Hopeh.   1906, 1952
— Shanghai, Kiangsu.
    (First Medical C.).   1927
    (Second Medical C.).
— Sheyang, Liaoning.   1920
— Sian, Shensi.
    (Medical C.).
    (U. of Military Medicine).

---

(1) Pêche.
(2) Droit.

— Soochow, Kiangsu.
— Taiyuan, Shansi.
   (Medical C.).
   (Provincial Medical C.).
— Tangshan, Hopei. 1964
— Tientsin, Hopeh. 1958
— Tsinan, Shantung. 1926
— Tsingtao, Shantung.
— Urumchi, Sinkiang. 1956
— Wuhan, Hupeh. 1937
— Yenki, Shensi. 1958

(Colleges of Chinese Medicine and Pharmacology)

— Canton, Kwangtung. 1956

— Chentu, Szechuan. 1956
— Nanking, Kiangsu (Pharmacology).
— Peking, Hopeh. 1956
— Shanghai, Kiangsu. 1956
— Shenyang, Liaoning.
   (C. of Chinese Medicine). 1959
   (Northeastern C. of Pharmacy).
— Tsinan, Shantung.
— Wuhan, Hupeh.

(Colleges of Veterinary Medicine)

— Changchun, Kirin.
— Huhehot, Inner Mongolia. 1952
— Wuwei, Kansu. 1956

Teacher Training—Formation pédagogique

(Universities of Education)

— Changchun, Kirin.
— Harbin, Heilungkiang. 1960
— Peking, Hopeh. 1902, 1952
— Shanghai, Kiangsu.
— Shihkiachwang, Hopeh. 1960

(Teacher Training Colleges)

— Canton, Kwangtung.
   (First South China Teacher Training C.).
   (Second South China Teacher Training C.).
— Changchun, Kirin.
— Changsha, Hunan.
   (First Teacher Training C.). 1912
   (Second Teacher Training C.).
— Chenchow, Honan.
— Chengtu, Szechuan.
— Chungking, Szechuan.
   (First Southwestern Teacher Training C.).
   (Second Southwestern Teacher Training C.).
— Dairen, Liaoning.
— Foochow, Fukien.
— Hangchow, Chekiang.
   (First Teacher Training C.).
   (Second Teacher Training C.).
— Harbin, Heilungkiang.
— Hofei, Anhwei.
— Huhehot, Inner Mongolia. 1952
— Kaifeng, Honan.
   (First Teacher Training C.).
   (Second Teacher Training C.).
— Kunming, Yunnan.
— Kweilin, Kwangsi-Chuang.
— Kweiyang, Kweichow. 1953
— Lanchow, Kansu.
— Nanchang, Kiangsi.
   (First Teacher Training C.).
   (Second Teacher Training C.).
— Nanchung, Szechuan.
— Nanking, Kiangsu.
— Paoting, Hopeh.
— Peking, Hopeh.
   (Hopeh Teacher Training C., Peking Branch, see also under Tientsin).
   (Peking Teacher Training C.).
— Shanghai, Kiangsu.
   (First Teacher Training C.).
   (Second Teacher Training C.).
— Shenyang, Liaoning.
— Sian, Shensi.
   (Shensi Teacher Training C.).
   (Sian Teacher Training C.).
— Sinhsiang, Honan.
— Soochow, Kiangsu.
— Taiyuan, Shansi.
— Tientsin, Hopeh.
   (Hopeh Teacher Training C., Tientsin Branch, see also under Peking).

(Tientsin Teacher Training C.).
— Tsinan, Shantung.
— Urumchi, Sinkiang.
— Wuhan, Hupeh.
(Central China Teacher Training (C.).
(Hupeh Teacher Training C.).
(Wuhan Teacher Training C.).
— Wuhu, Anhwei.
— Yangchow, Kiangsu.
— Yenki, Shensi.

(Colleges of Physical Education and Sport)

— Chengtu, Szechuan.
— Peking, Hopeh.   *1953*
— Shanghai, Kiangsu.
— Sheyang, Liaoning.
— Sian, Shensi.
— Wuhan, Hupeh.

General Education—Enseignement général

(Colleges for Foreign Languages)

— Chungking, Szechuan.
Russian.
— Harbin, Heilungkiang.
Russian, English.
— Peking, Hopeh.
(C. of Foreign Languages : English, German, French, Spanish, Romanian).
(C. of Russian, Polish, Czechoslovak).
— Shanghai, Kiangsu.
Russian, English.
— Shenyang, Liaoning.
Russian.
— Sian, Shensi.
Russian.
— Urumchi, Sinkiang.

Russian, English, German, French.

(Colleges for National Minorities)

— Kweichow, Kweichow.
mus, fa, art.
— Lanchow, Kansu.   *1950*
Marxism-Leninism, lang, ed, med, vet, railway techn.
— Peking, Hopeh.   *1951*
lang-lit, hist.
— Urumchi, Sinkiang.
art, Chinese lang & lit, hist, fa, math, phy, ch, an hus.
— Wuhan, Hupeh.
Chinese lang, hist.

All-China Students' Federation—ACSF 3 Yu Chiao, Peking.
The Chinese Student Christian Movement (WSCF—under the auspices of the National Committees of the YMCAs and YWCAs of China).
YMCA Chairman: Bishop K. H. Ting.
Student Work Secretary: Dr. Y. C. Tu.
National YMCA, 131 Huchiu Lu, Shanghai, Kiangsu.

YWCA Student Work Secretary: Miss Cora Deng.
National YWCA, 123 Tibet Road, Shanghai, Kiangsu.

*

Ministry of Education
Peking, Hopeh.

COLOMBIA—COLOMBIE

PUBLIC UNIVERSITIES—UNIVERSITES PUBLIQUES

Universidad de Antioquía, Calle 67 No. 53–70, Medellín. (Sr. Secretario general). *1801*
P : anth, biol, commun, Espagnol, phy, Anglais, math, ch, socio, trav soc, ét biblique, tec lab ch, dr-pol, adm des aff, fin-comp, plan-dév, élec, électro, gé ind, méc, mét, gé ch, gé sa, med, dent, ch phar, vét, zoo, bibl, éd, tec lab clin, nutr-diét, inf, tec alim, arts plastiques, sc-hum, lang mod, phys, mus, éd relig.

Universidad del Atlántico, Carrera 43 No. 50–53, Barranquilla. *1941*
P : arc, dr, éd, éco-adm, comp, gé ch, ch-phar, nutr-diét, pnt, mus.

Universidad de Caldas, Barrio Palo Grande, Apartado aéreo 275, Manizales. *1943*
P : agr, soc, phil-let, lang mod et lit, ch-biol, trav soc, dr, éco dom, inf, méd, vét.
E : arts plastiques, éd mus.

Universidad de Cartagena, Centro Carrera 6 No. 36–45, Cartagena. *1774*
P : dr, méd, ch-phar, dent, gé civ, eco, inf, trav soc, math.

Universidad del Cauca, Calle 5 No. 4–70, Popayán. *1827*
P : dr-pol, méd, inf, gé civ, électro-commun, comp publ, hum, éd, agr.
Conservatoire : mus.

Universidad de Córdoba, Apartado aéreo 354, Monteria. *1966*
P : gé agr, vét-zoo, topog, math, soc, ch-biol.

Universidad Francisco de Paula Santander, Calle 13 No. 5–65, Cúcuta. *1962*
P : techn, gé civ, élec, méc, gé ch, adm des aff, comp publ, éco, agr, dess arc, électro-méc, lab gé, tec trav civ, math-phy, ch, biol, inf, hum.

Universidad Distrital Francisco José de Caldas, Carrera 8 No. 40–78, Bogotá. *1950*
P : élec, for, gé de système, math-phy, ch-biol, cadastrale-géod, gé ind, éd.
E : topog.

Universidad Industrial de Santander, Ciudad Universitaria, Bucaramanga. *1948*
P : gé civ, élec, gé ind, méc, mét, pét, ind ch, gé de système, méd, physio, lab clin et bactériologie, nutr-diét, inf, ch ind, lang, phy, ch, math, biol, are, trav soc.

*Universidad Nacional de Colombia, Ciudad Universitaria, Bogotá. *1825*
P : agr, arts, sc, hum, dr-pol, inf, gé agr, méd, dent, vét, orchestre, sculp, mus, pnt, art dess, publicité, biol, stat, phar, phy, géol, math, ch, adm des aff, comp, éco, anth, phil-lang, phil, socio, psyc, trav soc, ch-biol, math-phy, péd, gé civ, élec, méc, gé ch, nutr-diét, thér, zoo.

Seccional Manizales, Apartado aéreo 127, Manizales. *1950*
P : ing, adm des aff, arc.

Seccional Medelín, Robledo Carretera al Mar, Medellín. *1887*
P : arc, mine, agr, constr, math app, zoo, éco agr, for.

Seccional Palmira, Carrera 32 Chapinero, Palmira. *1934*
P : agr, zoo.

Universidad de Nariño, Carrera 22 No. 18–109, Pasto. *1904*
P : dr-soc, phil-let, ch-biol, math-phy, lang mod, soc, gé civ, gé agr.

Universidad de Pamplona, Carrera 4 No. 4–38, Pamplona. *1960*
P : ed, trav soc, arc, gé civ, élec, sa, gé ind, méc, mét, pét, gé ch, inf, ch, ch-biol, psycho-péd, phill-lang, math-phy, phys, soc, géog-hist.

Universidad Pedagógica Nacional, Calle 72 No. 11–86, Bogotá. *1931*

P : arts ind, biol-ch, phys, Espagnol-lang, math, phy, psyc-péd, soc, adm éd, nat, mus.
Universidad del Quindio, Avenida Bolívar Calle 12, Armenia. *1960*
P : ed, comp publ, agr, gé civ, méc, élec, for, zoo, topog, math-phy, ch-biol, soc, péd-adm éd, lang mod.
Universidad del Tolima, Santa Elena, Ibagué. *1945*
P : gé agr, gé for, méc, élec, gé ind, éd, ba, gé pêch, vét-zoo, adm, topog, inf, math-phy, ch-biol, hist-géog.
***Universidad del Valle,** Barrio San Bernardo, Cali. *1945*
P : sc, hum, soc-éco, éd, arc-arts, sa, ing, trav soc.
Universidad Pedagógica y Tecnológica de Colombia, Ciudad Universitaria, Tunja. *1872*
P : agr, trans, mét, mine, électroméc, éd, ch-biol, math-phy, soc-éco, psycopéd-phil, phys, hum-lang, éd, ind, adm des aff.
Universidad Tecnológica del Magdalena, Carrera 2a No. 16–44, Santa Marta. *1958*
P : adm agr, éco agr, gé agr, gé pêch, math-phy, ch-biol, soc.
Universidad Tecnológica de Pereira, Apartado aéreo 97, Pereira. *1958*
P : gé ind, élec, méc, éd, ba, dess tec-arc.
I : polytec.
Escuela Superior de Administración Pública, Carrera 7 No. 6–54, Bogotá. *1958*
P : adm publ gén, pol-adm.

Private Universities—Universités privées

***Pontificia Universidad Javeriana,** Carrera 7 No. 40–62, Bogotá. *1623, 1931*
P : arc, dess arc, dr, eco, inf, ge civ, électro, méd, phil-let, dent, psyc, socio, nutr-diét, math, trav soc, adm des aff, bactériologie, biol, math-phy, lang mod, ch, théo et catéchisme, gé ind, publicité, bibl, commun, jour; comp (Cali).
Universidad de Los Andes, Carrera la. E No. 18-A-10, Bogotá. *1948*
P : arc, ba, adm, éco, math, lang mod, bactériologie nat, biol, microbiol, psyc, anth, pol, gé civ, élec, méc, gé ind, gé de système, phil-let, dr, éco ind.
Universidad Autónoma Latinoamericana «Unaula», Carrera 55 No. 49–51, Medellín. *1966*
P : dr, éco, comp publ, gé adm, socio, éd.
***Universidad INCCA de Colombia,** Carrera 13 No. 23–15, Bogotá. *1955*
P : eco agr, éco des aff, dr, psyc, ge ind, gé dess, gé de système, gé alim, ch-biol, péd, math-phy, soc-éco, phill-lang.
***Universidad Externado de Colombia,** Calle 12 No. 1–17 Este, Bogotá. *1886, 1918*
P : eco, dr pol, trav soc, éd, adm des aff, soc, comp.
Universidad La Gran Colombia, Carrera 6 No. 13–40, Bogotá. *1951*
P : arc, comp, dr-pol, éco, gé civ, éd, phil-let, math-phy, lang-lit, phil-hist; dr, éco (Armenin).
Universidad Libre de Colombia, Carrera 6 No. 8–06, Bogotá. *1923*
P : dr, éd, mét.
Seccional Barranquilla, Calle 66 No. 50–52, Barranquilla. *1956*
P : dr-pol.
Universidad de Medellín, Calle 31 No. 83 B–150, Medellín. *1950*
P : adm, comp, dr, éco ind, stat, éd, gé civ, hum, gé fond, math.
Corporación Universidad Piloto de Colombia, Calle 78 No. 10–54, Bogotá. *1962*
P : arc, const civ, dess arc, math, urb.
Universidad Pontificia Bolivariana, La Playa No. 40–102, Medellín. *1936*
P : arc-urb, art-décor, dr-pol, gé ch, élec, méc, gé ind et électro, socio, trav soc, commun, phil-let, théol, éd, lang, math-phy, soc, sc relig, adm des aff.
Universidad de San Buenaventura, Calle 73 No. 10–45, Bogotá. *1715, 1882, 1964*
P : phil, théo; éd, dr, comp, éco (Cali); psyc, socio (Medellín).
Universidad Santiago de Cali, Carrera 5 No. 7–2, Cali.
P : adm des aff, comp, dr, éd.
***Universidad de Santo Tomás,** Carrera 9a No. 51–23, Bogotá. *1580, 1965*

P : gé civ, éco-adm, dr-pol, socio, phil-sc relig, phil-hum, comp; adm des aff, éco, dr-pol, comp (Bucaramanga).
Universidad Social Católica de La Salle, Calle 11 No. 47, Bogotá. *1964*
P : adm des aff, adm agr, bibl, éco, gé civ, phil-let, lang, socio, optom, catéchisme pastoral, éd, trav soc, math-phy, ch-biol.
Fundación Universidad de América, Calle 10 No. 6–44, Bogotá. *1952*
P : arc-urb, éco-soc-pol, commun, gé ind, méc, gé ch, dess arc, pét.
E : jour, publicité.
Fundación Universidad de Bogotá «Jorge Tadeo Lozano», Calle 23 No. 4–47, Bogotá. *1954*

P : adm des aff, agr, com int, comp publ, océanog, commun, éco, ét dipl-pol, géog, tec mar, publicité, jur, agr, inft, fin, assurance, ressources nat, dess arc décor et publicité, dess graph.
E : ba.
Colegio Mayor de Nuestra Señora del Rosario, Calle 14 No. 6–25, Bogotá. *1953*
P : adm des aff, éco, jur, méd, inf, physio, phonoaudiologie, thér, trad, phil-let.
Escuela de Administración y Finanzas—Instituto Tecnológico, Autopista Sur Puente Aguacatala, Medellín. *1960*
P : adm, adm tex, inft, techn tex, techn méc, techn ind.

OTHER INSTITUTIONS—AUTRES INSTITUTIONS

Fundación Universidad Central, Carrera 16 No. 24–25, Bogotá. *1966*
P : comp publ, éco, adm des aff, publicité.
Universidad del Norte, Carrera 53 No. 82–135, Barranquilla. *1966*

P : adm des aff, tec adm des aff, méc, gé civ, élec, inft, gé ind, tec ind, psyc.
Universidad Autónoma del Caribe, Carrera 46 No. 88–26, Barranquilla. *1967*
P : adm des aff, arc, commun, comp, socio.

Asociación Colombiana de Universidades

Les universités colombiennes sont des institutions officielles ou privées, autonomes, jouissant de la personnalité juridique, et gouvernées par leurs propres statuts, lesquels sont élaborés en fonction des normes de la Constitution et des lois. Le Congrès national des universités, réuni à Bogota au mois de décembre 1957, décida de créer l'Association colombienne des universités comme organisme autonome et permanent, jouissant de la personnalité juridique, et constitué par les universités officielles et privées du pays légalement reconnues, conformément à l'esprit et aux buts exprimés dans l'acte de fondation.

Publications : ASCUN Boletín informativo (mensuelle); Mundo universitario (trimestrielle).

The universities of Colombia are autonomous bodies, and are either official or private institutions. They are governed by their own statutes, which have been drawn up according to the constitution and laws of the country. The national congress of universities, which met in Bogotá in December 1957, decided to form the Association of Colombian universities as a permanent autonomous organization which, under the terms of its act of foundation, comprises the official universities and the legally organized private universities.

Publications: ASCUN Boletin informativo (monthly); Mundo universitario (quarterly).

Directeur exécutif: Carlos Medellín.
Secrétaire: Uladislao González Andrade.
Calle 50 No. 9–32, Apartado aéreo 012300, Bogotá.

Unión Nacional de Estudiantes Universitarios—UNEU
Apartado aéreo 2168, Bogotá, D.E.
Federación Universitaria Nacional—FUN
Apartado nacional 7503, Cuan No. 12110,

Bogotá, D.E.
Instituto Colombiano para el Fomento de la Educación superior
Apartado aéreo 6319, Bogotá, D.E.
Instituto Colombiano de Especialización Técnica en el Exterior—ICETEX
Apartado aéreo 57–35, Bogotá, D.E.
Equipos Universitarios (Pax Romana)
Avenida 46, No. 16A–30, Bogotá, D.E.
Movimiento Estudiantil Cristiano (WSCF)
Secrétaire général: Guillermo Cuéllar F.

Apartado aéreo 96–91, Bogotá, D.E.
Centro Universitario Hebreo (WUJS)
Apartado 23693, Bogotá, D.E.

*

Ministerio de Educación Nacional
Bogotá, D.E.
Comisión Nacional Colombiana de la Unesco
Ministerio de Educación Nacional, Bogotá, D.E.

CONGO—CONGO
PEOPLE'S REPUBLIC OF THE—
REPUBLIQUE POPULAIRE DU

Université de Brazzaville, B.P. 69, Brazzaville. *1971*
F : let-hum, sc.

I : éd, sa, phys, dév rur, éco-jur-adm-gestion.

Comité de l'Entr'aide universitaire mondiale (WUS)
B.P. 69, Brazzaville.
Jeunesse Etudiante protestante (WSCF)
Président: Michel Moukoyou.
Secrétaire général: Albert Banzouzi.

Direction générale de l'enseignement
Ministère de l'Education nationale, B.P. 2078, Brazzaville.
Commission nationale congolaise pour l'Unesco
B.P. 2078, Brazzaville.

*

COSTA RICA—COSTA-RICA

UNIVERSITIES—UNIVERSITES

*Universidad de Costa Rica, Ciudad universitaria «Rodrigo Facio», San Pedro de Montes de Oca, San José. (Sr. Secretario general). *1843, 1941*
F : ing, microb, dent, méd.
E : éd (5), phys.
Universidad Nacional, Apartado 86, Heredia. *1973*
F : phil-arts-let, trav soc, géosc-mar, sc exactes-nat, sc de sa-vét.
Ce : phys.
Centro Regional, Guanacaste.
Centro Regional, San Ramón.
Centro Regional, San Isidro de El General.

OTHER INSTITUTIONS—AUTRES INSTITUTIONS

Professional Education—Enseignement professionnel

Instituto Interamericano de Ciencias Agrícolas, P.O. Box 74, Turrialba. *1946*
Escuela Superior de Administración Pública de América Central, Apartado XXV, San José. *1954*
Instituto Tecnológico de Costa Rica, Cartago. *1972*
tec, for.
Escuela Técnica de Agricultura, Santa Clara. *1970*
tec-for agr.

Federación de Estudiantes Universitarios de Costa Rica—FEUCR
Apartado 30, Ciudad Universitaria, San José.
Juventud Universitaria Católica (Pax Romana)
Apartado 2715, Casa Cural de San Pedro en San Pedro de Montes de Oca, San José.
Movimiento Estudiantil Cristiano de Costa Rica (WSCF)
Correspondant: Benjamín Vargas.
Apartado 5940, San José.

World Union of Jewish Students (U.E.U.J.C.R.)
Apartado 4815, San José.

*

Ministerio de Educación Pública
San José.
Comisión Costarricense de Cooperación con la Unesco
Ministerio de Educación Pública, San José.

CUBA—CUBA

UNIVERSITIES—UNIVERSITES

*Universidad de La Habana, L y San Lázaro, Ciudad de La Habana. *1728*
*Universidad de Las Villas, Carretera de Camajuaní Km. 10, Santa Clara, Villa Clara. *1949, 1952*
*Universidad de Oriente, Avenida Patricio Lumumba s/n, Santiago de Cuba. *1947, 1959*
Universidad de Camagüey, Carretera de Circunvalación, Camagüey. *1967*

OTHER INSTITUTIONS—AUTRES INSTITUTIONS

Instituto Superior Politécnico "José A. Echeverría", CUJAE, Marianao, Ciudad de La Habana. *1976*
Centro Universitario de Pinar del Rio, Martí No. 270 esq. a 27 de Noviembre, Pinar del Rio. *1976*
Centro Universitario de Matanzas, Calle Medio No. 100 e/Zaragoza y Manzaneda, Matanzas. *1976*
Centro Universitario de Holguín, Miró No. 125 e/Frexes y Aguilera, Holguín. *1976*
Instituto Superior Minero Metalúrgico, Moa, Holguín. *1976*
Instituto Superior de Ciencias Agropecuarias, Km. 10 Carretera de Manzanillo, Bayamo, Granma. *1976*
Instituto Superior de Ciencias Agropecuarias de La Habana, Quinta de los Molinos-Avenida Salvador Allende y Luaces, La Habana. *1976*
Instituto Superior de Ciencias Médicas de La Habana, 146 No. 2504 e/31 y 25 Cubanacán, Ciudad de La Habana. *1976*
Instituto Superior de Ciencias Médicas, Arias No. 9 Hospital Provincial e/Doble Vía y Circunvalación, Sta. Clara, Villa Clara. *1976*
Instituto Superior de Ciencias Médicas, Avenida de las Américas e I, Santiago de Cuba. *1976*
Instituto Superior Cultura Física "Manuel Fajardo", Sta. Catalina e/Primelles y Boyeros, Ciudad de La Habana. *1976*
Instituto Superior de Servicio Exterior, 22 e/Ira y 3ra, Miramar, Ciudad de La Habana. *1976*
Instituto Superior de Arte, Calle 120 No. 1110 e/ 9na y 13, Cubanacán, Ciudad de La Habana. *1976*
Instituto Superior Pedagógico, Avenida Patricio Lumumba s/n, Santiago de Cuba. *1976*
Instituto Superior Pedagógico, Calle Quinta e/ Maceo y Hospital, Holguín. *1976*
Instituto Superior Pedagógico, Colón Rpto. Llamalari (Antigua Sec. Básica "Frank Pais"). Pinar del Rio. *1976*
Instituto Superior Pedagógico, Calle Rio e/ Matanzas y Medio, Matanzas. *1976*
Instituto Superior Pedagógico, Universidad Central, Carretera de Camaguaní Km. 10, Santa Clara, Villa Clara. *1976*
Instituto Superior Pedagógico, Veguitas, Manzanillo, Granma. *1976*
Instituto Superior Pedagógico, Ciudad Libertad, Marianao, Ciudad de La Habana. *1976*
Instituto Superior Pedagógico, Carretera de Circunvalación, Camagüey. *1976*
**Instituto Superior Pedagógico de la Educa-

ción **Técnica y Profesional,** Avenida Vantroi y Rancho Boyeros, Ciudad de La Habana.
1976

Federación Estudiantil Universitaria—FEU
Calle 23, No. 502 bajos entre GyH (Vedado), La Habana.
Movimiento Estudiantil Cristiano de Cuba (WSCF)
Correspondant: Reinerio Arce.
Serafines 402, San Gabriel y San Anselmo Cerro, La Habana 6.
United Nations Student Association of Cuba (ISMUN)
Président: Juan J. Soto V.
c/o Asociación Cubana de las Naciones Unidas, Calle, J, n° 514, 3/23 y 25, Vedado, La Habana.

*

Ministerio de Educación
Vice-Ministerio de Educación Superior, Ciudad Libertad, La Habana.
Comisión Nacional Cubana de la Unesco
Avenida Kohly 151, Nuevo Vedado, La Habana.

CYPRUS—CHYPRE

Pedagogical Academy of Cyprus, Nicosia. *1959*
Cyprus Forestry College, Prodromos. *1951*
Turkish Teachers' Training College, Nicosia. *1959*
Higher Technical Institute, Nicosia. *1968*
D : *elec, civ eng, mec eng.*
School of Nursing and Midwifery, Nicosia. *1955*
Hotel and Catering Institute, Nicosia. *1969*

Pancyprian Federation of Students and Young Scientists—POFNE
60B Trikoupi Street, P.O. Box 4126, Nicosia.
Cyprus National Youth Council (WSCF)
General Secretary: M. A. Michaelides.
192 Ledra Street, P.O. Box 1722, Nicosia.

*

Ministry of Education
Nicosia.
Cyprus National Commission for Unesco
Ministry of Foreign Affairs, Nicosia.

CZECHO-—TCHECO-
SLOVAKIA   SLOVAQUIE

UNIVERSITIES AND TECHNICAL UNIVERSITIES—UNIVERSITES ET UNIVERSITES TECHNIQUES

*Komenského univerzita [U. Komensky], Šafárikovo nám. 12, Bratislava. (M. le Secrétaire). *1919*
F : phil, méd, dr, phar, nat, péd, phys; méd (Martin).
Palackého universita [U. Palacky], Křížkovského 10, Olomouc. *1573, 1946*
F : méd, phil, nat, péd.
*Universita Jana Ev. Purkyně, A. Nováka 1, 60177 Brno. *1919*
F : dr, phil, nat, méd, péd.
*Universita Karlova [U. Charles], Ovocný trh 5, Praha 1. *1348*
F : dr, méd, méd-péd, hyg, phil, math-phy, nat, péd, phys, jour; méd (Plzeň, Hradec Králové), phar (Hradec Králové).
*Univerzita Pavla Jozefa Šafárika, Šrobárova 57, Košice. *1959*
F : méd, phil, nat, péd, dr.
*České vysoké učení technické v Praze [E. technique sup. tchèque], Horská 4, Praha 2. *1707*
F : méc, gé civ, élec, phy nucl & app.
*Slovenská vysoká škola technická v bratislave [E. technique sup. slovaque], Gottwaldovo nám. 50, Bratislava. *1938*
F : méc, gé civ, élec, ch.
Vysoká škola technická [E. technique sup.], Zbrojnícka 7, Košice. *1937, 1952*
F : méc, mét, mine, élec.
Vysoké učení technické, Opletalova 6, Brno. *1899*
F : méc, gé civ, élec; techn (Gottwaldov).

OTHER INSTITUTIONS—AUTRES INSTITUTIONS

Technical Education—Enseignement technique

Vysoká škola chemicko-technologická v Praze [E. sup. de Chimie et de Technologie], Suchbátarova 5, Praha 6. *1953*
F : techn ch, techn-bioch-alim, gé ch, comb-hyd.
Vysoká škola chemicko-technologicka [E. sup. de Chimie et de Technologie], Leninovo nám. 565, Pardubice. *1950*
Vysoká škola strojní a elektrotechnická [E. sup. des Machines et de l'Electricité], Nejedlého sady 14, Plzeň. *1950*
F : méc, élec.
Vysoká škola strojní a textilní [E. sup. des Machines et des Textiles], Hálkova 6, Liberec. *1953*
F : méc, tex.
*Vysoká škola báňská [E. sup. des Mines], Třída, Vítezného února, Ostrava-Poruba. *1849*
F : mine-géol, mét, méc-mine.
Vysoká škola dopravná [E. sup. des Transports], Moyzesova 20, Žilina. *1952*
F : trans-éco, méc-élec.

Professional Education—Enseignement professionnel

Vysoká škola zemědělská [E. sup. d'Agriculture], Zemědělská 1, Brno. *1919*
F : for, agr, éco.
*Vysoká škola pol'nohospodárska, Nábrežie mládeže, Nitra. *1939, 1946, 1952*
F : éco, agr, méc.
Vysoká škola zemědělská, Kamýcká ul., Suchdol, Praha 6. *1906, 1952*
F : éco, agr, méc; éco (České Budějovice).
Vysoká škola lesnícka a dreváska (E. sup. des Forêts et du Bois], Štúrova 4, Zvolen. *1946, 1952*
F : for, ind du bois.
*Vysoká škola veterinární [E. sup. vétérinaire], Palackého 3, Brno. *1918*
Vysoká škola veterinárska, Komenského 69, Košice. *1949*
Vysoká škola ekonomická [E. sup. des Sciences économiques], Odbojárov 12, Bratislava. *1952*
F : éco-plan, éco-prod, com, adm.
Vysoká škola ekonomická, Nám. G. Klimenta 4, Praha 3. *1952*
F : éco-plan, éco-prod, com, adm.
Vysoká škola músických umění [E. sup. de Musique], Štúrova 7, Bratislava. *1949, 1951*
F : mus, théât.
Janáčkova akademie múzických umění [A. de Musique], Komenského nám. 6, Brno. *1947*
Akademie múzických umění, Smetanovo nábř 2, Praha 1. *1945, 1951*
F : mus, théât, film-télévision.
Vysoká škola výtvarných umění [E. sup. d'Arts plastiques], Hviezdoslavovo nám. 18, Bratislava. *1949*
Akademie výtvarných umění [A. d'Arts plastiques], U. Akademie 4, Praha 7. *1896, 1919*
Vysoká škola uměleckoprůmyslová [E. des Arts appliqués], Nám Krasnoarmějců, Praha 1. *1946*

Teacher Training—Formation pédagogique

Pedagogická fakulta v Banské Bystrici, Tajovského 8, Banská Bystrica. *1964*
Pedagogická fakulta v Českých Budějovicich, Jeronýmova 10, České Budějovice. *1964*
Pedagogická fakulta v Hradci Králové, Nám. V. I. Lenina 301, Hradec Králové. *1964*
Pedagogická fakulta v Nitře, Volgogradská 8, Nitra. *1964*
Pedagogická fakulta v Ostravě, Dvořákova 7, Ostrava. *1964*
Pedagogická fakulta v Plzni, Veleslavínova 42, Plzeň. *1964*
Pedagogická fakulta v Ustí n./L., České mládeže 8, Ustí n./L. *1964*

Fédération syndicale des Travailleurs de l'Enseignement et de la Science de Tchécoslovaquie

La Fédération groupe parmi ses membres les enseignants de tous les degrés, ainsi que les professeurs de l'enseignement supérieur et les travaileurs des institutions éducatives et scientifiques.

The Czechoslovak Trade Union of Educational and Scientific Workers includes among its members the teachers in all types of schools, academic staff, scientists, and other persons employed in educational and learned institutions.

Gorkého Nám. M. 23, Praha 1.
Czechoslovak Student Centre —CSC/ČSÚV
Nám. M. Gorkého 24, 11647 Praha 1.
Cestovni Kancelar Mladeze [Youth and Student Travel Bureau]—CKM
Zitna Ulice 12, Praha 2.
Ecumenical Council of Churches in Czechoslovakia (WSCF)
Jungmannova 9, Praha 1.

*

Czechoslovak Committee for Technical Assistance
Ministry of Foreign Trade (Trida Politických).
Veznu 20, Praha 1.

Ministère de l'Instruction publique et de la Culture
Praha.
Commission tchécoslovaque pour l'Unesco
Valdstejnské nám. 1, Praha 1.

DENMARK—DANEMARK

UNIVERSITIES AND TECHNICAL UNIVERSITIES—
UNIVERSITES ET UNIVERSITES TECHNIQUES

*Aarhus universitet, 8000 Aarhus C. (Universitetssekretær). *1928*
F : *div, med, law-eco, nat.*
*Københavns Universitet, Frue Plads 2, 1168 København K. *1478*
F : *theo, med, arts, soc, math, nat.*
*Odense universitet, Niels Bohrs Allé 25, 5000 Odense. *1966*
F : *med, arts, nat.*
Roskilde universitetscenter, P.O. Box 260, 4000 Roskilde. *1972*

D : *arts, nat, soc.*
Ce: *commun, integrated ed, soc.*
*Danmarks tekniske Højskole [Technical U.], Bygning 101, 2800 Lyngby. *1829*
F : *sc, ch, mec, civ eng, elec.*
Danmarks Ingeniørakademi, 2800 Lyngby. *1957*
D : *ch, mec, civ eng, elec.*
Aalborg universitetscenter, Strandvejen 19, 9000 Aalborg. *1974*
F : *arts, techn, nat, soc.*

OTHER INSTITUTIONS—AUTRES INSTITUTIONS

Technical Education—Enseignement technique

Esbjerg Teknikum, Ole Rømers Vej, 6700 Esbjerg.
Haslev Teknikum, Braabyvej 45, 4690 Haslev.
Helsingør Teknikum, Rasmus Knudsensvej, 3000 Helsingør.
Ingeniørskolen i Horsens/Horsens Teknikum, Chr. M. Østergaardsvej, 8700 Horsens.
Københavns Teknikum, Prinsesse Charlottesgade 38, 2200 København N.
Odense Teknikum, Niels Bohrs Allé 1, 5000 Odense.
Sønderborg Teknikum, Voldgade 5, 6400 Sønderborg.
Aalborg Teknikum, Sohngaardsholmsvej 57, 9000 Aalborg.
Aarhus Teknikum, Dalgas Avenue 2, 8000 Aarhus C.

Professional Education—Enseignement professionnel

*Den kongelige Veterinær- og Landbohøjskole [Veterinary and Agricultural U.], Bülowsvej 13, 1870 København V. *1856*
Danmarks farmaceutiske Højskole [S. of Pharmacy], Universitetsparken 2, 2100 København Ø. *1892*
Københavns Tandlægehøjskole [Dental C.], Jagtvej 160, 2100 København Ø. *1886*
Aarhus Tandlægehøjskole [Dental C.], Vennelyst Boulevard, 8000 Aarhus C. *1958*
Handelshøjskolen i København [Copenhagen S. of Economics and Business Administration], Fabrikvej 7, 2000 København F. *1917*
Handelshøjskolen i Aarhus [Aarhus Graduate S. of Business Administration, Economics and Modern Languages], Fuglesangs Allé 4, 8210 Aarhus V. *1939*
Det kongelige danske Kunstakademis Arkitektskole [A. of Fine Arts/S. of Architecture], Kongens Nytorv 1, 1050 København K. *1754*

Det kongelige danske Kunstakademis Billedkunstkoler (A. of Fine Arts/S. of Painting, Sculpture and Graphic Arts), Kongens Nytorv 1, 1050 København K.
Arkitektskolen i Aarhus [S. of Architecture], Nørreport 20, 8000 Aarhus C. *1965*
Det kongelige danske Musikkonservatorium, (A. of Music), Niels Brocksgade 1, 1574 København K. *1867, 1947*
Det jydske Musikkonservatorium [A. of Music], Fuglesangs Allé 26, 8210 Aarhus V. *1927*
Det fynske Musikkonservatorium, Kronprinsensgade 19, 5000 Odense.

Danmarks Biblioteksskole [S. of Librarianship], Birketinget 6, 2300 København S.
Danmarks Journalisthøjskole [C. of Journalism], Vennelystparken, 8000 Aarhus C.
Den sociale Højskole [S. of Social Work], Randersgade 10, 2100 København Ø.
Den sociale Højskole, Søndervangen 90, 8260 Viby J.
Den sociale Højskole, Storegade 182, 6700 Esbjerg.
Danmarks Højskole for Legemsøvelser [Physical Training Teachers' C.], Nørre Allé 51, 2200 København N.

Teacher Training—Enseignement pédagogique

Danmarks Lærerhøjskole [S. of Educational Studies], Emdrupvej 101, 2400 København NV. *1963*
Also c. 30 Teacher Training Colleges.

Rektorkollegiet/Conference of Danish Rectors

In Denmark, as in many other countries with self-governing universities, a considerable development of the collaboration between the universities and other institutions of university rank has become necessary, partly as a result of a demand for it by the Central Government.

Generally speaking, the Conference has no executive powers, but it may, and in certain cases is obliged to, make statements on matters of common interest to the institutions. A Council, consisting of the administrative heads of institutions of university rank, is concerned with administrative and technical matters.

The Secretariat of the Conference of Danish Rectors acts as a secretariat for the Conference and the Council.

Au Danemark, comme dans de nombreux pays où les universités sont autonomes, une intensification considérable de la coopération entre les universités et les autres établissements de rang universitaire est devenue nécessaire, en partie du fait de la pressante demande formulée à ce sujet par le Goúvernement central.

En général, la Conférence ne détient pas de pouvoirs exécutifs, mais elle a la possibilité, et dans certains cas l'obligation, de rédiger des rapports sur des problèmes revêtant pour les établissements un intérêt commun. Un Conseil, composé des chefs administratifs d'établissements de rang universitaire, s'occupe des questions administratives et techniques.

Le Secrétariat de la Conférence des recteurs danois sert de secrétariat pour la Conférence et le Conseil.

Chairman: Prof. Morten Lange, Rector, University of Copenhagen.
Secretary-General: Helge Krausing.
Secretariat: Vester Voldgade 117, 1552 København V.

Direktoratet for de videregående uddannelser

The Directorate of Post-secondary Education was established in 1974 as a part of the reconstruction of the Ministry of Education.

The Directorate is the executive unit of the Ministry of Education for relations with institutions of higher education and other institutions of education at the post-secondary level. The Directorate has three units, one dealing with matters concerning the administration of institutions for higher education, one with various questions of

education, and a third with budgeting and planning.

An advisory council for post-secondary education has been established. This corresponds to similar planning councils in other sectors of the educational system. A central planning council of education connected to the planning office of the Ministry will co-ordinate planning between the different sectors. Furthermore, the Directorate has established six advisory councils for the following fields: humanities, sciences, social sciences, health education, engineering, and pedagogical and psychological education.

La Direction de l'enseignement post- secondaire a été créée en 1974 dans le cadre de la réorganisation du Ministère de l'éducation.

La Direction est l'organe exécutif du ministère de l'éducation chargé des relations avec les institutions d'enseignement supérieur et les autres institutions d'enseignement de niveau post-secondaire. Elle comprend trois divisions, une pour l'administration des institutions d'enseignement supérieur, une pour les problèmes divers de l'éducation, et une pour les questions budgétaires et la planification.

Un conseil consultatif pour l'enseignement post-secondaire a été créé. Il correspond aux conseils de planification qui existent dans les autres secteurs du système éducatif. Un conseil central de planification de l'éducation rattaché au bureau de planification du Ministère assurera la coordination de la planification entre les différents secteurs. La Direction a créé en outre six conseils consultatifs pour les domaines suivants: sciences humaines, sciences, sciences sociales, sciences de la santé, sciences de l'ingénieur, et les sciences pédagogiques et psychologiques.

Frederiksholms Kanal 26, 1220 København K.

Statens Teknisk-videnskabelige Forskingsråd/Danish Council for Scientific and Industrial Research

The purpose of the Council is to advise public authorities and institutions on public support for Danish scientific and industrial research, utilisation of the research and the education of scientific personnel. The Council initiates actions on behalf of the government and supports, upon application, research projects, including purchase of special apparatus, further education of scientists, and publication of scientific papers.

Le Conseil danois pour la recherche scientifique et industrielle a pour but de conseiller les pouvoirs publics et les institutions sur le soutien que doit apporter le secteur public à la recherche scientifique et industrielle danoise, à l'utilisation de la recherche et à la formation du personnel scientifique. Le Conseil entreprend des actions pour le compte du gouvernement et apporte, sur demande, son soutien aux projets de recherche, notamment pour l'achat d'équipements particuliers, le perfectionnement de la formation des chercheurs et la publication de rapports scientifiques.

Chairman: O. B. Joergensen.
Holmens Kanal 7, 1060 København K.

Akademikernes Centralorganisation (AC)
The Central Organization of Academics
AC is the central body for 20 organizations of graduates from universities and other institutions of higher education and it is concerned with the economic, social and educational interests of all sections of the population, including civil servants, teachers, and graduates in the professions.

There is no special organization for university teachers but the AC has a special committee which co-ordinates action and advises the Board of the AC on negotiations and other matters affecting university teachers and research workers.

L'AC est un organisme central regroupant 20 organisations de diplômés des universités et autres institutions d'enseignement supérieur; il veille aux intérêts, sur les plans économique, social et éducatif, de toutes les catégories de population, notamment les fonctionnaires, les enseignants et les diplômés des professions libérales.

Il n'existe pas d'organisation particulière pour les enseignants universitaires, mais l'AC dispose d'une commission spéciale qui donne ses avis au Conseil et coordonne son action pour les négociations et autres problèmes intéressant les enseignants universitaires et les

chercheurs.
Gothersgade 133, 1123 København K.

Planlægningsrådet for forskningen/The Danish Council for Scientific Policy and Planning.
Holmens Kanal 7, 1060 København K.
Dansk Magisterforening (IAUPL)
Secretary: Arthur Arnheim Ryvangs.
Allé 18, 2100 København Ø.
Kvindelige Akademikere (IFUW)
President and Chairman (Internat. Rel.): Mrs. A. Rosenfalck.
Secretary: Brigitte Weis Bentzon.
Springbanen 87, 2820 Gentofte.
World University Service
Chairman: Knud Gorn Jensen.
Executive Secretary: Knud-Erik Rosenkrantz.
Skindergade 36, 1159 København K.
Danske Studerendes Fællesraad—DSF
Knabrostræde 3, 1210 København K.
Danmarks Internationale Studenterkomité—DIS
Skindergade 36, 1159 København K.
Scandinavian Student Travel Service—SSTS
51 Studiestrade, 1554 København V.
Danmarks Kristne Studenterbevægelse (WSCF)
Chairman: Dr. Johannes Aagaard.
General Secretary: Knud Ove Mandrup.
Katrinebjergvej 52, 8200 Aarhus N.
United Nations Student Association of Denmark (ISMUN)
Secretary: Otto Larsen.
Sankt Pederstræde 30, 1453 København K.
Jødisk Studenterklub i Danmark (WUJS)
Correspondent: Aneta Josefowicz.
Mysundgatan 22, 1669 København V.

*

Undervisningsministeriet (Ministry of Education)
Frederiksholms Kanal 21, 1051 København K.
Ministry of Education, International Relations Division
Nyhavn 38, 1051 København K.
Danish National Commission for Unescô
Frederiksholms Kanal 25F, 1220 København K.
Danish International Developing Agency (DANIDA)
Amaliegade 7, 1256 København K.

DOMINICAN REPUBLIC—REPUBLIQUE DOMINICAINE

UNIVERSITIES—UNIVERSITES

*Universidad Autónoma de Santo Domingo, Avenida Alma Mater, Santo Domingo. (Sr. Secretario general). *1538*
F : hum, sc, éco-soc, dr, ing-arc, méd, agr-vét.

*Universidad Católica «Madre y Maestra», Santiago. *1962*
F : adm des aff, éd, inf, ing, dr, serv soc.
D : lang, théo, hist, Espagnol.

Universidad «Pedro Henríquez Ureña», Santo Domingo. *1966*

Universidad del Este, San Pedro de Macoris. *1970*
F : méd, éco-soc, ing, dr.

OTHER INSTITUTIONS—AUTRES INSTITUTIONS

Instituto Dominicano de Educación Integral, Apartado 1497, Santo Domingo.

Instituto de Estudios Superiores Comerciales, Avenida Máximo Gómez 72, Santo Domingo.
D : adm, comp, sec, lang mod, éd, ét de marché, inf, arts plastiques.

Federación de Estudiantes Dominicanos—FED
Apartado 982, Santo Domingo.

Movimiento Universitario Católico (Pax Romana)
José Reyes 25, Santo Domingo.

Comunidad Estudiantil Cristiano del Ecuador (WSCF)
Secrétaire général: Rafael Lluveres.

Casilla 727, Santo Domingo.

*

Secretaría de Estado de Educación, Bellas Artes y Cultos
Santo Domingo.

Comisión Nacional Dominicana de la Unesco
Secretaría de Estado de Educación, Bellas Artes y Cultos, Santo Domingo.

ECUADOR—EQUATEUR

UNIVERSITIES AND TECHNICAL UNIVERSITIES— UNIVERSITES ET UNIVERSITES TECHNIQUES

*Universidad Católica de Cuenca, Cuenca. (Sr. Rector). *1970*
F : dr-soc, péd-psyc, éco, gé com, gé ch, agr.
Universidad Estatal de Cuenca, Apartado 168, Cuenca. *1968*
F : dr-soc, méd, ing, phil-let-éd, ch, dent, arc, éco, socio.
*Pontificia Universidad Católica del Ecuador, Avenida 12 de Octubre y Carrión, Apartado 2184, Quito. *1946*
F : éd, dr, éco, péd, hum, théo, inf; phil-let, adm (Cuenca), ing.
I : phil, lang-ling.
*Universidad Central del Ecuador, Ciudad universitaria, Apartado 166, Quito. *1826*
F : dr-soc, méd, ing, phil-let-éd, éco, adm, gé agr-vét, ch-phar, dent, arc-urb, arts, psyc.
I : lang.
E : infor.
*Universidad Católica de Santiago de Guayaquil, Guayaquil. *1962*
F : dr, arc-urb, ing, phil-let-éd, éco, méd.
I : décor, lang, dév, techn.
E : inf, serv soc.
*Universidad Estatal de Guayaquil, Casilla postal 471, Guayaquil. *1867*
F : dr-soc, méd, math-phy, dent, arc-urb, éco, ch, nat, gé ch, phil-let-éd, agr-vét, adm.
I : phys, sc int.
Universidad Laica «Vicente Rocafuerte», Guayaquil. *1963*
F : arc, éd, éco, gé civ, dr-soc.
Branch at Manta and Portoviejo.
*Universidad Nacional de Loja, P.O. Box Letra «S», Loja. *1895*
F : dr-pol, éco-soc, agr-vét, éd, méd.
I : cult-art.

*Universidad Técnica de Ambato, Ambato. *1969*
F : adm-gestion, comp, ing, éd.
Universidad Técnica de Babahoyo, Babahoyo. *1971*
F : éd, gé agr.
*Universidad Técnica de Esmeraldas, Esmeraldas. *1970*
F : agr-zoo-for, éd, adm.
Universidad Técnica Particular de Loja, Loja. *1971*
F : éco, ind agr-zoo, gé civ.
I : lang.
E : ba.
Universidad Técnica de Machala, Machala. *1969*
F : agr-vét, ch-biol, socio, adm-comp, gé civ.
Universidad Técnica de Manabí, Apartado 82, Portoviejo, Prov. de Manabí. *1952*
F : math-phy-ch, gé agr (2), vét, soc-éd.
I : rech éco-stat.
*Escuela Politécnica Nacional, Avenida Gran Colombia 194 y Gandara, Apartado 2759, Quito. *1869*
F : élec, ch, méc, gé civ, géol-mine-pét, gé ind.
E : tec.
Escuela Politécnica del Chimborazo, Riobamba. *1969*
F : gé mét-méc, gé agr, nutr-diét, zoo.
I : lang.
Escuela Politécnica del Litoral, Casilla postal 5863, Guayaquil. *1958*
D : élec, méc, nav, géol-mine-pét.
I : phy, math, ch, hum.

Asociación Ecuatoriana de Universidades y Escuelas Politécnicas

L'Association équatorienne des Universités et Ecoles polytechniques a été créée en 1973 par décision du Congrès national des Universités et Ecoles polytechniques. L'Association a notamment pour fonctions de promouvoir et de renforcer l'unité de l'Université équatorienne; de défendre l'autonomie et la liberté de l'enseignement; de coordonner les programmes d'enseignement et de recherche entre ses institutions membres ainsi que les échanges de professeurs, de chercheurs et de personnel spécialisé en matière de planification et d'administration.

L'Association se compose de 17 universités et écoles polytechniques. Son financement est assuré par les contributions des universités et écoles polytechniques membres. Ses trois organes directeurs sont : 1) l'Assemblée générale, qui se réunit une fois par an et qui a pour attributions: de coordonner l'enseignement supérieur dans le pays en respectant les principes académiques de chaque établissement; d'édicter, d'interpréter et de modifier les Statuts et les Règlements de l'Assemblée; de nommer le Président et les membres de la Commission exécutive permanente et d'organiser, le cas échéant, des groupes de travail; 2) la Commission exécutive permanente, dont les fonctions consistent à exécuter les résolutions de l'Assemblée générale, à étudier et à proposer des projets de coopération, à défendre l'autonomie universitaire et les intérêts fondamentaux de l'université équatorienne; 3) le Président, élu parmi les recteurs, qui est le représentant légal de l'Association. Il est principalement chargé de présider la Commission exécutive, de convoquer l'Assemblée générale et de faire respecter les Statuts.

The Ecuadorian Association of Universities and Polytechnics was created in 1973 by decision of the National Congress of Universities and Polytechnics. The Association's main functions are to promote and strengthen the unity of the Ecuadorian universities; to defend the autonomy and freedom of teaching; to co-ordinate the teaching and research programmes of member institutions and exchanges of academic staff, research workers and personnel specialized in planning and administration.

The Association is composed of 17 universities and polytechnics. It is financed by contributions from its members. Its three governing bodies are: 1) the General Assembly, which meets annually and serves to co-ordinate higher education in the country, while respecting the academic rights of each institution; to adopt, interpret and amend the Constitution and rules of the Assembly; to appoint the President and members of the Permanent Executive Commission and organize Working Groups, as necessary; 2) The Permanent Executive Commission, whose responsibility is to carry out the decisions of the General Assembly; to study and propose projects of co-operation; to defend university autonomy and the fundamental rights of Ecuadorian universities; 3) The President, elected from amongst the Rectors, is the legal representative of the Association. He presides over the Executive Commission, convenes the General Assembly and ensures the observance of the Constitution.

Président: Dr. José M. Vivar Castro, Recteur de l'Université Nacional de Loja. Casilla Letra "S", Loja.

Consejo Nacional de Educación Superior
Secrétaire général: Angel Aguirre Salazar. Santa Prisca 269, Quito.

Federación de Estudiantes Universitarios del Ecuador—FEUE
Universidad Central del Ecuador, Quito.

Juventud Universitaria Católica del Ecuador (Pax Romana)
Apartado postal 2393, Quito.

Movimiento Estudiantil Cristiano del Ecuador (WSCF)
Correspondant: Gerardo Venegas. Casilla 455 Quito.

*

Ministerio de Educación Pública
Quito.

Comisión Nacional Ecuatoriana de la Unesco
Avenida 10 de Agosto 666, Quito.

ARAB REPUBLIC—REPUBLIQUE OF EGYPT ARABE D'EGYPTE

UNIVERSITIES—UNIVERSITES

*Ain Shams University, Kasr-el-Zaafran, Abbassia, Cairo. (The Secretary-General). *1950*
F : *arts, sc, med, law, agr, com, eng, ed; agr* (Shebin el Kom); *F. for women.*

*Al-Azhar University, Al-Azhar District, Cairo. *970, 1961*
F : *Arab lang, bus adm, Isl law, law, theo, eng-ind, agr, med.*
C : *for women.*

*Alexandria University, 22 Al-Gueish Avenue, Shattby, Alexandria. *1942*
F : *agr, arts, eng, law, med, dent, ed, sc, phar, com.*
I : *publ heal, nurs.*

*University of Assiut, Assiut. *1957*
F : *sc, med, eng, agr, phar, vet, com, ed; ed* (Souhag); *ed* (Kena).

*Cairo University, Orman, Gizah, Cairo. *1908, 1925*
F : *agr, arts, com, law, eng, sc, med, dent, phar, vet, eco-pol, Dar-al-Ulum (Arab st).*
I : *stat & res, African st, cancer res, nurs, mass commun.*

University of Helwan, Moderiet El-Tahreer Street, Garden City, Cairo. *1975*
F : *techn, tec ed, fa, mus, com-adm, soc serv, phys, tour, dom sc, postal st; techn* (Mataria); *fa, phys, cotton techn* (Alexandria); *app arts* (Giza); *agr* (Moshtohor).

*Mansourah University, Mansourah. *1972*
F : *sc, ed, med, phar.*
I : *ind.*

Minia University, Minia *1976*
F : *agr, arts, ed.*

*Tanta University, Tanta. *1972*
F : *med, phar, dent, sc, com, agr (2), ed (2).*

*Zagazig University, Zagazig.
F : *com, ed, agr, vet.*

*The American University in Cairo, 113 Kasr-al Eini Street, Cairo. (The President). *1919*
D : *Arab st, eco-pol, English lang & lit, socio-anth, phy.*
Ce : *Arab st, soc res.*
D : *publ serv.*

University of Suez Canal. (In process of development).

OTHER INSTITUTIONS—AUTRES INSTITUTIONS

Technical Education—Enseignement technique

Higher Industrial Institute, Aswan. *1964*
Industrial Training College, Na'am al-Matariyah, Cairo. *1955*
Higher Industrial Institute, Minia. *1957*
Higher Industrial Institute, 'Urabi Wa-al-Itihad Street, Port-Said. *1961*
Higher Industrial Institute, Shebeen-el-Koum. *1957*
Higher Industrial Institute, Suez. *1961*
Higher Industrial Institute for Electronics, Munuf. *1965*
Higher Technical Institute, Shubra Street, Cairo. *1961*

Professional Education—Enseignement professionnel

Higher Agricultural Institute, Edfina. *1961*
Higher Agricultural Institute, Mansourah. *1966*
Higher Commercial Institute, Al-Gomhoriah Street, Mansourah. *1958*
Higher Commercial Institute, 'Urabi wa-al-Itihad Street, Port-Said. *1958*
Higher Secretarial Institute, 37 Okhsheed Street, Rodah, Cairo. *1964*

Teacher Training—Formation pédagogique

Higher Institute for Art Education (for women), 12 Ismail Mohammed Street, Zamalik, Cairo. *1938, 1958*

General Education—Enseignement général

School of Languages, 21 al-Isba' Street, al-Zaytun, Cairo. *1935*

Conseil supérieur des Universités

Le Conseil supérieur des Universités fixe la politique générale de l'enseignement universitaire et de la recherche scientifique dans les universités.

Il veille aux travaux scientifiques des universités, en tenant compte des besoins du pays et des objectifs que l'Etat se propose d'atteindre sur le plan national, social, économique, culturel et scientifique.

Le Conseil coordonne pour l'ensemble de l'enseignement supérieur les études et les grades universitaires, l'enseignement effectué dans les facultés, les instituts ou les sections similaires des universités, les postes d'enseignement des universités.

Il s'occupe de déterminer les domaines de spécialisation des chaires, d'en créer de nouveaux, et d'établir l'équivalence des diplômes étrangers. En ce qui concerne la nomination aux postes de maître de conférences ou de professeur, le Conseil forme des comités pour l'appréciation des travaux académiques des candidats. Ces comités se composent de professeurs spécialisés des universités égyptiennes ou étrangères ou d'autres personnalités compétentes. Ces comités sont formés par décision du Ministre de l'Education.

Le Conseil détermine le nombre d'étudiants qui seront admis dans les différentes facultés de chacune des universités et fixe les conditions d'admission. Il établit les règlements des universités, ainsi que les règlements en vigueur à l'intérieur des facultés, et formule des observations sur les crédits que le gouvernement octroie chaque année à chacune des universités. Il répond en outre à toute demande qui lui est adressée par le Ministre de l'Education ou par l'un des Conseils universitaires.

Le Conseil supérieur des Universités est présidé par le Ministre de l'Education. Ses membres sont le président et vice-président de chaque université et un des doyens élu comme représentant par le Conseil de celle-ci; cinq membres au plus, choisis parmi les personnalités compétentes dans les questions de l'enseignement universitaire et les affaires publiques, et qui sont nommés par décret du Ministre de l'Education pour deux ans renouvelables; et le secrétaire du Conseil supérieur des Universités.

The Supreme Council of Universities is responsible for the general policy of university education and scientific research in universities.

It supervises the academic work of the

universities in the light of the nation's needs and of the national, social, economic, cultural and scientific objectives of the State.

Throughout the field of higher education the Council co-ordinates university studies and academic degrees, teaching in the corresponding faculties, institutes and departments of the universities, and university teaching posts.

One of its functions is to determine the fields of specialization of professorships and to create new chairs as well to decide on the equivalence of foreign degrees. The Council sets up committees of specialized university professors from Egypt or abroad, or suitably qualified persons to assess the academic work of the candidates for appointments as assistant professors or professors. These committees are established on the decision of the Minister of Education.

The Council determines the numbers of the students to be admitted to the different faculties of each of the universities and lays down the regulations for admission. It sets up the university by-laws as well as the faculty regulations and gives comments on the government grants given annually to each of the universities. In addition, it deals with all requests made to it by the Minister of Education or by any of the University Councils.

The Supreme Council of Universities is presided over by the Minister of Education and its members are: the Presidents of the universities; the vice-presidents; one of the deans as representative of each university elected annually by its council; not more than five members well-versed in matters concerning university teaching and public affairs who are nominated by the Minister of Education for a two-year period of office which is renewable; and the Secretary of the Supreme Council.

Président: M. le Ministre de l'Education.
Secrétaire général: Shafik Ibrahim Balbaa.
Gizah, Cairo.

Egyptian Association of University Women (IFUW)
President: Mrs. Gamalat Kira.
Secretary (Internat. Rel.): Mrs. Loris Nasri.
26 Saleh Salem, Alexandria.

Ecumenical Youth Committee (WSCF)
Secretary: Samir Saad Youssef.
Amba Rueis Building, Ramses Street, Abbasia, Cairo.

*

Ministry of Education
Cairo.

Egyptian National Commission for Unesco
17 Shareh Ismail Abu El Footoh, Dokki, Cairo.

EL SALVADOR—EL SALVADOR

*Universidad de El Salvador, Ciudad Universitaria, San Salvador. (Sr. Secretario general). *1841, 1847*
F : dr-soc, ch-phar, agr, dent, ing-arc, méd, éco, sc-hum.
Universidad Centroamericana de El Salvador «José Simeón Cañas», Colonia Jardines de Guadalupe, Block A15, La Ceiba, San Salvador. *1965*
F : éco, ing, hum-nat.
Ciudad Normal «Alberto Masferrer», San Andrés, Cantón Sitio del Niño, Depto. de La Libertad.
Escuela de Educación Física, Ciudad normal «Alberto Masferrer», Caserío San Andrés, Cantón Sitio del Niño, Depto. de la Libertad.
Escuela de Trabajo Social, 5a Calle Poniente 119, San Salvador. *1953*
Instituto Tecnológico Centroamericano, Apartado 1783, Santa Tecla, San Salvador.
D : méc, élec, gé civ.

Asociación de Mujeres Universitarias de El Salvador (IFUW)
Présidente: Dra. Flor de María de Hasbúr.
Présidente (Rel. internat.): Dra. María Gladys de Mena Guerrero.
Apartado postal 1293, San Salvador.
Asociación General de Estudiantes Universitarios Salvadoreños AGEUS
Apartado postal 400, San Salvador.
Acción Católica Universitaria Salvadoreña—ACUS (Pax Romana)
Apartado postal 1112, San Salvador.
Movimiento Estudiantil Cristiano de El Salvador (WSCF)
Secrétaire: Ricardo V. Rendón.
Col. Costa Rica Passaje 3, San Salvador.

*

Ministerio de Educación
6a Calle Oriente 435, San Salvador.

Comisión Nacional de Cooperación con la Unesco
Ministerio de Educación, Biblioteca Nacional, San Salvador.

ETHIOPIA—ETHIOPIE

UNIVERSITIES—UNIVERSITES

University of Asmara, P.O. Box 1220, Asmara. (The President). *1958, 1969*
F : *arts, com, sc.*
***Addis Ababa University,** P.O. Box 1176, Addis Ababa. *1961*
Faculty of Arts, P.O. Box 1176, Addis Ababa. *1961*
Faculty of Education, P.O. Box 1176, Addis Ababa. *1962*
Faculty of Law, P.O. Box 1176, Addis Ababa. *1963*
Faculty of Medicine, P.O. Box 1176, Addis Ababa. *1963*
Faculty of Science, P.O. Box 1176, Addis Ababa. *1963*
College of Agriculture and Mechanical Arts, P.O. Box 138, Dire Dawa. *1951*
Faculty of Technology Building College, P.O. Box 1176, Addis Ababa. *1954*
College of Business Administration, P.O. Box 1176, Addis Ababa. *1963*
Public Health College, P.O. Box 196, Gondar. *1954*
D : *heal, nurs, sanitation, lab techn.*
School of Social Work and Community Development, P.O. Box 1176, Addis Ababa. *1959*
Theological College of the Holy Trinity, P.O. Box 1176, Addis Ababa. *1960*
University Extension, P.O. Box 1176, Addis Ababa. *1963*

OTHER INSTITUTIONS—AUTRES INSTITUTIONS

Polytechnic Institute, P.O. Box 26, Bahardar. *1963*
Ambo Agricultural Institute, P.O. Box X, Ambo. *1966*
Jimma Agricultural Institute, P.O. Box 307, Jimma. *1968*
Commercial School, P.O. Box 3131, Addis Ababa. *1945*
Debre Zeit Animal Health Centre, P.O. Box 239, Debre Zeit. *1963*
Academy of Pedagogy, P.O. Box 26, Bahardar. *1963*
College of Teacher Education, P.O. Box 5534, Addis Ababa. *1968*
Municipal Technical College, P.O. Box 1496, Addis Ababa. *1968*
Ecole Normale, P.O. Box 5388, Addis Ababa. *1968*
Evangelical College, Debre Zeit.
Adventist College, Kuyera.

National Union of Ethiopian University Students (NUEUS)
P.O. Box 2549, Addis Ababa.
Kessate Berhan Association (Pax Romana) Faculty of Education, Addis Ababa University, P.O. Box 1176, Addis Ababa.
Haimanote Abew Ethiopian Students' Association (WSCF)
Chairman: Aymro Wondmagegnehu.
General Secretary: Adam Melaku.
P.O. Box 30149 M.A., Addis Ababa.

*

Ministry of Education and Fine Arts
Addis Ababa.

Ethiopian National Agency for Unesco
P.O. Box 2996, Addis Ababa.

FIJI—FIDJI

UNIVERSITIES—UNIVERSITES

University of the South Pacific, P.O. Box 1168, Suva. *1970*
S : *ed, nat resources, soc & eco dev.*

University Centre, Tonga, p. 373

Technical Education—Enseignement technique

Derrick Technical Institute, Suva. *1963*

Professional Education—Enseignement professionnel

The Fiji School of Agriculture, Koronivia. *1954*

The Fiji School of Medicine, Tamavua, Suva. *1878*

Teacher Training—Formation pédagogique

Corpus Christi Training College, Suva. *1958*

Nasinu Training College, Nasinu. *1947*

World University Service
President: Moototu Pauli.
Planning Officer: Ian Honeyman.
University of the South Pacific, Laucala Bay, Suva.
Fiji Student Christian Movement (WSCF)
Chairman: David Lancaster.

General Secretary: Akuila Dreudeu Yabaki.
P.O. Box 1306, Suva.

*

Ministry of Education, Youth and Sport
Suva.

FINLAND—FINLANDE

UNIVERSITIES AND TECHNICAL UNIVERSITIES—UNIVERSITES ET UNIVERSITES TECHNIQUES

*Åbo Akademi [Åbo A.], Domkyrkotorget 3, 20500 Åbo 50. (The Secretariat). *1917*
F : *hum, math-sc, pol, tec, ch, theo.*
*Helsingin yliopisto [U. of Helsinki], Fabianinkatu 33, 00170 Helsinki 17. *1640*
F : *theo, law, med, phil, pol, agr-for.*
Joensuun korkeakoulu [C. of Joensuu], Tulliportink. 1a, 80 30 Joensuu 13. *1966, 1969*
D : *ped, hum, math-sc, ed.*
*Jyväskylän yliopisto [U. of Jyväskylä], Seminaarink. 15, 40100 Jyväskylä 10. *1934, 1966*
F : *ed-soc, hum, math-sc, phys.*
Kuopion korkeakoulu [C. of Kuopio], PL 140, 70101 Kuopio 10. *1966*
D : *med, math-phy-ch, biol, env hyg, publ heal, soc, dent, phar.*
*Oulun yliopisto [U. of Oulu], Pakkahuoneenk. 12, 90100 Oulo 10. *1958*

F : *hum, sc, med-dent, techn, ed, soc.*
*Tampereen yliopisto [U. of Tampere], Kalevantie 4, 33100 Tampere 10. *1925, 1966*
F : *soc, hum, eco-adm, med, ed.*
*Turun yliopisto [U. of Turku], Yliopistonmäki, 20500 Turku 50. *1920*
F : *math-sc, hum, med, pol, law, ed.*
*Teknillinen korkeakoulu [Helsinki U. of Technology], Otakaari 1, 02150 Espoo 15. *1849, 1908*
D : *phy, const eng, mec eng, elec, wood-pap, ch, mine-met, surv, arc, gen st.*
Lappeenrannan teknillinen korkeakoulu [Lappeenranta U. of Technology], Skinnarila, 53100 Lappeenranta 10. *1966, 1969*
D : *sc, mec, energ, prod eco, ch techn.*
*Tampereen teknillinen korkeakoulu [Tampere U. of Technology], Pyynikinite 2, 33230 Tampere 23. *1965*
D : *elec, mec, const, arc.*

OTHER INSTITUTIONS—AUTRES INSTITUTIONS

Professional Education—Enseignement professionnel

Helsingin kauppakorkeakoulu [Helsinki S. of Economics], Runeberginkatu 14–16, 00100 Helsinki 10. *1911*
Svenska Handelshögskolan [Swedish S. of Economics], Arkadiankatu 22, 00100 Helsinki 10. *1909, 1927*
*Turun kauppakorkeakoulu [Turku S. of Economics], Rehtorinpellontie 13, 20500 Turku 50, 2. *1949*
Handelshögskolan vid Åbo Akademi [Swedish S. of Economics of Åbo A.], Henrikinkatu 7, 20500 Turku 50. *1927*
Vaasan kauppakorkeakoulu [Vaasa S. of Economics], Raastuvank. 29, 65100 Vaasa 10. *1966, 1968*
Svenska Social- och Kommunalhögskolan [Swedish C. of Social Municipal Studies], Topeliuksenkatu 16, 00250 Helsinki 25. *1943*
Sibelius-Akatemia [The Sibelius A.], P. Rautatienkatu 9, 00100 Helsinki 10. *1882*
mus
Taideteollinen korkeakoulu [I. of Industrial Arts], Kaivokatu 2–4, 00100 Helsinki 10. *1842, 1973*
D : *gen st, art ed, vis commun, ind-env des.*

Eläinlääketieteellinen korkeakoulu [C. of Veterinary Medicine], Hämeentie 57, 00550 Helsinki 55.

Korkeakoulujen ja opetusalan henkilökuntalitto KHL ry (Union of University Teachers and Personnel) Fabianinkatu 28E, 00100 Helsinki 10.
Helsingin yliopiston henkilökuntayhdistys r.y. (Association of the Personnel of the University of Helsinki)
Secretary: Leena Wilkman.
Fabianinkatu 28E, 00100 Helsinki 10.
Association of University Professors in Finland (IAULP)
Secretary: Dr. Vilho Lukkarinen.
Perustie 13, 00330 Helsinki 30.
Suomen Akateemisten Naisten Litto-Finlands Kvinnliga Akademikers Forbund (IFUW)
President: Mrs. Ritva-Liisa Karvetti.
Chairman (Internat. Rel.): Miss Stina Blomqvist.
Mannerheiminitie 66B, 5 Kerros, 00260 Helsinki 26.
Suomen Ylioppilaskuntien Liittoo—SYL
Opastinsilta 10, 00520 Helsinki 52.
Catholic Student Association in Finland (Pax Romana)
PL134, 00141 Helsinki 14.
Joint Committee of Student Christian Federations of Finland (WSCF)
President: Mikko Perola.
Meritullinkatu 13 C 80, Helsinki 17.
Student Christian Federation of Finland (WSCF)
Chairman: Ulf Särs.
General Secretary: Rev. Arto Kouri.
Meritullinkatu 13 C 80, 00170 Helsinki 17.
Orthodox Student Association (WSCF)
General Secretary: Mrs. Raija Pyöli.
Hietaniemankatu 14A 418, Helsinki 10.
United Nations Student Association of Finland (ISMUN)
Secretary-General: Miss Anna-Liisa Autio.
Postilokero 17228, Helsinki 17.
Finnish Jewish Student Union (WUJS)
Correspondant: Marina Burstin.
Malingatan 26, Helsinki 10.

*

Ulkoasiainministerio (Foreign Office) Helsinki.
Opetusministerio (Ministry of Education) Rauhankatu 4, 00170 Helsinki 17.
Finnish National Commission for Unesco Ministry of Education, Rauhankatu 4, 00170 Helsinki 17.

FRANCE—FRANCE

UNIVERSITIES AND UNIVERSITY INSTITUTIONS— UNIVERSITES ET INSTITUTIONS UNIVERSITAIRES

Université de Provence (Aix-Marseille I), 3, place Victor Hugo, 13331 Marseille Cedex 3.
1413, 1970
Ut : hist, lang-lit-civ anglo-am, lang-civ orntl-slav, lang-lit-civ romanes-Am latine, lang-lit-civ ger, let, arts-let-expression, psyc, soc-ethn, phil, math, phy, ch, nat, rech médit, obs.
Université d'Aix Marseille (Aix-Marseille II), 58, bld. Charles-Livon, 13007 Marseille.
1413, 1970
F : dent, méd, phar; éco (Aix).
Ut : méd trop; sc (Luminy); phys, sc de la mer et de l'env.
I : méc des fluides, méc stat de la turbulence; géog, trav-rech soc, techn (Aix).
Université de Droit, d'Economie, et des Sciences d'Aix-Marseille (Aix-Marseille III), 3, avenue Robert Schuman, 13621 Aix-en-Provence.
1431, 1973
F : dr-pol, éco app.
Ut : rech jur; prop sc, rech scq et tec, formation prof-scq-tec, formation des maîtres scq (Marseille).
I : dr des aff, crim, ét françaises pour étr, adm des aff, pol, aménagement rég; pétroch, techn (Marseille).
E : phy.
***Université de Picardie,** Chemin du Thil, Campus Universitaire, 80044 Amiens Cedex.
1964, 1970
Ut : dr, méd, phar, sc exactes-nat, let, lang-cult étr, phil-hum, hist-géog, éco, math; sc exactes-nat (St. Quentin).
I : techn.
Université d'Angers, 30, rue des Arènes, 49035 Angers.
1970
Ut : dr-éco, let-hum, méd-phar, sc exactes-nat, sc-tec (rech).
I : techn.
***Facultés catholiques de l'Ouest,** 3, place André Leroy, B.P. 858, 49005 Angers.
1875
F : théo.
I : ét relig, éd, lang mod, math app.
E : com, gé électro, ch ind, agr.
Ce : psyc, phys (féminine).
Centre Universitaire d'Avignon, 3, rue du Rempart de l'Oulle, 84000 Avignon. *1972.*
Ut : let-hum, sc exactes-nat.
Université de Besançon, 30, avenue de l'Observatoire, 25030 Besançon Cedex.
1423, 1829, 1970
Ut : let-hum, sc méd-phar, éco-jur, sc exactes-nat, biol-méd, obs, phys-sport.
I : techn, ch; techn (Belfort).
***Université de Bordeaux I,** 351, cours de la Libération, 33405 Talence. *1423, 1970*
Ut : sc, math-inft, phy, ch, biol, sc jur, éco, éco approfondies aménagement territoire-dév rég, ét géol d'Aquitaine (rech); obs (Floirac).
I : pol, gestion; techn (Gradignan).
E : électro-radioélec.
Université de Bordeaux II, 146, rue Léo-Saignat, 33076 Bordeaux. *1423, 1970*
Ut : sc méd (3), sc phar, od, méd-hyg trop, biol-physiopathologie des facteurs d'ambiance, psychiatrie, soc-psyc, bio-ch-biol cellulaire.
I : phys-sport, sc hum app, œnologie.
Université de Bordeaux III, Esplanade Michel Montaigne, Domaine Universitaire, 33045 Pessac-Talence. *1423, 1970*
Ut : let-arts, phil, hist, géog-ét rég, lang-lit-civ étr (2), ét ibériques, tec d'expression-

commun, géol, rech homme & environnement.
I : techn.
*Université de Bretagne Occidentale (Brest), rue des Archives, B.P. 137, 29262 Brest Cedex. *1970*
Ut : sc méd, sc exactes-nat, let-soc, sc matière-mer, jur-éco.
I : techn; techn (Quimper); techn (Lorient).
Université de Caen, Esplanade de la Paix, 14032 Caen Cedex. *1432, 1970*
Ut : dr-pol, éco, méd, phar, sc hum, sc vie, sc terre-aménagement rég, lang étr, hist, sc, préparation aux aff.
I : techn.
E : ch, electro-electroméc.
Centre universitaire de Savoie, Jacob Belcombette, 73011 Chambéry. *1970*
Ut : sc exactes-nat, let-hum-soc.
I : techn (Annecy).
*Université de Clermont-Ferrand I, 34, avenue Carnot, 63006 Clermont-Ferrand Cedex. *1854, 1970, 1976*
Ut : od, méd, phar, jur-pol, éco-soc.
I : techn.
Université de Clermont-Ferrand II, 34, avenue Carnot, 63006 Clermont-Ferrand Cedex. *1854, 1970, 1976*
Ut : sc exactes-nat, sc exactes-nat (rech), let-hum, techn, phys-sport, obs.
I : techn (Montluçon).
E : ch.
*Université de Technologie de Compiègne, Centre Benjamin Franklin, B.P. 233, 60206 Compiègne Cedex.
D : math app-inft, méc, ch, biol.
*Université de Dijon, Campus Universitaire de Montmuzard, 21004 Dijon Cedex.
1722, 1970
Ut : méd, phar, dr-pol, éco-gestion, let-phil, rel int, lang-lit-civ étr, hum, nutr (rech), sc terre, phys-sport, math-inft-phy-ch,sc vie et env.
I : techn; techn (Creusot).
E : biol app à la nutr & alim.
Ce : ét rég, adm gén.
*Université scientifique et médicale (Grenoble I), Domaine Universitaire, 38041 Grenoble Cedex. *1339, 1970*
Ut : sc biol-méd (2), rech geophy-phy des plasmes, bioméd-phar, phar, géog génalpine, sc exactes-nat, formation cadres tec, formation enseignants du second degré, formation sc fond, méc, phy ind, ch phy orgliquides, ch matér, spectométrie & cristallographie, biol-écologie, sc terre, phy solides thermo-dynamique.
I : math avancées (rech), sc nucl, techn, phys-sport.
*Université des Sciences sociales (Grenoble II), Domainé Universitaire, 47, 38040 Grenoble Cedex. *1339, 1970*
Ut : psyc-psychopathologie, jur, éco, hist-hist arts, phil-socio, urb & aménagement, inft et math en soc.
I : techn, adm des entrep, rech éco-plan, com, pol; techn (Valence).
Université des Langues et Lettres (Grenoble III), Domaine Universitaire, 38040 Grenoble Cedex. *1339, 1970*
Ut : let, lang vivantes, ét anc.
Université des Sciences et Techniques (Lille I), B.P. 36, 59650 Villeneuve d'Ascq.
1560, 1970
Ut : éco-soc, math pures-app, inft-électro-électrotec-automatique, phy, ch, biol, sc terre, géog-aménagement spatial (Lille); sc exactes-nat (Calais).
I : préparation aff, dév agr rég, méc des fluides; techn (Béthune).
E : ch; ing (Lille).
Université du Droit et de la Santé (Lille II), 1, place de Verdun, 59045 Lille Cedex.
1560, 1970
Ut : méd (3), phar, od, jur-pol-soc.
I : phys-sport, sc du trav, techn.
Université de Sciences humaines, Lettres et Arts (Lille III), Sac postal 18, 59650 Villeneuve d'Ascq. *1560, 1970*
Ut : phil, lang-lit-civ anglophones, ling française-sc des lit, hist-hist art-arc, math-éco-soc, lang anc, psyc-soc, ét romanes-sémitiques-slaves-hongroises, ét ger.
I : tec réadaption, techn.
*Fédération Universitaire et Polytechnique de Lille, 60, boulevard Vauban, 59046 Lille Cedex. *1873, 1974*
F : théo, dr-éco, soc, méd-phar, let-hum, sc.
I : polytec, ét relig, mus liturgique, éco d'entreprise, scq-gestion, scq de haute direc-

tion, comp, ét francaises contemporaines, électro, agr, tec.

E : com, sec, inf, obst, masso-kinésithérpédicurie, trad-interp, lang étr, serv soc, ét ind, jour.

Université de Limoges, 1, allée André Maurois, 87100 Limoges. *1646, 1970*
Ut : sc méd-phar, dr-éco, let-hum, sc exactes-nat.
I : techn.

*****Université Claude Bernard (Lyon I),** 86, rue Pasteur, 69365 Lyon Cedex 02. *1809, 1970*
Ut : math, phy, ch-bioch, sc nature, biodynamique-psyc péd, phy nucl, méd (4), phar, biol hum, tec réadaptation, méc, od, phys-sport, obs.
I : techn (2).

*****Université de Lyon II,** 86, rue Pasteur, 69365 Lyon Cedex 02. *1809, 1970*
Ut : dr-adm, psyc-soc, let-civ médit, sc des lang et des moyens d'expression, let-civ class et mod, let-civ étr, éco, sc homme env.
I : pol, formation aux pratiques psyc-socioéd.

*****Université Jean Moulin (Lyon III),** 15, quai Claude Bernard, 69007 Lyon. *1809, 1973*
Ut : dr, phil, let-civ.
I : lang, adm-gestion des entrep, ét du trav.

*****Facultés catholiques de Lyon,** 25, rue du Plat, 69288 Lyon. *1875*
F : phil, dr, théo, let-hum, sc, dr can.
I : ling romane, mus sacrée, formation & rech pour les enseignants, agr, sec-trad, expression, ét fam.

*****Centre universitaire du Mans,** Route de Laval, 72017 Le Mans. *1970*
Ut : sc, let-hum, dr-éco, écologie.
I : techn.

Université de Metz, Ile du Saulcy, 57000 Metz. *1970*
Ut : let-hum, sc exactes-nat, jur.
I : techn.

Université de Montpellier I, 39, rue de l'Université, 34000 Montpellier. *1220, 1970*
Ut : dr-sco, éco, gestion, soc-jur-ét éco, méd, phar, alim-biol (rech), phar ind, od, phys-sport.

Université des Sciences et Techniques du Languedoc (Montpellier II), Place Eugène-Bataillon, 34060 Montpellier Cedex.
1220, 1970
Ut : formation gén, formation des maîtres, formation sc fond, formation cadres tec-éd permanente, math, phy, ch, biol-géol fond, ressources nat-aménagement rég.
I : techn, adm des aff; techn (Nîmes).
E : ch.

Université Paul Valéry (Montpellier III), Place de la Voie Domitienne, B.P. 5403, 34032 Montpellier Cedex. *1220, 1970*
Ut : let-phil-art, lang-lit civ médit, psyc, hum, lang-lit civ anglo-am-ger-slaves, let classiques, géog, soc-ethn, math app aux sc hum, éco app aux sc hum.
I : psyc-péd méd-soc.

Université du Haut-Rhin, 61, rue Albert Camus, 68093 Mulhouse Cedex. *1970, 1975*
Ut : sc exactes-app, let-hum.
I : techn.
E : ch, gé tex.

Université de Nancy I, Case officielle 140, 54037 Nancy Cedex. *1572, 1970*
Ut : sc méd (2), phar-biol, sc biol, od, sc matière, sc vie, math, sc terre-mét-ch minér, phy-ch-biol, alim-nutr, phys-sport.
I : ing, techn, cal, gé biol-méd, ensg de math (rech).
Ce : coop éco-soc.

Université de Nancy II, 25, rue Baron Louis, 54000 Nancy. *1572, 1970*
Ut : jur-éco, adm-pol, let, lang-lit étr, math-inft, géog-hist-hist art-arc, phil-soc-psyc, ling app, soc-hum-éco (rech).
I : com, techn, trav, jur.
Ce : télé-ensg.

Université de Nantes, 1, quai de Tourville, 44035 Nantes Cedex. *1962, 1970*
Ut : méd-tec méd, phar, od, jur, éco, français, hist, lang anc, lang vivantes (2), géog rég, sc hum, math, phy, ch, gestion des entrep-comp-jur app, gé ind.
I : sc de la nature, techn; techn (Saint Nazaire).
E : méc.

*****Université de Nice,** Parc Valrose, 06034 Nice Cedex. *1965, 1970*
Ut : méd, dr-éco, let-hum, dr de la paix et du dév, sc tec, domaine médit (rech), math-sc

théor, civ (rech), obs.
I : adm des entrep, techn.
Université d'Orléans, Château de la Source, 45107 Orléans Cedex. *1962, 1970*
Ut : dr-éco, let-hum, sc fond-app, sc exactes.
E : ing.
I : techn; techn (Bourges).
Ce : ét ligeriennes.
*** Université Panthéon-Sorbonne (Paris I),** 12, place du Panthéon, 75231 Paris Cedex 05
XIIes., 1970
Ut : éco-gestion, pol éco-trav-ressources hum-économétrie, trav-soc, dr des aff, adm publ-dr publ, pol, ét eur-int & comparatives, art-arc, arts plastiques, sc de l'art, géog, hist, phil-esthétique.
I : adm des entrep, ét du dév éco-soc, soc-trav, démographie.
*** Université de Droit, d'Economie et de Sciences sociales (Paris II),** 12, place du Panthéon, 75231 Paris Cedex 05. *XIIes., 1970*
Ut : jur-éco, ét pén-crim, hist-socio institutions et économic, dr des aff, adm publ, pol, ét eur-int-comparées.
I : presse, hautes ét int, dr des aff, crim, dr comparé.
Université de la Sorbonne-Nouvelle (Paris III), 17, rue de la Sorbonne, 75230 Paris Cedex 05. *XIIes., 1970*
Ut : théât, lit gén & comparée, lang-lit-civ anglophones, lang-civ Am latine, ét françaises pour l'étr, lang-civ Inde-Orient-Afrique Nord, italien-roumain, ét ibériques, lang-civ orntl et de l'Afrique du Nord, ling-pho, lit française.
I : ger.
E : interp-trad.
Université de Paris-Sorbonne (Paris IV), 1, rue Victor-Cousin, 75230 Paris Cedex 05.
XIIes., 1970
Ut : arché-hist art, lang-lit française, grec, latin, hist, géog, phil, ét ger, ét slavistique, lang-lit-hist des idées anglo-am, italien- roumain, ét ibériques et latino-américaines, mus-musicologie, civ Occident mod (rech).
I : sc hum app.
Ce : ét lit-sc app, civilisation polonaisè, ét ibériques et latino-américaines.
*** Université René Descartes (Paris V),** 12, rue de l'Ecole de Médecine, 75270 Paris Cedex 06. *XIIes., 1970*
Ut : soc, psyc, ling, gén-app, sc éd, math-logique-inft, méd (3), biomed (rech), méd-biol, méd légale-dr méd-déontologie méd, od, phar-biol, mécanismes d'action des médicaments toxiques (rech), biol hum (rech), phys-sport.
I : psyc, techn.
Université Paris VI, 4, place Jussieu, 75230 Paris Cedex 05. *XIIes., 1970*
Ut : math, analyse, méc, inft-stat, app de la phy, optique-phy moléculaires, phy des milieux condensés, phy théor, ch phy, ch org, ch inorg, bioch, physiologie animale, zool, sc terre, méd (3), biomed (rech), stom, algèbre et géométrie, génétique.
E : ch.
I : phy du globe, stat, programmation, biol végétale.
*** Université Paris VII,** 2, place Jussieu, 75221 Paris Cedex 05. *XIIes., 1970*
Ut : méd (2), hématologie, ét biol-méd, math, phy, ch, bioch, biol-génétique, didactique disciplines scq, sc textes et documents (grec, latin, français), ét d'Asie orntl, géog-soc, sc hum clin, anth-ethnologie-sc des relig, dent.
I : anglais.
D : ling (rech), ét environnement, audio-visuel, sc terre, socio, inft gén.
Université de Paris-Vincennes (Paris VIII), Route de la Tourelle, 75571 Paris Cedex 12.
XIIes., 1970
Ut : allemand, anglo-am, arts, éco pol, espagnol-italien-portugais, lit française-lit anglaise, lit gén & française-lang étr, ét slaves-orntl-asiatiques, géog-urb, ét hist-socio, inft-ling, psyc-éd, phil-psychanalyse, sc jur-pol, soc.
*** Université Paris-Dauphine (Paris IX),** Place du Maréchal-de Lattre-de-Tassigny, 75775 Paris Cedex 16. *XIIes., 1970*
Ut : gestion-éco app, gestion, éco app, sc organisations, inft de gestion, math de la décision.
I : urb.
Université Paris-Nanterre (Paris X), 2, rue de Rouen, 92001 Nanterre Cedex.
XIIes., 1970

Ut : ét anglo-am, ét ger-slaves, lang romanes, géog, hist, let anc-mod-ling, phil-hist de l'art, psyc-ed, soc, éco, sc jur.
I : techn (Ville d'Avray).
Université de Paris-Sud (Paris XI), Centre Scientifique, 15, rue Georges-Clemenceau, 91405 Orsay. *XIIes., 1970*
Ut : math-phy, ch, biol-géog (orientation et formation), sc exactes-nat, math, phy, biol, géol, ch (rech), accélérateur linéaire; sc jur-éco (Sceaux); méd, scq-méd; phar-biol, ch thérapeutique, hyg-protection homme environnement (rech) (Châtenay-Malabry).
I : techn (Saclay-Orsay), techn (Cachan), techn (Sceaux), phy nucl.
Université Paris-Val de Marne (Paris XII), Avenue du Général-de-Gaulle, 94000 Créteil. *XIIes., 1970*
Ut : méd, dr-éco, let-hum, sc.
I : techn, urb.
Université Paris-Nord (Paris XIII), Avenue Jean-Baptiste Clément, 93430 Villetaneuse.
XIIes., 1970
Ut : dr éco, let-hum; scq-polytec (Saint-Denis); méd (Bobigny), sc de l'expression et de la commune.
I : techn; techn (Saint-Denis), techn (Argenteuil).
*****Institut Catholique de Paris,** 21, rue d'Assas, 75270 Paris Cedex 06. *1875*
D : théo.
F : dr can, phil, let.
I : soc, mus liturgique, pastorale catéchétique, ét relig, liturgie, ét œcuméniques, sc & théo des relig, péd, lang-cult françaises, interp-trad, électro, géol, phys; agr (Beauvais).
E : lang orntl anc, éco-com, psyc, psychopéd, bibl-doc, ch organique-minérale, phys (féminine).
Ce : Ibéro-am, hist relig (rech), jur-éco.
Université de Pau et des Pays de l'Adour, 68, rue Montpensier, 64016 Pau. *1970*
Ut : let-hum, sc exactes, dr-éco.
I : rech scq; techn, jur (Bayonne).
*****Centre Universitaire de Perpignan,** Avenue de Villeneuve, 66000 Perpignan. *1970*
Ut : hum-soc, sc exactes-nat.
I : techn.
Université de Poitiers, 15, rue de Blossac, 86034 Poitiers. *1431, 1970*
Ut : jur-soc, éco, sc exactes-nat, sc fond-app, lang-lit, sc hum, sc-tec, méd-phar, phys-sport.
I : techn; techn (La Rochelle), adm des entreprises.
E : méc-aérotec.
Ce : aérodynamiques-thermiques, ét civ médié
*****Université de Reims,** 23 rue Boulard, 51100 Reims. *1967, 1970*
Ut : let-hum, méd, od, phar, sc exactes-nat, dr-éco.
I : techn; techn (Troyes).
*****Université de Rennes (Rennes I),** rue du Thabor, B.P. 826, 35010 Rennes Cedex.
1461, 1970
Ut : jur, éco-éco app à la gestion, physico-ch-biol fond app, clin-thér méd, médicament, sa dans la collectivité (rech), od, math-inft, structures-matière, biol, sc comportement-environnement, phil.
I : gestion, techn; techn (Vannes), techn (Lannion).
E : ch.
*****Université de Haute-Bretagne (Rennes II),** 6, avenue Gaston Berger, 35043 Rennes Cedex.
1461, 1970
Ut : lang-lit-civ étr, anglais, géog-aménagement de l'espace, sc hist-pol, art, lit, psyc-socio, lang (rech), ét anglo-irlandaises (rech), phys-sport, sc-tec.
I : armoricain de rech hist, techn.
Université de Rouen, Rue Thomas Becket, 76130 Mont-Saint-Aignan. *1967, 1970*
Ut : dr-éco, let-hum, sc exactes-nat, sc comportement et de l'éd; med-phar (Rouen); sc-tec (Le Havre).
I : scq; techn (Rouen); techn (Le Havre).
*****Université de Saint-Etienne,** 1, rue de la Convention, 42100 Saint-Etienne. *1970*
Ut : dr, éco, méd, sc, let.
I : techn.
*****Université Louis Pasteur (Strasbourg I),** 4, rue Blaise Pascal, 67070 Strasbourg Cedex.
1537, 1970
Ut : sc méd, sc méd (rech), sc phar, od, math, phy-ch (rech), sc matière, sc vie-terre, sc comportement-environnement, géog, éco, obs.

I : phy du globe, phy nucl-corpusculaire.
E : application des hauts polymères, ch.
*Université des Sciences humaines (Strasbourg II), 22, rue Descartes, 67084 Strasbourg Cedex. *1437, 1970*
Ut : lang clas, lang-lit-civ étr, let mod, phil, sc hist, soc, théo prot, théo cath, phys-sport.
Ce : phill.
*Université de Sciences juridiques, politiques et sociales (Strasbourg III), Place d'Athènes, 67084 Strasbourg Cedex. *1437, 1970*
Ut : dr-pol, jur-pol-soc (rech), jour, techn (rech).
I : trav, ét pol, éco app aux aff, com, ét eur, techn.
Ce : ét int de la propriété ind.
Centre Universitaire de Toulon, Route Nationale 98, 83130 La Garde. *1970*
Ut : sc-tec, jur-éco.
I : techn.
*Université des Sciences sociales(Toulouse I), Place Anatole France, 31070 Toulouse Cedex. *1229, 1970*
Ut : problèmes de la société ind mod et socio jur, sc jur (l^{er} cycle), sc jur (2e cycle), ét prat jur-soc, ét int-dév-lang vivantes, lang, éco, math, inft.
I : préparation aux aff, pol.
Université de Toulouse-le-Mirail (Toulouse II), 4, rue Albert Lautman, 31075 Toulouse Cedex. *1229, 1970*
Ut : ét phil-pol, sc comportement-éd, let françaises-lit comparée, soc, lang-lit-civ étr-ling gén, let-lang anc, hist-arché-hist de l'art, géog, éco-gestion, let mod.
D : math-inft-stat.
I : rech interdisciplinaire, techn.
Université Paul Sabatier (Toulouse III), 118, route de Narbonne, 31077 Toulouse Cedex. *1229, 1970*
Ut : biol expé, ch inor, ch org, électro-électrotechn-automatique, ét fond-fond-cartographique biosphère lithosphère, inft, lang vivantes, math, od, phy milieux condensés, phy spatiale, éco-gestion, sc exactes-expé, sc phar, tec réadaptation, phys-sport; sc méd (Purpan), sc méd (Rangueil), obs (2).
Ce : ét et aménagement des ressources nat.
I : techn.
*Institut Catholique de Toulouse, 31, rue de la Fonderie, 31068 Toulouse Cedex. *1877*
F : théo, dr can, phil, let-hum.
I : ét relig et pastorales, péd.
E : sc; agr (Purpan).
Université François Rabelais(Tours), 3, rue des Tanneurs, 37041 Tours Cedex.
1962, 1970
Ut : méd, phar, sc exactes-nat, lang-lit-civ de pays anglophones, lang-lit-civ class et mod, sc hum, jur-éco, aménagement-géog-inft.
I : techn.
Ce : ét de la Renaissance.
Centre Universitaire de Valenciennes, Mont-Huy, 59620 Aulnoy-les-Valenciennes. *1970*
Ut : sc exactes-nat, sc hum-artistiques.
I : techn.
Institut National Polytechnique de Grenoble, 46, avenue Félix-Viallet, 38031 Grenoble Cedex. *1961, 1970*
E : électro-gé radio, électroch-mét, élec-gé phy, hyd, math app-inft, papeterie.
Institut National Polytechnique de Lorraine, 2, Porte de la Craffe, B.P. 3308, 54014 Nancy Cedex. *1872 1970*
E : agr-ind-alim, géol app, ind mét-mine, ind ch, élec-méc.
*Institut National Polytechnique de Toulouse, Place des Hauts-Murats, 31006 Toulouse Cedex. *1906, 1970*
E : agr, élec-électro-inft-hyd, ch.
I : gé ch.
Institut d'Etudes politiques, 27, rue Saint-Guillaume, 75007 Paris.

Observatoire de Paris, 61, avenue de l'Observatoire, 75014 Paris.

SPECIALIZED PUBLIC INSTITUTIONS—
ETABLISSEMENTS PUBLICS SPECIALISES

Collège de France, 11, place Marcellin-Berthelot, 75005 Paris. *1530*
Ecole pratique des hautes Etudes, 46, rue Saint-Jacques, 75005 Paris. *1868*
Muséum national d'Histoire naturelle, 57, rue Cuvier, 75231 Paris Cedex 05. *1635*
Musée de l'Homme, Palais de Chaillot, place du Trocadéro, 75116 Paris. *1937*
Bureau des Longitudes, 3, rue Mazarine, 75006 Paris.
Fondation nationale des Sciences politiques, 27, rue Saint-Guillaume, 75007 Paris.
Palais de la Découverte, Avenue Franklin Roosevelt, 75008 Paris.

OTHER INSTITUTIONS—AUTRES INSTITUTIONS

Governmental Establishments(1)—
Etablissements publics(1)

Technical Education—Enseignement technique

Ecole nationale supérieure de l'Aéronautique et de l'Espace, 10, avenue Edouard-Belin, 31055 Toulouse Cedex. *1909*
Ecole nationale d'Ingénieurs de Constructions aéronautiques, 49, avenue Léon-Blum, 31500 Toulouse. *1948*
Ecole nationale supérieure des Arts et Industries, 24, boulevard de la Victoire, 67084 Strasbourg Cedex. *1875*
*****Ecole centrale des Arts et Manufactures,** Grande Voie des Vignes, 92290 Châtenay-Malabry. *1829*
Conservatoire national des Arts et Métiers, 292, rue Saint-Martin, 75003 Paris. *1794*
Ecole nationale supérieure d'Arts et Métiers, 2, Cours des Arts-et-Métiers, 13617 Aix-en-Provence. *1843*
Ecole nationale supérieure d'Arts et Métiers, 2, boulevard du Roncerey, 49000 Angers.
Ecole nationale supérieure d'Arts et Métiers, 3–5, rue de La-Rochefoucauld, 51000 Châlons-sur-Marne. *1806*
Ecole nationale supérieure d'Arts et Métiers, 71250 Cluny.
Ecole nationale supérieure d'Arts et Métiers, 8, boulevard Louis XIV, 59000 Lille.
Ecole nationale supérieure d'Arts et Métiers, 151, boulevard de l'Hôpital, 75640 Paris Cedex 13. *1912*
Ecole nationale supérieure d'Ingénieurs Arts et Métiers, Esplanade de l'Université, 33400 Talence. *1806*
Ecole nationale de l'Aviation civile, B.P. 4005, 31000 Toulouse. *1948*
Ecole nationale supérieure de Biologie appliquée à la Nutrition et à l'Alimentation, Campus universitaire Montmuzard, 6, boulevard Gabriel, 21000 Dijon.
Ecole centrale de Lyon, 36, route de Dardilly, 69130 Ecully. *1857*
Ecole nationale supérieure de Céramique industrielle, 6, Grande-Rue, 92310 Sèvres. *1893*
Institut de Chimie, 32, rue Mégevand, 25030 Besançon Cedex. *1914*
Ecole nationale supérieure de Chimie de Bordeaux, 351, Cours de la Libération, 33400 Talence. *1891*

---

(1) Many of the institutions listed in this section also fall within the framework of one of the universities.

(1) Nombre des établissements répertoriés dans cette section fonctionnent également dans le cadre d'une université.

Ecole nationale supérieure de Chimie, Esplanade de la Paix, 14032 Caen Cedex. *1924*
Ecole nationale supérieure de Chimie, 71, boulevard Côte-Blatin, 63000 Clermont-Ferrand. *1908*
Ecole nationale supérieure de Chimie, B.P. 40, 59650 Villenueve-d'Ascq. *1894*
Ecole nationale supérieure de Chimie, 8, rue de l'Ecole Normale, 34075 Montpellier Cedex. *1908*
Ecole nationale supérieure d'Ingénieurs de Chimie, 3, rue Alfred-Werner, 68093 Mulhouse Cedex. *182'*
Ecole nationale supérieure de Chimie, Avenu du Général Leclerc, 35000 Rennes-Beaulieu. *1919*
Institut national supérieur de Chimie industrielle de Rouen, B.P. 8, 76300 Mont-Saint-Aignan. *1956*
Ecole nationale supérieure de Chimie, Rue Blaise-Pascal, 67008 Strasbourg Cedex. *1919*
Ecole nationale supérieure de Chronométrie et de Micromécanique, La Bouloie, Route de Gray, 25030 Besançon. *1927*
Institut des hautes Etudes cinématographiques, Voie des Pilotes, 94360 Bry-sur-Marne. *1943*
Ecole nationale Louis Lumière, 85, rue de Vaugirard, 75006 Paris. *1926*
Ecole supérieure d'Electricité, 10, avenue Pierre-Larousse, 92240 Malakoff. *1894*
Institut industriel du Nord, 59650 Villeneuve d'Ascq.
Ecole nationale supérieure d'Electronique et de Radioélectricité de l'Université de Bordeaux, Faculté des Sciences, 351, cours de la Libération, 33400 Talence. *1920*
Ecole nationale supérieure d'Electronique et d'Electromécanique, Esplanade de la Paix, 14000 Caen. *1914*
Institut français du Froid industriel, 292, rue Saint-Martin, 75141 Paris Cedex. *1942*
Ecole nationale des Sciences géographiques, 2, avenue Pasteur, 94160 Saint-Mandé. *1941*
Ecole supérieure de Géomètres et Topographes, 292, rue Saint-Martin, 75141 Paris Cedex 03. *1945*
Institut industriel du Nord, Boulevard Paul Langevin, 59650 Villeneuve d'Ascq. *1854*

Ecole nationale d'Ingénieurs de Belfort, 8, boulevard Anatole-France, 90000 Belfort. *1962*
Ecole nationale d'Ingénieurs de Brest (Constructions électroniques), Avenue Victor le Gorgeu, 29283 Brest Cedex. *1961*
Ecole Universitaire d'Ingénieurs de Lille I, B.P. 36, 59650 Villeneuve d'Ascq.
Ecole nationale d'Ingénieurs de Metz, Ile du Saulcy, 57000 Metz. *1962*
Ecole nationale d'Ingénieurs de Saint-Etienne, 32, rue Etienne-Mimard, B.P. 159, 42000 Saint-Etienne. *1961*
Ecole nationale d'Ingénieurs de Tarbes, Chemin d'Azereix, 65000 Tarbes. *1963*
Institut des Sciences de l'Ingénieur, Parc Robert-Bentz, 54500 Nancy. *1960*
Institut supérieur des Matériaux et de la Construction mécanique, 3, rue Fernand Hainaut, 93400 Saint-Quen. *1948*
Institut de la Construction de l'Environment et de l'Urbanisme, Domaine Universitaire Littéraire et Juridique, sac postal 19, 59650 Villeneuve d'Ascq.
Ecole nationale supérieure de Mécanique, 3, rue du Maréchal-Joffre, 44041 Nantes Cedex. *1919*
Ecole nationale supérieure de Mécanique et d'Aérotechnique de Poitiers, Rue Guillaume VII, 86022 Poitiers. *1948*
Institut de Mécanique des Fluides, 5, boulevard Paul-Painlevé, 59000 Lille. *1929*
Institut de Mécanique des Fluides, 1, rue Honorat, 13003 Marseille. *1930*
Institut de Mécanique des Fluides, 2, rue Camichel, 31000 Toulouse. *1913*
Institut de Mécanique statistique de la Turbulence, 12, avenue du Général Leclerc, 13003 Marseille.
Institut de Météorologie et des Sciences climatiques, 43, boulevard du 11 Novembre 1918, 69100 Villeurbanne. *1945*
Ecole nationale de la Météorologie, 1, quai Branly, 75007 Paris. *1948*
Ecole française de Meunerie et des Industries Céréalières, 16, rue Nicolas-Fortin, 75013 Paris. *1924*
Ecole nationale supérieure des Mines de Paris, 60, boulevard Saint-Michel, 75272 Paris Cedex 06. *1783*

Ecole nationale supérieure des Mines, 158 *bis*, cours Fauriel, 42023 Saint-Etienne Cedex *1816*

Ecole nationale des Techniques industrielles et des Mines, 941, rue Charles Bourseul, 59508 Douai. *1878*

Ecole nationale technique des Mines, 6, avenue de Clavières, 30100 Alès. *1843*

Ecole nationale supérieure de Techniques avancées, 32, boulevard Victor, 75015 Paris. *1969*

Institut national des Sciences et Techniques nucléaires, B.P. 6, 91190 Gif-sur-Yvette. *1956*

Institut de Physique nucléaire de l'Université de Paris, 15, rue Georges-Clemenceau, 91406 Orsay. *1910*

Ecole nationale supérieure du Pétrole et des Moteurs, 4, avenue de Bois-Préau, 92502 Rueil-Malmaison. *1925*

Institut de pétroléochimie et Synthèse organique industrielle, Domaine Universitaire de St. Jérôme, rue Henri-Poincaré, 13397 Marseille Cedex 4. *1959*

Ecole nationale supérieure de Physique, Domaine Universitaire St. Jérôme, rue Henri-Poincaré, 13397 Marseille Cedex 4. *1959*

Ecole supérieure de Physique et Chimie industrielles de la Ville de Paris, 10, rue Vauquelin, 75005 Paris. *1882*

Institut de Physique du Globe, 5, rue René Descartes, 67000 Strasbourg. *1919*

Ecole d'Application des Hauts Polymères, 4, rue Boussingault, 67000 Strasbourg. *1965*

Ecole polytechnique, 17, rue Descartes, 75005 Paris. *1794*

Ecole nationale des Ponts et Chaussées, 28, rue des Saints-Pères, 75007 Paris. *1747*

Ecole nationale des Travaux publics de l'Etat, Rue Maurice Audin, 69120 Vaulx-en-Velin. *1891, 1953*

Ecole nationale supérieure de l'Electronique et de ses Applications, 107, boulevard du Général-Leclerc, 92110 Clichy. *1952*

Institut national des Sciences appliquées de Lyon, 20, avenue Albert-Einstein, 69621 Villeurbanne. *1957*

Institut national des Sciences appliquées, 20, avenue des Buttes-de-Coësmes, 35031 Rennes Cedex. *1966*

Institut national des Sciences appliquées, avenue de Rangueil, 31077 Toulouse. *1963*

Centre d'Etudes supérieures des Techniques industrielles, 3, rue Ferdinand Hainaut, 93400 Saint-Ouen. *1956*

Ecole nationale supérieure des Télécommunications, 46, rue Barrault, 75634 Paris Cedex 13. *1878*

Ecole nationale supérieure d'Ingénieurs des Industries textiles, 3, quai des Pêcheurs, 68200 Mulhouse. *1861*

Ecole nationale supérieure des Arts et Industries textiles de Roubaix, 2, place des Martyrs de la Résistance, B.P. 69, 59100 Roubaix. *1885*

Professional Education—Enseignement professionnel

Ecole nationale d'Administration, 56, rue des Saints-Pères, 75007 Paris. *1945*

Institut d'Administration des Entreprises, 29, avenue Robert-Schuman, 13617 Aix-en-Provence. *1955*

Institut régional de Gestion, 35, place Pey-Berland, 33000 Bordeaux. *1956*

Institut d'Administration des Entreprises, Domaine Universitaire, 38400 St. Martin d'Hères. *1956*

Institut d'Administration et de Gestion des Entreprises, 15, quai Claude-Bernard, 69365 Lyon Cedex 2. *1936*

Institut de Préparation à l'Administration des Entreprises, 4, rue de la Ravinelle, 54000 Nancy. *1955*

Institut d'Administration des Entreprises, Avenue Emile-Henriot, 06000 Nice. *1966*

Institut d'Administration des Entreprises, 162, rue St. Charles, 75015 Paris. *1956*

Institut d'Administration des Entreprises, 43, place du Marché Notre-Dame, 86000 Poitiers. *1956*

Institut de Gestion de Rennes, 9, rue Jean-Macé, 35000 Rennes. *1955*

Institut international d'Administration publique, 2, avenue de l'Observatoire, 75006 Paris. *1966*

Institut régional d'Administration, 16, avenue Condorcet, 69621 Villeurbanne. *1970*

Centre de Préparation à l'Administration scolaire et universitaire, 4, boulevard Gabriel, 21000 Dijon.

Centre de Préparation à l'Administration générale, Domaine Universitaire Littéraire et Juridique, sac postal 19, 59650 Villeneuve d'Ascq.

Centre Universitaire de Formation et de Perfectionnement administratifs, Domaine Universitaire Littéraire et Juridique, sac postal 19, 59650 Villeneuve d'Ascq.

Centre régional de Formation des Personnels Communaux, 249, rue Pierre Brossolette Esquerdes, 62380 Lumbres.

Institut de Préparation aux Affaires, 4, boulevard Gabriel, 21000 Dijon. *1963*

Institut de Préparation aux Affaires, 1 *bis*, rue Georges-Lefèvre, 59000 Lille.

Institut de Préparation aux Affaires, 39, rue de l'Université, 34000 Montpellier.

Institut d'Economie appliquée aux Affaires, 61, avenue des Vosges, 67000 Strasbourg.

Institut de Préparation aux Affaires, 2, rue Albert-Lautman, 31000 Toulouse.

Ecole nationale d'Ingénieurs des Travaux agricoles de Bordeaux, 1, cours du Général de Gaulle, 33170 Gradignan. *1962*

Ecole nationale supérieure d'Ingénieurs de Travaux agricoles, 21800 Dijon Quetigny.

Institut national de Promotion supérieure agricole, Rue des Champs Prévois, 21000 Dijon.

Institut agricole du Nord de la France, 14 *bis*, rue Malus, 59000 Lille.

Ecole nationale supérieure agronomique, 9, place Viala, 34000 Montpellier. *1872*

*****Institut national agronomique de Paris-Grignon,** 16, rue Claude-Bernard, 75005 Paris.

Ecole nationale supérieure agronomique, 65, rue de Saint-Brieuc, 35000 Rennes. *1826*

Ecole nationale supérieure féminine d'Agronomie, 65, rue de Saint-Brieuc, 35042 Rennes Cedex. *1964*

Ecole nationale supérieure des Sciences agronomiques appliquées, 26, boulevard Docteur Petitjean, B.P. 588, 21016 Dijon Cedex. *1920, 1966*

Ecole nationale supérieure des Industries agricoles et alimentaires, Avenue de la République, 91305 Massy. *1893*

Centre national d'Etudes d'Agronomie tropicale, 45 *bis*, avenue de la Belle-Gabrielle, 94130 Nogent-sur-Marne. *1902*

Institut scientifique et technique de l'Alimentation, 292, rue Saint-Martin, 75003 Paris.

Unité pédagogique d'Architecture, 25, rue Lesdiguières, 38000 Grenoble. *1927, 1968*

Unité pédagogique d'Architecture, 2, rue d'Enfer, 63000 Clermont-Ferrand. *1968*

Unité pédagogique d'Architecture, 97, boulevard Carnot, 59000 Lille. *1775*

Unité pédagogique d'Architecture, 14, Montée du Télégraphe, 69246 Lyon Cedex 01.

Unité pédagogique d'Architecture, 13009 Marseille-Luminy. *1752*

Unité pédagogique d'Architecture, Rue 1, Lotiss de Lambert, Plan des Quatre-Seigneurs, 34000 Montpellier.

Unité pédagogique d'Architecture, Parc de Rémincourt, 54600 Villers-les-Nancy.

Unité pédagogique d'Architecture, "La Mulotière", rue Massenet, 44000 Nantes. *1946*

Unité pédagogique d'Architecture I, 15, quai Malaquais, 75006 Paris.

Unité pédagogique d'Architecture II, 15, quai Malaquais, 75006 Paris.

Unité pédagogique d'Architecture III, 2, avenue de Paris, 78000 Versailles.

Unité pédagogique d'Architecture IV, 15, quai Malaquais, 75006 Paris.

Unité pédagogique d'Architecture V, Rue de Courbevoie, 92000 Nanterre.

Unité pédagogique d'Architecture VI, 14, rue Bonaparte, 75006 Paris.

Unité pédagogique d'Architecture VII, Grand Palais des Champs-Elysées, 75008 Paris.

Unité pédagogique d'Architecture VIII, 69/71 rue de Chevaleret, 75013 Paris.

Ecole régionale d'Architecture, 34, rue Hoche, 35000 Rennes.

Unité pédagogique d'Architecture, 186, rue Martainville, 76000 Rouen.

Unité pédagogique d'Architecture, Palais du Rhin, 67000 Strasbourg.

Unité pédagogique d'Architecture, Domaine de Raba, cours de la Libération, Talence.

Unité pédagogique d'Architecture, Chemin

du Mirail, 31300 Toulouse-le-Mirail.
Ecole régionale des Beaux-Arts et des Arts industriels, 11, rue Ballainvilliers, 63000 Clermont-Ferrand. *1824*
Ecole nationale des Beaux-Arts, 3, rue Michelet, 21000 Dijon. *1766*
Ecole nationale des Beaux-Arts et d'Architecture, 10, rue Neyret, 69001 Lyon.
Ecole nationale des Beaux-Arts et des Arts appliqués, 1, avenue Boffrand, 54000 Nancy. *1702*
Ecole nationale supérieure des Beaux-Arts, 17, quai Malaquais, 75272 Paris Cedex 06.
Ecole régionale des Beaux-Arts, 30, rue Hoche, 35000 Rennes. *1881*
Ecole des Beaux-Arts, 5 quai de la Daurade, 31000 Toulouse.
Ecole nationale supérieure des Arts décoratifs, 31, rue d'Ulm, 75005 Paris. *1766*
Ecole municipale des Arts décoratifs, 1, rue de l'Académie, 67000 Strasbourg.
Ecole nationale d'Assurances, 292, rue Saint-Martin, 75003 Paris. *1946*
Institut technique de Banque, 292, rue Saint-Martin, 75141 Paris Cedex 03. *1950*
Ecole nationale supérieure de Bibliothécaires, 17/21, boulevard du 11 novembre 1918, 69621 Villeurbanne. *1963*
Ecole nationale des Chartes, 19, rue de la Sorbonne, 75005 Paris. *1821*
Institut d'Etudes commerciales, Domaine Universitaire, 38400 St. Martin d'Hères. *1912, 1956*
Institut commercial de Nancy, 4, rue de la Ravinelle, 54000 Nancy. *1905*
Institut européen d'Etudes commerciales supérieures, 3, avenue d'Alsace, 67000 Strasbourg. *1919, 1956*
Institut de Techniques Comptables, Domaine Universitaire Littéraire et Juridique, sac postal 19, 59650 Villeneuve d'Ascq.
Institut de Démographie, Esplanade de la Paix, 14032 Caen. *1954*
Institut de Démographie, 13, place Carnot, 54000 Nancy. *1954*
Institut de Démographie, 13, rue de Santeuil, 75005 Paris. *1957*
Ecole et Dispensaire dentaires de Lyon, 6, place Depéret, 69008 Lyon. *1899, 1973*
Institut national des Techniques de la Documentation, 292, rue Saint-Martin, 75003 Paris. *1950*
Ecole nationale des Douanes, 74, boulevard Bourdon, 92000 Neuilly-sur-Seine. *1947*
Conservatoire national d'Art dramatique, 2 bis, rue du Conservatoire, 75009 Paris.
Institut de Droit canonique, Palais universitaire, 67000 Strasbourg. *1920*
Institut de Droit comparé, 28, rue Saint-Guillaume, 75007 Paris. *1931*
Institut de Droit européen et comparé, 9, rue J.-Macé, 35000 Rennes.
Institut du Droit du Travail et de la Sécurité sociale, Faculté de Droit, 15, quai Claude-Bernard, 69365 Lyon Cedex 2.
Institut d'Etudes Judiciaires de Criminologie, Domaine Universitaire Littéraire et Juridique, sac postal 19, 59650 Villeneuve d'Ascq.
Ecole nationale d'Ingénieurs des Travaux des Eaux et Forêts, Domaine des Barres, 45290 Nogent-sur-Vernisson. *1884*
Ecole nationale du Génie rural et des Eaux et Forêts, 19, avenue du Maine, 75015 Paris. *1874*
Institut d'Economie régionale et de Droit de l'Aménagement du Territoire, Domaine Universitaire Littéraire et Juridique, sac postal 19, 59650 Villeneuve d'Ascq.
Institut des Techniques économiques et comptables, 292, rue Saint-Martin, 75141 Paris Cedex 3.
Institut d'Etudes économiques et juridiques appliquées à la Construction et à l'Habitation, 1, rue Montgolfier, 75003 Paris.
Institut d'Etudes du Développement économique et social, 58, boulevard Arago, 75013 Paris. *1957*
Institut de Recherche économique et de Planification, Domaine Universitaire, 38400 St. Martin d'Hères. *1969*
Institut technique de Prévision économique et sociale, 292, rue Saint-Martin, 75141 Paris Cedex 03.
Institut d'Elevage et de Médecine vétérinaire des pays tropicaux, 10, rue Pierre-Curie, 94700 Maisons-Alfort. *1920*
Centre européen universitaire, 15, place Carnot, 54042 Nancy. *1950*
Institut des hautes Etudes européennes, 5, rue Schiller, 67000 Strasbourg. *1953*

Institut des Sciences financières et d'Assurances, 43, boulevard du 11 novembre 1918, 69621 Villeurbanne. *1930*
Institut d'Etudes françaises de Touraine, 1, rue de la Grandière, 37000 Tours. *1912*
Ecole nationale des Haras, Le Pin au Haras, 61310 Exmes. *1892*
Ecole nationale supérieure d'Horticulture, 4, rue Hardy, 78000 Versailles. *1873*
Ecole nationale des Impôts, 1, rue Ledru, 63033 Clermont-Ferrand Cedex. *1951*
Institut d'Etudes internationales et des Pays en voie de développement, Place Anatole-France, 31070 Toulouse Cedex.
Ecole supérieure d'Interprètes et de Traducteurs, Place de Maréchal-de-Lattre de-Tassigny, 75116 Paris. *1957*
Institut national des Langues et Civilisations orientales, 2, rue de Lille, 75007 Paris. *1971*
Ecole du Louvre, 34, quai du Louvre, 75001 Paris. *1882*
Ecole nationale de Musique et d'Art dramatique, 5, rue de l'Ecole de Droit, 21000 Dijon.
Conservatoire national supérieur de Musique, 14, rue de Madrid, 75008 Paris. *1795*
Conservatoire régional de Musique, d'Art dramatique et de Danse, 12, rue du Conservatoire, 31000 Toulouse.
Ecole nationale de la Marine marchande du Havre, Route de Cap, 76310 Sainte-Adresse.
Ecole nationale de la Marine marchande, 95, traverse Prat, 13008 Marseille.
Ecole nationale de la Marine marchande, 38, rue Joseph-Blanchart, 44100 Nantes.
Ecole nationale de la Marine marchande, rue Pierre-Loti, 22500 Paimpol.
Ecole nationale de la Marine marchande, rue de la Victoire, 35400 Saint-Malo.
Institut d'Œnologie, Faculté des Sciences, 351, cours de la Libération, 33405 Talence. *1957*
Ecole nationale de Police, 69450 St. Cyr-au-Mont d'Or. *1941*
Institut d'Etudes supérieures des Techniques d'Organisation, 292, rue Saint-Martin, 75141 Paris Cedex 03. *1956*
Centre de Formation de Conseillers d'Orientation, 3 *bis*, rue Bart, 59000 Lille.
Office de la Recherche scientifique et technique d'Outre-Mer, 24, rue Bayard, 75008 Paris.
Centre départemental d'Education ouvrière du Nord de la France, Sac postal 19, 59650 Villeneuve d'Ascq. *1954*
Institut d'Etudes politiques, 25, rue Gaston-de-Saporta, place de l'Université, 13625 Aix-en-Provence. *1956*
Institut d'Etudes politiques, 1, rue Raulin, 69365 Lyon Cedex 2. *1948*
Institut d'Etudes politiques, Domaine Universitaire, 38400 St. Martin d'Hères. *1946*
Institut d'Etudes politiques, 9, place de l'Université, 67084 Strasbourg Cedex. *1945*
Institut d'Etudes politiques, Domaine Universitaire, 33400 Talence-Pessac. *1948*
Institut d'Etudes politiques, 2 *ter*, rue des Puits-Creusés, 31000 Toulouse. *1947*
Institut français de Presse et des Sciences de l'Information, 83 *bis*, rue Notre-Dame des Champs, 75006 Paris. *1951*
Institut de Psychologie appliquée, 34, avenue Carnot, 63006 Clermont-Ferrand Cedex. *1947*
Institut de Psychologie, de Sociologie et de Pédagogie, 47–49, rue Philippe-de-Lassalle, 69004 Lyon.
Institut de Psychologie, 1, rue Goethe, 67000 Strasbourg. *1900*
Institut de Psychologie, 4, rue Albert-Lautman, 31070 Toulouse Cedex. *1959*
Institut de Psychopédagogie médico-sociale "Mas Prunet", 34000 Montpellier.
Institut de Formation d'Educateurs spécialisés de l'Enfance et de l'Adolescence inadaptées, Le Château Peyniér, 13790 Rousset.
Ecole d'Educateurs spécialisés, 33000 Bordeaux.
Ecole nationale d'Ingénieurs des Travaux ruraux et des Techniques sanitaires, 1, quai Koch 67000 Strasbourg. *1960*
Institut de technique sanitaire et d'Hygiène des Industries, 292, rue Saint-Martin, 75141 Paris Cedex 03. *1923*
Institut de Medécine légale et sociale, Place Théo, Varlet, 59000 Lille.
Ecole nationale de la Santé publique, Avenue du Professeur Léon Bernard, 35043 Rennes Cedex. *1945*
Institut des Sciences sociales du Travail (Cen-

tre de Formation supérieure), 2, rue Cujas, 75005 Paris. *1951*
Institut de Statistique, 4, place Jussieu, 75230 Paris Cedex 05. *1922*
Ecole nationale de la Statistique et de l'Administration économique, 3, avenue Pierre Larousse, 92240 Malakaff. *1942*
Institut national d'Etude du Travail et d'Orientation professionnelle, 41, rue Gay-Lussac, 75005 Paris. *1928*
Institut Universitaire de Formation continue, La Bouloie, Route de Gray, 25030 Besançon Cedex. *1973*
Service Universitaire de Formation continue de Bourgogne, 6, boulevard Gabriel, 21000 Dijon. *1958*
Centre Universitaire d'Education et de Formation des Adultes, Domaine Universitairè, 38400 St. Martin d'Hères. *1951, 1969*
Centre Université Economie Education permanente, 104, rue Jeanne d'Arc, 59000 Lille.
Centre Universitaire de Formation et d'Education permanente, 10, rue de l'Université, 86022 Poitiers. *1959*
Institut de Promotion supérieure du Travail, 3 place Victor-Hugo, 13003 Marseille Cedex. *1953-7*
Institut de Promotion supérieure du Travail, 18, boulevard de la Victoire, 67000 Strasbourg.
Institut de Promotion supérieure du Travail, Faculté des Sciences, 39, allée Jules-Guesde, 31400 Toulouse.
Institut des Sciences du Travail, Sac postal 19, 59650 Villeneuve d'Ascq. *1950*
Institut national de Formation des Cadres supérieurs de la Vente, 292, rue Saint-Martin, 75141 Paris Cedex 03. *1957*
Ecole nationale vétérinaire d'Alfort, 7, avenue du Général de Gaulle, 94701 Maisons-Alfort. *1765*
Ecole nationale vétérinaire de Lyon, 2, quai Chauveau, 69337 Lyon Cedex 1. *1762*
*Ecole nationale vétérinaire de Toulouse, 23, chemin des Capelles, 31076 Toulouse. *1829, 1964*

Teacher Training—Formation pédagogique

Ecole normale supérieure de Fontenay-aux-Roses, 5, rue Boucicaut, 92260 Fontenay-aux-Roses. *1887*
Ecole normale supérieure, 45, rue d'Ulm, 75230 Paris Cedex 05. *1794*
Ecole normale supérieure de Jeunes Filles, 48, boulevard Jourdan, 75014 Paris. *1881*
Ecole normale supérieure de Saint-Cloud, 2, avenue du Palais, 92211 Saint-Cloud. *1882, 1945*
Ecole normale nationale d'Apprentissage de Lyon, 4, rue Alfred de Musset, Villeurbanne.
Ecole normale nationale d'Apprentissage de Nantes, 8, rue du Général-Margueritte, 44000 Nantes. *1947*
Ecole normale nationale d'Apprentissage, 44, rue de la Tour, 75016 Paris.
Ecole normale nationale d'apprentissage, 118, rte de Narbonne, 31400 Toulouse.
Ecole normale nationale d'Apprentissage, Place du 8 mai 1945, 93000 Saint-Denis. *1946*
Ecole normale nationale d'Apprentissage, Rue Jules Guesde, 59650 Villeneuve d'Ascq.
Ecole normale supérieure de l'Enseignement technique, 61, avenue du Président-Wilson, 94230 Cachan. *1912*
Institut des Professeurs de français à l'Etranger, 46, rue Saint-Jacques, 75005 Paris. *1920*
Institut national du Sport et de l'Education physique, 11, avenue du Tremblay, 75012 Paris. *1933*
Institut régional d'Education physique et sportive, 3, place de la Victoire, 33076 Bordeaux Cedex. *1928*
Institut régional d'Education physique et sportive, rue Paul Doumer, 63000 Clermont-Ferrand. *1929*
Centre régional d'Education physique et sportive, 95, rue de Mirande, 21000 Dijon.
Institut de Formation des Enseignants et Cadres sportifs, Domaine universitaire, 38400 St-Martin-d'Hères.
Institut régional d'Education physique et sportive, 1, place de Verdun, 59045 Lille Cedex. *1928*
Institut régional d'Education physique, 15,

boulevard du 11 novembre 1918, 69621 Villeurbanne. *1928*
Institut régional d'Education physique et sportive, 70, route Léon-Lachamp, 13288 Marseille Cedex 2. *1929*
Centre régional d'Education physique et sportive, 2, avenue Charles-Flahault, 34000 Montpellier.
Institut régional d'Education physique, 96, avenue de Lattre de Tassigny, 54000 Nancy. *1929*

Institut régional d'Education physique, 1, rue Lacretelle, 75015 Paris. *1928*
Centre régional d'Education physique, rue des Marettes, 35802 Dinard.
Centre régional d'Education physique et sportive, 4, allée du Sommerhof, 67035 Strasbourg Cedex 3.
Institut régional d'Education physique et sportive, Rte de Narbonne, 31400 Toulouse. *1929*

Private Establishments—Etablissements privés

Technical Education—Enseignement technique

(Private Technical Colleges recognized by the State awarding an engineering qualification

—(Ecoles techniques privées reconnues par l'Etat délivrant un titre d'ingénieur

Ecole spéciale de Travaux aéronautiques, 151, boulevard de l'Hôpital, 75013 Paris. *1930*
Ecole technique d'Aéronautique et de Construction automobile, 1, rue Boutebrie, 75005 Paris. *1925*
Ecole catholique d'Arts et Métiers de Lyon, 40, Montée Saint-Barthélemy, 69321 Lyon Cedex 1. *1900*
Institut supérieur du Béton armé, 110, boulevard de la Libération, 13004 Marseille. *1952*
Ecole supérieure de Biochimie et de Biologie, 31 *bis*, boulevard de Rochechouart, 75009 Paris.
Ecole supérieure du Bois, 6–8, avenue de Saint-Mandé, 75012 Paris. *1934*
Ecole d'Enseignement technique de l'Institut français du Caoutchouc, 42, rue Scheffer, 75016 Paris. *1942*
Ecole supérieure de Chimie industrielle de Lyon, 43, boulevard du 11 Novembre 1918, 69621 Villeurbanne. *1883*
Ecole supérieure d'Application des Corps gras, 5, boulevard de La Tour-Maubourg, 75007 Paris. *1952*
Institut des Techniques économiques et comptables de Lorraine, 6, rue du Manège, 54000 Nancy.

Ecole d'Electricité industrielle de Paris (Ecole Charliat), 11, rue Nully-d'Hécourt, 60000 Beauvais. *1901*
Ecole d'Electricité et de Mécanique industrielle (Ecole Violet), 70, rue du Théâtre, 75015 Paris. *1902*
Institut supérieur d'Electronique de Paris, 21, rue d'Assas, 75270 Paris Cedex 06. *1955*
Ecole supérieure d'Ingénieurs en Eletrotechnique et en Electronique, 81, rue Falguière, 75015 Paris. *1904*
Ecole supérieure de Filature et de Tissage de l'Est, 86, rue d'Alsace, 88000 Epinal. *1905*
Ecole supérieure de Fonderie, 278–280, avenue Aristide-Briand, 92220 Bagneux. *1923*
Ecole d'Ingénieurs de Marseille, 110, boulevard de la Libération, 13004 Marseille. *1891*
Ecole technique supérieure du Laboratoire, 95, rue du Dessous-des-Berges, 75013 Paris. *1934*
Ecole spéciale de Mécanique et d'Electricité, 4, rue Blaise Desgoffe, 75006 Paris. *1905*
Institut d'Optique théorique et appliquée, 3, boulevard Pasteur, 75015 Paris. *1920*
Ecole polytechnique féminine, 3 *bis*, rue Lakanal, 92330 Sceaux. *1925*
Ecole française de Radio-Electricité et d'Electronique, 10, rue Amyot, 75005 Paris. *1936*

Ecole supérieure de Soudure autogène, 32, boulevard de la Chapelle, 75018 Paris. *1930*
Ecole française de Tannerie, 181–203, avenue Jean-Jaurés, 69007 Lyon. *1899*
Ecole supérieure de Chimie de Marseille, Domaine universitaire de St. Jérôme, rue Henri-Poincaré, 13013 Marseille. *1909*
Institut textile de France, 35, rue des Abondances, 92100 Boulogne-sur-Seine. *1948*
Ecole supérieure des Industries du Vêtement, 73, boulevard St. Marcel, 75013 Paris. *1945*

(Private Technical Colleges awarding a qualification recognized by the Commission des titres d'ingénieur)—(Ecoles techniques privées délivrant un titre d'ingénieur reconnu par la Commission des titres d'ingénieur)

Institut supérieur d'Agriculture, 13, rue de Toul, 59000 Lille.
Institut catholique d'Arts et Métiers de Lille, 6, rue Auber, 59000 Lille. *1898*
Institut de Chimie et de Physique industrielles, 25, rue du Plat, 69288 Lyon. *1919*
Ecole supérieure de Chimie organique et minérale, 12, rue Cassette, 75006 Paris. *1957*
Ecole supérieure d'Electronique de l'Ouest, 4, rue Merlet-de-la-Boulaye, 49000 Angers. *1956*
Institut supérieur d'Electronique du Nord, 3, rue François Baës, 59000 Lille.
Ecole des hautes Etudes industrielles, 13, rue de Toul, 59046 Lille Cedex. *1885*
Institut technique roubaisien, 37, rue du Collège, 59100 Roubaix.

(Other Technical Institutions)—(Autres institutions techniques).

Ecole spéciale d'Architecture, 254, boulevard Raspail, 75014 Paris. *1865*
Centre associé Mosellan au Conservatoire national des Arts et Métiers, 7, rue Androuin-Roucel, 57000 Metz.
Ecole de Biochimie pratique, 25, rue du Plat, 69288 Lyon Cedex 1. *1952*
Ecole de Thermique, 3, rue Henri-Heine, 75016 Paris.
Ecole technique supérieure de Chimie de l'Ouest, 50, rue Michelet, 49000 Angers. *1950*
Centre de hautes Etudes de la Construction, 17–19, place Etienne Pernet, 75015 Paris. *1957*
Ecole supérieure d'Informatique Electronique-Automatique, 9, rue Vésale, 75005 Paris.
Institut de Géologie, 21, rue d'Assas, 75006 Paris. *1960*
Ecole nationale d'Ingénieurs de Metz, Ile du Saulcy, 57000 Metz.
Institut et Centre d'Optométrie, 134, route de Chartres, 91440 Bures-sur-Yvette. *1917*
Centre d'Etudes supérieures de la Sidérurgie, 17, avenue Robert-Schuman, 57000 Metz. *1949*
Ecole supérieure des Industries textiles de Lyon, 43, cours Général-Giraud, 69283 Lyon Cedex 1. *1884, 1942*
Centre d'Enseignement supérieur des Affaires, 1, rue de la Libération, 78350 Jouy-en-Josas. *1970*

Professional Education—Enseignement professionnel

Institut européen d'Administration des Affaires, boulevard de Constance, 77300 Fountainebleau. *1958*
Syndicat d'Enseignement agronomique et de Recherches agricoles, 24, rue Auguste-Fonteneau, 49044 Angers Cedex. *1898*
Ecole supérieure d'Ingénieurs et Techniciens pour l'Agriculture, 38, rue des Ecoles, 75005 Paris. *1919*
Ecole d'Anthropologie, 1, place d'Iéna, 75116 Paris. *1876*
Ecole du Chef d'Entreprise et des Cadres

supérieurs, 24, rue Hamelin, 75116 Paris. *1944*

Ecole supérieure de Commerce, 23, route de Dardilly, 69130 Ecully. *1872*

Ecole supérieure de Commerce et d'Administration des Entreprises, 18, place Saint-Michel, 80000 Amiens. *1942*

Ecole supérieure des Sciences commerciales, 1, rue Lakanal, 49000 Angers.

Ecole supérieure de Commerce et d'Administration des Entreprises, avenue Clemenceau, 29272 Brest Cedex. *1962*

Ecole supérieure de Commerce et d'Administration des Entreprises, 4, boulevard Trudaine, 63037 Clermont-Ferrand. *1919*

Ecole supérieure de Commerce et d'Administration des Entreprises, 29, rue Sambin, 21000 Dijon. *1899*

Ecole supérieure de Commerce et d'Administration des Entreprises, 1, rue Emile-Zola, 76090 Le Havre. *1871*

Ecole supérieure de Commerce et d'Administration des Entreprises, avenue Gaston-Berger, 59000 Lille. *1947*

Ecole des hautes Etudes commerciales, 47, boulevard Vauban, 59000 Lille.

Ecole supérieure de Commerce et d'Administration des Entreprises, Domaine Universitaire de Luminy, route Léon-Lachamp, 13009 Marseille. *1872*

Ecole supérieure de Commerce et d'Administration des Entreprises, 2, rue Saint-Pierre, 34000 Montpellier. *1897*

Ecole supérieure de Commerce et d'Administration des Entreprises, 8, route de la Jonelière, 44003 Nantes. *1900*

Ecole supérieure de Commerce et d'Administration des Entreprises, 22, boulevard Carabacel, 06000 Nice.

Ecole supérieure de Commerce et d'Administration des Entreprises, 74, allée de Morlans, 64000 Pau.

Ecole supérieure de Commerce et d'Administration des Entreprises, 62, rue Jean Jaurés, 86001 Poitiers Cedex. *1961*

Ecole supérieure de Commerce et d'Administration des Entreprises, 59, rue Pierre Taittinger, B.P. 302, 51061 Reims Cedex. *1929*

Ecole supérieure de Commerce et d'Administration des Entreprises, boulevard André-Siegfried, 76130 Mont-Saint-Aignan. *1871*

Ecole supérieure de Commerce et d'Administration des Entreprises, Domaine de Raba, cours de La Libération, 33400 Talence. *1874*

Ecole supérieure de Commerce et d'Administration des Entreprises, 32, rue de la Dalbade, 31000 Toulouse. *1903*

Institut de Commerce international, 5, avenue Pierre Premier de Serbie, 75008 Paris.

Ecole dentaire de Paris (Société de l'Ecole et du Dispensaire dentaires de Paris), 45, rue de la Tour-d'Auvergne et 5 *bis*, Cité Charles Godon, 75009 Paris. *1880*

Ecole de Chirurgie dentaire et de Stomatologie de Paris, 45, boulevard Voltaire, 75011 Paris. *1927*

Institut de Droit appliqué, 143, avenue Versailles, 75016 Paris. *1946*

Faculté libre internationale de Droit rural et des Sciences sociales agraires, 3191, route de Mende, 34000 Montpellier.

Institut des hautes Etudes de Droit rural et d'Economie agricole, 11, rue Ernest Lacoste, 75012 Paris. *1950*

Institut d'Economie d'Entreprise et de Formation sociale pour Ingénieurs, 13, rue Toul, 59000 Lille.

Institut d'Economie scientifique et de Gestion, 1, rue François Baës, 59000 Lille.

Institut d'Expertise comptable, 68, boulevard Vauban, 59000 Lille.

Ecole internationale d'Enseignement infirmier supérieur, 162, avenue Lacassagne, 69003 Lyon. *1965*

Ecole des hautes Etudes sociales (Ecole des hautes Etudes internationales, Ecole supérieure de Journalisme), 44, rue de Rennes, 75006 Paris. *1889*

Ecole internationale de Langue et de Civilisation françaises—Alliance française, 101, boulevard Raspail, 75006 Paris. *1914*

Ecole supérieure de Journalisme, 67, boulevard Vauban, 59000 Lille.

Ecole supérieure de Journalisme, 44, rue de Rennes, 75006 Paris.

Centre de Formation des Journalistes, 33, rue du Louvre, 75002 Paris. *1946*

Institut libre d'Etudes des Relations internationales, 175, boulevard Saint-Germain,

75006 Paris. *1948*
Centre Parisien de Management, 108, boulevard Malesherbes, 75017 Paris. *1973*
Centre d'Enseignement du Management, 3, rue Cassette, 75006 Paris.
Ecole privée de Législation professionnelle, 44, rue Etienne Marcel, 75002 Paris. *1905*
Ecole de Notariat, 3, place Louis-Dewailly, 80000 Amiens.
Ecole de Notariat, 17, rue Chevreuil, 49000 Angers. *1892*
Ecole de Notariat de Clermont-Ferrand, 41, boulevard Gergovia, 63000 Clermont Ferrand. *1913*
Ecole de Notariat, 4, boulevard Gabriel, 21000 Dijon. *1908*
Ecole de Notariat, 15, quai Claude-Bernard, 69007 Lyon. *1902*
Ecole de Notariat, 2, rue Sainte et 39, rue Paradis, 13001 Marseille. *1902*
Ecole de Notariat, 25, rue de l'Argenterie, 34000 Montpellier.
Ecole de Notariat, 121 *bis*, rue de Coulmiers, 44000 Nantes. *1905*
Ecole de Notariat, 9, rue Villaret-de-Joyeuse, 75017 Paris. *1897*
Ecole de Notariat, 15 *bis*, rue Poulain-Duparc, 35000 Rennes. *1892*
Ecole de Notariat, 39, rue du Champ-aux-Oiseaux, 76000 Rouen. *1893*
Ecole de Notariat, 2, rue Albert-Lautman, 31000 Toulouse. *1898*
Institut océanographique, 195, rue Saint-Jacques, 75005 Paris. *1906*
Ecole d'Optique-Lunetterie, Rue Nicolas Leblanc, 59000 Lille.
Ecole nouvelle d'Organisation économique et sociale, 62, rue de Miromesnil, 75008 Paris. *1937*
Ecole d'Organisation scientifique du Travail, 3, rue Cassette, 75006 Paris. *1934*
Ecole française des Attachés de Presse, 61, rue Pierre-Charron, 75008 Paris.
Institut de Psychanalyse, 187, rue Saint-Jacques, 75005 Paris.
Ecole de Psychologues praticiens, 21, rue d'Assas, 75270 Paris Cedex 06.
Institut des Relations publiques et Cadres supérieurs, 4, impasse du Mont Tonnerre, 75015 Paris. *1954*
Ecole pratique de Service social, 139, boulevard du Montparnasse, 75006 Paris. *1913*
Ecole nationale de Service social de la Sécurité sociale, 53 *bis*, rue Boussingault, 75013 Paris. *1947*
Institut de Sciences sociales appliquées, 29, rue du Plat, 69002 Lyon. *1948*
Collège des Sciences sociales et économiques, 184, boulevard Saint-Germain, 75007 Paris. *1895*
Institut de Sociologie, 25, rue du Plat, 69005 Lyon.
Ecole technique des Surintendantes d'Usines et de Services sociaux, 175, boulevard Saint-Germain, 75006 Paris. *1917*
Ecole supérieure de Traducteurs, Interprètes, et Secrétariat trilingue, 60, boulevard Vauban, 59000 Lille.
Ecole de Formation d'Educateurs spécialisés de l'Enfance et de l'Adolescence inadaptées, 21000 Dijon.
Centre de Formation pédagogique, 6, rue Donnat, 34000 Montpellier.
Institut supérieur de Formation Religieuse, Ecole préparatoire de Théologie Protestante, 13, rue L. Perrier, 34000 Montpellier.
Centre d'Entraînement aux Examens de l'Enseignement supérieur, 74, avenue Saint-Clément, 34000 Montepellier.

Conférence des Recteurs français

La Conférence a pour origine le Comité des Recteurs fondé en 1950. Elle avait primitivement pour objet d'établir des rapports permanents entre ses membres, de leur permettre de défendre leurs intérêts communs et les prérogatives attachées à leurs fonctions, de confronter leurs vues sur les questions qui les intéressaient et, le cas échéant, d'entreprendre toutes démarches utiles pour faire entendre son avis. Principalement occupée d'abord des problèmes que soulève en France l'administration des universités, elle a été amenée, à partir de 1955, à s'intéresser de

plus en plus activement au rapprochement international des universités et à leur coopération.

Pour être membre de la Conférence, il faut appartenir au cadre des recteurs d'académie et se trouver en fonctions dans une académie. Elle a à sa tête un Président et un Président d'honneur.

Le Président a pour mission d'informer les membres de la Conférence de toute question qui les intéresse. Il est le porte-parole de la Conférence pour toute démarche jugée utile et autorisée par les membres de la Conférence. Il la convoque pour prendre son avis chaque fois que cette consultation paraît nécessaire et également à l'occasion des réunions auxquelles le corps des Recteurs est convoqué périodiquement par le Ministre de l'Education et le Secrétaire d'Etat aux Universités. Pour les relations universitaires internationales, il a été créé un poste de délégué auprès du Secrétaire d'Etat aux Universités. En ce domaine, les recteurs agissent comme représentants de leurs Ministres et coordinateurs des enseignements supérieurs secondaires dans leurs Académies.

The French Rectors' Conference originated as the Rectors' Committee (Comité des Recteurs), founded in 1950. Its initial purposes were to establish permanent relations between its members; to enable them to protect their common interests and the prerogatives of their office and to exchange views on matters of interest to them; and, when necessary, to take appropriate steps to make its opinion known. The Committee was at first concerned principally with problems of university administration in France, but since 1955 it has been more and more actively engaged in strengthening links with universities internationally and in promoting cooperation between them.

Membership of the Conference is open to rectors actually holding office. It has a President and an Honorary President.

The President is responsible for keeping members informed on all questions of interest to them. In matters in which the Conference considers it useful to take action he is its spokesman. He convenes the Conference to seek its advice, whenever this appears necessary, as well as on the occasion of the periodic meetings the Minister of Education and the Secretary of State hold with the rectors. For international relations, a post of Delegate for Universities attached to the Secretary of State for Universities has been set up. In this field, the rectors act as representatives of their Ministers as well as coordinators of higher and secondary education in their "Académies".

Président d'honneur: Robert Mallet, recteur de l'Académie de Paris.
Président: Marius-François Guyard, recteur de l'Académie de Strasbourg.
Vice-President: Yves Martin, recteur de l'Académie de Caen.
Secrétaire et Trésorier: Bertrand Saint-Sernin, recteur de l'Académie de Dijon.

Conférence des Présidents d'Université

Créée par décret du 24 février 1971, la Conférence regroupe tous les présidents des universités françaises et des autres établissements publics à caractère scientifique et culturel. Elle compte 77 membres. Elle répond à un double besoin; d'une part, elle joue un rôle consultatif, émettant des vœux et des avis sur les questions qui lui sont soumises par le Secrétaire d'Etat aux Universités et éclairant celui-ci sur les besoins communs aux institutions; d'autre part, elle fonctionne comme une association d'étude animée par ses seuls membres : elle permet aux responsables des nouvelles universités de débattre des problèmes qui les intéressent toutes. Dans le premier cas, la Conférence se réunit à l'initiative et sous la présidence du Secrétaire d'Etat; dans le second cas, elle est libre de fixer ses conditions de travail, son ordre du jour et la date de ses réunions.

La Conférence des Présidents comprend une commission permanente composée de 16 membres élus chaque année. Cette commission est chargée de préparer les débats des séances plénières qui ont lieu tous les mois. Six autres commissions fonctionnent au sein de la Conférence. Elles s'occupent des domaines suivants : pédagogie et formation permanente, recherche, moyens et person-

nels, vie de l'étudiant, relations extérieures, règlements et législation. Les présidents de ces commissions siègent tous à la Commission permanente.

Established by a decree of 24 February 1971, the Conference comprises all the Presidents of the French universities and of other public establishments of an academic, scientific and cultural nature. It has 77 members. It meets two principal needs: on the one hand, it has a consultative role, formulating recommendations and opinions on questions submitted to it by the Secretary of State for Universities and advising him on common institutional needs; and on the other hand, it plays the part of a study and research association for its own members; it enables those responsible for the new universities to discuss problems of common interest. In its first role, the Conference meets on the initiative and under the presidency of the Secretary of State; in its second, it decides independently on its working methods, its agenda and the date of its meetings.

The Conference has a permanent commission composed of 16 members elected annually. This commission is responsible for preparing the work of the plenary sessions, held every month. Six other commissions exist within the Conference. They deal with the following matters: teaching and life-long education, research, resources and staff, student life, external relations, regulations and legislation. The presidents of these commissions are members of the permanent commission.

Président: Alice Saunier-Seïte, Secrétaire d'Etat aux Universités.

Vice-Présidents: Jean Dry, Président de l'Université Paris VI; Pierre Fauchais, Président de l'Université de Limoges; Paul Leroy, Président de l'Université des Sciences sociales (Grenoble II).

Président de la Commission des relations extérieures: Jean-Paul Gilli, Président de l'Université de Paris—Dauphine (Paris IX).

Secrétaire: Mme Marcèle Fritz
Université René Descartes, 12, rue de l'Ecole de Médecine, 75270 Paris Cedex 06.

Délégation aux Relations Universitaires Internationales

La "Délégation aux relations universitaires internationales" qui est dirigée par un "Délégué" auprès du Secrétaire d'Etat aux Universités a pour mission de préparer et de promouvoir l'application de l'article 2 de la loi d'orientation de l'enseignement supérieur de 1968. Celle-ci prévoit en effet d'organiser et de développer la coopération universitaire internationale notamment avec les universités partiellement ou entièrement de langue française et d'établir les liens particuliers avec les universités des Etats membres de la Communauté économique européene.

Plus généralement le "Délégué" coordonne et anime les initiatives visant à développer l'étude des questions internationales, et les relations internationales des Universités et Grandes Ecoles scientifiques relevant du Secrétariat d'Etat. Il représente le Secrétariat d'Etat dans les réunions internationales et il assure des liaisons avec les autres Ministères.

The Delegation for International University Relations, directed by the "Delegate" attached to the Secretary of State for Universities, is responsible for co-ordinating the application of Article 2 of the 1968 Higher Education Act. This provides for the organisation and development of international university co-operation, particularly between universities using French as the sole or principal medium of instruction, and for the establishment of special links with universities in the Member States of the European Economic Community.

In more general terms, the "Delegate" coordinates and stimulates activities designed to promote the study of international questions and to develop the international relations of the universities and other university institutions (Grandes Ecoles) which fall under the authority of the Secretariat of State. He also represents the Secretariat of State at international meetings and is responsible for relations with other ministries.

Délégué aux Relations: Prof. Pierre Tabatoni, 173, boulevard Saint-Germain, 75006 Paris.

Office national des Universités et Ecoles françaises

Fondé en 1910, l'Office National a été profondément modifié en 1973 pour s'adapter aux nouvelles structures universitaires françaises. Son Conseil d'Administration comprend neuf Présidents élus par la Conférence des Présidents d'Université, et neuf représentants des administrations (Secrétariat d'Etat aux Universités et Ministère de l'Education, Ministère des Affaires Etrangères, Ministère de la Coopération). Ses statuts font de l'Office un lieu de concertation entre les Universités désormais autonomes et les Ecoles d'une part, les instances gouvernementales d'autre part, pour tout ce qui concerne la coopération internationale au niveau de l'enseignement supérieur.

En plus d'une mission générale d'information à l'étranger sur l'enseignement supérieur français, l'Office exécute les opérations que lui confient soit les Universités soit les administrations : l'Office édite des publications, destinées à améliorer la connaissance des possibilités d'études et de recherche en France et à faciliter la mobilité : répertoires des laboratoires scientifiques, listes des cours pour étudiants étrangers, fichier de l'enseignement supérieur, etc. . . . Il est tout spécialement chargé d'informer les candidats éventuels sur la nouvelle procédure de pré-inscription applicable aux étudiants étrangers en France. Les opérations dont l'Office est chargé concernent essentiellement les échanges de personnes : assistants de langue vivante (plus de 6000 chaque année); lecteurs de langue vivante, professeurs et chercheurs, étudiants boursiers, accueil en France de groupes d'enseignants et d'étudiants. Le Comité français de l'I.A.E.S.T.E. (International Association for the Exchange of Students for Technical Experience) lui est rattaché, ainsi que le bureau de liaison Grandes-Ecoles françaises—Technische Hochschulen allemandes.

Une *Lettre d'Information* trimestrielle rend compte de l'ensemble de ces activités.

Founded in 1910, the National Office of French Universities was extensively reorganized in 1973 and adapted to correspond to the new French university structures. Its Administrative Board comprises 9 Presidents elected by the Conference of University Presidents, and nine representatives from government departments (State Secretariat for Universities and Ministry of Education, Ministry of Foreign Affairs, Ministry of Cooperation). By its constitution the Office is a centre for co-operation and co-ordination between the now autonomous universities and the other institutions of higher education on the one hand, and governmental bodies on the other, in all matters of international co-operation in higher education.

In addition to the general task of supplying information to other countries about higher education in France, the Office carries out specific tasks on behalf of the universities and of government departments. It issues publications designed to make the possibilities of study and research in France more widely known and to promote mobility including: directories of scientific laboratories, lists of courses held for foreign students, and guides to higher education. In particular, the Office is responsible for informing prospective students of the new preregistration procedure for foreign students in France. The operations for which the Office is responsible are concerned mainly with exchanges of persons: modern language teachers (more than 6000 each year); junior lecturers in modern languages; professors and research workers; scholarship holders; and the reception in France of groups of teachers and students. The French Committee of I.A.E.S.T.E. (International Association for the Exchange of Students for Technical Experience), is attached to it, as is also the liaison office for the French Grandes-Ecoles and the German Technische Hochschulen. A quarterly Newsletter provides information about these activities.

Directeur: Max Delacquis.
96, boulevard Raspail, 75272 Paris Cedex 06.

L'Union des Etablissements d'Enseignement supérieur Catholique (UDESCA)

L'Union a été créée le 5 décembre 1973 par son Assemblée Générale Constituante. Ses

membres fondateurs sont les cinq établissements: L'Université Catholique de l'Ouest (Angers), la Fédération Universitaire et Polytechnique de Lille, les Facultés Catholiques de Lyon, l'Institut Catholique de Paris, L'Institut Catholique de Toulouse, plus la Fédération des Ecoles Supérieures d'Ingémieurs et de Cadres (F.E.S.I.C.).

Son but est d'assurer la coordination des établissements d'Enseignement supérieur Catholique et la convergence de leurs efforts marqués par le souci d'une présence chrétienne dans le monde universitaire face aux grands problèmes de la société contemporaine.

L'Assemblée de l'UDESCA, qui se réunit une fois par an, comprend des représentants élus des professeurs et étudiants des différents ensembles universitaires. Son Conseil se réunit chaque trimestre et est composé, avec les recteurs et le représentant de la F.E.S.I.C., des représentants élus des Facultés de théologie, de droit canonique et sciences religieuses, des Facultés et Instituts de philosophie, et des Facultés profanes.

Conscients de leur unité dans la diversité, les organismes constitutifs de l'UDESCA entendent contribuer ensemble d'une façon originale au service national de l'enseignement supérieur.

The Union of Catholic institutions of higher education (UDESCA) was established on 5 December 1973 by a Constituent General Assembly. The five founder members are: Université Catholique de l'Ouest, Angers; Fédération Universitaire et Polytechnique de Lille; Facultés Catholiques de Lyon; Institut Catholique de Paris; Institut Catholique de Toulouse; and Fédération des Ecoles supérieures d'Ingénieurs et de Cadres (F.E.S.I.C.).

Its aim is to ensure the co-ordination of Catholic institutions of higher education and the concentration of their efforts and concern for a Christian presence in the university world as it faces the major problems of contemporary society.

The Assembly of the Union meets annually and comprises representatives elected by the academic staff and the students of the various institutions. Its Council meets quarterly and comprises the rectors and a representative of the Fédération des Ecoles supérieures d'Ingénieurs et de Cadres, and elected representatives of the faculties of theology, of canon law and religious sciences, of the faculties and institutes of philosophy, and of the lay faculties.

Conscious of their unity in the midst of diversity, the constituent members of UDESCA seek together to make an original contribution to higher education nationally.

Président: Mgr Paul Poupard, Recteur, Institut Catholique de Paris.

Vice-Président: Mgr Paul-Pierre Chevallier, Recteur, Facultés Catholiques de Lyon.

21, rue d'Assas, 75270 Paris Cedex 06.

Office National d'Information sur les Enseignements et les Professions (ONISEP)

L'ONISEP a été créé en 1970 par décret pour succéder à l'ancien Bureau universitaire de Statistique et de Documentation scolaires et professionnelles (B.U.S.). Etablissement public national placé sous la tutelle du Ministre de l'Education, l'Office est administré par un Directeur, nommé par décret en Conseil des ministres, et un conseil d'administration comprenant des représentants des services publics intéressés ainsi que des employeurs et des organisations professionnelles, des syndicats et des chambres de métiers, des associations familiales et de parents, des étudiants et des enseignants. Dans le cadre de l'Office fonctionne le Centre d'Etudes et de Recherches sur les Qualifications (CEREQ) qui est doté de son propre Directeur, assisté par un conseil de perfectionnement et placé sous l'autorité du Directeur de l'Office. Travaillant en étroite collaboration avec l'ONISEP, ce centre assure cependant des missions qui lui sont propres.

En liaison avec les universités, les administrations, les professions et organismes intéressés l'ONISEP a pour mission : *a)* d'élaborer et de mettre à la disposition des utilisateurs la documentation nécessaire à l'information et à l'orientation par une meilleure connaissance des moyens d'éducation et des activités professionnelles; *b)* de contri-

buer aux études et recherches relatives aux méthodes et aux moyens propres à développer cette documentation; c) de faire des études et de susciter des recherches tendant à améliorer la connaissance des activités professionnelles et de leur évolution: d) de contribuer à la définition des orientations générales de la politique de formation du personnel chargé de l'information sur les enseignements et les professions.

L'ONISEP comporte des services centraux installés à Paris, chargés de rechercher des informations, d'élaborer une documentation nationale écrite, radiodiffusée et audiovisuelle, de diriger des études et de susciter des recherches tendant à améliorer la connaissance des activités professionnelles et de leur évolution. Le travail d'application et de diffusion est assuré par les délégations régionales installées dans chaque académie et placées sous la tutelle du Recteur. Elles sont dirigées par un délégué régional assisté d'un comité technique.

Le CEREQ est plus spécialement chargé d'analyser les postes de travail et les métiers et d'étudier l'adaptation des formations et des méthodes d'enseignement en fonction des besoins constatés.

Publications : Avenirs (10 numéros par an), revue illustrée diffusant une documentation inédite et pratique sur les études et les carrières; Bulletin d'information et de documentation scolaires et professionnelles (2 fois par mois); ONISEP communiqué (2 fois par mois), circulaire d'information donnant tous les avis de concours d'entrée dans la Fonction Publique; Réadaptation (10 numéros par an), revue entièrement consacrée aux problèmes des handicapés; Cahiers de l'ONISEP, qui décrivent chacun un groupe de métiers et les formations correspondantes; Informations : Enseignement Supérieur, plus particulièrement destinée aux étudiants.

The National Office for Information on Education and the Professions was established by decree in 1970 to replace the former University Bureau for Educational and Professional Studies and Documentation (BUS). It is a public body under the jurisdiction of the Minister of Education and is administered by a Director, appointed by decision of the Council of Ministers, and by an Administrative Board including members designated by the interested ministries and government departments as well as representatives of employers and professional bodies, trade unions and labour organizations, parent and family associations, students, and teachers.

The Office has within its framework a Centre for Research and the Study of Qualifications (CEREQ) which has its own Director and an Director of the Office. The Centre works in close co-operation with the Office but also carries out certain activities on its own.

In co-operation with the universities, the public authorities, the professions and other interested bodies the Office is responsible for: a) *preparing, and making available to teachers, parents, students and pupils, documentation giving information and guidance which will contribute to a better understanding of educational opportunities and of the different professions and careers;* b) *contributing to study and research into methods of developing this documentation;* c) *making studies and stimulating research likely to lead to a better understanding of different professions and careers and their evolution;* d) *contributing to the definition of general policy objectives for the training of personnel responsible for providing information about education and the professions.*

The responsibilities of the central service of the Office in Paris include the production of documentation at the national level in written form, as well as for the radio and audio-visual media, the direction of studies and the stimulation of research likely to promote knowledge of different professions and their development.

Regional centres, under the jurisdiction of the Rector of each academic district, are responsible for promoting the use of this material and for disseminating information. Each is directed by a Regional Representative, assisted by an advisory committee.

CEREQ is specially responsible for making analytical studies of professional posts and

occupations and for studying ways in which the content and methods of professional education can be adapted to suit them.

Publications: Avenirs (10 times a year), an illustrated magazine containing unpublished and practical information about studies and careers; Bulletin d'information et de documentation scolaires et professionnelles (fortnightly); ONISEP communiqué (fortnightly) with information about entry into public service; Réadaptation (10 times a year) devoted to the problems of the handicapped; Cahiers de l'ONISEP each describing a group of professions and the corresponding education; Information: Enseignement Supérieur, a publication for students.
Directeur de l'ONISEP: Claude Vimont.
50, rue Albert, 75013 Paris.
Directeur du CEREQ: Gabriel Ducray.
58, boulevard du Lycée, 92170 Vanves.

Centre National des Œuvres universitaires et scolaires

Etablissement public, sous la tutelle du Secrétariat aux Universités, le Centre National a pour mission de favoriser les conditions de vie et de travail des étudiants et élèves des grandes écoles, français et étrangers, boursiers ou non boursiers. Il est chargé d'effectuer toutes études sur les besoins des étudiants, de provoquer la création de services propres à les satisfaire, de seconder les initiatives et l'action des organismes qui poursuivent un but analogue. Il oriente, coordonne et contrôle l'action de 26 Centres Régionaux, eux-mêmes établissements publics, existant au siège de chaque Académie et secondés par 14 Centres Locaux dans les villes universitaires moins importantes. L'action du Centre National et des Centres Régionaux se traduit par une aide apportée aux étudiants dans le domaine matériel et sur les plans social et culturel.

Le Centre National entre donc dans ses attributions d'assurer l'hébergement et le logement des étudiants, notamment par la gestion de restaurants (160) et de cités et résidences universitaires (99.000 lits; il met aussi 9000 lits à la disposition des étudiants dans les habitations à loyers modérés); et d'aider les étudiants qui sont momentanément gênés, par la distribution de secours d'urgence (Fonds de Solidarité universitaire).

Il joue un rôle important dans les commissions d'attribution des bourses d'enseignement. Les Centres Régionaux s'efforcent de promouvoir des activités culturelles aux responsabilités desquelles les étudiants sont largement associés. A travers les Centres Régionaux, le Centre National concourt aussi, depuis novembre 1959, à la formation sociale et humaine des étudiants par la création de services de »Liaison Etudiants-Entreprises» chargés d'organiser et de préparer des stages dans l'industrie, ainsi que des emplois temporaires.

Les Centres Régionaux s'efforcent de faciliter les relations des étudiants, en particulier des étudiants étrangers, avec les administrations françaises et les différents organismes avec lesquels ils peuvent avoir à entrer en relation.

Ils favorisent également les contacts entre étudiants français et étrangers, ainsi que l'adaptation psychologique de ces derniers. Les services d'accueil des Centres Régionaux et Locaux se trouvent à la disposition de ces étudiants pendant toute la durée de leur séjour pour les aider à résoudre les difficultés qu'ils pourraient rencontrer. Ils orientent dans leurs études les étudiants étrangers boursiers du gouvernement français auxquels ils versent les mensualités de bourses et autres indemnités auxquelles ces étudiants peuvent prétendre.

Depuis quelques années, des personnalités de pays voisins, qui s'occupent des services sociaux en faveur des étudiants, sont invitées à participer à des travaux d'étude sur les divers systèmes d'aide aux étudiants. Le Centre National, avec l'aide des Centres Régionaux, organise des rencontres internationales dans le but de favoriser les échanges entre étudiants français et étrangers – en 1976, trois séminaires étudiants par exemple : français-allemands et français-anglais.

The National Centre of the Student Social and Welfare Service is a public institution supported by the Secretary of State for

Universities, which seeks to improve the living and working conditions of French students and of foreign students whether or not they are scholarship holders.

It makes studies of student needs, initiates the establishment of services to meet them, and gives support to bodies with aims similar to its own. It guides, co-ordinates and supervises the 26 Regional Centres, which are also public institutions situated in each main university district and supported by 14 Local Centres in other areas. Together they give material assistance to students and support social and cultural activities.

The functions of the National Centre include providing board and lodging for students, through the management of university restaurants (160) and residences (99,000 beds in university accommodation and 9000 in apartments at moderate rents), and assisting students who are temporarily in financial difficulties by allocating emergency grants (Fonds de Solidarité universitaire).

It plays an important role in the committees awarding scholarships and in the selection of students to receive grants. The Regional Centres are responsible for promoting cultural activities in which the students themselves assume a large measure of responsibility. Through the Regional Centres, the National Centre has also contributed since 1959 to the social and general education of students by operating a "Student-Industry Liaison Service" responsible for organizing training courses in industry and temporary employment.

The Regional Centres help to facilitate relations between students, particularly foreign students, and the various central and local government offices and other bodies which they may need to contact.

They also promote contact between foreign students and French students and seek to facilitate the psychological adaptation of the former. Students may use the Regional and Local Centres during the whole of their stay whenever they have problems. They provide orientation services for foreign students holding French government scholarships and also handle the monthly payment of their scholarships and other allowances to which they may be entitled.

For some years, representatives from neighbouring countries who are responsible for student welfare services, have been invited to participate in making studies of different student aid systems. The National Centre, assisted by the Regional Centres, organizes international meetings with the object of encouraging student exchanges. In 1976, three seminars were held for students from France and Germany and from France and the United Kingdom.

Directeur: R. Sananes.

69, quai d'Orsay, 75007 Paris.

Fondation Santé des Etudiants de France (S.E.F.)

La Fondation est un ensemble d'établissements et de services qui hospitalisent, tout en les maintenant au travail intellectuel, des étudiants, grands scolaires et jeunes travailleurs atteints de tuberculose, de maladies mentales, de maladies bronchiques, de cardiopathies, d'infirmités motrices, etc. . . . Elle compte 1.600 lits en 13 établissements. Un enseignement y est organisé et permet aux malades de poursuivre leurs études tout en se soignant et de préparer leurs examens. La Fondation peut aussi recevoir de jeunes intellectuels français ou étrangers et, d'une façon générale, tous les jeunes susceptibles de bénéficier des possibilités d'enseignement et de formation qu'offrent ses établissements. Les demandes d'admission peuvent être adressées soit à la Direction Générale de la Fondation, soit directement aux établissements eux-mêmes: a) *pour les maladies somatiques:* Le Centre Universitaire de Cure de Saint-Hilaire-du-Touvet (Isère) pour malades pulmonaires ou autres, pour handicapés moteurs, pour dialyse rénale, et pour convalescents. Le Centre Edouard Rist à Paris, pour toutes maladies d'évolution prolongée et pour dialyse rénale. Le Centre de Post-Cure et de Réadaptation de la rue Quatrefages, dans le quartier latin. Le Centre de Cure des Lycéens (toutes maladies et handicaps) à Neufmoutiers-en-Brie (S.-et-M.) et des Centres pour lycéennes, également

dans l'Ile-de-France. La Clinique Cadrans Solaires, Centre broncho-pneumologique de Vence (Alpes-Maritimes); b) *pour les malades mentaux:* Les cliniques médico-psychologiques Dupré à Sceaux (Hauts-de-Seine) et G. Heuyer à Paris XIII°. La Clinique Georges Dumas à La Tronche près de Grenoble (Isère), le pavillon spécialisé de Bonflémont (V. d'Oise) et le Centre Jean Sarrailh à Aire-sur-l'Adour (Landes) pour lycéens garçons seulement.

The establishments and services which together form the Foundation (S.E.F.) provide hospital treatment for university and other students and for young workers, suffering from tuberculosis, mental disorders, bronchial illness, cardiopathy, motory disabilities, etc., while at the same time enabling them to engage in intellectual work. There are 1,600 beds in 13 establishments. Teaching is organized so that patients undergoing treatment can continue their studies and prepare for examinations. The Foundation also admits young French and foreign scholars and indeed any young persons likely to benefit from the education and training offered in its establishment. Applications for admission may either be made directly to the headquarters of the Foundation or directly to the individual establishments: a) for the physically sick: the Centre Universitaire de Cure de Saint-Hilaire-du-Touvet, Isère, for pulmonary and other complaints, for motory disabilities, for renal dialysis, and for convalescents; the Centre Edouard Rist, Paris, for all chronic illnesses and for renal dialysis; the Centre de Post-Cure et de Réadaptation de la rue Quatrefages, in the Quartier Latin; the Centre de Cure des Lycéens (secondary school boys) at Neufmoutiers-en-Brie (S.-et-M.), for all sicknesses and handicaps; the Centres pour Lycéennes (secondary school girls) in the Ile-de-France; and the Clinique Cadrans Solaires, Centre Broncho-Pneumologique de Vence, in the Alpes-Maritimes; b) for mental disorders: the Dupré Medical-Psychological Clinic at Sceaux, Hauts-de-Seine, and the G. Heuyer Medical-Psychological Clinic, Paris XIII; the Georges Dumas Clinic at La Tronche near Grenoble, Isère, the specialized clinic of Bonflémont (v. d'Oise); and the Jean Sarrailh Centre at Aire-sur-l'Adour, Landes for secondary school boys only.

Président: C. A. Colliard, Doyen honoraire de la Faculté de Droit de Grenoble.
Directeur médical et scientifique: Docteur R. Thibier.
Directeur administratif: René Martin.
8, rue Emile-Deutsch-de-la-Meurthe, Boîte postale 147–14, 75663 Paris Cedex 14.

Office de Coopération et d'Accueil universitaires

L'Office est un établissement public national, chargé de l'action sociale exercée par le gouvernement français en faveur des étudiants ressortissants des Etats liés à la France par des accords de coopération.

Il a pour mission essentielle de les accueillir, de faciliter leurs conditions d'existence, leur travail, leurs loisirs et leurs relations avec la société française.

Il assure notamment, sur fonds des Etats ou sur fonds français, le paiement des bourses et indemnités. Il place les étudiants dans les établissements d'enseignement, contrôle leur scolarité et oriente vers d'autres branches ceux d'entre eux qui éprouvent de trop grandes difficultés d'adaptation.

Il organise à leur intention des voyages documentaires ou des séjours de vacances, des journées d'études, des visites techniques et d'une manière générale toute activité permettant de multiplier les occasions de rencontre avec des Français et des étrangers de tous milieux.

L'Office est placé sous les tutelles du Ministère de la Coopération et du Secrétariat d'Etat chargé de la Jeunesse et des Sports. Il dispose en province d'un délégué par Académie, qui assure les liaisons indispensables avec les étudiants, l'université, les établissements d'enseignement, la population et les milieux économiques et sociaux.

The University Co-operation and Reception Service is a public establishment which, on behalf of the French Government, looks after students from countries linked to France by agreements of co-operation.

Its principal functions are to receive these students and to assist them in matters concerning their living conditions, work, leisure, and their relations with French society.

In particular it pays the scholarships and allowances from funds provided by the countries and by France. It places students in educational institutions, supervises their academic work, and provides orientation to other fields for those who have special difficulty in adapting themselves.

It organizes student tours, holidays, conferences and technical visits for them, and in a general way, all activities leading to increased contact between the French people and foreign students.

The Service is placed under the joint authority of the Ministry of Co-operation and the Secretariat of State for Youth and Sport. In the provinces, it has an office in each university district responsible for maintaining essential links between the students, the universities and other educational institutions, as well as with economic and social circles and the population in general.

Directeur: Jacques-Philippe Vendroux.
69, quai d'Orsay, 75007 Paris.

Syndicat national de l'Enseignement supérieur (Fédération de l'Education nationale)
78, rue du Faubourg-Saint-Denis, 75010 Paris.

Fédération nationale des Syndicats autonomes de l'Enseignement supérieur (IAUPL)
Secrétaire: Jean Bastie.
18, rue du Docteur Roux, 75015 Paris.

Association Française des Femmes diplômées des Universités (IFUW)
Présidente: Mme Andrée Mayer-Jack.
Présidente (Rel. internat.): Mme Jeanne Germain.
Reid Hall, 4, rue de Chevreuse, 75006 Paris.

Entr'aide universitaire française
Président: Daniel Christol.
Secrétaire général: Jean-Marie Schwartz.
40, rue Rouelle, 75015 Paris.

Union nationale des Etudiants de France—UNEF
1, rue de Provence, 75009 Paris.

Union des Grandes Ecoles (Association d'élèves des Grandes Ecoles)
Président: D. Barthélemy.
71, rue d'Aboukir, 75002 Paris.

Fédération nationale des Etudiants de France
39, rue du Sentier, 75002 Paris.

Mutuelle nationale des Etudiants de France
6 *bis*, rue Bezout, 75014 Paris.

Centre catholique des Intellectuels français (Pax Romana)
Président: René Rémond.
Secrétaire: Jean-Louis Monneron.
61, rue Madame, 75006 Paris.

«Mission Etudiante» (Pax Romana)
7, rue Vauquelin, 75005 Paris.

Fédération française des Associations chrétiennes d'Etudiants (WSCF)
Présidente: Mlle Marie-Louise Fleckinger.
Secrétaire général: Daniel Tartier.
11, rue de Beauvais, 75005 Paris.

Groupement universitaire français pour les Nations Unies (ISMUN)
c/o Maison Pour Tous, 75, rue Mouffetard, 75005 Paris.

Union des Etudiants juifs de France (WUJS)
11, rue Jean-de-Beauvais, 75006 Paris.

*

Ministère des Affaires étrangères, Direction générale des Affaires culturelles et techniques
37, quai d'Orsay, 75007 Paris.

Secrétariat d'Etat aux Universités
61-65, rue Dutot, 75015 Paris.

Commission de la République française pour l'Education, la Science et la Culture
42, avenue Raymond Poincaré, 75116 Paris.

GABON—GABON

*Université nationale du Gabon, B.P. 13131, Libreville. *1971*
F : dr-éco, let-hum, sc, méd
Ecole nationale supérieure d'Ingénieurs, B.P. 1158, Libreville. *1972*
Ecole normale supérieure de l'enseignement technique, Libreville.
Institut national des sciences de Gestion, Libreville. *1973*
Ecole normale supérieure, Libreville.

Ecole de Magistrature, B.P. 46, Libreville. *1971*
Ecole nationale d'Administration, B.P. 86, Libreville.
Institut africain d'Informatique, Libreville.
Institut national d'Etudes forestières du Cap Estérias, Libreville.
Institut de Médecine vetérinaire, Mouila.
Institut d'Agriculture, Oyem.

Jeunesse Chrétienne (WSCF)
Correspondant: M. le Directeur de la Jeunesse chrétienne, Eglise Evangélique du Gabon, B.P. 10080, Libreville.

*

Ministère de l'Education nationale et de la Recherche scientifique
Libreville.
Commission nationale gabonaise pour l'Unesco
Ministère de l'Education nationale et de la Recherche scientifique, Libreville.

THE GAMBIA—LA GAMBIE

Brikama New College, Brikama.   *1952*   D : *agr, ed.*

Education Department
Barjul.

GERMAN DEMOCRATIC REPUBLIC—RÉPUBLIQUE DÉMOCRATIQUE ALLEMANDE

UNIVERSITIES AND TECHNICAL UNIVERSITIES(1) — UNIVERSITÉS ET UNIVERSITÉS TECHNIQUES(1)

*Humboldt-Universität zu Berlin, Unter den Linden 6, 108 Berlin. (Universitäts-Sekretariat). *1809*
Sect : phil, hist, dr, crim, arts, phill, math, phy, ch, biol, électro, psyc, méd, géog, agr, alim, vét, éco, péd, bibl, phys, théo.

*Ernst-Moritz-Arndt-Universität Greifswald, Domstrasse 14, 22 Greifswald. *1456*
Sect : phil, hist, arts, phill, math, phy, ch, biol, péd, méd, phar, géog, géol, phys, théo.

*Martin-Luther-Universität Halle-Wittenberg, Universitätsplatz 10, 402 Halle/Salle. *1694*
Sect : phil, hist, dr, arts, phill, math, phy, ch, biol, méd, phar, géog, agr, éco, péd, phys, théo, arché.

*Friedrich-Schiller-Universität Jena, Goetheallee 13, 69 Jena. *1558*
Sect : phil, hist, dr, arts, phill, math, phy, ch, biol, techn, éco, méd, péd, phys, psyc, théo, arché.

*Karl-Marx-Universität Leipzig, Karl-Marx-Platz, 701 Leipzig. *1409*
Sect : phil, hist, dr, arts, phill, math, phy, ch, biol, psyc, méd, agr, vét, éco, péd, phys, théo, jour.

*Wilhelm-Pieck-Universität Rostock, Universitätsplatz 1, 25 Rostock. *1419*
Sect : phil, hist, phill, math, phy, ch, biol, électro, méd, agr, éco, vét, péd, phys, théo.

*Technische Universität Dresden, Mommsenstrasse 13, 8027 Dresden. *1828*
Sect : phil, cult, math, sc tec app, phy, ch, infor, électro, cartog, arc, for, éco, péd, hyd, psyc.

*Technische Hochschule Karl-Marx-Stadt, Strasse der Nationen 62, 901 Karl-Marx-Stadt. *1953*
Sect : phil, math, sc tec app, infor, électro, éco, péd.

*Technische Hochschule «Otto von Guericke», Boleslav-Bieurt-Platz 5, 301 Magdeburg. *1953*
Sect : phil, math, phy, sc tec app, éco, électro, péd.

*Technische Hochschule «Carl Schorlemmer» Leuna-Merseburg, Geusaer Strasse, 42 Merseburg. *1954*
Sect : phil, math, ch, ch app, phy app, sc tec app, éco.

*Bergakademie Freiberg [A. des Mines], Akademiestrasse 6, 92 Freiberg/Sa. *1765*
Sect : phil, math, phy, mine, géol, sc tec app, éco, électro.

*Hochschule für Architektur und Bauwesen Weimar [E. d'Architecture et des Travaux publics], Geschwister-Scholl-Strasse 8, 53 Weimar. *1860*

---

(1) Including institutions of full university status. Within the broad range of disciplines indicated, each institution comprises numerous subject *sections* which constitute the structural basis for interdisciplinary teaching and research.

(1) Y compris les institutions ayant rang d'université. Dans le large éventail des disciplines indiquées, chaque institution comporte de nombreuses *sections* qui constituent la base structurelle d'un enseignement et d'une recherche interdisciplinaires.

Sect : phil, math, sc tec app, arc.
Hochschule für Bauwesen Leipzig [E. du Bâtiment], Richard-Lehmann-Strasse 32, 703 Leipzig. *1953*
Sect : phil, math, sc tec app, éco.
***Technische Hochschule Ilmenau**, Ehrenberg Block G, 63 Ilmenau. *1953*
Sect : phil, math, phy app, électro, sc tec app, infor.
***Hochschule für Ökonomie** «Bruno Leuschner» [E. d'Economie], Hermann-Duncker-Strasse 6, 1157 Berlin. *1950*
Sect : phil, éco, infor.
Akademie für Staats- und Rechtswissenschaft der DDR [A. des Sciences politiques et juridiques], August-Bebel-Strasse 89, 1502 Potsdam-Babelsberg. *1948*
Hochschule für Verkehrswesen «Friedrich List» [E. des Transports], Friedrich-List-Platz 1, 801 Dresden. *1952*
Sect : phil, math, sc tec app, phy app, trans, éco.

OTHER INSTITUTIONS—AUTRES INSTITUTIONS

Professional Education—Enseignement professionnel

Hochschule für Grafik und Buchkunst Leipzig [E. de Dessin et Reliure], Dimitroffstrasse 11, 701 Leipzig. *1764*
Hochschule für industrielle Formgestaltung Halle [E. d'Esthétique industrielle], Burg Giebichenstein, 40 Halle. *1915*
Kunsthochschule Berlin [E. d'Arts appliqués et des Beaux-Arts], Strasse 203, 112 Berlin-Weissensee. *1947*
Hochschule für Bildende Künste [E. des Beaux-Arts], Günzstrasse 34, 8019 Dresden. *1764*
Hochschule für Film und Fernsehen der DDR, Karl-Marx-Strasse 33–34, 1502 Babelsberg. *1954*
Hochschule für Musik «Hanns Eisler», Otto-Grotewohl-Strasse 19, 108 Berlin. *1950*
Hochschule für Musik Dresden "Carl Maria von Weber", Blochmannstrasse 2–4, 801 Dresden. *1856*
Hochschule für Musik «Felix-Mendelssohn-Bartholdy», Grassistrasse 8, 701 Leipzig. *1843*
Hochschule für Musik "Franz Liszt", Platz der Demokratie, 53 Weimar. *1872*
Theaterhochschule «Hans Otto», Schwägrichenstrasse 3, 701 Leipzig. *1947*
Institut für Literatur «Johannes R. Becher» Leipzig, Karl-Tauchnitz-Strasse 8, 701 Leipzig. *1955*
Medizinische Akademie «Carl Gustav Carus», Fetscher Strasse 74, 8019 Dresden. *1954*
Medizinische Akademie Erfurt, Nordhäuser Strasse 74, 501 Erfurt. *1954*
Medizinische Akademie Magdeburg, Leipziger Strasse 44, 301 Magdeburg. *1954*
Hochschule für Landwirtschaft und Nahrungsgüterwirtschaft Bernburg [E. supérieure d'Agronomie et des Industries alimentaires], Mitschurinstrasse 28, 435 Bernburg. *1961*
Hochschule für Landwirtschaftliche Produktionsgenossenschaften Meissen [E. des Coopératives agricoles de Production], Freiheit 13, 825 Meissen. *1953*
Handelshochschule Leipzig [E. supérieure de Commerce], Markgrafenstrasse 2, 701 Leipzig. *1969*
Ingenieurhochschule Berlin-Wartenberg, Dorfstrasse 10, 1127 Berlin. *1969*
Ingenieurhochschule Cottbus, Karl-Marx-Strasse 17, 75 Cottbus. *1969*
Ingenieurhochschule Dresden, Hans-Grundigstrasse 25, 8019 Dresden. *1969*
Ingenieurhochschule Köthen, Bernburger Strasse 52/57, 437 Köthen. *1969*
Ingenieurhochschule Leipzig, Manetstrasse 2–6, 7022 Leipzig. *1969*
Ingenieurhochschule Mittweida, Platz der DSF 17, 925 Mittweida. *1969*
Ingenieurhochschule Wismar, Philipp-Müller-Strasse, 24 Wismar. *1969*
Ingenieurhochschule Zittau, Strasse der Jungen Pioniere 2, 88 Zittan. *1969*
Ingenieurhochschule Zwickau, Dr. Friedrichring 2a, 96 Zwickau. *1969*
Ingenieurhochschule für Seefahrt Warne-

münde-Wustrow, Richard-Wagner-Strasse, 253 Warnemünde. *1969*

Teacher Training—*Formation pédagogique*

Deutsche Hochschule für Körperkultur [E. d'Education physique], Friedrich-Ludwig-Jahn-Allee 59, 701 Leipzig. *1950*
Pädagogische Hochschule «Karl Friedrich Wilhelm Wander», Wigardstrasse 17, 806 Dresden. *1953*
Pädagogische Hochschule «Dr Theodor Neubauer», Nordhäuser Strasse 63, 50 Erfurt. *1953*
Pädagogisches Hochschule «Liselotte Herrmann», Goldberger Strasse 12, 26 Güstrow. *1953*
Pädagogisches Hochschule «N. K. Krupskaja», Kröllwitzer Strasse 44, 40 Halle/Salle. *1953*
Pädagogisches Hochschule «Wolfgang Ratke», Lohmann-Strasse 23, 437 Köthen. *1950*
Pädagogisches Hochschule «Clara Zetkin», Karl-Heine Strasse 22b, 7031 Leipzig. *1953*
Pädagogisches Hochschule «Erich Weinert», Brandenburger Strasse 9, 301 Magdeburg. *1951*
Pädagogische Hochschule «Karl Liebknecht», 15 Potsdam Am neuen Palais. *1948*
Pädagogisches Institut «Ernst Schneller», Am Scheffelberg, 95 Zwickau. *1965*

Hoch- und Fachschulrat der Deutschen Demokratischen Republik

Le Conseil de l'enseignement supérieur et technique de la République démocratique allemande fournit un avis consultatif au Ministre de l'Enseignement supérieur et technique sur les problèmes fondamentaux du développement de l'enseignement supérieur et technique. Il s'occupe avant tout de la planification à long terme de l'enseignement supérieur et technique et formule des règles pour les objectifs et le contenu de l'enseignement socialiste aux niveaux universitaires, postgradué, et de l'éducation permanente; il élabore les principes régissant la coopération entre les universités et les autres établissements scientifiques en matière de recherche ainsi que ceux devant régir la coopération entre les universités et les institutions d'enseignement supérieur de la République démocratique allemande et les établissements d'autres pays ou les organisations internationales.

Le Conseil est composé de représentants des universités, des autres établissements de l'enseignement supérieur et technique ainsi que des divers domaines de la vie sociale de la RDA : recteurs, professeurs, assistants, étudiants, ministres, représentants de l'économie socialiste, représentants des organisations sociales.

The Council for Higher and Specialized Education of the German Democratic Republic advises the Minister for Higher and Specialized Education on basic questions affecting the development of higher and specialized education. It is particularly engaged in advising on long-term planning of higher education; fixing principles governing the aims and the content of socialist education at university and post-graduate level and in the field of further education; formulating priorities for research at universities or other institutions of higher education; establishing principles for the co-operation in research work between universities and other scientific institutions in the German Democratic Republic, and for international co-operation between universities and institutions of higher education in the German Democratic Republic and those of other countries and international organizations.

The Council is made up of members of universities and other institutions of higher and specialized education and of representatives from all spheres of the society of the German Democratic Republic; rectors, professors, lecturers, students, ministers, repre-

sentatives of the socialist economy and representatives of social organizations.
Président: Prof. Hans-Joachim Böhme, Ministre de l'Enseignement supérieur et technique.
Secrétaire: Gerhard Pergamenter.
Secrétaire pour la Coopération internationale: Prof. Manfred Nast, Université Humboldt de Berlin.
Otto-Grotewohl-Strasse 17, 108 Berlin.

Komitee für Angelegenheiten ausländischer Studierender in der DDR (Comité chargé des affaires des étudiants étrangers en RDA—Committee for Affairs of Foreign Students in the GDR)
Marx-Engels-Platz 2, 102 Berlin.

Gewerkschaft Wissenschaft im Freien Deutschen Gewerkschaftsbund (Syndicat des Travailleurs scientifiques au sein de la Confédération des syndicats libres allemands—Union of Scientific Workers in the Confederation of Free German Trade Unions)
Am Köllnischen Park 2, 102 Berlin.

Forschungsrat der Deutschen Demokratischen Republik (Conseil de recherche de la RDA—Research Council of the GDR)
Köpenicker Strasse 80/82, 102 Berlin.

Deutsche Akademie der Wissenschaften zu Berlin (Académie allemande des Sciences à Berlin—The German Academy of Science in Berlin)
Otto-Nuschke-Strasse 22/23, 108 Berlin.

Deutsche Akademie der Landwirtschaftswissenschaften (Académie allemande des Sciences agricoles de Berlin—The German Academy of Agricultural Sciences of Berlin)
Krausenstrasse 38/39, 108 Berlin.

Freie Deutsche Jugend, Studentenabteilung—FDJ (Jeunesse Libre Allemande, Section des Etudiants—Free German Youth, Student Section)
Unter den Linden 36/38, 108 Berlin.

Evangelische Studentengemeinde Geschäftsstelle (WSCF)
General Secretary: Jens Langer.
Immanuelkirchstrasse 1A, 1055 Berlin.

*

Ministerium für das Hoch- und Fachschulwesen (Ministère de l'Enseignement supérieur et technique—Ministry for Higher and Specialized Education)
Marx-Engels-Platz 2, 102 Berlin.

Ministerium für Wissenschaft und Technik (Ministère de la Recherche et de la Technique—Ministry for Science and Technology)
Köpenicker Strasse 80/82, 102 Berlin.

Ministerium für Auswärtige Angelegenheiten, Kulturabteilung (Ministère des Affaires étrangères, Direction des Affaires culturelles—Ministry for Foreign Affairs, Department for Cultural Affairs)
Marx-Engels-Platz 2, 102 Berlin.

Commission nationale de la République démocratique allemande pour l'Unesco
Strausberger Platz 1, 1017 Berlin.

FEDERAL REPUBLIC OF GERMANY — RÉPUBLIQUE FÉDÉRALE D'ALLEMAGNE

UNIVERSITIES AND COMPREHENSIVE UNIVERSITY INSTITUTIONS — UNIVERSITES ET INSTITUTIONS UNIVERSITAIRES POLYVALENTES

*Rheinisch-Westfälische Technische Hochschule, Templergraben 55, 5100 Aachen. *1870*
F : math-nat, const, méc, mine-mét, élec, phil, méd.

*Universität Augsburg, Memminger Strasse 6–14, 8900 Augsburg. *1970*
D : éco-soc, théo-cath, éd, dr, phil.

Gesamthochschule Bamberg, Feldkirchenstrasse 21, 8600 Bamberg. *1972*
D : théo-cath, éd, soc.

Universität Bayreuth, 8580 Bayreuth. *1972* (En voie d'organisation et de développement).

*Freie Universität Berlin [U. libre], Altensteinstrasse 40, 1000 Berlin 33. *1948*
D : méd-dent, vét, dr, éco, phil-soc, éd, hist, sc de l'antiquité, pol, ét Allemagne, lang mod, arts, math, phy, ch, phar, biol, géosc.

*Technische Universität Berlin, Strasse des 17. Juni 135, 1000 Berlin 12. *1879*
D : commun-hist, soc-plan, math, phy, ch, gé civ-arp, bât, const, agr, mine-géosc, éco, élec, cyb, sc matér, trans, techn alim.

Universität Bielefeld, Wellenberg 5, 4800 Bielefeld. *1967*
F : math, dr, soc, hist, ling-lit, éco, éd-phil, phy.

*Ruhr-Universität Bochum, Buscheystrasse 132, 4630 Bochum. *1961*
D : théo prot, théo cath, phil-éd-psyc, hist, phill, dr, éco, soc, gé civ-méc, élec, math, géosc, ch, biol, phy-astr, nat-méd, méd théor, ét d'Asie d'est.

*Rheinische Friedrich-Wilhelms-Universität, Regina-Pacis-Wig 3, 300 Bonn 1. *1818*
F : théo cath, théo évan, dr-pol, méd, phil, math-nat, agr.

*Technische Universität Carolo-Wilhelmina, Pockelsstrasse 14, 3300 Braunschweig. *1745, 1968*
F : nat, gé civ, méc, élec, phil-soc.

Universität Bremen, Achterstrasse, 2800 Bremen 33. *1971*
D : lit-art, lang, psyc-socio, éco, pol-soc-hist, dr, math, phy, électro, biol, ch, éd.

Technische Universität Clausthal, Adolf-Römer-Strasse 2A, 3392 Clausthal-Zellerfeld. *1775, 1968*
F : nat-hum, mine-mét-méc.

*Technische Hochscule Darmstadt, Hochschul Zentrum, 6100 Darmstadt. *1836*
D : dr-éco, socio-hist, éd-psyc, math, phy, méc, phy ch, ch nucl, ch org, biol, géosc-géog, arp, arc, inft, cal.

* Universität Dortmund, August-Schmidtstrasse, 4600 Dortmund-Eichlinghofen. *1965*
D : math, phy, ch, ch tec, plan, inft, méc, élec, éco-soc, stat.

*Gesamthochschule Duisburg, Lotharstrasse 65, 4100 Duisburg. *1972*
D : phil, théo, soc, éd, psyc, sport, lang mod, ba, éco-dr, math-nat, méc, mine-cér, élec.

*Universität Düsseldorf, Universitätsstrasse 1, 4000 Düsseldorf 1. *1907, 1923, 1965*
F : méd, math-nat, phil.

*Gesamthochschule Eichstätt, Ostenstrasse 26/28, 8833 Eichstätt. *1972*

D : théo cat, éd.

*Friedrich-Alexander-Universität Erlangen-Nürnberg, Schlossplatz 4, 8520 Erlangen. *1743*
D : théo, dr, méd, phil-hist-soc, lang-lit, math-phy, biol-ch, géosc, éco-soc, sc ing, éd· cult.

Universität Essen-Gesamthochschule, Unionstrasse 2, 4300 Essen. *1972*
D : phil, théo, soc, méd, éd, psyc, biol, lang mod, arts, éco-dr, math-nat, méd, arc, gé civ, arp, méc, tec nucl, élec.

*Johann Wolfgang Goethe-Universität, Senckenberg-Anlage 31, 6000 Frankfurt/Main. *1901, 1914*
D : dr, éco, soc, éd, psyc, théo, phil, hist, phill class, phill mod, lang-cult est eur-ext eur, math, phy, ch, bioch-phar, biol, géol, géog, méd.

*Albert-Ludwigs-Universität, Heinrich-von-Stephan-Strasse 25, 7800 Freiburg im Breisgau. *1457*
F : théo, dr, éco, méd, phil, math, phy, ch-phar, biol, géosc, for.

*Justus-Liebig-Universität, Ludwigstrasse 23, 6300 Giessen. *1607, 1946, 1957*
D : dr, éco, soc, éd, phys, psyc, théo, hist, ét Allemagne, ét Anglaise, lang et cult médit-est eur, math, phy, ch, biol, vét, nutr, géosc-geog, méd. sc dom, sc écol.

*Georg-August-Universität, Wilhelmsplatz 1, 3400 Göttingen. *1736*
F : théo, dr, méd, phil, math-nat, for, agr, éco-pol.

*Universität Hamburg, Edmund-Siemers-Allee 1, 2000 Hamburg 13. *1919*
D : théo évan, dr, éco, méd, phil, psyc, soc, éd, lang, hist, cult, ét orntl, math, phy, ch, biol, géosc.

Medizinische Hochschule Hannover, Karl-Wiechert Allee 9, 3000 Hannover-Kleefeld. *1963*

Technische Universität Hannover, Welfengarten 1, 3000 Hannover. *1831, 1847, 1879, 1968*
F : math-nat, gé civ, méc, hort-agr, hum-soc, dr, éco.

Tierärztliche Hochschule Hannover [E. vétérinaire], Bischofsholer Damm 15, 3000 Hannover. *1778*

*Ruprecht-Karl-Universität, Schröderstrasse 90, 6900 Heidelberg 2. *1386, 1803*
F : théo, dr, méd théor, méd clin (2), phil-hist, ét orntl et antique, phill mod, éco-soc, math, ch, phy-astr, biol, géosc, phar.

*Universität Hohenheim (Landwirtschaftliche Hochschule), Schloss, 7000 Stuttgart-Hohenheim. *1818, 1847, 1904, 1922, 1967*
D : nat, biol, nutr, éco-soc, hort, zoo, éco agr.

Universität Kaiserslautern, Pfaffenbergstrasse 95, 675 Kaiserslautern. *1970,1975*
D : math, phy, ch, biol, méc, élec, arc, inft.

*Universität Fridericiana Karlsruhe (Technische Hochschule), Kaiserstrasse 12, 7500 Karlsruhe 1. *1825, 1825, 1865, 1967*
F : math, phy, ch, bio-géosc, hum-soc, arc, bat-arp, gé ch, méc, élec, éco.

Gesamthochschule Kassel, Kölnische Strasse 32, 35 Kassel. *1970, 1972*
D : ensg math-phy-biol-ch-lang-théo-arts-phys-mus, phys-mus, math, phy, soc, arc.

*Christian-Albrechts-Universität, Neue Universität, Olshausenstrasse 40–60, 2300 Kiel. *1665, 1773*
D : théo, dr, éco-soc, méd, phil, math-nat, agr.

*Universität zu Köln, Albertus-Magnus Platz, 5000 Köln 41 (Lindenthal). *1388, 1919*
F : éco-soc, dr, méd, phil, math-nat.

*Universität Konstanz Werner-Sombart-Strasse 30, 7750 Konstanz. *1964*
D : nat, soc, phil.

Medizinische Hochschule Lübeck, Ratzeburger Allee 160, 24 Lübeck. *1973*

*Johannes Gutenberg-Universität, Forum universitatis 2, 6500 Mainz. *1477, 1946*
D : théo cath, théo évan, dr-éco, méd, phil-éd, soc, phill, hist, math, phy, ch, phar, biol, géose, lang, ba, mus. phys.

*Universität Mannheim (Wirtschaftshochschule), Schloss, 6800 Mannheim 1. *1907, 1946, 1967*
F : dr, adm des aff, éco-stat, soc, phil-psyc-éd, lang-lit, hist-géog, math-inft.

*Philipps-Universität Marburg, Biegenstrasse 10, 3550 Marburg/Lahn. *1527, 1653*
D : dr, éco, socio, psyc, théo évan, hist,

arché, ling-phil, lit-arts, lang mod, math, phy, ch, phar, biol, géosc, géog, méd, éd.
*Ludwig-Maximilians-Universität München, Geschwister-Scholl-Platz 1, 8000 München 22. *1472*
D : théo cath, théo évan, dr, adm des aff, éco, soc, hist, phil-stat, psyc-éd, arché-arts, lang-lit, math, phy, ch-phar, méd, vét, for, géosc, éd.
*Technische Universität München, Arcisstrasse 21, 8000 München 2.
1827, 1868, 1970
D : math, phy, ch-biol-géosc, éco-soc, gé civ-arp, arc, méc, élec, agr-hort, méd, brasser, techn alim.
*Westfälische Wilhelms-Universität Münster, Schlossplatz 2, 4400 Münster. *1780, 1902*
D : théo évan, théo cath, dr, éco-soc.
F : méd, phil, math-nat.
*Universität Oldenburg, Ammerländer Heerstrasse 67–99, 29 Oldenburg. *1971*
D : éd, soc, math, nat, techn.
Universität Osnabrück, Neuer Graben, 45 Osnabrück. *1970*
D : soc, nat, math, phil, ed, commun.
*Gesamthochschule Paderborn, Geroldstrasse 32, 4790 Paderborn.
D : phil, théo, soc, éd, psyc, lang mod, éco, arts, dr, nat, arc, méc, élec, math.
Universität Passau, Passau. *1973*
(En voie d'organisation et de développement).
*Universität Regensburg, Universitätsstrasse 31, 8400 Regensburg. *1962, 1967*
D : théo cath, éd, phil-psyc-péd, hist-sociopol, lang-lit, dr, éco, math, phy, biol-méd, ch-phar.
*Universität des Saarlandes, 6600 Saarbrücken. *1947*
F : dr-éco, méd, phil, math-nat.
*Gesamthochschule Siegen, Hölderlinstrasse 3, 5930 Hüttental.
D : phil, théo, soc, éd, psyc, lang mod, arc, éco, dr, math, nat, gé civ, élec. *1972*
Hochschule für Verwaltungswissenschaften, Freiherr-vom-Stein-Strasse 2, 6720 Speyer.
1947, 1950
*Universität Stuttgart (Technische Hochschule), Keplerstrasse 7, 7000 Stuttgart 1.
1829, 1890, 1967
D : const, bât, ch, électro énerg, électrocommun techn énerg, prod techn, géod, géosc-biosc, hist-soc-éco, gé const, aéro-sc espace, math, urb-plan rég, phil-lang, phy.
Universität Trier, Schneidershof, 5500 Trier.
1970
D : éd-psyc-phil, lang-lit, hist-géog-pol arché, socio-éco.
*Eberhard-Karls-Universität Tübingen, Wilhelmstrasse 7, 7400 Tübingen. *1477*
D : théo évan, théo cath, dr, éco, méd théor, méd clin, phil, soc sc de comportement-éd, phill mod, hist, sc culturelle et de l'antiquité, math, phy, ch, phar, biol, géol.
Universität Ulm (Medizinisch- Naturwissenschaftliche Hochschule), Grüner Hof 5c, 7900 Ulm. *1967*
*Bergische Universität Wuppertal, Max-Horheimer-Strasse 21, 5600 Wuppertal I.
1972
D : soc, éd, lang mod, arts, éco, math, nat, arc, civ, cir, mec, tec tex.
*Bayerische Julius-Maximilians-Universität Würzburg, Sanderring 2, 8700 Würzburg.
1582, 1945
D : théo, dr, méd, phil, nat, éco-soc.

OTHER INSTITUTIONS—AUTRES INSTITUTIONS

Colleges of Education—Ecoles pédagogiques supérieures

Pädagogische Hochschule, Malteserstrasse 74–100, 1000 Berlin 46. *1946, 1967*
Pädagogische Hochschule, Flandernstrasse 101, 7300 Esslingen. *1958*
Pädagogische Hochschule, Mürwiker Strasse 77, 2390 Flensburg. *1946, 1967*
Pädagogische Hochschule, Kunzenweg 21, 7800 Freiburg-Littenweiler. *1962*
Pädagogische Hochschule, Keplerstrasse 87, 6900 Heidelberg. *1962*
Pädagogische Hochschule, Bismarckstrasse 10, 7500 Karlsruhe 1. *1768, 1962*

Pädagogische Hochschule, Olshausenstrasse 75, 2300 Kiel. *1946, 1967*
Pädagogische Hochschule, Hangstrasse 46-50, 7850 Lörrach. *1966*
Pädagogische Hochschule, Reute Allee 46, 7140 Ludwigsburg. *1962*
Pädagogische Hochschule Niedersachsen, Lüerstrasse 3, 3000 Hannover. *1969*
Sections à : Braunschweig, Göttingen, Hildesheim, Lüneburg.
Pädagogische Hochschule, Am Hohbuch, 7410 Reutlingen. *1958*
Erziehungswissenschaftliche Hochschule Rheinland-Pfalz, Grosse Bleiche 60-62, 6500 Mainz. *1949, 1963, 1969*
Sections à : Koblenz, Landau, Worms.
Pädagogische Hochschule Rheinland, Richard-Wagner-Strasse 39, 5000 Köln 1. *1946*
Sections à : Aachen, Bonn, Neuss.
Pädagogische Hochschule Ruhr, Lindemannstrasse 66-68, 4600 Dortmund. *1965*
Section à : Hagen.
Pädagogische Hochschule des Saarlandes, Waldhausweg 14, Saarbrücken. *1969*
Pädagogische Hochschule, Lessingstrasse 7, 7070 Schwäbisch Gmünd. *1951, 1958*
Pädagogische Hochschule, Kirchplatz 2, 7987 Weingarten. *1949, 1958*
Pädagogische Hochschule Westfalen-Lippe, Hammer Strasse 39, 4400 Münster. *1958, 1965*
Section à : Bielefeld.
Berufspädagogische Hochschule, Hegelplatz 1, 7000 Stuttgart 1. *1958*
Deutsche Sporthochschule, Carl-Diemweg, 5000 Köln (Lindenthal). *1920, 1947*

Technical Professional Education—Enseignement technique professionnel

Fachhochschule Aachen, Kurbrunnenstrasse 22, 51 Aachen.
Fachhochschule Aalen, Hohenstaufenstrasse 1, 7080 Aalen/Württ.
Fachhochschule Augsburg, Baumgartnerstrasse 16, 89 Augsburg.
Technische Fachhochschule Berlin, Luxemburger Strasse 10, 1 Berlin 65.
Fachhochschule für Wirtschaft Berlin, Badensche Strasse 50-51, 1 Berlin 62.
Fachhochschule für Sozialarbeit und Sozialpädagogik Berlin, Goltzstrasse 43-44, 1 Berlin 33.
Evangelische Fachhochschule für Sozialarbeit und Sozialpädagogik Berlin, Reinerzstrasse 40/41, 1 Berlin 33.
Fachhochschule für Verwaltung und Rechtspflege Berlin, Kurfürstendamm 206/209, 1 Berlin 15.
Fachhochschule Biberach, Karlstrasse 9/11, 795 Biberach (Riss).
Fachhochschule Bielefeld, Prinzenstrasse 10, 48 Bielefeld.
Fachhochschule Bochum, Kortumstrasse 156, 4630 Bochum.
Fachhochschule Braunschweig-Wolfenbüttel, Salzdahlumer Strasse 46-48, 3340 Wolfenbüttel.
Hochschule für Gestaltung Bremen, Am Wandrahm 23, 28 Bremen.
Hochschule für Nautik Bremen, Werderstrasse 73, 28 Bremen.
Hochschule für Sozialpädagogik und Sozialökonomie Bremen, Achterstrasse, 28 Bremen 33.
Hochschule für Technik Bremen, Langemarckstrasse 116, 28 Bremen 115.
Hochschule für Wirtschaft Bremen, Ellmersstrasse 24, 28 Bremen 1.
Hochschule Bremerhaven, Columbusstrasse 21, 285 Bremerhaven.
Fachhochschule Coburg, Friedrich-Streib Strasse 2, 8630 Coburg.
Fachhochschule Darmstadt, Schöfferstrasse 3, 61 Darmstadt.
Evangelische Fachhochschule Darmstadt, Zweifalltorweg 12, 61 Darmstadt.
Fachhochschule Dortmund, Sonnenstrasse 96, 46 Dortmund.
Fachhochschule Düsseldorf, Strümpellstrasse 4, 4 Düsseldorf.
Fachhochschule für Technik Esslingen, Kanalstrasse 33, 73 Esslingen.
Fachhochschule für Sozialwesen Esslingen, Flandernstrasse 101, 73 Esslingen.
Fachhochschule Flensburg, Munketoft 3,

2390 Flensburg.
Fachhochschule Frankfurt, Nibelungenplatz 1, 6 Frankfurt/Main.
Fachhochschule für Sozialwesen und Religious-pädagogik beim Deutschen Caritasverband Freiburg, Karlstrasse 38, 78 Freiburg.
Fachhochschule für Sozialwesen, Religiouspädagogik und Gemeindediakonie in Freiburg, Bügginger Strasse 38, 78 Freiburg.
Fachhochschule Fulda, Marquardstrasse 35, 64 Fulda.
Fachhochschule Furtwangen, Gerwigstrasse 11, 7743 Furtwangen/Schwarzwald.
Fachhochschule Giessen, Wiesenstrasse 12, 63 Giessen.
Fachhochschule Hagen, Haldener Strasse 182, 58 Hagen/Westfalen.
Fachhochschule Hamburg, Präsidialverwaltung, Winterhuder Weg 29, 2 Hamburg 76.
Evangelische Fachhochschule für Socialpädagogik Hamburg, Beim Rauhen Hause 21, 2 Hamburg 74.
Fachhochschule Hannover, Ricklinger Stadtweg 120, 3 Hannover.
Evangelische Fachhochschule in Hannover, Heimchenstrasse 10, 3 Hannover 69.
Fachhochschule Heilbronn, Max-Planck Strasse, 71 Heilbronn.
Fachhochschule Hildesheim/Holzminden, Hohnsen 2, 32 Hildesheim.
Fachhochschule Karlsruhe, Moltkestrasse 4, 75 Karlsruhe.
Fachhochschule für öffentliche Verwaltung Kehl, Kinzigallee, 764 Kehl.
Fachhochschule Kiel, Breiter Weg 10, 23 Kiel.
Fachhochschule Köln, Claudiusstrasse 1, 5 Köln 1.
Katholische Fachhochschule Nordrhein-Westfalen, Alfred-Schütte-Allee 10, 5 Köln 21.
Rheinische Fachhoschule Köln, Hohenstaufenring 16/18, 5 Köln 1.
Fachhochschule Konstanz, Brauneggerstrasse 55, 775 Konstanz.
Fachhochschule Lippe, Liebigstrasse 87, 4920 Lemgo 1.
Fachhochschule Lübeck, Stephensonstrasse 3, 24 Lübeck.
Fachhochschule für Technik Mannheim, Speyererstrasse 4, 68 Mannheim.
Fachhochschule für Sozialwesen Mannheim, Maybachstrasse 10/12, 68 Mannheim.
Fachhochschule München, Lothstrasse 34, 8 München 2.
Fachhochschule Münster, Gievenbacker Weg 65, 44 Münster/Westfalen.
Fachhochschule Niederrhein, Reinarzstrasse 49, 4150 Krefeld.
Fachhochschule Nordostniedersachsen, Harburger Strasse 7, 2150 Buxtehude.
Fachhochschule Nürnberg, Kesslerstrasse 40, 85 Nürnberg.
Fachhochschule Nürtingen, Neckarsteige 10, 744 Nürtingen.
Fachhochschule Offenburg, Badstrasse 24, 76 Offenburg.
Fachhochschule Oldenburg, Ofener Strasse 16, 29 Oldenburg i.O.
Fachhochschule Osnabrück, Albrechtstrasse 30, 45 Osnabrück.
Fachhochschule Ostfriesland, Bergmannstrasse 36, 295 Leer.
Fachhochschule für Gestaltung Pforzheim, Holzgartenstrasse 36, 753 Pforzheim.
Fachhochschule für Wirtschaft Pforzheim, Tiefenbronner Strasse 65, 753 Pforzheim.
Fachhochschule Ravensburg, Deisenfangstrasse 31, 798 Ravensburg.
Fachhochschule Regensburg, Prüfeningerstrasse 58, 84 Regensburg.
Fachhochschule Reutlingen, Kaiserstrasse 99, 741 Reutlingen.
Evangelische Fachhochschule für Sozialwesen, Ringelbachstrasse 221, 741 Reutlingen.
Fachhochschule Rosenheim, Marienberger Strasse 26, 82 Rosenheim.
Fachhochschule des Landes Rheinland-Pfalz, Parcusstrasse 8, 65 Mainz.
Fachhochschule des Saarlandes, Saaruferstrasse 44, 66 Saarbrücken 1.
Katholische Fachhochschule für Sozialwesen, Rastpfuhl 12a, 66 Saarbrücken 2.
Fachhochschule Schwäbisch Gmünd, Rektor-Klaus-Strasse 100, 707 Schwäbisch Gmünd.
Fachhochschule Sigmaringen, Anton-Günter-Strasse 51, 748 Sigmaringen.
Fachhochschule für Technik Stuttgart, Kanz-

leistrasse 29, 7 Stuttgart.
Fachhochschule für Bibliothekswesen Stuttgart, Feuerbacher Heide 40, 7 Stuttgart.
Fachhochschule für Druck Stuttgart, Seidenstrasse 43, 7 Stuttgart.
Fachhochschule für öffentliche Verwaltung Stuttgart, Jägerstrasse 58-60, 7 Stuttgart.
Fachhochschule Ulm, Prittwitzstrasse 10, 79 Ulm.
Fachhochschule Weihenstephan, 8050 Freising-Weihenstephan.
Fachhochschule Wiesbaden, Frankfurter Strasse 28, 62 Wiesbaden.
Fachochschule Wilhelmshaven, Friedrich-Paffrath-Strasse 101, 2940 Wilhelmshaven.
Fachhochschule Würzburg-Schweinfurt, Sanderring 8, 87 Würzburg.

OTHER INSTITUTIONS—AUTRES INSTITUTIONS

Hochschule der Künste Berlin, 33, 1 Berlin 12. *1696*
Staatliche Hochschule für Bildende Künste Braunschweig, Broitzemer Strasse 230, 33 Braunschweig.
Staatliche Kunstakademie Düsseldorf, Eiskellerstrasse 1, Düsseldorf. *1773*
Staatliche Hochschule für Bildende Künste Frankfurt am Main, Dürerstrasse 10, 6 Frankfurt. *1942*
Hochschule für Bildende Künste Hamburg, Lerchenfeld 2, 2 Hamburg, 76. *1954*
Staatliche Akademie der Bildenden Künste Karlsruhe, Reinhold-Frank-Strasse 81/83, 75 1. *1854*
Akademie der Bildenden Künste in München, Akademiestrasse 2, 8 München 40. *1770*
Hochschule für Fernsehen und Film München, Ohmstrasse 11, 8 München 40. *1966*
Akademie der Bildenden Künste in Nürnberg, Bingstrasse 60, Nürnberg. *1662*
Staatliche Akademie der Bildenden Künste Stuttgart, Am Weissenhof 1, 7 Stuttgart 1. *1761*
Staatliche Hochschule für Musik und darstellende Kunst Berlin, Fasanenstrasse 1, 1 Berlin 12. *1869*
Staatliche Hochschule für Musik Westfalen Lippe, Allee 22, 493 Detmold. *1946*
Staatliche Hochschule für Musik Ruhr, Abtei, 43 Essen 16. *1963*
Hochschule für Musik und darstellende Kunst Frankfurt, Grüneburgweg 9, 6 Frankfurt/Main. *1938*
Staatliche Hochschule für Musik Freiburg im Breisgau, Münsterplatz 30, 78 Freiburg/Br. *1946*
Hoschschule für Musik und darstellende Kunst Hamburg, Harvestehuder Weg 12, 2 Hamburg 13. *1950*
Staatliche Hochschule für Musik und Theater Hannover, Emmichplatz 1, 3 Hannover. *1957*
Staatliche Hochschule für Musik Heidelberg-Mannheim, L, 15, 16, 68, Mannheim 1. *1971*
Staatliche Hochschule für Musik Karlsruhe, Jahnstrasse 11, 75 Karlsruhe. *1929*
Staatliche Hochschule für Musik Rheinland, Dagoberstrasse 38, 5 Köln. *1925*
Musikhochschule Lübeck, Am Jerusalemberg 4, 24 Lübeck 1. *1933*
Hochschule für Musik in München, Arcisstrasse 12, 8 München 2. *1924*
Musikhochschule des Saarlandes, Bismarckstrasse 1, 66 Saarbrücken 3. *1957*
Staatliche Hochschule für Musik und darstellende Kunst Stuttgart, Urbanplatz 2, Stuttgart. *1922*

Westdeutsche Rektorenkonferenz, (WRK)
Depuis sa création en 1949, la «Westdeutsche Rektorenkonferenz» a été le principal organisme représentatif des universités et des institutions de niveau universitaire de République fédérale d'Allemagne et de Berlin-Ouest. Aux termes des statuts de novembre 1973 de la WRK, toutes les

«Hochschulen» scientifiques ou à caractère du secteur tertiaire de l'enseignement sont désormais admises au sein de la Conférence. Ainsi, par l'intermédiaire de leurs recteurs ou de leurs présidents respectifs, la WRK représente-t-elle les institutions suivantes: 1) Staatliche Hochschulen (Universitäten, Technische Hochschulen, Pädagogische Hochschulen, Gesamthochschulen) mit Promotionsrecht (habilitées à conférer le doctorat); 2) Pädagogische Hochschulen ohne Promotionsrecht (non habilitées à conférer le doctorat); 3) Fachhochschulen; 4) Kunsthochschulen, Musikhochschulen; 5) Philosophisch-theologische Hochschulen, et Kirchliche Hochschulen: 6) Sonstige Hochschulen (p.e., de la Bundeswehr).

Les membres du groupe 1 ont chacun une voix, ceux des groupes 2 et 3 une voix par «Land», et les membres appartenant aux groupes 4–6 ont une voix par type d'institution. En 1975, la WRK comptait 153 membres avec 82 voix. L'organe suprême de la Conférence est le «Plenum» qui élit le président (pour deux ans) et le «Präsidium», composé du Président et, en règle générale, de quatre vice-présidents. La WRK a encore un autre organe : le «Senat», (1975 : 26 membres avec 26 voix).

La Conférence des recteurs s'occupe des problèmes de recherche, d'enseignement et de formation—y compris les questions administratives—qui intéressent l'ensemble de ses membres.

Ses activités sont particulièrement axées sur les objectifs suivants : parvenir à des solutions communes sur les problèmes qui concernent tous ses membres; informer le public des tâches et des besoins des universités et de leurs conditions de travail spécifiques; conseiller, en émettant des recommandations, les responsables des décisions politiques au niveau tant législatif qu'exécutif; suivre de près l'évolution de la politique universitaire et en informer ses membres; coopérer avec les autorités publiques, les organismes scientifiques et les associations universitaires; représenter ses membres auprès des organisations et des établissements internationaux ou supranationaux, et promouvoir la coopération avec les Conférences de recteurs ou organismes analogues des autres pays.

La bibliothèque de la WRK (1975: 24, 891 volumes, plus de 400 périodiques), contient, à usage de référence, une collection—unique en son genre—de documents sur la réforme universitaire et les sujets s'y rapportant.

Parmi les nombreuses publications de la WRK, il convient de signaler particulièrement les «Mitteilungen» (qui renseignent sur les événements du monde universitaire en Allemagne et dans le monde), les «Dokumente zur Hochschulreform» et les bibliographies.

Since its foundation in 1949, the "Westdeutsche Rektorenkonferenz" has been the central representative body of the universities and institutions of university status in the Federal Republic of Germany and West Berlin. Under the WRK statutes of November 1973 all scientific or scientifically orientated "Hochschulen" of the tertiary sector of education are now admitted to the Conference. This means that the WRK—through their respective rectors or presidents—represents the following institutions: 1) Staatliche Hochschulen (Universitäten, Technische Hochschulen, Pädagogische Hochschulen, Gesamthochschulen) mit Promotionsrecht (entitled to award doctorates); 2) Pädagogische Hochschulen ohne Promotionsrecht (not entitled to award doctorates); 3) Fachhochschulen; 4) Kunsthochschulen, Musikhochschulen; 5) Philosophisch-theologische Hochschulen, and Kirchliche Hochschulen; 6) Sonstige Hochschulen (e.g., of the Bundeswehr).

The members of group 1 have one vote each, those of groups 2 and 3 on vote per Land, and members belonging to 4–6 have one vote per type of institution. In 1975 the WRK had 153 members with 82 votes.

The highest organ of the Conference is the "Plenum", which elects the president (for two years) and the "Präsidium", consisting of the President and normally four vice-presidents. A further organ of the WRK is the "Senat" (1975: 26 members with 26 votes).

The purpose of the Rectors' Conference is to deal with questions of research, teaching, and training—including administrative matters—that are of common interest to its members.

Particular aims of the WRK activities are: to arrive at a joint solution of problems concerning all members; to inform the public about the tasks and the needs of the universities and their special working conditions; to advise, through recommendations, those who are responsible for political decisions in the legislature and the executive; to observe closely developments regarding university policy and to report to its members accordingly; to co-operate with public authorities, the science organizations, and academic associations; to represent its members in international and supranational organizations and establishments; and to promote co-operation with Rectors' Conferences or similar bodies of other countries.

For reference purposes a collection of material on university reform and related subjects—unique of its kind—is available at the WRK library (1975: 24,891 books, more than 400 periodicals).

Of the numerous WRK publications, "Mitteilungen" (which inform about German and international events in the university sector), the "Dokumente zur Hochschulreform", and the bibliographies merit special attention.

Président: Prof. Dr. iur. Werner Knopp.
Secrétaire général: Dr. phil. Jürgen Fischer.
Ahrstrasse 39, 53 Bonn-Bad Godesberg.
Ahrstrasse 39, 53 Bonn-Bad Godesberg.

Hochschulverband (IAUPL)

L'Association des professeurs d'enseignement supérieur continue la tradition de l'Association des établissements allemands d'enseignement supérieur (Verband der Deutschen Hochschulen) dissoute en 1934. La tâche de la Hochschulverband est de se consacrer à toutes les questions touchant les professeurs vis-à-vis de l'Etat et de la société. Peuvent devenir membres de l'Association les corps enseignants de tous les établissements scientifiques d'enseignement supérieur de la République fédérale de l'Allemagne et de Berlin-Ouest, ayant un statut rectoral et le droit de conférer le doctorat.

Organe officiel : Mitteilungen des Hochschulverbandes.

The Association of University Teachers continues the tradition of the Association of German institutions of higher education (Verband der Deutschen Hochschulen) which was disbanded in 1934. The Association is concerned with all matters involving relations between university teachers and the State and society. Membership of the Association is open to the academic staffs of all institutions of higher education in the Federal Republic of Germany and West Berlin endowed with rectorial status and the right to confer doctorates. Official publication: Mitteilungen des Hochschulverbandes.

Président: Prof. Dr. Werner Pöls.
Secrétaire: Dr. Gerth Dorff.
Rheinallee 18, 53 Bonn-Bad Godesberg.

Studienstiftung des Deutschen Volkes

La Fondation universitaire du peuple allemand, fondée en 1925, a interrompu ses activités en 1933 pour les reprendre en 1948. Les moyens financiers mis à sa disposition (par la République fédérale, les «Länder», les villes, les cantons, la Société des donateurs pour la science allemande, et les dons privés) ont déjà permis à environ 12.000 étudiants et étudiantes de l'Allemagne occidentale et du secteur ouest de Berlin de poursuivre leurs études, soit dans une université allemande ou étrangère, soit dans un établissement d'enseignement supérieur technique ou dans une école des beaux-arts. Tous les professeurs de l'enseignement supérieur et de l'enseignement secondaire peuvent présenter leurs candidats. Dans chaque établissement d'enseignement supérieur, un chargé de cours est responsable des rapports avec la Fondation.

The University Foundation of the German People, founded in 1925, suspended its activities in 1933 and resumed them in 1948. The financial resources put at its disposal (by the Federal Republic, the "Länder", the towns, the cantons, the Association of Donors for the

Advancement of German Learning and by private donations) have already enabled nearly 12,000 men and women students from West Germany or West Berlin to pursue their studies in a German or foreign university, in an institution of higher technical education, or in a school of fine arts. All teaching staff in higher and secondary educational establishments may put forward candidates. In each institution of higher education a member of staff is responsible for relations with the Foundation.
Président: Professor Dr. Rudolf Sieverts.
Secrétaire général: Hartmut Rahn.
Koblenzer Strasse 77, 53 Bonn-Bad Godesberg.

Deutscher Akademischer Austauschdienst e.V.

L'Office Allemand d'Echanges Universitaires (DAAD) a été créé en 1925 à l'initiative de l'Université de Heidelberg. Prenant un nouveau départ en 1950, il ne comptait alors que cinq collaborateurs. L'augmentation de ses effectifs (175 en 1973) et de son budget annuel (qui est passé de 1.800.000 DM en 1955 à 88.000.000 DM en 1975) mettent en évidence l'accroissement des tâches qui lui incombent et l'extension de son rayon d'action.

C'est un organisme universitaire dent le but est de promouvoir les relations internationales entre établissements d'enseignement supérieur. C'est une institution de droit privé, financée essentiellement par des fonds publics. Le DAAD se charge, pour l'Etat Fédéral, les Länder et les universités, de la politique culturelle et scientifique à l'étranger et de l'aide à la formation dans les pays en voie de développement.

L'Office Allemand d'Echanges Universitaires a la forme juridique d'une association déclarée d'intérêt public. Les universités représentées au sein de la Conférence des Recteurs de l'Allemagne de l'Ouest, ainsi que leurs etudiants, en sont membres.

Le siège social du DAAD, à Bonn-Bad Godesberg, est dirigé par un secrétaire général. D'autres bureaux se trouvent à Londres, Paris, New Delhi, Le Caire et New York. En 1964 un bureau a été créé à Berlin à l'intention des chercheurs et étudiants fréquentant les universités et instituts de recherche de Berlin et pour l'organisation du Programme de Berlin pour jeunes artistes (Berliner Künstler-programm).

Les principales activités du DAAD sont les suivantes: fournir des informations sur les études supérieures; accorder des bourses destinées aux étudiants, chercheurs et enseignants allemands et étrangers de toutes disciplines pour leur permettre de poursuivre des études, de suivre des cours de langue, et d'effectuer des séjours de recherche ou de spécialisation; organiser des voyages d'information; recruter des lecteurs allemands pour les universités étrangères et des lecteurs étrangers pour les universités allemandes; organiser des stages d'ingénieurs, en collaboration avec l'Association internationale pour l'échange d'étudiants en vue de l'acquisition d'une expérience technique (IAESTE).

The German Academic Exchange Service (DAAD) was founded in 1925 at the initiative of the University of Heidelberg. When re-established in 1950, the German Academic Exchange Service began with five employees. The increase in its tasks and the extension of its range of activities are reflected in the increase in the number of employees to 175 (1973) and the growth in its annual budget from 1.8 million DM (1955) to 88 million DM (1975).

It is an academic institution for the advancement of international university relations. It is governed by private law and is mainly financed from public funds. The DAAD carries out the tasks inherent in foreign cultural and educational policy and educational assistance to developing countries on behalf of the Federal Government, the Länder, and its member universities.

The legal status of the German Academic Exchange Service is that of a registered society. Its members consist of the universities represented on the West German Conference and their student bodies.

The head office of the German Academic Exchange Service in Bonn-Bad Godesberg is directed by the General Secretary. The

German Academic Exchange Service maintains branches in London, Paris, New Delhi, Cairo and New York. In 1964 the DAAD established a Berlin office, responsible for the welfare of foreign scholars and students attending universities and research institutes in Berlin and for administering the Young Artists in Berlin Programme.

The main activities of DAAD are: to provide information about higher education; to award scholarships and fellowships to German and foreign students, research workers and academic staffs in all fields of study so that they may continue their studies, attend language courses, or make visits to carry out research or specialized study; to organize information tours; to recruit German lecturers for foreign universities and lecturers from abroad for service in German universities; and to organize practical training courses for engineers in collaboration with the International Association for the Exchange of Students for Technical Experience (IAESTE).
Président: Prof. Dr. H. Schulte (1972–   ).
Secrétaire général: Dr. Hubertus Scheibe.
Kennedy-Allee 50, 5300 Bonn-Bad Godesberg 1.

Zentralstelle für ausländisches Bildungswesen

L'Office central chargé des questions de l'enseignement à l'étranger est une institution de la Ständige Konferenz der Kultusminister der Länder in der Bundesrepublik Deutschland (Conférence permanente des ministres de l'Education et des Affaires culturelles des «Länder» de la République fédérale d'Allemagne). Son activité comprend notamment la vérification des certificats d'études scolaires et universitaires, des diplômes et des grades universitaires étrangers qui sont soumis aux ministères, universités et autres autorités de la République fédérale d'Allemagne.

The Central Office on Education in Other Countries is an institution under the authority of the Ständige Konferenz der Kultusminister der Länder in der Bundesrepublik Deutschland (Standing Conference of Ministers of Education and Cultural Affairs of the "Länder" in the Federal Republic of Germany). Its work involves specially the verification of foreign school and university certificates, and of foreign university degrees and diplomas, which are submitted to the ministries, universities and other authorities of the Federal Republic of Germany.
Secrétaire: Dr. Otto Schieffer.
Nassestrasse 8, 5300 Bonn.

Stifterverband für die Deutsche Wissenschaft

L'Association des donateurs pour l'avancement des sciences et des lettres en Allemagne fut fondée en 1921 et recréée en 1949 par une initiative des associations de l'industrie allemande, en vue de l'aide à la recherche, à l'enseignement et à l'éducation scientifique.

The Donors' Association for the Promotion of Science and Humanities in Germany was founded in 1921 and re-established in 1949 on the initiative of German industrial associations, with a view to assisting research, teaching and science education.
Président: Dr. Hans-Helmut Kuhnke.
Secrétaire général: Th. Risler.
Postfach 23 03 60, 43 Essen 1.

Deutsches Studentenwerk e.V.

Le Centre allemand des œuvres universitaires, rétabli en 1950, est l'organisation centrale regroupant plus de quarante œuvres locales d'étudiants existant dans les universités de la République fédérale.

Ces œuvres ont pour objectifs principaux d'octroyer une aide financière aux étudiants en application du "Bundesausbildungsförderungsgesetz" (loi fédérale sur l'aide à la formation), et de construire et d'administrer des résidences et restaurants universitaires. Le "Deutsches Studentenwerk" conseille les œuvres locales dans le cadre de leurs objectifs propres; des séminaires spéciaux de formation sont, par exemple, organisés à l'intention des personnels des œuvres locales. Il élabore des programmes d'assistance sociale aux étudiants et représente les intérêts communs des œuvres locales et des étudiants auprès du public et de l'administration de la République fédérale.

The "Deutsches Studentenwerk" (German Student Welfare Service), re-established in 1950, is the joint organization of more than 40 local student welfare services at universities in the Federal Republic.

Its broad objectives are financial assistance for students by enforcement of the "Bundesausbildungsförderungsgesetz" and by the building and service of students' hostels and refectories. The "Deutsches Studentenwerk" advises local welfare services within the terms of their objectives; for example special training seminars are arranged for the staffs of the local services. It develops programmes for the students' welfare and represents the common interests of local services and students in their relations with the public and administrative authorities of the Federal Republic.

Président: Prof. Dr. Gerald Grünwald.
Secrétaire général: Horst Bachmann.
Prince-Albert-Strasse 34, 5300 Bonn 1.

Alexander von Humboldt-Stiftung

La Fondation Alexander von Humboldt, fondée en 1925, dispose d'environ 440 bourses de recherche par an, qui sont accordées à des chercheurs étrangers hautement qualifiés (limite d'âge de 25 ans au moins à 40 ans au plus). Post-doctorats de tous les pays et de toutes les disciplines peuvent poser leur candidature. Les bourses sont accordées pour poursuivre des recherches au niveau avancé dans les instituts de recherche de la République fédérale d'Allemagne et Berlin-Ouest. La sélection s'opère uniquement par rapport à la qualification scientifique. Montant des bourses: DM 1.600, ou DM 1.900 net par mois; allocations familiales; frais de voyage. Durée des bourses : 6 à 12 mois, avec possibilité de renouvellement pour un an. Les réunions de seléction ont lieu normalement en mars, juillet et novembre. Pas de date limite pour les demandes.

The Alexander von Humboldt Foundation, established in 1925, has approximately 440 research fellowships per annum which are awarded to highly qualified foreign researchworkers (between the ages of 25 and 40). Post-doctorals of all nationalities and disciplines may apply. The Humboldt fellowships are granted for pursuing research projects at an advanced level at research institutes in the Federal Republic of Germany and in West Berlin. Selection is based only on scientific qualification. Scholarship allowance: DM 1,600 or DM 1,900 net per month; family allowances; travel expenses. Duration of scholarship: 6 to 12 months, with the possibility of renewal for one further year. Selection meetings take place usually in March, July and November. No closing dates for applications.

Président: Prof. Dr. Feodor Lynen.
Secrétaire général: Dr. Heinrich Pfeiffer.
Schillerstrasse 12, 53 Bonn-Bad Godesberg.

Deutsche Forschungsgemeinschaft

La Société allemande pour la recherche scientifique, l'organisation centrale pour la promotion de la recherche fondamentale, fut fondée en 1920 et recréée en 1949. Elle comporte comme membres : 40 universités, 5 académies, ainsi que 13 institutions et organisations scientifiques.

Les buts et les domaines d'activité de la Société sont: soutenir financièrement l'exécution de projects de recherche; encourager la coopération entre les chercheurs; conseiller le gouvernement et les autorités publiques en matière d'affaires scientifiques; représenter les intérêts des hommes de science tant dans le pays qu'à l'étranger; encourager les jeunes chercheurs.

The German Research Society, the central organization for the promotion of basic research, was founded in 1920 and re-established in 1949. Its members are 40 universities, 5 academies and 13 scientific institutions and organizations.

The objects and activities of the Society are to provide financial assistance for research projects; to encourage co-operation among research workers; to advise government and public authorities on scientific matters; to promote German co-operation in international scientific affairs and to give encouragement to young scientists.

Président: Prof. Heinz Maier-Leibnitz.
Secrétaire générale: Dr. C. H. Schiel.

Kennedyallee 40, 5300 Bonn-Bad Godesberg.

Max-Planck-Gesellschaft zur Förderung der Wissenschaften e.V.

L'Association Max Planck pour le développement de la science, fondée en 1948, succède à la Kaiser-Wilhelm-Gesellschaft zur Förderung der Wissenschaften, fondée en 1911; elle comprend 48 instituts de recherche qui sont indépendants dans leurs activités scientifiques (recherche fondamentale) et principalement spécialisés dans le domaine des sciences naturelles.

The Max Planck Association for the Advancement of Science, founded in 1948, succeeded the Kaiser-Wilhelm-Gesellschaft zur Förderung der Wissenschaften, founded in 1911. It is composed of 48 research institutes, each pursuing independent scientific work (fundamental research) and specializing mainly in the field of the natural sciences.

Président: Prof. Dr. Reimar Lüst.
Secrétaire général: Dietrich Ranft.
Residenzstrasse 1a, Postfach 647, 8000 München 1.

Wissenschaftsrat

Le Conseil scientifique, fondé en 1957, se préoccupe en particulier du développement scientifique. Il coordonne les programmes fédéraux et des «Länder» pour les investissements dans les institutions d'enseignement, et formule des recommandations sur la répartition des fonds disponibles pour le développement de la science. Le Conseil comprend 39 membres. Les décisions de l'Assemblée générale sont préparées par la Commission scientifique et par la Commission administrative. Les membres de la Commission scientifique sont nommés par le Président de la République fédérale. Dans la Commission administrative, les «Länder» sont représentés par un ministre ou un sénateur et le gouvernement fédéral par six secrétaires d'Etat.

The Science Council, founded in 1957, is specially concerned with scientific development. It co-ordinates the programmes of the Federal Republic and of the "Länder" for investment in the field of higher education, and makes recommendations on the allocation of the funds available for the development of science. The Council has 39 members. The decisions of the General Assembly are prepared by the Scientific Commission and the Administrative Commission. The members of the Scientific Commission are appointed by the President of the Federal Republic. Each of the "Länder" is represented on the Administrative Commission by a minister or a senator, and the Federal Government by six secretaries of state.

Président: Prof. Dr. Wilhelm A. Kewenig.
Secrétaire géneral: Ministerialdirektor Dr. P. Kreyenberg.
Marienburger Strasse 8, 5 Köln-Marienburg.

Deutsche Stiftung für internationale Entwicklung

La Fondation allemande pour le Développement international, créée en 1959/60 par les efforts conjugués des groupes parlementaires du Bundestag et du Gouvernement fédéral, constitue une partie essentielle du programme d'aide au développement poursuivi par la République fédérale d'Allemagne. Ses programmes, réalisés en étroite coopération avec le Gouvernement fédéral et de nombreux partenaires nationaux et étrangers, spécialement avec les organisations de l'ONU, se concentrent sur les points capitaux de la politique nationale et internationale d'aide au développement et comprennent les tâches suivantes:

— Echange d'experience à l'échelon international et transfert de connaissances techniques aux cadres des pays en voie de développement par des séminaires internationaux et bilatéraux.

— Réalisation de programmes de formation et de perfectionnement à l'intention d'experts et de cadres originaires des pays en voie de développement, et portant sur l'administration publique, l'artisanat et l'industrie ainsi que sur l'agriculture et la sylviculture.

— Préparation technique générale et linguistique d'experts allemands se destinant à une mission outre-mer.

— Coopération à l'élaboration de conceptions dans le domaine de la politique d'aide au développement par l'organisation de conférences internationales et allemandes ainsi que de discussions d'experts dans des domaines spéciaux.
— Coordination de la documentation, grâce au Centre de documentation centrale, dans le domaine pays en voie de développement/aide au développement, et collaboration à l'organisation d'un réseau national de documentation et d'information dans un cadre international.
— Information du public allemand et étranger sur les objectifs de la Fondation allemande pour le Développement international et de la politique nationale d'aide au développement.

Le Conseil d'Administration de la Fondation est composé de représentants des milieux politique, économique et scientifique ainsi que de divers ministères fédéraux et des gouvernements régionaux des différents «Länder». Dans la conduite de beaucoup de ses activités la Fondation collabore étroitement avec des universités et autres institutions d'enseignement supérieur.

The German Foundation for International Development, established in 1959–60 by the parliamentary groups of the German Federal Parliament together with the German Federal Government, is an integral part of the development aid programme of the Federal Republic of Germany. Working in close co-operation with the Federal Government and with numerous partners at home and abroad, especially with the organizations of the UN, it concentrates its programmes on the following focal points of national and international development policy:
— *International exchange of views with and transfer of professional knowledge to specialists and higher-level personnel from developing countries within the framework of international and bilateral seminars.*
— *Training and advanced training programmes for specialists and higher-level personnel in the fields of public administration, crafts and industrial trades, agriculture, and forestry.*
— *Technical preparation and language briefing in short courses or in three-month seminars for German specialists taking up assignments in developing countries.*
— *Collaboration in the formulation and further elaboration of German development policy through the organization of international and German conferences and meetings of experts in selected professional fields.*
— *Co-ordination of documentation in the field of developing countries/development aid through the Central Documentation Branch and co-operation in the establishment of a national documentation and information network within an international framework.*
— *Public relations work in Germany and abroad on the aims of the German Foundation for International Development and German development policy.*

The Board of Trustees of the Foundation is composed of representatives of political and academic life, management and labour, federal ministries and governments of the "Länder". Many of the Foundation's activities are carried out in close co-operation with universities and other institutions of higher education.

Directeurs généraux: Dr. Gerhard Fritz; Mme Brigitte Freyh.
Rauchstrasse 25, 1 Berlin 30.
Division : Education, Science et Documentation.
Chef: Dr. Dieter Danckwortt.
Endenicher Strasse 41, 5300 Bonn.

Stiftung für Hochschul und Forschung Dokumentation

La Fondation de documentation universitaire et scientifique, dont le siège principal se trouve à Francfort s.M. et qui a une succursale à Berne, est entrée en fonction dès 1970. Conformément à son statut la Fondation enregistre les thèses et dissertations scientifiques en préparation dans une université ou autre institut de recherche européen. Son but est de contribuer à l'unification de l'Europe par la documentation.

Les services de la Fondation sont gratuits

pour les professeurs et candidats au doctorat qui enregistrent leurs travaux et qui par la suite reçoivent le bulletin contenant la liste des titres enregistrés répartis en 67 sections. La documentation s'effectue par ordinateur.

The Foundation for Research Documentation with its office in Frankfurt/M. and a branch in Bern, started its activities in 1970. Following its rules it registers all theses and other research papers in preparation at any European university or research institution. Thus the Foundation is trying to contribute to the unification of Europe.

The Foundation offers its services free of charge to all professors and doctoral candidates who register their research papers: they receive the bulletin containing a list of all titles classified in 67 sections. The documentation is prepared by computer.

1 im Sachsenlager, 13, 6000 Frankfurt/M.

Hochschulverband (IAUPL)
(Voir p. 156).
Deutsche Akademikerinnenbund e.V. (IFUW)
Présidente: Dr. Gisela Kessel.
Alfred Mumbächer-Strasse 34, 65 Mainz-Bretzenheim.
Présidente (Rel. internat.): Dr. Margot Herbeck.
Wackenroderweg 2, 34 Göttingen.
Secrétaire: Dr. E. Berg.
Tirolerstrasse 101, 6 Frankfurt/Main 70.
World University Service
Lessingstrasse 32, 53 Bonn.
Vereinigte Deutsche Studentenschaften—VDS
Georgstrasse 25-27, 53 Bonn.
German Student Travel Service—GSTS
30 Dietkirchenstrasse, 53 Bonn.
ARTU Studentischer Austausch-und Reisedienst GmbH
Hardenbergstrasse 9, 1 Berlin 12.
Katholische Deutsche Akademikerschaft (Pax Romana)
Président: Dr. Lothar Bossle.
Alfred-Mumbächerstrasse 57, 65 Mainz-Bretzenheim.
Katholischer Akademikerverband (Pax Romana).
Président: Dr. Josef Korth.
Secrétaire: Dr. Hans-Heinrich Kurth.
Venusbergweg 1, 53 Bonn.
Evangelische Studentengemeinde in der Bundesrepublik Deutschland und Berlin (WSCF)
Secrétaire général: Friedrich Grotjahn.
Kniebisstrasse 29, 7 Stuttgart 51.
I.A.K. (ISMUN)
Président: Peter Müller.
Simrockstrasse 23, 53 Bonn.
German Union of Jewish Students (WUJS)
Président: Zeev Vilf.
Holzgartenstrasse 5, 852 Erlangen.

*

Auswärtiges Amt (Ministère des Affaires étrangères—Foreign Ministry)
Kulturabteilung, Koblenzerstrasse 103, 53 Bonn.
Ständige Konferenz der Kultusminister der Länder in der Bundesrepublik Deutschland
Nassestrasse 11, 53 Bonn.
German Commission for Unesco
Cäcilienstrasse 42/44, 5 Köln 1.

GHANA—GHANA

*University of Ghana, P.O. Box 25, Legon, Accra (The Registrar). 1948, 1961
F : agr, arts, law, sc, soc, med.
Institute of African Studies, P.O. Box 73, Legon, Accra. 1961
Institute of Adult Education, P.O. Box 31, Legon, Accra. 1962
Institute of Statistical, Social and Economic Research, P.O. Box 74, Legon, Accra. 1962
Institute of Journalism and Communication Studies, P.O. Box 53, Legon, Accra. 1972
Regional Institute for Population Studies, P.O. Box 96, Legon, Accra. 1972
School of Administration, P.O. Box 78, Legon, Accra. 1962
Ghana Medical School, P.O. Box 4236, Accra. 1964
*University of Science and Technology, University Post Office, Kumasi. 1952, 1961
F : agr, arc, eng, phar, sc, art, soc.
College of Art.
School of Medical Science. 1975
*University of Cape Coast, University Post Office, Cape Coast. 1962, 1971
F : arts, sc-agr ed, ed.
Institute of Educational Planning and Administration. 1975
Ghana Academy of Arts and Sciences, P.O. Box M. 32, Accra. 1963, 1968
Ghana Institute of Management and Public Administration, P.O. Box 80, Achimota, Accra. 1961
Ghana Atomic Energy Commission, P.O. Box 80, Legon, Accra. 1965
Volta Basin Research Project, P.O. Box 68, Legon, Accra. 1963

National Council for Higher Education, P.O. Box M. 28, Accra.
Ghanaian Federation of University Women (IFUW)
President: Miss Jane Cole, Ghana Broadcasting Corporation, P.O. Box 1633, Accra.
President (Internat. Rel.): Dr. Florence Dolphyne.
Secretary: Miss Rebecca Ellimah, Attorney-General's Department, Accra.
World University Service
President: J. K. Amissah.
Unity Hall, University of Science and Technology, Kumasi Ashanti.
Porter Association of Pax Romana
President: J. Amuah.
Secretary: Kodwo Sey.
c/o Registrar-General's Office, P.O. Box 118, Accra.
National Union of Ghana Students (NUGS)
University of Science and Technology, Kumasi.
International Movement of Catholic Students (Pax Romana)
President: John Osei Tutu.
Secretary: Baffour Agyeman Duah.
c/o University of Science and Technology, Kumasi.
Student Christian Movement of Ghana (WSCF)
Chairman: W. P. Brown – Orleans.
General Secretary: Sam Parry.
P.O. Box 339, Accra.
United Nations Student Association of Ghana (ISMUN)
President: Isaac Osei.
Commonwealth Hall, University of Ghana, Legon, Accra.

*

Ministry of Education, P.O.B. 2739, Accra. **Ministry of Education,** P.O.B. 2739, Accra.
Ghana National Commission for Unesco

GREECE—GRECE

UNIVERSITIES AND TECHNICAL UNIVERSITIES— UNIVERSITES ET UNIVERSITES TECHNIQUES

*Ethnikon kai Kapodistriakon Panepistimion Athinon [U. nationale d'Athènes], odos Panepistimiou 30, Athinai 143. (M. le Secrétaire général). *1837*
F : théo, dr, let, math-phy, méd, dent.
*Panepistimion Patron [U. de Patras], Patrai. *1964*
E : nat, ing.
Panepistimion Ioanninon [U. de Ioannina], Ioannina. *1970*
F : let, math-phy.
*Aristoteleion Panepistimion Thessalonikis [U. de Thessalonique], odos Panepistimiou, Thessaloniki. *1925*
F : dr, let, méd, dent, math-phy, agr-for, théo, vét, polytec.
Dimokriteion Panepistimion Thrakis [U. de Thrace], Komotini. *1974*
F : dr; polytec (Xanthi).
Minos Isychakis [U. de Crète].
(En voie de développement).
*Ethnikon Metsovion Polytechneion Athinon [U. technique nationale], odos Patission 42, Athinai 147. *1836*
F : gé civ, méc, élec, arc, ch-méc, agr-arp, mine-mét.

OTHER INSTITUTIONS—AUTRES INSTITUTIONS

Professional Education—Enseignement professionnel

Anotati Geoponiki Scholi Athinon [E. sup. d'Agriculture], Votanikos, Athinai. *1920*
Anotati Scholi Iconomikon kai Emporikon Epistimon [E. sup. des Sciences économiques et commerciales], odos 28 Oktovriou 76, Athinai 147. *1920*
Anotati Viomichaniki Scholi [E. sup. d'Etudes industrielles], odos Karaoli kai Dimitriou 40, Piraeus. *1938*
Anotati Viomichaniki Scholi Thessalonikis [E. sup. d'Etudes industrielles], Thessaloniki. *1948*
Panteios Anotati Scholi Politikon Epistimon [E. sup. Panteios des Sciences politiques], 146 A. Leoforos Syngrou, Athinai 404. *1937*
Anotati Scholi Kalon Technon [E. sup. des Beaux-Arts], odos 28 Oktovriou 48, Athinai 147. *1843*
Aussi 15 établissements de Formation pédagogique.

Hellenic Association of University Women (IFUW)
President: Lady Amalia Fleming.
President (Internat. Rel.): Mrs. Hero Lambras.
odos Voulis 44a, Athinai 118.
World University Service
General Secretary: Panagiotis Ladas. P.O Box 103, Thessaloniki.
Ethniki Fititiki Enosis Ellados (EFEE) (National Union of Greek Students)
odos Ippocratus 15, Athinai.
Phitetike Katholike Hestia «O Vissarion» (Pax Romana)
President: Eugène Dascos.
Secretary: Maria Marcopoli.

odos Michael Voda 28, Athinai.

Christianiki Phititiki Enosis (Student Christian Union) (WSCF)
Secretary: Criton Chrysochoidis.
odos Akadimias 45, Athinai 135.

Christianikos Omilos Phititon Epistimonon (Student Christian Association) (WSCF)
Secretary-General: Ms. Maria Xiphara.
odos Souliou 3, Athinai, 142.

Jewish Youth of Athens (WUJS)
Correspondent: Joseph Batis.

odos Piraeos 46, Athinai.

*

Ipourgion Exoterikon (Ministère des Affaires étrangères)
Athinai.

Ipourgion Pedias, Diefthinsis Anotatis Ekpedefseos (Ministère de l'Education nationale, Direction de l'Enseignement supérieur)
Athinai.

Commission nationale hellénique pour l'Unesco
11, rue Karitsi-124, Athènes 134.

GUADELOUPE—GUADELOUPE

Centre Universitaire des Antilles et de la Guyane (1), B.P. 771, 97158 Pointe-à-Pitre. *1963.*

Ut : dr-éco (I. Henri-Vizioz), let-hum, sc exactes-nat.

---

(1) See also Martinique, p. 263.
(1) Voir aussi Martinique, p. 263.

GUATEMALA—GUATEMALA

*Universidad de San Carlos de Guatemala, Ciudad universitaria, Guatemala 12. (Sr. Secretario general). *1562, 1676*
F : méd, dent, éco, dr-soc, ch-phar, arc, hum, agr, ing, vét-zoo.
Ce : ét occidental.
Universidad «Doctor Mariano Gálvez», 7a Avenida «A» 6–70, Guatemala 2. *1966*
E : dr-soc, éco, gé civ, adm des aff.
D : éd, art app, gestion, ét paraméd.
Universidad Rafael Landívar, 17 Calle 8–64, Guatemala 10. *1961*
F : dr-soc, éco, hum, ing, éd; hum (Quezaltenango)
E : serv soc rur (Quezaltenango), éd; éd (Jalapa); ét fond.
Universidad del Valle de Guatemala, Apartado postal 83, Guatemala. *1966*
E : sc-hum, soc, éd.
Universidad Francisco Marroquín, 6A Avenida 0–28, Zona 10, Guatemala, C.A. *1971*
F : éco-adm des aff, dr, arc.
E : éco-adm des aff, psyc.
D : théo.

Asociación Guatemalteca de Mujeres Universitarias (IFUW)
Présidente: María Teresa García de Briz.
Présidente (Rel. internat.): Ana María Vargas de Ortiz.
Unión y Superación, Apartado postal 1232, Guatemala.
Servicio Universitario Mundial (WUS)
Président: Dr. Roberto Valdeavellano P.
Correspondant: Dr. Carlos Gehlert Mata.
Segunda Avenida 11–10, Zona 9, Ciudad Guatemala 9.
Asociación de Estudiantes Universitarios—AEU
10 Avenida «A» 5–40, Zona 1, Ciudad de Guatemala.
Acción Universitaria Guatemalteca (ACUG) (Pax Romana)
Apartado postal 1000, Guatemala 3.
Asociación Cristiana de Universitarios (WSCF)
Correspondant: Rev. Alberto Enríquez.
19 Avenida 27–13, Zona 5, Guatemala.
Guatemala Union of Jewish Students (WUJS)
Correspondant: Ricardo Stein.
3A Avenida 20–96, Zona 10, Guatemala.

*

Ministerio de Educación
Palacio Nacional, Guatemala.
Comisión Guatemalteca de Cooperación con la Unesco
6a Calle 9–27, Zona 1, Apartado postal 244, Guatemala 1.

GUINEA—GUINEE

Institut polytechnique Gamal Abdel Nasser de Conakry, B.P. 1147, Conakry. *1962*
F : soc, sc de la nature, méd, phar, ch, électro, méc, gé civ; géol-mine (Boké), agr (Foulaya-Kindia).
E : adm.
Institut polytechnique Julius Nyerere de Kankan, Conakry. *1962*
F : soc, sc exactes, agr.
Ecole nationale des Arts et Métiers, Conakry. *1966*
Ecole pratique d'Administration, Conakry. *1974*
Ecole nationale de la Santé, Conakry *1966*

Ecole nationale de Comptabilité et Secrétariat, Conakry. *1966*
Ecole nationale des Postes et Télécommunications, Conakry. *1970*
Ecole nationale Vétérinaire, Mamou. *1972*
Ecole nationale de Zootechnie, Famoïla, Beyla. *1972*
Ecole nationale d'Agriculture de Tolo, Mamou. *1959*
Ecole nationale d'Agriculture, Faranah. *1974*
Ecole normale de Macenta, Macenta. *1966*
Ecole nationale forestière de Sérédou, Macenta. *1971*

Ministère du Domaine de l'Education et de la Culture
Conakry.
Ministère de l'Enseignement supérieur et du Télé-Enseignement
Conakry.
Commission nationale guinéenne pour l'Unesco
Ministère du Domaine de l'Education et de la Culture, B.P. 964, Conakry.

GUYANA—GUYANE

*University of Guyana, P.O. Box 841, Georgetown. (The Vice-Chancellor). *1963*   F : *arts, nat, soc, ed, techn.*

Student Council of Progressive Youth Organization—PYO
41 Robb Street, Lacytown, Georgetown.

*
Ministry of Education
P.O. Box 1014, Georgetown.

HAITI—HAÏTI

UNIVERSITIES—UNIVERSITES

Université d'Etat d'Haïti, B.P. 2279, Port-au-Prince. (M. le Secrétaire général).
1944, 1960
F : dr-éco, dent, sc, méd-phar, agr-vét, hum.
E : arp, péd, phar.
I : adm-gestion-ét int.

OTHER INSTITUTIONS—AUTRES INSTITUTIONS

Governmental Establishments—Etablissements publics

Ecole de Droit du Cap-Haïtien. 1867, 1976
Ecole de Droit des Cayes. 1894, 1976
Ecole de Droit des Gonaïves. 1922, 1976
Ecole de Droit de Jérémie, Port-au-Prince. 1906, 1976
Ecole d'Infirmières Notre-Dame de la Sagesse, Cap-Haïtien. 1952
Ecole d'Infirmières des Cayes.
Ecole nationale d'Infirmières Simone O. Duvalier, Port-au-Prince.
Ecole de Technique de Laboratoire, Port-au-Prince.

Private Establishments—Etablissements privés

Institut supérieur technique d'Haïti, 22 avenue du Chili, P.O. Box 992, Port-au-Prince. 1962, 1976
Ecole des Hautes Etudes Commerciales, Port-au-Prince. 1961, 1976

Direction générale de l'Education nationale Port-au-Prince.
Commission nationale haïtienne de l'Unesco Cité de l'Exposition, Avenue Marie-Jeanne, Port-au-Prince.

HOLY SEE—SAINT-SIEGE

UNIVERSITIES—UNIVERSITES

*Pontificia Universitas Gregoriana, Piazza della Pilotta 4, 00187 Roma. *1552*
F : théo, dr can, phil, hist eccl, missiologie, soc.
I : théo spirituelle, sc relig, psyc.
E : lit latine.
Pontificia Universitas Lateranensis, Piazza San Giovanni in Laterano 4, 00184 Roma. *1773, 1959*
F : théo, phil, dr can & civ.
I : patrologie, relig pastorale, théo morale, sc relig, théo vie relig.
Pontificia Universitas Urbaniana, Via Urbano VIII 16, 00165 Roma. *1627, 1962*
F : théo, phil.
I : missiologie, dr can, hist d'athéisme.
*Pontificia Universitas S. Thomae Aquinatis de Urbe, Largo Angelicum 1, 00184 Roma. *1580, 1909, 1963*
F : théo, dr can, phil.
I : théo spirituelle, soc, sc relig.
Pontificia Universitas Salesiana, Piazza dell' Ateneo Salesiano, 00139 Roma. *1940, 1973*
F : théo, dr can, phil, éd.
I : lit latine.

OTHER INSTITUTIONS—AUTRES INSTITUTIONS

Pontificium Athenaeum Anselmianum, Piazza dei Cavalieri di Malta 5, 00153 Roma. *1687, 1867*
F : théo, phil.
I : ét liturgiques, ét monastiques.
Pontificium Athenaeum Antonianum, Via Merulana 124, 00185 Roma. *1933*
F : théo, dr can, phil.
I : ét bibliques, théo spirituelle, ét pastorale, éd.
Pontificium Institutum Biblicum, Via della Pilotta 25, 00187 Roma. *1909*
F : sc bibliques, ét orntl anciennes.
Pontificium Institutum Studiorum Orientalium, Piazza di Santa Maria Maggiore 7, 00185 Roma. *1917*
F : théo orntl, dr can orntl.
Pontificium Institutum Musicae Sacrae, Piazza Sant'Agostino 20–A, 00186 Roma. *1911, 1931*
Pontificium Institutum Archaeologiae Christianae, Via Napoleone III 1, 00185 Rome. *1925*
Pontificia Facultas Theologica S. Bonaventurae, Via del Serafico 1, 00142 Roma. *1587, 1905, 1955*
Pontificia Facultas Theologica SS. Teresiae a Jesu et Joannis a Cruce in Urbe, Piazza San Pancrazio 5–A, 00152 Roma. *1935*
Pontificia Facultas Theologica «Marianum», Viale Trenta Aprile 6, 00153 Roma. *1666, 1955*
I : ét mariologiques.
Pontificium Institutum Studiorum Arabicorum, Piazza S. Apollinare 49, 00186 Roma. *1960*

Sacra Congregatio pro Institutione Catholica La Sacrée Congrégation pour l'Education Catholique remonte à la Constitution Immensa (22 janvier 1588) du Pape Sixte V,

laquelle érigea la Congregatio pro Universitate studii romani destinée à promouvoir et diriger les études de l'Université de Rome et d'autres célèbres Universités comme celles de Bologne, Paris, Salamanque. Le 28 août 1824 le Pape Léon XII créa la Congregatio Studiorum (Constitution Quod divina Sapientia), pour les écoles de tous degrés de l'Etat Pontifical. En 1870, ce Dicastère reçut autorité sur toutes les Universités Catholiques. Le Droit Canon considère comme «Universités Catholiques», au sens strict du mot, les établissements qui appartiennent à une personne ecclésiastique morale, et par conséquent dépendent de la Hiérarchie de l'Eglise Catholique.

Par Motu-Proprio du 4 novembre 1915, le Pape Benoît XV constitua la Sacra Congregatio de Seminariis et studiorum Universitatibus, en fusionnant la Congregatio studiorum avec le Bureau des Séminaires qui existait au sein de la Sacrée Congrégation Consistoriale. La Constitution Regimini Ecclesiae universae du 15 août 1967 a changé le titre de la Congrégation des Séminaires et Universités en celui de «Sacrée Congrégation pour l'Education Catholique» (Sacra Congregatio pro Institutione Catholica). En vertu de cette même Constitution, la Congrégation garde ses attributions précédentes quant aux séminaires et maisons d'études pour la formation du clergé, étend sa compétence aux écoles catholiques de niveau primaire et secondaire dépendantes de l'autorité ecclésiastique; mais il lui appartient aussi de promouvoir et d'assister toutes les universités, facultés, instituts et écoles supérieures d'études ecclésiastiques ou civiles, ainsi que les organisations et associations ayant une finalité d'enseignement supérieur ou de recherche scientifique, en tant que ces institutions se rattachent à l'Eglise Catholique.

The Sacred Congregation for Catholic Education dates back to 1588 and the Constitution Immensa of Pope Sixtus V, which established the Congregatio pro Universitate studii romani, to promote and direct studies at the University of Rome and other distinguished universities, such as Bologna, Paris and Salamanca. In 1824 Pope Leo XII created the Congregatio studiorum by the Constitution Quod divina Sapientia for Schools of the Pontifical State at all levels. In 1870 the Congregation was given authority over all Catholic universities. Under Canon law "Catholic Universities", in the strict sense of the term, are those institutions which belong to a member of the Church or to an ecclesiastic body, and therefore fall within the jurisdiction of the hierarchy of the Catholic Church.

By Motu-Proprio of November 1915, Pope Benedict XV founded the Sacra Congregatio de Seminariis et studiorum Universitatibus, thus joining the Congregatio studiorum with the Office of Seminaries which existed within the Sacred Consistorial Congregation. By the Constitution Regimini Ecclesiae universae of August 1967, the title of Sacra Congregatio pro Institutione Catholica was adopted. Under this Constitution, the attributions of the Congregation with regard to the seminaries and institutions for training the clergy remain unchanged and its authority is extended to cover primary and secondary catholic schools responsible to the Ecclesiastical Authorities. Its function is also to develop and assist all universities, faculties, institutes and colleges of sacred or profane studies, as well as organizations and associations concerned with higher education or scientific research, in so far as they are attached to the Catholic Church.

Préfet: S.E. M. le Cardinal Garrone. Piazza Pio XII 3, 00193 Roma.

HONDURAS—HONDURAS

*Universidad Nacional Autónoma de Honduras, Ciudad Universitaria, Boulevard Suyapa, Tegucigalpa, D.C. (Sr. Secretario general). *1845*
F : dr-soc, éco-bus adm, ing, méd, ch-phar, dent psyc, péd-trav soc.
E : inf.
D : phy, math, biol.
Ce : ét gén.
Centro Universitario Regional del Norte, San Pedro Sula.
ét gén, éco, adm des aff, péd.
Centro Universitario Regional Litoral Atlántico, La Ceiba.
gé agr-for.
Escuela Superior del Profesorado «Francisco Morazán», Boulevard Miraflores, Tegucigalpa, D.C. *1957*
D : nat, éd, soc, math, lang-lit, sc dom, phys.

Asociación de Mujeres Universitarias Hondureñas (IFUW)
Présidente: Miss C. Fortín Inestroza.
Présidente (Rel. internat.): A. H. de Salgado.
P.O. Box 837, Tegucigalpa, D.C.
Servicio Universitario Mundial (WUS)
Président: Jorge Arturo Reina.
Secrétaire général: Rolando López Vásquez.
Edificio Biblioteca Central, Universidad Nacional Autónoma de Honduras, Tegucigalpa, D.C.
Federación de Estudiantes Universitarios de Honduras—FEUH
Apartado postal 1260, Tegucigalpa, D.C.

Juventud Universitaria Católica (Pax Romana)
Barrio Buenos Aires, 7a Avenida 521, Tegucigalpa.

Honduras Union of Jewish Students (WUJS)
Correspondant: Shulem Dickerman.
Apartado 71, Tegucigalpa.

*

Ministerio de Educación Pública
Tegucigalpa, D.C.
Comisión Nacional de la Unesco
a/c Oficina de Planeamiento Integral de la Educación, Tegucigalpa, D.C.

HONG KONG—HONG-KONG

UNIVERSITIES—UNIVERSITES

*University of Hong Kong, Pokfulam Road, Hong Kong. (The Registrar). *1911*
F : *arts, sc, eng-arc, med, soc-law.*
D : *extra-mural st.*
*The Chinese University of Hong Kong, Ma Liu Shui, Sha Tin, New Territories, Hong Kong. *1963*
F : *arts, sc, com-soc.*

D : *extra-mural st.*
Chung Chi College, Ma Liu Shui, Sha Tin, New Territories, Hong Kong. *1951*
New Asia College, 6 Farm Road, Kowloon, Hong Kong. *1949*
United College, Ma Liu Shui, Sha Tin, New Territories, Hong Kong. *1956*

OTHER INSTITUTIONS—AUTRES INSTITUTIONS

Technical Education—Enseignement technique

Hong Kong Polytechnic, Yuk Choi Road, Hung Hum, Kowloon, Hong Kong. *1937, 1972*
D : *acc-mangt st, bui-surv, bus, civ eng, des, elec, electro, lang, math-sc, mec-marine eng, nautical st, prod-ind eng, tex.*

Teacher Training—Formation pédagogique

Grantham College of Education, Gascoigne Road, Kowloon, Hong Kong. *1951*
Hong Kong Baptist College, Waterloo Road, Kowloon Tong, Kowloon, Hong Kong. *1969*
F : *arts, soc, bus, nat-eng.*
Hong Kong Technical Teachers' College, 373 Queen's Road East, Hong Kong. *1974*
Northcote College of Education, Sassoon Road, Hong Kong. *1939*
Sir Robert Black College of Education, Caldecotte Road, Pipers Hill, Kowloon, Hong Kong. *1960*
Shue Yan College, 81 Sing Woo Road, Hong Kong. *1976*
D : *arts, bus-com.*

Hong Kong Association of University Women (IFUW)
President: Mrs. L. Parsons.
Chairman (Internat. Rel.): Mrs. E. Horsfall.
c/o University of Hong Kong.
World University Service
Chairman: Luke S. K. Wong.
Dean of Students Office, University of Hong Kong, Hong Kong.

Pax Romana Catholic Graduates' Association Hong Kong Ltd.
President: Paul Wong.
c/o Catholic Centre, 16th floor, Grand Building, Connaught Road Central, Hong Kong.
Hong Kong Federation of Catholic Students (Pax Romana).
President: Alfred Kam Chi Wah.
Secretary: Karen Sin Lok Yan.

Caritas Social Centre, 6th Floor, 134 Boundary Street, Kowloon.

Student Christian Movement of Hong Kong (WSCF)
c/o Unit on Youth and Students, Hong Kong Christian Council, 57 Peking Road.

4/F, Kowloon, Hong Kong.

*

Education Department
Hong Kong.

HUNGARY—HONGRIE

UNIVERSITIES AND TECHNICAL UNIVERSITIES— UNIVERSITES ET UNIVERSITES TECHNIQUES

*Eötvös Loránd Tudományegyetem [U. Loránd Eötvös], V. Egyetem tér 1, 1053 Budapest V. (M. le Secrétaire). *1635*
dr-pol, let, sc.
József Attila Tudományegyetem [U. Attila József], Dugonics tér 13, 6701 Szeged.
1872, 1921
F : dr-pol, let, sc.
Kossuth Lajos Tudományegyetem [U. Lajos Kossuth], 4010 Debrecen 10. *1912*
F : let, sc.
Pécsi Tudományegyetem [U. de Pécs], 48–as tér 1, 7601 Pécs. *1914*
F : dr-pol, éco.
*Budapesti Müszaki Egyetem [U. Technique de Budapest], Müegyetem-rakpart 3, 1111 Budapest XI. *1872*
F : gé civ, méc, arc-urb, ch, élec, gé trans.
E : nat; hyd (Baja).
*Nehézipari Müszaki Egyetem [U. Technique de l'Industrie lourde], Egyetem Varos, 3515 Miskolc. *1949*
F : méc, mét, mine.
E : nat; mét (Dunaujváros); ch (Kazincbarcika).
Veszprémi Vegyipari Egyetem [U. Technique de l'Industrie chimique], Schönherz Zoltán ut 10, 8200 Veszprém. *1949*
F : ch tec.

OTHER UNIVERSITY INSTITUTIONS— AUTRES INSTITUTIONS UNIVERSITAIRES

*Marx Károly Közgazdaságtudományi Egyetem [U. Karl Marx des Sciences économiques], Dimitrov tér 8, 1093 Budapest IX. *1948*
F : éco, com, ind.
*Agrártudományi Egyetem [U. d'Agriculture], Páter Károly ut. 1, 2100 Gödöllő.
F : agr, méc.
Debreceni Agrártudományi Egyetem [U. d'Agriculture], Böszörményi ut 138, 4032 Debrecen. *1868, 1970*
Keszthelyi Agrártudományi Egyetem [U. d'Agriculture], Deák Ferenc ut 16, 8360 Keszthely. *1797, 1970*
Erdészeti és Faipari Egyetem [U. des Forêts et de l'Industrie du Bois], Bajcsy Zsilinszky ut 4, B.P. 132, 9401 Sopron. *1809, 1962*
Kertészeti Egyetem [U. d'Horticulture], Ménesi ut 44, 1118 Budapest XI. *1853, 1970*
Semmelweis Orvostudományi Egyetem [U. de Médecine Semmelweis], Üllői ut 26, 1085 Budapest VII. *1769, 1951*
F : méd, dent, phar.
Debreceni Orvostudományi Egyetem, Nagyerdei krt 78, 4032 Debrecen.
1912, 1951
Pécsi Orvostudományi Egyetem, Szigeti ut 30, 7624 Pécs. *1912, 1951*
Szegedi Orvostudományi Egyetem, Dugonics tér 13, 6720 Szeged. *1921, 1951*
F : méd, phar.
Állatorvostudományi Egyetem [U. vétérinaire], Landler Jenö ut 2, 1078 Budapest VI.
1782, 1962

OTHER INSTITUTIONS—AUTRES INSTITUTIONS

Technical Education—Enseignement technique

Kandó Kálmán Villamosipari Müszaki Főiskola [E. nationale d'Electricité Kálmán Kandó], Tavaszmező ut 15, 1084 Budapest VIII. *1969*
Bánki Donát Gépipari Müszaki Főiskola [E. nationale de l'Industrie mécanique Donát Bánki], Népszinház ut 8, 1081 Budapest VIII. *1969*
Gépipari és Automatizálási Müszaki Főiskola [E. nationale d'Industrie mécanique et d'Automatisation], Izsáki ut 10, 6000 Kecskemét. *1969*
Közlekedési és Távközlési Müszaki Főiskola [E. nationale des Transports et de Télécommunication], Ságvári Endre ut 25, 9026 Győr. *1968, 1971*
Pollack Mihály Müszaki Főiskola [E. nationale technique Mihály Pollack], Boszorkány ut 2, 7601 Pécs. *1970*
Elelmiszeripari Főiskola [E. nationale d'Industrie alimentaire], Marx tér 7, 6701 Szeged. *1962*
Mezögazdasági Főiskola [E. nationale d'Agriculture], Dénesmajor 2, 7400 Kaposvár 2. *1962*
Mesögazdasági Főiskola, Rákóczi ut 69, 4401 Nyiregyháza. *1962*
Ybl Miklós Épitőipari Müszaki Főiskola [E. nationale de Construction Miklós Ybl], Thököly ut 72, 1146 Budapest XIV. *1972*
Könnyüipari Müszaki Főiskola [E. nationale de l'Industrie légère], Doberdó ut 6, 1034 Budapest III. *1972*

Professional Education—Enseignement professionnel

Kereskedelmi és Vendéglátóipari Főiskola [E. nationale du Commerce et de l'Industrie Hôtelière], Alkotmány ut 9/11, 1054 Budapest V. *1962*
Pénzügyi és Számviteli Főiskola [E. nationale des Finances et de la Comptabilité], Buzogány ut 10, 1149 Budapest XIV. *1962*
Külikereskedelmi Főiskola [E. nationale du Commerce extérieur], V. Ecseri ut 3, 1, 1476 Budapest IX. *1962*

Teacher Training—Formation pédagogique

Ho-Shi-Minh Tanárképző Főiskola [E. normale sup. Ho-Shi-Minh], Szabadság tér 2, 3301 Eger. *1948*
Pécsi Tanárképző Főiskola, Ifjuság ut 6, 7644 Pécs. *1948*
Juhász Gyula Tanárképző Főiskola, Aprilis 4 ut 6, 6701 Szeged. *1873, 1947*
Bessenyei György Tanárképző Főiskola, Sóstói ut 30/b, 4401 Nyiregyháza. *1962*
Bárczi Gusztáv Gyógypedagógiai Tanárképző Főiskola [E. normale sup. médico-pédagogique], Bethlen Gábor tér 2, 1443 Budapest VII. *1901*
Mozgássérültek Nevelőképző és Nevelőintézete [I. d'Education des Maîtres en Kinésithérapie], Villányi ut 67, 1113 Budapest XI. *1963*
Magyar Testnevelési Főiskola [E. sup. d'Education physique], Alkotás ut 44, 1123 Budapest XII. *1925*
et 12 autres écoles de Formation pédagogique.

General Education—Enseignement général

Iparmüvészeti Főiskola [E. sup. des Arts décoratifs], Zugligeti ut 11–25, 1121 Budapest XII. *1880*
Képzőmüvészeti Főiskola [E. sup. des Beaux-Arts], Népköztársaság ut 69/71, 1062 Budapest VI. *1871, 1949, 1970*
Liszt Ferenc Zenemüvészeti Főiskola [E. sup. de Musique], Liszt Ferenc tér 8, 1061 Budapest VI. *1875*
Szinház- és Filmmüvészeti Főiskola [E. sup.

de Théâtre et de Cinéma], Vas ut 2/c, 1088 Budapest VIII.

National Committee of Hungarian Student Organizations—NCHSO
Balassi Bálint ut 16, Budapest V.
Express Youth and Student Travel Bureau
Szabadsag tér 16, Budapest V.
Ecumenical Council of Churches in Hungary (WSCF)
General Secretary: Prof. Miklos Palfy.
Szabadsag tér 2.1., Budapest V.

*

Művelődésügyi Minisztérium (Ministère de la Culture)
Szalai ut 10, Budapest 502.
Commission nationale hongroise pour l'Unesco
Dorottya ut 8, P.O. Box 241, Budapest V.

ICELAND—ISLANDE

*Háskóli Íslands [U. of Iceland], Reykjavík. (The Secretary). 1911
F : *theo, med, dent, law, eco, arts, tec, nat, soc, nurs, physio.*
Kennaraháskóli Íslands [U.C. of Teacher Training), Reykjavík. 1971

Félag Íslenzkra Háskólakvenna (IFUW)
President & Chairman (Internat. Rel.): Mrs. I. Gudmundsdóttir.
P.O. Box 288, Reykjavík.
Stúdentenárad Háskóli Islands—SHI Háskóli Íslands, Reykjavík.
SHI Travel Service
c/o Félagsstonun Studenta Gamba Gardi, Reykjavík.

*
Utanrikisraduneytid (Foreign Office) Reykjavík.
Menntamálaraduneytid (Ministry of Culture and Education) Reykjavík.
Icelandic National Commission for Unesco
Ministry of Culture and Education, (Menntamálaraduneytid), Reykjavík.

INDIA—INDE

UNIVERSITIES AND TECHNICAL UNIVERSITIES— UNIVERSITES ET UNIVERSITES TECHNIQUES

Agra University, Paliwal Park, Agra 282004 Uttar Pradesh. (The Registrar). *1927*
F : *arts, sc, agr, com, eng, law, med, vet-an hus.*
Institute of Social Sciences. *1956*
Institute of Household Art and Home Science. *1968*
K.M. Institute of Hindi Studies and Linguistics. *1953*
Also 68 affiliated colleges.
Aligarh Muslim University, Aligarh 202001, Uttar Pradesh. *1921*
F : *arts, sc, com, eng-techn, law, med, theo, soc.*
Women's College. *1923*
Z.H. Engineering College.
Jawaharlal Nehru Medical College.
Ajmal Khan Tibbiya College.
University Polytechnic.
Allahabad University, Allahabad 2, Uttar Pradesh. *1887. 1921*
F : *arts, sc, com, eng, law, med.*
Moti Lal Nehru Medical College. *1961*
Also 5 associated colleges.
Andhra University, Waltair, Andhra Pradesh. *1926*
F : *arts, sc, com, eng, fa, law, med, orntl st, ed.*
Andhra University Postgraduate Centre, Guntur. *1967*
Erskine College of Natural Sciences. *1941*
Jeypore Vikrama Deo College of Science and Technology. *1932*
University College of Arts and Commerce. *1931*
University College of Engineering. *1955*
University College of Law. *1945*

Also 78 affiliated colleges and 27 oriental colleges.
Andhra Pradesh Agricultural University, Rajendranagar, Somajiguda, Hyderabad 500004, Andhra Pradesh. *1964*
F : *agr, vet-hom sc.*
Agricultural College, Bapatla. *1945*
College of Agriculture. *1946*
College of Basic Science. *1964*
College of Home Science. *1961*
College of Veterinary Science. *1946*
College of Veterinary Science, Tirupati. *1956*
S.V. Agricultural College, Tirupathi. *1962*
Annamalai University, Annamalainagar, Tamil Nadu State. *1929*
F : *arts, sc, ed, eng-techn, fa, agr, Indian lang.*
Assam Agricultural University, Jorhat District 785013, Sibsagar, Assam. *1969*
F : *agr, vet sc, hom sc.*
Assam Agricultural College. *1948*
College of Veterinary Science, Gauhati 22. *1948*
Awadhesh Pratap Singh University, Rewa, Madhya Pradesh. *1968*
F : *arts, sc, com, ed, eng, law, med, soc.*
Chhatarsal Government College, Panna. *1958*
Government College of Education, Chatarpur. *1962*
Government College of Education. *1958*
Government College, Satna. *1958*
Government College, Shahdol. *1954*
Government College, Tikamgarh. *1958*
Government Engineering College. *1964*
Government Science College. *1963*

Maharaja College, Chhatarpur.	*1949*
S.S. Medical College.	*1963*
T.R.S. College.	*1944*

Also 38 affiliated colleges.

*Banaras Hindu University, Varanasi 221005, Uttar Pradesh. *1916*
F : *arts, sc, ed, eng-techn, law, med-sc, musfa, soc, com, orntl st, orntl st-theo, theo, agr.*
Women's College. *1929*

Also 4 affiliated colleges.

Bangalore University, Bangalore, Karnataka State. *1964*
F : *arts, sc, com, ed, eng, hom sc, law, med, techn, mental heal.*

Acharya Pathashala Arts, Commerce and Science College.	*1956*
Acharya Pathashala Evening College of Arts and Commerce.	*1964*
Al-Ameen Arts and Science College.	*1969*
All India Institute of Mental Health.	*1954*
B.E.S. College of Education, Bharath Educational Society College.	*1972*
B.M.S. Engineering College.	*1946*
B.M.S. College of Women.	*1964*
B.M.S. Law College.	*1964*
Central College.	*1828*
Christ College	*1969*
College of Arts and Science.	*1966*
Dayanand College of Science.	*1963*
Dayanand Evening College.	*1964*
Dental College.	*1958*
Evening College of Arts and Commerce.	*1967*
Government Arts College.	*1971*
Government College of Pharmacy.	*1966*
Government College of Physical Education.	*1968*
Government Law College.	*1948*
Government Science College.	*1928*
Hasnath Educational Society College for Women.	
Institute of Aviation Medicine.	*1966*
Jyothinivas College for Women.	*1966*
Maharani's College for Women.	*1881*
Maharani Lakshmi Ammanni College for Women.	
Medical College.	*1955*
M.E.S. Arts, Science and Commerce College.	*1966*
M.E.S. Teachers' College.	*1958*

Mount Carmel College.	*1948*
M.S. Ramaiah College of Engineering.	*1962*
National College.	*1945*
National College, Jayanagar.	*1966*
Nursing College.	*1972*
Postgraduate and Research Institute (Bowring and Lady Curzon Hospitals).	*1969*
R.C. College of Commerce.	*1948*
R.V. College of Engineering.	*1963*
R.V. Teachers' College.	*1954*
Rashtriya Sikshana Samiti Trust College for Women.	
Sri Krishnarajendra Silver Jubilee Technological Institute.	*1938*
Sri Renukacharya College of Science.	*1945*
S.J. Institute of Indian Medicine.	*1967*
St. John's Medical College.	*1963*
St. Joseph's College.	*1882*
St. Joseph's College of Commerce.	*1972*
S.L.N. College of Commerce.	*1966*
S. Nijalingappa College.	*1963*
Shri Jagadguru Renukacharya Evening College of Commerce.	*1966*
Sri Renukacharya College of Law.	*1963*
University College of Engineering.	*1917*
Vakkaligore Sangha Law College.	*1973*
V.H.D. Central Institute of Home Science.	*1961*
Vijaya College.	*1945*
Vijaya Evening College.	*1966*
Vijaya Teachers' College.	*1960*

Baroda University, Baroda 390002, Gujarat State. *1949*
F : *arts, sc, com, ed-psyc, fa, hom sc, law, med, soc w, techn-eng.*

Baroda Medical College.	*1949*
Baroda Sanskrit Mahavidyalaya.	*1915*
College of Indian Music, Dance and Dramatics.	*1886*
Manibhai Kashibhai Arts and Science College and College of Commerce, Padra.	*1965*
Oriental Institute.	*1927*
Polytechnic.	*1957*

Berhampur University, Berhampur 760007, Ganjam District, Orissa State. *1967*
F : *arts, sc, com, ed, law, med.*
Also 18 affiliated colleges.

Bhagalpur University, Bhagalpur 812007,

Bihar State. 1960
F : *arts, sc, com, ed, eng, fa-crafts, law, med.*
G.D. College, Begusari. 1945
Marwari College. 1945
R.D. & D.J. College, Monghyr. 1898
Sundravati Mahila Mahavidyalaya. 1949
Tej Narain Banaili College. 1887
Also 40 affiliated colleges.
Bhopal University, Vishwavidyalaya Bhawan, Arera Colony, Bhopal 6, Madhya Pradesh. 1970
F : *arts, sc, com, ed, eng, law, med, hom sc, soc, life sc.*
Gandhi Medical College. 1955
Government College, Bareili. 1961
Government College, Ganj Basoda, Vidisha. 1954
Government College, Sehore. 1958
Government Hamidia Arts and Commerce College. 1946
Government Motilal Science College. 1961
Maharani Laxmibai Girls' College. 1958
Maulana Azad College of Technology. 1960
Regional College of Education. 1963
Saifa College. 1959
Shri Lal Bahadur Shastri College, Ganj Basoda, Vidisha. 1966
S.S.L. Jain College, Vidisha. 1958
State Institute of Education, Vidisha. 1973
Also 23 affiliated colleges.
Bidhan Chandra Krishi Viswa Vidyalaya [Agricultural U.], Kalyani, West Bengal. 1974
F : *agr-vet*
Bengal Veterinary College, Calcutta.
Bihar University, Muzaffarpur, Bihar State. 1952
F : *arts, sc, com, ed, eng, law, med sc.*
Langat Singh College. 1899
Mahant Darshan Dass Mahila College. 1946
Munshi Singh College, Motihari. 1945
Rajendra College, Chapra. 1938
Ram Dayalu Singh College. 1948
Also 51 affiliated colleges.
*University of Bombay, University Road, Fort, Bombay 400032.
1857, 1904, 1928, 1953
F : *arts, sc, com, dent, law, med, techn, ayur.*

Anjuman College of Commerce and Economics. 1969
Aurveda Mahavidyalaya. 1954
Ayurved Mahavidyalaya, Dhulia.
Bharat Education Society's College of Commerce and Economics. 1973
Bombay College of Pharmacy. 1970
Bombay Lokmanya Tilak Municipal Medical College. 1964
Bombay Teachers' Training College. 1969
Burhani College of Arts and Commerce. 1970
Chembur Comprehensive College of Education.
Chinai College of Commerce. 1963
College of Home Science. 1969
Chetna College of Commerce and Economics. 1970
Deccan Education Society's Kirti M. Doongursee College of Arts and Science. 1954
Elphinstone College. 1856
Gandhi Shiksan Bhavan. 1970
Goa Education Society's College of Commerce, Panaji. 1966
Government Dental College and Hospital. 1945
Government College for Physical Education. 1938
Government Law College. 1855
Grant Medical College. 1845
Hansraj Jivandas College of Education. 1969
Hazarimal Somani College of Arts and Science. 1965
H.R. College of Commerce and Economics. 1960
Institute of Nursing. 1960
Institute of Science. 1920
Ismail Yusuf College. 1930
Jai Hind College and Basant Singh Institute of Science. 1948
Khalsa College. 1937
Kishinchand Chellaram College. 1954
Kischinchand Chellaram Law College. 1955
Lala Lajpatrai College of Commerce and Economics. 1972
Maharashtra College of Arts and Science. 1968
Maharishi Dayanand Education Society's

College of Arts and Science.	1962
M.L. Dahanukar College of Commerce.	1960
Megji Mathradas Arts College and Narrondass Institute of Science.	1946
Mithibai College of Arts and Chauhan Institute of Science.	1961
Mulund College of Commerce.	1970
Nair Hospital Dental College.	1933
Nalanda Nritya Kala Vidyapeeth.	1973
New Law College.	1954
Parle College.	1959
People's Education Society's Dr. Ambedkar College of Commerce and Science.	1972
P.D.L. College of Commerce and Education.	1972
Prahladrai Dalmia Lions College of Commerce and Economics.	1972
R.A. Podar Medical (Ayurveda) College.	1941
R.A. Podar College of Commerce and Economics.	1941
Ram Narain Ruia College.	1937
Ram Naranjan Jhunjhunwala College of Arts and Science.	1963
Rishi Dayaram and Seth Hasaram National College and Seth Wassiamull Assomull Science College.	1949
Sadhana School of Educational Research and Training.	1962
Sardar Patel College of Engineering.	1961
School of Social Work.	1971
Secondary Training College.	1906
Seth Gordhandas Sunderdas Medical College.	1926
Seth L.U.J. College of Arts and Sir M.V. College of Science.	1963
Shrimati Mithibai Motiram Kundanani College of Commerce and Economics.	1961
Smt. K.G.M.P. Ayurveda Mahavidyalaya.	1972
Siddarth College of Arts and Science.	1946
Siddarth College of Commerce and Economics.	1953
Siddarth College of Law.	1956
Sir J.J. College of Architecture.	1952
Somaiya Vidyavihar's K.J. Somaiya Arts and Science College.	1960
Sophia College for Women.	1940
The C.S.S.S. and Lady Shantabai P. College of Arts and Science.	1964
South Indian Education Society's College of Arts and Science.	1960
St. Teresa's Institute of Education.	1973
St. Xavier's College.	1869
St. Xavier's Institute of Education.	1953
Sydenham College of Commerce and Economics.	1913
The D.G. Ruparel College.	1954
The Gokhale Education Society's College of Education and Research.	1970
Topiwala National Medical College.	1921
Victoria Jubilee Technical Institute.	1887
Vile Parle Kelavani Mandal's Shri N.M. College of Commerce and Economics.	1964
Wilson College.	1861

Also 32 affiliated colleges.

Burdwan University, Burdwan, West Bengal. 1960

F : *arts-com, sc, eng-techn.*

Hooghly Mohsin College, Chinsurah.	1836
Institute of Music.	1865
Institute of Science.	1965

Also 49 affiliated colleges.

***Calcutta University,** Senate House, College Street, Calcutta 700012, West Bengal. 1857, 1951, 1954

F : *arts, sc, agr, com, ed, eng, hom sc, famus, jour, law, med, techn, soc welfare-bus mangt, dent sc.*

University College of Arts.	1954
University College of Commerce.	1954
University College of Law.	1909
University College of Medicine.	1957
University College of Science.	1954
University College of Technology.	1954

Also 211 affiliated colleges.

Calicut University, Thenhippalam, Calicut 673635, Malappuram, Kerala. 1968

F : *arts, sc, com, ed, ad ed, eng, fa, law, med, mine, orntl st, phil, ayur, jour.*

Also 65 affiliated colleges.

Cochin University, Tripunithura, Cochin 682301, Kerala. 1971

F : *hum, sc, law, techn, soc, mar sc.*

***Delhi University,** Delhi 110007. *1922, 1952*

F : *arts, sc, ed, law, med, mus-fa, soc, techn, math, mangt st.*

Atma Ram Sanatan Dharma College.	1959
Bhagat Singh College.	1967

Central Institute of Education.	*1948*
College of Medical Sciences.	*1971*
College of Nursing.	*1948*
Daulat Ram College for Women.	*1960*
Delhi College.	*1948*
Delhi College of Engineering.	*1959*
Delhi School of Social Work.	*1948*
Deshbandhu College.	*1952*
Dyal Singh College.	*1959*
Gargi College.	*1957*
Gyan Devi Salwan College.	*1970*
Hans Raj College.	*1948*
Hastinapur College.	*1964*
Hindu College.	*1922*
Indraprastha College for Women.	*1925*
Institute of Economic Growth.	*1961*
Institute of Home Economics.	*1969*
Janki Devi Mahavidyalaya.	*1959*
Jesus and Mary College.	*1968*
Kalindi College.	*1967*
Kamala Nehru College for Women.	*1964*
Kirori Mal College.	*1954*
Lady Hardinge Medical College.	*1949*
Lady Irwin College.	*1950*
Lady Shri Ram College for Women.	*1956*
Lakshmi Bai College, Wazirpur.	*1965*
Maitreyi College.	*1967*
Mata Sundri College.	*1967*
Maulana Azad Medical College.	*1958*
Miranda House.	*1948*
Panna Lal Girdhar Lal D.A.V. College.	*1957*
Rajdhani College.	*1964*
Ramjas College.	*1917*
School of Planning and Architecture.	*1959*
S.G.T.B. Khalsa College.	*1951*
Shivaji College.	*1961*
Shri Ram College of Commerce.	*1926*
Sri Venkateshwara College.	*1961*
Shyam Lal College, Shahdara.	*1964*
Shyama Prashad Mukherjee College.	*1969*
St. Stephen's College.	*1922*
Swami Shradha Nand College.	*1967*
Vallabhbhai Patel Chest Institute.	*1955*
Vivekanand Mahila College.	*1970*

Also 8 affiliated colleges.

Dibrugarh University, Dibrugarth, Assam. *1965*

F : *arts, sc-techn, com, ed, law, med, eng.*

University Law College.	*1973*

Also 41 affiliated colleges.

Garhwal University, Srinagar (Garhwal), Uttar Pradesh. *1973*

F : *arts, sc, com, ed, law.*

Also 14 affiliated colleges.

Gauhati University, Gauhati 781014, Assam. *1948*

F : *arts, sc, com, eng, law, med.*

University Law College.	*1914*

Also 104 affiliated colleges.

Gorakhpur University, Gorakhpur, Uttar Pradesh. *1957*

F : *arts, sc, com, agr, law, med, eng.*

Maharana Pratap University College.	*1933*

Also 114 affiliated colleges.

Gujarat University, Navrangpura, Ahmedabad 380009, Gujarat State. *1949*

F : *arts-ed, sc, com, law, med, techn-eng, phar, dent.*

Also 143 affiliated colleges.

Gujarat Agricultural University, Shahibag, Ahmedabad 380004, Gujarat. *1972*

F : *agr, vet-an sc, dairy sc.*

B.A. College of Agriculture, Anand.	*1948*
College of Agriculture, Junagadh.	*1960*
Dairy Science College, Anand.	*1961*
Gujarat College of Veterinary Science and Animal Husbandry, Anand.	*1964*
N.M. College of Agriculture, Navasari.	*1965*

Gujarat Ayurved University, Dhanvantari Mandir, Jamnagar, Gujarat. *1966*

F : *ayur.*

Shri Gulab Kunverba Ayurveda Mahavidyalaya.	*1946*

Also 10 affiliated colleges.

Guru Nanak University, Amritsar, Punjab. *1969*

F : *arts-soc, sc, ed, med, orntl st, fa-arc, agr-for, law, lang, rel st, dent, bus adm-com, physical plan.*

Also 66 affiliated colleges.

Haryana Agricultural University, Hissar, Haryana. *1970*

F : *agr, an sc, sc-hum, hom sc, sports, vet.*

College of Agriculture.	*1962*
College of Veterinary Medicine.	*1948*
College of Animal Sciences.	*1966*
College of Basic Sciences and Humanities.	*1965*

College of Sports. *1972*
Indira Chakravarti College of Home Science. *1973*
Himachal Pradesh University, Simla 171005, Himachal Pradesh. *1970*
F : *arts, sc, com-bus adm, ed, law, agr-for, med.*
Agricultural College, Palampur. *1966*
Agricultural College. Solan. *1962*
Also 29 affiliated colleges.
Hyderabad University, Hyderabad, Andhra Pradesh. *1974*
Indira Kala Sangit Vishwavidyalaya, Khairagarh, Madhya Pradesh. *1956*
F : *mus, dancing, fa-arts, pnt.*
Also 27 affiliated colleges.
Indore University, Indore 452001, Madhya Pradesh. *1964*
F : *arts, sc, com, eng, law, med, ayur, soc, ed, fa, hom sc, life sc, techn.*
Also 20 affiliated colleges.
Jabalpur University, Jabalpur 482001, Madhya Pradesh. *1957*
F : *arts, sc, com, ed, eng, hom sc, law, med, soc, life sc, ayur, orntl st.*
College of Educational Psychology and Guidance. *1889*
Government Engineering College. *1947*
Government Medical College. *1955*
Government Science College. *1860*
Hitkarini Mahavidyalaya. *1933*
Also 23 affiliated colleges.
Jadavpur University, P.O. Jadavpur University, Calcutta 700032, West Bengal. *1955*
F : *arts, sc, eng-techn.*
Also 2 affiliated colleges.
Jammu University, Canal Road, Jammu (Tawai) 180001, Jammu and Kashmir. *1969*
F : *arts, sc, ayur, com, ed, law, mus-fa, orntl st, soc, med.*
Government Ayurvedic College. *1961*
Teachers' Training College. *1954*
Government Medical College. *1972*
Also 17 affiliated colleges.
Jawaharlal Nehru Krishi Vishwavidyalaya, Jabalpur 482004, Madhya Pradesh. *1964*
F : *agr, vet-an hus, agr eng.*
College of Agriculture, Gwalior. *1950*
College of Agriculture, Indore. *1959*
College of Agriculture. *1955*
College of Agriculture, Raipur. *1961*
College of Agriculture, Rewa. *1958*
College of Agriculture, Semore. *1956*
College of Agricultural Engineering. *1967*
College of Veterinary Science and Animal Husbandry, Mhow. *1956*
College of Veterinary Science and Animal Husbandry. *1948*
Jawaharlal Nehru University, New Mehrauli Road, New Delhi 110057. *1969*
S : *for lang, int st, life sc, soc.*
Jawaharlal Nehru Technological University, Saifabad, Hyderabad 500028, Andhra Pradesh. *1972*
F : *eng, sc, hum*
Engineering College, Anantapur. *1946*
Engineering College, Kakinada. *1946*
N.S. Engineering College. *1965*
Also 1 affiliated college.
Jiwaji University, Vidya Vihar, Gwalior 474002, Madhya Pradesh. *1964*
F : *arts, sc, ayur, com, ed, eng, law, med, phys, soc, mus-fa, life sc.*
Also 39 affiliated colleges.
Jodhpur University, Jodhpur, Rajasthan. *1962*
F : *arts ed-soc, sc, com, ed, eng, law.*
Also 3 affiliated colleges.
Kalyani University, Kalyani, Nadia, West Bengal. *1960*
F : *arts, sc.*
Institute of Physical Education. *1963*
Teachers Training College. *1961*
Also 3 affiliated colleges.
Kameshwar Singh Darbhanga Sanskrit Vishwavidyalaya, Darbhanga 846004. Bihar State. *1961*
F : *Darshan, Jyotish, Purana, Samaj Shastra, Veda, Vyakaran.*
Also 46 affiliated colleges.
Kanpur University, 4/277 Kalyanpur Road, Kanpur 208018, Uttar Pradesh. *1966*
F : *arts, sc, agr, com, eng-techn, homeopathic med, law, med, ed, ayur-unani med.*
G.S.V.M. Medical College. *1956*
Maharani Laxmibai Medical College, Jhansi. *1971*
Also 79 affiliated colleges.

Karnatak University, Dharwar 580003, Karnataka State. *1949*
F : *arts, sc, com, eng, law, med, ayur, soc, ed.*
Karnatak Arts College. *1917*
Karnatak Science College. *1958*
University College of Education. *1962*
University College of Law. *1962*
Also 111 affiliated colleges.
Kashmir University, Hazratbal, Srinagar 190006, Kashmir. *1948, 1969*
F : *agr, arts, sc, com, ed, eng, fa, law, med, orntl st, soc.*
G.M. College. *1943*
Government Agricultural College, Sopore. *1960*
Government Medical College. *1959*
M.E.T. Teachers' College. *1972*
Regional Engineering College. *1960*
Government College of Education. *1940*
Also 11 affiliated colleges and 5 oriental colleges.
Kerala Agricultural University, Mannuthy, Trichur 680651, Kerala. *1971*
F : *agr, hort, vet-an sc.*
College of Agriculture, Vellayani, Trivandrum. *1955*
College of Horticulture. *1972*
College of Veterinary Science and Animal Sciences. *1955*
Kerala University, University Buildings, Trivandrum, Kerala State. *1937, 1957*
F : *arts, sc, ayur, com, ed, eng, law, med, orntl st, fa.*
Also 83 affiliated colleges.
Konkan Krishi Vidyapeeth [Konkan Agricultural U.], Dapoli 415712, Ratnagiri, Maharashtra. *1972*
F : *agr, vet.*
College of Agriculture, Dapoli. *1965*
Bombay Veterinary College, Parel, Bombay. *1885*
Also 16 research stations and 2 agricultural schools.
Kumaun University, Nainital, Uttar Pradesh. *1973*
F : *arts, sc, com, ed.*
Also 9 affiliated colleges.
Kurukshetra University, Kurukshetra 132119, Haryana. *1956*
F : *arts-lang, sc, com-mangt, law, ed, soc,*

ayur, Indic st, eng-techn, agr-an hus-dairying.
College of Education. *1960*
University College. *1961*
Kurukshetra University Evening College. *1962*
Also 112 affiliated colleges.
Lalit Narayan Mithila University, Darbhanga, Bihar. *1972*
F : *arts, sc, com, med, ed, law.*
C.M. Arts and Commerce College. *1947*
C.M. Science College. *1974*
Also 53 affiliated colleges.
Lucknow University, Badshah Bagh, Lucknow 226007, Uttar Pradesh. *1921*
F : *arts, sc, com, ayur, ad, fa, law, med.*
King George's Medical College. *1911*
Bappa Shri Narain Vocational Degree College. *1917*
D.A.V. Degree College. *1948*
Isabella Thoburn College. *1886*
Jai Narain Degree College. *1946*
Jubilee Girls' College. *1955*
Kali Charan Degree College. *1974*
Karamat Husain Muslim Girls' College. *1946*
Khun Khunji Girls' College. *1959*
Loreto Convent College. *1956*
Lucknow Christian College. *1888*
Mahila Vidayalaya College. *1895*
Mumtaz Degree College. *1974*
Nari Shiksha Niketan. *1963*
National Degree College. *1974*
Navyuga Kanya Vidyalaya Degree College. *1959*
Shashi Bhushan Balika Vidyalaya. *1959*
Shia Degree College. *1947*
Vidyant Hindu Degree College. *1954*
*****University of Madras,** University Buildings, Chepauk, Triplicane P.O., Madras 600005, Tamil Nadu.
1857, 1904, 1923, 1929, 1966
F : *arts, sc, com, mangt sc, ed, eng, fa, law, med, Indian lang-ling, techn, teaching.*
Also 139 affiliated colleges and 17 oriental title institutions.
Madurai University, University Buildings, Palkalai Nagar, Madurai 625021, Tamil Nadu State. *1966*
F : *arts, sc, com, eng, med, ed, fa, Indian med.*

Also 96 affiliated approved colleges.
Magadh University, Bodh Gaya, Bihar State. *1962*
F : *arts, sc, com, law, med.*
Gaya College. *1944*
H.D. Jain College, Arrah. *1942*
Nalanda College, Biharsharif. *1920*
Also 52 affiliated colleges.
Mahatma Phule Krishi Vidyapeeth [Agricultural U.], Rahuri, Dist. Ahmednagar, Maharashtra. *1968*
F : *agr, agr eng, vet.*
Agricultural Engineering College, Rahuri. *1969*
Agricultural College, Dhulia. *1960*
Agricultural College, Kolhapur. *1963*
Agricultural College, Poona. *1936*
Postgraduate School. *1972*
Marathwada University, Aurangabad, Maharashtra State. *1958*
F : *arts, sc, com, ed, eng, law, med, ayur.*
Also 82 affiliated colleges.
Marathwada Krishi Vidyapeeth [Marathwada Agricultural U.], Parbhani, Maharashtra. *1972*
F : *agr, vet.*
Also 2 constituent colleges.
Meerut University, Meerut 250001, Uttar Pradesh. *1966*
F : *arts, sc, agr, com, ed, law, med.*
L.L.R.M. Medical College. *1966*
Also 54 affiliated colleges.
Mysore University, Karya Soudha, Crawford Hall, P.B. 14, Mysore 570005, Karnataka State. *1916*
F : *arts, sc, com, ed, eng, law, med-phar.*
College of Fine Arts. *1965*
Maharaja's College. *1837*
University Evening College. *1965*
Yuvaraja's College. *1928*
Also 130 affiliated colleges.
Nagpur University, Tagore Marg, Nagpur 440001, Maharashtra State. *1923*
F : *arts, sc, com, ed, eng-techn, law, med, soc, home sc.*
Laxminarayan Institute of Technology. *1942*
University College of Law. *1925*
University Training College. *1945*
Also 136 affiliated colleges.

North Bengal University, Rajarammohanpur, P.O. North Bengal University 734430, Dist. Darjeeling, West Bengal State. *1962*
F : *arts, sc, eng-techn, med-phar.*
Darjeeling Government College, Darjeeling. *1948*
Jalpaiguri Engineering College, Danguajhar. *1962*
North Bengal University Medical College. *1968*
Raiganj University College, Raiganj. *1948*
University B.T. and Evening College, Cooch Behar. *1968*
University Law College. *1974*
Also 27 affiliated colleges.
North Eastern Hill University, Shillong 793001, Meghalaya State. *1973*
F : *arts, sc, com, ed, law.*
Also 20 affiliated colleges.
Orissa University of Agriculture and Technology, New Capital, Bhubaneswar 751003, District Puri, Orissa State. *1962*
F : *agr, agr eng-techn, vet-an hus.*
College of Agriculture. *1954*
College of Agricultural Engineering and Technology. *1966*
College of Basic Science and Humanities. *1964*
College of Veterinary Science and Animal Husbandry. *1955*
***Osmania University,** Hyderabad 500007, Andhra Pradesh. *1918, 1947, 1950, 1966*
F : *arts, sc, com, ed, eng, law, med, techn, arc, soc, ayur-unani med.*
College of Arts and Science, Warangal. *1927*
College of Arts and Commerce, Warangal (Evening Session). *1960*
Evening College of Arts and Commerce. *1949*
Evening College, Secunderabad. *1949*
Nizam College. *1887*
Postgraduate Centre, Warangal. *1967*
Science College, Saifabad. *1951*
Secunderabad College of Arts and Science, Secunderabad. *1947*
University College of Arts and Commerce. *1918*
University College of Education. *1928*

University College of Engineering.	*1929*
University College of Law.	*1960*
University College of Science.	*1918*
University College of Technology.	*1969*
University College for Women.	*1924*

Also 90 affiliated colleges.

*Panjab University, Chandigarh 160014, Union Territory. *1947*

F : *arts, sc-math, agr, com, ed, eng-techn, lang, law, med sc, des-fa.*

Panjab University Evening College.	*1961*

Also 81 affiliated colleges.

Patna University, Patna 800005, Bihar State. *1917, 1952, 1960, 1962*

F : *arts, sc, com, ed, eng, law, med.*

Bihar College of Engineering.	*1924*
Bihar National College.	*1887*
Magadh Mahila College.	*1946*
Patna College.	*1863*
Patna Law College.	*1909*
Patna Training College.	*1908*
Patna Women's College.	*1940*
Science College.	*1927*
Women's Training College.	*1951*

Also 2 affiliated colleges.

Poona University, Ganeshkhind, Poona 411007, Maharashtra State. *1949*

F : *arts, sc, ayur, com, ed, eng, law, med, mental-moral & soc sc.*

Abasaheb Garware College of Arts and Science.	*1945*
Adarsh College of Education.	*1970*
Adhyapak Mahavidyalaya.	*1970*
Armed Forces Medical College.	*1948*
Arts and Commerce College, Nandgaon.	*1972*
Ashtang Ayurved Mahavidyalaya.	*1971*
B.J. Medical College.	*1946*
Brihan Maharashtra College of Commerce.	*1943*
College of Engineering.	*1854*
Fergusson College.	*1885*
Law College.	*1924*
M.E. Society's Garware College of Commerce.	*1967*
Modern College of Arts, Science, and Commerce.	*1970*
N. Wadia College.	*1932*
Poona College of Arts, Science, and Commerce.	*1970*
Ness Wadia College of Commerce.	*1969*
Shri Shahu Mandir Mahavidyalaya.	*1960*
Sir Parashurambhau College.	*1916*
St. Mira's College for Girls.	*1962*
St. Vincent College.	*1970*
Tilak Ayurved Mahavidyalaya.	*1933*
Tilak College of Education.	*1941*

Also 80 affiliated colleges and 14 recognized institutions.

Punjab Agricultural University, Ludhiana, Punjab. *1962*

F : *agr, vet-an sc, home sc, agr eng, basic sc-hum*

College of Agriculture.	*1947*
College of Agricultural Engineering.	*1965*
College of Basic Sciences and Humanities.	*1965*
College of Home Science.	*1966*
College of Veterinary Medicine.	*1966*

Punjabi University, Patiala 147002, Punjab. *1962*

F : *arts-soc, sc, bus adm-com, ayur, ed, eng-techn, lang, med, law, hum-relig st.*

Also 44 affiliated colleges.

Punjabrao Krishi Vidyapeeth [Punjabrao Agricultural U.], Krishinagar, Akola, Maharashtra State. *1969*

F : *agr, agr eng, vet.*

College of Agriculture.	*1955*
College of Agriculture, Nagpur.	*1906*
College of Agricultural Engineering.	*1970*
Nagpur Veterinary College.	*1958*
Postgraduate Institute.	*1970*

Also 2 affiliated colleges.

Rabindra Bharati University, 6/4, Dwarkanath Tagore Lane, Calcutta 700007, West Bengal. *1962*

F : *fa, arts, vis arts.*

Also 40 affiliated colleges.

Rajasthan University, Gandhinagar, Jaipur 302004, Rajasthan State. *1947*

F : *arts, sc, com, ed, eng-techn, law, med-phar, ayur, soc, Sanskrit, st.*

College of Commerce.	*1956*
Maharaja's College (Science).	*1844*
Maharani's College.	*1944*
Rajasthan College (Arts).	*1957*
University Studies in Law.	*1947*

Also 137 affiliated colleges.

Rajendra Agricultural University, P.O. Pus,

District Samastipur, Bihar. *1971*
F : *agr, an hus-vet.*
Bihar Agricultural College, Sabour. *1945*
Bihar Veterinary College. *1930*
Ranchi Agricultural College. *1955*
Ranchi College of Veterinary Science and Animal Husbandary, Kanke. *1961*
Tirhut College of Agriculture, Dholi. *1960*
Ranchi University, Ranchi, Bihar State. *1960*
F : *arts, sc, com, ed, eng, law, med.*
Ranchi College. *1926*
Ranchi Women's College. *1950*
St. Columba's College, Hazaribagh. *1899*
Tata College, Chaibasa. *1953*
Also 59 affiliated colleges.
Ravishankar University, Raipur, Madhya Pradesh. *1964*
F : *arts, sc, com, ed, eng, law, med, ayur, soc.*
And 59 affiliated colleges.
*Rohilkhand University, 134 Civil Lines, Bareilly. *1974*
F : *arts, sc, agr, com, law, vet, eco-pol.*
Also 29 affiliated colleges.
Roorkee University, Roorkee, Uttar Pradesh. *1949*
F : *eng, sc, arc.*
Sambalpur University, Jyotivihar, P.O. Burla, Sambalpur 768017, Orissa State. *1967*
F : *arts, sc, com, ed, eng, law, med.*
University College of Engineering, Burla. *1956*
Lajpatrai Law College. *1965*
Also 27 affiliated colleges.
Sampurnand Sanskrit Vishvavidyalaya, Varanasi 221002, Uttar Pradesh. *1958, 1974*
F : *Sanskrit.*
Central Institute of Higher Tibetan Studies
Also 1543 affiliated colleges.
Sardar Patel University, Vallabh Vidyanagar, Dist. Kaira, Gujarat State. *1955*
F : *arts, sc, com, techn-eng, hom sc, ed, law.*
Anand Arts College. *1962*
Anand Commerce College. *1962*
Anand Law College. *1964*
Bhikhabai Jivabhai Vanija Mahavidyalaya (Commerce). *1951*
Birla Vishvakarma Mahavidyalaya (Engineering). *1949*
C.P. Patel Commerce and F. H. Shah Arts College, Anand. *1970*
Home Science College. *1971*
H.M. Patel Institute of English, Anand. *1965*
M.B. Patel College of Education. *1960*
M.B. Patel Science College, Anand. *1967*
Nalini and Arvind Arts College. *1960*
N.S. Patel Mahila Arts College, Anand. *1970*
N.H. Patel College of Education, Anand. *1971*
New Mahila Arts College, Anand. *1971*
Rajratna P.T. Patel Science College. *1961*
T.V. Patel Arts College. *1964*
University College of Science for Talented Students. *1972*
Vithalbhai Patel Mahavidyalaya (Science). *1948*
Saugar University, Gour Nagar, Sagar, Madhya Pradesh. *1946*
F : *arts, sc, law, eng-techn, soc, life sc, com, ed.*
College of Education. *1960*
Also 52 affiliated colleges.
Saurashtra University, Dharmapur House, Rajkot 360001, Gujarat State. *1967*
F : *arts, sc, com, ed, law, med, rur st, techn.*
Also 53 affiliated colleges and 2 recognized institutions.
Shivaji University, Vidyanagar, Kolhapur 416004, Maharashtra State. *1962*
F : *arts, sc, com, ed, eng, law, med, soc.*
Also 82 affiliated colleges.
Shreemati Nathibai Damodar Thackersey Women's University,1 Nathibai Thackersey Road, Bombay 400020, Maharashtra. *1951*
F : *arts, ed, hom sc, nurs.*
Leelabai Thackersey College of Nursing for Women. *1964*
P.V.D.T. College of Education for Women. *1959*
Sir Vithaldas Thackersey College of Home Science. *1962*
S.H.P.T. School of Library Science.
S.N.D.T. College for Women. *1931*
S.N.D.T. College for Women, Poona. *1916*
S.N.D.T. College of Education for Women,

Poona. *1964*
S.N.D.T. College of Home Science, Poona. *1968*
Also 14 affiliated colleges.
South Gujarat University, Post Box 49, Udhna Magdalla Road, Surat 395001, Gujarat. *1967*
F : *arts, sc, com, ed, eng techn, law, med, rural st.*
Also 33 affiliated colleges.
Sri Venkateswara University, Tirupati 517502, Andhra Pradesh. *1964*
F : *arts, sc, com, eng, fa, med, orntl st, ed, law.*
S.V. University College. *1954*
S.V. University College of Engineering. *1959*
S.V. University Postgraduate Centre, Anantapur. *1967*
Also 36 affiliated colleges and 7 oriental colleges.
Tamil Nadu Agricultural University, Lawlay Road P.O., Coimbatore 641003, Tamil Nadu State. *1971*
F : *agr, agr eng, basic st-hum, vet-an sc.*
Also 4 constituent colleges and 22 research institutes.
Udaipur University, Udaipur 313001, Rajasthan State. *1962*
F : *hum, soc, sc, agr, com, ed, law, vet-an sc, agr eng techn, hom sc, ayur.*
College of Home Science. *1966*
College of Law. *1973*
College of Technology and Agricultural Engineering. *1964*
College of Veterinary and Animal Science, Bikaner. *1954*
Rajasthan College of Agriculture. *1955*
School of Basic Sciences and Humanities. *1922*
S.K.N. College of Agriculture, Jobner. *1947*
Also 7 associated colleges.
University of Agricultural Sciences, Post Bag 2477, Bangalore 560024, Karnataka State. *1964*
F : *agr, vet-an sc, basic sc & hum.*
Agricultural College, Dharwar. *1947*
Agricultural College, Hebbal. *1946*
Agricultural Engineering Institute, Raichur. *1969*
Veterinary College, Hebbal. *1957*
Fisheries College, Mangalore. *1969*
Govind Ballabh Pant University of Agriculture and Technology, Pantnagar 263145, Nainital, Uttar Pradesh. *1960*
F : *agr, vet, techn, basic sc-hum, hom sc.*
College of Agriculture. *1960*
College of Home Science. *1971*
College of Postgraduate Studies. *1963*
College of Technology. *1962*
College of Veterinary Science. *1960*
School of Basic Sciences and Humanities. *1960*
Utkal University, Vani Vihar, Bhubaneswar 751004, Orissa State. *1943*
F : *arts, sc, com, ed, law, med, eng.*
Evening College at B.J.B. College. *1962*
Madhusudhan Law College, Cuttack. *1949*
Also 45 affiliated colleges.
Vikram University, University Road, Ujjain, Madhya Pradesh. *1957*
F : *arts, sc, com, ed, eng, ayur, law, soc, life sc.*
B.S.N. Government College, Shajapur. *1958*
Government College, Alirajpur. *1971*
Government College, Barwa. *1964*
Government College, Dhar. *1957*
Government College, Jaora. *1961*
Government College, Jhabua. *1961*
Government College, Khargone. *1958*
Government College, Mandsaur. *1957*
Government College, Narsinghgarh. *1962*
Government College, Neemuch. *1958*
Government College, Rajgarh. *1958*
Government College, Rampura. *1958*
Government College, Ratlam. *1956*
Government Girl's College. *1959*
Government College, Shujalpur. *1964*
Government College of Education. *1957*
Government Krishnaji Rao Pawar Mahavidyalaya, Dewas. *1958*
Jawaharlal Nehru College, Barwaha. *1964*
Jawaharlal Nehru Smirti College, Shujalpur. *1964*
K.P. College, Dewas. *1958*
Madhav College. *1897*
Madhav Science College. *1969*
Sandipani Mahavidyalaya. *1966*
Shri Nehru Mahavidyalaya, Agar. *1966*

Also 23 affiliated colleges.
Visva-Bharati University, P.O. Santiniketan, West Bengal. *1921, 1951*
Kala-Bhavana (Fine Arts and Crafts). *1919*
Palli-Siksha Sadana (Agriculture). *1963*
Rabindra Bhavan (Rabindra Literature). *1962*
Sangit Bhavana (Music and Dancing). *1934*
Siksha Bhavana (Science, Undergraduate). *1921*
Vidya-Bhavana (Humanities, Postgraduate). *1918*
Vinaya-Bhavana (Teacher Training). *1948*

OTHER UNIVERSITY INSTITUTIONS—
AUTRES INSTITUTIONS UNIVERSITAIRES

Technical Education—Enseignement technique

Birla Institute of Technology and Science, Pilani. *1964*
F : *hum-soc, eng-techn, sc.*
Indian Institute of Technology, Powai, Bombay, Maharashtra State. *1958*
Indian Institute of Technology, Kalyanpur, Kanpur, Uttar Pradesh. *1960*

Indian Institute of Technology, P.O. Kharagpur Technology, Kharagpur 731302 West Bengal. *1950*
Indian Institute of Technology, I.I.T. P.O., Madras 600036. *1959*
Indian Institute of Technology, Hauz Khas, New Delhi 110029. *1961*

Professional Education—Enseignement professionnel

All India Institute of Medical Sciences, Ansari Nagar, New Delhi. *1956*
Central Institute of English and Foreign Languages, Hyderabad 500007, Andhra Pradesh. *1958*
Dakshina Bharat Hindi Prachar Sabha, P.B. 1419, Thyagarayanagar, Madras 600017, Tamil Nadu. *1918*
Hindi.
Gujarat Vidyapeeth, Ahmedabad 14, Gujarat State. *1920*
F : *ed, lang, soc, tribal welfare.*
Gurukul Kangri Viswavidyalaya, Hardwar 249404, Uttar Pradesh. *1900*
F : *arts, sc, Veda.*
Indian Institute of Science, Bangalore 560012. *1909*
F : *sc, eng.*
Indian Statistical Institute, Calcutta 700035. *1932*

Institute of Postgraduate Medical Education and Research, Chandigarh. *1962*
Jamia Millia Islamia, Jamia Nagar, New Delhi 110025. *1920*
F : *ed, hum-sc.*
S : *soc w.*
Indian Agricultural Research Institute, New Delhi 110012. *1905*
F : *agr.*
Indian School of Mines, Dhanbad 826004, Bihar. *1926*
Kashi Vidyapeeth, Kashi Vidyapeeth Road, Varanasi. *1974*
F : *arts, hum, soc.*
Tata Institute of Social Sciences, Deonar, Bombay 400088. *1936*
F : *soc.*

Association of Indian Universities

The Association, formerly known as Inter-University Board of India, was established in 1925 to serve as an authorized channel of communication between universities and to facilitate co-ordination of activities at the stage of higher education. The Association acts as a liaison between the universities, the government of India and other official and non-official organizations. It is the chief agency for determining equivalences of degrees of both Indian and foreign

origin. It provides a forum for the exchange of information and opinion amongst the universities in the country. At present 96 universities/Institutes are members of the Association.

It also maintains a sports organization for promoting games and sports amongst the universities/institutes. One hundred and seven universities/institutes are members of the Sports Board and about 35 tournaments in various sports and games for both men and women are conducted every year under its auspices. The Sports Board sponsors university athletes/players to participate in the national level tournaments. It awards about 100 new scholarships every year to the outstanding sportsmen/women.

The Association functions through a Standing Committee of 19 Vice-Chancellors which acts as the executive body of the Association. Amongst the regular publications of the Association are the Universities Handbook (India), Handbook of Medical Education, a Bibliography of Doctoral Theses and a Bibliography of Subjects on which Research is being conducted in Indian Universities/Institutes. The Association also publishes the *Proceedings* of its meetings and of conferences of universities held under its auspices. In February 1963 *University News* was started as a bi-monthly magazine, but with effect from January 1966 it was converted into a monthly. *University News* provides an effective link among the various educational institutions in the country and abroad and gives authentic as well as comprehensive news coverage concerning higher education in India.

L'Association des universités indiennes, anciennement connue sous le nom de Conseil interuniversitaire de l'Inde, fut créée en 1925 comme organe de contact et de coordination en matière d'enseignement supérieur. Elle assure la liaison entre les universités, le gouvernement indien et d'autres organismes officiels ou privés. Elle est l'instance principale qui établit l'équivalence des diplômes tant indiens qu'étrangers. Elle est un centre d'échange d'informations et d'idées pour les universités du pays. Actuellement 96 universités et institutions universitaires sont membres de l'Association.

Elle a également constitué une organisation sportive pour promouvoir les jeux et sports universitaires. Cent sept universités/instituts sont membres du Conseil des sports et trente-cinq compétitions masculines et féminines dans différents sports et jeux sont organisées chaque année sous ses auspices. Le Conseil des sports patronne les athlètes universitaires dans leur participation à des compétitions de niveau national. Le Conseil octroie une centaine de bourses nouvelles chaque année aux meilleurs sportifs et sportives.

L'organe exécutif de l'Association est un Comité permanent formé de 19 vice-chanceliers. Parmi les publications périodiques de l'Association, il convient de mentionner The Universities Handbook (India), Bibliography of Doctoral Theses, et Bibliography of Subjects on which research is being conducted in the Indian Universities and Institutes. L'Association publie également les Actes de ses réunions et des conférences universitaires tenues sous ses auspices. En février 1963, elle a lancé la revue University News, d'abord bimensuelle, puis, depuis janvier 1966, mensuelle. La revue constitue un lien utile entre les diverses institutions d'enseignement en Inde et à l'étranger, et fournit des informations autorisées et étendues sur l'enseignement supérieur en Inde.

President: I.J. Patel, Vice-Chancellor, Gujarat University, Ahmedabad 380009.
Secretary: Dr. Amrik Singh.
Rouse Avenue, New Delhi 110002.

University Grants Commission

The University Grants Commission was established in December 1953 by a resolution of the Government of India and given autonomous status by an Act of Parliament in 1956. The University Grants Commission Act 1956, as amended up to 17 June 1972, has laid down that it shall be the general duty of the Commission to take, in consultation with the universities or other bodies concerned, all such steps as it may think fit for the promotion and co-ordination of university education and

for the determination and maintenance of standards of teaching, examination and research in the universities, and for this purpose the Commission may *inter alia* enquire into the financial needs of universities, allocate and disburse grants to universities, institutions deemed to be universities and colleges, and advise on matters connected with the improvement of university education, establishment of new universities, and other matters referred to it.

The Universities Grants Commission Act prohibits giving of any grant to a university established after 17 June 1972 not declared by the Commission fit to receive such grant from any Central Government source. Under the Act, the Commission is required to collect information on matters relating to university education in India and other countries as it thinks fit, and make the same available to any university.

Under the latest legislation, the Commission will consist of a Chairman, a Vice-Chairman and ten other members to be appointed by the Central Government.

La Commission des crédits universitaires a été créée en décembre 1953 par une résolution du gouvernement indien et s'est vu confirmer un statut autonome par un Acte du Parlement en 1956. Cet Acte, où figurent les amendements apportés jusqu'à la date du 17 juin 1972, stipule que la commission aura pour tâche principale de prendre, en accord avec les universités ou autres organismes intéressés, toutes les mesures qu'elle jugera opportunes en vue de la promotion et de la coordination de la formation universitaire, ainsi que de la définition et du maintien du niveau de l'enseignement, de la recherche et des examens dans les universités. A cet égard, la Commission pourra notamment s'informer des besoins financiers des universités, affecter et verser des crédits aux universités ou aux établissements assimilés aux universités et collèges, donner ses avis sur les questions relatives à l'amélioration de l'enseignement universitaire et à la création de nouvelles universités ou sur tous autres problèmes qui lui sont soumis.

L'Acte constitutif de la Commission des crédits universitaires interdit l'octroi de tous crédits aux universités créées après le 17 juin 1972 que la Commission n'aurait pas déclarées aptes à recevoir de tels crédits du gouvernement central. En vertu de cet Acte, la Commission est chargée de recueillir des informations sur l'enseignement universitaire en Inde et, le cas échéant, dans les autres pays, et de les diffuser auprès des universités.

En vertu de la législation la plus récente, la Commission se composera d'un Président, d'un Vice-président et de dix autres membres à nommer par le gouvernement central.

Chairman: Prof. Satish Chandra.
Vice-Chairman: Prof. B. Ramachandra Rao.
Secretary: Shri R. K. Chhabra.
Bahadur Shah Zafar Marg (Mathura Road), New Delhi 1.

Federation of Central Universities Teachers' Associations
Department of Urdu, Aligarh Muslim University, Aligarh.

All India Federation of University and College Teachers' Organizations (IAUPL)
General Secretary: Prof. H. N. Singh.
Tilak Dhari College, Jaunpur.

Indian Federation of University Women's Association (IFUW)
President: Dr. Bina Roy.
Chairman (Internat. Rel.): Miss Mehra Masani.
Secretary: Dr. Avtar Pennathur.
B-37, Greater Kailash I, New Delhi 110048.

World University Service
Chairman: Dr. V. Ramalingaswami.
Executive Secretary: V. N. Thiagarajan.
H-37 Green Park Extension, New Delhi 110016.

National Council of University Students of India—NCUSI
F-13 South Extension, Part 1, New Delhi 3.

All India Students' Federation—AISF
4/7 Asaf Ali Road, New Delhi 1.

Indian Student Travel Service—ISTS
R-583 New Rajinder Nagar, New Delhi 5.

Newman Association of India (Pax Romana)
President: Isaac Dhanaraj.
Secretary: Cyriac Joseph.
Cochin 20.

All India Catholic University Federation (Pax Romana)
President: Philip Thomas.
AICUF House, 1/16A Sterling Road, Madras 34.
Student Christian Movement of India (WSCF)
General Secretary: M. E. Prabhakar.
C-187 Unity Buildings, J.C. Road, Bangalore 560002.
United Nations Student Association of India (ISMUN)
Secretary-General: A. P. Vilas.
1020 Chamarajapuram, Mysore 4.

Indian Union of Jewish Students
Correspondent: Abraham Benjamin.
137 Mahatma Gandhi Road, Fort, Bombay.

*

Ministry of Education and Social Welfare
"C" Wing, 534 Shastri Bhavan, New Delhi 1.
Indian National Commission for Co-operation with Unesco
Ministry of Education and Social Welfare, Government of India, "C" Wing, Shastri Bhavan, New Delhi 1.

INDONESIA—INDONESIE

UNIVERSITIES—UNIVERSITES

State Institutions—Etablissements d'Etat

Universitas Airlangga, Jalan Raya Dr. Sutomo 61, Surabaya. (The Rector). *1954*
F : *med, law-soc, eco, dent, phar, vet.*

Universitas Andalas, Jalan T. Umar 77, Padang. *1956*
F : *med, law-soc, eco, agr, an hus, math-nat.*

Universitas Brawijaja, Jalan Guntur 1, Malang. *1963*
F : *law-soc, eco, agr, publ & bus adm, an hus, vet.*

Universitas Cendrawasih, Jalan Abe Jajapura, Irian Barat. *1962*
F : *law, publ & bus adm, agr, an hus, for, ped, ed.*

Universitas Diponegoro, Jalan Pemuda 62, Semarang. *1960*
F : *law, eco, eng, med, an hus, let, soc-pol.*

Universitas Jenderal Soedirman, Jalan Pengadilan 1, Purwokerto. *1963*
F : *agr, biol, eco, an hus.*

Universitas Negeri Jember, Java Jalan Panglima besar Sudirman, Jember. *1964*
F : *law, soc-pol, eco, let, agr, eco, ed.*

Universitas Gadjah Mada, Bulaksumur, Yogyakaata. *1949*
F : *med, law, art-let, phil, eco, agr, vet, an hus, eng, phar, soc-pol, biol, math-nat, dent, geog, eng, psyc, agr techn, for.*

Universitas Hasanuddin, Jalan Mesjid Raya, Makassar. *1956*
F : *med, law-soc, eco, eng, let, agr, math-sc, an hus, soc-pd.*

*****Universitas Indonesia,** Salemba Raja 4, Jakarta. *1950*
F : *med, eco, math-nat, psyc, let, law, soc, publ heal, dent, eng.*

Universitas Lambung Mangkurat, Jalan Lambung Mangkurat 31, Banjarmasin. *1960*
F : *law, agr, soc-pol, for, eco, ped, ed, techn.*

Universitas Mataram, Jalan Lemuru Baru, Kotak Pos 200 Ampenan, Lombok.
F : *eco, an hus, agr, law.*

Universitas Lampung, Jalan Hasanaddin 1, Telukbetung. *1965*
F : *law, eco, ped, ed, agr.*

Universitas Mulawarman, Jalan Pulau Flores, Samarinda. *1962*
F : *agr, for, soc-pol, eco.*

Universitas Negeri Jambi, Jalan Merdeka 16, Telanaipura. *1963*
F : *law, eco, an hus, agr.*

Universitas Negeri di Palangkaraya, Complex Pelajar, Palangkaraya. *1963*
F : *eco, ped, ed.*

Universitas Nusa Cendana, Jalan Sam Ratulangi 72, Kupang, Timor. *1962*
F : *an hus, publ & bus adm, ped, ed, law.*

Universitas Padjadjaran, Jalan Dipati Ukur 37, Bandung. *1957*
F : *law, eco, med, dent, let, agr, psyc, math-nat, an hus, soc-pol, jour.*

Universitas Pattimura, Jalan Jenderal A Yani, Ambon. *1962*
F : *law, soc-pol, agr, eco, ped, ed.*

Universitas Riau, Complex Universitas, Pakanbaru. *1962*
F : *math-nat, eco, soc-pol, fish, ped, ed.*

Universitas Sam Ratulangi, Jalan Wolter Monginside, Manado. *1961*
F : *med, eco, law, an hus, agr, civ eng, let, soc-pol, fish.*

Universitas Sriwijaya, Burmi Sriwijaya, Palembang. *1960*

F : *eco, law-soc, eng, med, agr, ped, ed.*
Universitas Sjiah Kuala, Jalan Darusalam, Banda Acch. *1961*
F : *eco, law-soc, vet, an hus, eng, agr, ped, ed.*
Universitas Sumatera Utara, Jalan Universitas 22, Medan, S.U. *1957*
F : *med, agr, eng, dent, math-nat, let, law, eco.*
Universitias Negeri Sukararta Sebelas Maret, Jalan Jenderal Urip Sumcharjo 122, Surakarta. *1976*
F : *ed, teacher training, arts, soc, law, eco, med, agr, eng.*
Universitas Tandjungpura, Jalan Raya 17, Pontianak. *1963*
F : *law, eco, agr, eng, soc-pol, ped, ed.*
Universitas Udayana, Jalan Jendral Besar Suderman, Denpassar. *1962*
F : *let, med, vet-an hus, law-soc, agr, eng, eco, ped, ed.*

Private Institutions—Institutions privées

Universitas 17 Augustus 1945, Jalan Teuku Cik Ditiro 46, Jakarta. *1952*
F : *law, soc-pol, publ & bus adm, eng, phar.*
S : *hotel mangt, acc, comp.*
Universitas Bandung, Jalan Haji Wasjid 31, Bandung. *1958*
F : *law-soc.*
Universitas Bogor, Jalan Bioskop 31, Bogor. *1961*
F : *law-soc, eco.*
Universitas Jajabaja, Jalan Salemba Raya 12, Jakarta. *1958*
F : *law, eco, soc-pol, bus mangt.*
Universitas Ibnu Chaldun, Jalan Papandajan 25, Bogor. *1958*
F : *ed, law, eco.*
Universitas Ibnu Chaldun, Jalan Senen Raya 44–47, Jakarta. *1956*
F : *soc-pol, jour, eco, law.*
Universitas Islam Jakarta, Jalan Prof. Mohammed Yamin 57, Jakarta. *1951*
F : *eco, law.*
Universitas Islam Indonesia, Jalan Terban Taman, 4 Yogyakarta. *1945*
F : *law, eco.*
Universitas Islam Riau, Jalan Madura, Pakan Baru.
F : *law.*
Universitas Islam Sultan Agung, Jalan A. Yani 155A, Semarang. *1962*
F : *eco, math-nat, law.*
Universitas Islam Sumatera Utara, Jalan Singamangaradja, Teladan, Medan. *1952*
F : *ed, law, eco, Indonesian lit.*
Universitas Janabadra, Jalan A. Dachlan 2, Yogyakarta. *1958*
F : *eco, law.*
Universitas Katolik Indonesia «Atma Jaya», Jalan Jendral Sudirman 49A, Jakarta. *1960*
F : *eco, soc-pol, English lit, ed, hist, med.*
Universitas Katolik Parahyangan, Jalan Merdeka 32, Bandung. *1955*
F : *eco, law, soc-pol, eng-arc.*
Universitas Krishnadwipajana, Jalan Tegal 10, Jakarta. *1952*
F : *publ & bus adm, law, eco.*
Universitas Kristen Indonesia, Jalan Diponegoro 86, Jakarta. *1953*
F : *eco, ed, law, English lit.*
Universitas Kristen & I.K.I.P. «Satya Watjana», Jalan Diponegoro 54–58, Salatiga. *1956*
F : *law, eco, ed, arts-let soc, biol, math, agr, theo, elec.*
Universitas Kristen Petra, Jalan Embong Kemiri 11, Surabaja. *1961*
F : *civ eng, English lit, arc.*
Universitas Merdeka, Jelan Besar Ijen 90, 92 Malang, Jawa, Timir. *1964*
F : *law, eco, soc-pol, civ eng, arc, fish.*
Universitas Prof. Dr. R. Moestopo, Jalan Hanglekir 1/8 Blok H. Keb. Baru, Jakarta. *1961*
F : *dent, eco, soc-pol, commun.*
Universitas Muhammadijah, Jalan Limau 1, 11, 111, Keb. Baru, Jakarta. *1957*
F : *ed, English lit, Indonesian lit, law, soc welfare; ed, eco* (Surakarta); *ed* (Yogyakarta); *ped, ped-soc, Indonesian lit* (Makassar).
Universitas Nahdlatul Ulama, Jalan halimun

Terusan 37, Bandung. *1960*
F : *eco, law.*
Universitas Nasional, Jalan Kalilio 17—19, Jakarta. *1949*
F : *soc-eco-pol, biol, English lit, Indonesian lit, math-nat.*
Universitas Nasional Saraswati, Jalan Hadiwidjajan 4, Surakarta. *1960*
F : *law, eco, English lit, Indonesian lit.*
Universitas H.K.B.P. Nommensen, Jalan Asahan 4a, Pematang Siantar. *1954*
F : *eco, bus adm-bus mangt-acc, ed, English lit.*
Universitas Pantjasila, Jalan Borobudur 7, Jakarta.
F : *law, eco, soc-pol.*
Universitas Proklamasi, Jalan Polowidjan 64, Yegyakarta. *1964*
F : *law, eco, soc-pol.*
Universitas Taman Siswa, Jalan Taman Siswa 31—33, Yogyakarta.
F : *ed.*
Universitas Tarumanegara, Jalan Gajah Mada 168, Jakarta. *1959*
F : *bus eco, law.*
Universitas Cokroaminoto, Jalan Kusumojudan, Surakarta. *1955*
F : *eco, hist, law, soc-publ adm.*
Universitas Tjut Njak Dhien, 23 Jalan Jambi, Medan. *1956*
F : *eco, phar. Islamic st.*
A : *bus adm.*
S : *phar.*
Universitas Trisakti, Jalan Tanggerang Grogol, Jakarta. *1966*
F : *law, eco, dent, civ eng, techn, elec.*
Universitas Veteran, Jalan Supratman 1, Makassar. *1959*
F : *hist, law, ed.*

OTHER INSTITUTIONS—AUTRES INSTITUTIONS

Technical Education—Enseignement technique

Institut Pertanian Bogor, Jalan Otto Iskandardinata, Bogor. *1963*
F : *agr, an hus, vet, fish, for, agr eng.*
I : *rur socio.*
Institut Teknologi Bandung, Jalan Tamansari 64, Bandung. *1959*
D : *math-nat-phar, civ eng, ind techn, gen st.*
Institut Teknologi 10 Nopember Surabaya, Jalan Cokroaminoto 12A, Surabaja. *1960*
D : *mec, ch eng, marine eng, elec, civ eng, math-phy, arc.*

Teacher Training—Formation pédagogique

Institut Keguruan dan Ilmu Pendidikan, Jalan Setiabudi Km 8, Bandung. *1963*
F : *math, techn, ped, soc, lit.*
Institut Keguruan dan Ilmu Pendidikan, Kompleks IKIP Rawamangun, Jakarta. *1963*
F : *math, techn, ped, soc, lit.*
Institut Keguruan dan Ilmu Pendidikan, Karangmalang, Yogyakarta. *1963*
F : *math, techn, ped, soc, lit, sc.*
Institut Keguruan dan Ilmu Pendidikan, Jalan Sjarif Alqaderi, Makassar. *1965*
F : *math, techn, ped, soc, lit.*
Institut Keguruan dan Ilmu Pendidikan, Jalan Semarang 1, Malang. *1963*
F : *math, techn, ped, soc, lit.*
Institut Keguruan dan Ilmu Pendidikan, Jalan Merbabu 38A, Medan. *1965*
F : *math, techn, ped, soc, lit.*
Institut Keguruan dan Ilmu Pendidikan, Kampus Unsrat, Kliak, Manado. *1965*
F : *math, techn, ped, soc, lit.*
Institut Keguruan dan Ilmu Pendidikan, Kompleks IKIP Air Tawar, Padang. *1965*
F : *math, techn, ped, soc, lit.*
Institut Keguruan dan Ilmu Pendidikan, 71 Kelud Utara, Semarang. *1965*
F : *eng, ed, soc, lit-art, sc.*
Institut Keguruan dan Ilmu Pendidikan, Jalan Kajun 72—74, Surabaya. *1965*
F : *math, techn, ped, soc, lit.*
Also 80 Academies of professional training

attached to relevant Ministries and Government Departments, and 11 private Academies and Schools.
Egalement 80 Académies de formation professionnelle rattachées aux Ministères et aux Services gouvernementaux correspondants, et 11 Académies et Ecoles privées.

Ikatan Sardjana Wanita Indonesia (IFUW)
President: Mrs. S. Saljo.
Chairman (Internat. Rel.): Mrs. Pia Alisjahbana.
Jalan Kemiri 21, Jakarta.
World University Service
General Secretary: Dr. Achyani Atmakusuma.
Jalan Proklamasi 17A, Jakarta.
Ikatan Sardjana Katolik (Pax Romana)
Secretary: Kris Sindhunatha.
Jalan Patal Senajan 23, Jakarta-Pusat.
Perhimpunan Mahasiswa Katolik Republik Indonesia—PMKRI (Pax Romana)
Jalan Sam Ratulangie 1, Jakarta 111/6.

Gerakan Mahasiswa Kristen Indonesia— GMKI (WSCF)
Chairman: Natigor Siagian.
General Secretary: Rev. Sirato Syafei.
Jalan Raya Salemba 10, Jakarta iv/3.

*

Direktorat Jenderal Pendidikan (Directorate-General for Higher Education)
Jalan Proklamasi 17A, Jakarta.
Indonesian National Commission for Unesco
c/o Department of Education and Culture, Jalan Sudirman-Senayan, Jakarta.

IRAN—IRAN

UNIVERSITIES AND TECHNICAL UNIVERSITIES— UNIVERSITES ET UNIVERSITES TECHNIQUES

Dâneshgâhé Bou-Ali Sina [Bou-Ali Sina U.], Hamadan, B.P. 12/1645 Tehran. *1974*
heal sc, agr- an hus, ed, env st.

Dâneshgâhé Isfahan [U. of Isfahan], Isfahan. *1950*
F : *let-hum, med, sc, phar, ed, dent.*
I : *hort.*
S : *nurs.*

Dâneshgâhé Jundi Shahpour [Jondi-Shahpour U.], Ahwaz. *1956*
C : *agr-vet, sc, hospital sc-nurs, let-hum, eco-soc, ed.*
S : *med.*
Branch at Khoramshahr.

*****Dâneshgâhé Ferdowsi** [U. of Ferdowsi], Mashhad. *1949*
F : *let-hum, theo-Isl st, med, sc, nutr-phar.*
S : *dent, nurs-obst.*

Dâneshgâhé Melli Iran [National U. of Iran], Avenue Pahlavi, Tehran. *1960*
S : *let-hum, law, eco-pol, med, dent, nurs, sc, arc-urb.*

*****Dâneshgâhé Pahlavi** [Pahlavi U.], Shiraz.
1962
C : *arts-sc, agr, eng, dent, med, vet.*
I : *earth sc, Asian st, electro*
S : *nurs (3).*
Ce : *pub heal, comp, population res, agr res.*

Dâneshgâhé Reza Shah Kabir, [Rezah Shah Kabir U.], 48, Nikon Street, Avenue Villa, Tehran. *1974*
S : *sc, soc-hum.*

Dâneshgâhé Sanati Arya-Mehr [Arya-Mehr U. of Technology], Eisenhower Avenue, Tehran. *1965*

D : *math, phy, ch, elec, ch, met, mec, ind eng, const.*
I : *hyd.*
Ce : *phy res, bioch res, eng des, mod lang, comp.*

*****Dâneshgâhé Azarabadegan** [U. of Azarabadegan], Tabriz. *1947*
F : *let-hum, med, phar, sc, ed, agr, eng.*
Ce : *ed.*

*****Dâneshgâhé Tehran** [Tehran U.], Avenue Shah-Reza, Tehran. *1934*
F : *let-hum, eco, theo-Isl st, hyg, med, law-pol, phar, vet, dent, sc, publ-bus adm, agr, fa, eng, for, ed, soc.*
I : *hyd, eco st, hyd res, geophy, geog, soc st, cancer res, psyc, archae, comparative law, inft, coop st, env st, crim, electro, lang, obst, nurs, physio, sugar st, Dehkhoda encyclopedia, expe med, Iranian st.*
Ce : *nucl res, int st.*

Dâneshgâhé Farabi [Farabi U.], 519 Takht-e Hamshid Avenue, Tehran 15. *1975*
env des-plan, plast arts-vis commun, app art-ind des, commun-performing arts, mus, art-sc.

Dâneshgâhé Gilan [U. of Gilan], Avenue Shahreza 46, Tehran.

The Free University of Iran, 101 Kakh Avenue, Tehran. *1973*
(In process of development).

Dâneshgâhé Aàli [U. for Teacher Education], 49 Roosevelt Avenue, Tehran.
1930, 1976
S : *ed, let-hum, sc.*
Branches in : Zahedan, Sanandaj, Arak, Yazd.

OTHER INSTITUTIONS—AUTRES INSTITUTIONS

Technical Education—Enseignement technique

Dânéshkâdéh Sanati [Tehran Polytechnic], Behjat-Abad, Tehran. *1957*
Amouzéshgâh Aali Ekhtésâsi Hava-Pey-maïe Kolé Keshvar [S. of Aviation], Tehran. *1961*
Amouzéshgâh Aali Hava-shénâsi Golé Késhvar [S. of Meteorology], Tehran *1938*
Dânéshkâdéh Nâft Abadan [F. of Petroleum], Abadan. *1939*
Anstitu Téknology Ahwaz [I. of Technology], Ahwaz. *1967*
Anstitu Téknology Babol, Babol. *1967*
Anstitu Téknology Ghazvin, Ghazvin. *1970*
Anstitu Téknology Isfahan, Isfahan *1967*
Anstitu Téknology Kerman, Kerman. *1969*
Anstitu Téknology Kermanshah, Kermanshah. *1967*
Anstitu Téknology Mashhad, Mashhad. *1967*
Anstitu Téknology Resht, Resht. *1970*
Anstitu Téknology Rézaieh, Rézaieh. *1970*
Anstitu Téknology Sari, Sari. *1970*
Anstitu Téknology Shiraz, Shiraz. *1967*
Anstitu Téknology Tabriz, Tabriz. *1968*
Anstitu Téknology Tehran, 53 Zahir el Islam Street, Tehran. *1967*
Mâdréséh Aali Fanni [S. of Technology], Tehran. *1972*
Anstitu Téknology Mâshinhâyé Késhâvârzi [I. of Agricultural Technology], Ahwaz. *1967*
Anstitu Téknology Mâshinhâyé Késhâvârzi, Resht. *1967*
Anstitu Téknology Mâshinhâyé Késhâvârzi, Rezaieh. *1967*
Anstitu Téknology Mâshinhâyé Késhâvârzi, Tabriz. *1969*
Anstitu Téknology Râh va Sâkhtéman Dekorasion-va Memari [I. of Civil Engineering], Tehran. *1966*
Mâdréséh Aali Sâkhtéman [S. of Construction Engineering], 52 Khark Avenue, Tehran. *1971*
Anstitu Téknology Ranghrazi [I. of Dyeing Technology], Tehran. *1965*
Moâséseh Ab-Shénasi [I. of Hydro-Sciences and Water Resources Technology], Tehran. *1966*
Amouzéshgâh Aali Ekhtésâsi Rah-Aahán [S. of Railway Engineering], Tehran. *1939*
Amouzéshgâh Aali Fanni Râh [S. of Highway Engineering], Tehran. *1968*
Mâdréséh Aali Nâghshéh-Bârdâri [C. of Surveying], Tehran. *1965*

Professional Education—Enseignement professionnel

Moâséseh Aali Hésâbdâri [I. of Accountancy], Tehran. *1964*
Mâdréséh Aali Hésâbdâri va Olum Mâli Shérkât Melli Náft [National Iranian Oil Company S. of Accountancy and Finance], Tehran. *1957*
Mâdréséh Aali Olumé Edari va Bâzârgâni [S. of Administration and Commerce], Ghazvin. *1971*
Mâdréséh Aali Olumé Edari va Bâzârgâni, Kerman. *1970*
Mâdréséh Aali Olumé Edari va Ghazaïe [S. of Administration and Juridical Studies], Ghom. *1970*
Mâdréséh Aali Késhâvârzi [S. of Agriculture], Hamadan. *1968*
Amouzéshgâh Aali Késhâvârzi, Tabriz.
Danéshkâdéh Késhâvârzi va Damparvari [C. of Agriculture and Animal Husbandry], Rezaieh. *1965*
Moâséseh Olum Banki [I. of Banking], Avenue Zarab-Khaneh, Tehran. *1963*
Mâdréséh Aali Bâzârgâni [S. of Commerce], Resht. *1969*
Anstitu Bâzârgâni [I. of Commerce], Tabriz. *1969*
Mâdréséh Aali Bâzârgâni, Avenue Abas-Abad, Tehran. *1958*
Kélâs Tarbiâté Komâk Karshénâs Pânbéh [Training Class for Assistant Cotton Experts], Tehran. *1969*
Pojuhéshkâdéh Farhangé Iran [Iranian Cul-

ture Research I], Avenue Ghavam-Saltaneh, Tehran. *1971*
Honârkâdéh Honârhayé Tâzeini [S. of Decorative Arts], Tehran. *1960*
Honârkâdéh Honârhayé Dramatik [S. of Dramatic Arts], Tehran. *1964*
Mâdréséh Aali Olum Eghtésâdi va Ejtémaïe [S. of Economic and Social Sciences], Babolsar. *1970*
Mâdréséh Aali Olum Eghtésâdi va Ejtémaïe, Ghazvin. *1971*
Amouzéshgâh Aali Mâhi-shénâsi va Sanâyé Shilât [S. of Fishery], Tehran. *1968*
Amouzéshgâh Jânghâl va Mârtâ [S. of Forestry and Range Management], Gorgan. *1957*
Mâdréséh Aali Olumé Bimâréstani [S. of Hospital Management], Avenue Arak, Tehran. *1972*
Mâdréséh Aali Hotéldâri va Jâhângârdi [S. of Hotel Management and Tourism], Avenue Rasht, Khiaban Pahlavi, Tehran. *1972*
Amouzéshgâh Aali Behdâshté Isfahan [S. of Hygiene], Isfahan. *1971*
Amouzéshgâh Aali Behdâshté Mashhad, Mashhad. *1971*
Amouzéshgâh Aali Behdâshté Sari, Sari. *1971*
Amouzéshgâh Aali Behdâshté Tehran, Tehran. *1971*
Sazeman Modiriat Sanati [Industrial Management I.], Pahlavi Road, Jam-E-Jam Avenue, Tehran. *1968*
Mâdréséh Aali Bimeh [Tehran C. of Insurance], Avenue Shareza, Iranshahr, Tehran. *1970*
Mâdréséh Aali Olum va Fonun Azmâyéshgâhi [S. of Laboratory Science], Ministry of Public Health, Tehran. *1971*
Amouzéshgâh Aali Fânni Téchnisian Azmâyéshgâhi, [S. for Laboratory Technicians], Babol. *1965*
Amouzéshgâh Aali Fânni Téchnisian Azmâyéshgâhi, Isfahan. *1965*
Amouzéshgâh Aali Fânni Téchnisian Azmâyéshgâhi, Mashhad. *1965*
Amouzéshgâh Aali Fânni Téchnisian Azmâyéshgâhi, Shiraz. *1965*
Amouzéshgâh Aali Fânni Téchnisian Azmâyéshgâhi, Tabriz. *1965*
Amouzéshgâh Aali Fânni Téchnisian Azmâyéshgâhi, Tehran. *1963*
Mâdréséh Aali Adâbiât va Zabanhayé Kharéjeh [S. of Foreign Literature and Languages], Vanak Square, Tehran. *1964*
Mâdréséh Aali Modiriât [S. of Management], Lahijan. *1970*
Mârkazé Motaléaté Modiriaté Iran [Management Studies Centre], P.O. Box 11/1573, Tehran. *1972*
Danéshkadéh Olum Ertébataté Ejtemaie [C. of Mass Communication], Kayhan Building, Ferdowsi Avenue, Tehran. *1967*
Mâdréséh Aali Riaziat va Modiriaté Eghtesadi [S. of Mathematics and Economic Management], Karaj. *1971*
Honarestan Aali Mouséghi [S. of Music], 330 Avenue Pahlavi, Tehran. *1933*
Amouzéshgâhé Aali Pârâstâri Shérkâté Melli Nafte Iran [National Iranian Oil Company Nursing S.], Abadan. *1941*
Amouzéshgâhé Aali Pârâstâri Mehr Aein [S. of Nursing], Isfahan. *1967*
Amouzéshgâhé Aali Pârâstâri Razi, Kerman. *1962*
Amouzéshgâhé Aali Pârâstâri 25 Shahrivar, Kermanshah. *1965*
Amouzéshgâhé Aali Pârâstâri Jorjâni, Mashhad. *1958*
Amouzéshgâhé Aali Pârâstâri 25 Shahrivar, Resht. *1965*
Amouzéshgâhé Aali Pârâstâri Ashraf Pahlavi, Tehran. *1949*
Amouzéshgâhé Aali Pârâstâri Azar-Midokht, Tehran. *1971*
Anestitu Pârâstâri Firoozgâr [Nursing I.], Pahlavi Street, Zomorod Avenue, Tehran. *1965*
Amouzéshgâhé Aali Pârâstâri Reza Shâh Kabir, Abbasabad, Roosevelt Avenue, Naft Square, Tehran. *1947*
Amouzéshgâhé Aali Pârâstâri Shâfâ Yahyaian, Tehran. *1971*
Amouzéshgâhé Aali Pârâstâri Misaghieh, Misaghieh Hospital, Tehran. *1972*
Mâdréséh Aali Olumé Tâghzieh va Shim va Mâvâdé Gazaïe [S. of Nutrition and Chemistry of Foods], Pahlavi Road, Tehran. *1961*
Dânéshgâhé Police [Police U.], Tehran. *1959*

Mâdréséh Aali Olum Siasi va Omoure Hezbi [S. of Political Science], Avenue Farah, Kutche Arab-Sheibani, Tehran. *1971*
Amouzéshgâh Aali Komâk Mohándési Béhdâsht Faris [S. of Sanitary Engineering], Varamin. *1951*
Dânéshkâdéh Olum [U. of Science], Kermanshahan. *1973*
Amouzéshgâhé Aali Khadamat Éjtémaïe [S. of Social Work], Avenue Pahlavi, Tehran. *1958*
Moâséseh Aali Amouzésh Amâr [S. of Statistics], Tehran. *1966*
Anstitu Amâr va Hésâbdâri [I. of Statistics and Accountancy], Tehran. *1968*
Anstitu Amâr va Hésabdâri Tehran [I. of Statistics and Accountancy—Ventilation, Refrigeration, Electronics, Steel Installations], Tehran. *1968*
Anstitu Amâr va Hésâbdâri Tehran—Nâghshéhkéshi Târâhi Sânnati [I. of Statistics and Accountancy—Cartography of Industrial Design], Tehran. *1969*
Anstitu Amâr va Hésâbdâri Tehran—Pétroshimi va Sânâyé Shimiaïe [I. of Statistics and Accountancy—Petro-chemistry and Chemical Industries], Tehran. *1968*
Moâséseh Aali Amouzésh Ertébâtât Post va Telégrâf [I. of Telecommunications], Tehran. *1930*
Mâdréséh Aali Radio va Télévision [S. of Radio and Television], Tehran. *1968*
Mâdréséh Aali Tarjomeh [C. of Translation], Avenue Pahlavi, Kutche Bidi, Tehran. *1969*

Teacher Training—Formation pédagogique

Dânéshkâdéh Elme va Sauat [Technical Teacher Training F.], Narmak, Tehran. *1929*
Dânéshsarayé Aali Sépahé Dânésh, Mamazand, Varamine, Tehran. *1964*
Anstitu Tarbiât Morabian Honâri [Art Training I.], Tehran. *1969*

Private Institutions—Institutions privées

Amouzéshgâhé Hérfeie Nafice [Professional C.], Avenue Hedayat, Tehran. *1971*
Dânéshkâdéh Khadjeh Nasir [Khadjeh Nazir F.], Karaj. *1972*
Honar-sáráyé Moghâdamâti Béhbahani [Béhbahani Preparatory C.], Tehran. *1965*
Honaréstané Aali ORT [ORT Professional C.], Avenue Damavand, Shahnaz Square, Tehran. *1963*
Honaréstan Aali ORT [ORT Girls' C.], Avenue Damavand, Shahnaz Square, Tehran. *1966*
Mâdréséh Aali Damavand [Damavand C.], Avenue Saadi, Tehran. *1968*
Mâdréséh Aali Doktaran Iran [Iranian Girls' C.], Vanak, Tehran. *1964*
Mâdréséh Aali Iran-Zamin [Iranian Land C.], P.O. Box 14–1245, Tehran. *1967*
Mâdréséh Aali Kakhe Dânésh [Kakhe Dânesh Junior C.], Avenue Sefarat Faranseh, Tehran. *1972*
Mâdréséh Aali Marjan [Marjan C.], Arak. *1971*
Mâdréséh Aali Pars [Pars C.], Old Shemiran Road, Tehran. *1958*

Iranian Association of University Women (IFUW)
President: Dr. F. R. Parsay.
Chairman (Internat. Rel.): Mrs. Ruhangiz Sohrab.
P.O. Box 174, Tehran.

Dasste Daneshjouian Massihi (University Christian Students Group) (WSCF)
Chairman: Ebraham Montezami.
c/o Church Council of Iran, P.O. Box 1505, Tehran.

Mouvement des Etudiants iraniens pour les

Nations Unies (ISMUN)
Président: Amir-Abbass Malek Mohammed.
436 Shah-Reza Avenue, Téhéran.
Iranian Jewish Student Organization (WUJS)
P.O. Box 11/1243, Tehran.

Ministère de l'Education, Département de l'Enseignement supérieur
Téhéran.
Commission nationale iranienne pour l'Unesco
Avenue Iranchahr Chomali 300, B.P. 1533, Téhéran.

*

IRAQ—IRAK

UNIVERSITIES—UNIVERSITES

*University of Baghdad, Jadyriya, Baghdad. (The President).   *1908, 1949, 1958, 1969*
C : *law-pol, arts, agr, sc, med, phar, dent, phys, fa, ed.*
Ce : *psyc ed, med res, adm-eco, Palestinian st, urb & reg plan, psyc heal, nat hist res.*
*University of Basrah, Basrah.   *1967*
C : *arts, eng, sc, med, adm-eco.*
*University of Mosul, Mosul.   *1967*
C : *med, sc, eng, agr-for, arts, adm-eco.*

*University of Sulaymaniyah, Sulaymaniyah.   *1968*
F : *agr, eng, sc-arts.*
*Al-Mustansiriyah University, Baghdad.   *1968*
C : *arts, med, sc, adm-eco, ed.*
I : *tour, agr, lib.*
*University of Technology, Baghdad.   *1975*
D : *mec, elec, bui-const, prod eng-met, control & systems, ch, tec ed.*

OTHER INSTITUTIONS—AUTRES INSTITUTIONS

Institute of Administration, Baghdad.   *1972*
Institute of Administration, Sulaymaniyah.   *1972*
Institute of Applied Arts, Baghdad.
Institute of Technology, Al-taamim.   *1972*
Institute of Technology, Babel.   *1972*
Institute of Technology, Baghdad.   *1972*
Institute of Technology, Basrah.   *1972*
Institute of Technical Agriculture, Aski Kalak, Sulaymaniah.   *1972*
Institute of Technology, Mosul.   *1972*
Institute of Technical Agriculture, Baghdad.   *1972*
Institute of Technical Agriculture, Misan.   *1972*
Institute of Technical Medicine, Baghdad.   *1972*

Institute of Technical Medicine, Mosul.   *1972*
Institute of Technical Medicine, Sulaymaniyah.   *1972*
Institute of Natural Resources Research, Baghdad.   *1976*
Construction Engineering Research Centre, Baghdad.   *1967*
Institute of Petroleum Research, Baghdad.   *1967*
Institute of Biological Research, Baghdad.   *1967*
Institute of Agricultural Research, Baghdad.   *1967*
Centre for Scientific Documentation, Baghdad.   *1967*
Date Cultivation Research Institute, Baghdad.   *1967*

Iraqi Association of University Women (IFUW)
President: Mrs. Nahida Al Jobori
Secretary: Mrs. Sohyla Al Ani.

Officers Chanal Street, Baghdad.
General Union of Students in the Iraqi Republic—GUSIR.
Tariq Al-Shaab, Youth and Student Pages,

Saadoun 5/9, Baghdad.

*

Ministry of Higher Education and Scientific Research, Baghdad.
Iraqi National Commission for Unesco
Ministry of Education, Baghdad.

IRELAND—IRLANDE

UNIVERSITIES AND UNIVERSITY COLLEGES— UNIVERSITES ET COLLEGES UNIVERSITAIRES

*University of Dublin, Trinity College, Dublin, 2. (The Registrar). 1591
S : *theo, mus, ed, eng, phy, dent, gen st, vet, agr-for, phil, eco pol, math, class, lang-lit, hist-pol, Hebrew & Semitic lang, Irish & Celtic lang, law, bus-soc.*
*National University of Ireland, 49 Merrion Square, Dublin 2. 1908
F : *arts, phil-soc, Celtic, sc, law, med-dent, eng-arc, com, agr, dairy, vet.*
University College, Cork.
University College, Belfield, Dublin 4.
University College, Galway.
St. Patrick's College, Maynooth, Co. Kildare.

OTHER INSTITUTIONS—AUTRES INSTITUTIONS

Technical Education—Enseignement technique

College of Technology, Bolton Street, Dublin 1.
College of Technology, Kevin Street, Dublin.
Also Regional Colleges at : Athlone; Carlow; Cork; Dundalk; Galway; Letterkenny; Sligo; Waterford.

Professional Training—Enseignement professionnel

Dublin Institute for Advanced Studies, 9–10 Burlington Road, Dublin 4. 1940
S : *Celtic, theoretical phy, cosmic phy.*
The Royal College of Physicians of Ireland, Kildare Street, Dublin 2. 1667, 1692
The Royal College of Surgeons, 123 St. Stephen's Green, Dublin 2. 1784
The National Institute for Higher Education, Plassy House, Castleroy, Limerick. 1972
The Thomond College of Education, Castletroy, Limerick. 1976

Teacher Training—Formation pédagogique

Our Lady of Mercy, Carysfort Park, Blackrock, Co. Dublin.
St. Patrick's College, Drumcondra, Dublin 9.
St. Mary's College, Marino, Whitehall, Dublin 9.
Mary Immaculate College, Limerick.
Church of Ireland, Rathmines Road, Dublin 6.

An Comhchaidreamh .
All graduates and students of Irish universities and university colleges are entitled to membership of the Irish Inter-University Association which was founded in 1935. It aims to maintain contact between Irish speaking graduates, and is concerned with the cultivation of national culture and the

use of Irish as an academic language. Its activities include the holding of annual conventions; the encouragement of literary work and research; the sponsoring of lectures and discussions on matters of interest to graduates; and the publication of Comhar (monthly). In 1953 it founded Gael-Linn, an organization for promoting such activities as the development of industries in the Irish-speaking districts, the publication of records of Irish music and song, the production of plays in Irish and films and newsreels with Irish sound-tracks, and the provision of scholarships to the Irish-speaking districts.

Tous les diplômés et étudiants des universités et collèges universitaires irlandais peuvent devenir membres de l'Association interuniversitaire irlandaise, qui fut fondée en 1935. Elle s'efforce de maintenir le contact entre les diplômés parlant l'irlandais, et se préoccupe du développement de la culture nationale et de l'utilisation de l'irlandais comme langue universitaire. Ses activités comportent notamment l'organisation d'assemblées annuelles, l'encouragement aux œuvres littéraires et à la recherche, le patronage de conférences et de débats sur des questions intéressant les diplômés et la publication de la revue mensuelle Comhar. En 1953, elle a fondé l'organisation Gael-Linn, qui entreprend des activités de promotion: développement industriel dans les districts de langue irlandaise, éditions de disques de musique et de chants irlandais, production de pièces, de films et de bandes d'actualité en langue irlandaise, et octroi de bourses dans les districts de langue irlandaise.

President: Uaitéar Ó Garuáin.
Secretary: Máiréad Ó Cathasaigh.
86, Sr. Gardnar Íocht., Baile Atha Cliath 1.

Irish Federation of University Women (IFUW)
President: Mrs. Diana McLean.
Chairman (Internat. Rel.): Dr. Margaret J. O'Connor Constant Kilconor.
Secretary: Miss Clare Macmahon.
No. 5, Trinity College, Dublin 2.

Pax Romana
Correspondent: Miss I. O'Doherty.
30 Fitzwilliam Place, Dublin 2.

World University Service
Secretary: Dr. P. Collins.
Royal College of Physicians of Ireland, 87 St. Stephen's Green, Dublin 2.

Union of Students in Ireland—USI
8 Belvedere Place, Dublin 7.

Irish Student Travel Service—USIT
5 St. Stephen's Green, Dublin 2.

D.U.N.S.A. (ISMUN)
4 Trinity College, Dublin, Dublin 2.

Dublin Jewish Students' Union (WUJS)
Correspondent: Rosalind Druker.
249 Templeogue Road, Dublin 6.

*

An Roinn Oideachais (Department of Education)
Baile Átha Cliath 1, Dublin 1.

Irish National Commission for Unesco
Department of Education, Marlborough Street, Dublin 1.

ISRAEL—ISRAEL

UNIVERSITIES AND TECHNICAL UNIVERSITIES— UNIVERSITES ET UNIVERSITES TECHNIQUES

*Ha-Universita Ha-Ivrit Bi-Yerushalayim [The Hebrew U. of Jerusalem], Givat-Ram, Jerusalem. (The Academic Secretary. *1925*
F : *hum, soc, law, sc, agr, med, dent.*
S : *phar, ed, soc w, lib, hom eco.*

*Universitat Haifa [U. of Haifa], Koushy Avenue, Mt. Carmel, Haifa. *1963*
F : *Jewish st, Arab lang-lit, phil, hist, English lang-lit, ed, psyc, socio, pol, eco, stat, theo, Isl hist.*
S : *soc.*
D : *ed.*

*Universitat Bar-Ilan [Bar-Ilan U.], Ramat-Gan. *1952, 1955*
F : *hum-Jewish st, soc, nat-math, law.*
S : *ed, soc w.*
I : *crim.*

*Universitat Tel-Aviv [Tel-Aviv U.], Ramat-Aviv, Tel-Aviv. *1953, 1956*
F : *hum, fa, soc, law, exact sc, eng, life sc, med, bus adm.*
S : *soc w, Jewish st, hist, ed, commun disorders, continuing med ed.*
A : *mus.*
C : *tec.*

*Ha-Technion—Machon Technologi Le'-Israel [Technion—Israel I. of Technology], Haifa. *1912, 1924*
F : *civ eng, arc-urb, mec eng, elec, ch eng, agr eng, ind & mangt eng, marine eng.*
D : *math, phy, ch, mec, nucl sc, aero eng, gen st, appl math, mater eng, food, comp.*

*Universitat Ben Gurion Ba-Negev [Ben Gurion U. of the Negev], Beersheba. *1965, 1969*
F : *nat-nucl sc, eng, hum-Jewish st, med.*
I : *eng res.*

OTHER INSTITUTIONS—AUTRES INSTITUTIONS

*Machon Weizmann Lemada [The Weizmann I. of Science], Rehovoth. *1934, 1949*
F : *math, phy, ch, biophy-bioch, biol, sc ed.*
S : *grad.*

Council for Higher Education

Established by Act of the Knesset (Parliament) in 1958, the Council's function is to counsel, co-ordinate, and accredit institutions of higher learning. It may also make proposals both for the establishment of new institutions, and for the contribution of the government to the budgets of institutions of higher learning. (However, a recognized institution is free to conduct its academic and administrative affairs as it may see fit).

By an amendment to the Law of January 1972, permission has to be received from the Council for the opening of an institution of higher education or for the use of terms such as University, Academy, College, Faculty, etc. The decision of the Council with regard to the opening of a new institution of higher education requires cabinet confirmation.

The number of the Council's members shall not be fewer than 19 and not more than 25. At present it consists of 25 members, including the chairman, who is, *ex officio*, the Minister of Education and Culture. At least two-thirds of the members must be persons of standing in higher education, recommended by the Chairman in consultation with the institutions of higher learning, approved by the government, and appointed by the President of Israel.

In 1974 the Council appointed a University Planning and Grants Committee consisting of six members. The Grants Committee is responsible for the academic and administrative planning of higher education, the allocation of budgets to the individual universities—after approval by the Knesset of the overall budget for higher education—and for acting as an intermediary between the government and public bodies, and the institutes of higher education in all matters relating to the current and development budgets.

Créé par acte du Parlement (Knesset) en 1958, le Conseil de l'enseignement supérieur a pour fonction de conseiller, de coordonner et d'agréer les établissements d'enseignement supérieur. Il peut également faire des propositions en vue de la création de nouvelles institutions et sur la contribution de l'Etat au budget des établissements d'enseignement supérieur (encore que chacun des établissements reconnus soit libre de mener comme il le juge bon ses affaires académiques et administratives).

En vertu d'un amendement à la loi de janvier 1972, une autorisation doit être obtenue du Conseil pour la création d'une institution d'enseignement supérieur ou pour l'utilisation de termes tels qu'Université, Académie, Collège, Faculté, etc. La décision du Conseil sur l'ouverture d'une nouvelle institution d'enseignement supérieur nécessite une confirmation de la part du cabinet.

Le nombre des membres du Conseil ne doit pas être inférieur à 19 et supérieur à 25. Il en compte actuellement 25, dont le Président, qui est de droit le Ministre de l'éducation et de la culture. Les deux tiers au moins de ses membres doivent être des personnalités éminentes de l'enseignement supérieur recommandées par le président en consultation avec les établissements d'enseignement supérieur, approuvés par le gouvernement et nommés par le président de la République.

En 1974, le Conseil a créé un Comité pour la planification et les crédits universitaires, qui comprend six membres. Ce Comité assure la planification de l'enseignement supérieur sur le plan tant universitaire qu'administratif, affecte des crédits à chacune des universités—après approbation par la Knesset du budget global de l'enseignement supérieur—et sert d'intermédiaire entre le Gouvernement, les organismes officiels et les établissements d'enseignement supérieur pour toutes questions relatives aux budgets de fonctionnement et de développement.

Secretary: Abraham Ben-Jacob.
12 Hanassi Street, Jerusalem 92 188.

Technion Academic Staff Association (IAUPL)
P.O. Box 4910, Haifa.
The Hebrew University of Jerusalem Staff Association (IAUPL)
Sherman Building, Jerusalem.
Israel Association of University Women (IFUW)
President: Dr. Sarah Gaulan.
Chairman (Internat. Rel.): Dr. H. Kittner.
6 Sokolov Street, Jerusalem.
Secretary: Mrs. Leah Doll.
16 Histadruth Street, Jerusalem.
World University Service
Chairman: Dr. A. L. Motzkin.
P. O. Box, 39215 Tel Aviv.
Israel Student Association for the United Nations (ISMUN)
Correspondent: Elie Lallouz.
48, rue Borochov, Kiriat Hayovel, Jerusalem.
National Union of Israeli Students (WUJS)
Chairman: Shikun Ben Zion.
19 Reyness Street, Jerusalem.

*

Ministry of Education and Culture
34 Shivtei Israel St., Jerusalem.
Israel National Commission for Unesco

Ministry of Education and Culture,
34 Shivtei Israel St., Jerusalem.

ITALY—ITALIE

UNIVERSITIES AND TECHNICAL UNIVERSITIES—UNIVERSITES ET UNIVERSITES TECHNIQUES

Università dell'Aquila, Piazza dell'Annunziata 1, 67100 L'Aquila. *1952*
F : éd, math-phy-nat, ing.

Università degli Studi di Ancona, Ancona.
F : ing, méd.

***Università degli Studi di Bari,** Palazzo Ateneo, Piazza Umberto 1, 70100 Bari. (Sig. Rettore). *1924*
F : dr, éco-com-stat, méd, phar, agr, let-phil, math-phy-nat, ing, éd, ling, vét.

***Università degli Studi di Bologna,** Via Zamboni 33, 40126 Bologna. *1075*
F : dr, pol, éco-com-stat, let-phil, méd, éd, math-phy-nat, ch ind, phar, ing, agr, vét.

***Università degli Studi di Cagliari,** Via Università 40, 09100 Cagliari. *1606*
F : dr, éco-com, pol, let-phil, éd, méd, math-phy-nat, phar, ing.

Università degli Studi di Calabria, Calabria. *1972*
F : let-phil, math-phy-nat, ing, éco-soc.

***Università degli Studi di Camerino,** Piazza Cavour, 62032 Camerino. *1336, 1727*
F : dr, phar, math-phy-nat.

***Università degli Studi di Catania,** Piazza della Università, 95100 Catania. *1434*
F : dr, pol, éco-com, let-phil, méd, math-phy-nat, phar, agr, ing.
Ce : phy nucl.

Libera Università abruzzese degli Studi «G. d'Annunzio» di Chieti, Piazza Umberto I, No. 3, 66100 Chieti. *1965*
F : let-phil, méd; dr, pol (Teramo), éco-com, arc, ling (Pescara).

***Università degli Studi di Ferrara,** Via Savonarola 9, 44100 Ferrara. *1391*
F : dr, méd, phar, math-phy-nat, éd.

***Università degli Studi di Firenze,** Piazza San Marco 4, 50121 Firenze. *1321, 1924*
F : agr, arc, éco-com-stat, phar, dr, let-phil, éd, méd, math-phy-nat, pol, ing.
I : géog, paléo, papyrologie, psyc.

***Università degli Studi di Genova,** Via Balbi 5, 16126 Genova. *1471*
F : dr, pol, éco-com, let-phil, méd, math-phy-nat, phar, ing, arc, éd.

Università degli Studi di Lecce, Piazza Arco di Trionfo, Lecce. *1959*
F : let-phil, éd, math-phy-nat.

***Università degli Studi di Macerata,** Piazza della Libertà, 62100 Macerata. *1290*
F : dr, let-phil.
E : rech soc.

Università degli Studi di Messina, Via Tommaso Cannizzaro, Messina. *1548*
F : dr, pol, let-phil, éd, méd, phar, vét, éco-com-stat, math-phy-nat.

***Università degli Studi di Milano,** Via Festa del Perdono 7, 20122 Milano. *1923*
F : dr-stat, let-phil, pol, méd, math-phy nat, agr, vét, phar.

***Università cattolica del Sacro Cuore,** Largo A. Gemelli 1, 20123 Milano. *1924*
F : dr, pol, éco-com-stat, let-phil, math-phy-nat, éd; agr (Piacenza), méd (Roma).
I : phys.
E : stat, jour.
D : ét relig.

Università Commerciale «Luigi Bocconi», Via Sarfatti 25, 20136 Milano. *1902*
F : éco-com, lang, lit étr.
I : pol, éco com, stat, dr comparé, hist éco, techn ind, math.

***Università degli Studi di Modena,** Via Università 4, 41100 Modena.
F : dr, méd, phar, math-phy-nat, éco-com.
Ce : biol mar (Livorno).

Università degli Studi di Napoli, Corso Um-

berto I, 80100 Napoli. *1224*
F : dr, éco-com, pol, let-phil, méd, math-phy-nat, phar, ing, arc, agr, vét.
*Università degli Studi di Padova, Via Otto Febbraio 7, 35100 Padova. *1222*
F : dr, pol, let-phil, éd, méd, math-phy-nat, ing, agr, éco-com, phar, stat.
Università degli Studi di Palermo, Via Maqueda 175, 90134 Palermo. *1779, 1806*
F : dr, let-phil, éco-com, méd, math-phy-nat, ing, arc, agr, phar, éd.
*Università degli Studi di Parma, Via Università 12, Parma. *1064*
F : dr, méd, phar, vét, math-phy-nat, éco-com, ed.
E : adm des aff, paléo mus, opt.
*Università degli Studi di Pavia, Corso Strada Nuova 65, 27100 Pavia. *1361*
F : dr, pol, éco-com, let-phil, méd, phar, math-phy-nat, ing.
*Università degli Studi di Perugia, Piazza della Università, 06100 Perugia.
1200, 1308
F : dr, pol, éco-com, let-phil, méd, math-phy-nat, phar, agr, vét, éd.
*Università degli Studi di Pisa, Piazza Martiri della Libertà 32, 56100 Pisa. *1343*
F : dr, pol, let-phil, méd, phar, agr, vét, éco-com, math-phy-nat, ing, ling.
*Università degli Studi di Roma, Città Universitaria, Piazzale delle Scienze 5, 00100 Roma. *1303*
F : dr, pol, stat, éco-com, let-phil, éd, méd, math-phy-nat, phar, ing, arc.
E : ing (aérospatiale), archives-bibl, bibl.
Libera Università internazionale degli Studi sociali Pro Deo, Viale Pola 12, 00198 Roma.
1966
F : éco, pol.
E : lang.
I : ét soc, ét Amérique latine.

Università degli Studi di Salerno, Via Urbano II, Salerno.
F : dr, éco-com, let-phil, éd, math-phy-nat.
*Università degli Studi di Sassari, Piazza Università, 07100 Sassari, Sardegna. *1562*
F : dr, méd, phar, vét, agr, math-phy-nat, éd.
Università degli Studi di Siena, Banchi di Sotto 5, 53100 Sienna. *1240*
F : dr, let-phil, méd, phar, math-phy-nat, éco-banc, éd.
*Università degli Studi di Torino, Via Giuseppe Verdi 8, 10100 Torino. *1404*
F : dr, éco-com, pol, éd, méd, phar, agr, vét, let-phil, math-phy-nat.
Università libera di Trento, Via G. Verdi 26, Trento. *1966*
F : éco, math-phy-nat, soc.
*Università degli Studi di Trieste, Piazzale Europa 1, 34100 Trieste. *1877, 1924*
F : dr, éco-com, pol, let-phil, éd, math-phy-nat, phar, ing, méd, lang & lit étr.
Libera Università degli Studi di Urbino, Via Saffi 1, 61029 Urbino. *1506, 1826*
F : dr-pol, éco-com, let-phil, éd, math-phy-nat, phar.
*Università degli Studi di Venezia, Palazzo Foscari, 30123 Venezia. *1868*
F : let-phil, éco-com, lang & lit étr, ch ind.
*Politecnico di Milano, Piazza L. da Vinci 32, 20133 Milano. *1863*
F : ing, arc.
Ce : ét nucl.
*Politecnico di Torino, Corso Duca degli Abruzzi 24, 10124 Torino. *1859, 1906*
F : arc, ing.
E : ing (aérospatiale), arts graph.
Libero Istituto Universitario di Medicina e Chirurgia dell'Aquila, Via Verde 28, 67100 L'Aquila. *1969*
F : méd.

OTHER INSTITUTIONS—AUTRES INSTITUTIONS

Technical Education—Enseignement technique

Istituto universitario di Architettura, Campazzo dei Tolentini 191, 31000 Venezia.
1926
F : arc.

Istituto universitario di Architettura, Reggio Calabria.
F : arc.

Professional Education—Enseignement professionnel

Istituto universitario navale, Via Acton 38, 80100 Napoli. *1920*
F : nav, éco mar.
Istituto universitario orientale, Piazza S. Giovanni Maggiore 30, Napoli. *1732, 1888*
F : let-phil, pol.
E : ét, isl.

Istituto universitario di Lingue e Letterature straniere, Bergamo.
Istituto universitario di Lingue moderne, Milano.
Università Italiana per Stranieri di Perugia, Piazza Fortebraccio 4, Perugia.

Teacher Training—Formation pédagogique

Scuola normale superiore, Piazza dei Cavalieri 6, Pisa. *1813*
Istituto universitario di Magistero, Cassino.
Istituto universitario di Magistero, Via Ofelia, Angolo Via Fabio Fil 21, Catania. *1947*
Istituto universitario di Magistero «Suor Orsola Benincasa», Via Suor Orsola a Corso Vittorio Emmanuele, Napoli. *1901*
Istituto universitario di Magistero «Maria SS Assunta», Via della Transpontina 21, 00193 Roma. *1939*
Istituto superiore pareggiato di Educazione fisica dell'Aquila, L'Aquila. *1968*
Istituto superiore pareggiato di Educazione fisica di Bologna, Via S. Vitale 15, Bologna. *1960*
Istituto superiore pareggiato di Educazione fisica di Firenze, Via di Ricarboli 1, Firenze. *1960*
Istituto superiore pareggiato di Educazione fisica della Lombardia, Milano. *1968*
Istituto superiore pareggiato di Educazione fisica di Milano, Largo Gemelli 1, Milano. *1964*
Istituto superiore pareggiato di Educazione fisica di Napoli, Presso la Mastra l'Oltremare, Napoli. *1960*
Istituto superiore pareggiato di Educazione fisica di Palermo, Via E. Amori 8, Palermo. *1965*
Istituto superiore pareggiato di Educazione fisica di Perugia, Perugia. *1967*
Istituto superiore di Educazione fisica di Roma, Foro Italico, Roma.
Istituto superiore pareggiato di Educazione fisica di Torina, Via Magenta 11, Torino.
Istituto superiore pareggiato di Educazione fisica di Urbino, Urbino. *1967*

Conferenza permanente dei Rettori delle Università italiane

La Conférence permanente des recteurs des universités italiennes, née après la deuxième guerre mondiale en tant que réunion des recteurs des universités de l'Italie du Nord, s'est étendue aux recteurs de toutes les universités d'Italie et est devenue finalement l'organe permanent de liaison entre les universités italiennes.

La Conférence a pour but de collaborer avec le gouvernement en ce qui concerne les initiatives visant aux solutions des problèmes universitaires, de proposer des mesures législatives et administratives pour une meilleure organisation pédagogique et scientifique des universités et pour assurer entre celles-ci une unité d'action et de directives.

Les organes de la Conférence sont : l'Assemblée, le Président et le Comité de présidence. Il peut y avoir des commissions pour l'étude des problèmes particuliers.

The Standing Conference of Italian University Rectors, created after the Second World War as an assembly of university rectors from Northern Italy, developed to include the rectors of all the Italian universities and finally became the permanent liaison organization between Italian universities.

Its purposes are to collaborate with the government in seeking solutions to university problems, to propose legislative and administrative measures to improve the pedagogic and academic organization of universities and, to ensure unity of action and purpose between the universities.

The organs of the Conference are: the Assembly, the President and the Presidential Committee. Commissions may be set up to study particular problems.
Président: Prof. Tito Carnacini.
Secrétaire: Prof. Luigi Dadda.
Via Bocca di Leone, 78 Roma.

Associazione nazionale dei Liberi Docenti delle Università e degli Istituti superiori d'Italia
Président national: Prof. Carlo Sirtori.
Via Cino de Duca 8, 20122 Milano.
Unione nazionale Assistenti universitari
Président: Prof. Salvatore Saetta.
Via Aquileia 34/A, Palermo.
Associazione nazionale Professori universitari di Ruolo—ANPUR (IAUPL)
Président: Prof. Vittorio Castellano.
Secrétaire: A. Pincherle.
Via Santa Constanza 46, 00198 Roma.
Federazione italiana Laureate e Docenti Istituti superiori (IFUW)
Présidente: Dr. C. Bonati-Pighetti.
Via Lamarmora 36, 20122 Milano.
Présidente (Rel internat.): Dr. M. Simonetta.
Piazza d'Azeglio 18, 50121 Firenze.
Secrétaire: Dr. H. Cordelia Facchini Sartorio.
Corso Garibaldi, 12 Milano.
Entr'aide Universitaire Mondiale (WUS)
Secrétaire général: Pietro Fasana.

Via S. Nicola da Tolentino 50, 00187 Roma.
Unione nazionale universitaria rappresentativa italiana—UNURI
Via Palestro 11, Roma.
Centro Relazioni Universitarie con l'Estero—CRUEI
Via Palestro 11, Roma.
Movimento Laureati di Azione cattolica (Pax Romana)
Président: Romolo Pietrobelli.
Secrétaire: Marco Ivaldo.
Via della Conciliazione 1, 00193 Roma.
Federazione universitaria cattolica italiana (Pax Romana)
Présidents: Giuseppino Monni et Maria Irace.
Secrétaire: Maria Cristina Bartolomei.
Via della Conciliazione 1, 00193 Roma.
Movimento cristiano Studenti (WSCF)
Secrétaire général: Marco Rostan.
Via Giuseppe Mantellini 22/a, 00179 Roma.
Movimento studentesco per l'Organizzazione internationale (ISMUN)
Secrétaire: Giuseppe Porro.
Palazzetto di Venezia, Via San Marco 3, 00186 Roma.
Federazione giovanile ebraica d'Italia (WUJS)
Correspondant: Alberto Boralevi.
Via Lamarmora 53, 50121 Firenze.

*

Ministero della pubblica Istruzione, Direzione generale per l'Istruzione universitaria
Via del Lavoro, Roma.
Ministero degli Affari esteri
Palazzo Chigi, Roma.
Commission nationale italienne pour l'Unesco
Piazza Firenze 27, 00186 Roma.

IVORY COAST—COTE-D'IVOIRE

UNIVERSITIES—UNIVERSITES

*Université nationale de Cote-d'Ivoire, B.P. 1880, Abidjan. (M. le Recteur). *1959*
F : dr, éco, sc, méd, let-hum.
I : dent, tec, rech.

OTHER INSTITUTIONS—AUTRES INSTITUTIONS

Technical Education—Enseignement technique

Ecole supérieure des Postes et Télécommunications, Abidjan.

Ecole supérieure des Travaux publics, B.P. 2279, Abidjan. *1964*

Professional Education—Enseignement professionnel

Ecole nationale d'Administration, 3, avenue Crosson-Dupliss, B.P. 2551, Abidjan. *1960*

Ecole nationale supérieure agronomique, B.P. 8035, Abidjan. *1963*

Ecole nationale des Beaux-Arts, Abidjan.

Ecole de Statistiques, B.P. 8003, Abidjan. *1961, 1968*

Teacher Training—Formation pédagogique

Ecole normale supérieure, Abidjan. *1964*
Ecole normale de l'Enseignement technique, Abidjan.

Union nationale des Etudiants et Elèves de Côte-d'Ivoire—UNECI
B.P. 8018, Cocody-Abidjan.
Association chrétienne d'Etudiants protestants de Côte-d'Ivoire (WSCF)
Président: Daniel Anikpo.
B.P. 8005, Cocody-Abidjan.

*

Ministère de l'Education nationale. Abidjan.
Commission nationale ivoirienne pour l'Unesco
B.P. 2871, Abidjan.

JAMAICA—JAMAIQUE

*University of the West Indies, Mona, Kingston 7. (The Registrar).
1946, 1949, 1962
F : *med, arts, nat, soc, ed, agr, eng, gen st, law.*
I : *ed, soc-eco res, int rel.*
See also :
Faculty of Arts and Science, Barbados, p. 24.
Institute of Social and Economic Research (Eastern Caribbean Branch), Barbados.
Faculty of Agriculture, Trinidad, p. 374.
Faculty of Engineering, Trinidad, p. 374.
Faculty of Law, Barbados, p. 24.
Faculty of Law, Trinidad, p. 374.
College of Arts and Science, Trinidad, p. 374.
College of Arts, Science, and Technology, Hope, Kingston 6. *1958*
D : *bui eng, com, sc, mangt.*

Guild of Undergraduates
University of West Indies, P.O. Box 69, Mona, Kingston 7.
Student Christian Movement of Jamaica (WSCF)
21 Hope Road, Kingston 10.

Ministry of Education
5 South Race Course, P.O. Box 498, Kingston.
Jamaica National Commission for Unesco
6 Leinster Road, P.O. Box 202, Kingston 5.

*

JAPAN—JAPON

UNIVERSITIES AND UNIVERSITY INSTITUTIONS— UNIVERSITES ET INSTITUTIONS UNIVERSITAIRES WITH GRADUATE SCHOOLS (I)— AVEC SECTIONS POUR GRADUES (I)

National Institutions—Institutions nationales

Akita Daigaku, Tegata Gakuencho, Akita.
1910, 1949
F : *ed med.*
C : *mine.*
*Chiba Daigaku, Chiba. 1921, 1949
F : *hum-soc, ed, phar, eng, hort, sc.*
S : *med, obst.*
C : *gen st.*
Denki Tsushin Daigaku [U. of Electro-Communications], Chofu, Tokyo.
1942, 1949
F : *tele commun.*
Ehime Daigaku, 10–13 Himata-cho, Matsuyama-shi, Ehime. 1919, 1949
F : *sc, ed, eng, agr, med, law-lit, gen st.*
Fukui Daigaku, Fukui. 1923, 1949
F : *ed, eng.*
Gifu Daigaku, Kakamigahara, Gifu.
1923, 1949
F : *ed, med, eng, agr, gen st.*
Gunma Daigaku, Showa-machi 3, Maebashi.
1915, 1949
F : *ed, med, techn, gen st.*
Hirosaki Daigaku, 1 Bunkyo-cho, 036 Hiroskai-shi. 1920, 1949
F : *hum, ed, sc, agr, med, gen st.*
*Hiroshima Daigaku, 1–89 1-chome, Higashi-senda-machi, Hiroshima. 1902, 1949
F : *lit, ed, pol-eco, sc, eng, fish-an hus, gen st.*

S : *med, dent.*
*Hitotsubashi Daigaku, 185 Kunitachi-machi, Tokyo. 1885, 1949
F : *com, eco, law, soc.*
*Hokkaido Daigaku, Nishi 5-chome, Kita 8-jo, Sapporo, Hokkaido. 1876, 1949
F : *lit, ed, law, eco, sc, phar, eng, agr, vet, fish.*
S : *med, dent.*
Ibaraki Daigaku, 2–1–1, Bunkyo, Mito-shi, Ibaraki-ken. 1920, 1949
F : *hum, ed, sc, eng, agr.*
Iwate Daigaku, Morioka, Iwate.
1902, 1949
F : *ed, eng, agr.*
Kagawa Daigaku, 121 Saiwa-cho, Takamatsu-shi, Kagawa-ken. 1923, 1949
F : *ed, eco, agr.*
*Kagoshima Daigaku, 21–24, 1-chome, Kourimote, Kagoshima-shi. 1901, 1949
F : *law-lit, ed, sc, med, eng, agr, fish.*
*Kanazawa Daigaku, Maruno Luchi 1, Kanazawa-shi, Ishikawa. 1887, 1949
F : *law-lit, ed, sc, med, phar, eng.*
*Kobe Daigaku, Rokkodai-cho, Nadu-ku, Kobe-shi. 1921, 1949
F : *lit, ed, law, eco, bus adm, sc, med, eng, agr.*
Kobe Shosen Daigaku [Kobe U. of

---

(1) It will be noted that all institutions of higher education included in this chapter bear the title "Daigaku". Their classification in various groups is based on a proposal made by the Ministry of Education of Japan.

(1) On notera que toutes les institutions d'enseignement supérieur figurant dans ce chapitre portent le titre de «Daigaku». Leur classement en différents groupes repose sur des propositions formulées par le Ministère de l'Education du Japon.

Mercantile Marine], Higashinada-ku, Hyogo. *1952*
F : *mercantile mar.*
Kochi Daigaku, 1000 Asakura, Kochi-shi.
1923, 1949
F : *lit-sc, ed, agr.*
*Kumamoto Daigaku, Kurokamimachi, Kumamoto-shi. *1887, 1949*
F : *law-lit, ed, sc, med, phar, eng.*
*Kyoto Daigaku, Yoshida Honmachi, Sakyo-ku, Kyoto. *1894, 1949*
F : *let, ed, law, eco, sc, med, phar, eng, agr.*
Kyoto Kogei Sen-i Daigaku [Kyoto U. of Industrial Arts and Textiles], Sakyo-ku, Kyoto. *1900, 1949*
F : *ind arts, tex fibres.*
*Kyushu Daigaku, 3576 Hakozakai, Fukuoka. *1910, 1949*
F : *lit, ed, law, eco, sc, med, dent, phar, eng, agr.*
Kyushu Kogyo Daigaku [Kyushu I. of Technology], 1–1 Sensui-cho Tobata-ku, Kitakyushu, Fukuoka. *1907, 1949*
F : *eng.*
Mie Daigaku, 1238 Kamihama-cho, Tsu-shi, Mie. *1921, 1949*
F : *ed, eng, agr, med, fish.*
Miyazaki Daigaku, Funatsuka-cho 100, Miyazaki-shu. *1924, 1949*
F : *ed, agr, eng.*
Muroran Kogyo Daigaku [Muroran U. of Technology], 17 Mizumoto-cho, Muroran, Hokkaido. *1918, 1949*
F : *eng.*
*Nagasaki Daigaku, 1–14 Bunkyo-Machi, Nagasaki. *1905, 1949*
F : *ed, eco, med, phar, fish, eng.*
*Nagoya Daigaku, Chikusa-ku, Nagoya, Aichi. *1908, 1949*
F : *lit, ed, law, eco, sc, med, eng, agr.*
Nagoya Kogyo Daigaku [Nagoya I. of Technology], Gokiso-cho, Showa-ku, Nagoya, Aichi. *1905, 1949*
F : *eng.*
*Nara Joshi Daigaku [Nara Women's U.], Kitauoyanishimachi, Nara-shi. *1908, 1949*
F : *lit, sc, hom eco.*
*Niigata Daigaku, Ikarashi 2–Nocho 8050 Banchi, Niigata-shi. *1910, 1949*
F : *hum, ed, sc, eng, agr.*

S : *med, dent.*
Obihiro Chikusan Daigaku [Obihiro C. of Stock-raising], Obihiro, Hokkaido.
1941, 1949
F : *stock.*
*Ochanomizu Joshi Daigaku [Ochanomizu Women's U.], 1–1 Otsuka-2-chome, Bunkyo-ku, Tokyo. *1874, 1949*
F : *let-ed, sc, hom eco.*
*Okayama Daigaku, Tsushima, Okayama.
1900, 1949
S : *law-lit, ed, sc, agr, eng, med, phar.*
*Osaka Daigaku, Kita-ku, Osaka.
1917, 1949
F : *let, law eco, sc, hum, dent, med, eng, phar, fund eng.*
Osaka Gaikokugo Daigaku [Osaka U. of Foreign Studies], Ten-noji-ku, Osaka-shi.
F : *fgn lang.*
Osaka Kyoiku Daigaku [Osaka U. of Education], 43 Minamikawahoricho, Ten-noji-ku, Osaka-shi. *1949, 1967*
F : *ed.*
Otaru Shoka Daigaku [Otaru Commercial C.], Otaru, Hokkaido. *1910, 1949*
F : *com.*
Ryukyu Daigaku [U. of the Ryukyus], 3–1 Shuri-Tonokura-cho, Naha City, Okanawa.
1950
C : *law-lit, ed, agr, sc-eng, hyg.*
Junior C. (night course).
Saga Daigaku [Saga U.], Honjo-Machi, Saga-shi. *1920, 1949*
F : *ed, eco, sc-eng, agr.*
C : *gen st.*
Saitama Daigaku, Urawa, Saitama.
1921, 1949
F : *gen cult, ed, eco, sc, eng.*
Shiga Daigaku, Hikone, Shiga. *1921, 1949*
F : *ed, eco.*
Shimane Daigaku, Matsue, Shimane.
1920, 1949
F : *lit-sc, ed, agr.*
*Shinshu Daigaku, 3-chome, Asahi, Matsumoto-shi. *1910, 1949*
F : *hum, ed, sc, eng, med, agr, tex.*
Shizuoka Daigaku, 836 Oya, Shizuokashi.
1922, 1949
F : *hum, ed, sc, eng, agr.*
*Tohoku Daigaku, 2–1–1 Katahira 2-

chome, Sendai, Miyagi. *1887, 1949*
F : *lit, ed, law, eco, sc, med, dent, phar, eng, agr.*
Tokushima Daigaku, 6 Shinkuracho, 2-chome, Tokushima. *1922, 1949*
F : *ed, phar, eng.*
S : *med.*
***Tokyo Daigaku,** 3–1 Hongo 7-chome, Bunkyo-ku, 113 Tokyo. *1877, 1949*
F : *let, ed, law-pol, eco, sc, med, eng, agr, phar, gen cult.*
Tokyo Gaikokugo Daigaku [Tokyo U. of Foreign Studies], 4–51–21 Nishigahara, Kita-ku, Tokyo. *1897, 1949*
F : *fgn lang.*
Tokyo Gakugei Daigaku, Koganei, Tokyo. *1943, 1949*
F : *ed.*
Tokyo Geijutsu Daigaku [Tokyo U. of Arts], 12–8 Ueno Park, Taito-ku, Tokyo. *1887, 1949*
F : *fa, mus.*
Tokyo Ika Shika Daigaku [Tokyo Medical and Dental U.], 5–45, 1-chome, Yu-shima, Bunkyo-ku, Tokyo. *1928, 1955*
F : *med, dent.*
***Tokyo Kogyo Daigaku** [Tokyo I. of Technology], 12–1, Ohokayama 2-chome, Meguro-ku, Tokyo. *1901, 1949*
F : *sc, eng.*
***Tokyo Kyoiku Daigaku** [Tokyo U. of Education], 29–1 Otsuka, 3–chome, Bunkyo-ku, Tokyo. *1886,1949*
F : *lit, ed, sc, agr, phys.*
Tokyo Noko Daigaku [Tokyo U. of Agriculture and Technology], 3–8–1 Harumi-cho, Fuchu-shi, Tokyo-to. *1914, 1949*

F : *agr, eng, gen st.*
Tokyo Shosen Daigaku [Tokyo U. of Mercantile Marine], Koto-ku, Tokyo. *1945, 1949*
F : *mercantile mar.*
Tokyo Suisan Daigaku [Tokyo U. of Fisheries], Konan 4–5–7, Minato-ku, Tokyo. *1897, 1949*
F : *fish.*
Tottori Daigaku, 680 Koyama Cho, Tottori-shi. *1920, 1949*
F : *ed, med, eng, agr.*
Toyama Daigaku, 3910 Gofuku, Toyama. *1920, 1949*
F : *lit-sc, ed, eco, phar, eng.*
Tsukuba Daigaku, Niihari-gun, Ibaraki. *1975*
F : *med, phys, arts.*
Utsunomiya Daigaku, Utsunomiya, Tochigi. *1922, 1949*
F : *ed, eng, agr.*
Wakayama Daigaku, Wakayama. *1922, 1949*
F : *ed, eco.*
Yamagata Daigaku, 4–12, 1-chome, Koshirakawa-machi, Yamagata-shi. *1910, 1949*
F : *ed, sc, eng, agr, hum, med.*
Yamaguchi Daigaku, Yamaguchi. *1905, 1949*
F : *lit-sc, ed, eco, med, eng, agr.*
Yamanashi Daigaku, Takeda 4-chome 4–37, Kofu-shi, Yamanashi. *1924, 1949*
F : *ed, eng.*
Yokohama Kokuritsu Daigaku, [Yokohama National U.], 196 Tokiwadai Hodogaya-ku, Yokohama, Kanagawa. *1920, 1949*
F : *ed, eng, eco, bus adm.*

Public Institutions—Institutions publiques

Aichi Kenritsu Geijutsu Daigaku [Aichi Prefectural C. of Arts], Aichi-gun, Aichi. *1966*
F : *mus, fa.*
Fukushima Kenritsu Ika Daigaku [Fukushima Prefectural Medical C.], Fukushima. *1947, 1952*
F : *med.*
Gifu Yakka Daigaku [Gifu C. of Pharmacy], 36–492 Mitahora, Gifu. *1931, 1936*

F : *phar.*
Himeji Kogyo Daigaku [Himeji I. of Technology], Himeji, Hyogo. *1944, 1949*
F : *eng.*
Kobe Shoka Daigaku [Kobe Commercial C.], Tarumi-ku, Kobe, Kyogo. *1929, 1948*
F : *com-eco.*
Kobe-shi Gaikokugo Daigaku [Kobe Municipal C. of Foreign Studies], Nada-ku, Kobe, Hyogo. *1946, 1949*

F : *fgn lang.*
Kyoto Furitsu Daigaku [Kyoto Prefectural U.], 1, Shimogamohangicho, Sakyo-ku, Kyoto. *1944, 1949*
F : *lit, hom eco, agr.*
Kyoto Furitsu Ika Daigaku [Kyoto Prefectural U. of Medicine], 456 Kajii-cho, Kawaramachi, Hirokoji, Kamigyo-ku, Kyoto. *1921, 1952*
F : *med.*
Kyushi Shika Daigaku [Kyushu Dental C.], Kitakyushu, Fukuoka. *1921, 1949*
F : *dent.*
Nagoya Shiritsu Daigaku [Nagoya Municipal U.], Kawasumi–1, Mizuhocho, Mizuhoku, Nagoya, Aichi. *1947, 1949*
F : *phar, eco.*
S : *med.*
Nara Kenritsu Ika Daigaku [Nara Prefectural Medical C.], Nara-shi, Nara.
1948, 1952
F : *med.*
Osaka Furitsu Daigaku [U. of Osaka Prefecture], Sakai, Osaka. *1939, 1949*
F : *agr, eco, eng.*
*****Osaka Shiritsu Daigaku** [Osaka Municipal U.], Sumiyoshi-ku, Osaka. *1928, 1949*
F : *com, eco, law, lit, sc, eng, hom eco.*
S : *med.*
Sapporo Ika Daigaku [Sapporo Medical C.], Sapporo, Kokkaïdo. *1945, 1950*
F : *med.*
Shizuoka Yakka Daigaku [Shizuoka C. of Pharmacy], 2–2–1 Oshika, Shizuoka.
1945, 1953
F : *phar.*
*****Tokyo Toritsu Daigaku** [Tokyo Metropolitan U.], Yakumo, Meguro-ku, Tokyo. *1929, 1949*
F : *hum, sc, eng, law, eco.*
Wakayama Kenritsu Ika Daigaku [Wakayama Prefectural Medical C.], 9–bancho 9, Wakayama-shi. *1948, 1952*
F : *med.*
Yokohama Shiritsu Daigaku [Yokohama Municipal U.], Kanazawa-ku, Yokohama, Kanagawa. *1928, 1949*
F : *com, lit-sc, med.*

Private Institutions—Institutions privées

Aichi Daigaku, Toyohashi, Aichi.
1946, 1949
F : *law, eco, lit.*
Aichi Gakuin Daigaku, Chigusa-ku, Nagoya, Aichi. *1950, 1953*
F : *com, law, dent, lit.*
Aichi Kogyo Daigaku [Aichi I. of Technology], Toyota-shi, Aichi. *1954, 1959*
F : *eng.*
Ajia Daigaku [Asia C.], Musashino, Tokyo.
1950, 1955
F : *eco, bus adm, law.*
*****Aoyama Gakuin Daigaku,** Shibuya-ku, Tokyo. *1904, 1949*
S : *lit, eco, law, bus adm, sc-eng.*
Ashiya Daigaku Ashiya, Hyogo. *1964*
F : *ed.*
Azabu Juika Daigaku [Azabu Veterinary C.], Sagamihara, Kanagawa. *1934, 1950*
F : *vet.*
Baiko Jogakuin Daigaku, Shimonoseki-shi, Yamaguchi. *1964, 1967*
F : *lit.*
Bukkyo Daigaku, Kita-ku, Kyoto.
1912, 1949
F : *lit, soc.*
Bunka Joshi Daigaku [Bunka Women's C.], Shibuya-ku, Tokyo. *1964*
F : *hom eco.*
Chiba Kogyo Daigaku [Chiba I. of Technology], Narashino, Chiba.
1942, 1950
F : *eng.*
Chubu Kogyo Daigaku [Chubu Engineering C.], Kasugai, Aichi.
F : *eng.*
Chukyo Daigaku, Showa-ku, Nagoya, Aichi.
1954, 1956
F : *com, phys, lit, law, ed.*
*****Chuo Daigaku,** 3–9 Kanda-Surugadai, Chiyoda-ku, Tokyo. *1903, 1949*
F : *law, eco, com, lit, sc-eng.*
Daito Bunka Daigaku, Itabashi-ku, Tokyo.
1923, 1949

F : *lit, eco, for lang, law.*
*Doshisha Daigaku, 601 Gembu-cho, Karasuma Imadegawa, Kamigyo-ku, Kyoto. *1904, 1948*
F : *law, eco, com, eng, theo, lit.*
Doshisha Joshi Daigaku [Doshisha Women's U.], Kamigyo-ku, Kyoto. *1912, 1949*
F : *li arts, hom eco.*
Fukuoka Daigaku, Fukuoka. *1934, 1949*
F : *law, eco, com, phar, eng, hum, phys, sc, ed, med.*
*Gakushuin Daigaku, 1–5–1 Mejiro Toshima-ku, Tokyo. *1877, 1949*
F : *law, eco, lit, sc.*
Hiroshima Shudo Daigaku, Hiroshima-shi, Hiroshima.
F : *com, hum, law.*
Hokkai Gakuen Daigaku, Sapporo, Hokkaido. *1952*
F : *eco, law, eng.*
*Hosei Daigaku, Chiyoda-ku, Tokyo. *1903, 1949*
F : *law, lit, eco, eng, soc, bus adm.*
Hoshi Yakka Daigaku, [Hoshi Pharmaceutical C.], Shinagawa-ku, Tokyo. *1941, 1950*
F : *phar.*
Iwate Ika Daigaku [Iwate Medical C.], Morioka, Iwate. *1947, 1952*
F : *med, dent.*
Jissen Joshi Daigaku [Jissen Women's U.], Shibuya-ku, Tokyo. *1925, 1949*
F : *lit, hom eco.*
*Jochi Daigaku [Sophia U.], Chiyoda-ku, Tokyo. *1913, 1948*
F : *eco, lit, law, theo, fgn lang, sc-eng.*
Joshi Eiyo Daigaku [Women's Nutrition C.], Toshima-ku, Tokyo. *1950, 1961*
F : *food-nutr.*
Juntendo Daigaku, Bunkyo-ku, Tokyo. *1943, 1951*
F : *med, phys.*
Kanagawa Daigaku, Kanagawa-ku, Yokohama, Kanagawa. *1929, 1949*
F : *law, eco, fgn lang, eng.*
Kanagawa Shika Daigaku [Kanagawa Dental C.], Yokosuka, Kanagawa. *1964*
F : *dent.*
*Kansai Daigaku, Suita, Osaka. *1903, 1948*
F : *law, lit, eco, com, soc, eng.*

Kansai Gaikokugo Daigaku [Kansai U. of Foreign Studies], Hirakata, Osaka. *1953, 1966*
F : *fgn lang.*
Kansai Ika Daigaku [Kansai Medical S.], Moriguchi, Osaka. *1928, 1952*
F : *med.*
Kanto Gakuin Daigaku, Kanazawa-ku, Yokohama, Kanagawa. *1946, 1949*
F : *eco, eng, lit.*
*Keio Gijuku Daigaku, Minato-ku, Tokyo. *1890, 1949*
F : *lit, eco, law, med, eng, com.*
Kinjo Gakuin Daigaku, Moriyama-ku, Nagoya, Aichi. *1927, 1949*
F : *lit, hom eco.*
Kinki Daigaku, Higashi-Osaka-shi. *1925, 1949*
F : *law, com-eco, sc-eng, phar, agr, med.*
Kitasato Daigaku, Minato-ku, Tokyo. *1962*
F : *sanitary sc, phar, stock, med, fish.*
Kobe Gakuin Daigaku, Tarumi-ku, Kobe, Hyogo. *1966*
F : *nutr, law, eco, phar.*
Kobe Jogakuin Daigaku, Nishinomiya, Hyogo. *1909, 1948*
F : *lit, mus, hom eco.*
Kobe Joshi Yakka Daigaku [Kobe Women's C. of Pharmacy], Higashi Nadaku, Kobe, Hyogo. *1932, 1949*
F : *phar.*
Kogakuin Daigaku, Shinjuku-ku, Tokyo. *1904, 1949*
F : *eng.*
Kogakukan Daigaku, Ise, Mie. *1962*
F : *lit.*
*Kokugakuin Daigaku, Shibuya-ku, Tokyo. *1904, 1948*
F : *eco, lit, law.*
*Kokusai Kirisutokyo Daigaku [International Christian U.], Mitaka, Tokyo. *1953*
F : *li arts.*
Kokushikan Daigaku, Setagaya-ku, Tokyo. *1953, 1958*
F : *pol-eco, eng, phys, law, lit.*
Komazawa Daigaku, Setagaya-ku, Tokyo. *1904, 1949*
F : *budh, lit, eco, law, bus adm.*
*Konan Daigaku, Higashinada-ku, Kobe,

Hyogo. *1923, 1951*
F : *eco, lit, sc, law, bus adm.*
Konan Joshi Daigaku [Konan Women's C.], Higashi Nada-ku, Kobe, Hyogo.
F : *lit.*
Koyasan Daigaku, Ito-gun, Wakayama.
1926, 1949
F : *lit.*
Kunitachi Ongaku Daigaku [Kunitachi Music C.], Kunitachi, Tokyo. *1926, 1950*
F : *mus.*
Kurume Daigaku, Kurume, Fukuoka.
1928, 1950
F : *com, med.*
*****Kwansei Gakuin Daigaku,** Nishinomiyo, Hyogo. *1908, 1948*
F : *theo, lit, law, eco, com, socio, sc.*
Kyorin Daigaku, Mitaka, Tokyo. *1970*
F : *med.*
Kyoritsu Joshi Daigaku [Kyoritsu Women's U.], Chiyoda-ku, Tokyo. *1925, 1949*
F : *hom eco, lit-arts.*
Kyoto Gaikokugo Daigaku [Kyoto U. of Foreign Studies], Ukyo-ku, Kyoto.
1950, 1959
F : *fgn lang.*
Kyoto Joshi Daigaku [Kyoto Women's U.], Higashiyama-ku, Kyoto. *1920, 1949*
F : *lit, hom eco.*
Kyoto Sangyo Daigaku [Kyoto Industrial C.], Kita-ku, Kyoto. *1965*
F : *eco, sc, law, bus adm, fgn lang.*
Kyoto Yakka Daigaku [Kyoto C. of Pharmacy], Higashiyama-ku, Kyoto.
1919, 1949
S : *phar.*
Kyushu Sangyo Daigaku [Kyushu U. of Industry], Fukuoka. *1959*
F : *com, bus adm, eng, arts.*
Matsuyama Shoka Daigaku [Matsuyama Commercial U.], Matsuyama, Ehime.
1922, 1949
F : *eco, bus adm, hum.*
*****Meiji Daigaku,** Chiyoda-ku, Tokyo.
1903, 1949
F : *law, com, pol-eco, lit, eng, agr, bus adm.*
Meiji Gakuin Daigaku, Minato-ku, Tokyo.
1903, 1949
F : *lit, eco, soc, law.*
Meiji Yakka Daigaku [Meiji Pharmaceutical C.], Setagaya-ku, Tokyo. *1923, 1949*
F : *phar.*
Meijo Daigaku, Showa-ku, Nagoya, Aichi.
1947, 1949
F : *law, com, sc-eng, agr, phar.*
Meisei Daigaku, Hino, Tokyo. *1964*
F : *sc-eng, hum.*
Mukogawa Joshi Daigaku [Mukogawa Women's U.], Nishinomiya, Hyogo.
1946, 1949
F : *lit, hom eco, mus, phar.*
Musashi Daigaku, Nerima-ku, Tokyo.
1921, 1949
F : *eco, hum.*
Musashi Kogyo Daigaku [Musashi I. of Technology], Setagaya-ku, Tokyo.
1941, 1949
F : *eng.*
Musashino Bijutsu Daigaku [Musashino C. of Fine Arts], Kodaira-shi Tokyo.
1957, 1962
F : *arts.*
Nagasaki Zosen Daigaku [Nagasaki C, of Shipbuilding], Nagasaki. *1942, 1965*
F : *eng.*
Musashino Ongaku Daigaku [Musashino C. of Music], Nerima-ku, Tokyo. *1932, 1949*
F : *mus.*
Nanzan Daigaku, Showa-ku, Nagoya, Aichi.
1946, 1949
F : *lit, fgn lang, eco, bus adm.*
*****Nihon Daigaku,** Chiyoda-ku, Tokyo.
1904, 1949
C : *law, eco, com, arts, sc-eng, ind techn, eng, agr-vet, lit-sc.*
S : *med, dent.*
Nihon Fukushi Daigaku [Japan C. of Welfare], Showa-ku, Nagoya, Aichi.
1953, 1957
F : *soc welfare, eco.*
*****Nihon Joshi Daigaku** [Japan Women's U.], Bunkyo, Tokyo. *1901, 1948*
F : *hom eco, let.*
*****Nippon Ika Daigaku** [Nippon Medical C.], Bunkyo-ku, Tokyo. *1926, 1952*
F : *med.*
Nippon Jui-Chikusan Daigaku, [Nippon Veterinary and Zootechnical C.], Musashino, Tokyo. *1938, 1949*
F : *vet-an hus.*

Nippon Shika Daigaku [Nippon Dental C.], Chiyoda-ku, Tokyo. *1947, 1952*
F : *dent.*
Nishogakusha Daigaku, Chiyoda-ku, Tokyo. *1928, 1949*
F : *lit.*
Okayama Rika Daigaku [Okayama C. of Science], Okayama. *1964*
F : *sc.*
Okinawa Kokusai Daigaku [Okinawa International U.], Naha City, Okinawa. *1961, 1962*
C : *law, lit, com.*
Osaka Gakuin Daigaku, Suita, Osaka. *1962, 1963*
F : *com, eco.*
Osaka Ika Daigaku [Osaka Medical C.], Takatsuki, Osaka. *1927, 1952*
F : *med.*
Osaka Keizai Daigaku [Osaka U. of Economics], Higashi-yodogawa-ku, Osaka. *1935, 1949*
F : *eco, bus adm.*
Osaka Kogyo Daigaku [Osaka C. of Engineering], Asahi-ku, Osaka. *1940, 1949*
F : *eng.*
Osaka Ongaku Daigaku [Osaka C. of Music], Toyonaka, Osaka. *1951, 1958*
F : *mus.*
Osaka Shika Daigaku [Osaka Dental C.], Higashi-ku, Osaka. *1947, 1952*
F : *dent.*
Osaka Yakka Daigaku [Osaka C. of Pharmacy], Matsubara, Osaka. *1925, 1950*
F : *phar.*
Otani Daigaku, Kita-ku, Kyoto. *1922, 1949*
F : *lit.*
Otani Joshi Daigaku [Otani Women's C.], Tondabayashi, Osaka. *1930, 1966*
F : *lit.*
Otsuma Joshi Daigaku [Otsuma Women's U.], Chiyoda-ku, Tokyo. *1942, 1949*
F : *hom eco, lit.*
Ouemon Gakuin Daigaku, Ibaragi, Osaka. *1966*
F : *eco, lit.*
Rakuno Gakuen Daigaku [C. of Dairy Agriculture], Ebetsu, Hokkaido. *1950, 1959*
F : *dairy farming.*
*****Rikkyo Daigaku,** Toshima-ku, Tokyo. *1922, 1949*
F : *lit, eco, sc, soc, law.*
Rissho Daigaku, Shinagawa-ku, Tokyo. *1904, 1949*
F : *eco, bus adm, budh, lit.*
Ritsumeikan Daigaku, Kamigyo-ku, Kyoto. *1903, 1948*
F : *law, eco, lit, sc-eng, bus adm, ind socio.*
*****Ryukoku Daigaku,** 67 Fukakusa Tsukamoto-cho, Fuahimi-ku, Kyoto. *1922, 1949*
F : *lit, eco, bus adm, law.*
*****Seijo Daigaku,** Setagaya-ku, Tokyo. *1926, 1950*
F : *eco, lit-arts.*
Seikei Daigaku, Musashino, Tokyo. *1925, 1949*
F : *eco, eng, lit, law.*
Sei Marianna Ika Daigaku, Kawasaki-shi, Kanagawa.
F : *med.*
Seinan Gakuin Daigaku, Fukuoka. *1921, 1949*
F : *com, eco, lit, law, theo.*
*****Seishin Joshi Daigaku** [U. of the Sacred Heart], Shibuya-ku, Tokyo. *1915, 1949*
F : *lit.*
Seiwa Joshi Daigaku [Seiwa Women's C.], Nishinomiya, Hyogo. *1960, 1964*
F : *ed.*
*****Senshu Daigaku,** Chiyoda-ku, Tokyo. *1903, 1949*
F : *eco, law-pol, com, lit, bus adm.*
Shibaura Kogyo Daigaku [Shibaura C. of Technology], Minato-ku, Tokyo. *1944, 1949*
F : *eng.*
Shikoku Gakuin Daigaku [Shikoku Christian C.], Zentsuji, Kagawa. *1962*
F : *lit.*
Showa Daigaku, Shinagawa-ku, Tokyo. *1946, 1952*
F : *med, phar.*
Showa Joshi Daigaku [Showa Women's U.], Setagaya-ku, Tokyo. *1946, 1949*
F : *lit, hom eco.*

Showa Yakka Daigaku, [Showa Pharmaceutical C.], Setagaya-ku, Tokyo.
1930, 1949
F : *phar.*
*****Soka Daigaku,** 1-236 Tangi-cho, Hachioji, Tokyo.
D : *eco, law, lit, bus adm, ed.*
Taisho Daigaku, Toshima-ku, Tokyo.
1926, 1949
F : *lit, budh.*
Takushoku Daigaku, Bunkyo-ku, Tokyo.
1904, 1949
F : *com, pol-eco.*
Tama Bijutsu Daigaku [Tama U. of Fine Arts], Setagaya-ku, Tokyo. *1935, 1953*
F : *arts.*
Tamagawa Daigaku, Machida, Tokyo.
1945, 1949
F : *lit, agr, eng.*
Toho Daigaku, Ota-ku, Tokyo. *1925, 1949*
F : *med, phar, sc.*
Tohoku Fukushi Daigaku [Tohoku Social Welfare C.], Sendai, Miyagi. *1962*
F : *soc welfare.*
*****Tohoku Gakuin Daigaku** [North Japan C.], Sendai, Miyagi. *1946, 1949*
F : *lit, eco, eng, law.*
Tohoku Yakka Daigaku [Tohoku Pharmaceutical C.], Sendai, Miyagi.
1939, 1949
F : *phar.*
*****Tokai Daigaku,** Shibuya-ku, Tokyo.
1946, 1950
F : *pol-eco, lit, gen ed, eng, oceanog, sc, phys, med.*
Tokyo Denki Daigaku, [Tokyo Electrical Engineering C.], Chiyoda-ku, Tokyo.
1939, 1949
S : *eng.*
Tokyo Ika Daigaku [Tokyo Medical C.], Shinjuku-ku, Tokyo. *1918, 1952*
F : *med.*
*****Tokyo Jikeikai Ika Daigaku** [Jikei U. S. of Medicine], Minato-ku, Tokyo. *1921, 1952*
F : *med.*
*****Tokyo Joshi Daigaku** [Tokyo Women's Christian C.], Suginami-ku, Tokyo.
1918, 1948
F : *lit-sc.*
Tokyo Joshi Ika Daigaku [Tokyo Women's Medical C.], Shinjuku-ku, Tokyo.
1912, 1952
F : *med.*
Tokyo Keizai Daigaku [Tokyo C. of Economics], Kokubunji, Tokyo.
1920, 1949
F : *eco, bus adm.*
Tokyo Nogyo Daigaku [Tokyo U. of Agriculture], Setagaya-ku, Tokyo.
1935, 1949
F : *agr.*
*****Tokyo Rika Daigaku** [Tokyo C. of Science], Shinjuku-ku, Tokyo. *1881, 1949*
F : *sc, eng-sc, phar, eng.*
Tokyo Shika Daigaku [Tokyo Dental C.], Chiyoda-ku, Tokyo. *1907, 1952*
F : *dent.*
Tokyo Yakka Daigaku [Tokyo C. of Pharmacy], Shinjuku-ku, Tokyo.
1917, 1949
F : *phar.*
Tokyo Daigaku, Bunkyo-ku, Tokyo.
1903, 1949
F : *lit, eco, law, eng.*
*****Tsuda-Juku Daigaku,** Kodaira, Tokyo.
1904, 1948
F : *li arts.*
*****Waseda Daigaku,** Shinjuku-ku, Tokyo.
1902, 1949
S : *pol-eco, law, ed, lit, sc-eng, com, soc.*

OTHER UNIVERSITIES AND—AUTRES UNIVERSITES ET UNIVERSITY INSTITUTIONS—INSTITUTIONS UNIVERSITAIRES

National Institutions—Institutions nationales

Aichi Kyoiku Daigaku [Aichi U. of Education], Kariya-shi Aichi. *1943, 1949*
F : *ed.*
Asahikawa Ika Daigaku [Asahikawa Medical C.], Asahikawa-shi, Hokkaido.
F : *med.*
Fukuoka Kyoiku Daigaku [Fukuoka U. of Education], Fukuoka. *1943, 1949*
F : *ed.*
Fukushima Daigaku, Fukushima.
1921, 1949
F : *ed, eco.*
Hamamatsu Ika Daigaku [Hamamatsu Medical C.], Hamamatsu-shi, Shizuoka.
F : *med.*
Hokkaido Kyoiku Daigaku [Hokkaido U. of Education], Sapporo, Hokkaido.
1943, 1949
F : *ed.*
Kitami Kogyo Daigaku [Kitami I. of Engineering], Kitami, Hokkaido.
1960, 1966
F : *eng.*
Kyoto Kyoiku Daigaku [Kyoto U. of Education], Fushimi-ku, Kyoto.
1943, 1949
F : *ed.*
Kyushu Geijutsu Koka Daigaku [Kyushu I. of Arts and Technology], Fukuoka. *1968*
F : *arts-eng.*
Miyagi Kyoiku Daigaku [Miyagi U. of Education], Sendai, Miyagi.
F : *ed.*
Miyazaki Ika Daigaku [Miyazaki Medical C.], Miyazaki-gun, Miyazaki.
F : *med.*
Nara Kyoiku Daigaku [Nara U. of Education], Nara. *1943, 1949*
F : *ed.*
***Oita Daigaku**, Oita. *1921, 1949*
F : *ed, eco, eng.*
Toyama Ika Yakka Daigaku, Toyama-shi, Toyama.
F : *med, phar.*

Public Institutions—Institutions publiques

Aichi Kenritsu Daigaku [Aichi Prefectural U.], Mizuho-ku, Nagoya. *1950, 1966*
F : *lit, fgn lang.*
Fukuoka Joshi Daigaku [Fukuoka Women's U.], Fukuoka. *1921, 1950*
F : *lit, hom eco.*
Hiroshima Joshi Daigaku [Hiroshima Women's U.], Hiroshima. *1928, 1965*
F : *lit, hom eco.*
Kanazawa Bijutsu Kogei Daigaku [Kanazawa C. of Fine and Industrial Arts], Kanazawa, Ishikawa. *1950, 1955*
F : *arts-ind des.*
Kitakyushu Daigaku, Kokura-ku, Kitakyushu, Fukuoka. *1946, 1950*
F : *fgn lang, com, lit, law.*
Kochi Joshi Daigaku [Kochi Women's U.], Kochi. *1947, 1949*
F : *lit, hom eco.*
Kumamoto Joshi Daigaku [Kumamoto Women's C.], Kumamoto. *1947, 1949*
F : *lit-hom eco.*
Kyoto Shiritsu Geijutsu Daigaku [Kyoto City C. of Fine Arts], Higashiyama-ku, Kyoto.
1909, 1950
F : *fa, mus.*
Nagasaki Kenritsu Kokusai Keizai Daigaku [Nagasaki Prefectural C. of International Economics], Sasebo, Nagasaki. *1957, 1967*
F : *eco.*
Osaka Joshi Daigaku [Osaka Women's C.], Sumiyoshi-ku, Osaka. *1924, 1949*
F : *li arts.*
Shimonoseki Shiritsu Daigaku [Shimonoseki Municipal C.], Shimonoseki, Yamaguchi.
1956, 1962
F : *eco.*
Shizuoka Joshi Daigaku [Shizuoka Women's U.], Shizuoka. *1951, 1967*
F : *lit, hom eco.*

Takasaki Keizai Daigaku [Takasaki City C. of Economics], Takasaki, Gumma.
1952, 1957
F : eco.
Tsuru Bunka Daigaku [Tsuru C. of Literature], Tsuru, Yamanashi.
1955, 1959
F : lit.
Yamaguchi Joshi Daigaku [Yamaguchi Women's U.], Yamaguchi-shi, Yamaguchi.
F : lit, hom eco.

Private Institutions—Institutions privées

Aichi Ika Daigaku, Aichi-gun, Aichi.
F : Med.
Aichi Shukutoku Daigaku, Aichi-gun, Aichi.
F : lit.
Akita Keizai Daigaku [Akita C. of Economics], Akita shi, Akita. 1964
F : eco.
Anjo Gakuen Daigaku, Okazaki, Aichi.
1966
F : hom eco.
Aomori Daigaku, Aomori. 1962, 1968
F : bus adm.
Asahikawa Daigaku, Asahikawa, Hokaido.
1968
F : eco.
Ashikaga Kogyo Daigaku [Ashikaga I. of Engineering], Ashikaga, Tochigi. 1967
F : eng.
Atomi Gakuen Joshi Daigaku [Atomi Gakuen Women's C.], Niiza-shi, Saitama.
1969
F : lit.
Baika Joshi Daigaku [Baika Women's C.], Ibaragi, Osaka. 1922, 1964
F : lit.
Beppu Daigaku, Beppu, Oita. 1947, 1970
F : lit.
Bunkyo Daigaku, Koshigaya-shi, Saitana.
F : ed, hum sc.
Chiba Keiai Keizai Daigaku [Chiba Keiai C. of Economics], Chiba. 1950, 1966
F : eco.
Chiba Shoka Daigaku [Chiba Commercial C.], Ichikawa, Chiba. 1928, 1950
F : com-eco.
Chukyo Joshi Daigaku [Chukyo Women's U.], Obu-shi Aichi. 1963
F : phys, hom eco.
Chuo Gakuin Daigaku, Abiko-shi, Chiba.
1966
F : com.

Daido Kogyo Daigaku [Daido Technical C.), Minami-ku, Nagoya, Aichi. 1964
F : eng.
Dai-ichi Keizai Daigaku [Dai-ichi C. of Economics], Chikushi-gun, Fukuoka.
1968
F : eco.
Dai-ichi Yakka Daigaku [Dai-ichi C. of Pharmacy], Fukuoka. 1960
F : phar.
Doho Daigaku, Nakamura-ku, Nagoya, Aichi. 1921, 1950
F : lit.
Dokkyo Daigaku, Soka-shi, Saitama. 1964
F : fgn lang, eco, law.
Dokkyo Ika Daigaku, Shimotsuga-gun, Tochigi.
F : Med.
Eichi Daigaku, Amagasaki, Hyogo. 1963
F : lit.
Elizabeto Ongaku Daigaku [Elisabeth C. of Music], Hiroshima. 1952, 1963
F : mus.
Ferisu Jogakuin Daigaku [Ferris Women's C.], Naka-ku, Yokohama, Kanagawa.
1947, 1965
F : lit.
Fuji Daigaku, Hanemaki-shi, Iwate.
F : ed.
Fuji Joshi Daigaku [Fuji Women's C.], Sapporo, Hokkaido. 1950, 1961
F : lit.
Fukui Kogyo Daigaku [Fukui Engineering C.], Fukui. 1963, 1965
F : eng.
Fukuoka Kogyo Daigaku [Fukuoka U. of Technology], Fukuoka. 1963
F : eng.
Fukuoka Shika Daigaku [Fukuoka Dental C.], Fukuoka-shi, Fukuoka.
F : dent.

Fukuyama Daigaku, Fukuyama-shi, Hiroshima.
F : *eco, eng.*
Gifu Joshi Daigaku [Gifu Women's C.], Gifu. *1967*
F : *hom eco, lit.*
Gifu Keizai Daigaku [Gifu C. of Economics], Ogaki, Gifu. *1967*
F : *eco.*
Gifu Shika Daigaku [Gifu Dental C.], Gifushi, Gifu.
F : *dent.*
Hachinohe Kogyo Daigaku [Hachinohe U. of Technology], Hachinohe-shi, Aomori.
F : *eng.*
Hakodate Daigaku, Hakodate, Hokkaido. *1953, 1968*
F : *com.*
Hanazono Daigaku, Ukyo-ku, Kyoto. *1908, 1949*
F : *lit.*
Hannan Daigaku, Matsubara, Osaka. *1965*
F : *com.*
Hiroshima Bunkyo Joshi Daigaku [Hiroshima Bunkyo Women's C.], Asa-gun, Hiroshima. *1948, 1966*
F : *lit.*
Hiroshima Denki Daigaku [Hiroshima Electrical Engineering I.], Aki-gun, Hiroshima. *1967*
F : *eng.*
Hiroshima Jogakuin Daigaku, Hiroshima. *1932, 1949*
F : *lit.*
Hiroshima Keizai Daigaku [Hiroshima C. of Economics], Asu-gun, Hiroshima. *1967*
F : *eco.*
Hiroshima Kogyo Daigaku [Hiroshima Engineering C.], Saeki-gun, Hiroshima. *1961, 1963*
F : *eng.*
Hokkaido Kogyo Daigaku [Hokkaido Technological C.], Sapporo, Hokkaido. *1953, 1967*
F : *eng.*
Hokkaido Yakka Daigaku [Hokkaido C. of Pharmacy], Otaru-shi, Hokkaido.
F : *phar.*
Hokuriku Daigaku, Karazawa-shi, Ishikawa.

F : *phar.*
Hokusei Gakuen Daigaku, Sapporo, Hokkaido. *1962*
F : *lit, eco.*
Hyogo Ika Daigaku [Hyogo Medical C.], Nishinomiya-shi, Hyogo.
F : *med.*
Ibaraki Kirisutokyo Daigaku [Ibaraki Christian C.], Hitachi, Ibaraki. *1967*
F : *lit.*
Ikutoku Kogyo Daigaku, Atsugi-shi, Kanagawa.
F : *eng.*
Jichi Ika Daigaku, Kawachi-gun, Tochigi.
F : *med.*
Jobu Daigaku, Isezaki, Gunma. *1968*
F : *com.*
Josai Daigaku, Iruma, Saitama. *1965*
F : *eco, sc, phar.*
Josai Shika Daigaku [Josai Dental C.], Iruma, Saitama. *1970*
F : *dent.*
Joshi Bijutsu Daigaku [Women's C. of Fine Arts], Suginami-ku, Tokyo. *1929, 1949*
F : *fa.*
Kagoshima Keizai Daigaku [Kagoshima C. of Economics], Kagoshima. *1950, 1959*
F : *eco.*
Kanazawa Keizai Daigaku [Kanazawa C. of Economics], Kanazawa, Ishikawa. *1967*
F : *eco.*
Kanazawa Kogyo Daigaku [Kanazawa Engineering C.], Ishikawa. *1965*
F : *eng.*
Kanto Gakuen Daigaku, Ota-shi, Gunma.
F : *eco.*
Kawasaki Ika Daigaku [Kawasaki Medical C.], Kurashiki-shi, Okayama. *1970*
F : *med.*
Keihin Joshi Daigaku [Keihin Women's C.], Kamakura, Kanagawa. *1943, 1959*
F : *hom eco.*
Kobe Joshi Daigaku [Kobe Women's C.], Suma-ku, Kobe, Hyogo. *1950, 1966*
F : *hom eco, lit.*
Kobe Kaisei Joshi Gakuin Daigaku, Nada-ku, Kobe, Hyogo. *1955, 1965*
F : *lit.*
Koka Joshi Daigaku [Koka Women's C.], Ukyo-ku, Kyoto. *1944, 1964*

F : *lit.*
Kokusai Shoka Daigaku [Kokusai Commercial C.], Kawagoe, Saitama. *1965*
F : *com.*
Koriyama Joshi Daigaku [Koriyama Women's C.], Koriyama, Fukushima.
1950, 1966
F : *hom eco.*
Koshien Daigaku, Takarazuka, Hyogo.
1964, 1967
F : *nutr.*
Kumamoto Kogyo Daigaku [Kumamoto I. of Technology], Kumamoto. *1965, 1967*
F : *eng.*
Kumamoto Shoka Daigaku [Kumamoto Commercial C.], Kumamoto. *1950, 1954*
F : *com, eco*
Kurume Kogyo Daigaku [Kurume Engineering C.], Kurume-shi, Fukuoka.
F : *eng.*
Kyoritsu Yakka Daigaku [Kyoritsu C. of Pharmacy], Minato-ku, Tokyo.
1930, 1949
F : *phar.*
Kyoto Gakuen Daigaku, Kameoka, Kyoto.
1969
F : *eco.*
Kyushu Joshi Daigaku [Kyushu Women's C.], Yahata-ku, Kitakyushu, Fukuoka.
F : *hom eco, lit.*
Kyushu Gakuin Daigaku, Kokubu, Kagoshima. *1968*
F : *eng.*
Kyushu Kyoritsu Daigaku, Yahata-ku, Kitakyushu, Fukuoka.
F : *eco, eng.*
Kyushu Tokai Daigaku, Kumamoto-shi, Kumamoto.
F : *eng.*
Matsumoto Shika Daigaku, Shiojiri-shi, Nagano.
F : *dent.*
Mimasaka Joshi Daigaku [Mimasaka Women's C.], Thuyama, Okayama.
1951, 1967
F : *hom eco.*
Minami Ryushu Daigaku, Koyu-gun, Miyazaki. *1965, 1967*
F : *hort.*
Mishima Gakuen Joshi Daigaku [Mishima Gakuen Women's C], Izumi-shi, Miyagi.
1946, 1958
F : *hom eco.*
Miyagi Gakuin Joshi Daigaku [Miyagi Gakuin Women's C.], Sendai, Miyagi.
1946, 1949
F : *li arts.*
Momoyama Gakuin Daigaku, [St. Andrew's U.], Sakai-shi, Osaka. *1959*
F : *eco, soc, bus adm.*
Musashino Joshi Daigaku [Musashino Women's C.], Hoya, Tokyo. *1950, 1965*
F : *lit.*
Nagano Daigaku, Ueda-shi, Nagano.
F : *ind socio.*
Nagoya Gakuin Daigaku, Seto, Aichi.
1964
F : *eco.*
Nagoya Geijutsu Daigaku [Nagoya Fine Arts C.], Nishikasugai, Nagoya. *1970*
F : *mus, fa.*
Nagoya Hoken Eisei Daigaku, Toyoake-shi, Aichi.
F : *sanitary sc, med.*
Nagoya Joshi Daigaku [Nagoya Women's C.], Mizuho-ku, Nagoya, Aichi. *1964*
F : *hom eco.*
Nagoya Ongaku Daigaku [Nagoya C. of Music], Nagoya, Aichi.
F : *mus.*
Nagoya Shoka Daigaku [Nagoya Commercial U.], Showa-ku, Nagoya, Aichi.
1950, 1953
F : *com.*
Nakamura Gakuen Daigaku, Fukuoka.
1965
F : *hom eco.*
Nara Daigaku, Horai-cho, Nara. *1969*
F : *lit.*
Nihon Joshi Taiiku Daigaku [Nihon Women's C. of Physical Education], Setagaya-ku, Tokyo. *1965*
F : *phys.*
Nippon Kogyo Daigaku [Nihon I. of Technology], Minami-saitama, Saitama.
1967
F : *eng.*
Nihon Shakaijigyo Daigaku [Japan C. of Social Work], Shibuya-ku, Tokyo.
1950, 1958

F : soc welfare.
Nihon Taiiku Daigaku [Nihon C. of Physical Education], Setagaya-ku, Tokyo.
1941, 1949
F : phys.
Nishi Kyushu Daigaku, Kanzaki-gun, Saga.
F : hom eco.
Nishi-Nihon Kogyo Daigaku [Nishi-Nihon I. of Technology], Kyoto-gun, Fukuoka.
1967
F : eng.
Notoru Damu Joshi Daigaku [Notre Dame Women's C.], Sakyo-ku, Kyoto. 1961
F : lit.
Notoru Damu Seishin Joshi Daigaku [Notre Dame Seishin Women's U.], Okayama.
1944, 1949
F : lit, hom eco.
Obirin Daigaku, Machida, Tokyo.
1950, 1966
F : lit, eco.
Oita Kogyo Daigaku [Oita I. of Technology], Oita. 1967
F : eng.
Okayama Shoka Daigaku [Okayama C. of Commerce], Okayama. 1955, 1965
F : com.
Okinawa Daigaku [Okinawa U.], Naha-shi, Okinawa.
F : law-eco.
Osaka Denki-Tsushin Daigaku [Osaka Electrical Engineering C.], Neyagawa, Osaka. 1961
F : eng.
Osaka Geijutsu Daigaku [Osaka C. of Arts], Minami-Kawachi, Osaka. 1964
F : arts.
Osaka Keizai Hoka Daigaku, Yao-shi, Osaka.
F : eco, law.
Osaka Sangyo Daigaku [Osaka C. of Industry], Daito, Osaka. 1965
F : bus adm, eng.
Osaka Shogyo Daigaku [Osaka C. of Commerce], Higashi-Osaka-shi, Osaka.
1946, 1949
F : com-eco.
Osaka Shoin Joshi Daigaku [Osaka Shoin Women's C.], Higashi Osaka, Osaka.
1925, 1949

F : li arts.
Osaka Taiiku Daigaku [Osaka C. of Physical Education], Ibaragi, Osaka. 1965
F : phys.
Otemae Joshi Daigaku [Otemae Women's C.], Nishinomiya, Hyogo. 1966
F : lit.
Reitaku Daigaku, Kashiwa, Chiba.
1942, 1959
F : fgn lang.
Ryutsu Keizai Daigaku, Ryugasaki, Ibaraki.
1965
F : eco.
Sagami Joshi Daigaku [Sagami Women's C.], Sagamihara, Kamagawa. 1909, 1949
F : li arts.
Sagami Kogyo Daigaku [Sagami Engineering C.], Fujisawa, Kanagawa.
1963
F : eng.
Saitama Ika Daigaku [Saitama Medical C.], Iruma-gun, Saitama.
F : med.
Saitama Kogyo Daigaku [Saitama C. of Engineering], Osato-gun, Saitama.
F : eng.
Sakuyo Ongaku Daigaku [Sakuyo C. of Music], Tsuyama, Okayama. 1951, 1966
F : mus.
Sapporo Daigaku, Sapporo, Hokkaido.
1967
F : eco, fgn lang, bus adm.
Sapporo Shoka Daigaku [Sapporo C. of Commerce], Ebetsu, Hokkaido. 1968
F : com.
Seiroka Kango Daigaku [St. Luke's C. of Nursing], Chuo-ku, Tokyo.
F : heal-nurs.
Seisen Joshi Daigaku [Seisen Women's C.], Shinagawa-ku, Tokyo. 1950
F : lit.
Seitoku Gakuen Gifu Kyoiku Daigaku, Hashima-gun, Gifu.
F : ed.
Sendai Daigaku, Shibata-gun, Miyagi.
1967
F : phys.
Senzoku Gakuen Daigaku, Kawasaki, Kanagawa. 1962, 1967
F : mus.

Setsunan Daigaku, Neyagawa-shi, Osaka.
F : *eng.*
Shikoku Joshi Daigaku [Shikoku Women's C.], Tokushima. *1961, 1966*
F : *hom eco, lit.*
Shinwa Joshi Daigaku [Shinwa Women's C.] Hyogo-ku, Kobe Hyogo. *1966*
F : *lit.*
Shirayuri Joshi Daigaku [Shirayuri Women's C.], Chofu, Tokyo. *1965*
F : *lit.*
Shitennoji Joshi Daigaku [Shitennoji Women's C.], Habikino, Osaka.
1956, 1967
F : *lit.*
Shoin Joshi Gakuin Daigaku [Shoin Gakuin Women's C.], Taruni-ku, Kobe, Hyogo.
1966
F : *lit.*
Shokei Daigaku, Kumamoto-shi, Kumamoto.
F : *lit.*
Shuchiin Daigaku, Minami-ku, Kyoto.
1905, 1949
F : *budh.*
Shukutoku Daigaku, Chiba. *1965*
F : *soc welfare*
Soai Joshi Daigaku [Soai Women's C.], Higashi-ku, Osaka. *1950, 1958*
F : *mus.*
Sonoda Gakuen Joshi Daigaku [Sonoda Gakuen Women's C.], Amagasaki, Hyogo.
1963, 1966
F : *lit.*
Sugino Joshi Daigaku [Sugino Women's C.], Shinagawa-ku, Tokyo. *1950, 1964*
F : *hom eco.*
Sugiyama Jogakuen Daigaku [Sugiyama Women's U.], Chigusa-ku, Nagoya, Aichi.
1929, 1949
F : *hom eco, lit.*
Tachibana Joshi Daigaku [Tachibana Women's C.], Higashiyama-ku, Kyoto.
F : *lit.*
Takachiho Shoka Daigaku [Takachiho C. of Commerce], Suginami, Tokyo. *1912, 1950*
F : *com.*
Teikoku Joshi Daigaku [Teikoku Women's C.], Moriguchi, Osaka. *1962, 1965*
F : *hom eco.*

Teikyo Daigaku, Itabashi-ku, Tokyo.
1965, 1966
F : *lit, eco, law, med.*
Tenri Daigaku, Tenri, Nara. *1927, 1949*
F : *lit, fgn lang, phys.*
Tezukayama Daigaku, Nara. *1964*
F : *gen cult*
Tezukayama Gakuin Daigaku, Minamickawachi, Osaka. *1966*
F : *lit.*
Toa Daigaku, Shimonoseki-shi, Yamaguchi.
F : *bus adm.*
Toho Gakuen Daigaku, Chofu, Tokyo.
1955, 1961
F : *mus.*
Toho Ongaku Daigaku [Toho C. of Music], Kawagoe, Saitama. *1965*
F : *mus.*
Tohoku Joshi Daigaku [Tohoku Women's C.], Hirosaki, Aomori. *1946, 1968*
F : *home eco.*
Tohoku Kogyo Daigaku [Tohoku Engineering C.], Sendai, Miyagi. *1964*
F : *eng.*
Tohoku Shika Daigaku, Kosiyama-shi, Fukushima.
F : *dent.*
Tokushima Bunri Daigaku [Tokushima C.], Tokushima. *1961, 1966*
F : *hom eco, mus, phar.*
Tokyo Joshi Taiku Daigaku [Tokyo Women's Physical Education C.], Kunitachi, Tokyo. *1962*
F : *phys.*
Tokyo Kasei Daigaku [Tokyo Women's C. of Domestic Science], Itabashi-ku, Tokyo.
1922, 1949
F : *dom sc.*
Tokyo Kasei Gakuin Daigaku, Chiyodaku, Tokyo. *1963*
F : *hom eco.*
Tokyo Ongaku Daigaku [Tokyo C. of Music], Toshima-ku, Tokyo. *1954, 1963*
F : *mus.*
Tokyo Shashin Daigaku [Tokyo C. of Photography], Atsugi, Kanagawa.
1950, 1966
F : *eng.*
Tokyo Zokei Daigaku [Tokyo C. of Art and Design], Hachioji, Tokyo. *1966*

F : *arts-des*.
Towa Daigaku, Fukuoka. *1967*
F : *eng*.
Tsurumi Daigaku [Tsurumi C.], Tsurumi-ku, Yokohama, Kanagawa. *1963*
F : *lit, dent*.
Ueno Gakuen Daigaku, Taito-ku, Tokyo.
1952, 1958
F : *mus*.
Wako Daigaku, Machida, Tokyo. *1966*
F : *hum, eco*.
Wayo Joshi Daigaku [Wayo Women's C.], Ichikawa, Chiba. *1928, 1949*
F : *lit-hom eco*.
Yahata Daigaku, Kitakyushu-shi, Fukuoka.
F : *law-eco*.
Yamanashi Gakuin Daigaku, Kofu, Yamanashi. *1951, 1962*
F : *law, com*.
Yashiro Gakuin Daigaku, Tarumi-ku, Kobe, Hyogo. *1968*
F : *eco*.
Yasuda Joshi Daigaku [Yasuda Women's C.], Asa-gun, Hiroshima. *1955, 1966*
F : *lit*.
Yawata Daigaku, Yawata-ku, Kita Kyushu, Fukuoka. *1947, 1950*
F : *law, eco*.
Yokohama Shoka Daigaku [Yokohama C. of Commerce], Thurumi-ku, Yokohama, Kanagawa. *1966, 1968*
F : *com*.

Kokuritsu Daigaku Kyokai

The object of the National University Association of Japan is to contribute to the accomplishment of the mission of the government universities, through mutual co-operation.

Activities: 1) Investigation and research for development of the universities; 2) Matters concerning mutual co-operation in scientific research and education; 3) Other necessary matters.

Membership: Government universities.

L'Association nationale des universités du Japon a pour objet de contribuer à l'accomplissement de la mission des universités d'Etat par la coopération mutuelle.

Activités: 1) études et recherches en vue du développement des universités; 2) questions relatives à la coopération mutuelle en matière de recherche scientifique et d'enseignement; 3) autres questions importantes.

Membres: Les universités d'Etat.
President: Ichiro Kato.
Vice-Presidents: Matsumi Kato; Toshio Maeda.
Hongo 7-3-1, Bunkyo-ku, Tokyo.

Koritsu Daigaku Kyokai

The object of the Association of Public (Local Government) Universities is to contribute to the accomplishment of the mission of the public (local government) universities, through mutual co-operation.

Activities: 1) Matters concerning administration and management in public (local góvernment) universities; 2) Matters required for the scientific research and the realization of research and plans on education; 3) Other necessary matters.

Membership: Public (local government) universities.

L'association des universités publiques dépendant des autorités locales a pour objet de contribuer à l'accomplissement de la mission des universités publiques (dépendant des autorités locales) par la coopération mutuelle.

Activités: 1) questions concernant l'administration et la gestion des universités publiques; 2) questions relatives à la recherche scientifique et à la réalisation des programmes de recherche et d'enseignement; 3) autres questions importantes.

Membres: Les universités publiques (dépendant des autorités locales).
President: Kokyo Morikawa.
Osaka City University, Osaka.

Nihon Shiritsu Daigaku Kyokai

The object of the Association of Private Universities of Japan is to contribute to the accomplishment of the mission and purpose

of the private universities, through mutual co-operation.

Activities: 1) Matters concerning administration, management and student life in the private universities; 2) Matters concerning scientific research and the realization of research and plans on education; 3) Matters concerning the National Budget for education and the Law of education; 4) Publication of an organ newspaper (The Kyoiku Gakujutsu) and other bulletins; 5) Other necessary matters.

Membership: 195 Private universities in Japan.

L'Association des universités privées du Japon a pour objet de contribuer à l'accomplissement de la mission et de la fonction des universités par la coopération mutuelle.

Activités: 1) questions concernant l'administration, la gestion des universités privées et l'organisation de la vie des étudiants; 2) questions concernant la recherche scientifique et la réalisation des programmes de recherche et d'enseignement; 3) questions concernant le budget national pour l'enseignement et la législation de l'enseignement; 4) publication d'un journal (Kyoiku Gakujutsu) et d'autres bulletins; 5) autres questions importantes.

Membres: 195 universités privées du Japon.

President: M. Nakahara.
Vice-Presidents: G. Takayanagi; M. Kohe; T. Imamura.
Executive Director and Secretary-General: T. Yatsugi.
Shigaku-Kaikan, No. 2-25, 4-chome, Kudan-kita, Chiyoda-ku, Tokyo.

Daigaku Kijun Kyokai

The purpose of the Japanese University Accreditation Association is to conduct research and investigation on matters concerning higher education, foreign and domestic, to improve the standard of higher education in Japan, and also to make a contribution to higher education in the world at large by co-operating with other nations.

Activities: 1) Research and study on matters concerning higher education, foreign and domestic; 2) Establishment of standards, their advancement and application in order to improve the quality of universities and colleges; 3) Advice and assistance and distribution of information in order to promote higher education; 4) Setting up of study groups and conferences necessary to improve the quality of higher education; 5) Exchange of information and co-operation with other nations in matters concerning higher education; 6) Publication of documents and materials on university education and conferences; 7) Other activities necessary for the achievement of the purpose of the Association.

Membership: Limited to those universities which have existed more than five years since their establishment by, or approval of establishment by, the Minister of Education and which are recognized by the Association as conforming to university standards.

L'Association japonaise d'accréditation universitaire a pour objet d'effectuer des études et des recherches concernant l'enseignement supérieur étranger et japonais, d'améliorer le niveau de l'enseignement supérieur japonais et de contribuer au progrès de l'enseignement supérieur dans le monde grâce à la coopération avec d'autres nations.

Activités: 1) recherches et études sur des questions relatives à l'enseignement supérieur étranger et japonais; 2) définition des niveaux et leur application en vue de l'amélioration de la qualité des universités et collèges; 3) diffusion d'informations et services consultatifs en vue de promouvoir l'enseignement supérieur; 4) organisation de groupes d'étude et de conférences en vue d'améliorer la qualité de l'enseignement supérieur; 5) échange d'informations et coopération avec d'autres pays en matière d'enseignement supérieur; 6) publication de documentation sur l'enseignement et sur les conférences universitaires; 7) autres activités nécessaires à l'accomplissement des buts de l'Association.

Membres: Peuvent seules devenir membres les universités qui existent depuis plus de cinq ans à compter de leur création par le ministère de l'éducation ou de l'approbation de leur création par ce même ministère, et dont

l'Association reconnaît qu'elles sont conformes aux normes universitaires.
President: Naozo Ueno.
Vice-Presidents: Yoshio Ando; Taichiro Kawanishi.
20–3 Honshio-cho, Shinjuku-ku, Tokyo.

Chuo Kyoiku Shingikai

The purpose of the Central Council for Education is to carry out research and make proposals at the request of the Minister of Education or on its own initiative, on fundamental and important matters concerning education, science and culture. The Council is a consultative body of the Minister of Education.

Membership: Not exceeding 20 (appointed by the Minister of Education after the approval of the Cabinet). If necessary, the Minister of Education may appoint *ad hoc* members for the Council.

Le Counseil central de l'éducation a pour objet d'effectuer des recherches et de formuler des propositions à la demande du ministère de l'éducation, ou de sa propre initiative, sur les questions fondamentales se rapportant à l'enseignement, à la science et à la culture. Le Conseil est un organe consultatif du Ministère de l'Education.

Membres: Jusqu'à 20 (nommés par le ministre de l'éducation avec l'approbation du Cabinet). Si nécessaire le Ministère de l'Education peut nommer des membres ad hoc *pour le Conseil.*

The Ministry of Education, 3–2–2 Kasumigaseki, Chiyoda-ku, Tokyo.

Nihon Ikuekai

The object of the Japan Scholarship Foundation is to provide loans for expenses to brilliant Japanese students who find it difficult to continue their studies for financial reasons, so as to give them an equal chance of education in order to become useful citizens in the community.

Activities: 1) Providing students with loans for educational expenses; 2) Refunding of the loans; 3) Guidance of the students who are given loans; 4) Business incidental to the execution of the above mentioned activities.

La Fondation japonaise des bourses a pour objet de fournir des prêts aux étudiants japonais particulièrement doués et qui éprouvent des difficultés à continuer leurs études pour des raisons financières, afin de rétablir leurs chances devant l'éducation et leur permettre de devenir d'utiles citoyens.

Activités: 1) octroi de prêts aux étudiants pour leurs frais d'enseignement; 2) recouvrement des prêts; 3) orientation des étudiants bénéficiaires de prêts; 4) affaires résultant de l'accomplissement des activités susmentionnées.

President: Shinichi Ogata.
Chairman of the Board of Directors: Matsuo Murayama.
42 Ichigaya Honmura-cho, Shinjuku-ku, Tokyo.

Daigaku Fujin Kyokai (IFUW)
President: Mrs. Kiyoko Oshima.
Chairman (Internat. Rel.): Mrs. Mitchiko Nakamura.
241 Toyama Mansion, 78 Higashi-Okubo, 2-chome, Shinjuku-ku, Tokyo 160.

World University Service of Japan
Chairman: Dr. Nobumoto Ohama.
Executive Secretary: Makoto Fujita.
Waseda University, 1–647 Nishi-Waseda Shinjuku, Tokyo.

Zengakuren (All-Japan Federation of Student Autonomies)
25 Shinano-machi, Shinjyuku-ku Tokyo.

World Youth Visit Exchange Association—WYVEA
c/o Yoshida Building, 2–7 Kirakawa-cho, Chiyoda-ku, Tokyo.

Nippon Katorikku Gakushikai (Pax Romana)
President: Eiicho Hoshino.
Shinseikaikan, 33 Shinano-machi, Shinjuku-ku, Tokyo.

Student Department, National Committee of YMCAs of Japan (WSCF)
Chairman: Prof. Hiroshi Tsuchiya.
Executive Secretary: Takero Tejima.
1–551 Totsuka, Shinjuku-ku, Tokyo 160.

United Nations Student Association of Japan (ISMUN)
Room 525, Nippon Building, 8–2-chome, Ohtemachi, Chiyoda-ku, Tokyo.

*

Ministry of Education
2–2 Kasumigaseki, 3-chome, Chiyoda-ku, Tokyo.

Japanese National Commission for Unesco
Ministry of Education, 2–2 Kasumigaseki, 3-chome, Chiyoda-ku, Tokyo.

JORDAN—JORDANIE

UNIVERSITIES—UNIVERSITES

*University of Jordan, Jubaiha, Amman, East Bank. (The President). 1962, 1965, 1971
F : arts, sc, eco-com, med, Isl st, nurs, agr.
Birzeit University, Birzeit, Ramallah, West Bank. 1967
F : arts-sc.

Bethlehem University, Bethlehem, West Bank. 1973
F : arts-sc.
Yarmouk University, Irbid, East Bank. 1975
F : arts-sc.

OTHER INSTITUTIONS—AUTRES INSTITUTIONS

Professional Education—Enseignement professionnel

Unrwa/Unesco Training Centre, Amman, East Bank. 1967
Ma'had Al-Adab [Literary National Training I.], Amman, East Bank. 1967
Ma'had Al-Hussein Al-Zira'i [Hussein I. of Agriculture], Tulkarim, West Bank. 1961
Ma'had Al-Mehan Al Handaseyyeh [Men's Polytechnical I.] Marka, Amman, East Bank. 1975
Ma'had Al-Edarah Al-Ammah [I. of Administration], Jubaiha, Amman, East Bank. 1968
Markas Al-Tadreeb Atta'awoni [Cooperative Training Ce], P.O. Box 1343, Amman, East Bank. 1963
Ma'had Al-Fonoun Al-Jamelah [I. of Fine Arts], Amman, East Bank. 1967
Kolleyat Al-Tamreed [C. of Nursing], P.O. Box 491, Amman, East Bank. 1966
Ma'had Al-Khidmah Al-Ijtemaeyal [I. of Social Service], P.O. Box 8088, Amman, East Bank. 1966
Kulleyat Al-Shurttah Al-Malakeyeh [Royal Police C.], Amman, East Bank. 1962
Markaz Al-Tadreeb Al-Ihsa'ee [Statistics Training Ce.], Amman, East Bank. 1972
Ma'had Al-Derasat Al-Masraffeyah [I. of Banking], Amman, East Bank. 1970

Teacher Training—Formation pédagogique

Ma'had Al-Mu'alimat [Women's Teacher Training I.], Ramallah, West Bank. 1952
Unrwa/Unesco Men's Teacher Training Centre, Ramallah, West Bank. 1960
Unrwa Women's Teacher Training Centre, Ramallah, West Bank. 1962
Kulliyet Al-Najah Al-Watanieh [Najah National Teacher Training C.], Nablus, West Bank. 1965
Ma'had Al-Taheel Al-Tarbawi [Certification and Inservice Teacher Training I.], Amman, East Bank. 1971
Ma'had Al-Mo'alimeen [Men's Teacher Training I], Amman, East Bank. 1952
Ma'had Al-Mo'alimeen, Huwwara, Irbid, East Bank. 1957
Ma'had Ajloun Lil-Mo'alimat [Women's Teacher Training I], Ajloun, East Bank. 1964
Ma'had Alia Lil-Mo'alimat [Princess Alia Women's Teacher Training I.], Amman, East Bank. 1972

Ma'had Al-Mu'allimeen Al-Salt [Teacher Training I.], Salt, East Bank. *1975*
Ma'had Al-Kulleyeh Al-Arabeyah [Arab C.], P.O. Box 19045, Amman, East Bank. *1975*
teacher training, com, surv.

Kulliyat Al-Rawdah Al-Wattaneyah [Teacher Training I.], Nablus, West Bank. *1970*
Al-Ma'had Al-Sharie [Islamic Education I.], P.O. Box 585, Amman, East Bank. *1972*

Ministry of Education
Amman, East Bank.

Jordan National Commission for Unesco
Ministry of Education, Amman, East Bank.

DEMOCRATIC KAMPUCHEA—LE KAMPUCHEA DEMOCRATIQUE

UNIVERSITIES—UNIVERSITES

Université de Phnôm-Penh, 133 Moha Vithei Preah Bat Norodam, Penh. *1960, 1970*
F : dr-éco, méd-sc paraméd, phar, let-hum, sc, éd, com, dent.
I : lang mod.
E : éd.
Université technique, Angle Vithei Moat Chrouk et Vithei Hing Pén, Phnôm-Penh. *1965, 1970*

F : ing, gé civ, élec.
I : techn.
Université des Sciences Agronomiques, Chamcar Daung (Kandal). *1965, 1970*
F : agr, for, vét, socio-éco rur, pêch.
Université bouddhique, B.P. 117, Quai Sisowath, Phnôm-Pench. *1954, 1970*
Université des Beaux-Arts, Moha Vithei de l'URSS, Phnôm-Penh. *1965, 1970*

Ministère de l'Education nationale et des Beaux-Arts
Phnôm-Penh.

KENYA—KENYA

UNIVERSITIES—UNIVERSITES

*University of Nairobi, P.O. Box 30197, Nairobi.   1951, 1964, 1970
F : agr, arc-des-dev, arts, com, eng, law, ed, med-phar-dent-nurs, sc; vet (Kabete).
I : adult st, African st, dev st, comp.
S : jour.

Kenyatta University College.   1972
F : arts, sc, ed, bus ed, phys.
D : hom eco, fa.

OTHER INSTITUTIONS—AUTRES INSTITUTIONS

Kenya Science Teachers' College, P.O. Box 30596, Nairobi.
Egerton College, P.O. Private Bag, Njoro.
agr.
Kenya Polytechnic, P.O. Box 90420, Nairobi.
Kenya Technical Teachers' College, P.O. Box 44600, Nairobi.
Mombasa Polytechnic, P.O. Box 90420, Mombasa.

Medical Training Centre, P.O. Box 30195, Nairobi.
Government Secretarial College, P.O. Box 84027, Mombasa.
Government Secretarial College, P.O. Box 42243, Nairobi.
Kiambu Institute of Science and Technology (Private), P.O. Box 414, Kiambu.

Kenya Association of University Women (IFUW)
Chairman: Mrs. R. W. Thairu.
Chairman (Internat. Rel.): Mrs. R. Waruhiu.
P.O. Box 47010 Nairobi.
World University Service
Chairman: D. M. Kinyua.
Secretary: John Ichoya.
Town Planning Section, City Council of Nairobi, P.O. Box 30075, Nairobi.
The University Catholic Society (Pax Romana)
P.O. Box 41512, Nairobi.
Christian Student Council (WSCF)
Secretary: Richard Muga.
P.O. Box 212, Limuru.
Kenya United Nations Student Association (ISMUN)
President: Magaga Alot.
c/o University of Nairobi, P.O. Box 30197, Nairobi.

*

Public Service Commission
Nairobi.
Ministry of Education
P.O. Box 30040, Nairobi.
Kenya National Commission for Unesco
Ministry of Education, Commerce House, Government Road, P.O. Box 30040, Nairobi.

KOREA—COREE

DEMOCRATIC PEOPLE'S REPUBLIC—REPUBLIQUE POPULAIRE DEMOCRATIQUE DE

UNIVERSITIES—UNIVERSITÉS

Kim Il Sung University, Daj-Seung, Pyongyang. (The President). *1946*
F : *hist, phil, lit-lang, eco, law, fgn lang, phy, math-dynamics, ch, biol, geog, geol.*
Kim Chaek University of Technology, Pyongyang. *1948*

F : *geol, mine, met, met process, machine-bui, mec, shipbui, elec, electro, nucl, ind adm, auto, semi-conductor.*
Pyongyang University of Medicine, Pyongyang. *1946*
F : *med, clin med, hyg, orntl med, phar, dent.*

OTHER INSTITUTIONS—AUTRES INSTITUTIONS

Technical Education—Enseignement technique

Pyongyang College of Construction, Pyongyang. *1953*
Pyongyang College of Mechanical Engineering, Pyongyang. *1959*
Pyongyang College of Light Industrial Engineering, Pyongyang. *1959*
Pyongyang College of Railway Engineering, Pyongyang. *1959*
Pyongyang Engineering College, Pyongyang. *1960*
Pyongchon Engineering College, Pyongyang. *1970*
Ryongsong Engineering College, Pyongyang. *1960*
Seungho Engineering College, Pyongyang. *1961*
Pyongnam Mining Engineering College, South Pyongnam Province. *1968*
Pyongnam Mechanical Engineering College, South Pyongnam Province. *1968*
Pyongnam College of Construction Engineering, South Pyongnam Province. *1975*
Kiyang Engineering College, South Pyongnam Province. *1960*
Kangson Engineering College, South Pyongnam Province. *1960*
Daen Engineering College, South Pyongnam Province. *1960*
Nampo Engineering College, South Pyongnam Province. *1960*
Dokchon Engineering College, South Pyongnam Province. *1960*
Sinchang Engineering College, South Pyongnam Province. *1961*
Sunchon Engineering College, South Pyongnam Province. *1961*
Pyongnam Mechanical Engineering College, South Pyongan Provinces. *1971*
Pyongnam Engineering College, South Pyongan Province. *1971*
Siniju Engineering College, North Pyongan Province. *1960*
Rakwon Engineering College, North Pyongan Province. *1960*
Pyongbuk Mechanical Engineering College, North Pyongan Province. *1968*
Kusong Engineering College, North Pyongan

Province. *1960*
Bukjung Engineering College, North Pyongan Province. *1960*
Supung Engineering College, North Pyongan Province. *1961*
Unsan Engineering College, North Pyongan Province. *1961*
Pyongbuk Engineering College, North Pyongan Province. *1965*
College of Mining and Mechanical Engineering, North Pyongan Province. *1971*
Hichon Engineering College, Jagang Province. *1959*
Jagang Metal Engineering College, Jagang Province. *1975*
Jagang Mechanical Engineering College, Jagang Province. *1961*
Jagang Engineering College, Jagang Province. *1961*
Haeju Engineering College, South Hwanghae Province. *1961*
Songrim Engineering College, North Hwanghae Province. *1960*
Madong Engineering College, North Hwanghae Province. *1961*
College of Geology, North Hwanghae Province. *1970*
Wonsan College of Fishery, Kangwon Province. *1959*
Wonsan Engineering College, Kangwon Province. *1960*
Munptong Engineering College, Kangwon Province. *1960*
Hamhung Chemical Engineering College, South Hamkyong Province. *1947*
Hamhung College of Hydraulic Engineering, South Hamkyong Province. *1959*
Heungnam Engineering College, South Hamkyong Province. *1960*
Bongung Engineering College, South Hamkyong Province. *1961*
Ryongsong Mechanical Engineering College, South Hamkyong Province. *1961*
Hamnam Mechanical Engineering College, South Hamkyong Province. *1974*
Komdok Engineering College, South Hamkyong Province. *1961*
Danchon Engineering College, South Hamkyong Province. *1971*
Hamnan Engineering College, South Hamkyong Province. *1974*
Chongjin College of Mining and Metallurgy, North Hamkyong Province. *1959*
Chongjin Engineering College, North Hamkyong Province. *1960*
Pohang Engineering College, North Hamkyong Province. *1964*
Hambuk Engineering College, North Hamkyong Province. *1961*
College of Marine Transportation, North Hamkyong Province. *1968*
Songjin Engineering College, North Hamkyong Province. *1960*
Juul Engineering College, North Hamkyong Province. *1961*
Musan Engineering College, North Hamkyong Province. *1960*
Aoji Engineering College, North Hamkyong Province. *1960*
Hyesan Engineering College, Ryanggang Province. *1971*

Professional Education—Enseignement professionnel

Wonsan Agricultural College, Kangwon Province. *1948*
Hamhung Agricultural College, South Hamkyong Province. *1958*
Sariwon Agricultural College, North Hamkyong Province. *1959*
Haeju Agricultural College, South Hwanghae Province. *1960*
Hyesan College of Agriculture and Forestry, Ryanggang Province. *1959*
Nampo Agricultural College, South Pyongan Province. *1967*
Siniju Agricultural College, North Pyongan Province. *1969*
Hambuk Agricultural College, North Hamkyong Province. *1970*
Jagang Agricultural College, Jagang Province. *1970*
College of Veterinary Medicine and Animal Husbandry, South Pyongan Province. *1955*
College of Economics, Pyongang. *1946*

College of Foreign Affairs, Pyongyang.
1961
College of Foreign Languages, Pyongyang.
1960
Pyongyang College of Commerce, Pyongyang. *1970*
Wonsan College of Economics, Kangwon Province. *1960*
College of Natural Sciences, South Pyongan Province. *1967*
Hamhung College of Medicine, South Hamkyong Province. *1946*
Hamhung College of Pharmacy, South Hamkyong Province. *1968*
Chongjin College of Medicine, North Hamkyong Province. *1948*
Haeju College of Medicine, South Hwanghae Province. *1959*
Sariwon College of Medicine, North Hwanghae Province. *1971*
Wonsan College of Medicine, Kangwon Province. *1971*
Kanggye College of Medicine, Jagang Province. *1969*
Hyesan College of Medicine, Ryanggang Province. *1971*
Pyongsong College of Medicine, South Pyong Province. *1972*
Siniju College of Medicine, North Pyongan Province. *1969*
Pyongyang College of Music, Pyongyang.
1948
Pyongyang College of Cinematographic Arts, Pyongyang. *1953*
Pyongyang College of Fine Arts, Pyongyang.
1947

Teacher Training—Formation pédagogique

Kim Hyong Jik Normal College, Pyongyang.
1946
Pyongyang Second Normal College, Pyongyang. *1946*
Pyongnam First Normal College, South Pyongan Province. *1967*
Pyongnam Second Normal College, South Pyongan Province. *1963*
Siniju First Normal College, North Pyongan Province. *1961*
Siniju Second Normal College, North Pyongan Province. *1947*
Kanggye First Normal College, Jagang Province. *1967*
Kanggye Second Normal College, Jagang Province. *1953*
Kim Jong Tae Normal College, South Hwanghae Province. *1961*
Haeju Second Normal College, South Hwanghae Province. *1948*
Sariwon First Normal College, North Hwanghae Province. *1953*
Sariwon Second Normal College, North Hwanghae Province. *1963*
Wonsan First Normal College, Kangwon Province. *1961*
Wonsan Second Normal College, Kangwon Province. *1949*
Hamnam First Normal College, South Hamkyong Province. *1961*
Hamnam Second Normal College, South Hamkyong Province. *1961*
Chongjin First Normal College, North Hamkyong Province. *1961*
Chongjin Second Normal College, North Hamkyong Province. *1946*
Hyesan First Normal College, Ryanggang Province. *1967*
Hyesan Second Normal College, Ryanggang Province. *1961*
Songdo College, Kaesong City. *1961*
Pyongyang First Teachers' Training College, Pyongyang. *1968*
Pyongyang Second Teachers' Training College, Pyongyang. *1972*
Pyongsong Teachers' Training College, South Pyongan Province. *1972*
Nampo Teachers' Training College, South Pyongan Province. *1967*
Sonchon Teachers' Training College, North Pyongan Province. *1967*
Siniju Teachers' Training College, North Pyongan Province. *1972*
Kanggye Teachers' Training College, Jagang Province. *1968*
Haeju First Teachers' Training College, South Hwanghae Province. *1967*
Haeju Second Teachers' Training College,

South Hwanghae Province. *1972*
Sariwon Teachers' Training College, North Hwanghae Province. *1969*
Wonsan Teachers' Training College, Kangwon Province. *1968*
Hamhung First Teachers' Training College, South Hamkyong Province. *1968*
Hamhung Second Teachers' Training College, South Hamkyong Province. *1972*
Chongjin Teachers' Training College, North Hamkyong Province. *1968*
Hwoiryong Teachers' Training College, North Hamkyong Province. *1972*
Hyesan Teachers' Training College, Ryanggang Province. *1968*
Pyongyang College of Physical Education, Pyongyang. *1958*

Korean Students' Committee—KSC
Sarochung, Pyongyang.

Ministry of Higher Education
Pyongyang.

*

KOREA—COREE

REPUBLIC OF—REPUBLIQUE DE

UNIVERSITIES—UNIVERSITES

Busan Dae Hag Gyo [Busan National U.], 30 Changjeon-dong, Dongnae-gu, Busan. *1946*
C : *eng, li arts-sc, com, med, phar, law-pol, ed.*
S : *Graduate.*

Chung Nam Dae Hag Gyo [Choong-nam National U.], Daejeon, Chungcheng Namdo. *1952*
C : *eng, agr, li arts-sc, law-eco, med.*

Dan Gug Dae Hag Gyo [Dankook U.], San 8–2 Hannam-dong, Yongsan-gu, Seoul. *1947*
C : *li arts-sc, law-pol, com-eco, eng.*

Dong-A Dae Hag Gyo [Dong-A U.], 3-ka Dongdesin-dong, Seo-gu, Busan. *1947*
C : *li arts-sc, law-eco, agr, eng.*

Dongguk Dae Hag Gyo [Dongguk U.], 26–3 ka Pil-dong, Jung-gu, Seoul. *1953*
C : *budh, li arts-sc, law-pol, eco-com, agr-for, ed, eng.*

Ewha Yeo Ja Hag Gyo [Ewha Women's U.], 11–1 Daihyun-dong, Seodaemungu, Seoul. *1910*
C : *li arts-sc, mus, fa, ed, law-pol, phys, med, nurs, phar, dom sc.*

Kon-Kuk Dae Hag Gyo [Kon-Kuk U.], 93 Jangan-dong, Seongdong-gu, Seoul. *1948*
C : *li arts-sc, eng, law-eco, agr, an hus, dom sc.*

Go Lyeo Dae Hag Gyo [Korea U.], Anam-dong, Seongbug-gu, Seoul. *1929*
C : *law, li arts, sc-eng, agr, pol-eco, com-bus adm, med.*

Gyeong Bug Dae Hag Gyo [Gyeong Bug National U.], 1370 Sankyuk-dong, Taegu, Gyeongsang Bugdo. *1952*
C : *agr, eng, med, li arts-sc, ed, law-pol.*
S : *Graduate, nurs.*
I : *ind res, lang.*

Kyung Hee Dae Hag Gyo [Kyung Hee U.], 1 Hoigi-dong, Dong-dae-mun-ku, Seoul. *1951*
C : *li arts-sc, eng, law, pol-eco, ed, mus, med, dent, phys, phar, eng, ind st.*

Han Yang Dae Hag Gyo [Hanyang U.], San 8–2, Haengdang-dong, Seongdonggu, Seoul. *1948*
C : *li arts-sc, eng, law-pol, com-eco, mus, phys, ed, med.*

Hong Ig Dae Hag Gyo [Hongik U.], San-1, Sangsu-dong, Mapo-gu, Seoul. *1948*
C : *sc-eng, com-eco, fa.*

In Ha Dae Hag Gyo [Inha U.], 253 Yonghyeon-dong, Nam-ku, Inchon. *1954*
C : *eng, sc, bus adm.*

Jeon Bug Dae Hag Gyo [Jeonbug National U.], 2–22 2-ga, Joukgin-dong, Jeonju, Jeolla Buddo. *1951*
C : *li arts-sc, com, eng, agr, law-pol, med, ed.*

Jeon Nam Dae Hag Gyo [Jeonnam National U.], Gwangju, Jeolla Namdo. *1952*
C : *li arts-sc, com, law, med, agr, eng, ed.*

Jo Seon Dae Hag Gyo [Joseon U.], 375 Seoseok-dong, Gwangju, Jeolla Namdo. *1948*
C : *law-pol, li arts-sc, eng, phar, ed, phys, med.*

Chungang Dae Hag Gyo [Chungang U.], Kwanak-ku, Seoul. *1918*
C : *li arts-sc, law, pol-eco, bus adm, agr, med, phar, ed, eng, art.*

Seong Gyun Gwan Dae Hag Gyo [Seong Gyun Gwan U.], 53–3-ka Myungryundong,

Chongro-gu, Seoul. *1946*
C : *li arts, law-pol, com-eco, phar, sc-eng, Confucian st, dom sc.*
S : *eco.*
I : *hum, lib, soc, Korean ind st.*
Sookmyung Yeo Ja Dae Hag Gyo [Sookmyung Women's U.], San 2–1, Cheong-pa-dong, Yongsan-gu, Seoul. *1938*
C : *li arts-sc, pol-eco, mus, phar, dom sc.*
Seo Gang Dae Hag Gyo [Seokang U.], 1 Sinsu-dong, Mapo-gu, Seoul. *1960*
C : *li arts-sc, sc-eng, com-eco.*
*****Seoul Dae Hag Gyo** [Seoul National U.], 56–1 Sinlim-dong, Kwanak-gu, Seoul. *1946*
C : *agr, eng, law, com, phar, med, dent, fa, mus, li arts-sc, ed, dom sc.*
S : *Graduate, heal, judicial mangt, publ adm, bus adm, jour & commun st, ed* (all Graduate).

Soong Jun Dae Hag Gyo [Soong Jun U.], 135 Sangdo-dong, Kwanak-gu, Seoul. *1954*
C : *li arts-sc, law-eco, eng.*
Won Gwang Dae Hag Gyo [Wonkwang U.], 344–2 Sinyong-li, Bukil-myeon, Iksan-gun, Cholla Bukdo. *1953*
C : *li arts-sc, ed, law-eco, phar.*
Yeong Nam Dae Hag Gyo [Yeungnam U.], 214–1 Daedong, Gyongsan-up, Gyong-ku, Syongsangbuk-do Taegu. *1968*
C : *li arts-sc, law-pol, com-eco, dom sc, an hus, eng, phar, ed.*
Yonsei Dae Hag Gyo [Yonsei U.], 134 Shinchon-dong, Sundaemun-ku, Seoul. *1918*
C : *li arts, bus adm-eco, sc-eng, eng, theo, law-pol, med, dent, nurs, dom sc, mus.*
I : *env st, Far East st, nat res, trop med, urban st & dev, soc res, Korean st.*

OTHER INSTITUTIONS—AUTRES INSTITUTIONS

Technical Education—Enseignement technique

Kwang Woon Jeon Ja Gong Gwa Dae Hag [Kwangwoon I. of Technology], 133 Wolgye-dong, Seongbug-gu, Seoul. *1963*
D : *electro, app electro, commun eng, telec.*
Han Gug Hae Yang Dae Hag [Korean Merchant Marine C.], 618 Dongsam-dong, Yeongdo-gu, Busan. *1945*
D : *navigation, eng.*
Han Gug Hang Gong Dae Hag [Korean Civil Aviation C.], 200–1 Hwajeon-li, Sindo-myeon, Goyang-gun, Gyeonggido. *1968*
D : *operations adm, maintenance eng, aero elec.*
Ul San Gong Gwa Dae Hag [Ulsan I of Technology], Ulsan, Gyeongsang Namdo. *1969*
D : *mec, elec, mater eng, civ eng, ind ch, arc.*

Professional Education—Enseignement professionnel

Busan Su San Dae Hag [Busan Fisheries C.], 599 Daeyeon-dong, Busanjin-gu, Busan. *1946*
Busan Yeo Ja Dae Hag [Busan Women's C.], Busan. *1959*
D : *dom sc, nutr, fa, phys, mus, Korean lang-ed.*
Catholic Dae Hag [Catholic Medical C.], 2–90 Hyehwa-dong, Jongro-gu, Seoul. *1947*
D : *theo, nurs, med.*
Cheong Ju Dae Hag [Cheongju C.], 36 Naedeog-dong, Cheongju, Chungbug. *1946*

D : *mine, com-eco, law-adm, Korean lang & lit, English lang & lit, arc.*
Cheong Ju Yeo Ja Dae Hag [Cheongju Women's C.], Cheongju, Chung-Bug. *1969*
D : *dom sc, mus, fa, instrumental mus, app fa.*
Chung Bug Dae Hag [Chung-Buk National U.], 48 Gae Shin Dong, Cheongju, Chung Bug. *1956*
F : *agr, phar, eng, ed.*
D : *gen ed.*
Duk Sung Yeo Ja Dae Hag [Duk Sung

Women's C.], 114 Ueui-dong, Jongrogu, Seoul. *1950*
D : *Korean lang & lit, English lang & lit, dom sc, des, app art, phar, bus adm, nutr.*
Dong Deog Yeo Ja Dae Hag [Dongdeog Women's C.], 23-1 Haweolgog-dong, Seongbug-gu, Seoul. *1950*
D : *phar, Korean lang & lit, dom sc, bus adm, pnt, nutr.*
Gang Weon Dae Hag [Gang Weon National C.], San 32 Hyoja-dong, Chuncheon, Gangweon-do. *1947*
D : *agr, an hus, for, agr ch, agr eng, law, adm, bus mangt, Korean lang, English lang, math, phys.*
Gong Ju Sa Boom Dae Hag [Gongju National C. of Education], Banjug-dong, Gongju, Chungnam. *1948*
D : *phys, sc, Korean lang, fgn lang.*
Kook Jae Dae Hag [International C.], 2-2 2-ga, Chungjeong-ro, Seodaemun-gu, Seoul. *1955*
D : *Korean lang & lit, English lang &lit, eco, law, dom sc, Japan lang & lit, bus adm.*
Gug Min Dae Hag [Gugmin C.], 117 86- Jeungneungdong, Sung-buk-ku, Seoul. *1946*
D : *law, publ adm, eco, nutr, des, bus adm, dom sc.*
Gwan Dong Dae Hag [Eastern Korean Christian C.], 72-1 Naegog-dong, Gangleung Gangweon-do. *1955*
D : *bus mangt, agr, English lang & lit., Korean lang & lit.*
Keimyung Dae Hug [Keimyung C.], 2139 Daemyeong-dong, Nam-gu, Taegu. *1942*
D : *English lang & lit, Korean lang & lit, hist-phil, dom sc, bus mangt, mus, ed, app art.*
Gyeong Gi Dae Hag [Kyonggi C.], 71 2-ga, Chungjeong-ro, Seodaemungu, Seoul. *1956*
D : *bus adm, tour, com, Korean lang & lit, publ adm, phys.*
Gyeong Nam Dae Hag [Gyeong Nam C.], 281-1 Oanweol-dong, Masan, Gyeong Nam. *1947*
D : *English lang & lit, Korean lang & lit, com, law, bus adm, phys, publ-adm, tour.*
Gyeong Sang Dae Hag [Gyeongsang National U.], 92 Chilam-dong, Jinju, Gyeongsang Namdo. *1948*
D : *agr, for, an hus, vet, agr ch, agr eng, Korean lang, sc, dom sc, math, fgn lang.*
Han Gug Oi Gug Eo Dae Hag [Hanguk U. of Foreign Studies], 270 Imun-dong, Dongdaemun-gu, Seoul. *1954*
D : *fgn lang, law-pol, trade-eco, ed.*
Han Gug Sa Hoi Sa Eob Dae Hag [Hangug Social Work C.], 2288 Daemyung-dong, Nam-gu, Taegu. *1956*
D : *special ed, soc w, eco.*
Hyo Seong Yeo Ja Dae Hag [Hyoseong Women's C.], 1155 Bongdeog-dong, Nam-gu, Taegu, Gyeonbuk. *1952*
D : *Korean lang & lit, English lang & lit, French lang & lit, dom sc, phar, hort, mus, bus adm, app art.*
Jeju Dae Hag [Jeju National C.], 581 Yongnam 2-dong Jeju, Jeju-do. *1955*
D : *agr-an hus, law, bus mangt, vet, fish, hort, food prod, marine biol, Korean lang & lit, English, math, dom sc.*
Jeonju Yeong Saeng Dae Hag [Jeonju Christian C.], 90 Nosong-dong, Jeonju, Jeon Bug. *1964*
D : *Korean lang & lit, English lang & lit, com, law, dom sc.*
Myeong Ji Dae Hag [Myeongji C.], 58-17 Seosomun-dong, Seodaemun-gu, Seoul. *1948*
D : *publ adm, bus adm, lang, elec, nutr, law, com, fgn trade, electro, ch eng, Korean lang & lit, English lang & lit.*
Sam-Yug Dae Hag [Korean Union C.], 223 Gongleung-dong, Seongbug-gu, Seoul. *1961*
D : *theo, agr, dom sc, English lang & lit, soc ed.*
Sang Myeong Yeo Ja Sa Bum Dae Hag [Sangmyeong Women's C. of Education.], 7 Hongje-dong, Seodaemun-gu, Seoul. *1965*
D : *fgn lang, Korean lang, dom sc, fa, phys, mus.*
Seo La Beol Ye Sul Dae Hag [Seolabeol Arts C.], San 3-1 Donam dong, Seongbug-gu, Seoul. *1953*
D : *mus, pnt, dram & cinema, ind art, lit.*
Seong Sim Yeo Ja Dae Hag [Sacred Heart C. for Women], 1-1 Ogcheondong, Chuncheon, Gagweon-do. *1964*

D : *Korean lang & lit, English lang & lit, French lang & lit, soc w, dom sc, ch, nutr.*
Sungshin Yeo Ja Sa Bum Dae Hag [Sungshin Women's C. of Education], 2991–1 3-ga, Dongseon-dong, Seongbug-gu, Seoul. *1965*
D : *dom sc, eco, fgn lang, fa, Korean lang, mus, soc.*
Seoul San Eob Dae Hag [Seoul Public C. of Agriculture], 8–3 Jeonnong-dong, Dongdaemun-ku, Seoul. *1956*
D : *hort, agr eng, farm mangt, sericulture, vet.*
Seoul Yeo Ja Dae Hag [Seoul Women's C.], P.O. Box 15, Cheongyang-li, Seoul. *1960*

D : *English lang & lit, dom sc, ind arts, rur sc, soc w, nutr, food techn, photo-biol.*
Soo Do Yeo Ja Sa Beom Dae Hag [Soodo Women's C. of Education], San 2 Gunja-dong, Seongdong-gu, Seoul. *1948*
D : *dom sc, vocal mus, instrumental mus, soc, app arts, food ch, fa, phys, ed, Korean lang & lit, English lang & lit, dancing, tour, hotel mangt.*
Sang Ji Dae Hag [Sang Ji C.], 1082 Bongsan-dong, Weonju, Gangweon-do. *1963*
D : *law, adm, eco, bus adm, soc welfare*

Teacher Training—Formation pédagogique

Andong Gyo Yug Dae Hag [Andong Junior Teachers' C.], 142 Myeongtyundong, Andong, Gyeong Bug. *1965*
Busan Gyo Yug Dae Hag [Busan J.T.C.], 263 Geoje-dong, Donglae-gu, Busan. *1962*
Cheongju Gyo Yug Dae Hag [Cheongju J.T.C.], 135 Sugog-dong, Cheongju, Chung Bug. *1962*
Chuncheon Gyo Yug Dae Hag [Chuncheon J.T.C.], 339 Seogsa-dong, Chuncheon, Gangweon-do. *1962*
Daegu Gyo Yug Dae Hag [Daegu J.T.C.], taegu. *1962*
Gangreung Gyo Yug Dae Hag [Gangreung J.T.C.], 57–2 Chodang-dong, Gangreung, Gougweon-do. *1968*
Gongju Gyo Yug Dae Hag [Gongju J.T.C.], 376 Gongju, Chung Nam. *1962*
Gunsan Gyo Yug Dae Hag [Gunsan J.T.C.], Gunsan, Jeon Bug. *1966*

Gwangju Gyo Yug Dae Hag [Gwangju J.T.C.], 382 Punghyang-dong, Gwangju, Jeon Nam. *1962*
Incheon Gyo Yug Dae Hag [Incheon J.T.C.], 202 Sungeui-dong. Incheon, Gyeonggı-do. *1962*
Jeju Gyo Yug Dae Hag [Jeju J.T.C.], Geonib-dong, Jeju, Juju-do. *1966*
Jeonju Gyo Yug Dae Hag [Jeonju J.T.C.], 128 Nuhag-dong, Jeonju, Jeon Bug. *1962*
Jinju Gyo Yug Dae Hag [Jinju J.T.C.], 380 Sinam-dong, Jinju, Gyeong Nam. *1962*
Masan Gyo Yug Dae Hag [Masan J.T.C.], Masan, Gyeong Nam. *1968*
Mogpo Gyo Yug Dae Hag [Mogpo J.T.C.], Mogpo, Jeon Nam. *1964*
Seoul Gyo Yug Dae Hag [Seoul J.T.C.], 71 Haengdang-dong, Seongdong-gu, Seoul. *1962*

Also 13 Junior Colleges.

The Korean Federation of Education Associations

The Federation is an independent, non-political and voluntary organization of professional teachers in Korea. It was founded on November 23, 1947 as the professional organization of Korean teachers.

It is composed of eleven provincial associations under which are placed local associations at city and county level. In May 1976 KFEA had 171,500 members, about 84% of all Korean teachers. KFEA consolidates teachers engaged in elementary, secondary and higher education, in order to improve their social and economic status as well as their professional and academic qualifications, and to promote their material and moral rights and interests, thereby contributing to the sound development of democratic education in Korea.

The governing body of KFEA is the Assembly of Delegates, which meets an-

nually. This Assembly determines policies outlining the general programme, draws up the budget, amends the KFEA Constitution and elects the Board of Directors. Between meetings of the Assembly of Delegates, the Board of Directors is responsible for general policies and the main interests of KFEA. The work of the Federation is carried out by the Secretariat under the direction of the Board of Directors.

KFEA raises the standard of teaching through various programmes such as study meetings, seminars, in-service-training and workshops. Official Journals: The New Education (monthly); The Saehan Shinmun (weekly); The New Classroom (monthly).

La Fédération coréenne des associations d'enseignement est un organisme indépendant, sans but politique et bénévole réunissant les enseignants professionnels de Corée. Elle fut fondée le 23 novembre 1947 comme organisation professionnelle des enseignants coréens.

Elle se compose de onze associations provinciales dont dépendent des associations locales au niveau de la ville ou du district. Elle comptait, en mai 1976, 171,500 membres, soit environ 84% de l'ensemble du corps enseignant coréen. La KFEA apporte son appui aux enseignants de l'enseignement élémentaire, secondaire, et supérieur, en vue d'améliorer leur statut tant économique que social, ainsi que leurs qualifications professionnelles et académiques, et de défendre leurs droits et intérêts, sur les plans matériel et moral. Elle contribue ainsi à un développement harmonieux de l'enseignement démocratique en Corée.

L'organe suprême de la KFEA est l'Assemblée de délégués qui se réunit annuellement. L'Assemblée fixe l'orientation du programme général, établit le budget, modifie s'il y a lieu les statuts de la Fédération et élit le Conseil d'administration. Entre les réunions de l'Assemblée, le Conseil dirige la politique générale de la KFEA et veille à ses principaux intérêts. Les tâches de la Fédération sont accomplies par le secrétariat, sous la direction du Conseil d'administration.

La KFEA élève le niveau de l'enseignement grâce à différents programmes (journées d'études, séminaires, sessions de recyclage en cours de carrière et colloques). Périodiques officiels: The New Education (mensuel); The Saehan Shinmun (hebdomadaire); The New Classroom (mensuel).

President: Dr. Dongmyo Park.
Secretary-General: Woo Shik Park, 25 1-ka Shinmun-ro, Chongro-ku, Seoul 110.

Korean Association of University Women (IFUW)
President: Dr. Okgill Kim.
Chairman (Internat. Rel.): Mrs. Young Ja Kim Huh.
423–44, Sangmun-dong, Dobong-ku, Seoul.

World University Service
Chairman: Dr. Nyung Sun Kim.
Secretary: Bong Sam Kim.
18 Mook Cong Dong, Chong-Ku, Seoul.

Catholic Students' Centre (Pax Romana)
Secretary: Peter H. Kim.
29–1 4-ka, Myongryun-dong, Chongro-ku, Seoul.

Korean Catholic Intellectuals Association (Pax Romana)
President: Kun Lee.
Catholic Students' Centre (see above).

National Council of Student YMCAs (WSCF)
P.O. Box 1056, Seoul.

National Committee of Student YWCAs (WSCF)
1-ka, Myoung Dong, Seoul.

Korean Student Christian Federation (WSCF)
Chairman: Dr. Yong Joon Kim.
General Secretary (Acting): Yik Hyun Lee.
I.P.O. Box 1884, Seoul.

United Nations Student Association (ISMUN)
Executive Director: Kang-Hyuk Lee.
52-kA Namdaimon-Ro, Choong-ku, Seoul.

*

Ministry of Education
Seoul.

Korean National Commission for Unesco
P.O. Box Central 64, Seoul.

KUWAIT—KOWEIT

*Kuwait University, P.O. Box 5969, Kuwait.   *com-eco-pol, med.*
                                                      1966   C : *for wom.*
F : *sc, arts-ed, law, Isl law (Sharia), eng,*

National Union of Kuwait Students—NUKS   **Ministry of Education**
P.O. Box 13189, Keefan.   Kuwait.
                                                        Kuwait National Commission for Unesco
                              *   Ministry of Education, Kuwait.

LAO PEOPLE'S DEMOCRATIC REPUBLIC — RÉPUBLIQUE DÉMOCRATIQUE POPULAIRE LAO

Université Sisavangvong, Vientiane. (Nouvelle institution groupant les établissements ci-dessous/new institution incorporating the establishments listed below) :
Institut royal de Droit et d'Administration, B.P. 436, Vientiane. *1959*

Ecole royale de Médecine, B.P. 131, Vientiane. *1958*
Institut des Etudes bouddhiques, Vientiane. *1964*
Ecole supérieure de Pédagogie, Dongsaphangmeuk, Vientiane. *1958*

Catholic Students' Society (Pax Romana) Mission catholique, Vientiane.

*

Ministère de l'Education nationale, des Beaux-Arts et des Sports jeunesse Vientiane.

Commission nationale laotienne pour l'Unesco
Ministère des Affaires étrangères, Vientiane.

LEBANON—LIBAN

UNIVERSITIES—UNIVERSITES

*Al-Jâmi'ah al-Lubnaniyah [U. libanaise], Bîr'Hassan, Beyrouth. (M. le Secrétaire général). *1953*
F : dr-pol, let, sc, péd, gestion entrep.
I : soc, ba, jour.

*Al-Jâmi'ah al-Amirikiyah fi Bayrût [American U. of Beirut], B.P. 236, Beirut. (The Registrar.) *1865*
F : arts-sc, eng-arc, agr.
S : publ heal, nurs, med, phar.

*Jâmi'at al Qiddis Yussuf [U. Saint-Joseph], rue de l'Université Saint-Joseph, B.P. 293, Beyrouth. *1875*
F : théo, dr-éco, méd-phar.
Ce : ét arabes.
E : gé.
I : let orntl.

*Jâmi'at Bayrût al-'Arabiyah [Beirut Arab U.], B.P. 5020, Beirut. *1960*
F : let, law, eng-arc, com.

Jâmi'at al-Rûh' al-Qudos [U. Saint-Esprit], Kaslik. *1961*
F : théo, phil, let, dr, com, ba.
I : lit, mus.

OTHER INSTITUTIONS—AUTRES INSTITUTIONS

Al-Akadimiyah al-Lubnaniyah lil-Fûnûn al-Jamîlah [A. libanaise des Beaux-Arts], Beyrouth. *1937*
E : arc, mus, pnt, décor.

Ma'had Haïkazian [Haïgazian C.], rue du Mexique, B.P. 1748, Beyrouth. *1955*
D : arts, sc.

Ma'had Al-Joghrâfia fi al-sharq al-adna wal-awsat [I. de Géographie du Proche et Moyen-Orient], avenue de Damas, B.P. 2961, Beyrouth. *1946*

Madrasat al-Adâb al-'Ulya [E. sup. des Lettres], avenue de Damas, B.P. 1931, Beyrouth. *1943*
D : let.

Markiz al-Durûs al-Riâdiyah wal Fisiâïyat [Centre d'Etudes mathématiques et physiques], avenue de Damas, B.P. 3855, Beyrouth. *1945*
D : math, phy, math app.

Kulliyat Bayrut al-Jâmi'yat [Beirut U.C.], B.P. 4080, Beirut. *1950*
D : arts, sc.

Ma'had al-'Hikmat al-'Ali li-I-'Huqûq [I. sup. de Droit de la Sagesse], 1961, rue de Hikmat, Beyrouth. *1961*

Kulliyat al-Sharq al-awsat [Middle East C.], B.P. 1170, Beirut. *1949*
D : relig st, hist, bus adm, eng, nat.

Association des Libanaises universitaires (IFUW)
Présidente: Dr. Thérèse Boumaroun.
Présidente (Rel. internat.) et Secrétaire: Mlle. Thérèse Salame.
Immeuble Mahran Nazar Karamekhian, Rue Karm El Zeytoun, Achrafieh, Beyrouth.

Union nationale des Universitaires du Liban—UNUL
B.P. 5895, Beyrouth.

Conseil national du Tourisme au Liban, Service «Accueil des Jeunes»—CNTL B.P. 5344, Beyrouth.

Union catholique des Intellectuels du Liban

(Pax Romana)
Secrétaire: Philippe Khairallah.
Imm. Jabr., rue Patriarcat Arménien, Antélias.
Orthodox Youth Movement (WSCF)
P.O. Box 2966, Beirut.

Ministère de l'Education nationale et des Beaux-Arts
Beyrouth.
Commission nationale libanaise pour l'Unesco
Palais de l'Unesco, Beyrouth.

LESOTHO—LESOTHO

National University of Lesotho, P.O. Box Roma, Via Maseru. (The Vice-Chancellor). *1945, 1964, 1966, 1975*

F : *agr, ed, hum, sc, soc-eco st.*

International Association of University Professors and Lecturers (IAUPL)
Academic Staff, National University of Lesotho, P.O. Box Roma, Via Maseru.
World University Service
Correspondent: James Butsoane.
National University of Lesotho, P.O. Box Roma, Via Maseru.
Student Christian Movement (WSCF)
Secretary: Rev. John Osmers.

St. Barnabas Rectory, P.O. Maseru.

*

Ministry of Education
P.O. Box 47, Maseru.
Lesotho National Commission for Unesco
Ministry of Education, P.O. Box 47, Maseru.

LIBERIA—LIBERIA

UNIVERSITIES—UNIVERSITÉS

*University of Liberia, P.O. Box 84, Monrovia. (The President). *1856, 1951* F : *li arts, sc, law, ed, for-agr, med, bus adm.*

OTHER INSTITUTIONS—AUTRES INSTITUTIONS

Cuttington University College, P.O. Box 277, Monrovia. *1889, 1976* D : *sc-math, hum, soc, nurs, ed, theo.*

Liberian National Students Union—LNSU
Student Council, University of Liberia, Monrovia.
National Student Christian Council of Liberia (WSCF)
Chairman: Godwin Amegashie.
General Secretary: D. Khan Carlor.
P.O. Box 147, Monrovia.
United Nations Student Association (ISMUN)

President: E. Jee Dennis.
University of Liberia, P.O. Box 804, Monrovia.

*

Ministry of Education
Monrovia.
Liberian National Commission for Unesco
Ministry of Education, Monrovia.

LIBYAN ARAB PEOPLE'S REPUBLIC—REPUBLIQUE POPULAIRE ARABE LIBYENNE

*University of Garyounis, P.O. Box 1308, Benghazi. 1955, 1973, 1976
F : *arts, eco, com, law, eng, med, sc, dent agr; Arabic & Isl st, ed* (Beida).

*University of Al-Fateh, Tripoli. 1955, 1973, 1976
F : *ed, sc, eng, agr, pet-miner, med.*

Ministry of Education
Tripoli.

Libyan National Commission for Unesco
P.O. Box 1091, Solyman Barouni Street, Tripoli.

LUXEMBURG—LUXEMBOURG

Centre Universitaire de Luxembourg, 162a, avenue de la Fayencerie, Luxembourg.
1969, 1974
D : let-hum, dr-éco, sc, jur, péd.
Institut Universitaire International de Luxembourg, 162a, avenue de la Fayencerie, Luxembourg. *1958, 1974*
Ce : ét jur-dr comparé, éco pol, ét-reach eur.
Institut pédagogique, Walferdange. *1960*

Association générale des Etudiants luxembourgeois
Case postale 78, Luxembourg-Ville.
Fédération luxembourgeoise des Femmes universitaires (IFUW)
Présidente et Présidente (Rel. internat.):
Mlle R. Kieffer.
10, rue de l'Abbé-Lemire, Luxembourg.
Secrétaire: Mlle M. Unsen.
18, rue Collart, Bettembourg.
Association luxembourgeoise des Universitaires catholiques—Akademiker Verein
(Pax Romana)
5, avenue Marie-Thérèse, Luxembourg.

*

Ministère de l'Education nationale
12, rue du Saint-Esprit, Luxembourg.
Commission nationale luxembourgeoise pour la Coopération avec l'Unesco
Ministère des Affaires étrangères, 5, rue Large, Luxembourg.

MALAGASY DEMOCRATIC REPUBLIC—REPUBLIQUE DEMOCRATIQUE MALGACHE

UNIVERSITIES—UNIVERSITES

*Université de Madagascar, B.P. 566, Tananarive. (M. le Recteur). *1961*
D : dr-éco-gestion, sc, let, polytec, sa, agr.
I : math (rech), éd, ling app, phys-sport, polytec (Diego).
Ce : nat, let Malgaches, ét Françaises, hist-géog (Tuléar).

Laboratoire de Radio-Isotopes, B.P. 3, 383 Tananarive. *1956*
Musée d'Art et d'Archéologie, B.P. 564, Tananarive. *1964*
Station Marine de Tuléar, B.P. 141, Tulear. *1970*

OTHER INSTITUTIONS—AUTRES INSTITUTIONS

Institut des Télécommunications et des Postes, Antanetibe, Tananarive. *1964*
Institut national supérieur de Recherche et de Formation pédagogiques, B.P. 3109, Tananarive. *1963*

Fédération des Associations d'Etudiants de Madagascar—FAEM
Campus universitaire, B.P. 3004, Tananarive.
Fédération malgache des Etudiants chrétiens (WSCF)
Secrétaire général: Léon Ramiandrisoa. B.P. 3824, Tananarive.
Centre chrétien universitaire (Pax Romana) 77, route Circulaire, Tananarive.

Bureau des Relations extérieures
Ministère de l'Education nationale et des Affaires culturelles, Tananarive.
Ministère de l'Education nationale et des Affaires culturelles
Tananarive.
Commission nationale malgache pour l'Unesco
Ministère de l'Education nationale et des Affaires culturelles, Tananarive.

*

MALAWI—MALAWI

***University of Malawi,** University Office, P.O. Box 278, Zomba. 1965
Bunda College of Agriculture, P.O. Box 219, Lilongwe.
Chancellor College, P.O. Box 280, Zomba.

S : *arts, sc, soc eco, law-adm, ed-hom eco.*
The Polytechnic, Private Bag 303, Chichiri, Blantyre 3.
S : *techn, bus-li st.*

World University Service
Adviser: T. L. Mandala.
University of Malawi, P.O. Box 280, Zomba.
Catholic Student Society (Pax Romana)
c/o The Chaplain, Pius XII Seminary, Box 603, Limbe.
Student Christian Organization of Malawi (WSCF)

Chairman: Rev. S. Chiphangwi.
General Secretary: J. K. Louw.
P.O. Box 183, Lilongwe.

*

Ministry of Education
Lilongwe 3.

MALAYSIA—MALAISIE

UNIVERSITIES—UNIVERSITES

*Universiti Malaya, Lembah Pantai, Kuala Lumpur. (The Registrar). *1949, 1957, 1962*
F : *arts, sc, eng, agr, med, ed, eco-adm, dent, law, acc, publ adm, comp.*
*Universiti Sains Malaysia [U. of Science], Minden, Pulau Pinang. *1969*
F : *sc, sc-ed, phar, app sc, arc-bui-plan, hum, hum-ed-soc.*
*Universiti Kebangsaan Malaysia [National U.], P.O. Box 1124, Jalan Pantai Baru, Kuala Lumpur. *1970*
F : *arts, sc, Isl st, med.*
I : *Malay lang-lit-cult.*
*Universiti Pertanian Malaysia [U. of Agriculture], P.O. Box 203, Sungei Besi, Selangor. *1931, 1971*
F : *agr, for, vet, hom sc, techn, sc.*
*Universititi Teknoloji Malaysia, Jalan Gurney, Kuala Lumpur. *1955*
F : *eng, arc, surv, plan, sc.*

OTHER INSTITUTIONS—AUTRES INSTITUTIONS

Technical Education—Enseignement technique

Institut Teknoloji MARA [I. of Technology], Shah Alam, Selangor. *1957*
F : *acc, adm-law, bus mangt, app sc, comp, arc-des-fa, eng, lib, mass commun, hotel & catering mangt, pre-U.st, sec.*
Kolej Tunku Abdul Rahman, 67 Jalan Ampang, Kuala Lumpur. *1969*
com, sc-arts, techn, pre-U.st, acc.
Polyteknik Ungku Omar [Ungku Omar Polytechnic], P.O. Box 260, Jalan Dairy, Ipoh, Perak. *1969*
eng, com.

Teacher Training—Formation pédagogique

Maktab Perguruan Sultan Idris [Teachers' C.], Tanjong Malim, Perak. *1922*
Maktab Perguruan Perempuan Melayu [Women's Teachers' Training C.], Durian Daun, Melaka. *1936*
Maktab Perguruan Raja Melewar [Teacher Training C.], Jalan Sikamat, Seremban, Negeri Sembilan.
Gaya Teacher Training College, Kota Kinabalu, Sabah. *1963*
Kent Teacher Training College, Tuaran, Sabah. *1952*
Batu Lintang Teachers' College, Kuching, Sarawak. *1948*
Sarawak Teachers' College, Sibu, Sarawak. *1957*
Rajang Teachers' College, Binatang, Sarawak. *1969*
Maktab Perguruan Harian [Day Teachers' Training C.], Ipoh, Perak.
Maktab Perguruan Harian, Jalan Kuantan, Kuala Lumpur.
Maktab Latihan Harian [Day Training C.], Jalan Hamilton, Pulau Pinang.
Maktab Perguruan Mohd. Khalid [Teacher Training C.], Jalan Abdul Samad, Johor Bahru, Johor.
Maktab Perguruan Pendidekan Kesihatan

Dan Nilai Pemakanan [Health and Nutrition Teachers' C.], Jalan Pasir Panjang, Kuala Trengganu, Trengganu.
Pusat Latihan Guru Bumiputra [Regional Teachers' Training Centre], Kota Kinabalu, Sabah.
Maktab Perguruan Bahasa [Language I.], Pantai Valley, Kuala Lumpur. *1958*
Maktab Perguruan Ilmu Khas [Specialist Teachers' I.], Jalan Cheras, Kuala Lumpur. *1960*
Maktab Perguruan Persekutuan, Bukit Coombe, Pulau Pinang. *1956*
Maktab Perguruan Teknik [Technical Teachers' C.], Jalan Cheras, Kuala Lumpur. *1962*
Maktab Perguruan Temenggong Ibrahim [Teachers' C.], Jalan Larkin, Johor Bharu, Johor. *1965*
Maktab Perguruan Kota Bharu [Teachers' C.], Pengkalan Chepa, Kota Bharu, Kelantan. *1954*

Persatuan Kebangsaan Pelajar 2, Malaya—PKPM
Union House, University of Malaya, Pantai Valley, Kuala Lumpur.
Pergerakan Siswazah Katholik Malaysia (Pax Romana)
Xavier Hall, Jalan Gasing, Petaling Jaya, Selangor.
Catholic Students' Society University of Malaya (Pax Romana)
University of Malaya, c/o Xavier Hall, Jalan Gasing, Petaling Jaya Selangor.

National Student Christian Movement (WSCF)
Chairman: Rev. Tang Kin Wah.
General Secretary: Woon Yoke Heng.
2 Jalan Wesley, Kuala Lumpur.

*

Ministry of Education
Federal House, Kuala Lumpur.
Malaysian National Commission for Unesco
Ministry of Education, Federal House, Kuala Lumpur.

MALI—MALI

Ecole nationale d'Administration, B.P. 276, Bamako. *1963*
Sect : adm publ, jur, éco.
Ecole nationale d'Ingénieurs, B.P. 242, Bamako. *1963*
Sect : topog, géol, const civ, élec-méc.
Ecole de Médecine, Pharmacie et Dentisterie, Point G, Bamako. *1969*
Institut polytechnique rural, B.P. 6, Koulikoro. *1966*
Sect : élev, eaux et forêts, agr.
Ecole normale supérieure, B.P. 241, Bamako. *1962*
Sect : phil-let, hist-géog, lang, math, phy-ch, biol.
Centre pédagogique supérieur, B.P. 241, Bamako. *1970*
Sect : écol, entomologie, microbiol, lit. comparée, géol, ling app, biol anim.
Institut de Productivité et de Gestion prévisionnelle, B.P. 1300, Bamako. *1972*
Ecole nationale des Postes et Télécommunications, Bamako. *1969*
Cycle des Hautes Etudes de Secrétariat de Direction, de Comptabilité et de Gestion, B.P. 242, Bamako. *1974*

Ministère de l'Education nationale, Direction nationale des Enseignements supérieurs et de la Recherche scientifique, Bamako.
Commission nationale malienne pour l'Unesco

Ministère de l'Education nationale, Bamako.

MALTA—MALTE

*Royal University of Malta, Msida. (The Registrar). 1592, 1769, 1947
F : *arts, sc, eng-arc, theo, laws, med-surg, dent surg.*

Malta College of Arts, Science and Technology, Msida. 1961
D : *eng, com, catering, ed.*

Association of Teachers of the Royal University of Malta (IAUPL)
Royal University of Malta, Msida.
Students' Representative Council—SRC 220 St. Paul's Street, Valletta.
University Students' Catholic Movement (Pax Romana)
President: Miss Sonia Ellul.

Royal University of Malta, Msida.

*

Maltese National Commission for Unesco
Ministry of Commonwealth and Foreign Affairs, Valletta.

MARTINIQUE—MARTINIQUE

Centre Universitaire des Antilles et de la Guyane (1)
U.E.R. de Droit et Sciences économiques,

B.P. 513, 97200 Fort-de-France.
U.E.R. des Sciences exactes et naturelles,
B.P. 601, 97200 Fort-de-France.

Inspection académique de la Martinique, Service de l'Organisation scolaire

41, rue Gabriel Péri, Fort-de-France.

---

(1) See also Guadeloupe, p. 167.
(1) Voir aussi Guadeloupe, p. 167

MAURITANIA—MAURITANIE

Ecole normale supérieure, B.P. 629, Nouakchott. *1970*
D : hum-nat, let-hist-géog, éd.

Ecole nationale d'Administration, B.P. 252, Nouakchott. *1968*
D : dr, éco, adm, gestion.

Ministère de l'Education et de la Jeunesse Nouakchott.
Commission nationale de la République islamique de Mauritanie pour l'Unesco B.P. 196, Nouakchott.

MAURITIUS—MAURICE (Ile)

University of Mauritius, Reduit. (The Chancellor). *1967*
S : *agr, adm, ind techn, mangt.*
The Teachers' Training College, Beau Bassin. (The Principal). *1942*
The Industrial Trade Training Centre, Beau Bassin (The Manager).
Mauritius Institute of Education, Reduit. (The Director). *1974*
School of African, Oriental and Mauritian Studies. *1977*

Mauritius Union of Students
24 Lislet Geoffrey Street, Port Louis.

*

Ministry of Education and Cultural Affairs
Government House, Port Louis.
Mauritius National Commission for Unesco
Ministry of Education and Cultural Affairs, 55 d'Entrecasteaux Street, Port Louis.

MEXICO—MEXIQUE

UNIVERSITIES—UNIVERSITES

*Universidad Autónoma de Aguascalientes, Jardín del Estudiante 1, Aguascalientes, Ags.
E : com-adm, inf, trav soc, agr, dent, vét-zoo, méd.
Universidad «Anáhuac», Lomas Anáhuac, Apartado postal 10–844, México 10, D.F. (Sr. Secretario general). *1964*
E : com-adm, dr, ing, éco, arc, psyc, act.
Universidad Azteca, Avenida Chapultepec 246, México 6, D.F.
comp, adm des aff, sc-hum.
Universidad Autónoma de Baja California, Río Conchos y Paseo del Valle, Fraccionamiento Jardines del Valle, Mexicali, B.C. *1957*
E : ing, arc, agr, méd, pol-soc, péd, inf; comp-adm, éco, tour, comp-adm (Tijuana); mar (Ensenada).
Universidad Autónoma de Baja California Sur, Domicilio Conocido, La Paz, B.C. Sur.
soc, biol.
Universidad Autónoma de Ciudad Juárez, Terrenos del Chamizal, Ciudad Juárez, Chih.
*Universidad Autónoma del Estado de México, Avenida Constituyentes 100 Ote., Toluca, Méx. *1956*
I : éco-adm, phy-math, dr-soc, arc-ba, ch, sa, hum, agr.
D : lang.
Universidad Autónoma de Guadalajara, Paseo de las Águilas 7000, 3a. Sección Lomas del Valle, Guadalajara, Jal. *1935*
F : arc, dr, ch, adm-comp-éco, méd.
E : phil-let, inf-obst, sc, psyc, mus, ing, dent, anth, lang, jour.
Universidad Autónoma de Guerrero, Avenida Juárez 14, Chilpancingo, Gro. *1869, 1960*
F : dr-soc.

E : gé civ, péd, ch, inf-obst, phil-let; com-adm, tour, mar, inf-obst (Acapulco); agr (Iguala).
Universidad Autónoma de Hidalgo, Abasolo 600, Pachuca, Hgo. *1869, 1961*
E : dr-soc, gé ind, méd, inf-obst, trav soc, com-adm.
*Universidad Autónoma Metropolitana, Bulevares y Avenida Manuel Ávila Camacho 90, México, D.F. *1973*
D : phy-math-ing, biol-sa, soc-hum.
Universidad Autónoma del Estado de Morelos, Avenida Morelos 107, Cuernavaca, Mor. *1939, 1953, 1967*
E : arc, biol, com-adm, dr-soc, inf-obst, éd (2), bioch.
Universidad Autónoma de Puebla, 4 Sur 104, Puebla, Pue. *1937*
E : adm des aff, arc, ch, comp-adm, dr-soc, éco, phil-let, phy-math, gé civ, ch, méd, dent, inf-obst, vét-zoo.
*Universidad Autónoma de Querétaro, 16 de Septiembre 63 Ote., Querétaro, Qro. *1775*
F : comp-adm.
E : ch, psyc, dr, gé civ, inf.
I : ba, lang.
*Universidad Autónoma de San Luis Potosí, Alvaro Obregón 64, San Luis Potosí, S.L.P. *1859, 1934*
E : ch, com-adm, éco, stom, phy, ing, dr, méd, inf.
*Universidad Autónoma de Sinaloa, Ángel Flores s/n, Culiacán, Sin.
1874, 1918, 1941, 1965
E : agr, phy-math, comp-adm, dr-soc, éco, inf, trav soc, mar, ch.
Universidad Autónoma de Tamaulipas, Calle Matamoros 8–altos, Ciudad Victoria, Tamps. *1956*
F : agr, dr-soc, com-adm, éd; agr (Ciudad

Mante); com-adm (Nuevo Laredo); dr, gé civ, méd, com-adm, arc, dent (Tampico); ch (Reynosa); méd (Matamoros).

E : inf-obst, trav soc, vét-zoo; inf (Nuevo Laredo); inf-obst, mus (Tampico); inf-obst (Matamoros).

Universidad Autónoma «Benito Juárez» de Oaxaca, Avenida Independencia y M. Alcalá, Oaxaca, Oax. *1827, 1955*

E : arc, com-adm, dr, méd, ch, inf-obst.

Universidad Autónoma de Chiapas, 2ª Poniente Sur 118, Tuxtla Gutiérrez, Chis.

sc adm, phy-math, biomed; soc (San Cristobal de Las Casas); ch, agr, adm (Tapachula).

*****Universidad Autónoma de Chihuahua,** Ciudad Universitaria, Chihuahua, Chich. *1954*

E : agr, comp-adm, dr, phil-let, ing, méd, zoo, ch.

Universidad Autónoma de Coahuila, Bulevar Constitución y Durango, Saltillo, Coach.
1867, 1957

E : agr, ch, dr, arc, gé civ, éco, trav soc, nor, inf-obst, arts plastiques; mine-mét (Nueva Rosita); com-adm, dr-soc, med, dent (Torreón); élec mec (Monclova).

Universidad de Colima, 27 de Septiembre y Niños Héroes, Colima, Col.
1867, 1940, 1962

E : comp-adm, dr, ing inf-obst, arts; agr (Tecomán).

Universidad Femenina de México, Avenida Constituyentes 151, México 18, D.F. *1943*

E : ch, com-adm, dr-soc, décor, publicité, nor.

*****Universidad de Guadalajara,** Avenida Juárez 975, Guadalajara, Jal. *1791*

F : com-adm, dr, éco, phil-let, ing, méd, dent, ch, ing.

E : agr, arc, vét-zoo, arts plastiques, inf, polytec, trav soc, mus, tour.

Universidad de Guanajuato, Lascuraín de Retana, 5, Guanajuato, Gto.
1732, 1828, 1945

E : arc, ch, comp-adm, dr, phil-let, rel ind, arts plastiques, gé civ, gé mine-mét, topog-hyd, inf-obst, mus; comp-adm, inf-obst, sec (Celaya); méd, inf-obst (León); élec-méc (Salamanca).

Instituto Allende, San Miguel de Allende, Gto.

Universidad del Bajío, Falda del Cerro Gordo, Apdo, postal 444, León, Gto.

E : com-adm, jour-commun.

Universidad Hispano Mexicana, Emilio Castelar 63 Esq. Eugenio Sué, Col. Polanco, México 5, D.F.

tour, rel publ.

*****Universidad Iberoamericana,** Avenida Cerro de las Torres 395, Col. Campestre Churubusco, México 21, D.F. *1943*

D : dess arc, éco, adm des aff, phil, psyc, socio-adm publ, dr, dess ind, anth, hist d'art, gé civ, ch, comp, rel ind, phy, méc-élec, commun.

*****Universidad Juárez del Estado de Durango,** Constitución 404 Sur, Durango, Dgo.
1933, 1957

E : com-adm, com prat, dr, méd, vét-zoo, inf-trav soc, mus, pnt-sculp, agr-zoo.

Universidad Autónoma Juárez de Tabasco, Zona de la Cultura, Villahermosa, Tab.
1879, 1958

E : comp-adm, gé civ, dr, méd, vét-zoo, inf, dent.

*****Universidad La Salle,** Benjamín Franklin 47, México 18, D.F.

E : arc, com-adm, dr, ing, méd, phil, ch.

I : math, inft-systèmes.

Universidad de Las Américas, Domicilio Conocido, Apartado postal 507, San Andrés Cholula, Pue.

I : techn, hum.

Universidad Latina, Chihuahua 202, México 6, D.F.

comp, adm.

Universidad Michoacana de San Nicolás de Hidalgo, Melchor Ocampo 351, Morelia, Mich. *1580, 1917*

F : méd-biol, comp-adm, dr-soc, gé civ, méc-élec-ch, dent, agrobiol, phy-math.

E : vét-zoo, inf, ch phar, ba.

Universidad de Montemorelos, Apartado postal 16, Montemorelos, N.L.

F : méd, péd, com-adm, inf.

E : tec, sec, ed.

Universidad de Monterrey, Avenida Gonzalitos 300 Sur, Apartado postal 4442, Sucursal de Correos J, Monterrey, N.L.

I : sa, éd, sc exactes-nat, hum-soc, éco-adm.

Universidad Motolinía, Ameyalco y Magda-

lena, México 12, D.F. *1918*
E : ch, décor, lang mod, comp.
*Universidad Nacional Autónoma de México, Ciudad Universitaria, México 20, D.F. *1551*
F : sc, dr, phil-let, ing, méd, ch, com-adm, pol-soc, vét-zoo, psyc.
E : arc, éco, dent, inf-obst, arts plastiques, mus trav soc.
C : sc-hum.
*Universidad de Nayarit, Ciudad de la Cultura «Amado Nervo», Tepic, Nay. *1930, 1969*
E : agr, dr, com-adm, inf-obst, dent, éco, tour, océanog, ch, vét-zoo.
Universidad del Noreste, Prol, Avenida Hidalgo s/n Km. 137, Apartado postal 469, Tampico, Tamps.
E : méd.
*Universidad Autónoma de Nuevo León, Ciudad Universitaria, Monterrey, N.L. *1857, 1933*
F : agr, arc, com-adm, dr-soc, phil-let-psyc, gé civ, méc-élec, ch, éco, méd, dent.
E : phy-math, biol, inf-obst, trav soc.
*Universidad Regiomontana, Padre Mier Pte. 447, Monterrey, N.L.
F : arc, com-adm, ing.
E : adm-gé ind.
Universidad Autónoma Agraria Antonio Narro, Domicilio Conocido, Buena Vista, Saltillo, Coah.
agr.
*Universidad de Sonora, Campos de la Universidad, Hermosillo, Son. *1938, 1942*
E : agr-élev, ét sup, ch, comp-adm, dr-soc, inf-trav soc, ing, éco; agr-élev (Santa Ana).
Universidad del Sudeste, Ciudad Universitaria, Campeche, Camp. *1756, 1957*
E : com, dr, ing-tec spécialisées, inf-obst, dent.
Universidad del Valle de México, S.C., Sadi Carnot 57, México 4, D.F. *1960*
E : comp-adm, rel ind.
C : sc-hum.
*Universidad Veracruzana, Zona Universitaria, Lomas del Estadio, Xalapa, Ver. *1944*
F : arc, com-adm, dr, éco, hum, sc, inf-obst; ing, méd, vét-zoo, dent, jour, phys (Veracruz); ch (Orizaba).
E : psyc, inf-obst; phys (Veracruz); inf-obst (Orizaba); méd, inf-trav soc (Poza Rica).
Universidad de la Villa Rica, Avenida Díaz Mirón 2242, Veracruz, Ver.
E : comp-adm.
*Universidad de Yucatán, Calle 60 y 57, Mérida, Yue. *1624, 1922, 1938*
F : ing, dr, méd, dent, ch.
E : com-adm, inf, anth, éco, math, vét, psyc.
*Universidad Autónoma de Zacatecas, Galeana No. 1, Zacatecas, Zac.
E : ch, com-adm, dr, éco, ing, vét-zoo, inf, dent.
Universidad Tecnológica de México, Marina nacional 162 México 17, D.F.
E : comp-adm, dent.

OTHER INSTITUTIONS—AUTRES INSTITUTIONS

Technical Education—Enseignement technique

Escuela de Ingeniería Municipal, Dr. Lucio 191A, México, D.F.
*Instituto Politécnico Nacional, Unidad Profesional Zacatenco, México 14, D.F. *1937*
E : biol, com-adm, éco, phy-math, ing-arc, méc-élec, ch, tex, homéopathie, inf-obst, méd, tec com, tec ind.
Centro de Investigación y Estudios Avanzados del Instituto Politécnico Nacional, Apartado postal 14–740, Mexico 14, D.F.
D : bioch, phy, physiologie, génétique, biol cellulaire, élec, ch, math.
Instituto Tecnológico Agropecuario de Durango, Domicilio Conocido, Apartado postal 357, Durango, Dgo.
agr, zoo.
Instituto Tecnológico Agropecuario de Xoxocotla, Domicilio Conocido, Apartado postal 84, Zacatepec, Mor.
agr, zoo.

Instituto Tecnológico Agropecuario de La Huerta, Domicilio Conocido, Apartado postal 75 "B", La Huerta, Mich.
agr, zoo.
Instituto Tecnológico Agropecuario de Tuxtepec, Domicilio Conocido, Apartado postal 29, Tuxtepec, Oax.
zoo.
Instituto Tecnológico Agropecuario de Mérida, Apartado postal 970, Mérida, Yuc.
agr.
Instituto Tecnológico Agropecuario de Huejutla, Domicilio Conocido, Apartado postal 78, Huejutla, Hgo.
ing dév rur.
Instituto Tecnológico de Pesca, Bulevar Avila Camacho y Uribe, Apartado postal 512, Veracruz, Ver.
pêch.
Instituto Tecnológico Agropecuario de Comitancillo, Domicilio Conocido, Apartado postal 32, Ixtepec, Oax.
ing dév rur.
Instituto Tecnológico Agropecuario de Tampico, Domicilio Conocido, Apartado postal 234, Tampico, Tamps.
agr, zoo.
Instituto Tecnológico Agropecuario de Campeche, Domicilio Conocido, Campeche, Camp.
agr, zoo.
Instituto Tecnológico Autónomo de México, Marina Nacional 350, México 17, D.F.
E : adm, éco, comp.
Instituto Tecnológico Regional de Acapulco, Apartado postal 600, Acapulco, Gro.
rel com, gé électro, tec specialisées.
Instituto Tecnológico Regional de Aguascalientes, Km. 1, Carretera a S.L.P., Apartado postal 263, Aguascalientes, Ags.
E : gé ind, tec.
Instituto Tecnológico Regional de Apizaco, Apartado postal 19, Apizaco, Tlax.
gé ind, gé civ, adm. des aff, tec specialisées.
Instituto Tecnológico Regional de Celaya, Avenida Insurgentes e Irrigación, Apartado postal 57, Celaya, Gto. *1958*
E : gé ind, tec spécialisées, adm des aff.
Instituto Tecnológico Regional de Chetumal. Avenida Andrés Q. Roo con Insurgentes, Apartado postal 267, Chetumal, Q. Roo.
gé ind, soc.
Instituto Tecnológico Regional de Chihuahua, Prol. Avenida Colón, Apartado postal 119, Chihuahua, Chich. *1948*
E : gé ind, tec spécialisées, soc.
Instituto Tecnológico Regional de Ciudad Guzmán, Apartado 150, Ciudad Guzmán, Jal.
Instituto Tecnológico Regional de Ciudad Juárez, Avenida Tecnológico s/n, Ciudad Juárez, Chich. *1964*
E : comp-adm, tec spécialisées, gé ind.
Instituto Tecnológico Regional de Ciudad Madero, Prolongación Calle 10 de Mayo y Sor Juana Inés de la Cruz, Ciudad Madero, Tamps.
E : gé ind, tec ind.
Instituto Tecnológico Regional de Ciudad Victoria, Carretera Torres 22 y 23, Apartado postal 175, Ciudad Victoria, Tamps.
gé civ, gé ind.
Instituto Tecnológico Regional de Culiacán, Prolongación Calle 10, Col. Guadalupe, Apartado postal 1273, Culiacán, Sin.
gé ind électro, gé ind méc, tec specíalisées.
Instituto Tecnológico Regional de Durango, Cap. Francisco de Ibarra 1829 Ote., Durango, Dgo.
E : gé ind, tec ind.
Instituto Tecnológico Regional de Hermosillo, Periférico Poniente y Carretera Bahia Kino, Apartado postal 518, Hermosillo, Son.
gé ind méc, gé ind électro, gé nucl, tec specialisées.
Instituto Tecnológico Regional del Istmo, Km. 821, Carretera Panamericana, Apartado postal 63, Juchitán, Oax.
E : gé ind, tec spécialisées.
Instituto Tecnológico Regional de La Laguna, Bulevar Revolución y Calz Cuauhtemoc, Apartado postal 681, Torreón, Coah.
E : gé ind, tec.
Instituto Tecnológico Regional de León, Apartado postal 107 León, Gto.
Instituto Tecnológico Regional de Matamoros, Plan de Ayutla y Juventino Rosas, Matamoros, Tamps.
E : gé ind, tec spécialisées.

Instituto Tecnológico Regional de Mérida. Carretera Mérida Progreso Km. 5, Apartado postal 561, Mérida, Yuc.
E : gé ind, tec ind.
Instituto Tecnológico Regional de Minatitlán, Km. 27, Carretera Transístmica, Apartado postal 777, Minatitlán, Ver.
E : tec spécialisées.
Instituto Tecnológico Regional de Morelia, Carretera Morelia Salvatierra, Apartado postal 750, Morelia, Mich.
E : gé ind, tec ind.
Instituto Tecnológico Regional de Nogales, Avenida de los Nogales s/n, Apartado postal 796, Nogales, Son.
gé ind électro, adm-des aff, tec specialisées.
Instituto Tecnológico Regional de Nuevo Laredo, Avenida Reforma Sur 2007, Nuevo Laredo, Tamps.
ing, tec specialisées.
Instituto Tecnológico Regional de Orizaba, Avenida Instituto Tecnológico s/n, Col. Emiliano Zapata, Apartado postal 324, Orizaba, Ver.
E : gé ind, tec ind spécialisées.
Instituto Tecnológico Regional de Oaxaca, Carretera a San Felipe s/n, Oaxaca, Oax.
E : gé ind, tec ind.
Instituto Tecnológico Regional de Pachucha, Km. 81, Carretera México-Pachucha, Apartado postal 276, Pachucha, Hgo.
E : gé ind, tec spécialisées.
Instituto Tecnológico Regional de Parral, Carretera Panamericana Km. 1364, Apartado postal 216, Parral, Chih.
gé ind, soc.
Instituto Tecnológico Regional de La Paz, La Paz, B.C.
Instituto Tecnológico Regional de Puebla, Calzada Ignacio Zaragoza, Apartado postal 1145, Puebla, Pue.
E : gé ind, tec spécialisées.
Instituto Tecnológico Regional de Querétaro, Avenida Tecnológico y Calle Gral. Marino Escobedo, Querétaro, Qro. *1967*
E : gé ind.
Instituto Tecnológico Regional de Saltillo, Entronque Carreteras Monterrey y Piedras Negras, Saltillo, Coah.
E : gé ind, tec spécialisées.

Instituto Tecnológico Regional de San Luis Potosí, Km. 1, Carretera San Luis Potosí a Río Verde Unidad Ponciano Arriaga, San Luis Potosí, S.L.P.
E : gé ind, tec spécialisées.
Instituto Tecnológico de Sonora, Rodolfo Elías Calles y Chihuahua, Ciudad Obregón, Son.
E : gé ind, tec agr, élec, comp-adm, comb, inf-obst.
Instituto Tecnológico Regional de Tepic, Km. 1 Carretera Tepic-Jalisco, Apartado postal 455, Tepic, Nay.
rel com, gé civ, tec specialisées.
Instituto Tecnológico Regional de Tehuacán, Domicilio Conocido, Sta. Mariá Coapan, Apartado postal 247, Tehuacán, Pue.
gé civ, soc, tec specialisées.
Instituto Tecnológico Regional de Tijuana, Col. Tomás de Aquino, Apartado postal 1166, Tijuana, B.C.
E : adm, gé ind, tec.
Instituto Tecnológico Regional de Tlalnepantla, El Pilar, Apartado postal 750, Tlalnepantla, Edo. de México.
E : gé ind, tec spécialisées.
Instituto Tecnológico Regional de Toluca, Rancho La Virgen, Apartado postal 890, Toluca, México.
électro, gé ind, gé ch, tec specialisées.
Instituto Tecnológico Regional de Tuxtepec, Bulevar Benito Juárez s/n, Tuxtepec, Oax.
gé électro, gé civ, comp, adm-des aff, tec specialisées.
Instituto Tecnológico Regional de Tuxtla Gutiérrez, Carretera Panamericana Km. 1080, Tuxtla Gutiérrez, Chis.
Instituto Tecnológico Regional de Veracruz, Circunvalación Norte e Icazo, Veracruz, Ver. *1944, 1957*
E : gé ind, tec ind.
Instituto Tecnológico Regional de Villahermosa, Carretera a Frontera, Apartado postal 424, Villahermosa, Tab.
biochimie, gé ind ch, adm des aff, tec specialisées.
Instituto Tecnológico Regional de Zacatepec, Apartado postal 45, Zacatepec, Morelos.
E : gé ind, tec spécialisées.
Centro Regional de Enseñanza Técnica Indus-

trial del Soconusco, 4 Avenida Norte 75, Tapachula, Chis.
gé civ, gé ind.

Professional Education—Enseignement professionnel

Centro de Estudios Universitarios de Monterrey, Humboldt 505 Pte., Monterrey, N.L.
E : dr, ing, vét-zoo, psyc, phys, ed (2), péd, adm des aff, rel ind.

Centro de Estudios Universitarios Xochicalco, Privada del Mirador 15, Apartado postal 21–A, Cuernavaca, Mor.
I : bioméd.

Centro de Estudios Cristóbal Colón, Carretera Boticaria Km. 1½ Veracruz, Ver.
E : arc, comp-adm.

Centro de Investigaciones Superiores del Instituto Nacional de Antropología e Historia, Hidalgo y Matamoros, Tlalpan, México 22, D.F.

Centro de Investigación Científica y Educación Superior de Ensenada, B.C., Avenida Gastélum 898, Apartado postal 2732, Ensenada. B.C.

Centro de Investigación y Docencia Económica, A.C., Avenida Country Club 208, Apartado postal 13–628, Mexico 21, D.F.
éco-adm.

Centro Latinoamericano de Estudios Universitarios, Canteras de Octopulco 16, México 20, D.F.
E : trav soc.

Colegio Español de México, Artículo 123 No. 44, México, D.F.
E : comp-adm.

Colegio Superior de Agricultura Tropical, Domicilio Conocido, Apartado postal N° 24, Cárdenas, Tab.
gé agr.

Escuela Nacional de Agricultura, Domicilio Conocido, Chapingo, Edo. de México.
sc.

Escuela Nacional de Agricultura, Domicilio Conocido, Chapingo, Méx.
E : agr.

Escuela Superior de Agricultura «Hermanos Escobar», Apartado postal 29, Ciudad Juárez, Chih.
E : agr.

Escuela Nacional de Antropología, Paseo de la Reforma y Calz. de Gandhi, México 5, D.F.
E : anth, arc, ethn, ling.

Escuela Bancaria y Comercial, Paseo de la Reforma 202, México 6, D.F.
E : com-adm.

Escuela Nacional de Biblioteconomía y Archivonomía, Viaducto Miguel Alemán 155, México 7, D.F.
E : bibl, archives, tec de bibl et d'archives.

Escuela Profesional de Comercio y Administración, Avenida Independencia 1706, León, Gto.
E : comp-adm des aff.

Escuela Comercial Cámara de Comercio, Querétaro N° 168, México 7, D.F.

Escuela Profesional para Contadores Públicos Auditores «Maestro José Calvo», Avenida Cuauhtémoc 48, México 7, D.F.
E : comp.

Instituto Superior de Estudios Comerciales, Mier y Pesado 227, Col. del Valle, México 12, D.F.
E : com-adm des aff.

Escuela Nacional de Conservación y Restauración de Bienes Culturales, Ex Convento de Churubusco, Calle Xicotencatl y General Anaya, México 21, D.F.

Escuela de Dietética del Hospital Lic. Adolfo López Mateos, Calz. Villalongin 117, México 5, D.F.
E : diét.

Escuela de Diseño y Artesanía, Balderas 125, México 1, D.F.

Escuela Libre de Derecho, Basilio Badillo 43, México 1, D.F.
E : dr.

Escuela Libre de Homeopatía, Primera de Santa Lucía 6, México 2, D.F.
E : homéopathie.

Escuela de Periodismo 'Carlos Septien Garcia', Basilio Badillo 43, 1er Piso, Mexico 1, D.F.
jour.

Escuela de Salud Pública, Avenida Centena-

rio 77, México 19, D.F.
E : sa.
Escuela de Trabajo Social 'Vasco de Quiroga', Patricio Sainz 449, Col. del Valle, México 12, D.F.
trav soc.
Escuela de Trabajo Social de San Luis, Galeana N° 465, San Luis Potosí, S.L.P.
trav soc.
Escuela de Trabajo Social de Tijuana, Calles de Madero y México, Apartado postal 885, Tijuana, B.C.
trav soc.
Facultad Latinoamericana de Ciencias Sociales, Camino al Ajusco s/n, México, D.F.
soc, pol.
Instituto Nacional de Astrofísica, Optica y Electrónica, Tonanzintla, Puebla, Apdo. Postal 51, Puebla, Pue.
opt, électro.
Instituto Cultural Don Vasco, Entronque nueva carretera a Pátzcuaro s/n, Apartado, postal 66, Uruapan, Mich.
adm des aff.
Instituto Allende, San Miguel de Allende, Gto.
ba.
Instituto Internacional Universitario, S.C., Avenida Insurgentes Sur 44, México 4, D.F.
comp, adm des aff.
Instituto Leonardo Bravo, Ezequiel Montes 115, México 4, D.F.
E : comp.
Instituto Tecnológico Mexicano, 5 de Febrero 91, México 1, D.F.
comp.
***Instituto Tecnológico y de Estudios Superiores de Monterrey,** Avenida Eugenio Garza Sada 2501, Sucurco de Correos «J» Monterry. N.L. *1943, 1958*
D : adm-soc élev-mar, sc-hum, ing-arc.
E : tec.
***Instituto Tecnológico y de Estudios Superiores de Occidente,** Avenida La Paz 1250, Guadalajara, Jal. *1957*
E : arc, ch, adm des aff, psyc, ing, rel ind, commun.
Instituto Tecnológico y de Estudios Superiores Potosino, Avenida Madero 335, Apartado postal 743, San Luis Potosí, S.L.P.
E : soc, com.

Teacher Training—Formation pédagogique

Escuela Normal Superior Labastida, José Vasconcelos Ote. 110, Col. del Valle, Monterrey, N.L.
Escuela Normal de Especialización, Campos Elíseos y Bernard Shaw, México 25, D.F.
Escuela Normal Superior de México, Fresno 15, México 4, D.F. *1936*
E : éd.
Escuela Normal Superior, Calle Méndez y Quince, Ciudad Victoria, Tamps.
E : éd.
Escuela Normal Superior Oficial, Paseo de la Presa 56, Guanajuato, Gto.
E : éd.
Escuela Normal Superior del Estado, Ciudad de la Cultura «Amado Nervo», Tepic, Nay.
E : éd.
Escuela Normal Superior «Benavente», 25 Oriente 9, Puebla, Pue. *1956*
E : éd (primaire et sup).
Escuela Normal Superior del Estado, Calles Ramírez y 6a, Chihuahua, Chih.
E : éd.
Escuela Normal Superior del Estado, Centro Escolar Venustiano Carranza, Aramberri y Carranza, Monterrey, N.L. *1961*
E : éd.
Escuela Normal Superior del Sureste «Lic. Benito Juárez», A.C., Carretera Cristóbal Colón Km 542, Oaxaca, Oax.
E : éd.
Escuela Normal Superior del Estado, 11 Sur No. 1102, Puebla, Pue.
E : éd.
Escuela Normal Superior «F.E.P.», Sadi Carnot 44, México 4, D.F.
E : éd.
Escuela Normal Superior «Nueva Galicia», Costa Rica 361, Guadalajara, Jal. *1947*
E : éd.
Escuela Normal Superior del Estado, Natalia Carrasco 400, Col. Federal, Toluca, Edo. de

México.
E : éd.
Escuela Normal Superior del Estado, Aldama y Cuauhtémoc, Saltillo, Coah.
E : éd.
Escuela Normal Superior 'Juana de Asbaje', Prol. Verduzco 380, Zamora, Mich.
E : éd.
Escuela Normal de Especialización Regional de Saltillo, Edificio de la Escuela Normal del Estado, Saltillo, Coah.
E : éd.
Instituto Universitario de Ciencias de la Educación, Calle Colegio Salesiano 35, Col. Anáhuac, México 3, D.F.
péd, psyc, socio.
Escuela Normal Superior de Tamaulipas, Carretera Soto la Marina Km. 2, Apartado postal 338, Ciudad Victoria, Tamps.
E : éd.
Instituto América, Calz. del Tepeyac s/n, León, Gto.
E : éd.
Instituto Panamericano de Humanidades, Tecoyotitla 366, Col. Florida, México 20, D.F.
péd, phil, dr.

General Education—Enseignement général

*El Colegio de México, Guanajuato 125, México 7, D.F. 1940
Ce : ét orntl, lang-lit, éco-démographie, hist, ét int, ét socio.
Facultades Universitarias de Saltillo, A.C., Purcell 121 Sur, Saltillo, Coah.
F : com-adm, phil, let, psyc.
Instituto de Cultura Superior, Prado Norte 664, México 10, D.F.
Instituto de Estudios Profesionales, A.C., General Cepeda 339, Saltillo, Coah.
E : adm des aff, arc, com-adm.
Instituto de Estudios Superiores del Estado, Avenida Juárez 62, Tlaxcala, Tlax.
E : dr, nor, com-adm, inf.
Centro de Enseñanza Técnica y Superior, Calz. CETYS S/N, Apartado postal 797, Mexicali, B.C.
E : comp-adm, gé ind.
*Centro Nacional de Enseñanza Técnica industrial, Avenida de las Granjas 682, México 16, D.F. 1962
Escuela de Arte Teatral, Auditorio nacional, México 18, D.F.
E : art théât.

Asociación nacional de Universidades e Institutos de Enseñanza superior

L'Association nationale des universités et institutions d'enseignement supérieur est un organisme qui s'occupe d'une part des rapports des institutions d'enseignement supérieur entre elles, et, d'autre part, des rapports de ces institutions avec les autorités éducatives, fédérales et des états. Le siège de l'Association est à Mexico.

L'Association se compose de l'Université nationale autonome de Mexico, de l'Institut polytechnique national, du Collège de Mexico, du Centre d'enseignement technique industriel, de 39 universités, 66 instituts d'enseignement supérieur et de 17 instituts techniques.

Ses buts sont d'étudier les problèmes académiques et administratifs du système national de l'enseignement supérieur de la République à des fins de planification nationale et régionale.

Elle est dirigée par : l'Assemblée générale; le Conseil national; les Conseils régionaux; le Secrétariat général exécutif.

The National Association of Universities and Institutions of Higher Education is concerned with the relations between institutions of higher education themselves as well as with the relations of these institutions and the federal and state education authorities. The Association is located in Mexico City.

The Association consists of the National Autonomous University of Mexico, the National Polytechnic Institute, the College of Mexico, the National Centre for Technical

Industrial Education, 39 universities, 66 institutions of higher education and 17 technical institutes.

Its purpose is to study the academic and administrative problems of the national system of higher education in the context of national and regional planning.

Its organs are the General Assembly; the National Council; the Regional Councils; and the General Secretariat.
Secrétaire général exécutif: Alfonso Rangel Guerra.
Ciudad Universitaria, México 20, D.F.

Asociación de Profesores Universitarios de México A.C. (IAUPL)
Président: Salvador Enrique Peralta.
Justo Sierra 7-Desp. 104, México 1, D.F.
Federación de Universitarias de México (IFUW)
Présidente: Aurora Fernández Fernández.
Présidente (Rel. internat.): Dr. C. Franco López.
Secrétaire: Esperanza Tableros Becerril.
Yacatas 315, Colonia Narvarte, México 12, D.F.
Confederación Nacional de Estudiantes—CNE
Apartado postal 756, San Luis Potosí, S.L.P.

Central Nacional de Estudiantes Democráticos—CNED
Córdoba 95, Despacho 102, Colonia Roma, México, D.F.
Movimiento de Profesionales Católicos (Pax Romana)
Correspondant: Luis Sereno.
Iguala 12–6, México 7, D.F.
Movimiento Estudiantil y Profesional (Pax Romana)
Apartado postal 1647, México 1, D.F.
Movimiento Estudiantil Cristiano de México (WSCF)
Correspondant: Augusto Cotto.
Avenida San Jerónimo III, San Angel, México 20, D.F.
World Union of Jewish Students (O.D.E.U.J.)
Acapulco 70, México 11, D.F.

*

Ministerio de Educación Pública
México D.F.
Comisión Nacional de los Estados Unidos Mexicanos para la Unesco
Secretaría de Educación Pública, México, D.F.

MONGOLIA—MONGOLIE

*Mongolian State University, Post Office Box 377, Central Post Office, Ulan Bator. (The Rector). *1942*
F : *phy-math, nat, phill, eco, hum.*
Polytechnical Institute, Ulan Bator. *1969*
F : *energ, mec, const, eng, geol-mine, eng eco.*
State Pedagogical Institute, Ulan Bator. *1951*

F : *Mongolian lang-lit, Russian lang-lit, math-phy, prod, hum, ch-biol, phys.*
State Agricultural Institute, Ulan Bator. *1958*
F : *vet, zoo, agr mec, agr eco.*
Medical Institute, Ulan Bator. *1961*
F : *med, pedi, stom, phar, heal-hyg.*

Union of Mongolian Students—UMS
26 Bagha Toyrog, Ulan Bator.

*

State Committee of Higher and Special Secondary Education
Ulan Bator.
National Commission of Mongolia for Unesco
Ministry of Foreign Affairs, Ulan Bator.

MOROCCO—MAROC

UNIVERSITIES—UNIVERSITES

*Université Mohammed V, Avenue Moulay Ali Chérif, Rabat. (M. le Ministre de l'Enseignement supérieur). *1957*
F : sc jur-éco-soc, let-hum, sc, méd.
E : ed, ing.
I : ét arabisation (rech), péd, scq, rech scq.
Université Mohammed Ben Abdallah, Dhar El Mahraz, B.P. 42, Fès.
F : sc jur-éco-soc, let-hum.
Université Hassan II, Casablanca.
F : sc jur-éco-soc, méd-phar.
I : ét civ Musulmane.
Université Quaraouyine, Dhar El Mahraz, B.P. 60, Fès. *1859*
F : Chariaâ; lang arabe (Marrakech); théophil (Tétouan).

OTHER INSTITUTIONS—AUTRES INSTITUTIONS

Institut national de Statistique et d'Economie appliquée Haut Agdal, B.P. 406, Rabat.
Institut national Agronomique et Vétérinaire Hassan II Haut Agdal, B.P. 704, Rabat.
Ecole nationale d'Agriculture, Haj Kaddour, Route d'Ifrane, Meknès.
Ecole nationale forestière d'Ingénieurs, Tabriket, B.P. 18, Sale.
Ecole Hassania des Travaux publics et des Communications, Km 7, Route d'El Jadida, B.P. 8108, Casablanca.
Ecole nationale des Postes et Télécommunications, Avenue Moulay Ali Chérif, Rabat.
Ecole nationale des Officiers de la Marine Marchande, Boulevard des Almohades, Casablanca.
Ecole nationale de l'Industrie minérale, Rue Contrôleur Gabrielli, Rabat-Agdal.
Ecole d'Etat d'Infirmiers, Rue Jenner, Casablanca.
Ecole d'Etat d'Infirmiers, Lalla Nezha, Riad si Aïssa, Marrakech.
Ecole d'Etat d'Infirmiers, Lalla Malika, Collège de Santé publique, Route de Casablanca Km 4, Rabat.
Ecole d'Etat d'Infirmiers, Hôpital Moulay Ismaïl, Meknès.
Ecole d'Etat d'Infirmiers, Hôpital Al Farabi, Oujda.
Ecole d'Etat d'Infirmiers, Hôpital Hassan II, Agadir.
Ecole d'Etat d'Infirmiers, Hôpital Al Gassani, Fès.
Ecole des Techniciens de Laboratoire, Inistitut national d'Hygiène, Avenue Ali Moulay Chérif, Rabat.
Ecole des Techniciens de Radiologie et des Techniciens de Statistiques sanitaires, Collège de Santé publique, Route de Casablanca, Km 4, Rabat.
Ecole des Techniciens d'Hygiène et d'Assainissement, Bab-El-Had, Rabat.
Ecole d'Etat de Techniciens de Statistiques sanitaires, Collège de Santé publique, Route de Casablanca, Km 4, Rabat.
Institut supérieur de Commerce et d'Administration des Entreprises, Km 9, 5, route de Nouacer, Casablanca.
Institut supérieur de Tourisme, 13, rue Jeanne d'Arc, Tanger.
Ecole des Sciences de l'Information, 5C Zenkat Mostaghanem, B.P. 826, Rabat.
Centre de Formation de Journalistes, 14, rue de Provence, Rabat.
Ecole nationale d'Administration publique, 1,

avenue de la Victoire, Rabat.
Ecole de Perfectionnement des Cadres du Ministère de l'Intérieur, Base Aérienne, Kenitra.
Institut national d'Etudes Judiciaires, Haut Souissi, Rabat.

Bureau d'Information et de Documentation sur les Enseignements et les Professions (B.I.D.E.P.)

Le B.I.D.E.P. a été créé en 1973 au sein du Ministère d'Etat chargé de la coopération et la formation des cadres, conformément aux directives du Plan de développement économique et social 1973/1977 qui insiste sur l'importance d'une orientation rationnelle des élèves en tenant compte à la fois de leurs aptitudes et des besoins de notre pays. Ce bureau fait partie de la Division de Documentation, Information et Bourses.

En liaison avec les universités, les écoles, centres, instituts et les différentes administrations, le B.I.D.E.P. a pour tâches: l'élaboration de brochures d'information à l'usage des élèves bacheliers ou non; la constitution d'une documentation spécifique nécessaire à l'information et à l'orientation des élèves compte tenu des moyens de l'éducation et de la formation; l'instauration de passerelles permettant aux élèves une réorientation éventuelle en cours d'études, sans perdre le bénéfice des connaissances ou compétences acquises; la participation à la commission nationale d'octroi de bourses de l'enseignement supérieur.

The Bureau of International Documentation on Training and the Professions, which forms part of the Ministry for Co-operation and Training, was set up in 1973 in accordance with the directives of the 1973/1977 Plan for Economic and Social Development. This calls for a rational orientation of students taking account both of their particular aptitudes and of the needs of the country. The Bureau forms part of the Division of Documentation, Information and Scholarships.

Working in liaison with the universities, centres, institutes and administrative services, the Bureau is responsible for : preparing information brochures for students; assembling the detailed documentation needed for the information and orientation of students in the light of facilities available for education and training; setting up bridging courses to allow for the reorientation of students in the course of their studies, without loss of knowledge and skills already acquired; participating in the work of the National Commission for the award of higher education scholarships.

Secrétaire général: Abdelziz El Belghiti.
Ministère d'Etat chargé de la Coopération et de la Formation des Cadres, B.P. Rabat Chellah Maroc.

Union générale des Etudiants du Maroc
23 Zankat Bouchaib Doukkaili, Rabat.

*

Ministère de l'Enseignement supérieur
Rabat.
Ministère d'Etat Chargé des Affaires culturelles
Rabat.
Commission nationale marocaine pour l'Education, la Science et la Culture
Boîte postale 420, Rabat.

MOZAMBIQUE (PEOPLE'S REPUBLIC OF) — MOZAMBIQUE (REPUBLIQUE POPULAIRE DE)

Universidade Eduardo Mondlane, Praça 25 de Junho, P.O. Box 257, Maputo. (Senhor Reitor).
1962, 1968, 1976

F : dr, éco, méd, vét.
D : géol, math, phy, élec, gé civ, ch.
Cours : agr-for, biol, mec, let.
Ce : ét africaines, écol.

Ministerio da Educação e Cultura
Maputo.

NEPAL—NEPAL

*Tribhuvan University, Kirtipur, Kathmandu. (The Registrar). *1958, 1971*
Campuses : *hum-soc* (26), *sc* (9), *com-publ* *adm* (12), *Sanskrit* (4), *law* (2), *ed* (12), *for* (1), *eng* (4), *tec* (1), *agr-an hus* (6), *med* (9), *Asian st* (1).

Nepal College and University Teachers' Association
President: B. C. Mall.
Secretary: D. P. Nepali.
Saraswati Sadan, Kathmandu.

World University Service
Chairman: S. B. Shakya.
Secretary: Tirtha Ratna Dajracharya, Basantpur, Kathmandu.

Nepal National Federation of Students—NNFS
Central Office 10/250 Pyukha Tole, Kathmandu.

*

Ministry of Education
Singh Durbar, Kathmandu.

Nepal National Commission for Unesco
Ministry of Education, Kaiser Mahal, Kantipah, Kathmandu.

NETHERLANDS—PAYS-BAS

UNIVERSITIES AND UNIVERSITY INSTITUTIONS— UNIVERSITES ET INSTITUTIONS UNIVERSITAIRES

* Universiteit van Amsterdam [U. of Amsterdam], Maagdenhuis, Spui 21, Amsterdam-C. (Secretaris van de Senaat). *1632*
F : *theo, law, med-dent, math-astr-nat-ch-biol-phar-geol-geog-geophy, arts, eco, socio-anth-ped-psyc.*
Inter-F : *phil, geog-prehist, act-econometrics.*

* Vrije Universiteit te Amsterdam [Free U.], De Boelelaan 1105, Amsterdam-Z 11. *1880*
F : *theo, law, med-dent, math-astr-nat-ch-biol-ch-geol-geog, arts, eco, psyc-ped-socio.*
Inter-F : *phil, geog-prehist, act-econometrics, phys.*

* Technische Hogeschool te Delft [Technological U. of Delft], Julianalaan 134, Delft. *1905*
D : *sc, civ eng-geod, arc, mec, nav-aero, elec, ch, phy, mine, met, math, ind des*
Inter-F : *bus adm.*

* Technische Hogeschool te Eindhoven [Technological U. of Eindhoven], P.B. Den Dolech 2, Eindhoven. *1956*
D : *ch-phy, mec, elec, math, arc, bus adm, nat.*

* Technische Hogeschool Twente [Technological U. of Twente], P.B. 217, Enschede. *1964*
D : *bus adm, publ adm, elec, ch-phy, mec, app math, nat, arc.*

* Rijksuniversiteit te Groningen [State U. Groningen], Oude Boteringestraat 44, P.B. 72, Groningen. *1614*
F : *theo, law, med-dent, math-astr-nat-ch-geol-biol-phar, arts, eco, socio-psyc-ped.*
Inter-F : *phil, geog-prehist, econometrics, bus adm.*

* Rijksuniversiteit te Leiden [State U. of Leiden], Stationsweg 46, Leiden. *1575*
F : *theo, law, med, nat-phar, arts, soc.*
Inter-F : *phil, geog-prehist, obs.*

Rijksuniversiteit Limburg [State U. of Limburg], Tongersestraat 53, P.B. 616, Maastricht. *1974, 1976*
F : *med.*

* Katholieke Universiteit te Nijmegen [Catholic U., Nijmegen], Erasmuslaan 4, Nijmegen. *1923*
F : *theo, law, med, math-astr-nat-ch-geol-geophy, biol-phar, arts, socio-anth-psyc-ped.*
Inter-F : *phil, geog-prehist.*

* Erasmus Universiteit Rotterdam [Erasmus U.], Wytemaweg 2a, Rotterdam. *1913, 1966, 1973*
F : *eco-econometrics, law, socio, med.*
Inter-F : *phil, bus adm.*

* Katholieke Hogeschool te Tilburg [Catholic S. of Economics], Hogeschoollaan 225, Tilburg. *1927*
F : *eco-econometrics, law, socio-psyc, theo.*

* Rijksuniversiteit te Utrecht [State U. of Utrecht], Kromme Nieuwe Gracht 29, Utrecht. *1636*
F : *theo, law, med-dent, math-astr-nat-ch-geol-geophy-biol-phar, arts, vet, socio-psyc-ped.*
Inter-F : *phil, geog-prehist.*

* Landbouwhogeschool te Wageningen [State Agricultural U.], Salverdaplein 10, Wageningen. *1918*
F : *agr, trop-agr, an hus, hort, urb-rur plan, landscape arc, for, eco, socio, biol.*

INSTITUTIONS OFFERING INTERNATIONAL COURSES—
INSTITUTIONS ORGANISANT DES COURS INTERNATIONAUX

*Institute of Social Studies, 27 Molenstraat, The Hague. *1951*
Netherlands Universities Foundation for International Co-operation, 27 Molenstraat, The Hague. *1952*
International Agricultural Centre, 11 Lawickse Allee, Wageningen. *1951*
Bouwcentrum International Education, Weena 700, Rotterdam. *1946*
International Institute for Aerial Survey and Earth Sciences, 144 boulevard 1945, Enschede. *1951*
Philips' International Institute of Technological Studies, Philips' International Institute, Vestdijk 2d, Eindhoven. *1957*
Research Institute for Management Science, P.O. Box 143, Delft. *1955*
International Courses in Hydraulic and Sanitary Engineering, Oude Delft 95, Delft. *1957*
Royal Tropical Institute Amsterdam, Mauritskade 63, Amsterdam. *1910*
Europa Institute of the University of Amsterdam, Herengracht 508, Amsterdam. *1960*
International Institute for Land Reclamation and Improvement, Lawickse Allee 136, Wageningen. *1955*
International Union of Local Authorities, 45 Wassenaarseweg, The Hague 2018. *1964*
Hague Academy of International Law, Peace Palace, The Hague.

Rectoren College

The College of Rectors, which meets at least four times a year, consists of the rector and another member of the Committee of Deans of each of the Netherlands universities. Its aim is to stress contact and consultation between rectors in matters of common interest.

The chairmanship and secretaryship are held in turn for a year by each university.

The Rectoren College appoints the editors of Universiteit en Hogeschool (bi-monthly), which deals with various university problems.

Le Collège des recteurs, qui se réunit au moins quatre fois par an, se compose du recteur et d'un autre membre du Collège des Doyens de chacune des universités néerlandaises. Son objet est de stimuler les contacts et les consultations entre les recteurs sur des questions d'intérêt commun.

La présidence et le secrétariat échoient par roulement annuel à chaque université.

Le Collège des recteurs désigne les rédacteurs de Universiteit en Hogeschool (bimestriel), qui traite de divers problèmes universitaires.

Chairman (1975–76) : Prof. A. E. Cohen, Leyden.
Secretary: Prof. P. van den Brock, Leyden.
Secretary (Internat. Rel.): G. O. Junge. Javastraat 36, The Hague.

Academische Raad

The Netherlands Universities Council, which was formally established in 1961, is the advisory, consultative and co-ordinating body comprising all the Dutch universities. Its main tasks are to promote efficient co-operation between the universities, to act as a link between them and society and to promote the adaptation of university teaching and research to the development of science and learning and to the needs of society.

Either on request or on its own initiative, the Council advises or makes recommendations on behalf of the universities to the Crown or to the Minister of Education and Science and the Minister of Agriculture (the latter being responsible for higher education in agriculture). These ministers seek the advice of the Council on all legislative

proposals concerning university education and science. The Council may also advise the universities.

The University Administration (Reform) Act of 1970 has emphasized the role of the Council as a joint policy organization of the universities. Each university is represented on the plenary Council by three members, one of whom is the Rector Magnificus. The other two members are appointed by the council of each university, who also appoints a deputy for each of the three members. Apart from these representatives the Crown appoints a maximum of ten members on the plenary Council. The Chairman and the Vice-Chairman are also appointed by the Crown from a short list of three submitted by the Council.

The work of the plenary Council is prepared by the Executive Council, which may also act on behalf of the plenary Council in urgent cases and on matters for which it has received authorization from the plenary Council. Each university designates one of its members on the plenary Council to sit on the Executive Council, which is furthermore composed of three of the ten plenary Council-members appointed by the Crown, and the Chairman and the Vice-Chairman.

The Council has set up several permanent advisory committees in particular fields, such as research, planning, relations between secondary and tertiary education, review of curricula, etc., and also a number of ad hoc committees or working parties to deal with special problems. Moreover, there are 45 permanent sectional committees for regular inter-university consultation between faculties or sub-faculties in specific fields of university teaching and research.

The Council and its committees are assisted by a Bureau under the direction of the General Secretary of the Council, who is also appointed by the Crown.

Le Conseil des Universités Néerlandaises, qui a officiellement été créé en 1961, est un organisme consultatif et de coordination qui regroupe toutes les universités néerlandaises. Il a pour tâches principales de promouvoir une coopération efficace entre les universités, d'assurer la liaison entre elles et la société et de favoriser l'adaptation de l'enseignement et de la recherche universitaires au développement de la science et de la connaissance ainsi qu'aux besoins de la société.

De sa propre initiative ou sur requête, le Conseil soumet au nom des universités ses avis et recommandations à la Couronne ou au ministre de l'éducation et de la science et au ministre de l'agriculture (ce dernier étant chargé de l'enseignement supérieur agricole). Ces ministres sollicitent les avis du Conseil sur toutes les propositions d'ordre législatif ayant trait à l'enseignement et à la science au sein de l'université. Le Conseil peut également donner ses avis aux universités.

La loi de 1970 sur l'administration universitaire (la réforme) a souligné le rôle du Conseil comme institution centrale de la politique universitaire. Chaque université est représentée au sein du Conseil plénier par trois membres, dont l'un est le Rector Magnificus, les deux autres membres sont nommés par le conseil de chaque université, qui désigne également un suppléant pour chacun des trois membres. Outre ces représentants, la Couronne nomme un maximum de dix membres au Conseil plénier. Le Président et le Vice-Président sont également nommés par la Couronne parmi trois personnalités proposés par le Conseil.

La tâche du Conseil plénier est préparée par le Conseil exécutif qui peut également agir au nom du Conseil plénier en cas d'urgence ainsi que dans les demandes pour lesquelles il a reçu une autorisation du Conseil plénier. Chaque université désigne l'un de ses représentants au Conseil plénier pour siéger au Conseil exécutif, qui se compose en outre de trois des dix membres du Conseil plénier nommés par la Couronne, ainsi que du Président et du Vice-Président.

Le Conseil a créé plusieurs comités consultatifs permanents pour des domaines particuliers (tels que la recherche, la planification, les relations entre l'enseignement secondaire et l'enseignement tertiaire, l'examen des programmes, etc . . .), ainsi qu'un certain nombre de comités ad hoc ou de groupes de travail pour s'occuper des problèmes spéciaux.

Quarante-cinq sections permanentes ont en outre été créées pour assurer une consultation interuniversitaire régulière entre facultés ou sections dans des domaines particuliers de l'enseignement et de la recherche universitaires.

Le Conseil et ses comités sont assistés d'un Bureau placé sous la direction du Secrétaire général du Conseil, qui est aussi nommé par la Couronne.
Chairman: Prof. G. Brenninkmeijer.
Vice-Chairman: Prof. C. F. Scheffer.
General Secretary: J. Havik.
Prinses Beatrixlaan 428, Voorburg.

Netherlands Universities Foundation for International Co-operation (NUFFIC)
The Foundation, which was set up in 1952, seeks to promote international co-operation in the academic and scientific fields, particularly in relation to the developing countries, by : a) promoting the study of problems of international co-operation in the field of higher education and research; b) stimulating and co-ordinating university activities aimed at international cooperation; c) organizing and promoting postgraduate courses, offered primarily to foreigners; d) establishing contacts between institutions of higher education and research in the Netherlands and those abroad; e) providing clearing house facilities for exchange of information on university matters between the Netherlands and other countries. Publications: Higher Education and Research in the Netherlands (quarterly; two separate editions in English and Spanish); Overzicht-internationale universitaire samenwerking (monthly; Dutch).

Créée en 1952, la Fondation a pour but de promouvoir la coopération internationale dans les domaines universitaire et scientifique, particulièrement celle qui est axée sur les pays en voie de développement: a) en favorisant l'étude des problèmes de la coopération internationale dans le domaine de l'enseignement supérieur et de la recherche; b) en favorisant et en coordonnant les activités universitaires qui ont pour but la coopération internationale; c) en organisant et en développant les cours postgradués destinés principalement aux étrangers; d) en établissant des contacts entre les institutions d'enseignement supérieur néerlandaises et étrangères; e) en assurant un service d'échange d'informations entre les Pays-Bas et les autres pays sur les problèmes universitaires. Publications: *Enseignement supérieur et recherches scientifiques aux Pays-Bas* (trimestriel; deux éditions en anglais et espagnol); *Overzicht-internationale universitaire samenwerking* (mensuel; en néerlandais).
Director: Drs. A. J. van Dulst.
27 Molenstraat, The Hague.

Vereniging van Academici bij het Wetenschappelijk Onderwijs (IAUPL)
Secretary: Mrs. W. E. van der Kolk Bal.
Tolsteegsingel 21 *bis,* Utrecht.

Nederlandsche Vereniging van Vrouwen met Academische Opleiding (IFUW)
President: Mrs. C. de Beaufort-Sickinghe.
Anna Paulownalaan 42, Amersfoort.
Chairman: (Internat. Rel.): Dr. J. A. Zwartz.
Edeseweg 94, Bennekom.

World University Service
Chairman: Prof. H. Bianchi.
General Secretary: Armand Sliepen.
Oranje Nassaulaan 5, Amsterdam 7.

Nederlandse Studenten Raad—NSR
Morssingel 4, Leiden.

Thijmgenootschap (Pax Romana)
President: Prof-Dr. D. A. A. Mossel.
Secretary: Dr. G. A. M. Beekelaar.
Huygensweg 14, Nijmegen.

Christen Studenten Associate (WSCF)
« Woudschoten », Zeist.

Nederlandse Christen Studenten Vereniging (WSCF)
General Secretary: Miss Foka Brouwer.
« Woudschoten », Zeist.

S.I.B. (ISMUN)
Secretary General: Harry Stevens.
P.O. Box 1304, Amsterdam.

I.J.A.R. (WUJS)
Frederik Hendrikstraat 17, Utrecht.

*

Foundation for Development Aid

Ministry of Education and Sciences,
Nieuwe Uitleg 1, The Hague.
Ministerie van Onderwijs en Wetenschappen
(Netherlands Ministry of Education and Sciences, Department of University Education)
Nieuwe Uitleg 1, The Hague.
Netherlands National Commission for Unesco
Nieuwe Uitleg 1, The Hague.

NETHERLANDS ANTILLES—
ANTILLES NEERLANDAISES

Hogeschool van de Nederlandse Antillen [I. of   S : *law*.
Higher Studies of the Netherlands Antilles],   D : *mangt st*.
P.O. Box 682, Willemstad, Curaçao. *1970*

Department of Education
Curaçao.

NEW CALEDONIA— NOUVELLE-CALEDONIE

Centre des Arts et Métiers (1), Lycée Technique d'Etat, B.P. H3, Nouméa Cedex. *1971*
Centre d'Etudes de Droit et de Sciences économiques [2], Vice-Rectorat, B.P. G4, Nouméa Cedex. *1962, 1966*

Vice-Rectorat
Service d'Enseignement, Nouméa.

---

(1) Attached to the Conservatoire national des Arts et Métiers, Paris.
(1) Rattaché au Conservatoire national des Arts et Métiers, Paris.
(2) Attached to the Université de Bordeaux I.
(2) Rattaché à l'Université de Bordeaux I.

NEW ZEALAND—
NOUVELLE-ZELANDE

UNIVERSITIES—UNIVERSITES

*University of Auckland, Private Bag, Auckland. (The Registrar). 1882
C : *arts, sc, arc, law, mus, com, eng, ed, fa, urb, med, mangt.*
University of Canterbury, Private Bag, Christchurch. 1873
C : *arts, sc, law, com, eng, mus, fa, ed, for.*
Lincoln College, Canterbury. 1878
C : *agr, vet.*
Massey University, Private Bag, Palmerston North. 1964
C : *agr, hort, vet, arts, sc, food techn, bus st, ed, ind mangt, nurs, extra-mural st.*
University of Otago, P.O. Box 56, Dunedin. 1869
C : *arts, mus, com, dent, hom eco, law, med, sc, theo, phys, surv, miner techn, ed.*
University of Waikato, Private Bag, Hamilton. 1964
C : *arts, ed, sc, mangt.*
Victoria University of Wellington, Private Bag, Wellington C. 1. 1897
C : *arts, sc, arc, law, com, soc, publ adm, ed, mus.*

The New Zealand Vice-Chancellors' Committee

The Committee was established under the Universities Act 1961, by which the four constituent colleges of the University of New Zealand became independent universities. It has power to consider any matter relating to the universities, and it may report or make recommendations to the University Grants Committee or any university.

It consists of the Vice-Chancellors of the six New Zealand universities and the Principal of the University College of Agriculture, and meets at approximately two-monthly intervals.

Le Comité des vice-chanceliers de Nouvelle-Zélande a été créé au terme de la Loi universitaire de 1961, par laquelle les quatre collèges constitutifs de l'Université de Nouvelle-Zélande ont été érigés en universités indépendantes. Il est habilité à examiner toutes questions relatives aux universités et à soumettre des rapports ou des recommandations à l'University Grants Committee ou à toute université.

Il se compose des vice-chanceliers des six universités néo-zélandaises et du principal du Collège universitaire d'agriculture. Il se réunit environ tous les deux mois.

Chairman: Dr. C. J. Maiden, Vice-Chancellor, University of Auckland.
Secretary: B. P. Hampton. Victoria University of Wellington, Private Bag, Wellington.

University Grants Committee

The Committee was established from 1 January, 1961, by Act of Parliament, as a statutory body with the following main functions:

to examine the needs of New Zealand in university education and research; to investigate and study the financial needs of university education and research, including

the recurring and non-recurring needs of the universities; to initiate and consider, in consultation with the universities and other bodies, plans for such balanced university development as may be required to make the universities fully adequate to the needs of New Zealand;

to determine the allocation of grants of money to be recommended by it for appropriation by Parliament to meet the needs of university education and research, and to review the expenditure by the universities of money appropriated by Parliament;

to advise and make recommendations to the Government of New Zealand through the Minister of Education on any matters relating to university education and research requiring the consideration of the Government;

to provide secretarial and administrative services for the Universities Entrance Board, and a number of other statutory committees. These include the Curriculum Committee, the Research Committee, and the Council of Legal Education.

The Committee consists of a full-time Chairman, who is the chief executive officer of the Committee, and seven part-time members, three of whom are professors or teachers in the universities. All are appointed by the Governor-General after consultation between the Minister of Education and the universities and colleges.

Le Comité des crédits universitaires a été créé le 1er janvier 1961 par Acte du Parlement en tant qu'organisation officielle dont les attributions sont les suivantes:

examiner les besoins de la Nouvelle-Zélande en matière d'enseignement universitaire et de recherche;

étudier les besoins financiers de l'enseignement universitaire et de la recherche, et notamment les besoins des universités en crédits de fonctionnement et en crédits d'investissement;

établir ou étudier, en consultation avec les universités et d'autres organismes, des plans destinés à assurer le développement équilibré des universités et à les adapter pleinement aux besoins de la Nouvelle-Zélande;

déterminer le montant des crédits nécessaires pour satisfaire aux besoins de l'enseignement universitaire et de la recherche et en recommander l'affectation au Parlement;

examiner l'emploi fait par les universités des crédits consentis par le Parlement;

formuler des avis et des recommandations au gouvernement néo-zélandais, par l'intermédiaire du ministre de l'éducation, sur toutes questions relatives à l'enseignement universitaire et à la recherche requérant l'attention du gouvernement;

fournir des services de secrétariat et d'administration au Conseil d'admission des universités et à une série d'autres comités officiels dépendant de lui, notamment le Comité des programmes, le Comité de la recherche et le Conseil de l'enseignement juridique.

Le Comité se compose d'un président à plein temps qui est son chef exécutif et de sept membres à temps partiel, dont trois sont professeurs ou enseignants des universités. Tous sont nommés par le gouverneur général après consultation entre le ministre de l'éducation et les universités et collèges.

Chairman: Sir Alan Danks.

"University House", Cnr Bowen and Mowbray Streets, P.O. Box 12-348, Wellington North.

The New Zealand Council for Educational Research

The Council, founded in 1933 as a result of a grant from the Carnegie Corporation of New York, is an autonomous, national research organization. Its functions are: to promote and undertake research into a variety of educational problems or issues, at all levels from pre-school through to higher education; to prepare and publish reports as a result of such investigations; and to provide an information and clearing-house service on educational topics to individuals or institutions within New Zealand and the South Pacific region. Since 1945, the Council has operated under its own act of Parliament, and is now funded jointly from Government and independent sources within New Zealand.

Fondé en 1933 grâce à une subvention de la

Carnegie Corporation de New-York, le Conseil néo-zélandais pour la recherche en éducation est un organisme de recherche national et autonome. Il a pour fonctions : de promouvoir et d'entreprendre des recherches sur des problèmes éducatifs très divers, et ce à tous les niveaux, de l'enseignement préscolaire à l'enseignement supérieur; de préparer et de publier des rapports contenant les résultats de ces recherches; et de constituer, pour les particuliers ou les institutions de Nouvelle-Zélande et de la région du Pacifique Sud, un service central d'information sur les problèmes éducatifs. Depuis 1945, le Conseil exerce ses activités aux termes d'une loi qui lui est propre; il est maintenant financé conjointement par le Gouvernement et par des bailleurs de fonds indépendants.
Director: John E. Watson.
178–182 Willis Street, Wellington 1.

New Zealand Federation of University Women (IFUW)
President: Mrs. D. J. Horsman.
Chairman (Internat. Rel.): Mrs. P. K. Mark.
P.O. Box 2006, Wellington.
World University Service
Chairman: Prof. W. H. Oliver.
General Secretary: Dr. Ian Watson.
Dpt. of Chemistry and Bio-chemistry, Massey University, Palmerston North.
New Zealand University Students' Association—NZUSA
P.O. Box 806, 2 Whitehall Apartments, Boulcott Street, Wellington C.1.
New Zealand Student Christian Movement (WSCF)
Chairman: Peter Deuee.
General Secretary: Rev. Howard Corry.
P.O. Box 9792, Wellington C.1.
United Nations Student Association (ISMUN)
c/o New Zealand University Students' Association, P.O. Box 806, 2 Whitehall Apartments, Boulcott Street, Wellington C.1.

*

Department of Education
Government Buildings, Lambton Quay, Wellington.
New Zealand National Commission for Unesco
Department of Education, Government Buildings, Lambton Quay, Wellington.

NICARAGUA—NICARAGUA

* **Universidad Nacional Autónoma de Nicaragua,** León. (Sr. Rector). *1812*
F : dr-soc, méd, phar-ch, dent phy-math, éco, hum, sc-let.

* **Universidad Centroamericana,** Apartado postal 69, Managua, D.N.
F : ing, éco-adm, dr-soc, hum-sc, vét-zoo.

Escuela Nacional de Agricultura y Ganaderia, Managua, D.N. *1956*

Escuela Nacional de Enfermeria, Apartado 2267, Managua, D.N. *1943*

Instituto Politécnico, P.O. Box 3595, Managua, D.N. *1967*
E : éd, techn ind, inf.

Asociacíon nicaragüense de Instituciones de Educación superior (ANIES)

L'Association nicaraguayenne des institutions d'enseignement supérieur, créée en novembre 1968, a pour membres l'Universidad nacional autónoma de Nicaragua; l'Universidad Centroamericana; l'Escuela nacional de Agricultura y Ganadería; et l'Instituto Politécnico de Nicaragua. Elle assure d'une part la coordination entre les travaux des institutions membres et d'autre part celle des institutions avec d'autres organismes, nationaux et inter-nationaux, publics ou privés. Son organe suprême est le Conseil d'administration composé des recteurs, directeurs généraux ou directeurs des institutions membres. La Présidence de l'ANIES est assurée par roulement annuel au sein de ses quatre institutions membres.

Les buts de l'Association sont de: a) promouvoir le progrès des institutions membres, en coordonnant leurs activités; b) étudier les problèmes académiques et administratifs de l'enseignement supérieur en vue de sa planification intégrale dans le cadre du système national d'enseignement; inviter les institutions membres, ou les autorités universitaires, le cas échéant, à adopter les recommandations qu'elle approuve en vue de l'amélioration de l'enseignement à tous les niveaux; c) favoriser les échanges de personnes, d'informations et de services entre les institutions membres; d) promouvoir le développement des activités d'enseignement, de recherche et de diffusion de la culture au sein des institutions membres dans le cadre d'un programme national global, tout en tenant compte des caractéristiques propres à chacune d'elles.

Les institutions membres sont tenues de reconnaître réciproquement les études effectuées et, en cas de transfert d'étudiants, d'accorder à ceux-ci des équivalences compatibles avec les statuts respectifs des etablissements.

The Nicaraguan Association of Institutions of Higher Education, established in November 1968, has as its members the Universidad nacional autónoma de Nicaragua; the Universidad centroamericana; the Escuela nacional de Agricultura y Ganaderia; and the Instituto Politécnico de Nicaragua. It co-ordinates relations between member institutions and between them and national and international bodies, both public and private. The governing body is the Administrative Council composed of the rectors and directors-general or directors of the member institutions. The Presidency of ANIES is a yearly rotary system among her four member institutions.

The aims of the Association are: a) to promote the progress of the member institutions by co-ordinating their activities;

b) to study academic and administrative problems of higher education with a view to its integrated planning within the framework of the national system of education; to encourage member institutions and the university authorities, as appropriate, to adopt the recommendations which the Association approves concerning the improvement of education at all levels; c) to encourage the exchange of persons, information and services between member institutions; d) to promote the development of educational activities and research, and the spread of culture amongst the member institutions within the framework of a national programme, having always due regard for the individual characteristics of each institution.

The Member institutions are required to recognize studies reciprocally, and in the case of transfer of students, to grant equivalences consistent with their respective constitutions.
Universidad nacional autónoma de Nicaragua, León.
Asociación Nicaragüense de Mujeres Universitarias (IFUW)
Présidente: Dra. Gloria Campos de Chávez, Escoto.

Viceministro del Distrito Nacional, Ministerio del Distrito Nacional, Managua.
Servicio Universitario de Nicaragua (WUS)
Président: Dr. Mariano Fiallos Oyanguren.
Secrétaire général: José Vijil G.
Universidad Nacional Autónoma de Nicaragua, León.
Centro Universitario de la Universidad Nacional—CUUN
Universidad Nacional Autónoma de Nicaragua, Apartado 135, León.
Juventud Universitaria Católica (Pax Romana)
Apartado postal 3368, Managua, D.N.
Movimiento Estudiantil Cristiano de Nicaragua (WSCF)
Correspondant: Ernestina Granja.
Diriamba-Carazo.

*

Ministerio de Educación Pública
Managua, D.N.
Comisión Nacional Nicaragüense de Cooperación con la Unesco
Ministerio de Educación Pública, Apartado postal, 108, Managua, D.N.

NIGER—NIGER

Université de Niamey, B.P. 237, Niamey. E : sc, agr-zoo, sc sa, let, éd.
1971, 1973 I : rech hum, rech math.

Ministère de l'Education nationale du Niger
B.P. 557, Niamey.
Commission nationale de la République du Niamey.

Niger pour l'Unesco
Ministère de l'Education nationale, B.P. 557, Niamey.

NIGERIA—NIGERIA

UNIVERSITIES—UNIVERSITES

*Ahmadu Bello University, Zaria. 1962
F : *arts-soc, arts-Isl st, ed, sc, env des, agr, eng, vet, med, adm, law.*
S : *basic st; basic st* (Kano).
C : *ed; ed* (Kano).
I : *adm, ed, heal; agr res* (Samaru).
Ce : *cult st, soc-eco res, ed techn, comp.*
Abdullahi Bayero University College, Kano.
1960, 1962, 1976
Division of Agricultural and Livestock Services. 1971
C : *agr (3), anim sc.*
*University of Benin, Benin. 1970
F : *sc, eng, med-phar.*
S : *basic st.*
C : *ed* (Abraka).
University of Calabar, Calabar.
(In process of development).
*University of Ibadan, Ibadan. 1948, 1962
F : *arts, sc, med, agr-for-vet, soc, ed.*
I : *African st, child heal, ed, app sc-techn, soc-eco res.*
Ce : *comp.*
University College of Ilorin, Ilorin.
F : *arts, sc, ed.*
*University of Ife, Ile-Ife. 1962
F : *agr, arts, ed, law, heal sc, phar, sc, soc, techn.*

S : *gen st.*
I : *adm, African st, agr res & training, phys, population-manpower st, agr.*
Adeyemi College of Education, Ondo.
1964, 1969
University of Jos, Jos.
(In process of development).
*University of Lagos, Lagos. 1962
F : *sc, arts, soc, bus adm, eng, law.*
S : *env des.*
C : *ed (2), med (2).*
Ce : *continuing ed, comparative ed-adaptation.*
University College of Port Harcourt, Port Harcourt.
University of Maiduguri, Maiduguri.
(In process of development).
*University of Nigeria, Nsukka. 1960
F : *agr, arts, bus adm, ed, eng, law, med, sc, soc.*
C : *ed (2).*
D : *extra-mural st.*
I : *eco dev, African st, ed.*
Ce : *continuing ed, demographic res-env st, curriculum dev-res.*
University of Sokoto, Sokoto.
(In process of development).

OTHER INSTITUTIONS—AUTRES INSTITUTIONS

Technical Education—Enseignement technique

Yaba College of Technology, Yaba, Lagos.
1948, 1963
art, printing, civ eng & bui, quantity surv, urb, elec-electro, mec eng, acc, bus adm, sec, mangt st, lab techn, watchmaking.

College of Technology, P.M.B. 1110, Calabar. 1972
acc, sec, bus adm, estate mangt, arc, mec eng, elec, civ & bui eng, basic st.
Kaduna Polytechnic, Kaduna. 1968

civ eng, mec eng, elec, tex techn, marketing, agr eng, acc, printing techn, food sc, land surv, mangt, tec.
The Polytechnic, P.M.B. 5063, Ibadan.
1961, 1971
acc, sec, civ eng, elec, mec eng, urb, sc.
Auchi Polytechnic, Central Administration, P.M.B. 1196, Benin-City. *1965*
mec eng, elec, estate mangt-urb, quantity & land surv, acc, bus adm, sec, fa.
Kwara State College of Technology, P.M.B. 1375, Illorin. *1972*
catering-hotel mangt, mec techn, elec techn, env techn, sec, acc, basic st, sc.
Institute of Management and Technology, P.M.B. 1079, Enugu.
bus adm, co-operative st, banking, acc, stat, tec ed, mec & prod eng, civ-bui eng, elec-electro, sc, fa-app arts, bus mangt-publ adm, sec.
College of Science and Technology, Port-Harcourt. *1970*

Teacher Training—Formation pédagogique

Alvan Ikoku College of Education, P.M.B. 1033, Owerri. *1963*
S : arts, sc, soc, ed, bus & voc ed, heal-phys.
Advanced Teachers' College, Port-Harcourt.
Federal Advanced Teachers' College, Okene.
Federal Advanced Teachers' College, Pankshin. *1975*
Federal Advanced Teachers' College, Yola.
Advanced Teachers' Training College, Surulere.
Advanced Teachers' College, Sokoto.
College of Education, Uyo.
National Technical Teachers' College, Yaba. *1968*

Vice-Chancellors' Committee

The Committee was established in 1963 by the Vice-Chancellors of the Nigerian universities as a forum for the discussion of common university problems, and for the promotion of co-operation and coordinated planning among Nigerian universities. It consists of the Vice-Chancellors of all the ten Nigerian universities, and the Principals of three university colleges, and is recognized by the Federal Government.

The Committee acts as the channel through which the joint opinion of the universities on matters affecting higher education is expressed. It has no executive powers, but its views on matters pertaining to higher education have considerable influence in decision-making on university affairs.

The Committee works in close collaboration with the National Universities Commission, and meets bi-monthly. It is assisted by a number of its standing sub-committees and *ad hoc* bodies set up from time to time on specific matters. The term of office of chairmanship, which rotates among its members, is two academic years.

Créé en 1963 par les vice-chanceliers des universités nigérianes comme forum de discussion des problèmes universitaires communs et pour promouvoir la coopération et la coordination de la planification entre les universités nigérianes, le Comité se compose des vice-chanceliers de toutes les universités du pays et des directeurs de trois collèges universitaires et est reconnu par le gouvernement fédéral.

Il est le moyen par lequel s'exprime l'opinion collective des institutions universitaires sur les problèmes intéressant l'enseignement supérieur.

Il ne détient aucun pouvoir direct de décision, mais ses avis sur les questions relatives à l'enseignement supérieur ont une influence considérable sur les prises de décision concernant les affaires universitaires.

Le Comité travaille en étroite collaboration avec la Commission nationale des universités, et se réunit deux fois par mois. Il est secondé par un certain nombre de sous-comités permanents et d'organismes ad hoc créés en cas de besoin, pour des questions particulières. La durée du mandat de président, qui est renouvelé par roulement, est de deux années académiques.

Chairman: Prof. J. F. A. Ajayi, Vice-

Chancellor, University of Lagos.
Secretary: I. Ogbue.
68 Randle Avenue, Suru—Lere, P.M.B. 12022, Lagos.

National Universities Commission

The Commission is the legal body set up by the Federal Government to co-ordinate university education and provide Federal money to the universities.

Its terms of reference include : a) advising the Head of Government, through a Commissioner charged with the responsibility for higher education, on the creation of new universities and other degree-granting institutions; b) preparing, after consultation with all the states' governments, the universities, the National Manpower Board and other appropriate bodies, periodic master-plans for the balanced and co-ordinated development of universities in Nigeria, including general programmes to be pursued by the universities in order to ensure that they are fully adequate to the national needs and objectives, recommendations for the establishment of new faculties or postgraduate institutions in existing universities, or the approval or rejection of proposals to establish such faculties or institutions: c) conducting investigations relating to higher education generally and making such other recommendations to the Federal and State Governments or the universities as the Commission would consider fit to the national interest; d) assessing and advising the Government on the financial needs (recurrent and capital) of university education and also the financial needs for university research and, based on these needs, to receive annually block grants from the Government for allocation to the individual universities in accordance with such formulas as may be laid down by the Federal Executive Council; and e) undertaking periodic reviews of the terms and conditions of service of personnel engaged in the universities and making recommendations thereon to the Government where appropriate: f) acting as the agency for channelling all external aid to the universities in Nigeria; and g) recommending to the Visitor of a university that a visitation be made to such a university as and when it considers it necessary.

The Commission is, therefore, concerned with the development, finance and performance audit of the universities in Nigeria. Nigeria is now in the process of establishing seven new universities, each one with a College of Medicine. These will bring the number of universities in the country to thirteen.

The Commission is composed of the Chairman, an Executive Secretary and members drawn from various disciplines in the universities and various interests outside the universities.

La Commission nationale des Universités est l'organisme légal institué par le Gouvernement fédéral pour coordonner l'enseignement universitaire et distribuer aux universités les fonds alloués par le Gouvernement.

Elle a pour attributions: a) de conseiller le Chef du Gouvernement, par l'intermédiaire d'un officier ministériel chargé de l'enseignement supérieur, sur la création de nouvelles universités et d'autres institutions délivrant des diplômes; b) d'élaborer périodiquement, après avoir consulté les gouvernements de tous les Etats, les universités, le Conseil national de la main-d'œuvre et les autres organismes appropriés, des plans d'ensemble pour le développement équilibré et coordonné des universités du Nigéria, notamment les programmes généraux que doivent suivre les universités pour assurer qu'elles répondent totalement aux besoins et aux objectifs nationaux, des recommandations pour la création de nouvelles facultés ou institutions post-graduées dans les universités existantes ou son accord sur des propositions visant à établir ces facultés ou institutions—ou le rejet de ces propositions; c) de poursuivre des recherches sur l'enseignement supérieur en général et de faire au Gouvernement fédéral, aux Gouvernements des Etats et aux universités des recommandations que la Commission jugerait être d'intérêt national; d) d'établir des estimations et de conseiller le Gouvernement sur les besoins financiers (dépenses initiales et dépenses qui

reviennent périodiquement) de l'enseignement universitaire, ainsi que sur les crédits nécessaires à la recherche universitaire et, sur la base de ces besoins, de recevoir chaque année un crédit global du Gouvernement qu'il doit répartir entre les universités selon les règles que le Conseil exécutif fédéral peut établir; et e) de procéder périodiquement à l'examen des termes et des conditions de service du personnel engagé dans les universités et de faire si nécessaire des recommandations à ce sujet au Governement; f) répartir entre les universités du Nigéria toute l'aide reçue de source extérieure; et g) recommander à l'Inspecteur d'une université d'effectuer une inspection à l'université en question dans tous les cas et au moment où elle le juge nécessaire.

La Commission s'occupe donc du développement, de la vérification des comptes et du fonctionnement des universités du Nigéria. Sept nouvelles universités, disposant chacune d'une Ecole de médecine, sont actuellement en voie de création au Nigéria, ce qui portera à treize le nombre des universités du pays.

La Commission se compose du Président, d'un Secrétaire exécutif, de membres travaillant dans diverses branches d'étude des universités, et de membres appartenant à des milieux non universitaires.

Executive Secretary: 18 Alhaji Ribadu Road, South West Ikoyi, P.M.B. 12694, Lagos.

Nigerian Association of University Women (IFUW)
President: Dr. Irene Modupe Thomas.
Chairman (Internat. Rel.): Mrs. U. W. Banjo.
c/o P.M.B. 12681, Lagos.

World University Service
President: S. A. O. Oudmuye.
Secretary: Carl Mbofung.
Azikiwe Hall, University of Ibadan, Ibadan.

National Union of Nigerian Students—NUNS
University of Ife, Ife.

Nigeria Federation of Catholic Students (Pax Romana)
President: Emeka C. Ekeh.
Secretary: Desmond J. A. Olawoyin.
University of Ife, Ile-Ife.

Association of Catholic Graduates and Professionals (Pax Romana)
President: D. Sagat.
College of Science and Technology, Kaduna.

Student Christian Movement of Nigeria (WSCF)
President: Bola Ige.
General Secretary: P. Ladokun.
10 Awosika Avenue, Bodija Estate, P.O. Box 4014, Ibadan.

All Nigeria United Nations Student Association (ISMUN)
Secretary-General: Olabamigbe Ibitoye.
Kuti Hall, University of Ibadan, Ibadan.

*

Federal Ministry of Education
Victoria Island, Lagos.

National Commission of Nigeria for Unesco
Federal Ministry of Education, Victoria Island, Lagos.

NORWAY—NORVEGE

UNIVERSITIES AND TECHNICAL UNIVERSITIES— UNIVERSITES ET UNIVERSITES TECHNIQUES

*Universitetet i Bergen, Muséplass 1, 5000 Bergen. (Universitetsdirektøren). *1948*
F : *soc, med, dent, hist-phil, math-nat, law.*
*Universitetet i Oslo, Blindern, Oslo 3. *1811*
F : *theo, law, med, dent, hist-phil, nath-nat, soc.*
*Universitetet i Tromsø, 9000 Tromsø. *1968*

F : *fish, med, soc, math-nat, hist-phil.*
*Universitetet i Trondheim, 7000 Trondheim. *1969*
Norges Tekniske Høgskole [Technical U.], 7000 Trondheim. *1900, 1910*
D : *arc, mine, civ eng, elec, ch, mec.*
Norges Lærerhøgskole [Advanced Teachers' Training C.], 7000 Trondheim. *1922*
D : *hum, soc, sc.*

OTHER INSTITUTIONS—AUTRES INSTITUTIONS

Arkitekthøgskolen i Oslo [S. of Architecture] St. Olavsgt. 6, Oslo 1.
Norges Idrettshøgskole [National C. of Physical Education and Sport], Sognsveien 220, Oslo 8.
Norges Landbrukshøgskole [Agricultural C.] 1432 Ås–NLH. *1859*
Norges handelshøgskole [C. of Economics and Business Administration], Helleveien 30, 5000 Bergen. *1917*
Norges veterinærhøgskole [Veterinary C.], Ullevålsveien 72, Oslo 4. *1936*
Musikkhøgskolen, [C. of Music], Nordahl Brunsgt. 8, Oslo 1. *1972*
Statens kunstakademi [State A. of Art], Wergelandsveien 17, Oslo 1.
Statens Bibliotekskole [C. of Librarianship], Dæenggt. 26, Oslo 5.
Norsk journalistskole [C. of Journalism], Trondheimsveien 86, Oslo 5.
Norges fiskerihøgskole [C. of Fishery]. *1972* (Courses are given by 4 separate institutions : the Universities of Bergen and Tromsø; the Technical University of Trondheim; and the National College of Economics and Business Administration in Bergen).
Det teologiske Menighetsfakultet [Free F. of Theology], Gydas vei 4, Oslo 3.
Agder distriktshøgskole [Agder Regional C.], P.O. Box 607, 4601 Kristiansand.
eco-adm, publ adm, nautical st, electro comp, techn-eco st, English, math, analytical ch, translation-interp.
Oppland distriktshøgskole, P.O. Box 193, 2601 Lillehammer.
eco-adm, ped, tour, pol, publ adm.
Møre og Romsdal distriktshøgskole, P.O. Box 183, 6101 Volda.
eco-adm, trans, electro comp, math, Norwegian lang-lit, German, local hist st, local plan, ped, Chris st, media commun.
Nordland distriktshøgskole, P.O. Box 309, 8001 Bodø.
eco-adm, fish, hist, civics, soc w, phy-ch.
Rogaland distriktshøgskole, P.O. Box 2540, 3001 Stavanger.
hum-aesthetic st, soc, techn-nat, eco-adm, French, hist.
Telemark distriktshøgskole, 3800 Bø.

eco-adm, env st, hist, Norwegian, English, art dissemination-cult w.
Sogn og Fjordane distriktshøgskole, P.O. Box 39, 5801 Sogndal.
civics, nat.
Finnmark distriktshøgskole, 9510 Elvebakken.
phys.
Østfold tekniske skole [Østfold Technical C.], 1712 Valaskjold.
Oslo tekniske skole, Cort Adelersgt. 30, Oslo 1.
Gjøvik tekniske skole, 2800 Gjøvik.
Tinius Olsens skole, 3600 Kongsberg.
Telemark tekniske skole, 3900 Porsgrunn.
Sørlandets tekniske skole, P.O. Box 94, 4891 Grimstad.
Stavanger tekniske skole, Rogalandsgt. 44, 4000 Stavanger.
Møre og Romsdal tekniske skole, Fogdegården, 6000 Ålesund.
Trondheim tekniske skole, Gunnerusgt. 1, 7000 Trondheim.
Narvik tekniske skole, Lodve Langesgt. 2, 8500 Narvik.
Norges kommunal-og sosialskole [National C. of Social Work], Økernveien 145, Oslo 1.
Sosialskolen, Bygdøy, Fredriksborgveien 18, Oslo 2.
Sosialskolen, Stavanger, Møllergt. 66, 4000 Stavanger.
Sosialskolen, Trondheim, Lade gård, 7000 Trondheim.

Teacher training—Formation pédagogique

Lærerutdanninga i Alta, 9510 Elvebakken.
Bergen lærerskole, 5030 Landås.
Bodø lærerskole, 8000 Bodø.
Eik lærerskole, 3109 Lofts-Eik.
Elverum lærerskole, 2400 Elverum.
Halden lærerskole, Remmen, 1750 Halden.
Hamar lærerskole, 2300 Hamar.
Kristiansand lærerskole, 4600 Kristiansar S.
Levanger lærerskole, 7600 Levanger.
Nesna lærerskole, 8700 Nesna.
Notodden lærerskole, 3670 Notodden.
Oslo lærerskole, Wergelandsveien 29, Oslo 1.
Sagene lærerskole, Biermannsgt. 2, Oslo 4.
Sogndal lærerskole, 5801 Sogndal i Sogn.
Stavanger lærerskole, Ullandhaug, 4001 Stavanger.
Stord lærerskole, 5414 Rommetveit.
Tromsø lærerskole, 9000 Tromsø.
Trondheim lærerskole, 7000 Trondheim.
Volda lærerskole, 6100 Volda.
Statens lærerskole i forming [State C. of Arts and Crafts], 1925 Blaker.
Statens lærerskole i forming, 3670 Notodden.
Statens lærerskole i forming, Cort Adelersgt. 33, Oslo 2.
Statens lærerskole i husstell, Stabekk (State C. of Home Economics), 1340 Bekkestua.
Statens lærerskole i handels-og kontorfag [State C. of Commercial Education], Granåsen 4, 1347 Hosle.
Statens spesiallærerskole [State C. of Special Education], Granåsen 4, 1347 Hosle.
Barneverninstituttet Dronning Mauds Minne, Bispegt. 9 a, 7000 Trondheim.
Barnevernakademiet i Oslo, Prof. Dahlsgt. 30, Oslo 2.

Conference of Rectors of Universities and Colleges in Norway

The rectors and the directors of the four Norwegian universities (the Universities of Oslo, Bergen, Trondheim, and Tromsø) and the rectors of the five Norwegian colleges at university level (The Norwegian School of Economics and Business Administration; The Technical University of Norway; The Norwegian Advanced Teachers' College; The Veterinary College of Norway; and The Agricultural College of Norway) meet regularly twice a year. The rectors may elect among themselves a chairman for one year who may be re-elected for one further year. The Secretary-General is elected for a period of 5 years. The rectors meet at different universities or colleges alternately and the

chairman is the rector of the host university.

At the meetings, they discuss matters of common interest and elect representatives to European and other organizations where Norwegian universities should have a joint representation. A representative of the Ministry of Education (Director of Division) and a representative of equal standing from the Ministry of Agriculture have regularly been invited to take part in the discussions.

La conférence des recteurs des universités et écoles supérieures de Norvège se compose des recteurs et des directeurs des quatre universités norvégiennes (Oslo, Bergen, Trondheim et Tromsø) et des cinq établissements norvégiens de niveau universitaire (l'Ecole norvégienne d'économie et d'administration des affaires, l'Université technique de Norvège, l'Ecole norvégienne de formation pédagogique avancée, l'Ecole de sciences vétérinaires de Norvège, et l'Ecole d'agriculture de Norvège) qui se rencontrent régulièrement deux fois par an. Les recteurs peuvent élire en leur sein pour un an un président, qui est rééligible pour une nouvelle année. Le Secrétaire général est élu pour une période de 5 ans. Les recteurs se rencontrent par roulement dans les différentes universités ou autres institutions et le président de la réunion est le recteur de l'université hôte.

Au cours de leurs réunions, ils délibèrent des questions d'intérêt commun et élisent leurs représentants aux organisations européennes ou autres, où les universités norvégiennes doivent avoir une représentation collective. Un représentant du ministère de l'education (directeur de division) et un représentant de niveau semblable pour le ministère de l'agriculture sont régulièrement invités à participer aux débats.

Secretary-General: Olav M. Trovik, Director of the University of Oslo, Blindern, Oslo 3.

Norske Kvinnelige Akademikeres Lands Forbund (IFUW)
President: Mrs. Inger Ouren.
Frichsgate 1B, Oslo 1.
Chairman (Internat. Rel.): Miss Anna Handeland.
Koboltveien 14, 4600 Kristiansand S.
Secretary: Miss Inger Lise Paulsen.
Fjordvegen 69B, 1322 Høvik.
Norsk Studentunion—NSU
Lokkeveien 7, Oslo 1.
Studenternes Reiskontor—SR
Universitetessentret, Blindern, Oslo 3.
Katolsk Studentlag (Pax Romana)
Dominikanerne, Neuberggatan 15, Oslo 3.
Norges Kristelige Studenterbevegelse (WSCF)
Chairman: Jørgen Karlsen.
General Secretary: Haakon Hanssen.
Universitetsgate 20, Oslo 1.
United Nations Student Association of Norway (ISMUN)
Correspondent: Jan-Gustav Strandenæs.
Kristian Augustgate 19, Oslo 1.
National Union of Jewish Students (WUJS)
Correspondent: Ellen Dworsky.
Akersbakken 9, Oslo 1.

*

Det Kongelige Kirke- og Undervisningsdepartment (The Royal Ministry of Church and Education)
Oslo.
Norwegian National Commission for Unesco
Ministry of Foreign Affairs, Department of Cultural Relations, 7 Juni Plassen 1, Oslo-Dep.

PAKISTAN—PAKISTAN

UNIVERSITIES AND TECHNICAL UNIVERSITIES— UNIVERSITES ET UNIVERSITES TECHNIQUES

University of Baluchistan, Sariab Road, Quetta. *1970*
F : *arts, sc.*
D : *phy, ch, math, geol, eco, pol, soc w, Urdu, English, Isl st, com, ed.*
Ce : *mines, Pakistan st, reg st*
Bolan Medical College.
University Law College.
Engineering College (planned).
Also 26 affiliated colleges and institutes.
Islamia University of Bhawalpur *1975*
D : *Arabic, Islamiyat, Isl hist, eng, Urdu, stat, phy, ch, pol.*
Gomal University, Dera Ismail Khan. *1974*
D : *phy, math, eco, ed, law, bus adm, publ adm, jour, ch, stat, phar.*
Also 9 affiliated colleges.
Qaid-e-Azam University, P.O. Box 1090, Islamabad. *1965, 1967*
D : *phy, ch, math, biol, earth sc, eco, comp, hist, int rel, Pakistani st, Amst adm.*
University of Karachi, University Road, Karachi 32. *1950*
F : *arts, sc, bus adm, law, med, eng, Isl st, phar, ed.*
I : *bus adm, ch, Eur st, marine biol.*
Also 56 affiliated colleges and institutes.
University of Multan, Multan. *1975*
F : *arts-soc, eng-agr, Isl st-lang, com, law-bus adm, med, dent, phar.*
D : *ch, math, phy, stat, eco, English, pol, Urdu.*
Also 24 affiliated colleges.
People's Open University, Sector H-8 Islamabad. *1974*
D : *soc, nat, ind ed, agr.*
I : *mod lang, ed, Arabic-Isl sb, commun.*
University of Peshawar, Peshawar. *1950*
F : *arts, sc, agr, eng, law.*

D : *Arabic, arc, eco, English, hist, Isl theo, Pashto, Persian, phil, pol, psyc, Urdu, bot, ch, geol-miner, geog, math, phy, zool, physical ch, agr, eng, com, ed, law, hom eco.*
College of Education.
College of Home Economics.
University College for Women.
Islamia College.
Khyber Medical College.
Law College.
Quaid-e-Azam College of Commerce.
Also 24 affiliated degree colleges.
***University of the Punjab**, Lahore. *1882*
F : *arts, nat, com, Isl & orntl st, law, med-dent, eng-phar.*
Hailey College of Commerce.
Law College.
Oriental College.
Social Sciences Research Centre.
Centre for Solid State Physics and Applied Mathematics.
Also 105 affiliated colleges.
***University of Sind**, Jamshoro-Sind. *1947*
F : *arts, agr, ed, eng, med, Isl st, law, sc.*
D : *comparative relig-Isl cult, pol, int rel, hist, eco, com, Urdu, Sindhi, English, phil, geog, socio, soc w, fa, lib, bot, zool, phy, geol, math, stat, fresh water biol-fish, physiology.*
I : *ed res, ch, lang, Sindhology, Pakistani st, Far East–South East Asia st.*
Sind University Engineering College.
Also 75 affiliated colleges.
Agricultural University, Lyallpur. *1961*
F : *agr, an hus, vet, agr eng-techn, agr eco-rur, socio.*
D : *basic sc-arts, ed, extension, zool, bot.*
College of Animal Husbandry, Lahore.
Also *c.* 40 departments.
***University of Engineering and Technology**,

Grand Trunk Road, Lahore 31.
F : *arc-urb, eng.*
D : *Isl st, hum-soc, math-phy, ch.*

1961 **West Pakistan College of Textile Technology,** Lyllapur.
Also constituent College of Engineering, Texila.

University Grants Commission for Pakistan

The University Grants Commission was set up in June 1973 to co-ordinate the programmes of the various universities in the country, develop their facilities, objectively assess their requirements, and secure adequate funds for them. With the establishment of the University Grants Commission, the continued existence of the Inter-University Board for Pakistan was no longer necessary. The Board was, therefore, abolished and the University Grants Commission through its 7 Standing Committees (Vice-Chancellors' Committee, Pakistan Universities Co-ordination Council, Higher Education Committee, Planning and Development Committee, Finance Committee, Equivalence Committee, and Pakistan Universities' Sports Board) was also made responsible for the functions performed by the Inter-University Board.

The University Grants Commission consists of 7 members : the Chairman, a Full-time Member, 2 Honorary Members, the Secretary to the Government of Pakistan, Ministry of Education (*ex officio*), the Chairman of the Pakistan Science Foundation (*ex officio*), and the Chairman of the Vice-Chancellors' Committee (*ex officio*). The first 4 are appointed by the Federal Government from amongst eminent educationalists including scientists of repute for a period of 3 years and are eligible for re-appointment. The Commission undertakes to enquire into the financial needs of the universities and prepares quinquennial programmes for their development; allocates and disburses grants to the universities for their approved projects and ensures the proper utilization of such grants; collects information and data on all matters relating to university education in Pakistan; institutes fellowships and scholarships and visiting professorships in universities in the country; supports and co-ordinates the research programmes of the universities; generally supervises the academic programme and development of various institutions of higher learning and education in the country; and recommends to the universities the measures necessary for the improvement of university education.

The Vice-Chancellors' Committee consists of all Vice-Chancellors of universities in Pakistan. It elects its own Chairman from amongst its members annually by rotation, and advises the University Grants Commission on all matters pertaining to university education.

The Pakistan Universities Co-ordination Council consists of the Chairman and the Full-time Member of the Commission, the Vice-Chancellors of the universities and 2 nominees of the Syndicate of each university drawn from teachers. It advises the Commission on matters relating to academic development of universities.

The Higher Education Committee advises the Commission on all matters pertaining to higher education and is composed of Vice-Chancellors and other eminent educationalists.

The Planning and Development Committee advises the Commission on matters concerned with the planning and development of the various universities.

The Equivalence Committee deals with matters related to the mutual recognition of degrees and diplomas between universities in Pakistan and takes decisions on matters concerning the equivalence of degrees and diplomas awarded in other countries.

La Commission des crédits universitaires a été créée en juin 1973 en vue de coordonner les programmes des diverses universités du pays,

de développer leurs équipements, de procéder à une évaluation objective de leurs besoins, et de leur assurer les fonds appropriés. A la suite de la création de la Commission des crédits universitaires, le Conseil interuniversitaire du Pakistan perdit sa raison d'être. Il fut donc supprimé et la Commission des crédits universitaires assuma également, grâce à ses sept Comités permanents *(Comité des Vice-Chanceliers, Comité de coordination des universités du Pakistan, Comité de l'enseignement supérieur, Comité de la planification et du développement, Comité des finances, Comité des équivalences, et Conseil des universités pakistanaises pour le sport)*, les fonctions que remplissait l'ancien Conseil interuniversitaire du Pakistan.

La Commission des crédits universitaires comprend les 7 membres suivants: le Président, un Membre à plein temps, deux membres honoraires, le Secrétaire du Ministère de l'éducation du Gouvernement du Pakistan *(membre de droit)*, le Président de la Fondation pakistanaise de la Science *(membre de droit)*, et le Président du Comité des Vice-Chanceliers *(membre de droit)*. Les quatre premiers sont nommés pour trois ans par le Gouvernement Fèdéral parmi d'éminents responsables de l'éducation comprenant des scientifiques en renom, et sont rééligibles. La Commission examine les besoins financiers des universités et élabore des programmes quinquennaux pour leur développement; elle octroie des crédits aux universités pour ceux de leurs projets qui ont été approuvés et s'assure de la bonne utilisation des crédits en question; rassemble des informations et des données sur toutes questions ayant trait à l'enseignement universitaire au Pakistan; crée des bourses, notamment pour les enseignants en visite dans les universités du pays; soutient et coordonne les programmes de recherche des universités; contrôle, de façon générale, le programme d'enseignement et le développement des diverses institutions d'enseignement supérieur du pays; et recommande aux universités les mesures nécessaires a l'amélioration de l'enseignement universitaire.

Le Comité des Vice-Chanceliers comprend tous les Vice-Chanceliers des universités du Pakistan. Il élit chaque année par roulement son Président parmi ses membres. Ce Comité conseille la Commission des crédits universitaires pour toutes questions relatives à l'enseignement universitaire.

Le Conseil de coordination des universités du Pakistan comprend le Président et le Membre à plein temps de la Commission, les Vice-Chanceliers des universités, et deux représentants du «*Syndicate*» de chaque université choisis parmi les enseignants. Il conseille la Commission pour toutes questions relatives au développement des universités du point de vue académique.

Le Comité de l'enseignement supérieur conseille la Commission pour toutes questions relatives à l'enseignement supérieur et se compose des Vice-Chanceliers et autres éminents responsables de l'éducation.

Le Comité de planification et de développement conseille la Commission pour toutes questions relatives à la planification et au développement des diverses universités du pays.

Le Comité des équivalences s'occupe des questions relatives à la reconnaissance mutuelle des titres et des diplômes entre les universités du Pakistan, et a pouvoir de décision en ce qui concerne l'équivalence des titres et des diplômes conférés dans d'autres pays.

Chairman: M. A. Kazi.
Sector H–9, Islamabad.

National Science Council
63 School Road, Shalimar 7/4, Islamabad.

Pakistan Association of University Professors and Lecturers (IAUPL)
Secretary: Prof. Kazi S. Admad.
University of the Punjab, New Campus, Lahore.

Pakistan Federation of University Women (IFUW)
President: Mrs. Z. Rashid Ahmed.
Secretary-General and Chairman (Internat. Rel.): Mrs. Bilquis Siddiqi.
10 A 1st Sunset Street, Defence Society, Karachi.

World University Service

Chairman: Prof. Shaikh Ahmad Hassan.
Executive Secretary: Dr. Hamid Mahmoud, Registrar, University of Karachi, Karachi 32.

Student Christian Movement in Pakistan (WSCF)
Chairman: Ameen J. Paul.
General Secretary: Samuel Azariah
P.O. P.O. Box 1406, Lahore.

Ministry of Education
Islamabad.
Central Bureau of Education
Sector H9, Cultural Area, Islamabad.
Pakistan National Commission for Unesco
Ministry of Education, Islamabad.

PANAMA—PANAMA

*Universidad de Panamá, Apartado 3277, Panamá 3. (Sr. Secretario general). *1935*
F : phil-let-éd, adm publ-com, ing, dr-pol, sc, méd, dent, arc, nat-phar-inf, agr.
Universidad Santa María La Antigua, Apartado 6–1696, Panamá 6. *1965, 1973*
D : adm, soc, techn-nat-arc, hum-ét relig, dr-pol.
Escuela Náutica de Panamá, Apartado 5936, Panamá 2.

Asociación de Mujeres Universitarias de Panamá (IFUW)
Présidente: Edith de Barahona.
Présidente (Rel. internat.): Carmen Berguido.
Apartado 1166, Betania 6, Panamá.
Federación de Estudiantes de Panamá—FEP
Universidad de Panamá, Apartado 3277, Panamá.
Juventud Universitaria Cristiana (Pax Romana)
Secretary: Amelia Sanjur.
Apartado 439, Panamá 9A.
Movimiento de Profesionales Católicos (Pax Romana)
Correspondante: Gabriela Candanedo.
Calle Colombia 6, Apartado 1510, Panamá 7.
Student Christian Movement in Panama (WSCF)
Correspondent: Alcibides López Cortéz.
Apartado 7242, Panamá 5.

*

Ministerio de Educación
Apartado 3435, Panamá 3.
Comisión Nacional Panameña de Cooperación con la Unesco
Ministerio de Educación, Panamá 3.

PAPUA NEW—PAPOUASIE NOUVELLE GUINEA GUINEE

*University of Papua and New Guinea, P.O. Box 4820, Port Moresby. (The Secretary).
1965
F : *arts, sc, law, ed, med, agr.*

Papua New Guinea University of Technology, P.O. Box 793, Lae. *1965*
F : *arc-bui, bus adm, eng, nat resources, gen st.*

World University Service
Chairman: Lanca Hill.
Secretary: Mrs. Dawa Lynch.
c/o Registrar's Office, University of Papua and New Guinea, P.O. Box 4820, Port Moresby.

*

Department of Education
Port Moresby.

PARAGUAY—PARAGUAY

* **Universidad Católica «Nuestra Señora de la Asunción»**, Calle Independencia Nacional y Comuneros, Asunción. (Rectorado). *1960*
F : phil-éd, dr-ét dipl, pol-soc, comp-adm des aff, serv soc-inf; dr-ét dipl, phil-éd, comp-adm (Villarrica); phil-éd, comp-adm (Concepción); phil-éd, comp-adm (Encarnación).
I : ét relig.
Ce : ét anth.
Universidad Nacional de Asunción, Colón 73, Asunción. *1890*
F : dr-soc, phil, ch-phar, phy-math, arc, méd, dent, éco, agr-vét.
E : ba, adm publ, obst-inf.
C : agr.
I : sc.
Escuela Superior de Filosofía, Ciencias y Educación, Asunción. *1944*
D : ch, éd, phil-let, sc, soc.
Instituto Nacional de Investigaciones Científicas, P.O. Box 1141, Asunción. *1957*
D : phy, ch, math, psyc-éd.

Asociación Paraguaya de Universitarias Graduadas (IFUW)
Présidente: B. L. González Fleytas.
Présidente (Rel. internat.): Wilfrida D. de González.
Colón 1479, Asunción.
Movimiento de Egresados Universitarios Católicos (Pax Romana)
Correspondant: Luis Alberto Meyer Jou.
Casilla Correos 394, Asunción.

Juventud Estudiantil Católica (Pax Romana)
Casilla de Correos 394, Asunción.

*

Ministerio de Educación y Culto
Chile 849, Asunción.
Comisión Nacional Paraguaya de Cooperación con la Unesco
Casilla de Correos 1080, Asunción.

PERU—PEROU

UNIVERSITIES AND TECHNICAL UNIVERSITIES— UNIVERSITES ET UNIVERSITES TECHNIQUES

National Institutions—Institutions nationales

Universidad Nacional de la Amazonia Peruana, Jr. Lima 584, Casilla 496, Iquitos.
  1961, 1969
P : ch-ind, agr-for, sc-hum.
I : rech.
E : ét gén, nor.

Universidad Nacional del Centro del Perú, Calle Real 160, Apartado 77, Huancayo.
  1959, 1962, 1969
P : adm, arc-plan, agr, éco-com, soc, éd, ch-ing ind, zoo, for, méc-élec.
E : ba.

Filial de la Universidad del Centro, Huacho.
P : pêch, éco-com, let-éd.

Universidad Nacional «Daniel Alcides Carrión», Calle Lima 323, Cerro de Pasco.
  1965, 1969
P : éd, éco-com, mine-mét.

Universidad Nacional «Federico Villarreal», Avenida Nicolás Piérola 262, Lima.
  1963, 1969
P : arc, adm, éd-hum, éco-com, océanog.
E : com publ, éco, ing de prod.

Universidad Nacional «Hermilio Valdizán», Dos de Mayo 680, Huánuco. *1964, 1969*
P : agr, éd, éco-com.

Universidad Nacional «José Faustino Sánchez Carrión», Calle Bolívar 935, Apartado 41, Huacho.

Universidad Nacional de Trujillo, Independencia s/n., Trujillo. *1824, 1969*
P : biol, dr-pol, éco-com, ch, méd, let-éd, phy-math, phar-bioch, soc, ét gén.

Universidad Nacional «Pedro Ruiz Gallo» [National U. of Lambayeque], Jr. 8 de Octubre 637, Casilla 308, Lambayeque.
  1962, 1969

P : gé civ, let, éd, dr, sc, méd, vét, éco-soc, géol.
I : agr-zoo, ch, com.

***Universidad Nacional de San Agustín**, Siglo XX No. 227, Apartado 23, Arequipa.
  1928, 1969
P : dr, hum, sc, éd, méd-inf, éco com, hist-soc, géol, biol, ch, arc, ét gén.
I : géophy.

Universidad Nacional de San Antonio Abad, Avenida de la Cultura s/n., Apartado 367, Cuzco. *1598, 1692, 1969*
P : let, dr, éco-com, éd.

Universidad Nacional «San Cristóbal de Huamanga», Portal Independencia 57, Apartado 120, Ayacucho. *1677, 1959, 1969*
P : ing, nat, soc, éd.
I : ing rur-zoo-agr, ch, mine, anth, serv soc, biol, inf-obst, éd primaire et secondaire.
Ce : rech.

Universidad Nacional «San Luis Gonzaga», Avenida Bolívar 232, Ica.
  1955, 1961, 1969
P : agr, éco-com, phar-bioch, gé civ, méc-élec, let-éd, méd, vét, dent, pêch-biol, dr.
I : lit.
E : phil, psyc.

***Universidad Nacional Mayor de San Marcos**, República de Chile 295, Lima.
  1551, 1861, 1969
P : let, éco-com, dr, méd, dent, sc, ch, phar-bioch, vét, éd.

Universidad Nacional Agraria, Apartado 456, La Molina, Lima. *1960, 1969*
P : agr, zoo, ing agr, soc, sc, for pêch.
I : rech, for.

Universidad Nacional Agraria de la Selva [U.

d'Agriculture tropicale], Apartado 156, Tingo Maria. *1964*
P : agr-zoo-for.
D : préparatoire.
Universidad Nacional de Educación «Enrique Guzmán y Valle», La Cantuta, Chosica.
Universidad Nacional de Ingeniería, Camino a Ancón—Apartado 1301, Lima.
1876, 1954, 1969
P : arc-ba, phy-math, géol-mine-mét, gé civ, méc-élec, ing ind, ing sani, pét.
E : ba, tech, math.
I : plan, rech ind, math-math app, bui, énerg, hyd.
Universidad Nacional Técnica del Altiplano, Calle Puno 415, Casilla 291, Puno.
1856, 1962, 1969
P : agr, vét, éco.
E : trav soc, inf.
I : éco-soc, arp-gestion d'exploitation agricole.
Universidad Nacional Técnica de Cajamarca, Apartado 289, Cajamarca. *1962, 1969*
P : éd, agr, ing, méd.
Universidad Nacional Técnica del Callao, Avenida Bolognesi 24, La Punta, Callao.
Universidad Nacional Técnica de Piura, Calle Tacna 620, Piura. *1961*
E : éco, agr, vét, techn ind, pét, gé nav, pêch.

Private Institutions—*Institutions privées*

* **Pontificia Universidad Católica del Perú,** Jr. Camaná 459, Apartado 1761, Lima. (Sr. Secretario general). *1917, 1942, 1969*
P : let, hum, ing, agr, soc, éd, dr, adm.
E : ét soc, éd, jour, arts plastiques, nor.
Ce : lang.
Universidad Femenina del Sagrado Corazón, Avenida Guillermo Marconi 420, Apartad 3604, Lima. *1962, 1967, 1969*
P : éd, soc, trad, ét gén:
Universidad Particular de Lima, Prolongación Javier Prado s/n., Apartado 852, Lima *1962, 1969*
P : let-sc, soc-éco.
E : rel du trav, éco des entrep, rel publ, ét de marché, adm des aff, rel ind.
Universidad Particular del Pacífico, Avenida Salaverry 2020, Apartado 4683, Lima.
1962, 1969
P : éco-adm des aff.
Universidad Particular «Victor Andrés Belaunde», Jr. 28 de Julio 106A, Apartado 48, Ayacucho.
Universidad Particular de Piura, Apartado 353, Piura.
Universidad Particular «Ricardo Palma», Avenida Armendáriz 349, Miraflores.
Universidad Particular Inca Garcilaso de la Vega, Avenida Arequipa 3610, Lima.
1964, 1969
P : ét gén, éd primaire, éd secondaire, rel du trav.
I : adm, tour, phys, mus, zoo.
Universidad Particular Peruana «Cayetano Heredia», Avenida Honorio Delgado 932, Km. 3.5., Panamericana Norte, Carretera Ancón, Apartado 5045, Lima. *1962, 1969*
P : méd, sc-hum.
Universidad Particular «San Martín de Porres», Jr. Camaná 168, Lima. *1962, 1969*
P : let, éd.
I : phil-soc, hist, géog.
Universidad Particular Católica de Santa María, Arequipa. *1961, 1969*
P : let, éd.
E : nor.

OTHER INSTITUTIONS—AUTRES INSTITUTIONS

Technical and—*Enseignement technique*
Professional Education   et professionnel

Instituto Tecnológico Nacional «José Pardo», Lima. *1970*
électro, const civ, élec,méc.
Instituto Técnico Superior «Argentina», Jr.

Cañete 745, Lima. *1971*
adm des aff.
Instituto de Administración de Empresas «Melitón Carbajal», Urb. Sta. Catalina, Av. San Eugenio 600, Lima 14. *1965*
adm des aff.
Instituto Superior de Administración y Tecnología, Avenida Arequipa 173, Lima. *1965*
adm des aff.
Instituto Superior de Administración de Negocios y Mercadotécnica, Jr. Carabaya 474, Apt. 5584, Lima. *1964*
adm des aff.
Instituto Técnico de Administración de Empresas, Jr. Emilio Althaus 163, Lince. *1968*
adm des aff.
Escuela Tecnológica de Administración, Jr. Huancavelica 411, El Cercado. *1968*
Escuela Superior de Administración de Empresas, Jr. Cuzco 492, Apt. 4792, Lima. *1970*
Escuela Nacional de Bellas Artes del Perú, Jr. Ancash 681, Lima.
Instituto Técnico Superior Particular « Montemar», Ramón Dagnino 250, Lima. *1969*
arts graph & décor, adm dom.
Escuela Nacional de Arte Dramático, Paseo de la República s/n., Lima. *1972*
Escuela Nacional de Arte Folklórico, Augusto Wiesse 959, 2do. piso, Lima.
Escuela de Aviación Civil del Perú, Aero Club de Collique, Collique.
Escuela Nacional de Ballet, Jr. Junín 340, Lima.
Escuela Nacional de Bibliotecarios, Avenida Abancay, Lima.
Instituto Nacional de Cosmetología No. 53, Jr. Carabaya 744, Lima. *1965*
Instituto Nacional de Decoración de Interiores y Alta Costura, Jr. Ica 376, Lima. *1965*
Escuela de Decoración de Interiores «Miraflores», Avenida 2 de Mayo 536, Miraflores.
Escuela de Enfermería «Daniel A. Carrión», Avenida Colina s/n., Bellavista, Callao.
Escuela de Enfermeras «San Felipe», Ortíz de Zevallos 650, Jesús María.
Escuela Nacional de Enfermeras Hospital «Arzobispo Loayza», M. Baquero s/n., Lima.
Escuela Nacional de Enfermería «Hospital del Niño», Avenida Brasil 642, Lima.
Escuelas de Enfermeras de la Caja Nacional del Seguro Social, Avenida Graú 800 (Hospital Obrero), Lima.
Escuela Nacional de Música, Avenida de la Emancipación 180, Lima.
Escuela Naval del Perú, La Punta, Callao. *1833*
Instituto Superior de Periodismo «Jaime Bausate y Mesa», Jr. Huancavelica 320, Lima. *1964*
Instituto Superior de Periodismo «Jaime Bausate y Mesa» del Callao, Sáenz Peña 164, Callao.
Escuela Superior de Periodismo, Publicidad, Avenida Armendáriz 447, Miraflores.
Escuela Superior de Relaciones Públicas, Avenida Armendáriz 447, Miraflores.
Escuela Profesional de Locutores del Perú, Jr. Huancavelica 320, Lima.
Instituto Superior Psicoformativo, Plaza Butters 291, Barranco. *1969*
Escuela Nacional de Turismo, Jr. Junín 393, Lima. *1965*
Escuela Superior de Turismo, Avenida Armendáriz 447, Miraflores. *1968*

Teacher Training—Formation pédagogique

Instituto Pedagógico Nacional de Varones, Avenida Méjico 2089, La Victoria. *1961*
Instituto Pedagógico Nacional de Mujeres, Km. 11 Avenida Panamericana, Apartado 247, Monterrico D. San Luis. *1876*
Instituto Pedagógico Nacional de Educación Inicial, Víctor Criado Tejada 2712, Urb. Elío, Lima 18. *1964*
Instituto Superior de Educación Familiar, 2 de Mayo 598, Miraflores-Lima 18.
Escuela Normal «María Auxiliadora» de Mujeres, Avenida Brasil 450, Lima 1.
Escuela Normal «Marcelino Champagnat», Apartado 36, Chosica.

Consejo nacional de la Universidad peruana

Le Conseil national de l'Université péruvienne exerce ses activités sous la direction du gouvernement. En vertu d'une législation adoptée en 1971, son rôle et ses fonctions sont définis à la lumière d'une nouvelle loi sur l'éducation. Ses attributions sont notamment les suivantes : réviser les statuts universitaires et les règlements régissant les conseils universitaires régionaux, ainsi que les autres aspects du système universitaire; établir la structure régionale du système conformément aux critères formulés par le Bureau de planification de l'éducation; planifier le développement de l'enseignement universitaire en fonction de la politique nationale de l'éducation, ainsi que le développement national (il lui appartient donc de modifier les programmes et d'élaborer des projets d'unification d'institutions universitaires à des fins d'intégration régionale); agir en coordination avec le Conseil national de la Recherche pour toutes les questions intéressant les universités; élaborer le budget de l'université péruvienne, rationnellement et en fonction de la planification du système et des programmes à réaliser par chaque université, et le soumettre au ministre de l'éducation; effectuer des études sur la législation concernant les universités et formuler des recommandations à cet égard; donner son avis sur la création ou la suppression d'universités, sur la base des rapports soumis par les Conseils universitaires régionaux; promouvoir la coopération interuniversitaire; instituer un système d'évaluation et d'appréciation du niveau relatif des universités; résoudre les conflits qui pourraient se produire dans les universités; soumettre au ministre de l'éducation des recommandations en matière d'enseignement secondaire; autoriser l'organisation d'expériences pilotes dans une ou plusieurs universités, sous réserve de l'approbation des trois-quarts des membres du Conseil.

The National Council of Peruvian Universities operates under the authority of the government. Under legislation passed in 1971, its role and functions are being defined in the light of a new education act. They will include: the revision of university statutes and of the regulations governing regional university councils and other aspects of the university system; the establishment of a regional structure in accordance with criteria formulated by the Office of Educational Planning; the planning of the development of university education in the context of national policy for education and for the development of the country, including changes in curricula and proposals for the unification of institutions in the interests of regional integration; co-ordination with the National Research Council in matters concerning universities; the submission to the Minister of Education of a budget drawn up in the light of the rational planning of the university system and and of development programmes for individual universities; the study of legislation in university matters and the formulation of proposals; the giving of advisory opinions on the suppression or creation of universities in the light of studies made by the Regional University Councils; the promotion of inter-university co-operation; the development of a system of evaluating and assessing the relative standing of the universities; the resolution of conflicts which may arise in universities; the formulation of recommendations to the Minister of Education with regard to secondary education; the authorization of experimental initiatives in one or more universities subject to the approval of three-quarters of the Members of the Council.

Executive Director: Santiago Agurto Calvo. Calle Aldabas-Cdr.3, Lima 33.

Asociación de Universitarias Graduadas del Perú (IFUW)
Présidente: Dra. Nelly Festini.
Présidente (Rel. internat.): Dr. Maria Teresa Pérez L.
Secrétaire: Prof. E. González. G.
Félix Dibós 308, Magdalena del Mar, Lima.

World University Service
Correspondant: R. Ishikawa Triveño, Rector, Universidad Nacional «San Cristóbal de Huamanga», Ayacucho.

Federación de Estudiantes del Perú—FEP

Casilla 5262, Lima.
Unión Nacional de Estudiantes Católicos
(Pax Romana)
Apartado postal 3234, Ucayali 346, Lima.
Student Christian Movement of Peru
(WSCF)
Casilla 10143, Suc. La Colmena, Lima 1.
Movimiento Universitario Peruano Israelita
(WUJS)
Husares de Junín 163, Lima.

*

Ministerio de Educación Pública, Dirección de Organismos Internacionales
Lima.
Comisión Nacional Peruana de Cooperación con la Unesco
Ministerio de Educación, Piso 9º, Avenida Abancay s/n., Lima 1.

PHILIPPINES—PHILIPPINES

UNIVERSITIES—UNIVERSITES

Adamson University, 900 San Marcelino, Ermita, Manila. (The Executive Secretary). *1932, 1941*

Angeles University, Angeles City 2017. *1962, 1971*
C : *ed, art-sc, nur, com, eng.*
S : *sec.*
D : *aircraft eng, commun, refrigeration techn, auto.*

*****Aquinas University,** Legazpi City. *1947, 1968*
C : *bus adm, civ eng, law, li arts, nurs.*
I : *ed, elementary ed-hom eco, sc.*

Araneta University Foundation, Victoneta Park, Rizal. *1946, 1958*
I : *agr, for, an hus, vet, eng, bus & agr adm, ed, arts-pol-psyc-jour, sc, app res.*

Arellano University, 2600 Legarda, Sampaloc, Manila. (The Registrar). *1938, 1947*
C : *law, ed, com, arts-sc, com, nurs.*

Ateneo de Manila University, P.O. Box 154, Manila. *1859, 1959*
S : *arts-sc, bus adm.*
C : *law.*
I : *theo (women), pastoral.*
Ce : *theo.*

Bicol University, Regan Barracks, Legazpi City. *1969*
C : *ed, eng- agr, eng, arts-sc, nurs, agr, fish.*

Central Luzon State University, Muñez, Nueva, Ecija. *1964*
C : *ed, agr, eng-agr eng, arts-sc, hom eco.*
S : *agr.*
D : *res.*

Central Mindanao University, University Town, Musuan, Bukidnon. *1928, 1952, 1965*
C : *agr-an hus, ed, agr eng, hom eco, arts-sc, for, civ eng, vet.*
D : *res.*

Central Philippine University, Iloilo City. *1905, 1953*
C : *arts-sc, agr-an hus, com, ed, eng, law, nurs, theo.*

*****Centro Escolar University,** 9 Mendiola Street, San Miguel, Manila. (The Secretary-Treasurer). *1907, 1952*
C : *phar, dent, optom, hom eco-nutr, nurs, med techn, arts-sc, ch, com-bus adm, ed, soc w.*

*****De la Salle University,** 2401 Taft Avenue, Manila. *1911, 1975*
S : *arts-sc, ed, com, eng.*
I : *mangt.*
Ce : *ind res-dev.*

Divine Word University, Imelda Avenue, Tacloban City 7101, Leyte. *1929, 1966*
C : *li arts, sc, ed, com, law, eng, mus, nurs, soc w.*
I : *theo, nat, acc.*

*****Far Eastern University,** Quezon Boulevard, Manila. *1928, 1934*
I : *acc-bus-fin, arts-sc, ed, law, med, nurs, techn, arc-fa.*
S : *med techn.*

Feati University, Helios Street, Santa Cruz, Manila. *1946, 1959*
I : *eng-techn, li arts-ed, arc, bus adm, sc.*

*****Foundation University,** Dumaguete City, J–409. *1949, 1969*
S : *arts-sc, bus adm, ed, law, ed, techn.*
D : *sc.*

International Harvardian University, 123 Malvar Street, Davao City. *1951, 1970*
S : *ed, crim, law, arts-sc, com.*

Luzonian University Foundation, Lucena City. *1947, 1968*
C : *bus adm, arts-sc, ed, techn, law, agr-an hus.*

*****Manila Central University,** Zurbaran Cor-

ner Oroquieta Street, Manila. *1904, 1948*
C : *phar-med techn, dent, ed, bus adm, med, nurs, optom, arts-sc.*
S : *midwifery.*
Manuel L. Quezon University, 916 R. Hidalgo Street, Quiapo, Manila. *1947, 1958*
F : *law, arts-sc, ed, com, eng-arc.*
Mindanao State University, Marawi City. *1961*
C : *li arts, eng, ed, fish, agr, publ adm-comty dev, bus adm, for, techn-oceanog.*
I : *techn, reg plan-dev, Filipino cult res, Asian & Isl st.*
***National University,** 551 M. F. Jhocson Street, Sampaloc, Manila. *1900, 1921*
C : *com, dent, ed, eng, li arts, phar.*
S : *arts-arc.*
Notre Dame University of Cotabato, Notre Dame Avenue, Cotabato City. *1948, 1969*
C : *ed, li arts, com, law, civ eng.*
***Philippine Women's University,** Taft Avenue, Manila. (The Registrar). *1919, 1932*
C : *phar, hom eco, ed, li arts, bus adm, mus-fa, nurs.*
I : *hum rel, Filipino lang & cult, nutr, med techn & sc.*
D : *ch, fa, biol, psyc, phys.*
S : *soc w.*
Ce : *nat res.*
***Saint Louis University,** P.O Box 71, Baguio City, B-202. *1952, 1963*
C : *ed, eng-arc, law, com-bus adm, nat-phar, hum-pol.*
Ce : *psyc, reg sc teaching.*
***Silliman University,** Dumaguete City, 6501. (The Registrar). *1901, 1938*
C : *arts-sc, ed, eng, law, nurs, bus adm.*
S : *mus-fa, jour-commun, div, agr-an hus.*
D : *phys.*
Southwestern University, Villaznar, Cebu City. *1946, 1959*
C : *med, law, li arts-sc, dent, optom, ed, phar, eng, com, med techn, fire techn.*
S : *nurs.*
University of Baguio, 17 Gen Luna, Baguio City. *1948, 1969*
C : *eng, ed, com, arts-sc.*
***University of the East,** Claro M. Recto Avenue, Manila. (The Registrar). *1946, 1950*
C : *bus adm, li arts-sc, ed, dent, law, eng, med, nurs, sec.*
S : *mus, fa.*
University of Eastern Philippines, University Town, Catarman, Samar 80651. *1918, 1964*
C : *arts-sc, eng, ed, agr, vet, bus adm.*
Ce : *agr res.*
University of Iloilo, Cor. Mapa Rizal, Rizal. *1947, 1968*
C : *ed, law, li arts, sc, com, crim, ch-mec eng, civ eng.*
***University of Manila,** 588 Dr. M. V. de los Santos Street, Manila. (The Registrar). *1913, 1921*
C : *law, ed, bus adm, li arts, crim.*
S : *fgn serv, sec.*
D : *grad st.*
University of Mindanao, Bolton Street, Davao City. *1946, 1965*
C : *li arts, sc, ed, eng, law, com, crim.*
S : *mus, cosmetology.*
University of Negros Occidental-Recoletos, P.O. Box 214, Bacolod City. *1941, 1957*
C : *li arts-sc, law, eng, ed, com, crim.*
S : *med techn, agr.*
D : *soc w.*
University of Northern Philippines, Tamag, Vigan, Ilocos Sur. *1965*
C : *arts-sc, ind ed, nurs, civ eng, fa-arc, bus adm.*
University of Neuva Caceres, Naga City. *1948, 1954*
C : *law, li arts-sc, ed, com-bus adm, eng, nurs.*
D : *phys.*
University of Pangasinan, Arellano Street, Dagupan City. *1926, 1968*
C : *ed, eng, arc, li arts, law, com.*
S : *sec, ind st, nurs.*
D : *hom eco, English, lab sc, math, phil-psyc-socio, phys, pol, Filipino st, Rizal st, Spanish.*
***University of the Philippines,** Diliman, Quezon City. (The Registrar). *1908*
C : *agr, for, sc-hum* (Los Baños); *fish, vet, bus adm, ed, hom eco, arc, fa, law, eng, arts-sc, nurs, phar, mus; publ adm, med, dent* (Manila).

S : *app med, eco.*
I : *lib, mass commun, Spanish, small-scale ind, eco dev-res, env plan, soc w-comty dev, fish res; publ heal, demography* (Manila); *agr reform, dairy res, agr credit* (Los Baños).
University of San Agustin, Iloilo City. *1904, 1953*
C : *phar, li arts, com, techn, ed, nurs.*
I : *med techn, nutr, Spanish, sec.*
University of San Carlos, P. del Rosario Street, P.O. Box 182, Cebu City. *1595, 1948*
C : *law, li arts-sc, ed, com, eng-arc, phar.*
***University of Santo Tomas,** España Street, Manila. *1611, 1629*
F : *theo, can law, phil, law, med, phar, arts-let, eng.*
C : *ed, sc, com-bus adm, arc-fa, nurs.*
University of Southern Philippines, Mabini Street, Cebu City. *1928, 1949*
C : *arts-sc, law, com, ed, agr-an hus.*
University of the Visayas, Cebu City. (The Registrar). *1919, 1948*
C : *arts, ed, bus adm, com, law.*
***Xavier University,** Ateneo de Cagayan, Cagayan de Oro City, L–305. *1933, 1958*
C : *law, arts-sc, ed, com, agr.*

OTHER INSTITUTIONS—AUTRES INSTITUTIONS

Technical Education—Enseignement technique

Aklan Technical and Fashion School, Kalibe, Aklan. *1947*
Bicol Technical Institute, Daet, Camarines Norte. *1966*
Bulacan College of Arts and Trades, Malolos, Bulacan. *1965*
ind eng.
Butuan City College, Butuan City. *1950*
C.C. Technical Institute, L. Cosico Avenue, Ext. San Pablo City. *1957*
Cagayan Valley Institute of Technology, Cabagan, Isabela. *1961*
agr eng, hom eco, ed, for, ind eng.
Cebu Aeronautical Technical School, Lahug Airport, Cebu City. *1960*
Cebu Capitol Technical Institute, 67 España Street, Cebu Street. *1960*
Cebu Institute of Technology, Padilla, Cebu City. *1946*
Cebu Polytechnical School, Cebu City. *1932*
Cebu Technical School, Sanciangco, Cebu City. *1950*
Central Institute of Technology, Quezon Boulevard, Manila. *1946*
Central Institute of Technology, Paniqui, Tarlac. *1949*
M.V. Gallego Foundation Colleges, Cabanatuan City. *1952, 1974*
C : *agr, ed-hom techn, arts-sc, nurs, eng.*
S : *farming.*
I : *agr-ind.*
Central Luzon Polytechnic College, Cabanatuan City. *1964*
Central Radio Electricians' School, Valeria Ext., Iloilo. *1952*
Concord Technical Institute, Jakosalem, Cebu City. *1956*
Dona Aurora Ledesma Memorial Institute, Rizal Street, Bacolod City. *1966*
Don Bosco Technical Institute, General Kalingtong, Mandaluyong, Rizal. *1954*
Don Bosco Technical Institute, Victorias, Negros Occidental. *1954*
Filipinas Technical Institute, San Jose Road, Zamboanga City. *1963*
Guzman Institute of Technology, Mendoza, Manila. *1964*
Iligan Institute of Technology, Tibanga, Iligan City. *1946, 1968*
La Union Technical School, San Fernando, La Union. *1965*
Leyte Institute of Technology, Tacloban City. *1965*
Manaoag Technical Institute, Manaoag, Pangasinan. *1961*
Technological Institute of the Philippines, 888 Raon Street, Manila. *1962*
Mapua Institute of Technology, Doroteo Jose Street, Santa Cruz, Manila. *1925*

S : *arc, ch, civ & sani eng, elec, med, minemet, bus adm.*
Mindanao Institute of Technology, Kabacan, Cotaboto. *1954*
D : *agr eng, agr ed, ind eng, hom eco, ed.*
Misamis Technical School, Ozamis City. *1965*
Modern Technical School, San Fernando, Pampanga. *1966*
Mount Apo Science Foundation College, Bayabas, Davao City. *1960*
Namei Polytechnic Institute, Mandaluyong, Rizal. *1954*
National Radio School Institute of Technology, 1813 C.M. Recto Avenue, Manila. *1955*
Negros Agro-Industrial Institute, Binalbagan, Negros Occidental. *1966*
Northern Mindanao Technical Institute, Cagayan de Oro City. *1961*
PMI College, 419 David, Manila. *1952*
Philippines College of Arts and Trades, Ayala Boulevard, Ermita, Manila. *1901, 1959*

Philippines Institute of Electronics, 618 Miranda, Angeles City. *1966*
Central Colleges of the Philippines, 52 Aurora Boulevard, Quezon City. *1954, 1971*
Progressive Technical Institute, 56 Araneta, Iloilo City. *1964*
Samson Fashion and Technical School, Pasay City. *1962*
Samson Technical School, 2116 Legarda, Manila. *1954*
San Fernando Technical School, San Fernando, Pampanga. *1966*
T.I.P. (Technical Institute of the Philippines), 423 Mendoza Street, Manila. *1948*
Tarlac College of Technology, Tarlac. *1965*
Technicraft Institute, 1954 P. Paredes, Manila. *1958*
Universal Technical Institute, P. del Rosario Street, Cebu City. *1963*
Yujuice Technical Institute, España Ext., Quezon City. *1963*

Professional Education—Enseignement professionnel

College of the Holy Spirit, Mendiola Street, Manila.
Concordia College, Herran Paco, Manila. *1886*
De Ocampo Memorial Schools, Nagtahan, San Miguel, Manila. *1913*
Northern Luzon State College of Agriculture, Piat, Cagayan. *1954, 1962*
San Juan de Letran College, Intramuros, Manila. *1930*
Luzon Colleges, Perez Boulevard, Dagupan City. *1948*
C : *law, com, ed, eng, med techn, med sec st, sec adm.*

S : *arts-sc, nurs.*
Lyceum of the Philippines, Real, Intramuros, Manila. *1952*
Palawan National Agricultural College, Aborlan, Palawan. *1963*
Philippine College of Commerce, 823 Lepanto Street, Sampaloc District, Manila. *1904, 1952*
Philippine Union College, P.O. Box 1772, Manila. *1917*
S : *arts-sc, bus adm, ed, nurs, relig st.*
San Beda College, Mendiola, Manila. *1901*

Teacher Training—Formation pédagogique

Philippine Normal College, Taft Avenue and Ayala Boulevard, Ermita, Manila. *1901, 1950*
Central Luzon Teachers' College, Bayambang, Pangasman. *1969*

West Visayas State College, Iloilo City. *1965*
Zamboanga State College, Zamboanga City. *1963, 1969*

Also c. 200 other private four-year colleges.
Aussi c. 200 collèges privés de quatre ans.

Philippine Association of Colleges and Universities

Founded in 1932, the Philippine Association of Colleges and Universities is a voluntary, non-sectarian, non-profit organization. It was organized to raise the standard of instruction in all private schools, colleges and universities in the Philippines, and to foster the ideals of service among the youth of the land as a means to mould their character and prepare them to be good citizens and future leaders of the country.

The PACU is governed by a Board of Directors with a permanent staff headed by an Executive Officer. The President of the Association is elected from among the fifteen members of the Board. It has standing and special committees created to perform specific functions.

Membership in PACU is by educational institution, and not by individual. To be admitted into the Association, a school has to meet all the requirements prescribed in its constitution and by-laws.

L'Association des collèges et universités des Philippines, fondée en 1932, est une organisation volontaire, non confessionnelle et sans but lucratif. Elle a été créée afin d'élever le niveau de l'enseignement dans les universités, collèges et écoles privées des Philippines et de promouvoir parmi les jeunes l'idéal de service à la nation, pour former leur caractère et les préparer à leur rôle de citoyens et de futurs cadres du pays.

L'Association est dirigée par un Conseil d'administration assisté d'un personnel permanent à la tête duquel se trouve un secrétaire exécutif. Le Président de l'Association est élu parmi les quinze membres du Conseil. Le Conseil désigne des comités permanents et spéciaux en vue de certaines tâches particulières.

Les membres de l'Association sont des établissements d'enseignement et non des individus. Pour être admis à l'Association, un établissement doit satisfaire à toutes les conditions requises par ses statuts et règlements.

President: Jesus M. Jhocson.
Executive Officer: Dr. Amado C. Dizon.
244 Isabel Building, España Street, Manila.

Catholic Educational Association of the Philippines (CEAP)

Founded in 1941 and incorporated as a non-stock, non-profit religious-educational corporation in 1965, CEAP is a voluntary association of Catholic schools. The main objective of the Association is to advance and promote the educational work of the Catholic Church in the Philippines and contribute to the development of responsible citizenship among young people. Within this framework, CEAP represents the interests of the Catholic educational institutions in the Philippines to the Bureau of Private Schools and the Department of Education and also acts as liaison with other government offices. The Association operates through 24 regional educational associations as affiliated organizations. It is permanently represented on the National Board of Education.

Membership of CEAP is composed of 1176 Catholic institutions, including 12 universities, 37 graduate schools, 181 colleges, 1036 high schools, 395 elementary schools, and 60 seminaries. The Association is governed by a Board of Directors, whose 15 members are elected annually.

CEAP publishes a regular bulletin, The Catholic Teacher (quarterly); and CEAP News (monthly).

L'Association de l'enseignement catholique aux Philippines (CEAP), fondée en 1941 et constituée en 1965 en une corporation à caractère religieux et éducatif, sans capital et sans but lucratif, est une association volontaire d'écoles catholiques. Son principal objectif est d'encourager et de promouvoir l'œuvre éducative de l'Eglise catholique aux Philippines et de contribuer à développer, chez les jeunes, le sens des responsabilités civiques. Dans cette optique, le CEAP représente les intérêts des institutions d'enseignement catholique aux Phillippines auprès du Bureau des Ecoles privées et du Département d'éducation et sert d'organe de liaison avec les autres services gouvernementaux. L'Association fonctionne par l'intermédiaire de 24 associations régionales d'éducation qui lui sont affiliées. Il est représenté en permanence au sein du Conseil national de l'éducation.

Le CEAP comprend 1176 institutions catholiques membres, dont 12 universités, 37 ecoles graduées, 181 collèges, 1036 écoles secondaires, 395 écoles élémentaires et 60 séminaires. L'Association est administrée par un Conseil de Directeurs dont les 15 membres sont élus tous les ans.

Le CEAP publie régulièrement un bulletin, The Catholic Teacher (trimestriel); ainsi que CEAP News (mensuel).
President: Rev. Miguel Ma. Varela, S.J.
Vice-President: Sister Bellarmine Romualdez. SSpS.
Executive Secretary: Mrs. Virginia T. Lammoglia.
1175 United Nations Avenue, Paco Manila.

Association of Christian Schools and Colleges
The objectives of the Association are : 1) To provide a centre of co-operative and united effort for Christian Schools and colleges;. 2) To act as a medium of expression of their common objectives, common ideals, and common desires; 3) To promote a high sense of unity, understanding, and fellowship among themselves and with the co-operating Mission Boards, agencies, and other bodies, both in the Philippines and abroad, interested in Christian Schools and education in general in the Philippines; 4) To serve as an accrediting body for the church-related schools; 5) To provide special services, provided such services are requested by the member schools; and 6) To serve as liaison for member schools in connection with government and related agencies.

Membership : All Protestant church-related schools from elementary to university level that qualify for membership, and non-church-related schools that uphold the Association's objectives and meet its standards.

Les objectifs de l'Association des écoles et collèges chrétiens sont: 1) de fournir un centre de coopération à l'ensemble des écoles chrétiennes; 2) d'être le porte-parole de leurs objectifs, de leurs aspirations et de leurs idéaux communs; 3) de promouvoir le sens de la solidarité, de la compréhension et de l'unité entre ses membres et avec les conseils de mission et autres organismes des Philippines ou de l'étranger qui s'intéréssent aux écoles et à l'éducation chrétiennes aux Philippines; 4) de servir d'organisme «d'accréditation» pour les écoles reliées à l'Eglise; 5) d'assurer les services sociaux qui peuvent lui être demandés par les écoles membres; et 6) d'assurer la liaison entre les écoles membres et le gouvernement et les autres organismes d'Etat.

Membres: Toutes les écoles reliées à l'Eglise protestante, du niveau élémentaire au niveau universitaire, qui remplissent les conditions requises, et les écoles non reliées à l'Eglise qui soutiennent les objectifs de l'Association et satisfont à ses conditions.
President: Arturo M. Guerrero.
General Secretary: Modesto G. Rico.
1664 Taft Avenue, Manila.

Association of Catholic Universities of the Philippines, Inc. (ACUP)
Secretary-General: Rev. Paul P. Zwaenepoel.
Rm. 106–C Mezz.Fir., Main Bldg., University of Santo Tomas, España, Manila.

Philippine Association of University Women (IFUW)
President: Dr. Josefina R. Navarro.
Secretary: Dr. Carmen B. Carlos.
Centro Escolar University, 9 Mendiola Street, Manila.

World University Service
Chairman: Dr. Filemon Tanchoco.
General Secretary: Ruben Caluya.
Manila Central University, Zurbaran Street, Santa Cruz, Manila D 404, 2805.

Philippine Movement for Intellectual and Cultural Affairs (Pax Romana)
Correspondent: Francisco M. Roa.
3rd Floor, Pius XII Catholic Centre, United Nations Avenue, Manila.

Student Catholic Action of the Philippines (Pax Romana)
Secretary-General: Zosimo Lee.
National Office, Pius XII Centre, United Nations Avenue, Manila.

Student Christian Movement of the Philippines (WSCF)
Chairman: Miss Cynthia Abdon.

c/o National Council of Churches, 879 Epifano de los Santos Avenue, Quezon City.

United Nations Student Association-Philippines (ISMUN)
Room 404, Goiti Building, Plaza Goiti, Santa Cruz, Manila 404.

*

Department of Education
Manila.

Unesco National Commission of the Philippines
1580 Taft Avenue, Manila.

POLAND—POLOGNE

UNIVERSITIES AND TECHNICAL UNIVERSITIES— UNIVERSITES ET UNIVERSITES TECHNIQUES

Uniwersytet Gdański, ul. Sobieskiego 18, Gdańsk. *1970*
F : hum, math-phy-ch, biol-géog, dr-adm, éco prod, éco trans.
E : péd.

*****Uniwersytet Jagielloński,** ul. Gołębia 24, Kraków. *1364*
F : dr-adm, phil-hist, phill, biol-géog, sc.

Uniwersytet Śląski w Katowicach, ul. Bankowa 12, 40007 Katowice. *1968*
F : soc, let, math-phy-ch, dr-adm, éd tec, biol-écologie.
E : péd (Cieszyn).

Uniwersytet Łódzki, ul. Narutowicza 65, Łódź *1945*
F : dr-adm, phil-hist, phill, math-phy-ch, biol-géog, éco-socio.

*****Katolicki Uniwersytet Lubelski,** Al. Racławicka 14, Lublin. (M. le Secrétaire). *1918*
F : hum, théo, dr can, phil chré.

Uniwersytet Marii Curie-Skłodowskiej, Plac Litewski 5, Lublin. *1944*
F : dr-adm, let, math-phy-ch, biol-géol, éco, éd-psyc.
E : pol, lang étr, phys.
Branch at Rzeszów.

Uniwersytet Mikołaja Kopernika w Toruniu, ul. Gagarina 11, 87–100 Toruń. *1945*
F : ba, math-phy-ch, dr-adm, hum, biol-géol, éco.

Uniwersytet im. Adama Mickiewicza w Poznaniu, ul. Stalingradzka 1, Poznań. *1920*
F : dr-adm, phil-hist, phill, math-phy-ch, biol-géol.
I : pol, trav, éd.

*****Uniwersytet Warszawski,** ul. Krakowskie Przedmieście 26/28, Warszawa 64. *1818*
F : biol, ch, phill, phy, géol, hist, math-méc, soc, dr-adm, psyc-péd.

I : géog, soc, gestion.
Branch at Białystok.

*****Uniwersytet Wrocławski im. Bolesława Bieruta,** plac Uniwersytecki 1, Wrocław 2. *1945*
F : let, dr-adm, phil-hist, math-phy-ch, nat.
E : péd.
I : pol.

Politechnika Częstochowska [E. polytechnique], ul. Deglera 3, Częstochowa. *1949, 1955*
F : méc, mét, élec.
I : math, phy, soc-éco.

*****Politechnika Gdańska,** ul. Majakowskiego 11/12, Gdańsk 6. *1945*
F : const nav, gé civ, const-arc, ch, élec, électro, techn-méc.

Politechnika Krakowska, ul. Warszawska 24, Kraków. *1945*
F : arc, méc, gé civ, tec sani-hyd, ch.
I : math, phy, soc-éco.
Ce : inft, lang mod, techn éd.

Politechnika Łódzka, ul. Żwirki 36, Łódź. *1945*
F : méc, ch alim, tex, élec, gé civ, gé ch.

Politechnika Poznańska, ul. Marii Curie Skłodowskiej 5, Poznań. *1915*
F : méc-tec, méc-véhicules, gé civ, élec, ch.

Politechnika Śląska im. Wincentego Pstrowskiego, ul. Konarskiego 23, Gliwice. *1945*
F : mine, méc-énerg, const-arc, tec-ch, élec, tec sani, automation, méc-tec, math-phy, org prod, mét.

Politechnika Szczecińska, Al. Piastów 17, 70–310 Szczecin. *1946*
F : gé civ-arc, méc, gé ch, élec, éco.

Politechnika Warszawska, Plac Jedności Robotniczej 1, Warszawa 10. *1898*
F : arc, ch, gé civ, tec sani-hyd, techn-méc,

méc-énerg-aéro, élec, télec, méc-véhicules, géod-cartog, méc de précision, trans.
Politechnika Wrocławska, Wybrzeże Stanisława Wyspiańskiego 27, Wrocław. *1945, 1968*
F : méc-énerg, méc, gé civ, arc, électro, élec,

ch, tec sani, mine, éco-techn, électro.
Akademia Górniczo-Hutnicza [A. des Mines et de la Sidérurgie], Al. Mickiewicza 30, Kraków. *1919*
F : mine, géol, mét mine, cér, mét, élec mine, pét, méc mine.

OTHER INSTITUTIONS—AUTRES INSTITUTIONS

Technical Education—Enseignement technique

Wyższa Szkoła Inżynierska [E. sup. d'Ingénieurs], ul. Grunwaldzka 11/15, Białystok *1951*
F : méc, gé civ (cours du soir).
Akademia Techniczno Rolnicza im. Jana i Jędrzeja Sniadeckich, ul. Jana Olszewskiego 20, Bydgoszcz. *1951, 1974*
F : méc, électro-élec, techn ch.
Wyższa Szkoła Inzynierska, ul. J. Dabrowskiego 13, Lublin. *1953*
F : méc, élec, const.
Wyższa Szkoła Inżynierska, ul. Luboszyca 7, Opole. *1966*
F : const, élec, méc.
Politechnika Rzeszowska im. Ignacio Łukasiewicza, ul. Wincentego Pola 2, 35–959

Rzeszów. *1963, 1974*
F : méc, const, élec, techn ch, gé civ.
Wyższa Szkoła Inżynierska, ul. Podgórna 51, Zielona Góra. *1965*
F : const, méc, élec.
Kielecko-Radomska Wyższa Szkoła Inżynierska [E. du soir d'Ingénieurs], Al. 1000–lecia Państwa Polskiego, 25–314 Kielce. *1951*
F : const, éco, trans, méc, élec; const, méc (Radom et Skarzysko-Kamienna); élec, tannage (Radom).
Wyższa Szkoła Inżynierska, ul. Racławicka 15/17 Koszalin. *1968*
F : méc, const.

Professional Education—Enseignement professionnel

Akademia Rolnicza w Warszawie [U. d'Agriculture], ul. Rakowiecka 26/30, Warszawa. *1906*
F : agr, zoo, hort, vét, hyd, éco agr, for, techn alim, ind du bois.
Akademia Rolnicza w Krakowie, Al. Mickiewicza 21, 31–120 Kraków. *1953*
F : agr, zoo, hyd, for, hort.
Wyższa Szkoła Rolnicza, ul. Osterwy 4, Lublin. *1955*
F : agr, zoo, vét, techn agr, hort.
Akademia Rolniczo-Techniczna, Blok 21, Olsztyn-Kortowo. *1950, 1972*
F : agr, zoo, lait-tec alim, vét, méc, gé civ-géod-agr équipement.
***Akademia Rolnicza,** ul. Wojska Polskiego 28, 60–637 Poznań. *1951, 1972*
F : agr, zoo, hort, for, tec agr alim, ind du bois.
Wyższa Szkoła Rolnicza, ul. Janosika 8,

Szczecin. *1954*
F : agr, pêch, zoo.
Akademia Rolnicza, ul. Norwida 25, Wrocław. *1951, 1972*
F : agr, zoo, vét, hyd.
Szkoła Główna Planowania i Statystyki [E. centrale de Planification et de Statistique], ul. Rakowiecka 6, Warszawa. *1915*
F : éco-prod, com, com ext, fin-stat, éco-soc.
Wyższa Szkoła Ekonomiczna [E. sup. d'Economie], ul. 1 Maja 50, Katowice. *1936*
F : ind, com, ét éco alim.
Wyższa Szkoła Ekonomiczna, ul. Rakowiecka 27, Kraków. *1926*
F : prod-com, opération-com.
Akademia Ekonomiczna, ul, Marchlewskiego 146, Poznań. *1926, 1974*
F : com, prod-com.
Wyższa Szkoła Ekonomiczna w Sopocie, ul.

Armii Czerwonej 101, Sopot. *1945*
F : mar ind.
Wyższa Szkoła Ekonomiczna, ul. Komandorska 118/120, 53–345 Wrocław. *1946*
F : éco-adm des aff, éco ind; éco (Jelenia Góra).
Akademia Medyczna im Juliana Marchlewskiego [A. de Médecine], ul. Kilińskiego 1, 15–592 Białystok. *1950*
F : méd.
D : dent.
Akademia Medyczna, ul. Marii Curie-Skłodowskiej 3a, 80–210 Gdańsk-Wrzeszcz. *1945*
F : méd, phar.
D : dent.
Śląska Akademia Medyczna im. Ludwika Waryńskiego, ul. Poniatowskiego 15, Katowice. *1948*
F : méd.
D : dent.
Akademia Medyczna, ul. Św. Anny 12, Kraków. *1950*
F : méd, phar.
D : dent, lang étr, phys.
Akademia Medyczna, Al. Kościuszki 4, Łódź. *1950*
F : méd, phar.
D : dent.
Akademia Medyczna, ul. Cicha 6, Lublin. *1950*
F : méd, phar, inf.
Akademia Medyczna, ul. Fredry 10, 60–701 Poznań. *1950*
F : méd-dent, phar.
Pomorska Akademia Medyczna im. Gen. Karola Świerczewskiego, ul. Rybacka 1, Szczecin. *1948*
F : méd.
Akademia Medyczna, ul. Filtrowa 30, 02–032 Warszawa. *1950*
F : méd, phar.
E : dent.
Akademia Medyczna, ul. Pasteura 1, Wrocław. *1950*
F : méd, phar.
D : dent.
Państwowa Wyższa Szkoła Muzyczna [E. nationale sup. de Musique], ul. Łagiewniki 3, Gadańsk. *1947*
Państwowa Wyższa Szkoła Muzyczna, ul. 27 Stycznia 33, Katowice. *1929*
Państwowa Wyższa Szkoła Muzyczna, ul. Bohaterów Stalingradu 3, Kraków. *1945*
Państwowa Wyższa Szkoła Muzyczna, ul. 1 Maja 6, Łódź. *1945*
Państwowa Wyższa Szkoła Muzyczna, ul. Czerwonej Armii 87, Poznań. *1920*
Państwowa Wyższa Szkoła Muzyczna, ul. Okólnik 2, Warszawa. *1810*
Państwowa Wyższa Szkoła Muzyczna, ul. Powstańców Śląskich 204, Wrocław. *1949*
Akademia Sztuk Pięknych [A. des Beaux-Arts], Plac Matejki 13, Kraków. *1818*
Akademia Sztuk Pięknych, ul. Krakowskie Przedmieście 5, Warszawa. *1904*
Państwowa Wyższa Szkoła Sztuk Plastycznych [E. nationale sup. d'Arts visuels], ul. Targ Węglowy 1, Gdańsk. *1945*
Państwowa Wyższa Szkoła Sztuk Plastycznych, ul. Narutowicza 77, 90–138 Łódź. *1945*
Państwowa Wyższa Szkoła Sztuk Plastycznych, ul. Marchlewskiego 29, Poznań. *1946*
Państwowa Wyższa Szkoła Sztuk Plastycznych, plac Polski 3/4, Wrocław. *1946*
Państwowa Wyższa Szkoła Teatralna im. Ludwika Solskiego [E. nationale sup. d'Art dramatique], ul. Bohaterów Stalingradu 3, Kraków. *1946*
Państwowa Wyższa Szkoła Teatralna im. Aleksandra Zelwerowicza, ul. Miodowa 24, Warszawa. *1949*
Państwowa Wyższa Szkoła Filmowa, Telewizyjna i Teatralna im. Leona Schillera [E. nationale sup. de Cinéma, de Télévision et d'Art dramatique], ul. Targowa 61, Łódź. *1948*

Teacher Training—Formation pédagogique

Wyższa Szkoła Pedagogiczna, ul. Straszewskiego 22, Kraków. *1946*
F : phill-hist, math-phy, géog-biol.

Wyższa Szkoła Pedagogiczna, ul. Oleska 48, Opole. *1950*
F : phill-hist, math-phy-ch.

Wyższa Szkoła Pedagogiczna, ul. Wandy Wasilewskiej 12, Rzeszów. *1965*
F : phill, math-phy-éd, techn.
Akademia Wychowania Fizycznego im. K. Swierczewskiego [A. d'Education physique], ul. Marymoncka 34, Warszawa 45. *1929*
Branch in Biała Podlaska. *1970*
Akademia Wychowania Fizycznego [E. sup. d'Education physique], ul. Słowackiego 46, Kraków. *1950*
Akademia Wychowania Fizycznego, ul. Marchlewskiego 27/30, Poznań. *1950*
Wyższa Szkoła Wychowania Fizycznego, ul. Banacha 11, Wrocław. *1950*
Wyższa Szkoła Wychowania Fizycznego, ul. Wiejska 7, Gdańsk-Oliwa. *1969*
Wyższa Szkoła Wychowania Fizycznego, ul. Mikołwska 72a, 40065 Katowice. *1970*
Wyższa Szkoła Morska [E. sup. de Navigation], ul. Czerwonych Kosynierów 83, Gdynia. *1969*
Wyższa Szkoła Morska, ul. Wały Chrobrego 1, 70–500 Szczecin. *1969*

Institut de Recherche sur la Politique scientifique et l'Enseignement supérieur

Les tâches de l'Institut comprennent a) des études de politique scientifique (indication des tendances, du rythme et des conditions de progrès de l'activité de recherche et de développement, et évaluation de son efficacité du point de vue tant économique que social); b) des recherches sur l'enseignement supérieur (recherches en pédagogie, détermination de la taille, de la structure et des modèles d'institutions d'enseignement supérieur, et évaluation de leur efficacité tant à l'intérieur qu'à l'extérieur).

L'Institut comprend les départements suivants : Economie de la Science et de l'Enseignement Supérieur; Planification et Prévision; Organisation et Direction; Cadres Scientifiques et Diplômes; Sociologie; Pédagogie; Bibliothèque et Centre de Documentation.

Il effectue des études et travaux de recherche pour son propre compte et met sur pied et coordonne des travaux de recherche au sein des Ecoles supérieures et des organes de l'Académie polonaise des Sciences et d'autres institutions de recherche. L'Institut coopère avec des organismes homologues à l'étranger.

L'Institut publie 3 périodiques : Biuletyn Informacyjny (Bulletin d'Information); Dydaktyka Szkoły Wyzszej (Didactique de l'Ecole supérieure); Sovremennaja Vysšaja Škola (Ecole supérieure contemporaine)—périodique international. En outre, les résultats des recherches de l'Institut et ceux des organismes coopérants sont diffusés dans ses séries de publications.

The Research Institute of Science Policy and Higher Education is responsible for: a) studies on science policy (identifying and defining the trends, rhythm and progress of research and development, and its evaluation from economic and social points of view); b) research into higher education (research into educational methods, decisions about its size, structure and form of institutions of higher education, and evaluation of their internal and external efficiency).

The Institute comprises the following departments: Economics of Science and Higher Education; Planning and Projecting; Organization and Management; Scientific Manpower and Qualifications; Sociology; Pedagogics; Library and Documentation Centre.

It carries out research studies on its own account and initiates and co-ordinates research work carried out in institutions of higher education and bodies belonging to the Polish Academy of Science and other research institutions. The Institute co-operates with similar recognized bodies abroad.

The Institute publishes 3 periodicals: Biuletyn Informacyjny (Information News Sheet); Dydaktyka Szkoły Wyższej (Didactics of Higher Education); Sovremennaja Vysšaja Škola (Contemporary Higher Education—an international periodical. In addition, the results of research work on the

Institute and of the bodies which co-operate with it are made known in its series of publications.
ul. Nowy Świat 69, 00–046 Warszawa.

Socialist Union of Polish Students—SZSP
ul. Ordynacka 9, Warszawa 37.
Travel and Tourism Bureau of the Polish Student Association—ALMATUR
ul. Ordynacka 9, Warszawa 37.
Klub Inteligencji Katolickiej (Pax Romana)
Président: Andrzej Swiecicki.
Secrétaire: Andrzej Wielowiejski.
Kopernika 34, Warszawa.
Polish Ecumenical Council, Committee for Christian Education (WSCF)
Al. Świerczewskiego 76a, Warszawa 1.
United Nations Student Association of Poland (ISMUN)
President: Ryszard Lawniczak.
ul. Ordynacka 9, Warszawa 37.

*

Comité de coopération économique avec l'étranger
Aleja I Armii W.P. 14, Warszawa.
Ministerstwo Oświaty i Szkolnictwa Wyzszego (Ministère de l'Education et de l'Instruction)
Ministère des Sciences, des Etudes supérieures et de la Technologie
Miodowa 6/8, Warszawa.
Commission nationale polonaise pour l'Unesco
Pałac Kultury i Nauki (17. pietro), Warszawa.

PORTUGAL—PORTUGAL

UNIVERSITIES AND TECHNICAL UNIVERSITIES— UNIVERSITES ET UNIVERSITES TECHNIQUES

Universidade de Aveiro, Rua Dr. Mário Sacramento, Aveiro.
*Universidade de Coimbra, Coimbra. (Senhor Reitor). *1290*
F : dr, méd, let, sc, phar.
*Universidade de Lisboa, Cidade Universitária, Lisboa 4. *1911*
F : dr, méd, let, sc, phar.
*Universidade Católica Portuguesa, Palma de Cima, Lisboa 4. *1972*
F : phil, théo, hum.
Universidade do Minho, Largo do Paço, Braga. *1973*
Universidade Nova de Lisboa, Avenida da República 63–30-Dto, Lisboa 1.
*Universidade do Porto, Porto. *1911*
F : sc, méd, tec, phar, éco, let.
*Universidade Técnica de Lisboa, Rua do Quelhas 6A, Lisboa 2. *1930*
F : éco-fin, tec, agr, vét, soc.
Instituto Universitário de Évora, Rua da Misericórdia, Évora. *1973*
D : sc exactes, nat, phytologie, zoo, arts, socio, écol, éco agr.
Instituto Universitário dos Açores, Rua da Mãe de Deus, Ponta Delgado. (En cours de developpement)

OTHER INSTITUTIONS—AUTRES INSTITUTIONS

Escola Superior de Belas-Artes, Lisboa.
F : arc, pnt, sculp.
Escola Superior de Belas-Artes, Porto.
F : arc, pnt, sculpt.
Instituto Politécnico da Covilhã, Covilhã.
Instituto Politécnico de Vila Real, Vila Real.
Instituto Superior de Engenharia, Rua Conselheiro Emílio Navarro, Olivais Sul.
Instituto Superior de Engenharia, Rua de São Tomé, Porto.
Instituto Superior de Engenharia, Rua Luís de Camões, Coimbra.

Departamento de Turismo Universitário—SIAEIST
Associacão dos Estudantes do Instituto Superior Técnico, Avenida Rovisco Pais, Lisboa 1.
Federação dos Diplomados Católicos Portugueses (Pax Romano)
Président: Fernando Maria Manzanares Abecasis.
Secrétaire: Dra. Maria Luísa Caldas de Almeida.
Campo dos Mártires da Pátria 43, Lisboa 1.
Juventud Universitária Católica do Portugal (Pax Romana)
Avenida da República, 84–5 Dto, Lisboa 1.

Juventude Estudantil Católica (Pax Romana)
Président: Manuel Pinto.
Secrétaire: Iñes Cordovil.
Campo de Santana 43, Lisboa.
Movimento de Estudantes Cristãos (WSCF)
c/o Francisco Rodriguez Pereira, Quinta Do Bacalhan,
Villa Franca de Xira, 122 Lisboa.
Portugal Union of Jewish Students (WUJS)
Correspondent: Marcos Fraguery.
Rua Rosa Arajo 10, Lisboa.
*
Ministério da Educação Nacional
Direcção-geral do Ensino Superior e das Belas-Artes, Lisboa

QATAR—QATAR

*Kulliyat Al-Tarbiya Lil-muallimeen [Fs. of Education], P.O. Box 2713, Doha. *1973*
D : *ed-psyc, Isl st, Arabic st, hist, geog, socio, phil, English, dom sc, ch, bot, zool, phy, math, geol.*

Ministry of Education
Doha.

Qatar National Commission for Unesco
Ministry of Education, Doha.

REUNION—REUNION

Centre universitaire de La Réunion, 12, avenue de la Victoire, 974 Saint-Denis (1). *1971*

Institut d'Etudes juridiques, économiques et politiques, 12, avenue de la Victoire, 974 Saint-Denis. *1926, 1950*

Centre d'Etudes administratives, 12, avenue de la Victoire, 974 Saint-Denis. *1963*

Institut d'Etudes supérieures scientifiques, B.P. 5, 97490 Sainte Clotilde. *1964*

Institut d'Etudes supérieures des Lettres et Sciences humaines, 12, avenue de la Victoire, 974 Saint-Denis. *1964*

Centre annexe d'Administration des Entreprises, 12, avenue de la Victoire, 974 Saint-Denis (1).

Muséum d'Histoire naturelle, Jardin d'Etat, rue de Paris, 974 Saint-Denis (2). *1854, 1961*

---

(1) Attached to the Universities of Aix-Marseille and Provence.
   Associé aux Universités d'Aix-Marseille et de Provence.

(2) Attached to the Muséum national d'Histoire naturelle, Paris.
   Rattaché to the Muséum national d'Histoire naturelle, Paris.

RHODESIA—RHODESIE

*University of Rhodesia, P.O. Box 2702, Salisbury. (The Registrar).   *1955, 1970*
F : *arts, sc, ed, med, soc, eng.*
I : *ed, ad ed, mine res.*
Ce : *sc ed, inter-racial st.*

Rhodesian Association of University Women (IFUW)
President: Mrs. Helen Hyslop.
Chairman (Internat. Rel): Mrs. Nora S. Kane.
4 Avonfriars, Oxford Road, Avondale, Salisbury.

World University Service
Chairman: Teddy Zengeni.
Physics Department, University of Rhodesia, P.O. Box M.P. 167, Salisbury.
Secretary: Miss C. Nyajeka.

Catholic Students' Society (Pax Romana)
President: Sr. Helen Maminimini.
University of Rhodesia, Salisbury.

Student Christian Movement of Rhodesia (WSCF)
Chairman: Joseph L. Mugore.
General Secretary: Ephrain Machingambi.
116 Harmony House, 25 Manica Road, Salisbury.

*

Ministry of Education
P.O. Box 8024, Causeway, Salisbury.

ROMANIA—ROUMANIE

UNIVERSITIES AND TECHNICAL UNIVERSITIES—UNIVERSITES ET UNIVERSITES TECHNIQUES

*Universitatea «Babes-Bolyai», Str. Mihail Kogălniceanu 1, Cluj. *1959*
F : phill, hist-phil, dr, ch, math-méc, phy, biol-géog, éco, nat, phys; phill-hist, éco-adm (Sibiu).
* Universitatea din București, Bul. Gh. Gheorghiu-Dej 64, București. *1864, 1948*
F : hist, lang-lit slave, lang-lit romaine class et orntl, lang ger, lang-lit roumaine, phill, dr, ch, math-méc, phy, géol-géog, biol.
Universitatea din Craiova, 13 Str. Al. I. Cuza, Craiova. *1966*
F : math, ch, phill, éco, élec, agr, hort, méd, hist-géog, nat-agr.
*Universitatea «Al. I. Cuza», Calea 23 August 11, Iasi. *1860*
F : let, hist-phil, dr, ch, math-méc, phy, biol-géog, éco, dess, phys.
I : éd.
Universitatea din Timișoara, Bul. B. Pârvan 4, Timișoara III. *1948*
F : math-méc, phy, phill, éco.
Universitatea din Brașov, 29, boulevard Gheorgui-Dej, Brașov. *1956, 1971*
F : math-inft, phy-ch, nat, mus, techn, méc, for, ind du bois.
*Institutul Politehnic «Gheorghe Gheorghiu-Dej», Splaiul Independentei 313, București. *1854, 1948, 1965*
F : élec, énerg, électro-téléc, méc, ch, gé ch, const méc, mét, trans, méc, gé agr, atm, const aérosp.
I : tec (Pitești).
Institutul Politehnic, Str. Emil Isac 15, Cluj. *1948*
F : méc, const, élec.
D : arc.
I : tec (Baia Mare).
Institutul Politehnic, Bul. Republicii 111, Galați. *1948*
F : méc, ind alim-pêch.
Institutul Politehnic «Gheorghe Asachi», Calea 23 August 22, Iasi. *1937*
F : élec, méc, ch ind, gé hyd, ind légère, gé civ-arc.
Institutul Politehnic «Traian Vuia», Bul. 30 Decembrie 2, Timișoara. *1920*
F : élec, méc, ch ind, const, méc agr.
I : tec (Reșița).

OTHER INSTITUTIONS—AUTRES INSTITUTIONS

Technical Education—Enseignement technique

Institutul de Arhitectură «Ion Mincu», Str. Biserica Enei 1–5, București. *1904*
F : arc-urb.
Institutul de Construcții, Bul. Republicii 176, București. *1946*
F : const, installation & outillage, hyd, const ferroviaire, ponts & chaussées.
Institutul de Mine, Str. Institutului 20, Petroșani. *1948*
F : mine, élec-méc.
I : tec (Hunedoara).
Institutul de Petrol, Gaze si Geologie, Str. Traian Vuia 6, București. *1948*
F : géol tec, exploitation, techn-ch pét, méc & outillage pét.
Institutul de Petrol, Sos. Natională București-Ploiești, Ploiești. *1967*
F : outillage pét.

Professional Education—Enseignement professionnel

Institutul Agronomic «N. Bălcescu», Bul. Mărăşti 59, Bucureşti. *1852*
F : agr, hort, vét, zoo, dév, éco agr.

Institutul Agronomic «Dr. Petru Groza», Str. Mănăstur 3, Cluj. *1910*
F : agr, vét, zoo.

Institutul Agronomic «Ion Ionescu de la Brad», Aleea Mihail Sadoveanu 3, Iaşi. *1918*
F : agr, hort, vét, zoo.

Institutul Agronomic, Piaţi Unirii la, Timişoara. *1945*
F : agr, vét, zoo.

Institutul de Artă teatrală şi cinematografică «I. L. Caragiale», Bul. Schitu Măgureanu 1, Bucureşti. *1864*
F : théât.

Institutul de Arte plastice «Ion Andreescu», Str. Matei Corvin 6, Cluj. *1948*
F : arts plastiques et décor, dess.

Institutul de Arte plastice «N. Grigorescu», Str. General Budişteanu 19, Bucureşti. *1864*
F : arts plastiques, décor, dess.

Conservatorul de Muzică «Gh. Dima», Str. 23 August 25, Cluj. *1919*
F : instrument & chant, composition & musicologie.

Conservatorul de Muzică «George Enescu», Str. Cuza Vodă 29, Iaşi. *1864*
F : instrument & chant, composition & musicologie.

Conservatorul «Ciprian Porumbescu», Str. Stribei Vodă 33, Bucureşti. *1864*
F : instruments & chant, composition & musicologie.

Institutul de Medicină, Piaţa 23 August 2, Timişoara. *1945*
F : méd, stom.

Institutul de Medicină şi Farmacie, Str. Dionisie Lupu 37, Bucureşti. *1857*
F : méd, péd, stom, phar, perfectionnement méd & phar.

Institutul de Medicină şi Farmacie, Piaţa Libertăţii 1, Cluj. *1918*
F : méd, stom, phar.

Institutul de Medicină şi Farmacie, Str. Universităţii 16, Iaşi. *1879*
F : méd, stom, phar.

Institutul de Medicină şi Farmacie, Str. Universităţii 38, Tîrgu-Mureş. *1945*
F : méd, stom, phar.

Academia de Studii economice, Piaţa Romană 6, Bucureşti. *1913*
F : éco prod, éco cal-cib, éco gén, fin, com, comp.

Institutul de Teatru «Szentgyörgyi István», Str. Köteles Samuel 6, Tîrgu-Mureş. *1948*
F : théât.

Teacher Training—Formation pédagogique

Institutul Pedagogic, Calea Mărăşeşti 151, Bacău. *1961*
F : phill, math-phy, nat-sc agr, hist-géog, phys.

Institutul Pedagogic, Str. Victoriei 76, Baia-Mare. *1961*
F : math, phill, nat.

Institutul Pedagogic şi Psihologic, Soseaua Panduri 90, Bucureşti. *1959*
F : phill, math, phy-ch, nat, hist-géog, arts plastiques, phys.

Institutul Pedagogic, Bul. V. I. Lenin 124, Constanţa. *1961*
F : phill-hist, math-phy, phy-ch, nat, phys.

Institutul Pedagogic, Calea Bucuresti 265. Craiova. *1959*
F : nat, hist-géog.

Institutul Pedagogic, Str. Gării 63, Galati. *1959*
F : phill, math-phy, phy-ch, nat, phys.

Institutul Pedagogic de 3 Ani, Str. Armata Roşie 5, Oradea. *1963*
F : phill, math-phy, hist-géog, phys.

Institutul Pedagogic, Bul. Gh. Doja 41, Piteşti. *1962*
F : phill, math-phy, nat, phys.

Institutul Pedagogic, Str. Arini 1, Suceava. *1963*
F : math-phy, phill, hist-géog, phys.

Institutul Pedagogic, Str. Nicolae Iorga 1,

Tîrgu-Mureș. *1960*
F : phill, phy-ch, math-phy, mus, ét hist, phys.

Institutul de Cultură fizică și sport, Str. Maior Ene 12, București. *1922*
F : phys-sport, phys.

Union des Syndicats de l'Enseignement de la Science et de la Culture de la République socialiste de Roumanie

L'Union comprend les syndicats des institutions de l'enseignement (pré-scolaire, primaire, secondaire, supérieur), de recherche scientifique appartenant au Ministère de l'Education, des institutions d'art et de culture (théâtres dramatiques et lyriques, orchestres philharmoniques, musées, bibliothèques), de la cinématographie (studios cinématographiques, offices et entreprises pour la diffusion des films), les syndicats des unions de création artistique, ainsi que ceux du Ministère de l'Education, du Conseil de la Culture et de l'Education Socialiste, de l'Académie de la République Socialiste de Roumanie.

The Union of Associations of Education, Science and Culture includes the staff unions of institutions of education (pre-school, primary, secondary and higher), research institutes attached to the Ministry of Education, the artistic and cultural institutes (drama and lyric theatres, philharmonic orchestras, museums, libraries), the cinema (film studios and distribution centres), Staff Unions of the artistic Unions, as well as those of the Ministry of Education, of the Council of Socialist Culture and Education and of the Academy of the Romanian Socialist Republic.
Présidente: Silvia Ilie.
Str. Stefan Gheorghiu 14, București.

Union of Associations of Communist Students of Romania—UASCR
Str. Onesti 8, București.
Bureau de Tourisme pour la Jeunesse—BTT
Str. Onesti 6–8, Bucuresti.

*

Ministeruli Invătămintulul—Directia Relatii externe (Ministère de l'Enseignement—Direction des Relations étrangères)
Str. Spiru Haŕet 12, București.
Commission nationale de la République socialiste de Roumanie pour l'Unesco
Str. M. Eminescu 8, B.P. 4677, București.

RWANDA—RWANDA

*Université nationale du Rwanda, B.P. 117, Butare. (M. le Secrétaire général). *1963*
F : méd, soc-éco, let, dr, sc, agr.
Ecole supérieure des Sciences Infirmières, B.P. 118, Butare. *1969*

Institut pédagogique national, B.P. 56, Butare. *1966*
let mod, hum, sc exactes, nat, péd, tec-mén.
Institut Africain et Mauricien de Statistiques et d'Economie appliquée, Kigali. *1976*

Entr'aide universitaire mondiale (WUS)
Président: Innocent Rurangwa.
Université nationale du Rwanda, B.P. 117, Butare.
Conseil Pastoral (Pax Romana)
Université nationale du Rwanda, B.P. 117, Butare.

*

Ministère de l'Education nationale
Kigali.
Commission nationale rwandaise pour l'Unesco
Ministère de l'Education nationale, Kigali.

SAUDI ARABIA—ARABIE SAOUDITE

UNIVERSITES—UNIVERSITES

*Jami'at Al-Malik Abdul-Aziz [King Abdul Aziz U.], P.O. Box 1540, Jeddah 1967
F : eco-adm, arts-hum, sc, eng, med; Sharia'a (Isl law)-Arabic lang-lit, ed (Mecca).
*Jami'at Al-Riyad [U. of Riyadh], Al-Malaz, Riyadh. (The Secretary-General). 1957
F : arts, sc, phar, com-eco, agr, ed, eng, med, dent, nurs.
I : Arabic lang.
Jami'at Al Islamiah Fi Al Madina Al-Munawara, [Islamic U.], P.O. Box 170, Madina-Al-Munawara 1961

F : Isl law, theo, Koranic st.
Jami'at Al-Imam Mohamed Ibn Sa'aud Al-Islamiah, [Islamic U.], Riyadh. 1950
I : law.
C : Isl law, Arabic lang-soc.
Jami'at Al-Petrol Wal Ma'adin [U. of Petroleum and Minerals], Dhahran. 1963
C : sc, app eng, eng sc, ind mangt.
Jami'at at Al-Malik Faisal [King Faisal U.] P.O. Box 1982, Dammam. 1975
F : agr, vet-zool, ed.
C : med, arc-plan.

OTHER INSTITUTIONS—AUTRES INSTITUTIONS

Kulliyat Al-Tarbiyah Lilbanat [C. of Education for Girls], Riyadh. 1970

Kulliyat Al-Tarbiyah Lilbanat, Jeddah. 1974

Supreme Council of Universities

The Council carries out policies outlined by "The Supreme Committee for Educational Policy" throughout the field of higher education and has itself the right to suggest amendments.

The primary objective is to relate research to national needs. To achieve this, the Council has set up the following scientific bodies: a Scientific Research Academy to guide and supervise all relevant academic and professional activities; a Central Library of publications in the fields of Islamic Law (Sharia'a), arts, pure and applied science, and equipped with the necessary facilities for academic research; a Documentation and Manuscript Centre; and a Centre to foster writing, translation and publishing activities.

The Council also co-ordinates university studies, degrees, and academic staff affairs and co-operates with other higher education sectors in carrying out a joint policy for providing their institutions with necessary laboratory instruments and equipment. It establishes an overall plan for the improvement of all branches of higher education, based on the integration and diversification of religious and linguistic studies and of human, pure and applied sciences. It is responsible for the implementation, evaluation and assessment of this plan, and modifies it when necessary.

The Council is authorized to set up subcommittees to consider matters within its competence. At present there are three main committees: a Special Permanent Committee on the development of scientific research; a Special Permanent Committee on higher educational planning in the Kingdom; and a

Special Committee on the co-ordination of universities.

The President of the Council is the Chairman of the Supreme Committee on Higher Educational Policy. The Minister of Higher Education is Deputy Chairman and the members include the Minister of National Planning, the head of General Personnel Bureau, Rectors of Universities, and two members nominated by Royal decree at the Council's request. Other figures representing educational and scientific organizations may be appointed by Royal decree on the nomination of the President of the Council.

The Secretary-General of the Council supervises and directs the financial, managerial and technical functions of the Secretariat and is responsible for preparing data and studies needed by the Supreme Council.

Le Conseil suprême des universités applique les politiques qu' élabore le "Comité suprême pour la politique d'éducation" en matière d'enseignement supérieur; il est en outre habilité à y suggérer des amendements.

Il a pour principal objectif de coordonner la recherche et les besoins nationaux. Le Conseil a, pour ce faire, créé les organismes scientifiques suivants: une Académie de la recherche scientifique, chargée d'orienter et de diriger toutes les activités universitaires et professionnelles en la matière, une bibliothèque centrale contenant des publications dans les domaines du droit islamique (Sharia), des lettres, de la science pure et de la science appliquée, et disposant de l'équipement nécessaire à la recherche universitaire; un Centre de documentation et de manuscrits réunissant des oeuvres inédites et des ouvrages publiés; et enfin un Centre chargé de promouvoir la rédaction d'ouvrages, leur traduction et leur publication.

Le Conseil coordonne en outre les études et les diplômes universitaires, ainsi que les questions concernant le personnel enseignant; il coopère également avec d'autres secteurs de l'enseignement supérieur pour mettre en oeuvre une politique commune visant à fournir aux établissements l'équipement et le matériel de laboratoire nécessaires. Il établit un programme global d'amélioration de l'enseignement supérieur, fondé sur l'intégration et la diversification des études linguistiques et religieuses et des sciences humaines, de la science pure et des sciences appliquées. Il procède à l'évaluation de ce programme, en assure la mise en oeuvre et, le cas échéant, le modifie.

Le Conseil est habilité à créer des sous-comités pour étudier les problèmes de sa compétence. Les trois principaux sous-comités créés à ce jour sont: un Comité spécial permanent de développement de la recherche scientifique; un Comité spécial permanent de planification de l'enseignement supérieur au sein du Royaume; et un Comité spécial de coordination des universités.

Le Président du Conseil est le Président du Comité suprême pour la politique de l'enseignement supérieur. Le Ministre de l'enseignement supérieur est Vice-Président; les autres membres étant le Ministre du Plan, le Chef du Bureau du Personnel général, les recteurs des universités, et deux membres nommés par décret royal, à la demande du Conseil. D'autres personnalités représentant des organisations éducatives ou scientifiques peuvent, sur présentation du Président du Conseil, être nommées par décret royal.

Le Secrétaire général du Conseil dirige et contrôle les activités financières, techniques et de gestion du Secrétariat; il est également chargé d'établir les données et de préparer les études demandées par le Conseil suprême.

President: H. R. H. Prince Fahd ibn Abdul Aziz, Chairman, Supreme Committee for Educational Policy.
Vice-President: Sheikh Hassan Abdulla Al-Shaikh, Minister of Higher Education and Supreme Chairman of Universities.
Secretary-General: Mahmoud M. Safar, Riyadh Airport St., P.O. Box 4379, Riyadh.

*

Ministry of Education
Riyadh.

National Commission for Unesco
c/o Ministry of Education, Riyadh.

SÉNÉGAL—SENEGAL

*Université de Dakar, Fann Parc, Dakar.(M. le Recteur). *1949, 1957*
F : dr-éco, méd-phar, let-hum, sc.
I : ét Afrique noire.
Ecole normale supérieure.
Institut Universitaire de Technologie.
Ecole des Bibliothécaires, Archivistes et Documentalistes.
Institut de Médecine Tropicale Appliquée.
Institut de Recherches sur l'Enseignement de la Mathématique.
Institut de Pédiatrie Sociale.
Ecole des Sciences et Médecine Vétérinaires.
Centre d'Etudes des Sciences et Techniques de l'Information.
Centre de Linguistique Appliquée.
Centre de Recherches Psychopathologiques.
Ecole nationale d'Administration du Sénégal, Faculté de Droit et des Sciences économiques, Dakar. *1960*
Ecole Polytechnique, B.P. 10, Thiés. *1973*
Ecole nationale d'Economie Appliquée, Route de Ouakam, Dakar. *1965*
Ecole nationale de Secrétariat, 11, avenue du Président Lamine Gueye, Dakar. *1972*
Ecole normale d'Enseignement Technique Féminin, 1, rue André Lebon, Dakar. *1974*
Ecole normale d'Enseignement Technique Masculin, Km 4, Route de Ouakam, face Cité Universitaire, Dakar-Fann. *1966*
Ecole nationale de Cadres Ruraux, B.P. 41, Bambey. *1960*
agr, élev, for.
Centre de Formation et de Perfectionnement Administratifs, Cité Hersent, rue de l'Est Point E, Dakar-Fann. *1971*
Ecole nationale des Assistants et Educateurs Sociaux, Km 4, Route de Ouakam, Dakar. *1968*
Ecole nationale des Postes et Télécommunications, Ecole nationale du P.T.T., B.P. 6, Rufisque.
Ecole nationale de Formation Maritime, Km 4, 5, route de Rufisque.
Centre de Formation Pédagogique Spéciale, B.P. 149, Ex-Base Aérienne, Thiés.
Institut national des Arts, Dakar. *1972*
Ecole nationale des Douanes, Passage Leblanc, Dakar. *1970*
Ecole nationale de Police, B.P. 5025, Dakar-Fann. *1971*

Communauté catholique des Etudiants de Dakar (Pax Romana)
Centre culturel Lebret, Km 4 Rte de Ouakam, B.P. 5098, Dakar-Fann.
Association protestante des Etudiants et Elèves "La Porte Ouverte" (WSCF)
Correspondant: Paul Quattara.
77, B-34, avenue du Général de Gaulle, Dakar.

*

Ministère de l'Education nationale
Dakar.
Commission nationale du Sénégal pour l'Unesco
Ministère de l'Education nationale, Dakar.

SIERRA LEONE—SIERRA-LEONE

*University of Sierra Leone, Private Mail Bag, Freetown. (The Registrar). 1967
Fourah Bay College, P.O. Box 87, Freetown. 1827, 1960, 1966
F : *arts, eco-soc, pure & app sc.*
D : *acc, bot, ch, class, eco, ed, eng, English, geog, geol, hist, law, math, mod lang, phil, phy, pol, socio, theo, zool.*
I : *African st, marine biol & oceanog.*
Njala University College, Private Mail Bag, Freetown. 1964, 1966
F : *agr, ed, basic sc.*
D : *afr eco, agr ed, agr eng, agronomy, anim sc, audio-vis ed, biol, ch, English, env st-geog, hom eco, math, phys, phy, teacher ed.*
Ce : *sc curriculum dev.*
Milton Margai Teachers' College, Goderich. (The Principal).
D : *arts-crafts, biol, ch, ed, English, French, geog, hist, hom eco, mus, phys, phy, relig.*
Technical Institute, Congo Cross, Freetown.
sec, bui-civ eng, tec eng-elec, bus st.
Bunumbu Teachers' College, Private Mail Bag, Kenema.
English, agr, math, geog, hist, rur dev st, handicrafts, hom eco, sc ed.

World University Service
Correspondent: Siddique Kobbah.
Ministry of Social Welfare, Makeni.
National Union of Sierra Leone Students—NUSS
Fourah Bay College, University of Sierra Leone, Freetown.
The Newman Society (Pax Romana)
Fourah Bay College, University of Sierra Leone, Freetown.
Sierra Leone Student Christian Movement (WSCF)
General Secretary: Dr. V. O. I. Johnson.
35 Oxford Street, Freetown.

Sierra Leone United Nations Student Association (ISMUN)
Secretary-General: Farrell Ryan-Coker.
Fourah Bay College, University of Sierra Leone, Freetown.

*

Ministry of Education
New England, Freetown.
Sierra Leone National Commission for Unesco.
Ministry of Education, New England, Freetown.

SIKKIM—SIKKIM

Sikkim Research Institute of Tibetology,
Gangtok. (The Director). *1958, 1976*

Directorate of Education
Gangtok.

SINGAPORE—SINGAPOUR

UNIVERSITES—UNIVERSITES

*Nanyang University, Upper Jurong Road, Singapore 22. 1956
F : *arts, sc, com.*
C : *grad st.*
I : *hum-soc, eco-bus, math-comp, nat.*

*University of Singapore, Bukit Timah Road, Singapore 10. 1949
F : *arts-soc, sc, med, law, dent, eng, arc-bui.*
S : *acc-bus adm, postgrad med, postgrad dent.*

OTHER INSTITUTIONS—AUTRES INSTITUTIONS

Technical Education—Enseignement technique

Singapore Polytechnic, Prince Edward Road Singapore 2. 1954
D : *civ eng-bui, ch techn, elec-electro, marine eng-shipbuilding, mec eng, nautical st, prod eng.*

Ngee Ann Technical College, 535 Clementi Road, Singapore 21. 1963
D : *mec eng, elec-electro eng, shipbuilding-repair techn, bui serv, bus st.*

Teacher Training—Formation pédagogique

Institute of Education, Paterson Road, Singapore 9. 1950, 1973

Catholic Students' Society of the University of Singapore (Pax Romana)
President: Marilyn Grosse.
Secretary: Anne Lim.
c/o Affiliates' Room, Union House, Cluny Road, University of Singapore, Singapore 10.

Singapore Catholic Movement for Intellectual and Cultural Affairs
(Pax Romana)
Correspondent: Philip Motha.
67 Kheam Hock Road, Singapore II.

Student Christian Movement (WSCF)
Chairman: Vincent Cheng.
14 Dalvey Estate, Singapore 10.

United Nations Student Association (ISMUN)
Hon. Secretary: Kenneth Tham Hong Meng
33 Eden Grove, Singapore 19.

*

Kementerian Pelajaran Singapura (Ministry of Education, Singapore)
Kay Siang Road, Singapore 10.

Singapore National Commission for Unesco
Ministry of Education, Kay Siang Road, Singapore 10.

BRITISH SOLOMON—SALOMON ISLANDS (Iles)

Solomon Islands Training College, Honiara. *1959*
Honiara Technical Institute, P.O. Box G23,

Honiara. *1969*
S : *trades, marine, agr, surv-drafting, com, gen st.*

Department of Education
P.O. Box G. 10, Honiara.

SOMALIA—SOMALIE

*Università nazionale della Somalia, P.O. Box 15, Mogadiscio. (Sig. Presidente).
1954, 1959, 1970

F : *law, eco, sc, agr.*
College of Education, Mogadiscio.

Somali Student Union—SSU
Public Relations Office, P.O. Box 3000, Mogadiscio.

*

Ministry of Culture and Education Mogadiscio.
National Commission of the Somali Democratic Republic for Unesco
Ministry of Culture and Education, Mogadiscio.

SOUTH AFRICA—AFRIQUE DU SUD

UNIVERSITIES—UNIVERSITES

*University of Cape Town, Private Bag, Rondebosch, 7700. (The Registrar) *1829, 1918*
F : *arts-lib, sc, eng, law, med-nurs, ed, com, mus, soc, fa-arc.*
S : *env st.*

University of Natal, King George V Avenue, Durban, 4001 or P.O. Box 375, Pietermaritzburg, 3200. *1909, 1949*
F : *arts-mus-fa-lib-speech & dram, sc, ed, law, com, eng, arc & allied disciplines, agr, med, soc-nurs.*

Universiteit van die Oranje-Vrystaat [U. of the Orange Free State], P.O. Box 339, Bloemfontein, 9300. *1855, 1950*
F : *arts-mus-fa-lib-dram, soc-nurs, sc-arc, law, eco-adm, ed, agr, med.*

Teachers' College, Park Road, Bloemfontein, 9301.

Universiteit van Port Elizabeth/University of Port Elizabeth, P.O. Box 1600, Port Elizabeth, 6000. *1964*
F : *arts-soc-mus-nurs, sc, eco-arc, ed, law.*

Potchefstroomse Universiteit vir Christelike Hoër Onderwys [Potchefstroom U. for Christian Higher Education], Potchefstroom, 2520. *1869, 1951*
F : *arts-nurs-soc-mus-fa-lib-urb & reg plan-dram, sc-phar, theo, ed, eco, law.*

Universiteit van Pretoria [U. of Pretoria], Brooklyn, Pretoria, 0181. *1908, 1930*
F : *arts-soc-mus-fa-lib-dram, sc-arc, eco-pol, ed, law, vet, med-nurs, dent, eng, agr, theo.*

Randse Afrikaanse Universiteit [Rand Afrikaans U.], P.O. Box 524, Johannesburg, 2000. *1968*
F : *arts-soc-lib-sc-eng, eco-adm, ed-nurs, law.*

Rhodes University, P.O. Box 94, Grahamstown, 6140. *1855, 1951*
F : *arts-mus-fa-lib-dram, sc-phar, ed, com, div, law, soc.*

Universiteit van Suid-Afrika/University of South Africa, P.O. Box 392, Pretoria, 0001. *1873, 1916*
F : *arts-mus-fa-soc-lib, theo, ed, sc, law, com-adm.*

Universiteit van Stellenbosch [U. of Stellenbosch], Stellenbosch, 7600. *1866, 1918*
F : *arts-soc-mus-fa-dram-lib, sc, ed, agr, for, theo, law, eng, com-adm, med-nurs, dent, milit.*

University of the Witwatersrand, Jan Smuts Avenue, Johannesburg, 2001. *1896, 1922*
F : *arts-soc-mus-fa-dram-lib, sc, med-nurs, eng, law, arc, dent, com, ed, bus-adm.*

University of Durban-Westville, Private Bag X54001, Durban, 4000. *1961, 1971*
F : *arts-soc-theo-fa-dram-lib, sc-phar-eng, com-adm, ed-mus, law.*

University of Fort Hare/Universiteit van Fort Hare, Private Bag X314, Alice, 5700. *1916, 1970*
F : *arts-soc-fa-lib, ed-mus, sc, theo, eco, law, agr.*

University of the North/Universiteit van die Noorde, Private Bag X5090, Pietersburg, 0700. *1959, 1970*
F : *arts-soc, ed, sc-phar-nurs, eco-adm, theo, law.*

University of Zululand/Universiteit van Zoeloeland, Kwa-Dlangezwa, 3886. *1959, 1970*
F : *arts-soc-lib, ed, sc, eco-pol, law, theo.*
I : *publ serv training.*

University of the Western Cape/Universiteit van Wes-Kaapland, Private Bag X17, Bellville, 7530. *1960, 1970*
F : *arts-nurs-soc-mus-lib, com-law, ed, sc-phar, theo, dent.*

Committee of University Principals

The Committee of University Principals was constituted by the Universities Act No. 61 of 1955 and empowered to take over the functions hitherto performed by the Vice-Chancellors' Committee. The Committee consists of the Principals of universities, and, in an advisory capacity, such other persons as may be appointed by University Councils. In the exercise of powers conferred by the Act of 1955 the Committee may make recommendations to the Minister of National Education regarding any matter that it considers to be of common interest to the universities or which may be referred to it by the Minister or the Secretary for National Education. It may also make joint statutes and regulations relating to the Joint Matriculation Board, the administration of the Joint Scholarship Funds of the Universities, and admission of registered students of any one of the universities to any of the others, and a minimum period of attendance for the degree of Bachelor. The Committee has power to formulate regulations dealing with any matters of common interest, such as the rotation between the universities of postgraduate scholarships administered by the Committee and the conditions and award of essay prizes, etc.

Le Comité des «principaux» d'université a été créé en vertu de la Loi universitaire n° 61 de 1955 et est habilité à reprendre les fonctions jusqu'alors exercées par le Comité des vice-chanceliers. Il se compose des «principaux» des universités, et, à tire consultatif, de personnes éventuellement désignées par les conseils d'université. En vertu des pouvoirs qui lui sont conférés par la Loi de 1955, le Comité peut faire des recommandations au Ministère de l'Education nationale. Il peut également arrêter des dispositions statutaires ou réglementaires communes concernant l'Office conjoint des immatriculations, le Fonds commun des bourses universitaires, l'admission à telle université des étudiants inscrits à telle autre, les périodes d'études minima pour l'obtention du grade de Bachelor; le Comité est en outre habilité à établir des règlements sur toutes questions d'intérêt commun: par exemple, l'ordre de roulement entre les universités des bourses d'études avancées administrées par lui et leurs conditions d'octroi, les conditions de délivrance de certains prix, etc.

The Secretary,
P.O. Box 27392, Sunnyside, Pretoria, 0132.

The Joint Matriculation Board

The Board consists of representatives of the eleven white and five non-white universities, the Committee of University Principals, Departments of National Education, Bantu Education, Coloured, Rehobath and Nama Relations, Indian Education, the four Provinces and S.W. Africa and the secondary schools (public and private) of the four Provinces and S.W. Africa. Its function is to control and conduct the matriculation examinations of the eleven white and five non-white universities, and to deal with all applications for exemption therefrom.

L'Office conjoint des immatriculations se compose de représentants des onze universités pour les blancs, des cinq universités pour les non-blancs, du Conseil des Principaux des universités, des départements d'enseignement supérieur, de l'éducation bantoue, des gens de couleur, Rehobath et Nama, de l'enseignement indien, des quatre provinces et de l'Afrique du Sud-Ouest, ainsi que des écoles secondaires (publiques ou privées) des quatre provinces et de l'Afrique du Sud-Ouest. Il a pour mission d'organiser et d'administrer les examens de fin d'études secondaires (matriculation) des onze universités pour les blancs, des cinq universités pour les non-blancs, et de statuer sur toutes les demandes d'exemption de ces examens.

The Secretary,
P.O. Box 3854, Pretoria, Transvaal.

The University Teachers' Association of South Africa (IAUPL)

Hon. Secretary: J. R. Nunn.
Rhodes University, P.O. Box 94, Grahamstown, 6140.

South African Association of University Women (IFUW)

President and Chairman (Internat.

Rel): Miss M. Tudhope.
B1, Dunant Park-Summerstrand, Port Elizabeth, 6001, C.P.
Secretary: Mrs. M. M. Smith.
10 Richmond Court, Cooper Street, Port Elizabeth, 6001, C.P.

National Union of South African Students—NUSAS
2nd Floor, Wolroy House, 37 Buitenkant Street, Cape Town.

Kolbe Association of South Africa (Pax Romana)
President: Miss Molly Horn.
Secretary: Nico Korsman.
c/o St John Vianney Seminary, Waterkloof, Pretoria, Transvaal.

National Catholic Federation of Students (Pax Romana)
President: Kalie Harekom.
37 Roseland Road, Rondebosch, 7700.

University Christian Movement of South Africa (WSCF)
P.O. Box 31846, Braamfontein, Johannesburg, Transvaal.

South African Union of Jewish Students (WUJS)
P.O. Box 88, Rondebosch, 7700.

*

Human Sciences Research Council
Private Bag X41, Pretoria.

SPAIN—ESPAGNE

UNIVERSITIES—UNIVERSITES

*Universidad de Barcelona, Avenida José Antonio 585, Barcelona 7. (Sr. Secretario general). *1450*
F : biol, phy, géol, math, ch, éco-adm des aff, dr, phar, phill, phil-éd, géog-hist, méd; phil-let (Palma de Mallorca).
E : adm des aff, éd; éd (Tarragona, Palma de Mallorca).
Colegio Universitario, Abad Oliva.
D : sc, dr, éco-adm des aff, phil-let.
*Universidad Autónoma de Barcelona, Barcelona. *1968*.
F : sc, infor-publicité, méd, éco-adm des aff, dr, lang, phil-let; sc (Palma de Mallorca).
E : adm des aff (Sabadell, Palma de Mallorca); éd; éd (Gerona, Lérida).
Colegio Universitario, Gerona.
D : sc, phil-let.
Universidad de Bilbao, Bilbao. *1968*
F : sc, méd, éco-adm des aff.
E : gé ind, adm des aff, éd, tec ind, mine.
Universidad de Córdoba, Córdoba. *1972*
F : méd, vét, sc, phil-let.
E : gé agr, éd, tec ind; mine (Belmez).
Colegio Universitario.
D : dr.
*Universidad de Deusto, Avenida Dr. Morcilla 26, Bilbao 7. *1886, 1963*
F : dr, phil-let, théo, éco-adm des aff, soc.
I : lang mod, ét relig, éd, adm des aff int.
E : inft, ét jur, tour, sec.
*Universidad Pontificia de Comillas, Avenida de la Moncloa 4, Madrid 34. *1935, 1967*
F : théo, dr can, phil-let.
Universidad de Extremadura. *1973*
F : sc, méd (Badajoz); dr, phil-let (Cáceres).
E : adm des aff, éd, tec agr, ind (Badajoz); éd, trav publ (Cáceres).
Universidad de Granada, Granada. *1531*
F : sc, dr, phar, phil-let, méd.

E : arc, adm des aff; adm des aff (Almería); éd; éd (Almería, Jaén, Ceuta, Melilla); ind (Jaén, Linares); mine (Linares).
D : sc, phil-let.
Colegio Universitario, Almeria.
D : sc, phil-let.
Colegio Universitario, Jaén.
D : sc, phil-let.
Universidad de La Laguna, La Laguna, Canarias. *1701, 1927*
F : sc, éco-adm des aff, dr, phil-let, méd, phar.
E : ed, arc tec, tec agr; gé ind, arc, adm des aff, éd, tec ind (Las Palmas); adm des aff (Santa Cruz de Tenerife).
Colegio Universitario, Las Palmas.
D : méd.
* **Universidad Complutense de Madrid,** Ciudad Universitaria, Madrid 3. *1508*
F : éco-adm des aff, infor, pol-socio, dr, phar, phil-éd, méd, vét, biol, phy, géol, math, ch.
E : adm des aff, éd, opt; éd (Ciudad Real, Guadalajara, Toledo).
Colegio Universitario Cardenal Cisneros.
D : sc, éco-adm des aff, infor, dr, phil-let.
Colegio Universitario C.E.U.
D : sc, éco-adm des aff, infor, pol-socio, dr, phil-let.
Colegio Universitario C.U.N.E.F. (Madrid).
D : éco-adm des aff.
Colegio Universitario, Madrid.
D : géog-hist, phill, phil-éd, dr, éco-adm des aff, pol-socio, phar, biol, phy, ch.
Colegio Universitario, Ciudad Real.
D : sc, phil-let.
Colegio Universitario, Comillas, Madrid.
D : phil-let.
Colegio Universitario, El Escorial.
D : dr, éco-adm des aff.

Colegio Universitario, Segovia.
D : dr.
Colegio Universitario, Toledo.
D : sc, phil-let, éco-adm des aff.
Universidad Autónoma de Madrid. *1968*
F : sc, éco-adm des aff, dr, phil-let, méd.
E : éd; éd (Cuenca, Segovia).
Colegio Universitario Luis Vives, Madrid.
D : sc, éco-adm des aff, dr, phil-let, méd.
Colegio Universitario, Cuenca.
D : dr, phil-let.
Universidad de Málaga, Málaga. *1972*
F : éco-adm des aff, méd, sc, phil-let.
E : adm des aff, éd, tec ind.
Colegio Universitario.
D : phar.
Universidad de Murcia, Santo Cristo 1, Murcia. *1915*
F : sc, dr, phil-let, méd.
E : adm des aff, éd; éd (Albacete); tec ind, mine (Cartagena).
***Universidad de Navarra,** Ciudad Universitaria, Pamplona. *1952*
F : dr, phil-let, dr can, méd, phar, sc, théo, infor.
I : ed, arts, sec-adm, adm des aff, lang-cult, hist d'église, lang mod.
E : arc, trav soc, inf-obst, bibl, tec lab, méd.
Ce : rech ind, inft.
L : rech bât.
Universidad de Oviedo, Oviedo. *1604*
F : sc, dr, phil-let, méd, eco-adm des aff; biol, vét (León).
E : tec mine, éd; adm des aff; tec mine, adm des aff (Gijón, Mieres, León); éd, tec agr (León); tec ind (Gijón).
Colegio Universitario, León.
D : phil-let, dr.
***Universidad de Salamanca,** Patio de Escuelas 1, Salamanca. *1218*
F : sc, dr, phil-let, méd, phar.
E : adm des aff, éd; éd (Avila, Zamora); tec ind (Béjar).
Colegio Universitario, Zamora.
D : phil-let.
Universidad Pontificia de Salamanca, Calle Compañía 1, Salamanca. *1940*
F : théo, dr can, phil-let, soc.
I : ét pastorales, ét relig.
E : éd.

Universidad de Santander, Santander. *1972*
F : sc, méd.
E : ponts et chaussées, adm des aff, éd, tec ind; tec mine (Torrelavega).
***Universidad de Santiago de Compostela,** Santiago de Compostela *1495*
F : sc, éco-adm des aff, dr, phar, phill, phil-éd, méd, géog-hist.
E : ed; arc, adm des aff, éd, arc tec (La Coruña); adm des aff, tec ind (Vigo); éd, tec agr (Lugo); tec nav (El Ferrol del Caudillo); éd (Orense, Pontevedra).
Colegio Universitario, La Coruña.
C : sc, éco-adm des aff, phil-let.
Colegio Universitario, Lugo.
D : sc, phil-let.
Colegio Universitario, Orense.
D : sc, phil-let.
Colegio Universitario, Vigo.
D : sc, éco-adm des aff, phil-let.
Universidad de Sevilla, Calle San Fernando, Sevilla. *1505*
F : sc, dr, phil-let, éco-adm des aff, méd, phar; sc, méd (Cádiz).
E : arc, gé ind, adm des aff, arc tec, tec ind; adm des aff, arc tec, tec ind, tec nav (Cádiz); adm des aff (Jerez de la Frontera); éd, tec ind, tec for, tec mine (Huelva).
Universidad de Valencia, Valencia. *1500*
F : sc, éco-adm des aff, dr phil-let, phar; sc, phil-let (Alicante).
E : adm des aff, éd; adm des aff, éd (Alicante, Castellón).
Colegio Universitario, Alicante.
D : sc, éco-adm des aff, dr, méd.
Colegio Universitario, Castellón.
D : sc, phil-let.
Colegio Universitario, San Pablo, Valencia.
D : phar.
Universidad de Valladolid, Valladolid. *1346*
F : sc, dr, phil-let, méd, éco-adm des aff; dr, ch, inft (San Sebastián).
E : arc, adm des aff, éd, tec ind; adm des aff (Burgos, San Sebastián); éd (Vitoria, Burgos, San Sebastián, Palencia); tec agr (Palencia); arc tec (Burgos); tec ind (San Sebastián, Vitoria); (Burgos).
Colegio Universitario, Álava, Vitoria.
D : sc, phil-let.
Colegio Universitario, Burgos.

D : sc, phil-let.
Universidad de Zaragoza, Zaragoza. *1474*
F : sc, dr, phil-let, méd, vét, éco-adm des aff. *1972*
E : gé ind, adm des aff, éd, tec ind; adm des aff (Pamplona); éd (Pamplona, Logroño, Huesca, Soria, Teruel); tec ind (Logroño).
Colegio Universitario, Huesca.
D : phil-let, méd.
Colegio Universitario, Logroño.
D : sc, phil-let.
Colegio Universitario, Soria.
D : phil-let, méd.
Colegio Universitario, Teruel.
D : sc, phil-let.
Universidad Nacional de Educación a Distancia, Madrid. *1972*
D : dr, géog-hist, phill, phil-éd phy, math, ch, éco-adm des aff.
E : tec ind.

OTHER INSTITUTIONS—AUTRES INSTITUTIONS

Technical Education—Enseignement technique

Universidad Politécnica de Barcelona, Avenida del Generalísimo Franco 999, Barcelona. *1971*
F : inft..
E : arc, gé ind, ponts et chaussées, téléc, arc tec; gé ind, tec ind (Tarrasa); tec agr (Gerona, Lérida); tec ind (Villanueva y Geltrú); tec mine (Manresa).
Universidad Politécnica de Madrid, Madrid. *1971*
F : inft.
E : arc, aéro, agr, ponts et chaussées, gé ind, mine, gé nav, gé téléc, gé for, tec topog, trav publ; agr (Ciudad Real); mine (Almadén).
***Universidad Politécnica de Valencia,** Camino de Vera s/n, Valencia. *1968, 1971*
E : arc, ponts et chaussées, gé ind, gé agr, tec agr, tec ind; tec ind (Alcoy); trav publ (Alicante).
Escuela Técnica Superior de Ingenieros Agrónomos, Córdoba. *1963*
Escuela Técnica Superior de Ingenieros Agrónomos, Ciudad Universitaria, Madrid. *1855*
Escuela Técnica Superior de Arquitectura, Avenida Generalísimo Franco 1001, Barcelona. *1870*
Escuela Técnica Superior de Arquitectura, Las Palmas de Gran Canaria. *1968*
Escuela Técnica Superior de Arquitectura, Paseo de las Delicias, Sevilla. *1949*
Escuela Técnica Superior de Arquitectura, Valladolid. *1968*
Instituto Católico de Artes e Industrias, Calle de Alberto Aguilera 23, Madrid 15. *1908*
Escuela Técnica Superior de Ingenieros de Caminos, Canales y Puertos, Calle Alfonso XII 3, Madrid. *1802*
Escuela Técnica Superior de Ingenieros de Caminos, Canales y Puertos, Santander. *1963*
Escuela Técnica Superior de Ingenieros Industriales, Las Palmas, Gran Canaria.
***Escuela Técnica Superior de Ingenieros Industriales,** Alameda Urquijo s/n, Bilbao. *1897*
***Escuela Técnica Superior de Ingenieros Industriales,** Calle J. Gutiérrez Abascal, 2 Madrid. *1902*
Escuela Técnica Superior de Ingenieros Industriales, Sevilla. *1963*
Escuela Técnica Superior de Ingenieros Industriales, Tarrasa (Barcelona). *1904*
Escuela Técnica Superior de Ingenieros de Minas, Calle Ríos Rosas 21, Madrid 3. *1777*
Escuela Técnica Superior de Ingenieros de Minas, Oviedo. *1949*
Escuela Técnica Superior de Ingenieros Navales, Ciudad Universitaria, Madrid. *1772*

Professional Education—Enseignement professionnel

Instituto de Estudios Políticos, Plaza de la Marina Española 8, Madrid 13. *1939*
E : pol.
Escuela Superior de Administración y

Dirección de Empresas, Avenida de la Victoria 60–62, Barcelona 17. *1958*
Instituto de Estudios Superiores de la Empresa, 21 Avenida Pearson, Barcelona 17.
Escuela Superior Empresarial Agrícola, Casillas s/n, Córdoba.
Instituto Quimico de Sarriá, Barcelona 17. *1916*

Instituto Superior de Complemento de Estudios, 12 Ruíz Hernández, Valladolid. *1966*
Estudios Universitarios y Técnicos de Guipúzcoa, Paseo del Urumea, San Sebastián. *1956*
Instituto Católio de Dirección de Empresas, 23 Calle Alberto Aguilera, Madrid.

Consejo Superior de Investigaciones Científicas
Serrano 117, Madrid 6.
Servicio Español del Profesorado
Sección de Profesores Adjuntos y Ayudantes de Universidad, Alcalá 44, Madrid.
Oficina Nacional de Viajes de Jóvenes y Estudiantes—VIAJESEU/TIVE
Fernando el Católico 88, Madrid 15.
Asociación Española de Mujeres Universitarias (IFUW)
Présidente: Mme Jimena Alonso.
Présidente et Secrétaire (Rel. internat.): Mme Pilar Muñoa.
Calle de Miguel Ángel 8, Madrid 10.
Amistad Universitaria (fem.)
Velásquez 114, Madrid 6.
Agrupación Católica de Graduadas
(Pax Romana)
Présidente: Mme Carmen Matas de Gassiot. Aragón 268, Barcelona 7.
Calle de Alfonso XI, No. 4, Madrid 14.
Juventud Estudiantil Católica (Pax Romana).
Immaculada Franco, Alfonso XI, 4, Madrid.

Federación Española de Comunidades Universitarias de Vida Cristiana—FECUN
(Pax Romana)
c/Hermosilla 20, Madrid 1.
Moviment d'Universitaris I Estudiants Cristians—MUEC (Pax Romana)
c/Làuria 126, 3–1, Barcelona 9.
Secretariado de Universitarios Cristianos (WSCF)
Láuria 726 3r I, Barcelona 9.
Movimiento Internacional de Estudiantes pro Naciones Unidas (ISMUN)
Comité Español, Apartado 208, Madrid.

*

Dirección General de Organismos Internacionales
Ministerio de Asuntos Exteriores, Plaza de Provincia 1, Madrid 12.
Ministerio de Educación Nacional y Ciencia
Dirección General de Universidades e Investigación, Alcalá 34, Madrid.
Comisión Nacional Española de Cooperación con la Unesco
Escuela Diplomática, Paseo de Juan XXIII 5, Madrid 3.

SRI LANKA—SRI LANKA

UNIVERSITIES—UNIVERSITES

*University of Sri Lanka, Senate House, P.O. Box 1406, 18, Ward Place, Colombo 7. (The Vice-Chancellor). *1942, 1972*
Colombo Campus, Kumaratunga Manidasa Mawatha, Colombo 3, (The President). *1967, 1972*
F : *arts, ed, law, nat, med.*
Jaffna Campus, Thirunelvely, Jaffna. (The President). *1974*
F : *hum, sc.*
Katubedde Campus, Katubedde, Moratuwa. *1966, 1972*
F : *eng-arc.*
Peradeniya Campus, Peradeniya. *1942, 1972*
F : *arts, eng, agr-vet, orntl st, sc, med, dent.*
Vidyalankara Campus, Kelaniya. *1959, 1972*
F : *arts, sc.*
Vidyodaya Campus, Gangodawila, Nugegoda. *1959, 1972*
F : *arts, app sc, mangt st-com.*
Institute of Postgraduate Medicine, Kynsey Road, Colombo 8. (The Director). *1974*
Institute of Aesthetic Studies, 23 Albert Crescent, Colombo 7. *1974*
S : *fa, mus-dance.*
Postgraduate Institute of Agriculture, Peradeniya Campus, Peradeniya *1975*
Vidyalankara Institute of Postgraduate Buddhist Studies, Vidyalankara Campus, Kelaniya. *1975*
Institute of Workers' Education, Colombo Campus, Kumaratunga Munidasa Mawatha, Colombo 3. *1975*

OTHER INSTITUTIONS—AUTRES INSTITUTIONS

Sri Lanka Technical College, Colombo 10. *1893*
D : *eng, com-trades.*
School of Agriculture, Peradeniya. *1916*
College of Arts and Crafts, Colombo. *1953*
College of Dance and Ballet, Colombo. *1953*
Sri Lanka Law College, Colombo.
College of Music, Colombo. *1953*
Polytechnical Institute, Dehiwala, Colombo. *1967*
D : *arts, sc.*
Polytechnical Institute, Galle. *1967*
D : *arts, sc.*
Polytechnical Institute, Jaffna. *1967*
D : *arts, sc.*
Polytechnical Institute, Kandy. *1972*
D : *arts, sc.*
Polytechnical Institute, Kuliyapitiya. *1967*
D : *arts, sc.*

Sri Landa Federation of University Women (IFUW)
President: Mrs. Dorothy Abeywickrama.
Chairman (Internat. Rel.): Mrs. Joyce Jayatileke.
Secretary: Mrs. Dulcie Windsor.
490 Havelock Road, Colombo 6.
World University Service

Chairman: Dr. G. Wijeyewardhana.
Executive Secretary: Bandula Ratnayake.
Senate House, 18 Ward Place, Colombo 7.
University of Sri Lanka Students' Federation
36/53 Edmonton Road, Colombo 6.
Sri Lanka National Union of Students—SLNUS
91 Cotta Road, Borella, Colombo 8.
The Xaverians (Pax Romana)
President: A. G. O. Perera.
15 Nuwaratta Place, Nawala.
U.N.S.A. (ISMUN)
Secretary-General: D. A. S. Pathiraja.
19 Charlemont Road, Colombo 6.
Student Christian Movement of Sri Lanka (WSCF)
General Secretary: Miss Audrey Rebera.
YMCA Building, P.O. Box 381, Colombo. 1.

*

Ministry of Education
Malay Street, Colombo 2.
Sri Lanka National Commission for Unesco
Ministry of Education, Malay Street, Colombo 2.

SUDAN—SOUDAN

UNIVERSITIES—UNIVERSITES

*University of Khartoum, P.O. Box 321, Khartoum. (The Vice-Chancellor).
1902, 1951, 1956, 1975
F : agr, arts, eco-soc, eng-arc, law, med, sc, vet, phar, ed.
I : extra-mural st, Africa-Asian st.
C : grad st.
University of Cairo, Khartoum Branch, P.O. Box 1055, Khartoum. 1955
F : arts, law, com, sc.

*Islamic University of Omdurman, P.O. Box 382, Omdurman. 1912, 1965, 1973, 1975
F : Isl st, arts, soc, wom.
Gezira University, P.O. Box 1667, Gezira.
1970, 1975
F : med, agr, sc-agr ind, env st.
Juba University, P.O. Box 321/1, Khartoum. 1975
F : nat resources, soc-env st, ed.

OTHER INSTITUTIONS—AUTRES INSTITUTIONS

Technical Education—Enseignement technique

Khartoum Polytechnic, P.O. Box 407, Khartoum. 1950, 1971, 1975
F : eng, com-fin, agr, fa-appl art.
S : extra-mural st.
Institute for Mechanical Engineering Technicians, P.O. Box 26, Atbara.
1971, 1976
Abu Mugar College of Agriculture and Natural Resources. 1976
Higher Institute of Surveying, P.O. Box 407, Khartoum. 1950, 1971
Higher Institute of Commercial and Financial Studies, P.O. Box 407, Khartoum.
1950, 1971

Institute of Textile and Weaving, P.O. Box 407, Khartoum. 1971
Institute of Secretariat, P.O. Box 407, Khartoum. 1971
Institute for Laboratory Technicians, P.O. Box 407, Khartoum. 1971
Civil Engineering Architectural Technical Institute, P.O. Box 72, Dume, Khartoum.
1971
Khartoum Institute for Mechanical and Electrical Engineering Technicians, P.O. Box 72, Dume, Khartoum. 1971
Institute for Surveying Technicians, P.O. Box 407, Khartoum. 1971

Professional Education—Enseignement professionnel

Ahfad University College for Women, P.O. Box 167, Omdurman. 1966
Telecommunication Training Centre, Khartoum South. 1903, 1969
Institute of Music, Drama, and Folk-lore, P.O. Box 291, Khartoum. 1967
College for Police Officers, P.O. Box 1416, Khartoum. 1937, 1958

College for Prison Officers, P.O. Box 1703, Khartoum. 1950
School for Technical Opticians, Eye Hospital, Khartoum. 1954
Higher Insitute of Radiography and Radiotherapy, P.O. Box 1809, Khartoum.
1933, 1970
Shambat Institute of Agriculture, P.O. Box

71, Khartoum North. *1954*
Khartoum Nursing College, P.O. Box 1068, Khartoum. *1956, 1976*
School of Hygiene, P.O. Box 205, Khartoum. *1934, 1966.*
Forest Rangers' College, P.O. Box 12, Khartoum. *1946, 1976*
Wad El Magboul Higher Institute, Rural Water Corporation, P.O. Box 381, Khartoum. *1962*
D : *drilling, surv.*
Veterinary Training Institute, Ministry of Agriculture, Food and Natural Resources, Khartoum. *1972*
College of Fine and Applied Art, P.O. Box 407, Khartoum. *1947, 1958, 1971*

Teacher Training—Formation pédagogique

Higher Teacher Physical Education Institute, P.O. Box 12, Khartoum Dume. *1969*
Bakhet er Ruda Institute of Education, P.O. Box 70, Bakhet er Ruda, El Dueim. *1934*
Girls' General Secondary Teacher Training Institute, P.O. Box 45, Mawrada, Omdurman. *1961*

National Council for Higher Education

The Council was founded by Presidential Decree (1972), amended (1975). It is responsible for the planning and co-ordination of higher education in the light of national needs and high level manpower requirements. It controls admissions and is responsible for the creation of new institutions. Its membership includes: the Minister of Education (Chairman), the Ministers of Finance and National Economy, and Public Service and Administrative Reform, the Chairman of the National Research Council, the Chairmen of the University Councils and their Vice-Chancellors, and the Chairman and Director of the University Grants Commission. The latter is the executive arm of the Council and is responsible for the allocation of grants to universities and other institutions in accordance with the general policy laid down by the Council. It negotiates the total grant with the Minister of Finance on behalf of the Council.

Le Conseil national de l'enseignement supérieur a été créé, en vertu d'un décret présidentiel de 1972, amendé en 1975. Il est chargé de planifier et de coordonner l'enseignment supérieur en fonction des impératifs nationaux et des besoins en main-d'œuvre hautement qualifiée. Il règle l'accès à l'enseignement supérieur et décide de la création d'institutions nouvelles. Il est présidé par le Ministre de l'éducation, ses autres membres étant le Ministre des finances et de l'économie nationale, le Ministre de la fonction publique et de la réforme administrative, le Président du Conseil national de la recherche, les présidents des Conseils universitaires et leurs Vice-Chanceliers, ainsi que le Président-Directeur de la Commission des crédits universitaires. Cette dernière est l'agent d'exécution du Conseil et est chargée d'octroyer les crédits aux universités et aux autres institutions conformément à la politique générale définie par le Conseil. Elle négocie avec le Ministre des Finances, au nom du Conseil, le montant global des crédits affectés à l'enseignement supérieur.

Secretary-General: Ali El Nasri.
Director-General, Grants Commission: Dr. El Tayeb Ali Taha.
P.O. Box 1267, Khartoum.

World University Service
Chairman: Dr. Hassan Abdin.
General Secretary: Omar Abbas Ahmad.
University of Khartoum, P.O. Box 102, Khartoum.

St. Augustine's Society (Pax Romana)
President: Luka Monoja.
Secretary: John Madut.
c/o St. Matthewis Cathedral, P.O. Box 49, Khartoum.

Sudan United Nations Student Association (ISMUN)
General Secretary: Abdel Rahman Ibrahim Mohamed.

P.O. Box 621, Khartoum.
Khartoum University Christian Association (WSCF)
P.O. Box 321, Khartoum.

Ministry of Education
Khartoum.
Sudanese National Commission for Unesco
Ministry of Education, Khartoum.

*

SURINAM—SURINAM

Universiteit van Suriname, Paramaribo.   F : *med, law.*
                     1882, 1948, 1968   I : *med res.*

Ministerie van Onderwijs en Volksontwikkeling (Ministry of Education)
Paramaribo.

SWAZILAND—SWAZILAND

University of Botswana and Swaziland, P.O. Box 375, Manzini. (The Pro-Vice-Chancellor.)
(See, Botswana, p. 34).
William Pitcher College, P.O. Box 87, Manzini. *1962*
Swaziland Agricultural College and University Centre, P.O. Luyengo, Malkerns. *1966*
D : *agr.*
Nurses Training College, P.O. Box 14, Manzini. *1968*
Swaziland College of Technology, P.O. Box 69, Mbabane. *1974*

Ministry of Education
P.O. Box 39, Mbabane.

SWEDEN—SUEDE

UNIVERSITIES AND TECHNICAL UNIVERSITIES— UNIVERSITES ET UNIVERSITES TECHNIQUES

Göteborgs Universitet, Vasaparken, 411 24 Göteborg. (The Secretary). *1891, 1954*
F : *med, hum, soc, math-nat, dent.*
Universitetsfilialen i Karlstad, Box 148, 651 04 Karlstad.
*Lunds Universitet, Fack, 221 01 Lund. *1668, 1682*
F : *theo, law, med, hum, dent, soc, math-nat, techn.*
Universitetsfilialen i Växjö, Fack, 351 01 Vaxjö.
Stockholms Universitet, Fack, 104 05, Stockholm. *1877, 1960*
F : *math-nat, law, hum, soc.*
Universitetet i Linköping [Linköping U.], 581 83 Linköping. *1970, 1975*
F : *med, techn, arts-sc.*
Umeå Universitet, 901 87 Umeå.
F : *hum, med, dent, soc, math-nat.*
Högskolan i Luleå [Luleå U. of Technology], Fack, 951 06 Luleå.
F : *techn, lib.*
*Uppsala Universitet, Box 256, 751 05 Uppsala. *1477, 1595*
F : *theo, law, med, hum, soc, nat, phar.*
Universitetsfilialen i Örebro, Box 164, 701 03 Orebro.
Tekniska Högskolan [I. of Technology], Fack, 100 44 Stockholm. *1827, 1876*
F : *techn.*
Chalmers Tekniska Högskola [Chalmers I. of Technology], Fack, 402 20 Göteborg. *1829, 1937*
F : *techn.*
Jordbrukets högskolar och Statens Veterinär-Medicinska anstalt [Swedish U. of Agriculture, Forestry and Veterinary Medicine], 7500 07 Uppsala 7. *1975*
C : *vet, agr, for.*

OTHER INSTITUTIONS—AUTRES INSTITUTIONS

Professional Education—Enseignement professionnel

Handelshögskolan i Stockholm [Stockholm S. of Business Administration and Economics], Box 6501, 113 83 Stockholm. *1909*
Farmaceutiska fakulteten vid Uppsala Universitet, Box 6804, 113 86 Stockholm. *1862, 1968*
Konsthögskolan [Art S.], Box 16317, 103 26 Stockholm 16. *1735*
Karolinska Institutet [Caroline I. of Medicine], Fack, 104 01 Stockholm 60. *1810*
F : *med, dent.*
Musikhögskolan i Stockholm [Stockholm A. of Music], Valhallavägen 103–109, 115 31 Stockholm.
Musikhögskolan i Göteborg, Ekmansgatan 7, 412 56 Göteborg.
Musikhögskolan i Malmö, Fridhemsvägen 2, 217 74 Malmö.
Bibliotekshögskolan [State Library S.], Box 55067, 500 05 Borås.
Socialhögskolan i Göteborg [Graduate S. of Social Work and Public Administration], Berzeliigatan 2, 411 35 Göteborg S. *1944*
Socialhögskolan i Lund, Fack, 221 01 Lund. *1947, 1963*
Socialhögskolan i Örebro, Eklundavägen 1, 702 17 Örebro. *1967*
Socialhögskolan i Östersund, Fack, 832 01 Frösön.

Socialhögskolan i Stockholm, Fack, 104 05 Stockholm. *1921*
Socialhögskolan i Umeå, Samhällsvetarhuset, 901 87 Umeå 6.
Journalisthögskolan i Stockholm [S. of Journalism], Gjörwellsgatan 26, 112 60 Stockholm.
Journalisthögskolan i Göteborg, Box 7023, 402 31 Göteborg.
Sjukgymnastinstitutet i Stockholm [Stockholm S. of Physiotherapy], Karolinska sjukhuset, Fack, 104 01 Stockholm.
Sydsvenska sjukgymnastinstitutet i Lund, Fack, 220 05 Lund.
Institutet för arbetsterapeuter och sjukgymnaster, Sahlgrenska sjukhuset, 413 45 Göteborg.

Teacher Training—Formation pédagogique

Lärarhögskolan i Göteborg [Teacher Training C.], Övre Husargatan 34, 413 14, Göteborg.
Lärarhögskolan i Linköping, Box 3129, 580 03 Linköping.
Lärarhögskolan i Umeå, Box 716, 901 10 Umeå.
Lärarhögskolan i Uppsala, Box 2136, 750 02 Uppsala 2.
Lärarhögskolan i Malmö, Fack, 200 45 Malmö.
Lärarhögskolan i Stockholm, Fack, 100 26 Stockholm 34.
Lärarhögskolan i Gävle, Box 6052, 800 06 Gävle.
Lärarhögskolan i Härnösand, Box 3021, 871 03 Härnösand.
Lärarhögskolan i Falun, Box 548, 791 02 Falun.
Lärarhögskolan i Jönköping, Gjuterigatan 23–25, 552 55, Jönköping.
Lärarhögskolan i Luleå. Rektorsgatan 4, 951 00, Luleå
Lärarhögskolan i Kalmar, Box 328, 381 01 Kalmar.
Lärarhögskolan i Karlstad, Fack 655 90 Karlstad.
Lärarhögskolan i Kristianstad, S. Kaserngatan 6, 291 00, Kristianstad.
Lärarhögskolan i Växjö, Stargatan 52, 352 36 Växjö.
Gymnastik-och Idrottshögskolan i Örebro [Physical Education I.], Box. 6091, 700 06 Örebro.
Gymnastik-och Idrottshögskolan i Stockholm [Physical Education S.],Lidingövägen,1, 114 33 Stockholm. *1959*

Universitets-och Högskoleämbetet

The National Board of Universities and Colleges is an agency of the Swedish Government, which appoints the Chancellor of the Board. The steering committee of the Board consists of eleven members, of whom the Chancellor is Chairman. One member is Head of Planning, and Deputy Chairman. Five other members are Chairmen of Planning Boards dealing with questions of University Planning and Development, including the annual University Budget Requests. There are also Educational Councils attached to the Board. These are advisory committees and include representatives of trade and industry.

The Board is organized in seven Departments: three for Education. and Research, one for Administration, one for Educational Research and Development, one for Budget and one for Central Admission. It serves as a planning centre for the Swedish university system and supervises the educational, economic and administrative activities of the universities and institutions of higher education.

Responsible to the Board are the six universities (including five Faculties of Medicine, four Faculties of Dentistry, one Faculty of Technology and one Faculty of Pharmacy), the School of Medicine in Stockholm (Karolinska Institutet), three

Institutes of Technology and one College of Library Sciences. In addition, as of 1 October, 1976, there are six Schools of Social Work and Public Administration, seven Institutes for Occupational Therapy and Physiotherapy, two Colleges of Physical Education, two Schools of Journalism, one School of Art, three Colleges of Music, three State Drama Schools and the Dramatic Institute, one State Dancing School, 15 Teachers' Colleges and a number of Nursing Schools and Pre-Primary Teachers' Schools, three Schools for Home Economics and one School for Handicraft Teacher Training.

The Board is also responsible for making proposals to the Government for the improvement of research and teaching in these institutions.

Le Conseil national des universités et collèges est un organisme suédois d'Etat, qui nomme le Chancelier du Conseil. Le Comité exécutif du Conseil comprend onze membres; il est présidé par le Chancelier et a pour vice-président le chef du Département de la Planification. Cinq autres membres sont présidents de comités, qui traitent de questions relatives à la planification et au développement universitaires, notamment les demandes de budgets annuels formulées par les universités. Des Conseils d'enseignement sont rattachés au Conseil. Ils jouent un rôle consultatif et comptent parmi leurs membres des représentants des milieux de l'industrie et des affaires.

Le Conseil comprend sept départements : trois pour l'enseignement et la recherche, un pour l'administration, un pour la recherche et le développement pédagogiques, un pour le budget; et un Département central des conditions d'admission. Centre de planification du système universitaire suédois, il contrôle en outre les activités éducatives, économiques et administratives des universités et des établissements d'enseignement supérieur.

Relèvent du Conseil les six universités (dont cinq facultés de médecine, quatre facultés de médecine dentaire, une faculté de technique et une faculté de pharmacie), l'Ecole de médecine de Stockholm (Karolinska Institutet), trois Instituts techniques, et un Collège de bibliothéconomie. D'autres établissements relèvent également du Conseil depuis le 1er octobre 1976 : six Ecoles d'assistantes sociales et d'administration publique, sept instituts de thérapie et de physiothérapie professionnelles, deux collèges d'éducation physique, deux écoles de journalisme, une Ecole des arts, trois collèges de musique, trois écoles d'Etat pour l'art dramatique et l'Institut d'art dramatique, quinze collèges de formation pédagogique, un certain nombre d'écoles de puériculture et d'écoles de formation pédagogique au niveau des "maternelles", trois écoles d'économie domestique et une école de formation pédagogique dans le domaine de l'artisanat.

Le Conseil est également chargé de soumettre au gouvernement toutes propositions susceptibles d'améliorer les possibilités de recherche et d'enseignement dans ces institutions.

Chancellor of the National Board of Universities and Colleges : Hans Löwbeer.
Box 16334, 103 26 Stockholm 16.

Centralorganisationen – (SACO/SR)

The Swedish Confederation of Professional Associations, founded in 1947, is a confederation of 27 associations having between them a membership of about 165,000 members; this corresponds to approximately 70 % of the potential membership. The majority of SACO/SR members are employed in the public sector, but the number in private employment is increasing rapidly.

Under the terms of its constitution, SACO/SR is called upon : 1) to promote the most desirable development in all matters relating to the education and occupational situation of professional workers; and 2) to safeguard the economic and social interests of affiliated groups, and to strive to improve generally their conditions of work.

SACO/SR is often authorized to appoint experts for official committees investigating problems in labour market policy, education, taxation, etc., and its representatives also serve on bodies such as the National Labour Market Board and the National Board of Education. To achieve its objectives, SACO/SR works for the appropriate organization of all professional workers,

striving to co-ordinate the efforts of member associations and to represent them in matters of common interest.

La Confédération des Associations professionnelles, fondée en 1947, est une confédération de 27 associations réunissant environ 165.000 membres, ce qui correspond à peu près à 70% du potentiel. La majorité des membres de la SACO/SR travaillent dans le secteur public, mais le nombre de ceux qui sont employés dans le secteur privé augmente rapidement.

Conformément à ses statuts, la SACO/SR doit: 1) promouvoir l'évolution la plus souhaitable dans tous les domaines relatifs à l'éducation et à la situation professionnelle des travailleurs intellectuels: et 2) défendre les intérêts économiques et sociaux des groupes affiliés et s'efforcer d'améliorer en général leurs conditions de travail.

La SACO/SR reçoit souvent mandat pour dèsigner des experts à des comités officiels étudiant les problèmes qui se posent en matière de politique de la main-d'œuvre, d'éducation, de fiscalité, etc. . . . et ses représentants siègent au sein d'organismes tels que le Ministère de la main-d'œuvre et le Ministère del'éducation. Pour atteindre ses objectifs, la SACO/SR travaille à la réalisation d'une organisation adéquate de tous les travailleurs intellectuels, en s'efforçant de coordonner les efforts des associations membres et de les représenter pour les questions d'intérêt commun.

President: Prof. Osborne Bartley.
Valhallavägen 16, Box 5902, 114 89 Stockholm.

Universitetslärarförbundet—ULF (IAUPL)
Sveavägen 166, Stockholm VA.
Kvinnliga Akademikers Förening i Sverige (IFUW)
President: Mrs. Thyra Norén.
Infanterigränden 4, 222 39 Lund.

Chairman (Internat. Rel.): Mrs. Stina Siberg.
Linnégatan 76, 115 23 Stockholm
Secretary: Mrs. Agnes Rodhe.
Ryttaregränden 7, 222 39 Lund.
Sveriges Förenade Studentkårer—SFS
Björngårdegatan 15, 116 26 Stockholm SO.
Sveriges Förenade Studentkårer—Serviceverksambet—SFS—Resor
Studentbacken 27, 115 40 Stockholm.
Student Catholic Movement in Sweden (Pax Romana)
Secretary: Jozef Saers.
Linnégatan 79, 114 60 Stockholm.
Academicum Catholicum Sueciae (Pax Romana)
President: Arne Getzmann.
St. Eriksgatan 9 II, Stockholm K.
Secretary: B. Hermanson.
Skomarkarg. 13 III, 111 29 Stockholm.
Kristna Studentrörelsen i Sverige (WSCF).
General Secretary: Bruno Sollerman.
Regeringstaten 80, 111 39 Stockholm.
United Nations Student Association of Sweden (ISMUN)
President: Jerzy Glücksman.
Studentstaden, 752 33 Uppsala.
Stockholms Judiska Studentklubb (WUJS)
Correspondent: Leon Molvidsson.
Gastrikegatan 15, 113 34 Stockholm.

*

Svenska Institutet för Kulturellt Utbyte med Utlandet (Swedish Institute for Cultural Relations)
Kungsgatan 42, Stockholm 3.
Kungliga Skolöverstyrelsen (Ministry of Education and Ecclesiastical Affairs)
Stockholm 8.
Swedish National Commission for Unesco
Ministry of Education, International Secretariat, P.O. Box, 103 10 Stockholm.

SWITZERLAND—SUISSE

UNIVERSITIES AND TECHNICAL UNIVERSITIES— UNIVERSITES ET UNIVERSITES TECHNIQUES

Universität Basel, Petersplatz 1, 4051 Basel. (Universitäts-Sekretariat). *1460*
F : théo prot, dr, méd, phil-hist, phil-nat.
Universität Bern, Hochschulstrasse 4, 3012 Bern. *1528, 1834*
F : théo évan, théo cath, dr-éco, méd, vét, phil-hist, phil-sc.
Université de Fribourg, Miséricorde, 1700 Fribourg. (Chancellerie de l'Université). *1889*
F : théo cath, dr-éco-soc, let, sc.
* **Université de Genève,** Place de l'Université, 1211 Genève 4. (M. le Secrétaire général). *1559, 1873*
F : théo prot, let, sc, éco-soc, dr, méd.
* **Université de Lausanne,** 4, place de la Cathédrale, 1005 Lausanne. (M. le Directeur administratif). *1890*
F : théo prot, dr, méd, let, sc.
E : pol-soc, com, phar, français mod.
I : crim, adm des aff.

Université de Neuchâtel, Avenue du 1er mars 26, 2000 Neuchâtel. (M. le Secrétaire général). *1838, 1909*
F : let, sc, dr-éco, théo prot.
D : éco-pol.
I : phy, psyc, bot, zoo, géol, ch.
Universität Zürich, Rämistrasse 71, 8006 Zürich. *1833*
F : théo prot, dr-pol, méd, vét, phil-hist, phil-sc.
* **Ecole polytechnique fédérale de Lausanne,** 33, avenue de Cour, 1007 Lausanne. *1853, 1969*
D : gé civ, méc, élec, phy, ch, arc, gé rur-arp.
* **Eidgenössische Technische Hochschule Zürich** [E. polytechnique fédérale], Ramistrasse 101, 8092 Zürich. *1855*
D : gé civ, méc, élec, ch, phar, for, agr, gé rur-arp, math-phy, nat, hum, arc.

OTHER INSTITUTIONS—AUTRES INSTITUTIONS

Professional Education—Enseignement professionnel

Hochschule St. Gallen für Wirtschafts-und Sozialwissenschaften [E. des Hautes Etudes économiques et sociales], Dufourstrasse, 50, 9000 St. Gallen. *1899*
D : éco, adm des aff, dr, techn-nat, lang-hist-phil.

Conférence des Recteurs
Composée des recteurs de toutes les universités et hautes écoles suisses et d'un délégué permanent par école, la Conférence se réunit deux fois par an au moins pour discuter des questions qui concernent l'ensemble des universités.

Membres : Universités de Bâle, Berne, Fribourg, Genève, Lausanne, Neuchâtel, Zurich; Ecole polytechnique fédérale de Zurich; Ecole polytechnique fédérale de Lausanne; Ecole des Hautes Etudes économiques et sociales de St. Gall.
The Rectors' Conference meets at least

twice a year to discuss matters of common interest to the universities. It is composed of the rectors of all Swiss universities and institutions of higher education and of one permanent representative of each institution.
Members: Universities of Basle, Bern, Fribourg, Geneva, Lausanne, Neuchâtel, Zürich; Swiss Federal Institute of Technology, Lausanne; Swiss Federal Institute of Technology, Zürich; St-Gall Graduate School of Economics, Business and Public Administration.
Président: Prof. Dr. Max Wehrli.
Secrétariat: Office central universitaire suisse, Sophienstrasse 2, 8032 Zürich.

Office central universitaire suisse

L'Office est le secrétariat de la Conférence des Recteurs et de la Commission fédérale des bourses pour étudiants étrangers. Fondé en 1920, l'Office fournit aux étudiants suisses et étrangers les renseignements sur les conditions d'études dans les universités et les instituts de recherche suisses ou étrangers, l'échange de professeurs et d'étudiants entre les universités suisses et entre celles-ci et l'étranger, les bourses et dotations, etc.

The Central Office of the Swiss Universities is the secretariat of the Rectors' Conference and of the Federal Commission on Scholarships for Foreign Students. The Office was founded in 1920 and provides information for Swiss and foreign students on admission requirements of Swiss and foreign universities and research institutions, on the exchange of academic staff and students between Swiss and foreign universities, on scholarships and endowments, etc.
Directeur: Prof. Dr. Andreas Miller.
Sophienstrasse 2, 8032 Zürich.

Centrale suisse des thèses

La Fondation de documentation universitaire et scientifique, dont le siège principal se trouve à Francfort s.M. et qui a une succursale à Berne, est entrée en fonction dès 1970. Conformément à son statut la Fondation enregistre les thèses et dissertations scientifiques en préparation à une université ou autre institut de recherche européen. Son but est de contribuer à l'unification de l'Europe par la documentation.

Les services de la Fondation sont gratuits pour les professeurs et candidats au doctorat qui enregistrent leurs travaux et qui par la suite reçoivent le bulletin contenant la liste des titres enregistrés répartis en 67 sections. La documentation s'effectue par ordinateur.

The Foundation for Research Documentation with its office in Frankfurt/M. and a branch in Bern, started its activities in 1970. According to its rules it registers all theses and other research papers in preparation at any European university or research institution. Thus the Foundation is trying to contribute to the unification of Europe.

The Foundation offers its services free of charge to all professors and doctoral candidates who register their research papers: they receive the bulletin containing a list of all titles classified in 67 sections. The documentation is organised by computer.
Münzgraben 2, 3000 Bern 7.

Association suisse des Professeurs d'Université (IAUPL)
Président: Daniel Christoff.
Secrétaire: Prof. Dr. Andreas Miller.
Sophienstrasse 2, 8032 Zürich.

Association suisse des femmes universitaires (IFUW)
Présidente: Mme Simone Wildhaber-Creux.
Gerenstrasse 14, 3065 Bolligen.
Présidente (Rel. internat.): Dr. Antonia Blaser.
Holligenstrasse 1, 3008 Bern.
Secrétaire: Dr. Annemarie Müller-Minder.
Tavelweg 14, 3006 Bern.

Union nationale des Etudiants de Suisse—UNES/Verband der Schweizerischen Studentenschaften—VSS
Kornhausplatz 7, 3000 Bern.

Schweizerischer Studentenreisedienst—SSR
Leonhardstrasse 19, 8001 Zürich.

Jeunesse Etudiante Catholique Universitaire Suisse—JECU (Pax Romana).
Président: Marc Savary.
43, Quai Charles-Page, 1205 Genève.

Fédération des Anciens Etudiants suisses (Pax Romana)

Président: Dr. Hans Bernet.
Secrétaire: Erich Pfister.
Mythenquai 26, Case postale, 8027 Zürich.
Mouvement des Etudiants chrétiens de Suisse/Schweizerische Christliche Studentenbewegung (WSCF)
Hirschengraben 7, 8001 Zürich.
Union des Etudiants juifs de Suisse (WUJS)
6, rue Ami Lullin, Genève.

*

Eidgenössisches Department des Innern
Bundeshaus, 3003 Bern.
Eidgenössisches Politisches Department
Bundeshaus, 3003 Bern.
Commission nationale suisse pour l'Unesco
Département politique fédéral, Eigerstrasse 71, 3003 Berne.

SYRIAN ARAB REPUBLIC—REPUBLIQUE ARABE SYRIENNE

UNIVERSITIES—UNIVERSITES

* Ğami't Dimašq [U. of Damascus], Damascus. (The Secretary-General). 1923
F : *let, law, com, sc, med, dent, phar, ed, eng, agr, fa, Isl law, mec-elec.*
I : *agr, sec, ind, eng, dent, com.*
S : *nurs.*
* **University of Aleppo**, Aleppo. 1960

F : *eng, agr, med, sc, eco, let; vet* (Hama).
I : *med, eng, agr.*
Ğami't Tichreen [U. of October], Latakia. 1971
F : *let, sc, agr, med, civ eng.*
I : *agr.*

OTHER INSTITUTIONS—AUTRES INSTITUTIONS

Professional Education—Enseignement professionnel

Al-Ma'ahad Tachtit lit-tanmiat il-ictissadia oual-ijtimaia [I. of Economic and Social Development Planning], Damascus. 1966

Teacher Training—Enseignement pédagogique

Al-Ma'ahad Al-I'edadi Lil-Mouallimin [Teacher Training I.], Aleppo. 1968

Al-Ma'ahad Al-I'edadi Lil-Mouallimin, Damascus. 1968

Conseil de l'Enseignement supérieur

Le Conseil, anciennement connu sous le nom de Conseil supérieur des Universités, a été créé en 1975. Les attributions propres à ce Conseil sont les suivantes : a) d'établir les plans nécessaires à l'application de la politique de l'enseignement supérieur définie par l'Etat, de lier cet enseignement aux plans de développement économique et social, et au plan du développement scientifique, d'assurer le progrès de cet enseignement, et de distribuer ses différentes institutions, en accord avec le plan de développement scientifique et avec la mission dévolue à chacune d'entre elles, de faciliter la réalisation des objectifs scientifiques, sociaux, culturels, économiques et nationaux de l'Etat, et de contrôler leur exécution; b) de proposer la politique de l'enseignement supérieur dans toutes ses disciplines et tous ses niveaux; c) de proposer la politique générale de la recherche scientifique dans les universités et les instituts, et de l'orienter vers le traitement des problèmes sociaux et économiques de la région, et de contrôler l'exécution de cette politique après approbation; d) de définir l'orientation générale de l'entraînement pour lequel chaque institution d'études supérieures est qualifiée, cette orientation prévoyant, entre autre, l'élévation du niveau scientifique et technique du personnel scientifique en exercice dans ces institutions, et de définir les méthodes d'application et son contrôle; e) de définir les principes généraux

d'admission dans les Universités et les Instituts; f) de coordonner l'enseignement, les grades scientifiques, les spécialisations, la recherche, la formation et la production, entre les universités, les instituts, les facultés et les sections, et juger de la valeur du travail effectué dans ces différents domaines; g) d'établir les projets du budget général des universités et des instituts dépendant du Ministère; h) de formuler les avis concernant les problèmes de l'enseignement dans ses différents niveaux.

Le Conseil a son siège à l'Université de Damas et est placé sous la présidence du ministre.

Membres : les présidents des l'universités, les vice-présidents des universités pour les problèmes scientifiques et l'un des vice-présidents, pour les problèmes administratifs et des étudiants, qui sera désigné par le ministre; un vice-ministre de chacun des ministères : de l'éducation, la planification, l'enseignement supérieur; le directeur de la recherche scientifique et le directeur de la planification au ministère; deux représentants du syndicat des travailleurs de l'enseignement supérieur, nommés pour un an, par le bureau exécutif du syndicat; deux représentants de l'Union Nationale des Etudiants de Syrie nommés pour un an par le bureau exécutif de l'Union; trois experts travaillant dans les secteurs industriel, agricole, et sanitaire, désignés pour un an par le ministre avec l'accord du ministre compétent et choisis en dehors des institutions d'enseignement supérieur; le secrétaire du Conseil, membre et rapporteur.

Le Conseil constitue des comités techniques permanents ou provisoires pour l'étude des sujets entrant dans ses attributions, et comprend des membres du Conseil ou d'autres membres de l'enseignement supérieur dans les universités et les instituts ou des membres des syndicats des activités scientifiques.

The Council of Higher Education, replacing the Supreme Council of Universities, was founded in 1975. It is responsible for: a) drawing up plans to implement the policy of the State in matters of higher education; relating higher education to the plans for economic, social and scientific development; and ensuring that its various institutions fulfil their mission and contribute to the achievement of the scientific, social, cultural, economic and national objectives set by the State; b) elaborating higher education policies for all disciplines at all levels; c) drawing up the general policy for scientific research in universities and institutes and directing it towards the solution of the social and economic problems of the region; d) defining the general orientation of training for which each institute of higher education is qualified. This involves, amongst other tasks, the raising of the scientific and technical standards of the personnel in these institutions, and drawing up methods of application and control; e) setting admission requirements for the universities and institutes; f) co-ordinating matters related to teaching, degrees, fields of specialization, research, training and production between universities, institutes, faculties and departments and evaluating the work carried out in the different sectors; g) drawing up budgets for the universities and other institutes responsible to the Ministry of Higher Education; h) giving advice concerning problems of education at different levels.

The Council has its seat at the University of Damascus and its President is the Minister of Education.

Members: the presidents of the universities; vice-presidents for scientific affairs and one of the vice-presidents for administrative and student affairs, to be appointed by the Minister; a Vice-Minister from the Ministries of Education, Planning, Higher Education; the directors of scientific research and planning; two representatives of the academic staff union, designated for one year by its Executive Board; two representatives of the National Union of Students, designated by its Executive Board for one year; three experts from the industrial, agricultural, and health sectors, appointed with the approval of the competent Minister.

The Council sets up permanent or ad hoc technical committees, comprising members of

the Council or other representatives of higher education drawn from the staff of university institutions or the membership of scientific unions, to study problems falling within its competence.
Secrétaire général: Abdul-Sattar Hadaya.
Université de Damas.

National Union of Syrian Students—NUSS

P.O. Box 3028, Damascus.

*

Ministry of Higher Education
Damascus.

Syrian National Commission for Unesco
Ministry of Higher Education, Damascus.

TAIWAN—TAIWAN

UNIVERSITIES—UNIVERSITES

Fu-jen Catholic University, Hsing-chuang, Taipei. (The President). *1963*
C : *li arts, law, sc, bus.*
National Central University, Chung Li. *1915, 1968*
D : *sc.*
National Chengchi University, Mucha, Taipei. *1954*
C : *li arts, law, com.*
National Chiao Tung University, Hsin Chu. *1896, 1958*
D : *eng.*
National Taiwan University, Roosevelt Road, Sec. 4, Taipei. *1928*
C : *li arts, sc, law, med, eng, agr.*
National Tsing Hua University, Hsin Chu. *1911, 1956*
I : *nucl sc, math.*
D : *math, nucl eng, phy, ch, biol.*
Private Soochow University, Wai Shuang Hse, Taipei County, Taipei. *1901, 1954*
C : *law, arts, com, sc.*
National Cheng Kung University, Tainan. *1945*
C : *arts-sc, eng, com.*
National Chung Hsing University, 250 Kuokuang Road, Taichung. *1946, 1961*
C : *law-com, sc-eng, agr, li arts.*
National Taiwan Normal University, 162 Ho Ping East Road, Sec. 1, Taipei. *1946*
C : *ed, li arts, sc.*
Private Tunghai (Christian) University, Taichung. *1955*
C : *arts, sc, eng.*
National Taiwan Institute of Technology, Taipei. *1974*
Taiwan Provincial Kaohsiung Teachers' College, Kaosiung. *1967*
D : *Chinese, math, ed, ch, English, phy, ind ed.*
Taiwan Provincial College of Education, Chong-Hwa. *1971*

OTHER INSTITUTIONS—AUTRES INSTITUTIONS

Technical Education—Enseignement technique

Private Fengchia College of Engineering and Business, Taichung. *1961*
D : *civ eng, hyd eng, acc, bus mangt.*
Private Ming Chih Institute of Technology, Taipei County. *1964*
Taiwan Provincial College of Marine and Oceanic Technology, 78 Chung-Cheng Road, Keelung. *1964*
Private Chung Yuan Christian College of Science and Engineering, Chung Li, Tao-Yuan. *1955*
D : *phy, math, ch, civ eng, ch, eng, hyd eng, agr eng.*
Private Ta Tung Institute of Technology, 40 Chung Shan N. Road, Sec. 3, Taipei. *1963*
D : *mec, elec, bus adm, ch, eng, ind des.*
Taiwan Provincial Kaohsiung Institute of Technology, Kaohsiung. *1963*
Taiwan Provincial Taipei Institute of Technology, 3 Section 1, Shin-Sheng South Road, Taipei. *1948*

Professional Education—Enseignement professionnel

Taiwan Provincial Institute of Agriculture, 5 Men-sheng Road, Pingtung. *1954*
Private Chung Shan Medical and Dental College, Taichung. *1960*
D : *med, dent.*
Private Kaohsiung Medical College, Kaohsiung. *1954*
D : *med, dent, phar, nurs.*
Private Taipei Medical College, 250 Wu Hsing Street, Taipei. *1960*
D : *med, dent, phar.*

General Education—Enseignement général

National Taiwan Academy of Arts, Taipei County. *1955, 1960*
Private Ching Yi Women's College of Arts and Sciences, Taichung. *1963*
Private Tamkang College of Arts and Sciences, Tansui, Taipei County. *1950*
D : *Chinese lit, fgn lang & lit, ch, math, com.*
S : *surv.*
Private College of Chinese Culture, Yangmingshan, Taipei. *1962*
Also 45 Junior colleges.

Catholic Students' Association (Pax Romana)
23 Lane 18, Ta-Hsue Road, Tainan City.

Ministry of Education
Taipei.

TANZANIA—TANZANIE

UNIVERSITIES—UNIVERSITES

*University of Dar es Salaam, P.O. Box 35091, Dar es Salaam. (Chief Academic Officer).   *1961*
F : *arts-soc, law, sc, med, agr, eng.*
I : *Kiswahili res.*

OTHER INSTITUTIONS—AUTRES INSTITUTIONS

Technical Education—Enseignement technique

Dar es Salaam Technical College, P.O. Box 20571, Dar es Salaam.   *1956*

Professional Education—Enseignement professionnel

Dar es Salaam Medical School, P.O. Box 20500, Dar es Salaam.   *1963*

Teacher Training—Formation pédagogique

Teacher Training College, Chang'-ombe, P.O. Box 2329, Dar es Salaam.   *1964*

World University Service
Chairman: F. S. Kutolie.
General Secretary: Z. Ngoityama.
University of Dar es Salaam, P.O. Box 35053, Dar es Salaam.
Dar es Salaam University Students' Organization—DUSO
P.O. Box 35080, Dar es Salaam.
Student Section of ASYL
ASYL Headquarters, Zanzibar.
University Catholic Community Council (Pax Romana)
University of Dar es Salaam, P. O. Box 35027, Dar es Salaam.
Tanzania Student Christian Fellowship (WSCF)
c/o Christian Council of Tanzania, P.O. Box 407, Dodoma.
DUSAUN (ISMUN)
General Secretary: General T. K. Ulimwengu.
P.O. Box 35037, Dar es Salaam.

*

Ministry of National Education
P.O. Box 9121, Dar es Salaam.
United Republic of Tanzania Unesco National Commission
Ministry of National Education, P.O. Box 9121, Dar es Salaam.

THAILAND—THAILANDE

UNIVERSITIES AND TECHNICAL UNIVERSITIES—UNIVERSITES ET UNIVERSITES TECHNIQUES

Chiang Mai University, Huay Kaew Road, Muang District, Chiang Mai Province. (The Registrar). *1964*
F : *agr, dent, ed, eng, hum, med, nurs, phar, sc, soc.*
***Chulalongkorn University,** Phya Thai Road, Pathumwan Borough, Bangkok Metropolis 5. *1917*
F : *arc, arts, com-acc, commun arts, dent, eco, ed, eng, law, med, phar, pol, sc, vet, grad st.*
I : *env res, population st, soc res.*
School of Analytical Chemistry Training, Department of Science, Ministry of Industry
Red Cross College of Nursing, The Thai Red Cross Society.
*****Kasetsart University,** 50 Phaholyodhin Road, Bangkhen Borough, Bangkok Metropolis 9. *1943*
F : *agr, eco-bus adm, ed, eng, fish, for, sc-arts, soc, vet, grad st.*
I : *food res-product dev.*
C : *med-phar.*
Khon Kaen University, Srithan Sub-district, Khon Kaen Province. *1964*
F : *agr, ed, eng, med, nurs, sc-arts.*
*****King Mongkut's Institute of Technology,** Rajadamneon Avenue, Dusit District, Bangkok 3. *1971*
Thonburi Campus
F : *eng, ind ed-sc.*
North Bangkok Campus
F : *eng, ind ed-sc.*
Nonthaburi Campus
F : *arc, eng, ind ed-sc.*
*****Mahidol University,** Siriraj Hospital, Prannok Road, Bangkok Noi Borough, Thonburi, Bangkok Metropolis 7. *1942*
F : *med, phar, dent, trop med, publ heal, med techn, sc, grad st, nurs, soc-hum.*
I : *population-soc res.*
National Institute of Development Administration, Pattana-Samakki Road, Klongchan Sub-Borough, Bangkapi Borough, Bangkok Metropolis 24. *1966*
S : *appl stat, bus adm, eco dev, publ adm.*
*****Asian Institute of Technology,** P.O. Box 2754, Bangkok. *1959, 1967*
D : *env eng, geotec eng, structural eng-mec, hyd, systems eng, mangt, comty & reg dev.*
Prince of Songkla University, c/o Office of State Universities, Rajdamnern Avenue, Bangkok Metropolis 2. *1964, 1968*
Pattani Campus, Roosameelae Sub-district, Muang District, Pattani Province.
F : *ed, hum, soc.*
Songkhla Campus, Korhong Sub-district, Haadyai District, Songkhla Province,
F : *eng, med, sc, mangt sc, nat resources.*
*****Ramkhamhaeng University** [Open University], Klongtan-Huamark Road, Huamark Sub-Borough, Bangkapi Borough, Bangkok Metropolis 24. *1972*
F : *bus adm, eco, ed, hum, law, pol, sc.*
Silpakorn University. *1943*
Bangkok Campus, Tha Phra Palace, Na Phralan Road, Bangkok Metropolis 2.
F : *archae, arc, decor & arts, pnt-sculp-graph arts, grad st.*
Nakhon Pathom Campus, Sanam-chandra Palace, Nakhon Pathom Province.
F : *arts, ed, sc.*
Thabkaew College.
Sri Nakharinwirot University. *1954*
F : *ed, hum, phys-hyg, sc, soc.*
I : *child st.*
Bureau : *ed-psyc.*
Bangkhen College, Changwattana Road,

Bangkhen, Bangkok Metropolis 9.
Bangsaen College, Chon Buri Province.
Maha Serakham College, Maha Sarakham Province.
Pathumwan College, Henri Dunant Road, Pathumwan Borough, Bangkok Metropolis.
Phitsanulok College, Phitsanulok Province.
Physical Education College, Department of Physical Education, Rama I Road, Pathumwan Borough, Bangkok Metropolis 5.
Prasanmit College, Soi Prasanmit, Sukhumvit Road, Bangkok Metropolis 11.
Songkhla College, Songkhla Province.
***Thammasat University,** Prachan Road, Tha Prachan, Bangkok Metropolis 2.   *1933*
F : *com-acc, eco, law, li arts, pol, soc adm.*
S : *jour-mass commun.*
Ce : *Thai st.*

OTHER INSTITUTIONS—AUTRES INSTITUTIONS

Technical Education—Enseignement technique

Bangkok Technical Institute, 2 Linchee Road, Tung-Mahamec, Bangkok 12.   *1952*
D : *mec techn, elec techn, ind techn, printing, photography, civ techn, bus adm, hom eco, voc ed, electro, furniture, clothing-tex, ind tex, ch techn.*
Khon Kaen Technical Institute, 150 Srichundra Road, Khon Kaen.   *1964*
S : *gen mec, auto mec, elec, machine mec, ind plumbing, mec drafting.*
Northeastern Technical Institute, Suranarai Road, Nakornrajsima.   *1956*
S : *bus adm, civ techn, arc-ind des, elec power, electro, machine tool techn, mec power, farm mec, bui const, prod des, met. acc, sec, voc ed, fa, arc, heavy equipment, surv, civ drafting.*
Northern Bangkok Engineering College, Bangsorn, Bangkok.   *1973*
automec, elec-electro-telec, machine shop, welding-sheet metal.
Northern Technical Institute, Huay Kaew Road, Chiengmai.   *1957*
S : *elec techn, bui const, met, machine tool techn, electro, com, acc, sec, furniture, arc, prod des, archae arts, ind techn.*
Patumwan Engineering College, Rama IV Road, Bangkok.   *1974*
machine shop, welding-sheet metal, elec, automec, electro-telec.
Southern Technical Institute, Songkla.   *1955*
S : *elec power, bui const, met techn, acc, sec, clothing-tex, mec power, food-nutr, arc-des, electro, farm mec, surv.*
Tak Technical Institute, Tak.   *1966*
D : *bui const, elec techn, electro, mec techn, machine tool techn, hom eco, welding & sheet met, mec power.*
Uthenthawai College, Payathai Road, Bangkok.   *1974*
const, drafting.
Vocational Teachers' Training College, 399 Samsen Road, Bangkok 2.   *1961*
S : *machine tool techn, mec techn, elec power, radio-telec, welding & sheet met, bui const.*

Professional Education—Enseignement professionnel

Bangkok Commercial College, 84 Pitsanulok Road, Bangkok.   *1968*
S : *acc, bus adm, sec, adm, sales mangt, bus ed, bus comp, teacher training.*
Bang Na Commercial College, Bangna-Trad Road, Bangkok.   *1974*
com, acc, sec, sales mangt.
Bangpra Agricultural College, Cholburi.
1959
S : *agr ed, teacher training.*
Borpitpimuk College, Chakawat Road, Bangkok.   *1973*
bus adm, li arts, acc, sec, fgn lang.
Chakrapongsepuvanarth College, Bangkok-Saraburi Highway, Bangkok.   *1973*
const, automec, elec, electro-telecommun, machine shop, welding, com, acc, sec, sales mangt, fgn lang.

Chantaburi Agricultural College, Chantaburi. *1974*
agr ed.
Chaokhun Tahaharn Agricultural College, Lad Krabang, Bangkok. *1974*
agr ed.
Chetupon Commercial College, Pracha-Utit Road, Raj Burana, Thonburi. *1974*
com, acc, sec, marketing, sales mangt.
Chiengmai Agricultural College, Chiengmai. *1958*
S : *agr, ed, teacher ed.*
Chotiwet College, Samsen Road, Bangkok. *1974*
hom eco, cloth tex, food-nutr.
Chumpornket-udomsak Institute, 517 Nakorn Sawan Street, Bangkok. *1971*
tailoring, ped, fash.
Kalasin Agricultural College, Kalasin. *1974*
S : *agr, ed.*
Nakornsithammarat Agricultural College, Nakornsithammarat. *1965*
Nan Agricultural College, Nan. *1974*
S : *agr ed.*
Pochang College of Arts and Crafts, Pahurat Road, Bangkok. *1974*
pnt, Thai pnt, sculp, printing, des-decor, product des, com arts.
Pranakornsri-Ayuthaya Agricultural College, Pranakornsri-Ayuthaya. *1975*
Pranakornsri-Ayuthaya Commercial College, Ayuthaya. *1974*
S : *com, acc, sec, marketing, bus adm.*
Pranakorn-Tai Girls' Vocational College, Chareonkrung Road, Bangkok. *1973*
S : *food-nutr, clothing-tex, hom eco, ed, teacher ed.*
Prathumthani Agricultural College, Prathumthani. *1970*
Surin Agricultural College, Surin. *1964*
Thonburi Commercial College, 139 Kooharswan, Parsichareon, Bangkok-Thonburi Metropolitan. *1972*
Pitsanuloke Agricultural College, Pitsanuloke. *1974*
S : *agr ed.*

Teacher Training—Formation pédagogique

Ban Somdej Teachers' College, Bangkok.
Suan Sunandha Teachers' College, Bangkok.
Suan Dusit Teachers' College, Bangkok.
Chandarakasem Teachers' College, Bangkok.
Pranakorn Teachers' College, Bangkok.
Ayudhya Teachers' College, Bangkok.
Chiangmai Teachers' College, Chiangmai.
Pibulsonkhram Teachers' College, Pitsanuloke.
Nakornsawan Teachers' College, Nakornsawan.
Chombung Teachers' College, Rajburi.
Udorndhani Teachers' College, Udorndhani.
Mahasarakham Teachers' College, Mahasarakham.
Nakornrajsima Teachers' College, Nakornrajsima.
Songkhla Teachers' College, Songkhla.
Yala Teachers' College, Yala.
Nakornsrithammaraj Teachers' College, Nakornsrithammaraj.

Private Institutions—Etablissements privés

Assumption College of Business Administration, Huamark Sub-borough, Bangkapi Borough, Bangkok Metropolis 24. *1972*
acc, fin, marketing, personnel mangt.
Bangkok College, 40/4 Rama IV Road, Phra Khanong Borough, Bangkok Metropolis 11. *1962, 1970*
bus adm, acc, mass commun-publ rel, sec.
College of Business Administration, 73 Rama VI Road, Samsen Nai Sub-Borough, Phya Thai Borough, Bangkok Metropolis. *1968, 1970*
acc, eco, bus adm.
College of Commerce, Rajabopit Road, Bangkok Metropolis. *1940, 1970*
eco, bus adm, acc, sec.
Krirk College, 65 Sukhumvit Road, Bangduan Sub-district, Muang District, Samut Prakarn Province. *1961, 1970*

acc, eco, bus adm.
Patana College, 76 Superhighway, Ladyao Sub-Borough, Bangkhen Borough, Bangkok Metropolis. *1970*
acc, bus adm.
Payap College, 48/5 Hyawy Kaew Road, Chang Phoek Sub-district, Muang District, Chiang Mai Province. *1974*
F : lang, hum, soc-bus adm, mus, nurs, midwifery.
Siam Technical College, 235 Petkasem Road, 2.8 kilometres off Samyak Thapra, Bangwa Sub-Borough, Paseecharoen Borough, Thonburi, Bangkok Metropolis 9. *1973*
acc, bus adm, mec.
South-East Asia College, 19/1 Petkasem Road, Nongkangplu Sub-Borough, Nongkhaem Borough, Thonburi, Bangkok Metropolis 9. *1973*
eco, bus adm, mec.
Sripatum College, 61 Phaholyodhin Road, Ladyao Sub-Borough, Bangkhen Borough, Bangkok Metropolis. *1970, 1972*
law, bus adm, eng.

Office of State Universities

The Office of State Universities, with a status equivalent to a ministry, was set up in 1972 as a co-ordinator between the universities and the government. Its responsibilities include top level policy-making and planning, setting the standards of curriculum and university personnel administration, and recommendation of budget allocations. Though the higher education establishments are obliged to operate in accordance with the policies laid down, they do in fact enjoy a considerable degree of autonomy and academic freedom.

Both state and private institutions of higher learning are established by law; the universities by their respective University Acts, and the private colleges by the Private Colleges Act. Although each university is established under a separate act, the provisions are similar.

There are at present ten universities, three institutes and ten private colleges under the responsibility of the Office of State Universities.

L'Office des Universités d'Etat, doté d'un statut équivalent à celui d'un ministère, a été créé en 1972 en tant qu'organisme chargé d'assurer la coordination entre les universités et le gouvernement. Il a notamment pour fonctions de définir une politique et d'assurer la planification à l'échelon le plus élevé, d'établir les normes relatives aux programmes et à l'administration du personnel de l'université, et de formuler des recommandations sur les affectations budgétaires. Bien que les établissements d'enseignement supérieur soient tenus de se conformer, dans leur action, aux politiques arrêtées, ils jouissent en fait d'une autonomie et d'une liberté académique fort étendues.

Les institutions d'enseignement supérieur tant publiques que privées sont créées par une loi; les universités par leurs lois universitaires respectives, et les collèges privés par la loi sur les collèges privés. Bien que chaque université soit créée en vertu d'une loi propre, les dispositions sont similaires.

Dix universités, trois instituts et dix collèges privés relèvent actuellement de la compétence de l'Office des Universités d'Etat.
Under-Secretary of State for State Universities: Dr. Prasert Na Nagara.
Rajdamnern Avenue, Bangkok 2.

Rectors' Conference

The Conference was formed in January 1971 as a result of an agreement by the rectors of twelve state institutions of higher learning to exchange ideas and discuss problems which are of common concern to all universities. The Conference does not intrude into matters of specific concern to one particular institution; its distinguishing feature is its limitation of discussion to issues of a general nature. It is the first time in the history of Thai higher education that such a body has been formed, and it aims to improve relations between the various universities. The Conference is regarded as a potential external influence on university governance and development.

The chairmanship of the Conference is held in rotation by the rectors of the member universities. The Conference meets bimonthly.

La Conférence a été constituée en janvier 1971 à la suite de la décision que prirent les recteurs de douze institutions d'enseignement supérieur d'Etat d'échanger des idées et de débattre des questions d'intérêt commun à toutes les universités. La Conférence ne s'ingère pas dans les affaires intéressant en propre une institution déterminée; elle se distingue essentiellement par le fait que ses discussions se limitent aux problèmes d'ordre général. C'est la première fois dans l'histoire de l'enseignement supérieur thaïlandais qu'une telle organisation est créée; elle vise à améliorer les relations entre les diverses universités. La Conférence est considérée comme un organisme extérieur potentiellement influent sur l'administration et le développement universitaires.

Les Recteurs des universités membres assurent, par roulement, la présidence de la Conférence. La Conférence se réunit tous les deux mois.

Chairman: Puey Ungphakoen, Rector, Thammasat University.
Secretary: Gothom Arya, Deputy Director, University Development Commission.
Sukhothai Road, Bangkok 3.

Siamese Association of University Women (IFUW)
President: Mrs. M. L. Anong Nilubal.
Chairman (Internat. Rel.): Miss Vacherie Naeoboonian.

Secretary: Mrs. Annop Nikrodhananda.
9/7 Mu 8 Suan Luang, Sukumvit 77, Bangkok 11.

World University Service
President: Pradon Chatikavenij.
General Secretary: Asawin Chinkamtornwongse.
King Mongkut's Institute of Technology, Thonburi, Bangkok.

The Newman Club, Bangkok (Pax Romana).
President: Pholachart Kraiboon.
Secretary: Miss Patchari Gabriel.
Xavier Hall, 70/9 Rajavithi Road, Victory Monument, Bangkok.

University Student Catholic Centre (Pax Romana)
President: Poparn Sondaroen.
Xavier Hall, 70/9 Rajavithi Road, Victory Monument, Bangkok.

Student Christian Movement of Thailand (WSCF)
Chairman: Tiew Tawat Pantupong.
YMCA, 27 Sathorn Road, Bangkok, 12.

*

Department of Information
Bangkok.
National Institute of Culture
Bangkok.
Ministry of Education
External Relations Division, Bangkok.
Thailand National Commission for Unesco
External Relations Division, Ministry of Education, Bangkok.

TOGO—TOGO

*Université du Bénin, B.P. 1515, Lomé.
1962, 1970
E : adm-carrières jur, éco-gestion, méd, sc, agr, méc ind, assistants méd, let.
I : éd, techn de sa-biol.
Ecole normale supérieure, B.P. 7, Atakpame.
1968
français, anglais, hist, géog, phy, ch, math, nat.
Centre régional d'Animation Culturelle.
1976
Ecole Africaine et Mauricienne d'Architecture et d'Urbanisme, B.P. 1515, Lomé.
1976

Fédération des Associations chrétiennes d'Etudiants du Togo (WSCF)
Secrétaire général: Komlavie Quastrie.
B.P. 378, Lomé.

*

Ministère de l'Education nationale
Lomé.
Commission nationale de la République togolaise pour l'Unesco
Ministère de l'Education nationale, Lomé.

TONGA—TONGA

Senita 'o e Universiti 'o e Pasifiki Tonga [U. of the South Pacific Centre], P.O. Box 278, Nuku'alofa   *1971*

(Attached to U. of the South Pacific, see p. 114).

Education Department
P.O. Box 61, Nuku'alofa.

TRINIDAD AND—TRINITE ET TOBAGO TOBAGO

*University of the West Indies (see Jamaica, p. 217).
Faculty of Agriculture, St. Augustine. (The Registrar). 1960
Faculty of Engineering, St. Augustine. 1961
Faculty of Law, St. Augustine. 1970

College of Arts and Science, St. Augustine. 1963
Institute of International Relations, St. Augustine. 1966
School of Education, St. Augustine. 1964
Faculty of General Studies, St. Augustine. 1969

Trinidad and Tobago Student Guild—UWI
University of the West Indies, Faculties of Agriculture and Engineering, St. Augustine.
Student Christian Movement (WSCF)
7 Winroy Drive, D'Abadie, Trinidad.

*

Ministry of Education and Culture
Alexandra Street, St. Clair, Port of Spain, Trinidad.
Trinidad and Tobago National Commission for Unesco
Ministry of Education and Culture, Alexandra Street, St. Clair, Port of Spain, Trinidad.

TUNISIA—TUNISIE

UNIVERSITIES—UNIVERSITES

*Université de Tunis, 95, boulevard du 9 avril 1938, Tunis. (M. le Secrétaire général adjoint). *1960*
F : math-phy-nat, let-hum-dr-pol-éco, théo, méd; sc-tec; méd (Sfax); méd (Sousse); phar-dent (Monastir).
Ecole nationale d'Ingénieurs, Campus Universitaire, Tunis. *1968*
Ecole normale supérieure, 43, rue de la Liberté, Le Bardo Tunis. *1956*
Ecole normale supérieure de l'Enseignement technique, 1, rue Cuvier, Tunis. *1973*
Ecole Nationale d'Ingénieurs, Gabes. *1975*
Institut supérieur de Gestion, 2, rue Ibn Khaldoun, Tunis. *1969*
Centre de Formation des Assistants en Gestion, Place Ali Zouaoui, Tunis. *1971*
Centre de Formation des Assistants en Gestion, Avenue H. Bourguiba, Sfax. *1974*
Institut des hautes Etudes commerciales, Carthage Présidence. *1969*
Institut de Presse et des Sciences de l'Information, 94, boulevard du 9 avril, Tunis. *1968*
Institut Bourguiba des Langues vivantes, Avenue de la Liberté, Tunis. *1957*
Centre d'Etudes et de Recherches économiques et sociales, 23, rue d'Espagne, Tunis. *1960*
Institut de Recherches scientifiques et techniques, Tunis-Carthage. *1969*
Institut national des Sciences de l'Education, rue Fénelon, Tunis. *1969*

OTHER INSTITUTIONS—AUTRES INSTITUTIONS

Professional Education—Enseignement professionnel

Ecole nationale d'Administration, 4, rue Docteur-Calmette, Tunis. *1949, 1956, 1964*
Ecole des Postes et Télécommunications, 12, rue d'Angleterre, Tunis. *1967*
Ecole de l'Aviation civile et de la Météorologie, Borj El Amri et Carthage. *1957*
Ecole de la Marine Marchande et de la Pêche, Sousse. *1966*
Ecoles de la Santé publique.
Ces à : Tunis-Avicenne; Sfax; Sousse; Kef; Menzel Bourguiba; Gabès; Nabeul; Gafsa; Kairouan.
Ecole nationale des Cadres de la Jeunesse, Bir El Bey. *1971*
Ecole nationale de Médecine vétérinaire, Medjez El Bab. *1974*
Institut national agronomique de Tunis, 43, avenue Charles Nicolle, Tunis. *1898, 1947, 1963, 1971*
Instituts techniques spécialisés (Agriculture). *1970*
Ces à : Medjez El Bab; Tabarka; Chott Meriem; Sedjnane.
Institut technologique d'Art, d'Architecture, et d'Urbanisme, Route de l'Armée nationale, Tunis. *1967, 1973*
Institut national de Nutrition et de Technologie alimentaire, 120, avenue de la Liberté, Tunis. *1969*
Institut national des Sports, Kassar Said,

Tunis.
Institut d'Hôtellerie et de Tourisme, Sidi Dhrif.

1967 **Conservatoire d'Art dramatique de Tunis,** 16, rue Frédéric Mistral-El-Imrane, Tunis.

Union générale des Etudiants de Tunisie—UGET
11, rue d'Espagne, Tunis.

Association tunisienne «Tourisme et Jeunesse»—ATTJ
1, avenue de Carthage, Tunis.

*

Ministère de l'Education nationale, Tunis.

Commission nationale tunisienne pour l'Unesco
Ministère de l'Education nationale, Tunis.

TURKEY—TURQUIE

UNIVERSITIES AND TECHNICAL UNIVERSITIES— UNIVERSITES ET UNIVERSITES TECHNIQUES

*Ankara Üniversitesi, Ankara. (Rectorat). *1946*
F : let-hum, phar, sc, éd, dr, théo, pol, méd, vét, dent, agr.
E : jour-commun, élev, agr.
*Atatürk Üniversitesi, Erzurum. *1957*
F : sc, agr, méd, adm des aff, let, sc isl, dent.
E : sc, lang étr, inf.
*Bursa Üniversitesi, Ünlü Cadde, Setbaşi, Bursa. *1975*
méd, éco-soc, méc.
*Ege Universitesi, Izmir. *1955*
F : agr, sc, ing, dent, éco-com, méd.
E : inf-hyg, phar, jour, com, dent, ing-arc.
I : arché, rel éco (rech).
A : ing-arc.
Firat Üniversitesi, Elâziğ. *1975*
F : vét, let, sc.
*Hacettepe Üniversitesi, Ankara. *1967*
F : méd, hyg, ing, soc-adm, éd des gradués, dent, phar, sc, ch; méd (Kayseri); méd (Eskişehir); méd (Trabzon); méd (Samsun).
E : physio, sc, inf, éco dom, techn méd, adm des hôpitaux, techn d'hyg.
*İstanbul Üniversitesi, İstanbul-Beyazit. *1924*
F : let, sc, dr, éco, for, méd, phar, dent, ch, adm des aff, vét; méd (Cerrahpaşa); méd (Bursa).
E : lang étr.
I : jour.
*İstanbul Teknik Üniversitesi, Taşkişla-İstanbul. *1944*
F : const, mine, élec, arc, méc, ch, ing-arc, const nav, sc.
*Karadeniz Teknik Üniversitesi, Trabzon. *1963*
F : sc, const-arc, méc-élec, sc de terre, for, méd.
E : lang.
*Orta Doğu Teknik Üniversitesi, Ankara. *1960*
F : ing, arc, adm, sc-let; ing (Gaziantep).
Boğaziçi Universitesi, Bebek-İstanbul. *1971*
S : ing, adm-éco, sc.
*Diyarbakir Üniversitesi, Diyarbakir. *1973*
F : méd, sc.
*Çukurova Üniversitesi, Adana. *1973*
F : méd, agr.

OTHER INSTITUTIONS—AUTRES INSTITUTIONS

Technical Education—Enseignement technique

Tatbiki Güzel Sanatlar Yüksek Okulu [E. sup. des Arts appliqués], Istanbul. *1957*
Devlet Mühendislik ve Mimarlik Akademisi [A. d'Etat d'Ingénieurs et d'Architectes], Ankara. *1973*
Mühendislik ve Mimarlik Yüksek Okulu, Ankara. *1973*
Devlet Mühendislik ve Mimarlik Akademisi, İstanbul. *1937*
Işik Mühendislik Yüsek Okulu, İstanbul. *1964*
Galatasaray Mühendislik Yüksek Okulu, İstanbul. *1964*
Kadiyöy Mühendislik Yüksek Okulu, İstan-

bul. *1964*
Vatan Mühendislik Yüksek Okulu, Istanbul. *1968*
Devlet Mühendislik ve Mimarlik Akademisi, Elâziğ. *1967*
Devlet Mühendislik ve Mimarlik Akademisi, Sakarya. *1970*
Devlet Mühendislik ve Mimarlik Akademisi, Konya. *1970*
Devlet Mühendislik ve Mimarlik Akademisi, Eskişehir. *1970*

Professional Education—Enseignement professionnel

Iktisadi ve Ticari Ilimler Akademisi [A. des Sciences économiques et commerciales], Ankara. *1955*
Bankacilik ve Sigortacilik Yüksek Okulu [E. sup. de Banque et d'Assurance], Ankara. *1964*
Mali Bilimler ve Muhasebecilik Yüksek Okulu [E. sup. des Finances et de Comptabilité], Ankara. *1967*
Gazetecilik ve Halkla Ilişkiler Yüksek Okulu [E. sup. de Journalisme et des Relations publiques], Ankara. *1967*
Eczacilik Yüksek Okulu[E. sup. de Pharmacie], Ankara. *1968*
Dis Hekimliği Yüksek Okulu [E. sup. de Médecine dentaire], Ankara. *1968*
Iktisadi ve Ticari Ilimler Akademisi, İstanbul. *1883*
Siyasal Bilimler Yüksek Okulu [E. sup. des Sciences politiques], Istanbul. *1962*
Maliye ve Muhasebe Yüksek Okulu [E. sup. des Finances et de Comptabilité], Istanbul. *1962*
Işletme Yüksek Okulu [E. sup. d'Administration des Entreprises], Istanbul. *1963*
Iktisat ve Ticaret Yüksek Okulu [E. sup. d'Economie et de Commerce], Istanbul. *1968*

Iktisadi ve Ticari Ilimler Akademisi, Adana. *1966*
Mühendislik Yüksek Okulu [E. sup. d'Ingénieurs], Adana. *1968*
Iktisadi ve Ticari Ilimler Akademisi, Eskişehir. *1958*
Kimya ve Endüstri Mühendisliği Yüksek Okulu [E. sup. d'Ingénieurs de Chimie et d'Industrie], Eskişehir. *1968*
Iktisadi ve Ticari Ilimler Akademisi, Bursa. *1970*
Ankara Polis Enstitüsü [I. de Police], Ankara. *1937*
Denizcilik Yüksek Okulu [E. nationale de la Marine], Ortaköy-Istanbul. *1909*
Sosyal Hizmetler Akademisi [A. des Services sociaux], Keçiören-Ankara. *1961*
Sağlik Idaresi Yüksek Okulu [E. sup. de l'Administration des Hôpitaux], Ankara. *1963*
Gevher Nesibe Sağlik Eğlik Eğitim Enstitüsü [I. de l'Education sanitaire], Cebeci-Ankara. *1961*
Florence Nightingale Hemşirelik Yüksek Okulu [E. sup. d'Infirmières], Şişli-Istanbul. *1961*

Teacher Training—Formation pédagogique

Gazi Eğitim Enstitüsü [I. pédagogique], Beşevler-Ankara. *1926*
Atatürk Eğitim Enstitüsü, İstanbul. *1946*
Necati Eğitim Enstitüsü, Balikesir. *1944*
Bursa Eğitim Enstitüsü, Bursa. *1958*
Buca Eğitim Enstitüsü, İzmir. *1959*
Kazim Karabekir Eğitim Enstitüsü, Erzurum. *1961*
Samsun Eğitim Enstitüsü, Samsun. *1961*
Selçuk Eğitim Enstitüsü, Konya. *1962*

Diyarbakir Eğitim Enstitüsü, Diyarbakir. *1962*
Fatih Eğitim Enstitüsü, Trabzon. *1963*
Edirne Eğitim Enstitüsü, Edirne. *1969*
Isparta Eğitim Enstitüsü, Isparta. *1969*
Eskişehir Eğitim Enstitüsü, Eskişehir. *1971*
Adana Eğitim Enstitüsü, Adana. *1971*
Gaziantep Eğitim Enstitüsü, Gaziantep. *1971*

Usak Eğitim Enstitüsü, Usak. *1973*
Bornova Eğitim Enstitüsü, Bornova-İzmir. *1974*
Istanbul Yüksek Öğremen Okulu [E. normale sup.], Istanbul. *1848*
İzmir Yüksek Öğretmen Okulu, İzmir. *1964*
Ankara Yüksek Öğretmen Okulu, Ankara. *1959*
Erket Teknik Yüksek Öğretmen Okulu [E. normale sup. d'Enseignement technique de garçons], Ankara. *1937*
Kiz Teknik Yüksek Öğretmen Okulu [E. normale sup. technique de jeunes filles], Ankara. *1934*
Ticaret ve Turizm Yüksek Öğretmen Okulu [E. normale sup. du Commerce et du Tourisme], Ankara. *1956*
Deneme Yüksek Öğretmen Okulu [E. normale sup. pilote], Ankara. *1974*
Endüstriyel Sanatlar Yüksek Öğretmen Okulu [E. normale sup. des Arts industriels], Ankara. *1974*

Also 15 other Teacher Training Institutions.
Egalement 15 autres institutions de formation pédagogique.

General Education—Enseignement Général

Istanbul Devlet Güzel Sanatlar Akademisi [A. d'Etat des Beaux Arts], Findikli. *1883*
Mimarlik Yüksek Okulu [E. sup. d'Architecture], Istanbul. *1971*
Uygulamali Endüstri Sanatlari Yüksek Okulu [E. sup. des Arts industriels appliqués], Istanbul. *1968*
Ankara Devlet Konservatuvari [Conservatoire d'Etat], Ankara-Cebeci. *1936*
Izmir Devlet Konservatuvari, Konak Izmir. *1958*
Istanbul Devlet Konservatuvari, Taksim-Istanbul. *1971*
Istanbul Yüksek Islam Enstitüsü [I. sup. d'Etudes islamiques], Üsküdar-Istanbul. *1959*
Konya Yüksek İslam Enstitüsü, Konya. *1962*
Kayseri Yüksek İslam Enstitüsü, Kayseri. *1965*

Turk Universiteleri Öğretim Uyeleri Dayanisma Dernegi (IAUPL)
Secretary: Prof. H. Gurmen.
Electrical Engineering Faculty, İstanbul Technical Universtiy, Gümussüyu, İstanbul.

Universiteli Kadlinlar Dernegi (Turkish Association of University Women) (IFUW)
President: Prof. Dr. Münevver Yenerman.
Chairman (Internat. Rel.): Dr. Kevser Arsan.
Executive Secretary (all correspondence): Dr. Ferhunde Dizdaroğlu.
University of İstanbul, Faculty of Medicine, Institute of Pathology, İstanbul.

Türkiye Milli Taleve Federasyonu—TMTF
Babiali Cadde 40, Cağoloğlu, İstanbul.
Travel Department
—see address above—

*

Maarif Vekâleti Dis Münasebetler
(Ministry of National Education, Department of Foreign Relations)
Ankara.

Disisleri Bakanligi (Ministry of Foreign Affairs)
Ankara.

Commission nationale turque pour l'Unesco
Göreme Sokak 7, Kavaklidere, Ankara.

UGANDA—OUGANDA

*Makerere University, P.O. Box 7062, Kampala. *1922, 1949, 1970*
F : *agr, for, arts, ed, med, sc, soc, law, techn, vet.*
I : *stat-app eco, soc res, ed.*
S : *lib, fa.*
Ce : *continuing ed.*

Uganda College of Commerce, P.O. Box 1337, Kampala. *1964*
Uganda Technical College, P.O. Box 7181, Kampala. *1954*
Institute of Public Administration, P.O. Box 20131, Lugogo, Kampala. *1969*

Makerere University Academic Staff Association (IAUPL)
P.O. Box 7062, Kampala.
World University Service
Chairman: J. Kabagamba.
Makerere University, P.O. Box 7062, Kampala.
National Union of Students in Uganda—NUSU
P.O. Box 16154, Wandegaya, Kampala.
Makerere Students' Guild—MSG
Makerere University, P.O. Box 7062, Kampala.
St. Augustine's Society (Pax Romana)
Makerere University, c/o St. Augustine Chapel, P.O. Box 7062, Kampala.
Provincial Youth and Student Department (WSCF)
Secretaries: Wilson T. Lwanga-Mugerwa; Jürgen R.A. Kanz:
Church of Uganda, P.O. Box 14123, Kampala.
Makerere United Nations Student Association (ISMUN)
Liaison Officer: Haba Gashumba.
Makerere University, Northcote Hall, P.O. Box 16007, Kampala.

*

Ministry of Education
Crested Towers, P.O. Box 7063, Kampala.
Uganda National Commission for Unesco
Crested Towers, Block D, Hannington Road, P.O. Box 4962, Kampala.

UNION OF—UNION DES SOVIET REPUBLIQUES SOCIALIST SOCIALISTES REPUBLICS SOVIETIQUES

UNIVERSITIES—UNIVERSITES

Altajski Gosudarstvennyj Universitet, Socialističeskij forasp. 68, 656099 Barnaul 99, Rossiskaja SFSR. *1973*
F : hist-phill, éco, dr.

*Azerbajdžanskij Ordena Trudovogo Krasnogo Znameni Gosudarstvennyj Universitet im. S.M. Kirova [U. d'Etat d'Azerbaïdjan S. M. Kirov], Ul. P. Lumumby 23, 370602 Baku, Azerbajdžanskaja SSR, *1920*
F : méc-math, math app, phy, ch, biol, hist, phill, géol-géog, dr, ét orntl, bibl, jour.

Baškirskij Gosudarstvennyj Universitet im. 40-letija Oktjabrja, Ul. Frunze 32, 450074 Ufa, Baškirskaja ASSR. *1957*
F : hist, phill, phy, math, biol, ch, géog, lang, dr.

*Belorusskij Ordena Trudovogo Krasnogo Znameni Gosudarstvennyj Universitet im. V. I. Lenina, Universitetskij gorodok, Minsk, 220080 Belorusskaja SSR. *1920*
F : phy, math, math app, ch, biol, géog, hist, phill, dr, jour.

Čečeno-Ingušskij Gosudarstvennyj Universitet, Ul Šeripove 32, 364907 Groznyj, Čečeno-Ingušskaja AASSR. *1972*
F : phill, hist, éco, biol-ch, phy-math, phill romane et ger.

Černovickij Gosudarstvennyj Universitet, Ul. Kocjubinskogo 2, 174012 Černovcy, Werainskaja SSR. *1875*
F : phy-math, ch, biol, géog, hist, phill, lang.

Cuvašskij Gosudarstvennyj Universitet im. I. N. Ul'janova, Moskovskij prosp. 15, 428012 Čeboksvary, 15 Rossiskaja SFSR. *1969*

F : élec techn, hist-phill, méd, éco, ch, élec ind, phy-math techn.

Dagestanskij Gosudarstvennyj Universitet im. V. I. Lenina, Sovetskaja ul. 8, 367604 Mahačkala, Dagestanskaja ASSR. *1957*
F : hist, phill, math, ch, biol, lang, phy, éco, dr.

Dal'nevostočnyj Gosudarstvennyj Universitet, Ul. Suhanova 8, 690652 Vladivostok Primorskogo Kraja, GSP Rossiskaja SFSR. *1923, 1956*
F : hist-dr, phill, phy-math, ch, biol-pédo, géophy, ét orntl.

Dnepropetrovskij Ordena Trudovogo Krasnogo Znameni Gosudarstvennyj Universitet im. 300-letija vossoedinenija Ukrainy s Rossiej, Prosp. Gagarina 72, Dnepropetrovsk 10, 320625 GSP-211 Ukrainskaja SSR. *1919*
F : hist, phill, méc-math, phy, techn phy, ch, biol.

Doneckij Gosudarstvennyj Universitet, Universitetskaja ul. 24, 340065 Doneck, Ukrainskaja SSR. *1965*
F : hist, phill, phy, math, ch, biol, éco.

*Erevanskij Ordena Trudovogo Krasnogo Znameni Gosudarstvennyj Universitet, Ul. Mravjana 1, 375049 Erevan, Armjanskaja SSR. *1920*
F : méc-math, math app, phy, ch, biol, hist, phill, éco, dr, géol, géog, com.

Gomel'skij Gosudarstvennyj Universitet, Ul. Sovetskaja 108, 246699 Gomel', Belorusskaja SSR. *1970*
F : hist-phill, méc-math, phy, biol-pédo, géol, éco, phys.

Gor'kovskij Gosudarstvennyj Universitet im. N. I. Lobačevskogo, Prosp. Gagarina 23, 603600 Gor'kij, Rossiskaja SFSR. *1920*
F : méc-math, phy, radio-phy, ch, biol, hist-phill, éco ind, calcul numéral et cyb.

***Har'kovskij Ordena Trudovogo Krasnogo Znameni Gosudarstvennyj Universitet im. A. M. Gor'kogo**, Pl. Dzeržinskogo 4, 310077 Har'kov, Ukrainskaja SSR. *1805*
F : hist, phill, méc-math, phy, radio-phy, ch, biol, géol-géog, lang, éco.

***Irkutskij Gosudarstvennyj Universitet im. A. A. Ždanova**, Ul. K. Marksa 1, 664003 Irkutsk 3, Rossiskaja SFSR. *1918*
F : phy, math, ch, biol-pédo, géol, géog, hist, phill, dr.

Ivanovskij Gosudarstvennyj Universitet, Ul. Ermaka 37/7, 153377 Ivanovo, Rossiskaja SFSR. *1974*

Jakutskij Gosudarstvennyj Universitet, Prosp. Lenina 33, 677891 Jakutsk, Rossiskaja SFSR. *1934*
F : hist-phill, phy-math, ing-tec, agr, biol-géog, méd, lang.

Jaroslavskij Gosudarstvennyj Universitet, Sovetskaja ul. 14, Centr, 150000 Jaroslavl', Rossiskaja SFSR. *1970*
F : éco, hist-dr, psyc-biol, phy-math.

Kabardino-Balkarskij Gosudarstvennyj Universitet, Ul. Černyševskogo 173, 360004 Nal'čik, Kabardino-Balkarskaja ASSR. *1957*
F : hist-phill, phy-math, agr, ing-tec, méd, ch-biol, phys.

Kaliningradskij Gosudarstvennyj Universitet, Ul. Universitetskaja 27, 236040 Kaliningrad oblastnoj, Rossiskaja SFSR. *1970*
F : hist-phill, phy-math, dr-éco, ch-biol, géog.

Kalininskij Gosudarstvennyj Universitet, Ul. Željabova 33, 170013 Kalinin, Rossiskaja SFSR. *1971*
F : math, phy, ch-biol, phill, phill romane et ger, hist, éco-dr.

Kalmyckij Gosudarstvennyj Universitet, Ul. Puškina 11, 358000 Elista, Rossiskaja SFSR. *1970*
F : phill, phy-math, biol, agr.

Karagandinskij Gosudarstvennyj Universitet, Ul. Gogolja 38, 470055 Karaganda, Kazahskaja SSR. *1972*
F : hist-phill, phy-math, biol-ch, éco, dr.

***Kazahskij Ordena Trudovogo Krasnogo Znameni Gosudarstyennyj Universitet im. S. M. Kirova**, Ul. Kirova 136, 480091 Alma-Ata, Kazahskaja SSR. *1934*
F : phy, ch, biol, hist, phill, géog, dr, jour, phil.

***Kazanskij Ordena Trudovogo Krasnogo Znameni Gosudarstvennyj Universitet im. V. I. Ul'janova (Lenina)**, Ul. Lenina 18, 420000 Kazan' 8, Rossiskaja SFSR. *1804*
F : méc-math, phy, ch, biol-pédo, géog, géol, hist-phill, dr.

Kemerovskij Gosudarstvennyj Universitet, Sovjetskij prosp. 117, 650043 Kemerovo, Rossiskaja SFSR. *1974*
dr, lang et lit russe, lang et lit romane, hist, math, phy, ch, biol.

***Kievskij Ordena Lenina Gosudarstvennyj Universitet im. T. G. Ševčenko**, Vladimirskaja ul. 64, 252017 Kiev, Ukrainskaja SSR. *1834*
F : méc-math, phy, ch, radio-phy, biol, géol, géog, phill, hist, phill, dr, éco, jour, cyb, rel int, phill romane et ger.

***Kirgizskij Gosudarstvennyj Universitet im. 50-letija SSSR**, Ul. Frunze 547, 720024 Frunze, 24 Kirgizskaja SSR. *1951*
ch, méc-math, phy.

***Kišinevskij Ordena Trudovogo Krasnogo Znameni Gosudarstvennyj Universitet im. V. I. Lenina**, Ul. Sadovaja 60, 277003 Kišinev, Moldavskaja SSR. *1946*
F : phill, bibl, hist, dr, ch, math-cyb, phy, biol-pédo, lang.

Krasnojarskij Gosudarstvennyj Universitet, Ul. Maerčaka 6, 660075 Krasnojarsk 75, Rossiskaja SFSR. *1970*
F : dr, math, phy, biol-ch.

Kubanskij Gosudarstvennyj Universitet, Ul. Karla Libknehta 149, 350751 Krasnodar Kraevoj GSP, Rossiskaja SFSR. *1970*
F : phill, hist, math, phy, biol, ch, géog, phill romane et ger, éco, dr, arts.

Kujbyševskij Gosudarstvennyj Universitet, Ul. Potapova 64/163, 443086 Kujbyšev oblastnoj 86, Rossiskaja SFSR. *1970*
F : hum, méc-math, phy, ch-biol.

* **Latvijskij Ordena Trudovogo Krasnogo**

Znameni Gosudarstvennyj Universitet im. Petra Stučki, Bul. Rajnisa 19, 226098 Riga, Latvijskaja SSR. *1919*
F : biol, géog, phy-math, hist-phil, dr, phill, ch, lang, éco.
*Leningradskij Ordena Lenina i Ordena Trudovogo Krasnogo Znameni Gosudarstvennyj Universitet im. A. A. Ždanova, Universitetskaja nab. 7/9, 199164 Leningrad V-164, Rossiskaja SFSR. *1819*
F : phy, math-méc, math app, biol-pédo, ch, géog, géol, hist, dr, phill, phil, éco, ét orntl, psyc, jour.
L'vovskij Ordena Lenina Gosudarstvennyj Universitet im. Ivana Franko, Universitetskaja ul. 1, 290602 L'vov, Ukrainskaja SSR. *1661*
F : méc-math, biol, ch, géog, géol, dr, hist, phill, phy, lang, jour, éco.
Marijskij Gosudarstvennyj Universitet, pl. Lenina 1, 424001 Ioškar-Ola, Marijskaja ASSR. *1972*
F : hist-phill, phy-math, biol-ch, agr.
Mordovskij Gosudarstvennyj Universitet im. N. P. Ogareva, Bol'ševistskaja ul. 68, 430000 Saransk, Mordovskaja ASSR. *1957*
F : hist-géog, phy, math, ch-biol, élec-atm, photo-tec-élec, const, méc agr, agr, méd, phill, éco, lang.
* Moskovskij Ordena Lenina i Ordena Trudovogo Krasnogo Znameni Gosudarstvennyj Universitet im. M. V. Lomonosova, Leninskije Gory, 117234 Moskva V-234, Rossiskaja SFSR. *1755*
F : phy, méc-math, math app-cyb, ch, biol, pédo, géog, géol, hist, dr, éco, phill, phil, jour, psyc.
I : ét orntl.
*Novosibirskij Gosudarstvennyj Universitet, Ul. Pirogova 2, 630090 Akademgorodok Novosibirsk, Rossiskaja SFSR. *1959*
F : méc-math, phy, nat, hum, géol-géophy, éco.
Odesskij Ordena Trudovogo Krasnogo Znameni Gosudarstvennyj Universitet im. I. I. Mečnikova, Ul. Petra Velikogo 2, 270605 Odessa, Ukrainskaja SSR.
F : phill, hist, phy, géol-géog, biol, ch, dr, phill romane et ger, méc-math.
Omskij Gosudarstvennyj Universitet, prosp Mira 55a, 644077 Omsk 77, Rossiskaja SFSR. *1974*
dr, lang et lit russe, hist, math, phy, ch.
Permskỹ Ordena Trudovogo Krasnogo Znameni Gosudarstvennyj Universitet im. A. M. Gor'kogo, Ul. Bukireva 15, 614005 Perm', Rossiskaja SFSR. *1817*
F : phy, méc-math, biol, ch, géol, géog, hist, phill, dr, éco.
Petrozavodskij Gosudarstvennyj Universitet im. O. V. Kuusinena, Pr. Lenina 33, 185018 Petrozavodsk, Rossiskaja SFSR. *1940*
F : hist-phill, phy-math, agr, méd, techn for, biol, const.
Rostovskij Ordena Trudovogo Krasnogo Znameni Gosudarstvennyj Universitet, Ul. Fridriha Engel'sa 105, 344711 Rostov-na-Donu GSP-11, Rossiskaja SFSR. *1915*
F : phy, ch, biol-pédo, géol-géog, hist, phill, dr, méc-math, phil, éco.
Samarkandskij Gosudarstvennyj Universitet im.Ališera Navoi, Bul. Gor'kogo 15, 703004 Samarkand, Uzbekskaja SSR. *1917, 1933*
F : hist-géog, phill, phill romane et ger, méc-math, phy, ch, biol.
Saratovskij Ordena Trudovogo Krasnogo Znameni Gosudarstvennyj Universitet im. N. G. Černyševskogo, Astrahanskaja Ul. 83, 410601 Saratov, Rossiskaja SFSR. *1909*
F : phy, méc-math, ch, biol, géog, géol, hist, phill.
Severo-Osetinskij Gosudarstvennyj Universitet im. K. L. Hetagurova, Ul. Batutina 46, 362000 Ordžonikidze, Rossiskaja SFSR. *1970*
F : phy-math, phill, ch-biol, hist, lang, phys, dr, éco.
Simferopol'skij Gosudarstvennyj Universitet im. M. V. Frunze, Ul. Jaltinskaja 4, 333036 Simferopol', Ukrainskaja SSR. *1972*
F : hist, phill, phill romane et ger, géog, nat, phy, math, phys.
Syktyvkarskij Gosudarstvennyj Universitet im 50-letija SSSR, Oktjabr'skij prosp. 55, 167001 Syktyvkar, Komi ASSR.
F : hist-phill, phy-math, ch-biol, éco.
*Tadžikskij Gosudarstvennyj Universitet im. V. I. Lenina, Prosp. Lenina 17, 734016 Dušanbe, Tadžikskaja SSR. *1948*
F : hist, phill tadjik, phy, méc-math, biol,

géol, dr, éco, ch, lang et lit russe, lang orntl.
*Tartuskij Ordena Trudovogo Krasnogo Znameni Gosudarstvennyj Universitet, Ul. Julikooli 18, Tartu, Estonskaja SSR. *1802*
F : hist-phill, phy-ch, biol-géog, dr, éco, méd, phys, math.
*Taškentskij Ordena Trudovogo Krasnogo Znameni Gosudarstvennyj Universitet im. V. I. Lenina, Universitetskaja ul, Vuzgorodok, 700095 Taškent, Uzbekskaja SSR. *1920*
F : hist, phill, ét orntl, dr, math-math app, phy, ch, biol-pédo, géol, géog, phill romane et ger, jour.
*Tbilisskij Ordena Trudovogo Krasnogo Znameni Gosudarstvennyj Universitet, Prosp. Čavčavadze 1, 380028 Tbilisi Gruzinskaja SSR. *1918*
F : hist, phill, dr, éco, éco-plan, ing-éco, géol-géog, méc-math, math app, biol, ch, phy, phil-psyc, lang et lit ouest-eur, ét orntl, cyb.
Tjumenskij Gosudarstvennyj Universitet, Ul. Semakova 10, Tjumen' 3, Rossiskaja SFSR. *1973*
F : hist-phill, phill romane et ger, phy-math, ch-biol, éco-géog.
Tomskij Ordena Trudovogo Krasnogo Znameni Gosudarstvennyj Universitet im. V. V. Kijbyševa, Prosp. Lenina 36, 634010 Tomsk 10, Rossiskaja SFSR. *1888*
F : méc-math, math app, phy, radio-phy, phy tec, ch, biol-pédo, géol-géog, hist-phill, dr, éco.
*Turkmenskij Gosudarstvennyj Universitet im. A. M. Gor'kogo, Prosp. Lenina 31, 744014 Ašhabad, Turkmenskaja SSR. *1950*
F : phill, hist-dr, phy, math, biol-géog, phys, éco, phill turkmen, lang.
Udmurtskij Gosudarstvennyj Universitet im 50-letija SSSR, Krasnogerojskaja ul. 71, 426037 Iževsk, Udmurtskaja ASSR.
F : phill, hist, phy-math, bioch, éco-dr, phill romane et ger, ba, phys.
*Universitet Družby Narodov im. Patrisa Lumumby, Ordžonikidze, Dom 3, Moskva V-302, Rossiskaja SFSR. *1960*
F : tec, agr, méd, phy-math-nat, hist-phill, dr-éco.
Ural'skij Ordena Trudovogo Krasnogo Znameni Gosudarstvennyj Universitet im. A. M. Gor'kogo, Prosp. Lenina 51, 620083 Sverdlovsk K-83, Rossiskaja SFSR. *1920*
F : math-méc, ch, hist, phill, biol, jour, phy, phil.
Užgorodskij Gosudarstvennyj Universitet, Ul. M. Gor'kogo 46, 294000 Užgorod, Ukrainskaja SSR. *1945*
F : hist, phill, phy, math, ch, biol, méd, lang.
*Vil'njusskij Ordena Trudvogo Krasnogo Znameni Gosudarstvennyj Universitet im. V. Kapsukasa, Ul. Universiteto 3, 232734 Vil'njus, Litovskaja SSR. *1579, 1803*
F : phy, méc-math, ch, nat, méd, éco ind, dr, hist, phill, fin, com.
Voronežskij Ordena Lenina Gosudarstvennyj Universitet im. Leninskogo Komsomola, Universitetskaja pl. 1, 394693 Voronež, Rossiskaja SFSR. *1919*
F : hist, phill, phill romane et ger, dr, éco, math, math, app-méc, phy, ch, biol-pédo, géol, géog.

OTHER INSTITUTIONS (1)—AUTRES INSTITUTIONS (1)

Polytechnical, Industrial, and Factory Institutes—
Instituts polytechniques, industriels, et d'entreprise

(Polytechnical)—(Polytechniques)

Azerbajdžanskij Politehničeskij Institut im. Č. Il'dryma, Pr. Narimanova 25, 370122 Baku 73, Azerbajdžanskaja SSR.
Altajskij Politehničeskij Institut im. I. I. Polzunova, Pr. Lenina 46, 656099 Barnaul

---

(1) Based on the classification used by the Ministry of Higher and Specialized Secondary Education, USSR.
(1) Présentées selon la classification utilisée par le Ministère de l'Enseignement supérieur et secondaire spécialisé d'URSS.

99, Rossiskaja SFSR.
Belorusskij Ordena Trudovogo Krasnogo Znameni Politehničeskij Institut, Leninskij Prosp. 65, 220027 Minsk, Belorusskaja SSR.
Čeljabinskij Politechničeskij Institut im. Leninskogo Komosomola, Pr. Lenina 76, 454044 Čeljabinsk 44, Rossiskaja SFSR.
Čitinskij Politehničeskij Institut, Ul. Kalinina 117, 672076 Čita, Rossiskaja SFSR.
Dagestanskij Politehničeskij Institut, Prosp. Kalinina 70, 367015 Mahačkala, Dagestanskaja ASSR.
Dal'nevostočnyj Ordena Trudovogo Krasnogo Znameni Politehničeskij Institut im. V. V. Kujbyševa, Puškinskaja ul. 10, Centr, GSP, 690641 Vladivostok, Rossiskaja SFSR.
Doneckij Ordena Trudovogo Krasnogo Znameni Politehničeskij Institut, Ul. Artema 58, 340066 Doneck, Ukrainskaja SSR.
Erevanskij Politehničeskij Institut im. Karla Marksa, Ul. Terjana 105, 375009 Erevan, Armianskaja SSR.
Ferganskij Politehničeskij Institut, Ul. Ulugbeka 71, Kirgili 2, 712000 Fergana, Uzbekskaja SSR.
Frunzenskij Politehničeskij Institut, Pr. Mira 66, Frunze 44, Kirgizskaja SSR.
Gor'kovskij Politehničeskij Institut im. A. A. Ždanova, Ul. K. Minina 24, 603600 Gor'kij 24, Rossiskaja SFSR.
Gruzinskij Ordena Lenina i Ordena Trudovogo Krasnogo Znameni Politehničeskij Institut im. V. I. Lenina, Ul. Lenina 77, 380075 Tbilisi 75, Gruzinskaja SSR.
Habarovskij Politehničeskij Institut, Tihookeanskaja Ul. 136, 680035 Habarovsk Kraevoj, Rossiskaja SFSR.
Har'kovskij Ordena Lenina Politehničeskij Institut im. V. I. Lenina, Ul. Frunze 21, 310002 Har'kov 2, Ukrainskaja SSR.
Irkutskij Politehničeskij Institut, Ul. Lermontova 83, 664028 Irkutsk 28, Rossiskaja SFSR.
Jaroslavskij Politehničeskij Institut, Moskovskij Pr. 88, 150023 Jaroslavl', 23 Rossiskaja SFSR.
Kalininskij Ordena Trudovogo Krasnogo Znameni Politehničeskij Institut, Pervomaijskaja nab. 22, 170035 Kalinin 35, Rossiskaja SFSR.
Karagandinskij Politehničeskij Institut, Bul'var Mira 56, 470041 Karaganda, Kazahskaja SSR.
Kaunasskij Politehničeskij Institut im. Antanasa Snečkusa, Ul. Donelajčio 73, 233006 Kaunas, Litovskaja SSR.
Kazahskij Politehničeskij Institut im. V. I. Lenina, Ul. Satpaeva 22, 480013 Alma-Ata, Kazahskaja SSR.
Kievskij Ordena Lenina Politehničeskij Institut im. 50-letija Velikoj Oktjabr'-skoj Socialističeskoj Revoljucii, Brest-Litovskij prosp. 39, 252056 Kiev, Ukrainskaja SSR.
Kirovskij Politehničeskij Institut, Ul Kommuny 36, 610023 Kirov 23, Rossiskaja SFSR.
Kišinevskij Politehničeskij Institut im. S. Lazo, Prosp. Lenina 168, 277004 Kišinev, Moldavskaja SSR.
Komsomol'skij-na-Amure Politehničeskij Institut, Prosp. Lenina 27, 681013 Komsomol'sk-na-Amure Habarovskogo kraja, Rossiskaja SFSR.
Krasnodarskij Politehničeskij Institut, Krasnaja ul. 135, 350006 Krasnodar 6, Rossiskaja SFSR.
Krasnojarskij Politehničeskij Institut, Ul. Kirenskogo 26, 660074 Krasnojarsk 74, Rossiskaja SFSR.
Kujbyševskij Politehničeskij Institut im. V. V. Kujbyševa, Galaktionovskaja ul. 141, 443010 Kujbyšev obl., Rossiskaja SFSR.
Kurskij Politehničeskij Institut, Ul. 50-letija Oktjabrja 94, 305538 Kursk, Rossiskaja SFSR.
Kutaisskij Politehničeskij Institut, Pr. Molodeži 62, Kutaisi, Gruzinskaja SSR.
Kuzbasskij Politehničeskij Institut, Vessennjaja ul. 28, 650026 Kemerovo, Rossiskaja SFSR.
*****Leningradskij Ordena Lenina Politehničeskij Institut im. M. I. Kalinina,** Politehničeskaja ul. 29, 194251 Leningrad K-251, Rossiskaja SFSR.
Lipeckij Politehničeskij Institut, Ul. Zegelja 1, 398662 Lipeck, Rossiskaja SFSR.
L'vovskij Ordena Lenina Politehničeskij Institut, Ul. Mira 12, 290602 L'vov, Ukrainskaja SSR.
**Marijskij Politehničeskij Institut im. A. M.

Gor'kogo, PL. Lenina 3, 424024 Joškar-Ola, Marijskoj ASSR.

Novgorodskij Politehničeskij Institut, Leningradskaja ul. 41, 173003 Novgorod, Rossiskaja SFSR.

Novočerkasskij Ordena Trudovogo Krasnogo Znameni Politehničeskij Institut im. Sergo Ordžonikidze, Ul. Prosveščenija 132, 346400 Novočerkassk GSP-1, Rossiskaja SFSR.

Novopolockij Politehničeskij Institut, Ul. Blohina 29, 211440 Novopolock, Vitebskoj obl., Belorusskaja SSR.

Odesskij Ordena Trudovogo Krasnogo Znameni Politehničeskij Institut, Prosp. T. G. Ševčenko 1, 270044 Odessa, Ukrainskaja SSR.

Omskij Politehničeskij Institut, Prosp, Mira 11, 644050 Omsk 50, Rossiskaja SFSR.

Orenburgskij Politehničeskij Institut, Čeljabinskaja ul. 13, 646018 Orenburg, Rossiskaja SFSR.

Penzenskij Politehničeskij Institut, Krasnaja ul. 40, 440017 Penza, Rossiskaja SFSR.

Permskij Politehničeskij Institut, Komsomol'skij Prosp. 29a, 614600 Perm', Rossiskaja SFSR.

Rižskij Ordena Trudovogo Krasnogo Znameni Politehničeskij Institut, Ul. Lenina 1, 226351 Riga, Latvijskaja SSR.

Saratovskij Politehničeskij Institut, Politehničeskaja ul. 77, 410016 Saratov, Rossiskaja SFSR.

Severo-Zapadnyj Zaočnyj Politehničeskij Institut, Ul. Halturina 5, 192041 Leningrad D-41, Rossiskaja SFSR.

Stavropol'skij Politehničeskij Institut, Ul. Kominterna 9, 355000 Stavropol', Rossiskaja SFSR.

Tadžikskij Politehničeskij Institut, Pr. Kujbyševa 10a, 734042 Dušanbe, Tadžikskaja SSR.

Tallinskij Politehničeskij Institut, Ehitajate tee 5, 200026 Tallinn, Estonskaja SSR.

Taškentskij Politehničeskij Institut im. A. Biruni, Ul. Navoi 13, 700000, GSP, Taškent, Uzbekskaja SSR.

Tol'jattinskij Politehničeskij Institut, Belorusskaja ul. 14, 445620 Tol'jatti, Kubyševskoj obl., Rossiskaja SFSR.

Tomskij Ordena Oktjabr'skoj Revoljucii i Ordena Trudovogo Krasnogo Znameni Politehničeskij Institut im. S. M. Kirova, Pr. Lenina 30, 634050 Tomsk, Rossiskaja SFSR.

Tul'skig Politehničeskij Institut, Pr. Lenina 92, 300600 Tula, Rossiskaja SFSR.

Turkmenskij Politehničeskij Institut, Ul. N. Ostravskogo 47, 744011 Ašhabad, Turkmenskaja SSR.

Ukrainskij Zaočnyj Politehničeskij Institut, Universitetskaja ul. 16, 310003 Har'kov, Ukrainskaja SSR.

Ul'janovskij Politehničeskij Institut, Ul. L'va Tolstogo 50, 432601 Ul'janovsk, Rossiskaja SFSR.

Ural'skij Ordena Trudovogo Krasnogo Znameni Politehničeskij Institut im. S. M. Kirova, Vtuzgorodok, 620002 Szerdlovsk K2, GUK Rossiskaja SFSR.

Vinnickij Politehničeskij Institut, Hmel'nuckoze šosse 143, 286021 Vinnica, Ukrainskaja SSR.

Vladimirskij Politehničeskij Institut, Ul. Gor'kogo 87, 600026 Vladimir, Rossiskaja SFSR.

Volgogradskij Politehničeskij Institut, Prosp. im. V. I. Lenina 28, 400066 Volgograd 66, Rossiskaja SFSR.

Vologodskij Politehničeskij Institut, Ul. Lenina 8/34, Vologda, Rossiskaja SFSR.

Voronežskij Politehničeskij Institut, Plehanovskaja ul. 84, 394026 Voronež 26, Rossiskaja SFSR.

Vsesojuznyj Zaočnyj Politehničeskij Institut, Ul. Pavla Korčagina 22, 129278 Moskva I–278, Rossiskaja SFSR.

(Industrial)—(Industriel)

Dneprodzeržinzkij Ordena Trudovogo Krasnogo Znameni Industrial'nyj Institut im. Arseničeva, Pr. Pelina 16, 322600 Dneprodzeržinisk, Ukrainskaja SSR.

Kramatorskij Industrial'nyj Institut, Ul. Škadinova 76, 343916 Kramatorsk, Ukrainskaija SSR.

Noril'skij Večernij Industrial'nyj Institut, Ul. 50-let. Oktjabrja 7, 663306 Noril'sk 6, Rossiskaja SFSR.

Pavlodarskij Industrial'nyj Institut, Ul. Rozy

Luxemburg 138, 637000 Pavlodar, Kazahskaja SSR.
Tjumenskij Industrial'nyj Institut, Ul. Volodarskogo 38, 625036 Tjumen', Rossiskaja SFSR.
Uhtinskij Industrial'nyj Institut, Pervomajskaja ul. 13, 169400 Uhta, Rossiskaja SFSR.

(*Factory*)—(*d'Entreprise*)

Zavod-Vtuz pri Karagandinskom Metallurgičeskom Zavode, Pr. Lenina 34, 472316 Temir-Tau, Kazahskaja SSR.
Zavod-Vtuz pri Leningradskom Dvaždy Ordena Lenina Metallčeskom Zavode im. XXII S'ezda KPSS, Poljustrovskij prosp. 14, 195108 Leningrad K-108, Rossiskaja SFSR.
Zavod-Vtuz pri Moskovskom Dvaždy Ordena Lenina i Ordena Trudovogo Krasnogo Znameni Avtomobil'nom Zavode im. I. A. Lihačeva, Avtozavodskaja ul. 16, 109068 Moskva Ž-68, Rossiskaja SFSR.
Penzenskij Zavod-Vtuz na pravah filiala Penzenskogo Politehničeskogo Instituta, Pr. Baïdukova 1a, 440039 Penza, Rossiskaja SFSR.
Zavod-Vtuz pri Rostovskom Zavode Sel'skohozjajstvennogo Mašinostroenija na pravah filiala Rostovskogo Instituta Sel'skohozjajctvennogo Mašinostroenija, Studenčeskij per. 4, 344029 Rostov-na-Donu 29, Rossiskaja SFSR.

Institutes of Energetics and Electrical and Radio Engineering— Instituts d'Energétique, d'Electricité et de Radio

Alma-Atinskij Energetičeskij Institut, Alma-Ata, Kazahskaja SSR.
Har'kovskij Institut Radioelektroniki, Pr. Lenina 14, 310059 Har'kov, Ukrainskaja SSR.
Ivanovskij Energetičeskij Institut im. V. I. Lenina, Rabfakobskaja ul. 34, 153548 Ivanovo 3, Rossiskaja SFSR.
Leningradskij Ordena Lenina Elektrotehničeskij Institut im. V. I. Ul'janova (Lenina), Ul. Prof. Popova 5, 197022 Leningrad P-22, Rossiskaja SFSR.
Minskij Radiotehničeskij Institut, Podlesnaja ul. 6, 220069 Minsk, Belorusskaja SSR.
Moskovskij Institut Elektronnoj Tehniki, St. Krjukovo Oktjabr'skoj Ž.d., Zelenograd, 103498 Moskva K-498, Rossiskaja SFSR.
Moskovskij Ordena Lenina Energetičeskij Institut, Krasnokazarmennaja ul. 14, 105835 Moskva E-250, Rossiskaja SFSR.
Moskovskij Ordena Trudovogo Krasnogo Znameni Fisiko-Tehničeskij Institut, Institustkij per. 9, Dolgoprudnyj, 141700 Moskovskaja obl., Rossiskaja SFSR.
Moskovskij Ordena Trudovogo Krasnogo Znameni Inženerno-fizičeskij Institut, Kaširskoe šosse 1, 115409 Moskva M-409, Rossiskaja SFSR.
Moskovskij Institut Radiotehniki Elektroniki i Avtomatiki, Ul. Sokolinoj Gory 20, 105836 Moskva E-275, 5ja, Rossiskaja SFSR.
Novosibirskij Elektrotehničeskij Institut, Pr. Karla Marksa 20, 630087 Novosibirsk 87, Rossiskaja SFSR.
Rjazanskij Radiotehničeskij Institut im. V. D. Kalmykova, Ul. Gagarina 59/1, 390024 Rjazan 24, Rossiskaja SFSR.
Taganrogskij Radiotehničeskij Institut, Ul. Čehova 22, 347915 Taganrog 15, Rossiskaja SFSR.
Tomskij Institut Avtomatizirovannyh Sistem Upravlenija i Radioelektroniki, Prosp. Lenina 40, 634050 Tomsk, Rossiskaja SFSR.

Institutes of Machine and Mechanical Engineering— Instituts de Construction des Machines et de Mécanique

(*Machine, Machine Tool, and Precision Engineering*)—(*Machines, Machines-outils et Mécanique de précision*)

Brjanskij Institut Transportnogo Mašinostroenija, Bu'var 50-let Oktjabrja 7, 241035 Brjansk 35, Rossiskaja SFSR.
Iževskij Mehaničeskij Institut, 9-ja Podlesnaja ul. 48, 426043 Iževsk, Udmurtskaja ASSR.
Kirovogradskij Institut Sel'skohozjajstvennogo Mašinostroenija, Ul. Ordžonikidze 5,

316002 Kirovograd, Ukrainskaja SSR.
Kurganskij Mašinostroitel'nyj Institut, Pl. Lenina, 640669 Kurgan obl., Rossiskaja SFSR.
Leningradskij Institut Točnoj Mehaniki i Optiki, Sablinskaja ul. 14, 197101 Leningrad P-101, Rossiskaja SFSR.
Leningradskij Ordena Krasnogo Znameni Mehaničeskij Institut, 1-ja Krasnoarmejskaja ul. 1/21, 198005 Leningrad L-5, Rossiskaja.
Mogilevskij Mašinostroitel'nyj Institut, Ul. Lenina 70, 212005 Mogilev, Belorusskaja SSR.
Moskovskij Avtomehančeskij Institut, B. Semenovskaja ul. 38, 105023 Moskva E-23, Rossiskaja SFSR.
Moskovskij Institut Elektronnogo Mašinostroenija, B. Vuzovskij per. 3/12, 109028 Moskva Ž-28, Rossiskaja SFSR.
Moskovskij Stankoinstrumental'nyj Institut, Vadkovskij per. 3-a, 103055 Moskva A-55, Rossiskaja SFSR.
Moskovskoe Ordena Lenina i Ordena Trudovogo Krasnogo Znameni Vysšee Tehničeskoe Učilišče im. N. E. Baumana, 2-ja Baumanskaja ul. 5, 107005 Moskva B-5, Rossiskaja SFSR.
Rostovskij-na-Donu Institut Sel'skohozjajstvennogo Mašinostroenija, Pl. Gagarina 1, 344708 Rostov-na-Donu GSP-10, Rossiskaja SFSR.
Sevastopol'skij Priborostroitel'nyj Institut, Ul. Gogolja 14, Sevastopol', Ukrainskaja SSR.
Vorošilovgradskij Mašinostroitel'nyj Institut, Kvartal Molodežnij 20a, Vorošsilovgrad obl., Ukrainskaja SSR.
Vsesojuznyj Zaočnyj Mašinostroitel'nyj Institut, Babaevskaja ul. 3a, 107949 Moskva 5-ja, Rossiskaja SFSR.
Zaporožskii Mašinostroitel'nyj Institut im. V. J. Čubarja, Ul. Žukovskogo 64, 330063 Zaporož'e, Ukrainskaja SSR.

(*Shipbuilding Engineering*)—
(*Constructions navales*)

Leningradskij Ordena Lenina Korablestroitel'nyj Institut, Locmanskaja ul. 3, 190008 Leningrad F-8, Rossiskaja SFSR.
Nikolaevskij Ordena Trudovogo Krasnogo Znameni Korablestroitel'nyj Institut im. Admirala S. O. Makarova, Ul. Skorohodova 5, 32700 Nikolaev, Ukrainskaja SSR.

(*Aeronautical Engineering*)—
(*Génie aéronautique*)

Har'kovskij Aviacionnyj Institut, Ul. Čkalova 17, 310084 Har'kov 84, Ukrainskaja SSR.
Kazanskij Ordena Trudovogo Krasnogo Znameni Aviacionnyj Institut im. A. N. Tupoleva, Ul. Karla Marksa 10, 420084 Kazan', Rossiskaja SFSR.
Kujbyševskij Ordena Trudovogo Krasnogo Znameni Aviacionnyj Institut im. Akad. S. P. Koroleva, Molodogvardejskaja ul. 151, 443001 Kujbyšev 1, Rossiskaja SFSR.
Leningradskij Institut Aviacionnogo Priborostroenija, Ul. Gercena 67, 190000 Leningrad, Rossiskaja SFSR.
Moskovskij Aviacionnyj Tehnologičeskij Institut im. K. E. Ciolkovskogo, Ul. Petrovka 27, 103767 Moskva K-31, Rossiskaja SFSR.
Moskovskij Ordena Lenina Aviacionnyj Institut im. Sergo Ordžonikidze, Volokolamskoe Šosse 5, 125871 Moskva A-80, Rossiskaja SFSR.
Rybinskij Aviacionnyj Tehnologičeskij Institut, Ul. Plehanova 2, 152900 Rybinsk, Rossiskaja SFSR.
Ufimskij Aviacionnyj Institut im. Sergo Ordžonikidze, Ul. Karla Marksa 12, 450025 Ufa 25, Baškirkskaja ASSR.

(*Printing Technology*)—(*Imprimerie*)

Moskovskij Poligrafičeskij Institut, Ul. Prjanišnikova 2a, 125008 Moskva A8, Rossiskaja SFSR,
Ukrainskij Poligrafičeskij Institut im. Ivana Fedorova, Podval'naja ul. 17, 290006 L'vov, Ukrainskaja SSR.

(*Cinematograph Engineering*)—
(*Techniques cinématographiques*)

Leningradskij Institut Kinoinženerov, Ul. Pravdy 13, 196126 Leningrad F-126, Rossiskaja SFSR.

Institutes of Geology, Mining, Petroleum, and Metallurgical Engineering— Instituts de Géologie, des Mines, de Pétrochimie et de Métallurgie

(Geology, Mining, and Petroleum Engineering)—
(Géologie, Mines et Pétrochimie)

Azerbajdžanskij Ordena Trudovogo Krasnogo Znameni Institut Nefti i Himii im. M. Azizbekova, Pr. Lenina 20, 307601 Baku, Azerbajdžanskaja SSR.

Dnepropetrovskij Ordena Trudovogo Krasnogo Znameni Gornyj Institut im. Artema, Pr. Karla Marksa 19, Dnepropetrovsk, Ukrainskaja SSR.

Groznenskij Ordena Trudovogo Krasnogo Znameni Neftjanoj Institut im. Akad. M. D. Millionščikova, Pl. Ordžonikidze 100, 364902 Groznyj GSP-2, Rossiskaja SFSR.

Ivano-Frankovskij Institut Nefti i Gaza, Ul. Lenina 28, 284000 Ivano-Frankovsk, Ukrainskaja SSR.

Krivorožskij Gornorudnyj Institut, Ul. XXII Parts'ezda 11, 324033 Krivoj Rog Dnepropetrovskoj obl., Ukrainskaja SSR.

Leningradskij Ordena Lenina, Ordena Oktjabr'skoj Revoljucii i Ordena Trudovogo Krasnogo Znameni Gornyj Institut im G. V. Plehanova, Vasil'evskij ostrov, 21-ia linija 2, 199026 Leningrad B-26, Rossiskaja SFSR.

Moskovskij Ordena Trudovogo Krasnogo Znameni Geologorazvedočnyj Institut im. Sergo Ordžonikidze, Korpus Ž Prosp. K. Marksa 18, 103912 Moskva K-9, Rossiskaja SFSR.

Moskovskij Ordena Trudovogo Krasnogo Znameni Gornyj Institut, Leninskij prosp. 6, 117935 Moskva GSP B-49, Rossiskaja SFSR.

Moskovskij Ordena Trudovogo Krasnogo Znameni Institut Neftehimičeskoj i Gazovoj Promyšlennosti im. I. M. Gubkina, Leninskij pr. 65, 117296 Moskva V-296, Rossiskaja SFSR.

Sverdlovskij Ordena Trudovogo Krasnogo Znameni Gornyj Institut im. V. V. Vahruševa, Ul. Kujbyševa 30, 620001 Sverdlovsk, Rossiskaja SFSR.

Ufimskij Neftjanoj Institut, Ul. Kosmonavtov 1, 440062 Ufa 62, Baškirskaja SSR.

(Metallurgical Engineering)—
(Métallurgie)

Dnepropetrovskij Ordena Trudovogo Krasnogo Znameni Metallurgičeskij Institut, Prosp. Gagarina 4, 320005 Dnepropetrovsk, Ukrainskaja SSR.

Kommunarskij Gorno-Metallurgičeskij Institut, Pr. Lenina 16, 349104 Vorošilovgradskoj Kommunarsk, obl., Ukrainskaja SSR.

Krasnojarskij Ordena Trudovogo Krasnogo Znameni Institut Cvetnyh Metallov im. M. I. Kalinina, Vuzovskij per. 3, 660025 Krasnojarsk 25, Rossiskaja SFSR.

Magnitogorskij Gorno-Metallurgičeskij Institut im. G. I. Nosova, Pr. V. I. Lenina 38, 455000 Magnitogorsk, Čeljabinskoj obl'. Rossiskaja SFSR.

Moskovskij Ordena Trudovogo Krasnogo Znameni Institut Stali i Splavov, Leninskij pr. 4, 117935-GSP Moskva V-49, Rossiskaja SFSR.

Moskovskij Večernij Metallurgičeskij Institut, Lefortovskij Val 26, 111250 Moskva E-250, Rossiskaja SFSR.

Severo-Kavkazskij Gorno-Metallurgičeskij Institut, Ul. Nikolaeva 44, 362004 Ordžonikidze, Severo-Osetinskaja ASSR.

Sibirskij Metallurgičeskij Institut im. Sergo Ordžonikidze, Props. Kirova 42, 654053 Novo'kuzneck, Kemerovskoj obl., Rossiskaja SFSR.

Ždanovskij Kirova, Metallurgičeskij Institut, Ul. Apatova 115, 341000 Ždanov, Doneckoj obl., Ukrainskaja SSR.

Institutes of Chemical Engineering—Instituts de Génie chimique

Belorusskij Tehnologičeskij Institut im. S. M. Kirova, Ul. Sverdlova 13a, 220630 Minsk, Belorusskaja SSR.

Blagoveščenskij Tehnologičeskij Institut,

675000 Blagoveščensk Amurskoj obl., GSP, Reločnyj per. 1, Rossiskaja SFSR.
Brjanskij Tehnologičeskij Institut, Ul. Stanke Dimitrova 3, 241037 Brjansk obl., Rossiskaja SFSR.
Dnepropetrovskij Himiko-Tehnologičeskij Institut im. F. E. Dzeržinskogo, Prosp. Gagarina 8, 320640 Dnepropetrovsk, Ukrainskaja SSR.
Ivanovskij Himiko-Tehnologičeskij Institut, Ul. F. Engel'sa 7, 153460 Ivanovo, Rossiskaja SFSR.
Kazahskij Himiko-Tehnologičeskij Institut, Kommunističeskij prosp. 5, 486018 Čimkent, Kazahskaja SSR.
Kazanskij Himiko-Tehnologičeskij Institut, im. S. M. Kirova, Ul. Karla Marksa 68, 420015 Kazan', Rossiskaja SFSR.
Kostromskoj Tehnologičeskij Institut, Ul. Dzeržinskogo 17, 156021 Kostroma, Rossiskaja SFSR.
Leningradskij Ordena Trudovogo Krasnogo Znameni Tehnologičeskij Institut im. Lensoveta, Zagorodnyj prosp. 49, 198013 Leningrad, Rossiskaja SFSR.
Leningradskij Tehnologičeskij Institut Celljulozno-Bumažnoj Promyšlennosti, Ul. Ivana Černyh 4, 198095 Leningrad, Rossiskaja SFSR.
Moskovskij Ordena Trudovogo Krasnogo Znameni Institut Tonkoj Himiceskoj Tehnologii im. M. V. Lomonosova, M. Pirogovskaja ul. 1, 119831 Moskva G-417, Rossiskaja SFSR.
Moskovskij Institut Himičeskogo Mašinostroenija, Ul. Karla Marksa 21/4, 107066 Moskva V-66, Rossiskaja SFSR.
Moskovskij Ordena Lenina i Ordena Trudovogo Krasnogo Znameni Himiko-Tehnologičeskij Institut im. D. I. Mendeleeva, Mijusskaja pl. 9, 125820 GSP Moskva A-47, Rossiskaja SFSR.
Sibirskij Tehnologičeskij Institut, Prosp. Mira 82, 660607 Krasnojarsk Kraevoj 49, Rossiskaja SFSR.
Tambovskij Institut Himičeskogo Mašinostroenija, Leningradskaja Ul. 1, 392621 Tambov, Rossiskaja SFSR.
Voronežskij Tehnologičeskij Institut, Prosp. Revoljucii 19, 394017 Voronež, Rossiskaja SFSR.
Vostočno-Sibirskij Tehnologičeskij Institut, Ul. Smolina 26, 670000 Ulan-Ude, Burjatskaga ASSR.

Institutes of Food and Fishery Industries—Instituts de l'Industrie alimentaire et du Poisson

(*Food Industries*)—
(*Industrie alimentaire*)

Džambulskij Tehnologičeskij Institut Legkoj i Piščevoj Promyšlennosti, Kommunističeskaja Ul. 58, 484030 Džambul, Kazahskaja SSR.
Kemerovskij Tehnologičeskij Institut Piščevoj Promyšlennosti, Standartnaja ul. 8, 650002 Kemerovo, Rossiskaja SFSR.
Kievskij Tehnologičeskij Institut Piščevoj Promyšlennosti, Vladimirskaja ul. 68, 252601 Kiev, Ukrainskaja SSR.
Leningradskij Tehnologičeskij Institut Holodil'noj Promyšlennosti, Ul. Lomonosova 9, 196002 Leningrad, Rossiskaja SFSR.
Mogilevskij Tehnologičeskij Institut, Prosp. Šmidta 3, 212027 Mogilev, Belorusskaja SSR.
Moskovskij Tehnologičeskii Institut Mjasnoj i Moločnoj Promyšlennosti, Ul. Talalihina 33, 109029 Moskva Ž-29, Rossiskaja SFSR.
Moskovskij Ordena Trudovogo Technologičeskij Institut Piščevoj Promyšlennosti, Volokolamskoe šosse 11, 125080 Moskva A-80, Rossiskaja SFSR.
Odesskij Tehnologičeskij Institut Piščevoj Promyšlennosti im. M. V. Lomonosova, Ul. Sverdlova 112, 270039 Odessa, Ukrainskaja SSR.
Odesskij Tehnologičeskij Institut Holodil'noj Promyšlennosti, Ul. Petra Velikogo 1/3, 270000 Odessa, Ukrainskaja SSR.
Vsesojuznyj Zaočnyj Institut Piščevoj Promyšlennosti, Ul. Čkalova 73, 109803 Moskva Ž-4, Rossiskaja SFSR.

(Fishery Industries)—
(Industrie du Poisson)

Astrahanskij Tehničeskij Institut Rybnoj Promyšlennosti i Hozjajstva, Ul. Tatiščeva 16, Astrahan' 25, Rossiskaja SFSR.
Dal'nevostočnyj Tehničeskij Institut Rybnoj Promyšlennosti i Hozjajstva, Leninskaja ul. 25, Vladivostok, Rossiskaja SFSR.
Kaliningradskij Tehničeskij Institut Rybnoj Promyšlennosti i Hozjajstva, Sovetskij prosp. 1, 236000 Kaliningrad Oblastnoj, Rossiskaja SFSR.

Institutes of Textile and Light Engineering—Instituts du Textile et de l'Industrie légère

Dal'nevostocnyj Tehnologičeskij Institut Bytovogo Obsluživanija, Ul. Suhanova 3, 690029 Vladivostok, Rossiskaja SSR.
Hmel'nickij Tehnologičeskij Institut Bytovogo Obsluživanija, Institutskaja ul. 11, 280016 Hmel'nickij, Ukrainskaja SSR.
Ivanovskij Tekstil'nyj Institut im. M. V. Frunze, Ul. F. Engel'sa 21, 153475 Ivanovo, Rossiskaja SFSR.
Kievskij Tehnologičeskij Institut Legkoj Promyšlennosti, Ul. Nemiroviča-Dančenko 2, 252010 Kiev, Ukrainskaja SSR.
Leningradskij Institut Tekstil'noj i Legkoj Promyšlennosti im. S. M. Kirova, Ul. Gercena 18, 191065 Leningrad D-65, Rossiskaja SFSR.
Moskovskij Ordena Trudovogo Krasnogo Znameni Tekstil'nyj Institut, Kalužskaja ul. 1, 117419 Moskva V-419, Rossiskaja SFSR.
Moskovskij Tehnologičeskij Institut, Glavnaja ul. 99, St. Tarasovskaja, Pos. Čerkizovo, 141221 Moskovskaja obl., Rossiskaja SFSR.
Moskovskij Tehnologičeski Institut Legkoj Promyšlennosti, Ul. Poliny Osipenko 33, 113127 Moskva Ž-127, Rossiskaja SFSR.
Sahtinskij Tehnologičeskij Institut Bytovogo Obsluživanija, Ul. Ševčenko 147, 346500 Šahty Rostovskoj obl., Rossiskaja SFSR.
Taškentskij Institut Tekstil'noj i Legkoj Promyšlennosti, Ul. Gorbunova 5, Taškent, Uzbekskaja SSR.
Vitebskij Tehnologičeski Institut Legkoj Promyšlennosti, Smolenskoe šosse 90, 210028 Vitebsk, Belorusskaja SSR.
Vsesojuznyj Zaočnyj Institut Tekstil'noj i Legkoj Promyšlennosti, Ul. Šabolovka 24, 117905 Moskva, Rossiskaja SFSR.

Institutes of Civil Engineering, Surveying, and Highway Engineering— Instituts de Génie civil, Géodésie, et Ponts et Chaussées

(Civil Engineering)—(Génie civil)

Bakinskij Inženerno-Stroitel'nyj Institut, 370014 Baku, Azerbajdžanskaja SSR.
Belgorodskij Tehnologičeskij Institut Stroitel'nyh Materialov, Ul. Gorkogo 56, 308840 Belgorod GSP-4, Rossiskaja SFSR.
Brestskij Inženerno-Stroitel'nyj Institut, Moskovskaja ul., 240017 Brest 17, Belorusskaja SSR.
Celinogradskij Inženerno-Stroitel'nyj Institut, Ul. Ciolkovskogo 2, 473021 Celinograd, Kazahskaja SSR.
Dnepropetrovskij Inženerno-Stroitel'nyj Institut, Ul. Černyševskogo 24-a, 320092 Dnepropetrovsk, Ukrainskaja SSR.
Gor'kovskij Inženerno-Stroitel'nyj Institut im. V. P. Čkalova, Krasnoflotskaja ul. 65, 603000 Gor'kij, Rossiskaja SFSR.
Har'kovskij Institut Inženerov Kommunal'nogo Stroitel'stva, Ul. Revoljucii 12, 310001 Har'kov, Ukrainskaja SSR.
Har'kovskij Inženerno-Stroitel'nyj Institut, Sumskaja ul. 40, 310002 Har'kov, Ukrainskaja SSR.
Kazanskij Inženerno-Stroitel'nyj Institut, Zelenaja ul. 1, 420023 Kazan' 43, Rossiskaja SFSR.
Kievskij Inženerno-Stroitel'nyj Institut, Vozduhoflotskij prosp. 31, 252037 Kiev, Ukrainskaja SSR.
Kujbyševskij Inženerno-Stroitel'nyj Institut im. A. I. Mikojana, Molodogvardejskaja ul.

194, 443099 Kujbyšev obl., Rossiskaja SFSR.
Leningradskij Ordena Trudovogo Krasnogo Znameni Inženerno-Stroitel'nyj Institut, 2-ja Krasnoarmejskaja ul. 4, 198005 Leningrad, Rossiskaja SFSR.
Makeevskij Inženerno-Stroitel'nyj Institut, Pl. VLKSM 5, Kirovskaja Storona, 339005 Makeevka Doneckoj obl., Ukrainskaja SSR.
Moskovskij Ordena Trudovogo Krasnogo Znameni Inženerno-Stroitel'nyj Institut im. V. V. Kujbyševa, Šljuzovaja nab. 8, 113114 Moskva Ž-114, Rossiskaja SFSR.
Novosibirskij Inženerno-Stroitel'nyj Institut im. V. V. Kujbyševa, Leningradskaja ul. 113, 630008 Novosibirsk 8, Rossiskaja SFSR.
Odesskij Inženerno-Stroitel'nyj Institut, Ul. Didrihsona 4, 270029 Odessa, Ukrainskaja SSR.
Penzenskij Inženerno-Stroitel'nyj Institut, Ul. G. Titova 28, 440028 Penza, Rossiskaja SFSR.
Poltavskij Inženerno-Stroitel'nyj Institut, Pr. 1 Maja 24, 314011 Poltava, Ukrainskaja SSR.
Rostovskij Inženerno-Stroitel'nyj Institut, Socialističeskaja ul. 162, 344717 Rostovna-Donu 22, Rossiskaja SFSR.
Samarkandskij Arhitekturno-Stroitel'nyj Institut, Ul. Ljaljazar 70, 703047 Samarkand 47, Uzbekskaja SSR.
Tjumenskij Inženerno-Stroitel'nyj Institut, Ul. Lunačarskogo 2, 6256600 Tjumen, Rossiskaja SFSR.
Tomskij Inženerno-Stroitel'nyj Institut, Soljanaja pl. 2, 634003 Tomsk 3, Rossikaja SFSR.
Ust'-Kamenogorskij Stroitel'no-dorožnyj Institut, Studgorodok, 492034 Ust'-Kamenogorsk, Kazahskaja SSR.
Vil'njusskij Inženerno-Stroitel'nij Institut, Ul. Sauletekio 11, 232661 Vil'njus, Litovskaja SSR.
Volgogradskij Inženero-Stroitel'nij Institut, Akademičeskaja ul. 1, 400074 Volgograd, Rossiskaja SFSR.
Voronežskij Inženerno-Stroitel'nyj Institut, Ul. 20-letija Oktjabrja 84, 394006 Voronež 6, Rossiskaja SFSR.
Vsesojuznyj Zaočnyj Inženerno-Stroitel'-nyj Institut, Srednjaja Kalitnikovskaja ul. 30, 109029 Moskva Ž-29, Rossiskaja SFSR.

(*Surveying*)—(*Géodésie*)

Moskovskij Institut Inženerov Geodezii, Aerofotos'emki i Kartografii, Gorohovskij per. 4, 103064 Moskva K-64, Rossiskaja SFSR.
Novosibirskij Institut Inženerov Geodezii, Aerofotos'emki i Kartografii, Ul. Plahotnogo 10, 630108 Novosibirsk 108, Rossiskaja SFSR.

(*Highway Engineering*)—
(*Ponts et Chaussées*)

Har'kovskij Avtomobil'no-Dorožnyj Institut, Ul. Petrovskogo 25, 310078 Har'-kov, Ukrainskaja SSR.
Kievskij Avtomobil'no-Dorožnyj Institut, Ul. Suvorova 1, 252010 Kiev, Ukrainskaja SSR.
Moskovskij Avtomobil'no-Dorožnyj Institut, Leningradskij prosp. 64, 125319 Moskva A-319, Rossiskaja SFSR.
Sibirskij Avtomobil'no-Dorožnyj Institut im. V. V. Kujbyševa, Prosp. Mira 5, 644080 Omsk 80, Rossiskaja SFSR.
Taškentskij Avtomobil'no-Dorožnyj Institut, Ul. Karla Marksa 32, 700000-GSP Taškent 47, Uzbekskaja SSR.

(*Institutes of Meteorology*)—
(*Instituts de Météorologie*)

Leningrasdkij Gidrometeorologičeskij Institut, Malo-Ohtinskij pr. 98, 195196 Leningrad -K196, Rossiskaja SFSR.
Odesskij Gidrometeorologičeskij Institut, Ul. Kirova 106, 270608 Odessa 20, Ukrainskaja SSR.

Institutes of Transport and Telecommunications— Instituts des Transports et des Télécommunications

(Rail Transport)—(Transports ferroviaires)

Belorusskij Institut Inženerov Železnodorožnogo Transporta, Ul. Kirova 34, 246653 Gomel', Belorusskaja SSR.
Dnepropetrovskij Institut Inženerov Železnodorožnogo Transporta im. M. I. Kalinina, Universitetskaja ul. 2, 320629-GSP Dnepropetrovsk 10, Ukrainskaja SSR.
Habarovskij Institut Inženerov Želenodorožnogo Transporta, Ul. Seryševa 47, 680056 Habarovsk, Rossiskaja SFSR.
Har'kovskij Institut Inženerov Železnodorožnogo Transporta im. S. M. Kirova, Pl. Fejerbaha 7, 310050 Har'kov, Ukrainskaja SSR.
Kujbyševskij Institut Inženerov Železnodorožnogo Transporta, Bezymjannyj per. 1, 443821 Kujbyšev, Rossiskaja SFSR.
Leningradskij Ordena Lenina Institut Inženerov Železnodorožnogo Transporta im. Akademika V. N. Obrazcova, Moskovskij pr. 9, 190031 Leningrad F-31, Rossiskaja SFSR.
Moskovskij Ordena Lenina i Ordena Trudovogo Krasnogo Znameni Institut Inženerov Železnodorožnogo Transporta, Ul. Obrazcova 15, 103055 Moskva A-55, Rossiskaja SFSR.
Novosibirskij Institut Inženerov Železnodorožnogo Transporta, Ul. Dusi Koval'-čuk 191, 630023 Novosibirsk 23, Rossiskaja SFSR.
Omskij Institut Inženerov Železnodorožnogo Transporta, Pr. Karla Marksa 35, 644101 Omsk, Rossiskaja SFSR.
Rostovskij Institut Inženerov Železnodorožnogo Transporta, Jubilejnaja pl. 2, 344017 Rostov-na-Donu 17, Rossiskaja SFSR.
Taškenstskij Ordena Trudovogo Krasnogo Znameni Institut Inženerov Železnodorožnogo Transporta, Oboronnaja ul. 1, 700045 Taškent 45, Uzbekskaja SSR.
Ural'skij Elektromehaničeskij Institut Inženerov Železnodorožnogo Transporta, Ul. Kolmogorova 66, 620079 Sverdlovsk 79, Rossiskaja SFSR.
Vsesojuznyj Zaočnyj Institut Inženerov Železnodorožnogo Transporta, Časovaja ul. 22/2, 125808-GSP Moskva A-315, Rossiskaja SFSR.

(Maritime and Inland Water Transport)— (Transports maritimes et fluviaux)

Gor'kovskij Institut Inženerov Vodnogo Transporta, Ul. K. Minina 7, 603005 Gor'kij, Rossiskaja SFSR.
Leningradskij Institut Vodnogo Transporta, Dvinskaja ul. 5/7, 198035 Leningrad, Rossiskaja SFSR.
Novosibirskij Institut Inženerov Vodnogo Transporta, Ul. Ščetinkina 33, 630099 Novosibirsk, Rossiskaja SFSR.
Odesskij Institut Inženerov Morskogo Flota, Ul. Mečnikova 34, 270029 Odessa B-29, Ukrainskaja SSR.
Dal'nevostočnoe Vysšee Inženernoe Morskoe Učilišče im. Adm. G. I. Nevel'skogo, Verhnjaja Portovaja ul. 50-a, 690059 Vladivostok 59, Rossiskaja SFSR.
Kaliningradskoe Vysšee Inženernoe Morskoe Učilišče, Ul. Molodežnaja 6, 236029 Kaliningrad Oblastnoj, Rossiskaja SFSR.
Leningradskoe Vysšee Inženernoe Morskoe Učilišče im. Admirala S. O. Makarova, Kosaja Linija 15-a, Vassil'evskij Ostrov, 199111 Leningrad V-111, Rossiskaja SFSR.
Murmanskoe Vysšee Inženernoe Morskoe Učilišče, Sportivnaja ul. 13/6, 183778 Murmansk, Rossiskaja SFSR.
Novorossijskoe Vysšee Inženernoe Morskoe Učilišče, Prosp. Leninà, 353902 Novorossijsk, Rossiskaja SFSR.
Odesskoe Vysšee Inženernoe Morskoe Učilišče, Ul. Perekopskoj Pobedy 20, 270021 Odessa-B21, Ukrainskaja SSR.

(Civil Aviation)—(Aviation civile)

Aktjubinskoe Vysšee Letnoe Učilišče Graždanskoj Aviacii, Ul. Maldagulovoj, Aktjubinsk, Rossiskaja SFSR.

Kievskij Ordena Trudovogo Krasnogo Znameni Institut Inženerov graždanskoj Aviacii, Prosp. Kosmonavta Komorova 1, 252601 Kiev GSP-1, Ukrainskaja SSR.
Moskovsij Institut Inženerov graždanskoj Aviacii, Pulkovskaja ul. 6a, 125195 Moskva GSP-838, Rossiskaja SFSR.
Ordena Lenina Akademija graždanskoj Aviacii, Aviagorodok, 196210 Leningrad M-210, Rossiskaja SFSR.
Rižskij Krasnoznamennyj Institut Inženerov graždanskoj Aviacii im. Leninskogo Komsomola, Ul. Lomonosova 1, 226019 Riga, Latvijskaja SSR.

(Telecommunications)—
(Télécommunications)

Kujbyševskij Elektrotehničeskij Institut Svjazi, Ul. L'va Tolstogo 23, 443099 Kujbyšev obl. 99, Rossiskaja SFSR.
Leningradskij Elektrotehničeskij Institut Svjazi im. Prof. M. A. Bonč-Brueviča, Nab. Reki Mojka 61, 191065 Leningrad D-65, Rossiskaja SFSR.
Moskovskij Ordena Trudovogo Krasnogo Znameni Elektrotehničeskij Institut Svjazi, Aviamotornaja ul. 8, 111024 Moskva E-24, Rossiskaja SFSR.
Novosibirskij Elektrotehničeskij Institut Svjazi, Ul. Kirova 86, 630008 Novosibirsk 8, Rossiskaja SFSR.
Odesskij Elektrotehničeskij Institut Svjazi im. A. S. Popova, Ul. Čeljuskincev 1/3, 270021 Odessa 20, Ukrainskaja SSR.
Taškentskij Elektrotehničeskij Institut Svjazi, Ul. Engel'sa 108, 700000 Taškent 87, Uzbekskaja SSR.
Vsesojuznyj Zaočnyj Elektrotehničeskij Institut Svjazi, Ul. Narodnogo Opolčenija 32, 123423 Moksva D-423, Rossiskaja SFSR.

Institutes of Agriculture and Forestry—Instituts d'Agriculture et de Sylviculture

(Agriculture)—(Agriculture)

Altajskij Sel'skohozjajstvennyj Institut, Krasnoarmejskij pr. 98, 656099 Barnaul, Rossiskaja SFSR.
Andižanskij Institut Hlopkovodstva, Selo Kuigan-jar, Andižanskaja obl., Uzbekskaja SSR.
Armjanskij Sel'skohozjajstvennyj Institut, Ul. Terjana 74, 375009 Erevan, Armjanskaja SSR.
Azerbajdžanskij Sel'skohozjajstvennyj Institut im. S. Agamaligly, Ul. Azizbekova 222, 374700 Kirovabad, Azerbajdžanskaja SSR.
Bažkirskij Sel'skohozjajstvennyj Institut, Ul. 50-letija Oktjabrja 34, 450025 Ufa 1, Rossiskaja SFSR.
Blagoveščenskij Sel'skohozjajstvennyj Institut Politehničeskaja ul. 86, Blagoveščensk, Amurskoj obl., Rossiskaja SFSR.
Belorusskaja Ordena Trudovogo Krasnogo Znameni Sel'skohozjajstvennaja Akademija, Gor'ki Mogilevskoj Obl., BelorusskajaSSR.
Blagoveščenskij Sel'skohozjajstvennyj Insti'tut Politehničeskaja Ul. 86, Blagovešč-ensk, Amurskoj obl., Rossiskaja SFSR.
Burjatskij Sel'skohozjajstvennyj Institut, Ul. Puškina 16, Ulan-Ude, Burjatskaja ASSR.
Celinogradskij Sel'skohozjajstvennyj Institut, Pr. Mira 73, Celinograd, Kazahskaja SSR.
Čuvaškij Sel'skohozhahstvennyj Institut, Ul. Karla Marksa 29, Čeboksary, Čuvaškaja SSR.
Dagestanskij Sel'skohozjajstvennyj Institut, Ul. M. Gadžieva, Mahačkala 180, Dagestanskaja ASSR.
Dnepropetrovskij Sel'skohozjajstvennyj Institut, Ul. 40-let Oktjabrja 25, Dnepropetrovsk 27, Ukrainskaja SSR.
Donskoj Sel'skohozjajstvennyj Institut, 346493 St. Persijanovka Oktiabr'skogo r-na, Rostovskoj obl., Rossiskaja SFSR.
Estonskaja Sel'skohozjajstvennaja Akademija, Ul. Rija 12, Tartu, Estonskaja SSR.
Gor'kovskij Sel'skohozjajstvennyj Institut, Sčerbinki 78, 603078 Gor'kij, Rossiskaja SFSR.
Gorskij Sel'skohozjajstvennyj Institut, Ul. Kirova 37, Ordžonikidze, Rossiskaja SFSR.
Grodnenskij Sel'skohozjajstvennyj Institut,

Ul. Terežkovoij 26, 230008 Grodno, Belorusskaja SSR.
Gruzinskij Institut Subtropičeskigo Hozjajstva, Kelasuri, Suhumi, Gruzinskaja SSR.
Gruzinskij Ordena Trudovogo Krasnogo Znameni Sel'skohozjajstvennyj Institut, 13-j Kilometr Voenno-Gruzinskoj Dorogi, 380031 Tbilisi, Gruzinskaja SSR.
Har'kovskij Ordena Trudovogo Krasnogo Znameni Sel'skohozjajstvennyj Institut im. V. V. Dokužaeva, Ul. Artema 44, 310078 Har'kov 78, Ukrainskaja SSR.
Hersonskij Ordena Trudovogo Krasnogo Znameni Sel'skohozjajstvennyj Institut im. A. D. Cjurupy, Rosa Luxembourg 3, Sel'skohozinstitut, 325006 Herson 6, Ukrainskaja SSR.
Irkutskij Sel'skohozjajstvennyj Institut, Pos. Molodežnyj, Irkutsk 38, Rossiskaja SFSR.
Ivanovskij Sel'skohozjajstvennyj Institut, Sovetskaja ul. 45, 153001 Ivanovo 50, Rossiskaja SFSR.
Iževskij Sel'skohozjajstvennyj Institut, Ul. Kirova 16, 426018 Iževsk 18, Rossiskaja SFSR.
Kalininskij Sel'skohozjajstvennyj Institut, 171314 Pos. Saharovo, Kalinskoj obl., Rossiskaja SFSR.
Kamenec-Podol'skij Sel'skohozjajstvennyj Institut, Ul. Ševčenko 19, Kamenec-Podol'skij, Ukrainskaja SSR.
Kazahskij Ordena Trudovogo Krasnogo Znameni Gosudarstvennyj Sel'skohozjajstvennyj Institut, Prosp. Abaja 8, 480021 Alma-Ata, Kazahskaja SSR.
Kazanskij Ordena "Znak Početa" Sel'skohozjajstvennyj Institut im. Gor'kogo, Ul. Karla Marksa 65, 420015 Kazan' 15, Rossiskaja SFSR.
Kirgizskij Sel'skohozjajstvennyj Institut im. K. I. Skrjabina, Kommunističeskaja ul. 68-a, Frunze, Kirgizskaja SSR.
Kirovskij Sel'skohozjajstvennyj Institut, Oktjabr'skij prosp. 133, 610039 Kirov obl. 39, Ukrainskaja SSR.
Kišinevskij Sel'skohozjajstvennyj Institut im. M. V. Frunze, Sadovaja ul. 111, 277012 Kišinev, Moldavskaja SSR.
Kostromskoj Sel'skohozjajstvennyj Institut, Karavaevo 1, Mostroma obl., Rossiskaja SFSR.
Krasnojarskij Sel'skohozjajstvennyj Institut, Pr. Mira 88, Krasnojarsk, Rossiskaja SFSR.
Krymskij Sel'skohozjajstvennyj Institut im. M. I. Kalinina, Vuzgorodok, Simferopol' 30, Rossiskaja SFSR.
Kubanskij Ordena Trudovogo Krasnogo Znameni Sel'skohozjajstvennyj Institut, Ul. Kalinina 13, 350044 Krasnodar 44, Rossiskaja SFSR.
Kujbyševskij Sel'skohozjajstvennyj Institut, Kinel' 4, 446400 Kujbyševskoj obl., Rossiskaja SFSR.
Kurganskij Sel'skohozjajstvennyj Institut, Ul. Kujbyševa 45, Kurgan obl., Rossiskaja SFSR.
Kurskij Sel'skohozjajstvennyj Institut im. Prof. I. I. Ivanova, Ul. Karla Marksa 70, 305021 Kursk 21, Rossiskaja SFSR.
Latvijskaja Ordena Trudovogo Krasnogo Znameni Sel'skohozjajstvennaja Akademija, Ul. Lenina 2, 229600 Elgava, Latvijskaja SSR.
Leningradskij Ordena Trudovogo Krasnogo Znameni Sel'skohozjajstvennyj Institut, Komsomol'skaja ul. 14, Puškin Leningradskoj obl., Rossiskaja SFSR.
Litovskaja Sel'skohozjajstvennaja Akademija, Norejkiškes, Kaunasskij r-n, Litovskaja SSR.
L'vovskij Sel'skohozjajstvennyj Institut, S. Dubljany, L'vovskoj obl., Ukrainskaja SSR.
*Moskovskaja Ordena Lenina i Ordena Trudovogo Krasnogo Znameni Sel'skohozjajstvennyj Akademija im. K. A. Timirjazeva, Ul. Timirjazevskaja 49, 125008 Moskva A-8, Rossiskaja SFSR.
Novosibirskij Sel'skohozjajstvennyj Institut, Ul. Dobrotjubova 160, 630035 Novosibirsk 39, Rossiskaja SFSR.
Odesskij Sel'skohozjajstvennyj Institut, Ul. Sverdlova 99, 270039 Odessa 39, Ukrainskaja SSR.
Omskij Ordena Lenina Sel'skohozjajstvennyj Institut im. S. M. Kirova, Zagorodnaja Rošča, 644008 Omsk 8, GSP-29, Rossiskaja SFSR.
Orenburgskij Sel'skohozjajstvennyj Institut im. A. A. Andreeva, Ul. Čeljuskincev 18,

460200 Orenburg 14, Ukrainskaja SSR.
Penzenskij Sel'skohozjajstvennyj Institut, Botaničeskaja ul. 10, 440014 Penza 14, Rossiskaja SFSR.
Permskij Sel'skohozjajstvennyj Institut im. akad. D. N. Prjanišnikova, Kommunističeskaja ul. 23, 692510 Perm' GSP-165, Rossiskaja SFSR.
Plodoovoščnoj Institut im. I. V. Mičurina, Ul. Internacional'naja 101, Mičurinsk, Rossiskaja SFSR.
Poltavskij Ordena Trudovogo Krasnogo Znameni Sel'skohozjajstvennyj Institut, Ul. Skovorody 1/3, 314003 Poltava 3, Ukrainskaja SSR.
Primorskij Sel'skohozjajstvennyj Institut, Blukera pr. 44, Primorskogo kraja, 692510 Ussurijsk 10, Rossiskaja SFSR.
Rjazanskij Sel'skohozjajstvennyj Institut im. prof. P. A. Kostyčeva, Ul. Lenina 53, Centr' 390000 Rjazan', Rossiskaja SFSR.
Samarkandskij Sel'skohozjajstvennyj Institut im. V. V. Kujbyševa, Ul. Karla Marksa 77, 703003 Samarkand, Uzbekskaja SSR.
Saratovskij Sel'skohozjajstvennyj Institut, Pl. Revoljucii 1, 410091 Saratov 91, Rossiskaja SFSR.
Stavropol'skij Sel'skohozjajstvennyj Institut, Ul. Mira 347, 355014 Stavropol' Kraevoj 14, Rossiskaja SFSR.
Sverdlovskij Sel'skohozjajstvennyj Institut, Ul. Karla Libknehta 42, 620151 Sverdloysk 151, Rossiskaja SFSR.
Tadžikskij Sel'skohozjajstvennyj Institut, Prosp. V. I. Lenina 146, 734017 Dušanbe 17, Tadžikskaja SSR.
Taškentskij Ordena Trudovogo Krasnogo Znameni Sel'skohozjajstvennyj Institut, p/o «Institutskoe», Ordžonikidzevskij, Taškentskaja obl., Uzbekskaja SSR.
Tjumenskij Sel'skohozjajstvennyj Institut, Ul. Respubliki 7, 625003 Tjumen', Rossiskaja SFSR.
Turkmenskij Sel'skohozjajstvennyj Institut im. M. I. Kalinina, Ul. Pervogo Maja 62, Sad Keši, 744012 Ašhabad 12, Turkmenskaja SSR.
Ukrainskaja Ordena Trudovogo Krasnogo Znameni Sel'skohozjajstvennaja Akademija, Goloseevo, 252041 Kiev 41, Ukrainskaja SSR.
Ul'janovskij Sel'skohozjajstvennyj Institut, Bul. Novyj Venec 1, 432601 Ul'janovsk, Rossiskaja SFSR.
Umanskij Ordena Trudovogo Krasnogo Znameni Sel'skohozjajstvennyj Institut im. A. M. Gor'kogo, p/o Sofievka, Uman', Čerkasskoj obl., Ukrainskaja SSR.
Velikolukskij Sel'skohozjajstvennyj Institut, Pl. Lenina 1, Velikie Luki, Pskovskoj obl., Rossiskaja SFSR.
Volgogradskij Sel'skohozjajstvennyj Institut, Institutskaja ul. 8, 400041 Volgograd 41, Rossiskaja SFSR.
Voronežskij Sel'skohozjajstvennyj Institut im. Akad. K. D. Glinki, Ul. Mičurina 1, 394012 Voronež 12, Rossiskaja SFSR.
Vorošilovgradskij Sel'skohozjajstvennyj Institut, 348008 Vorošilovgrad 8, Ukrainskaja SSR.
Vsesojuznyj Sel'skohozjajstvennyj Institut Zaočnogo Obrazovanija, Balašiha Moskovskoj obl. 8, Rossiskaja SFSR.
Zapadno-Kazahstanskij Sel'skohozjajstvennyj Institut, Prosp. Lenina 184, Ural'sk, Kazahskaja SSR.
Žitomirskij Sel'skohozjajstvennyj Institut, Ul. 50-letija Oktjabrja 9, Žitomir, Ukrainskaja SSR.

(Animal Husbandry and Veterinary Science)—
(Zootechnie et Médecine vétérinaire)

Alma-Atinskij Zooveterinarnyj Institut, Prosp. Abaja 28, 480047 Alma-Ata 28, Kazahskaja SSR.
Erevanskij Zooveterinarnyj Institut, Ul. Nalbandjana 128, Erevan 25, Armjanskaja SSR.
Gruzinskij Zooveterinarnyj Učebno-Issledovatel'skij Institut, Krcanisi, Tbilisi, Gruzinskaja SSR.
Har'kovskij Zooveterinarnyj Institut, p/o Zoovetinstitut, Har'kov, Ukrainskaja SSR.
Kazanskij Ordena Lenina Veterinarynj Institut, im. N. E. Baumana, Vetgorodok, 420074 Kazan' 74, Rossiskaja SFSR.
Leningradskij Veterinarnyj Institut, Černigovskaja ul. 5, 196006 Leningrad M-6,

Rossiskaja SFSR.
Litovskaja Veterinarnaja Akademija, Ul. Adomausko 18, 233022 Kaunas, Litovskaja SSR.
L'vovskij Zooveterinarnyj Institut, Pekarskaja ul. 50, 290610 L'vov 10, Ukrainskaja SSR.
Moskovskaja Ordena Trudovogo Krasnogo Znameni Veterinarnaja Akademija im. K. I. Skrjabina, Ul. Kuzminkaja 23, 109472 Moskva Ž-472, Rossiskaja SFSR.
Omskij Veterinarnyj Institut, Oktjabrskaja ul. 92, 644043 Omsk 43, GSP-8 Rossiskaja SFSR.
Saratovskij Zooveterinarnyj Institut, B. Sadovaja ul. 220, 410220 Saratov, Rossiskaja SFSR.
Semipalatinskij Zootehničeskoveterinarnyj Institut, Ul. Urickogo 17, 490050 Semipalatinsk 50, Kazahskaja SSR.
Troickij Veterinarnyj Institut, Ul. Gagarina 13, 457100 Troick Čljabinskoj obl., Rossiskaja SFSR.
Vitebskij Ordena "Znak Početa" Veterinarnyj Institut im. Oktjabr'skoj Revoljucii, Ul. 1-ja Dovatora 7/11, Vitebsk, Belorusskaja SSR.
Vologodskij Moločnyj Institut, p/o Moločnoe, Šmidta 2, Vologda, Rossiskaja SFSR.

(Mechanization and Electrification)—
(Mécanisation et Electrification)

Azovo-Černomorskij Institut Mehanizacii Sel'skogo Hozjajstva, Ul. Lenina 21, 347720 Zernograd, Rostovskoj obl., Rossiskaja SFSR.
Belorusskij Institut Mehanizacii Sel'skogo Hozjajstva, Leninskij prosp. 99, 220608 Minsk 23, Belorusskaja SSR.
Čeljabinskij Institut Mehanizacii i Elektrifikacii Sel'skogo Hozjajstva, Prosp. Lenina 75, 454022 Čeljabinsk 22, Rossiskaja SFSR.
Har'kovskij Institut Mehanizacii i Elektrifikacii Sel'skogo Hozjajstva, Moskovskij prosp. 45, 310050 Har'kov 50, Ukrainskaja SSR.
Melitopol'skij Institut Mehanizacii Sel'skogo Hozjajstva, Prosp. B. Hmel'nickogo 18, Melitopol', Zaporožskoj obl., Ukrainskaja SSR.
Moskovskij Institut Inženerov Sel'skohozjajstvennogo Proizvodstva im. V. P. Gorjačkina, Korpus 15, Timirjazevskaja ul. 58, 125008 Moskva A-8, Rossiskaja SFSR.
Saratovskij Institut Mehanizacii Sel'skogo Hozjajstva im. M. I. Kalinina, Sovetskaja ul. 60, Saratov, Rossiskaja SFSR.

(Irrigation and Land Improvement)—
(Irrigation et Aménagement du Sol)

Džambulskij Gidromeliorativno-Stroitel'nyj Institut, Kommunističeskaja ul. 91, Džambul', Kazahskaja SSR.
Mosjovskij Gidromeliorativnyj Institut, Ul. Prjanišnikova 19, 125001 Moskva A-8, Rossiskaja SFSR.
Moskovskij Institut Inženerov Zemleustrojstva, Ul. Kazakova 15, 103064 Moskva K-64, Rossiskaja SFSR.
Novočerkasskij Inženerno-Meliorativnyj Institut, Puškinskaja ul. 111, Novočerkassk 9, Rossiskaja SFSR.
Taškentskij Ordena Trudovogo Krasnogo Znameni Institut Inženerov Irrigacii i Mehanizacii Sel'skogo Hozjajstva, Ul. Kary Nijazova 39, Taškent, Uzbekskaja SSR.
Ukrainskij Institut Inženerov Vodnogo Hozjajstva, Leninskja Ul. 11, 266000 Rovno, Ukrainskaja SSR.

(Forestry and Wood Technology)—
(Sylviculture et Technologie du Bois)

Arhangel'skij Ordena Trudovogo Krasnogo Znameni Lesotehničeskij Institut im. V. V. Kujbyševa, Nab. im. V. I. Lenina 17, 163007 Arhangel'sk, Rossiskaja SFSR.
Leningradskaja Ordena Lenina Lesotechnicøeskaja Akademija im. S. M. Kirova, Institutskij per. 5, 194018 Leningrad K-18, Rossiskaja SFSR.
L'vovskij Lesotehničeskij Inšut, Puškina ul. 103, 290000 L'vov, Ukrainskaja SSR.
Moskovskij Lesotehničeskij Institut, Pervaja Institutskaja ul. 1, 141001 Mytišči 1, Moskovskaja obl., Rossiskaja SFSR.

Ural'skij Lesotehničeskij Institut, Sibirskij trakt 37, 620032 Sverdlovsk B-32, Rossiskaja SFSR.

Voronežskij Lesotehničeskij Institut, Ul. Timirjazeva 8, 394613 Voronež 12, Rossiskaja SFSR.

Institutes of Economics—Instituts de Sciences économiques

(Political Economics)—
(Economie politique)

Alma-Atinskij Institut Narodnogo Hozjajstva, Ul. Ševčenko 95, 480012 Alma-Ata, Kazahskaja SSR.
Azerbajdžanskij Institut Narodnogo Hozjajstva im. D. Buniat-Zade, Kommunističeskaja Ul. 6, 370001 Baku 1, Azerbajdžanskaja SSR.
Belorusskij Gosudarstvennyj Institut Narodnogo Hozjajstva im. V. V. Kujbyševa, Partizanskij prosp. 26, 220070 Minsk, Belorusskaja SSR.
Habarovskij Institut Narodnogo Hozjajstva, Ul. Tihookeanskaja 134, 680035 Habarovsk 35, Rossiskaja SFSR.
Irkutskij Institut Narodnogo Hozjajstva, Ul. V. I. Lenina 11, 664003 Irkutsk 3, Rossiskaja SFSR.
Kievskij Institut Narodnogo Hozjajstva im. D. S. Korotčenko, Brest-Litovskij prosp. 98-1, 252057 Kiev, Ukrainskaja SSR.
Kujbyševskij Planovyj Institut, Ul. Sovetskoj Armii 141, 443090 Kujbyšev obl. 90, Rossiskaja SFSR.
Moskovskij Ordena Trudovogo Krasnogo Znameni Institut Narodnogo Hozjajstva im. G. V. Plehanova, Stremjannyj per. 28, 113054 Moskva M-54, Rossiskaja SFSR.
Moskovskij Ekonomiko-Statističeskij Institut, B. Savinskij per. 14, 119435 Moskva G-435, Rossiskaja SFSR.
Novosibirskij Institut Narodnogo Hozjajstva, Ul. Kamenskaja 56, Novosibirsk 70, Rossiskaja SFSR.
Odesskij Institut Narodnogo Hozjajstva, Ul. Sovetskoj Armii 8, 270057 Odessa, Ukrainskaja SSR.
Rostovskij-na-Donu Institut Narodnogo Hozjajstva, Ul. Fridriha Engel'sa 105, 344007 Rostov-na-Donu, Rossiskaja SFSR.
Saratovskij Ekonomičeskij Institut, Pl. Revoljucii 11, 410760 Saratov, Rossiskaja SFSR.
Sverdlovskij Institut Narodnogo Hozjajstva, Ul. 8 Marta 62, 620001 Sverdlovsk GSP-985, Rossiskaja SFSR.
Taškentskij Institut Narodnogo Hozjajstva, Ul. Almazer 183, 700063 Taškent, Uzbekskaja SSR.

(Finance)—(Etudes financières)

Kazanskij Finansovo-Ekonomičeskij Institut im. V. V. Kujbyševa, Ul. Butlerova 4, 420012 Kazan' 12, Rossiskaja SFSR.
Leningradskij Finansovo-Ekonomičeskij Institut im. N. A. Voznesenskogo, Sadovaja ul., 191023 Leningrad D-23, Rossiskaja SFSR.
Moskovskij Finansovyj Institut, Ul. Kibal'čiča 1, 129848 Moskva I-64, Rossiskaja SFSR.
Ternopol'skij Finansovo-Ekonomičeskij Institut, Pl. Pobedy 3, 282000 Ternopol', Ukrainskaja SSR.
Vsesojuznyj Zaočnyj Finansovo-Ekonomičeskij Institut, Ul. Oleko Dundiča 23, 121108 Moskva G-108, Rossiskaja SFSR.

(Commerce)—(Commerce)

Dal'nevostočnyj Institut Sovetskoj Torgovli, Okeanskij prosp. 19, 690723 Vladivostok, Centr, GSP, Rossiskaja SFSR.
Doneckij Institut Sovetskoj Torgovli, Ul. Ščorsa 31, 340050 Doneck, Ukrainskaja SSR.
Har'kovskij Institut Obščestvennogo Pitanija, Ul. Gudanova 4/10, 310024 Har'kov, Ukrainskaja SSR.
Karagandinskij Kooperativnyi Institut, Ul. 40 let. Kazahstana 1, 470061 Karaganda, Kazahskaja SSR.
Kievskij Torgovo-Ekonomičeskij Institut, Ul. Kioto 19, 252156 Kiev 4, Ukrainskaja SSR.
Leningradskij Institut Sovetskoj Torgovli im.

F. Engel'sa, Kuznečnyj per. 9, 196002 Leningrad F-2, Rossiskaja SFSR.
L'vovskij Torgovo-Ekonomičeskij Institut, Ul. Čkalova 10, 290601 L'vov 9, Ukrainskaja SSR.
Moskovskij Kooperativnyj Institut, Ul. Very Vološinoj 12, 141000 Mytišči, Moskva obl., Rossiskaja SFSR.
Novosibirskij Institut Sovetskoj Kooperativnoj Torgovli, Prosp. Karla Marksa 26, 630087 Novosibirsk 87, Rossiskaja SFSR.
Poltavskij Kooperativnyj Institut, Ul. Kovalja 3, 314000 Poltava, Ukrainskaja SSR.
Samarkandskij Kooperativnyj Institut im. V. V. Kujbyševa, Kommunističeskaja ul. 41, 703000 Samarkand, Uzbekskaja SSR.
Zaočnyj Institut Sovetskoj Torgovli Čapaevskij per. 16, 125252 Moskva A-252, Rossiskaja SFSR.

(*Engineering Economics*)—
(*Economie industrielle*)

Har'kovskij Inženerno-Ekonomičeskij Institut, Prosp. Lenina 9, 310059 Har'kov, Ukrainskaja SSR.
Leningradskij Inženerno-Ekonomičeskij Institut im Pal'miro Tol'jatti, Ul. Marata 27, 196002 Leningrad, Rossiskaja SFSR.
Moskovskij Ordena Trudovogo Krasnogo Znameni Inženerno-Ekonomičeskij Institut im. Sergo Ordžonikidze, Podsosenskij per. 20, 103733 Moskva K-62, Rossiskaja SFSR.

Institutes of Law—Instituts de Droit

Har'kovskij Juridičeskij Institut, Puškinskaja ul. 77, 310002 Har'kov, Ukrainskaja SSR.
Saratovskij Juridičeskij Institut im. D. I. Kurskogo, Ul. Černyševskogo 104, 410720 Saratov, Rossiskaja SFSR.
Sverdlovskij Juridičeskij Institut, Ul. Komsomol'skaja 21, 620066 Sverdlovsk GSP-1038 Rossiskaja SFSR.
Vsesojuznyj Zaočnyj Juridičeskij Institut, Starokirocnyj per. 13, Moskva B-5, Rossiskaja SFSR.

Institutes of Fine and Applied Arts—Instituts des Beaux-Arts et Arts appliqués

(*Architecture and Industrial Art*)—
(*Architecture et Arts industriels*)

Leningradskoe Vysšee Hudožestvennopromyšlennoe Učilišče im. V. I. Muhinoj, Soljanoj per. 13, 192028 Leningrad D-28. Rossiskaja SFSR.
Moskovskij Ordena Trudovogo Krasnogo Znameni Arhitekturnyj Institut, Ul. Ždanova 11, 103754-GSP Moskva K-31, Rossiskaja SFSR.
Moskovskoe Vysšee Hudožestvennopromyšlennoe Učilišče, Volokolamskoe šosse 9, 125080 Moskva A-80, Rossiskaja SFSR.
Sverdlovskij Arhitekturnyj Institut, Ul. Karla Libknehta 23, 620219 Sverdlovsk GSP-1089, Rossiskaja SFSR.

(*Fine and Applied Arts*)—
(*Beaux-Arts et Arts appliqués*)

Gosudarstvennaja Akademija Hudožestv Latvijskoj SSR im. Teodora Zal'kalna, Bul'var Kommunarov 13, 226183 Riga GSP, Latvijskaja SSR.
Gosudarstvennyj Hudožestvennyj Institut Litovskoj SSR, Ul. Tiesos 6, 232600 Vil'njus, Litovskaja SSR.
Gosudarstvennyj Hudožestvennyj Institut Estonskoj SSR, Tartuskoe šosse 1, Tallin, Estonskaja SSR.
Erevanskij Gosudarstvennyj Hudožestvenno-Teatral'nyj Institut, Ul. Isaakjana 36, 375009 Erevan, Armjanskaja SSR.
Har'kovskij Gosudarstvennyj Hudožestvenno-Promyšlennyj Institut, Krasnoznamennaja ul. 8, 310002 Har'kov, Ukrainskaja SSR.
Kievskij Gosudarstvennyj Hudožestvennyj Institut, Ul. Smirnova-Lastočkina 20, 252053 Kiev, Ukrainskaja SSR.
Ordena Trudovogo Krasnogo Znameni Institut Živopisi Skul'ptury i Arhitejtury im. I. E.

Repina, Universitetskaja nab. 17, 199034 Leningrad V-34, Rossiskaja SFSR.
L'vovskij Gosudarstvennyj Institut Prikladnogo i Dekorativnogo Iskusstva, Ul. Gončarova 38, 290011 L'vov, Ukrainskaja SSR.
Moskovskij Ordena Trudovogo Krasnogo Znameni Gosudarstvennyj Hudožestvennyj Institut im. V. I. Surikova, Tovariščeckij nep. 30, 109004 Moskva Ž-4, Rossiskaja SFSR.
Tbilisskaja Ordena Trudovogo Krasnogo Znameni Gosudarstvennaja Akademija Hudožestv, Ul. Griboegova 22, Tbilisi, Gruzinskaja SSR.

Conservatoires and Institutes of Dramatic and Fine Arts—
Conservatoires et Instituts des Beaux-Arts et d'Art dramatique

Alma-Atinskaja Gosudarstvennaja Konservatorija im. Kurmangazy, Kommunističeskij prosp. 90, 480091 Alma-Ata 91, Kazahskaja SSR.
Astrahanskaja Gosudarstvennaja Konservatorija, Sovetskaja ul. 23, 414000 Astrahan', Rossiskaja SFSR.
Azerbajdžanskaja Ordena Trudovogo Krasnogo Znameni Gosudarstvennaja Konservatorija im. Uz. Gadžibekova, Ul. G. Dimitrova 98, 370014 Baku, Azerbajdžanskaja SSR.
Belorusskaja Gosudarstvennaja Konservatorija im. A. V. Lunačarskogo, Internacional'naja ul. 30, 220030 Minsk, Belorusskaja SSR.
Dal'nevostočnyj Pedagogičeskij Institut, Iskusstv, Ul. 1 Maja 3, 690678 Vladivostok, Rossiskaja SFSR.
Doneckij Muzykal'no-Pedagogičeskij Institut, Ul. Artema 44, 340086 Doneck, Ukrainskaja SSR.
Dušanbinskij Institut Iskusstv, Ul. Ždanova, 734032 Dušanbe, Tadžikskaja SSR.
Erevanskaja Ordena Trudovogo Krasnogo Znameni Gosudarstvennaja Konservatorija im. Komitasa, Ul. Sajat-Novy 1a, 375009 Erevan 9, Armjanskaja SSR.
Gor'kovskaja Gosudarstvennaja Konservatorija im. M. I. Glinki, Ul. Piskunova 40, 603005 Gor'kij N-5, Rossiskaja SFSR.
Gosudarstvennaja Konservatorija Litovskoj SSR, Prosp. Lenina 42, 232600 Vil'njus, Litovskaja SSR.
Gosudarstvennyj Institut Iskusstv Moldavskoj SSR im. G. Muzičesku, Sadovaja ul. 87, 277014 Kišinev, Moldavskaja SSR.
Gosudarstvennyj Muzykal'no-Pedagogičeskij Institut im. Gnesinyh, Ul. Vorovskogo 30/36, 121069 Moskva G-69, Rossiskaja SFSR.
Har'kovskij Gosudarstvennyj Institut Iskusstv im. I. P. Kotljarevskogo, Pl. Televeva 11/13, 310003 Har'kov, Ukrainskaja SSR.
Kazanskaja Gosudarstvennaja Konservatorija, B. Krasnaja ul. 38, Kazan' 15, Rossiskaja SFSR.
Kievskaja Ordena Lenina Gosudarstvennaja Konservatorija im. P. I. Čajkovskogo, Ul. Karla Marksa 1/3, 252001 Kiev, Ukrainskaja SSR.
Kirgizskij Gosudarstvennyj Institut Iskusstv im. B. Bejšenalievoj, Pavlodarskaja ul. 115, Frunze, Kirgizskaja SSR.
Latvijskaja Gosudarstvennaja Konservatorija im. Ja. Vitola, Ul. Krišjana Barona 1, 226050 Riga, Latviskaja SSR.
Leningradskaja Ordena Lenina Gosudarstvennaja Konservatorija im. N. A. Rimskogo-Korsakova, Teatral'naja pl. 3, 192041 Centr, Leningrad, Rossiskaja SFSR.
L'vovskaja Gosudarstvennaja Konservatorija im. N. V. Lysenko, Ul. Bojko 5, 290005 L'vov, Ukrainskaja SSR.
Moskovskaja Dvaždy Ordena Lenina Gosudarstvennaja Konservatorija im. P. I. Čaikovskogo, Ul. Gercena 13, 103009 Moskva K-9, Rossiskaja SFSR.
Novosibirskaja Gosudarstvennaja Konservatorija im. M. I. Glinki, Sovetskaja ul. 31, 630099 Novosibirsk 99, Rossiskaja SFSR.
Odesskaja Gosudarstvennaja Konservatorija im. A. V. Neždanovoj, Ul. Ostrovidova 63, 270000 Odessa, Ukrainskaja SSR.
Rostovskij Muzykal'no-Pedagogičeskij Institut, Budennovskij prosp. 23, 344705 Rostov-na-Donu, Rossiskaja SFSR.
Saratovskaja Gosudarstvennaja Konservatorija im. L. V. Sobinova, Prosp. Kirova 1, 410000 Saratov, Rossiskaja SFSR.

Tallinskaja Gosudarstvennaja Konservatorija, Bul'var Vabaduše 130, 200015 Tallin, Estonskaja SSR.
Taškentskaja Gosudarstvennaja Konservatorija, Puškinskaja ul. 31, 700000 Taškent, Uzbeskaja SSR.
Tbilisskaja Gosudarstvennaja Konservatorija im. V. Saradžišvili, Ul. Griboedova 8, 380004 Tbilisi, Gruzinskaja SSR.
Turkmenskij Gosudarstvennyj Pedagogičeskij Institut Iskusstv, Prosp. V. I. Lenina 3, 744007 Ašhabad, Turkmenskaja SSR.
Ufimskij Gosudarstvennij Institut Iskusstv, Ul. Lenina 14, 450025 Ufa 25, Rossiskaja SFSR.
Ural'skaja Gosudarstvennaja Konservatorija im. M. P. Musorgskogo, Prosp. Lenina 26, 620014 Sverdlovsk, Rossiskaja SFSR.
Voronežskij Gosudarstvennyj Institut Iskusstv, Ul. Berezovaja Rošča 54, 394043 Voronež, Rossiskaja SFSR.

Institutes of Dramatic Art and Cinematography— Instituts d'Art dramatique et cinématographique

Azerbajdžanskij Gosudarstvennyj Institut Iskusstv im. M. A. Alieva, Ul. Karganova 13, Centr, 370000 Baku, Azerbajdžanskaja SSR.
Belorusskij Gosudarstvennyj Teatral'no-Hudožestvennyj Institut, Leninskij prosp. 81, 220012 Minsk, Belorusskaja SSR.
Gosudarstvennyj Ordena Trudovogo Krasnogo Znameni Institut Teatral'nogo Iskusstva im. A. V. Lunačarskogo, Sobinovskij per. 6, 120093 Moskva K-9, Rossiskaja SFSR.
Gruzinskij Gosudarstvennyj Teatral'nyj Institut im. Š. Rustaveli, Prosp. Rustaveli 17, 380004 Tbilisi, Gruzinskaja SSR.
Kievskij Gosudarstvennyj Institut Teatral'nogo Iskusstva im. I. K. Karpenko-Karogo, B. Podval'naja ul. 40, 252034 Kiev, Ukrainskaja SSR.
Leningradskij Gosudarstvennyj Institut Teatra, Muzyki i Kinematografii, Mohovaja ul. 34, 192028 Leningrad D-28, Rossiskaja SFSR.

Škola-Studija im. V. I. Nemiroviča-Dančenko pri MHAT SSSR im. M. Gor'kogo, Proezd Hudožestvennogo Teatra 3a, 103009 Moskva K-9, Rossiskaja SFSR.
Taškentskij Gosudarstvennyj Teatral'no-Hudožestvennyj Institut im. A. N. Ostrovskogo, Ul. Germana Lopatina 77, 700031 Taškent, Uzbekskaja SSR.
Teatral'noe Učilišče im. M. S. Ščepkina pri Gosudarstvennom Akademičeskom Malom Teatre SSSR, 5-a Magistral'naja ul. 5/12, 123007 Moskva, Rossiskaja SFSR.
Teatral'noe Učilišče im. B. V. Ščukina pri Gosudarstvennom Ordena Lenina Teatre im. E. Vahtangova, Ul. Vahtangova 12a, 121002 Moskva G-2, Rossiskaja SFSR.
Vsesojuznyj Ordena Trudovogo Krasnogo Znameni Gosudarstvennyj Institut Kinematografii, 3-j, Sel'skohozjajstvennyj pr. 3a, 129226 Moskva I-226, Rossiskaja SFSR.

Institutes of Medicine—Instituts de Médecine

(Medicine)—(Médecine)
Aktjubinskij Gosudarstvennyj Medicinskij Institut, Ul. V. I. Lenina 78, Aktjubinsk, Rossiskaja SFSR.
Alma-Atinskij Gosudarstvennyj Medicinskij Institut, Ul. Kirova 153, 480012 Alma-Ata, Kazahskaja SSR.
Altajskij Gosudarstvennyj Medicinskij Institut, Prosp. V. I. Lenina 40, Barnaul 99, Rossiskaja SFSR.

Andižanskij Gosudarstvennyj Medicinskij Institut im. M. I. Kalinina, Pr. Navoi 239, Andižan, Uzbekskaja SSR.
Arhangel'skij Gosudarstvennyj Medicinskij Institut, Pr. Vinogradova 51, 163061 Arhangel'sk, Rossiskaja SFSR.
Astrahanskij Gosudarstvennyj Medicinskij Institut im. A. V. Lunačarskogo, Ul. Mečnikova 20, Astrahan', Rossiskaja SFSR.
Azerbajdžanskij Gosudarstvennyj Medicins-

kij Institut im. N. Narimanova, Ul. Bakihanova 23, 370022 Baku 22, Azerbajdžanskaja SSR.

Baškirskij Gosudarstvennyj Medicinskij Institut im. 15-letija VLKSM, Ul. Frunze 47, 450025 Ufa, Rossiskaja SFSR.

Blagoveščenskij Gosudarstvennyj Medicinskij Institut, Ul. Gor'kogo 93, 675050 Blagoveščensk-na-Amure GSP, Rossiskaja SFSR.

Celinogradskij Medicinskij Institut, Ul. Mira 51a, 473013 Celinograd, Kazahskaja SSR.

Čeljabinskij Gosudarstvennyj Medicinskij Institut, Ul. Vorovskogo 64, 454011 Čeljabinsk, Rossiskaja SFSR.

Černovickij Gosudarstvennyj Medicinskij Institut, Teatral'naja pl. 2, 274031 Černovcy, Ukrainskaja SSR.

Čitinskij Gosudarstvennyj Medicinskij Institut, Gor'kogo 39, 672090 Čita, Rossiskaja SFSR.

Dagestanskij Gosudarstvennyj Medicinskij Institut, Pl. Lenina, 367025 Mahačkala, Dagestanskaja ASSR.

Dnepropetrovskij Ordena Trudovogo Krasnogo Znameni Gosudarstvennyj Medicinskij Institut, Ul. Dzeržinskogo 9, 320044 Dnepropetrovsk 44, Ukrainskaja SSR.

Doneckij Gosudarstvennyj Medicinskij Institut im. Maksima Gor'kogo, Prosp. Il'iča 16, 340098 Doneck, Ukrainskaja SSR.

Erevanskij Gosudarstvennyj Medicinskij Institut, Ul. Kirova 2, 375061 Erevan 25, Armjanskaja SSR.

Gor'kovskij Gosudarstvennyj Medicinskij Institut im. S. M. Kirova, Pl. Minina i Požarskogo 10-1, 603005 Gor'kij, Rossiskaja SFSR.

Grodnenskij Gosudarstvennyj Medicinskij Institut, Ul. Ožeško 1, 230023 Grodno, Belorusskaja SSR.

Habarovskij Gosudarstvennyj Medicinskij Institut, Ul. Karla Marksa 47, 680019 Habarovsk, Rossiskaja SFSR.

Har'kovskij Medicinskij Institut, Prosp. V. I. Lenina 4, 310022 Har'kov, Ukrainskaja SSR.

Irkutskij Gosudarstvennyj Medicinskij Institut, Ul. Krasnogo Vosstanija 1, 664003 Irkutsk, Rossiskaja SFSR.

Ivano-Frankovskij Gosudarstvennyj Medicinskij Institut, Galickaja ul. 2, 284000 Ivano-Frankovsk, Ukrainskaja SSR.

Ivanovskij Gosudarstvennyj Medicinskij Institut, Ul. F. Engel'sa 8, Ivanovo, Rossiskaja SFSR.

Iževskij Gosudarstvennyj Medicinskij Institut, Revoljucionnaja ul. 199, 426034 Iževsk, Rossiskaja SFSR.

Jaroslavskij Medicinskij Institut, Revoljucionnaja ul. 5, 150000 Jaroslavl', Rossiskaja SFSR.

Kalininskij Gosudarstvennyj Medicinskij Institut, Sovetskaja ul. 4, 170642 Kalinin, Rossiskaja SFSR.

Karagandinskij Gosudarstvennyj Medicinskij Institut, Ul. Alalykina 7, Karaganda, Kazahskaja SSR.

Kaunasskij Gosudarstvennyj Medicinskij Institut, Ul. Mickevičjaus 9, 233686 Kaunas, Litovskaja SSR.

Kazanskij Ordena Trudovogo Krasnogo Znameni Gosudarstvennyj Medicinskij Institut im. S. V. Kurašova, Ul. Butlerova 49, 420012 Kazan' 12, Rossiskaja SFSR.

Kemerovskij Gosudarstvennyj Medicinskij Institut, Ul. 1. Nazarova 1, 650029 Kemerovo obl. 29, Rossiskaja SFSR.

Kievskij Ordena Trudovogo Krasnogo Znameni Medicinskij Institut im. akad. A. A. Bogomol'ca, Bul. Tarasa Ševčenko 13, 252004 Kiev 4, Ukrainskaja SSR.

Kirgizskij Gosudarstvennyj Medicinskij Institut, Ul. 50-let Oktjabrja 92, 720061 Frunze, Kirgizskaja SSR.

Kišinevskij Gosudarstvennyj Medicinskij Institut, Prosp. V. I. Lenina 165, Kišinev, Moldavskaja SSR.

Krasnojarskij Gosudarstvennyj Medicinskij Institut, Ul. Partizana Železnjaka 1, 660022 Krasnojarsk, Rossiskaja SFSR.

Krymskij Medicinskij Institut, Bul. V. I. Lenina 5/7, 333670 Simferopol', Rossiskaja SFSR.

Kubanskij Gosudarstvennyj Medicinskij Institut im. Krasnoj Armii, Ul. Sedina 4, 350614 Krasnodar 3, Rossiskaja SFSR.

Kujbyševskij Medicinskij Institut im. D. I. Ul'janova, Čapevskaja ul. 89, 443099 Kujbyšev obl., Rossiskaja SFSR.

Kurskij Gosudarstvennyj Medicinskij Institut, Ul. Karla Marksa 3, 305033 Kursk, Rossiskaja SFSR.

1-j Leningradskij Ordena Trudovogo Krasnogo Znameni Medicinskij Institut im. akad. I. P. Pavlova, Ul. L'va Tolstogo 6/8, 197089 Leningrad, Rossiskaja SFSR.

Leningradskij Pediatričeskij Medicinskij Institut, Litovskaja ul. 2, 194100 Leningrad K-100, Rossiskaja SFSR.

Leningradskij Sanitarno-Gigieničeskij Medicinskij Institut, Piskarevskij prosp. 47, 195067 Leningrad K-67, Rossiskaja SFSR.

L'vovskij Gosudarstvennyj Medicinskij Institut, Pekarskaja ul. 69, 290010 L'vov 10, Ukrainskaja SSR.

Minskij Ordena Trudovogo Krasnogo Znameni Gosudarstvennyj Medicinskij Institut, Leninskij prosp. 6, 220798 Minsk, Belorusskaja SSR.

* 1-j Moskovskij Ordena Lenina i Ordena Trudovogo Krasnogo Znameni Medicinskij Institut im. I. M. Sečenova, 2/6 B. Pirogovskaja ul., 119435 Moskva G-435, Rossiskaja SFSR.

2-j Moskovskij Ordena Lenina Gosudarstvennyj Medicinskij Institut im. N. I. Pirogova, M. Pirogovskaja ul. 1, 119435 Moskva G-435, Rossiskaja SFSR.

Novosibirskij Medicinskij Institut, Krasnyj prosp. 52, 630091 Novosibirsk, Rossiskaja SFSR.

Odesskij Medicinskij Institut im. N. I. Pirogova, Medicinskij per. 2, 270005 Odessa, Ukrainskaja SSR.

Omskij Ordena Trudovogo Krasnogo Znameni Gosudarstvennyj Medicinskij Institut im. M. I. Kalinina, Ul. V. I. Lenina 12, 644099 Omsk, Rossiskaja SFSR.

Orenburgskij Gosudarstvennyj Medicinskij Institut, Sovetskaja ul. 6, 426042 Orenburg 14, Rossiskaja SFSR.

Permskij Gosudarstvennyj Medicinskij Institut, Kommunističeskaja ul. 26, 614000 Perm', Rossiskaja SFSR.

Rižskij Medicinskij Institut, Bul. Padom'ju 12, Riga GSP-47, Latvijskaja SSR.

Rjazanskij Medicinskij Institut im. akad. I. P. Pavlova, Ul. Majakovskogo 63, 390000 Rjazan, Rossiskaja SFSR.

Rostovskij Medicinskij Institut, Nahičevanskij per. 29, 344718 Rostov-na-Donu 22, Rossiskaja SFSR.

Samarkandskij Gosudarstvennyj Medicinskij Institut im. akad. I. P. Pavlova, Ul. Žitomirskaja 6, 703038 Samarkand 38, Uzbekskaja SSR.

Saratovskij Gosudarstvennyj Medicinskij Institut, Ul. 20-Letija VLKSM 112, 410601 Saratov, Rossiskaja SFSR.

Semipalatinskij Gosudarstvennyj Medicinskij Institut, Ul. Sovetskaja 105a, Semipalatinsk, Kazahskaja SSR.

Severo-Osetinskij Gosudarstvennyj Medicinskij Institut, Puškinskaja ul. 40, 362025 Ordžonikidze 25, Rossiskaja SFSR.

Smolenskij Gosudarstvennyj Medicinskij Institut, Ul. Glinki 3, Smolensk, Rossiskaja SFSR.

Sredneaziatsky Medicinskij Pediatričeskij Institut, Ul. Čermet 103, pos. Tašgres, 700140 Taškent, Uzbekskaja SSR.

Stavropol'skij Gosudarstvennyj Medicinskij Institut, Ul. Mira 310, 355024 Stavropol' Kraevoj, Rossiskaja SFSR.

Sverdlovskij Gosudarstvennyj Medicinskij Institut, Ul. Repina 3, 620219 Sverdlovsk V. 28, Rossiskaja SFSR.

Tadžikskij Gosudarstvennyj Medicinskij Institut im. Abuali Ibn-Siny (Avicenny), Prosp. V. I. Lenina 139, Dušanbe, Tadžikskaja SSR.

Taškentskij Ordena Trudovogo Krasnogo Znameni Gosudarstvennyj Medicinskij Institut, Ul. Karla Marksa 103, 700033 Taškent 53, Uzbekskaja SSR.

Tbilisskij Ordena Trudovogo Krasnogo Znameni Gosudarstvennyj Medicinskij Institut, Ul. Melikišvili 10, 380009 Tbilisi 9, Gruzinskaja SSR.

Ternopol'skij Gosudarstvennyj Medicinskij Institut, Pl. Svobody 6, 282000 Ternopol', Ukrainskaja SSR.

Tjumenskij Gosudarstvennyj Medicinskij Institut, Odesskaja ul. 52, 625024 Tjumen' 23, Rossiskaja SFSR.

Tomskij Ordena Trudovogo Krasnogo Znameni Gosudarstvennyj Medicinskij Institut, Moskovskij trakt 2, 634050 Tomsk, Rossiskaja SFSR.

Turkmenskij Gosudarstvennyj Medicinskij Institut, Ul. Šaumjana 58, 744001 Ašhabad, Turkmenskaja SSR.
Vinnickij Medicinskij Institut im. N. I. Pirogova, Ul. Pirogova 54, 286018 Vinnica 18, Ukrainskaja SSR.
Vitebskij Medicinskij Institut, Prosp. Frunze 27, 210023 Vitebsk, Belorusskaja SSR.
Vladivostokskij Medicinskij Institut, Prosp. Ostrjakova 2, 690747 Vladivostok GSP, Rossiskaja SFSR.
Volgogradskij Medicinskij Institut, Pl. Pavših Borcov 1, 400066 Vologograd, Rossiskaja SFSR.
Voronežskij Gosudarstvennyj Medicinskij Institut, Studenčeskaja ul. 10, 394622 Voronež, Rossiskaja SFSR.
Vorošilovgradskij Gosudarstvennyj Medicinskij Institut, Oboronnaja ul. 1, 348011 Vorošilovgrad 11, Ukrainskaja SSR.
Zaporožskij Gosudarstvennyj Medicinskij Institut, Ul. Majakovskogo 26, 330600 Zaporož'e 15, Ukrainskaja SSR.

(*Dentistry*)—(*Stomatologie*)

Moskovskij Ordena Trudovogo Krasnogo Znameni Stomatologičeskij Medicinskij Institut im. N. A. Semaško, Kaljaevskaja ul. 18, Moskva K-6, Rossiskaja SFSR.
Poltavskij Medicinskij-Stomatologičeskij Institut, Ul. Ševčenko 23, 314024 Poltava, Ukrainskaja SSR.

(*Pharmacy*)—(*Pharmacie*)

Har'kovskij Gosudarstvennyj Farmacevtičeskij Institut, Ul. Puškinskaja 53, 310024 Har'kov 24, Ukrainskaja SSR.
Leningradskij Himiko-Farmacevtičeskij Institut, Ul. Popova 14, 197022 Leningrad P-22, Rossiskaja SFSR.
Permskij Farmacevtičeskij Institut, Ul. V. I. Lenina 48, 614600 Perm', Rossiskaja SFSR.
Pjatigorsjkij Farmacevtičeskij Institut, Prosp. S. M. Kirova 33, 357500 Pjatigorsk, Rossiskaja SFSR.
Taškentskij Farmacevtičeskij Institut, Ul. Kafanowa 35, 700015 Taškent, Uzbekskaja SSR.

Pedagogical Institutes—Instituts pedagogiques

*Moskovskij Ordena Lenina i Ordena Trudovogo Krasnogo Znameni Gosudarstvennyj Pedagogičeskij Institut im V. I. Lenina, Pirogovskaja ul. 1, 119435 Moskva G-435, Rossiskaja SFSR.
Also 186 other institutes of education and 19 institutes of physical education.

*Moskovskij Gosudarstvennyj Pedagogičeskij Institut Inostrannyh Jazykov im. Morisa Toreza, Metrostoevskaja ul. 38, 119034 Moskva G-34 Rossiskaja SFSR.
Also 11 other institutes of foreign languages and 15 institutes of cultural, literary and historical studies.

Sovety Rektorov Vysših Učebnyh Zavadenii SSSR.

Les Conseils de recteurs des universités et autres établissements d'enseignment supérieur, ont été créés en 1972–73 dans les grands centres d'enseignement supérieur d'Union soviétique, afin de coordonner les activités des divers établissements, de recueillir et de diffuser les expériences positives acquises dans l'organisation du processus d'enseignement, d'améliorer la qualité de la formation, des études et de la recherche ainsi que la qualification du personnel enseignant.

On compte plus de 80 Conseils qui regroupent environ 90% des établissements d'enseignement supérieur du pays, ainsi qu'un nombre important de facultés ou de filiales situées dans d'autres villes que leur institution-mère.

Outre les chefs d'établissement, les Conseils comportent des étudiants et des enseignants, des représentants des entreprises et des organisations du secteur industriel, agricole, scientifique et culturel et des représentants responsables des organes locaux du gouvernement et des organisations sociales. Ainsi se trouve assurée la liaison entre les établissements d'enseignement supérieur et les secteurs les plus importants de la vie économique et sociale. Un large ensemble

d'organisations sociales ou autres intéressées au développement de l'éducation participent également aux activités des Conseils.

Les Conseils de recteurs travaillent sous la direction immédiate du Ministère de l'enseignement supérieur et secondaire spécialisé. Ils ont pour tâches principales de : mettre au point des mesures en vue de la mise en oeuvre par les établissements d'enseignement supérieur des décisions des organes responsables de l'Etat concernant le développement et l'amélioration de l'enseignement supérieur dans le pays; élaborer des propositions et mesures en vue du développement de l'enseignement supérieur dans les différentes régions économiques; organiser des échanges d'expériences et l'analyse en commun du travail de formation des établissements d'enseignement supérieur; introduire des méthodes novatrices et de nouvelles techniques d'enseignement et d'administration dans le processus d'éducation; organiser des activités favorisant la formation culturelle, idéologique et politique des étudiants, ainsi que l'amélioration de l'enseignement dans les sciences sociales et humaines; coordonner les travaux entrepris dans les établissements d'enseignement supérieur sur les problèmes scientifiques complexes et développer la participation des étudiants à la recherche; unifier les efforts des établissements d'enseignement supérieur en vue de l'amélioration de la qualification du personnel enseignant; renforcer la coopération entre les établissements d'enseignement supérieur et les entreprises ou organisations concernant les stages des étudiants dans la production et le placement des diplômés dans les différentes branches de l'économie nationale; co-ordonner les activités d'orientation professionnelle et de préparation des jeunes à l'entrée dans l'enseignement supérieur ainsi que l'accès des nouveaux étudiants aux divers établissements; mettre au point des mesures en vue d'améliorer les conditions de vie et d'habitation des étudiants, ainsi que les services culturels, médicaux et sportifs des établissements d'enseignement supérieur; unifier les efforts des établissements d'enseignement supérieur en vue de la création de facilités et d'équipements communs.

Grâce au travail pratique accompli par les Conseils de recteurs, le rythme de développement de l'enseignement supérieur a pu être accéléré et le niveau général des activités des institutions universitaires a pu être élevé. Enfin, un dispositif d'amélioration de la qualification des responsables de l'enseignement supérieur a été créé et fonctionne de manière satisfaisante.

Les Conseils de recteurs organisent systématiquement la coopération entre les établissements par des réunions scientifiques, des séminaires, des colloques, des expositions, des concours entre les étudiants dans les différents domaines d'études et de recherche, etc. . . . Une série d'institutions et d'équipements communs ont été créés sous leur direction : centres d'informatique, bibliothèques scientifiques, services de santé pour les étudiants, hôpitaux et centres de médecine préventive, installations sportives, stades, cités universitaires, clubs, etc. . . .

Les activités des Conseils de recteurs permettent d'améliorer la qualité de la formation des étudiants, conformément aux exigences du progrès social et du développement de la science et de la technique. Elles favorisent la promotion culturelle de la jeunesse soviétique et assurent un lien permanent entre les établissements d'enseignement supérieur et la société.

The Councils of Rectors of universities and other institutions of higher education were set up between 1972 and 1973 in the major centres of higher education in the Soviet Union. There object is: to co-ordinate the activities of institutions of higher education; to gather and disseminate positive experience gained in the organization of the teaching process; to improve education and training and study and research activities; and also to improve the qualifications of teaching staff.

There are more than 80 Councils and these cover approximately 90% of the institutions of higher education in the country, as well as a significant number of branches and faculties of university institutions situated in other towns.

In addition to the heads of institutions of higher education, the Councils include students and members of academic staff; representatives of enterprises and organizations and of different sectors of industry, agriculture, science and culture; and responsible officials of local organs of government departments and social organizations. This makes it possible to maintain mutual relationship between the institutions of higher education and the most important sectors of social and economic life. A wide range of social and other organizations interested in the development of education is also associated with the work of the Councils of Rectors.

The Councils of Rectors function under the immediate direction of the Ministry of Higher and Specialized Secondary Education. Their main tasks are: to draw up measures for institutions of higher education to give effect to decisions taken by governing organs of the State for the development and improvement of higher education in the country; to draw up measures and proposals for the further development of higher education in the various economic regions of the country; to organize exchanges of experience and the study of the work of institutions of higher education in training specialists; to introduce progressive methods and new techniques of teaching and administration into the educational process; to develop measures favouring the cultural and the ideological and political training of students and the improvement of the teaching of the human and social sciences; to co-ordinate work on complex scientific problems being carried out in institutions of higher education and to develop student participation in research; to consolidate the efforts of institutions of higher education to improve the qualifications of academic staff; to strengthen relations between institutions of higher education and enterprises and organizations in matters concerning student participation in productive work and in the placement of graduates and to study the use of young graduates in different branches of the national economy; to co-ordinate the work of professional orientation and the organization of the preparation of young people for study in institutions of higher education, and to co-ordinate the intake of new students; to draw up measures for improving student living conditions, cultural and medical services and mass sports facilities in institutions of higher education; and to consolidate the efforts of institutions of higher education to develop and strengthen common inter-institutional material and study facilities.

The practical work of the Councils of Rectors has led to a more rapid development of higher education, the general level of activities of university institutions has been raised and a scheme for improving the qualifications of senior staff responsible for the direction of institutions of higher education has been set up and is functioning successfully.

The Councils of Rectors systematically promote a variety of inter-institutional activities—scientific and methodological and theoretical meetings, seminars, symposia, exhibitions, competitions for students in different fields of study and research, etc. Under their direction undertakings of inter-institutional significance have been set up including computer centres, scientific libraries, student health centres, hospitals and preventive health centres, sports centres, stadia, student campuses, and clubs.

The activities of the Councils of Rectors make possible an improvement in the quality of the training of graduates to meet the demands of social progress and the development of science and technology. They further the broad cultural training of Soviet youth and ensure a permanent link between the institutions of higher education and society.

Ministère de l'Enseignement supérieur et secondaire spécialisé de l'URSS, Moskva, Rossiskaja, SFSR.

Profsoiuz Rabotnikov Prosveščenija Vysšei Školy i Naučnyh Učreždenij SSSR.

Le Syndicat del 'Enseignement et de la Science de l'URSS réunit le personnel des institutions d'enseignement supérieur, des instituts de recherche et des autres établissements d'enseignement de tout le pays.

The Educational and Scientific Workers' Union groups members of staff of institutions

of higher education, of research institutes and of other educational establishments throughout the country.
Présidente: Madame T. P. Yanouchkovskaia.
Leninskij prosp. 42, Moskva, SSSR.

Department of Ecclesiastical Foreign Affairs (WSCF)
Russian Orthodox Church, Ryleev 18/2, Moskva 34, Rossiskaja SFSR.
Student Council of the U.S.S.R.
Bogdan Kmelnitsky 7/8, Moskva, Rossiskaja SFSR.
SPUTNIK International Youth Tourist Bureau for the U.S.S.R.
Lebiagiy per. 4, Moskva G-19, Rossiskaja SFSR.

*

Ministère de l'Enseignement supérieur et secondaire spécialisé de l'URSS
Moskva, Rossiskaja SFSR
Commission nationale de l'Union des Républiques socialistes soviétiques pour l'Unesco
Ministère des Affaires étrangères de l'U.R.S.S., Prospekt Kalinina 9, Moskva G-19, Rossiskaja SFSR.
Commission nationale de la République socialiste soviétique de Biélorussie pour l'Unesco
Bul' Lenin 8, Minsk, Belorusskaja SSR.
Commission nationale de la République socialiste soviétique d'Ukraine pour l'Unesco
Ul. Karla Liebnehta 15, Kiev, Ukrainskaja SSR.

UNITED KINGDOM—ROYAUME-UNI

UNIVERSITIES AND UNIVERSITY COLLEGES—
UNIVERSITES ET COLLEGES UNIVERSITAIRES

*University of Aberdeen, Aberdeen, Scotland AB 9 IAS. (The Secretary). *1494*
F : *art-soc, sc, law, med, div.*

University of Aston in Birmingham, Gosta Green, Birmingham, England B4 7ET.
1895, 1966
F : *eng, sc, soc, mangt.*

University of Bath, Claverton Down, Bath, England BA2 7AY. (The Secretary and Registrar). *1894, 1966*
S : *arc & bui-eng, biol, ch & ch eng, ed, elec, eng, hum-soc, mangt, mater, math, mod lang, phar, phy.*

*The Queen's University of Belfast, Belfast, N. Ireland BT7 1NN. *1845, 1908*
F : *arts, sc, law, med-dent, theo, agr-food sc, app sc-techn, eco-soc, ed.*

*University of Birmingham, P.O. Box 363, Birmingham, England B15 2TT. (The Registrar). *1880, 1900*
F : *arts, ed, sc-eng, law, med-dent, com-soc.*

*University of Bradford, Richmond Road, Bradford, England BD7 1DP. (The Registrar). *1957, 1966*
B of st : *eng, life sc, phys, soc.*

*University of Bristol, Bristol, England BS8 1TH. (The Director of Administration).
1876, 1909
F : *arc, arts, dent, sc, law, med, eng, soc, ed, vet.*

Brunel University, Kingston Lane, Uxbridge, Middlesex, England UB8 3PH. (The Academic Registrar). *1957, 1966*
S : *biol, ch, cyb, ed, eng, soc, math st, mater, phy.*

*University of Cambridge, The Old Schools, Cambridge, England CB2 1TN. (The Registrary). *XIII c.*
F : *arc-hist of arts, class, div, English, mod &*
medie lang, mus, orntl st, eco-pol, ed, hist, law, phil, eng, geog-geol, math, phy-ch, archae-anth, biol "A" (bot-zoo), biol "B" (anat-bioch-pathology), med.

Christ's College.	*1448, 1505*
Churchill College.	*1960*
Clare College.	*1326*
Clare Hall.	*1966*
Corpus Christi College.	*1352*
Darwin College.	*1964*
Downing College.	*1800*
Emmanuel College.	*1584*
Fitzwilliam College.	*1869, 1966*
Girton College.	*1869, 1924*
Gonville and Caius College.	*1348, 1558*
Hughes Hall.	*1885, 1949*
Jesus College.	*1496*
King's College.	*1441*
Lucy Cavendish Collegiate Society.	*1965*
Magdalene College.	*1542*
New Hall.	*1954*
Newnham College.	*1871, 1917*
Pembroke College.	*1347*
Peterhouse.	*1284*
Queens' College.	*1448, 1465*
St. Catharines' College.	*1473*
St. Edmund's House.	*1896, 1965*
St. John's College.	*1511*
Selwyn College.	*1882*
Sidney Sussex College.	*1596*
Trinity College.	*1546*
Trinity Hall.	*1350*
Wolfson College.	*1965, 1973*

The City University, St. John Street, London, England EC1V 4PB. *1891, 1966*
app sc, eng, mangt, soc.

Cranfield Institute of Technology, Cranfield, Bedford, England MK43 0AL.
app sc, aero, auto, electro-prod eng, mangt

(all postgraduate).
*University of **Dundee,** Dundee, Scotland
DD1 4HN. *1881, 1967*
F : *dent, ed, eng-app sc, law, med, sc, arts-soc, env st.*
*University of **Durham,** Old Shire Hall, Durham, England DH1 3HP. (The Registrar and Secretary). *1832*
F : *div, arts, sc, ed, law, mus, soc.*
University of **East Anglia,** Earlham Hall, Norwich, England NR4 7TJ. (The Registrar and Secretary). *1964*
S : *English-Am st, Eur st, soc, biol, ch, math-phy, env sc, fa-mus, dev st, comp st.*
University of **Edinburgh,** Old College, South Bridge, Edinburgh, Scotland EH8 9YL.
1583
F : *arts, sc, law, med-dent, div, mus, soc, vet.*
*University of **Essex,** Wivenhoe Park, Colchester, Essex, England CO4 3SQ. (The Registrar). *1965*
S : *comparative st, phy, soc, math st.*
*University of **Exeter,** Exeter, England EX4 4QJ. *1922, 1955*
F : *arts, sc, law, soc, appl sc, ed.*
*University of **Glasgow,** Glasgow, Scotland G12 8QQ. (The Secretary and Registrar).
1451
F : *arts, sc, law, med dent, div, eng, vet.*
* **Heriot-Watt University,** Edinburgh, Scotland EH1 1HX. *1821, 1966*
F : *eng, eco-soc, sc, env st.*
*University of **Hull,** Hull, England HU6 7RX. (The Registrar). *1927, 1954*
F : *arts, sc, soc, law.*
University of **Keele,** Keele, Staffordshire, England ST5 5BG. (The Registrar).
1949, 1962
B of st : *hum, nat, soc.*
University of **Kent at Canterbury,** The Registry, Canterbury, Kent, England CT2 7NZ. (The Registrar). *1964*
F : *hum, math, nat, soc.*
University of **Lancaster,** University House, Bailrigg, Lancaster, England LA1 4YW.
1964
B of st : *nat, math, techn-bus, soc-hist-phil, lang-lit-area st, ed.*
*University of **Leeds,** Leeds, England LS2 9JT. (The Registrar). *1884, 1904*

F : *arts, sc, law, med-dent, eco-soc, app sc, ed.*
*University of **Leicester,** University Road, Leicester, England LE1 7RH. (The Registrar). *1918, 1957*
F : *arts, ed, sc, soc, law, med.*
* University of **Liverpool,** P.O. Box 147, Liverpool, England L69 3BX. (The Registrar). *1881, 1903*
F : *arts, ed, sc, law, med-dent, eng, vet, soc-env st.*
*University of **London,** Senate House, Malet Street, London, England WC1E 7HU. (The Principal). *1836*
F : *theo, arts, sc, law, med-dent, eco, eng, mus, ed.*

*Institutes of the
University of London*

Courtauld Institute of Art, 20 Portman Square, London, England W1H OBE. (The Registrar and Secretary). *1932*
Institute of Advanced Legal Studies, 17 Russell Square, London, England WC1B 5DR. (The Secretary). *1947*
Institute of Archaeology, 31–34 Gordon Square, London, England WC1H OPY. (The Secretary and Registrar). *1937*
Institute of Classical Studies, 31–34 Gordon Square, London, England WC1H OPY. (The Secretary). *1953*
Institute of Commonwealth Studies, 27 Russell Square, London, England WC1B 5DS. (The Secretary). *1949*
Institute of Computer Science, 44 Gordon Square, London, England WC1H OPD. (The Secretary). *1957, 1964*
Institute of Education, Bedford Way London, England WC1H OAL. (The Secretary). *1902*
Institute of Germanic Studies, 29 Russell Square, London, England WC1B 5DP. (The Deputy Director). *1950*
Institute of Historical Research, Senate House, London, England WC1E 7HU. (The Secretary and Librarian). *1921*
Institute of Latin American Studies, 31 Tavistock Square, London, England WC1H 9HA. (The Secretary). *1965*

Institute of United States Studies, 31 Tavistock Square, London, England WC1H 9EZ. (The Secretary). *1965*
School of Slavonic and East European Studies, University of London, Senate House, London, England WC1E 7HU. (The Secretary-Registrar). *1915, 1932*
Warburg Institute, Woburn Square, London, England WC1H OAB. (The Secretary). *1944*
British Institute in Paris, 6, rue de la Sorbonne, 75005 Paris, France. (The London Secretary : c/o University of London, Senate House, London, England WC1E 7HU). *1927, 1969*

Schools of the
University of London

a) *Non-Medical*

Bedford College, Inner Circle, Regent's Park, London, England NW1 4NS. (The Secretary). *1849, 1909*
F : *arts, sc.*
Birkbeck College, Malet Street, London, England WC1E 7HX. (The Clerk to the Governors). *1823, 1926*
F : *arts, sc, eco.*
Chelsea College, Manresa Road, London, England SW3 6LX. (The Secretary). *1891, 1966*
F : *med, sc, ed.*
Imperial College of Science and Technology, South Kensington, London, England SW7 2AZ. (The Registrar). *1907*
King's College, Strand, London, England WC2R 2LS. (The Registrar). *1829*
F : *arts, sc, law, med, eng, mus, theo, ed, nat.*
London School of Economics and Political Science, Houghton Street, Aldwych, London, England WC2A 2AE. (The Academic Secretary). *1895*
F : *arts, soc.*
Queen Elizabeth College, 61–67 Campden Hill Road, London, England W8 7AH. (The Secretary). *1908*
F : *sc.*
Queen Mary College, Mile End Road, London, England E1 4NS. (The Registrar and Secretary). *1887, 1915*

F : *arts, sc, eng, law, soc.*
Royal Holloway College, Egham Hill, Egham, Surrey, England TW20 OEX. (The Registrar). *1886*
F : *arts, sc, mus.*
Royal Veterinary College, Royal College Street, Camden Town, London, England NW1 OTU. (The Bursar and Secretary). *1791*
School of Oriental and African Studies, Malet Street, London, England WC1E 7HP. (The Secretary). *1916*
F : *arts, law, eco, sc.*
The School of Pharmacy, 29-39 Brunswick Square, London, England WC1N 1AX. (The Dean). *1842, 1952*
University College, Gower Street, London, England WC1E 6BT. (The Registrar). *1826, 1907*
F : *arts, sc, law, med, eng, env st.*
Westfield College, Kidderpore Avenue, Hampstead, London, England NW3 7ST. (The Secretary). *1882, 1933*
F : *arts, sc.*
Wye College, Wye, Ashford, Kent, England TN25 5AH. (The Secretary and Clerk to the Governing Body). *1893, 1948*
F : *sc (agr), (hort).*

b) *Medical and Dental*

Charing Cross Hospital Medical School, Fulham Palace Road, London, England W6 9HH. (The Secretary). *1818*
Guy's Hospital Medical School, London Bridge, London, England SE1 9RT. (The Secretary). *1769*
King's College Hospital Medical School, Denmark Hill, London, England SE5 8RX. (The Secretary). *1831*
London Hospital Medical College, Turner Street, London, England E1 2AD. (The Secretary). *1785, 1900*
Middlesex Hospital Medical School, Mortimer Street, London, England W1P 7PN. (The Secretary). *1835*
Royal Dental Hospital of London, School of Dental Surgery, 32 Leicester Square, London, England WC2H 7LJ. (The Secretary). *1858*
Royal Free Hospital School of Medicine, 8

Hunter Street, Brunswick Square, London, England WC1N 1BP. (The Secretary). *1874*
St. Bartholomew's Hospital Medical College, West Smithfield London, England EC1A 7BE. (The Secretary). *1662*
St. George's Hospital Medical School, Blackshaw Road, Tooting, London, England SW17 OQT. (The Secretary). *c. 1734*
St. Mary's Hospital Medical School, Norfolk Place, Paddington, London, England W2 1PG. (The Secretary). *1854*
St. Thomas's Hospital Medical School, Albert Embankment, London, England SE1 7EH. (The Secretary). *XIII c.* Lambeth Palace Road, London, England SE1 7EH. (The Secretary).
University College Hospital Medical School, University Street, London, England WC1E 6JJ. (The Secretary). *1828*
Westminster Medical School, 17 Horseferry Road, Westminster, London, England SW1P 2AR. (The Secretary). *1834*

c) *Postgraduate Medical*

British Postgraduate Medical Federation, 33 Millman Street, London, England WC1N 3EJ. (The Secretary). *1945*
Lister Institute of Preventive Medicine, Chelsea Bridge Road, London, England SW1W 8RH. (The Secretary). *1891*
London School of Hygiene and Tropical Medicine, Keppel Street, Gower Street, London, England WC1E 7HT. (The Dean). *1924*
Loughborough University of Technology, Loughborough, England LE11 3TU. (The Academic Registrar). *1952, 1966*
S : *eng, human-env st, pure-app sc, ed st.*
***University of Manchester,** Oxford Road, Manchester, England M13 9PL. (The Registrar). *1851, 1880*
F : *arts, sc, law, med-dent, theo, eco-soc, ed, mus, techn, bus adm.*
***University of Manchester Institute of Science and Technology,** P.O. Box 88, Sackville Street, Manchester, England M60 1QD. (The Registrar). *1902, 1956* (Faculty of Technology in the University of Manchester).
University of Newcastle upon Tyne, Newcastle upon Tyne, England NE1 7RU. (The Registrar). *XIX c., 1963*
F : *arts, sc, law, med-dent, eco-soc, ed, app sc, agr.*
University of Nottingham, University Park, Nottingham, England NG7 2RD. (The Registrar). *1881, 1948*
F : *arts, pure sc, agr, app sc, ed, law-soc, med.*
* **The Open University,** Walton Hall, Milton Keynes, England MK7 6AA. *1969*
F : *arts, ed st, math, sc, soc, techn.*
I : *ed techn.*
***University of Oxford,** Oxford, England OX1 3BD. (The Registrar). *XII c.*
F : *theo, law, med, hum, anth-geog, biol-agr, English, mod hist, medie & mod lang, mus, orntl st, phy, math, psyc, physiological sc, soc.*

All Souls College.	*1438*
Balliol College.	*1263–68*
Brasenose College.	*1509*
Campion Hall.	*1896, 1918*
Christ Church.	*1546*
Corpus Christi College.	*1517*
Exeter College.	*1314*
Greyfriars.	*1910, 1957*
Hertford College.	*1740, 1874*
Jesus College.	*1571*
Keble College.	*1868, 1870*
Lady Margaret Hall.	*1878, 1926*
Linacre College.	*1962*
Lincoln College.	*1427*
Magdalen College.	*1458*
Mansfield College.	*1886, 1955*
Merton College.	*1264*
New College.	*1379*
Nuffield College.	*1937, 1958*
Oriel College.	*1326*
Pembroke College.	*1624*
The Queen's College.	*1340*
Regent's Park College.	*1810, 1957*
St. Anne's College.	*1879, 1952*
St. Anthony's College.	*1950*
St. Benet's Hall.	*1897, 1918*
St. Catherine's College.	*1962*
St. Cross College.	*1965*
St. Edmund Hall.	*c. 1278*
St. Hilda's College.	*1893, 1926*

St. Hugh's College. *1886, 1926*
St. John's College. *1555*
St. Peter's College. *1929, 1961*
Somerville College. *1879, 1926*
Trinity College. *1554–55*
University College. *1249*
Wadham College. *1612*
Wolfson College. *1966*
Worcestor College. *1283, 1714*
*University of **Reading**, Whiteknights, Reading, England RG6 2AH. (The Registrar). *1892, 1926*
F : *sc, agr-food, let-soc, urb-reg st, ed.*
Royal College of Art, Kensington Gore, London, England SW7 2EU. *1837, 1967*
fa, graph des, ind des (all postgraduate).
University of St. Andrews, St. Andrews, Scotland KY16 9AJ. (The Secretary and Registrar). *1410*
F : *arts, sc, div, med.*
*University of **Salford**, Salford, England M5 4WT. (The Registrar). *1896, 1967*
F : *pure sc, app sc, soc, mod langs.*
*University of **Sheffield**, Sheffield, England S10 2TN. (The Registrar). *1897, 1905*
F : *arts, pure sc, law, med-dent, soc, eng, arc, mater tec, ed, lib.*
*University of **Southampton**, Highfield, Southampton, England SO9 5NH. (The Secretary and Registrar). *1902, 1952*
F : *arts, sc, law, soc, ed, eng-app sc, med.*
University of Stirling, Stirling, Scotland, FK9 4LA. *1967*
arts, soc, sc, ed.
*University of **Strathclyde**, George Street, Glasgow, Scotland G1 IXW. (The Academic Registrar). *1796, 1964*
S : *math-phy, comp sc, ch-mater, mec & ch eng-nav arc, civ-mining eng, elec-eng, arc-buiplan, biol, arts-soc, bus-adm, phar sc.*
University of Surrey, Guildford, Surrey, England. (The Academic Registrar). *1891, 1966*
F : *biol-ch, eng, hum, math-phy.*
*University of **Sussex**, Falmer, Brighton, England BN1 9RH. (The Registrar and Secretary). *1961*

S : *African & Asian st, app sc, biol, cultural & comty st, English & Am st, Eur st, math-phy, molecular sc, soc.*
New University of Ulster, Coleraine, Co. Londonderry, N. Ireland. (The Registrar). *1965, 1970*
S : *biol-env st, ed, hum, phys, soc.*
*University of **Wales**, Cathays Park, Cardiff, Wales CF1 3NS. (The Registrar). *1893*
F : *law, med, theo, arc, ed, mus, rur sc, techn.*
University College of Wales, Aberystwyth, Dyfed, Wales SY23 2AX. (The Registrar). *1872*
F : *arts, sc-rur sc, law, ed, mus, eco-soc.*
University College of North Wales, Bangor, Gwyredd, Wales LL57 2DG. (The Secretary and Registrar). *1884*
F : *arts, sc, theo, ed, mus.*
University College, Cardiff, P.O. Box 78, Cardiff, Wales CF1 1XL. (The Registrar). *1883*
F : *arts, sc, theo, eco-soc, ed, mus, app sc, med-dent.*
St. David's University College, Lampeter, Dyfed, Wales SA 48 7ED. (The Principal). *1882, 1971*
arts, theo.
University College of Swansea, Singleton Park, Swansea, Wales SA2 8PP. (The Registrar). *1920*
F : *arts, sc, app sc, eco-soc.*
University of Wales Institute of Science and Technology, King Edward VII Avenue, Cardiff, Wales CF1 3NU. *1866, 1967*
S : *appl sc, bus-soc st, eng, env des, heal & life sc.*
Welsh National School of Medicine, Heath Park, Cardiff, Wales CF4 4XN. (The Registrar). *1931*
med-dent.
*University of **Warwick**, Coventry, England CV4 7AL. (The Registrar). *1965*
S : *hist, lit, soc-pol, eco-ind, sc, Eur st.*
University of York, Heslington, York, England YO1 5DD. (The Registrar). *1963*
arts, ed, nat, soc.

OTHER INSTITUTIONS—AUTRES INSTITUTIONS

Polytechnics—Polytechniques

City of Birmingham Polytechnic, The Grange, Franchise Street, Perry Barr, Birmingham, England B42 2TH.
Brighton Polytechnic, Moulsecoomb, Brighton, England BN2 4GJ.
Bristol Polytechnic, Coldharbour Lane, Fish Ponds, Bristol, England BS16 1QY.
The Polytechnic of Central London, 309 Regent Street, London, England WIR 8AL.
City of London Polytechnic, 117–119 Houndsditch, London, England EC3A 7BU.
Glamorgan Polytechnic, Llantwit Road, Treforest, Pontypridd, Glamorgan, Wales.
Hatfield Polytechnic, Hatfield P.O. Box 109, Herts., England AL1O 9AB.
Huddersfield Polytechnic, Queensgate, Huddersfield, England HD1 3DH.
Kingston Polytechnic, Penrhyn Road, Kingston-upon-Thames, England.
Lanchester Polytechnic, Priory Street, Coventry, England CV1 5FB.
Leeds Polytechnic, Calverley Street, Leeds, England LS1 3HE.
City of Leicester Polytechnic, P.O. Box 143, Leicester, England LE1 9BH.
Liverpool Polytechnic, Richmond House, 1 Rumford Place, Liverpool, England L3 9RH.
Manchester Polytechnic, Lower Ormond Street, All Saints, Manchester, England M15 6BX.
The Middlesex Polytechnic, The Borough, Hendon, London, England NW4 4BT.
Ulster College (The Northern Ireland Polytechnic), Jordanstown, Newtownabbey, County Antrim, Northern Ireland.

Newcastle upon Tyne Polytechnic, Ellison Building, Ellison Place, Newcastle upon Tyne, England NE1 8ST.
North-East London Polytechnic, Romford Road, London F15, England.
North Staffordshire Polytechnic, Beaconside, Stafford, England.
Oxford Polytechnic, Gipsy Lane, Headington, Oxford, England OX3 OBP.
Plymouth Polytechnic, Drake Circus, Plymouth, England PL4 8AA.
Portsmouth Polytechnic, Ravelin House, Museum Road, Portsmouth, England PO1 2QQ.
Preston Polytechnic, Corporation Street, Preston, England PR1 2Q.
Sheffield Polytechnic, Pond Street, Sheffield, England S1 1WB.
The Polytechnic of the South Bank, Borough Road, London SE1, England.
Sunderland Polytechnic, Chester Road, Sunderland, England SR1 35D.
Teesside Polytechnic, Borough Road, Middlesbrough, England TS1 3BA.
The Thames Polytechnic, Wellington Street, London SE 18, England.
Trent Polytechnic, Burton Street, Nottingham, England NG1 4BU.
The Polytechnic Wolverhampton, Wulfruna Street, Wolverhampton, England.
The Polytechnic of North London, Holloway, London N7, England.

Approximately 200 other Colleges of Technology and Further Education.
Environ 200 autres collèges techniques et d'éducation post-secondaire.

Central Institutions (Scotland)—Institutions centrales (Ecosse)

Robert Gordon's Institute of Technology, Schoolhill, Aberdeen, Scotland AB9 1FR.
Paisley College of Technology, High Street, Paisley, Renfrewshire, Scotland PA1 2BE.
Scottish College of Textiles, 36 Bank Street, Galashiels, Selkirkshire, Scotland 1 IER.

Duncan of Jordanstone College of Art, Perth Road, Dundee, Scotland DD1 4HT.
Dundee College of Technology, Bell Street, Dundee, Scotland DD1 1HG.
Edinburgh College of Art, Lauriston Place, Edinburgh, Scotland EH3 9DF.

Glasgow School of Art, 167 Renfrew Street, Glasgow, Scotland G3 6RQ.
Queen Margaret College, 36 Clerwood Terrace, Edinburgh, Scotland EH12 8TS.
The Queen's College, Glasgow, 1 Park Drive, Glasgow, Scotland G3 6LP.
The Royal Scottish Academy of Music and Drama, St. George's Place, Glasgow, Scotland G2 1BS.
Glasgow College of Technology, North Hanover Place, Glasgow, Scotland G4 0BA.
Napier College of Commerce and Technology, Colington Place, Edinburgh, Scotland EH10 5DT.

Approximately 45 other Colleges of Technology and Further Education.
Environ 45 autres collèges techniques et d'éducation post-secondaire.

Agricultural Colleges—Collèges d'Agriculture

East of Scotland College of Agriculture, West Mains Road, Edinburgh, Scotland EH9 3JG.
Writtle Agriculture College, Writtle, Chelmsford, England CM1 3RR.
Harper Adams Agricultural College, Newport, Shropshire, England TF10 8NB.
Lancashire College of Agriculture, Myerscough Hall, Bilsborrow, Preston, Lancashire, England.
North of Scotland College of Agriculture, 581 King Street, Aberdeen, Scotland AB9 1UD.
Royal Agricultural College, Cirencester, Gloucestershire, England.
Seale-Hayne Agricultural College, Newton Abbot, Devon, England.
Shuttleworth Agricultural College, Old Warden Park, Biggleswade, Bedfordshire, England.
Welsh Agricultural College, Llanbadarn Fawr, Aberystwyth, Wales.
West of Scotland Agricultural College, Auchincruive, Nr. Ayr, Scotland KA6 5HW.

Teacher Training—Formation pédagogique

Approximately 150 Colleges of Education—Environ 150 Collèges pédagogiques

---

University Grants Committee

The University Grants Committee was established in 1919 as a standing Committee of the Treasury. Its present terms of reference are as follows : "To enquire into the financial needs of university education in Great Britain; to advise the Government as to the application of any grants made by Parliament towards meeting them; to collect, examine and make available information relating to university education throughout the United Kingdom; and to assist, in consultation with the universities and other bodies concerned, the preparation and execution of such plans for the development of the universities as may from time to time be required in order to ensure that they are fully adequate to national needs".

In April 1964 ministerial responsibility for the University Grants Committee passed from the Chancellor of the Exchequer to the Secretary of State for Education and Science. Members of the Committee are appointed by the Secretary of State for Education and Science, in consultation with the Secretary of State for Scotland and the Secretary of State for Wales. The Committee has a number of Sub-Committees, e.g., on Arts, Social Studies, Physical Sciences, Biological Sciences, Technology, Medicine, Dentistry, Agriculture, and Veterinary Science.

Payments to the universities, made on the recommendation of the Committee, take the form of recurrent grants which account for the major part of the general income of the universities, and non-recurrent grants for specific capital expenditure.

The University Grants Committee publishes annually a survey of its work and a statistical abstract of student and staff numbers and financial information relating to university institutions on its grant list, and reports quinquennially on the progress and financial needs of university education.

Le Comité des crédits universitaires a été créé en 1919 en tant que Comité permanent du Trésor. Ses attributions sont actuellement définies comme suit: «Enquêter sur les besoins financiers de l'enseignement universitaire en Grande-Bretagne; conseiller le gouvernement sur l'affectation de tous les crédits consentis par le Parlement pour les satisfaire; collecter, analyser et diffuser des informations concernant l'enseignement universitaire dans l'ensemble du Royaume-Uni; prêter son concours, en liaison avec les universités et les autres organismes intéressés, à l'élaboration et à la mise en œuvre des plans de développement universitaire éventuellement requis pour que les universités soient pleinement en mesure de répondre aux besoins nationaux».

En avril 1964, le Comité fut transféré de la compétence du chancelier de l'Echiquier à celle du secrétaire d'Etat à l'éducation et à la science. Les membres du comité sont nommés par le secrétaire d'Etat à l'éducation et à la science, en consultation avec le secrétaire d'Etat pour l'Ecosse et le secrétaire d'Etat pour le Pays de Galles. Le Comité a divers sous-comités, notamment pour les lettres, les sciences sociales, les sciences physiques, les sciences biologiques, la technologie, la médecine, la stomatologie, l'agriculture et les sciences.

Les fonds versés aux universités, sur la recommandation du Comité, prennent la forme soit de crédits de fonctionnement qui représentent la majeure partie des revenus des universités, soit de crédits d'investissement pour des besoins particuliers.

Le Comité publie annuellement un compte rendu de ses travaux et un recueil statistique sur les effectifs d'enseignants et d'étudiants, ainsi que des informations financières sur les institutions universitaires bénéficiaires de crédits. En outre, il établit un rapport quinquennal sur le développement et les besoins financiers de l'enseignement universitaire.

Chairman: Sir Frederick Dainton.
Secretary: J. P. Carswell.
14 Park Crescent,
London W1N 4DH.

Committee of Vice-Chancellors and Principals

The Committee of Vice-Chancellors and Principals of the Universities of the United Kingdom, first established in 1918, originated in occasional meetings of the academic heads of universities convened for special purposes. The committee is a consultative and advisory body. It considers matters of common interest to universities and is not restricted to topics specifically referred to it. The Committee consists of the vice-chancellors of the universities in England and Wales and the principals of the universities in Scotland which are in receipt of grants through the University Grants Committee, the vice-chancellors of the two universities in Northern Ireland, certain additional members from the universities of London, Manchester, and Wales, and the Vice-Chancellor of The Open University. The decisions of the Committee do not bind the universities, but, by its consultative activities and the nature of its membership, the Committee holds an influential position in university affairs. All major university matters are kept under regular review by the Committee, supported by its general purposes committee, its four standing committees—concerned respectively with matters of finance and development, academic affairs, staff and student affairs, international university affairs—and by a number of specialist sub-committees.

The Committee has been instrumental in the establishment of several delegate bodies, representative of the universities, to undertake specific tasks. These include the Universities' Central Council on Admissions, the Standing Conference on University Entrance, and the Universities' Committee on Non-Teaching Staffs.

The Chairman of the Committee is elected

annually.

Le Comité des vice-chanceliers et principaux des universités du Royaume-Uni, créé en 1918, doit ses origines à une série de réunions occasionnelles de chefs d'université convoquées à des fins particulières. Organisme consultatif, le Comité examine les questions d'intérêt commun aux universités et n'est pas tenu de se limiter aux sujets qui lui sont explicitement soumis. Il se compose des vice-chanceliers des universités d'Angleterre et du Pays de Galles, des principaux des universités d'Ecosse, bénéficiaires des fonds du Comité des crédits universitaires, des vice-chanceliers des deux universités de l'Irlande du Nord, ainsi que d'un certain nombre de membres supplémentaires des universités de Londres, de Manchester et du Pays de Galles, et le vice-chancelier de l'Open University. Les décisions du Comité ne lient pas les universités, mais, de par ses activités consultatives et sa composition, le Comité exerce une influence considérable sur les affaires universitaires. Les comité étudie en permanence les principales questions universitaires avec le concours de son comité des objectifs généraux, de ses quatre comités permanents s'occupant respectivement des affaires financières et du développement, des problèmes académiques, des questions intéressant le personnel enseignant et les étudiants et des relations universitaires internationales, et d'un certain nombre de sous-comités formés de spécialistes.

Le Comité a contribué à la création de plusieurs organismes représentatifs des universités et chargés de tâches précises, notamment le Conseil central des universités pour les admissions, la Conférence permanente sur l'entrée dans les universités et le Comité du personnel non-enseignant des universités.

Le Président du Comité est élu tous les ans.
Chairman (1976–77) : Sir John Habakkuk, Vice-Chancellor, University of Oxford.
Secretary-General: Sir Roy Marshall.
Executive Secretary: B. H. Taylor.
29 Tavistock Square, London WC1H 9EZ.

The Universities Central Council on Admissions

The Universities Central Council on Admissions (UCCA) was set up by the universities of the United Kingdom in 1961. The UCCA office receives applications for admission to full-time first degree courses at all the universities and university colleges in the United Kingdom; decisions on such applications are made by the universities themselves and transmitted through the UCCA office.

The Council, which consists of representatives of all participating universities, publishes annual reports and statistical supplements about university admissions. Its activities are financed by the universities of the United Kingdom. Its staff are members of the staff of the Association of Commonwealth Universities (see page 555) with which its office has an integral relationship.

Le Conseil central des universités pour les admissions a été créé par les universités du Royaume-Uni en 1961. Il reçoit les demandes d'admission en première année pour tous les programmes à plein temps dans toutes les universités et collèges universitaires du Royaume-Uni; les décisions sur ces demandes sont prises par les universités elles-mêmes et transmises par l'intermédiaire des bureaux du Conseil.

Le Conseil se compose de représentants de toutes les universités participantes; il publie des rapports annuels et des suppléments statistiques sur les admissions aux universités. Ses activités sont financées par les universités du Royaume-Uni. Son personnel se compose de membres du personnel de l'Association des universités du Commonwealth (voir p. 555) avec laquelle il entretient des rapports organiques.
Chairman: Dr. H. R. Pitt, Vice-Chancellor, University of Reading.
Secretary: L. R. Kay.
P.O. Box 28, Cheltenham, Glos. GL50 1HY.

Council for National Academic Awards (CNAA)

The Council is a self-governing body established by Royal Charter in September 1964. It has powers granted by its Charter to

award degrees and other academic qualifications, comparable in standard with those granted by United Kingdom universities, to students who complete approved courses of study or research in establishments which do not have the power to award their own degrees.

The Chairman and twenty-five members of the Council are appointed by the Secretaries of State for Education and Science and for Scotland for a period of three years. The Chief Officer is the one executive member of the Council. The Chairmen of the five main Committees of Council, if not otherwise appointed, are *ex officio* members of the Council, which may itself appoint up to three co-optative members. The Council is advised on academic policy by its five main Committees, four of which are concerned with groups of related disciplines, namely (i) Art and Design; (ii) Arts and Social Studies; (iii) Education; and (iv) Science and Technology, while the fifth is concerned with Research Degrees. The membership of each of these is determined by Council and is reviewed every three or four years.

The assessment of courses and research degree applications submitted to the Council is carried out by some seventy Subject Boards, Groups and Specialist Panels, under authority delegated to them by Council and the Committees to which they are responsible. The number and composition of the Subject Boards responsible to each Committee are determined by the Committee and normally renewed every three years. The membership of each Subject Board or Panel normally comprises teachers from universities and from the polytechnics and other colleges associated with the Council, members from industry, commerce or other appropriate organizations and independent practitioners in the field. The special groups set up by the Committee for Education to consider each submission for a BEd course also include practising school teachers. Each Board, Group or Panel is responsible to the relevant Committee for ensuring that the provisions of Statute 8(5) of the Council's Charter and Statutes are fulfilled.

This Statute states : "Each Committee shall, subject to the provisions of the Rules, exercise and be responsible to the Council for the following functions : (a) Ensuring that the Degrees, Diplomas, Certificates and other academic awards and distinctions granted and conferred by the Council in the subjects assigned to the Committee are comparable in standards to awards granted and conferred by universities : (b) Approval of courses of study in the subjects assigned to the Committee after having had regard to (i) the standard of work in the subject of a course at the establishment at which it is being pursued and the facilities available thereat for that course; (ii) the curriculum and syllabus of a course; (iii) the qualifications of the teachers conducting a course; (iv) any arrangements for practical training and experience in connexion with a course; (v) the standards required for admission to a course; and (vi) the arrangements for conducting examinations in the subjects assigned to the Committee and for the appointment of external examiners to act with the teaching staff of the establishment."

Approval of course of study or research is subject to the appropriate regulations of Council which include, *inter alia*, (i) Regulations and Conditions for the Award of the Council's First Degrees; (ii) Regulations and Conditions for the Postgraduate Courses of Study leading to the Award of the Council's Degrees of Master of Philosophy and Doctor of Philosophy; (iv) Regulations and Conditions for the Award of Higher Doctorates; (v) Guidelines for Diplomas of Higher Education.

Le "Council for National Academic Awards" est un organisme autonome créé par Charte royale en septembre 1964. Il peut, aux termes de la charte qui le régit, délivrer des grades et d'autres diplômes d'un niveau comparable à celui des universités du Royaume-Uni à des étudiants qui achèvent des programmes d'études ou de recherche officiellement reconnus dans des établissements non habilités à conférer leurs propres diplômes.

Le Président et les vingt-cinq membres du Conseil sont nommés pour trois ans par le Secrétaire d'Etat pour l'éducation et la science et le Secrétaire d'Etat pour l'Ecosse. Le "Chief Officer" (directeur) est le seul agent d'exécution qui soit en même temps membre du Conseil. Les Présidents des cinq principaux Comités du Conseil sont, s'il n'y ont pas été nommés, membres de droit du Conseil, qui peut lui-même nommer jusqu'à trois membres cooptés. Le Conseil bénéficie, en ce qui concerne la politique d'enseignement, du concours de ses cinq principaux Comités, quatre d'entre eux s'occupant de disciplines connexes, c'est-à-dire i) l'art et les arts graphiques; (ii) les lettres et les sciences sociales; (iii) les sciences de l'éducation; (iv) les sciences et la technologie, le cinquième s'occupant des diplômes au niveau de la recherche. La composition de chacun de ces Comités est fixée par le Conseil et est réexaminée tous les trois ou quatre ans.

Quelque soixante-dix Commissions, Groupes et Comités d'experts chargés de disciplines particulières, qui se sont vu déléguer des pouvoirs par le Conseil et les Comités devant lesquels ils sont responsables, procèdent à l'évaluation des cours et des demandes de diplômes de recherche qui sont soumis au Conseil. Le nombre et la composition des Commissions chargées des disciplines particulières sont fixés par chaque Comité; la composition en est normalement renouvelée tous les trois ans. Chaque Commission ou Groupe chargé d'une discipline comprend généralement parmi ses membres des enseignants des universités, des "Polytechniques" et d'autres collèges associés au Conseil, des membres de l'industrie, du commerce ou d'autres organismes, ainsi que des praticiens exerçant à titre indépendant dans ces domaines. Les groupes spéciaux créés par le Comité pour l'éducation, qui examinent les dossiers de tous les étudiants désirant suivre un cours conduisant au "Bachelor of Education" (B.Ed.), comprennent également parmi leurs membres des enseignants en exercice. Chaque Commission ou Groupe est responsable devant son Comité du respect des dispositions de l'Article 8(5) de la Charte et des Statuts du Conseil.

Cet Article stipule que "chaque Comité, sous réserve des dispositions du Règlement, exerce les fonctions suivantes dont il est responsable devant le Conseil : (a) veiller à ce que les grades, les diplômes, les certificats et autres titres académiques conférés par le Conseil dans les domaines dont le Comité est responsable soient d'un niveau comparable à celui des titres conférés par les universités; (b) approuver les programmes d'études dans les disciplines dont le Comité est responsable, après avoir pris en considération (i) le niveau de l'établissement en ce qui concerne les études dans une discipline donnée, et les facilités offertes pour celles-ci; (ii) le programme du cours; (iii) les qualifications des enseignants assurant le cours; (iv) toutes dispositions prises en vue de l'acquisition d'une formation et d'une expérience pratiques ayant rapport au cours; (v) le niveau requis pour l'admission au cours; et (vi) les dispositions relatives au déroulement des examens dans les disciplines relevant de la compétence du Comité, ainsi qu'à la nomination d'examinateurs venant de l'extérieur appelés à se joindre au corps enseignant de l'établissement".

Les programmes de formation ou de recherche sont approuvés dans la mesure où ils sont conformes aux divers règlements du Conseil qui comprennent notamment (i) Règlements et Conditions d'octroi des premiers grades du Conseil; (ii) Règlements des Etudes postgraduées sanctionnées par les grades de "Master of Philosophy" et de "Doctor of Philosophy" conférés par le Conseil; (iii) Règlements concernant la collation des doctorats dits supérieurs; (v) Directives pour les diplômes de l'enseignement supérieur.

Chairman: Sir Michael Clapham.
Chief Officer: Dr. Edwin Kerr.
Registrar: D. J. E. Sloman.
Secretary: B. A. T. Bleach.
344/354 Gray's Inn Road, London WCIX 8BP.

The Committee of Directors of Polytechnics (CDP)

Between 1969 and 1973, thirty groupings of well-established educational institutions in England and Wales were formally des-

ignated as Polytechnics. They constitute comprehensive academic communities within the public sector of higher education and their broadly-based curricula span the arts, business and social studies, science and technology, art and design and education at postgraduate, undergraduate, diploma and certificate levels. The full-time and sandwich courses attract students from the whole of the UK and from overseas, while part-time courses are also available to serve local and regional needs. The Polytechnics thus offer distinctive educational opportunities which are alternative and complementary to those of the Universities, and are characterised by a dual concern for vocational relevance and high academic achievement. Almost all the degree courses are validated by the Council for National Academic Awards, a body required by its Charter to maintain standards equivalent to those of the Universities.

By 1976, some 100,000 students were enrolled on full-time and sandwich courses in the Polytechnics, of whom two-thirds were studying for qualifications at or above first degree level. In addition, 80,000 students were following part-time courses extending throughout the academic year, and a further 40,000 were enrolled on post-experience short courses of a professional or vocational nature.

The Committee of Directors of Polytechnics (CDP) was formally established in April 1970. The directors of all 30 Polytechnics are full members of this advisory body and observer membership is extended to representatives of analogous institutions in Scotland and Northern Ireland.

The key purposes of the CDP are to provide a forum for the discussion of matters of common concern to Polytechnics and to contribute to the evolution of policy for the development of this sector of higher education. In keeping with this rôle the Committee seeks to ensure full polytechnic representation in the national and international consideration of higher education. The CDP itself presents evidence on major issues to parliamentary and other national committees enquiring into educational matters, and regularly meets representatives from central and local government and from other bodies with an interest in higher education.

A supporting framework of semi-specialized Standing Committees has been evolved to keep broad areas of interest under review, and working groups are set up to make detailed recommendations on specific topics.

The CDP publishes an annual Polytechnic Courses handbook which provides comparative information on all full-time and sandwich advanced courses offered by polytechnics.

Par regroupement d'établissements d'enseignement reconnus d'Angleterre et du Pays de Galles, trente institutions officiellement désignées sous le terme de "Polytechnics" ont été créés de 1969 à 1973. Ils constituent des communautés académiques polyvalentes dans le secteur public de l'enseignement supérieur et le large éventail de leurs programmes embrasse les lettres, les sciences économiques et commerciales, les sciences sociales, la science et la technologie, l'art et les arts graphiques et les sciences de l'éducation aux niveaux tant postgradué qu'à celui des premiers cycles, des diplômes et des certificats. Cours à plein temps et cours et stages alternés attirent aussi bien des étudiants de toutes les parties du Royaume-Uni que des étudiants étrangers; des cours à temps partiel sont également organisés pour répondre aux besoins locaux. Les "Polytechnics" offrent ainsi des formations à la fois différentes et complémentaires de celles des universités. Leur double caractéristique est de rechercher tant l'utilité professionnelle que la qualité intellectuelle de la formation. Presque toutes les filières menant à un grade sont officiellement reconneus par le Council for National Academic Awards, organisme dont la Charte exige qu'il octroie des diplômes et des qualifications de même niveau que celui des universités.

En 1976, les "Polytechnics" comptaient quelque 100.000 étudiants inscrits à plein temps ou à des cours et stages alternés; deux-tiers d'entre eux se préparaient en vue d'une

qualification se situant soit au niveau du premier grade, soit au-delà. En outre, 80.000 étudiants suivaient des cours à temps partiel durant toute l'année universitaire; 40.000 étaient inscrits à de brefs cours de recyclage professionnel.

Le Comité des Directeurs de Polytechniques (CDP) a été officiellement constitué en avril 1970. Les membres titulaires de cet organisme consultatif sont les directeurs des trente Polytechnics; la qualité de membre observateur est accordée aux représentants des institutions analogues d'Ecosse et d'Irlande du Nord.

Les principaux objectifs du CDP sont de fournir un cadre de discussion pour les problèmes d'intérêt commun aux Polytechnics et de contribuer à l'évolution de la politique en vue du développement de ce secteur de l'enseignement supérieur. En tenant ce rôle, le Comité cherche à assurer une représentation adéquate des Polytechnics dans le domaine de l'enseignement supérieur, aux niveaux tant national qu'international. Le CDP lui-même soumet des dossiers aux comités parlementaires et aux autres comités nationaux effectuant des enquêtes sur des problèmes éducatifs; il se réunit régulièrement avec des représentants du gouvernement à l'échelon central et régional et des membres d'autres organismes s'occupant d'enseignement supérieur.

Un ensemble de Comités permanents semi-spécialisés a été constitué pour passer en revue les principaux domaines d'intérêt, et des groupes de travail ont été créés pour formuler des recommandations détaillées sur des sujets déterminés. Le CDP publie chaque année un guide des cours des Polytechnics; cette publication contient les renseignements nécessaires sur tous les cours à plein temps et tous les cours et stages alternés organisés par ces établissements.

Chairman (1976-78): Dr. Arthur Suddaby, Provost, City of London Polytechnic.
Secretary: P. L. Flowerday.
309 Regent Street, London W1R 7PE.

The Inter-University Council for Higher Education Overseas

The Council is a representative organization of United Kingdom universities set up to encourage co-operation between United Kingdom universities and university institutions overseas in East, West and Central Africa; Botswana, Lesotho and Swaziland; the Sudan; Ethiopia; the West Indies and Guyana; Hong Kong; Malaysia and Singapore; Malta; Mauritius; Papua New Guinea; and the South Pacific.

A major part of the Council's work is concerned with the development and financial support of an increasing variety of inter-departmental or inter-faculty arrangements between universities in the United Kingdom and overseas. This involves the arranging of short-term visits and assignments overseas for teaching, advisory or examination purposes, and assistance with local staff development programmes by providing training awards in academic, administrative, library, and technical fields to broaden the university experience of local staff members of overseas universities.

In addition the Council assists in staff recruitment, advertising in the region of 900 vacancies a year on behalf of overseas institutions and, with the introduction of two new schemes, Secondment Grants and Tenure Post Support Grants, hopes to facilitate the release of United Kingdom staff members on secondment overseas.

The Council also offers general consultative services to overseas institutions with regard to academic programmes, building plans, constitutions and terms of service.

The Council, which is recognized as the focal point for co-ordinating British assistance to overseas universities in association with the IUC, is responsible for administering approximately £1.8m a year to over 35 university institutions with over 50,000 students.

Le Conseil interuniversitaire pour l'enseignement supérieur outre-mer est une organisation représentative des universités du Royaume-Uni créé pour promouvoir la coopération entre les institutions universitaires d'outre-mer, notamment d'Afrique orientale, occidentale et centrale; du Botswana, du Lesotho, et du Swaziland; du Soudan; d'Ethio-

pie; des Antilles et de Guyane; de Hong-Kong; de Malaisie et de Singapour; de Malte; de l'Ile Maurice; de Papouasie Nouvelle Guinée; et du Pacifique Sud.

Une part importante du travail du Conseil porte sur le développement et le financement d'une variété croissante d'accords interdépartementaux ou interfacultaires entre les universités du Royaume-Uni et les universités d'outre-mer. Le Conseil est aussi amené à organiser de courtes missions à l'étranger d'enseignants, de consultants et d'examinateurs, et contribue aux programmes de perfectionnement du personnel local des universités d'outre-mer par l'octroi de bourses de formation dans divers domaines académique, administratif, technique et documentaire.

Le Conseil aide en outre au recrutement de personnel universitaire en annonçant environ 900 vacances par an au nom d'universités d'outremer et il espère faciliter le détachement à l'étranger d'enseignants britanniques grâce aux deux nouvelles formules de primes de détachement et de financement complémentaire pour les enseignants titularisés.

Le Conseil fournit aussi des services consultatifs aux institutions d'outre-mer en ce qui concerne leurs programmes d'enseignement, leurs projets de construction, leur organisation interne et leur politique d'emploi.

Le Conseil est reconnu comme l'organe coordinateur central de l'assistance britannique aux institutions d'outre-mer associées à l'IUC. Il administre des programmes d'un montant approximatif de 1.800.000 £ par an au profit de plus de 35 institutions universitaires comptant plus de 50.000 étudiants.
Chairman: J. B. Butterworth.
Director: R. C. Griffiths.
Assistant Directors: I. C. M. Maxwell; T. J. Wilshire.
90/91 Tottenham Court Road, London WIP ODT.

The British Council

The British Council was established in 1934 to promote a wider knowledge of Britain and of the English language abroad and to develop closer cultural relations with other countries. Its work embraces culture in its widest sense and includes education, science, medicine, the arts and every kind of social and intellectual interchange. The Council received its Royal Charter in 1940. It is represented in over 75 overseas countries.

The Council is the principal agent of Her Majesty's Government for cultural conventions with twenty-three countries. It also has responsibilities in the implementation of intergovernmental educational, scientific and cultural programmes agreed with East European countries. Work in support of the teaching of English abroad is one of the Council's main activities. The Council's general policy is to co-operate with ministries of education overseas in the training of local teachers of English, and in advising on syllabuses, textbooks and multi-media learning resources. The Council maintains an English Teaching Information Centre in London which provides advice and information on language learning and teaching. Education in its broadest sense forms the largest element in the Council's general cultural work—overseas. Representatives normally act as education advisers (sometimes as cultural attachés) to British embassies and high commissions, and in the Third World have considerable responsibilities as agents for the Ministry of Overseas Development (ODM) in the field of educational aid. Council staff both at home and abroad include specialists in a whole range of educational and scientific activities and they maintain close contact with those working in teacher education, curriculum development, university interchange, educational technology and science teaching and research. In addition, the Council recruits for a variety of posts in overseas universities, colleges, schools and in ministries of education; assists British-type schools; conducts British examinations where appropriate; and provides information and advice on all aspects of British educational life. Council educational and scientific work overseas is supported by specialist departments in headquarters which provide consultancy and resource services. There are also highly de-

veloped facilities in educational technology with resources for advisory work and training and materials production. The Council sponsors tours and exhibitions to demonstrate British achievements in the field of drama, music and the fine arts.

The Council maintains 134 reference or lending libraries in the countries in which it is represented and, as ODM's agent, manages the Low Priced Book Scheme which is designed to provide tertiary level textbooks and books on the teaching and learning of English for students in certain developing countries at greatly reduced prices. It also helps to promote the use of British publications overseas by organizing exhibitions of books and periodicals (274 in 1975/76).

The British Council promotes educational, youth, and other exchanges with overseas countries primarily by sponsoring visits in both directions. It sends British specialists abroad on short advisory visits and recruits British teachers for service in overseas universities and schools. It arranges and supports academic interchanges between Britain and Commonwealth countries through its Commonwealth University Interchange Committee, and between Britain and European countries through its Academic Interchange with Europe Committee. It also acts for many foreign movements in publicising their scholarships and organizing selection boards, and in most developing countries the Council administers the British Volunteer Programme on behalf of the sending society.

It offers a number of scholarships for study in Britain to postgraduate students, and others from Commonwealth and foreign countries. It administers on behalf of various United Nations Specialized Agencies a number of United Nations Fellowships programmes, including those involving postgraduate study; similarly it administers on behalf of the Ministry of Overseas Development training awards under H.M.G.'s technical assistance programmes.

The Council maintains offices in Britain, mainly in university cities, to provide services for professional visitors and students.

Publications include: A Survey of Academic Links (alternate years); British Book News (monthly); British Medical Bulletin (three times a year); British Medicine (monthly); Educational Broadcasting International (quarterly); Higher Education in the United Kingdom (alternate years); How to Live in Britain, a handbook for students (alternate years); Overseas Students in Britain (annually); Scholarships Abroad (annually); Writers and their Work (six times a year); British Scientific Documentation Services (alternate years); and a wide range of free and priced publications on the learning and teaching of English, including Language Teaching Abstracts (four times a year).

Le Conseil britannique a été créé en 1934 afin de promouvoir à l'étranger la connaissance de la Grande-Bretagne et de la langue anglaise et d'établir d'étroites relations culturelles avec d'autres pays. Ses activités sont d'ordre culturel au sens le plus large et portent sur l'éducation, la science, la médecine, les lettres et les arts et toutes sortes d'échanges de caractère social et intellectuel. Il a reçu une Charte royale en 1940. Il est représenté dans plus de 75 pays étrangers.

Le Conseil est le principal instrument du gouvernement de Sa Majesté pour l'application des accords culturels conclus avec vingt-trois pays. Il contribue également à la mise en œuvre de programmes éducatifs et culturels intergouvernementaux établis en accord avec les pays d'Europe de l'Est. L'une des principales activités du Conseil consiste à promouvoir l'enseignement de l'anglais à l'étranger. Sa politique est de coopérer avec les ministres de l'éducation des pays étrangers en vue de la formation d'enseignants d'anglais nationaux de ces pays, et il donne des avis sur les programmes, les manuels et les matériels pédagogiques «multi-media». Le Conseil dispose à Londres d'un Centre d'information sur l'enseignement de l'anglais, qui donne des conseils et fournit des renseignements sur l'apprentissage et l'enseignement des langues. L'éducation au sens le plus large constitue l'élément essentiel des activités culturelles générales du Conseil Ses représentants à

l'étranger servent fréquemment de conseillers en matière d'éducation (quelquefois d'attachés culturels) auprès des ambassades et hautes commissions britanniques, et assument, dans les pays du Tiers-Monde, d'importantes fonctions en tant que représentants du Ministère du Développement Outre-Mer dans le domaine de l'aide à l'éducation. Le personnel du Conseil tant en Grande-Bretagne qu'à l'étranger comprend des spécialistes de toute une gamme d'activités éducatives et scientifiques, qui entretiennent d'étroites relations avec les personnes s'occupant de formation pédagogique, d'amélioration des programmes, d'échanges universitaires, de technologie éducative et d'enseignement et de recherche scientifique. Le Conseil s'occupe de recrutement pour divers postes dans des universités, collèges, écoles et ministères de l'éducation étrangers, apporte son concours à des écoles de type britannique; fait, le cas échéant, passer des examens britanniques; et fournit des informations et des avis sur tous les aspects de l'enseignement en Grande-Bretagne. Les activités éducatives et scientifiques du Conseil à l'étranger sont soutenues par des départements spécialisés installés au siège et qui fournissent des services consultatifs et logistiques. Le Conseil dispose aussi d'un équipement très perfectionné en technologie de l'éducation permettant de fournir des services consultatifs, de dispenser une formation et de mettre au point des matériels. Il patronne des tournées et des expositions qui présentent les meilleures réalisations britanniques dans le domaine du théâtre, de la musique et des beaux-arts.

Le Conseil administre 134 bibliothèques de référence ou de prêt dans les pays où il est représenté. Il gère en outre, en tant que représentant du Ministère du Développement Outre-Mer, le Programme de vente de livres à prix réduit, qui permet aux étudiants de certains pays en voie de développement d'acquérir, pour un prix sensiblement plus bas, des livres et manuels d'apprentissage et d'enseignement de l'anglais au niveau postsecondaire. Il contribue également à promouvoir à l'étranger l'utilisation des publications britanniques, en organisant des expositions de livres et de périodiques (274 en 1975-76).

Le Conseil britannique stimule les échanges éducatifs, de jeunes, ou autres, avec les pays étrangers, notamment en patronnant des visites dans les deux sens. Il envoie des spécialistes britanniques à l'étranger pour de brèves missions consultatives et recrute des enseignants britanniques pour les universités et écoles d'outre-mer. Il organise et soutient les échanges universitaires entre la Grande-Bretagne et les pays du Commonwealth par son Comité du Commonwealth pour les échanges universitaires, et entre la Grande-Bretagne et les autres pays d'Europe par son Comité pour les échanges universitaires avec l'Europe. Il assure également des services à de nombreux gouvernements étrangers en annonçant les bourses offertes par eux et en organisant des comités de sélection; en outre, dans la plupart des pays en voie de développement, le Conseil administre, pour le compte de l'organisme envoyeur, le programme britannique de volontaires.

Il offre un certain nombre de bourses d'études en Grande-Bretagne aux étudiants avancés du Commonwealth et des pays étrangers. Il administre, pour le compte de diverses Institutions spécialisées des Nations Unies, une série de programmes de bourses des Nations Unies, y compris dans le domaine des études avancées; il administre également, pour le compte du Ministère du Développement Outre-Mer, des bourses de formation accordées au titre des programmes d'assistance technique du gouvernement britannique.

Le Conseil entretient des bureaux en Grande-Bretagne, principalement dans les villes universitaires, afin d'assurer des services aux universitaires et aux étudiants en visite.

Parmi les publications figurent: A Survey of Academic Links (tous les deux ans); British Book News (mensuelle); British Medical Bulletin (trois fois par an); British Medicine (mensuelle); Educational Broadcasting International (trimestrielle); Higher Education in the United Kingdom (tous les deux ans); How to Live in Britain, a handbook for students (tous les deux ans); Overseas Students in Britain (annuelle); Scholarships Abroad (annuelle); Writers and their Work (six fois par an); British Scientific

Documentation Services (tous les deux ans); et une vaste gamme de publications gratuites et payantes sur l'apprentissage et l'enseignement de l'anglais, comprenant notammer Language Teaching Abstracts (quatre fois par an).
Director-General: Sir John Llewellyn.
10 Spring Gardens, London SW1A 2BN.

Carnegie Trust for the Universities of Scotland

The annual income of the Trust is about £300,000 which is devoted to the improvement and expansion of the universities of Scotland and the extension of opportunities for postgraduate study and research, and to assisting Scottish students in the payment of university fees.

Les revenus annuels du Fonds Carnegie pour les universités d'Ecosse se montent à environ £300.000, qui sont consacrés à l'amélioration et au développement des universités d'Ecosse, à l'extension du dispositif d'études avancées et de recherche et à l'assistance des étudiants écossais dans le paiement de leurs droits d'études.
Secretary and Treasurer: Anthony E. Ritchie.
Merchant's Hall, 22 Hanover Street, Edinburgh EH2 2EN, Scotland.

United States—United Kingdom Educational Commission

Established by agreements between the United Kingdom and the United States Governments in 1948, 1965 and 1971 as a binational Commission of seven British and seven American members, the Commission administers the Fulbright/Hays programme in the United Kingdom. It offers scholarships to American graduate students for research and study, and awards to visiting American lecturers and advanced research scholars, in Britain and the overseas territories.

Similarly grants are made to British Visiting Lecturers and Research Scholars covering round-trip travel between a scholar's home in Britain and his host institution in America. For British postgraduate students a maintenance allowance is paid in dollars for an academic year, in addition to round-trip travel.

La Commission d'éducation Etats-Unis—Royaume-Uni, créée par des accords entre les gouvernements du Royaume-Uni et des Etats-Unis en 1948, 1965 et 1971, se compose de sept membres britanniques et de sept membres américains; elle administre le programme Fulbright Hays au Royaume-Uni. Elle octroie des bourses aux étudiants avancés américains désireux de poursuivre des études ou des recherches et fournit des subventions aux enseignants et chercheurs américains en visite en Grande-Bretagne et dans les territoires d'outre-mer.

Des crédits couvrant le voyage aller et retour entre le lieu de résidence du chercheur en Grande-Bretagne et l'institution qui l'accueille en Amérique sont accordés aux enseignants et chercheurs britanniques en visite. Outre le voyage aller et retour, une bourse en dollars pour une année académique est offerte aux étudiants avancés britanniques.
Executive Director: John Herrington.
26 Dover Street, London W1X 4DX.

Association of University Teachers (AUT) (IAUPL)

The objects of the Association of University Teachers, which was founded in June 1919, are "the advancement of university education and research, the regulation of relations between university teachers and their employers, the promotion of common action by university teachers and the safeguarding of the interests of the members". Membership is open to all full-time University Teachers, Research Workers, Academic Library Staff, and Senior Administrative Staff in the United Kingdom. The Association is essentially a Trade Union with branches in every university and university college in England, Wales, Scotland and Northern Ireland; in addition there are some Attached Members in certain recognized Institutions and Corresponding Members in overseas university institutions. The Local Associations send representatives to a Central Council

which meets twice a year; its business and that of its Executive Committee is to initiate and co-ordinate general policy and to secure the considered opinion of members on matters of general academic and professional concern. Reports are prepared on such matters, which, after consideration by the Local Associations and final approval by Council, are made available to the general public and presented in interested quarters as the views of the Association. Its Bulletin is published five times a year and is distributed to members only.

The Association has continually worked for mutual understanding and the exchange of views with the universities of other countries, and held its first International Universities Conference at Oxford in 1934, followed by other conferences at various centres in Europe until the outbreak of war. In 1944 the International Association of University Professors and Lecturers came into being, and the Association of University Teachers acts as the United Kingdom section of this body. The Association has a present membership in excess of 28,000.

L'objet de l'Association des enseignants des universités, qui a été fondée en juin 1919, est: «l'avancement de l'enseignement et de la recherche universitaires, la régulation des relations entre les enseignants des universités et leurs patrons, la promotion de l'action commune des enseignants des universités et la sauvegarde des intérêts de ses membres». Elle est ouverte à tous les enseignants et chercheurs à plein temps des universités du Royaume-Uni, ainsi qu'au personnel des bibliothèques universitaires, et aux cadres administratifs. L'Association a la forme d'un Syndicat avec des sections, qui existent dans chaque université et collège universitaire d'Angleterre, du Pays de Galles, d'Ecosse et d'Irlande du Nord; en outre elle compte des membres affiliés dans certaines institutions reconnues et des membres correspondants dans les institutions universitaires d'outre-mer. Les associations locales délèguent des représentants à un Conseil central qui se réunit deux fois par an; la tâche du Conseil et de son comité exécutif est de coordonner et de formuler la politique générale de l'organisation et de solliciter l'avis des membres sur les questions touchant à la profession ou plus généralement à l'université. Des rapports sont rédigés sur ces questions, qui, après avoir été examinés par les associations locales et définitivement approuvés par le Conseil, sont mis à la disposition du public et présentés dans les milieux intéressés comme représentant le point de vue de l'Association. Celle-ci publie cinq fois par an un Bulletin qui est exclusivement réservé à ses membres.

L'Association s'est toujours efforcée de promouvoir la compréhension mutuelle et l'échange d'idées avec les universités d'autres pays et a tenu sa première conférence universitaire internationale à Oxford en 1934, qui fut suivie d'autres conférences dans différents centres européens jusqu'au commencement de la guerre. En 1944, l'Association internationale des professeurs et maitres de conférences des universités fut créée et l'Association des enseignants des universités en devint la section britannique. L'Association compte à présent plus de 28.000 membres.

General Secretary: Laurie Sapper.
United House, 1 Pembridge Road, London W. 11.

The Society for Research into Higher Education Ltd.

The Society was set up in 1964 to encourage and co-ordinate research and development into all forms of higher education. It does this in a number of ways, but principally by publicizing findings, by providing ways in which those findings can be discussed and by providing a means by which researchers can get in touch with one another. Quarterly Abstracts of articles and books on research and development in higher education are published. Biennially, a Register of research in progress is produced showing what research is being conducted, where and by whom. A bulletin appears about every six weeks and carries information on the Society's meetings, courses and conferences organized by its members, books received, and items of general interest. There is an annual conference, usually in December, at which research findings are

discussed and the papers are published later.

There are six regional branches. Their programmes provide a useful way of bringing together not only research workers, but other people in colleges and universities who would like to keep abreast of current developments in research into higher education. The Society has a number of small working parties studying particular aspects of research in higher education and their work is intended to result in publications.

The Society has a growing number of members overseas, among colleges, universities and libraries, as well as a regular exchange of publications and information with educational institutions abroad. The International Contacts Committee was established to foster contacts with overseas researchers and their work. The International Newsletter now appears twice a year (January and July).

The Society is a small publishing house. Apart from the Abstracts and Register of Research, it produces monographs on many different aspects of research and development which are of interest to all those engaged in higher education and to a very wide audience beyond. The Society's income is derived solely from subscriptions and sales of publications, with the exception of occasional grants from other bodies toward the cost of organizing conferences or specific publications.

La Société pour la recherche sur l'enseignement supérieur a été créée en 1964 pour promouvoir et coordonner la recherche et le développement sur l'enseignement supérieur sous toutes ses formes. Elle accomplit cette tâche de diverses manières, mais surtout en diffusant les résultats, en facilitant l'organisation de débats sur ses résultats, et en offrant aux chercheurs des possibilités d'entrer en contact les uns avec les autres. Elle publie des résumés trimestriels d'articles et de livres consacrés à la recherche et au développement en matière d'enseignement supérieur. Un Registre des recherches en cours est publié tous les deux ans avec des indications sur la nature, les auteurs et le théâtre de ces recherches. La Société fait paraître toutes les six semaines un bulletin contenant des informations sur ses réunions, les cours et conférences organisés par ses membres, les livres reçus et des articles d'intérêt général. Elle tient chaque année une conférence qui fait le point des résultats de la recherche, et elle publie ultérieurement les communications qui y ont été présentées.

La Société compte six bureaux régionaux. Leurs programmes offrent d'utiles possibilités de rencontre non seulement aux chercheurs, mais aussi aux membres des collèges et des universités qui souhaitent se tenir au courant de l'évolution de la recherche sur l'enseignement supérieur. La Société a également constitué divers petits groupes de travail pour étudier des aspects particuliers de la recherche sur l'enseignement supérieur et il est prévu d'en publier les travaux.

La Société compte un nombre croissant de membres à l'étranger, dans les collèges, les universités et les bibliothèques, et elle procède à des échanges réguliers de publications et d'informations avec des institutions d'enseignement étrangères. Un International Contacts Committee (Comité des Contacts internationaux) a été créé pour favoriser le développement des contacts avec les chercheurs étrangers et une meilleure connaissance de leurs travaux.

La Société est également une petite maison d'édition. Elle publie, outre les Abstracts et le Register of Research, des monographies portant sur des aspects très divers de la recherche et le développement, et susceptibles d'intéresser non seulement tous ceux qui s'occupent d'enseignement supérieur, mais aussi un plus vaste public. Les recettes de la Société proviennent exclusivement des abonnements et ventes de publications, mais elle reçoit parfois des sommes d'autres organismes à titre de contribution aux frais d'organisation de certaines conférences ou de production de certaines publications.

Executive Officer: Kerren Simmonds.
University of Surrey, Guildford, Surrey GU2 5XH.

The Central Bureau for Educational Visits and Exchanges

The Central Bureau for Educational Visits

and Exchanges was set up by the Government in 1948. It covers nearly the whole range of educational travel and exchange, and the studies, training and research associated with international experience and education in the widest sense of the term. Wholly financed by the U.K. Education Departments, it has a staff of about eighty with headquarters in London, and a branch in Edinburgh which works in co-operation with the Scottish Education Department.

The Central Bureau operates the Language Assistants Scheme on behalf of the Department of Education and Science. For the current year (1975/76) over 4500 foreign assistants have been placed in British schools and colleges and over 2500 U.K. students, the majority of them studying for a first degree, are in Continental establishments.

It also administers the official schemes of teacher exchange (which include many higher education staff) with other European countries and with the U.S.A.; of college of education student exchanges; and the new scheme of Intensive Study Visits. It assists initial and in-service training programmes at most levels.

It advises colleges and universities throughout the world, initiating links with partner institutions in the U.K., and identifies contacts overseas for British higher education establishments. It gives active assistance in arranging exchanges, study visits and cooperative ventures. In addition, working partnerships are arranged between British and foreign primary and secondary schools and classes, technical and further education colleges and colleges of education.

It is represented on a number of national committees and conferences set up by British universities and polytechnics to examine the needs encountered in the planning of courses involving periods of study or work in other West European countries.

The Central Bureau has close and continuing associations with some individual U.K. establishments engaged in research and innovatory work in the field of international contacts.

It brings together educational specialists at local, national or international level as appropriate by organizing seminars, working parties and conferences to consider the particular problems and objectives encountered in international exchange. In the current year, over forty conferences and seminars will be arranged.

Publications: Higher Education Exchange; Educational Exchange (both termly); Young Visitors to Britain; Sport and Adventure Holidays; Working Holidays; Study Holidays; School Travel and Exchange; Intercom: International Community Education; Aspects of the French Education System seen through British Eyes; Aspects of the German Education System seen through British Eyes; Volunteer Work Abroad.

Le Bureau central des visites et échanges éducatifs a été créé par le gouvernement britannique en 1948. Il s'occupe de la quasi-totalité des voyages et échanges éducatifs, des études, de la formation et de la recherche liées à l'expérience et à l'éducation internationales au sens le plus large du terme. Entièrement financé par les départements de l'éducation du Royaume-Uni, il compte un personnel d'environ quatre-vingts personnes et a son siège à Londres; il dispose également d'un bureau à Edimbourg qui travaille en coopération avec le Département écossais de l'éducation.

Le Bureau central administre, pour le compte du Département de l'éducation et de la science, le Programme de placement des assistants de langues étrangères. Pour l'année en cours (1975–76) plus de 4.500 assistants étrangers ont été affectés à des écoles et à des collèges britanniques et plus de 2.500 étudiants britanniques, pour la plupart des étudiants préparant un premier diplôme, dans des établissements du continent.

Il administre également les programmes officiels d'échanges d'enseignants (qui comprennent de nombreux enseignants de l'enseignement supérieur) avec les autres pays européens et avec les Etats-Unis, les programmes d'échanges d'étudiants des collèges de formation pédagogique, ainsi que le nouveau

programme de voyages d'études intensives. Il contribue en outre aux stages de formation en début et en cours de carrière existant à la plupart des niveaux.

Il assure des services consultatifs aux collèges et aux universités du monde entier, en nouant des relations avec des institutions jumelles du Royaume-Uni, et sélectionne des contacts extérieurs pour les établissements d'enseignement supérieur britanniques. Il aide activement à l'organisation des échanges, de visites d'études et d'entreprises en coopération. En outre, des «jumelages» sont établis entre des écoles et des classes de niveaux primaire et secondaire, des collèges techniques et des institutions d'éducation permanente et des collèges pédagogiques des deux pays.

Le Bureau est représenté au sein d'un certain nombre de comités et de conférences nationaux créés par les universités et les «polytechniques» britanniques pour étudier les besoins qui apparaissent en matière de planification des cours comportant des périodes d'études ou de travail dans d'autres pays d'Europe occidentale.

Le Bureau central entretient des liens étroits et permanents avec certains établissements britanniques s'occupant de recherche et innovant dans le domaine des contacts internationaux.

Il réunit des spécialistes de l'éducation aux niveaux local, national ou international au besoin en organisant des séminaires, des groupes de travail et des conférences visant à étudier les problèmes que posent les échanges internationaux et les objectifs à atteindre en ce domaine. Pour l'année en cours, plus de quarante conférences et séminaires seront organisés.

Publications: Higher Education Exchange; Educational Exchange (tous deux trimestriels); Young Visitors to Britain; Sport and Adventure Holidays; Working Holidays; Study Holidays; School Travel and Exchange; Intercom: International Community Education; Aspects of the French Education System seen through British Eyes; Aspects of the German Education System seen through British Eyes; Volunteer Work Abroad.
Director: James Platt.

44 Baker Street, London W1M 2HJ; 43 Dorset Street, London WIH 3FN; and 3 Bruntsfield Crescent, Edinburgh EH10 4HD, Scotland.

Voluntary Service Overseas (VSO)

VSO is an independent organization founded in 1958 which aims to give young men and women from Britain the chance to serve for two years in the developing countries. Some sixty per cent of the requests it receives from recipient countries are for volunteers to fill teaching posts (in secondary schools, teacher-training colleges, technical institutes, agricultural colleges, and universities). Graduates and three-year trained teachers of both sexes and qualified in any arts subject (but especially English), all sciences and technological subjects, are required for these projects. Those with more specialized qualifications are wanted for educational and practical work in agriculture, medicine, engineering, and many other fields. In 1976 over 1100 graduates or qualified volunteers served with VSO in widely differing posts throughout the world, mainly in the developing areas of the Commonwealth from the Caribbean to the Pacific. Those selected have their return passage paid by VSO, together with modest allowances for clothing, etc., and are provided by the host government or project with accommodation and a small living allowance.

Organisation indépendante fondée en 1958, le Service volontaire outre-mer (VSO) permet à de jeunes Britanniques de servir dans les pays en voie de développement pendant deux années. Soixante pour cent des demandes reçues des pays bénéficiaires concernent des postes d'enseignement à pourvoir par les volontaires (dans des écoles secondaires, des collèges de formation pédagogique, des instituts techniques, des collèges agricoles et des universités). Sont aptes à remplir ces fonctions les candidats des deux sexes titulaires d'un grade universitaire ou ayant achevé une formation pédagogique professionnelle d'une durée de trois ans et possédant une qualification soit dans les sciences humaines (de préférence en anglais) soit dans les sci-

ences naturelles ou techniques. Des candidats plus spécialisés sont recherchés pour des postes d'enseignement et pour l'exercice professionnel dans les domaines de l'agriculture, de la médecine, des sciences de l'ingénieur, etc. En 1976 plus de mille cent diplômés ou volontaires qualifiés au service de VSO occupent à travers le monde des postes très divers, surtout dans les régions du Commonwealth en voie de développement, des Caraïbes au Pacifique. VSO paie le voyage aller et retour, et verse de modestes indemnités (habillement, etc.) aux candidats retenus; le séjour même est pris en charge par le gouvernement du pays d'accueil.
President: Malcom MacDonald.
Director: D. W. A. Collett.
14 Bishop's Bridge Road, London W2 6AA.

British Federation of University Women (IFUW)
President: Mrs. J. Finlay.
Chairman (Internat. Rel.): Dr. Helen S. Dunsmore.
Secretary: Mrs. E. Bianco.
Crosby Hall, Cheyne Walk, London SW3 5BA.

World University Service
Chairman: Miss Barbara How.
General Secretary: Alan D. J. Phillips.
260 High Road, London N15 4AJ.

National Union of Students of England, Wales and Northern Ireland—NUSEWNI
3 Endsleigh Street, London W.C.I.

Scottish Union of Students—SUS
30 Lothian Street, Edinburgh 8, Scotland.

SUS Travel Association Ltd.
30 Lothian Street, Edinburgh 8, Scotland.

British Universities Student Travel Association—BUSTA
157 Victoria Street, London S.W.I.

Cardinal Newman Society (Pax Romana)
14 Fitzwilliam Street, Belfast 26663, N. Ireland.

Catholic Student Council (Pax Romana)
President: Bernard O'Neill.
Secretary: John McAllister.
Aston University Students' Union, Gosta Green, Birmingham.

Newman Association of Great Britain (Pax Romana)
President: Michael Vadon.
15 Carlisle Street, Soho Square, London W1V 5RE.

Christian Education Movement (WSCF)
General Secretary: Rev. Bob Langley.
Annandale, North End Road, London NW11 7QX.

Student Christian Movement of Great Britain and Ireland (WSCF)
Chairman: Martin Palmer.
Wick Court, Wick, Bristol.

United Nations Student Association of Great Britain (ISMUN)
International Secretary: Bob Arnott.
93 Albert Embankment, London SE1 7TX.

Union of Jewish Students (WUJS)
1–2 Endsleigh Street, London W.C.I.
Correspondent (Scotland): Mike Rosin.
12 Briar Road, Giffnock, Glasgow S.1.

*

Foreign and Commonwealth Office
Downing Street, London S.W.1.

Department of Education and Science
Elizabeth House, York Road, London SE1 7PH.

Overseas Development Ministry
Eland House, Stag Place, London SW1E 5DH.

United Kingdom National Commission for Unesco
Overseas Development Ministry, Eland House, Stag Place, London SW1E 5DH.

UNITED STATES OF—ETATS-UNIS AMERICA D'AMERIQUE

UNIVERSITIES AND COLLEGES (1)— UNIVERSITES ET COLLEGES (1)

Institutions awarding doctorates—Institutions délivrant un doctorat

*Adelphi University, Garden City, New York. 1896
C : *arts-sc.*
S : *nurs, soc w, bus adm.*
Alfred University, Alfred, New York. 1856
C : *li arts.*
S : *cer, nurs.*
American University, The, Washington, D.C. 1893
C : *arts-sc, law.*
S : *bus adm, govt-publ adm, int serv, nurs.*
Arizona State University, Tempe, Arizona. 1885
C : *li arts, arc, eng, bus adm, ed, eng, sc, law, nurs, ch, mus, fa.*
S : *soc serv adm.*
Atlanta University, Atlanta, Georgia. 1872
S : *arts-sc* (Graduate), *bus adm, ed, lib serv, soc w.*
Auburn University, Auburn, Alabama. 1859
S : *sc-lit, agr, arc-arts, ch, ed, eng, hom eco, phar, vet, bus, speech.*
Ball State University, Muncie, Indiana. 1918
C : *arc, bus, ed, fa-app arts, sc-hum.*
*Baylor University, Waco, Texas. 1847
C : *arts-sc, dent, med.*
S : *bus, ed, law, mus, nurs.*
Bob Jones University, Greenville, South Carolina.
C : *arts-sc, publ rel, fa, bus adm.*

* Boston College, University Heights, Chestnut Hill, Massachusetts. 1864
C : *arts-sc, bus adm.*
S : *ed, law, nurs, soc w, phil, theo, mangt.*
Boston University, Boston, Massachusetts. 1869
C : *li arts, bus adm, eng, heal professions.*
S : *ed, fa-app arts, nurs, soc w, publ commun, law, med, theo, dent.*
Bowling Green State University, Bowling Green, Ohio. 1914
C : *li arts, bus adm, ed.*
S : *art, jour, mus.*
*Brandeis University, Waltham, Massachusetts. 1948
C : *arts-sc.*
S : *soc welfare.*
Brigham Young University, Provo, Utah. 1884
C : *ed, phy-eng, biol-agr sc, bus, fam living, hum, nurs, phys, ind-techn, fa-commun, relig soc.*
* Brown University, Providence, Rhode Island. 1765
C : *arts-sc-eng.*
Bryn Mawr College, Bryn Mawr, Pennsylvania. 1885
C : *arts-sc.*
S : *soc w.*
Carnegie-Mellon University, Pittsburgh, Pennsylvania. 1905
C : *hum-soc st, fa.*

---

(1) Based on a classification proposed by the U.S. Office of Education, Washington, D.C.
(1) D'après un classement proposé par l'U.S. Office of Education, Washington, D.C.

I : *techn, urb-publ aff.*
Case Western Reserve University, Cleveland, Ohio. 1826
S : *app soc, dent, eng, law, lib, mangt, med, nurs.*
I : *techn.*
*Catholic University of America, Washington, D.C. 1887
C : *arts-sc.*
S : *ed, eng-arc, law, mus, nurs, phil, soc serv, theo, can law.*
*The City University of New York, New York, N.Y.
CUNY Brooklyn College, Bedford Avenue and Avenue H. Brooklyn, New York. 1930
S : *arts-sc-ed.*
CUNY Graduate Division, New York.
S : *li arts-sc.*
D : *li arts-sc.*
Hunter College, New York. 1888
C : *arts-sc-ed.*
S : *soc w, nurs.*
Claremont Graduate School, Claremont, California. 1926
C: *arts-sc-ed.*
*Clark University, Worcester, Massachusetts. 1887
C : *arts-sc.*
Clarkson College of Technology, Potsdam, New York. 1896
S : *arts-sc, eng, mangt, ind distribution.*
Clemson University, Clemson, South Carolina. 1893
C : *arts-sc, agr-biol sc, eng, phy-math, for recr resources.*
S : *arc, ed, ind mangt-tex sc, nurs.*
College of William and Mary, Williamsburg, Virginia. 1729
C : *arts-sc.*
S : *bus adm, ed, law, mar sc.*
Colorado State University, Fort Collins, Colorado. 1879
C : *arts-sc, agr, bus, eng, for-natural resources, hom eco, vet, biomed sc.*
*Columbia University, New York, New York. 1754
C : *arts-sc.*
S : *arc, arts, bus, dent, eng, int aff, jour, law, lib serv, med, publ heal, soc w.*

*Cornell University, Ithaca, New York. 1868
C : *arts-sc, agr, arc, eng, hom eco, ind labor rel, med, vet.*
S : *aero eng, bus-publ adm, hotel adm, law, nurs, nutr.*
Creighton University, Omaha, Nebraska. 1888
C : *arts-sc, bus adm.*
S : *dent, law, med, phar.*
*Dartmouth College, Hanover, New Hampshire. 1770
C : *arts-sc.*
S : *bus adm, eng, med sc.*
De Paul University, Chicago, Illinois. 1898
C : *arts-sc, com law.*
S : *ed, mus.*
Drexel University, Philadelphia, Pennsylvania. 1891
C : *hum-soc, hom eco, eng, bus adm, sc.*
S : *lib.*
The Dropsie University, Philadelphia, Pennsylvania. 1907, 1970
C : *li arts.*
*Duke University, Durham, North Carolina. 1851
C : *arts-sc.*
S : *eng, for, law, med, nurs, theo, bus adm.*
Duquesne University, Pittsburgh, Pennsylvania. 1878
C : *arts-sc.*
S : *bus adm, ed, law, mus, nurs, phar.*
I : *African aff.*
East Texas State University, East Texas Station, Commerce, Texas. 1889
S : *arts-sc, bus adm.*
* Emory University, Atlanta, Georgia. *1838*
S : *arts-sc, bus adm, dent, law, med, nurs, theo.*
Florida Atlantic University, Boca Raton, Florida. 1964
C : *hum-sc, bus adm, ed, soc sc.*
D : *ocean eng.*
Florida State University, Tallahassee, Florida. 1857
C : *arts-sc, ed.*
S : *bus, eng, sc, hom eco, law, mus, nurs-soc w, lib.*

Fordham University, Bronx, New York.
1841
C : *arts-sc, phar, phil-let.*
S : *bus adm, ed, law, soc serv.*
*****George Washington University,** Washington, D. C. 1822
C : *arts-sc, ed.*
S : *eng-app sc, govt-bus adm, publ-int aff, law, med.*
*****Georgetown University,** Washington, D.C.
1812
C : *arts-sc.*
S : *bus adm, dent, fgn serv, lang-ling, law, med, nurs.*
Georgia State University, Atlanta, Georgia.
1913
S : *arts-sc, bus adm, ed, heal sc.*
*****Harvard University,** Cambridge, Massachusetts. 1638
F : *arts-sc.*
S : *bus adm, dent, des, ed, govt, law, publ heal, theo, arc.*
Hofstra University, Hempstead, Long Island, New York. 1935
C : *arts-sc.*
S : *bus, ed, law.*
*****Howard University,** Washington, D.C.
1868
C : *li arts, dent, fa, phar.*
S : *eng-arc, law, med, relig, soc w, nurs.*
Idaho State University, Pocatello, Idaho.
1927
C : *li arts, bus adm, ed, med, arts, phar.*
Illinois State University, Normal, Illinois.
1907
C : *arts-sc-ed, fa.*
Indiana State University, Terre Haute, Indiana. 1870
C : *arts-sc.*
S : *bus, ed, heal-phys-recr, techn, nurs.*
*****Indiana University,** Bloomington, Indiana.
1828
C : *arts-sc.*
S : *bus, dent, ed, heal-phys ed-recr, law, lib, med, mus, nurs, soc serv.*
Indiana University of Pennsylvania, Indiana, Pennsylvania. 1875
S : *arts-sc, bus, ed, fa, heal serv, hom eco.*
Iowa State University of Science and Technology, Ames, Iowa. 1868

C : *agr, eng, hom eco, sc-hum, vet, ed.*
*****Johns Hopkins University, The,** Baltimore, Maryland. 1876
F : *arts-sc.*
S : *hyg-publ heal, int rel, med.*
L : *app phy.*
Kansas State University of Agriculture and Applied Science, Manhattan, Kansas. 1863
C : *arts-sc, agr, arc-des, com, ed, eng, hom eco, vet.*
Kent State University, Kent, Ohio. 1913
C : *arts-sc, bus adm, ed, fa-prof arts.*
S : *lib, heal-phys-recr, nurs.*
Lamar State College of Technology, Beaumont, Texas. 1923
S : *li arts, bus, ed, eng, fa-app arts, sc.*
Lawrence University, Appleton, Wisconsin.
1853
C : *arts-sc.*
I : *paper ch.*
Conservatory : *mus.*
Lehigh University, Bethlehem, Pennsylvania.
1866
C : *arts-sc, bus-eco, eng.*
S : *ed.*
Loma Linda University, Loma Linda, California. 1909
S : *arts-sc, dent, heal rel professions, med, nurs, publ heal, ed.*
Long Island University, Brooklyn, New York. 1927
C : *arts-sc, phar.*
S : *bus adm, ed, lib.*
Louisiana State University and Agricultural and Mechanical College, University Station, Baton Rouge, Louisiana. 1860
C : *arts-sc, agr, bus adm, ch-phy, ed, eng.*
S : *env des, law, lib, med, mus, soc welfare, vet.*
Louisiana Tech University, Ruston, Louisiana. 1895, 1921, 1970
S : *arts-sc, agr-for, bus adm, ed, eng, hom eco.*
Loyola University, Chicago, Illinois. 1904
C : *arts-sc.*
S : *bus adm, dent, law, med, nurs, soc w, ed.*
I : *ind rel.*
Loyola University, New Orleans, Louisiana.
1904
C : *arts-sc, bus adm, mus.*

S : dent, law.
McNeese State University, Lake Charles, Louisiana. 1939
S : com, ed, fa, hum, pure-app sc, techn.
Marquette University, Milwaukee, Wisconsin. 1881
C : li arts, bus adm, eng, jour, nurs, physio.
S : dent, law, med, speech.
*Massachusetts Institute of Technology, Cambridge, Massachusetts. 1865
S : arc, eng, hum, mangt, sc, soc.
Memphis State University, Memphis, Tennessee. 1912
C : arts-sc, bus adm, ed, eng.
S : law.
*Miami University, Oxford, Ohio. 1824
C : arts-sc.
S : appl sc, bus adm, ed, fa.
*Michigan State University, East Lansing, Michigan. 1857
C : arts-let, bus, commun arts, ed, eng, hom eco, med, nat, soc sc, vet, hum ecology, agr.
Middle Tennessee State University, Murfreesboro, Tennessee. 1911
C : arts-sc-ed-occp.
Middlebury College, Middlebury, Vermont. 1800
C : arts-sc-ed.
Mississippi State University, State College, Mississippi. 1880
C : arts-sc, agr, bus-ind, ed, eng.
S : for.
Montana State University, Bozeman, Montana. 1893
C : let-sc, agr, ed, eng.
S : arc, art, hom eco, nurs.
National University, San Diego, California. 1974
C : occp ed, allied heal.
New Mexico State University, University Park, New Mexico. 1888
C : arts-sc, agr-hom eco, bus adm-eco, ed, eng.
*New York University, New York, New York. 1832
C : arts-sc, med, dent.
S : arts, com, ed, eng-sc, law, publ adm, soc w, bus adm.
North Carolina State University at Raleigh, Raleigh, North Carolina. 1889
S : li arts, agr-life sc, des, ed, eng, for, physical sc-app math, tex.
North Dakota State University, Fargo, North Dakota. 1891
C : arts-sc, agr, ch-phy, eng-arc, hom eco, phar.
North Texas State University, Denton, Texas. 1890
C : arts-sc.
S : bus adm, ed, hom eco, mus.
Northeast Louisiana University, Monroe, Louisiana. 1931, 1970
S : li arts, bus adm, ed, phar, pure-app sc.
*Northeastern University, Boston, Massachusetts. 1898
C : li arts, bus adm, ed, eng, nurs, phar, phys, physio recr, criminal justice, law, act.
Northern Arizona University, Flagstaff, Arizona. 1899
C : arts-sc, bus adm, creative arts, eng.
S : app sc-techn, for.
Northern Illinois University, Dekalb, Illinois. 1899
C : li arts-sc, bus, ed, fa-appl arts.
Northwestern State University of Louisiana, Natchitoches, Louisiana. 1885, 1970
S : arts-sc, bus, ed, nurs.
*Northwestern University, Evanston, Illinois. 1855
C : arts-sc.
S : bus adm, dent, ed, jour, law, med, mus, speech, mangt, heal sc.
I : techn.
*Ohio State University, The, Columbus, Ohio. 1873
C : arts-sc, agr-hom eco, bio sc, com-adm, dent, ed, eng, law, med, phar, math-phy, opt, soc-behavioral sc.
S : nurs, mus, jour, soc w, arc.
Ohio University, Athens, Ohio. 1808
C : arts-sc, bus adm, ed, eng-techn, fa, commun.
D : phys-intercol athl.
Oklahoma State University, Stillwater, Oklahoma. 1891
C : arts-sc, agr, bus, ed, eng, hom eco, vet.
Oregon Graduate Center, Beaverton, Oregon.
C : arts-sc.
Oregon State University, Corvallis, Ore-

gon. *1865*
S : *agr, bus-techn, ed, eng, for, hom eco, hum-soc, phar, sc.*
* **Pennsylvania State University, The,** University Park, Pennsylvania. *1859*
C : *li arts, agr, arts-arc, bus adm, earth-mineral sc, ed, eng, heal-phys, hom eco, hum dev, med, sc.*
Portland State University, Portland, Oregon. *1946*
D : *arts-let, sc, soc.*
S : *bus adm, ed, soc w.*
* **Princeton University,** Princeton, New Jersey. *1747*
C : *arts-sc.*
S : *arc, eng-app sc, publ-int aff.*
Providence College, Providence, Rhode Island. *1919*
C : *arts-sc-ed.*
Purdue University, Lafayette, Indiana. *1874*
S : *hum-soc ed, agr, eng, hom eco, ind mangt, sc, techn, vet sc-med, phar.*
Rensselaer Polytechnic Institute, Troy, New York. *1825*
S : *arc, eng, hum-soc, mangt, sc.*
Rice University, Houston, Texas. *1912*
D : *hum-soc, sc, eng.*
S : *arc.*
***Rockefeller University,** New York, New York 10021. *1901, 1954, 1965*
* **Rutgers, The State University,** New Brunswick, New Jersey. *1771*
C : *arts-sc, agr-env sc, eng, nurs, phar.*
S : *bus adm, ed, law, lib sc, med, soc w.*
St. Bonaventure University, St. Bonaventure, New York. *1859*
S : *arts-sc, bus, ed, theo.*
St. John's University, Jamaica, New York. *1870*
C : *arts-sc, bus adm, phar.*
S : *ed, law.*
***St. Louis University,** St. Louis, Missouri. *1820*
C : *arts-sc, aero techn, phil-let, eng-earth sc.*
I : *techn.*
S : *com-fin, dent, law, med, nurs-heal serv, soc serv, theo.*
St. Mary's Seminary and University, Baltimore, Maryland. *1791*
C : *arts-sc, theo.*

San Diego State College, San Diego, California. *1897*
D : *bus adm, ed, eng, fa, heal ed-phys-recr, hum, life sc, physical sc, soc, soc w.*
San Francisco State College, San Francisco, California. *1899*
S : *behavioral-soc, bus, creative arts, ed, heal-phys-recr, hum, nat.*
Seton Hall University, South Orange, New Jersey. *1856*
C : *arts-sc.*
S : *bus-adm, ed, law, nurs.*
Smith College, Northampton, Massachusetts. *1875*
C : *arts-sc.*
S : *soc w.*
South Dakota State University, Brookings, South Dakota. *1884*
C : *arts-sc, agr-bio sc, eng, hom eco, nurs, phar.*
Southern Illinois University, Carbondale, Illinois. *1874*
C : *li arts-sc, ed.*
S : *agr, bus, commun-fa, hom eco, nurs, techn.*
Southern Methodist University, Dallas, Texas. *1915*
S : *hum-sc, arts, bus adm, law, theo.*
I : *techn.*
Springfield College, Springfield, Massachusetts. *1885*
D : *arts-sc, ed, heal-phys-recr.*
***Stanford University,** Stanford, Palo Alto, California. *1891*
S : *bus, earth sc, ed, eng, hum-sc, law, med.*
***State University of New York System,** Albany, New York:
SUNY State University at Albany, Albany New York. *1844*
C : *arts-sc.*
S : *bus, criminal justice, ed, lib sc, nurs, publ aff, soc welfare.*
State University of New York at Binghamton, New York. *1946*
C : *arts-sc.*
S : *bus, nurs, techn, Asian-African st.*
State University of New York at Buffalo, Buffalo, New York. *1846*
F : *arts-let, nat-math, soc-adm.*
S : *bus adm, dent, ed, heal related pro-*

fessions, law, lib st, med, nurs, phar, soc w, arc-des, mangt.
State University of New York at Stony Brook, Stony Brook, New York. 1957
C : *arts-sc, eng.*
State University of New York College of Ceramics at Alfred University, Alfred, New York. 1900
C : *cer.*
State University of New York Colleges at Cornell University, Ithaca, New York.
C : *arts-sc, ed, agr, hum ecology, ind lab rel, vet.*
*Syracuse University, Syracuse, New York. 1871
C : *arts, bus adm, eng, for, hom eco, law.*
S : *arc, art, citizenship-publ aff, ed, jour, lib sc, mus, nurs, soc w, speech-dram.*
Temple University, Philadelphia, Pennsylvania. 1888
C : *li arts, ed, heal professions, mus.*
S : *art, bus adm, commun-theatre, dent, law, med, nur, phar, soc-adm.*
I : *techn.*
Texas A & M University, College Station, Texas. 1876
C : *li arts-ed, agr, eng, geo sc, sc, vet.*
S : *arc, bus adm.*
A : *mar.*
Texas Christian University, Fort Worth, Texas. 1873
C : *arts-sc, nurs.*
S : *bus, ed, fa, theo.*
*Texas Tech University, Lubbock, Texas. 1925
S : *arts-sc, agr, bus adm, ed, eng, hom eco, law, med.*
Texas Woman's University, Denton, Texas. 1903
C : *arts-sc, ed, fa, heal-phys recr, hous arts-sc, nurs.*
S : *lib sc, occp ther, physio.*
Thomas Jefferson University, Philadelphia, Pennsylvania.
C : *med, allied heal sc, li arts.*
Tufts University, Medford, Massachusetts. 1855
C : *li arts, eng.*
S : *dent, dipl, law, med.*
*Tulane University of Louisiana (including Newcomb College), New Orleans, Louisiana. 1835
C : *arts-sc, med.*
S : *arc, bus adm, eng, law, med, publ heal-trop med, soc w.*
I : *Middle America res.*
Ce : *teacher ed.*
United States International University, San Diego, California. 1952
C : *arts-sc.*
S : *bus-eco, ed, law, performing arts, leadership-hum behavior.*
Centre : *teacher ed.*
University of Akron, The, Akron, Ohio. 1872
C : *li arts, bus adm, ed, eng, fa-appl arts, law, nurs, techn.*
*University of Alabama, Tuscaloosa, Alabama. 1831
C : *arts-sc, ed, eng, med.*
S : *com-bus adm, dent, hom eco, law, nurs, soc w, speech, mus.*
University of Alaska, Fairbanks, Alaska. 1922
C : *arts-let, behavioral sc-ed, biol sc-renewable resources bus-eco-govt, earth sc-mine ind, math-phy, sc-eng.*
*University of Arizona, Tucson, Arizona. 1891
C : *li arts, agr, arc, bus-publ adm, ed, eng, fa, law, med, mine, nurs, phar, ch, jour, mus.*
*University of Arkansas, Fayetteville, Arkansas. 1872
C : *arts-sc, agr-hom eco, bus adm, ed, eng, mus, ch.*
S : *law, med, nurs, phar, soc w.*
I : *techn.*
*University of California, Berkeley, California. 1868
Berkeley campus :
C : *agr-sc, ch eng, env des, let-sc.*
S : *bus adm, crim ed, for, law, lib, optom, publ heal, soc welfare.*
Davis campus :
C : *agr, let-sc, eng, law.*
S : *med, vet.*
Irvine campus :
C : *arts-let-sc, fa, teacher ed, med.*
S : *eng, adm.*
Los Angeles campus :

C : eng, fa, let-sc.
S : arc-urb plan, bus adm, dent, ed, law, lib serv, med, nurs, publ heal, soc welfare.
Riverside campus :
C : let-sc, soc-behavioral sc.
S : agr sc, ed, adm.
San Diego campus :
C : arts-sc.
I : oceanog.
San Francisco campus :
S : dent, med, nurs, phar.
Santa Barbara campus :
C : creative st, eng, let-sc.
S : ed.
Santa Cruz campus :
D : hum, nat-physical sc, soc.
Affiliated Colleges : **Hastings College of Law.**
California College of Medicine.
San Francisco Art Institute.
*University of Chicago, Chicago, Illinois.
1892
D : biol sc, hum, physical sc, soc.
S : bus, div, ed, law, lib, med, soc serv adm.
*University of Cincinnati, Cincinnati, Ohio.
1819
C : arts-sc, bus adm, des-arc-art, ed-hom eco, eng, law, med, mus, nurs-heal, phar.
University of Colorado, Boulder, Colorado.
1877
C : arts-sc, mus.
S : arc, bus, ed, eng, jour, law, med, nurs, phar, env des.
I : dev biol.
University of Connecticut, Storrs, Connecticut. *1881*
C : arts-sc, agr.
S : bus adm, ed, eng, fa, hom eco, ins, law, nurs, phar, phys, physio, soc w, dent, med.
University of Dallas, Dallas, Texas.
1956
C : arts-sc-ed.
University of Dayton, Dayton, Ohio. *1882*
C : arts-sc.
S : bus adm, ed, eng, Marianist st.
I : techn.
*University of Delaware, Newark, Delaware. *1833*
C : arts-sc, agr, bus-eco, ed, eng, hom eco, nurs.

University of Denver, Denver, Colorado.
1864
C : arts-sc, bus adm, eng, law, marine st.
S : int st, lib, soc w.
University of Detroit, Detroit, Michigan.
1879
C : arts-sc, bus adm, eng.
S : arc, dent, law.
University of Florida, Gainesville, Florida.
1853
S : for.
C : arts-sc, agr, arc-fa, bus adm, ed, eng, heal related professions, jour-commun, law, med, nurs, phar, dent, phys-heal.
I : food-agr res.
University of Georgia, Athens, Georgia.
1801
C : arts-sc, agr, bus adm, ed, env des.
S : for, hom eco, jour, law, phar, soc w, vet.
*University of Hawaii, Honolulu, Hawaii.
1908
C : arts-sc, bus adm, ed, eng, heal sc-soc welfare, trop agr.
S : lib, med, nurs, publ heal, soc w, travel industry mangt.
*University of Houston, Houston, Texas.
1927
C : arts-sc, arc, bus adm, ed, eng, law, optom, phar, techn.
S : soc w.
University of Idaho, Moscow, Idaho. *1892*
C : let-sc, agr, bus adm, ed, eng, for, law, mine.
*University of Illinois, Urbana, Illinois.
1868
C : arts-sc, agr, arc-art, com-bus adm, dent, ed, eng, fa-app arts, jour-commun, law, med, nurs, phar, phys, vet.
I : aviation, govt-publ aff, labor-ind rel.
S : lib sc, soc w.
University of Iowa, Iowa City, Iowa. *1855*
C : li arts, bus adm, dent, ed, eng, law, med, nurs, phar.
*University of Kansas, Lawrence, Kansas.
1866
C : arts-sc.
S : bus, ed, eng, arc-urb des, soc w, fa, jour-publ infor, law, med, phar.
University of Kentucky, Lexington, Kentucky. *1866*

C : arts-sc, agr, bus eco, dent, ed, eng, law, med, nurs, phar.
S : allied heal professions, arc, hom eco, lib.
University of Louisville, Louisville, Kentucky. *1837*
C : arts-sc.
S : bus, dent, ed, eng, law, med, mus, soc w.
University of Maine, Orono, Maine. *1868*
C : arts-sc, bus adm, ed, life sc-agr, techn.
S : for.
University of Maryland, College Park, Maryland. *1807*
C : arts-sc, agr, bus-publ adm, ed, eng, hom eco.
S : arc, dent, law, lib, med, nurs, phar, phys-recr-heal, soc w.
University of Massachusetts, Amherst, Massachusetts. *1867*
C : arts-sc, agr.
S : bus adm, ed, eng, hom eco, nurs, phys.
University of Miami, Coral Gables, Florida. *1926*
S : bus adm, ed, eng, env-planetary sc, law, med, mus, nurs.
Ce : int st.
C : arts-sc.
University of Michigan, Ann Arbor, Michigan. *1841*
C : arts-sc, arc-des, eng.
S : bus adm, dent, ed, law, med, mus, nat resources, nurs, phar, publ heal, soc w, lib.
University of Minnesota, Minneapolis, Minnesota. *1869*
C : li arts, agr-for-hom eco, biol sc, ed, med, phar, vet med.
I : techn.
S : bus adm, dent, law, soc w, publ heal, nurs.
University of Mississippi, University, Mississippi. *1848*
C : li arts.
S : bus-govt, ed, eng, law, med, nurs, phar.
University of Missouri, Columbia, Missouri. *1841*
C : arts-sc, agr, ed, eng.
S : bus-publ adm, dent, for, hom eco, jour, law, lib, med, mine, mus, nurs, phar, sc, soc-comty serv, vet.
University of Montana, Missoula, Montana. *1895*
C : arts-sc.

S : bus adm, ed, fa, for, jour, phar, law.
University of Nebraska, Lincoln, Nebraska. *1871*
C : arts-sc, agr, hom eco, bus adm, dent, ed, eng-arc, law, med, phar.
S : fa, jour, nurs, soc w.
University of Nevada, Reno, Nevada. *1887*
C : arts-sc, agr, bus, adm, ed, eng.
S : mine, nurs, med.
University of New Hampshire, Durham, New Hampshire. *1868*
C : li arts, agr, techn.
S : bus-eco, heal st.
University of New Mexico, Albuquerque, New Mexico. *1892*
C : arts-sc, bus adm, ed, eng, fa, nurs, phar.
S : law, med.
University of North Carolina at Chapel Hill, Chapel Hill, North Carolina. *1795*
C : arts-sc.
S : bus adm, dent, ed, jour, law, lib sc, med, nurs, phar, publ heal, soc w.
University of North Carolina at Greensboro, The, Greensboro, North Carolina. *1892*
C : arts-sc.
S : ed, hom eco, mus, nurs.
University of North Dakota, Grand Forks, North Dakota. *1884*
C : arts-sc, bus-publ adm, ed, eng, nurs.
S : law, med.
University of Northern Colorado, Greeley, Colorado. *1890*
C : ed, arts-sc.
S : mus, arts, bus adm, heal-phys-recr, nurs.
University of Notre Dame, Notre Dame, Indiana. *1843*
C : arts-let, bus adm, eng, law, sc.
University of Oklahoma, Norman, Norman, Oklahoma. *1892*
arts-sc, bus adm, ed, eng, fa, law, phar.
S : med, nurs.
University of Oregon, Eugene, Oregon. *1876*
C : li arts.
S : arc-allied arts, bus adm, comty serv-publ aff, dent, ed, heal-phys-recr, jour, law, med, mus, nurs, lib.
University of the Pacific, Stockton, California. *1851*
C : arts-sc, non-western st.

S : *dent, med, ed, eng, law, mus, phar.*
*University of Pennsylvania, Philadelphia, Pennsylvania. 1754
C : *arts-sc.*
S : *allied med professions, commun, dent, ed, eng, fin-com, law, med, nurs, soc w, vet.*
* University of Pittsburgh, Pittsburgh, Pennsylvania. 1819
C : *arts-sc.*
S : *bus, dent, ed, eng, law, lib sc, med, nurs, phar, publ heal, publ-int aff, soc w.*
University of Portland, Portland, Oregon. 1924
C : *arts-sc.*
S : *bus adm, ed, eng, nurs.*
*University of Puerto Rico, Rio Piedras, Puerto Rico. 1910
C : *agr, bus adm, ed, eng, nat, phar, soc.*
S : *arc, dent, law, med, plan.*
F : *arts-sc, hum, nat, soc.*
University of Redlands, Redlands, California. 1909
C : *arts-sc-ed.*
University of Rhode Island, Kingston, Rhode Island. 1892
C : *agr, arts-sc, bus adm, eng, hom eco, nurs, phar, resource dev.*
S : *lib, oceanog.*
*University of Rochester, Rochester, New York. 1850
C : *arts-sc, bus adm, ed, eng-appl sc.*
S : *med-dent, mus.*
University of Santa Clara, Santa Clara, California. 1851
C : *hum-sc.*
S : *bus, eng, law, theo.*
*University of South Carolina, Columbia, South Carolina. 1805
C : *arts-sc, bus adm, eng.*
S : *ed, jour, law, nurs, phar, soc w, lib.*
University of South Dakota, Vermillion, South Dakota. 1882
C : *arts-sc, fa.*
S : *bus, ed, law, med, nurs.*
University of South Florida, Tampa, Florida. 1960
C : *arts-sc, bus adm, ed, eng, med, nurs.*
*University¹ of Southern California, Los Angeles, California. 1880
C : *let-arts-sc.*

S : *arc-fa, bus adm, dent, ed, eng, jour, law, lib sc, med, mus, phar, phil, politics-int rel, publ adm, relig, soc w.*
University of Southern Mississippi, Hattiesburg, Mississippi. 1912
C : *arts-sc.*
S : *bus adm, ed-psyc, fa, nurs.*
D : *hom eco.*
University of Southwestern Louisiana, Lafayette, Louisiana. 1916
C : *li arts, agr, com, ed, eng, nurs.*
University of Tennessee, Knoxville, Tennessee. 1794
C : *li arts, agr, bus adm, dent, ed, eng, hom eco, law, med, nurs, phar.*
S : *arc, heal-phys-recr, jour, soc w.*
University of Texas at Arlington, Arlington, Texas. 1895
S : *bus, eng, li arts, sc, soc w, urban st.*
University of Texas at Austin, Austin, Texas. 1883
C : *arts-sc, bus adm, ed, eng, fa, phar.*
S : *arc,.commun, law, lib, sc, soc w.*
University of Texas of the Permian Basin, Odessa, Texas 79762.
University of Toledo, Toledo, Ohio. 1875
C : *arts-sc, bus adm, ed, eng, law, phar, techn.*
University of Tulsa, Tulsa, Oklahoma. 1894
C : *li arts, bus adm, ed, eng-phy, fa-prof st.*
S : *law, mus.*
*University of Utah, Salt Lake City, Utah. 1850
C : *let-sc, bus, ed, eng, fa, law, med, mine-miner ind, nurs, phar, soc & behavioral sc.*
S : *soc w.*
D : *int ed.*
University of Vermont and State Agriculture College, Burlington, Vermont. 1880
C : *arts-sc, agr-hom eco, ed-nurs, med, techn.*
S : *dent, hyg.*
*University of Virginia (including Mary Washington College), Charlottesville, Virginia 1875
C : *arts-sc.*
S : *arc, bus adm, com, ed, eng-app sc, law, med, nurs.*
* University of Washington, Seattle, Washington. 1861

C : arts-sc, arc-urb plan, ed, fish, for, phar.
S : bus adm, dent, eng, law, med, nurs, soc w, publ aff, publ heal.
*University of Wisconsin, Madison, Wisconsin. *1849*
C : let-sc, agr, eng.
S : bus, ed, fa, hom eco, law, med, nurs, phar, soc welfare, lib, int st.
University of Wyoming, Laramie, Wyoming. *1887*
C : arts-sc, agr, com-ind, ed, eng, law, nurs, phar, heal sc.
Utah State University of Agriculture and Applied Science, Logan, Utah. *1890*
C : hum-arts, agr, bus-soc, ed, eng, fam life, nat resources, sc.
*Vanderbilt University, Nashville, Tennessee.
C : arts-sc.
S : eng, law, med, nurs, theo, mangt.
Villanova University, Villanova, Pennsylvania. *1843*
C : lib arts-sc, com-fin, eng, nurs.
S : law.
Virginia Commonwealth University, Richmond, Virginia. *1838, 1968*
C : allied heal prof, arts-sc, community serv, bus, dent, ed, med, nurs, phar, soc w.
Virginia Polytechnic Institute and State University, Blacksburg, Virginia. *1872*
C : arts-sc, agr, arc, bus, eng, hom eco.
Wake Forest University, Winston-Salem, North Carolina. *1834*
C : arts-sc.
S : adm, law, med.
Washburn University of Topeka, Topeka, Kansas. *1865*
C : arts-sc-ed.
S : law.
Washington State University, Pullman, Washington. *1892*
C : sc-arts, agr, eco-bus, ed, eng, hom eco, phar, vet.
*Washington University, St. Louis, Missouri. *1857*
C : arts-sc.
S : arc, bus, dent, eng-app sc, fa, law, med, nurs, soc w.
Wayne State University, Detroit, Michigan. *1934*
C : li arts, ed, eng, nurs, phar.
S : bus adm, law, med, soc w.
Wesleyan University, Middletown, Connecticut. *1831*
C : arts-sc-ed.
West Virginia University, Morgantown, West Virginia. *1867*
C : arts-sc, agr-for, com, eng, hum res-ed, mus.
S : dent, jour, law, med, mine, nurs, phar, phys.
Western Michigan University, Kalamazoo, Michigan. *1904*
S : li arts-sc, app arts-sc, bus, ed.
Wichita State University, Wichita, Kansas. *1895*
C : li arts-sc, bus adm-ind, ed, fa, heal related prof.
S : eng.
Willamette University, Salem, Oregon *1853*
C : arts-sc, mus.
S : law.
*Yale University, New Haven, Connecticut. *1701*
C : arts-sc.
S : art-arc, dram, for, law, med, mus, nurs, div, eng.
I : Far Eastern lang.
Facilities : arts, des-plan.
Yeshiva University, New York, New York. *1928*
C : arts-sc, Hebraic st, med.
S : hum-soc st, Jewish st, sc, soc w.
I : ed.
Sem : theo.

Institutions with Graduate Schools and with or without Professional Schools—Institutions avec sections pour gradués et dotées éventuellement d'écoles professionnelles

Abilene Christian College, Abilene, Texas. *1914*
C : arts-sc-ed.

Adams State College, Alamosa, Colorado. *1925*
D : arts-sc-ed-occp.

Alabama Agricultural and Mechanical College, Normal, Alabama. *1939*
D : *agr, arts-sc, bus-app sc, ed, hom eco.*
Alabama College, Montevallo, Alabama. *1893*
C : *arts-sc ed.*
Alabama State University, Montgomery, Alabama. *1929, 1970*
C : *arts-sc-ed, bus, eco.*
Alaska Methodist University, Anchorage, Alaska. *1960*
C : *arts-sc-ed.*
Allegheny College, Meadville, Pennsylvania. *1816*
C : *arts-sc-ed.*
American International College, Springfield, Massachusetts. *1855*
C : *arts-sc-bus, adm-ed.*
Amherst College, Amherst, Massachusetts. *1821*
C : *arts-sc.*
Anderson College, Anderson, Indiana. *1925*
C : *arts-sc-ed.*
S : *theo.*
Andrews University, Berrien Springs, Michigan. *1874*
C : *arts-sc.*
S : *theo.*
Antioch College, Yellow Springs, Ohio. *1853*
C : *arts-sc-ed.*
Appalachian State University, Boone, North Carolina. *1925*
C : *arts-sc-ed-bus.*
Aquinas College, Grand Rapids, Michigan. *1922*
C : *arts-sc-ed-bus.*
Arkansas State University, State College, Arkansas. *1925*
C : *li arts, agr, bus, ed, fa, sc.*
D : *nurs, milit.*
Ashland College, Ashland, Ohio. *1879*
C : *arts-sc-ed-occp.*
Assumption College, Worcester, Massachusetts. *1910*
C : *arts-sc-ed.*
Athenaeum of Ohio, The, Norwood, Ohio. *1829*
C : *arts-sc.*
S : *theo.*
Athens College, Athens, Alabama. *1842*
C : *arts-sc-ed.*
Augustana College, Sioux Falls, South Dakota. *1863*
C : *arts-sc-ed.*
Austin College, Sherman, Texas. *1849*
C : *arts-sc-ed.*
Austin Peay State College, Clarksville, Tennessee. *1929*
D : *arts-sc, app arts-sc, bus-com, ed.*
Azusa Pacific College, Azusa, California. *1911*
D : *arts-sc.*
Barry College, Miami, Florida. *1940*
C : *arts-sc.*
S : *nurs, soc w.*
Beloit College, Beloit, Wisconsin. *1847*
C : *arts-sc-ed.*
Bemidji State College, Bemidji, Minnesota. *1925*
C : *arts-sc-ed.*
Bennington College, Bennington, Vermont. *1932*
C : *arts-sc.*
Bethany Nazarene College, Bethany, Oklahoma. *1909*
C : *arts-sc-ed.*
Biola Schools and Colleges, Inc., La Mirada, California. *1947*
C : *arts-sc.*
S : *Bible.*
Birmingham-Southern College, Birmingham, Alabama. *1859*
C : *arts-sc-ed.*
Black Hills State College, Spearfish, South Dakota. *1883*
C : *arts-sc-ed.*
Bloomsburg State College, Bloomsburg, Pennsylvania. *1927*
C : *arts-sc-ed-bus.*
Bowdoin College, Brunswick, Maine. *1802*
C : *arts-sc.*
Bowie State College, Bowie, Maryland. *1925*
C : *arts-sc-ed.*
Bradley University, Peoria, Illinois. *1897*
C : *arts-sc, bus adm, ed, eng-techn.*
S : *art, mus, int st, speech therapy.*

Brooklyn College, Brooklyn, New York.
1930
C : *arts-sc-ed-occp.*
Bucknell University, Lewisburg, Pennsylvania. 1846
C : *arts-sc, bus-adm, eng.*
Butler University, Indianapolis, Indiana.
1855
C : *li arts, bus adm, ed, mus, phar.*
California State College, California, Pennsylvania. 1928
C : *arts-sc-ed.*
California State College, Dominguez Hills, California. 1965
C : *arts-sc-ed, hum-fa, nat-math, soc & behavioral sc.*
California State College at Fullerton, Fullerton, California. 1959
S : *let-arts-sc, bus adm-eco, ed, eng.*
California State College at Hayward, Hayward, California. 1959
C : *arts-sc-ed-occp.*
S : *bus-eco.*
California State College at Long Beach, Long Beach, California. 1949
C : *arts-sc-ed.*
S : *eng, fa.*
California State College at Los Angeles, Los Angeles, California. 1947
S : *let-sc, bus-eco, ed, eng, fa-app arts.*
California State Polytechnic College, Kellogg-Voorhis, Pomona, California. *1927*
D : *arts-sc, agr, bus adm, ed, eng.*
California State Polytechnic College—San Luis Obispo, San Luis Obispo, California.
1927
D : *agr, app arts, app sc, eng-techn, hum dev-ed.*
Canisius College, Buffalo, New York. *1870*
C : *arts-sc.*
S : *bus adm.*
Cardinal Stritch College, The, Milwaukee, Wisconsin. 1934
C : *arts-sc-ed.*
Catherine Spalding College, Louisville, Kentucky. 1829
C : *arts-sc-ed.*
Catholic University of Puerto Rico, Ponce, Puerto Rico. 1948
C : *arts-sc-ed-bus-occp.*

S : *law.*
Central Connecticut State College, New Britain, Connecticut. 1933
C : *arts-sc-ed-occp.*
Central Michigan University, Mount Pleasant, Michigan. 1892
S : *arts-sc, bus adm, ed, fa-app arts, heal-phys-recr.*
Central Missouri State College, Warrensburg, Missouri. 1871
D : *app arts-sc, bus adm-bus ed, ed-psyc, heal-phys-recr, lang-lit, mus, sc-math, soc.*
Central State College, Edmond, Oklahoma.
1891
C : *arts-sc-ed.*
Central Washington State College, Ellensburg, Washington. 1891
C : *arts-sc-ed.*
Chadron State College, Chadron, Nebraska.
1911
C : *arts-sc-ed-occp.*
Chapman College, Orange, California. *1861*
C : *arts-sc-ed.*
Cheyney State College, Cheyney, Pennsylvonia. 1837
C : *arts-sc-ed.*
Chicago State College, Chicago, Illinois.
1869
C : *arts-sc-ed.*
Chico State College, Chico, California.
1924
S : *behavioral-soc sc, hum-performing arts, nat.*
D : *agr, bus, ed, eng, ind-techn, nurs, phys.*
City College, New York, New York. *1849*
C : *arts-sc.*
S : *bus-publ adm, ed, eng-arc.*
* **The City University of New York :**

CUNY Lehman College, Bronx, New York.
1931
C : *arts-sc-ed.*
Clarion State College, Clarion, Pennsylvania. 1929
C : *arts-sc-ed, commun, lib, bus adm.*
Clarke College, Dubuque, Iowa. 1895
C : *arts-sc.*
Cleveland State University, Cleveland, Ohio.
1923
C : *arts-sc, bus adm, ed, eng, law.*

Colby College, Waterville, Maine. *1818*
C : *arts-sc-ed.*
*Colgate University, Hamilton, New York. *1820*
C : *arts-sc-ed.*
College of Guam, Agana, Guam. *1961*
C : *arts-sc-ed-occp.*
College of The Holy Cross, Worcester, Massachusetts. *1843*
C : *arts-sc.*
College of the Holy Names, Oakland, California. *1880*
C : *arts-sc-ed.*
College of Idaho, Caldwell, Idaho. *1906*
C : *arts-sc-ed.*
College of St. Francis, Joliet, Illinois. *1927*
C : *arts-sc-ed.*
College of Saint Rose, The, Albany, New York. *1920*
C : *arts-sc-ed.*
College of St. Thomas, St. Paul, Minnesota. *1885*
C : *arts-sc-ed.*
Colorado College, Colorado Springs, Colorado. *1874*
C : *arts-sc-ed.*
Columbia Union College, Takoma Park, Maryland. *1904*
C : *arts-sc-ed.*
Connecticut College, New London, Connecticut. *1915*
C : *arts-sc-ed.*
Converse College, Spartanburg, South Carolina. *1889*
C : *arts-sc.*
S : *mus.*
Coppin State College, Baltimore, Maryland. *1938*
C : *arts-sc-ed.*
Delta State College, Cleveland, Mississippi. *1925*
C : *arts-sc-ed.*
DePauw University, Greencastle, Indiana. *1837*
C : *arts-sc.*
S : *mus, nurs.*
Dominican College of San Rafael, San Rafael, California. *1912*
C : *arts-sc-ed.*
Drake University, Des Moines, Iowa. *1881*
C : *li arts, bus adm, ed, fa, phar.*
S : *jour, law, theo.*
Drew University, Madison, New Jersey. *1867*
C : *arts-sc.*
S : *theo.*
Drury College, Springfield, Missouri. *1873*
C : *arts-sc-ed.*
Earlham College, Richmond, Indiana. *1847*
C : *arts-sc-ed.*
East Carolina University, Greenville, Carolina. *1909*
C : *arts-sc.*
S : *li arts, bus, ed, fa, hom eco, mus, nurs, allied heal professions.*
East Central State College, Ada, Oklahoma. *1909*
C : *arts-sc-ed-occp.*
East Tennessee State University, Johnson City, Tennessee. *1900*
C : *arts-sc, bus adm-eco, ed, heal.*
East Stroudsburg State College, East Stroudsburg, Pennsylvania. *1926*
C : *arts-sc-ed.*
Eastern Connecticut State College, Willimantic, Connecticut. *1937*
C : *arts-sc-ed.*
Eastern Illinois University, Charleston, Illinois. *1899*
C : *arts-sc-ed.*
S : *mus, bus, heal-phys, hom eco.*
Eastern Kentucky University, Richmond, Kentucky. *1906*
C : *arts-sc, app arts-techn, bus, ed.*
Eastern Michigan University, Ypsilanti, Michigan. *1852*
C : *arts-sc, ed, bus, int st.*
Eastern Montana College, Billings, Montana. *1925*
C : *arts-sc-ed.*
Eastern Nazarene College, Wollaston, Massachusetts. *1917*
C : *arts-sc-ed-occp.*
Eastern New Mexico University, Portales, New Mexico. *1934*
C : *arts-sc, bus, ed-psyc.*
S : *mus, speech-drama, techn.*
Eastern Oregon College, La Grande, Oregon. *1929*

C : *arts-sc-ed-occp.*
Eastern Washington State College, Cheney, Washington. *1890*
C : *arts-sc-ed.*
Edinboro State College, Edinboro, Pennsylvania. *1927*
C : *arts-sc-ed.*
Elmira College, Elmira, New York. *1855*
C : *arts-sc-ed.*
Emerson College, Boston, Massachusetts. *1880*
C : *arts-sc-ed-occp.*
Emmanuel College, Boston, Massachusetts. *1919*
C : *arts-sc-ed.*
Fairfield University, Fairfield, Connecticut. *1947*
C : *arts-sc-ed, nurs, commun.*
Fairleigh Dickinson University, Rutherford, New Jersey. *1942*
C : *li arts, sc-eng, bus adm, ed.*
S : *dent hyg, dent, nurs.*
Federal City College, Washington, D.C.
C : *arts-sc-ed.*
Ferris State College, 901 South State Street, Big Rapids, Michigan. *1884*
C : *arts-sc, occp, ed, bus, phar, tec & app arts.*
Fisk University, Nashville Tennessee. *1871*
C : *arts-sc-ed.*
Florence State University, Florence, Alabama. *1872*
C : *arts-sc-ed-occp.*
Florida Agricultural and Mechanical University, Tallahassee, Florida. *1905*
S : *arts-sc, agr-hom eco, ed, nurs, phar.*
I : *voc-techn.*
Florida Technological University, Orlando, Florida.
C : *arts-sc, ed, bus adm, eng.*
Fort Hays Kansas State College, Hays, Kansas. *1902*
C : *arts-sc-ed.*
Fort Lauderdale University, Fort Lauderdale, Florida.
C : *arts-sc, ed, bus, occp.*
Fort Valley State College, Fort Valley, Georgia. *1929*
C : *arts-sc-ed.*
Fort Wright College of the Holy Names, Spokane, Washington. *1938*
C : *arts-sc-ed-occp.*
Franklin and Marshall College, Lancaster, Pennsylvania. *1787*
C : *arts-sc-bus adm-ed.*
Fresno State College, Fresno, California. *1911*
C : *arts-sc-ed-occp, agr, eng, soc w.*
D : *speech-mus.*
Frostburg State College, Frostburg, Maryland. *1902*
C : *arts-sc-ed.*
Furman University, Greenville, South Carolina. *1851*
C : *arts-sc-ed.*
Gallaudet College, Washington, D.C. *1864*
C : *arts-sc-ed (for deaf students).*
Gannon College, Erie, Pennyslvania. *1945*
C : *arts-sc-ed-occp, bus adm.*
George Williams College, Downer's Grove, Illinois. *1890*
C : *arts-sc-ed.*
Georgetown College, Georgetown, Kentucky. *1829*
C : *arts-sc-ed.*
Georgia College of Milledgeville, Milledgeville, Georgia. *1891*
C : *arts-sc-ed.*
Georgia Southern College, Statesboro, Georgia. *1924*
C : *arts-sc-ed.*
Glassboro State College, Glassboro, New Jersey. *1923*
C : *arts-sc-ed.*
Golden Gate College, San Francisco, California. *1901*
C : *arts-sc, bus adm.*
S : *law.*
Gonzaga University, Spokane, Washington. *1890*
C : *arts-sc.*
S : *bus adm, ed, eng, law, phil-let.*
Goucher College, Towson, Baltimore, Maryland. *1888*
C : *arts-sc-ed.*
Graduate Center (The City University of New York), New York, New York. *1961*
D : *arts-sc (Graduate only).*
Hampton Institute, Hampton, Virginia. *1920*

D : *arc, arts-sc, bus, ed, hom eco, nurs, techn.*
Hardin-Simmons University, Abilene, Texas. *1892*
C : *arts-sc-ed.*
S : *mus.*
Harding College, Searcy, Arkansas. *1922*
C : *arts-sc-ed.*
S : *theo.*
Hebrew Teachers' College, Brookline, Massachusetts. *1921*
C : *arts-sc-ed.*
Henderson State College, Arkadelphia, Arkansas. *1890*
C : *arts-sc-ed.*
S : *fa, nat-math.*
Hollins College, Hollins College, Virginia. *1842*
C : *arts-sc.*
Howard Payne College, Brownwood, Texas. *1890*
C : *arts-sc-ed.*
Humboldt State College, Arcata, California. *1913*
C : *arts-sc-ed-occp.*
S : *natural resources, eco-bus.*
Huntington College, Huntington, Indiana. *1897*
C : *arts-sc.*
S : *theo.*
Illinois Wesleyan University, Bloomington, Illinois. *1851*
C : *li arts, fa.*
S : *nurs.*
Immaculate Heart College, Los Angeles, California. *1916*
C : *arts-sc-ed.*
S : *mus.*
Incarnate Word College, San Antonio, Texas. *1900*
C : *arts-sc-ed.*
Indiana Central College, Indianapolis, Indiana. *1905*
C : *arts-sc-ed.*
Inter-American University of Puerto Rico, San German, Puerto Rico. *1924*
C : *arts-sc-ed.*
Iona College, New Rochelle, New York. *1940*
C : *arts-sc-ed.*

Ithaca College, Ithaca, New York. *1892*
C : *arts-sc.*
S : *heal-phy, mus.*
Jackson State College, Jackson, Mississippi. *1921*
D : *li arts, ed-techn st.*
Jacksonville State University, Jacksonville, Alabama. *1883*
C : *arts-sc-ed.*
Jacksonville University, Jacksonville, Florida. *1934*
C : *arts-sc, mus-fa.*
Jersey City State College, Jersey City, New Jersey. *1929*
C : *arts sc-ed.*
Ce : *ed techn.*
John Carroll University, Cleveland, Ohio. *1890*
C : *arts-sc.*
S : *bus.*
Kansas State College of Pittsburg, Pittsburg, Kansas. *1903*
S : *arts-sc-ed, techn.*
Kansas State Teachers' College, Emporia, Kansas. *1865*
C : *arts-sc-ed-occp.*
Kearney State College, Kearney, Nebraska. *1905*
C : *arts-sc-ed, fa-hum.*
Keene State College, Keene, New Hampshire. *1909*
C : *arts-sc-ed.*
Kutztown State College, Kutztown, Pennsylvania. *1926*
D : *arts, arts-sc, ed.*
La Salle College, Philadelphia, Pennsylvania. *1863*
S : *arts-sc, bus adm.*
La Verne College, La Verne, California. *1912*
C : *arts-sc-ed.*
Lewis and Clark College, Portland, Oregon. *1867*
C : *arts-sc-ed.*
S : *law.*
Lincoln University, Jefferson City, Missouri. *1877*
C : *arts-sc-ed.*
Lincoln University, San Francisco, California. *1919*

C : *arts-sc.*
S : *law.*
Linfield College, McMinnville, Oregon.
1865
C : *arts-sc-ed.*
Livingstone College, Salisbury, North Carolina. *1880*
C : *arts-sc-ed.*
Livingston University, Livingston, Alabama.
1840
C : *arts-sc-ed, bus adm.*
Lone Mountain College, 2800 Turk, San Francisco, California. *1921, 1970*
C : *arts-sc-ed.*
Longwood College, Farmville, Virginia.
1884
C : *arts-sc-ed.*
Loras College, Dubuque, Iowa. *1839*
C : *arts-sc-ed.*
Loyola College, Baltimore, Maryland. *1852*
C : *arts-sc-ed.*
Loyola Marymount University, Los Angeles, California. *1972*
C : *arts-sc, bus adm, eng.*
S : *law.*
Lynchburg College, Lynchburg, Virginia.
1903
C : *arts-sc-ed.*
Macalester College, St. Paul, Minnesota.
1885
C : *arts-sc-ed.*
Madison College, Harrisonburg, Virginia.
1909
C : *arts-sc-ed.*
Manhattan College, New York, New York.
1859
S : *arts-sc-ed, bus adm, eng.*
Manhattanville College, Purchase, New York. *1917*
C : *arts-sc.*
S : *mus.*
Mankato State College, Mankato, Minnesota. *1868*
D : *arts-sc, bus, ed, heal-phys, nurs.*
Mansfield State College, Mansfield, Pennsylvania. *1857*
C : *arts-sc-ed.*
Marshall University, Huntington, West Virginia. *1858*
C : *arts-sc, app sc, ed.*

S : *bus.*
Marycrest College, Davenport, Iowa. *1939*
C : *arts-sc-ed.*
Marygrove College, Detroit, Michigan.
1910
C : *arts-sc-ed.*
Marywood College, Scranton, Pennsylvania.
1915
C : *arts-sc-ed.*
S : *soc w.*
Massachusetts State College System, Boston :
Boston State College, Boston.
C : *arts-sc-ed.*
Bridgewater State College, Bridgewater.
C : *arts-sc-ed.*
Fitchburg State College, Fitchburg.
C : *arts-sc-ed.*
Framingham State College, Framingham.
C : *arts-sc-ed.*
Lowell State College, Lowell.
C : *arts-sc-ed.*
North Adams State College, North Adams.
C : *arts-sc-ed.*
Salem State College, Salem.
C : *arts-sc-ed.*
Westfield State College, Westfield.
C : *arts-sc-ed.*
Worcester State College, Worcester.
C : *arts-sc-ed.*
Medaille College, Buffalo, New York.
1924
C : *arts-sc-ed.*
Mercer University, Macon, Georgia. *1838*
C : *arts-sc.*
S : *law, phar.*
Midwestern University, Wichita Falls, Texas.
1922
D : *bus adm-eco, ed, hum-soc, sc, sc-math.*
Millersville State College, Millersville, Pennsylvania. *1855*
C : *arts-sc-ed.*
Millikin University, Decatur, Illinois. *1903*
C : *arts-sc.*
S : *bus-ind mangt, mus.*
Mills College, Oakland, California. *1885*
C : *arts-sc-ed.*
Minot State College, Minot, North Dakota.
1913
C : *arts-sc-ed-occp.*

Mississippi College, Clinton, Mississippi. *1826*
C : *arts-sc-ed.*
Mississippi State College for Women, Columbus, Mississippi. *1885*
C : *arts-sc-ed.*
Monmouth College, West Long Branch, New Jersey. *1933*
C : *arts-sc-ed-occp.*
Montclair State College, Upper Montclair, New Jersey. *1908*
C : *arts-sc-ed.*
S : *fa-performing arts.*
Monterey Institute of Foreign Studies, The, Monterey, California.
D : *lang-civilization, pol-arts.*
Moorhead State College, Moorhead, Minnesota. *1887*
F : *math-sc, soc-behavioral sc, occp.*
Morehead State University, Morehead, Kentucky. *1922*
S : *appl sc-techn, ed, hum, sc-math, soc st.*
Morgan State University, Baltimore, Maryland. *1867*
D : *hum, nat, soc.*
Morningside College, Sioux City, Iowa. *1889*
C : *arts-sc-ed-occp.*
Mount Holyoke College, South Hadley, Massachusetts. *1837*
C : *arts-sc-ed.*
Mount St. Mary's College, Emittsburg, Maryland. *1808*
C : *arts-sc.*
Mount Saint Mary's College, Los Angeles, California. *1925*
C : *arts-sc-ed-occp.*
Mundelein College, Chicago, Illinois. *1930*
C : *arts-sc-ed.*
Murray State University, Murray, Kentucky. *1923*
S : *arts-sc ed, appl sc-techn, bus, ed.*
National College of Education, Chicago, Illinois. *1886*
C : *arts-sc-ed.*
New Haven College, Newberry, South Carolina. *1859*
C : *arts-sc-ed, eng, bus adm.*
New Mexico Highlands University, Las Vegas, New Mexico. *1898*
C : *arts-sc-ed-occp.*
Newark State College, Union, New Jersey. *1878*
C : *arts-sc-ed.*
Niagara University, Niagara University, New York. *1856*
C : *arts-sc, bus adm.*
S : *ed, nurs.*
Nicholls State University, Thibodaux, Louisiana. *1948, 1956, 1970*
C : *arts-sc, ed, bus adm, life sc-techn.*
North Carolina Agricultural and Technical State University, Greensboro, North Carolina. *1891*
S : *agr, ed-gen st, eng, ind, nurs.*
North Carolina Central University, Durham, North Carolina. *1910*
C : *arts-sc.*
S : *law, lib.*
Northeast Missouri State College, Kirksville, Missouri. *1867*
C : *arts-sc-ed-occp.*
Northeastern Illinois University, Chicago, Illinois. *1961*
C : *arts-sc-ed.*
Northeastern State College, Tahlequah, Oklahoma. *1909*
C : *arts-sc-ed.*
Northern Michigan University, Marquette, Michigan. *1899*
S : *arts-sc, bus, ed, nurs.*
Northern Montana College, Havre, Montana. *1929*
C : *arts-sc-ed-occp.*
Northern State College, Aberdeen, South Dakota. *1902*
C : *arts-sc-ed.*
Northwest Missouri State College, Maryville, Missouri. *1905*
C : *arts-sc-ed.*
Northwestern State College, Alva, Oklahoma. *1897*
C : *arts-sc-ed.*
Oakland University, Rochester, Michigan. *1959*
C : *arts-sc.*
S : *ed, eng, performing arts.*
Oberlin College, Overlin, Ohio. *1834*
C : *li arts, mus.*

Occidental College, Los Angeles, California. 1888
C : arts-sc.
Ohio Wesleyan University, Delaware, Ohio. 1844
C : arts-sc-ed.
Oklahoma City University, Oklahoma City, Oklahoma. 1904
C : arts-sc.
S : bus, law, mus.
Old Dominion College, Norfolk, Virginia. 1930
S : arts-sc, bus adm, ed, eng.
Olivet Nazarene College, Kankakee, Illinois. 1909
C : arts-sc-ed.
Oregon College of Education, Monmouth, Oregon. 1861
C : arts-sc-ed.
Ouachita Baptist University, Arkadelphia, Arkansos. 1886
C : arts-sc-ed.
Our Lady of the Lake College, San Antonio, Texas. 1911
C : arts-sc.
S : ed, soc serv.
PMC Colleges, Chester, Pennsylvania. 1862
C : arts-sc-techn-milit.
Pace University, New York, New York. 1948
S : arts sc, bus adm, ed, nurs.
Pacific Lutheran University, Tacoma, Washington. 1894
C : arts-sc.
S : bus adm, ed, fa-appl arts, nurs.
Pacific Oaks College, Pasadena, California. 1951
C : arts-sc-ed.
Pacific Union College, Angwin, California. 1882
D : arts-sc-ed-occp.
Pacific University, Forest Grove, Oregon. 1854
C : arts-sc, optom.
S : mus.
Pasadena College, Pasadena, California. 1902
C : arts-sc-ed.
William Patterson College, Wayne, New Jersey. 1855
C : li arts-ed-nurs.
Pepperdine University, Malibu, California. 1937
C : arts-sc.
Philipps University, Enid, Oklahoma. 1907
C : arts-sc, Bible.
Plymouth State College, Plymouth, New Hampshire. 1871
C : arts-sc-ed-occp.
Prairie View Agriculture and Mechanical University, Prairie View, Texas. 1879
S : arts-sc, agr, eng, hom eco, ind ed-techn, nurs.
Pratt Institute, 215 Ryerson Street, Brooklyn, New York. 1887
S : art, arc, eng-sc, hum-soc, lib-infor.
Queens College, Flushing, Long Island, New York. 1937
C : arts-sc-ed-occp.
Quinnipiac College, Hamden, Connecticut. 1935
C : arts-sc-occp.
Radford College, Radford, Virginia. 1913
C : arts-sc-ed.
Reed College, Portland, Oregon. 1911
C : arts-sc-ed.
Rhode Island College, Providence, Rhode Island. 1920
C : arts-sc-ed.
Richmond College, Staten Island, New York. 1967
C : arts-sc-ed.
The Richmond Professional Institute, Richmond, Virginia. 1917
S : arts-sc, art, bus, distribution, ed, mus, nurs, occp ther, rehabilitation counseling, soc, soc w.
Rider College, Trenton, New Jersey. 1919
S : li arts-sc, bus adm, ed.
Rivier College, Nashua, New Hampshire. 1933
C : arts-sc-ed.
Rockford College, Rockford, Illinois. 1851
C : arts-sc-ed.
Rollins College, Winter Park, Florida. 1885
C : arts-sc-ed.
Roosevelt University, Chicago, Illinois. 1945
C : arts-sc, bus adm, mus.
Rosary College, River Forest, Illinois. 1901

C : arts-sc-ed.
Russell Sage College, Troy, New York.
1916
C : arts-sc-ed, nurs.
Sacramento State College, Sacramento, California. *1947*
S : arts-sc, bus adm, ed, eng, soc w.
D : heal-phys-welfare, nurs.
St. Bernardine of Siena College, Loudonville, New York. *1937*
D : arts, bus, sc.
St. Cloud State College, St. Cloud, Minnesota. *1869*
S : arts-sc, bus, ed, fa.
I : ind-ed-techn.
Saint Francis College, Fort Wayne, Indiana. *1890*
C : arts-sc-ed.
St. Francis College, Loretto, Pennysylvania. *1910*
C : arts-sc-ed.
St. John's College, Camarillo, California. *1927*
C : arts-sc.
S : theo.
St. John's College, Annapolis, Maryland. *1786*
C : arts-sc.
St. John's University, Collegeville, Minnesota. *1856*
C : arts-sc.
S : theo.
St. Joseph College, West Hartford, Connecticut. *1932*
C : arts-sc-ed.
St. Joseph's College, Philadelphia, Pennsylvania. *1851*
C : arts-sc-ed-occp.
St. Lawrence University, Canton, New York. *1861*
C : arts-sc-ed.
St. Mary's College, Winona, Minnesota. *1916*
C : arts-sc-ed.
St. Mary's College of California, St. Mary's College, California. *1863*
S : li arts, eco-bus, adm sc.
St. Mary's University of San Antonio, San Antonio, Texas. *1852*
S : arts-sc, bus adm, law.

St. Michael's College, Winooski, Vermont. *1913*
C : arts-sc-ed.
St. Thomas Seminary, Denver, Colorado. *1907*
C : arts-sc.
S : theo.
St. Xavier College, Chicago, Illinois. *1912*
C : arts-sc.
D (Grad) : ed, nurs, theo.
Salisbury State College, Salisbury, Maryland. *1925*
C : arts-sc-ed.
Sam Houston State University, Huntsville, Texas. *1879*
S : bus-app arts, ed, fa, hum, sc.
Samford University, Birmingham, Alabama. *1842*
C : arts-sc.
S : bus, ed, phar, law.
D : mus.
San Diego College for Women, San Diego, California. *1952*
C : arts-sc-ed.
San Fernando Valley State College, Los Angeles California. *1956*
S : let-sc, bus adm-eco, ed, eng, fa-prof st.
San Jose State College, San Jose, California. *1862*
S : hum-arts, app sc-arts, bus, ed, eng, nat-math.
Sangamon State University, Springfield, Illinois
C : arts-sc-ed.
Sarah Lawrence College, Bronxville, New York. *1928*
C : arts-sc-ed.
Savannah State College, Savannah, Georgia. *1931*
D : hum, bus adm, ed, nat, soc, tec, sc.
Scaritt College for Christian Workers, Nashville, Tennessee. *1924*
C : arts-sc.
School for International Training, Brattleboro, Vermont. *1964*
C : arts-ed.
Seattle Pacific College, Seattle, Washington. *1910*
C : arts-sc-ed.

UNITED STATES OF AMERICA—ETATS-UNIS D'AMERIQUE 449

*Seattle University, Seattle, Washington.
 1900
C : arts-sc.
S : bus, ed, eng, nurs.
Shippensburg State College, Shippensburg, Pennsylvania. 1871
C : arts-sc-ed.
Siena Heights College, Adrian, Michigan.
 1919
C : arts-sc-ed.
Simmons College, Boston, Massachusetts.
 1902
C : arts-sc.
S : lib sc, soc w.
Slippery Rock State College, Slippery Rock, Pennsylvania. 1926
C : arts-sc-ed.
Sonoma State College, Rohnert Park, California. 1961
C : arc-sc-ed.
South Carolina State College, Orangeburg, South Carolina. 1896
S : arts-sc, agr-hom eco, ed, ind ed.
Southeast Missouri State College, Cape Girardeau, Missouri. 1873
C : arts-sc-ed-occp.
Southeastern Louisiana University, Hammond, Louisiana. 1925, 1970
D : li arts, app sc, ed, nurs.
Southeastern Massachusetts University, North Dartmouth, Massachusetts.
 1895
C : arts-sc, bus-ind, eng, fa-app arts.
Southeastern State College, Durant, Oklahoma. 1909
C : arts-sc-ed.
Southern Connecticut State College, New Haven, Connecticut. 1893
C : arts-sc-ed-occp.
D : lib.
Southern Oregon College, Ashland, Oregon.
 1926
C : arts-sc-ed-occp.
Southern University and Agricultural and Mechanical College, Baton Rouge, Louisiana. 1881
S : arts-sc, agr, bus, ed, eng, English, hom eco, law.
Southwest Missouri State College, Springfield, Missouri. 1906

D : arts-hum, ed, sc-techn.
Southwest Texas State University, San Marcos, Texas. 1903
S : li-fa, app arts, ed, sc, bus.
Southwestern State College, Weatherford, Oklahoma. 1903
D : arts-sc, ed-psyc, phar.
Spalding College, Louisville, Kentucky.
 1814
C : arts-sc-ed.
Stanislaus State College, Turlock, California. 1960
C : arts-sc-ed.
State College of Arkansas, Conway, Arkansas. 1908
C : arts-sc-ed, bus adm, fa-app arts.
S : nurs.
State College at Boston, Boston, Massachusetts. 1852
C : arts-sc-ed.
State College at Bridgewater, Bridgewater, Massachusetts. 1840
C : arts-sc-ed.
State College at Fitchburg, Fitchburg, Massachusetts. 1895
C : arts-sc-ed.
State College at Framingham, Framingham, Massachusetts. 1839
C : arts-sc-ed.
State College at Salem, Salem, Massachusetts. 1854
State College at Westfield, Westfield, Massachusetts. 1839
C : arts-sc-ed.
State College at Worcester, Worcester, Massachusetts. 1874
C : arts-sc-ed.
*State University of New York :
College at Brockport, Brockport, New York. 1867
C : arts-sc-ed.
College at Buffalo, Buffalo, New York.
 1871
C : arts-sc-ed, app sc-techn, fa.
College at Cortland, Cortland, New York.
 1869
D : arts-sc, ed, heal, phys-recr.
College at Fredonia, Fredonia, New York.
 1867
C : arts-sc-ed, fa-performing arts.

College at Geneseo, Geneseo, New York.
1871
C : *arts-sc-ed.*
S : *lib sc.*
College at New Paltz, New Paltz, New York.
1886
C : *arts-sc-ed.*
College at Oneonta, Oneonta, New York.
1889
C : *arts-sc-ed, hom eco.*
College at Oswego, Oswego, New York.
1861
C : *arts-sc-ed-occp.*
College at Plattsburgh, Plattsburgh, New York. *1890*
C : *arts-sc-ed, math.*
College at Potsdam, Potsdam, New York.
1869
C : *arts-sc-ed, mus.*
Stephen F. Austin State College, Nacogdoches, Texas. *1923*
S : *li arts, ed, fa, for, sc-math, bus adm.*
Stetson University, De Land, Florida. *1887*
C : *arts-sc, law.*
S : *bus adm, mus.*
Stout State University, Menomonie, Wisconsin. *1917*
S : *arts-sc, app sc-techn, ed, hom eco.*
Suffolk University, Boston, Massachusetts.
1906
C : *arts-sc, bus adm, jour.*
S : *law.*
Sul Ross State College, Alpine, Texas. *1920*
C : *arts-sc-ed, lang, app arts, fa.*
Swarthmore College, Swarthmore, Pennsylvania. *1869*
D : *hum, soc sc, nat.*
Tennessee Agricultural and Industrial State University, Nashville, Tennesse. *1922*
S : *arts-sc, agr-hom eco, ed, eng.*
Tennessee Technological University, Cookeville, Tennessee. *1916*
C : *arts-sc, ed, eng.*
S : *agr-hom eco, bus adm.*
Texas A & I University, Kingsville, Texas.
1925
S : *arts-sc, agr, bus adm, ed, eng.*
Texas Southern University, Houston, Texas.
1947
C : *arts-sc.*

S : *bus, ind, law, phar.*
Thiel College, Greenville, Pennsylvania.
1870
C : *arts-sc-ed.*
Towson State College, Towson, Maryland.
1866
C : *arts-sc-ed.*
Trenton State College, Trenton, New Jersey.
1855
C : *arts-sc-ed.*
Trinity College, Hartford, Connecticut.
1824
C : *arts-sc.*
Trinity College, Washington, D.C.   *1900*
C : *arts-sc-ed.*
Trinity University, San Antonio, Texas.
1869
C : *arts-sc-ed.*
S : *eng, bus.*
Troy State University, Troy, Alabama.
1887
C : *arts-sc-ed.*
Tuskegee Institute, Tuskegee Institute, Alabama. *1927*
C : *arts-sc.*
S : *agr, ed, eng, hom eco-food adm, mec ind, nurs, phys, vet.*
Union College, Barbouville, Kentucky.
1879
C : *arts-sc-ed.*
Union College, Schenectady, New York.
1795
D : *sc-eng, hum-soc.*
University of Bridgeport, Bridgeport, Connecticut. *1928*
C : *arts-sc, bus adm, ed, eng, nurs.*
University of Chattanooga, Chattanooga, Tennessee. *1866*
C : *arts-sc-ed.*
University of Dubuque, Dubuque, Iowa.
1852
C : *arts-sc.*
S : *theo.*
University of Evansville, Evansville, Indiana.
1857
C : *arts-sc, fa.*
S : *bus adm-eco, ed, eng, nurs.*
University of Hartford, West Hartford, Connecticut. *1879*
C : *arts-sc, mus.*

S : *art, bus adm, ed, eng.*
D : *sec.*
University of Montevallo, Montevallo, Alabama.
C : *arts-sc, bus, ed.*
University of Nebraska at Omaha, Omaha, Nebraska. *1909*
C : *arts-sc, bus adm, ed, eng-techn.*
University of North Carolina at Charlotte, Charlotte, North Carolina. *1946*
C : *arts-sc-ed-occp.*
D : *eng, nurs, bus adm-eco, soc & behavioral sc.*
University of North Florida, Jacksonville, Florida. *1965*
C : *arts-sc, ed, bus adm.*
University of Northern Iowa, Cedar Falls, Iowa. *1876*
C : *bus-behavioral sc, ed, hum-fa, nat.*
University of Puget Sound, Tacoma, Washington. *1890*
C : *arts-sc.*
S : *bus adm-eco, ed, mus, occp ther.*
University of Richmond, Richmond, Virginia. *1840*
C : *arts-sc.*
S : *bus adm, law.*
University of St. Thomas, Houston, Texas. *1947*
C : *arts-sc-ed.*
S : *theo.*
University of San Diego, College for Men, San Diego, California. *1954*
C : *arts-sc-ed.*
***University of San Francisco,** San Francisco, California. *1855*
C : *li arts, bus adm, sc.*
S : *nurs, law.*
D : *ed.*
University of Scranton, Scranton, Pennsylvania. *1889*
C : *arts-sc-ed.*
University of The South, Sewanee, Tennessee. *1868*
C : *arts-sc.*
S : *theo.*
University of South Alabama, Mobile, Alabama. *1936*
C : *arts-sc-ed, bus mangt st.*
University of Texas at El Paso, El Paso, Texas. *1914*
S : *bus, ed, eng, li arts, sc.*
University of West Florida, Pensacola, Florida.
C : *arts-sc.*
Valdosta State College, Valdosta, Georgia. *1913*
C : *arts-sc-ed, nurs.*
Valparaiso University, Valparaiso, Indiana. *1859*
C : *arts-sc, bus adm, eng.*
S : *law.*
Vassar College, Poughkeepsie, New York.
C : *arts-sc.* *1867*
Virginia State College, Petersburg, Virginia. *1883*
S : *arts-sc, agr, com, ed, hom eco, ind.*
D : *voc-ind ed.*
Wagner College, Staten Island, New York. *1918*
C : *arts-sc-ed-nurs.*
Walla Walla College, College Place, Washington. *1892*
C : *arts-sc-ed.*
S : *nurs, theo.*
Wayne State College, Wayne, Nebraska. *1910*
C : *arts-sc-ed.*
Webster College, Webster Groves, Missouri. *1915*
C : *arts-sc.*
Wellesley College, Wellesley, Massachusetts. *1875*
C : *arts-sc.*
Wells College, Aurora, New York. *1868*
C : *arts-sc.*
West Chester State College, West Chester, Pennsylvania. *1927*
C : *arts-sc-ed.*
S : *soc & behavioral sc, mus, heal-phys.*
West Georgia College, Carrollton, Georgia. *1933*
D : *ed, hum, sc-math, soc sc.*
West Texas State University, Canyon, Texas. *1918*
C : *arts-sc.*
S : *bus, ed, fa.*
Western Carolina University, Cullowhee, North Carolina. *1912*
S : *arts-sc, bus, ed-psyc.*

Western Connecticut State College, Danbury, Danbury, Connecticut. *1904*
C : *arts-sc-ed.*
Western Illinois University, Macomb, Illinois. *1902*
S : *arts-sc, app se, bus, ed, heal-phys-recr, fa.*
Western Kentucky University, Bowling Green, Kentucky. *1922*
C : *li arts, com, ed, sc-techn.*
Western Maryland College, Westminster, Maryland. *1867*
C : *arts-sc-ed.*
Western New England College, Springfield, Massachusetts. *1919*
C : *arts-sc.*
S : *bus adm, eng, law.*
Western New Mexico University, Silver City, New Mexico. *1894*
C : *arts-sc-ed-occp.*
Western State College of Colorado, Gunnison, Colorado. *1911*
C : *arts-sc-ed.*
Western Washington State College, Bellingham, Washington. *1899*
C : *arts-sc-ed, ethnic st, env st.*
Westminster College, New Wilmington, Pennsylvania. *1852*
C : *arts-sc-ed.*
Westminster College, Salt Lake City, Utah. *1895*
C : *arts-sc-ed.*
Wheaton College, Wheaton, Illinois. *1856*
C : *arts-sc-ed.*
Wheaton College, Norton, Massachusetts. *1912*
C : *arts-sc.*
Whittier College, Whittier, California. *1901*
C : *arts-sc.*
Whitworth College, Spokane, Washington. *1890*
C : *arts-sc-ed.*
Wilkes College, Wilkes-Barre, Pennsylvania. *1946*
C : *arts-sc-ed-occp.*
William Carey College, Hattiesburg, Mississippi. *1906*
C : *arts-sc-ed.*
S : *nurs, mus.*
Williams College, Williamstown Massachusetts. *1793*

C : *arts-sc.*
Winona State College, Winona, Minnesota. *1860*
C : *arts-sc-ed.*
Winthrop College, Rock Hill, South Carolina. *1886*
C : *arts-sc.*
S : *bus adm, ed, hom eco, mus.*
Wisconsin State University—Eau Claire, Eau Claire, Wisconsin. *1916*
S : *arts-sc, bus, ed, nurs.*
Wisconsin State University—La Crosse, La Crosse, Wisconsin. *1909*
C : *arts-sc-ed.*
Wisconsin State University—Oshkosh, Oshkosh, Wisconsin. *1871*
S : *bus adm, ed, let-sc, nurs.*
Wisconsin State University—Platteville, Platteville, Wisconsin. *1866*
S : *arts-sc, agr, bus-eco, ed, eng, ind.*
Wisconsin State University—River Falls, River Falls, Wisconsin. *1875*
C : *arts-sc, agr, ed.*
Wisconsin State University—Stevens Point, Stevens Point, Wisconsin. *1894*
C : *let-sc, app arts-sc, ed, fa.*
Wisconsin State University—Superior, Superior, Wisconsin. *1896*
C : *arts-sc-ed, fa, bus-eco.*
Wisconsin State University—Whitewater, Whitewater, Wisconsin. *1868*
S : *li arts, bus adm-eco, ed.*
Wittenberg University, Springfield, Ohio. *1845*
C : *arts-sc.*
S : *comty ed, mus, theo.*
Wright State University, Fairborn, Ohio. *1967*
C : *li arts.*
S : *bus adm, ed, sc-eng.*
Xavier University, New Orleans, Louisiana. *1925*
C : *arts-sc-ed, phar.*
Xavier University, Cincinnati, Ohio. *1831*
C : *arts-sc-ed, bus adm.*
Youngstown State University, Youngstown, Ohio. *1927*
C : *arts-sc.*
S : *bus adm, ed, eng, mus.*

Institutions without Graduate — Institutions sans sections pour gradués, Schools and with or without mais avec éventuellement des Professional Schools écoles professionnelles

Abraham Baldwin Agricultural College, Tifton, Georgia. *1933*
C : *arts-sc-occp.*
Academy of the New Church, Bryn Athyn, Pennsylvania. *1876*
C : *arts-sc.*
S : *theo.*
Adrian College, Adrian, Michigan. *1859*
C : *arts-sc-ed.*
Agnes Scott College, Decatur, Georgia. *1889*
C : *arts-sc-ed.*
Agricultural, Mechanical, and Normal College, Pine Bluff, Arkansas. *1875*
C : *arts-sc-ed-occp.*
Albany State College, Albany, Georgia. *1904*
C : *arts-sc-ed-occp.*
Albertus Magnus College, New Haven, Connecticut. *1925*
C : *arts-sc-ed.*
Albion College, Albion, Michigan. *1843*
C : *arts-sc-ed.*
Albright College, Reading, Pennsylvania. *1880*
C : *arts-sc-ed.*
Alcorn Agricultural and Mechanical College, Lorman, Mississippi. *1871*
D : *arts-sc, ed, voc ed.*
Alderson-Broaddus College, Philippi, West Virginia. *1917*
C : *arts-sc-ed.*
Allen University, Columbia, South Carolina.
C : *arts-sc-ed.*
Allentown College of Saint Francis de Sales, Center Valley, Pennsylvania.
C : *arts-sc.*
Alliance College, Cambridge Springs, Pennsylvania. *1912*
C : *arts-sc.*
Alma College, Alma, Michigan. *1887*
C : *arts-sc-ed.*
Alma White College, Zarepath, New Jersey.
C : *arts-sc-ed.*
Alvernia College, Reading, Pennsylvania. *1958*
C : *arts-sc-ed.*
Alverno College, Milwaukee, Wisconsin. *1887*
C : *arts-sc-ed-nurs.*
American Christian College, Tulsa, Oklahoma. *1970*
C : *arts-sc.*
Angelo State University, San Angelo, Texas. *1928*
C : *arts-sc-ed-occp.*
Anna Maria College, Paxton, Massachusetts. *1946*
C : *arts-sc-ed.*
Annhurst College, South Woodstock, Connecticut. *1941*
C : *arts-sc-ed.*
Arizona Bible College-Biola, Phoenix, Arizona.
C : *arts-sc-ed-occp.*
Arkansas Agricultural and Mechanical College, College Heights, Arkansas. *1928*
C : *arts-sc-ed-occp.*
Arkansas Baptist College, Little Rock, Arkansas.
C : *arts-sc-ed.*
Arkansas College, Batesville, Arkansas. *1872*
C : *arts-sc-ed.*
Arkansas Polytechnic College, Russellville, Arkansas. *1921*
C : *arts-sc-ed-occp.*
Armstrong State College, Savannah, Georgia. *1935*
C : *arts-sc-ed-occp.*
Asbury College, Wilmore, Kentucky.
C : *arts-sc-ed.*
Asheville-Biltmore College, Asheville, North Carolina. *1927*
C : *arts-sc-ed.*
Atlanta Baptist College, Atlanta, Georgia.
C : *arts-sc-ed.*
Atlanta Christian College, East Point, Georgia.

C : arts-sc.
Atlantic Christian College, Wilson, North Carolina. *1902*
C : arts-sc-ed.
Atlantic Union College, South Lancaster, Massachusetts. *1918*
C : arts-sc-ed-occp.
Augsburg College, Minneapolis, Minnesota. *1874*
C : arts-sc-ed.
Augusta College, Augusta, Georgia. *1926*
C : arts-sc-ed-bus.
Augustana College, Rock Island, Illinois. *1860*
C : arts-sc-ed.
Aurora College, Aurora, Illinois. *1893*
C : arts-sc-ed.
Averett College, Danville, Virginia.
C : arts-sc-ed-occp.
Avila College, Kansas City, Missouri. *1916*
C : arts-sc-nurs-occp.
Baker University, Baldwin City, Kansas. *1858*
C : arts-sc-ed-bus.
Baldwin-Wallace College, Berea, Ohio. *1845*
C : arts-sc-ed-occp.
Baptist College at Charleston, Charleston, South Carolina.
C : arts-sc-ed.
Barat College of the Sacred Heart, Lake Forest, Illinois. *1919*
C : arts-sc-ed.
Barber-Scotia College, Concord, North Carolina. *1916*
C : arts-sc-ed.
Bard College, Annandale-on-Hudson, New York. *1860*
C : arts-sc.
Barnard College, Morningside Heights, New York. *1889*
C : arts-sc-ed.
Barrington College, Barrington, Rhode Island. *1929*
C : arts-sc-ed.
Bartlesville Wesleyan College, Bartlesville, Oklahoma.
C : arts-sc.
Bates College, Lewiston, Maine. *1863*
C : arts-sc.
Bayamon Central University, Bayamon, Puerto Rico. *1961*
C : arts-sc, ed.
Beaver College, Glenside, Pennsylvania. *1872*
C : arts-sc-ed.
Belhaven College, Jackson, Mississippi. *1894*
C : arts-sc-ed.
Belknap College, Center Harbor, New Hampshire.
C : arts-sc-ed, bus, med techn.
Bellarmine College, Louisville, Kentucky. *1950*
C : arts-sc-ed.
Bellevue College, Bellevue, Nebraska.
C : arts-sc-ed.
Belmont Abbey College, Belmont, North Carolina. *1878*
C : arts-sc-ed.
Belmont College, Nashville, Tennessee. *1951*
C : arts-sc-ed.
Benedict College, Columbia, South Carolina. *1894*
C : arts-sc.
Benedictine College, Atchison, Kansas. *1971*
C : arts-sc.
Bennett College, Greensboro, North Carolina. *1926*
C : arts-sc-ed.
Berea College, Berea, Kentucky. *1869*
C : arts-sc-ed.
Berkshire Christian College, Lenox, Massachusetts.
C : arts-sc-ed.
Berry College, Mount Berry, Georgia. *1926*
C : arts-sc-ed.
Bethany College, Lindsborg, Kansas. *1887*
C : arts-sc-ed.
Bethany College, Bethany, West Virginia. *1840*
C : arts-sc-ed.
Bethel College, Mishawaka, Indiana.
C : arts-sc-ed.
Bethel College, North Newton, Kansas. *1895*
C : arts-sc-ed-occp.
Bethel College, McKenzie, Tennessee. *1842*
C : arts-sc-ed.

Bethel College and Seminary, St. Paul, Minnesota. *1871*
C : *arts-sc-ed.*
S : *theo.*
Bethune-Cookman College, Daytona Beach, Florida. *1923*
C : *arts-sc-ed.*
Biscayne College, Miami, Florida.
C : *arts-sc.*
Bishop College, Dallas, Texas. *1881*
C : *arts-sc-ed.*
Blackburn College, Carlinville, Illinois. *1864*
C : *arts-sc-ed.*
Bliss College, Columbus, Ohio.
C : *arts-sc*
Bloomfield College, Bloomfield, New Jersey. *1868*
C : *arts-sc-ed.*
Blue Mountain College, Blue Mountain, Mississippi. *1873*
C : *arts-sc-ed.*
Bluefield State College, Bluefield, West Virginia. *1931*
C : *arts-sc-ed-occp.*
Bluffton College, Bluffton, Ohio. *1900*
C : *arts-sc-ed.*
Boise State College, Boise, Idaho. *1939*
C : *arts-sc-ed-occp.*
Brenau College, Gainesville, Georgia. *1978*
C : *arts-sc-ed.*
Brescia College, Owensboro, Kentucky. *1925*
C : *arts-sc-ed.*
Briar Cliff College, Sioux City, Iowa. *1930*
C : *arts-sc-ed.*
Briarcliff College, Briarcliff Manor, New York. *1933*
C : *arts-sc-ed.*
Bridgewater College, Bridgewater, Virginia. *1880*
C : *arts-sc-ed.*
Bryan College, Dayton, Tennessee.
C : *arts-sc-ed.*
Buena Vista College, Storm Lake, Iowa. *1891*
C : *arts-sc-ed.*
Cabrini College, Radnor, Pennsylvania. *1957*
C : *arts-sc-ed.*

Caldwell College, Caldwell, New Jersey. *1939*
C : *arts-sc-ed.*
California Baptist College, Riverside, California. *1950*
C : *arts-sc-ed.*
California Lutheran College, Thousand Oaks, California. *1961*
C : *arts-sc-ed.*
California State College at Bakersfield, Bakersfield, California.
C : *arts-sc-ed, bus adm, behavioral sc.*
California State College at San Bernardino, San Bernardino. *1965*
C : *arts-sc-ed.*
Calvin College, Grand Rapids, Michigan. *1877*
C : *arts-sc-ed.*
Cameron State Agricultural College, Lawton, Oklahoma.
C : *arts-sc-ed-agr.*
Campbell College, Buies Creek, North Carolina. *1926*
C : *arts-sc-ed-occp.*
Campbellsville College, Campbellsville, Kentucky. *1923*
C : *arts-sc-ed.*
Capital University, Columbus, Ohio. *1850*
C : *arts-sc-ed-nurs.*
S : *law, mus.*
Cardinal Cushing College, Brookline, Massachusetts. *1952*
C : *arts-sc-ed-occp.*
Cardinal Glennon College, St. Louis, Missouri. *1893*
C : *arts-sc.*
Carleton College, Northfield, Minnesota. *1870*
C : *arts-sc-ed.*
Carlow College, Pittsburgh, Pennsylvania.
C : *arts-sc-ed-nurs.*
Carroll College, Helena, Montana. *1910*
C : *arts-sc.*
Carroll College, Waukesha, Wisconsin. *1846*
C : *arts-sc-ed.*
Carson-Newman College, Jefferson City, Tennessee. *1851*
C : *arts-sc-ed.*

Carthage College, Kenosha, Wisconsin. *1847*
C : *arts-sc-ed.*
Castleton State College, Castleton, Vermont. *1867*
C : *arts-sc-ed-occp.*
Catawba College, Salisbury, North Carolina. *1852*
C : *arts-sc-ed.*
Cedar Crest College, Allentown, Pensylvania. *1867*
C : *arts-sc-ed.*
Cedarville College, Cedarville, Ohio.
C : *arts-sc-ed.*
Centenary College, Shreveport, Louisiana. *1825*
C : *arts-sc-ed.*
Centenary College for Women, Hackettstown, New Jersey. *1825*
C : *arts-sc-ed.*
Central College, Pella, Iowa. *1858*
C : *arts-sc-ed.*
Central Methodist College, Fayette, Missouri. *1857*
C : *arts-sc-ed.*
Central State University, Wilberforce, Ohio. *1888*
C : *arts-sc, bus adm, ed.*
S : *mus-art.*
Central University of Iowa, Pella, Iowa.
C : *arts-sc-ed.*
Central Wesleyan College, Central, South Carolina.
C : *arts-sc-ed.*
Centre College of Kentucky, Danville, Kentucky. *1820*
C : *arts-sc-ed.*
Chaminade College of Honolulu, Honolulu, Hawaii. *1955*
C : *arts-sc-ed-occp.*
Chatham College, Pittsburgh, Pennsylvania. *1870*
C : *arts-sc-ed.*
Chestnut Hill College, Philadelphia, Pennsylvania. *1924*
C : *arts-sc-ed.*
Christian Brothers College, Memphis, Tennessee. *1871*
C : *arts-sc-ed.*
Church College of Hawaii, Laie, Oahu, Hawaii. *1955*
C : *arts-sc-ed-techn.*
* **The City University of New York: York College,** Flushing, New York *1967*
C : *arts-sc-ed.*
Claflin College, Orangeburg, South Carolina. *1869*
C : *arts-sc-ed.*
Claremont Men's College, Claremont, California. *1946*
C : *arts-sc.*
Clark College, Atlanta, Georgia. *1879*
C : *arts-sc-ed.*
Coe College, Cedar Rapids, Iowa. *1851*
C : *arts-sc-ed.*
Coker College, Hartsville, South Carolina. *1908*
C : *arts-sc-ed.*
College of the Atlantic, Bar Harbor, Maine. *1970*
C : *arts, sc-ed.*
College of Charleston, Charleston, South Carolina. *1790*
C : *arts-sc.*
College of Emporia, Emporia, Kansas. *1883*
C : *arts-sc.*
College of Great Falls, Great Falls, Montana. *1932*
C : *arts-sc-ed.*
College Misericordia, Dallas, Pennsylvania. *1924*
C : *arts-sc-ed.*
College of Mount St. Joseph-on-the-Ohio, Mount St. Joseph, Ohio. *1906*
C : *arts-sc-ed.*
College of Mount St. Vincent, New York, New York. *1910*
C : *arts-sc-ed.*
College of New Rochelle, New York, New York. *1904*
C : *arts-sc-ed.*
College of Notre Dame, Belmont, California. *1916*
C : *arts-sc-ed.*
College of Notre Dame of Maryland Inc., Baltimore, Maryland. *1873*
C : *arts-sc-ed.*
College of Our Lady of the Elms, Chicopee, Massachusetts. *1928*

C : *arts-sc-ed.*
College of the Ozarks, The, Clarksville, Arkansas. *1834*
C : *arts-sc.*
College of the Potomac, P.O. Washington, D.C.
C : *arts-sc.*
College of Racine, Racine, Wisconsin. *1936*
C : *arts-sc-ed.*
College of the Sacred Heart, Santurce, Puerto Rico. *1935*
C : *arts-sc-ed-occp.*
College of St. Benedict, St. Joseph, Minnesota. *1913*
C : *arts-sc-ed.*
College of St. Catherine, St. Paul, Minnesota. *1905*
C : *arts-sc-ed.*
College of St. Elizabeth, Convent Station, New Jersey. *1899*
C : *arts-sc-ed.*
College of St. Mary, Omaha, Nebraska. *1923*
C : *arts-sc-ed-occp.*
College of St. Scholastica, Duluth, Minnesota. *1912*
C : *arts-sc-ed.*
College of St. Teresa, Winoma, Minnesota. *1907*
C : *arts-sc-ed.*
College of Santa Fe, Santa Fe, New Mexico. *1947*
C : *arts-sc-ed.*
College of Southern Utah, Cedar City, Utah. *1897*
C : *arts-sc-ed-occp.*
College of the Southwest, Hobbs, New Mexico. *1956*
C : *arts-sc, ed.*
College of Steubenville, The, Steubenville, Ohio. *1946*
C : *arts-sc-ed.*
College of the Virgin Islands, Saint Thomas, Virgin Islands.
C : *arts-sc-ed-occp.*
College of Wooster, Wooster, Ohio. *1870*
C : *arts-sc-ed.*
Colorado Women's College, Denver, Colorado. *1909*
C : *arts-sc-ed.*

Columbia College, Chicago, Illinois.
C : *arts-sc.*
Columbia College, Columbia, Missouri. *1973*
C : *arts-sc-ed.*
Columbia College, Columbia, South Carolina. *1859*
C : *arts-sc-ed.*
Concord College, Athens, West Virginia. *1875*
C : *arts-sc-ed.*
Concordia College, Moorhead, Minnesota. *1907*
C : *arts-sc-ed.*
Concordia College, St. Paul, Minnesota. *1905*
C : *arts-sc-ed.*
Concordia Senior College, Fort Wayne, Indiana. *1839*
C : *arts-sc.*
Cornell College, Mount Vernon, Iowa. *1853*
C : *arts-sc-ed.*
Covenant College, Lookout Mountain, Tennessee.
C : *arts-sc.*
Culver-Stockton College, Canton, Missouri. *1855*
C : *arts-sc-ed.*
Cumberland College, Williamsburg Kentucky. *1889*
C : *arts-sc-ed.*
Curry College, Milton, Massachusetts.
C : *arts-sc-ed.*
Dakota State College, Madison, South Dakota.
C : *arts-sc-ed.*
Dakota Wesleyan University, Mitchell, South Dakota. *1885*
C : *arts-sc-ed.*
Dallas Baptist College, Dallas, Texas.
C : *arts-sc-ed.*
Dana College, Blair, Nebraska. *1899*
C : *arts-sc-ed.*
Daniel Payne College, Birmingham, Alabama.
C : *arts-sc-ed.*
David Lipscomb College, Nashville, Tennessee. *1891*
C : *arts-sc-ed.*
Davidson College, Davidson, North Caro-

lina. *1837*
C : *arts-sc.*
Davis and Elkins College, Elkins, West Virginia. *1904*
C : *arts-sc-ed-occp.*
Defiance College, The, Defiance, Ohio. *1886*
C : *arts-sc-ed.*
Delaware State College, Dover, Delaware. *1893*
C : *arts-sc-ed.*
Denison University, Granville, Ohio. *1831*
C : *arts-sc.*
Detroit Institute of Technology, Detroit, Michigan. *1907*
C : *arts-sc, bus adm, eng.*
DeVry Institute of Technology, Phoenix, Arizona. *1967*
C : *elec, app electro.*
Dickinson College, Carlisle, Pennsylvania. *1783*
C : *arts-sc-ed.*
Dickinson State College, Dickinson, North Dakota. *1917*
C : *arts-sc-ed-occp.*
Dillard University, New Orleans, Louisiana. *1935*
C : *arts-sc-ed.*
Divine Word College, Epworth, Iowa.
C : *arts-sc.*
Doane College, Crete, Nebraska. *1873*
C : *arts-sc-ed.*
Dominican College, Houston, Texas.
C : *arts-sc-ed-nurs.*
Don Bosco College, Newton, New Jersey. *1928*
C : *arts-sc.*
Dordt College, Şioux Center, Iowa.
C : *arts-sc-ed.*
Dun Scotus College, Southfield, Michigan.
C : *arts-sc.*
D'Youville College, Buffalo, New York. *1908*
C : *arts-sc.*
S : *nurs.*
East Texas Baptist College, Marshall, Texas. *1917*
C : *arts-sc-ed.*
Eastern Baptist College, St. Davids, Pennsylvania. *1952*
C : *arts-sc-ed.*

Eastern Mennonite College, Harrisonburg, Virginia. *1919*
C : *arts-sc-ed.*
Edgecliff College, Cincinnati, Ohio.
C : *arts-sc-ed.*
Edgewood College of the Sacred Heart, Madison, Wisconsin. *1927*
C : *arts-sc-ed.*
Edward Waters College, Jacksonville, Florida.
C : *arts-sc-ed.*
Eisenhower College, Seneca Falls, New York.
C : *arts-sc.*
Elizabeth City State College, Elizabeth City, North Carolina. *1937*
C : *arts-sc-ed-occp.*
Elizabethtown College, Elizabethtown, Pennsylvania. *1906*
C : *arts-sc-ed.*
Elmhurst College, Elmhurst, Illinois. *1919*
C : *arts-sc-ed.*
Elon College, Elon College, North Carolina. *1890*
C : *arts-sc-ed-occp.*
Emory & Henry College, Emory, Virginia. *1838*
C : *arts-sc-ed.*
Erskine College, Due West, South Carolina. *1839*
C : *arts-sc.*
S : *theo.*
Eureka College, Eureka, Illinois. *1855*
C : *arts-sc-ed.*
Evangel College of the Assemblies of God, Springfield, Missouri. *1955*
C : *arts-sc-ed.*
Fairmont State College, Fairmont, West Virginia. *1912*
C : *arts-sc-ed-occp.*
Fayetteville State College, Fayetteville, North Carolina. *1921*
C : *arts-sc-ed-occp.*
Felician College, Lodi, New Jersey.
C : *arts-sc-ed, nurs.*
Finch College, New York, New York. *1900*
C : *arts-sc-ed-occp.*
Findlay College, Findlay, Ohio. *1886*
C : *arts-sc-ed,*

Flagler College, Saint Augustine, Florida.
C : *arts-sc-ed.*
Florida Memorial College, St. Augustine, Florida. *1931*
C : *arts-sc-ed.*
Florida Presbyterian College, St. Petersburg, Florida. *1960*
C : *arts-sc.*
Florida Southern College, Lakeland, Florida. *1885*
C : *arts-sc.*
Fontbonne College, St. Louis, Missouri. *1923*
C : *arts-sc-ed.*
Fort Lewis College, Durango, Colorado. *1927*
C : *arts-sc-ed-occp.*
Francis Marion College, Florence, South Carolina.
C : *arts-sc-ed.*
Franconia College, Franconia, New Hampshire.
C : *arts-sc-ed.*
Franklin College of Indiana, Franklin, Indiana. *1837*
C : *arts-sc-ed.*
Franklin Pierce College, Rindge, New Hampshire.
C : *arts-sc.*
Franklin University, Columbus, Ohio.
C : *arts-sc-occp.*
Friends University, Wichita, Kansas. *1898*
C : *arts-sc-ed-occp.*
Friends World College, Huntington, New York.
C : *arts-sc.*
Gardner Webb College, Boiling Springs, North Carolina.
C : *arts-sc-ed-occp.*
General Beadle State College, Madison, South Dakota. *1883*
C : *arts-sc-ed.*
Geneva College, Beaver Falls, Pennsylvania. *1848*
C : *arts-sc-ed.*
George Fox College, Newberg, Oregon. *1891*
C : *arts-sc-ed.*
Georgia Southwestern College, Americus, Georgia.
C : *arts-sc-ed.*
Georgian Court College, Lakewood, New Jersey. *1908*
C : *arts-sc-ed.*
Gettysburg College, Gettysburg, Pennsylvania. *1832*
C : *arts-sc-ed.*
Glenville State College, Glenville, West Virginia. *1898*
C : *arts-sc-ed-occp.*
Goddard College, Plainfield, Vermont. *1870*
C : *arts-sc-ed.*
Good Counsel College, White Plains, New York. *1923*
C : *arts-sc-ed.*
Gordon College, Wenham, Massachusetts. *1914*
C : *arts-sc-ed.*
S : *theo.*
Goshen College, Goshen, Indiana. *1903*
C : *arts-sc-ed-nurs.*
S : *theo.*
Governors State University, Park Forest, Illinois. *1969*
C : *arts-sc, ed.*
Graceland College, Lamoni, Iowa. *1895*
C : *arts-sc-ed.*
Grambling College, Grambling, Louisiana. *1928*
C : *arts-sc-ed-occp.*
Grand Canyon College, Phoenix, Arizona. *1949*
C : *arts-sc-ed.*
Grand Valley State College, Allendale, Michigan. *1963*
C : *arts-sc-ed.*
Greensboro College, Greensboro, North Carolina. *1846*
C : *arts-sc-ed.*
Greenville College, Greenville, Illinois. *1856*
C : *arts-sc-ed.*
Grinnell College, Grinnell, Iowa. *1848*
C : *arts-sc-ed.*
Grove City College, Grove City, Pennsylvania. *1876*
C : *arts-sc-ed.*
Guildford College, Greensboro, North Carolina. *1889*

C : *arts-sc-ed-occp.*
Gustavus Adolphus College, St. Peter, Minnesota. *1883*
C : *arts-sc-ed.*
Gwynedd-Mercy College, Gwynedd Valley, Pennsylvania. *1948*
C : *arts-sc-ed-occp.*
Hampden-Sydney College, Hampden-Sydney, Virginia. *1783*
C : *arts-sc.*
Hamilton College, Clinton, New York.*1812*
C : *arts-sc.*
Hamline University, St. Paul, Minnesota. *1857*
C : *arts-sc-ed.*
Hampshire College, Amherst, Massachusetts.
C : *arts-sc-ed.*
Hanover College, Hanover, Indiana. *1831*
C : *arts-sc-ed.*
Hartwick College, Oneonta, New York. *1928*
C : *arts-sc-ed.*
Hastings College, Hastings, Nebraska. *1882*
C : *arts-sc-ed.*
Haverford College, Haverford, Pennsylvania. *1856*
C : *arts-sc.*
Hawaii Loa College, Honolulu, Hawaii.
C : *arts-sc.*
Heidelberg College, Tiffin, Ohio. *1850*
C : *arts-sc-ed.*
Hellenic College, Brookline, Massachusetts.
C : *arts-sc.*
Hendrix College, Conway, Arkansas. *1876*
C : *arts-sc-ed.*
High Point College, High Point, North Carolina. *1924*
C : *arts-sc-ed.*
Hillsdale College, Hillsdale, Michigan. *1850*
C : *arts-sc-ed.*
Hiram College, Hiram, Ohio. *1850*
C : *arts-sc-ed.*
Hobart and William Smith Colleges, Geneva, New York. *1822*
C : *arts-sc-ed.*
Holy Family College, Philadelphia, Pennsylvania. *1954*
C : *arts-sc-ed.*
Holy Redeemer College, Waterford, Wisconsin.
C : *arts-sc.*
Hood College, Frederick, Maryland. *1893*
C : *arts-sc-ed.*
Hope College, Holland, Michigan. *1862*
C : *arts-sc-ed.*
Houghton College, Houghton, New York. *1899*
C : *arts-sc-ed.*
Houston Baptist College, Houston, Texas.
C : *arts-sc-ed.*
Huntingdon College, Montgomery, Alabama. *1856*
C : *arts-sc-ed.*
Huron College, Huron, South Dakota. *1883*
C : *arts-sc-ed-occp.*
Houston-Tillotson College, Austin, Texas. *1905*
C : *arts-sc.*
Illinois Benedictine College, Lisle, Illinois. *1969*
C : *arts-sc, ed.*
Illinois College, Jacksonville, Illinois. *1830*
C : *arts-sc-ed.*
Immaculata College, Immaculata, Pennsylvania. *1921*
C : *arts-sc-ed.*
Iowa Wesleyan College, Mount Pleasant, Iowa. *1845*
C : *arts-sc-ed.*
Jamestown College, Jamestown, North Dakota. *1886*
C : *arts-sc-ed.*
Jarvis Christian College, Hawkins, Texas. *1921*
C : *arts-sc-ed.*
John Brown University, Siloam Springs, Arkansas. *1919*
C : *arts-sc-ed.*
John F. Kennedy College, Wahoo, Nebraska.
C : *arts-sc-ed.*
Johnson C. Smith University, Charlotte, North Carolina. *1867*
C : *arts-sc-ed.*
Johnson State College, Johnson, Vermont. *1867*
C : *arts-sc-ed.*
Judson College, Elgin, Illinois.
C : *arts-sc.*
Judson College, Marion, Alabama. *1839*

C : *arts-sc-ed.*
Juniata College, Huntingdon, Pennsylvania. *1894*

C : *arts-sc-ed.*
Kalamazoo College, Kalamazoo, Michigan. *1836*

C : *arts-sc-ed.*
Kansas Newman College, Wichita, Kansas. *1933*

C : *arts-sc-ed.*
Kansas Wesleyan, Salina, Kansas. *1886*

C : *arts-sc-ed.*
Kentucky Christian College, Grayson, Kentucky.

C : *arts-sc-occp.*
Kentucky State College, Frankfort, Kentucky. *1926*

C : *arts-sc-ed-occp.*
Kentucky Wesleyan College, Owensboro, Kentucky. *1864*

C : *arts-sc-ed.*
Kenyon College, Gambier, Ohio. *1824*

C : *arts-sc.*
Keuka College, Keuka Park, New York. *1892*

C : *arts-sc-ed.*
King College, Bristol, Tennessee. *1867*

C : *arts-sc-ed.*
King's College, Briarcliff Manor, New York.

C : *arts-sc-ed.*
King's College, Wilkes-Barre, Pennsylvania. *1946*

C : *arts-sc-ed.*
Kirkland College, Clinton, New York.

C : *arts-sc.*
Knox College, Galesburg, Illinois. *1838*

C : *arts-sc-ed.*
Knoxville College, Knoxville, Tennessee. *1877*

C : *arts-sc-ed.*
Ladycliff College, Highland Falls, New York. *1933*

C : *arts-sc-ed.*
Lafayette College, Easton, Pennsylvania. *1832*

C : *arts-sc-ed-eng.*
La Grange College, La Grange, Georgia. *1847*

C : *arts-sc-ed.*
Lake Erie College, Painesville, Ohio. *1898*

C : *arts-sc-ed.*
Lake Forest College, Lake Forest, Illinois. *1861*

C : *arts-sc-ed.*
Lakeland College, Sheboygan, Wisconsin. *1862*

C : *arts-sc-ed.*
Lambuth College, Jackson, Tennessee. *1844*

C : *arts-sc-ed.*
Lander College, Greenwood, South Carolina. *1872*

C : *arts-sc-ed.*
Lane College, Jackson, Tennessee. *1895*

C : *arts-sc-ed.*
Langston University, Langston, Oklahoma. *1898*

C : *arts-sc-ed-occp.*
La Roche College, Allison Park, Pennsylvania.

C : *arts-sc.*
Lebanon Valley College, Annville, Pennsylvania. *1866*

C : *arts-sc-ed.*
Lee College, Cleveland, Tennessee.

C : *arts-sc-ed.*
Lenoir-Rhyne College, Hickory, North Carolina. *1891*

C : *arts-sc-ed.*
Le Moyne College, Syracuse, New York. *1947*

C : *arts-sc-ed.*
Le Moyne-Owen College, Memphis, Tennessee. *1928*

C : *arts-sc-ed.*
Letourneau College, Longview, Texas.

C : *arts-sc-ed-occp.*
Lewis University, Lockport, Illinois. *1939*

C : *arts-sc-ed-occp.*
Lewis and Clark State College, Lewiston, Idaho.

C : *arts-sc-ed.*
Limestone College, Gaffney, South Carolina. *1845*

C : *arts-sc-ed.*
Lincoln Memorial University, Harrogate, Tennessee. *1899*

C : *arts-sc-ed-occp.*
Lincoln University, Lincoln University, Pennsylvania. *1854*

C : *arts-sc.*

Lindenwood College, St. Charles, Missouri. 1854
C : arts-sc-ed.
Little Rock University, Little Rock, Arkansas. 1927
Lock Haven State College, Lock Haven, Pennsylvania. 1870
C : arts-sc-ed.
Loretto Heights College, Denver, Colorado. 1918
C : arts-sc-ed.
Louisiana College, Pineville, Louisiana. 1906
C : arts-sc-ed-occp.
Lubbock Christian College, Lubbock, Texas.
C : arts-sc-ed.
Luther College, Decorah, Ioma. 1861
C : arts-sc-ed.
Lycoming College, Williamsport, Pennsylvania. 1929
C : arts-sc-ed.
Lyndon State College, Lyndon Center, Vermont. 1921
C : arts-sc-ed.
McKendree College, Lebanon, Illinois.
C : arts-sc-ed.
McMurry College, Abilene, Texas. 1923
C : arts-sc-ed.
MacMurray College, Jacksonville, Illinois. 1848
C : arts-sc-ed.
McPherson College, McPherson, Kansas. 1890
C : arts-sc-ed.
Madonna College, Livonia, Michigan. 1937
C : arts-sc-ed.
Maharishi International University, Fairfield, Iowa. 1974
C : transcendental sc.
Malone College, Canton, Ohio. 1937
C : arts-sc-ed.
Manchester College, North Manchester, Indiana. 1889
C : arts-sc-ed.
Manhattan Christian College, Manhattan, Kansas.
C : arts-sc-ed.
Marian College, Indianapolis, Indiana. 1937
C : arts-sc-ed.
Marian College of Fond du Lac, Fond du Lac, Wisconsin. 1936
C : arts-sc-ed.
Marietta College, Marietta, Ohio. 1885
C : arts-sc-ed.
Marillac College, St. Louis, Missouri. 1955
C : arts-sc-ed.
Marion College, Marion, Indiana. 1920
C : arts-sc-ed.
Marist College, Poughkeepsie, New York. 1929
C : arts-sc-ed.
Marlboro College, Marlboro, Vermont. 1947
C : arts-sc.
Mars Hill College, Mars Hill, North Carolina. 1921
C : arts-sc-ed-occp.
Mary Baldwin College, Staunton, Virginia. 1842
C : arts-sc-ed.
Mary College, Bismarck, North Dakota.
C : arts-sc-ed.
Mary Hardin-Baylor College, Belton, Texas. 1846
C : arts-sc-ed.
Mary Manse College, Toledo, Ohio. 1922
C : arts-sc-ed.
Maryglade College, Memphis, Michigan.
C : arts-sc.
Marylhurst College, Marylhurst, Oregon. 1894
C : arts-sc-ed.
Marymount College, Los Angeles, California. 1934
C : arts-sc-ed.
Marymount College, Salina, Kansas. 1922
C : arts-sc-ed.
Marymount College, Tarrytown, New York. 1908
C : arts-sc-ed.
Marymount College of Virginia, Arlington, Virginia. 1973
C : arts-ed.
Marymount Manhattan College, New York, New York. 1936
C : arts-sc-ed.
Maryville College, Maryville, Tennessee. 1921
C : arts-sc-ed.
Maryville College of the Sacred Heart, St.

Louis, Missouri. *1872*
C : *arts-sc-ed.*
Mayville State College, Mayville, North Dakota. *1890*
C : *arts-sc-ed.*
Mercy College, Dobbs Ferry, New York. *1950*
C : *arts-sc.*
Mercy College of Detroit, Detroit, Michigan. *1941*
C : *arts-sc-ed.*
Mercyhurst College, Erie, Pennsylvania. *1926*
C : *arts-sc-ed.*
Meredith College, Raleigh, North Carolina. *1899*
C : *arts-sc-ed.*
Merrimack College, North Andover, Massachusetts. *1947*
C : *arts-sc-ed, eng.*
Messiah College, Grantham, Pennsylvania. *1920*
C : *arts-sc.*
Methodist College, Fayetteville, North Carolina. *1960*
C : *arts-sc-ed.*
Metropolitan State College, Denver, Colorado.
C : *arts-app sc-ed.*
Midland Lutheran College, Fremont, Nebraska. *1883*
C : *arts-sc-ed.*
Miles Colleges, Birmingham, Alabama.
C : *arts-sc-ed.*
Milligan College, Milligan College, Tennessee. *1881*
C : *arts-sc-ed.*
Millsaps College, Jackson, Mississippi.*1892*
C : *arts-sc-ed-occp.*
Milton College, Milton, Wisconsin. *1867*
C : *arts-sc-ed.*
Miltonvale Wesleyan College, Manhattan, Kansas.
C : *arts-sc-ed.*
Mississippi Industrial College, Holly Springs, Mississippi.
C : *arts-sc-ed.*
Mississippi Valley State College, Itta Bena, Mississippi.
C : *arts-sc-ed-occp.*

Missouri Southern College, Joplin, Missouri. *1937*
C : *arts-sc-ed-occp.*
Missouri Valley College, Marshall, Missouri. *1889*
C : *arts-sc-ed.*
Missouri Western College, Saint Joseph, Missouri.
C : *arts-app sc-techn, ed-psyc.*
Mobile College, Mobile, Alabama.
C : *arts-sc-ed.*
Molloy Catholic College for Women, Rockville Center, New York. *1955*
C : *arts-sc.*
Monmouth College, Monmouth, Illinois. *1856*
C : *arts-sc-ed.*
Moravian College, Bethlehem, Pennsylvania. *1858*
C : *arts-sc-ed.*
S : *theo.*
Morehouse College, Atlanta, Georgia. *1879*
C : *arts-sc-ed.*
Morris Brown College, Atlanta, Georgia. *1894*
C : *arts-sc-ed.*
Morris College, Sumter, South Carolina.
C : *arts-sc-ed.*
Morris Harvey College, Charleston, West Virginia. *1888*
C : *arts-sc-ed.*
Mount Angel College, Mount Angel, Oregon. *1892*
C : *arts-sc-ed.*
Mount Marty College, Yankton, South Dakota. *1936*
C : *arts-sc-ed.*
Mount Mary College, Milwaukee, Wisconsin. *1913*
C : *arts-sc-ed.*
Mount Mary College, Cedar Rapids, Iowa. *1928*
C : *arts-sc-ed.*
Mount Mercy College, Pittsburgh, Pennsylvania. *1929*
C : *arts-sc-ed.*
Mount Saint Mary College, Hooksett, New Hampshire. *1934*
C : *arts-sc-ed.*
Mount St. Mary College, Newburgh, New

York. 1954
C : arts-sc-ed-occp.
Mount Senario College, Ladysmith, Wisconsin.
C : arts-sc-ed.
Mount Union College, Alliance, Ohio. 1858
C : arts-sc-ed.
Mount Vernon College, Washington, D.C. 1973
C : arts-sc.
Muhlenberg College, Allentown, Pennsylvania. 1848
C : arts-sc-ed.
Murray State College of Agriculture and Applied Science, Tishomingo, Oklahoma. 1922
C : arts-sc-occp.
Muskingum College, New Concord, Ohio. 1837
C : arts-sc-ed.
Nasson College, Springvale, Maine. 1912
C : arts-sc-ed.
Nathaniel Hawthorne College, Antrim, New Hampshire.
C : arts-sc-ed.
Nazareth College, Nazareth, Michigan. 1924
C : arts-sc-ed.
Nazareth College of Kentucky, Nazareth, Kentucky. 1921
C : arts-sc-ed.
Nazareth College of Rochester, Rochester, New York. 1924
C : arts-sc-ed.
Nebraska Wesleyan University, Lincoln, Nebraska. 1888
C : arts-sc-ed.
New College, Sarasota, Florida. 1964
C : arts-sc.
New England College, Henniker, New Hampshire. 1946
C : arts-sc-ed.
New Hampshire College, Manchester, New Hampshire.
C : arts-sc-ed-occp.
Newberry College, Newberry, South Carolina. 1859
C : arts-sc-ed.
Newton College, Newton, Massachusetts. 1946

C : arts-sc.
Norfolk State College, Norfolk, Virginia.
C : arts-sc-ed-occp.
North Carolina School of the Arts, Winston-Salem, North Carolina.
C : li arts-fa, sc.
North Carolina Wesleyan College, Rocky Mount, North Carolina. 1960
C : arts-sc-ed.
North Central College, Naperville, Illinois. 1861
C : arts-sc.
North Georgia College, Dahlonega, Georgia. 1873
C : arts-sc.
North Park College and Theological Seminary, Chicago, Illinois. 1920
C : arts-sc-ed.
S : theo.
Northern Kentucky State College, Covington, Kentucky. 1968
C : arts-ed.
Northland College, Ashland, Wisconsin. 1908
C : arts-sc-ed.
Northwest Christian College, Eugene, Oregon. 1895
C : arts-sc-relig.
Northwest College, Kirkland, Washington.
C : arts-sc-ed.
Northwest Nazarene College, Nampa, Idaho. 1915
C : arts-sc-ed.
Northwestern College, Orange City, Iowa. 1928
C : arts-sc-ed.
Northwestern College, Roseville, Minnesota. 1972
C : arts-sc-ed.
Northwood Institute, Midland, Michigan.
C : arts-sc-occp.
Notre Dame College, Manchester, New Hampshire.
C : arts-sc.
Notre Dame College, St. Louis, Missouri. 1925
C : arts-sc.
Notre Dame College, Cleveland, Ohio. 1922
C : arts-sc.

Norwich University, Northfield, Vermont. *1819*
C : *arts-sc-ed-eng*.
Oakland City College, Oakland City, Indiana.
C : *arts-sc-ed-occp*.
Oakwood College, Huntsville, Alabama. *1917*
C : *arts-sc-ed*.
Oglethorpe College, Atlanta, Georgia. *1838*
C : *arts-sc-ed*.
Ohio Dominican College, Columbus, Ohio. *1913*
C : *arts-sc-ed*.
Ohio Northern University, Ada, Ohio. *1871*
C : *arts-sc-ed-eng-phar-law*.
Oklahoma Baptist University, Shawnee, Oklahoma. *1910*
C : *arts-sc-ed-fa*.
Oklahoma Christian College, Oklahoma City, Oklahoma. *1950*
C : *arts-sc-ed-occp*.
Oklahoma College of Liberal Arts, Chickasha, Oklahoma. *1909*
C : *arts-sc-ed*.
Oklahoma Panhandle State College of Agriculture and Applied Science, Goodwell, Oklahoma. *1921*
D : *arts-agr-bus-hom eco-ind arts-mus*.
Olivet College, Olivet, Michigan. *1844*
C : *arts-sc-ed*.
Oral Roberts University, Tulsa, Oklahoma.
C : *arts-sc-ed*.
Ottawa University, Ottawa, Kansas. *1876*
C : *arts-sc-ed*.
Otterbein College, Westerville, Ohio. *1847*
C : *arts-sc-ed*.
Our Lady of Cincinnati College, Cincinnati, Ohio. *1935*
C : *arts-sc-ed*.
Our Lady Angels College, Glen Riddle, Pennsylvania.
C : *arts-sc*.
Pacific College, Fresno, California. *1944*
C : *arts-sc-ed*.
Paine College, Augusta, Georgia. *1888*
C : *arts-sc-ed*.
Palm Beach Atlantic College, West Palm Beach, Florida.
C : *arts-sc-ed*.
Pan American University, Edinburg, Texas. *1927*
D : *arts-sc-ed-bus-adm*.
Park College, Kansas City, Missouri. *1875*
C : *arts-sc-ed*.
Paul Quinn College, Waco, Texas.
C : *arts-sc-ed*.
Pembroke State University, Pembroke, North Carolina. *1887, 1970*
C : *arts-sc-ed*.
Peru State College, Peru, Nebraska. *1867*
C : *arts-sc-ed-occp*.
Pfeiffer College, Misenheimer, North Carolina. *1928*
C : *arts-sc-ed*.
Philander Smith College, Little Rock, Arkosas. *1883*
C : *arts-sc-ed*.
Piedmont College, Demorest, Georgia. *1901*
C : *arts-sc-ed*.
Pikeville College, Pikeville, Kentucky. *1889*
C : *arts-sc-ed*.
Pitzer College, Claremont, California. *1964*
C : *arts-sc*.
Point Park College, Pittsburgh, Pennsylvania.
C : *arts-sc*.
Pomona College, Claremont, California. *1888*
C : *arts-sc*.
Presbyterian College, Clinton, South Carolina. *1880*
C : *arts-sc-ed*.
Prescott College, Prescott, Arizona.
C : *arts-sc*.
Principia College, Elsah, Illinois. *1910*
C : *arts-sc*.
Queens College, Charlotte, North Carolina. *1857*
C : *arts-sc-ed*.
Quincy College, Quincy, Illinois. *1859*
C : *arts-sc-ed*.
Radcliffe College, Cambridge, Massachusetts. *1882*
C : *arts-sc*.
Randolph-Macon College, Ashland, Virginia. *1832*
C : *arts-sc*.
Randolph-Macon Women's College, Lynchburg, Virginia. *1893*

C : *arts-sc.*
Reformed Bible Institute, Grand Rapids, Michigan.
C : *arts-sc-occp.*
Regis College, Denver, Colorado. *1878*
C : *arts-sc-ed.*
Regis College, Weston, Massachusetts. *1927*
C : *arts-sc-ed.*
Ricker College, Houlton, Maine. *1926*
C : *arts-sc-ed.*
Ripon College, Ripon, Wisconsin. *1862*
C : *arts-sc-ed.*
Roanoke College, Salem, Virginia. *1842*
C : *arts-sc-ed.*
Robert Morris College, Pittsburgh, Pennsylvania.
C : *arts-sc-occp.*
Roberts Wesleyan College, Rochester, New York. *1945*
C : *arts-sc-ed.*
Rockhurst College, Kansas City, Missouri. *1917*
C : *arts-sc-ed.*
Rocky Mountain College, Billings, Montana. *1883*
C : *arts-sc-ed.*
Roger Williams College, Bristol, Rhode Island.
C : *arts-sc-ed.*
Rosary Hill College, Buffalo, New York. *1948*
C : *arts-sc-ed.*
Rosemont College, Rosemont, Pennsylvania. *1922*
C : *arts-sc-ed.*
Royalton College, South Royalton, Vermont. *1973*
C : *arts-sc-ed.*
Russell College, Burlingame, California. *1928*
C : *arts-sc-ed.*
Rust College, Holly Springs, Mississippi.
C : *arts-sc.*
Sacred Heart College, Belmont, North Carolina.
C : *arts-sc-ed.*
Sacred Heart Dominican College, Houston, Texas. *1945*
C : *arts-sc-ed.*

Sacred Heart Seminary, Detroit, Michigan. *1922*
C : *arts-sc.*
Sacred Heart University, Bridgeport, Connecticut.
C : *arts-sc-ed.*
Saint Alphonsus College, Suffield, Connecticut.
C : *arts-sc.*
Saginaw Valley College, University Center, Michigan.
C : *arts-sc-ed.*
St. Ambrose College, Davenport, Iowa. *1882*
C : *arts-sc-ed.*
St. Andrews Presbyterian College, Laurinburg, North Carolina. *1896*
C : *arts-sc.*
St. Anselm's College, Manchester, New Hampshire. *1893*
C : *arts-sc-nurs.*
St. Augustine's College, Raleigh, North Carolina. *1919*
C : *arts-sc-ed.*
Saint Basil's College, Stamford, Connecticut.
C : *arts-sc.*
St. Bernard College, St. Bernard, Alabama. *1922*
C : *arts-sc.*
St. Edward's University, Austin, Texas. *1881*
C : *arts-sc-ed.*
Saint Fidelis College, Herman, Pennsylvania.
C : *arts-sc.*
St. Francis College, Biddeford, Maine. *1943*
C : *arts-sc.*
St. Francis College, Brooklyn, New York. *1881*
C : *arts-sc-occp, ed, bus adm.*
St. Francis de Sales College, Milwaukee, Wisconsin.
C : *arts-sc.*
St. Hyacinth College and Seminary, Granby, Massachusetts. *1927*
C : *arts-sc.*
St. John Fisher College, Inc., Rochester, New York. *1951*
C : *arts-sc-occp.*

St. Joseph College, Bennington, Vermont. *1973*
C : *arts-sc-ed.*
St. Joseph College of Orange, Orange, California. *1933*
C : *arts-sc-ed.*
St. Joseph's College, Rensselaer, Indiana. *1891*
C : *arts-sc.*
St. Joseph's College, North Windham, Maine. *1934*
C : *arts-sc-ed.*
St. Joseph's College, Brooklyn, New York. *1916*
C : *arts-sc-ed.*
Saint Leo College, Saint Leo, Florida.
C : *arts-sc-ed.*
St. Martin's College, Olympia, Washington. *1900*
C : *arts-sc-ed.*
St. Mary College, Xavier, Kansa. *1923*
C : *arts-sc-ed.*
St. Mary's College, Notre Dame, Indiana. *1895*
C : *arts-sc-ed.*
Saint Mary's College of Maryland, Saint Mary's City, Maryland.
C : *arts-sc-ed.*
Saint Mary's College, Orchard Lake, Michigan.
C : *arts-sc.*
St. Mary of the Plains College, Dodge City, Kansas. *1952*
C : *arts-sc-ed.*
St. Mary of the Woods College, Saint Mary of the Woods, Indiana. *1890*
C : *arts-sc-ed.*
St. Mary's Dominican College, New Orleans, Louisiana. *1907*
C : *arts-sc-ed-occp.*
St. Meinrad College, St. Meinrad, Indiana. *1861*
C : *arts-sc.*
St. Norbert College, De Pere, Wisconsin. *1898*
C : *arts-sc-ed.*
St. Olaf College, Northfield, Minnesota. *1886*
C : *arts-sc-ed.*
St. Patrick's College, Mountainview, California. *1900*
C : *arts-sc.*
S : *theo.*
Saint Paul's College, Lawrenceville, Virginia. *1922*
C : *arts-sc-ed.*
St. Peter's College, Jersey City, New Jersey. *1878*
C : *arts-sc-ed.*
S : *bus adm.*
Saint Thomas Aquinas College, Sparkill, New York.
C : *arts-sc-ed.*
St. Vincent College, Latrobe, Pennsylvania. *1846*
C : *arts-sc.*
Salem College, Winston-Salem, North Carolina. *1886*
C : *arts-sc-ed.*
Salem College, Salem, West Virginia. *1890*
C : *arts-sc-ed.*
Salve Regina College, Newport, Rhode Island. *1947*
C : *arts-sc-ed.*
San Luis Rey College, San Luis Rey, California. *1929*
C : *arts-sc.*
School of the Ozarks, Point Lookout, Missouri. *1956*
C : *arts-sc-ed.*
School of Visual Arts, New York, New York. *1973*
C : *arts.*
Scripps College, Claremont, California. *1927*
C : *arts-sc.*
Selma University, Selma, Alabama.
C : *arts-sc-ed.*
Seton Hill College, Greensburg, Pennsylvania. *1912*
C : *arts-sc-ed.*
Shaw College at Detroit, Detroit, Michigan.
C : *arts-sc-ed-occp.*
Shaw University, Raleigh, North Carolina. *1865*
C : *arts-sc-ed.*
Shepherd College, Shepherdstown, West Virginia. *1872*
C : *arts-sc-ed-occp.*

Shimer College, Mount Carroll, Illinois. 1909
C : *arts-sc-ed.*
Shorter College, Rome, Georgia. 1873
C : *arts-sc-ed.*
Siena College, Memphis, Tennessee. 1922
C : *arts-sc-ed-occp.*
Sierra Nevada College, Incline Village, Nevada.
C : *arts-sc.*
Silver Lake College of the Holy Family, Manitowoc, Wisconsin. 1935
C : *arts-sc-ed.*
Simpson College, Indianola, Iowa. 1867
C : *arts-sc.*
Sioux Falls College, Sioux Falls, South Dakota. 1885
C : *arts-sc-ed.*
Skidmore College, Saratoga Springs, New York. 1922
C : *arts-sc-ed.*
Southeastern College, Pheonix, Arizona. 1960
C : *ed.*
Southern California College, Costa Mesa, California. 1939
C : *arts-sc-ed.*
Southern Colorado State College, Pueblo, Colorado. 1933
C : *arts-sc-ed-occp.*
Southern Missionary College, Collegedale, Tennessee. 1916
C : *arts-sc-ed-occp.*
Southern State College, Magnolia, Arkansas. 1925
D : *hum, bus-com, ed, fa, nat, soc, techn-prof.*
Southern Utah State College, Cedar City, Utah.
C : *arts-let, sc, bus-techn, ed.*
Southwest Baptist College, Bolivar, Missouri. 1878
C : *arts-sc-ed-occp.*
Southwest Minnesota State College, Marshall, Minnesota.
C : *arts-sc-ed-occp-bus.*
Southwestern College, Winfield, Kansas. 1886
C : *arts-sc-ed, mus.*
Southwestern at Memphis, Memphis, Tennessee. 1849
C : *arts-sc.*
Southwestern Union College, Keene, Texas.
C : *arts-sc-ed-occp.*
Southwestern University, Georgetown, Texas. 1840
C : *arts-sc-ed.*
S : *fa.*
Spelman College, Atlanta, Georgia. 1890
C : *arts-sc-ed.*
Spring Arbor College, Spring Arbor, Michigan. 1928
D : *hum, nat sc, soc sc, phil-relig.*
Spring Garden College, Chestnut Hill, Pennsylvania.
C : *arts-sc.*
Spring Hill College, Mobile, Alabama. 1830
C : *arts-sc-ed.*
State College at Lowell, Lowell, Massachusetts. 1897
C : *arts-sc-ed.*
***State University of New York:**
SUNY Empire State College, Saratoga Springs, New York. 1971
C : (individualized student designed courses of study) *arts-sc.*
SUNY College Old Westbury, Oyster Bay, New York. 1967
C : *arts-sc.*
SUNY College at Purchase. 1969
dance, vis arts, mus, theat, hum, nat.
SUNY College at Utica/Roma, Utica, New York. 1968
C : *arts-sc-ed.*
Stephens College, Columbia, Missouri. 1857
C : *arts-sc-ed.*
Sterling College, Sterling, Kansas. 1887
C : *arts-sc-ed.*
Stevens College, Hubbardston, Massachusetts.
C : *arts-sc-occp.*
Stillman College, Tuscaloosa, Alabama. 1876
C : *arts-sc-ed.*
Stonehill College, North Easton, Massachusetts. 1948
C : *arts-sc-occp.*
Stratford College, Danville, Virginia.
C : *arts-sc.*
Susquehanna University, Selinsgrove, Penn-

sylvania. *1858*
C : *arts-sc-ed.*
Sweet Briar College, Sweet Briar, Virginia. *1906*
C : *arts-sc.*
Tabor College, Hillsboro, Kansas. *1908*
C : *arts-sc-ed, mus.*
Talladega College, Talladega, Alabama. *1869*
C : *arts-sc-ed.*
Tarkio College, Tarkio, Missouri. *1883*
C : *arts-sc-ed.*
Tarleton State University, Stephenville, Texas.
C : *arts-sc-ed.*
Taylor University, Upland, Indiana. *1846*
C : *arts-sc-ed.*
Tennessee Temple College, Chattanooga, Tennessee.
C : *arts-sc-ed.*
Tennessee Wesleyan College, Athens, Tennessee. *1857*
C : *arts-sc-ed.*
Texas College, Tyler, Texas.
C : *arts-sc-ed.*
Texas Lutheran College, Seguin, Texas. *1928*
C : *arts-sc-ed-occp.*
Texas Wesleyan College, Fort Worth, Texas. *1891*
C : *arts-sc-ed.*
Thomas College, Waterville, Maine.
C : *arts-sc-ed-occp.*
Thomas More College, Fort Mitchell, Kentucky. *1921*
C : *arts-sc-ed-occp.*
Tift College, Forsyth, Georgia. *1849*
C : *arts-sc-ed.*
Tougaloo College, Tougaloo, Mississippi. *1897*
C : *arts-sc.*
Touro College, New York, New York. *1970*
C : *arts.*
Transylvania College, Lexington, Kentucky. *1873*
C : *arts-sc-ed.*
Trevecca Nazarene College, Nashville, Tennessee.
C : *arts-sc-ed.*
Trinity Christian College, Palos Heights, Illinois.
C : *arts-sc-ed.*
Trinity College, Burlington, Vermont. *1925*
C : *arts-sc-ed.*
Trinity College, Deerfield, Illinois.
C : *arts-sc-ed.*
Tusculum College, Greenville, Tennessee. *1794*
C : *arts-sc.*
Union College, Lincoln, Nebraska. *1891*
C : *arts-sc-ed-occp.*
Union University, Jackson, Tennessee. *1884*
C : *arts-sc.*
Unity College, Unity, Maine.
C : *arts-sc-ed-occp.*
University of Albuquerque, Albuquerque, New Mexico. *1920*
C : *arts-sc-ed*
University of North Carolina at Asheville, Asheville, North Carolina.
C : *arts, sc, ed.*
University of North Carolina at Wilmington, Wilmington, North Carolina.
C : *arts-sc-ed.*
University of Tampa, Tampa, Florida. *1931*
C : *arts-sc-ed.*
Upper Iowa University, Fayette, Iowa. *1857*
C : *arts-sc-ed.*
Upsala College, East Orange, New Jersey. *1901*
C : *arts-sc-ed.*
Urbana College, Urbana, Ohio.
C : *arts-sc-ed.*
Urinus College, Collegeville, Pennsylvania. *1870*
C : *arts-sc-ed.*
Ursuline College, Louisville, Kentucky. *1921*
C : *arts-sc-ed-occp.*
Ursuline College for Women, Cleveland, Ohio. *1871*
C : *arts-sc-ed.*
Valley City State College, Valley City, North Dakota. *1890*
C : *arts-sc-ed.*
Villa Maria College, Erie, Pennsylvania. *1925*
C : *arts-sc-ed.*

Virginia College, Lynchburg, Virginia.
C : *arts-sc-theo.*
Virginia Union University, Richmond, Virginia. *1885*
C : *arts-sc.*
S : *relig.*
Virginia Wesleyan College, Norfolk, Virginia.
C : *arts-sc-ed.*
Viterbo College, La Corsse, Wisconsin. *1931*
C : *arts-ed.*
Wabash College, Crawfordsville, Indiana. *1833*
C : *arts-sc.*
Wadhams Hall Seminary and College, Ogdensburg, New York.
C : *arts-sc.*
Walsh College, Canton, Ohio.
C : *arts-sc-ed.*
Warner Pacific College, Portland, Oregon. *1937*
C : *arts-sc.*
Warren Wilson College, Swannanoa, North Carolina.
C : *arts-sc-ed.*
Wartburg College, Waverly, Iowa. *1885*
C : *arts-sc-ed.*
Washington College, Chestertown, Maryland. *1782*
C : *arts-sc-ed.*
Washington and Jefferson College, Washington, Pennsylvania. *1802*
C : *arts-sc.*
Washington and Lee University, Lexington, Virginia. *1782*
C : *arts-sc, com-adm.*
S : *law.*
Wayland Baptist College, Plainview, Texas. *1910*
C : *arts-sc-ed.*
Waynesburg College, Waynesburg, Pennsylvania. *1849*
C : *arts-sc-ed.*
Weber State College, Ogden, Utah. *1916*
S : *arts-let-sc, bus, ed, techn-trade techn.*
Wesleyan College, Macon, Georgia. *1839*
C : *arts-sc-ed.*
West Liberty State College, West Liberty, West Virginia. *1870*
C : *arts-sc-ed-occp.*
West Virginia Institute of Technology, Montgomery, West Virginia. *1921*
C : *arts-sc-ed-occp.*
West Virginia State College, Institute, West Virginia. *1915*
C : *arts-sc-ed-occp.*
West Virginia Wesleyan College, Buckhannon, West Virginia. *1901*
C : *arts-sc-ed-occp.*
Western Baptist Bible College, Salem, Oregon.
C : *arts-sc.*
Western College for Women, Oxford, Ohio. *1890*
C : *arts-sc-ed.*
Westmar College, Le Mars, Iowa. *1890*
C : *arts-sc-ed.*
Westminster College, Florence, Mississippi. *1973*
C : *arts-sc-ed.*
Westminster College, Fulton, Missouri. *1851*
C : *arts-sc-ed.*
Westmont College, Santa Barbara, California. *1940*
C : *arts-sc-ed.*
Wheeling College, Wheeling, West Virginia. *1955*
C : *arts-sc.*
Whitman College, Walla Walla, Washington. *1882*
C : *arts-sc-ed.*
Whitworth College, Brookhaven, Mississippi.
C : *arts-sc-ed.*
Wilberforce University, Wilberforce, Ohio. *1856*
C : *arts-sc-ed.*
S : *theo.*
Wiley College, Marshall, Texas. *1889*
C : *arts-sc-ed-occp.*
William Jewell College, Liberty, Missouri. *1850*
C : *arts-sc-ed.*
William Penn College, Oskaloosa, Iowa. *1873*
C : *arts-sc-ed.*
William Woods College, Fulton, Missouri. *1919*

C : *arts-sc-ed.*
Wilmington College, New Castle, Delaware.
C : *arts-sc-bus.*
Wilmington College, Wilmington, North California. *1946*
C : *arts-sc-ed-occp.*
Wilmington College, Wilmington, Ohio. *1871*
C : *arts-sc-ed.*
Wilson College, Chambersburg, Pennsylvania. *1870*
C : *arts-sc.*
Windham College, Putney, Vermont. *1952*
C : *arts-sc.*

Winston-Salem State College, Winston-Salem, North Carolina. *1918*
C : *arts-sc-ed.*
S : *nurs.*
Wofford College, Spartanburg, South Carolina. *1854*
C : *arts-sc.*
Yankton College, Yankton, South Dakota. *1883*
C : *arts-sc.*
S : *mus.*
York College of Pennsylvania, York, Pennsylvania.
C : *arts-sc.*

Technological Institutions—Ecoles techniques

California Institute of Technology, Pasadena, California. *1892*
D : *biol, ch-ch eng, eng-app sc, geol sc, hum-soc, phy-math-astr.*
Central New England College of Technology, Worcester, Massachusetts. *1971*
C : *eng-sc.*
Colorado School of Mines, Golden, Colorado. *1874*
C : *mining eng, ch.*
Cooper Union, New York, New York. *1859*
C : *art-arc-eng-sc.*
Delaware Valley College of Science and Agriculture, Doylestown, Pennsylvania. *1946*
C : *sc-agr-bus adm.*
Ferris State College, Big Rapids, Michigan. *1886*
C : *gen ed, com ed, phar, techn-app arts.*
Florida Institute of Technology, Melbourne, Florida. *1958*
I : *techn.*
General Motors Institute, Flint, Michigan. *1924*
I : *eng.*
***Georgia Institute of Technology,** Atlanta, Georgia. *1888*
I : *eng-arc-ind mangt-sc-tex.*
Harvey Mudd College, Claremont, California. *1957*
C : *sc-eng.*
Illinois Institute of Technology, Chicago, Illinois. *1893*
C : *li arts, eng-phy sc, law.*
D : *arc-plan-des.*
Indiana Institute of Technology, Fort Wayne, Indiana. *1931*
I : *sc-eng.*
Institute of Paper Chemistry, The, Appletop, Wisconsin. *1929*
C : *sc-eng.*
Lawrence Institute of Technology, Southfield, Michigan. *1932*
S : *arc, eng, ind mangt.*
Lowell Technological Institute, Lowell, Massachusetts. *1913*
I : *bus adm-eng-sc-techn.*
Michigan Technological University, Houghton, Michigan. *1886*
C : *eng-bus-for-techn-sc.*
Montana College of Mineral Science and Technology, Butte, Montana. *1900*
C : *mine, ind eng.*
New Mexico Institute of Mining and Technology, Socorro, New Mexico. *1893*
I : *eng-sc-techn ed.*
Newark College of Engineering, Newark, New Jersey. *1919*
C : *eng.*
D : *techn.*
Northrop Institute of Technology, Inglewood, California. *1946*
I : *aero space-aircraft maintenance-electro eng-mec eng.*
Philadelphia College of Textiles and Science,

Philadelphia, Pennsylvania. *1942*
C : *tex eng.*
*Polytechnic Institute of New York, Brooklyn, New York. *1854*
I : *eng sc-hum-soc sc.*
Pratt Institute, Brooklyn, New York. *1887*
S : *arc, art-des, eng-sc, hum-soc, lib.*
Rhode Island School of Design, Providence, Rhode Island. *1932*
D : *arc, des, fa, li arts, techn ed.*
Rochester Institute of Technology, Rochester, New York. *1922*
C : *app sc, bus, fa-app, arts graph photo, sc.*
Rose-Hulman Institute of Technology, Terre Haute, Indiana. *1883*
I : *sc-eng.*
South Dakota School of Mines and Technology, Rapid City, South Dakota. *1887*
D : *eng sc-hum, atmospheric sc.*
*State University of New York :
Maritime College, Fort Schuyler, New York, New York. *1874*
C : *eng-sc.*

Also 6 two-year Agricultural and Technical Colleges.
Stevens Institute of Technology, Hoboken, New Jersey. *1870*
I : *sc-eng.*
Tri-State College, Angola, Indiana. *1884*
C : *bus adm-eng.*
United States Coast Guard Academy, New London, Connecticut. *1876*
C : *eng-sc-mangt-soc.*
United States Merchant Marine Academy, Kings Point, New York. *1943*
C : *mar eng.*
Webb Institute of Naval Architecture, Glen Cove, New York. *1894*
I : *nav arc, marine eng.*
West Coast University, Los Angeles, California. *1909*
C : *eng.*
Worcester Polytechnic Institute, Worcester, Massachusetts. *1868*
I : *eng-sc.*

Independent Professional Schools—Ecoles professionnelles indépendantes

Babson College, Babson Park, Massachusetts. *1919*
C : *bus adm.*
Bank Street College of Education, New York, New York. *1931*
C : *ed.*
Bentley College, Boston, Massachusetts. *1917*
C : *acc.*
Brentwood College, Brentwood, New York. *1955*
C : *ed.*
Brooklyn Law School, Brooklyn, New York. *1901*
S : *law.*
Bryant College, Smithfield, Rhode Island. *1916*
C : *bus adm, bus ed, sec.*
California College of Medicine, Los Angeles, California. *1896*
C : *med*
California College of Podiatric Medicine, San Francisco, California. *1914*
C : *podiatry*

California School of Professional Psychology, Los Angeles, California. *1969*
C : *psyc.*
California School of Professional Psychology, San Francisco, California. *1969*
C : *psyc.*
Chicago College of Osteopathic Medicine, Chicago, Illinois. *1900*
C : *osteopathy.*
Chicago Medical School, Chicago, Illinois. *1912*
C : *med.*
Chicago State College, Chicago, Illinois. *1869*
C : *ed.*
Chicago-Kent College of Law, Chicago, Illinois. *1887*
C : *law.*

* The City University of New York :
Mount Sinai School of Medicine, New York, N.Y.
med.
Cleveland-Marshall Law School, Cleveland,

Ohio. 1897
S : *law.*
College of Insurance, The, New York, New York. 1962
C : *act-ins.*
College of Osteopathic Medicine and Surgery, Des Moines, Iowa. 1898
C : *osteopathy.*
College of Pharmaceutical Sciences, New York, New York. 1831
C : *phar.*
Concordia Teachers' College, River Forest, Illinois. 1864
C : *ed.*
Concordia Teachers' College, Seward, Nebraska. 1905
C : *ed.*
Detroit College of Law, Detroit, Michigan. 1891
C : *law.*
Dickinson School of Law, Carlisle, Pennsylvania. 1834
S : *law.*
District of Columbia Teachers' College, Washington, D.C. 1873
C : *ed*
Farmington State College, Farmington, Maine. 1864
C : *ed.*
George Peabody College for Teachers, Nashville, Tennessee. 1806
C : *li arts-techn ed.*
S : *lib sc.*
Gorham State College, Gorham, Maine. 1879
C : *ed.*
Hahnemann Medical College and Hospital, Philadelphia, Pennsylvania. 1869
C : *med, radiologic techn, nurs.*
Harris Teachers' College, St. Louis, Missouri. 1857
C : *ed.*
Hastings College, San Francisco, California. 1878
C : *law.*
Illinois College of Optometry, Chicago, Illinois. 1872
C : *optom.*
Illinois College of Podiatric Medicine, Chicago, Illinois. 1912

C : *podiatry.*
Jefferson Medical College of Philadelphia, Philadelphia, Pennsylvania. 1825
C : *med.*
John Jay College of Criminal Justice, New York, New York. 1965
D : *hum, police sc, sc, soc.*
John Marshall Law School, Chicago, Illinois. 1890
S : *law.*
Kansas City College of Osteopathic Medicine, Kansas City, Missouri. 1916
C : *osteopathy.*
Kirksville College of Osteopathic Medicine, Kirksville, Missouri. 1892
C : *osteopathy.*
Lesley College, Cambridge, Massachusetts. 1943
C : *ed.*
Los Angeles College of Optometry, Fullerton, California. 1904
C : *optom.*
M. J. Lewi College of Podiatry, New York, New York. 1912
C : *podiatry.*
Massachusetts College of Optometry, Boston, Massachusetts. 1894
C : *optom.*
Massachusetts College of Pharmacy, Boston, Massachusetts. 1941
C : *phar.*
Medical College of Georgia, Augusta, Georgia. 1829
C : *med, dent.*
S : *nurs, allied heal sc.*
Medical College of Pennsylvania, The, Philadelphia, Pennsylvania. 1850
C : *med.*
Medical College of South Carolina, Charleston, South Carolina. 1824
C : *med.*
S : *nurs, phar, med techn.*
Medical College of Virginia, Richmond, Virginia. 1838
S : *dent, hospital adm, med techn, med, nurs, phar, phys ther, radio techn.*
Meharry Medical College, Nashville, Tennessee. 1876
C : *dent, med.*
Menlo College School of Business Adminis-

tration, Menlo Park, California. *1907*
S : *bus adm.*
Mills College of Education, New York, New York. *1938*
C : *ed.*
New Jersey College of Medicine and Dentistry, Jersey City, New Jersey. *1956*
C : *med-dent.*
*****New School for Social Research,** New York, New York. *1934*
F : *pol-soc sc.*
D : *soc sc, hum.*
New York Law School, New York, New York. *1891*
S : *law.*
New York Medical College, New York, New York. *1860*
C : *med, hospital adm.*
Nichols College, Dudley, Massachusetts. *1931*
C : *bus adm.*
Ohio College of Podiatric Medicine, Cleveland, Ohio. *1916*
C : *podiatry.*
Pennsylvania College of Optometry, Philadelphia, Pennsylvania. *1919*
C : *optom.*
Pennsylvania College of Podiatric Medicine, Philadelphia, Pennsylvania. *1960*
C : *podiatry.*
Philadelphia College of Osteopathic Medicine, Philadelphia, Pennsylvania. *1898*
C : *osteopathy.*
Philadelphia College of Pharmacy and Science, Philadelphia, Pennsylvania. *1821*
C : *phar.*
Rosemead Graduate School of Psychology, Rosemead, California. *1970*
C : *psyc.*
Rush University, Chicago, Illinois. *1837*
C : *med-nurs.*
St. John College of Cleveland, Cleveland, Ohio. *1928*
C : *ed, nurs.*
St. Louis College of Pharmacy, St. Louis, Missouri. *1865*
C : *phar.*
Salmon P. Chase College, School of Law, Cincinnati, Ohio. *1893*
C : *law.*

South Texas College of Law, Houston, Texas. *1948*
C : *law.*
Southern College of Optometry, Memphis, Tennessee. *1932*
C : *optom.*
State College at North Adams, North Adams, Massachusetts. *1896*
C : *ed.*
*****State University of New York :**
College of Environmental Science and Forestry, Syracuse, New York. *1911*
C : *for, landscape arc.*
College of Optometry, New York City.*1971*
C : *optom.*
SUNY Health Science Center, Buffalo, New York. *1846*
S : *med, dent, phar, nur, heal, related professions.*
SUNY Health Science Center, Stony Brook. *1917*
S : *med, nurs, soc welfare, dent, heal sc, allied heal professions.*
Downstate Medical Center, Brooklyn, New York. *1860*
C : *heal related professions, med, nurs.*
Upstate Medical Center, Syracuse, New York. *1834*
C : *med.*
S : *allied heal sc, nurs.*
Also 30 two-year Community Colleges.
Teachers' College, Columbia University, New York, New York. *1887*
D : *ed, psyc, nurs ed.*
Union College and University :
Albany College of Pharmacy, Albany New York. *1881*
C : *phar.*
Albany Law School, Albany, New York. *1851*
C : *law.*
Albany Medical College, Albany, New York. *1919*
Texas College of Osteopathic Medicine, Fort Worth, Texas. *1966*
C : *osteopathy.*
University of San Diego School of Law, Alcala Park, California. *1954*
S : *law.*
Western Montana College, Dillon, Mon-

tana. *1897*
C : *ed.*

Wheelock College, Boston, Massachusetts. *1888*
C : *ed.*

William Mitchell College of Law, St. Paul, Minnesota. *1900*
C : *law.*

Wright Institute, Berkeley, California. *1968*
C : *clin psyc.*

American Association of Community and Junior Colleges.

The Association was established in 1920 to stimulate the professional development of its members and to promote the growth of junior colleges. Membership currently includes 919 community and junior colleges and 578 individuals. A Board of Directors is responsible for establishing Association policy. National conventions are held annually. The president is the chief operating officer. A system of councils and task forces have been created to bring about greater participation in the affairs of this national organization.

As the only professional organization of this level of higher education, the Association also serves as liaison between its members and other institutions and associations.

Publications : Community and Junior College Journal (8 times a year); Community, Junior, and Technical College Directory (annually).

L'Association américaine des «community and junior colleges» a été créée en 1920 afin de promouvoir la qualité professionnelle de ses membres et d'encourager la croissance des «junior colleges». Elle groupe actuellement 919 collèges et 578 membres individuels. Un conseil d'administration définit et dirige les activités de l'Association. Les assemblées se réunissent annuellement à l'échelon national. Le président est directeur exécutif. Un ensemble de conseils et groupes de travail ont été créés pour permettre une participation accrue aux affaires de cette organisation nationale.

Etant la seule organisation professionnelle à ce niveau de l'enseignement supèrieur, l'Association assure la liaison entre ses membres et d'autres institutions et associations.

Publications: Community and Junior College Journal (huit nemèros par an); Community, Junior, and Technical College Directory (annuel).

President: Edmund J. Gleazer, Jr.

1 Dupont Circle, N.W., Suite 410, Washington, D.C. 20036.

American Association of State Colleges and Universities

The Association (AASCU) was established in 1961 to further the goals and interests of public institutions of higher education. It grew out of the American Association of Teachers, founded 1918, and the Association of Teacher Education Institutions, 1915. AASCU has 324 member institutions from 47 states, the District of Colombia, Guam, and the U.S. Virgin Islands. The basic policy of the Association is set at the Annual Meeting of the presidents of member state colleges and universities, and AASCU business is conducted by a Board of Directors, which meets with the officers quarterly. Programmes and projects are carried out by the staff in Washington, under the guidance of various standing committees, Association activities are in the areas of international programmes federal relations, association relations, programme development, and institutional change. It is financed through membership dues and foundation and government grants for specific international projects.

AASCU sponsors four international study centres : 1) Puebla, Mexico, at the Universidad de las Américas (Adams State College, Colorado, agent institution); 2) Florence, Italy (University of Northern Colorado, agent institution); 3) Montreal, Canada, in co-operation with four Canadian universities (SUNY, Plattsburgh, agent institution);

4) Bahia, Salvador, Brazil, at the Universidade Católica do Salvador (Adams State College, agent institution).

A faculty and exchange programme between AASCU and the National University of Malaysia became operational in 1976. A delegation of AASCU Presidents visited Peking in 1975 and another visited Taiwan in 1976. In the international development area AASCU is strengthening its services to its institutions and to the developing countries through the provision of teachers, consultants, administrators, the conduct of studies, seminars and a variety of joint projects relating to education and human resource development.

Campus International Education Advisors have been appointed on approximately 300 campuses.

The Committee on International Programs guides the activities of the Washington Office and has approved the following priority areas : strengthening the international/intercultural dimension of U.S. higher education; international development services; study abroad and faculty/student exchange programmes.

Publication : Memo (bi-monthly), includes news of international programmes of member institutions, the Office of International Programs (OIP), and current international publications.

L'Association des collèges et universités d'état (AASCU) a été créée en 1961 pour promouvoir les objectifs et les intérêts des institutions d'enseignement supérieur du secteur public. Elle a pour origine l'Association américaine des enseignants, fondée en 1918, et l'Association des institutions de formation des enseignants, créée en 1915. L'AASCU compte 324 institutions membres dans 47 états, dans le District fédéral de Columbia, à Guam et dans les Iles Vierges. La politique de base de l'association est fixée lors de la réunion annuelle des présidents des collèges et universités d'état membres de l'Association; un Conseil d'administration, qui se réunit chaque trimestre avec les responsables de l'Association dirige les affaires de l'AASCU. Sous la direction de divers comités permanents, le personnel de Washington réalise programmes et projets. L'Association s'occupe des questions de coopération en matière de programmes internationaux, des relations sur le plan fédéral, des relations avec d'autres associations, ainsi que du développement de son programme et de la réforme institutionnelle. Elle est financée par les cotisations des membres, par les subventions accordées par des fondations et par les pouvoirs publics pour des activités internationales déterminées.

L'AASCU patronne quatre centres internationaux d'études : 1) à Puebla, Mexique, à l'Universidad de las Américas (institution intermédiaire : Adams State College, Colorado); 2) à Florence, Italie (institution intermédiaire: University of Northern Colorado); 3) à Montréal, Canada, en coopération avec quatre universités canadiennes (institution intermédiaire: SUNY, Plattsburg); 4) à Bahia, Salvador, Brésil, à l'Universidade Católica do Salvador (institution intermédiaire: Adams State College).

Un programme d'échange d'enseignants et d'étudiants entre l'AASCU et l'Université nationale de Malaisie est devenu opérationnel en 1976. Une délégation de Présidents de l'AASCU s'est rendue à Pékin en 1975 et une autre à Taiwan en 1976. En matière de coopération internationale, l'AASCU assure des services accrus à ses institutions membres et aux pays en voie de développement en envoyant des enseignants, des consultants, des administrateurs, ainsi qu'en réalisant des études, en organisant des séminaires et en dirigeant des projets conjoints en matière d'éducation et de développement des ressources humaines.

Des conseillers pour l'éducation internationale ont été nommés dans environ 300 campus d'institutions membres.

Le Comité des Programmes internationaux oriente les activités du Bureau de Washington et s'est fixé les domaines prioritaires suivants: renforcement de la dimension internationale et interculturelle de l'enseignement supérieur des Etats-Unis; des services en matière de développement international; des programmes d'études à l'étranger et des échanges d'enseignants et d'étudiants.

Publication: Memo (bi-mensuelle) contient des informations sur les programmes internationaux des institutions membres, sur l'Office des Programmes internationaux (OIP), et les publications américaines et étrangères d'actualité.
President: Emerson C. Shuck, President, Eastern Washington State College.
Executive Director: Allan W. Ostar.
Chairman (Committee on International Programmes): Francis N. Hamblin.
Director (Office of International Programmes—OIP): Maurice Harari.
1 Dupont Circle, Suite 700, Washington, D.C. 20036.

American Council on Education

The American Council on Education is a council of national and regional education associations and institutions of higher education. Since its founding in 1918, the Council has been a centre of co-operation and co-ordination for the improvement of education at all levels, with particular emphasis on higher education. Its membership and its activities reflect the peculiar genius of the American educational system—a system without national control, comprising a large number of autonomous units working together for the establishment and improvement of educational standards, policies and procedures.

Membership in the Council is by organization or institution, not by individual.

The members and affiliates of the Council, as of October 11, 1974, were as follows : 188 national and regional associations and organizations, 1,399 institutions of higher education, and 74 affiliated institutions and organizations. In addition to national and regional organizations having interests related to education, associated organization members include state departments of education, city school systems, and private school systems. Among the affiliates are secondary schools, libraries, educational departments of business and industrial companies, and education fraternities and societies.

The Council operates through its permanent staff, advisory commissions, and special committees. Outstanding leaders in education, in related fields and in public life, serve on commisssions and committees and take an active part in conferences and studies sponsored by the Council.

The Council investigates educational problems of general interest and enlists appropriate agencies to solve such problems; it stimulates experimental activities by institutions and groups of institutions; it keeps in constant touch with pending legislation affecting educational matters; it acts in a liaison capacity between educational institutions and agencies of the Federal Government; and through its publications it makes available to educators and the general public widely used handbooks, informational reports, and volumes of critical analyses of social and educational problems. Publications : American Universities and Colleges, American Junior Colleges, The President's Annual Report, The Educational Record, Higher Education and National Affairs, A Fact Book on Higher Education, and Report on Questionnaires.

Le Conseil américain pour l'éducation groupe des associations nationales ou régionales d'éducation et des établissements d'enseignement supérieur. Depuis sa fondation en 1918, il assure un rôle de coopération et de coordination en vue de l'amélioration de l'enseignement à tous les niveaux, tout en se consacrant particulièrement à l'enseignement supérieur. Sa composition et ses activités reflètent le génie particulier de l'enseignement américain, système qui fonctionne sans contrôle central et comprend un grand nombre d'organes autonomes travaillant ensemble en vue de la définition et de l'amélioration des niveaux, de la politique et des méthodes d'enseignement.

Les membres du Conseil sont des organisations ou des institutions, non des personnes physiques.

Au 11 octobre 1974, les membres ou membres affiliés étaient les suivants: 188 associations ou organisations nationales et régionales; 1.399 établissements d'enseignement supérieur, et 74 organisations ou institutions affiliées. Outre les organisations nationales et

régionales s'intéressant à l'éducation, les adhérents collectifs comprennent certains départements de l'éducation des états et des administrations scolaires municipales ou privées. Parmi les membres affiliés, on compte des écoles secondaires, des bibliothèques, des services d'éducation de sociétés industrielles ou commerciales, des associations ou des amicales d'éducation.

Le Conseil exerce son action par l'intermédiaire de son personnel permanent, ainsi que par celui des commissions consultatives et des comités spéciaux. D'éminentes personnalités de l'enseignement, de domaines voisins, et de la vie publique siègent aux commissions et comités et prennent une part active aux conférences et aux études patronnées par le Conseil.

Le Conceil étudie des problèmes d'intérêt général concernant l'enseignement et demande des éléments de solution à des services appropriés; il stimule l'expérimentation au sein d'établissements ou de groupes d'établissements; il examine en permanence les projets de législation affectant l'enseignement; assure des liaisons entre les établissements et les services d'enseignement et le gouvernement fédéral et, par ses publications, met au service des éducateurs et du public des répertoires largement utilisés, des rapports d'information, et des analyses critiques sur des problèmes sociaux ou éducatifs.

Publications: American Universities and Colleges, American Junior Colleges, The President's Annual Report, The Educational Record, Higher Education and National Affairs, A Fact Book on Higher Education, et Report on Questionnaires.

President: Roger W. Heyns.
1 Dupont Circle, Suite 801, Washington, D.C. 20036.

Association of American Colleges

The Association was founded in 1915 and is the national organization of colleges of liberal arts and sciences. Its purpose as defined by its constitution is "the promotion of higher education in all its forms in the colleges of liberal arts and sciences which shall become members of this Association, and the prosecution of such plans as may make more efficient the institutions included in its membership."

The Association is a voluntary, non-profit organization with a present membership of 600 colleges, large and small, church-related and secular, public and private, whether separate entities or parts of complex universities. This figure is equivalent to some 70 per cent of all accredited four-year liberal arts colleges in the U.S.A. The Association is therefore fully representative of all types of institutions offering four-year undergraduate courses in the liberal arts and sciences.

Publication : Liberal Education (quarterly).

Fondée en 1915, l'Association des collèges américains constitue l'organisation nationale des «collèges d'arts libéraux et de sciences». Aux termes de ses statuts, son objet est de «promouvoir l'enseignement supérieur sous toutes ses formes dans les collèges d'arts libéraux et de sciences qui adhèrent à l'Association, et de mettre en œuvre des plans susceptibles d'améliorer l'efficacité de ses membres».

L'Association est un organisme bénévole, sans but lucratif, qui compte actuellement parmi ses membres 600 collèges, grands et petits, confessionnels ou laïques, indépendants ou reliés à des universités. Ce chiffre correspond à environ 70% des collèges d'arts libéraux de quatre ans «accrédités» aux Etats-Unis. L'Association est ainsi pleinement représentative de tous les types d'établissements dispensant des cours de quatre ans dans les arts libéraux et les sciences.

Publication: Liberal Education (trimestrielle).

President: Frederic W. Ness.
1818 R Street, N.W., Washington, D.C. 20009.

Association of American Universities

Established in 1900, the Association's purpose is to consider, express opinions and take actions on matters of common interest relating to university policy.

The Association is composed of 48 United

States and 2 Canadian universities, the quality of whose graduate or professional programmes in a substantial number of fields is high, and which are generally recognized as outstanding by reason of the breadth and excellence of their graduate and professional programmes.

The Association has provisions in its constitution for constituent associations. The first of these is the Association of Graduate Schools, whose concern is the improvement of graduate teaching and research. The second is the Council on Federal Relations, consisting of a representative of each of the member universities. It was established in 1969 to develop policy positions for the presidents of the member universities.

Fondée en 1900, l'Association des universités américaines a pour objet d'examiner des questions d'intérêt commun concernant la politique universitaire, d'émettre des avis à leur sujet et de prendre des mesures correspondantes.

Elle se compose de 48 institutions des Etats-Unis et de 2 universités canadiennes se signalant, dans de nombreux domaines, par la haute qualité de leurs programmes d'études graduées et professionnelles, et qui sont généralement considérées comme remarquables en raison de la vaste gamme et de l'excellence de leurs programmes dans ces deux domaines.

L'Association peut aux termes de ses statuts avoir des associations adhérentes. La première d'entre elles est «l'Association of Graduate Schools», qui se consacre à l'amélioration de l'enseignement et de la recherche au niveau «postgradué». La deuxième est le «Council on Federal Relations», qui se compose d'un représentant de chacune des universités membres. Il a été créé en 1969 pour permettre l'élaboration d'une politique sur laquelle pourraient se baser les Présidents des universités membres.

President: John W. Oswald, Pennsylvania State University.

Executive Secretary: Charles V. Kidd.
1 Dupont Circle, Suite 730, Washington, D.C. 20036.

National Association of State Universities and Land-Grant Colleges

Founded in 1887, this is the oldest organization of colleges and universities in the United States. Of its membership of 130 colleges and universities, 72 are land-grant institutions whose establishment was aided by the famous "Land-Grand Act" of 1862, under which the Congress of the United States offered to aid each State in making higher education in a broad range of subject matter widely available.

The other major state universities which are members of the Association have various origins, many of them based on the seminary grants" made to the States by the Ordinance of 1787, or in the acts of admission of the various States to the Union.

Members of the Association enrol about one-third of all students in U.S. higher education, but give about 64% of all advanced degrees at the doctoral level. The Association is concerned both with the unique responsibilities of land-grant institutions as a national system, and with cooperation among members on the problems of complex, publicly controlled universities in general. The governing body is a Senate in which all members are represented. Internal structure includes a Division of Agriculture; a Council of Presidents; Councils of Academic Affairs, Business Affairs, Extension, Research Policy and Graduate Education, Student Affairs, and University Relations; Commissions on Arts and Sciences, Education for the Business Professions, Education for the Engineering Professions, Education for the Health Professions, Home Economics and Education for the Teaching Professions. An Executive Committee functions between annual conventions.

Fondée en 1887, l'Association des universités d'état et des «Land-Grant Colleges» est la plus ancienne organisation de collèges et d'universités des Etats-Unis. Sur les 130 universités et collèges qui la composent, 72 sont des institutions à «dotation foncière» dont la création fut favorisée par le fameux «Land-Grant Act» de 1862, aux termes duquel le

Congrès des Etats-Unis s'engageait à aider chaque état à assurer largement l'enseignement supérieur dans toute une série de disciplines.

Les autres grandes universités d'état faisant partie de l'Association ont des origines diverses, beaucoup devant leur existence aux «seminary Grants» consentis aux états par l'Ordonnance de 1787, ou par les divers actes d'admission des états à l'Union.

Les membres de l'Association comptent à peu près un tiers des étudiants inscrits dans l'enseignement supérieur américain, mais confèrent environ 64% de tous les grades avancés, au niveau du doctorat. L'Association se préoccupe tant des responsabilités originales des institutions de type «Land-Grant» à l'échelon national que de la coopération de ses membres concernant les problèmes des grandes universités publiques en général. Son organe directeur est le Sénat, au sein duquel tous les membres sont représentés. Parmi ses structures internes, elle comporte une division de l'agriculture; un conseil des présidents; des conseils sur les affaires académiques, sur les affaires financières, sur l'éducation des adultes et sur la politique en matière de recherche, l'enseignement au niveau postgradué, les questions étudiantes, et les relations universitaires; des commissions sur les arts et les sciences, sur la préparation aux affaires, à la profession d'ingénieur, aux professions de la santé, à l'économie domestique et aux professions de l'enseignement. Un Comité exécutif fonctionne entre les réunions annuelles.

President: Daniel G. Aldrich, Jr.
Executive Director: Ralph K. Huitt.
1 Dupont Circle, Suite 710, Washington, D.C. 20036.

Association of Urban Universities

The Association was founded in 1914 to promote the study of problems of particular interest to urban universities, including adult education, community services, university extension, and leadership in redevelopment of the central city, urban renewal, etc. Some 123 colleges and universities, both public and private, which are located in metropolitan areas throughout the United States comprise the membership. Heads and chief officers of the member institutions meet annually in the autumn in the "home" city of one of the members to discuss topics of special interest to administrators of urban institutions.

Publication : Newsletter, 4-5 nos.

L'Association des universités urbaines fut fondée en 1914 pour promouvoir l'étude des problèmes intéressant particulièrement les universités urbaines, notamment l'éducation des adultes, l'extension universitaire, les services à la collectivité, les impulsions à donner au développement et à l'aménagement urbains, etc. Elle a pour membres environ 123 universités et collèges, publics ou privés, qui sont situés dans les grandes agglomérations urbaines des Etats-Unis. Les chefs des institutions membres et leurs principaux collaborateurs se rencontrent chaque année à l'automne dans la ville de l'une d'entre elles afin de discuter des problèmes intéressant les administrateurs d'établissements urbains.

Publication: Newsletter.

Secretary-Treasurer: Dr. Robert H. Spiro, President, Jacksonville University, Jacksonville, Florida 32211.

Council on International Educational Exchange

The Council on International Educational Exchange is an association of approximately 153 academic institutions (colleges, universities and secondary schools) and 40 national organizations in North America which conduct student exchange programmes. The organization was established in 1947 to provide technical assistance to student exchange programmes, arrange transportation, secure facilities, conduct orientation and distribute information. Prior to 1967 it was known as the Council on Student Travel.

In its capacity as a member of the Student Air Travel Association—an organization of recognized student travel bureaus—the Council is now involved in the operation of an extensive network of low-cost student air charter transportation throughout Europe

and to points in Asia, the Middle East, Africa and America. The Council arranges year-round transatlantic transportation for educational groups and individual students and teachers.

As a member of the International Student Travel Conference (ISTC)—formed to coordinate the services offered by national student travel bureaus and other organizations—the Council is authorized to issue the International Student Identity Card (ISIC). The ISIC entitles the holder to take flights offered by SATA and to benefit from the number of discounts and facilities open to the student traveller in Europe.

The Council also maintains an extensive information service which includes publications on major European cities, hostels and restaurants, tour programmes and travel to and within the United States.

The Council's publications also include a *Student Travel Catalog*, which outlines the Council's student travel services for U.S. students going abroad; and two major paperbacks, co-published by Frommer/Pasmantier, the *Whole World Handbook: A Student Guide to Work, Study and Travel Abroad* (368 pages), and *Where to Stay: U.S.A.*, a guide to low-cost accommodation in the United States (336 pages). Two new paperbacks, the *Student Guide to Latin America* and the *Student Guide to Asia* will be published in 1977.

The Council conducts workshops for administrators and directors of overseas study programmes to consider problems in the field of educational exchange and has published a guide to the evaluation of these programmes.

In co-operation with member institutions, the Council administers several study programmes abroad for U.S. students, including a secondary school exchange between the U.S. and Britain, France, Germany and Japan; summer and semester language study in the USSR; language study at centres in France and Spain; and a film studies programme in Paris, Summer programmes in the U.S. and Europe are offered to Japanese students, secondary school teachers of English and young Japanese bankers and businessmen.

Similarly summer study and travel programmes in Japan are conducted for Americans. In addition, Fulbright grantees are recruited as English language informants at Japanese prefectural boards of education.

In addition to its head office in New York and a West Coast branch office in Los Gatos, California, the Council maintains offices in Paris and Tokyo which provide services to universities and organizations in Europe and Japan respectively.

Le Conseil pour les échanges éducatifs internationaux est une association d'environ 153 institutions universitaires (collèges, universités et écoles secondaires) et de 40 organisations nationales d'Amérique du Nord qui mettent en œuvre les programmes d'échanges d'étudiants. Cette organisation a été créée en 1947 pour fournir une aide technique aux programmes d'échanges d'étudiants, organiser les transports, assurer diverses facilités, orienter et informer. Il était connu jusqu'en 1967 sous le nom de «Council on Student Travel».

En tant que membre du Student Air Travel Association—une association de bureaux de voyage agréés pour étudiants—ce conseil s'occupe maintenant de la gestion d'un vaste réseau de transport à bas prix pour étudiants et par «charter» dans toute l'Europe jusqu'en Asie, au Moyen-Orient, en Afrique et en Amérique. Le Conseil organise toute l'année des voyages transatlantiques de groupe ou individuels, à l'intention des étudiants et des enseignants.

En tant que membre de l' «International Student Travel Conference» (ISTC)— habilité à coordonner les services offerts par les bureaux nationaux de voyage agréés pour étudiants et d'autres organisations—le Conseil a le pouvoir de délivrer les cartes d'identité internationales d'étudiant (ISIC). L' ISIC donne le droit à ses détenteurs de prendre les vols offerts par la SATA et de bénéficier d'un certain nombre de réductions et de facilités à la disposition des étudiants voyageant en Europe.

Le Conseil assure également un vaste ser-

vice d'informations qui édite des publications sur les principales villes européennes, résidences et restaurants, des programmes d'excursions et de voyage en direction et à l'intérieur des Etats-Unis.

Les publications du Conseil comportent notamment un «Student Travel Catalog» qui fournit des informations sur les voyages organisés à l'intention des étudiants des Etats-Unis se rendant à l'étranger; et deux volumes brochés importants, édités conjointement par Frommer et Pasmantier, le «Whole World Handbook: A Student Guide to Work, Study and Travel Abroad» (368 pages) et «Where to Stay: USA», un guide des facilités d'hébergement bon marché existant aux Etats-Unis (336 pages).

Deux nouveaux ouvrages, le "Student Guide to Latin America" et le "Student Guide to Asia" seront publiés en 1977.

Le Conseil organise des journées d'étude pour les directeurs et les administrateurs de programmes d'études à l'étranger afin d'étudier les problèmes que posent ces programmes et a publié un guide sur la manière d'en évaluer les résultats.

En coopération avec les institutions membres, le Conseil gère plusieurs programmes d'études à l'étranger organisés à l'intention des étudiants des Etats-Unis, et qui comportent des échanges scolaires entre les Etats-Unis et la Grande-Bretagne, la France, l'Allemagne et le Japon, des cours de langues en URSS pendant l'été ou un semestre, des cours de langues dans divers centres de France ou d'Espagne, et un programme d'études cinématographiques à Paris. Des programmes d'été aux Etats-Unis et en Europe sont organisés à l'intention des étudiants japonais, des enseignants d'anglais du secondaire et des jeunes banquiers et hommes d'affaires japonais. Au Japon des cours d'été et des programmes de voyages sont organisés pour les étudiants américains. En outre, les Conseils préfectoraux d'éducation japonais engagent les boursiers Fulbright comme conseillers d'anglais.

En dehors de son siège de New York et de sa succursale de la Côte Ouest à Los Gatos, California, le Conseil a des bureaux à Paris et à Tokyo, qui assurent des services aux universités et organisations d'Europe et du Japon. Executive Director: John E. Bowman. 777 United Nations Plaza, New York, New York, 10017.

Institute of International Education (IIE)

A leading private non-profit organization in the field of international education, founded in 1919 by Nicholas Murray Butler, Stephan Duggan and Elihu Root, IIE has maintained its original goal "to enable our people to secure a better understanding of foreign nations, and to enable foreign nations to obtain accurate knowledge of the United States, its people, institutions and culture". Toward this end IIE initiates, develops and administers educational and cultural exchange programmes between the United States and more than 120 foreign countries, which annually involve more than 11,000 students, teachers, leaders, artists and specialists. In addition, IIE acts as an information centre and provides consultative services on all aspects of educational and cultural exchange.

IIE administers approximately 600 scholarships, which provide opportunities for advanced study or training abroad for qualified U.S. graduate students. These include United States government grants under the Fulbright Hays Act as well as awards made by foreign governments, universities, foundations, corporations and private donors. IIE helps to select candidates for U.S. government grants authorized by the Fulbright Hays Act, and for admission to the Royal Academy of Dramatic Arts in London.

IIE also administers grants which permit approximately 7000 foreign students to study in the U.S. Applications are made through selection committees all over the world. In addition to administering funds, IIE places foreign students at appropriate U.S. institutions, provides them with orientation and intensive English language programmes, academic guidance and supervision, and offers home hospitality.

Many other travel, observation and research programmes sponsored by the United

Nations and other specialized agencies and foundations are administered by IIE for approximately 750 American and foreign leaders and specialists. In the arts IIE selects outstanding young American performers to participate in international music competitions abroad, and arranges for professional programmes of study and observation for foreign creative artists in the United States.

IIE provides administrative services in the United States for 500 researchers and advisers on some 44 technical assistance projects abroad. Chief among the projects to which the Institute offers services are the nine International Institutes of Agriculture, the "Green Revolution" centres which have made possible great increases in food production in the developing world through the application of advanced research in agriculture.

IIE conducts conferences, special studies and seminars in order to stimulate ideas in the field of educational exchange. Through its New York headquarters, seven regional offices, overseas offices on three continents and representatives in twenty-six countries, IIE provides information and advice on higher education in the U.S. and abroad to individuals, institutions and organizations throughout the world. Special information services are provided for 500 colleges and universities which have supported their belief in the exchange of persons programme by becoming Educational Associates of IIE. IIE's overseas offices also conduct a special interviewing service to assist U.S. Admissions Officers in their evaluation of non-sponsored foreign student applicants.

At its New York headquarters, IIE maintains a reference library which includes catalogues of U.S. and foreign educational institutions as well as materials on comparative education, foreign educational systems, and programmes and organizations in the field of international education.

IIE also publishes studies, handbooks, guides, surveys, directories, and informational brochures concerning international educational exchange. IIE publications include: Open Doors, an annual census of foreign students and scholars studying, teaching or training in the U.S., and of American students and faculty members abroad; Handbooks on International Study, a comprehensive two-volume guide to study in the United States for foreign nationals, and to study abroad for Americans; Meet the U.S.A., an introduction to American history, culture, society, and geography with a practical section of information on finances, manners and customs, and other topics of interest to visitors to the U.S.; an Annual Report; and several descriptive brochures on higher education in the U.S. and abroad, scholarship and fellowship opportunities, summer study, group study abroad, and short booklets discussing policy questions in exchange programmes.

L'Institut de l'éducation internationale (IIE) est aux Etats-Unis l'une des plus importantes organisations privées non lucratives s'occupant d'enseignement à l'échelon international. Fondé en 1919 par Nicholas Murray Butler, Stephan Duggan et Elihu Root, l'IIE a conservé son but premier qui était «de permettre à notre peuple d'accéder à une meilleure compréhension des nations étrangères, et de permettre aux nations étrangères, d'acquérir une connaissance exacte des Etats-Unis, de son peuple, de ses institutions et de sa culture». A cette fin, l'IIE met sur pied et organise des programmes d'échanges culturels et éducatifs entre les Etats-Unis et plus de 120 pays étrangers, qui intéressent chaque année plus de 11.000 étudiants, enseignants, personnalités de la vie publique, artistes et spécialistes. En outre l'IIE joue le rôle de centre d'information et fournit des services consultatifs sur tous les aspects des échanges éducatifs.

L'IIE administre environ 800 bourses qui donnent à de jeunes diplômés américains qualifiés la possibilité de poursuivre des études avancées à l'étranger. Il s'agit de bourses octroyées par le gouvernement des Etats-Unis en vertu de la loi Fulbright-Hays ou offertes par des gouvernements étrangers, des universités, des fondations, des sociétés, ou des

donateurs privés. L'IIE aide également à sélectionner les candidats appelés à bénéficier des bourses octroyées, en vertu de la loi Fulbright-Hays, par le gouvernement des Etats-Unis en vue de leur entrée à la Royal Academy of Dramatic Arts de Londres.

En outre, il administre des bourses qui permettent à environ 7.000 étudiants étrangers de venir étudier aux Etats-Unis. Les demandes sont examinées par des comités de sélection répartis dans le monde entier. Outre l'administration des bourses, les services rendus aux étudiants étrangers s'étendent au placement dans les établissements américains appropriés, à l'orientation, aux cours de langue, à l'octroi de conseils pour les études, au contrôle de celles-ci, et à l'accueil dans les familles.

Beaucoup d'autres programmes de voyages, d'études et de recherche patronnés par les Nations Unies, par d'autres institutions spécialisées et par des fondations sont administrés par l'IIE au profit d'environ 750 personnalités de la vie publique et de spécialistes, américains ou étrangers. Dans le domaine des arts, l'IIE procède à la sélection des jeunes artistes américains de premier plan en vue de les faire participer aux concours musicaux de classe internationale qui ont lieu à l'étranger, et prend toutes dispositions pour les programmes professionnels d'étude et d'observation pour des artistes étrangers aux Etats-Unis.

L'IIE assure, aux Etats-Unis, des services administratifs à 500 chercheurs et conseillers pour quelque 44 projets d'assistance technique à l'étranger. Parmi les projets auxquels l'Institut fournit des services figurent en priorité les neuf Instituts internationaux d'Agriculture, les Centres de la «Révolution Verte», qui ont permis, par l'utilisation d'une recherche très poussée en agriculture, un accroissement considérable de la production alimentaire dans les pays en voie de développement.

L'IIE organise des conférences, des études et des séminaires afin de favoriser le développement d'idées créatrices dans le domaine des programmes d'échanges. Grâce à son siège de New York, à ses sept bureaux régionaux des Etats-Unis, à ceux d'outre-mer répartis dans trois continents, et à ses représentants dans vingt-six pays, l'IIE informe et conseille les personnes, les établissements et les organisations du monde entier sur l'enseignement supérieur aux Etats-Unis et à l'étranger. Des services spéciaux d'information sont dispensés aux cinq cents collèges et universités qui ont affirmé leur foi dans la valeur des programmes d'échange de personnes en devenant des associés de l'IIE. Les bureaux d'outre-mer ont aussi des services d'interview des étudiants, afin d'aider les services d'admission aux Etats-Unis dans leur examen des étudiants étrangers dont la candidature n'est pas présentée par un organisme officiel.

A son siège de New York, l'IIE dispose d'une bibliothèque de référence contenant les catalogues des établissements d'enseignement, américains ou non, et de la documentation sur l'éducation comparée, les systèmes éducatifs étrangers, ainsi que les programmes et organisations existant dans le domaine de l'éducation internationale.

L'IIE publie également des études, des manuels, des guides, des précis, des répertoires, et des plaquettes sur les échanges éducatifs internationaux. Les publications de l'Institut comprennent les titres suivants: Open Doors, liste annuelle d'étudiants et de savants étrangers, étudiant ou enseignant aux Etats-Unis, et d'étudiants ou de professeurs américains à l'étranger; Handbooks on International Study, guide détaillé en deux volumes des études aux Etats-Unis pour les étrangers et des études à l'étranger pour les Américains; Meet the USA, introduction à l'histoire, à la culture, à la société et à la géographie des Etats-Unis avec une section d'informations pratiques sur les questions financières, les mœurs et coutumes et les autres sujets revêtant un intérêt pour les personnes en visite aux Etats-Unis; un Annual Report (rapport annuel); plusieurs brochures descriptives sur l'enseignement supérieur aux Etats-Unis et à l'étranger, les possibilités de bourses, les cours d'été, les études de groupe à l'étranger, ainsi que de brefs livrets traitant de certaines questions relatives à la politique des programmes d,échange.

President: Wallace B. Edgerton.
809 United Nations Plaza, New York 11017

Council on Postsecondary Accreditation

Founded in January 1975, the Council is a voluntary national non-profit organization. Its major purpose is to support, co-ordinate, and improve all non-governmental accrediting activities at the postsecondary level. The Council incorporates the purposes and responsibilities of two previously existing bodies : the Federation of Regional Accrediting Commissions of Higher Education and the National Commission on Accrediting. It receives support from some 4,000 accredited institutions of postsecondary education and has accorded recognition to some fifty national and regional accrediting bodies with which it works closely.

There are two types of educational accreditation : "institutional" and "specialized". The former applies to an entire institution, the latter normally to evaluations of a particular college or school within a university or even a single discipline. Some accrediting bodies are primarily "specialized" dealing with higher education in a single discipline or field of professional training. The procedures used by each type of accrediting group are similar and the evaluations and decisions they take are considered to be equally valid but not necessarily synonymous.

Among its aims and purposes the Council sets out to : review the accrediting practices of its recognized bodies and ensure the integrity and consistency of their policies and procedures; promote the interests of the educational consumer; develop policies and procedures for co-ordinating accrediting activities; promote or conduct research to improve methods and techniques of accrediting; represent postsecondary accreditation before governmental bodies when directed to do so; conduct an information programme on the accrediting process; prepare and distribute a list of recognized accrediting agencies; co-operate with the Office on Educational Credit of the American Council on Education.

Le Conseil d'accréditation post-secondaire est une organisation nationale à but non lucratif et bénévole. Son objet principal est d'animer, de cordonner et d'améliorer toutes les activités non-gouvernementales d'accréditation au niveau post-secondaire. Le Conseil a repris les objectifs et les fonctions de deux organismes antérieurs: la Fédération des Commissions régionales d'accréditation de l'enseignement supérieur et la Commission nationale d'accréditation. Il bénéficie du concours d'environ quatre mille établissements accrédités d'enseignement post-secondaire et a donné sa sanction à quelque cinquante organismes nationaux et régionaux d'accréditation, avec lesquels il collabore étroitement.

Il y a deux types d'accréditation: l'accréditation "institutionnelle" et l'accréditation "spécialisée". La première s'applique à un établissement dans son ensemble et la seconde porte sur un collège ou une école particulière au sein d'une université, ou même sur une seule discipline. Certains organismes d'accréditation sont avant tout "spécialisés" et s'occupent de l'enseignement supérieur d'une discipline ou d'un domaine de formation professionelle particulière. Les méthodes utilisées par chacun de ces types d'organismes sont semblables et les évaluations auxquelles ils procèdent et les décisions qu'ils sont amenés à pendre sont considérées comme également valables, même si elles ne sont pas nécessairement identiques.

Les principales attributions du Conseil sont les suivantes: examiner les pratiques des organismes qu'il a reconnus en matière d'accréditation afin d'assurer l'intégrité et la cohérence de leur politique et de leurs méthodes; promouvoir les intérêts des usagers de l'enseignement; mettre au point des politiques et des mécanismes de coordination en matière d'accréditation; promouvoir ou effectuer des recherches visant à l'amélioration des méthodes et des techniques d'accréditation; représenter, le cas échéant, les organismes d'accréditation post-secondaries auprès des organismes gouvernementaux; mettre en oeuvre un programme d'information sur les procédures d'accéréditation; établir et diffuser une liste des organismes d'accréditation reconnus; collaborer avec l'Office on Educational Credit de l'American Council on Education.

President: Kenneth E. Young.

Staff Associates: Eugene I. Van Antwerp; James M. Phillips. One Dupont Circle, N.W., Suite 760, Washington, D.C. 20036.

Carnegie Council on Policy Studies in Higher Education

The Council was established in 1974 by the Carnegie Foundation for the Advancement of Teaching. It replaces the former Carnegie Commission on Higher Education. Like the Commission, its function is to provide independent reviews and analyses on higher education and its needs and contributions in relation to the nation's social concerns and purposes.

Le Conseil Carnegie pour l'étude des politiques en matière d'enseignement supérieur a été créé en 1974 par la Carnegie Foundation for the Advancement of Teaching. Il remplace l'ancienne Carnegie Commission on Higher Education. Comme la Commission, il a pour tâche d'entreprendre des études et analyses indépendantes sur l'enseignement supérieur, ses besoins et sa contribution aux intérêts et aux objectifs sociaux de la nation.

Chairman: Clark Kerr.
2150 Shattuck Avenue, Berkeley, California 94704.

National Education Association of the United States

The purpose of the Association is to elevate the character and advance the interests of the profession of teaching and to promote the cause of education in the United States.

Active members : anyone actively engaged in educational work of a professional nature if he has an earned bachelors' or higher degree, or holds a regular vocational or technical certificate; associate members: those persons interested in advancing the cause of education but who are not eligible for active membership.

L'objet de l'Association nationale des Etats-Unis pour l'éducation est de rehausser le caractère et de défendre les intérêts de la profession enseignante aux Etats-Unis et d'y promouvoir la cause de l'éducation.

Membres actifs: toutes les personnes dont la profession consiste à s'occuper activement d'éducation et qui justifient d'un grade de «bachelor», d'un diplôme supérieur, ou d'un certificat ordinaire dans le domaine technique ou professionnel; membres associés: les personnes désirant promouvoir la cause de l'éducation mais ne remplissant pas les conditions requises pour être reconnues comme membres actifs.

President: John E. Ryor.
Executive Secretary: Terry E. Herndon.
1201 16th Street, N.W., Washington, D.C. 20036.

Peace Corps

The Peace Corps was founded in March 1961 and is the largest overseas voluntary-service organization in the United States, and the only one operating outside the country that is an agency of the Federal government. Several universities and private educational research institutions co-operate with the agency by helping train its Volunteers for service abroad. On 1 July 1971, the Peace Corps became a part of a new federal agency called ACTION.

In the spring of 1976 there were approximately 6,500 Volunteers serving in 69 countries. Over 60,000 Americans have served as Volunteers since the agency's foundation. The Peace Corps operates under Congressional authorization. It has three goals as stipulated in the Peace Corps Act : to help countries meet their need for trained manpower; to promote an understanding of America abroad; and to help Americans understand the peoples of other countries.

Each Volunteer serves abroad for two years. To prepare him to perform well in another culture, he is trained for approximately nine weeks. Nearly all of the Volunteers are trained in the countries to which they are assigned.

Although most Volunteers have college backgrounds, the Peace Corps now recruits heavily among people with trade skills and agricultural backgrounds. The agency has five regional recruiting offices in the country. Faculty members or administrators at various schools act as liaisons, helping recruiters set up their visits to the campuses.

The combination of service and work

abroad has been recognized by several schools as a unique educational experience. Many provide credit for Peace Corps service when combined with special study programmes. During their senior year, students, in addition to their regular academic work, study subjects related to their future assignment in the Peace Corps. After graduation, they serve for two years in the Peace Corps and then return to work on their Master's Ph.Ds.

About half of the Volunteers work in educational programmes, many of them in teacher training institutes. Since the agency began, teaching has been the major job performed by Volunteers. Many Volunteers enter the teaching profession when they return to the United States, though they may not have considered it as a career before they entered the Peace Corps. For every Volunteer who had studied to be a teacher, another chooses that profession as a direct result of his experience overseas.

Peace Corps headquarters are in Washington, D.C., but each country operation has a separate staff in the field to plan programmes and support Volunteers. Many host country nationals are on these staffs. There are about 185 employees in Washington and another 627 abroad. The agency's budget for the 1975–76 fiscal year was near $80 million.

Le Peace Corps, qui a été fondé en 1961, est la plus grande organisation de service volontaire des Etats-Unis, et la seule fonctionnant en dehors du pays qui soit en même temps une institution du gouvernement fédéral. Plusieurs universités et institutions privées de recherches sur l'éducation coopèrent avec l'organisation en aidant à former ses volontaires pour le service à l'étranger. Le 1er juillet 1971, le Peace Corps devint partie intégrante d'une nouvelle institution fédérale intitulée ACTION.

Au printemps 1976 quelque 6.500 volontaires servaient dans 69 pays. Actuellement, plus de 60.000 Américains ont servi comme volontaires depuis la fondation de l'organisation. Le Peace Corps exerce ses activités en vertu de l'autorisation qui lui a été donnée par le Congrès. Ses trois objectifs stipulés dans le «Peace Corps Act» sont: aider les pays à faire face à leurs besoins en matière de cadres, favoriser la compréhension de l'Amérique à l'étranger, et aider les Américains à comprendre les peuples d'autres pays.

Chaque volontaire sert à l'étranger pendant deux ans. Pour le préparer à bien remplir sa tâche dans une culture différente, il reçoit une formation d'une durée approximative de neuf semaines. Presque tous les volontaires sont formés dans les pays où ils sont affectés.

Bien que la plupart des volontaires aient une formation de niveau supérieur, le Peace Corps recrute désormais largement dans les milieux agricoles et artisanaux. L'organisation dispose de cinq offices régionaux de recrutement. Les membres du corps enseignant ou les administrateurs des diverses écoles assurent la liaison, en aidant les responsables du recrutement à organiser leurs visites de «campus».

Plusieurs écoles considèrent cette association du service et du travail à l'étranger comme une expérience unique dans le domaine de l'éducation. Beaucoup accordent un avantage aux étudiants pour le service dans le Peace Corps s'il est associé à des programmes d'études spéciaux. Les étudiants de dernière année étudient, en plus de leur programme habituel, des matières ayant trait à leur future affectation dans le Peace Corps. Après avoir obtenu leur diplôme, ils servent deux ans dans le Peace Corps et reprennent ensuite leurs études de «Master's» ou de «Ph.D».

Environ la moitié de tous les volontaires travaillent à des programmes éducatifs, un grand nombre dans des instituts de formation pédagogique. Depuis la fondation de l'organisation, l'enseignement est la tâche principale à laquelle s'emploient les volontaires. Nombre d'entre eux entrent dans l'enseignement à leur retour aux Etats-Unis, bien que n'ayant peut-être pas songé à y faire carrière avant de faire partie du Peace Corps. Pour chaque volontaire ayant étudié en vue d'être professeur, il y en a un autre pour qui le choix de cette profession est une conséquence directe de son expérience à l'étranger.

Le siège du Peace Corps est à Washington, D.C., mais chaque opération nationale dispose sur place d'un personnel distinct pour

planifier les programmes et s'occuper des volontaires. De nombreux ressortissants des pays d'accueil font partie de ces effectifs de personnel. Il y a environ 185 employés à Washington et 627 autres à l'étranger. Le budget de l'organisation, pour l'exercice fiscal 1975-76, s'élevait à environ 80 millions de dollars.

The Director,
806 Connecticut Avenue, N.W., Washington, D.C. 20525.

African-American Institute

The African-American Institute (AAI) was formed in the mid-1950's with the dual goal of assisting the development of the new African nations and improving mutual understanding between Africa and America. AAI works closely with governments and universities both in Africa and the United States.

More that 10,000 Africans have benefited from training and educational opportunities under one or more of AAI's programmes. Fields of study for African students have been those that Africans have designated as high priority, development-related areas.

Assistance with the training of staff for the African universities and the training of professionals in fields directly related to the African countries' economic development priorities is provided under the African Graduate Fellowship Programme which receives nominations for study at the Master's and Ph.D level. The Institute has also helped African universities recruit staff. In cooperation with the Starr Foundation, AAI is also offering awards for Master's degree study in Actuarial Science. Candidates for this programme come from selected African countries to study at institutions in the U.S.

AAI's responsiveness to Africa's changing needs is exemplified by the number of programmes it has undertaken in recent years to aid southern Africans. The Southern African Student Programme provides two year scholarships for qualified candidates from minority-ruled countries to pursue specialized or Master's degree training. Under another AAI programme, study grants are made available to refugees from minority-ruled countries in southern Africa who wish to study in African universities and post-secondary vocational/technical institutions.

AAI's newest programme, The Human Resources Development Programme, for candidates from the former Portugese colonies of Angola, Mozambique, Guinea-Bissau, Cape Verde, São Tome and Principe is also providing development-related training grants for post-secondary study in Africa or the U.S.

AAI recognizes the importance of high-level manpower training, as do the independent nations of Africa. In future years, in order to expand its involvement in African development, AAI will also become increasingly involved in fields that will help spread the benefits of development to the majority of Africans. AAI's first step in this direction was to publish a comprehensive survey of non-formal education programmes in Africa. More recently AAI published a small volume of case studies in African community development and a report of a donor agencies' meeting in April 1974 on rural development in Africa. During 1976, AAI will sponsor a regional seminar on agricultural education in the secondary schools of Tanzania and Kenya. The trend in AAI's development programme will be away from broad responses to general problems and toward more highly-focused efforts dealing with smaller components of specific development problems.

AAI's American information programme has also entered new fields. The Institute's Africa Policy Information Center gathers and disseminates statements of policy alternatives and factual material on important current issues in U.S.-African relations. Non-partisan itself, AAI also helps to organize workshops and conferences in which various groups and individuals can probe positions in depth and come into contact with new points of view.

Other activities to inform Americans about Africa include short-term training and supply and development of materials to American school teachers interested in

teaching about Africa. AAI's Educators to Africa Association offers African travel opportunities to American teachers, students, and other interested groups. Other AAI activities include arranging U.S. visits for African educators, professionals and government leaders, and a variety of other informational programmes involving both African and American participation.

AAI is a private, non-profit organization under a Board of Trustees. It acts as a contractor to the U.S. Government's Agency for International Development and to the Bureau of Educational and Cultural Affairs of the Department of State. AAI also receives foundations and corporate support, as well as a variety of individual contributions.

Publication : Africa Report (bi-monthly).

L'Institut afro-américain (AAI) a été créé vers 1955 avec pour double objectif d'aider au développement des nouvelles nations africaines et d'accroître la compréhension mutuelle entre l'Afrique et l'Amérique. L'AAI travaille en étroite relation avec les gouvernements et les universités d'Afrique et des Etats-Unis.

Plus de 10.000 Africains ont bénéficié des possibilités de formation offertes par l'AAI dans le cadre d'un, ou de plusieurs de ses programmes. Les domaines d'études choisis pour ces programmes ont trait au développement et correspondent aux priorités établies par les Africains eux-mêmes. L'Institut apporte son aide à la formation des enseignants pour les universités africaines et des spécialistes des domaines directement liés au développement économique dans le cadre du Programme africain de bourses pour diplômés, qui reçoit directement des universités les listes de candidats aux études au niveau du "Master's degree" et du "Ph.D.". L'AAI offre en outre, en collaboration avec la Fondation Starr, des subventions pour des études en sciences actuaires au niveau du "Master's degree". Les candidats intéressés par ce programme, qui sont originaires de certains pays d'Afrique, vont étudier dans des institutions des Etats-Unis.

Le nombre de programmes entrepris ces dernières années en faveur des Africains du Sud prouve combien l'AAI se veut attentif aux besoins changeants de l'Afrique. Dans le cadre de son Programme pour les étudiants d'Afrique du Sud, l'AAI octroie aux candidats originaires des pays gouvernés par des minorités et possédant les qualifications voulues des bourses de deux ans destinées à leur permettre d'acquérir une formation spécialisée ou au niveau du "Master's degree". En vertu d'un autre programme de l'AAI, des bourses d'études sont offertes aux réfugiés originaires de pays d'Afrique du Sud gouvernés par des minorités qui souhaitent étudier dans des universités et des institutions post-secondaires de formation professionnelle et/ou technique africaines.

Aux termes du dernier en date de ses programmes, le Programme de développement des ressources humaines, l'AAI octroie également aux candidats originaires des anciennes colonies portugaises que sont l'Angola, le Mozambique, la Guinée-Bissau, le Cap Vert, São Tomé et l'Ile du Prince des subventions leur permettant d'acquérir en Afrique ou aux Etats-Unis une formation en matière de développement.

L'AAI reconnaît l'importance de la formation de cadres supérieurs, comme le font les nations indépendantes d'Afrique. Dans les années à venir, afin accroître sa contribution au développement africain, l'AAI s'intéressera de plus en plus à des domaines permettant de faire bénéficier la majorité des Africains des avantages du développement. La première mesure prise par l'AAI en ce sens a été de publier une étude détaillée sur les programmes d'enseignement extra-scolaire en Afrique. L'AAI a, plus récemment, publié un petit volume d'études de cas sur le développement communautaire en Afrique, ainsi qu'un rapport sur une réunion d'organismes donateurs tenue en avril 1974 sur le développement rural en Afrique. En 1976, l'AAI patronnera un séminaire régional sur l'enseignement agricole dans les écoles secondaires de Tanzanie et du Kenya. Le programme de développement de l'AAI cessera progressivement d'apporter des réponses de caractère général à des problèmes généraux pour s'orienter vers des efforts plus concentrés portant sur des éléments plus res-

treints de problèmes spécifiques de développement.

Le programme d'information américain de l'AAI aborde également de nouveaux domaines. Le Centre d'informations de l'Institut sur la politique africaine rassemble et diffuse des communiqués sur diverses orientations possibles et des informations concrètes sur d'importantes questions d'actualité dans les relations américano-africaines. Organisation non-partisane, l'AAI aide également à organiser des sessions d'études et des conférences permettant à divers groupes et particuliers de procéder à des échanges de vues approfondis et de se trouver en présence de points de vue nouveaux

Au nombre des autres activités destinées à informer les Américains sur l'Afrique figurent la formation à court terme et la fourniture de matériel didactique aux instituteurs et professeurs américains désirant dispenser un enseignement sur l'Afrique. L'Association de l'AAI «Educateurs pour l'Afrique» offre des facilités de voyage en Afrique aux enseignants et aux étudiants américains, ainsi qu'à d'autres groupes d'intéressés. Les activités de l'AAI comportent aussi l'organisation de séjours aux Etats-Unis pour des éducateurs, des membres des professions et des personnalités gouvernementales africaines, ainsi qu'une gamme très variée d'autres programmes d'information où sont associés Africains et Américains.

L'AII est une organisation privée, à but non lucratif, dirigée par un Conseil d'administration. Elle travaille sous contrat avec l'Agence américaine pour le développement international et avec le Bureau des affaires éducatives et culturelles du Département d'Etat. L'AAI reçoit également une aide des fondations et des sociétés, ainsi que diverses contributions de particuliers.

Publication: Africa Report *(bimestriel).*

Chairman, Board of Trustees: Dana S. Creel, Vice-Chairman, Rockefeller Brothers' Fund.

President: William R. Cotter.

Executive Vice-President: Walter C. Carrington.

Director of Education: Ronald E. Springwater.

833 United Nations Plaza, New York, N.Y. 10017.

Office of Education (U.S. Department of Health, Education, and Welfare)

Founded in 1867 as the principal agency within the United States Government concerned with education, the Office of Education provides technical and financial assistance to States, local schools, colleges and universities, and public and private non-profit agencies for educational and training programmes.

The Office of Education's activities are mandated by Congress in legislation or assigned by the President.

The Office administers programmes to help meet special education needs of educationally deprived or handicapped children; to strengthen elementary and secondary school instruction; to support bilingual education; to expand and improve counselling and guidance services; to support in-service and pre-service training for teachers and other educational personnel; and to provide financial assistance to graduate and undergraduate students in postsecondary education.

The Office of Education maintains liaison and co-operates actively with other Federal agencies on programmes that involve education. For international bodies, it provides informational and consultative services on various aspects and levels of education in the United States and interprets U.S. educational policies and practices.

The Commissioner of Education heads the Office, assisted by the Executive Deputy Commissioner. Each of seven staff and programme offices is headed by a Deputy Commissioner who reports directly to the Commissioner. The deputies are for Management, Planning, School Systems, Education for the Handicapped, and Indian, Occupational and Adult, and Postsecondary Education.

For the Fiscal Year 1977 the Office's budget is $6 thousand million. As of 1 March, 1976 the office had 2795 full-time

employees. Headquarters are in in Washington, and field offices are located in 10 major cities throughout the country.
Periodical : American Education, offering informative articles on federally supported educational activities (10 issues a year).

Fondé en 1867 comme principal organe du gouvernement des Etats-Unis s'occupant d'éducation, l'Office de l'éducation fournit une assistance technique et financière aux états ainsi qu'aux écoles, collèges et universités et à des organismes non lucratifs, publics et privés, s'occupant de programmes éducatifs et de formation.

Les activités de l'Office de l'éducation sont définies par la législation du Congrès ou déterminées par le Président.

L'Office administre des programmes ayant pour objet de répondre aux besoins particuliers des enfants privés d'enseignement ou handicapés, de renforcer l'enseignement aux niveaux primaire et secondaire, de développer l'enseignement bilingue, de multiplier et d'améliorer les services d'orientation, de favoriser la formation des enseignants et autres responsables de l'éducation tant avant qu'en cours de carrière, de fournir une assistance financière aux étudiants de tous niveaux de l'enseignement post-secondaire et supérieur.

L'Office coopère activement avec les autres services fédéraux à des programmes intéressant l'éducation. Il assure aux organismes internationaux des services de consultation et d'information sur les divers aspects et niveaux de l'éducation aux Etats-Unis et interprète la politique et la pratique de l'enseignement américain.

L'Office est dirigé par le Commissaire de l'Education, assisté du Commissaire adjoint en chef. Un Commissaire adjoint directement responsable devant le Commissaire est à la tête de chacun des sept bureaux du personnel et des programmes (gestion, planification, systèmes scolaires, éducation des handicapés, et des Indiens, des adultes, enseignement professionnel et post-secondaire).

L'Office gère un budget de 6 milliards de dollars durant l'exercice fiscal 1977. Au 1er mars 1976 l'Office comptait 2795 employés à plein temps. Son siège est à Washington,

D.C., et il a des bureaux dans dix grandes villes des Etats-Unis.

Périodique: American Education, revue d'information sur les activités intéressant l'éducation qui bénéficient du soutien du gouvernement fédéral (10 numéros par an).

The United States Commissioner of Education.
U.S. Department of Health, Education, and Welfare, Office of Education, Washington, D.C. 20202.

National Institute of Education (U.S. Department of Health, Education, and Welfare)

Established by the Education Amendments of 1972, the National Institute of Education forms part of the Education Division of the Department of Health, Education, and Welfare together with the Office of Education (see above).

The mission of the National Institute of Education is to improve education through research and development. It is responsive to Congress and the wishes of the educational community in addressing the practical problems of the nation's schools.

Issu de la Loi de 1972 sur l'éducation, l'Institut National d'Éducation fait, avec l'Office d'éducation (voir ci-dessus), partie de la Division de l'éducation du Département de la Santé, de l'Education et des Affaires sociales.

L'Institut a pour mission d'améliorer l'enseignement grâce à des programmes de recherche et de développement. Il répond aux vœux du Congrès ainsi qu'à ceux de la communauté scolaire en s'attaquant aux problèmes d'ordre pratique auxquels font face les établissements d'enseignement de la nation.

The Assistant Secretary for Education.
U.S. Department of Health, Education, and Welfare, Office of Education, Washington, D.C. 20202.

Other Organizations

The following list of national and regional organisations has been prepared on the basis of information published by the U.S. Office of Education, and following consultation with the American Council on Education.

La liste suivante d'organisations nationales et régionales a été établie d'après les informations publiées par l' «U.S. Office of Education», et après consultation avec l' «American Council on Education».

Accrediting Association of Bible Colleges ● (1)
Executive Director: John Mostert.
Box 543, Wheaton, Illinois 60187.

American Association of Agricultural College Editors
Secretary: Leighton Watson.
208 Coliseum, West Virginia University, Morgantown, West Virginia 26506.

American Association of Colleges for Teacher Education
Executive Secretary: Edward G. Pomeroy.
One Dupont Circle, Suite 610, N.W., Washington, D.C. 20036.

American Association of Colleges of Pharmacy
Secretary: Charles W. Bliven.
8121 Georgia Avenue, Silver Spring, Maryland 20910.

American Association of Collegiate Registrars and Admission Officers
Executive Secretary: J. Douglas Conner.
One Dupont Circle, Suite 330, Washington, D.C. 20036.

American Association of Collegiate Schools of Business ●
Executive Secretary: Cyril C. Ling.
1755 Massachusetts Avenue, N.W., Washington, D.C. 22036.

American Association of Dental Schools
Executive Director: Donald J. Galagan
1625 Massachusetts Avenue, N.W., Washington, D.C. 20036.

American Association of Colleges of Osteopathic Medicine
Secretary: Robert W. Oliver.
4720 Montgomery Lane, Suite 609, Washington, D.C. 20014.

American Association of Schools and Departments of Journalism
Executive Secretary: Quintus C. Wilson.
Northern Illinois University, Room 118, Reavis Hall, DeKalb, Illinois 60115.

American Association of Theological Schools in the United States and Canada
Executive Director: Jesse H. Ziegler.
P.O. Box 396, Vandalia, Ohio 45377.

American Association of University Professors
Secretary-General: Joseph Duffey.
One Dupont Circle, Suite 500, Washington, D.C. 20036.

American Association of University Women
(see p. 495).

American Bar Association ●
Executive Director: Bert H. Early.
1705 DeSales Street, N.W., Washington, D.C. 20036.

American Chemical Society ●
Secretary, Committee on Professional Training : J. H. Howard.
343 State Street, Rochester 4, New York.

American College Health Association
Executive Secretary: James W. Dilley.
2807 Central Street, Evanston, Illinois 60201.

American College Personnel Association
1607 New Hampshire Avenue, N.W., Washington, D.C. 20036.

American Conference of Academic Deans
1818 R. Street, N.W., Washington, D.C. 20009.

American Council on Education for Journalism ●
School of Journalism, University of Missouri, Columbia, Missouri 65201.

American Council on Pharmaceutical Education ●
Secretary: Fred T. Mahaffey.
77 West Washington Street, Chicago, Illinois 60602.

American Educational Research Association
Executive Officer: Richard A. Dershimer.
1126 16th Street, N.W., Washington, D.C. 20036.

---

(1) Organizations marked ● are recognized accrediting bodies.
 Les organismes suivis du signe ● sont des organismes «d'accréditation» reconnus.

American Library Association •
Executive Director: Robert Wedgeworth.
50 East Huron Street, Chicago, Illinois 60611.

American Medical Association, Liaison Council on Medical Education and Hospitals •
Secretary: One Dupont Circle, Suite 200, Washington, D.C. 20036.

American Optometric Association •
Executive Secretary: Ellis S. Smith, Jr. Council on Optometric Education.
7000 Chippewa Street, Saint Louis, Missouri 63119.

American Osteopathic Association
Executive Director: Edward P. Crowell.
Secretary Bureau of Professional Education, 212 East Ohio Street, Chicago, Illinois 60611.

American Personnel and Guidance Association.
Executive Director: Charles L. Lewis.
1607 New Hampshire Avenue, N.W., Washington, D.C. 20009.

American Psychological Association •
Executive Officer: Kenneth B. Little.
1200—17th Street, N.W., Washington, D.C. 20036.

American Public Health Association •
Executive Director: James R. Kinney, M.D.
1015—18th Street, N.W., Washington, D.C. 20036.

American Society of Journalism School Administrators
Secretary: Reuben Mehling.
California State College, Hayward, California 94542.

American Society for Engineering Education
Director (Acting): Francis X. Bradley.
Executive Secretary: Leslie B. Williams.
One Dupont Circle, Suite 400, Washington, D.C. 22036.

American Society of Landscape Architects •
Executive Director: Alfred B. La Giese.
1750 Old Meadows Road, McLean, Virginia 22101.

Association of American Medical Colleges
Executive Director: John A. Cooper.
One Dupont Circle, Suite 200, Washington, D.C. 20036.

National Association of College Admissions Counsellors
Executive Director: Ted S. Cooper.
9933 Lawler Avenue, Suite 500, Skokie, Illinois 60076.

Association of Research Libraries
Executive Director: Stephen A. McCarthy.
1527 New Hampshire Avenue, N.W., Washington, D.C. 20036.

Association of College and University Housing Officers
Secretary: Welker Bishop.
Ball State University, Muncie, Indiana 47306.

Association of Collegiate Schools of Architecture
Secretary: David Clark.
1735 New York Avenue, N.W., Washington, D.C. 20036.

Association of Governing Boards of Universities and Colleges
President: Robert L. Gale.
One Dupont Circle, Suite 720, Washington, D.C. 20036.

Association of Schools of Public Health
Secretary: Raymond D. Clark.
1825 K. Street, N.W., Washington, D.C. 20006.

Association of University Summer Sessions
Summer Sessions, Indiana University, Bloomington, Indiana 47401.

Association of University Evening Colleges
Executive Secretary: Howell W. McGee.
1700 Asp Avenue, University of Oklahoma, Norman, Oklahoma 73069.

Central Association of College and University Business Officers
Secretary: Harlan E. Cain.
Northern Illinois University, Chicago, Illinois 60625.

College Entrance Examination Board
President: S. P. Marland, Jr.
888 Seventh Ave., New York, New York 10019.

Council for the Advancement of Small Colleges
Executive Director: Gary H. Quehl.
One Dupont Circle, Washington, D.C. 20036.

Council on Dental Education • American

Dental Association
Secretary: Reginald Sullens.
211 East Chicago Avenue, Chicago, Illinois 60611.

Council for Financial Aid to Education
President: Raymond C. Johnson.
680 Fifth Avenue, New York, New York 10019.

Council on Optometric Education● of the **American Optometric Association**
(See American Optometric Assn.)

Council on Social Work Education●
Executive Director: Richard Lodge.
345 E. 46th Street, New York, New York 10017.

Eastern Association of College and University Business Officers
Secretary: F. Hume.
Brooklyn College, City University of New York, Brooklyn, New York 11210.

Educational Testing Service
President: William W. Turnbull.
Princeton, New Jersey 08540.

Engineers Council for Professional Development●
Executive Director: David R. Reyes-Guerra.
345 E. 47th Street, New York, New York 10017.

American Veterinary Medical Association●
Executive Vice-President: D. A. Price.
600 South Michigan Avenue, Chicago, Illinois 60605.

Association of American Law Schools●
Executive Director: Millard H. Ruud.
One Dupont Circle, Suite 370, Washington, D.C. 20036.

Association of American Library Schools
Secretary: Janet C. Phillips.
Park Lane, State College, Pennsylvania 16801.

Middle States Association of Colleges and Secondary Schools●
Secretary: Calvin L. Crawford.
Gateway One, Raymond Plaza West, Newark, New Jersey 07102.

National Architectural Accrediting Board●
1735 New York Avenue, N.W., Washington, D.C. 20006.

National Association of College and University Chaplains and Directors of Religious Life.
Secretary: Rev. James Leslie.
Ohio Wesleyan University, Delaware, Ohio 43105.

National Association of College Women
Vice-President: Mrs. Odessa Farrell.
4620 Kossuth Avenue, St. Louis, Missouri 63115.

National Association of Collegiate Deans, Registrars, and Admission Officers
President: Harrison DeShields.
Box 248, Wilberforce University, Wilberforce, Ohio 45384.

National Association of Educational Buyers
111 Cantiague Rock Road, Westbury, New York 11590.

National Association of Foreign Student Affairs
Secretary: Hugh Jenkins.
1860 19th Street, N.W., Washington, D.C. 20009.

National Association of Schools of Art●
Secretary: Robert D. Glidden.
11250 Roger Bacon Drive, No. 5, Reston, Virginia 22090.

National Association of Schools of Music●
Executive Secretary: Robert D. Glidden.
11250 Roger Bacon Drive, No. 5, Reston, Virginia 22090.

National Association of Student Personnel Administrators
Belcrest Hotel, 450 5440 Cass Avenue, Detroit, Michigan 48202.

National Association of Women Deans, Administrators, and Counselors (A Department of the National Education Association)
Executive Director: Joan M. McCall.
1028 Connecticut Avenue, N.W., Suite 922, Washington, D.C. 20036.

National Catholic Educational Association
President: Rev. John Meyer.
One Dupont Circle Suite 350, Washington, D.C. 20036.

National Council for Accreditation of Teacher Education●
Director: Rolf W. Larson.
1750 Pennsylvania Avenue, N.W., Washington, D.C. 20036.

National Association of College and University Business Officers •
Executive Vice-President: D. F. Finn.
One Dupont Circle, Suite 510, Washington, D.C. 20036.

National League for Nursing, Inc. •
Director, Department of Baccalaureate and Higher Degree Programs : Inez Haynes.
10 Columbus Circle, New York, New York 10019.

National University Extension Association
Executive Director: Robert J. Pitchell.
One Dupont Circle, Suite 360, Washington, D.C. 20036.

Near East College Association, Inc.
Executive Director: William H. Fox.
380 East 45th St., New York, New York 10017.

New England Association of Colleges and Secondary Schools •
Secretary-Treasurer: Richard J. Bradley.
131 Middlesex Turnpike, Burlington, Massachusetts 01803.

New England Board of Higher Education
Director: Alan D. Ferguson.
40 Grove Street, Wellesley, Massachusetts 02181.

North Central Association of Colleges and Secondary Schools •
Executive Secretary: Norman Burns.
5454 South Shore Drive, Chicago, Illinois 60615.

Northwest Association of Secondary and Higher Education •
Executive Secretary and Treasurer: James F. Bemis.
3700–3 University Way N.E., Seattle, Washington 98105.

Society of American Foresters •
Secretary: Hardin R. Glascock, Jr.
1010 16th Street, N.W., Washington, D.C. 20036.

Society for Religion in Higher Education
(formerly National Council on Religion in Higher Education)
Executive Director: Harry E. Smith.
363 St. Ronan Street, New Haven, Connecticut 06511.

Southern Association of College and University Business Officers
Secretary: W. Clyde Freeman.
Texas A & M University, College Station, Texas 77843.

Southern Association of Colleges and Secondary Schools •
Director: Felix Robb.
795 Peachtree St., N.E., Atlanta, Georgia 30308.

Southern Regional Education Board
Director: Winfred L. Godwin.
130 Sixth Street, N.W., Atlanta, Georgia 30313.

Western Association of College and University Business Officers
c/o William A. Zimmerman, University of Oregon Medical School, 3181 Southwest Sam Jackson Park Road, Portland, Oregon 97201.

Western College Association •
Executive Secretary: Kay J. Andersen.
Mills College, Oakland, California 94613.

Western Interstate Commission for Higher Education
Executive Director: Robert H. Kroepsch.
Post Office Drawer P, Boulder, Colorado 80302.

*

American Association of University Women (IFUW)
President: Dr. Marjorie Bell Chambers.
Chairman (Internat. Rel.): Dr. Claire Fulcher.
For Correspondence: Mrs. Peggy Torosian.
2401 Virginia Avenue, N.W., Washington, D.C. 20037.

World University Service
Chairman: Dr. Glen Nygreen.
Executive Secretary: Dr. K. B. Rao.
20 West 40th Street, New York, N.Y. 10018.

United States National Student Association—USNSA
2115 S Street, N.W., Washington, D.C. 20008.

United States National Student Travel Association—USNSTA
70 Fifth Avenue, New York, N.Y. 10011.

Council on International Educational Exchange—CIEE (see p. 480)

American Graduate and Professional Commission (Pax Romana)
President: Philip Des Marais.
c/o Office of Research Services, Fordham University, Bronx, N.Y. 10458.
Secretary: Thomas Williams.
The National Fraternity of Phi Kappa Theta (Pax Romana)
President: Rev. J. Raymond Favret.
Secretary: Robert L. Wilcox.
332 Main Street, Worcester, Massachusetts 01608.
World Student Christian Federation
175 9th Avenue, New York, N.Y. 10011.
Collegiate Council for the United Nations (ISMUN)
Executive Director: Brad Skinner.
833 UN Plaza, New York, New York 10017.
"Network" (WUJS)
36 West 37th Street, New York, N.Y. 10008.

*

Office of Education
(Department of Health, Education, and Welfare)
(See p. 490).
U.S. National Commission for Unesco
Department of State, 515—22nd Street, N.W., Suite 500, Washington, D.C. 20520.

UPPER VOLTA—HAUTE-VOLTA

Université de Ouagadougou, B.P. 7021, Ouagadougou. *1965, 1969, 1974*
Ecole supérieure des Lettres et des Sciences humaines, Ouagadougou. *1965*
let mod, anglais, lang africaines, hist, géog.
Institut Universitaire de Technologie, Ouagadougou. *1970*
gestion des entrep, sec de direction.
Institut Supérieur Polytechnique, Ouagadougou. *1973*
ing, agr, élev, eaux et forêts, gé civ.
Institut de Mathématiques et de Sciences physiques, Ougadougou. *1975*
Ecole Supérieure des Sciences économiques, Ouagadougou. *1975*
Centre Voltaïque de la Recherche scientifique, B.P. 7047, Ouagadougou.
Centre de Documentation et de Perfectionnement pédagogique, B.P. 7043, Ougadougou.
Ecole nationale d'Administration, B.P. 7024, Ougadougou.
Ecole Inter-Etats d'Ingénieurs de l'Equipement rural, B.P. 7023, Ouagadougou.

Ministère de l'Education nationale et de la Culture, Ouagadougou.
Commission nationale de la République de Haute-Volta pour l'Unesco
Ministère de l'Education nationale et de la Culture, Ouagadougou.

URUGUAY—URUGUAY

* **Universidad de la República,** Avenida 18 de Julio 1824, Montevideo. (Sr. Secretario general) *1849*
F : agr, arc, éco-adm, dr-soc, hum-sc, ing-arp, méd, dent, ch-phar, vét.
E : inf, serv soc, ba, bibl.
Universidad del Trabajo de Uruguay, Calle San Salvador 1674, Montevideo. *1942*
D : agr, gé ind, arts app, com-adm, éd voc, plan éd, rech éd.
Aussi 8 instituts affiliés.
Instituto de Estudios Superiores, Constituyente 1711, Montevideo. *1930*
D : phill, pho, mus, géog, paléo, géol, méd clima, math.
E : éd.

Asociación de Mujeres Tituladas en la Universidad del Uruguay (IFUW)
Présidente: Mme F. Victorina Burdet.
Présidente (Rel. internat.): Dr. María V. Ravera.
Secrétaire: Mme Gualconda A. de Pérez.
Avenida Agraciada 1464 P. 13 (Sede), Montevideo.
Federación de Estudiantes Universitarios del Uruguay—FEUU
Facultad de Ingeniería, Calle Herrera y Reisig, Montevideo.
Movimiento de Cristianos Universitarios—MCU (Pax Romana)
Lavelleja 1727, Montevideo.
Asociación de Estudiantes y Profesionales Católicos (Pax Romana)
Présidente: Marynés Casal Muñoz de Sánchez.
Avenida Rivera 2336-40, Montevideo.
Union de Jovenes Uruguayos pro Naciones Unidas (ISMUN)
c/o Mme Gloria Butrón de Lorán, Ignacio Rivas 1114 bis (Sayago), Montevideo.
Unión Universitaria Kadima (WUJS)
San Jose 1013, Montevideo.

*

Ministerio de Instrucción Pública
Montevideo.
Comisión Nacional de la Unesco
Ministerio de Educación y Cultura, Sarandi 444, Montevideo.

VENEZUELA—VENEZUELA

UNIVERSITIES—UNIVERSITES

*Universidad de los Andes, Mérida, Estado Mérida. *1810*
F : dr, méd, phar, dent, ing, for, hum-éd, éco, sc, arc.
E : dr, méd, inf, phar, nutr-diét, bioch, dent, gé civ, élec, arc, gé for, géog, éd; éd (San Cristóbal), let, hist, éco, adm des aff, sc.

*Universidad de Carabobo, Avenida Bolívar 125–139, Valencia, Estado Carabobo. *1892*
F : éco-soc, dr, ing, méd.
E : adm com-comp, rel ind, éco, éd, dr, élec, gé ind, méc, méd, bioch, inf, dent.

Universidad Católica Andrés Bello, La Vega, Montalbán, Caracas. *1953*
F : éco-soc, dr, hum-éd, ing.
E : éco, adm com-comp, soc, dr, phil, éd, commun soc, psyc, let, gé civ, gé ind; adm-comp, éd (San Cristóbal).

*Universidad Central de Venezuela, Ciudad Universitaria, Los Chaguaramos, Caracas 105. *1721*
F : agr, arc-urb, sc, vét, dr, soc-éco, phar, hum-éd, ing, méd, dent.
E : agr, arc, biol, phy, math-inft, ch, vét, dr, éco, adm-comp, stat-act, ét int, commun soc, lang mod, pol-adm, anth-socio, trav soc, phar, let, éd, phil, géog, hist, bibl, psyc, gé civ, ch, pét, méc, élec, géol-mine-mét, méd (2), bioch, sa publ, dent, diét.

*Universidad del Zulia, Apartado postal 526, Maracaibo, Estado Zulia. *1891*
F : agr, arc, vét, dr, éco-soc, hum-éd, ing, méd, dent.
E : gé, agr, arc, vét, dr, éco, adm com-comp (2), éd, let, jour, phil, gé civ, ch, géod, pét, méc, bibl, méd, bioch, inf, nutr-diét, dent.

Universidad Nacional Abierta de Venezuela, [National Open U.], Caracas. (En cours d'organisation)

*Universidad de Oriente, Apartado 245, Cerro Colorado, Cumaná. *1958*
E : agr, ing, zoo (Monagas); géol-mine, méd (Bolívar); comp, ing, tec (Anzoatequi); biol (Nueva Esparta); adm, sc, éd, soc (Sucre).

Universidad Santa María, Frente Plaza Madariaga, El Paraíso, Caracas. *1953*
F : éco-soc, dr, phar, ing.
E : éco, adm-comp, dr, phar, gé civ.

*Universidad Centro Occidental, Barquisimeto, Estado Lara. *1962*
E : adm-comp, agr, vét, méd.

*Universidad Metropolitana, Avenida Gamboa 18, San Bernardino, Caracas. *1965*
F : éco-soc, sc-arts, ing.
E : adm, élec, méc, ch, math, lang mod.

Universidad Simón Bolívar, Valle de Sartenejas, Vía Baruta, Estado Miranda. *1967*
élec, méc, math, ch, arc, comp, électro.

Universidad «Simón Rodríguez», Terrazas de Caricuao, UD-2 Zona A (Cerca del Bloque Experimental, Caricuao, Caracas).
éd, adm.

Universidad del Táchira, Paramillo, San Cristóbal, Estado Táchira.
agr-ind.

Universidad Ávila, Edf. Navarro, Dr. Díaz a Peinero, Caracas.
F : arc-urb, ing, éco-adm.
E : arc, gé civ, éco-adm.

Universidad privada «Rafael Urdaneta», Urb. Cataclaro, Calle 52, No. 5–205 Esq., Avenida 11D, Maracaibo, Estado Zulia.
F : ing, zoo, pol-adm.
E : élec, ch, zoo, pol-adm publ.

Universidad Nacional Experimental de Los Llanos Occidentales Ezequiel Zamora, Llano Atto Barinas, Apartado 19, Estado Barinas. *1975*
agr-zoo, ressources nat, processes ind, éco agr, env hum, dév soc, plan-dév rég.

OTHER INSTITUTIONS—AUTRES INSTITUTIONS

Technical Education—Enseignement technique

Instituto Universitario Politécnico, Avenida Corpahuaico, Parque Tecnológico, Barquisimeto, Estado Lara. *1962*
Instituto Universitario Politécnico de Guayana, La Salle, San Félix, Estado Bolívar. *1971*
Instituto Universitario Politécnico «Luis Caballero Mejías», Avenida Francisco Solano Cruce, Sabana Grande, Caracas.
Instituto Universitario de Tecnología de la Región Capital, Santa Mónica, Caracas. *1971*
Instituto Universitario de Tecnología de Coro, Calle Zamora, Coro, Estado Falcón. *1971*
Instituto Universitario de Tecnología Agro-Industrial, Parque Exposición Teotina Depablos, San Cristóbal, Estado Táchira. *1971*
Instituto Universitario de Tecnología, San Felipe, Estado Yaracuy.
Centro de Formación Tecnológica de Corporiente, Carrera Cumaná, Cumanacoa km. 4, Apartado 250, Cumaná, Estado Sucre.
Instituto Universitario de Tecnología «Antonio José de Sucre», Altamira, Caracas. *1972*
Instituto Universitario de Tecnología de Los Llanos, Valle de La Pascua Urb, Guamachal.

Professional Education—Enseignement professionnel

Instituto Universitario de Relaciones Públicas, Esquina de Mijares, Edificio Edoval, Primer Piso, Caracas.
Instituto Universitario de Seguros, IESA, Final Calle Occidentale, San Bernardino. *1972*
Instituto Universitario de Mercadotecnia, Edificio Cediaz, Planta Principal, Avenida Casanova, Caracas.
Instituto Universitario «Nueva Esparta», Local de Reducto a Glorieta/Local Altamira, Avenida San Juan Bosco 45.
inft, ing, tour.
Instituto de Nuevas Profesiones, Avenida San Rafael Qta, Saucedo, La Florida, Caracas.
tour, com int, publicité.
Colegio Universitario de Caracas, Caracas.
adm, éd.
Colegio Universitario de la Región Capital, Los Teques, Estado Miranda.
adm, éd.
Colegio Universitario de Carúpano, Carúpano, Estado Sucre.
adm, éd.
Colegio Universitario de Maracaibo, Maracaibo, Estado Zulia.
adm, éd.
Colegio Universitario «Francisco de Miranda», Caracas.
adm, éd.

Teacher Training—Formation pédagogique

Instituto Universitario «Avepane», Sexta Transversal, Altamira No. 21–17, Altamira, Caracas 106. *1972*
Instituto Pedagógico, Avenida Páez, El Paraíso, Caracas. *1936*
Instituto Pedagógico Experimental, Barquisimeto, Estado Lara. *1959*
Instituto Pedagógico Experimental, Parc Ferial, Las Delicias, Maracay, Estado Aragua. *1971*
Instituto Pedagógico Experimental, Carretera Sur de Maturín, Estado Monagas. *1971*
Instituto Venezolano de la Audición y Lenguaje, El Rosal, Caracas. *1972*

Consejo Nacional de Universidades

Le Conseil national des universités est présidé par le Ministre de l'éducation et comprend les recteurs des universités d'état et privées, trois professeurs et trois étudiants représentant respectivement les universités non-expérimentales, les universités nationales expérimentales, les universités privées, deux professeurs élus parmi les membres du Congrès de la République et un représentant du Conseil national des recherches scientifiques et technologiques. Le Secrétaire du Conseil, le directeur du Bureau de planification du secteur universitaire, un représentant du Ministre de l'économie et des finances et un doyen pour chaque université nationale ou privée font également partie du Conseil, avec droit de parole.

Le Conseil national des universités a notamment pour fonctions : de définir l'orientation et les grandes lignes de développement du système universitaire conformément aux besoins du pays; d'examiner des modèles d'organisation universitaire et de recommander l'adoption de ceux répondant le mieux aux besoins du pays; de coordonner et d'harmoniser les activités des différentes universités; de définir les critères pour la création, la suppression, la modification et le fonctionnement des facultés, écoles, instituts ou autres sections analogues des universités; de proposer au pouvoir exécutif national des règlements concernant la reconnaissance et les équivalences des titres et diplômes; de déterminer périodiquement les objectifs à atteindre dans la formation des ressources humaines de niveau supérieur; d'exiger de chaque université nationale la présentation d'un budget-programme; de veiller à la bonne gestion des budgets des universités nationales; de veiller au respect, dans chacune des universités, des dispositions de la Loi et des normes et résolutions qu'il appartiendra au Conseil d'édicter, dans le cadre de ses attributions.

Le Conseil est doté d'un Secrétariat permanent et bénéficie du concours du Bureau de planification du secteur universitaire, qui lui sert de bureau technique.

The National Universities Council is chaired by the Minister of Education and comprises: the Rectors of the State and private universities; three professors and three students representing respectively the national non-experimental universities, the national experimental universities and the private universities; two professors elected from among the members of the Congress of the Republic; and one representative from the National Council for Scientific and Technological Research. The Secretary of the Council, the Director of the Office of University Planning, a representative of the Minister of Economics and Finance, and a Dean from each national or private university are also members of the Council with speaking rights.

The functions of the National Universities Council are: to define policy and guidelines for the development of the university system in accordance with the country's needs; to examine models of university organization and recommend the adoption of those which best meet the needs of the country; to co-ordinate and harmonize the activities of the various universities; to define criteria for the creation, abolition, modification and operation of faculties, schools, institutes and other university departments; to propose to the government regulations for the recognition and equivalence of degrees and diplomas; periodically to decide on aims to be achieved in the training of human resources at the level of higher education; to require every national university to present a budget and programme; to supervise the good management of the budgets of the national universities; and to ensure that all universities respect the provisions of the law and the standard and requirements set by the Council in the exercise of its competencies.

The Council has a permanent Secretariat and enjoys the active assistance of the Office for University Planning, which serves it as a technical bureau.

Président: Le Ministre de l'Education.
Secrétaire: Dr. Alberto Drayer B.
Ministerio de Educación, Caracas.

Federación de Centros Universitarios—FCU
Universidad Central, Ciudad Universitaria, Caracas.

Movimiento Universitario Católico (Pax Romana)
Apartado 59014, Avenida Roosevelt, Caracas 104.

Movimiento Estudiantil Cristiano de Venezuela (WSCF)
Secrétaire général: Rev. Juan Chipamo Zambrano.
Calle La Penita 19, Higuerote-Miranda.

Movimiento Universitario Sionista (WUJS)
Avenida Berta 51, San Bernardino, Caracas 101.

*

Ministerio de Educación
Caracas.

Comisión Nacional Venezolana de Cooperación con la Unesco
Dirección de Relaciones Culturales e Información Exterior, Ministerio de Relaciones Exteriores, Caracas.

VIETNAM—VIETNAM
(Socialist Republic of) (République socialiste du)

UNIVERSITIES—UNIVERSITES

*Trùong Dai-Hoc Tông hop Hànôi [U. de Hanoi], 23 boulevard Lê-thauh-Tôn, Hà-nôi. (M. le Secrétaire général).
F : math, phy, ch, biol, let, hist, géol-géog.
* Viên Dai-Hoc Huê [U. de Hué], 3 Lê-Loi, Huê, Thua-Thiên. *1957*
F : let, dr-éco, sc.
* Viên Dai-Hoc Ho Chi Minh-Ville [U. de Ho Chi Minh-Ville], 3 Công-Trùong Chiên Sĩ, Ho Chi Minh-Ville. *1917, 1957*
F : let-hum, sc exactes-nat.

OTHER INSTITUTIONS—AUTRES INSTITUTIONS

Technical Education—Enseignement technique

Trùong Dai-Hoc Bach khoa [E. sup. polytechnique], Hà-nôi. *1956*
F : const méc, énerg, élec, radio-élec, mét, ch ind, adm entrep.
Trùong Cao dang My thuât công nghiêp [E. sup. des Arts Industriels], Hà-nôi. *1966*
Trùong Dai-Hoc Giao thông vân tai dùong sat và dùong bô và Phân hieu Gia thông vân tai dùong thuy [E. sup. de Communications et de Transports—par voie de terre avec sa filiale et fluviale et maritime], Hà-nôi. *1960*
F : méc, trans, const, adm entrep.
Trùong Dai-Hoc Xây dung [E. sup. de Constructions], Hà-nôi. *1966*
F : const de bât, hyd et const ports ponts et chaussées, arc, adm entrep.
Trùong Dai-Hoc Thuy Ioi [E. sup. d'Hydraulique], Hà-nôi. *1959*
F : hyd agr, hydro-élec.

Trùong Dai-Hoc Mo và Dia chât [E. sup. des Mines et de Géologie], Hà-nôi. *1966*
F : mine, géol, géod.
Trùong Can bô Buu diên trùyên thanh [E. sup. des Postes, Télégraphes, Téléphones et de Radio-communications], Hà-nôi. *1962*
Trùong Dai-Hoc Co diên [E. sup. de Mécanique et d'Electricité], Hà-nôi.
Trùong Dai-Hoc Công nghiêp nhe [E. sup. d'Industrie légère], Hà-nôi.
Ecole supérieure polytechnique, Phú-Tho, Ho Chi Minh-Ville. *1957*
E : élec, arts ind, ch, trav publ.
Ecole supérieure de Pédagogie technique, Ho Chi Minh-Ville. *1962, 1972*
Ecole supérieure polytechnique, Da Nang.
Ecole supérieure de Formation des Techniciens et Chercheurs, Dalat.

Professional Education—Enseignement professionnel

Trùong Dai-Hoc Nông nghiêp I [E. sup. d'Agriculture I], Hà-nôi. *1956*
F : cult alim & ind, élev, vet méc agr, élec agr.

Trùong Dai-Hoc Nông nghiêp II [E. sup. d'Agriculture II], Hà-nôi.
F : cult alim & ind, élev, vét.
Trùong Cao dang My thuât [E. sup. des Beaux-Arts], Hà-nôi. *1957*
F : pnt, arts décor, sculp.
Trùong Can bô Thuong nghiêp Trung uong [E. sup. de Commerce], Hà-nôi. *1965*
D : éco de com, produits de com, art culinaire.
Trùong Can bô ngoai thuong [E. sup. de Commerce extérieur], Hà-nôi.
Trùong Dai-Hoc Kinh te Kê hoach [E. sup. d'Economie et de Planification], Hà-nôi. *1958*
F : éco ind, éco agr, éco du trav, plan, stat, march-matér.
Trùong Can bô-Tài chinh kê toan ngân hàng Trung uong [E. sup. des Finances, de Comptabilité et de Banque], Hà-nôi. *1963*
F : fin, comp, banque.
Trùong Dai hoc Y khoa Hà-nôi [E. sup. de Médecine de Hanoï], Hà-nói. *1945*
Tniong Cao dong Am nhac [E. sup. de Musique], Hà-nôi. *1962*
Trùong Dai-Hoc Duoc khoa Hà-nôi [E. sup. de Pharmacie], Hà-nôi. *1965*
Trùong Dai-Hoc Thuy san [E. sup. de Pisciculture], Hà-nôi. *1966*
F : pêch, pisc, méc.
Trùong Dai-Hoc Lâm nghiêp [E. sup. de Sylviculture], Hà-nôi. *1961*
Ecole supérieure d'Agriculture, 45 Cuong-Dê, Ho Chi Minh-Ville. *1959, 1968*
E : agr, for-élev.
D : pêch, péd (agr).
Ecole supérieure d'Architecture, Ho Chi Minh-Ville.
Ecole supérieure de Médecine-Pharmacie, Ho Chi Minh-Ville.
Ecole supérieure de Médecine, Huê.
Ecole supérieure d'Agriculture et de Pédagogie, Can Tho.
Ecole supérieure d'Océanographie, Nha Trang.
Ecole supérieure de Formation des Cadres, Tay Nguyen.

Teacher Training—Formation pédagogique

Trùong Dai-Hoc Su pham Hà-nôi I [E. sup. de Pédagogie Hanoï I], Hà-nôi. *1956*
F : let, hist, géog, psyc-péd.
Trùong Dai-Hoc Su pham Hà-nôi II [E. sup. de Pédagogie Hanoi II], Hà-nôi.
F : math, phys, ch, biol, techn agr.
Trùong Dai-Hoc Su pham Viêt Bac [E. sup. de Pédagogie Viêt Bac], Viêt Bac. *1966*
F : math, phys, biol, let, hist géog.
Trùong Dai-Hoc Su pham Vinh [E. sup. de Pédagogie Vinh], Vinh. *1959*
F : math, phys, ch, biol, let-hist.
Trùong Can bô Thê duc thê thao Trung uong [E. sup. de Culture physique et de Sports], Bac-nirh. *1962*
Trùong Dai-Hoc Su pham ngoai ngu [E. sup. de Formation et Enseignement de Langues étrangères], Hà-nôi.
F : russe, chinois, anglais, français.
Trùong Dai-Hoc ngoai ngu [E. sup. de Langues étrangères], Hà-nôi.
F : russe, chinois, anglais, français.

Ecole supérieure de Pédagogie, 223 Nguyên Tri Phuong, Ho Chi Minh-ville. *1970*
Ecole supérieure de Pédagogie, Huê.
Union nationale des Etudiants du Viêt Nam—UNEV
64 Ba Trieu, Hà-nôi.
Syndicat des Enseignants vietnamiens
Hà-nôi.
Mouvement des Intellectuels catholiques du Viet Nam (Pax Romana)
Président: Hoynh Duc Buu.
Secrétaire: Tran Cong Thien.
289 Hai Bà Trung, Ho Chi Minh-Ville.
Confédération des Etudiants catholiques du Viet-Nam (Pax Romana)
Président: Dominic Nguyên-Van-Cuong.
Secrétaire: Thomas Nguyên-Phi-Hoang.
43 Nguyên-Thông, Ho Chi Minh-Ville.

*

Ministère de l'Education
Hà-nôi.

WESTERN—SAMOA
SAMOA OCCIDENTAL

South Pacific Regional College of Tropical Agriculture, Alafua. *1966*
Teachers' Training College, Apia.

Department of Education
Apia.

YEMEN—YEMEN

(ARAB REPUBLIC)—(REPUBLIQUE ARABE DU)

Gamiat Sana'a [U. of Sana'a], P.O. Box 1247, Sana'a.   F : *arts-sc-ed, law-Isl st.*
1970 Ce : *Yemeni st.*

Ministry of Education
Sana'a.

Unesco National Commission of the Yemen Arab Republic
Ministry of Education, Sana'a.

YEMEN—YEMEN

(PEOPLE'S DEMOCRATIC REPUBLIC OF)—
(REPUBLIQUE DEMOCRATIQUE POPULAIRE DU)

University of Aden. *1975*
Kulliat Al-Tarbiah Alowlia [Higher C. of Education], Airport Road, Khormaksar, Ist Governorate, Aden. *1970*
D : *arts, sc.*
Nasser College of Agriculture, Al-Howta, 2nd Governorate.
D : *agr.* *1970*

College of Economics and Administration, Queen Arwa Road, Crater, Aden. *1973*
D : *adm-eco.*
College of Medicine, Airport Road, Khormaksar, Aden. *1975*
D : *med.*
Higher Technical Institute, Maala, Aden. *1973*

General National Union of Yemen Students—GNUYS.
P.O. Box 577, Aden.

*

Ministry of Education
Madinat Al Shaab, P.O. Box 7042, Aden.
Unesco National Commission of the People's Democratic Republic of Yemen
Ministry of Education, Madinat Al Shaab, P.O. Box 7042 Aden.

YUGOSLAVIA—YOUGOSLAVIE

UNIVERSITIES—UNIVERSITES

Univerzitet u Banjoj Luci [U. de Banja Luka], Trg palih boraca 2, 78 000 Banja Luka. *1975*
F : élec, méc, techn, dr, éco.
A : péd.
E : tec sup (Bihaí).
I : ch, gé, éco.
*Univerzitet u Beogradu, Studentski trg 1, 11 000 Beograd 6. (M. le Secrétaire général). *1838, 1905*
F : phil, phill, math-nat, dr, agr, for, vét, éco, méd, gé civ, arc, élec, méc, mine-géol, mine-mét, techn-mét, phar, stom, pol, trans, phys, adm des aff, péd spé.
I : rech biol, rech nucl, rech phy, ch-techn-mét, agr nucl.
*Univerza v Ljubljani, Trg revolucije 11, Ljubljana 61 000. *1595, 1919*
F : biol-tec, arc-gé-géod, éco, élec, méc, méd, dr, phil, nat-techn, socio-pol-jour.
A : mus, théât, ba, péd.
E : phys, mar.
Univerza v Mariboru [U. de Maribor], Krekova 2, 62 000 Maribor.
E : éco-com, tec, adm des aff, dr, agr.
*Univerzitet u Nišu, Mike Paligorića 2, 18 000 *1965*
F : dr, éco, méd, électro, phil, méc, gé civ.
* Univerzitet u Novom Sadu, Veljka Vlahovića 3, 21 000 Novi Sad. *1960*
F : agr, dr, techn, math-nat, méd, éco, tec, phil, phys, gé; péd-tec (Zrenjanin).
Sveučilište u Osijeku [U. de Osijek], Radićeva 13, 54 000 Osijeke. *1975*
F : éco, agr-alim-techn, dr.
A : péd, mus.
D : méc-nav.
*Univerzitet u Prištini, Maršala Tita bb, Priština 38 000. *1971*
F : dr, éco, méd, phil, tec, math-nat; mine-géol (Kosovska Mitrovica), agr, méd.
A : ba.
*Sveučilište u Rijeci, Ulica Aldo Negri 1, 51 000 Rijeka. *1973*
F : méd, tec, éco, péd-ind, dr.
E : mar, éco.
A : péd, péd (Pula); péd (Gospić).
*Univerzitet u Sarajevu, Obala Vojvode Stepe 7, Sarajevo 71 000. *1949*
F : arc-urb, éco, vét, méd, agr, for dr, stom, phil, math-nat, élec, méc, gé civ, pol, phys; mine-géol, techn (Tuzla); mét (Zenica).
E : éco-com, méd; éco-com (Brčko).
A : péd, ba, mus.
* Univerzitet «Kiril i Metodij» u Skoplju, Partizanska bb, 91 000 Skopje. *1949*
F : éco, agr, for, dr, méd, techn-mét, phil-hist, phill, math-nat, arc, gé civ, élec-méc.
A : mus; éco (Prilep).
I : rech socio-pol-dr, éco, math.
* Sveučilište u Splitu, Livanjska 5, 58 000 Split. *1974*
F : phil, élec-méc-nav, ch-techn, dr, éco, gé civ, tour-com.
E : éco, mar; mar (Dubrovnik).
A : péd; péd (Zadar).
I : cult-mar.
*Univerzitet "Veljko Vlahović" u Titogradu, Beogradska bb, 81 000 Titograd. *1974*
F : éco, dr, tec.
A : péd (Nikšić).
E : mar (Kotor).
I : rech biol-méd, hist, agr.
* Univerzitet Umetnosti [U. des Arts], Vuka Karadžića, 12, 11 000 Beograd. *1957, 1973*
F : ba, arts app, dram, mus.
*Sveučilište u Zagrebu [U. de Zagreb], Trg Maršala Tita 14, Zagreb 41 000. *1669*
F : dr, éco, phil, math-nat, méd, stom, vét, phar-biol-ch, arc, gé civ, géod, méc-nav, élec,

techn, mine-géol, agr, for, pol, orthophonie, phys, com; infor (Varaždin). I : rech méd, rech soc, phy.

Zajednica Jugoslovenskih Univerzitéta

L'Union des universités yougoslaves a été constituée au cours de la Conférence interuniversitaire extraordinaire tenue les 28 et 29 janvier 1957 à Skoplje.

L'Union représente l'association autogestionnaire d'universités unies librement et égales en droits. Elle coordonne leurs intérêts particuliers et communs et a pour but l'avancement de la science et de la recherche, ainsi que de l'éducation et de l'enseignement. Elle examine aussi toutes autres questions pouvant contribuer à une activité plus fructueuse et au développement des universités associées.

Parallèlement à ses activités générales dans le cadre de la définition de la politique de l'enseignement supérieur de Yougoslavie, l'Union a des tâches particulières: 1) Suivre l'activité scientifique et enseignante des universités yougoslaves, c'est-à-dire des institutions d'enseignement supérieur et assurer que cette activité soit au niveau des réalisations scientifiques contemporaines, et qu'elle soit fondée sur les principes marxistes et la société autogestionnaire socialiste; 2) étudier l'organisation et l'association autogestionnaire des institutions de l'enseignement supérieur et de leurs communautés; 3) discuter et prendre positions sur: les questions de coordination rationnelle du système des études, surtout entre facultés homologues et autres institutions de l'enseignement supérieur; des questions dont les données sont communes et unitaires et qui concernent la formation et la recherche, au sein des établissements d'enseignement supérieur, en matière de défense nationale générale; des questions de l'enseignement marxiste; des autres disciplines d'enseignement à caractère interdisciplinaire et de l'enseignement de la culture physique; des questions d'échange de travail, libre et autogestionnaire, entre les universités, c'est-à-dire les institutions de l'enseignement supérieur, scientifiques et autres et les organisations de travail associées; des critères pour la nomination des enseignants et des collaborateurs dans les institutions de l'enseignement supérieur; la coordination des critères pour la collation des grades académiques et scientifiques; des questions relatives à la situation matérielle et sociale des étudiants, des enseignants, des collaborateurs et des autres travailleurs; des questions communes d'organisation des universités, des institutions de l'enseignement supérieur et scientifique et surtout des questions portant sur leurs rapports mutuels; 4) stimuler et coordonner la participation des universités yougoslaves et des autres institutions de l'enseignement supérieur à la coopération internationale.

L'Union traite aussi toutes autres questions d'intérêt commun pour les universités, les facultés et les autres institutions de l'enseignement supérieur et prend des mesures nécessaires pour la réalisation de ses tâches.

Toutes les universités yougoslaves sont membres de l'Union, à savoir les universités de : Beograd, Zagreb, Ljubljana, Skoplje, Sarajevo, Novi Sad, Niš, Priština, Rijeka, Université des Arts, Beograd, Titograd, Split, Osijek, Maribor, Banja Luka, Kragujevac.

La Skupština (L'Assemblée), organe supréme autogestionnaire de l'Union, est composée de : a) sept.délégués de chaque université associée, dont au moins deux étudiants; b) un délégué de l'Association yougoslave des professeurs et maîtres de conférences des universités (SUUNiDNRJ) et un délégué de l'Union de la jeunesse socialiste yougoslave (SSOJ).

La Présidence de l'Union comprend les recteurs des universités associées, cinq délégués étudiants des universités dont ne sont pas issus le Président et les Vice-Présidents de l'Union, le Président de SUUNiDNRJ et le représentant de SSOJ.

L'Union a un Président (du rang de recteur), deux Vice-Présidents (du rang de recteur), un Vice-Président étudiant et un Secré-

taire général.

Au sein de l'Union travaillent neuf commissions dont chacune est chargée d'un aspect particulier de ses activités. L'Union se charge de l'organisation du Séminaire international L'Université d'aujourd'hui et publie la revue "L'Université d'aujourd'hui".

The League of Yugoslav Universities was formed at an extraordinary inter-university conference held on 28 and 29 January, 1957 at Skopje. It is a self-administered free association of universities which enjoy equal rights. It co-ordinates their individual and common interests and its objective is the advancement of science and research, and of education and teaching. It also studies all other matters likely to contribute to more fruitful activity and to the development of associated universities.

In addition to its general responsibilities related to the formulation of policy for higher education in Yugoslavia, the League: 1) follows the scientific and teaching activities of the universities and other institutions of higher education ensuring that these are conducted at the level of modern scientific achievement, and that they are based on the principles of Marxism and a Socialist self-administering society; 2) studies the organization and self-administering association of the institutions of higher education and their members; 3) discusses and formulates opinions on : matters related to the rational co-ordination of the system of studies, especially between similar faculties and other institutions of higher education; questions of common interest concerning teaching and research in matters of national defence; questions concerning Marxist teaching, other fields of study of an interdisciplinary nature and the teaching of physical culture; questions relating to the free and self-administered exchange of work between institutions of higher education and other scientific establishments and associated labour organizations; criteria for the appointment of academic staff and assistants; the co-ordination of criteria for the award of academic and scientific qualifications; question related to the material and social conditions of students, academic staff, and other workers; questions of common concern in matters of the organization of university institutions and scientific establishments, notably those related to their mutual relationships; 4) promotes and co-ordinates the participation of Yugoslav universities and other institutions of higher education in international co-operation.

The League also deals with all other matters of common interest to the universities, faculties and other institutions of higher education, and takes the necessary steps to deal with them. All the Yugoslav universities are members of the League: Belgrade, Zagreb, Ljubljana, Skopje, Sarajevo, Novi Sad, Niš, Priština, Rijeka, University of the Arts, Belgrade, Titograd, Split, Osijek, Maribor, Banja Luka, and Kragujevac.

The Skupština (Assembly), the supreme self-administering organ of the League, is composed of: seven representatives of each member university, including at least two students; b) one representative of the Yugoslav Association of Professors and University Teachers (SUUNiDRNJ), and a representative of the League of Yugoslav Socialist Youth (SSOJ).

The executive of the League is comprised of the rectors of the associated universities, and five student representatives from universities other than those of which the President of SUUNiDNRJ and a representative of SSOJ are members.

The League has a President (a rector), two Vice-Presidents (rectors), a student Vice-President and a Secretary-General.

The League has nine commissions, each responsible for a particular aspect of its work. It is responsible for the organization of the International Seminar, The University Today, and publishes the journal "The University Today".

Président: Dr. Ervin Prelog, Recteur, Université de Ljubljana.
Secrétaire général: Tihomir Vulović.
Palmotićeva 22, 11000 Beograd.

Co-ordination Committee of University Teachers' Associations (IAUPL)
Président: Prof. V. Stojanovič.

Safarikova 7, Beograd.
Svetska Univerzitetska Služba (WUS)
Correspondant: Dr. Juilius Ivanos.
ul. Birisa Kidrica br. 12/11/4, 11104 Beograd.
Union of Socialist Youth of Yugoslavia (USYY)
Bulevar Lenjina 6, Novi Beograd.
Travel Department of Yugoslav Youth and Students—YUS
Moše Pijade 12/1, Beograd.
United Nations Student Association of Yugoslavia (ISMUN)
c/o Danilo Turk, Savezni Centar Klubovaza UN, Cankarjeva 1/11, Ljubljana.
Federation of Jewish Communities in Yugoslavia—Student Section (WUJS)
P.O. Box 841, Beograd.

*

Sekretarijat Saveznog Izvrenog Veća za Prosvetu i Kulturu (Secrétariat pour l'Education et la Culture du Conseil exécutif fédéral)
Nova Zgrada Saveznog izvrenog veća, Beograd.
Commission pour les Relations culturelles avec l'Etranger au Ministère des Affaires étrangères
Beograd.
Commission nationale yougoslave pour l'Unesco
Sekretarijat za obrazovanje i kultura SIV, Moše Pijade 8, Beograd.

ZAIRE REPUBLIC—REPUBLIQUE DU ZAÏRE

UNIVERSITIES—UNIVERSITES

*Université nationale du Zaïre, B.P. 13 399, Kinshasa-Gombe. (M. le Secrétaire général).
1954, 1971
Campus universitaire de Kinshasa, B.P. 127, Kinshasa XI.
F : dr, méd, éco, fin, sc, polytec, théo cath.
Campus universitaire de Kisangani, B.P. 2021, Kisangani.
F : péd, psyc, agr, théo prot.
Campus universitaire de Lubumbashi, B.P. 1825, Lubumbushi.
F : let, soc-adm-pol, polytec, mine, vét.
Ce : ling théor et app.
Centre universitaire de Mbandaka, B.P. 118, Mbandaka.
Centre universitaire de Kananga, B.P. 720, Kananga.
Centre universitaire de Bukavu, B.P. 3036, Bukavu.

OTHER INSTITUTIONS—AUTRES INSTITUTIONS

Technical Education—Enseignement technique

Institut des Bâtiments et des Travaux publics, B.P. 8249, Kinshasa. *1961*
Institut supérieur des Techniques appliquées, B.P. 7959, Kinshasa. *1971*
Institut supérieur de Commerce, B.P. 16.596, Kinshasa. *1964*
Institut supérieur des Techniques médicales, B.P. 774, Kinshasa.
Institut supérieur des Techniques et de l'Information, Kinshasa.
Institut supérieur d'Arts et Métiers, Avenue des Victimes de la Rébellion, Kinshasa-Gombe. *1968, 1975*
Institut national des Arts, B.P. 8332, Kinshasa.
Institut supérieur d'Etudes agricoles, B.P. 202, Bengamisa.
Institut supérieur d'Etudes agricoles, B.P. 22, Mondongo.
Institut supérieur d'Etudes sociales, B.P. 162, Bukuvu.

Teacher Training—Formation pédagogique

Institut pédagogique national, B.P. 8815, Kinshasa-Binza.
Institut supérieur pédagogique, B.P. 854, Bukavu.
Institut supérieur pédagogique, B.P. 340, Bunia.
Institut supérieur pédagogique, B.P. 3276, Kinshasa-Gombe.
Institut supérieur pédagogique, B.P. 258, Kikwit.
Institut supérieur pédagogique, B.P. 1796, Lubumbashi.
Institut supérieur pédagogique, B.P. 1514, Kisangai.
Institut supérieur pédagogique, B.P. 282, Kananga.
Institut supérieur pédagogique, B.P. 116, Mbandaka.

Institut supérieur pédagogique, B.P. 682, Mbuji-Mayi.

Institut supérieur pédagogique, B.P. 127, Mbanza-Ngungu.

Fédération Zaïroise du MIEC (Pax Romana)
Président: André-Marie Kabuya-Karamoto.
B.P. 801, Kinshasa XI.
Union des Etudiants chrétiens (WSCF)
Président: Justin Mayenda.
Secrétaire général: Alfred Kekambeli.
B.P. 2012, Kisangani.

*

Ministère de l'Education nationale
Kinshasa.
Commission nationale Zaïroise pour l'Unesco
Commissariat d'Etat chargé de l'Education nationale, Kinshasa.

ZAMBIA—ZAMBIE

UNIVERSITIES—UNIVERSITES

*University of Zambia, P.O. Box 2379, Lusaka. 1965
S : *ed, eng, hum-soc, law, med, nat, correspondence st, agr, extra-mural st.*
I : *African st, soc.*

OTHER INSTITUTIONS—AUTRES INSTITUTIONS

Evelyn Hone-College of Applied Arts and Commerce, P.O. Box 29, Lusaka. 1963
D : *com, heal sc, jour, acc, bus st, hotel-catering, graph arts.*
Northern Technical College, P.O. Box 1563, Millar Road, Ndola. 1964
D : *auto techn, structural fabrication techn, auto crafts, mec techn.*
Zambia Institute of Technology, P.O. Box 658, Kitwe.
D : *techn, elec, electro, telec, instrumentation, civ eng, bui, arc, surv, mine, ch, comp, app sc, met.*
Natural Resources Development College, P.O.Box 1989, Lusaka. 1965
National Institute for Public Administration, P.O. Box 1990, Lusaka.
Zambia Air Services Training Institute, P.O. Box CH 198, Chelston, Lusaka.
D : *pilot training, maintenance techn, electro techn, meteo, traffic control & telec.*

World University Service
Chairman: Ennias Chikove.
University of Zambia, P.O. Box 2379, Lusaka.
National Union of Zambian Students—NUZS
P.O. Box 1132, Lusaka.
University Christian Community (Pax Romana)
President: Moses Kasare.
University of Zambia, Kwacha 3/1, P.O. Box 2379, Lusaka.
Zambia Student Christian Movement—(WSCF)
General Secretary: Bernard Simpokolwe.
P.O. Box 3005, Lusaka.

*

Ministry of Education and Culture
P.O. Box RW 93, Ridgeway, Lusaka.
Commission for Technical Education and Vocational Training
Private Bag RW 16, Ridgeway, Lusaka.
Zambia National Commission for Unesco
Ministry of Education and Culture, P.O. Box RW 93, Ridgeway, Lusaka.

THE UNITED NATIONS UNIVERSITY
L'UNIVERSITE DES NATIONS UNIES

While the University is sponsored by the United Nations and Unesco, its Charter, adopted by the General Assembly of the United Nations on 6 December 1973, specifies that it "shall enjoy autonomy within the framework of the United Nations" and that it shall enjoy "the academic freedom required for the achievement of its objectives, with particular reference to the choice of subjects and methods of research and training, and selection of persons and institutions to shape in its tasks, and freedom of expression."

Purposes

The university, which came effectively into being in the academic year 1975–1976, is conceived as a world-wide network of advanced research and training institutions devoted to "pressing global problems of human survival, development and welfare".

It is concerned with advanced research and training and dissemination of knowledge but will not be concerned with providing courses of study leading to the award of degrees.

Its purpose is to give impetus, universality, and permanence to the search for practical knowledge needed to assure civilized survival. It will seek to bring together from East and West, North and South, the most knowledgeable experts, the most perceptive minds, and the most promising younger scholars for joint studies of maximum mutual value and world-wide applicability. The University is designed to enhance the work of scholars and scientists around the world, particularly in developing countries, through improved opportunities for reinforcement, co-operation and support—to serve as

L'Université est patronnée par l'Organisation des Nations Unies et l'Unesco mais la Charte de l'Université, adoptée par l'Assemblée générale des Nations Unies le 6 décembre 1973, précise qu'elle "jouit de l'autonomie dans le cadre de l'Organisation des Nations Unies" et "des libertés universitaires nécessaires à la réalisation de ses objectifs, notamment en ce qui concerne le choix des sujets et des méthodes de recherche et de formation, la désignation des personnes et institutions qui participeront à ses travaux et la liberté d'expression."

Objectifs

L'Université, dont la mise en place effective a eu lieu pendant l'année universitaire 1975–76, constitue un réseau mondial d'institutions de recherche et de formation de haut niveau se consacrant aux "problèmes mondiaux pressants de la survie, du développement et du bien-être de l'humanité."

Elle se consacre à la recherche avancée, à la formation et à la diffusion du savoir mais elle ne dispensera pas d'enseignement conduisant à l'obtention de diplômes.

Son but est de donner l'impulsion, l'universalité et la permanence voulues à la recherche sur les connaissances pratiques nécessaires pour assurer la survie de la civilisation. Elle s'efforcera de rassembler les plus grands spécialistes, les esprits les plus lucides et les jeunes chercheurs les plus prometteurs, venus de tous les horizons, pour les associer à des études dont les uns et les autres retireraient le maximum et qui seraient universellement applicables. L'Université s'attachera à mettre en valeur le travail des chercheurs et des savants du monde entier, surtout dans les pays en

a non-political forum for examining proposals to alleviate the world's ills, and as a reliable source of transnational knowledge of the highest quality, accuracy and objectivity.

A central objective of the University is the continuing growth of vigorous academic and scientific communities everywhere and particularly in the developing countries. According to its charter, the University shall endeavour to alleviate the intellectual isolation of persons in such communities in the developing countries which might otherwise become a reason for them moving to developed countries. Because so many of the world's most serious problems are concentrated in developing regions, the University, while serving the whole world, will be strongly oriented toward the needs of developing countries. In addition to helping the industrialized countries to plan more effective ways to assist the developing areas of the world, the UN University has the potentiality of becoming a much needed source for reliable information on such subjects as global natural resource supplies, world-wide food and energy requirements, as well as new perspectives on human and social problems that effect all nations, rich and poor.

A formal agreement, approved by their respective governing bodies, provides for active co-operation between the United Nations University and the International Association of Universities wherever feasible and mutually desirable.

Three priority areas have been selected for the University's immediate attention: world hunger; human and social development; and the use and management of natural resources.

développement, en améliorant les possibilités de renforcer, de coordonner et de soutenir cet effort; elle servira également de lieu de rencontre où seront examinées, dans un esprit apolitique, des solutions aux problèmes du monde actuel, et ce sera une source sûre de connaissances internationales d'une qualité, d'une exactitude et d'une objectivité supérieures.

L'un des objectifs fondamentaux de l'Université est l'épanouissement en tous lieux et en particulier dans les pays en développement de solides communautés universitaires et scientifiques. Aux termes de sa Charte, l'Université "s'efforce d'atténuer l'isolement intellectuel des membres des communautés universitaires et scientifiques des pays en développement qui risquerait de les inciter à s'expatrier dans des pays développés." Etant donné que la plupart des principaux problèmes qui se posent dans le monde sont concentrés dans les pays en développement, l'Université, tout en étant au service de l'humanité tout entière, se préoccupera particulièrement des besoins des pays en développement. Non seulement l'Université des Nations Unies peut aider les pays industrialisés à mieux organiser leur action en faveur du monde en développement, mais encore elle peut devenir une source très utile d'informations dignes de foi sur des sujets tels que l'approvisionnement global en ressources naturelles, les besoins alimentaires et énergétiques dans le monde ou les nouvelles perspectives des problèmes humains et sociaux qui se manifestent dans tous les pays, qu'ils soient riches ou pauvres.

Un accord en due forme, conclu avec l'approbation de leurs organes directeurs respectifs, prévoit une co-opération active entre l'Université des Nations Unies et l'Association internationale des Universités dans tous les cas où une telle coopération paraîtra opportune et souhaitable pour les deux parties.

Trois domaines prioritaires ont été définis pour l'immédiat : la faim dans le monde, le développement social et humain, et l'utilisation et la gestion des ressources naturelles.

Organization

The governing body of the University, the Council, is made up of twenty-four distinguished educators and leading citizens each from a different country, serving as individuals rather than governmental representatives. Council members serve for six-year terms and are appointed jointly by the Secretary-General of the United Nations and the Director-General of Unesco. The Rector of the University is also a member of the Council, and the Secretary-General of the United Nations, the Director-General of Unesco and the Director of Unitar are members *ex-officio*. The Chief Executive Officer is the Rector; he is appointed by the Secretary-General of the United Nations, with the concurrence of the Director-General of Unesco, from among a list of candidates submitted to him by the Council of the University.

The University, which is building up a small academic and administrative staff at its Headquarters in Tokyo, will work through a network of institutions in different parts of the world. The University's Charter authorizes two kinds of institution: Incorporated and Associated institutions. Incorporated Institutions are those that are administered by the University itself. They could be created anew or be existing institutions for which responsibility is taken over by the UN University. Associated Institutions will be joint operations of the UN University and other institutions. They will constitute the major part of the UN University.

Relations with other Institutions

The principal method by which existing institutions will share in the UN University's work will be through becoming Associated Institutions of the UN University. An associated Institution of the UN University could be all or part of an existing university, research institute or other organization which, by agreement with the UN University, has been designated an Associated Institution of the UN University for a parti-

Organisation

L'organe directeur de l'Université, le Conseil, composé de vingt-quatre membres qui sont des éducateurs réputés et des personnalités éminentes, provenant de pays différents et siégeant à titre personnel et non en tant que représentants de leurs gouvernements respectifs. Les membres du Conseil sont nommés pour six ans conjointement par le Secrétaire général des Nations Unies et le Directeur général de l'Unesco. Le Recteur de l'Université est également membre du Conseil et le Secrétaire général des Nations Unies, le Directeur général de l'Unesco et le Directeur de l'Unitar sont membres de droit. L'administrateur principal de l'Université est le Recteur; il est nommé par le Secrétaire général des Nations Unies, avec l'approbation du Directeur général de l'Unesco, sur une liste de candidats qui lui est soumise par le Conseil de l'Université.

L'Université, qui réunit à son siège de Tokyo une petite équipe d'universitaires et d'administrateurs, déploiera ses activités à l'aide d'un réseau d'institutions dans diverses parties du monde. La Charte de l'Université prévoit deux genres d'institutions : les institutions incorporées à l'Université et les institutions affiliées. Les premières, qui sont administrées par l'Université elle-même pourront soit être créées par elle soit être des institutions existantes que l'Université prendra en charge. Les institutions affiliées seront dirigées conjointement par l'Université et d'autres institutions; elles formeront le noyau principal de l'Université des Nations Unies.

Relations avec les autres institutions

En général, les institutions existantes participeront aux travaux de l'Université en devenant des institutions affiliées. Une institution affiliée à l'Université peut être une partie ou l'ensemble d'une université existante, d'un institut de recherche ou d'une autre organisation qui, en accord avec l'Université des Nations Unies, a été désignée comme institution affiliée pour un programme de travail particulier ou pour une période déter-

cular purpose and for a specified period of time.

The purpose of forming an association between the UN University and an existing institution is to accomplish a particular research or training objective of the UN University by strengthening or expanding the work of an existing institution.

Finance

The University will rely on two types of financial support: endowment income (together with other contributions to the annual operating budget); and project support.

The establishment of a substantial endowment fund is necessary to provide reliable support for the basic operations of the University. This is the surest guarantee of the University's viability, autonomy, quality and academic freedom. A $500 million goal for the endowment fund has been set, toward which Japan has pledged $100 million.

By the end of 1976 the governments of eleven other countries had also given or pledged financial support.

In addition to the endowment income (and other contributions to the annual operating budget), the University expects to receive support from governments, organizations and individuals toward the financing of specific research, training and publication projects.

Rector: James M. Hester.
Vice-Rectors: Alexander A. Kwapong; Kinhide Mashukoji; Walter Manshard.
Toho Seimi Building, 15–1 Shibaya 2–chome, Shibuya-ku, Tokyo, 150.

minée.

La raison d'être d'une association entre l'Université et une institution existante est de mener à bien des travaux de recherche ou des programmes de formation spécifiques de l'Université en renforcant ou en élargissant les travaux entrepris au sein d'une institution existante.

Finances

L'Université dépendra de deux sources de financement : les revenus de la dotation (plus d'autres contributions au budget annuel d'exploitation) et les subventions pour des projets.

L'établissement d'une dotation importante est nécessaire pour fonder les activités fondamentales de l'Université sur des bases solides. C'est pour l'Université la meilleure garantie de viabilité, d'autonomie, de qualité et de liberté académique. L'objectif à atteindre pour cette dotation a été fixé à 500 millions de dollars, dont 100 millions seront versés par le Japon.

A la fin de 1976, les gouvernements de onze autres pays avaient également apporté un soutien financier ou s'étaient engagés à le faire.

En plus des revenus de la dotation (et des autres contributions au budget annuel d'exploitation), l'Université compte sur des subventions de gouvernements, d'organisations et de particuliers, qui seront destinées au financement de projets de recherche, de projets de formation et de programmes de publications déterminés.

Recteur: James M. Hester.
Vice-Recteurs: Alexander A. Kwapong; Kinhide Mashukoji; Walter Manshard.
Toho Seimi Building, 15–1 Shibaya 2–Chome, Shibuya-ku, Tokyo, 150.

THE EUROPEAN UNIVERSITY INSTITUTE
L'INSTITUT UNIVERSITAIRE EUROPEEN

On 5 October 1976, the European University Institute in Florence opened its doors to seventy postgraduate students, mainly from the EEC countries, who will undertake research work during the academic year 1976–1977.

The European University Institute was set up by a Convention signed on 19 April 1972 by Belgium, Germany, France, Italy, Luxembourg and the Netherlands and later acceded to by Denmark, Ireland and the United Kingdom. The Convention came into force on 1 February 1975. In accordance with the terms of the Convention; the Italian Government have provided free of charge for the use of the Institute the buildings of the Badia Fiesolana, situated at San Domenico di Fiesole.

Structure

The Institute comprises three authorities :
— The High Council composed of two representatives of each Member State is responsible for the main guidance of the Institute, directs its activities and supervises its development. It is assisted by a Budget and Finance Committee which does the groundwork for its deliberations on budgetary and financial matters.

— The Principal of the Institute directs the Institute. He carries out or supervises the carrying out of acts and decisions pursuant to the Convention. He is responsible for the administration of the Institute and is assisted in his work by the Secretary.
— The Academic Council has general powers with regard to research and teaching, and

L'Institut Universitaire Européen de Florence a ouvert ses portes le 5 octobre 1976 à 70 étudiants originaires pour la plupart des pays de la Communauté Européenne et titulaires d'un diplôme d'enseignement supérieur qui y effectueront des travaux de recherche au cours de l'année académique 1976–1977.

L'Institut Universitaire Européen est né d'une Convention signée le 19 avril 1972 par la Belgique, l'Allemagne, la France, l'Italie, le Luxembourg et les Pays-Bas, et à laquelle ont adhéré le Danemark, l'Irlande et le Royaume-Uni. Cette convention est entrée en vigueur le 1er février 1975. Le Gouvernement italien a mis, conformément aux dispositions de la Convention, gratuitement à la disposition de l'Institut, les bâtiments de la Badia Fiesolana situés à San Domenico di Fiesole.

Structure

Les structures de l'Institut comportent trois organes :
— Le Conseil supérieur, formé de deux représentants de chacun des États membres, est responsable de l'orientation principale de l'Institut; il règle le fonctionnement de celui-ci et veille à son développement. Il est assisté d'un Comité budgétaire et financier chargé de préparer ses délibérations dans les domaines budgétaire et financier.

— Le Président de l'Institut procède ou veille à ce titre à l'exécution des actes et décisions pris en application de la Convention. Chargé de l'administration de l'Institut il est assisté dans ses tâches par le Secrétaire Général.
— Le Conseil académique possède une compétence générale en matière de recher-

among other things draws up the study and research programme. It is composed of the Principal, the Secretary, who does not vote, the heads of department, the full-time professors, one representative of the other members of the teaching staff, one representative of the research students for each department and the Librarian.

Aims and Methods

Article 2 of the Convention lays down that 'the aim of the Institute shall be to contribute, by its activities in the fields of higher education and research, to the development of the cultural and scientific heritage of Europe, as a whole and in its constituent parts. Its work shall also be concerned with the great movements and institutions which characterize the history and development of Europe. It shall take into account relations with cultures outside Europe. This aim shall be pursued through teaching and research at the highest university level.' Research work is carried on through seminars. Some seminars are designed to offer the research students opportunities to present their problems and findings for discussion and criticism by other students and members of the academic staff. Other seminars in the Institute's research programme should help the research students to widen their range of interests both within their chosen discipline and within other related disciplines. Each department concentrates on a few major themes.

Article 2 of the Convention also states that 'the Institute should also be a forum for the exchange and discussion of ideas and experience in subjects falling within the areas of study and research with which it is concerned'. With this in mind colloquia will be organized at the Institute, bringing together small groups of people from the academic and scientific world and the members of the departments most directly concerned. The

che et d'enseignement et élabore notamment les programmes d'études et de recherches.

Le Conseil académique est composé du Président, du Secrétaire Général qui n'a pas droit de vote, des chefs de Département, des professeurs permanents, d'un représentant des autres membres du corps enseignant et d'un représentant des chercheurs par Département, du Bibliothécaire.

Objectifs et Méthodes

La Convention, dans son article 2 stipule que «L'Institut a pour mission de contribuer, par son action dans le domaine de l'enseignement supérieur et de la recherche, au développement du patrimoine culturel et scientifique de l'Europe considéré dans son unité et sa diversité. Les travaux portent également sur les grands mouvements et les institutions qui caractérisent l'Europe dans son histoire et son évolution. Ils tiennent compte des relations avec les civilisations extra-européennes. Cette mission est accomplie par la voie de l'enseignement et de la recherche au niveau universitaire le plus élevé». Les travaux de recherche sont effectués au sein de séminaires. Certains séminaires permettent aux chercheurs d'exposer l'état de leurs travaux de recherches, leur problématique, qui feront l'objet de discussions avec le corps enseignant et avec les autres étudiants. Les autres séminaires, entrant dans le cadre des programmes de recherche de l'Institut, aident les chercheurs à élargir leurs centres d'intérêt au sein de la discipline choisie et dans les disciplines connexes. Chaque département concentre ses travaux sur quelques grands thèmes de recherche.

L'article 2 de la Convention stipule encore que «L'Institut doit être également le lieu de rencontre et de confrontation d'idées et d'expériences sur des sujets relevant des disciplines faisant l'objet de ses études et recherches». A ce titre, des colloques réunissant un petit groupe de personnalités des milieux universitaires et scientifiques en même temps que les membres des départements plus particulièrement intéressés

themes of the colloquia are fixed with close regard to the themes in the research programme and should allow the Institute, which has no intention of becoming an ivory tower, to gain essential information about work being done outside, at the same time as acquainting others with its own work.

Admission

The European University Institute is open to postgraduate students wishing to undertake or to continue research leading either to the doctorate of the Institute or to a doctoral thesis for presentation to the University at which they began their research. The Institute may also issue attendance certificates.

Programmes

Department of History and Civilization

—Economic, Social, Religious and Intellectual Movements in the Early Modern Period.
—History of the Economy, Society and Culture of the North Sea from 1500 to the Present Day: Preindustrialization (1500–1700)—Industrialization (1760–1914)—the New Age of the Twentieth Century.
—History of European Co-operation and Integration.
—from 1914 to 1944.
—from the end of the Second World War to the creation of the ECSC.

Department of Law

Three main themes have been selected:
—The Evolution and Protection of Human Rights in the various European States (critical study of the current situation—assessment of the approach within the European Community).

—Access to Justice (comparative and interdisciplinary study of the economic,

seront organisés par l'Institut. Les colloques dont la liste est reprise en annexe et dont les thèmes sont fixés en liaison étroite avec les thèmes retenus dans le programme de recherche permettront à l'Institut, qui n'entend pas rester replié sur luimême, d'acquérir l'indispensable connaissance des travaux qui sont effectués à l'extérieur et en même temps de mieux faire connaître ses propres travaux.

Admission

L'Institut Universitaire Européen est ouvert à des étudiants déjà titulaires d'un diplôme de l'enseignement supérieur et qui souhaitent entreprendre ou développer des recherches qui les conduiront soit à postuler pour le doctorat de l'Institut, soit à présenter une thèse de Doctorat dans l'Université dans laquelle ils ont déjà commencé leurs travaux. L'Institut peut également délivrer un certificat d'assiduité.

Programmes

Département "Histoire et Civilisation"

—Mouvements économiques, sociaux et religieux, mouvements de la pensée, au début des temps modernes.
—Histoire de la Mer du Nord, au plan économique, social et culturel, de 1500 à nos jours: l'époque pré-industrielle (1500 –1700)—l'époque industrielle (1760 –1914)—l'époque contemporaine.
—Histoire de la coopération et de l'intégration européennes.
—de 1914 à 1944.
—de la fin de la deuxième guerre mondiale à la création de la CECA.

Département des Sciences juridiques

Trois grands thèmes ont été retenus :
—L'évolution des droits individuels et leur protection dans les différents états européens (étude critique de la situation existante—appréciation de l'approche effectuée au sein de la Communauté européenne).

—L'accès à la justice (étude comparative et interdisciplinaire des obstacles éco-

social and procedural obstacles—analysis of measures aimed at making justice readily accessible to the individual).

—Procedures for Electing the European Parliament by Direct Universal Suffrage, in conjunction with the Department of Political and Social Sciences (elaboration of a uniform electoral system in the light of the different systems existing in the Member States).

Department of Economics

Teaching and research are concerned with the internationalization of transactions and the integration of economic policies. Within the framework of this general theme, two seminars have been organized for the first two academic years :
—Compatibility of Floating Exchange Rates with a Customs Union (effects of floating exchange rates on competitive positions, trade flows, terms of trade, movements of capital and rates of profit).

—National Objectives of Society and European Integration in an Interdependent World Economy (analysis of the problems which can result from the search for greater economic democracy as against growing interdependence of the European and world economies—search for strategies to avoid a return to protectionism).

Department of Political and Social Sciences

Three main themes have been chosen for the first two academic years :

—Evolution of Institutions in the Nine Community Countries (the classical system of parliamentary government faced with the realities and demands of contemporary political and social forces—problem of the relationship between executive and legislature—rôle of the Head of

nomiques, sociaux et de procédure—analyse des moyens tendant à rendre la justice effectivement accessible à l'individu).

—Les procédures d'élection du Parlement européen au suffrage universel direct en liaison avec le Département de Sciences politiques (élaboration d'un système unique d'élection à la lumière des différents systèmes existant dans les États membres).

Département des Sciences économiques

L'enseignement et les travaux de recherche portent sur l'internationalisation des transactions et l'intégration des politiques économiques. Dans le cadre de ce thème général deux séminaires sont organisés pour les deux premières années académiques :
—Comptabilité des taux de change flottants avec une union douanière (effets des taux de change flottants sur la concurrence, les courants commerciaux, les termes de l'échange, les mouvements de capitaux, les taux de profit).

—Les objectifs nationaux de société et l'intégration européenne dans le cadre d'une économie mondiale interdépendante (analyse des problèmes pouvant résulter de la recherche d'une plus grande démocratie économique au regard d'une interdépendance croissante des économies européennes et mondiales—recherche des stratégies pour éviter un retour au protectionnisme).

Département des Sciences Politiques et Sociales

Trois thèmes principaux ont été choisis pour les deux premières années académiques :
—Évolution des institutions dans les neuf pays de la Communauté (le système de Gouvernement parlementaire de type classique face aux réalités et aux exigences des forces politiques et sociales à l'époque contemporaine—problème des relations entre l'exécutif et le législatif—rôle du chef

State—functioning of second chambers).

—Evolution of Party Systems (comparative study of different countries since 1945 at the governmental, parliamentary and electoral levels).

—Overloaded Government in Contemporary Democracy (analysis of overload factors in decision-making processes due particularly to group demands, institutional changes, the impact of public policies, the imbalance between national resources and international pressures, policy options available to reduce overload in governmental decision-making).

Library and Documentation Service

The Institute has a Library and documentation service which are intended to support the study and research programmes of the departments. At 1 October 1976, 16,000 volumes had been acquired and a reading room with space for 40 research students has now been provided. By virtue of its status as a European Documentation Centre, the Library receives all the publications of the European Communities.

The Library is equipped with a computer which will facilitate both the acquisition and cataloguing of documents on the one hand and the provision of bibliographical details and retrieval of documents on the other.

A loan scheme has been set up in conjunction with the Florence libraries.

Principal: Max Kohnstamm.
Secretary: Marcello Buzzonetti.
Badia Fiesolana, Florence (Italy).

de l'état—fonctionnement des secondes chambres).

—Évolution du système des partis (étude comparative dans les différents pays depuis 1945, au niveau gouvernemental, parlementaire, et de l'électorat).

—La surcharge des Gouvernements dans la démocratie contemporaine (analyse des facteurs de surcharge du processus de décision dus notamment aux revendications des groupes, aux changements institutionnels, aux interventions publiques, au deséquilibre existant entre pouvoir national et pressions internationales—solutions susceptibles de réduire la surcharge dans le processus de décision des Gouvernements).

Bibliothèque et Service de documentation

L'Institut dispose d'une bibliothèque et d'un service de documentation qui ont pour tâche de soutenir les programmes d'études et de recherche effectués dans les Départements. A la date du 1er octobre 1976, 16.000 volumes ont été acquis; une salle de lecture pouvant accueillir 40 chercheurs a été aménagée; reconnus comme centre de documentation européen, les services de la bibliothèque reçoivent à ce titre toutes les publications des Communautés européennes.

La bibliothèque dispose d'un ordinateur qui lui permettra de s'acquitter au mieux de ses tâches, à savoir acquisition et catalogage des documents d'une part, fourniture des informations bibliographiques et communication des documents d'autre part.

Un service de prêt a été instauré avec les bibliothèques de Florence.

Président: Max Kohnstamm.
Secrétaire général: Marcello Buzzonetti.
Badia Fiesolana, Florence (Italie).

**INTERNATIONAL
AND REGIONAL
ORGANIZATIONS**

**PART TWO
DEUXIEME PARTIE**

**ORGANISATIONS
INTERNATIONALES
ET REGIONALES**

UNESCO AND THE UNIVERSITIES (1)
L'UNESCO ET LES UNIVERSITES (1)

Ever since its foundation in 1946, the United Nations Educational, Scientific and Cultural Organization has dealt with higher education and institutions of higher education. As early as 1948 it initiated and helped to organize an international university conference at Utrecht, followed by another at Nice in 1950, which led to the creation of the International Association of Universities (IAU). The Secretariat of the Association is housed in offices placed at its disposal by Unesco. Unesco also maintains formal consultative arrangements with other international university bodies and with international teachers' and students' organizations. In order to develop and improve higher education, Unesco is engaged in a programme involving research and studies, conferences and meetings, regional activities and assistance to Member States, and public information.

One of Unesco's activities in this respect is its participation in the Joint Unesco-International Association of Universities Research Programme in Higher Education which started in 1959. To carry out this Programme, a Joint Steering Committee was established with three members from each organization under the co-chairmanship of the Director-General of Unesco and the President of IAU. Considering the potential magnitude of the Programme, it was decided that assistance should be sought from private foundations as well as appro-

Depuis sa fondation en 1946, l'Organisation des Nations Unies pour l'éducation, la science et la culture s'est occupée de l'enseignement supérieur et des institutions d'enseignement supérieur. Dès 1948, elle a pris l'initiative et aidé à l'organisation, d'abord d'une conférence universitaire à Utrecht, puis d'une autre conférence universitaire qui s'est tenue à Nice en 1950, et qui a conduit à la création de l'Association internationale des universités. Le secrétariat de l'Association fonctionne dans des bureaux mis à sa disposition par l'Unesco. L'Unesco entretient également des relations consultatives officielles avec d'autres organismes universitaires internationaux et avec des organisations internationales d'enseignants et d'étudiants. Pour développer et améliorer l'enseignement supérieur, elle poursuit l'exécution d'un programme qui comporte des études et recherces, des conférences et réunions, des activités régionales, des opérations d'aide aux Etats membres et un travail d'information du public.

Entre autres activités de cet ordre, l'Unesco participe avec l'Association internationale des universités à un programme conjoint d'études sur l'enseignement supérieur, dont les débuts remontent à 1959. Pour l'exécution de ce programme, il a été créé un Comité mixte de direction qui comprend trois membres de chaque organisation, siégeant sous la coprésidence du Directeur général de l'Unesco et du Président de l'AIU. Vu l'ampleur que ce programme est appelé à prendre, on a décidé de solliciter l'assistance de fondations privées ainsi que d'organismes

---
(1) Text specially prepared by the Secretariat of Unesco.
(1) Texte établi spécialement par le Secrétariat de l'Unesco.

priate public and private bodies. So far the Programme has concentrated on studies and meetings. The former include : (i) the International Study of University Admissions (1962) completed with the financial help of the Carnegie Corporation of New York; (ii) the Study on the Role of Institutions of Higher Education in the Development of Countries in South-East Asia (1966), undertaken with the help of the Ford Foundation, which led to a proposal to create a Regional Institute of Higher Education and Development which came to be established in Singapore in 1969; (iii) the Study on Teaching and Learning : an Introduction to the New Methods and Resources in Higher Education (1969). Originally printed in English (reprinted twice) and French (reprinted once), this publication is now available in German and Spanish also; (iv) in collaboration with Alecso and the Association of Arab Universities a project is being developed for the establishment of an Arab Regional Institute for Higher Education; (v) a field study on the utilization of teaching and learning techniques was undertaken in Peru; (vi) an investigation into university resources and permanent education resulted in the publication *Education permanente et potentiel universitaire*, 1977; the English version of this book which will be entitled *Lifelong education and university resources*, is now in press. In addition, various projects have been undertaken jointly by Unesco and IAU; (vii) co-operation with the Association of African Universities, which began with a study on university co-operation in Africa has been developed and will be further strengthened; (viii) at the Regional Institute for Higher Education (RIHED) which was established in Singapore in 1969, studies are being undertaken on new types of institutions of higher learning, university reforms, and the role of universities in development, and workshops are organized to facilitate study of problems of higher education in the South-East Asian region.

As for the bulk of its own programmes,

publics et privés appropriés. Jusqu'à présent, le programme a consisté essentiellement en études et réunions. Parmi les premières, on peut citer : (i) l'Etude internationale sur l'accès à l'enseignement supérieur (1962), terminée avec l'aide de la Carnegie Corporation de New York; (ii) l'Etude sur le rôle des institutions d'enseignement supérieur dans le développement des pays de l'Asie du Sud-Est (1966), qui a été entreprise avec l'aide de la Fondation Ford et qui a conduit à la proposition de créer un Institut régional d'enseignement supérieur et de développement, lequel fut établi à Singapour en 1969; (iii) l'Etude sur l'art d'enseigner et l'art d'apprendre : introduction aux méthodes et matériels nouveaux utilisés dans l'enseignement supérieur (1969). Editée à l'origine en anglais (trois éditions) et en français (deux éditions), cette étude est maintenant disponible également en allemand et en espagnol; (iv) en collaboration avec l'Alecso et l'Association des universités arabes, un projet est actuellement à l'étude en vue de créer un Institut régional arabe de l'enseignement supérieur; (v) une étude sur le terrain concernant l'utilisation des techniques d'enseignement et d'acquisition des connaissances a été entreprise au Pérou; (vi) une enquête sur les ressources des universités et l'éducation permanente a donné lieu à la publication "Education permanente et potentiel universitaire" (1977), dont la version anglaise est sous presse. De plus, divers projets ont été entrepris conjointement par l'Unesco et l'AIU; (vii) la coopération avec l'Association des universités africaines, qui débuta par une étude sur la coopération universitaire en Afrique, s'est développée et sera renforcée; (viii) à l'Institut régional de l'enseignement supérieur (RIHED), qui fut établi à Singapour en 1969, l'on fait actuellement des études sur les nouveaux types d'institution d'enseignement supérieur, les réformes universitaires et le rôle des universités dans le développement; et des séminaires sont organisés en vue de faciliter la réflexion sur les problèmes de l'enseignement supérieur dans la région de l'Asie du Sud-Est.

Dans l'ensemble de ses programmes pro-

Unesco is conscious that at present higher education is confronted with the major problem of its adaptation to the needs of those it serves, externally to the society in which it functions, and internally to its own institutions. While in many respects many social structures have changed in response to changing needs, higher education systems have not always kept pace with these changes. The focus of Unesco's programme in this area is on the promotion of higher education as a force for national and community development. Three aspects have been singled out for particular attention: the community service function of higher education, its democratization, and the role of higher education in lifelong education. Starting in 1971, Unesco has undertaken a number of studies on current experiments seeking to establish or develop alternatives to traditional university structures and on related themes. These studies, which covered individual countries or groups of countries in various regions of the world, have served as background documentation for several Unesco meetings. A Symposium on the role of higher education in lifelong education, held in Moscow in June 1974, provided an opportunity for a general exchange of ideas and experiences in this area. A meeting of experts on post-secondary education for persons gainfully employed was convened in London, in July 1976, its aim being to submit suggestions or advice on the preparation and implementation of Unesco's programme in the field of post-secondary education. A seminar on the problems involved in setting up new types of higher education institutions and programmes in developing countries and regions was held in Paris, in October 1976. Finally, mention should be made of two Unesco publications in this area: *Towards lifelong education. A new rôle for higher education institutions,* which is scheduled in English and French versions in 1977, and *Open Learning Systems and Problems in Post-Secondary Education,* which was issued in English in 1975, and will be issued in French in 1977 and in Spanish in 1978.

pres, l'Unesco est consciente du fait qu'aujourd'hui, l'enseignement supérieur doit faire face au grave problème de son adaptation aux besoins de ceux qu'elle sert : à l'extérieur, la société dans laquelle elle fonctionne et, à l'intérieur, ses propres institutions. Alors que les structures sociales se sont à beaucoup d'égards modifiées sous la pression de besoins nouveaux, les systèmes d'enseignement supérieur n'ont pas toujours suivi le rythme de ces changements. Dans ce domaine, l'accent des programmes de l'Unesco est mis sur la promotion de l'enseignement supérieur en tant qu'instrument du développement national et communautaire. Trois axes principaux retiennent l'attention : le rôle de l'enseignement supérieur au service de la communauté, sa démocratisation, et son rôle dans l'éducation permanente. Depuis 1971, l'Unesco a entrepris un certain nombre d'études sur les expériences en cours qui visent à définir ou à mettre au point de nouveaux types de structures susceptibles de se substituer aux structures universitaires classiques, ou sur des thèmes connexes. Ces études, qui ont porté sur des pays ou groupes de pays des diverses régions du monde, ont fourni une documentation de base pour plusieurs réunions organisées par l'Unesco. Un colloque sur le rôle de l'enseignement supérieur dans l'éducation permanente, qui a eu lieu à Moscou en juin 1974, a constitué l'occasion d'un large échange d'idées et d'expériences sur ce thème. Une réunion d'experts sur l'enseignement post-secondaire des personnes engagées dans la vie active a été organisée à Londres, en juillet 1976; elle avait pour objectif de soumettre des suggestions ou des propositions en vue de la préparation et la mise en œuvre du programme de l'Unesco dans le domaine de l'enseignement post-secondaire. Un colloque sur les problèmes relatifs à l'établissement d'institutions et de programmes d'enseignement supérieur d'un type nouveau dans les pays et régions en développement a eu lieu à Paris en octobre 1976. Enfin, l'on doit citer deux publications de l'Unesco dans ce domaine : *Towards lifelong education—a new rôle for higher education institutions,* prévue en

For the promotion of regional and international co-operation within higher education, Unesco is engaged in many different activities : (a) the European Centre for Higher Education in Bucharest, whose establishment was approved by the Unesco General Conference at its sixteenth session, has begun work on assembling and systematising information on educational structures, planning and research in the European States. The opening of the Regional Centre for Higher Education in Latin America and the Caribbean is foreseen for 1977; (b) the first phase of the long-term project on the improvement of the mobility of persons engaged in higher education and on the promotion of the comparability and recognition of studies and degrees has been completed. The normative part of the project, namely the drawing up of conventions, was landmarked by the coming into force of the Convention on the recognition of studies, diplomas and degrees in higher education in Latin America and the Caribbean which was signed in July 1974, and by the signature at Nice, in December 1976, of the Convention on the recognition of studies, diplomas and degrees in higher education in the Arab States and the European States bordering on the Mediterranean. Preparations are under way for the elaboration of four similar conventions for the African States, the Arab States, the Asian States and the European States. In support of the normative part of the programme, various studies and surveys on the comparability of degrees have been completed or are in the process of being completed. The English and French versions of *Comparability of Degrees and Diplomas in International Law* were published in 1973. In 1974 the French and the English editions of *Comparability of Engineering Courses and Degrees* was published. The *Handbook of*

anglais et en français en 1977, et *Open learning systems*. Cette dernière, qui a été publiée en 1975 en anglais, le sera en 1977 en français, et paraîtra dans sa version espagnole en 1978. On envisage un travail sur la typologie de l'enseignement supérieur dans les pays en voie de développement.

L'activité de l'Unesco pour la promotion de la coopération régionale et internationale dans le domaine de l'enseignement supérieur revêt des formes multiples : (a) le Centre européen de l'enseignement supérieur de Bucarest, dont la Conférence générale de l'Unesco a approuvé la création à sa seizième session, a commencé son travail pour rassembler et systématiser les informations sur les structures et la planification de l'enseignement et la recherche pédagogique dans les pays européens. La création du Centre régional pour l'enseignement supérieur en Amérique latine et dans la région des Caraïbes est prévue pour l'année 1977; (b) la première phase du projet à long terme portant sur l'amélioration de la mobilité des personnes engagées dans l'enseignement supérieur et la promotion de la comparabilité et de la reconnaissance des études et des diplômes est terminée. La partie normative du projet, c'est-à-dire la rédaction des conventions, a été marquée par l'entrée en vigueur de la Convention sur la reconnaissance des études et des diplômes de l'enseignement supérieur en Amérique latine et dans la région des Caraïbes, signée en juillet 1974 et par la signature à Nice en décembre 1976, de la Convention sur la reconnaissance des études, des diplômes et des grades de l'enseignement supérieur dans les Etats arabes et les Etats européens riverains de la Méditerranée. Les travaux préparatoires sont en cours en vue de l'élaboration de quatre conventions analogues pour les Etats d'Afrique, les Etats arabes, les Etats d'Asie et les Etats européens. Pour appuyer les travaux de réglementation dans le cadre de ce programme, diverses études et enquêtes sur la comparabilité des diplômes ont été menées à bien ou sont sur le point d'être achevées. Les versions anglaise et française de *"Comparabilité des diplômes en droit international"*

Higher Education: A Comparative Survey of Systems, Degrees and Qualifications in English has been published; the Russian version is scheduled for completion in 1977 and an Arabic version will be prepared. A book entitled De l'equivalence des diplômes à l'évaluation des compétences. Procédures et pratiques courantes. Voies nouvelles has just appeared in French. Finally, work will continue on the "comparability" of degrees in the biological sciences and on the "comparability" of degrees in education. (c) The United Nations University : the proposal to establish an International University was made in 1969 by U Thant, the then Secretary-General of the United Nations. After discussions, and the preparation of several documents and studies by the United Nations, Unesco and UNITAR, particularly a study on the feasibility of an International University (Unesco), and deliberations in various legislative bodies and panels of experts set up by the United Nations and Unesco, the United Nations General Assembly decided inter alia at its XXVIIth session, to establish the United Nations University under the auspices of the United Nations. The General Assembly then adopted at its XXVIIIth session in 1973 the Charter of this Institution, the draft of the Charter having been prepared by a Founding Committee and revised by the Executive Board of Unesco [General Assembly Resolution 3081 (XXVIII)]. At the same time the General Assembly authorised the Secretary-General of the United Nations and the Director-General of Unesco, in consultation with the Agencies and Programmes concerned, to appoint twenty-four members to the United Nations University Council. The Secretary-General of the United Nations, the Director-General of Unesco, the Executive Director of UNITAR and the Rector of the University are ex-officio members of this Council in accordance with the provisions of the Charter. The Council met three times in 1974 and elected its Bureau, adopted its Rules of Procedures, issued an appeal for voluntary contributions for the University which

ont été publiées en 1973. En 1974, "La comparabilité des régimes d'études et des diplômes en sciences de l'ingénieur" a paru en français et en anglais. Le "Handbook of Higher Education: A Comparative Survey of Systems, Degrees and Qualifications" a été publié en anglais et la version russe devrait être achevée en 1977 et une version arabe sera établie. Un ouvrage intitulé "De l'équivalence des diplômes à l'évaluation des compétences. Procédures et pratiques courantes. Voies nouvelles" vient de paraître en français. Enfin, les travaux en cours sur la "comparabilité" des diplômes en sciences biologiques et sur la "comparabilité" des diplômes en sciences de l'éducation seront poursuivis. (c) L'Université des Nations Unies : la création d'une université internationale fut proposée en 1969 par U Thant, alors Secrétaire général des Nations Unies. Après bien des discussions et l'élaboration de divers documents et études par les Nations Unies, l'Unesco et l'UNITAR (Institut des Nations Unies pour la formation et la recherche)—en particulier une étude de faisabilité entreprise par l'Unesco—, après délibérations au sein de divers organismes législatifs et groupes d'experts constitués par les Nations Unies et l'Unesco, l'Assemblée générale des Nations Unies a notamment décidé, à sa XXVIIème session, d'établir l'Université des Nations Unies sous les auspices de l'Organisation des Nations Unies. A sa XXVIIIème session en 1973, l'Assemblée générale a adopté la charte de cette institution dont le projet avait été préparé par un Comité fondateur et revu par le Conseil exécutif de l'Unesco [résolution 3081 (XXVIII) de l'Assemblée générale]. Par la même occasion, l'Assemblée générale a autorisé le Secrétaire général des Nations Unies et le Directeur général de l'Unesco, agissant d'entente avec les organisations et programmes concernés, à désigner 24 personnalités pour être membres du Conseil de l'Université des Nations Unies. Conformément aux dispositions de la charte, le Secrétaire général des Nations Unies, le Directeur général de l'Unesco, le Directeur de l'UNITAR et le Recteur de l'Université sont membres de droit

it requested to be transmitted to Member States and private foundations by the Secretary-General and the Director-General, and discussed programme priority areas and other matters. It appointed a Nominating Committee to consider proposals for the post of the Rector of the University and, at its third session held in Paris in October 1974, the Council unanimously agreed to the panel of names for this post as required by the Charter. The Secretary-General, after consultation with the Director-General and with his concurrence, appointed Mr. James M. Hester (USA) as Rector of the University in November 1974. The fourth session of the Council held in Tokyo (January 1975) was inaugurated by the Prime Minister of Japan and was attended by 21 members of the Council and the Director-General of Unesco together with other *ex-officio* members. This session was also attended by the Rector who presented his proposals in regard to the organization of programme priorities of the University. The University Council held its fifth, sixth, seventh and eighth sessions respectively in June 1975 in New York, in January 1976 in Caracas, in June 1976 and February 1977 both in Tokyo. The decisions of the Council relate principally to the identification of programme priority areas and the development of specific projects within these areas, viz., world hunger, the human and social development and utilization and management of natural resources. The Council also approved certain institutions which are to be associated with the work of the UNU. Efforts are continuously being made to raise voluntary contributions for the Endowment Fund of the University and to seek support for specific projects. Consultative meetings have been organized in London (October 1976) and Paris (March 1977) and others are scheduled to be held at Bonn, Stockholm (March 1977) and Kuala Lumpur (May 1977). The purpose of these meetings is to familiarize the academic communities of a large number of countries with the innovative character of the University and to

de ce Conseil. Le Conseil s'est réuni trois fois en 1974; il a élu son Bureau, adopté son règlement intérieur et lancé un appel de contributions volontaires pour l'Université, appel qu'il a demandé au Secrétaire général et au Directeur général de transmettre aux Etats membres et aux fondations privées, il a discuté des secteurs prioritaires du programme et de diverses autres questions. Il a nommé un Comité des candidatures qu'il a chargé d'examiner les candidatures au poste de Recteur de l'Université et, lors de sa troisième session, tenue à Paris en octobre 1974, le Conseil a accepté à l'unanimité la liste des noms proposés pour ce poste, conformément à la charte. Le Secrétaire général, après avoir consulté le Directeur général de l'Unesco et obtenu son accord, a nommé M. James M. Hester (Etats-Unis) recteur de l'Université en novembre 1974. La quatrième session du Conseil, qui s'est tenue à Tokyo en janvier 1975, a été inaugurée par le Premier Ministre du Japon. Y ont participé 21 membres du Conseil, ainsi que le Directeur général de l'Unesco et d'autres membres de droit. Le Recteur, qui participait également à cette session, a présenté ses propositions relatives à l'ordre de priorité des activités à inscrire au programme de l'Université. Le Conseil de l'Université a tenu ses 5ème, 6ème, 7ème et 8ème sessions respectivement en juin 1975, à New York, en janvier 1976, à Caracas, en juin 1976 et février 1977 à Tokyo. Les décisions du Conseil portent principalement sur l'identification des domaines d'action prioritaires et sur le développement de projets particuliers dans ces domaines, notamment le problème de la faim dans le monde, et le développement social et humain, et l'utilisation et la gestion des ressources naturelles. Le Conseil a également approuvé l'association de certaines institutions aux travaux de l'UNU. Des efforts continuent à être entrepris pour obtenir des contributions volontaires pour le Fonds de dotation de l'Université ainsi qu'une assistance pour des projets particuliers. Des réunions consultatives ont été organisées à Londres (octobre 1976) et à Paris (mars 1977) et d'autres doivent avoir

seek collaboration for the furtherance of its objectives.

Unesco's involvement with higher education is not limited to the Education Sector. In the Science Sector, for example, training courses have been undertaken for specialists in the areas of information dissemination, theoretical physics, pure and applied mathematics, life sciences and chemistry as well as in science education in developing countries; for post-graduates in advanced research in manpower; for post-graduates in the engineering sciences; and for post-graduates in the use of natural resources and ecology, hydrology and geology and in marine sciences. In addition, studies on the use of computer science in higher education, on interdisciplinary studies in science and on chemistry, on curriculum design, access to information, cost analysis and staffing of engineering education have also been undertaken. Also, a bibliography on university, science education, laboratory technology and computers is being developed, and publications are being prepared on the teaching methodology of science in higher education and textbooks in the field, and documentation and audio-visual materials. In the Social Science Sector, greater stress will be put on education in the social sciences, particularly as regards development problems. Studies on teaching methods in different Member States will be undertaken and an expert meeting will be held in 1978 to examine the links between education in the social sciences at the secondary, higher and technical levels in different educational systems, and its usefulness for advanced university studies and research. The development of regional and national infrastructures in the social sciences will also be reinforced. Cases in point are the postgraduate university council of Central America, the Latin-American Social Science Faculty and research and documentation

lieu à Bonn et Stockholm (mars 1977) et Kuala Lumpur (mai 1977). Le but de ces réunions est de sensibiliser les milieux académiques d'un grand nombre de pays sur les caractéristiques novatrices de l'Université et d'obtenir leur collaboration pour la promotion des objectifs de l'Université.

Les activités de l'Unesco dans le domaine de l'enseignement supérieur ne se situent pas dans le seul Secteur de l'éducation. Dans le Secteur des sciences par exemple, on a organisé des cours destinés aux spécialistes de la diffusion de l'information, de la physique théorique comme aussi bien des mathématiques pures et d'application, des sciences de la vie et de la chimie, de l'enseignement scientifique dans les pays en voie de développement, ainsi que des cours destinés aux étudiants diplômés faisant des recherches sur l'emploi, les sciences de l'ingénieur, l'utilisation des ressources naturelles et l'écologie, l'hydrologie et la géologie et les sciences de la mer. Par ailleurs, des études ont été entreprises sur l'utilisation de l'informatique dans l'enseignement supérieur, sur l'enseignement des sciences comparées, sur les études interdisciplinaires en sciences et en chimie, sur la conception des programmes, l'accès à l'information, l'analyse des coûts et le recrutement d'enseignants pour les écoles d'ingénieurs. On élabore aussi une bibliographie sur l'enseignement scientifique universitaire, la technologie de laboratoire et les ordinateurs, et l'on prépare des publications sur la méthodologie de l'enseignement scientifique dans l'enseignement supérieur, ainsi que des manuels, de la documentation et du matériel audio-visuel dans ce domaine. Dans le Secteur des sciences sociales, l'enseignement des sciences sociales, particulièrement en ce qui concerne les problèmes du développement, sera intensifié : études sur les méthodes pédagogiques et moyens d'enseignement de différents Etats membres; réunion d'experts en 1978 pour examiner les liens entre l'enseignement des sciences sociales aux niveaux secondaire, supérieur et technique de différents systèmes d'éducation, ainsi que son utilité pour les études et la recherche de niveau universitaire supérieur. Le dévelop-

centres in the social sciences serving Arab and African countries. In the framework of the inter-sectoral programme on human settlements and the social and cultural environment, the Dakar School of Architecture and Urban Studies, created in 1973 with Unesco assistance, will continue to receive aid from the Organization in the form of equipment, books and scholarships. A similar institution will be created in an Asian country. Finally, the Intersectoral programme on Human Rights and Peace is concerned with the development of Human Rights curricula in higher education as a distinct field, and with the study, in collaboration with institutes and universities, of international law and international organizations concerned with peace research. A programme of assistance to reinforce research teaching and training for peace is forseen. Within the framework of the Intersectoral Programme on Population, a programme of population education including that at the level of higher education has been developed.

Considerable attention has been given in recent years to the preparation of librarians, documentalists and archivists within the framework of University education. The Regional School for Librarians, Archivists and Documentalists (EBAD), an Institute of the University of Dakar, has been established with Unesco and UNDP assistance; a regional school for training librarians for the East African countries has been set up with Unesco/UNDP assistance at Makerere University, Kampala, Uganda, as has another at the Mona (Jamaica) Campus of the University of the West Indies. A regional programme for training African archivists has recently been set up within the University of Ghana. A pilot project for the development of a network of university libraries has been set up in Malaysia and will be continued during 1977/78. Consultants

pement des infrastructures régionales et nationales des sciences sociales sera également intensifié. Ce sera notamment le cas du Conseil supérieur universitaire de l'Amérique centrale, de la Faculté latino-américaine des sciences sociales, des centres de recherche et de documentation en sciences sociales pour les pays arabes et africains. Dans le cadre du programme intersectoriel sur les établissements humains et l'environnement socioculturel, l'École d'architecture et d'urbanisme de Dakar, créée en 1973 avec l'aide de l'Unesco, continuera à bénéficier de l'aide de l'Organisation : équipement, publications, bourses... Un établissement similaire sera créé dans un pays d'Asie. Enfin, le programme intersectoriel sur les droits de l'homme et la paix s'attache à l'élaboration des programmes de l'enseignement supérieur, en tant que matière distincte, à travers l'étude, en collaboration avec les instituts et universités, du droit international, des organisations internationales concernées par les recherches sur la paix. Un programme d'assistance est envisagé pour renforcer l'enseignement dans ce domaine. Dans le cadre du programme intersectoriel sur la population, a été mis au point un programme d'enseignement démographique, notamment dans l'enseignement supérieur.

Au cours des dernières années une attention particulière a été accordée à la formation de bibliothécaires, de documentalistes et d'archivistes au niveau universitaire. L'Ecole régionale des bibliothécaires, archivistes et documentalistes, qui est un Institut faisant partie de l'Université de Dakar, a été créée avec l'assistance de l'Unesco et du PNUD; une école régionale pour la formation de bibliothécaires pour les pays d'Afrique orientale a été établie avec l'aide de l'Unesco et du PNUD, à l'Université Makerere à Kampala (Ouganda), et une autre école à l'Université des West Indies à Mona (Jamaïque). Un programme régional pour la formation d'archivistes africains a récemment été mis sur pied à l'Université du Ghana. Un projet pilote pour le développement d'un réseau de bibliothèques universitaires a été entrepris en Malaisie et sa réalisation se

were sent in 1976 to Chile, Peru and Turkey to advise on the development of library schools in these countries. Unesco assisted in 1976 the organization of meetings of Directors of Library and Documentation Schools in Asia, in the Arab countries and in Latin America as well as in the organization of the annual meeting of the Association of Caribbean University and Research Libraries. Assistance in the form of short-term teachers and consultants to advise on curriculum revision and to provide instruction in such fields as automated processing and information retrieval systems will be provided to Member States.

The Second Conference of Ministers of Education of European Member States (Bucharest, 26 November–3 December 1973) recommended the European Universities, the governments of European States and the Director-General of Unesco to encourage the setting up of an association of European Universities as an associate member of the International Association of Universities, and expressed the hope that the structures already in existence would be used for this purpose. As a follow-up of this recommendation and on the occasion of the fifth General Assembly of the Standing Conference of Rectors and Vice-Chancellors of European Universities (CRE) efforts were made to study various possible ways of implementing this recommendation. An *ad hoc* study group has worked on this matter. The efforts of this group were given a new impetus by the relevant provisions of the Final Act of the European Conference on Security and Co-operation (Helsinki, 1975). In order to strengthen its collaboration, Unesco participates in meetings held by inter-governmental and non-governmental Organizations active in the field of Higher Education. The Director-General was represented at meetings organized by the Council of Europe, the OECD and the European Economic Community. Representatives of

poursuivra en 1977–1978. En 1976 des consultants ont été envoyés au Chili, au Pérou et en Turquie pour aider au développement d'écoles de bibliothécaires dans ces pays. En 1976 l'Unesco a participé à l'organisation de réunions de directeurs d'écoles de bibliothécaires et de documentalistes en Asie, dans les Etats arabes, et en Amérique latine ainsi qu'à l'organisation de la réunion annuelle de l'Association des bibliothèques universitaires et de recherche des Caraïbes. Une assistance sera fournie aux Etats membres sous forme de missions de courte durée d'enseignants et de consultants. Ces missions auront pour but de contribuer à la réforme des programmes d'enseignement et à la formation de spécialistes dans des domaines tels que le traitement automatique des données et le dépistage de l'information.

La deuxième Conférence des ministres de l'éducation des Etats membres d'Europe (Bucarest, 26 novembre–3 décembre 1973) a recommandé aux universités européennes, aux gouvernements des Etats européens et au Directeur général de l'Unesco d'encourager la création d'une association des universités européennes, membre associé de l'Association internationale des universités, et exprimé le souhait que les structures existantes soient utilisées à cette fin. A l'occasion de la cinquième Assemblée générale de la Conférence permanente des recteurs et vice-chanceliers des universités européennes (CRE), on s'est efforcé d'étudier les divers moyens de mettre en œuvre cette recommandation. Un groupe d'études spécial travaille maintenant sur cette question. Les efforts de ce groupe ont reçu une nouvelle impulsion grâce aux recommandations contenues dans l'Acte final de la Conférence sur la sécurité et la coopération en Europe (Helsinki, 1975). Afin de renforcer sa collaboration, l'Unesco participe à des rencontres organisées par les organisations intergouvernementales et non gouvernementales qui ont des activités touchant à l'enseignement supérieur. Le Directeur général s'est fait représenter aux réunions organisées par le Conseil de l'Europe, l'OCDE et la Communauté économique

the Director-General attended meetings held by international non-governmental organizations such as the International Association of Universities (IAU), l'Association des Universités partiellement ou entièrement de langue française (AUPELF), the Standing Conference of Rectors and Vice-Chancellors of European Universities (CRE), the International Federation of Catholic Universities and the International Association of University Professors and Lecturers.

High level international experts or teams of consultants are sent on short and medium term missions to advise countries on establishing or reforming institutions of higher learning. Unesco also acts as the executing agency for large-scale and long-term projects relevant to programmes in higher education, financed either by the United Nations Development Programme or other programmes and agencies, for example, the United Nations Environmental Programme and the International Bank for Reconstruction and Development. This assistance includes projects for the institutional development of higher education, which were carried out in five Member States, as well as projects for the improvement of university teaching and science (in fourteen Member States) and engineering higher education (25 Member States) and for the development of post-graduate research and training courses for educators, scientists, technologists and specialists. Programmes for the development of schools of public administration and of international law and other applied social sciences were also undertaken. Study or training fellowships are granted to nationals from Member States.

Another important aspect of Unesco's programme is the provision of information about higher education and its institutions. Volume IV of the *World Survey of Education*

européenne. Des représentants du Directeur général ont participé à des conférences organisées par des organisations internationales gouvernementales telles que l'Association internationale des universités (AIU), l'Association des universités partiellement ou entièrement de langue française (AUPELF), la Conférence permanente des recteurs et vice-chanceliers des universités européennes (CRE), la Fédération internationale des universités catholiques et l'Association internationale des professeurs et maîtres de conférence des universités.

D'éminents experts internationaux ou des équipes de consultants sont chargés de missions de courte ou moyenne durée pour conseiller les pays sur l'établissement ou la réforme de certaines institutions d'enseignement supérieur. L'Unesco est aussi chargée de l'exécution de projets à long terme et à grande échelle qui sont liés à son programme relatif à l'enseignement supérieur et qui sont financés soit par le Programme des Nations Unies pour le développement, soit par d'autres programmes ou organismes tels que le Programme des Nations Unies pour l'environnement et la Banque internationale pour la reconstruction et le développement. Cette assistance comprend des projets relatifs au développement des institutions de l'enseignement supérieur qui ont été mis en œuvre dans cinq. Etats membres, ainsi que des projets pour l'amélioration de l'enseignement scientifique universitaire (dans 14 Etats membres), les études supérieures d'ingénieur (25 Etats membres) et l'organisation de cours de troisième cycle (formation et recherche) à l'intention des éducateurs, des hommes de science, des technologues et des spécialistes. Des programmes de développement d'écoles d'administration publique et d'écoles de droit international, ainsi que d'autres sciences sociales appliquées, ont également été élaborés. Des bourses d'études et de formation sont accordées à des ressortissants des Etats membres.

La diffusion d'informations sur l'enseignement supérieur et ses institutions constitue un autre aspect important du programme de l'Unesco. Le quatrième volume de

(1966) is exclusively devoted to higher education and covers structure, finance, staff and research, as well as problems and trends of higher education in all countries of the world. Annual information concerning higher education data is provided by Unesco's *Statistical Yearbook*. The 1975 edition has now been issued. Other publications have included *Statistics of Students Abroad* (1962–1968). Related publications are *Planning the Development of Universities* (1972), *Study Abroad and Educational Development* (1973), and *Present Problems in the Democratization of Secondary and Higher Education* (1973). In addition, various sections of Unesco have provided reports on University education in their specialized fields such as *Human Right Studies in Universities* (1973) and the report on the meeting of experts on *The Role of University Faculties and Colleges of Education in Population Education* (1974). The Regional Office for Education in Africa, in cooperation with Unesco Headquarters, published a directory which contains detailed information on universities, teacher training schools and professional and technical establishments in Africa. Finally, the publication *Study Abroad* contains details on scholarships, bursaries and courses offered to students by international and national organizations. The last volume (21) was published in 1976 and covered the academic years 1972/1973 and 1973/1974. A companion volume, *Vacation Study Abroad* gives information on fellowships and courses available in this connection; volume 20 was published in 1971.

Director-General: Amadou-Mahtar M'Bow Place de Fontenoy, 75700 Paris.

"*L'éducation dans le monde*" (1966) est exclusivement consacré à l'enseignement supérieur et traite de sa structure, de son financement, de son personnel et de ses recherches, ainsi que des problèmes et tendances de l'enseignement supérieur dans tous les pays du monde. Des informations annuelles sur l'enseignement supérieur figurent dans l'Annuaire statistique de l'Unesco. La dernière édition (1975) vient de paraître. La liste des autres publications comprend les "*Statistiques des étudiants à l'étranger*" (1962–1968). D'autres ouvrages intéressant ce domaine sont : "*La planification du développement des universités*" (1972), "*Les études à l'étranger et le développement de l'enseignement*" (1973), et "*Problèmes actuels de la démocratisation des enseignements secondaire et supérieur*" (1973). De plus, divers Secteurs de l'Unesco ont rédigé des rapports sur l'enseignement universitaire dans leurs domaines spécialisés, par exemple "*L'enseignement des droits de l'homme dans les universités*" (1973) et le rapport de la réunion d'experts sur "*The Role of University Faculties and Colleges of Education in Population Education*" (1974). Le Bureau régional pour l'éducation en Afrique, en coopération avec le Secrétariat de l'Unesco, a publié un Répertoire qui fournit tous renseignements sur les universités, écoles normales, institutions spécialisées et établissements professionnels et techniques en Afrique. Enfin, la publication "*Etudes à l'étranger*" contient des renseignements détaillés sur les bourses, subventions et cours offerts aux étudiants par des organisations nationales et internationales. Le plus récent volume (21) a paru en 1976 et embrasse les deux années académiques 1972–1973 et 1973–1974. Un volume analogue, "*Cours de vacances à l'étranger*", donne des informations sur les bourses et les enseignements de cet ordre; le tome 20 a paru en 1971.

Directeur général: Amadou-Mahtar M'Bow. Place de Fontenoy, 75700 Paris.

THE INTERNATIONAL ASSOCIATION OF UNIVERSITIES (IAU)
and its permanent secretariat
THE INTERNATIONAL UNIVERSITIES BUREAU

L'ASSOCIATION INTERNATIONALE DES UNIVERSITES (AIU)
et son secrétariat permanent
LE BUREAU INTERNATIONAL DES UNIVERSITES

Origins of the Association

The origins of the International Association of Universities are similar to those of universities themselves. From the moment they come into existence universities must by their very nature live in a state of international association. Their horizons are as wide as knowledge itself and, with greater or lesser success, they must strive to attain some grasp of its immense resources, in all places and in all ages. They live in part by borrowing from each other and the work they do gradually becomes their common property. Traffic between them is constant, often dense, sometimes barred by obstacles, but rarely entirely at a standstill. Together they maintain and enlarge a common intellectual treasure-house.

Yet it was not until 1950, in a conference held at Nice, that university institutions decided to give an institutional form to the links between them throughout the world. They set up IAU, and proceeded to endow it with high purposes and, at first, slender resources.

The high purposes were expressed in the preamble to the new Association's constitution. It was to "promote, through teaching and research, the principles of freedom and justice, of human dignity and solidarity" and to develop "material and moral aid on an international scale". They reflected the renewed sense of human interdependence and the need for mutual help which had emerged from the sufferings of the Second

Origines de l'Association

Les origines de l'Association Internationale des Universités se confondent avec celles des universités elles-mêmes. Dès qu'elles accèdent à l'existence, en effet, et presque par définition, les universités vivent en état d'association internationale. D'emblée, elles s'assignent pour horizon l'universalité des connaissances et, avec plus ou moins de succès, elles tendent à opérer en leur sein la synthèse ou la confrontation des savoirs de tous les temps et de tous les lieux. Elles vivent d'emprunts et les œuvres de pensée qu'elles élaborent deviennent peu à peu le bien commun de toutes; entre elles les hommes circulent en un mouvement parfois dense et nourri, parfois faible et contrarié, mais qui ne se tarit jamais tout à fait. Ils font fructifier ensemble un trésor indivis.

Et pourtant ce n'est qu'en 1950 que, réunies en Conférence à Nice, les universités décidèrent de donner à leur communauté diffuse une forme institutionnelle. Elles créèrent l'AIU, à laquelle elles assignèrent de grands desseins et, pour commencer, de petits moyens.

De grands desseins : aux termes mêmes du préambule des Statuts de la nouvelle Association, il s'agissait de «promouvoir par l'enseignement et la recherche les principes de liberté, de justice, de dignité et de solidarité humaines, de développer l'entr'aide matérielle et morale sur un plan international». On retrouve là ce sens de l'interdépendance des hommes qu'avaient avivé les souffrances de la seconde guerre mondiale. L'éducation

World War. Education seemed one of the surest safeguards against new dangers already emerging in the "cold war" and the development of co-operation and solidarity among institutions of higher education, as widely as possible in a divided world, seemed an urgent goal. Unesco, at the level of governmental co-operation, was seeking to serve these ideals and took the initiative of convening a preparatory university conference at Utrecht in 1948. IAU came into existence two years later, and its links with Unesco have been maintained and developed.

High purposes—but also slender resources. The Association's first activities were limited by an annual income of less than $30,000. This was in part deliberate. In the first place, IAU wished to be independent; that is to say dependent on its own members. It intended to begin prudently, moreover. Its founders had no wish to set up a new bureaucracy, nor to sustain any form of orthodoxy. A beginning was made with a modest programme of activities, but a practical one, of immediate use to member institutions.

The international situation has greatly changed since those early years. Development problems, in particular, have taken on an importance which could hardly have been foreseen. Universities have themselves developed, and their International Association with them. As institutions of higher education have come to occupy a leading place in social organization, they have also come under more critical scrutiny. The issues they now face seem to make co-operation between them more vital than ever.

Membership

Degree-conferring institutions whose main object is education and the advancement of knowledge, whether or not they bear the name of university, may be admitted to membership, but they must be at the level of

paraissait le meilleur rempart contre les nouvelles menaces que la «guerre froide» faisait resurgir à l'horizon et la promotion d'une coopération systématique entre les établissements d'enseignement supérieur du monde entier s'imposait comme un objectif majeur. L'Unesco entendait poursuivre, au niveau de la coopération entre Etats, les mêmes objectifs et c'est elle qui prit l'initiative de convoquer la Conférence préparatoire d'Utrecht en 1948. Celle-ci aboutit deux ans plus tard à celle de Nice, qui donna naissance à l'AIU. Les liens entre les deux organisations ont depuis été maintenus et développés.

Grands desseins mais aussi petits moyens : les premières activités de l'Association devaient s'inscrire dans le cadre étroit d'un budget de moins de 30.000 dollars. Mais cette limitation était en partie volontaire. D'abord l'Association se voulait elle-même indépendante, c'est-à-dire dépendante de ses seuls membres. Ensuite, elle entendait faire ses premiers pas avec prudence. Ses fondateurs ne voulaient pas qu'elle devînt une bureaucratie dominatrice, ni une église génératrice d'orthodoxie. Il fallait qu'elle débutât avec un programme modeste mais pratique et immédiatement utile à ses membres.

La situation internationale s'est profondément modifiée depuis ces premières années. Les problèmes du développement, notamment, ont pris une importance qu'on ne mesurait pas alors. Moteurs du développement, les universités se sont elles-mêmes très considérablement développées et, avec elles, leur Association internationale. Mais la place proéminente qu'elles vinrent à occuper dans les sociétés en fit bientôt des cibles voyantes pour la critique. Les problèmes qu'elles doivent affronter aujourd'hui rendent leur coopération plus indispensable que jamais.

Membres

Peuvent devenir membres de l'Association les institutions conférant des diplômes et dont le but principal est l'éducation et l'avancement des connaissances, qu'elles aient ou non le nom d'université, à condition

higher education, as shown by the quality of their instruction and by the active participation of their staff in scientific and scholarly research.

Subject to appeal to the General Conference, membership of the Association is granted by the Administrative Board which, under the terms of the Constitution, is empowered to admit at least one institution of higher learning from each country.

By January 1977 membership of IAU had attained 685 in 110 countries. These institutions take part in its activities individually and on a basis of complete equality; their participation in IAU is not formally based on national groupings, though full co-operation is maintained with these. Membership has grown in consonance with the dynamic developments in higher education which have marked the last twenty years. It now includes most of the oldest and most famous universities in the world, as well as most of the younger institutions founded in the newly-independent and developing countries, whose influence is likely to grow constantly in the future.

Associate membership is granted to appropriate regional and international university organizations. The following eight university bodies are Associate Members and co-operate with IAU in many activities : Association of African Universities; Association of Arab Universities : Association of Commonwealth Universities; Association of Southeast Asian Institutions of Higher Learning; Association des Universités partiellement ou entièrement de langue française; International Federation of Catholic Universities; Standing Conference of Rectors and Vice-Chancellors of the European Universities; Union de Universidades de América Latina.

qu'elles se situent au niveau de l'enseignement supérieur, tel qu'il peut être attesté par la qualité des enseignements et par la participation active des professeurs à la recherche.

Sous réserve d'appel à la Conférence générale, la qualité de membre de l'Association est conférée par le Conseil d'administration, qui est habilité par les Statuts à admettre au moins une institution de haut enseignement par pays.

En janvier 1977, le nombre de membres de l'Association avait atteint 685, dans 110 pays. Les institutions qui la composent y participent à titre individuel et sur un pied de complète égalité. Leur adhésion ne passe pas par l'intermédiaire de groupes ou organismes nationaux, encore que l'Association entretienne par ailleurs avec ces derniers une solide coopération. L'AIU s'est développée rapidement, portée par la dynamique universitaire qui s'est affirmée dans le monde entier au cours des vingt dernières années. Elle comprend à présent la plupart des universités les plus anciennes et les plus réputées du monde, mais aussi la plupart des institutions plus jeunes des pays en voie de développement ou ayant récemment accédé à l'indépendance, dont l'influence grandira sans doute à l'avenir.

La qualité de membre associé est conférée à des organisations universitaires régionales et internationales qui en remplissent les conditions.

Les huit organismes universitaires suivants collaborent étroitement avec l'AIU en tant que membres associés : Association of Commonwealth Universities; Association of Southeast Asian Institutions of Higher Learning; Association des Universités africaines; Association des Universités partiellement ou entièrement de langue française; Conférence permanente des Recteurs et Vice-Chanceliers des Universités européennes; Fédération internationale des Universités catholiques; Unión de Universidades de América Latina; Union des Universités arabes.

General Conference

The General Conference is composed of the full and associate members, but may be opened to observers. It meets at least once every five years. It determines the general policy of the Association and elects the President and Members of the Administrative Board. In addition to its constitutional functions and powers, the General Conference provides an opportunity for university people from all parts of the world to discuss certain themes, selected and prepared in the years intervening between its sessions. These discussions are subsequently published. In appointing its representatives to attend the General Conference each university acts in accordance with its own practices and may thus, if it so wishes, include among them junior members of academic staff, research workers and students.

Most volumes in the series *Papers of the International Association of Universities* (see below under *Publications*) are devoted to themes discussed at General Conferences. Each of these, in addition to internal matters related to higher education and its development, has been concerned with the rôle of universities in society under continually changing conditions.

IAU General Conferences thus make it possible to survey higher educational problems throughout the world, to compare situations and points of view and often to bring them closer together. They provide a regular opportunity for the world university community to mark its existence, and to express both its diversity and its solidarity.

1st General (Founding) Conference, Nice, December 1950; 2nd : Istanbul, September 1955; 3rd : Mexico, September 1960; 4th : Tokyo, September 1965; 5th : Montreal, September 1970; 6th : Moscow, August 1975. The Seventh General Conference will be held in Tehran in August 1980.

Administrative Board

The Administrative Board is composed of

La Conférence générale

L'ensemble des membres titulaires et associés composent la Conférence générale de l'Association, qui peut aussi recevoir des observateurs. Se réunissant au moins une fois tous les cinq ans, elle définit la politique générale de l'Association et élit le Président et le Conseil d'administration.

Outre ses fonctions statutaires, la Conférence générale fournit à des universitaires venus du monde entier l'occasion de débattre de certains thèmes, choisis et préparés entre ses sessions. Ces débats sont ensuite publiés.

Lors de la désignation de ses représentants à la Conférence générale, chaque université suit ses propres usages et peut, si elle le souhaite, y inclure de jeunes enseignants ou chercheurs et des étudiants.

La plupart des *Cahiers de l'AIU* (voir ci-après la section *Publications*) ont été consacrés à des thèmes de la Conférence générale et les titres en reproduisent le libellé. On notera que chaque Conférence, outre des problèmes internes à l'enseignement supérieur et à son développement, a repris la discussion sur le rôle de l'université au sein de la société, dont les données ne cessent de se modifier.

Les débats de la Conférence permettent de faire utilement le point des problèmes de l'enseignement supérieur dans le monde, de confronter les points de vue, souvent de les rapprocher, en tout cas de manifester les similitudes et les différences. Et ils fournissent périodiquement à la communauté internationale l'occasion de s'incarner et de s'éprouver dans sa diversité et sa solidarité.

1ère Conférence générale (de fondation), Nice, décembre 1950; 2ème: Istanbul, septembre 1955; 3ème: Mexico, septembre 1960; 4ème: Tokyo, septembre 1965; 5ème: Montréal, septembre 1970; 6ème: Moscou, août 1975. La septième Conférence générale se tiendra à Téhéran en août 1980.

Le Conseil d'administration

Le Conseil d'administration se compose

the President of the Association, of 14 to 18 members (with 14 to 18 alternates) each from a university in a different country, and the Secretary-General. The two Vice-Presidents are elected by the Administrative Board from amongst its own members. The Board meets at least once a year, gives effect to the decisions of the General Conference and supervises the work of the Association's secretariat.

The main task of the Administrative Board is to ensure that the limited resources of IAU are used as effectively as possible in the service of its members. Each year it authorizes a working programme and budget and takes decisions concerning membership and IAU external relations. It prepares the working programme of each General Conference.

The Board's work is not exclusively administrative. With its members holding high academic office in different parts of the world, its decisions concerning subjects for study and enquiry are of evident importance and it acts itself as a "Commission of Experts". It also appoints among its members a number of Committees which examine special questions and prepare some of its decisions.

Leading personalities from 137 university institutions in 63 countries have served as members and deputy members of the Board since 1950.

Secretariat

The permanent secretariat of the Association, established under its Constitution, is the International Universities Bureau, with offices at Unesco Headquarters in Paris. Headed by the Secretary-General as Director, the staff of the secretariat consists of twelve persons in all, including secretaries. It is responsible for the execution of the annual working programmes approved by the Administrative Board and the administration of the Association's affairs.

du Président de l'Association, de 14 à 18 membres (avec 14 à 18 suppléants), tous issus d'universités de pays différents et du Secrétaire général. Les deux Vice-Présidents sont élus en son sein par le Conseil d'administration. Le Conseil se réunit au moins une fois par an. Il met en œuvre les décisions de la Conférence générale, oriente et contrôle le travail du secrétariat de l'Association.

La tâche principale du Conseil d'administration est de veiller à ce que les ressources limitées de l'Association soient utilisées aussi efficacement que possible au service de ses membres. Il approuve chaque année le Programme de travail et le Budget et statue sur les questions concernant les membres de l'Association, ainsi que ses relations extérieures. Il prépare les travaux de chaque Conférence générale.

Les tâches du Conseil ne sont pas, néanmoins, de nature purement administrative. Ses membres détenant de hautes responsabilités universitaires dans différentes parties du monde, il est particulièrement bien placé pour choisir des sujets d'études et il assume parfois lui-même les fonctions de «commission d'experts». Il crée également en son sein un certain nombre de comités qui étudient certaines questions particulières et préparent ainsi ses délibérations.

Depuis 1950, des personnalités éminentes de 137 institutions universitaires appartenant à 63 pays ont siégé au Conseil comme membres ou membres suppléants.

Le Secrétariat

Le secrétariat permanent de l'Association, créé par les Statuts, est le Bureau international des universités, établi au siège de l'Unesco à Paris. Ayant à sa tête le Secrétaire général, qui est Directeur du Bureau, le personnel du secrétariat se compose en tout de douze personnes, y compris les secrétaires. Il est chargé de l'exécution des programmes de travail approuvés annuellement par le Conseil d'administration et de l'administration des affaires de l'Association.

Finance

The principal source of the Association's income is the annual dues paid by its member institutions, its independence being thus guaranteed. Dues are calculated according to the size of student enrolment. From 1 January 1979 they will range from the equivalent of $400 a year for institutions with less than 1,000 students to $1100 for those with more than 10,000.

In 1976, the Association spent approximately $392,000 in financing its programme of activities, including meetings and seminars, services, publications, staff costs and administration.

Unesco has given regular and generous help to the Association since its foundation, providing offices and support for the secretariat at its Headquarters in Paris, together with an annual subvention ($21,740 in 1976) to assist with the travel costs of the annual meeting of the Administrative Board and with printing and service expenditures.

Information and Advice

The secretariat is able to furnish information concerning individual university institutions and new developments in higher education in different parts of the world.

It prepares, on request, bibliographical lists and notes on particular aspects of higher education and on matters affecting the organization and operation of university institutions.

It gives assistance to members of official missions planning visits to university institutions and academic bodies in countries other than their own.

It provides consultative services in matters related to the academic recognition and equivalence of degrees and diplomas.

It assists members universities wishing to co-operate with universities in other countries.

Finances

Les principales ressources de l'Association proviennent des cotisations annuelles versées par ses institutions membres, ce qui garantit son indépendance. Les cotisations sont établies en fonction du nombre des étudiants. A compter du 1er janvier 1979 elles varieront de l'équivalent de 400 dollars par an pour les institutions comptant moins de 1.000 étudiants à 1100 dollars pour celles qui en comptent plus de 10.000.

Au cours de l'exercice 1976, l'Association a affecté des dépenses d'environ 392.000$ au financement de son programme d'activités, y compris les réunions et séminaires, les services du secrétariat, les publications, les salaires et les frais administratifs.

L'Unesco a apporté à l'Association, depuis sa fondation, une aide régulière et généreuse. Elle fournit au secrétariat des bureaux et divers services techniques dans les bâtiments de son siège à Paris, et verse une subvention annuelle (21.740$ en 1976) destinée à contribuer aux frais de voyage occasionnés par la réunion annuelle du Conseil d'administration ainsi qu'aux frais d'impression et au coût de certains services.

Information et Consultation

Le secrétariat est en mesure de fournir des informations concernant les institutions universitaires et le développement de l'enseignement supérieur dans différentes parties du monde.

Il prépare, sur demande, des listes bibliographiques et des notes sur des aspects particuliers de l'enseignement supérieur ainsi que sur les questions qui affectent l'organisation et le financement des institutions universitaires.

Il prête son concours aux missions officielles et aux universitaires désireux de visiter des institutions ou des organismes universitaires dans des pays autres que le leur.

Il assure des services consultatifs en matière de reconnaissance mutuelle et d'équivalence de grades et diplômes.

Il apporte son aide aux universités membres qui souhaitent coopérer avec des universités d'autres pays.

Most of the enquiries in these fields are dealt with by correspondence with member institutions, but assistance is also given, whenever possible, to other international and national bodies with which IAU has working relations, as well as to non-member institutions, and to individual university teachers, research-workers and students, some of them during visits to the secretariat.

Research and Study

IAU seeks to contribute to the clarification of major problems of higher education and, whenever possible, to put forward ways of solving them. It makes no attempt to proclaim—and still less to impose—any general "doctrine" of higher education, recognizing the varying circumstances in different parts of the world which invalidate attempts at uniformity.

The Administrative Board itself undertakes the examination of some problems; in others it seeks the collaboration of individual university scientists, scholars and administrators. In setting up international working groups of persons chosen for their specialized knowledge it seeks to include junior as well as senior academic staff, together with students.

In preparation for their discussion at General Conferences, selected themes are specially examined and documentation concerning them prepared for circulation to participants.

In 1971 a new series of international seminars under IAU auspices was inaugurated. The first, held at the University of Constance in October that year, dealt with problems of integrated higher education; the second, at the University of Malaya in January 1973, dealt with the social responsibilities of the university in Asian countries; the third, in Belgrade in May 1974, with problems of inter-university cooperation; the fourth in Alexandria in February 1977, with differing forms of high-

Une grande partie de ses activités est accomplie par correspondance, notamment avec les institutions membres, mais le secrétariat s'efforce également, dans toute la mesure du possible, d'apporter son concours à d'autres organismes internationaux et nationaux liés à l'Association, ainsi qu'à des institutions non membres et à des enseignants, des chercheurs ou des étudiants individuels, dont certains viennent rendre visite au secrétariat.

Recherche et Etude

L'AUI s'efforce de contribuer à l'élucidation des grands problèmes de l'enseignement supérieur et, autant que possible, à dégager des éléments de solution. Elle ne prétend néanmoins en aucune manière proclamer— et encore moins imposer—une doctrine générale de l'enseignement supérieur, reconnaissant que la diversité des situations invalide d'avance toute tentative d'uniformisation.

Le Conseil d'administration entreprend parfois lui-même l'étude de certains problèmes; parfois aussi il sollicite la collaboration d'autres universitaires, enseignants, chercheurs ou administrateurs, qu'il choisit en vertu de leur savoir ou de leur expérience dans tel ou tel domaine. Dans les groupes de travail internationaux qu'il est ainsi amené à constituer, il s'efforce d'inclure de jeunes enseignants aussi bien que des professeurs de rang plus élevé et également des étudiants.

En préparation des débats des Conférences générales, les thèmes retenus font l'objet de diverses études et des documents les concernant sont rédigés et communiqués aux participants.

En 1971, l'AIU a inauguré une nouvelle série de séminaires internationaux. Le premier, tenu à l'Université de Constance au mois d'octobre de cette année-là, a été consacré au problème de l'intégration des enseignements supérieurs; le deuxième, organisé à l'Université de Malaisie en janvier 1973, a étudié la responsabilité sociale de l'université dans les pays d'Asie; le troisième, tenu à Belgrade en mai 1974, a été consacré aux problèmes posés par la coopération interuni-

er education. Others are planned for 1978 and 1979.

A major part of the IAU research effort is made through the *Joint Unesco-IAU Research Programme in Higher Education,* mentioned below.

Co-operation with Unesco

Under the terms of its consultative arrangements with Unesco, which continue the close relationship that marked the birth of the Association, IAU benefits in many ways from the support of the principal world agency concerned with education, science and culture. The help given is disinterested; and co-operation between an intergovernmental organization and an academic non-governmental one has proved of value to both.

An important aspect of this co-operation is the *Joint Unesco-IAU Research Programme in Higher Education.* This began its work in 1960 and its purpose is to carry out, with the advantages of joint sponsorship, a programme of studies affecting the organization, structure and functioning of higher education institutions and systems in the changing conditions of the present day. The programme has so far included international studies of problems such as access to higher education, teaching and learning methods, and consequences of lifelong education for universities; and regional studies of the rôle of higher education in the development of countries in South-East Asia and of inter-university co-operation in Africa. Following the South-East Asia study, an Institute of Higher Education and Development was set up in Singapore in 1970 with the support of governments and universities in the region. Unesco and IAU are represented on its Governing Board. Assistance is also being given to Alecso and the Association of Arab Universities in their project to establish an Arab Regional

versitaire; le quatrième à Alexandrie en février 1977 a été consacré aux différentes formes de l'enseignement supérieur. D'autres sont prévus pour 1978 et 1979.

Une part importante du travail d'études de l'Association est effectuée dans le cadre du *Programme conjoint Unesco-AIU d'études sur l'enseignement supérieur,* qui est évoqué ci-dessous.

Coopération avec l'Unesco

En vertu de ses relations consultatives avec l'Unesco, qui consacrent et prolongent les liens étroits établis lors de la création de l'Association, l'AIU bénéficie de bien des manières du soutien du principal organisme mondial dans le domaine de l'éducation, de la science et de la culture. L'aide qu'il lui apporte est désintéressée et la coopération qui s'est de la sorte instaurée entre la grande organisation gouvernementale et l'organisation universitaire non gouvernementale qu'est l'AIU s'est révélée précieuse pour les deux parties.

Un élément particulièrement important de cette coopération est le *Programme conjoint d'études sur l'enseignement supérieur.* Lancé en 1960, ce programme a pour objet d'effectuer, en profitant le plus possible des avantages que peut comporter le double patronage sous lequel il est placé, une série d'études concernant l'organisation, la structure et le fonctionnement des institutions ou des systèmes d'enseignement supérieur dans les conditions mouvantes du monde actuel. Le programme a jusqu'à présent comporté des études internationales sur des problèmes tels que l'accès à l'enseignement supérieur, les méthodes pédagogiques et les répercussions de l'éducation permanente pour les universités; et des études régionales sur le rôle de l'enseignement supérieur dans le développement des pays d'Asie du Sud-Est et sur la coopération interuniversitaire en Afrique. A la suite de l'étude consacrée à l'Asie du Sud-Est, un Institut d'enseignement supérieur et de développement a été créé à Singapour en 1970 avec le soutien des gouvernements et des universités de la région. L'Unesco et l'AIU sont représentées à son Conseil d'admi-

Institute of Higher Education. Special attention is also being given to the study of change and innovation in Latin American universities.

Support for some of the Joint Programme's undertakings is given by private foundations. Publications resulting from them are issued jointly by Unesco and IAU.

IAU's assistance to Unesco includes the placing at the latter's disposal of its reference and documentation services, together with help in carrying out parts of Unesco's own programme. This is mainly done through day-to-day liaison with the Division of Higher Education. The IAU secretariat replies on request—or provides elements for reply—to enquiries received by Unesco from its Member States concerning higher educational matters. It takes part in both formal and informal discussions concerning Unesco's work on the comparability of degrees and diplomas, and carries out certain tasks under contract.

In the early 1970's a new area of co-operation opened when Unesco consulted the IAU Board and member institutions on plans for the United Nations University. Following its establishment with headquarters in Tokyo, steps were taken to devise a permanent basis for direct co-operation between the University and IAU in matters of common concern, and in 1976 a formal agreement was entered into with the approval of their respective governing bodies.

The Director-General of Unesco is represented at IAU Conferences, Board meetings, seminars and other activities and IAU is invited to meetings organized by Unesco in the field of higher education.

nistration. Elles offrent également leur concours à l'Alecso et à l'Union des universités arabes en vue de la réalisation d'un projet conçu par ces deux organisations et tendant à la création d'un Institut régional pour l'enseignement supérieur dans les pays arabes. Il a également été porté une attention particulière à l'étude des changements et des innovations dans les universités d'Amérique latine.

Le financement de certaines des études entreprises dans le cadre du programme provient de fondations privées. Les publications qui en sont issues sont publiées conjointement par l'Unesco et l'AIU.

De son côté, l'AIU prête son concours à l'Unesco, notamment en mettant à sa disposition ses services de documentation et en l'aidant à mettre en œuvre certains aspects de ses propres programmes. Des liaisons quotidiennes sont ainsi établies avec la Division de l'enseignement supérieur. Le secrétariat de l'AIU répond—ou fournit des éléments de réponse—à certaines demandes de renseignements que l'Unesco reçoit de ses Etats membres concernant l'enseignement supérieur. Il participe aux réunions ou aux consultations informelles que l'Unesco consacre aux problèmes de la comparabilité des grades et diplômes, et effectue certains travaux sous contrat.

Au début des années soixante-dix un nouveau domaine s'est ouvert à la coopération entre les deux organisations lorsque l'Unesco consulta le Conseil de l'AIU et ses institutions membres en ce qui concerne le projet d'Université des Nations Unies. Après sa création et l'établissement de son siège à Tokyo, des démarches furent entreprises pour instituer une base permanente pour une coopération directe entre l'Université et l'AIU dans des domaines d'entérêt commun, et en 1976 un accord formel fut conclu préalablement approuvé par leurs conseils respectifs.

Le Directeur général de l'Unesco est représenté aux Conférences générales, aux réunions du Conseil d'administration et aux séminaires organisés par l'AIU, qui est réciproquement invitée aux réunions organisées

Liaison in Higher Education and Research

Formal links with it eight Associate Members enable IAU to be more firmly rooted in the different regions and cultural communities of the world. Partly in reaction against factors imposing uniformity in the contemporary world, there has been a revival of national and regional cultures during the last twenty years, and international co-operation can be strengthened rather than weakened by the new bodies set up. The bonds between IAU and university organizations in the Far East, Europe, Africa, Latin America, and the Middle East are thus of increasing importance.

As a centre for co-operation in higher education, the secretariat has contacts with some 400 other organizations active in this field throughout the world.

Among official international bodies, the Specialized Agencies of the United Nations regularly consult the secretariat as do its regional bodies, notably in Africa and Asia. Similar contacts are maintained with a number of other regional bodies such as the Council of Europe, the Organization for Economic Co-operation and Development, and the Organization of American States.

The principal international academic and university bodies are in touch with the Association's activities and the secretariat has working relations with the central academic bodies in nearly all countries, with the Ministries of Education and other government departments, as well as with a large number of individuals concerned with university and student affairs. Information on matters of common interest is exchanged regularly with a number of the major private foundations.

Links are maintained with the large group

par l'Unesco en matière d'enseignement supérieur.

Liaison en matière d'enseignement supérieur et de recherche

Les liens qu'elle entretient avec ses huit membres associés permettent à l'Association de s'ancrer plus fermement dans les différentes régions et communautés culturelles du monde. En partie par réaction contre les facteurs d'uniformisation du monde moderne, on assiste depuis vingt ans à un réveil des cultures nationales et régionales. De nouveaux organismes ont ainsi été créés. La coopération internationale s'en trouve plus renforcée qu'affaiblie et les relations qui existent entre l'AIU et les organisations universitaires d'Extrême ou du Moyen-Orient, de l'Afrique et de l'Amérique latine acquièrent ainsi une importance accrue.

En tant que centre de coopération en matière d'enseignement supérieur, le secrétariat est amené à entretenir des contacts avec quelque 400 organisations s'occupant du même domaine dans le monde entier.

Parmi les organismes internationaux officiels, les institutions spécialisées des Nations Unies consultent régulièrement le secrétariat, comme le font aussi leurs organes régionaux, notamment en Afrique et en Asie. Des contacts analogues sont maintenus avec une série d'autres organismes régionaux tels que le Conseil de l'Europe, l'Organisation de Coopération et de Développement économiques et l'Organisation des Etats américains.

Les principaux organismes universitaires internationaux suivent de près les activités de l'Association et le secrétariat a des relations de travail bien établies avec les organismes universitaires centraux d'un grand nombre de pays, avec les ministères de l'éducation et d'autres services gouvernementaux, ainsi qu'avec un grand nombre de personnes s'intéressant activement aux problèmes universitaires et étudiants. Des échanges d'informations sur les questions d'intérêt commun ont lieu régulièrement avec certaines des fondations privées les plus importantes.

La liaison est maintenue avec le groupe

of non-governmental organizations which have formal consultative arrangements with Unesco, particularly those concerned with university and student affairs.

This wide network of contacts is of assistance to the secretariat in its regular work, and in itself constitutes a valuable means of furthering the flow of authoritative information and advice of academic matters between institutions and individuals in different parts of the world.

Library and Documentation Centre

Intended chiefly to provide the secretariat with an authoritative basis for its rôle as a central source of information, the centre is also used extensively by offical academic and governmental visitors engaged in research enquiries.

The library has 7,000 volumes in many languages. They are classified in the following principal sections :
— *General Reference*, including national and international directories of university institutions and guides to higher education and research in different countries.

— Works dealing with the *Rôle of the University and the "Philosophy" of Higher Education*.
— Books and reports concerning the *Structure of Higher Education*, including matters such as legislative provisions, finance, planning and reform, etc.
— Books and reports dealing with the *Organization and Administration of Institutions of Higher Education*, including the operation and development of various types of institution; their academic and administrative staffs; and their students.
— Books and reports dealing with *Study*, including curricula and regulations; new teaching and learning methods; adult, lifelong and continuing education; study by correspondence; summer courses, etc.

très étendu d'organisations non gouvernementales qui jouissent du statut consultatif auprès de l'Unesco, et particulièrement avec celles qui s'occupent de questions universitaires et estudiantines.

Cet ample réseau de contacts rend d'utiles services au secrétariat dans son travail quotidien et constitue en lui-même un précieux moyen de stimuler la circulation des informations et des idées sur les questions universitaires entre institutions et personnes des différentes parties du monde.

Bibliothèque et Centre de Documentation

Destiné principalement à fournir au Secrétariat les outils nécessaires à l'accomplissement de son rôle de source centrale d'information, le centre est également très largement utilisé par des universitaires ou des fonctionnaires gouvernementaux chargés officiellement de recherches et d'enquêtes.

La bibliothèque contient 7.000 volumes en de multiples langues classifiés dans les sections principales suivantes :
— *Ouvrages de référence généraux*, comprenant notamment des répertoires nationaux et internationaux d'institutions universitaires et des guides de l'enseignement supérieur et de la recherche dans différents pays.
— Ouvrages traitant du *rôle de l'université et de la «philosophie» de l'enseignement supérieur*.
— Livres et rapports concernant *la structure de l'enseignement supérieur*, notamment son statut juridique, son financement, sa planification et sa réforme, etc.
— Livres et rapports traitant de *l'organisation et de l'administration des institutions d'enseignement supérieur*, notamment de la gestion et du développement des divers types d'établissement, de leurs personnels enseignant et administratif et de leurs étudiants.
— Livres et rapports traitant des *études*, notamment des programmes et régimes d'études, des nouvelles méthodes et techniques pédagogiques; de la formation des adultes et de l'éducation permanente; des cours par correspondance, des cours

— Books and reports on *International Cooperation in Higher Education*, including the interchange of staff and students; assistance to universities in developing countries; the "brain drain"; and a special sub-section on the *Recognition and Equivalence of Degrees and Diplomas*.
— *Works* dealing with the inter-relationships between *the University and Cultural, Economic and Social Life*.
— *Histories* of particular universities, and other books dealing with the history of higher education.

The library also contains an extensive *Collection of University Catalogues, Calendars and Handbooks*. and a *Collection of Journals and Reviews dealing with Higher Education*.

Publications

Under the authority of the Administrative Board the secretariat is responsible for the issue of the Association's publications which include a quarterly journal, a series of reference volumes, and studies and reports dealing with problems of higher education and its organization.

The *Bulletin* of IAU has been published quarterly since 1953; it contains news of the Association's activities, but the major part of each issue is devoted to articles and notes on important developments in higher education in all parts of the world. The Association's reference works, which are re-edited at regular intervals, give detailed information about university institutions and organizations throughout the world. The collection of studies and reports includes the series of *Papers* of the Association, each of which is devoted to a selected theme.

A full list of IAU publications is given on pages 638–640.
President: Dr. Roger Gaudry.
Secretary-General:
H. M. R. Keyes. (to March 1978).
D. J. Aitken. (from April 1978).
Assistant Secretary-General: G. Daillant.
1, rue Moiollis, 75732 Paris Cedex 15.

d'été, etc.
— Livres et rapports relatifs à la *coopération internationale en matière d'enseignement supérieur*, notamment aux échanges d'enseignants et d'étudiants, à l'aide aux universités des pays en voie de développement, et à «l'exode des cerveaux», avec une sous-section sur la *reconnaissance et l'équivalence des grades et diplômes*.
— Ouvrages traitant des rapports entre *L'Université et la vie culturelle, économique et sociale*.
— Ouvrages concernant l'*Histoire* de l'enseignement supérieur ou d'universités particulières.

La bibliothèque comporte également une grande *collection de catalogues, programmes et livrets de l'étudiant*, ainsi qu'une *collection de périodiques et de revues consacrées à l'enseignement supérieur*.

Publications

Sous l'autorité du Conseil d'administration, le secrétariat est responsable de l'édition des diverses publications de l'Association, notamment une revue trimestrielle, une série d'ouvrages de référence, des études et rapports traitant des problèmes de l'enseignement supérieur et de son organisation.

Le Bulletin de l'AIU, publié quatre fois par an depuis 1953, tout en renseignant sur les activités de l'Association, se compose principalement d'articles et de notices sur le développement de l'enseignement supérieur dans les différentes parties du monde. Les ouvrages de référence de l'Association, qui sont réédités à intervalles réguliers, fournissent des renseignements détaillés sur les institutions et les organisations universitaires du monde entier. La collection des études et rapports comprend la série des *Cahiers* de l'Association dont chacun est consacré à un thème précis.

La liste complète des publications de l'AIU figure en pages 641–643.
Président: Dr. Roger Gaudry.
Secrétaire général:
H. M. R. Keyes (jusqu à mars 1978).
D. J. Aitken. (à compter d'avril 1978).
Secrétaire général adjoint: G. Daillant.
1, rue Miollis, 75732 Paris Cedex 15.

ASSOCIATION OF AFRICAN UNIVERSITIES (AAU)
ASSOCIATION DES UNIVERSITIES AFRICAINES

Associate Member of International Association of Universities
Membre associé de l'Association internationale des Universités

The decision to create an Association of African Universities was taken at a Meeting of Heads of African Institutions of Higher Education held for this purpose at the University of Khartoum in September 1963. The International Association of Universities assisted in planning and making administrative arrangements for this meeting, and was invited to co-operate with the Interim Committee then set up to draft a constitution for the new Association. A founding conference, attended by the heads, or senior representatives, of 34 African university institutions, was held at Mohammed V University, Rabat, in November 1967. There the constitution was adopted and the first officers and members of the Executive Board of the Association were elected. The second General Conference of the Association was held by Lovanium University, Kinshasa, in November 1969, and new officers and a new Executive Board were elected to take office the following year.

The purpose of the Association are : *a*) to promote interchange, contact and co-operation among university institutions in Africa; *b*) to collect, classify and disseminate information on higher education and research, particularly in Africa; *c*) to promote co-operation among African institutions in curriculum development, and in the determination of equivalence of degrees; *d*) to encourage increased contact between its members and the international academic world: *e*) to study and make known the educational and related needs of African university institutions and, as far as practicable, to co-ordinate the means whereby those needs may be met; *f*) to encourage the

La décision de créer une Association des universités africaines a été prise lors d'une réunion de chefs d'institutions d'enseignement supérieur africaines, qui se tint à cet effet à l'Université de Khartoum en septembre 1963. L'Association internationale des Universités a aidé à la planification et à l'organisation administrative de cette réunion, et elle a été invitée à coopérer avec le Comité intérimaire, constitué à cette époque afin d'élaborer un projet de statuts pour la nouvelle Association. Une conférence constitutive se tint à l'Université Mohammed V, Rabat, en novembre 1967, avec la participation des chefs ou des plus hauts représentants de trente-quatre institutions universitaires africaines. Elle adopta le projet de statuts et procéda à l'élection du premier bureau et des membres du Comité exécutif de l'Association. La deuxième Conférence générale de l'Association eut lieu à l'Université Lovanium, Kinshasa en novembre 1969. Elle élut des nouveaux responsables et un nouveau Conseil Exécutif qui devaient entrer en fonction l'année suivante.

Les objectifs de l'Association sont : *a*) de promouvoir les échanges, les contacts et la coopération entre les institutions universitaires d'Afrique; *b*) de rassembler, de classer et de diffuser des informations sur l'enseignement supérieur et la recherche, particulièrement en Afrique; *c*) de promouvoir la collaboration des institutions africaines dans l'élaboration des programmes d'études et la détermination des équivalences de titres académiques; *d*) d'encourager le développement des contacts entre ses membres et le monde académique international; *e*) d'étudier et de faire connaître les besoins,

development and wider use of African languages; and *g)* to organize, encourage and support seminars and conferences between African university teachers, administrators, and others dealing with problems of higher education in Africa.

In 1969 the Association set up a programme of scholarships tenable in African universities. Under an agreement with the Association, U.S. AID provides over $1 million annually for this; the British Government is providing £25,000 and Canada $1 million for a period of 5 years ending 1978. Germany is contributing towards the Postgraduate Scholarship Programme. A number of African governments have also made or promised substantial contributions to the Association's Endowment Fund.

A Documentation Centre has been established in the Secretariat of the AAU. Its objective is to collect and disseminate information on higher education and research in African universities and to co-ordinate the activities of member universities.

The supreme governing body of the Association is the General Conference, composed of the representatives of all member institutions. Its fourth meeting took place at the University of Khartoum in December 1976. The President of the Association is elected by the General Conference and is also Chairman of the Executive Board. This body, which meets at least once a year, consists of the President, two Vice-Presidents and eight members, elected by the General Conference. Its members hold office for a period of three years.

Publications : *Bulletin, Directory.*

dans les domaines de l'éducation et autres, des institutions universitaires africaines, et, autant que possible, de coordonner les moyens par lesquels ces besoins peuvent être satisfaits; *f)* d'encourager l'épanouissement et l'usage plus généralisé des langues africaines; et *g)* d'organiser, d'encourager et d'aider des séminaires et conférences réunissant des enseignants et des administrateurs des universités africaines, ainsi que toute personne intéressée par les problèmes de l'enseignement supérieur en Afrique.

En 1969, l'Association a créé un programme de bourses offertes dans des universités africaines. A ce titre, l'Agence américaine pour le Développement international accorde plus d'un million de dollars par an de subvention, en vertu d'un accord conclu avec l'Association; le gouvernement britannique octroie de son côté vingt-cinq mille livres sterling, le Canada un million de dollars pendant une période de cinq ans s'achevant en 1978. L'Allemagne contribue au Programme de bourses postgraduées. Un certain nombre de gouvernements africains ont également versé ou se sont engagés à verser d'importantes contributions à la Caisse de Dotation de l'Association.

Un Centre de Documentation a été créé au Secrétariat de l'Association. Il a pour objectif de rassembler et de diffuser des informations sur l'enseignement supérieur et la recherche dans les universités africaines et de coordonner les activités des universités membres.

L'organe suprême de l'Association est la Conférence générale, composée des représentants de toutes les institutions membres. Sa quatrième réunion a eu lieu en décembre 1976 à l'Université de Khartoum. Le Président de l'Association, qui est élu par la Conférence générale, est en même temps Président du Comité exécutif. Cet organisme, qui se réunit au moins une fois par an, est composé du Président, de deux Vice-Présidents et de huit membres élus par la Conférence générale. Ses membres exercent leurs fonctions pendant une période de trois ans.

Publications : *Bulletin, Répertoire.*

President: Prof. Ampah Johnson, Rector, University of Bénin, Togo.
Vice-President: Prof. J. P. Ade Ajayi, Vice-Chancellor, University of Lagos.
Secretary-General: Dr. Y. K. Lule.
P.O. Box 5744, Accra North (Ghana).

Prèsident: Prof. Ampah Johnson, Recteur, Université du Bénin, Togo.
Vice-Président: Prof. J. P. Ade Ajayi, Vice-Chancelier, Université de Lagos.
Secretaire général: Dr. Y. K. Lule.
P.O. Box 5744, Accra Nord (Ghana).

ASSOCIATION OF ARAB UNIVERSITIES
UNION DES UNIVERSITES ARABES

Associate Member of International Association of Universities
Membre associé de l'Association internationale des Universités

The Association of Arab Universities was founded in December 1964 and at present has forty members in Algeria, Iraq, Jordan, Kuwait, Lebanon, Libyan Arab Republic, Syrian Arab Republic, Arab Republic of Egypt, Sudan, Tunisia, Morocco, Saudi Arabia, Qatar, and Yemen Arab Republic.

Its principal aims are : to consolidate co-operation among Arab universities and institutions of higher education; to raise the standard of university education; to give due attention to applied research dealing with Arab problems and to relate research topics to plans for economic and social development; to preserve and spread the Arab cultural heritage; to sanction Arabic as the language of science and culture and to unify scientific and technical terminology; to encourage the establishment of new universities in Arab countries; to promote cooperation between Arab universities and the other universities of the world; to coordinate the work of Arab universities in international organizations and congresses.

The supreme governing body of the Association is the General Conference on which each member university is represented by three to five members of its governing body. The General Conference met in Alexandria in September 1969, in Cairo in February 1973, and in Baghdad in November 1976. The Council, the executive body of the Association, is composed of the Rectors of the member universities and each in rotation serves for one year as chairman. The Council normally meets twice a year and has so far held meetings in Cairo, Amman,

L'Union des Universités arabes a été fondée en décembre 1964 et compte actuellement quarante membres dans les pays suivants: Algérie, Irak, Jordanie, Koweit, Liban, République arabe libyenne, République arabe syrienne, République arabe d'Egypte, Soudan, Tunisie, Maroc Arabic saoudite, Quatar et République arabe du Yémen.

Ses objectifs principaux sont définis comme suit: resserrer la coopération entre les universités et les établissements d'enseignement supérieur; relever le niveau de l'enseignement universitaire; promouvoir les recherches appliquées traitant de problèmes arabes et rattacher ces recherches aux plans de développement économique et social; cultiver et diffuser le patrimoine de la culture arabe; consacrer la langue arabe comme langue de science et de culture et unifier la terminologie scientifique et technique; encourager la création de nouvelles universités dans les pays arabes; promouvoir la coopération entre les universités arabes et les autres universités du monde; coordonner l'action des universités arabes dans les organisations internationales et les congrès.

L'organe suprême de l'Union est la Conférence générale, au sein de laquelle chaque université membre est représentée par trois à cinq membres de son conseil de direction. La Conférence générale s'est réunie à Alexandrie en septembre 1969, au Caire en février 1973, et à Bagdad en novembre 1976. Le Conseil, organe exécutif de l'Union, se compose des recteurs des universités membres, chacun assumant par roulement pendant un an les fonctions de président. Le Conseil se réunit deux fois par an et a tenu jusqu'ici ses réunions au Caire, à

Baghdad, Alexandria, Khartoum, Kuwait, Aleppo, Tunis, Rabat, Benghazi, and Sulaimaniyah.

The day-to-day business of the Association is entrusted to a general secretariat, composed of the Secretary-General, two assistants and other supporting staff.

Secretary-General: Dr. Mohamed Mursi Ahmed.

Assistant Secretaries-General: Dr. Ahmed El Sayed Osman; Dr. Jassim Mohamed Al-Khalaf.

General Secretariat, Scientific Computation Centre, Tharwat Street, Orman Post Office, Giza, Cairo.

Amman, à Bagdad, à Alexandrie, à Khartoum, à Koweit, à Aleppo, à Tunis, à Rabat, à Benghazi, et à Sulaimaniyah.

Un secrétariat général se charge des tâches quotidiennes de l'Association; il se compose du Secrétaire général, de deux assistants et d'autres membres adjoints.

Secrétaire général: Dr. Mohamed Mursi Ahmed.

Secrétaires généraux adjoints: Dr. Ahmed El Sayed Osman; Dr. Jassim Mohamed Al-Khalaf.

Secrétariat général, Scientific Computation Centre, Tharwat Street, Orman Post Office, Giza, Le Caire.

ASSOCIATION OF COMMONWEALTH UNIVERSITIES (ACU)

Associate Member of International Association of Universities
Membre associé de l'Association internationale des Universités

Founded in 1913, the Association is incorporated by Royal Charter. It is a voluntary society whose members (205 in May 1976) are institutions of university standing in Commonwealth countries. Eighty-three of the members are in developing countries. Its affairs are controlled by a Council of executive heads representing member universities in the different Commonwealth countries, and its income comes mainly from the annual subscriptions of its members. It receives no government grant but it provides secretariats for certain statutory bodies whose expenditure is reimbursed under contract with the relevant U.K. government department.

The Association works in a number of practical ways to implement its aim of promoting contact and co-operation between the universities of the Commonwealth.

Every five years the ACU holds a Congress of the Universities of the Commonwealth. The next will be at the University of British Columbia in 1978. A separate Conference of Executive Heads of member institutions is held in connection with each Congress and also once between Congresses. Between Congresses other smaller conferences of executive heads are also held in different parts of the Commonwealth.

The ACU provides factual information about Commonwealth universities and about access to them. It does so mainly in the form of publications, the chief one being the *Commonwealth Universities Yearbook.*

Fondée en 1913, l'Association s'est vu octroyer une Charte Royale. Organisation à but non lucratif, elle comptait en mai 1976 205 membres, qui sont des institutions de rang universitaire de pays du Commonwealth. Elle compte quatre-vingt trois de ses membres dans les pays en voie de développement. Ses activités se déroulent sous la direction d'un Conseil de chefs d'institution représentant des universités membres des différents pays du Commonwealth, et ses ressources sont principalement constituées par les cotisations annuelles de ses membres. Elle ne reçoit aucune subvention des pouvoirs publics mais assure, à l'intention de certains organismes officiels, des fonctions de secrétariat, dont le coût lui est remboursé en vertu d'un contrat passé avec le Ministère approprié du Royaume-Uni.

C'est par divers moyens pratiques que l'Association cherche à réaliser son objectif, qui est de promouvoir le développement des contacts et de la cooperation entre les universités du Commonwealth.

Les Congrès de l'ACU ont lieu tous les cinq ans. Le prochain est prévu à l'Université de la Colombie britannique en 1978. Une conférence distincte réunissant les chefs des institutions membres est organisée à l'occasion de chaque Congrès et également une fois entre les Congrès. D'autres conférences restreintes réunissant des chefs d'université sont aussi organisées dans différentes parties du Commonwealth, entre les Congrès.

L'Association fournit des renseignements sur les universités du Commonwealth et leurs conditions d'admission, principalement par l'intermédiaire de ses publications, dont la plus importante est le *Commonwealth Uni-*

Others include *Research Strengths of Universities in the Developing Countries of the Commonwealth; ACU Bulletin of Current Documentation* (5 times a year); a trilogy on financial aid (produced by the Awards Information Service of the Association) : *Awards for Commonwealth University Staff; Scholarships Guide for Commonwealth Postgraduate Students* (each every two years); and *Financial Aid for First Degree Study at Commonwealth Universities; Higher Education in the United Kingdom*, a handbook for overseas students (every two years, jointly with British Council); *Compendium of U.K. University Entrance Requirements for First Degree Courses,* and the *Report of Proceedings of the quinquennial Congresses.* Edited by the ACU for the Commonwealth Secretariat is *A Directory of Education and Training Resources in the Developing Countries of the Commonwealth at Post-secondary Level.* A free Personal Information Service for students, their parents and others is provided, and there is a Documentation Service primarily for senior officers of member universities. A list of academic visitors from the Commonwealth overseas is circulated in the U.K. There is a reference library of 6000 volumes.

Acting for overseas member institutions wishing to invite applications for vacant teaching and research posts from other countries, the Association maintains an Appointments Department through which, as such vacancies occur, they can be announced from London by public advertisement (the Service can be consulted about as many as 1500 to 1800 vacant posts a year) and through circulation to universities in the United Kingdom and other parts of the Commonwealth, and further information sent to interested enquirers. It also arranges, if asked, for overseas candidates to be assessed and for applicants in the United Kingdom or in Europe to be interviewed in London by independent committees of ex-

versities Yearbook. Parmi ses autres publications, il convient de citer : *Research Strengths of Universities in the Developing Countries of the Commonwealth; ACU Bulletin of Current Documentation* (5 fois par an); une trilogie sur l'aide financière (préparée par le *Awards Information Service of the Association*), *Awards for Commonwealth University Staff; Scholarships Guide for Commonwealth Postgraduate Students* (publiés chacun tous les deux ans); et *Financial Aid for First Degree Study at Commonwealth Universities; Higher Education in the United Kingdom,* ouvrage destiné aux étudiants d'outre-mer et publié tous les deux ans en collaboration avec le British Council; *Compendium of U.K. University Entrance Requirements for First Degree Courses;* et les *Actes des Congrès quinquennaux.* L'ACU édite, pour le Secrétariat du Commonwealth, un *Directory of Education and Training Resources in the Developing Countries of the Commonwealth at Post-secondary Level.* Un service d'information personnel et gratuit est assuré aux étudiants, à leurs parents et à d'autres personnes. L'ACU possède en outre un service de documentation, essentiellement destiné aux principaux responsables des universités membres. Une liste d'enseignants en visite originaires du Commonwealth est diffusée dans le Royaume-Uni. L'Association dispose également d'une bibliothèque de référence de 6000 volumes.

Agissant pour les institutions membres d'outre-mer désireuses de solliciter des candidatures d'autres pays pour des postes d'enseignement ou de recherche, l'Association dispose d'un service spécial pour les nominations de personnel grâce auquel les vacances qui se produisent peuvent être communiquées de Londres par voie d'annonce (le Service peut être consulté sur 1500 à 1800 vacances par an) et par communication aux universités du Royaume-Uni et d'autres parties du Commonwealth, et des détails complémentaires adressés aux intéressés. Sur demande, elle prend également des dispositions pour faire examiner les candidats étrangers et faire interviewer à Londres les candidats du Royaume-Uni ou d'Europe par

pert assessors who report to the universities concerned on the suitability of the candidates.

The Association provides the Secretariat for the *Commonwealth Scholarship Commission in the United Kingdom*, the statutory body responsible for the administration in the U.K. of the Commonwealth Scholarship and Fellowship Plan. The Commission's main tasks are : to select Commonwealth Scholars, holders of Commonwealth Medical Awards and Commonwealth Visiting Professors from overseas and place them in, or attach them to, universities and colleges in the U.K.; and to invite applications from U.K. candidates, and make nominations to the appropriate overseas agencies for Commonwealth Scholarships tenable in other countries. The Commission also administers a scheme of Commonwealth Academic Staff Fellowships for local staff in universities in developing Commonwealth countries. The Association prepares the annual report of the Plan's work and progress in the Commonwealth as a whole.

In the first sixteen years of the Plan, the ACU has selected and placed at U.K. universities 3738 scholars from other parts of the Commonwealth, 233 Academic Staff Fellows, 597 Medical and Senior Medical Fellows, and 72 Visiting Professors.

The Secretary General of the Association is executive secretary of the *Marshall Aid Commemoration Commission* which awards scholarships tenable at universities in the United Kingdom by students from the U.S.A. The Association provides the secretariat for the *Kennedy Memorial Trust*, which grants Kennedy Scholarships, and it also arranges the competitions for the *Frank Knox Fellowships*; both are tenable in the U.S.A. by U.K. graduates.

The Association has established, with the Commonwealth Foundation, a scheme of

des jurys indépendants qui soumettent aux universités intéressées un rapport sur l'aptitude des candidats à occuper les postes en question.

L'Association assure le secrétariat de la *Commonwealth Scholarship Commission in the United Kingdom*, l'organisme officiellement chargé de l'administration dans ce pays du *Commonwealth Scholarship and Fellowship Plan*. Les fonctions principales de la Commission sont les suivantes : sélectionner des boursiers du Commonwealth, des bénéficiaires des Fonds d'études médicales du Commonwealth et des Professeurs en visite du Commonwealth et les affecter aux universités et collèges du Royaume-Uni; solliciter des candidatures au Royaume-Uni et faire des nominations aux organismes responsables des Bourses du Commonwealth valables dans d'autres pays. La Commission administre également un Programme de Bourses du Commonwealth destinées au personnel enseignant, à l'intention du personnel local des universités des pays en voie de développement du Commonwealth. L'Association rédige le rapport annuel sur les activités et les progrès du Programme de Bourses du Commonwealth dans l'ensemble du Commonwealth.

Pendant les seize premières années du Plan, l'ACU a sélectionné et a affecté dans les universités du Royaume-Uni 3738 boursiers d'autres régions du Commonwealth, 233 enseignants boursiers, 597 bénéficiaires des Fonds d'études médicales, et 72 professeurs en visite.

Le Secrétaire général de l'Association est le Secrétaire exécutif de la *Marshall Aid Commemoration Commission*, qui octroie des bourses dans les universités britanniques à des étudiants des Etats-Unis. L'Association assure le secrétariat du *Kennedy Memorial Trust*, qui accorde les bourses Kennedy, et elle organise également le concours en vue de l'obtention des bourses Frank Knox; les unes et les autres permettent aux diplômés britanniques de poursuivre leurs études aux Etats-Unis.

L'Association a créé, avec la Fondation du Commonwealth, un système d'*Administrati-*

Administrative Travelling Fellowships whereby ten senior administrators of Commonwealth universities can be supported each year in special programmes of travel and study within the Commonwealth.

The *Commonwealth Fund for Technical Co-operation* provides financial support for plans promoted by ACU to help in academic exchanges between developing countries of the Commonwealth. The Association also administers the *Third World Academic Exchange Fellowship* funded by the Times Higher Education Supplement.

The ACU is in close touch with national inter-university organizations in Commonwealth countries and similar bodies in Europe and the U.S.A., with the Inter-University Council for Higher Education Overseas and the International Association of Universities. It is in special relationship with Unesco.

Chairman (1976–77) : Prof. E. J. Borg Constanzi.
Vice Chairman (1976–77) : Dr. J. Steven Watson.
Honorary Treasurer (1976–77) : Dr. T. H. B. Symons.
Honorary Deputy Treasurer (1976–77) : Sir Douglas Logan.
Secretary General: Sir Hugh W. Springer.
36 Gordon Square, London WC1H 0PF.

ve Travelling Fellowships dans le cadre duquel dix cadres supérieurs des universités du Commonwealth recoivent une assistance chaque année pour des programmes spéciaux de voyage et d'étude dans le Commonwealth.

Le *Commonwealth Fund for Technical Co-operation* accorde une aide financière aux projets que l'ACU met en œuvre pour contribuer au développement des échanges universitaires entre les pays en voie de développement du Commonwealth. L'Association gère également le *Third World Academic Exchange Fellowship* financé par le *Times Higher Education Supplement.*

L'Association entretient d'étroites relations avec les organisations universitaires nationales des pays du Commonwealth et les organismes analogues d'Europe et des Etats-Unis, avec le Conseil interuniversitaire pour l'enseignement supérieur outre-mer et avec l'Association internationale des universités. Elle bénéficie des relations consultatives avec l'Unesco.

Président (1976–77) : Prof. E. J. Borg Constanzi.
Vice-Président (1976–77) : Dr. J. Steven Watson.
Trésorier honoraire (1976–77) : Dr. T. H. B. Symons.
Trésorier honoraire adjoint (1976–77) : Sir Douglas Logan.
Secrétaire général: Sir Hugh W. Springer.
36 Gordon Square, London WC1H 0PF.

ASSOCIATION OF SOUTH EAST ASIAN INSTITUTIONS OF HIGHER LEARNING (ASAIHL)

Associate Member of International Association of Universities
Membre associé de l'Association internationale des Universités

The Association was founded as a non-governmental organization in 1956 at a meeting in Bangkok of the heads of eight State universities in South East Asia. Its purpose is to assist member institutions to strengthen themselves through mutual self-help and thus to achieve international distinction in teaching, research and public service. In so doing the institutions contribute strength to their respective nations and to the entire region. Specifically, the Association exists to foster the development of the institutions themselves, the cultivation of a sense of regional identity and interdependence and liaison with other regional and international organizations concerned with research and teaching. It serves as a clearinghouse of information; provides regular opportunities for the discussion of academic development and general university development; assists member institutions in the recruitment and placement of faculty and staff, exchanges of professors and students, and the development of co-operative arrangements on specific projects; provides advisory services of consultants; strengthens relationships with regional and international bodies, and keeps member institutions informed about development within them; and recognizes and acknowledges distinctive achievement among South East Asian institutions of higher education.

The membership of the Association includes 45 university institutions in Hong

L'Association des institutions d'enseignement supérieur de l'Asie du Sud-Est a été fondée en 1956 comme organisation non gouvernementale au cours d'une réunion tenue à Bangkok par les chefs de huit universités d'Etat d'Asie du Sud-Est. Elle se propose d'aider les institutions membres à se développer par le moyen de l'assistance mutuelle et à atteindre par là un niveau international dans le domaine de l'enseignement, de la recherche et des services rendus au public. Les institutions contribuent ainsi à une expansion accrue tant de la région tout entière que de leurs pays respectifs. L'Association a notamment pour buts de promouvoir le développement des institutions elles-mêmes, de cultiver un sentiment d'identité régionale et d'interdépendance et de maintenir des liens avec d'autres organisations, régionales ou internationales s'occupant de recherche et d'enseignement. Elle fonctionne comme centre d'information; permet de discuter périodiquement de l'évolution des problèmes académiques et du développement général de l'université; apporte son aide aux institutions membres pour le recrutement et le placement de membres du corps enseignant, les échanges de professeurs et d'étudiants, et les accords de coopération sur des projets déterminés; fournit les services de consultants; resserre les liens avec les organismes régionaux ou internationaux; tient les institutions membres au courant de l'évolution qui s'y produit; et accorde son soutien et son appui aux réalisations les plus marquantes des institutions d'enseignement supérieur d'Asie du Sud-Est.

L'Association compte au nombre de ses membres 45 institutions universitaires de

Kong, Indonesia, Malaysia, the Philippines, Singapore, Thailand and Viet-Nam, and its governing body is the General Conference, which meets at least once every two years. The first General Conference took place in Bangkok in 1957 and the second in Manila in 1959. The third General Conference was held in Kuala Lumpur in 1961, the Fourth General Conference in Bandung in 1963, the Fifth General Conference in Bangkok in 1964, the Sixth in Bangkok in 1966, the Seventh in Manila in 1968, the Eighth in Hong Kong in 1970, the Ninth in Singapore in 1972, and the Tenth in Kuala Lumpur in 1974. An Administrative Board composed of the President and Vice-President of the Association and one representative from each country which has a member institution, except those countries from which the President and Vice-President come, is elected by the General Conference and meets at least once a year.

President (1975–1976) : Prof. Mahar Mardjono, Rector, University of Indonesia, Jakarta.
Executive Secretary: Prof. Prachoom Chomchai.
Ratasastra Building, Chulalongkorn University, Henri Dunant Road, Bangkok 5.

Hong-Kong, d'Indonésie, de Malaisie, des Philippines, de Singapour, de Thaïlande et du Viêt-nam. Son organe directeur est la Conférence générale qui se réunit au moins une fois tous les deux ans. La première Conférence générale a eu lieu à Bangkok en 1957 et la deuxième à Manille en 1959. La troisième a eu lieu à Kuala-Lumpur en 1961, la quatrième à Bandung en 1963, la cinquième à Bangkok en 1964, la sixième à Bangkok en 1966, la septième à Manille en 1968, la huitième à Hong Kong en 1970, la neuvieme à Singapour en 1972, et la dixième à Kuala Lumpur en 1974. Le Conseil d'administration, composé du Président et du Vice-Président de l'Association ainsi que d'un représentant de chacun des pays d'où viennent le Président et le Vice-Président, est élu par la Conférence générale et se réunit au moins une fois par an.

Président (1975–1976) : Prof. Mahar Mardjono, Recteur, Université d'Indonésie, Jakarta.
Secrétaire exécutif: Prof. Prachoom Chomchai.
Ratasastra Building, Chulalongkorn University, Henri Dunant Road, Bangkok 5.

ASSOCIATION DES UNIVERSITES PARTIELLEMENT OU ENTIEREMENT DE LANGUE FRANCAISE (AUPELF)

Associate Member of International Association of Universities
Membre associé de l'Association internationale des Universités

The Association, established in 1961, has its headquarters at the University of Montreal. Its aims are to further international co-operation in higher education between universities whose medium of instruction is French or who use French as one of their principal languages of instruction, and to provide them with information, documentation and technical services.

French-speaking universities and those where French is one of the principal languages of instruction may be admitted to full membership; French-speaking colleges, centres of higher education, university centres and similar institutions, which provide university level education, may be admitted to Associate membership (Category "A"); departments, centres, sections and institutes of French studies in non-francophone universities throughout the world may also be admitted to Associate membership (Category "B").

At present the Association has 109 Member universities in 29 countries, and 13 Associate Members in the first category and nearly 300 in the second.

The principal activities of AUPELF are : the publication of periodicals and directories; the organization of colloquia and seminars; the operation of a micro-reproduction service, and of an international university co-operation fund. Its fields of action include university co-operation and exchanges of academic staff and research workers; the study of French in the world, in the context of intercultural dialogue; scientific information and the problems of academic publications; information and research

L'Association, fondée en 1961, a son siège social à l'Université de Montréal. Ses objectifs sont les suivants: le développement de la coopération internationale dans l'enseignement supérieur, entre les universités partiellement ou entièrement de langue française; la mise à la disposition de ces institutions d'instruments d'information et de documentation et de services techniques.

Les universités de langue française et celles où le français est l'une des langues principales d'enseignement sont admissibles en qualité de membres titulaires; les grandes écoles, les centres d'études supérieures, les centres universitaires (et institutions assimilables) qui dispensent un enseignement de niveau universitaire et qui sont de langue française, en qualité de membres associés (catégorie "A"); sont également admis en cette qualité (catégorie "B") les départements, centres, sections ou instituts d'études françaises des universités non francophones à travers le monde.

Actuellement. l'Association compte 109 universités membres titulaires dans 29 pays et 13 membres associés de la première catégorie et près de 300 de la seconde catégorie.

Les principaux moyens d'action de l'AUPELF sont les suivants : les publications périodiques, les répertoires, les colloques et séminaires, un service de micro-reproduction, et le Fonds international de coopération universitaire. Ses domaines d'activité sont la coopération universitaire et les échanges de professeurs et de chercheurs; les études françaises dans le monde dans la perspective du dialogue des cultures; l'information scientifique et les problèmes du livre universitaire; l'information et la recherche

on the development of educational systems.

The AUPELF *General Assembly* meets every three years; each member institution is entitled to one vote. Its *Administrative Board* of 11 members meets once a year and has three standing committees : *a)* scientific information and documentation; *b)* co-operation and development; and *c)* French language. AUPELF has been admitted to consultative and associate relations with Unesco (Category A).

Triennial Congresses (meetings of the *General Assembly*) took place in 1963 in Paris on the theme "The State and prospects of higher education in Africa", in 1966 in Liège on "The traditional rôle and the new tasks of the university" and in 1969 in Nice; the fourth triennial Assembly took place in November 1972 in Geneva, the fifth in December 1975 in Lomé on "The Search for operational models for university co-operation".

Seven annual colloquia have also been held : in 1964 in Beirut on "The present position and future prospects of African and Oriental studies"; in 1965 in Geneva on "University libraries : problems of today and tomorrow"; in 1967 in Montreal on "The university and scientific research"; in 1968 in Tunis on "The university and inter-university co-operation in research for development"; in 1970 in Abidjan on "The university, life-long education and society"; in 1971 in Madagascar on "The university in the community: its rôle and responsibility"; and in 1973 at Liège on "The university and audio-visual communication".

The first international meeting of departments of French studies was held in Spring 1972 in Quebec on the theme "French studies in the world: needs, problems and experience". Two regional seminars were held, one in August 1973 for French departments in Latin American Universities, the other in March 1975 at Damascus for French departments in Arab Universities in the Maghreb and the Near East.

sur l'évolution des systèmes éducatifs.

L'Assemblée générale de l'AUPELF se réunit tous les trois ans; chaque membre y dispose d'une voix. Son *Conseil d'administration*, composé de onze membres, se réunit une fois par an. Il est assisté de trois commissions permanentes : *a)* information-documentation scientifiques (C.I.D.S.); *b)* co-opération-développement (C.C.D.); *c)* langue française (C.L.F.). L'AUPELF a été admise par l'Unesco aux relations d'association et de consultation (catégorie A).

Les congrès triennaux (ou réunions de *l'Assemblée générale*) ont eu lieu en 1963 à Paris sur le thème «L'Etat et les perspectives de l'enseignement supérieur en Afrique», en 1966 à Liège sur «La mission permanente et les tâches nouvelles de l'Université» et en 1969 à Nice; la quatrième Assemblée triennale s'est tenue en novembre 1972 à Genève, la cinquième en décembre 1975 à Lomé sur le thème «Recherche de modèles opérationnels de coopération universitaire».

Sept colloques scientifiques annuels ont été organisés : en 1964 à Beyrouth sur «La situation et les perspectives des études africaines et orientales»; en 1965 à Genève sur «Les bibliothèques dans l'université : problèmes d'aujourd'hui et de demain»; en 1967 à Montréal sur «L'Université et la recherche scientifique»; en 1968 à Tunis sur «L'Université et la coopération interuniversitaire dans la recherche en vue du développement»; en 1970 à Abidjan sur «L'Université, l'éducation permanente et la société»; en 1971 à Madagascar sur «L'Université dans son milieu : action et responsabilité»; et en 1973 à Liège sur «L'Université et la communication audio-visuelle».

La première rencontre internationale des départements d'études françaises a eu lieu au printemps 1972 à Québec sur le thème : «Les études françaises dans le monde : besoins, problèmes et expériences». Deux séminaires régionaux ont été tenus, l'un en août 1973 à l'intention des départements d'études françaises des universités de l'Amérique latine, l'autre en mars 1975, à Damas à l'intention des départements d'études françaises des

There were seminars in October 1971 at Orleans and in October 1972 at Abidjan on the theme "Scientific and technical publications in the French language", at Paris in September 1972 on "The pedagogic revival in higher education", in May 1973 at Louvain on "The university and the plurality of cultures", and in October 1974 at Montreal on "The rôle of an audio-visual centre in a university". The Conference of Rectors of African universities, members of AUPELF, met in Kinshasa in July 1973, at Niamey in December 1974, and at Brazzaville in April 1976. In the context of interuniversity co-operation in Africa a seminar on "Relations between universities and governments in scientific research" was held at Niamey in December 1974.

A documentation and microfiche reproduction service was set up at the beginning of 1965. This enables the academic staff of member institutions to obtain, through the European office of AUPELF in Paris, microfiche copies of any document: old or out-of-print books, articles from journals, doctoral theses, etc. AUPELF has issued in its series of micro-reproductions a collection *Archives de la Linguistique française* and is continuing the publication of its collection *Archives d'études africaines*.

Since 1965, the Association has periodically organized training courses for young librarians with the aid of major university libraries in the western countries. Since 1969, it has also organised information courses for the senior members of the administrative staff of French-speaking universities in the "Third World".

Publications: *Le Bulletin de nouvelles brèves* (four issues a year): information about forthcoming events such as colloquia and congresses, university publications, vacant chairs, etc.; the bulletin *Etudes françaises dans le Monde* (four issues a year), *Répertoire des cours d'été*, vacation courses and per-

universités arabes du Maghreb et du Proche-Orient.

Des séminaires se sont déroulés en octobre 1971 à Orléans et en octobre 1972 à Abidjan sur le thème de «L'édition scientifique et technique de langue française», à Paris, en septembre 1972, sur «La rénovation pédagogique dans l'enseignement supérieur», en mai 1973 à Louvain sur «L'Université et la pluralité des cultures», en octobre 1974 à Montréal sur «Le rôle d'un centre audio-visuel dans une université». La conférence des recteurs des universités africaines membres de l'AUPELF s'est réunie en juillet 1973 à Kinshasa en décembre 1974 à Niamey et en avril 1976 à Brazzaville. La coopération interuniversitaire en Afrique a été marquée par un séminaire sur «Les rapports universités-gouvernements dans la recherche scientifique» qui s'est tenu à Niamey, en décembre 1974.

Un service documentaire de reproduction, en particulier sur microfiche, a été créé au début de 1965. Tout enseignant attaché à l'une des institutions membres peut obtenir, par l'intermédiaire du Bureau européen de l'AUPELF installé à Paris, la reproduction sur microfiche d'un document scientifique quelconque : ouvrages anciens ou épuisés, articles de périodiques, thèses de doctorat, etc. En matière de micro-édition, l'AUPELF a publié une collection *Archives de la linguistique française* et poursuit la publication de la collection *Archives d'études africaines*.

Depuis 1965, l'Association organise périodiquement, avec le concours des grandes bibliothèques universitaires occidentales, des stages de perfectionnement à l'intention de jeunes bibliothécaires. Depuis 1969, elle organise également des stages d'information à l'intention des cadres administratifs supérieurs des universités du Tiers Monde francophone.

Publications : *Le Bulletin de nouvelles brèves* (quatre numéros par an) annonce les événements de la vie universitaire internationale : colloques et congrès, publications universitaires, chaires vacantes, etc.; le bulletin *Etudes françaises dans le monde* (quatre numéros par an); le *Répertoire des cours*

manent courses for foreigners at francophone universities (annually in February); *Le Répertoire des études supérieures, des équivalences de titres et de diplômes et de périodes d'études entre les universités de langue française* (brought periodically up-to-date); *Idées* (three times a year); *Cahiers de l'AUPELF*: each edition is devoted to a single theme: 1—"L'université africaine d'hier à demain"; 2—"La dimension internationale de l'université"; 3—"L'université et l'information", 4—"Principes de gestion universitaire"; 5—"Nouvelle pédagogie des enseignements supérieurs". *La Revue de l'AUPELF* (two issues a year): until 1973, articles and studies on various aspects of education, research, university organization and administration; reports from member universities; notes on current international university topics; since 1974, issues devoted to selected themes replace the *Cahiers*.

President: Seydou Madani Sy, Rector, University of Dakar.
Secretary-General: Jean-Marc Léger.
B.P. 6128, Université de Montréal, Montreal, Qué., Canada H3C 3J7.
European Office: 173, boulevard Saint-Germain, 75272 Paris Cedex 06.
African Office: B.P. 10017 Liberté, Dakar.

d'été : cours de vacances et cours permanents pour étrangers dispensés par les universités francophones (paraît chaque année en février); le *Répertoire des études supérieures et des équivalences de titres, de diplômes et de périodes d'études entre les universités de langue française* (avec mises à jour périodiques); *Idées* (trois numéros par an). L'AUPELF publie également les Actes des congrès, colloques et séminaires qu'elle organise; le *Répertoire général des universités membres de l'AUPELF*, chaque numéro étant consacré à un sujet unique : 1o «L'Université africaine d'hier à demain»; 2o «La dimension internationale de l'université»; 3o «L'Université et l'information»; 4o «Principes de gestion universitaire»; 5o «Nouvelle pédagogie des enseignements supérieurs»; *La Revue de l'AUPELF* (deux numéros par an) : jusqu'en 1973, articles et études portant sur divers aspects de l'enseignement, de la recherche, de l'organisation et de l'administration universitaires; chroniques des universités membres, documents et échos de l'actualité universitaire internationale; depuis 1974, a remplacé les *Cahiers* par des numéros thématiques.

Président: Seydou Madani Sy, Recteur de l'Université de Dakar.
Secrétaire général: Jean-Marc Léger.
B.P. 6128, Université de Montréal, Montréal, Qué, Canada H3C 3J7.
Bureau européen: 173, boulevard Saint-Germain, 75272 Paris Cedex 06.
Bureau africain: B.P. 10017 Liberté, Dakar.

INTERNATIONAL FEDERATION OF CATHOLIC UNIVERSITIES
FEDERATION INTERNATIONALE DES UNIVERSITES CATHOLIQUES (FIUC)

Associate Member of International Association of Universities
Membre associé de l'Association internationale des Universités

The origins of this Federation date back to 1924, when, at the invitation of P. A. Gemelli (Milan) and D. J. Schrijnen (Nijmegen), a number of Rectors of Catholic Universities began to meet with the purpose of discussing specific questions of mutual interest.

On 28 June 1948, the "Foederatio Universitatum Catholicarum" was established at the Holy See, in Rome, by decree of the Sacred Congregation of Seminaries and Universities.

By his apostolic letter "Catholicas Studiorum Universitates", of 27 July, 1949, Pope Pius XII recognized this Federation of Catholic Universities.

The first Statutes of the new Federation were approved by the Sacred Congregation of Seminaries and Universities on 11 January, 1951. They were later revised following a resolution taken by the General Assembly in 1963. The text of the new Statutes was adopted by the General Assembly in Tokyo in 1965. These Statutes endow it with its new title—the International Federation of Catholic Universities—and with the status of an international non-governmental organization. New amendments to the Statutes were adopted in 1970 by the 9th General Assembly which met in Boston.

The Federation now has 85 university members and 49 Associate Members : the latter include institutions, independent faculties and schools not attached to universities. The geographic distribution of

Les origines de cette Federation remontent à 1924 lorsque, à l'invitation de P. A. Gemelli (Milan) et de D. J. Schrijnen (Nimègue), plusieurs Recteurs d'Universités catholiques commencèrent à se réunir pour discuter de questions précises intéressant toutes les Universités.

Le 28 juin 1948, la «Foederatio Universitatum Catholicarum» fut érigée auprès du Saint-Siège, à Rome, par décret de la Sacrée Congrégation des Séminaires et Universités.

Par la lettre apostolique «Catholicas Studiorum Universitates», en date du 27 juillet 1949, le Pape Pie XII reconnaissait cette Fédération des Universités catholiques.

Les premiers statuts de cette nouvelle Fédération furent approuvés par la Sacrée Congrégation des Séminaires et Universités le 11 Janvier 1951. Ils furent révisés à la suite d'une décision prise par l'Assemblée générale en 1963. Le texte des nouveaux statuts fut adopté par l'Assemblée générale à Tokyo en 1965. Ces statuts donnent à la «Fédération internationale des Universités catholiques», avec son nouveau titre, le caractère d'une organisation internationale non gouvernementale. De nouvelles modifications des statuts furent adoptées par la neuvième Assemblée générale réunie à Boston.

Actuellement la Fédération compte 85 universités membres et 49 membres associés : ces derniers sont des institutions d'enseignement supérieur, telles que facultés ou écoles, indépendantes des universités. La

members is : Africa, 1; Asia, 46; North America, 25; Latin America, 24; Europe, 38. Associate Members have one vote at the General Assembly, whereas the member universities have two.

The Fedération is governed by an Administrative Board, composed of the President, one Vice-President, the Secretary-General and five Counsellors; Board members are elected by the General Assembly, The Administrative Board meets at least once a year.

The Federation has held eleven General Assemblies : Rome 1949, Quebec 1952, Louvain 1955 and 1958, Rio de Janeiro 1960, Washington 1963, Tokyo 1965, Kinshasa 1968, Boston 1970, Salamanca 1973, and New Delhi 1975.

The purpose of the Federation is to contribute to the development of the arts and sciences in a Christian perspective. To this end, it strives to promote a closer collaboration among the catholic institutions of higher education themselves as well as with all universities and international organizations interested in higher education and research.

Recently, the main themes of study have been : The Autonomy of the Catholic University; The Rôle and Mission of the Catholic University in the Modern World; Economic Sciences in Catholic Education; The Catholic University and Development; The Critical and Spiritual Function of the Catholic University. The Federation has also played an important part in the foundation in Jerusalem of an Ecumenical Research Institute on the History of Salvation in co-operation with Anglican, Orthodox, and Protestant academic staff. It is also co-ordinating research between Catholic universities and other academic institutions.

Publications : *Annuarium–Catholicarum Universitatum Foederatio*–1954, Rome, Italy; *Catalogus Catholicorum Institutorum de Studiis Superioribus*–1957, Rome; *Suplementa* (Annuarii, Catalogi,

répartition géographique s'établit ainsi : Afrique, 1; Asie, 46; Amérique du Nord, 25; Amérique latine, 24; Europe, 38. Les membres associés ont une seule voix à l'Assemblée générale, tandis que les universités membres disposent de deux voix.

La Fédération est dirigée par le Conseil d'administration, composé du Président, d'un Vice-Président, du Secrétaire général et de cinq Conseillers; les membres du Conseil sont élus par l'Assemblée générale. Le Conseil d'administration se réunit au moins une fois par an.

La Fédération a tenu onze assemblées générales : 1949 à Rome, 1952 à Québec, 1955 et 1958 à Louvain, 1960 à Rio de Janeiro, 1963 à Washington, 1965 à Tokyo, 1968 à Kinshasa, 1970 à Boston, 1973 à Salamanque; et 1975 à New Delhi.

La Fédération se propose de contribuer au développement des sciences et des lettres dans une perspective chrétienne. Dans ce but elle s'efforce de promouvoir une collaboration plus étroite des institutions d'enseignement supérieur catholique entre elles ainsi qu'avec toutes les universités et les organismes internationaux qui s'intéressent à l'enseignement supérieur et à la recherche.

Les principaux thèmes mis à l'étude récemment ont été : L'Autonomie de l'Université Catholique; La place et la mission de l'Université Catholique dans le monde moderne; Les Sciences économiques dans l'enseignement supérieur catholique; L'Université Catholique et le Développement; La fonction critique et spirituelle de l'Université Catholique. D'autre part la FIUC a pris une part importante dans la fondation à Jérusalem d'un Institut œcuménique de recherches sur l'Histoire du Salut en coopération avec des universitaires anglicans, orthodoxes et protestants. Elle a entrepris aussi d'établir une coordination des recherches entre les universités catholiques et autres institutions académiques.

Publications : *Annuarium–Catholicarum Universitatum Foederatio*–1954, Rome; *Catalogus Catholicorum Institutorum de Studiis Superioribus*–1957, Rome; *Suplementa* (Annuarii, Catalogi, Seminaria Maiora)–1960,

Seminaria Maiora)–1960, Rome; *Documenta Catholicarum Universitatum Foederationis n° 1*–1963, Rome; *Documenta n° 2–Resolutions of the Washington Congress (1963)*–1965, Roma; *Planning of Education* (International Catholic Seminar)–Louvain, 1964; "*Monographs*" on Catholic Universities and the modern world : 1. "*The Cultural and Educational Aspects of Development*", by Reverend Theodore Hesburgh, President of IFCU, 1964; 2. "*L'Autonomie des Universités catholiques*", by M. René Théry, Dean of the Faculty of Law, Lille, 1965; "*The Idea of the Catholic University*", (Land O'Lakes, Wisconsin), 1967; "*The Right to be Educated*" (Human Rights International Year) 1968; "*L'Université catholique dans le monde moderne*" (Reports presented at 8th General Asembly, Kinshasa), 1968; "*The Catholic University—A Modern Appraisal*", 1970; "*Les Sciences économiques dans l'Enseignement supérieur catholique*" (Reports presented at a colloquium, Barcelona, October 1969), 1970; "*L'Université catholique et le Développement*" (Reports presented at 9th General Assembly, Boston, 1970), 1971; "*L'Université catholique dans le monde moderne*" (Congress of Catholic University Delegates, Rome, 1972); *The spiritual function of the Catholic University and its function as a critic* (Report of the 10th General Assembly, Salamanca 1973); *The co-ordination of research Work within The Church* (Proceedings of a colloquy organized by the IFCU at Grottaferrata, Italy, 1974); *The participation of Catholic Universities in research and education in the fields of population and human development* (Report of the 11th General Assembly, New Delhi, 1975).

The Federation contributes to the "*Universities*" section of the Bulletin of International Catholic Organizations of Education.

The official languages of the Federation are English, Spanish, and French.

President: Rev. Hervé Carrier, S.J., Rector,

Pontifical Gregorian University, Rome (Italy).
Secretary-General: R. P. Edouard Boné, S. J., Université catholique de Louvain.
Permanent Secretariat: 77 *bis*, rue de Grenelle, 75007 Paris.

teur, Université pontificale grégorienne, Rome (Italie).
Secrétaire général: R. P. Edouard Boné, S.J., Université catholique de Louvain.
Secrétariat permanent: 77 *bis*, rue de Grenelle, 75007 Paris.

STANDING CONFERENCE OF RECTORS AND VICE-CHANCELLORS OF THE EUROPEAN UNIVERSITIES

CONFERENCE PERMANENTE DES RECTEURS ET VICE-CHANCELIERS DES UNIVERSITES EUROPEENNES

Associate Member of International Association of Universities
Membre associé de l'Association internationale des Universités

The first Conference of Rectors and Vice-Chancellors of the European Universities took place at Cambridge from 20 to 27 July 1955, on the initiative of the University of Cambridge, the British Government and the Western European Union. In addition to the Rectors and Vice-Chancellors the conference was also attended by representatives of the various national ministries of education and by representatives of international organizations.

The studies carried out in common seemed to the participants to be of such value that, before closing the conference, the Assembly resolved to convene similar conferences at regular intervals. An organizing committee, chosen from among members of the conference, was asked to collect documentation about university education in the countries represented at the conference and to organize future conferences, so maintaining continuing relationships between the universities.

The second plenary conference was held at the University of Dijon from 9 to 15 September 1959. The topics of its deliberations were "Universities and the shortage of academic and technical staff" and "Universities and European studies in the fields of the humanities and the social and economic sciences". The success of this conference, which confirmed and consolidated that of the first one, led its members to create a standing conference of Rectors and Vice-Chancellors of the European Universities which, in principle, was to meet every five

C'est à Cambridge, du 20 au 27 juillet 1955, que, sur l'initiative de l'Université, du gouvernement britannique et de l'Union de l'Europe occidentale, s'est réunie la première Conférence des Recteurs et Vice-Chanceliers des Universités européennes à laquelle participaient également des représentants des ministères de l'instruction publique des différents pays d'Europe et d'organisations internationales.

Les études menées en commun parurent si profitables aux participants qu'avant de se séparer, ils recommandèrent par une résolution générale que pareille conférence fût convoquée périodiquement et que dans l'intervalle des sessions un comité d'organisation, choisi parmi les membres de la conférence, fût chargé de réunir la documentation relative à l'enseignement universitaire dans les pays représentés, de préparer les conférences ultérieures et d'assurer ainsi la permanence des relations entre les universités.

La seconde Conférence plénière eut lieu à l'Université de Dijon du 9 au 15 septembre 1959. Elle prit pour objet de ses travaux et de ses délibérations d'une part "Les universités et la pénurie de personnel scientifique" et, d'autre part, "Les universités et les études relatives à l'Europe dans le domaine des humanités et des sciences sociales et économiques". Son succès qui confirmait et développait celui de la première conférence décida ses membres à créer une Conférence permanente des Recteurs et Vice-Chanceliers des Universités européennes dont les réunions

years in a university town in one of the countries represented at the conference, with the purpose of studying problems of common interest to the European universities.

It was at Göttingen, from 1 to 8 September 1964, that the Conference of Rectors and Vice-Chancellors of the European Universities was finally constituted. A Standing Committee, a Bureau (which meet respectively two and four times a year) and a Secretariat (based in Geneva) were created. In the course of the following general Assemblies (Geneva 1969 and Bologna 1974) the number of members increased to 320 Rectors, Presidents and Vice-Chancellors from more than 20 European countries. In addition to the quinquennial Assembles devoted to broad themes (university autonomy : 1969; the European universities 1975–1985 : 1975), the members may also take part in bi-annual conferences which take up specific questions such as access to higher education, research, and life-long education. Another means of communication is the quarterly bulletin : *CRE–Information*.

In June 1975, an extraordinary General Assembly was convened in Vienna to discuss the problem of giving the Standing Conference a wider pan-European basis. It was not able to reach a decision but the maintenance of contact between university institutions in East as well as in West Europe remains a constant concern of CRE.

President: Prof. Dr. Ludwig Raiser, Eberhard-Karls-Universität, Tübingen (Fed. Rep. of Germany).
Treasurer: Prof. Dominique Rivier, Rector, Université de Lausanne.
Secretary: Dr. Andris Barblan.
Université de Genève, 1211 Geneva 4.

doivent avoir lieu en principe tous les cinq ans dans une ville universitaire d'un des pays représentés à la Conférence et dont la mission consiste à étudier les problèmes d'intérêt commun pour les universités d'Europe.

C'est à Göttingen, du ler au 8 septembre 1964, que la Conférence des Recteurs et Vice-Chanceliers des Universités européennes s'est définitivement constituée. Elle se dota alors d'un Comité permanent et d'un Bureau (qui se réunissent respectivement deux fois et quatre fois l'an) et d'un secrétariat dont le siège est à Genève. Au fil des Assemblées générales suivantes (Genève, 1969; Bologne 1974) le nombre des membres s'accrut à près de 320 recteurs, présidents et vice-chanceliers venant de plus de 20 pays européens. Actuellement outre les Assemblées quinquennales où sont traités de vastes sujets (l'autonomie de l'université : 1969; les universités européennes de 1975 à 1985 : 1974), les membres ont à disposition des conférences semestrielles axées sur un problème restreint, l'accès à l'université, la recherche et l'éducation permanente, par exemple. Autre outil de travail: le bulletin trimestriel: *CRE–Information*.

En juin 1975 fut convoquée une Assemblée générale extraordinaire, à Vienne, qui réfléchit à la manière de donner à la Conférence permanente une stature paneuropéenne. Aucune décision ne put être prise mais la poursuite de contacts entre institutions de l'Est comme de l'Ouest de l'Europe reste un souci constant de la CRE.

Président: Prof. Dr. Ludwig Raiser, Eberhard-Karls-Universität, Tübingen (Rep. fed. d'Allemagne).
Trésorier: Prof. Dominique Rivier, Recteur de l'Université de Lausanne.
Secrétaire: Dr. Andris Barblan.
Université de Genève, 1211 Genève 4.

UNION DE UNIVERSIDADES DE AMERICA LATINA (UDUAL)

Associate Member of International Association of Universities
Membre associé de l'Association internationale des Universités

The Union of Universities of Latin America was created in September 1949 by the First Congress of Universities of Latin America, which took place at Guatemala under the patronage of the Universidad de San Carlos de Guatemala. The Union seeks to aid in the development of university institutions in Latin America; to promote the cultural integration of Latin America; and to provide a documentation centre, a library, and a statistical and higher education planning centre for Latin America. The Union also maintains close relations with international cultural associations and acts as a regional centre for the ideals of world understanding and co-operation.

Membership of the Union is open to institutions of higher education which comply with the definition of a university contained in its by-laws. Other cultural institutions may be admitted to associate membership. In 1971 the Union comprised 108 members in 21 Latin American countries.

The Structure of the Union : The supreme organ of the Union is the General Assembly of member universities which meets every three years. Six General Assemblies have been held : Guatemala, 1949; Chile, 1953; Argentina, 1959; Colombia, 1963; Peru, 1967; Santo Domingo, 1970. The executive organ of the Union is the Executive Board (Consejo Ejecutivo) of 9 members (8 Rectors of Latin American universities, and the Secretary-General). When a member of the Board ceases to be the Rector or President of his university, a deputy member takes his place on the Board.

L'Union des Universités d'Amérique latine a été créée en septembre 1949 par le Premier Congrès des Universités d'Amérique latine, qui a eu lieu à Guatemala sous le patronage de l'Université de San Carlos de Guatemala. L'Union cherche à contribuer au développement des institutions universitaires d'Amérique latine; à promouvoir l'intégration culturelle de l'Amérique latine; et à mettre à la disposition de l'Amérique latine un centre de documentation, une bibliothèque et un centre de renseignements statistiques et de planification de l'enseignement supérieur. L'Union entretient également d'étroites relations avec des associations internationales culturelles et elle est un centre régional où peuvent s'exprimer les idéaux de compréhension et de coopération internationales.

Peuvent devenir membres de l'Union les établissements d'enseignement supérieur qui répondent à la définition de l'Université contenue dans ses statuts. D'autres organismes culturels peuvent être admis en qualité de membres associés. En 1971, l'Union comptait 108 membres dans 21 pays d'Amérique latine.

Structure de l'Union : L'autorité suprême de l'Union est l'Assemblée générale des universités membres, qui se réunit tous les trois ans. Six Assemblées générales ont eu lieu: à Guatemala en 1949, au Chili en 1953, en Argentine en 1959, en Colombie en 1963, au Pérou en 1967, et à Saint-Domingue en 1970. L'organe exécutif de l'Union est le Conseil exécutif (Consejo Ejecutivo) composé de neuf membres (huit recteurs d'universités latino-américaines, et le Secrétaire général). Lorsqu'un membre du Conseil n'est plus recteur ou président en fonction de l'université correspondante, un membre sup-

The Secretariat has its permanent headquarters in Mexico City. The General Secretariat, in addition to providing administrative services, has the following sections : exchanges, publications, documentation, library, statistics and university planning.

Publications : The Union publishes a quarterly review "*Universidades*". Among its other publications, mention may be made of "*Planes de Estudios de las Universidades Latinoamericanas*", Guatemala, 1953; "*Escuelas y Carreras Profesionales en Universidades Latinoamericanas, Población Estudiantil*", México 1963, 1965, 1966; "*Censo Universitario Latinoamerica no 1962–1965, 1966–1969, 1970, 1971, 1972–1973*", México. "*Guia de Publicaciones Periódicas de Universidades Latinoamericanas*", México, 1967; "*Legislación Universitaria Latinoamericana (Análisis comparativo)*", México, 1967, "*Legislación Universitaria de América Latina*", México, 1973; "*Primera Conferencia Latinoamericana sobre Planeamiento Universitario*", México 1970. "*Segunda Conferencia Latinoamericana sobre Planeamiento Universitario*", México, 1970. "*La Difusión Cultural y la Extensión Universitaria en el Cambio Social de América Latina*" (Memoria de la II Conferencia Latinoamericana de Difusión Cultural y Extensión Universitaria), México, 1976. "*Memoria de la V Asamblea General de la UDUAL*", México, 1969. "*Memoria de la VI Asamblea General de la UDUAL*", México, 1971. "*Memoria de la VII Conferencia de Escuelas de Medicina de América Latina*", México, 1972. "*El Médico que América Latina Necesita*" (*Memoria de la VIII Conferencia de Facultades y Escuelas de Medicina de América Latina*), México, 1975. "*Enseñanza del Derecho y Sociedad en Latinoamérica*" (*Memoria de la V Conferencia de Facultades y Escuelas de Derecho de América Latina*), México, 1975. "*La Formación Integral de los profesionales de la Salud*" (*Memoria de la IX Conferencia de Facultades y Escuelas de Medicina de América Latina*), México, 1976. The UDUAL has also edited a series of gram-

pléant prend sa place au sein du Conseil.

Le Secrétariat a son siège social permanent à Mexico. Le Secrétariat général comprend, outre les services administratifs, les sections suivantes : échanges, publications, documentation, bibliothèque, statistiques et planification universitaire.

Publications : L'Union publie une revue trimestrielle «*Universidades*». Citons notamment parmi ses autres publications «*Planes de Estudios de las Universidades Latinoamericanas*», Guatemala, 1953; «*Escuelas y Carreras Profesionales en las Universidades Latinoamericanas. Población Estudiantil*", México, 1963, 1965, 1966; "*Censo Universitario Latinoamericano 1962–1965, 1966–1969, 1970, 1971, 1972–1973*", México". "*Guia de Publicaciones Periódicas de Universidades Latinoamericanas*", México, 1967; "*Legislacion Universitaria Latinoamericana (Análisis comparativo)*", México, 1967; "*Legislación Universitaria de América Latina*", México, 1973 : "*Primera Conferencia Latinoamericana sobre Planeamiento Universitario*", México, 1970. "*Segunda Conferencia Latinoamericana sobre Planeamiento Universitario*", México, 1970. "*La Difusión Cultural y la Extensión Universitaria en el Cambio Social de América Latina*" (Memoria de la II Conferencia Latinoamericana de Difusión Cultural y Extensión Universitaria), México, 1976. "*Memoria de la V Asamblea General de la UDUAL*", México, 1969. "*Memoria de la VI Asamblea General de la UDUAL*", México, 1971. "*Memoria de la VII Conferencia de Escuelas de Medicina de América Latina*", México, 1972. "*El Médico que América Latina Necesita*" (*Memoria de la VIII Conferencia de Facultades y Escuelas de Medicina de América Latina*), México, 1975. "*Enseñanza del Derecho y Sociedad en Latinoamérica*" (*Memoria de la V Conferencia de Facultades y Escuelas de Derecho de América Latina)*, México, 1975. "*La Formación Integral de los Profesionales de la Salud*" (*Memoria de la IX Conferencia de Facultades y Escuelas de Medicina de América Latina)*, México, 1976. L'UDUAL a également dirigé, sous les auspices de

ophone records under the auspices of the National University of México. Bearing the general title "*Voz Viva de América Latina*" (Living Voice of Latin America), the series includes records of the messages of former leaders of Latin American thought as well as the voices of distinguished contemporary writers. The first 17 records are devoted to : Benito Juárez, José Martí, Rubén Darío, Pablo Neruda, Miguel Angel Asturias, César Vallejo, Alejo Carpentier, Juan Carlos Onetti, Julio Cortázar, Gabriel García Márquez, Manuel Rojas, Mario Vargas Llosa, Jorge Luis Borges, Ernesto Cardenal, Sara de Ibáñez, Augusto Monterroso, and Jorge Zalamea. New editions include "*Teatro Latinoamericano*", Huidobró, Luis Cardoza y Aragón, Faustino Sarmiento, José Lezama Lima, León de Greiff, Simón Bolivar, León de Grey, Julio Herrera, Reissig, Pedro Mir, "*Cultura Latinoamericana*", Nicolás Guillén.

The Union has been admitted to consultative relations with Unesco (Category B).

President: Dr. Felipe MacGregor, Rector, Pontificia Universidad Católica del Perú.
Secretary-General: Dr. Efrén C. del Pozo, Apartado 70232, Ciudad Universitaria, México, D.F.

l'Université nationale de Mexico, la parution d'une série de disques intitulés « *Voz Viva de América latina* » (Voix vivante de l'Amérique latine). Cette série comporte des enregistrements de messages d'anciens dirigeants porte-parole des idéaux en faveur en Amérique latine, et des voix d'écrivains contemporains éminents. Les titres des dix-sept premiers disques sont les suivants: Benito Juárez, José Martí, Rubén Darío, Pablo Neruda, Miguel Angel Asturias, César Vallejo, Alejo Carpentier, Juan Carlos Onetti, Julio Cortazar, Gabriel García Marquéz, Manuel Rojas, Mario Vargas Llosa, Jorge Luis Borges, Ernesto Cardenal, Sara de Ibáñez, Augusto Monterroso, et Jorge Zalamea. Les nouvelles éditions comprennent notamment «*Teatro Latinoamericano*». Huidobró, Luis Cardoza y Aragón, Faustino Sarmiento, José Lezama Lima, León de Greiff. Simón Bolivar, León de Grey, Julio Herrera, Reissig, Pedro Mir, "*Cultura Latinoamericana*", Nicolás Guillén.

L'Union a été admise aux relations consultatives avec l'Unesco (Catégorie B).
Président: Dr. Felipe MacGregor, Rector, Pontificia Universidad Católica del Perú.
Secrétaire général: Dr. Efrén C. del Pozo, Apartado 70232, Ciudad Universitaria, México, D.F.

ASSOCIATION OF CARIBBEAN UNIVERSITIES AND RESEARCH INSTITUTES

ASSOCIATION DES UNIVERSITES ET INSTITUTS DE RECHERCHE DES CARAÏBES

The Association was founded in November 1968 at a Conference held at the University of Puerto Rico and attended by heads and representatives of 19 universities and associated organizations from 14 Caribbean countries. The objectives of the Association are to foster contact and collaboration between member universities and institutes : *a*) through conferences and meetings of a general or specific nature; *b*) through the circulation of information by means of newsletters, bulletins, and handbooks or directories which contain statistics on enrolment, development plans, staffing (indicating recruitment possibilities), scholarships, admission requirements, building programmes, etc.; *c*) through collaboration between groups of Research Institutes and professional faculties, such as Medicine, Engineering, Agriculture, Education and Social Sciences; *d*) through facilitating cooperation and the pooling of institutional resources in research, and otherwise dealing with specific priority problems or areas of concern to promote increased efficiency and to expedite the attainment of results; *e*) through studies of the systems of higher education in the region through seminars, surveys, research papers and publications; and *f*) through encouraging the exchange of staff and students, particularly at the graduate level.

The Association now has 50 members in 14 countries.

L'Association a été fondée en novembre 1968 lors d'une Conférence tenue à l'Université de Porto-Rico et à laquelle assistaient les chefs et les représentants de 19 universités et organisations associées de 14 pays de la région des Caraïbes. Les objectifs de l'Association sont de promouvoir les contacts et la collaboration entre les universités et les institutions membres : *a*) en organisant des conférences et réunions de caractère général ou particulier; *b*) en diffusant des informations au moyen de communiqués, bulletins, annuaires ou répertoires contenant des statistiques sur les effectifs, les plans de développement, le personnel (en indiquant les possibilités de recrutement), les bourses, les conditions d'admission, les programmes de construction, etc.; *c*) en instaurant la collaboration entre des groupes de personnes travaillant dans des instituts de recherche et des étudiants des facultés, par exemple celles de médecine, des sciences de l'ingénieur, d'agriculture, d'éducation et des sciences sociales; *d*) en facilitant la coopération et la mise en commun des ressources des institutions en matière de recherche et, d'autre part, en traitant des problèmes ou des difficultés à examiner en priorité, afin de promouvoir un accroissement de l'efficacité et d'aboutir plus rapidement à des résultats; *e*) en étudiant les systèmes d'enseignement supérieur de la région au moyen de séminaires d'études, de documents relatifs à la recherche, et de publications; et *f*) en encourageant les échanges de personnel et d'étudiants, particulièrement au niveau des étudiants déjà diplômés.

L'Association compte maintenant 50 membres dans 14 pays.

The first publication of the Association is *The Caribbean Educational Bulletin*, published for the Association by the Institute of Caribbean Studies, University of Puerto Rico (quarterly).

Secretary-General: Sir Philip Sherlock.
27 Tobago Avenue, Kingston 10, Jamaica.

La première publication de l'Association est le *Caribbean Educational Bulletin*, publié pour l'Association par l'Institut d'Etudes sur les Caraïbes, Université de Porto-Rico (trimestrielle).

Secrétaire général: Sir Philip Sherlock.
27 Tobago Avenue, Kingston 10, Jamaïque.

CONFEDERACION UNIVERSITARIA CENTROAMERICANA

Founded in 1948, the Central American University Confederation is composed of the national universities of the following four countries : Costa Rica, Guatemala, Honduras and Nicaragua. Its present guiding principles were approved by the twentieth ordinary meeting of CSUCA (Consejo Superior Universitario Centroamericano) and came into force on 1 June 1972. The members are : the University of San Carlos of Guatemala, the National Autonomous University of Honduras, the National Autonomous University of Nicaragua, and the University of Costa Rica.

The member universities of the Confederation are national and public in character, their educational and administrational autonomy being guaranteed in each country's constitution. Teachers, graduates and students are represented on their governing bodies.

The supreme authority of the Confederation is CSUCA, composed equally of teachers and of students of the member universities. The Council, which meets every two years, defines the Confederation's general policy and approves its regional programmes.

The Administrative Committee is the body responsible for organizing and co-ordinating the Confederation's activities and meets three times a year; it is composed of ten members, five are the Rectors of member universities and the others, the presidents of the national unions of students in each country.

The Secretariat-General is the executive and co-ordinating body. Directed by a Secretary-General who is aided by assistant secretaries and staff specialized in different fields, it carries out a series of different tasks : organization of technical plans for

Fondée en 1948, la Confédération se compose des universités nationales des quatre pays suivants (Guatemala, Honduras, Nicaragua, Costa-Rica). Approuvés par la XXe réunion ordinaire du CSUCA (Consejo Superior Universitario Centroamericano), les principes de base sur lesquels elle s'appuie actuellement sont entrés en vigueur depuis le 1er juin 1972. Ses membres sont: l'Université San Carlos du Guatemala, l'Université nationale autonome du Honduras, l'Université nationale autonome du Nicaragua et l'Université de Costa-Rica.

Les universités membres de la Confédération sont nationales et de caractère public, les constitutions politiques des pays respectifs leur garantissant un régime d'autonomie, tant en matière d'enseignement que d'administration. Professeurs, diplômés et étudiants sont représentés au sein de leurs organes de gestion.

L'autorité suprême de la Confédération est le CSUCA, formé à parts égales des professeurs et des étudiants des universités membres. Le Conseil, qui se réunit tous les deux ans, décide de la politique générale de la Confédération et approuve les programmes régionaux.

Le Comité directeur est l'organe chargé de la programmation et de la coordination des activités de la Confédération et se réunit trois fois par an; il se compose de dix membres, dont cinq sont des recteurs des universités membres et les autres sont présidents des unions nationales d'étudiants de chacun des pays.

Le Secrétariat général est l'organe d'exécution et de coordination. Sous la direction du Secrétaire général et avec l'aide des secrétaires adjoints et d'un ensemble de fonctionnaires spécialisés dans différents domaines, il accomplit une série de tâches

integration in professional training, creation or modification of regional institutions, coordination of meetings of teachers and administrators, exchanges of documents and information, etc.

Within the framework of the Plan for the Regional Integration of Central American Higher Education, adopted in 1961, the Confederation has encouraged the creation of regional institutions. These are at a high academic level, serve the whole region and have been set up in the context of the needs of Central America. Duplication of effort and wastage of resources are thus avoided.

The Central American Social Science Programme, founded in 1971, expects to undertake research into sociological, economic and political problems of the Central American region; to create a reserve of books and documents on the social sciences in Central America; to publish a Central American Review of Social Studies; to organize regular regional and local seminars; and to improve the level of teaching of these subjects in the member universities.

The Central American School of Sociology at San José acts as a link between the Programme and the University of Costa Rica; it offers courses for students in the region.

The Central American University Publishing House, founded in 1969, has initiated the systematic publication of books in the region and found suitable methods of distribution. It publishes books for students, cultural, reference, historical, literary and scientific works and has already published a hundred and fifty titles with a total of 600,000 copies. It is located at the headquarters of the Secretariat-General.

The Central American Health Programme, founded in 1974, seeks : to carry out the basic principles of the Confederation in the field of health by studying the problems of the Central American region in order to recommend suitable solutions; to promote scientific research in this field; to contribute to the study and solution of the problems of schools of health sciences; to encourage the integration

diverses : organisation de plans techniques d'intégration au niveau des carrières professionnelles, création ou modification d'écoles régionales, coordination de réunions de professeurs et de fonctionnaires, échanges de documents et d'informations, etc.

Dans le cadre du Plan d'intégration régionale de l'enseignement supérieur centroaméricain, souscrit en 1961, la Confédération a favorisé la création d'écoles régionales, centres de haut niveau académique au service de toute la région, et créés en fonction des besoins de l'Amérique centrale. Ainsi sont évités la duplication des efforts et le gaspillage des fonds.

Le Programme centroaméricain de sciences sociales, fondé en 1971, se propose d'effectuer des recherches dans la région centroaméricaine sur des problèmes sociologiques, économiques, politiques, etc.; de créer un fonds bibliographique et de documentation sur les sciences sociales en Amérique centrale; de publier une Revue centroaméricaine d'études sociales; d'organiser régulièrement des séminaires régionaux et locaux; d'améliorer l'enseignement dispensé dans les domaines ci-dessus dans les universités membres.

L'Ecole centroaméricaine de sociologie, qui se trouve à San José, Costa-Rica, est une entreprise conjointe du Programme et de l'Université de Costa-Rica; elle a pour fonction de dispenser aux étudiants d'Amérique centrale une formation en sciences sociales.

La Maison d'édition universitaire centroaméricaine, fondée en 1969, a institué pour la première fois la publication systématique de livres dans la région et a trouvé les instruments adéquats pour leur diffusion. Elle publie des livres à l'usage des étudiants, des ouvrages de culture et d'information générales, historiques, littéraires, scientifiques; son fonds d'édition dépasse cent cinquante titres et totalisent environ six cent mille exemplaires. Son siège est situé au Secrétariat général.

Le Programme centroaméricain de sciences de la santé, institué en 1974, a pour objectifs : de mettre en œuvre les Principes fondamentaux de la Confédération dans le

of studies in health sciences in the region; and to develop the historical links between the biological and social sciences.

A Secretariat for student affairs is responsible for strengthening relations between the permanent agencies of the Confederation and the National Unions of Students, the Federation of University Students of Central America and international student organisations in general.

Publications : *Estudios Sociales Centroamericanos* (quarterly); *Revista Centroamericana de Ciencias de la Salud; Memoria Anual de Actividades e Informe sobre Reuniones y Programas.*
Secretary-General: Dr. Sergio Ramirez Mercado.
Ciudad Universitaria "Rodrigo Facio", San José, Costa Rica.

domaine de la santé, en étudiant les problèmes de la région centroaméricaine, afin de leur proposer les solutions appropriées; de promouvoir la recherche scientifique dans ce même domaine; de contribuer à l'étude et à la solution des problèmes éducatifs qui se posent dans les Ecoles de la Santé; de favoriser l'intégration des disciplines de la santé dans la région centroaméricaine, et enfin de développer les liens historiques entre les sciences biologiques et les sciences sociales.

Un Secrétariat annexe pour les affaires estudiantines a pour mission de veiller au renforcement des relations entre les organes permanents de la Confédération et les Unions nationales d'étudiants, la Fédération des étudiants des universités d'Amérique centrale et, en général, les organisations internationales d'étudiants.

Publications : *Estudios Sociales Centroamericanos* (trimestrielle); *Revista Centroamericana de Ciencias de la Salud; Memoria Anual de Actividades e Informe sobre Reuniones y Programas.*
Secrétaire général: Dr. Sergio Ramírez Mercado.
Ciudad Universitaria «Rodrigo Facio», San José, Costa-Rica.

CONFERENCE OF THE SCANDINAVIAN RECTORS
CONFERENCE DES RECTEURS SCANDINAVES

In 1948 the Rector of the University of Copenhagen invited the rectors of the Scandinavian (Norwegian, Swedish, Danish and Finnish) universities to a meeting in Copenhagen to discuss questions of common interest and, in particular, the possibility of extending Scandinavian co-operation in matters concerning the universities. The initiative thus taken by the University of Copenhagen met with great interest, and it was decided to continue holding the meetings.

En 1948, le recteur de l'Université de Copenhague invita les recteurs des universités scandinaves (norvégiennes, suédoises, danoises et finlandaises) à se réunir à Copenhague afin de débattre des questions d'intérêt commun et, en particulier, de la possibilité d'élargir la coopération scandinave en matière universitaire. L'initiative de l'Université de Copenhague fut accueillie avec un vif intérêt et il fut décidé de continuer à tenir de semblables réunions.

FEDERACION DE UNIVERSIDADES PRIVADAS DE AMERICA CENTRAL Y PANAMA (FUPAC)

The Federation of Private Universities of Central America and Panama was created in 1966 in Managua, Nicaragua, to co-ordinate the efforts of the non-state universities of the region. The permanent Secretariat was established in 1970. FUPAC has seven member universities : Universidad Centroamericana de Nicaragua; Universidad Doctor Mariano Gálvez de Guatemala; Instituto Politécnico de Nicaragua; Universidad José Simeón Cañas de El Salvador; Universidad Rafael Landívar de Guatemala; Saint John's College de Belice and Universidad Santa María la Antigua de Panamá.

The Federation is governed by a Directive Council, composed of the rectors of the member universities, which meets annually. The Secretary-General oversees the day-to-day operations of FUPAC and represents the Federation legally. The Secretary-General is elected by the Directive Council.

FUPAC seeks to improve teaching and administration in the private universities of the region, to co-ordinate the activities and exchanges between its members, and to arrange for technical assistance, when needed by its members. FUPAC operates a programme of reciprocal assistance between its members in academic and administrative fields, offers scholarships in certain disciplines, and has sponsored a number of reunions in areas such as statistics, university administration, marketing, rural education and libraries. In addition, FUPAC sponsors an annual seminar. The fifth was planned for November 1976. FUPAC has working relations with the Organisations of Central American States and several associations of unviersities in Latin America and the rest of the world. It also puts out re-

La Fédération des universités privées d'Amérique centrale et de Panama a été créée en 1966 à Managua, Nicaragua, afin de coordonner les efforts des universités de la région qui ne sont pas universités d'Etat. Son Secrétariat permanent a été établi en 1970. La FUPAC compte sept universités membres : l'Université centroaméricaine du Nicaragua; l'Université Doctor Mariano Gálvez, Guatemala; l'Institut polytechnique du Nicaragua; l'Université José Simeón Cañas, El Salvador; l'Université Rafael Landívar, Guatemala; St. John's College de Belice et l'Université Santa María la Antigua, Panama.

La Fédération est dirigée par un Conseil d'administration, formé des recteurs des universités membres, et qui se réunit chque année. Le Secrétaire général supervise les activités quotidiennes de la FUPAC et représente la Fédération en droit. Il est élu par le Conseil d'administration.

La FUPAC s'efforce d'améliorer l'enseignement et l'administration dans les universités privées de la région, de coordonner les activités de ses membres ainsi que leurs échanges, et de pourvoir à l'octroi d'une assistance technique, lorsque ses membres en éprouvent le besoin. La FUPAC dirige un programme d'assistance mutuelle entre ses membres en matière de questions académiques et administratives, accorde des bourses dans certaines disciplines, et a déjà patronné plusieurs réunions dans des domaines tels que les statistiques, l'administration universitaire, le marketing, l'enseignement rural, et les bibliothèques. La FUPAC organise en outre un séminaire annuel. Le cinquième était prévu pour novembre 1976. La FUPAC a des relations de travail avec l'Organisation des Etats d'Amérique centrale et avec plus-

ports of its seminars and a general catalogue of its member universities.

Publications : *Boletín informativo* (quarterly); *Annual Statistical Bulletin.*
President: Román Mayorga Quirós, Universidad Centroamericana José Simeón Cañas de El Salvador.
Secretary-General: Roberto Mertins Murúa.
1a Avenida 3–38 zone 10, Guatemala.

ieurs associations d'universités d'Amérique latine et du reste du monde. Elle publie également les comptes rendus de ses séminaires, ainsi qu'un guide général de ses universités membres.

Publications : *Boletín informativo* (trimestriel); *Bulletin annuel de Statistiques.*
Président: Román Mayorga Quirós, Universidad Centroamericana José Simeón Cañas de El Salvador.
Secrétaire général: Roberto Mertins Murúa.
1a Avenida 3–38 zone 10, Guatemala.

ORGANIZACION DE UNIVERSIDADES CATOLICAS DE AMERICA LATINA (ODUCAL)

ODUCAL was founded at Santiago de Chile with the first Constitutive Assembly, 7–12 September 1953. It was approved by Project No. 487/53 of the Sacred Congregation of Seminaries and Universities (Rome) on 25 November 1953.

The purpose of the organization is to promote the activities of Catholic higher education in Latin America, to assist in the cultural development of that region of the world, and to participate in educational progress. Its membership includes 24 Catholic universities in Argentina, Brazil, Chile, Colombia, Dominican Republic, Ecuador, Mexico, Nicaragua, Paraguay, Peru, Puerto Rico, and Venezuela.

Its Executive Board consists of a President, two Vice-Presidents and two Counsellors, who are Rectors of universities, and a Secretary-General.

ODUCAL held its first Congress and its second Assembly at the Catholic University of Chile, immediately following its Constituent Assembly; its second Congress and its third Assembly at the Catholic University of Peru, from 12 to 17 September 1959; its third Congress and its fourth Assembly at the Catholic University of Puerto Rico, Ciudad de Ponce, from 24 to 29 August 1963. Its fifth Assembly was held in Rio de Janeiro on 11 and 12 July 1971.

Publications : *Anuario; Sapientia; Universitas.*
President: Mgr Dr. Octavio N. Derisi, Rector, Pontificia Universidad católica argentina.
Secretary-General: Salvador M. Lozada.
Pontificia Universidad católica argentina, Juncal 1912, Buenos Aires (Argentina).

L'ODUCAL a été fondée à Santiago du Chili, sa première Assemblée constitutive ayant eu lieu du 7 au 12 septembre 1953. Elle a été approuvée par le Projet n° 487/53 de la Sacrée Congrégation des Séminaires et des Universités (Rome), en date du 25 novembre 1953.

L'objet de l'organisation est de promouvoir l'action de l'enseignement supérieur catholique en Amérique latine, de concourir au développement culturel de cette région du monde et de participer au progrès de l'éducation. Elle compte parmi ses membres 24 universités catholiques des pays suivants : Argentine, Brésil, Chili, Colombie, Equateur, Mexique, Nicaragua, Paraguay, Pérou, Porto-Rico, République Dominicaine et Venezuela.

Son Conseil exécutif se compose d'un Président, de deux Vice-Présidents et de deux Conseillers, Recteurs d'université, et d'un Secrétaire général.

L'ODUCAL a réuni son premier Congrès et sa deuxième Assemblée à l'Université catholique du Chili, immédiatement après l'Assemblée constitutive; son deuxième Congrès et sa troisième Assemblée à l'Université catholique du Pérou, du 12 au 17 septembre 1959; son troisième Congrès et sa quatrième Assemblée à l'Université catholique de Porto-Rico, Ciudad de Ponce, du 24 au 29 août 1963. Sa cinquième Assemblée s'est tenue à Rio de Janeiro les 11 et 12 Juillet 1971.

Publications : *Anuario; Sapientia; Universitas.*
Président: Mgr Dr. Octavio N. Derisi, Recteur de la Pontificia Universidad católica argentina.
Secrétaire général: Salvador M. Lozada.
Pontificia Universidad católica argentina, Juncal 1912, Buenos Aires (Argentine).

COMMITTEE FOR HIGHER EDUCATION AND RESEARCH
of the Council of Europe

COMITE DE L'ENSEIGNEMENT SUPERIEUR ET DE LA RECHERCHE
du Conseil de l'Europe

The Committee for Higher Education and Research was established by the Council of Europe in 1960, and the membership includes 22 countries which are members of the Council of Europe or signatories of the European Cultural Convention. Each country is represented by an academic member, usually a rector or vice-chancellor of a university, and by one senior civil servant designated by the government.

The terms of reference of the Committee are:

(i) To promote co-operation among European countries in the sphere of higher education and research.

(ii) To transmit to governments and intergovernmental organizations opinions and recommendations on problems in this field.

(iii) To foster relations among European universities and institutes of higher education and research.

(iv) To assemble information, undertake appropriate studies and issue such publications as may appear desirable.

(v) To maintain contacts with international organizations concerned with higher education and research.

The programme of activities initiated by the Committee is more particularly concerned with : (1) Diversification of tertiary education; (2) Staff structure and status; (3) Admission to higher education; (4) Equivalences and mobility;

Le Comité de l'Enseignement supérieur et de la Recherche a été constitué par le Conseil de l'Europe en 1960 et est composé de délégués des 22 pays membres du Conseil de l'Europe ou ayant signé la Convention culturelle européenne. Chaque pays est représenté par un membre universitaire, habituellement un recteur ou un vice-chancelier d'université, et par un haut fonctionnaire présenté par le gouvernement.

Le mandat du Comité est défini comme suit:

(i) Assurer ou favoriser la coopération entre les nations européennes dans le domaine de l'enseignement supérieur et de la recherche.

(ii) Adresser aux gouvernements et aux organisations intergouvernementales européennes des avis et des recommandations sur des problèms relevant de ce domaine.

(iii) Promouvoir les relations entre les universités et les etablissements d'enseignement supérieur et de recherche d'Europe.

(iv) Réunir toute documentation, procéder à toutes études et faire paraître toutes publications utiles.

(v) Entretenir des relations avec les organisations internationales s'occupant d'enseignement supérieur et de recherche.

Le programme d'activités mis en œuvre par le Comité porte notamment sur : (1) la diversification de l'enseignement tertiaire (post-secondaire); (2) la structure et le statut du personnel; (3) l'admission à l'enseignement supérieur; (4) les équivalences et la

(5) Participation of students and staff; (6) Curriculum reform and development; (7) New media and methods, in particular educational technology; (8) Planning and support of university research; (9) Grants to research seminars; (10) Promotion of research into higher education.

Secretariat: Division for Higher Education and Research. Council of Europe, F-67006 Strasbourg (France).

mobilité; (5) la participation des étudiants et du personnel; (6) la réforme et la mise au point des programmes; (7) les nouveaux media et méthodes, surtout la technologie de l'éducation; (8) la planification et le financement de la recherche universitaire; (9) l'octroi de subventions à des séminaires de recherche; (10) la promotion de la recherche en matière d'enseignement supérieur.

Secrétariat: Division de l'Enseignement supérieur et de la Recherche, Conseil de l'Europe. F-67006 Strasbourg (France).

COUNCIL ON HIGHER EDUCATION IN THE AMERICAN REPUBLICS (CHEAR)

INTERNATIONAL COUNCILS ON HIGHER EDUCATION (ICHE)

In 1958, the Carnegie Corporation of New York approved a grant to the Institute of International Education for a programme designed to develop close personal ties among educators in Latin America and North America, and to offer a forum for the discussion of mutual problems in higher education. In 1960, the Ford Foundation joined the Carnegie Corporation as sponsoring agency of this Council on Higher Education in the American Republics (CHEAR). Since 1967, the Inter-American Development Bank has provided funds for the programmes and the Tinker Foundation has provided major support for the Council since 1971.

The objectives of CHEAR are accomplished through : (1) a series of small annual conferences of selected Latin American and North American educators to discuss problems of higher education in the hemisphere; (2) visits by participating educators to universities in North America and Latin America; and (3) the development and carrying out of seminars and educational projects designed to meet jointly determined educational needs and interests.

A preliminary CHEAR Conference was held in San Juan in May, 1958. Since that date, annual Conferences have been held in Mexico in 1959, Santiago in 1960, San Francisco in 1961, Rio de Janeiro in 1962, Mexico in 1963, Lima in 1964, São Paulo in 1965, Caracas in 1966, Viña del Mar in 1967, Lima in 1968, Bogotá in 1969, Buenos Aires in 1970, Lima in 1971, Rio in 1972, Guatemala in 1973, Caracas in 1974, Mexico in 1975, and Belo Horizonte, Brazil in 1976.

En 1958, la *Carnegie Corporation of New York* approuvait l'octroi d'une subvention à l'*Institute of International Education* pour l'établissement d'un programme de développement des rapports personnels entre les enseignants d'Amérique latine et d'Amérique du Nord, et la création d'un centre de discussion des problèmes communs de l'enseignement supérieur. En 1960, la Fondation Ford se joignait à la Carnegie Corporation pour parrainer le *Council on Higher Education in the American Republics* (CHEAR). Depuis 1967, la Banque interaméricaine de développement octroie des fonds pour les programmes; la Fondation Tinker fournit depuis 1971 un soutien important au Conseil.

Pour poursuivre son objectif, le CHEAR organise : 1) une série de petites conférences annuelles qui réunissent des groupes d'enseignants d'Amérique latine et d'Amérique du Nord pour discuter des problèmes de l'enseignement supérieur de cet hémisphère; 2) des visites de membres aux universités d'Amérique du Nord ou d'Amérique latine; et 3) des séminaires pour la mise au point de projets destinés à répondre aux besoins spécifiés par les réunions annuelles, dans le domaine de l'enseignement.

Une Conférence préparatoire du CHEAR fut tenue à San Juan en mai 1958. Depuis lors, les Conférences annuelles se sont réunies à Mexico en 1959, Santiago en 1960, San Francisco en 1961, Rio de Janeiro en 1962, Mexico en 1963, Lima en 1964, São Paulo en 1965, Caracas en 1966, Viña del Mar en 1967, Lima en 1968, Bogotá en 1969, Buenos Aires en 1970, Lima en 1971, Rio en 1972, Guatemala en 1973, Caracas en 1974, Mexico en 1975, et Belo Horizonte, Brésil en 1976.

Responsibility for CHEAR policies is entrusted to an Executive Committee, and the Institute of International Education (see p. 482) administers the programme.

International Councils on Higher Education

The ICHE was established in 1970 as a division of the Institute of International Education to institutionalize the expansion of the original Council on Higher Education in the American Republics (CHEAR) concept to other geographical areas. Councils similar to CHEAR have been organized with Europe (1968), Canada (1969), Asia (1970), and Africa (1970). The structure, objectives and programmes of these geographical Councils are modelled on the CHEAR pattern.

The Henry Luce Foundation has supported the Asia Council which has held conferences in Hong Kong in 1970, Nara, Japan, 1971, Jogjakarta in 1972, Chiang Mai, Thailand in 1973, Hong Kong in 1974, Manila in 1975, and Sapporo, Japan in 1976.

Executive Director: James F. Tierney, Vice-President, Institute of International Education, 809 United Nations Plaza, New York, N.Y. 10017.

La responsabilité des activités du CHEAR est confiée à un Comité exécutif et l'*Institute of International Education* (voir p. 482) dirige le programme.

Les Conseils internationaux de l'Enseignement supérieur

Cet organisme (ICHE) fut créé en 1970 en tant que section de l'*Institute of International Education* pour étendre à d'autres régions l'expérience initialement tentée avec le Conseil de l'Enseignement supérieur dans les Républiques Américaines (le CHEAR). Des Conseils analogues au CHEAR furent organisés en Europe (1968), au Canada (1969), en Asie (1970) ainsi qu'en Afrique (1970). La structure, les objectifs et les programmes de ces Conseils régionaux furent établis selon le modèle du CHEAR.

La Fondation Henry Luce a soutenu financièrement le Conseil en Asie qui a tenu des conférences à Hong-Kong en 1970, Nara, Japon, 1971, Jogjakarta en 1972, Chiang Mai, Thaïlande en 1973, Hong-Kong en 1974, Manille en 1975, et Sapporo, Japon en 1976.

Directeur exécutif: James F. Tierney, Vicé-Président, Institute of International Education, 809 United Nations Plaza, New York, N.Y. 10017.

INTERNATIONAL ASSOCIATION FOR THE ADVANCEMENT OF EDUCATIONAL RESEARCH

ASSOCIATION INTERNATIONALE DES SCIENCES DE L'EDUCATION

The Association was founded at Ghent in 1953 as the International Secretariat for Teaching Educational Sciences in Universities by Professors R. L. Plancke and R. Verbist. Its statutes were modified and the present title was adopted in Oslo in 1961. The aims of the Association are to encourage research in educational sciences and in their teaching at the university level by organizing international congresses, publications, exchanges of information, establishment of liaison centres and by other appropriate means. Membership is limited to individuals of university standing approved by the General Assembly which meets every four years. There are at present members in 36 countries. The Council of the Association is composed of representatives from 20 countries elected by the General Assembly.

President: Prof. Dr. G. Mialaret.
Secretary-General: Prof. Dr. M.-L. van Herreweghe.
Henri Dunantlaan 1, 9000 Ghent (Belgium).

L'Association a été fondée à Gand en 1953 en tant que Secrétariat international de l'enseignement universitaire des sciences pédagogiques par les professeurs R. L. Plancke et R. Verbist. Ses statuts ont été modifiés et sa dénomination actuelle a eté adoptée à Oslo en 1961. Les buts de l'Association sont d'encourager la recherche dans le domaine des sciences de l'éducation et de leur enseignement au niveau universitaire, grâce à des congrès internationaux, à des publications, à des échanges d'informations, à la création de centres de liaison et à d'autres moyens appropriés. La participation est limitée à des personnalités universitaires approuvées par l'Assemblée générale qui se réunit tous les quatre ans. Elle compte actuellement des membres dans 36 pays. Le Conseil de l'Association se compose de représentants de 20 pays élus par l'Assemblée générale.

Président: Prof. Dr. G. Mialaret.
Secrétaire général: Prof. Dr. M.-L. van Herreweghe.
Henri Dunantlaan 1, 9000 Gand (Belgique).

INTERNATIONAL ASSOCIATION FOR EDUCATIONAL AND VOCATIONAL INFORMATION (IAEVI)

ASSOCIATION INTERNATIONALE D'INFORMATION SCOLAIRE, UNIVERSITAIRE ET PROFESSIONNELLE (AIISUP)

Founded in 1956, IAEVI brings together organizations which, at the national or international level, endeavour to establish and disseminate information helpful to students of secondary and higher education in making an informed choice of profession.

The aims of IAEVI are based fundamentally on providing information to be used either directly or by the intermediary of national information and vocational services. Making use of the documentation collected by both public and private bodies and of statistics compiled by specialized agencies, it endeavours to help the public in presenting this information in a concise form.

To achieve this aim, IAEVI assures co-operation between all the national organizations concerned with making available to students and to the general public information on the choice of studies and careers, and encourages the establishment of similar bodies in countries where no initiative of this kind has yet been taken.

Making use of regular contacts between experts, it prepares a comparison between the methods employed in informing young people and their families of the facts and of the problems set by the choice of studies and of profession.

IAEVI is a consultative member of Unesco, category B, and of the UN. It is included on the special lists of the International Labour Office and of International Bureau of Education.

Fondée en 1956, l'AIISUP groupe les organisations qui, dans les différents pays ou sur le plan international, se proposent d'établir et de diffuser une documentation susceptible de permettre aux élèves et étudiants de l'enseignement du second degré et de l'enseignement supérieur de décider de leur orientation en connaissance de cause.

L'AIISUP se définit essentiellement par une mission d'information auprès des utilisateurs, soit directement, soit par l'entremise des services nationaux d'information et d'orientation. Utilisant la documentation rassemblée tant par les organismes publics que privés, et les statistiques élaborées par les organismes spécialisés, elle se propose de toucher le public en présentant ces informations sous des formes simples.

Pour atteindre ce but, l'AIISUP assure une coopération entre tous les organismes nationaux préoccupés d'informer les usagers de l'enseignement et le public en général sur le choix des études et des carrières, et favorise la création d'organismes analogues dans les pays où aucun effort n'a encore été tenté en ce sens.

Elle procède, par des contacts réguliers entre les spécialistes, à la comparaison des méthodes qui sont employées pour informer la jeunesse et les familles des problèmes que pose le choix des études et de la profession.

L'AIISUP est membre consultatif de l'Unesco, catégorie B, et de l'ONU. Elle est inscrite sur la liste spéciale du Bureau international du Travail ainsi que du Bureau international de l'Education.

Publications: *Informations universitaires et professionnelles internationales:* bi-monthly; and a collection: *Etudes et Rapports.*
President: Marion Coulon.
20, rue de l'Estrapade, 75005 Paris.
General Secretary: C. Vimont.

Publications: *Informations universitaires et professionnelles internationales:* bulletin bimestriel; et une collection : *Etudes et Rapports.*
Président: Marion Coulon.
20, rue de l'Estrapade, 75005 Paris.
Secrétaire général: C. Vimont.

INTERNATIONAL CONGRESS OF UNIVERSITY ADULT EDUCATION (ICUAE)

Founded in September 1960, at the Sagamore Conference Center of Syracuse University, the Congress's basic goal is to establish communication and co-operation among adult educators in universities and colleges toward these ends: that institutions of higher education in all parts of the world may make a more effective contribution toward the solution of basic educational problems, particularly with respect to literacy, economics, citizenship, and personal education; and that they will increasingly assume their proper responsibilities for the continuing education of the adult population.

Membership and structure : the Congress consists of institutional members with 10 votes each and individual members with one vote each. The Executive Committee is elected for five years at the World Conference and is representative of all parts of the world.

Activities : African Conference on University Adult Education held at the University of Ghana, Legon, January 1962; Australian-Southeast Asian Conference held at the University of Adelaide, Adelaide, South Australia in January 1964; World Conference on University Adult Education held in Copenhagen in June 1965; Co-sponsor, First International Conference on Comparative Adult Education, New Hampshire, USA, June 1966; World Conference on University Adult Education, Montreal 1970; Conference of African Universities, Dar-es-Salaam 1971; European Conference, Edinburgh 1972.

Publications : *International Congress of University Adult Education Journal* and

Fondé en septembre 1960, au Centre de conférence Sagamore de l'Université de Syracuse, le Comité international des services universitaires d'éducation des adultes a pour but principal d'instaurer des liens et une coopération entre ceux qui s'occupent de l'éducation des adultes dans les universités et collèges, afin d'assurer que les établissements d'enseignement supérieur de toutes les parties du monde contribuent plus efficacement à la solution des problèmes fondamentaux de l'éducation, notamment en ce qui concerne l'alphabétisation, l'éducation académique et civique et l'éducation personnelle, et qu'ils assument plus entièrement leurs responsabilités pour l'éducation permanente de la population adulte.

Membres et structure : le Congrès se compose de membres institutionnels disposant chacun de 10 voix et de membres individuels disposant chacun d'une voix. Le Conseil exécutif est élu pour cinq ans lors de la Conférence mondiale et est représentatif de toutes les parties du monde.

Activités : Conférence africaine sur l'éducation universitaire des adultes, tenue à l'Université de Ghana, Legon, en janvier 1962; Conférence australienne et du Sud-Est asiatique, tenue à l'Université d'Adélaïde, Adélaïde, Australie, en janvier 1964; Conférence mondiale sur l'éducation universitaire des adultes, tenue à Copenhague en juin 1965; Co-patronage de la première Conférence internationale sur l'éducation des adultes comparée, à New Hampshire, Etats-Unis, juin 1966; Conférence mondiale sur l'éducation universitaire des adultes, à Montréal en 1970; Conférence des Universités africaines, à Dar-es-Salaam en 1971; Conférence européenne, Edimbourg 1972.

Publications : *International Congress of University Adult Education Journal* et *Occa-*

Occasional Paper provide opportunities for publication of substantial articles and research papers on aspects of university adult education; *Newsletter* provides current information on Congress activities and activities of others interested in university adult education, plus news about related Unesco activities.

Chairman: D. Savicević, University of Belgrade (Yugoslavia).

INTERNATIONAL COUNCIL FOR EDUCATIONAL DEVELOPMENT

The Council (ICED) was established in October 1970 as an international and independent association of persons with a common concern for the future of education and its role in social and economic development.

ICED's major interests are strategies for educational development and the modernization and management of higher education. In each area it seeks to identify and analyse major educational problems shared by a number of countries, to make policy recommendations, and to consult, on request, with international and national organizations, both public and private.

ICED has examined the international dimension of higher education through a series of comparative studies : access to higher education in West Germany and in the United States, with a comparison of problems in France, Canada, Sweden and the United Kingdom; a twelve-nation study on the design and management of systems of higher education; and a series of conferences and papers on the interrelated problems of youth, education, and employment.

The access study has been made possible by a grant from the Volkswagen Foundation. The systems study is supported by a grant from the Krupp Foundation. The study on youth, education, and employment has been encouraged by the Carnegie Corporation and the Carnegie Council on Policy Studies in Higher Education, and involves a variety of other agencies.

Le Conseil international pour le Développement de l'Education (ICED) a été créé en octobre 1970 en tant qu'organisation internationale et indépendante réunissant des membres qui se préoccupent de l'avenir de l'éducation et de son rôle dans le développement économique et social.

Les principaux centres d'intérêt de l'ICED sont : les stratégies du développement de l'éducation; la modernisation et l'administration de l'enseignement supérieur. Il cherche dans chaque domaine à déterminer et à analyser les principaux problèmes d'enseignement communs à de nombreux pays, à formuler des recommandations en matière de politique éducative et à consulter, quand elles le demandent, les organisations nationales et internationales, qu'elles soient publiques ou privées.

L'ICED a étudié l'enseignement supérieur au niveau international dans une série d'études comparatives : l'accès à l'enseignement supérieur en République fédérale d'Allemagne et aux Etats-Unis; qui comporte des éléments de comparaison avec les problèmes tels qu'ils se posent en France, au Canada, en Suède et au Royaume-Uni; une étude portant sur douze pays et traitant de la conception et de l'administration des systèmes d'enseignement supérieur; et enfin une série de conférences et d'exposés sur les problèmes communs de la jeunesse, de l'enseignement et de l'emploi.

L'étude sur l'accès à l'enseignement a pu être menée à bien grâce à une subvention de la Fondation Volkswagen.

L'étude sur les systèmes d'enseignement est financée par une subvention de la Foundation Krupp. L'étude sur la jeunesse, l'enseignement et l'emploi a été encouragée par la Carnegie Corporation et le Carnegie Council on Policy Studies in Higher Educa-

In the field of education for development, ICED works with international, binational, and national agencies, with universities and research groups, and with individual experts to analyse and recommend ways to strengthen education. While it is concerned with all levels of education, to date it has emphasized strategies to provide instruction outside of formal institutions. ICED has now completed two studies on non-formal education—one for the World Bank and the second for Unicef. The World Bank study deals with out-of-school training programmes for adults and older adolescents—which can both train them for employment and improve productivity in rural areas. The Unicef study focuses on non-informal educational approaches to training youth to develop skills in functional literacy and numeracy, agricultural and non-agricultural occupations, home-making, child-rearing, health and nutrition.

ICED has now turned its efforts to a new project : finding new educational means for improving the quality of family life among the rural poor in developing countries.

A two-year study on Higher Education for Development links ICED's two major areas of concern. It was sponsored by twelve international and national agencies that provide aid to education in developing countries. Teams of highly qualified educators in Africa, Asia and Latin America examined different ways in which higher education copes with such social concerns as public health, rural development, food, population, employment, and education and training at all levels. They examined some twenty-five innovative programmes and, in their final reports, suggested ways to spread their suc-

tion; divers autres organismes y participent.

Dans le domaine de la formation en vue du développement, l'ICED travaille en coopération avec des organismes internationaux, bi-nationaux, avec des universités et des groupes de recherche, et avec des experts pour analyser les problèmes et formuler des recommandations sur les moyens de promouvoir l'éducation. Tout en s'occupant de tous les niveaux d'enseignement, l'ICED a jusqu'ici mis l'accent sur les stratégies destinées à promouvoir l'enseignement en marge des institutions traditionnelles. L'ICED a maintenant achevé deux études sur l'enseignement extra-scolaire—la première pour la Banque mondiale et la seconde pour l'Unicef. L'étude effectuée à la requête de la Banque mondiale porte sur les programmes de formation extra-scolaire organisés à l'intention des adultes et des adolescents les plus âgés, et qui peuvent à la fois les former en vue d'un emploi et améliorer la productivité dans les régions rurales.

L'étude réalisée sur la demande de l'Unicef est axée sur les méthodes d'éducation extra-scolaires employées pour développer les connaissances des jeunes en matière d'alphabétisation fonctionnelle et de numération, de tâches agricoles et autres, d'économie domestique, de puériculture, de santé et de nutrition.

L'ICED axe maintenant ses efforts sur un nouveau projet, visant à trouver de nouveaux moyens d'enseignement pour améliorer la qualité de la vie familiale des paysans pauvres des pays en voie de développement.

Les deux principaux objectifs de l'ICED sont combinés dans une étude sur l'enseignement supérieur pour le développement, qui a duré deux ans. L'étude a été patronnée par douze organismes, internationaux et nationaux, octroyant aux pays en voie de développement une aide en matière d'éducation. Des équipes d'enseignants hautement qualifiés d'Afrique, d'Asie, et d'Amérique latine ont examiné comment l'enseignement supérieur contribue à la solution de problèmes sociaux tels que la santé publique, le développement rural, l'alimentation, la démographie, l'emploi et l'enseignement, et la formation à tous

cess or to avoid their pitfalls.

ICED as an institution has been generously supported by the Ford Foundation. Supporting grants beginning in 1970 have provided flexible funds for both institutional needs and exploratory studies, and supplementary funds for programmes supported by other agencies.

Publications : *A Global Approach to Higher Education* (Ladislav Cerych); *Higher Education: From Autonomy to Systems* (edited by James A. Perkins and Barbara Baird Israel); *Higher Education for National Development: One Model for Technical Assistance* (Kenneth W. Thompson); *The Structure of Higher Education: A World View* (Eric Ashby); *Higher Education in Latin America: Current and Future* (Alfonso Ocampo Londoño); *Is the University an Agent for Social Reform?* (James A. Perkins); *Seven Everyday Collisions in American Higher Education* (Harlan Cleveland); *Comparative Higher Education* (Ladislav Cerych and George W. McGurn); *The University in Less Developed Countries* (W. Arthur Lewis); *Higher Education in Eastern Europe* (Jan Szczepanski); *Internationalizing Higher Education: A United States Approach* (Francis X. Sutton, F. Champion Ward, James A. Perkins and Bertil Ostergreen); *The Emerging System of Higher Education in Italy: Report of a Seminar* (Barbara B. Burn); *Higher Education in Developing Countries—A Select Bibliography* (Philip G. Altbach and David H. Kelly); *New Paths to Learning For Rural Children and Youth* (Philip H. Coombs); *Attacking Rural Poverty: How Non-Formal Education Can Help* (Philip H. Coombs, Manzoor Ahmed); *Education for Rural Development: Case Studies for Planners* (Manzoor Ahmed and Philip H. Coombs); *New Educational Strategies to Serve Rural Children and Youth* (Philip H. Coombs and Manzoor Ahmed);

les niveaux. Ils ont étudié quelque vingt-cinq programmes novateurs et ont, dans leurs rapports finaux, suggéré des mesures visant à propager leur succès et à remédier à leurs défauts.

L'ICED reçoit, en tant qu'institution, un genereux soutien de la Fondation Ford. Depuis 1970 des subventions accordées dans des conditions très souples ont pu être affectées soit aux besoins de l'institution soit à des études exploratoires. Des crédits de complement ont également été accordés pour des programmes subventionnés par d'autres organismes.

Publications : *A Global Approach to Higher Education* (Ladislav Cerych); *Higher Education: From Autonomy to Systems* (sous la direction de James A. Perkins et Barbara Baird Israel); *Higher Education for National Development: One Model for Technical Assistance* (Kenneth W. Thompson); *The Structure of Higher Education: A World View* (Eric Ashby); *Higher Education in Latin America: Current and Future* (Alfonso Ocampo Londoño); *Is the University an Agent for Social Reform?* (James A. Perkins); *Seven Everyday Collisions in American Higher Education* (Harlan Cleveland); *Comparative Higher Education* (Ladislav Cerych et George W. McGurn); *The University in Less Developed Countries* (W. Arthur Lewis); *Higher Education in Eastern Europe* (Jan Szczepanski); *Internationalizing Higher Education: A United States Approach* (Francis X. Sutton, F. Champion Ward, James A. Perkins et Bertil Ostergreen); *The Emerging System of Higher Education in Italy: Report of a Seminar* (Barbara B. Burn); *Higher Education in Developing Countries—A Select Bibliography* (Philip G. Altbach et David H. Kelly); *New Paths to Learning For Rural Children and Youth* (Philip H. Coombs); *Attacking Rural Poverty: How Non-Formal Education Can Help* (Philip H. Coombs, Manzoor Ahmed), *Education for Rural Development: Case Studies for Planners* (Manzoor Ahmed et Philip H. Coombs); *New Educational Strategies to Serve Rural Children and Youth* (Philip H. Coombs et Manzoor Ahmed); *Higher Education*

Higher Education and Social Change: Promising Experiments in Developing Countries, Volume I—Reports (Kenneth W. Thompson and Barbara R. Fogel)— *Volume II—Case Studies* (Kenneth W. Thompson, Barbara R. Fogel and Helen E. Danner); *The University as an Organization* (edited by James A. Perkins for the Carnegie Commission on Higher Education); *Bridges to Understanding: The International Programs of American Colleges and Universities* (Irwin T. Sanders and Jennifer C. Ward for the Carnegie Commission on Higher Education); *International Programs of U.S. Colleges and Universities: Priorities for the Seventies* (James A. Perkins); *Reform of Higher Education; Mission Impossible?* (James A. Perkins); *Comparative Higher Education: Sources of Information* (Robert O. Berdahl and George Altomare); *Beyond 1980: The Evolution of British Higher Education* (Brian MacArthur); *Some Thoughts on Higher Education* (Soedjatmoko); *Engineering Sciences in Today's World* (Hans Leussink); Conference Papers : *Higher Education: Crisis and Support; The University's Response to Societal Demands; Higher Education and the Current Crises; Can Higher Education Recapture Public Support?* (Barbara Baird Israel); *Higher Education in a Changing World* (Barbara B. Burn).

Chairman and Chief Executive Officer: James A. Perkins.
680 Fifth Avenue, New York, N.Y. 10019.
Vice-Chairman: Philip H. Coombs.
P.O. Box 217, Essex, Connecticut 06426.

and Social Change: Promising Experiments in Developing Countries, Volume I— Reports (Kenneth W. Thompson et Barbara R. Fogel)—*Volume II – Case Studies* (Kenneth W. Thompson, Barbara R. Fogel et Helen E. Danner); *The University as an Organization* (sous la direction de James A. Perkins pour la Carnegie Commission on Higher Education); *Bridges to Understanding: The International Programs of American Colleges and Universities* (Irwin T. Sanders et Jennifer C. Ward pour la Carnegie Commission on Higher Education); *International Programs of U.S. Colleges and Universities: Priorities for the Seventies* (James A. Perkins); *Reform of Higher Education; Mission Impossible?* (James A. Perkins); *Comparative Higher Education: Sources of Information* (Robert O. Berdahl et George Altomare); *Beyond 1980: The Evolution of British Higher Education* (Brian MacArthur); *Some Thoughts on Higher Education* (Soedjatmoko); *Engineering Sciences in Today's World* (Hans Leussink); Conference Papers : *Higher Education: Crisis and Support; The University's Response to Societal Demands; Higher Education and the Current Crises; Can Higher Education Recapture Public Support?* (Barbara Baird Israel); *Higher Education in a Changing World* (Barbara B. Burn).

Président et Directeur exécutif: James A. Perkins.
680 Fifth Avenue, New York, N.Y. 10019.
Vice-Président: Philip H. Coombs.
P.O. Box 217, Essex, Connecticut 06426.

INTERNATIONAL ASSOCIATION OF UNIVERSITY PROFESSORS AND LECTURERS (IAUPL)

ASSOCIATION INTERNATIONALE DES PROFESSEURS ET MAITRES DE CONFERENCES DES UNIVERSITES

The Association gradually took shape by the amalgamation in 1944 of two sources : the movement towards co-operation among university personnel, expressed in the International University Conference inaugurated by the Association of University Teachers (U.K.) in 1934, and the activities and discussions of university teachers and research workers who were temporary inhabitants of Great Britain during the last world war, who, with some British colleagues, formed themselves into the Association of Professors and Lecturers of the Allied Countries in Great Britain.

IAUPL is a democratically constituted federal organization of the separate national associations of university teachers, and in some cases of the separate associations of teachers in single universities, who thereby collaborate in the international sphere. IAUPL comprises 21 such affiliated associations representing a total membership of some 60,000 university teachers. These are in Austria, Belgium, Denmark, Eire, Federal Republic of Germany, France, Finland, Israel, Italy, Luxemburg, Malta, Netherlands, South Africa, Switzerland, United Kingdom, and Yugoslavia. Each of the affiliated associations retains its identity and autonomy. There are some individual members of IAUPL where national, university, or college staff associations do not yet exist. It also has correspondants in countries where there are no affiliated associations.

The broad aims of IAUPL are the de-

L'Association a pris progressivement forme à la suite de la fusion en 1944 de deux mouvements : le mouvement de coopération du personnel des universités qui trouva son expression dans la Conférence universitaire internationale organisée par l'Association des enseignants des universités (Royaume-Uni) en 1934; et les activités et débats des enseignants et chercheurs universitaires qui résidèrent temporairement en Grande-Bretagne pendant la dernière guerre mondiale et se constituèrent, avec quelques collègues britanniques, en Association des Professeurs et Maîtres de Conférences des Pays alliés en Grande-Bretagne.

L'IAUPL est une organisation fédérale démocratiquement constituée d'associations nationales d'enseignants universitaires et, dans certains cas, d'associations d'enseignants existant au sein d'universités individuelles, qui collaborent ainsi à l'échelon international. L'IAUPL comprend 21 associations adhérentes groupant un ensemble de quelque 60,000 enseignants universitaires des pays suivants : Afrique du Sud, Autriche, Belgique, Danemark, Finlande, France, Irlande, Israël, Italie, Luxembourg, Malte, Pays-Bas, République fédérale d'Allemagne, Royaume-Uni, Suisse, Yougoslavie. Chacune des associations adhérentes conserve son identité et son autonomie. L'IAUPL compte un certain nombre de membres individuels là où il n'existe pas encore d'association du personnel à l'échelon national, de l'université, ou du collège. Elle possède des correspondants dans les pays ou il n'existe pas d'associations adhérente.

Les grands objectifs de l'IAUPL sont le

velopment of academic fraternity among university teachers of the various countries across national and faculty boundaries; the protection of the independence and freedom of teaching and research; the furtherance of the interests of university teachers; and the consideration of academic problems, whether initiated by the Association itself or referred to it by governments or universities or by Unesco.

IAUPL is a non-governmental, non-political, non-sectarian body. It is recognized as holding consultative status by Unesco, and by other United Nations organizations. It works in friendly co-operation with similar organizations in other fields of university work and life.

Its academic programme has consisted of : the scheme for the establishment of an International Universities Bureau, 1948, and of an International Institute of Social Sciences, 1949; the report on Student Health Services, 1950, on Recurrent Long Leave, 1950; a continuing report on the Equivalences of University Degree Systems, 1948, 1950, 1953; a study on the Exchange of University Personnel, 1953, and their conditions of employment abroad, 1958; continuing reports on Academic Freedom; a comprehensive study of the conditions of Salary, Superannuation and Status of University Teachers in various countries as well as recruitment; an enquiry into the relations between Scientific Research in Universities and in Industry; studies on the recruitment of professors and lecturers to meet university expansion, and the necessity to maintain academic and economic standards; the place of the universities in training for professional and technical careers; university reform; new teaching methods; student participation in administration; training and information for teachers, etc.

These and other topics of interest to all university teachers are discussed at international conferences which, since the war, have been held at Oxford, Brussels, Paris,

développement de la fraternité académique entre enseignants universitaires par-delà les frontières nationales ou de facultés, la sauvegarde de l'indépendance et de la liberté de l'enseignement et de la recherche, la défense des intérêts des enseignants universitaires et l'examen des problèmes universitaires, soit à l'initiative de l'Association elle-même, soit à la demande de gouvernements, d'universités ou de l'Unesco.

L'IAUPL est un organisme non gouvernemental, non politique et non confessionnel. Elle bénéficie du statut consultatif auprès de l'Unesco et d'autres institutions des Nations Unies. Elle entretient une collaboration amicale avec les organisations analogues se consacrant à d'autres aspects du travail et de la vie universitaires.

Son œuvre proprement académique se compose comme suit : plan d'établissement d'un Bureau international des Universités, 1948, et d'un Institut international des Sciences sociales, 1949; rapport sur les services de santé universitaires, 1950, et sur le long congé périodique, 1950; rapport suivi sur les équivalences des systèmes de grades universitaires, 1948, 1950, 1953; étude sur l'échange de personnel universitaire, 1953, et sur les conditions d'emploi de ce personnel à l'étranger, 1958; rapports suivis sur la liberté académique; étude sur le traitement, la retraite et le statut des enseignants universitaires dans différents pays ainsi que sur le recrutement; enquête sur les relations entre la recherche scientifique à l'université et dans l'industrie; études sur le recrutement des professeurs et maîtres de conférences en fonction de l'expansion des universités et sur la nécessité du maintien de leurs niveaux académique et économique; enfin sur le rôle des universités dans la formation aux carrières libérales et techniques; réformes des universités; nouvelles méthodes pédagogiques; participation des étudiants à la gestion; formation et information des enseignants, etc.

Ces sujets et d'autres d'intérêt commun à tous les enseignants universitaires sont débattus à des conférences internationales, tenues, depuis la guerre, à Oxford, Bruxelles,

Basle, Florence, Nice, Amsterdam, Vienna, Munich, Brussels, London, Istanbul, Jerusalem, Haifa, Herceg Novi (Yugoslavia) and, most recently, Parma (Italy) in September 1972. In September 1965, IAUPL organized its First International Seminar on the Status of University Teachers (Vienna).

A "European Liaison Committee", set up in 1973, has held several meetings in Paris, Germany, and London at which problems of particular relevance to Europe have been discussed with the collaboration of European organizations (Council of Europe, EEC).

Structure of the Association : Final authority rests in the Central Council, consisting of the representatives of the constituent national associations; the Executive Committee has 11 members, of whom 9 are elected by the Council and one is co-opted to ensure a more balanced geographical representation.

Periodical Publication : *Communication.*

President (1976–): Denis Levy (France).
Hon. Secretary-General: Frédéric Mauro,
6, rue de la République, 94160 Saint Mandé (France).

Paris, Bâle, Florence, Nice, Amsterdam, Vienne, Munich, Bruxelles, Londres, Istanboul, Jérusalem, Haïfa, Herceg Novi (Yougoslavie), et Parme (Italie) en septembre 1972. En septembre 1965, l'IAUPL a organisé le Premier Séminaire international sur la Condition de l'Enseignant universitaire (Vienne).

Depuis 1973 fonctionne un "Comité de Liaison Européen" dont plusieurs réunions à Paris, en Allemagne et à Londres ont traité de problèmes plus spécialement européens avec la collaboration d'organisations européennes (Conseil de l'Europe, CEE).

Structure de l'Association : L'autorité suprême est détenue par le Conseil central, composé de représentants désignés par les associations nationales adhérentes; le Comité exécutif compte 11 membres, dont 9 sont élus par le Conseil et un co-opté en vue d'assurer une représentation géographique mieux équilibrée.

Publication périodique : *Communication.*

Président (1976–): Denis Levy (France).
Secrétaire général: Frédéric Mauro,
6, rue de la République, 94160 Saint-Mandé (France).

INTERNATIONAL FEDERATION OF UNIVERSITY WOMEN (IFUW)

FEDERATION INTERNATIONALE DES FEMMES DIPLOMEES DES UNIVERSITES (FIFDU)

The Federation is a world-wide organization of women who have had a university education. Membership is open to all qualified university women through National Associations which are affiliated in 54 countries: Argentina, Australia, Austria, Bangladesh, Belgium, Bolivia, Brazil, Canada, Denmark, Egypt, El Salvador, Finland, France, Germany, Ghana, Great Britain, Greece, Guatemala, Honduras, Hong Kong, Iceland, India, Indonesia, Iran, Iraq, Ireland, Israel, Italy, Japan, Kenya, Korea, Lebanon, Luxemburg, Mexico, Netherlands, New Zealand, Nicaragua, Nigeria, Norway, Pakistan, Panama, Paraguay, Peru, Philippines, Rhodesia, South Africa, Spain, Sri Lanka, Sweden, Switzerland, Thailand, Turkey, U.S.A., Uruguay, with a total membership of approximately 220,000.

The aim of the Federation is to promote understanding and friendship among the university women of the world, irrespective of their race, nationality, religion or political opinions; to encourage international cooperation; to further the development of education; to represent university women in international organizations; and to promote their participation in public life. The Federation offers members research fellowships and an organization for combined action to improve the status of women in all respects and for study of some of the larger issues in the world today.

The work of the Federation is planned by a Conference of delegates of the national associations. The Conference meets every

La Fédération est une organisation mondiale de femmes de formation universitaire. Peuvent y participer toutes les femmes universitaires qualifiées, par l'intermédiaire des sections nationales adhérentes qui se sont constituées dans 54 pays: Afrique du Sud, Allemagne, Argentine, Australie, Autriche, Bangladesh, Belgique, Bolivie, Brésil, Canada, Corée, Danemark, Egypte, El Salvador, Espagne, Etats-Unis d'Amérique, Finlande, France, Ghana, Grande-Bretagne, Grèce, Guatemala, Honduras, Hong-Kong, Inde, Indonésie, Iran, Irak, Irlande, Islande, Israël, Italie, Japon, Kenya, Liban, Luxembourg, Mexique, Nicaragua, Nigéria, Norvège, Nouvelle-Zélande, Pakistan, Panama, Paraguay, Pays-Bas, Pérou, Philippines, Rhodésie, Sri Lanka, Suède, Suisse, Thaïlande, Turquie, Uruguay—et groupent près de 220.000 membres.

L'objet de la Fédération est d'assurer l'entente et d'encourager l'amitié entre les femmes diplômées du monde entier, sans distinction de race, de nationalité, de religion, ou d'opinions politiques; de promouvoir l'esprit de coopération internationale; de favoriser le développement de l'enseignement; de représenter les femmes diplômées auprès des organisations internationales; et d'encourager leur participation à la vie publique. La Fédération offre à ses membres des bourses de recherche et un cadre d'action commune pour l'amélioration à tous égards du statut de a femme et pour l'étude de quelques-uns des plus grands problèmes du monde d'aujourd'hui.

Les tâches de la Fédération sont fixées par un Congrès des délégués des associations nationales. Le Congrès se réunit tous les trois

three years. Between Conferences there are meetings of the Council and of international Standing Committees responsible for special activities. The international headquarters office in Geneva acts as a co-ordination centre.

Periodical Publications: *Yearbook*, and *Newsletter* (annually).
President (1974–77): Dr. Elizabeth S. May (U.S.A.).
Executive Secretary: Mlle A. Paquier. 37, Quai Wilson, 1201 Geneva.

ans. Entre les Congrès il y a des réunions du Conseil et des Commissions permanentes internationales chargées de certaines activités spéciales. Le siège international de Genève joue le rôle de centre de coordination.

Publications périodiques: *Annuaire* et *Nouvelles* (annuel).
Présidente (1974–77): Dr. Elizabeth S. May (U.S.A.).
Secrétaire générale: Mlle A. Paquier. 37, Quai Wilson, 1201 Genève.

WORLD UNIVERSITY SERVICE (WUS)
ENTR'AIDE UNIVERSITAIRE MONDIALE

WUS, founded in 1920 in the belief of the necessity to question values, reformulate ideas and re-seek dimensions, is inextricably involved in the questions of the role, function and structure of the university. WUS is concerned that the university should play its true educational and social role and has declared that the university must be involved directly in the solution of the problems which face society. It is committed to resist all forms of external pressure which hinder freedom of study, teaching, or research.

WUS has national branches bringing together university staff, students and administrators in over fifty countries in all continents. Its programmes are action-orientated. They are established on the basis of criteria involving the universities in the solution of political, economic and social problems in society. Programmes include: research/evaluation concerned with the investigation of socio-political issues facing society and recommending suitable action on the part of the university community; projects to combat prejudice and discrimination wherever they occur, in particular ensuring educational and other assistance to African refugees, especially in Southern Africa: social action and community development projects in the fields of agriculture, health and education, and the establishment of rural development bureaus in universities; a limited number of emergency and university welfare programmes.

Fondée en 1920 par profonde conviction de la nécessité de remettre en question les valeurs existantes, de formuler de nouvelles idées et de rechercher d'autres perspectives, l'Entr'aide universitaire mondiale est constamment amenée à s'interroger sur le rôle, la fonction et la structure de l'université. L'une de ses préoccupations majeures est que l'université parvienne à jouer pleinement son rôle dans le domaine éducatif et social. Elle affirme que l'université doit participer directement à la solution des problèmes qui se posent à la société. Elle entend résister à toute forme de pression extérieure susceptible d'entraver la liberté d'enseignement, d'étude ou de recherche.

L'EUM dispose, dans plus de 50 pays de tous les continents, d'organes nationaux réunissant des membres du personnel enseignant, des étudiants et des administrateurs. Les programmes de l'EUM sont axés sur l'efficacité et l'action. Ils sont établis sur la base de critères impliquant la participation des universités à la solution des problèmes politiques, économiques et sociaux de la société. Ces programmes comprennent: la recherche/évaluation qui s'efforce de procéder à des analyses des problèmes sociaux et politiques auxquels la société doit faire face, et de recommander une action adéquate de la part de la communauté universitaire; des projets destinés à combattre, partout où cela est nécessaire, les préjugés et la discrimination et, en particulier, des projets visant à offrir une aide en matière d'éducation et dans d'autres domaines aux réfugiés africains—plus spécialement à ceux d'Afrique du Sud; des projets d'action sociale et de développement dans l'agriculture, la santé, l'éducation et l'établissement de bureaux de développement rural dans les universités; un

These programmes are decided upon by the supreme governing body of WUS, the General Assembly, which meets biennially. Interim authority rests with the Executive Committee. The Secretariat in Geneva administers the international programmes and co-ordinates the activities of national committees.

Periodical publications: *WUS News; Annual Report; Conference and Seminar Reports; Special Studies; Research Findings.*

Chairman: Dr. Filemon Tanchoco, Jr. (Philippines).
Vice-Chairman: J. Watson (Canada).
Treasurer: Dr. S. Mudenge (Lesotho).
General Secretary: C. R. Taylor.
5, chemin des Iris, 1216 Cointrin, Geneva.

petit nombre de programmes d'aide sociale pour des universités et des programmes d'urgence.

Ces programmes sont établis par l'organe directeur supérieur de l'EUM, l'Assemblée générale, qui se réunit tous les deux ans. Entre les assemblées, le Comité exécutif est dépositaire de l'autorité. Le Secrétariat à Genève administre les programmes internationaux et coordonne les activités des comités nationaux.

Publications périodiques: *WUS News: Rapport annuel; Comptes rendus des conférences et séminaires; Etudes spéciales; Conclusions des Recherches.*

Président: Dr. Filemon Tanchoco, Jr. (Philippines).
Vice-Président: J. Watson (Canada).
Trésorier: Dr. S. Mudenge (Lesotho).
Secrétaire général: C. R. Taylor.
5, chemin des Iris, 1216 Cointrin, Genève.

INTERNATIONAL UNION OF STUDENTS (IUS)
UNION INTERNATIONALE DES ETUDIANTS (UIE)

The International Union of Students was founded in August 1946 in Prague, by student organizations of 43 countries at the World Student Congress called by the International Preparatory Committee elected by the London International Students' Conference of November 1945.

Aims: according to the Constitution, as a representative international student organization which defends the rights and interests of students, the IUS shall strive for: the right and possibility of all young people to enjoy primary, secondary and higher education; a better standard of education, full academic freedom and student rights, the eradication of all forms of discrimination and in particular racial discrimination; the promotion of national culture, appreciation of the culture of all peoples and the love of freedom and democracy; the promotion of friendship, mutual understanding and co-operation among the students of the world and the unity of the world student community; the realization of the aspirations of students struggling against colonialism, neo-colonialism, and imperialism and for full national independence, which is a prerequisite for the full development of education and national culture; the co-operation of students with other sections of the population and the development in students of a sense of responsibility towards society; world peace, general and complete disarmament, international friendship among all peoples and the employment of advances in science and culture for the benefit of humanity.

Membership : There are two types of membership: full membership and associate membership. Organizations which do not

L'Union internationale des Etudiants a été fondée en août 1946 à Prague, par les organisations étudiantes de 43 pays, réunies au Congrès mondial des Etudiants. Celui-ci avait été convoqué par le Comité étudiant international tenu à Londres en novembre 1945.

Buts : selon sa constitution d'organisation étudiante internationale représentative, chargée de défendre les droits et intérêts des étudiants, l'UIE déploie son action en faveur des objectifs suivants: droit et possibilité pour tous les jeunes gens de bénéficier de l'enseignement primaire, secondaire et supérieur; élévation du niveau de l'enseignement, liberté et droits universitaires sans restriction aucune, élimination de toute forme de discrimination et en particulier de la discrimination raciale; développement de la culture nationale, appréciation de celles de tous les peuples et amour de la liberté et de la démocratie; encouragement de l'amitié, de la compréhension mutuelle, de la coopération entre les étudiants du monde, et de l'unité de la communauté étudiante; réalisation des aspirations des étudiants en lutte contre le néo-colonialisme, le colonialisme et l'impérialisme et pour l'indépendance nationale complète, condition nécessaire au plein développement de l'enseignement et de la culture nationale; coopération des étudiants avec les autres couches de la population et développement chez eux du sens de leur responsabilité envers la société; paix mondiale, désarmement général et complet, amitié entre tous les peuples et utilisation des progrès de la science et de la culture au profit de l'humanité.

Membres : Il ya deux sortes de membres : les membres titulaires et les membres associés. Les organisations n'appartenant à aucun de

qualify for full or associate membership but which desire to have working relations with the IUS may accept consultative status.

The IUS has 90 member organizations from Europe, Asia, Africa, and Latin America.

Governing and Executive Bodies: The highest governing body of the IUS is the Congress, which meets at least once in three years.

The Congress elects amongst its own members the Executive Committee and the Finance Committee. The Executive Committee, which meets at least once a year, carries out the policies, decisions and projects adopted by the Congress.

The practical activities of the Executive Committee are directed by the Secretariat of the Executive Committee, elected by the Congress of the IUS, which provides the services for the departments of the IUS through which all programmes are conducted.

Activities : The IUS, either directly or in co-operation with other student organizations, in pursuit of its aims, organizes international student meetings, conferences and seminars both general and specialized, international student correspondence, a scholarship scheme, student travel and exchange, practical co-operation on a faculty basis, cultural activities and relief campaigns; the collection of information concerning student problems and its dissemination throughout the world; the publication of official periodicals of the IUS; the organization or support of student sport activities; the support and encouragement of student contributions towards the establishment of better international understanding and the preservation of peace; all possible assistance to students of colonial, semi-colonial and dependent countries in support of their struggle for freedom and independence; the maintenance of the closest possible relations with other international organizations in matters of student interest and the presentation of student problems before international organizations; all other activities necessary to further the aims of the

ces deux groupes et qui désirent collaborer avec l'UIE peuvent recevoir, si elles le veulent, un statut consultatif spécial.

L'UIE compte 90 organisations membres d'Europe, d'Asie, d'Afrique et d'Amérique latine.

Organismes dirigeants et exécutifs: L'organe directeur suprême de l'UIE est le Congrés qui se réunit au moins une fois tous les trois ans.

Le Congrès élit parmi ses membres le Comité exécutif et la Commission des Finances. Le Comité exécutif, qui se réunit au moins une fois par an, se charge de mettre en application l'orientation, les décisions et les projets adoptés par le Congrès.

Les activités pratiques du Comité exécutif sont dirigées par un Secrétariat—élu par le Congrès de l'UIE—qui règle les activités des départements de l'UIE dans lesquels tous les programmes sont exécutés.

Activités : L'UIE, pour atteindre ses objectifs, organise directement ou en coopération avec d'autres unions étudiantes des réunions, conférences et séminaires étudiants internationaux présentant un caractère général ou spécialisé; une correspondance entre les étudiants du monde, un système de bourses, des voyages et échanges étudiants, une coopération effective entre les facultés, des activités culturelles et des campagnes d'aide; la collecte d'informations sur les problèmes étudiants et leur diffusion à travers le monde; la publication de revues de l'UIE; des activités sportives qu'elle prépare ou encourage; le soutien et l'encouragement de contributions étudiantes à l'établissement d'une meilleure compréhension internationale et à la sauvegarde de la paix; toute l'assistance possible aux étudiants des pays coloniaux, semi-coloniaux et dépendants, pour les aider à lutter pour la liberté et l'indépendance; le maintien de relations très étroites avec d'autres unions internationales sur la base des questions intéressant les étudiants, et la présentation les problèmes étudiants devant des organisations internationales; toutes autres activités nécessai-

IUS; the annual distribution, in the framework of its scholarship scheme, of about 300 scholarships to student organizations.

Publications : *World Student News* (monthly) in English, French, Spanish, and German; *News Service* (monthly) in English, French, and Spanish. Also various regional and other Bulletins.

President: Dušan Ulčak (Czechoslovakia)

General Secretary: Fathi El Fadl (Sudan). 17th November Street, 110 01 Praha (Czechoslovakia).

res à la promotion des buts de l'UIE; allocation annuelle par l'UIE, dans le cadre de son système de bourses, d'environ 300 bourses aux organisations étudiantes.

Publications : *Etudiants du monde* (mensuel), en anglais, en français, en espagnol et en allemand; *Bulletin d'Information* (mensuel), en anglais, en français, et en espagnol. Egalement divers Bulletins régionaux ou autres.

Président : Dušan Ulčak (Tchécoslovaquie).

Secrétaire général : Fathi El Fadl (Soudan).
17th November Street, 110 01 Praha (Tchécoslovaquie).

PAX ROMANA

Founded in Fribourg (Switzerland) in 1921 under the name of "Pax Romana—International Secretariat for Catholic Students", the Movement spread rapidly in Europe, then in the Americas, Asia and Africa. At the Assembly which it held in Rome in 1947, the organization abandoned its purely student character, and established two autonomous branches: *a*) Pax Romana–International Movement of Catholic Students; *b*) Pax Romana–International Catholic Movement for Intellectual and Cultural Affairs.

a) *The Student Branch of Pax Romana* aims at awakening and developing the spirit of fraternal understanding between the federations of Catholic students from different countries; at helping them in their activities and seeing to it that their members receive a sound Christian formation; at spreading Christian principles in the university milieu and undertaking projects in the international field, with the agreement of the national federations.

Members: 65 national federations in 60 countries.

Structure: The highest organ of the Movement is the Interfederal Assembly composed of two voting delegates from every national federation, which meets once every three years. The Directing Committee and the General Secretariat (in Fribourg) are the two other directing organs of the Movement. There are specialized Sub-Secretariats for the following questions: social formation, engineering students. Regional secretariats carry out regional programmes of action: Asia: Hong Kong; Latin America: Lima; Europe: Fribourg.

Officers for 1975–1979:
President: Gilberto Valdez (Peru).
Vice-President: Leonard Foo (Malaysia).

Fondé en 1921 à Fribourg (Suisse) sous le nom de «Pax Romana—Secrétariat international des Etudiants catholiques», le mouvement s'est vite propagé en Europe, puis en Amérique, en Asie et en Afrique. A l'Assemblée qu'elle a tenue à Rome en 1947, l'organisation a abandonné son caractère purement estudiantin en créant deux sections autonomes: *a*) Pax Romana—Mouvement International des Etudiants Catholiques; *b*) Pax Romana–Mouvement International des Intellectuels Catholiques.

a) *Pax Romana en tant que Mouvement des étudiants* s'efforce d'éveiller et de développer l'esprit de compréhension fraternelle entre les fédérations d'étudiants catholiques des différents pays; de les aider dans leurs activités et de veiller à ce que leurs membres reçoivent une sérieuse formation chrétienne, de diffuser les principes chrétiens dans le milieu universitaire et d'entreprendre les tâches nécessaires, sur le plan international, en accord avec les fédérations nationales.

Membres: 65 fédérations nationales dans 60 pays.

Structure: L'organe suprême du Mouvement est l'Assemblée interfédérale, composée de deux délégués de chaque fédération nationale, et qui se réunit tous les trois ans. Le Comité directeur et le Secrétariat général (à Fribourg) sont les deux autres organes directeurs du Mouvement. Des sous-secrétariats spécialisés traitent des questions suivantes: formation et action sociales, élèves-ingénieurs. Des secrétariats régionaux exécutent les programmes d'action régionaux: Asie: Hong-Kong; Amérique latine: Lima; Europe: Fribourg.

Bureau 1975–1979:
Président: Gilberto Valdez (Perou).
Vice-Président: Leonard Foo (Malaysie).

Secretary-General: Antonio Matos Ferreira (Portugal).

b) *The Graduate Branch of Pax Romana* was constituted an autonomous branch of the Movement in 1947. This Movement aims at bringing together Catholic graduates so that they seek solutions to contemporary problems in keeping with Christian faith and ethics, and at facilitating contact and mutual aid between Catholic intellectuals and their organizations.

Members : 60 federations in 50 countries, with groups forming in 12 other countries, 6 professional groups (lawyers; secondary school teachers; scientists; artists; engineers, agriculturalists, economists, and political studies.

Structure : The highest body is the Plenary Assembly which meets once every two years. The Council, which is the executive organ, meets twice a year, and is composed of the President, three Vice-Presidents, the Secretary-General and fourteen members elected by the Assembly. There are specialized secretariats for artists, jurists, engineers, scientists, teachers, and political questions. The General Secretariat is at Fribourg.

Officers for 1975–1979 :

President: Félix Martí Ambel (Spain).
Vice-Presidents: Marek Skwarnicki (Poland); Kris Sindhunatha (Indonesia); Laurent Butty (Switzerland).
Secretary-General: Eric Sottas (Switzerland)

The organ common to the two movements is the Committee of Pax Romana, composed of the President, the Secretary-General and two members of the Council/Directing Committee of each Movement. The World Congress, organized jointly by both Movements, takes place every six years. The last Congress was held in Fribourg in 1971 on the theme "Liberation of Man".

Regular publications: *Convergence* (published 4 times a year in two editions, English and French).

1, route du Jura, 1701 Fribourg (Switzerland).

Secrétaire général: Antonio Matos Ferreira (Portugal).

b) *Pax Romana en tant que Mouvement des intellectuels* a été constitué en 1947 comme branche autonome. Ce Mouvement se propose d'unir les diplômés catholiques dans la recherche des solutions aux problèmes de la vie moderne selon l'esprit de la foi et de la morale chrétienne et de faciliter les relations et l'entr'aide parmi les intellectuels catholiques et leurs organisations.

Membres : 60 fédérations dans 50 pays; outre des groupes en formation dans 12 autres pays, 6 groupes professionnels (juristes; enseignants secondaires; scientifiques; artistes; ingénieurs, agronomes, cadres économiques), et études politiques.

Structure : L'organe suprême est l'Assemblée plénière qui se réunit tous les deux ans; le Conseil, organe exécutif se réunissant deux fois par an, se compose du Président, de trois Vice-Présidents, du Secrétaire général, et de quatorze membres élus par l'Assemblée. Il existe des secrétariats spécialisés pour les juristes, les ingénieurs, les artistes, les scientifiques, les enseignants, et les questions politiques. Le Secrétariat général est fixé à Fribourg.

Bureau : 1975–1979 :

Président: Felix Martí Ambel (Espagne).
Vice-Présidents: Marek Skwarnicki (Pologne); Kris Sindhunatha (Indonésie); Laurent Butty (Suisse).
Secrétaire général: Eric Sottas (Suisse).

L'organe commun aux deux Mouvements est le Comité de Pax Romana, composé du Président, du Secrétaire général et de deux membres du Conseil/Comité Directeur de chaque Mouvement. Le Congrès mondial, commun aux deux Mouvements, se tient tous les six ans. Le dernier Congrès, qui s'est tenu à Fribourg en 1971, a eu pour thème «Libération de l'homme».

Publications périodiques : *Convergence* (4 numéros par an) en français et en anglais.
1, route du Jura, 1701 Fribourg (Suisse).

WORLD STUDENT CHRISTIAN FEDERATION (WSCF)

FEDERATION UNIVERSELLE DES ASSOCIATIONS CHRETIENNES D'ETUDIANTS (FUACE)

Founded in 1895, the WSCF is a federation of national Student Christian Movements, student sections of YMCAs and YWCAs, and denominational student movements. Among its members are students from all Christian confessions, but with a majority of Protestants and Orthodox. Its basic purpose is to form critical participants in the university through study of the biblical message and theology, and through action-oriented projects dealing with contemporary issues. It aims at bringing university movements into communication with one another, and also supports general efforts to serve all students in need, particularly in collaboration with the World University Service. It calls its members to strive for peace, liberation and justice in and among the nations, for the good of the university structure, life and community, for the manifestation of the unity of the church, and to prepare themselves to serve as Christian witnesses in the academic world in their nation and throughout the whole world.

The WSCF is made up of movements in more than 90 countries.

The governing body of the WSCF is its General Assembly, which meets every four years, and consists of representatives of all movements. It elects the Executive Committee which is composed of 20 persons, including representatives of each of the six geographical regions of the Federation structure. The Executive Committee or the officers meet at least once a year.

Chairman: Mrs. Mercy Amba Oduyoye (Ghana).

Fondée en 1895, c'est une fédération de mouvements nationaux d'étudiants chrétiens, de sections étudiantes des Unions chrétiennes de Jeunes Gens et de Jeunes Filles et de mouvements confessionnels. Il y a parmi ses membres des protestants et des orthodoxes. Son but essentiel est de former des étudiants d'université doués d'un esprit critique par l'étude du message de la bible et de la théologie, ainsi que par des projets de caractère concret relatifs aux problèmes contemporains. Elle a pour but de mettre en rapport les mouvements universitaires, tout en soutenant les efforts généraux de secours aux étudiants, notamment en coopération avec l'Entr'aide universitaire mondiale. Elle demande à ses membres de travailler pour la paix, la libération et la justice parmi les nations, pour le bien de l'université, de son organisation, de sa vie et de sa communauté et pour la manifestation de l'unité de l'Eglise; elle prépare ses membres à servir en tant que témoins chrétiens dans le monde universitaire dans leur propre pays et dans le monde entier.

La FUACE se compose des mouvements de plus de 90 pays.

L'organe dirigeant de la FUACE est son Assemblée générale qui se réunit tous les quatre ans, et qui est composée de représentants de tous les mouvements membres. Il élit un Comité exécutif, qui se compose de 20 personnes, parmi lesquelles figurent les représentants de chacune des six régions géographiques couvertes par la Fédération. Le Comité exécutif ou le Bureau se réunissent au moins une fois par an.

Présidente: Mrs. Mercy Amba Oduyoye (Ghana).

General Secretary: Dr. Feliciano V. Carino (Philippines).
Associate General Secretary: James S. A. K. Oporia-Ekwaro (Uganda).
37, quai Wilson, 1201 Geneva.

Secrétaire général: Dr. Feliciano V. Carino (Philippines).
Secrétaire général associé: James S. A. K. Oporia-Ekwaro (Ouganda).
37, quai Wilson, 1201 Genève.

WORLD UNION OF JEWISH STUDENTS (WUJS)
UNION MONDIALE DES ETUDIANTS JUIFS (UMEJ)

The aims of the Union, since its foundation in 1924, are: to unite the national associations of Jewish students in all countries; to represent Jewish students in academic life; to further and protect Jewish student interests and to ensure adequate representation of Jewish student opinion at meetings of international and other organizations; to cooperate with any organization which is concerned to promote the interests of students in general; to strengthen the ties of Jewish students with Israel.

Since the beginning of 1957, the activity of WUJS has considerably developed and has met with a large measure of success. Activities have been widely ranged; cultural guidance has been given to its Unions; International Seminars, Holiday Schools and Camps have been arranged; students have benefited from exchange and travel schemes; instructive pamphlets and less specialized magazines have been published; consultative status at the UN and Unesco has been maintained as well as regular contacts both between the affiliated unions themselves and between other national and international bodies. Thirty-seven National Jewish Student Unions from all five continents are affiliated to, and co-operate in the framework of WUJS.

WUJS organizes every three years an international Congress, with representation from over 30 Jewish Student Unions throughout the world and many international student organizations. Apart from its head office in London WUJS has now an office in New York, in South America, and in Brussels, Belgium.

During recent years several international educational seminars and conferences have been organized, as well as political activities

Les buts de l'Union, depuis sa création en 1924, sont : d'unir les associations nationales des étudiants juifs dans tous les pays; de représenter les étudiants juifs dans le monde académique; de servir et protéger les intérêts de l'étudiant juif et assurer une représentation adéquate de l'opinion de l'étudiant juif aux réunions des organisations internationales et autres; de collaborer avec toute organisation qui a pour but de servir les intérêts des étudiants en général; de resserrer les liens des étudiants juifs avec l'Israël.

A partir de 1957, l'activité de l'UMEJ s'est sensiblement développée et a connu un succès considérable. Les activités ont pris une large extension : des séminaires internationaux, des écoles de vacances et des camps ont été organisés; des étudiants ont bénéficié de programmes d'échanges et de voyages; des brochures éducatives et des magazines sur des sujets variés ont été publiés; un statut consultatif a été maintenu à l'ONU et à l'Unesco; des contacts aussi bien entre les unions affiliées elles-mêmes qu'avec d'autres organismes nationaux et internationaux ont été renforcés. Trente-sept unions nationales d'étudiants juifs des cinq continents sont affiliées et collaborent dans le cadre de l'UMEJ.

L'UMEJ organise tous les trois ans un Congrès international où sont représentées plus de 30 unions nationales d'étudiants juifs dans le monde et de nombreuses organisations internationales étudiantes. Outre son siège central à Londres, l'UMEJ a maintenant un bureau à New York, en Amérique du Sud, et à Bruxelles, Belgique.

Au cours des dernières années plusieurs conférences et séminaires internationaux sur l'éducation ont été organisés; une action

regarding the cause of Jews in the U.S.S.R. and Eastern Europe.
Publication: "Olam" (quarterly journal).

Chairman: Ron Finkel.
Secretary-General: Michael Klein
247 Grays Inn Road, London WC1X 8QZ.

politique a également été entreprise en faveur des Juifs en U.R.S.S. et en Europe de l'Est.
Publication: "Olam" (quarterly journal).

Président: Ron Finkel.
Secrétaire général: Michael Klein.
247 Grays Inn Road, London WC1X 8QZ.

INTERNATIONAL STUDENT MOVEMENT FOR THE UNITED NATIONS (ISMUN)

MOUVEMENT INTERNATIONAL DES ETUDIANTS POUR LES NATIONS UNIES

The International Student Movement for the United Nations was created in August 1947 as the Student Commission of the World Federation of United Nations Associations (WFUNA), and since then developed into one of the main international non-governmental organizations working for the achievement of peace, justice and mutual understanding among peoples. In 1954 the Movement became independent of the World Federation, but continued to maintain close links with its parent body, through which it enjoys consultative status with the Economic and Social Council of the United Nations, Unesco and most of the other Specialized Agencies.

Aims : to work with students and young people for human rights, social equality, national independence, continuous development, for political, economic and cultural equality, and against colonialism and other forms of violation of human rights; and to work with students and young people to promote an informed public and a larger knowledge about the United Nations, its actual meaning and its potentialities. In doing so, ISMUN will encourage a continued critical attitude towards the world organization in order to promote its universality and effectiveness.

ISMUN is the only international student organization devoted exclusively to inspiring youth and students around the world with the principles and ideals of the United Nations and its Specialized Agencies. Thus the Movement concerns itself with all aspects of UN activities : political, social or econ-

Le Mouvement international des Etudiants pour les Nations Unies fut créé au mois d'août 1947 sous le nom de Commission estudiantine de la Fédération mondiale des Associations pour les Nations Unies (FMANU); depuis lors, il est devenu l'une des principales organisations internationales non gouvernementales travaillant pour la réalisation de la paix, de la justice et de la compréhension mutuelle entre les peuples. En 1954, le Mouvement se sépara de la Fédération mais garda avec elle des relations très étroites, jouissant, par son intermédiaire, du statut consultatif auprès du Conseil économique et social des Nations Unies, de l'Unesco et de la plupart des autres institutions spécialisées.

Objectifs : œuvrer, avec les étudiants et les jeunes en général, pour la défense des droits de l'homme, l'égalité sociale, l'indépendance nationale, le développement permanent, l'égalité politique, économique et culturelle, et lutter contre le colonialisme et les autres formes de violation des droits de l'homme; travailler avec les étudiants et les jeunes en général à promouvoir au sein du public une information plus complète sur les Nations Unies, sa signification réelle, et ses possibilités. Ce faisant, l'ISMUN favorise l'adoption d'une attitude critique à l'égard de cette organisation internationale afin de promouvoir son universalité et son efficacité.

L'ISMUN est la seule organisation estudiantine internationale qui se consacre exclusivement à faire connaître les principes et les idéaux des Nations Unies et de leurs institutions spécialisées à la jeunesse et aux étudiants dans le monde entier. Ainsi, le Mouvement s'intéresse à tous les aspects des activi-

omic. To reach its goals the Movement encourages the formation of United Nations Student Associations (UNSAs) within all universities and other institutes of higher education and carries out a wide variety of activities both on the international and national level.

Members: Membership to the Movement is open to national student organizations (UNSAs), whose primary aims conform to, or include those of ISMUN. Not more than one organization can be admitted from any one country. The Movement at present has affiliated organizations in nearly 53 countries with different political, economic and social systems.

Structure : the General Conference, held every eighteen months to two years, lays down the general lines of policy for the Movement, its educational programmes, finances, and external relations. The Conference also discusses its policy on political matters and holds an informal Political Forum for open discussion on one political problem before the UN. The Conference elects the Executive Committee which is composed of 12 members.

The Executive Committee administers the Movement between sessions of the General Conference, implements its decisions and gives guidance to the Secretariat. The Secretariat is directed by the Secretary-General, who is the main administrative officer of the Movement.

Programme : *a*) International : Education about the United Nations System at youth and student level through seminars and study courses, participation in UN and Agency campaigns, preparation and distribution of information material, international exchanges, student campaigns, regional student institutions.

b) National : Seminars, courses, lec-

tés des Nations Unies, qu'ils soient d'ordre politique, social ou économique. Pour atteindre son but, le Mouvement encourage la création d'Associations estudiantines pour les Nations Unies (UNSAs) dans toutes les universités et autres institutions d'enseignement supérieur et il a des activités très variées aux niveaux international aussi bien que national.

Membres : Peuvent être membres du Mouvement toutes les organisations estudiantines nationales pour les Nations Unies dont les buts essentiels sont conformes à ceux de l'ISMUN ou les comprennent. Il ne peut y avoir plus d'une organisation membre pour un pays donné. A l'heure actuelle, le Mouvement a des organisations affiliées dans près de 53 pays aux systèmes politiques, économiques et sociaux différents.

Structure : la Conférence générale, qui peut se réunir à intervalles de dix-huit mois à deux ans, fixe les lignes générales de la politique du Mouvement, son programme éducatif, son budget et ses relations extérieures. La Conférence débat également de la politique suivie sur les questions politiques et sert de cadre à un Forum politique non officiel destiné à permettre une discussion ouverte sur l'un des problèmes politiques soumis aux Nations Unies. La Conférence élit le Comité exécutif, composé de 12 membres.

Le Comité exécutif administre le Mouvement entre les sessions de la Conférence générale, exécute les décisions et donne des directives au Secrétariat. Le Secrétariat est dirigé par le Secrétaire général qui est le principal responsable administratif du Mouvement.

Programme : *a*) Au niveau international : Enseignement sur la famille des Nations Unies, dispensé à la jeunesse et aux étudiants par les séminaires et des cours d'études, participation aux campagnes organisées par les Nations Unies et les institutions spécialisées, rédaction et distribution de matériel d'information, échanges internationaux, campagnes organisées par les étudiants, organisations régionales d'étudiants.

b) Au niveau national : Séminaires,

tures, films, exhibitions, distribution of information on the UN, model sessions, work camps, marking of UN Day and Human Rights Day, political action, campaigns for development.

Publications: Quarterly *Bulletin*; background documents, information kits and working papers.

Secretary-General: Jon Alexander.
41, rue de Zurich, 1201 Geneva.

cours, conférences, films, expositions, distribution de matériel d'information sur les Nations Unies, sessions modèles, camps de travail, célébration de la Journée des Nations Unies, de la Journée des Droits de l'Homme, action politique, campagnes pour le développement.

Publications : *Bulletin* trimestriel; documents de base, pochettes d'information, documents de travail.

Secrétair général: Jon Alexander.
41, rue de Zurich, 1201 Genève.

CO-ORDINATING COMMITTEE FOR INTERNATIONAL VOLUNTARY SERVICE

COMITE DE COORDINATION DU SERVICE VOLONTAIRE INTERNATIONAL

The Co-ordinating Committee for International Voluntary Service, founded in 1948 on the initiative of Unesco with which it enjoys consultative status A, groups over 130 organizations having branches in different countries and promoting, each according to its individual capacity, voluntary service throughout the world. The Committee collects information on long and short-term voluntary service and through its publications disseminates and directs it to organizations and individuals. As a centre for co-ordination, it maintains liaison with the affiliated organizations and institutions associated with its work. The Committee initiates specific projects in response to and in accordance with the needs of voluntary service agencies and the challenge of the international situation; sponsors training projects and encourages the development of voluntary service in new areas; carries out surveys and research of interest to voluntary service organizers. The Committee also has consultative status with the ECOSOC.

Many of the volunteers are students or young graduates. In the developing areas, long-term volunteers are employed in their professional capacities as doctors, nurses, teachers, geologists, agriculturists, mechanics, engineers, youth leaders, social workers.

Publications : *Volunteer Service Bulletin* (three times a year); *Workcamps Programme* (annually); *Questioning Development* (Glyn Roberts); *The University and Voluntary*

Le Comité de Coordination du Service Volontaire International, fondé en 1948 à l'initiative de l'Unesco auprès duquel il bénéficie du statut consultatif A, réunit plus de 130 organisations membres ayant des branches dans différents pays et travaillant, chacune à sa manière, à la promotion du service volontaire dans le monde. Le Comité réunit des renseignements sur le service volontaire à long et à court terme, et par l'intermédiaire de ses publications il les diffuse aussi bien auprès des organisations que des particuliers. En tant que centre de coordination il maintient la liaison entre ses organisations membres ainsi qu'avec les institutions travaillant dans les mêmes domaines. En réponse aux besoins des organisations de service volontaire et aux impératifs de la situation internationale, le Comité lance des projets spécifiques, patronne des projets de formation et encourage le développement du service volontaire dans de nouvelles régions, entreprend des enquêtes et des recherches à l'intention des organisateurs de service volontaire. Le Comité bénéficie également d'un statut consultatif auprès de l'ECOSOC.

Un grand nombre de ces volontaires sont des étudiants ou de jeunes diplômés. Dans les régions en voie de développement, les volontaires à « long terme » sont employés selon leurs capacités professionnelles comme médecins, infirmières, professeurs, géologues, agriculteurs, mécaniciens, ingénieurs, animateurs de jeunes et travailleurs sociaux.

Publications : *Bulletin du Service Volontaire* (3 par an); *Programme des chantiers de travail* (annuel); *Questioning Development* (Glyn Roberts); *The University and Volunta-*

Service (Dr. Dorothea Woods).

Director: Karin Erlenbach.
1, rue Miollis, 75015 Paris.

ry Service (Dr. Dorothea Woods).

Directeur: Karin Erlenbach.
1, rue Miollis, 75015 Paris.

OTHER INTERNATIONAL ORGANIZATIONS CONCERNED WITH SPECIAL STUDENT INTERESTS

AUTRES ORGANISATIONS INTERNATIONALES S'OCCUPANT D'ACTIVITES ESTUDIANTINES PARTICULIERES

Union internationale d'hygiène et de médecine scolaires et universitaires/International Union of School and University Health and Medical Services
Secrétaire général: Dr. Ouillon.
Château de Longchamp, Bois de Boulogne, 75016 Paris.

Association internationale des Etudiants en Sciences économiques et commerciales (AIESEC)/International Association of Students in Business and Economics
Secrétaire général: Wolfgang Sekira.
166 Chaussée de la Hulpe, 1170 Bruxelles.

Fédération internationale d'Associations nationales d'Elèves ingénieurs [FIANEI] International Federation of National Associations of Engineering Students
Secrétaire général: Guy Polspoel.
182, rue du Molenblok, 1120 Bruxelles.

Fédération internationale du Sport universitaire (FISU)/International University Sports Federation
Secrétaire: Dr. M. Ostyn.
B. P. 75, 3000 Louvain 1 (Belgique).

International Association of Agricultural Students (IAAS)/Association internationale des Etudiants en Agriculture (AIEA)
Secretary-General: Lars Emborg.
Bulowsvej 13, 1870 København.

International Association of Dental Students (IADS)/Association internationale des Etudiants dentaires (AIED)
c/o International Dental Federation, 64 Wimpole Street, London W.1.

International Association for the Exchange of Students for Technical Experience (IAESTE)/Association internationale pour l'Echange d'Etudiants en vue de l'Acquisition d'une expérience technique
General Secretary: N. Köchle.
Leonhardstrasse 33, 8006 Zürich.

International Federation of Medical Students' Associations (IFMSA) / Fédération internationale des Associations d'Etudiants en Médecine (FIAEM)
Secretary-General: Bengt Lindström.
General Secretariat: c/o FiMSIC, Stenbäckinkatu 9, 00290 Helsinki 29.

International Pharmaceutical Students' Federation (IPSF)/Fédération internationale des Etudiants en Pharmacie
General Secretary: Peter Sharrott.
248 Whitton Avenue, East Greenford, Middlesex (United Kingdom).

International Student Theatre Union (ISTU) Union internationale des Théâtres universitaires (UITU)
President: Len Graham.
Secretary-General: Rudy Engelander.
28 Groot Hertoginnelaan, The Hague.

International Union of Students in Architecture/Union internationale des étudiants en architecture (UIEA)
Secretary-General: Eduardo Leira.
Escuela Técnica Superior de Arquitectura, Ciudad Universitaria, Madrid 3.

International University Exchange Fund (IUEF)/Fonds international d'échanges uni-

versitaires (FIEU)
Director: Lars-Gunnar Eriksson.
Assistant Director: Frank D. Bishop.
P.O. Box 348, 1211 Geneva 11.

International Veterinary Students' Association (IVSA)/Association internationale des Etudiants vétérinaires
President: Michel Gogny Goubert.
General Secretary: Isabelle Demade.
c/o British Veterinary Association, 7 Mansfield Street, London, W.1.

International Student Travel Conference
Chairman: Klaus Kocher.
19 Leonhardstrasse, 8001 Zürich.

Student Air Travel Association (SATA)
General Secretary: Ronald J. J. Bell.
30 Westminster Palace Gardens, Artillery Row, London SW1P 1RR.

UNIVERSITY VACATIONS—VACANCES UNIVERSITAIRES

The following table indicates the principal period of the year in which the full teaching activities of university institutions in different countries are largely suspended. For countries in which universities do not all follow the same academic year, the alternative major vacation period is indicated by a cross.

Le tableau ci-dessous indique, pour chaque pays, la période principale de l'année pendant laquelle les cours réguliers se trouvent généralement interrompus. Pour les pays où existent deux calendriers différents selon les universités, la deuxième période principale de vacances est désignée par une croix.

Country/Pays	Month/Mois											
	1	2	3	4	5	6	7	8	9	10	11	12
Afghanistan		—	—									
Albania							—	—	—			
Algeria							—	—	—			
Argentina		—	—									—
Australia		—	—									—
Austria							—	—	—			
Belgium							—	—	—			
Benin							—	—	—			
Bolivia	—	—	—									
Brazil	—	—										—
Bulgaria							—	—				
Burma							—	—				
Burundi							—	—	—			
Cameroon							—	—	—			
Canada						—	—	—				
Central African Empire							—	—	—			
Chad					—	—	—					
Chile	—	—										—
Colombia		—										
Congo (People's Republic of)							—	—	—			
Costa Rica	—	—										—
Cuba							—	—				
Czechoslovakia							—	—	—			
Denmark						—	—	—				
Dominican Republic	—											—
Ecuador		+	+	+			—	—	—			
Egypt (Arab Republic of)							—	—	—			
El Salvador				—	—							
Ethiopia							—	—	—			
Finland						—	—	—				
France							—	—	—			
Gabon							—	—	—			
German Democratic Republic							—	—	—			
Germany, Federal Republic of							—	—	—			
Ghana							—	—	—			
Greece							—	—	—			
Guadeloupe							—	—	—			
Guatemala	—										—	—
Guinea							—	—				

Country/Pays	\multicolumn{12}{c}{Month/Mois}
	1	2	3	4	5	6	7	8	9	10	11	12
Guyana							−	−	−			
Haiti								−	−			
Holy See							−	−	−			
Honduras	−											−
Hong Kong								−	−			
Hungary								−	−			
Iceland								−	−			
India				−	−	−						
Indonesia	−										−	−
Iran							−	−	−			
Iraq							−	−	−			
Ireland								−	−			
Israel							−	−	−	−		
Italy							−	−	−			
Ivory Coast							−	−	−			
Jamaica							−	−	−			
Japan								−	−			
Jordan							−	−	−			
Kampuchea (Democratic)				−	−	−						
Kenya							−	−	−			
Korea (Republic of)								−	−			
Kuwait							−	−	−			
Lao							−	−	−			
Lebanon								−	−			
Lesotho				−	−	−						
Liberia	−	−										−
Libyan Arab People's Republic							−	−	−			
Malagasy Democratic Republic							−	−	−			
Malawi							−	−	−			
Malaysia			−	−	−							
Mali							−	−	−			
Malta							−	−	−			
Martinique							−	−	−			
Mauritius				−	−							
Mexico	+							−	−		+	+
Mongolia							−	−	−			
Morocco							−	−	−			
Mozambique										−	−	−
Nepal	−				+	+						−
Netherlands							−	−				
New Zealand	−	−									−	−
Nicaragua		−	−	−								
Nigeria							−	−	−			
Norway							−	−				
Pakistan				+	+	+	−	−	−			
Panama	+	+	−	−								
Paraguay	−	−										−
Peru	−	−	−									
Philippines					−	−	−					
Poland								−	−			
Portugal								−	−			
Reunion							−	−	−			
Rhodesia	−	−										−
Romania							−	−	−			
Rwanda							−	−	−			

Country/Pays	Month/Mois											
	1	2	3	4	5	6	7	8	9	10	11	12
Saudi Arabia							—	—	—			
Senegal							—	—	—			
Sierra Leone						—	—	—				
Singapore		—	—	—								
Somalia							—	—	—			
South Africa	—	—										—
Spain							—	—	—			
Sri Lanka				+			—	—	—			
Sudan				—	—	—						
Sweden							—	—	—			
Switzerland							—	—	—			
Syrian Arab Republic							—	—				
Taiwan							—	—				
Tanzania			—	—	—							
Thailand			—	—	—							
Togo								—	—	—	—	
Tunisia							—	—	—			
Turkey							—	—	—			
Uganda			—	—	—							
Union of Soviet Socialist Republics							—	—				
United Kingdom							—	—	—			
United States of America					—	—	—					
Uruguay	—	—										—
Venezuela	+						—	—	—			+
Vietnam (Socialist Republic of)							—	—	—			
Yugoslavia							—	—	—			
Zaire Republic							—	—	—			
Zambia	—	—										—

APPENDIX-APPENDICE

INTERNATIONAL ASSOCIATION OF UNIVERSITIES
ASSOCIATION INTERNATIONALE DES UNIVERSITES

OFFICERS OF THE ASSOCIATION—RESPONSABLES DE L'ASSOCIATION

Honorary Presidents—Présidents d'Honneur

JEAN BAUGNIE	CONSTANTINE K. ZURAYK	VELI MERIKOSKI
(Président 1955–60)	(President 1965–70)	(President 1970–75)
Recteur honoraire	Professor of History	Chancellor
de l'Université de Bruxelles	American University of Beirut	Turku School of Economics
	Former Rector	
	University of Damascus	

Administrative Board—Conseil d'Administration*
1975–1980

PRESIDENT

ROGER GAUDRY
Ancien Recteur, Université de Montréal

VICE-PRESIDENTS

R. V. KHOKHLOV '	K. L. SHRIMALI
Rector	Vice-Chancellor
Moscow State University	Banaras Hindu University

MEMBERS OF THE ADMINISTRATIVE BOARD
MEMBRES DU CONSEIL D'ADMINISTRATION

ANTONIO ANDRADE	Rector, State University of Guayaquil
HELENA Z. BENITEZ	President, Philippine Women's University
TITO CARNACINI	Recteur, Université de Bologne
M. LOTFY DOWIDAR	President, Alexandria University
H. J. HABAKKUK	Vice-Chancellor, University of Oxford
AMPAH JOHNSON	Recteur, Université du Bénin
ICHIRO KATO	Former President, Tokyo University
A. A. KWAPONG	Vice-Chancellor, University of Ghana
FRANÇOIS LUCHAIRE	Président, Université de Paris 1 (Panthéon-Sorbonne)
FELIPE E. MACGREGOR	Recteur, Université Pontificale Catholique du Pérou
MARTIN MEYERSON	President, University of Pennsylvania
JANEZ MILČINSKI	Recteur, Université de Ljubljana
E. POPPE	Rector, Martin-Luther University, Halle-Wittenberg
BEDRICH ŠVESTKA	Recteur, Université Charles, Prague
G. VOSSERS	Rector, Technological University of Eindhoven

* The academic appointments listed are those held at the time of election at the Sixth General Conference, Moscow, August 1975.
* Les postes académiques indiqués sont ceux que détenaient leurs titulaires au moment de leur élection par la VIème Conférence générale, Moscou, août 1975.
' Deceased August 1977
' Decidé août 1977

DEPUTY MEMBERS—MEMBRES SUPPLEANTS

T. I. AL ABDULLAH, *President, University of Baghdad*; G. ADAM, *Rector, Eötvös Loránd University, Budapest*; H. BULUGMA, *President, University of Benghazi*; I. DOĞRAMACI, *Pro-Rector, Hacettepe University, Ankara*; H. ENGLER, *Rector, Albert Ludwig University of Freiburg*; L. K. H. GOMA, *Vice-Chancellor, University of Zambia*; A.-J. HENRICHSEN, *Rector, University of Bergen*; H. HERRERA, *Recteur, Université de La Havane*; H. A. AL IBRAHIM, *Dean, Faculty of Commerce, Economics and Political Science, Kuwait University*; S. KORNINGER, *Rector, University of Vienna*; R. H. MYERS, *Vice-Chancellor and Principal, University of New South Wales*; J. OTÃO STEFANI, *Recteur, Université Pontificale Catholique de Rio Grande do Sul*; A. T. PORTER, *Vice-Chancellor, University of Sierra Leone*; BL. SENDOV, *Rector, University of Sofia*; SWASDI SKULTHAI, *Deputy Rector, Mahidol University, Bangkok*; WIESŁAW WEŁNICKI, *Pro-Recteur, Ecole polytechnique de Gdańsk*.

SECRETARY-GENERAL—SECRETAIRE GENERAL

H. M. R. KEYES, (—March/mars 1978)

D. J. AITKEN (April/avril 1978—)

ASSISTANT SECRETARY-GENERAL

SECRETAIRE GENERAL ADJOINT

G. DAILLANT

The origins, structure and activities of the Association are described on pages 538–549 of this volume.

Une note sur les origines, la structure et les activités de l'Association figure aux pages 538–549 du présent ouvrage.

Members of the International Association of Universities (1st January 1977)*
Membres de l'Association Internationale des Universités (1er janvier 1977)**

AFGHANISTAN—AFGHANISTAN

Kabul Pohantoon

ALGERIA—ALGÉRIE

Université d'Alger

ARGENTINA—ARGENTINE

Pontificia Universidad Católica Argentina
Universidad de Belgrano
Universidad de Buenos Aires
Universidad Nacional de Córdoba
Universidad Católica de Córdoba
Universidad Nacional de Luján
Universidad Nacional del Nordeste
Universidad del Salvador
Universidad Nacional de San Luis
Universidad Nacional de Tucumán

AUSTRALIA—AUSTRALIE

University of Adelaide
Australian National University
The Flinders University of South Australia
La Trobe University
Macquarie University
University of Melbourne
Monash University
University of New England
University of New South Wales
University of Newcastle
University of Queensland
University of Sydney
University of Tasmania
University of Wollongong

AUSTRIA—AUTRICHE

Universität Wien

BANGLADESH—BANGLADESH

University of Dacca
University of Rajshahi

BELGIUM—BELGIQUE

Université libre de Bruxelles
Vrije Universiteit te Brussel
Rijksuniversiteit te Gent
Université de l'Etat à Liège
Katholieke Universiteit Leuven
Université catholique de Louvain
Université de l'Etat à Mons
Faculté polytechnique de Mons
Facultés universitaires Notre-Dame de la Paix, Namur
Faculté des Sciences agronomiques de l'Etat à Gembloux

BENIN (People's Republic of)—
BÉNIN (République populaire du)

Université Nationale du Bénin

---

* The above list has been arranged by English alphabetical order of countries for ease of reference. The designations employed do not imply any expression of opinion on the part of IAU concerning the legal status of any country or its authorities, or concerning the delimitation of its frontiers. Whereas in its first year IAU had less than 100 members, the present membership list is composed of 685 universities and institutions of university rank situated in 110 countries in every part of the world.

** La liste ci-dessus est présentée selon l'ordre alphabétique anglais des pays afin d'en faciliter la consultation. Les désignations utilisées ne traduisent aucune prise de position de l'AIU quant au statut juridique des pays ou de leurs autorités ni quant à la délimitation de leurs frontières. Alors qu'au cours de sa première année, l'AIU ne comptait pas 100 membres, la présente liste se compose de 685 universités ou établissements de rang universitaire situés dans 110 pays de toutes les parties du monde.

BOLIVIA—BOLIVIE

Universidad Boliviana Mayor, Real y Pontificia de San Francisco Xavier de Chuquisaca

BRAZIL—BRÉSIL

Universidade Católica de Campinas
Universidade Católica de Pelotas
Pontificia Universidade Católica do Rio Grande do Sul
Pontificia Universidade Católica do Rio de Janeiro
Universidade Federal do Rio de Janeiro
Universidade Federal de Santa Catarina

BULGARIA—BULGARIE

Sofiski universitet "Kliment Ohridski"
Plovdivski universitet "Paissii Hilendarski"
Vélikotirnovski universitet "Kiril i Metodi"
Viss mašinno-elektrotechničeski institut, Sofia
Visš ikonomičeski institut "Karl Marx", Sofia

BURUNDI—BURUNDI

Université du Burundi

CAMEROON—CAMEROUN

Université de Yaoundé

CANADA—CANADA

University of Alberta
Bishop's University
University of British Columbia
University of Calgary
Carleton University
Concordia University
Dalhousie University
Université Laval
McGill University
McMaster University
University of Manitoba
Memorial University of Newfoundland
Université de Moncton
Université de Montréal
Mount Saint Vincent University
University of New Brunswick
Université d'Ottawa
University of Prince Edward Island
Université du Québec
Queen's University at Kingston
University of Regina
St. Francis Xavier University
St. Mary's University
University of Saskatchewan
Université de Sherbrooke
Simon Fraser University
University of Toronto
University of Western Ontario
University of Windsor
University of Winnipeg
York University

CENTRAL AFRICAN EMPIRE—
EMPIRE CENTRAFRICAIN

Université Jean-Bedel Bokassa

CHAD—TCHAD

Université du Tchad

CHILE—CHILI

Universidad Católica de Chile
Universidad de Concepción
Universidad Técnica del Estado

COLOMBIA—COLOMBIE

Universidad Nacional de Colombia
Pontificia Universidad Javeriana
Universidad INCCA de Colombia
Universidad Externado de Colombia
Universidad de Santo Tomás
Universidad del Valle

COSTA RICA—COSTA-RICA

Universidad de Costa Rica

CUBA—CUBA

Universidad de La Habana
Universidad de las Villas
Universidad de Oriente

CZECHOSLOVAKIA—TCHÉCOSLOVAQUIE

Univerzita Komenského

Universita Jana Ev. Purkyně
Universita Karlova
Univerzita Pavla Jozefa Šafárika
České vysoké učení technické v Praze
Slovenská vysoká š kola technická v Bratislave
Vysoká škola báňská
Vysoká škola poľnohospodárska
Vysoká škola veterinární, Brno

DENMARK—DANEMARK

Aarhus Universitet
Københavns Universitet
Odense Universitet
Den Polytekniske Laereanstalt, Danmarks Tekniske Højskole
Den Kongelige Veterinaer- og Landbohøjskole

DOMINICAN REPUBLIC—
RÉPUBLIQUE DOMINICAINE

Universidad Autónoma de Santo Domingo
Universidad Católica "Madre y Maestra"

ECUADOR—ÉQUATEUR

Universidad Católica de Cuenca
Pontificia Universidad Católica del Ecuador
Universidad Central del Ecuador
Universidad Estatal de Guayaquil
Universidad Nacional de Loja
Universidad Católica de Santiago de Guayaquil
Universidad Técnica de Ambato
Universidad Técnica de Esmeraldas
Escuela Politécnica Nacional

ARAB REPUBLIC OF EGYPT—
RÉPUBLIQUE ARABE D'ÉGYPTE

Ain Shams University
Al-Azhar University
Alexandria University
Assiut University
Cairo University
Mansourah University
Tanta University
Zagazig University

The American University in Cairo

EL SALVADOR—EL SALVADOR

Universidad de El Salvador

ETHIOPIA—ÉTHIOPIE

Addis Ababa University

FINLAND—FINLANDE

Åbo Akademi
Helsingin Yliopisto
Jyväskylän Yliopisto
Oulun Yliopisto
Tampereen Yliopisto
Turun Yliopisto
Teknillinen Korkeakoulu, Helsinki
Tampereen Teknillinen Korkeakoulu
Turun Kauppakorkeakoulu

FRANCE—FRANCE

Université de Picardie, Amiens
Facultés catholiques de l'Ouest, Angers
Université de Bordeaux I
Université de Bretagne Occidentale, Brest
Université de Clermont-Ferrand
Université de Technologie de Compiègne
Université de Dijon
Université scientifique et médicale (Grenoble I)
Université des Sciences sociales (Grenoble II)
Fédération Universitaire et Polytechnique de Lille
Université Claude-Bernard (Lyon I)
Université de Lyon II
Université Jean Moulin (Lyon III)
Facultés catholiques de Lyon
Centre universitaire du Mans
Université de Nice
Université de Paris I—Panthéon-Sorbonne
Université de Droit, d'Economie et des Sciences sociales (Paris II)
Université René Descartes (Paris V)
Université Paris VII
Université Paris-Dauphine (Paris IX)
Institut catholique de Paris
Centre universitaire de Perpignan
Université de Reims

Université de Rennes I
Université de Haute-Bretagne (Rennes II)
Université de Saint-Etienne
Université Louis Pasteur (Strasbourg I)
Universite des Sciences, humaines (Strasbourg II)
Université des Sciences juridiques, politiques et sociales (Strasbourg III)
Université des Sciences sociales (Toulouse I)
Institut national polytechnique de Toulouse
Institut catholique de Toulouse
Ecole centrale des Arts et Manufactures, Châtenay-Malabry
Institut national agronomique de Paris-Grignon
Ecole nationale vétérinaire de Toulouse

GABON—GABON
Université nationale du Gabon

GERMAN DEMOCRATIC REPUBLIC—
RÉPUBLIQUE DÉMOCRATIQUE ALLEMANDE
Humboldt-Universität zu Berlin
Ernst-Moritz-Arndt Universität Greifswald
Martin-Luther-Universitat Halle-Wittenberg
Friedrich-Schiller-Universität Jena
Karl-Marx-Universität Leipzig
Wilhelm-Pieck-Universität Rostock
Technische Universität Dresden
Technische Hochschule Ilmenau
Technische Hochschule Karl-Marx-Stadt
Technische Hochschule Otto von Guericke, Magdeburg
Technische Hochschule "Carl Schorlemmer" Leuna-Merseburg
Bergakademie Freiberg
Hochschule für Architektur und Bauwesen Weimar
Hochschule für Ökonomie "Bruno Leuschner", Berlin

FEDERAL REPUBLIC OF GERMANY—
RÉPUBLIQUE FÉDÉRALE D'ALLEMAGNE
Rheinisch-Westfälische Technische Hochschule Aachen
Universität Augsburg
Freie Universität Berlin
Technische Universität Berlin
Ruhr-Universität Bochum
Rheinische Friedrich-Wilhelms-Universität Bonn
Technische Universität Carolo-Wilhelmina Braunschweig
Technische Hochschule Darmstadt
Universität Dortmund
Gesamthochschule Duisburg
Universität Düsseldorf
Gesamthochschule Eichstätt
Friedrich-Alexander-Universität Erlangen-Nürnberg
Universität Essen-Gesamthochschule
Johann Wolfgang Goethe-Universität Frankfurt/Main
Albert-Ludwigs-Universität Freiburg
Justus-Liebig-Universität Giessen
Georg-August-Universität Göttingen
Universität Hamburg
Ruprecht-Karl-Universität Heidelberg
Universität Hohenheim
Universität Fridericiana Karlsruhe
Christian-Albrechts-Universität Kiel
Universität zu Köln
Universität Konstanz
Johannes Gutenberg-Universität Mainz
Universität Mannheim
Philipps-Universität Marburg
Ludwig-Maximilians-Universität München
Technische Universität München
Westfälische Wilhelms-Universität Münster
Gesamthochschule Paderborn
Universität Regenburg
Universität des Saarlandes
Gesamthochschule Siegen
Universität Stuttgart
Eberhard-Karls-Universität Tübingen
Bergische Universität Wuppertal
Bayerische Julius-Maximilians-Universität Würzburg

GHANA—GHANA
University of Ghana
University of Science and Technology
University of Cape Coast

GREECE—GRÈCE
Ethnikon kai Kapodistriakon Panepistimion Athinon
Panepistimion Patron
Aristoteleion Panepistimion Thessalonikis
Ethnikon Metsovion Polytechneion Athinon

GUATEMALA—GUATEMALA
Universidad de San Carlos de Gautemala

GUYANA—GUYANE
University of Guyana

HOLY SEE—SAINT-SIÈGE
Pontificia Universitas Gregoriana
Pontificia Universitas S. Thomae Aquinatis de Urbe

HONDURAS—HONDURAS
Universidad Nacional Autónoma de Honduras

HONG KONG—HONG-KONG
University of Hong Kong
The Chinese University of Hong Kong

HUNGARY—HONGRIE
Eötvös Loránd Tudományegyetem
Budapesti Müszaki Egyetem
Nehézipari Müszaki Egyetem
Marx Károly Közgazdaságtudomány Egyetem
Agrártudományi Egyetem, Gödöllö

ICELAND—ISLANDE
Háskóli Íslands

INDIA—INDE
Banaras Hindu University
University of Bombay
Calcutta University
Delhi University
University of Madras
Osmania University
Punjab University
Rohilkhand University

INDONESIA—INDONÉSIE
Universitas Indonesia

IRAN—IRAN
Dâneshgâhé Ferdowsi, Mashhad
Dâneshgâhé Pahlavi, Shiraz
Dâneshgâhé Azarabadegan, Tabriz
Dâneshgâhé Tehran

IRAQ—IRAK
University of Baghdad
University of Basrah
University of Mosul
Al-Mustansiriyah University
University of Sulaimaniyah
University of Technology, Baghdad

IRELAND—IRLANDE
University of Dublin, Trinity College
National University of Ireland

ISRAEL—ISRAËL
Ha'Universita Ha'Ivrith Birushalayim
Universitat Haifa
Universitat Bar-Ilan
Universitat Tel-Aviv
Ha'Technion-Machon Technologi Le Israel
Universitat Ben Gurion Ba-Negev
Machon Weizmann Le-mada

ITALY—ITALIE
Università degli Studi di Bari
Università degli Studi di Bologna
Università degli Studi di Cagliari
Università degli Studi di Camerino
Università degli Studi di Catania
Università degli Studi di Ferrara
Università degli Studi di Firenze
Università degli Studi di Genova
Università degli Studi di Macerata
Università Cattolica del Sacro Cuore
Università degli Studi di Milano
Università degli Studi di Modena
Università degli Studi di Padova
Università degli Studi di Parma
Università degli Studi di Pavia
Università degli Studi di Perugia

Università degli Studi di Pisa
Università degli Studi di Roma
Università degli Studi di Sassari
Università degli Studi di Torino
Università degli Studi di Trieste
Università degli Studi di Venezia
Politecnico di Milano
Politecnico di Torino

IVORY COAST—CÔTE-D'IVOIRE
Université nationale de Côte-d'Ivoire

JAMAICA—JAMAÏQUE
University of the West Indies

JAPAN—JAPON
Aoyama Gakuin Daigaku
Chiba Daigaku
Chuo Daigaku
Doshisha Daigaku
Gakushuin Daigaku
Hiroshima Daigaku
Hitotsubashi Daigaku
Hokkaido Daigaku
Hosei Daigaku
Jochi Daigaku
Kagoshima Daigaku
Kanazawa Daigaku
Kansai Daigaku
Keio Gijuku Daigaku
Kobe Daigaku
Kokugakuin Daigaku
Kokusai Kirisutokyo Daigaku
Konan Daigaku
Kumamoto Daigaku
Kwansei Gakuin Daigaku
Kyoto Daigaku
Kyushu Daigaku
Meiji Daigaku
Nagasaki Daigaku
Nagoya Daigaku
Nara Joshi Daigaku
Nihon Daigaku
Nihon Joshi Daigaku
Niigata Daigaku
Nippon Ika Daigaku
Ochanomizu Joshi Daigaku
Oita Daigaku
Okayama Daigaku

Osaka Daigaku
Osaka Shiritsu Daigaku
Rikkyo Daigaku
Ryukoku Daigaku
Seijo Daigaku
Seishin Joshi Daigaku
Senshu Daigaku
Shinshu Daigaku
Soka Daigaku
Tohoku Daigaku
Tohoku Gakuin Daigaku
Tokai Daigaku
Tokyo Daigaku
Tokyo Jikeikai Ika Daigaku
Tokyo Joshi Daigaku
Tokyo Kogyo Daigaku
Tokyo Kyoiku Daigaku
Tokyo Rika Daigaku
Tokyo Toritsu Daigaku
Tsuda Juku Daigaku
Waseda Daigaku

JORDAN-JORDANIE
University of Jordan

KENYA—KENYA
University of Nairobi

KOREA (Republic of)—
CORÉE (République de)
Seoul Dae Hag Gyo

KUWAIT—KOWEIT
Kuwait University

LEBANON—LIBAN
Al-Jâmi'ah al Lubnaniyah
Al-Jâmi'ah al-Amirikiyah fi Bayrût
Jâmi'at al Qiddis Yussuf
Jâmi'at Bayrût al'Arabiya

LIBERIA—LIBERIA
University of Liberia

LIBYAN ARAB REPUBLIC—
RÉPUBLIQUE ARABE LIBYENNE
University of Al-Fateh
University of Garyounis

MALAGASY DEMOCRATIC REPUBLIC—
RÉPUBLIQUE MALGACHE DEMOCRATIQUE
Université de Madagascar

MALAWI—MALAWI
University of Malawi

MALAYSIA—MALAISIE
Universiti Malaya
Universiti Kebangsaan Malaysia
Universiti Pertanian Malaysia
Universiti Sains Malaysia
Universiti Teknoloji Malaysia

MALTA—MALTE
Royal University of Malta

MEXICO—MEXIQUE
Universidad Autónoma de Aguascalientes
Universidad Autónoma del Estado de México
Universidad Autónoma Metropolitana
Universidad Autónoma de Querétaro
Universidad Autónoma de San Luis Potosí
Universidad Autónoma de Sinaloa
Universidad Autónoma de Chihuahua
Universidad de Guadalajara
Universidad Iberoamericana
Universidad Juárez del Estado de Durango
Universidad La Salle
Universidad Nacional Autónoma de Mexico
Universidad de Nayarit
Universidad Autónoma de Nuevo León
Universidad Regiomontana
Universidad de Sonora
Universidad Veracruzana
Universidad de Yucatán
Universidad Autónoma de Zacatecas
Instituto Politécnico Nacional
Instituto Tecnológico y de Estudios Superiores de Monterrey
Instituto Tecnológico y de Estudios Superiores de Occidente
El Colegio de México
Centro Nacional de Enseñanza Técnica Industrial

MONGOLIA—MONGOLIE
Mongolian State University

MOROCCO—MAROC
Université Mohammed V

NEPAL—NEPAL
Tribhuvan University

NETHERLANDS—PAYS-BAS
Universiteit van Amsterdam
Vrije Universiteit Amsterdam
Technische Hogeschool te Delft
Technische Hogeschool te Eindhoven
Technische Hogeschool Twente
Rijksuniversiteit Groningen
Rijksuniversiteit te Leiden
Katholieke Universiteit te Nijmegen
Erasmus Universiteit Rotterdam
Katholieke Hogeschool te Tilburg
Rijksuniversiteit te Utrecht
Landbouwhogeschool te Wageningen
Institute of Social Studies, The Hague

NEW ZEALAND—NOUVELLE-ZÉLANDE
University of Auckland

NICARAGUA—NICARAGUA
Universidad Nacional Autónoma de Nicaragua
Universidad Centroamericana

NIGERIA—NIGÉRIA
Ahmadu Bello University
University of Benin
University of Ibadan
University of Ife
University of Lagos
University of Nigeria

NORWAY—NORVÈGE
Universitetet i Bergen
Universitetet i Oslo
Universitetet i Tromsø
Universitetet i Trondheim

PAKISTAN—PAKISTAN
   University of the Punjab
   University of Sind
   University of Engineering and Technology

PANAMA—PANAMA
   Universidad de Panamá

PAPUA NEW GUINEA—
PAPOUASIE NOUVELLE GUINÉE
   University of Papua and New Guinea

PARAGUAY—PARAGUAY
   Universidad Católica "Nuestra Señora de la Asunción"

PERU—PÉROU
   Universidad Nacional de San Agustín
   Universidad Nacional Mayor de San Marcos
   Pontificia Universidad Católica del Perú

PHILIPPINES—PHILIPPINES
   Aquinas University
   Centro Escolar University
   De La Salle University
   Far Eastern University
   Foundation University
   National University
   Philippine Women's University
   Saint Louis University
   Silliman University
   University of the East
   University of Manila
   Manila Central University
   University of the Philippines
   University of Santo Tomas
   Xavier University

POLAND—POLONGE
   Uniwersytet Jagielloński
   Katolicki Uniwersytet Lubelski
   Uniwersytet Warszawski
   Uniwersytet Wrocławski im. Bolesława Bieruta
   Politechnika Gdańska
   Akademia Rolniczau Poznaniu

PORTUGAL—PORTUGAL
   Universidade de Coimbra
   Universidade de Lisboa
   Universidade do Porto
   Universidade Técnica de Lisboa
   Universidade Católica Portugesa

QATAR—QATAR
   Facuties of Education, Doha

RHODESIA—RHODÉSIE
   University of Rhodesia

ROMANIA—ROUMANIE
   Universitatea Babeş-Bolyai
   Universitatea din Bucureşti
   Universitatea Al. I. Cuza
   Institutul Politechnic "Gheorghe Gheorgiu Dej", Bucureşti

RWANDA—RWANDA
   Université nationale du Rwanda

SAUDI ARABIA—ARABIE SAOUDITE
   Jami'at Almalik Abdul Aziz
   Jami'at Al-Riyad

SENEGAL—SÉNÉGAL
   Université de Dakar

SIERRA LEONE—SIERRA-LEONE
   University of Sierra Leone

SINGAPORE—SINGAPOUR
   Nanyang University
   University of Singapore

SOMALIA—SOMALIE
   Università nazionale della Somalia

SOUTH AFRICA—AFRIQUE DU SUD
   University of Cape Town

SPAIN—ESPAGNE
   Universidad Autónoma de Barcelona

Universidad de Barcelona
Universidad de Deusto
Universidad Pontificia de Comillas
Universidad Complutense de Madrid
Universidad de Navarra
Universidad de Salamanca
Universidad de Santiago de Compostela
Universidad Politécnica de Valencia
Escuela Técnica Superior de Ingenieros Industriales de Bilbao
Escuela Técnica Superior de Ingenieros Industriales de Madrid

SRI LANKA—SRI LANKA

University of Sri Lanka

SUDAN—SOUDAN

University of Khartoum
Omdurman Islamic University

SWEDEN—SUÈDE

Lunds Universitet
Uppsala Universitet

SWITZERLAND—SUISSE

Université de Genève
Université de Lausanne
Ecole Polytechnique fédérale de Lausanne
Universität Zürich
Eidgenössische Technische Hochschule Zürich

SYRIAN ARAB REPUBLIC—
RÉPUBLIQUE ARABE SYRIENNE

University of Aleppo
Jami'at Dimashk

TANZANIA—TANZANIE

University of Dar es Salaam

THAILAND—THAILANDE

Chulalongkorn University
Kasetsart University
King Mongkut's Institute of Technology
Mahidol University
Asian Institute of Technology
Ramkhamhaeng University
Thammasat University

TOGO—TOGO

Université du Bénin

TUNISIA—TUNISIE

Université de Tunis

TURKEY—TURQUIE

Ankara Üniversitesi
Atatürk Üniversitesi
Bursa Üniversitesi
Çukurova Üniversitesi
Diyarbakir Üniversitesi
Ege Üniversitesi
Hacettepe-Üniversitesi
Istanbul Üniversitesi
Istanbul Teknik Üniversitesi
Orta Doğu Teknik Üniversitesi (Middle East Technical University)

UGANDA—OUGANDA

Makerere University

UNION OF SOVIET SOCIALIST REPUBLICS—
UNION DES RÉPUBLIQUES SOCIALISTES SOVIÉTIQUES

Azerbajdžanskij Gosudarstvennyj Universitet im. S. M. Kirova
Belorusskij Gosudarstvennyj Universitet im. V. I. Lenina
Erevanskij Gosudarstvennyj Universitet
Har'kovskij Gosudarstvennyj Universitet im. A. M. Gor'kogo
Irkutskij Gosudarstvennyj Universitet im. A. A. Ždanova
Kazahskij Gosudarstvennyj Universitet im. S. M. Kirova
Kazanskij Gosudarstvennyj Universitet im. V. I. Ul'janova (Lenina)
Kievskij Gosudarstvennyj Universitet im. T. G. Ševčenko
Kirgizskij Gosudarstvennyj Universitet im. 50-letija SSSR
Kišinevskij Gosudarstvennyj Universitet im. V. I. Lenina
Latvijskij Gosudarstvennyj Universitet im. Petra Stučki
Leningradskij Gosudarstvennyj Universitet im. A. A. Ždanova

Leningradskij Politehničeskij Institut im. M. I. Kalinia
Moskovskij Gosudarstvennyi Universitet im. M. V. Lomonosova
Pervyj Moskovskij Medicinskij Institut im. I. M. Sečenova
Moskovskaja Sel'skohozajstvennaja Akademija im. K. A. Timirjazeva
Moskovskij Gosudarstvennyj Pedagogičeskij Institut im. V. I. Lenina
Moskovskij Gosudarstvennyj Pedagogičeskij Institut inostrannyh jazykov im. Morisa Toreza
Novosibirskij Gosudarstvennyj Universitet
Tadžiskij Gosudarstvennyj Universitet im. V. I. Lenina
Tartuskij Gosudarstvennyj Universitet
Taškentskij Gosudarstvennyj Universitet im. V. I. Lenina
Tbilisskij Gosudarstvennyj Universitet im. A. M. Gor'kogo
Turkmenskij Gosudarstvennij Universitet
Universitet Družby Narodov im. Patrisa Lumumby
Vil'nujsskij Gosudarstvennyj Universitet im V. Kapsukasa

UNITED KINGDOM—ROYAUME-UNI

University of Aberdeen
The Queen's University of Belfast
University of Birmingham
University of Bradford
University of Bristol
University of Cambridge
University of Dundee
University of Durham
University of Essex
University of Exeter
University of Glasgow
Heriot-Watt University
University of Hull
University of Leeds
University of Leicester
University of Liverpool
University of London
University of Manchester
Manchester Institute of Science and Technology
The Open University
University of Oxford
University of Reading
University of Salford
University of Sheffield
University of Southampton
University of Strathclyde
University of Sussex
University of Wales
University of Warwick

UNITED STATES OF AMERICA—ÉTATS-UNIS D'AMÉRIQUE

Adelphi University
University of Alabama
University of Arizona
University of Arkansas
Baylor University
Boston College
Brandeis University
Brown University
University of California
Catholic University of America
University of Chicago
University of Cincinnati
Clark University
Colgate University
Columbia University
Cornell University
Dartmouth College
University of Delaware
Duke University
Emory University
George Washington University
Georgetown University
Georgia Institute of Technology
Harvard University
University of Hawaii
University of Houston
Howard University
University of Illinois
Indiana University
The Johns Hopkins University
University of Kansas
University of Maryland, Eastern Shore
University of Massachusetts
Massachusetts Institute of Technology
Miami University, Ohio
University of Miami
Michigan State University
University of Michigan

University of Minnesota
University of Mississippi
University of Missouri
New York University
The City University of New York
State University of New York
Polytechnic Institute of New York
New School for Social Research, New York
University of North Carolina
Northeastern University
Northwestern University
University of Notre Dame
Ohio State University
Pennsylvania State University
University of Pennsylvania
University of Pittsburgh
Princeton University
University of Puerto Rico
University of Rochester
Rockefeller University
Rutgers—The State University
Saint Louis University
University of San Francisco
Seattle University
University of South Carolina
University of Southern California
Stanford University
Syracuse University
Texas Tech University
Tulane University
University of Utah
Vanderbilt University
University of Virginia
University of Washington
Washington University
University of Wisconsin
Yale University

URUGUAY—URUGUAY
　Universidad de la República

VENEZUELA—VENEZUELA
　Universidad de los Andes
　Universidad de Carabobo
　Universidad Central de Venezuela
　Universidad Centro Occidental
　Universidad Metropolitana
　Universidad de Oriente
　Universidad del Zulia

VIETNAM (Socialist Republic of)—
VIETNAM (République socialiste due)
　Trùong Dai hoc Tông hop Hà-nôi
　Viên Dai-hoc Ho Chi Minh-Ville
　Viên Dai-hoc Huê

YUGOSLAVIA—YOUGOSLAVIE
　Univerzitet u Beogradu
　Univerza v Ljubljani
　Univerzitet u Nišu
　Univerzitet u Novom Sadu
　Univerzitet u Prištini
　Sveučilište u Rijekuci
　Univerzitet u Sarajevu
　Univerzitet "Kiril i Metódij" Skopje
　Sveučilište u Splitu
　Univerzitet u Titogradu
　Sveučilište u Zagrebu
　Univerzitet Umetnosti

ZAIRE REPUBLIC—RÉPUBLIQUE DU ZAÏRE
　Université nationale du Zaïre

ZAMBIA—ZAMBIE
　University of Zambia

ASSOCIATE MEMBERS—MEMBRES ASSOCIÉS

Association of African Universities
Association of Arab Universities
Association of Commonwealth Universities
Association of Southeast Asian Institutions of Higher Learning
Association des Universités partiellement ou entièrement de langue française
International Federation of Catholic Universities
Standing Conference of Rectors and Vice-Chancellors of the European Universities
Unión de Universidades de América Latina

PUBLICATIONS
PERIODICAL

* *Bulletin of the International Association of Universities*
  Since 1953. Four numbers a year: February, May, August, and November. Each number contains an account of the Association's activities and a survey, in English or in French, of university matters of international interest.
  ISSN 0020-6032

REFERENCE WORKS

International Handbook of Universities. Seventh edition, 1977, xii+1114 pages.
ISBN 92-9002-129-2

World List of Universities, Other Institutions of Higher Education and University Organizations 1977-78. Thirteenth edition, 1977, xxi+653 pages.
ISBN 92-9002-028-8

Collection of Agreements Concerning the Equivalence of University Qualifications. 1966, vii+655 pages (reprint).
ISBN 92-9002-013-X
Second Volume, 1961-72, in preparation.
Documents Concerning the Equivalence of University Qualifications. 1957. 280 loose leaves (microfilm).

PAPERS OF THE INTERNATIONAL ASSOCIATION OF UNIVERSITIES

1. *Three Aspects of University Development Today.* 1953. 46 pages.
2. *Health at the University.* 1954. 76 pages.
3. *Student Mental Health.* 1958. 76 pages.
4. * *University Education and Public Service.* 1959. 151 pages.
   ISBN 92-9002-102-0
5. * *The Interplay of Scientific and Cultural Values in Higher Education Today.* 1960. 81 pages.
   ISBN 92-9002-103-9
6. * *The Expansion of Higher Education.* 1960. 117 pages.
   ISBN 92-9002-104-7
7. *University Autonomy—Its Meaning Today.* 1965. 139 pages.
   ISBN 92-9002-110-1
8. *The Administration of Universities.* 1967. xiii+99 pages.
   ISBN 92-9002-114-4
9. *International University Co-operation.* 1969. xvi+161 pages.
   ISBN 92-9002-115-2
10. *The University and the Needs of Contemporary Society.* 1970. xv+81 pages.
    ISBN 92-9002-116-0
11. *Problems of Integrated Higher Education—An International Case Study of the Gesamthochschule.* 1972. 85 pages.
    ISBN 92-9002-120-9
12. *The Social Responsibility of the University in Asian Countries—Obligations and Opportunities.* 1973. 124 pages.
    ISBN 92-9002-122-5
13. *A Critical Approach to Inter-University Co-operation.* 1974. 138 pages.
    ISBN 92-9002-124-1

---

* Published with the financial assistance of Unesco.

STUDIES AND REPORTS

The Staffing of Higher Education. 1960. 169 pages.
ISBN 92-9002-106-3
Some Economic Aspects of Educational Development in Europe. 1961. 144 pages.
ISBN 92-9002-108-X
Formal Programmes of International Cooperation between University Institutions. 1960. 39 pages in-4° (published by Unesco).
Report of a Meeting of Heads of African Institutions of Higher Education, Khartoum, 16-19 September 1963. 1964. 107 pages.
ISBN 92-9002-109-8
* *Report of the International Conference of Universities, Nice, December 1950.* 1951. 162 pages.
Report of Proceedings, Second General Conference of the International Association of Universities, Istanbul, September 1955. 1956. 232 pages.
ISBN 92-9002-101-2
Report of Proceedings, Third General Conference of the International Association of Universities, Mexico, September 1960. 1961. 224 pages.
ISBN 92-9002-107-1
Report of the Fourth General Conference of the International Association of Universities, Tokyo, 31 August-6 September 1965, 1966. 264 pages.
ISBN 92-9002-112-8
Report of the Fifth General Conference of the International Association of Universities, Montreal, 30 August-5 September 1970. 1971. 291 pages.
ISBN 92-9002-118-7
Report of the Sixth General Conference of the International Association of Universities, Moscow, 19-25 August 1975. 1977. 309 pages.
ISBN 92-9002-127-6
Administrative Reports of International Association of Universities: 1951-1954. 1955. 40 pages.
ISBN 92-9002-100-4
Idem: 1965-1969. 1970. 117 pages.
ISBN 92-9002-105-5
Idem: 1960-1964. 1965. 129 pages.
ISBN 92-9002-iii-x
Idem: 1965-1969. 1970. 117 pages.
ISBN 92-9002-117-9
Idem: 1970-1974. 1975. 113 pages.
ISBN 92-9002-125-x

JOINT UNESCO-IAU RESEARCH PROGRAMME IN HIGHER EDUCATION (1)

The International Study of University Admissions:
Vol. I: *Access to Higher Education,* by Frank Bowles. 1963. 212 pages.
Bound: ISBN 92-3-100574-X
Paper: ISBN 92-3-100575-8
Vol. II: *National Studies.* 1965. 648 pages.
ISBN 92-3-100608-8
Higher Education and Development in South-East Asia:
Summary Report. 1965. 94 pages.
ISBN 92-3-100543-X
Higher Education and Development in South-East Asia:
Vol. I: *Director's Report,* by Howard Hayden. 1967. 508 pages.
ISBN 92-3-100651-7
Vol. II: *Country Profiles.* 1967. 615 pages.
ISBN 92-3-100650-9
Vol. III: Part 1. *High-level manpower for development,* by Guy Hunter. 1967. 184 pages.
ISBN 92-3-100649-5
Part 2. *Language policy and higher education,*

---

* Published with the financial assistance of Unesco.
(1) Reports issued under this Programme are produced jointly by Unesco and IAU and may be purchased through national distributors of Unesco publications.

by Richard Noss. 1967. 216 pages.
ISBN 92–3–100648–7

Teaching and Learning: An Introduction to New Methods and Resources in Higher Education, by N. MacKenzie, M. Eraut, H. C. Jones. 1970. 209 pages.
ISBN 92–3–100798–X

Second edition, revised. 1976. 224 pages.
ISBN 92–3–100798–X

PUBLICATIONS

PERIODIQUE

Bulletin de l'Association internationale des Universités
Parait depuis 1953, en février, mai, août et novembre. Chaque numéro comprend un compte rendu des activités de l'Association et une chronique, en anglais ou en français, des faits et problèmes universitaires d'intérêt international.
ISBN 0020–6032.

OUVRAGES DE REFERENCE

International Handbook of Universities. Septième édition, 1977, xii + 1114 pages.
ISBN 92–9002–129–12

Liste mondiale des universités, autres établissements d'enseignement supérieur et organisations universitaires 1977–1978. Treizième édition, 1977, xxi + 653 pages.
ISBN 92–9002–028–8

Recueil d'accords concernant l'équivalence des titres universitaires. 1966, vii + 655 pages (réimpression).
ISBN 92–9002–013–X
Deuxième volume 1961–72, en préparation.
Documentation concernant les équivalences des titres universitaires. 1957. 280 fiches (sur microfilm).

CAHIERS DE L'ASSOCIATION INTERNATIONALE DES UNIVERSITES

1. *Trois aspects du développement de l'université d'aujourd'hui.* 1953. 47 pages.
2. *La santé à l'université.* 1954. 76 pages.
3. *La santé mentale à l'université.* 1958. 85 pages.
4. * *L'université et la formation des cadres de la vie publique.* 1959. 162 pages.
   ISBN 92–9002–202–7
5. *Le dialogue des sciences et des humanités dans l'enseignement supérieur d'aujourd'hui.* 1960. 86 pages.
   ISBN 92–9002–203–5
6. * *L'expansion de l'enseignement supérieur.* 1960. 132 pages.
   ISBN 92–9002–204–3
7. *L'autonomie universitaire: sa signification aujourd'hui.* 1965. 139 pages.
   ISBN 92–9002–210–8
8. *L'administration des universités.* 1967. xiii + 105 pages.
   ISBN 92–9002–214–0
9. *La coopération universitaire internationale.* 1969. xvi + 173 pages.
   ISBN 92–9002–215–9.
10. *L'Université et les besoins de la société contemporaine.* 1970. xv + 83 pages.
    ISBN 92–9002–216–7
11. *Problèmes d'intégration des enseignements supérieurs—Etude de cas internationale sur la Gesamthochschule.* 1972. 87 pages.
    ISBN 92–9002–220–5
12. *La responsabilité sociale de l'Université dans les pays d'Asie—ses obligations et ses chances.* 1973. 130 pages.
    ISBN 92–9002–222–1
13. *Une approche critique de la coopération interuniversitaire.* 1974. 156 pages.
    ISBN 92–9002–224–8

Publié avec le concours financier de l'Unesco.

ETUDES ET RAPPORTS

Le recrutement du personnel d'enseignement supérieur. 1960. 170 pages.
ISBN 92–9002–206–X

Quelques aspects économiques du développement de l'éducation en Europe. 1961. 150 pages.
ISBN 92–9002–208–6

Programmes officiels de coopération internationale entre institutions universitaires. 1960. 41 pages in-4 (publié par l'Unesco).

Rapport de la réunion des chefs d'institutions d'enseignement supérieur africaines, Khartoum, 16–19 septembre 1963. 1964. 113 pages.
ISBN 92–9002–209–4

* *Rapport de la Conférence internationale des Universités, Nice, décembre 1950.* 1951. 164 pages.

Rapport de la Deuxième Conférence générale de l'Association internationale des Universités, Istanboul, septembre 1955. 1956. 240 pages.
ISBN 92–9002–201–9

Rapport de la Troisième Conférence générale de l'Association internationale des Universités, Mexico, septembre 1960. 1961. 232 pages.
ISBN 92–9002–207–8

Rapport de la Quatrième Conférence générale de l'Association internationale des Universités, Tokyo, 31 août-6 septembre 1965. 1966. 276 pages.
ISBN 92–9002–212–4

Rapport de la Cinquième Conférence générale de l'Association internationale des Universités, Montréal, 30 août-5 septembre 1970. 1971. 309 pages.
ISBN 92–9002–218–3

Rapport de la Sixième Conférence générale de l'Association internationale des Universités, Moscou, 19–25 août 1975. 1977. 328 pages.
ISBN 92–9002–227–2

Rapports administratifs de l'Association internationale des universités: 1951–1954. 1955. 44 pages.
ISBN 92–9002–200–0

Idem: 1955–1959. 1960. 60 pages.
ISBN 92–9002–205–1

Idem: 1960–1964. 1965. 129 pages.
ISBN 92–9002–211–6

Idem: 1965–1969. 1970. 121 pages.
ISBN 92–9002–217–5

Idem: 1970–1974. 1975. 119 pages.
ISBN 92–9002–225–6

PROGRAMME CONJOINT UNESCO-AIU D'ÉTUDES SUR L'ENSEIGNEMENT SUPÉRIEUR (1)

Etude internationale de l'admission à l'université:
Vol. I: *Accès à l'enseignement supérieur*, par Frank Bowles. 1964. 233 pages.
Relié: ISBN 92–3–200574–3
Broché: ISBN 92–3–200575–1
Vol. II: *National Studies*. 1965. 648 pages.
ISBN 92–3–100608–8

L'enseignement supérieur et le développement en Asie du Sud-Est:
Rapport sommaire. 1965. 94 pages.
ISBN 92–3–200543–3

L'enseignement supérieur et le développement en Asie du Sud-Est:
Vol. I: *Rapport du Directeur*, par Howard Hayden, 1969. 550 pages.
ISBN 92–3–200651–0
Vol. II: *Country Profiles*. 1967. 615 pages.

---

* Publié avec le concours financier de l'Unesco.
(1) Les rapports publiés dans le cadre de ce Programme sont édités conjointement par l'Unesco et l'AIU et ils sont en vente, dans les différents pays, chez les dépositaires des publications de l'Unesco.

ISBN 92-3-100650-09
Vol. III: Ire partie: *Les cadres nécessaires au développement*, par Guy Hunter. 1969. 204 pages.
ISBN 92-3-200649-9
2e partie: *Politique linguistique et enseignement supérieur*, par Richard Noss. 1969. 235 pages.

ISBN 92-3-200648-0
Art d' enseigner et art d'apprendre: Introduction aux méthodes et matériels nouveaux dans l'enseignement supérieur, par N. MacKenzie, M. Eraut, H. C. Jones, 1971. 236 pages.
ISBN 92-3-200789-3

INDEX-INDEX

PART ONE

PREMIERE PARTIE

Countries and Territories	Page	Pays et Territoires	Page
Afghanistan	1	Afghanistan	1
Albania	2	Afrique du Sud	340
Algeria (Republic of)	3	Albanie	2
Angola	4	Algérienne (République)	3
Arab Republic of Egypt	108	Allemagne (République démocratique)	145
Argentina	5		
Australia	11	Allemagne (République fédérale d')	149
Austria	19	Angola	4
Bahamas	21	Antilles néerlandaises	285
Bangladesh	22	Arabie saoudite	332
Barbados	24	Argentine	5
Belgium	25	Australie	11
Benin	30	Autriche	19
Bermuda	31	Bahamas	21
Bolivia	32	Bangladesh	22
Botswana (Republic of)	34	Barbade	24
Brazil	35	Belgique	25
Universities	35	Bénin	30
Technical Education	39	Bermudes	31
Professional Education	40	Birmanie	63
Teacher Training	50	Bolivie	32
General Education	52	Botswana (République de)	34
Brunei	60	Brésil	35
Bulgaria	61	Universités	35
Burma	63	Enseignement technique,	39
Burundi	65	Enseignement professionnel	40
Cameroon	66	Formation pédagogique	50
Canada	67	Enseignement général	52
Central African Empire	78	Brunei	60
Chad	79	Bulgarie	61
Chile	80	Burundi	65
China	82	Cameroun	66
Colombia	89	Canada	67
Congo (People's Republic of the)	93	Centrafricain (Empire)	78
Costa Rica	94	Chili	80
Cuba	95	Chine	82
Cyprus	97	Chypre	97

	Page		Page
Czechoslovakia	98	Colombie	89
Denmark	101	Congo (République populaire du)	93
Dominican Republic	105	Corée (République de)	244
Ecuador	106	Corée (République populaire démocratique de)	240
Egypt (Arab Republic of)	108		
El Salvador	111	Costa-Rica	94
Ethiopia	112	Côte-d'Ivoire	216
Fiji	114	Cuba	95
Finland	115	Danemark	101
France	117	Dominicaine (République)	105
Universities and University Institutions,	117	Egypte (République arabe d')	108
		El Salvador	111
Other Institutions:		Equateur	106
Governmental Establishments	123	Espagne	343
		Etats-Unis d'Amérique	430
Private Establishments	130	Universités et Colleges	430
Gabon	143	Institutions avec Sections pour Gradués	439
Gambia (The)	144		
Germany (Democratic Republic)	145	Institutions san Sections pour Gradués	453
Germany (Federal Republic of)	149		
Ghana	163	Ecoles techniques	471
Greece	165	Ecoles professionnelles indépendantes	472
Guadeloupe	167		
Guatemala	168	Ethiopie	112
Guinea	169	Fidji	114
Guyana	170	Finlande	115
Haiti	171	France	117
Holy See	172	Universités et Institutions universitaires	117
Honduras	174		
Hong Kong	175	Autres institutions:	
Hungary	177	Establishments publics	123
Iceland	180	Etablissements privés	130
India	181	Gabon	143
Indonesia	196	Gambie (La)	144
Iran	200	Ghana	163
Iraq	205	Grèce	165
Ireland	207	Guadeloupe	167
Israel	209	Guatemala	168
Italy	212	Guinée	169
Ivory Coast	216	Guyane	170
Jamaica	217	Haïti	171
Japan	218	Haute-Volta	497
Universities and University Institutions with Graduate Schools	218	Honduras	174
		Hong-Kong	175
		Hongrie	177
Other Universities and University Institutions	226	Inde	181
		Indonésie	196
Jordan	236	Irak	205

	Page		Page
Kampuchea (Democratic)	238	Iran	200
Kenya	239	Irlande	207
Korea (Democratic People's Republic)	240	Islande	180
		Israël	209
Korea (Republic of)	244	Italie	212
Kuwait	249	Jamaïque	217
Lao People's Democratic Republic	250	Japon	218
Lebanon	251	Universités et institutions universitaires avec sections pour gradués	218
Lesotho	253		
Liberia	254		
Libyan Arab People's Republic	255	Autres universités et institutions universitaires	226
Luxemburg	256		
Malagasy Democratic Republic	257	Jordanie	236
Malawi	258	Kampuchea (Democratic)	238
Malaysia	259	Kenya	239
Mali	261	Koweit	249
Malta	262	Lao (République populaire démocratique)	250
Martinique	263		
Mauritania	264	Lesotho	253
Mauritius	265	Liban	251
Mexico	266	Libéria	254
Mongolia	275	Libyenne (République populaire arabe)	255
Morocco	276		
Mozambique (People's Republic of)	278	Luxembourg	256
Nepal	279	Malaisie	259
Netherlands	280	Malawi	258
Netherlands Antilles	285	Malgache (République démocratique)	257
New Caledonia	286	Mali	261
New Zealand	287	Malte	262
Nicaragua	290	Maroc	276
Niger	292	Martinique	263
Nigeria	293	Maurice (Ile)	265
Norway	297	Mauritanie	264
Pakistan	300	Mexique	266
Panama	304	Mongolie	275
Papua New Guinea	305	Mozambique (République populaire de)	278
Paraguay	306		
Peru	307	Népal	279
Philippines	312	Nicaragua	290
Poland	319	Niger	292
Portugal	324	Nigéria	293
Qatar	325	Norvège	297
Reunion	326	Nouvelle-Calédonie	286
Rhodesia	327	Nouvelle-Zélande	287
Romania	328	Ouganda	380
Rwanda	331	Pakistan	300
Saudi Arabia	332	Panama	304
Senegal	334	Papouasie Nouvelle Guinée	305

	Page		Page
Sierra Leone	335	Paraguay	306
Sikkim	336	Pays-Bas	280
Singapore	337	Pérou	307
Solomon Islands	338	Philippines	312
Somalia	339	Pologne	319
South Africa	340	Portugal	324
Spain	343	Qatar	325
Sri Lanka	347	République algérienne	3
Sudan	349	République arabe d'Egypte	108
Surinam	352	République arabe syrienne	361
Swaziland	353	République arabe du Yémen	507
Sweden	354	République démocratique malgache	257
Switzerland	358	République dominicaine	105
Syrian Arab Republic	361	République populaire arabe libyenne	255
Taiwan	364		
Tanzania	366	République du Zaïre	513
Thailand	367	Réunion	326
Togo	372	Rhodésie	327
Tonga	373	Roumanie	328
Trinidad and Tobago	374	Royaume-Uni	408
Tunisia	375	Universités et Collèges universitaires	408
Turkey	377		
Uganda	380	Autres institutions	413
		Rwanda	331
		Saint-Siège	172
		Salomon (Iles)	338
Union of Soviet Socialist Republics	381	Samoa occidental	505
Universities	381	Sénégal	334
Other Institutions	384	Sierra-Leone	335
		Sikkim	336
		Singapour	337
		Somalie	339
United Kingdom	408	Soudan	349
Universities and University Colleges	408	Sri Lanka	347
		Suède	354
Other Institutions	413	Suisse	358
		Surinam	352
		Swaziland	353
		Syrienne (République arabe)	361
United States America	430	Taiwan	364
Universities and Colleges	430	Tanzanie	366
Institutions with Graduate Schools	439	Tchad	79
		Techécoslovaquie	98
Institutions without Graduate Schools	453	Thaïlande	367
		Togo	372
Technological Institutions	471	Tonga	373
Independent Professional Schools	472	Trinité et Tobago	374
		Tunisie	375

	Page		Page
		Turquie	377
		Union des Républiques soviétiques socialistes	381
Upper Volta	497	Universités	381
Uruguay	498	Autres institutions	384
Vatican (see Holy See)	172	Uruguay	498
Venezuela	499	Vatican (voir Saint-Siège)	172
Vietnam (Socialist Republic of)	503	Venezuela	499
Western Samoa	505	Vietnam (République socialists du)	503
Yemen Arab Republic	507	Yémen (Republique arabe du)	507
Yemen (People's Democratic Republic of)	507	Yémen (République démocratique populaire du)	507
Yugoslavia	508	Yougoslavie	508
Zaire Republic	512	Zaïre (République du)	512
Zambia	514	Zambie	514

International Institutions — Etablissements Internationeaux

European University Institute	519
Institut Universitaire Européen	519
United Nations University, The	515
L'Université des Nations Unies	515

PART TWO

DEUXIEME PARTIE

International and Regional Organizations—Organisations internationales et régionales

	Page
Association of African Universities (AAU)	550
Association of Arab Universities (AArU)	553
Association of Caribbean Universities and Research Institutes	574
Association of Commonwealth Universities (ACU)	555
Association internationale d'Information scolaire, universitaire et professionnelle (AIISUP)	588
Association internationale des Professeurs et Maîtres de Conférences des Universités	596
Association internationale des Sciences de l'Education	587
Association internationale des Universités (AIU)	538
Association of Southeast Asian Institution of Higher Learning (ASAIHL)	559
Association des Universitiés africaines	550
Association des Universites partiellement ou entièrement de langue francaise (AUPELF)	561
Association des Universités et Instituts de Recherche des Caraïbes	574
Comité de Coordination du Service Volontaire International	615
Comité de l'Enseignement supérieur et de la Recherche du Conseil de l'Europe	583
Committee for Higher Education and Research of the Council of Europe	583
Confederación Universitaria Centroamericana	576
Conférence permanente des Recteurs et Vice-Chanceliers des Universités européennes (CRE)	569
Conférence des Recteurs scandinaves	579
Conference of the Scandinavian Rectors	579
Co-ordinating Committee for International Voluntary Service	615
Council on Higher Education in the American Republics (CHEAR)	585
Entr'aide universitaire mondiale	601
Federación de Universidades Privadas de América Central y Panamá (FUPAC)	580
Fédération internationale des Femmes diplômées des Universités (FIFDU)	599
Fédération internationale des Universités catholiques (FIUC)	565
Fédération universelle des Associations chrétiennes d'Etudiants (FUACE)	608
International Association for the Advancement of Educational Research	587
International Association for Educational and Vocational Information (IAEVI)	588
International Association of Universities (IAU)	538
International Association of University Professors and Lecturers (IAUPL)	596
International Congress of University Adult Education (ICUAE)	590
International Council for Educational Development (ICED)	592
International Councils on Higher Education (ICHE)	585
International Federation of Catholic Universities	565

	Page
International Federation of University Women (IFUW)	599
International Student Movement for the United Nations (ISMUN)	612
International Union of Students (IUS)	603
Mouvement international des Etudiants pour les Nations Unies	612
Organización de Universidades Católicas de América Latina (ODUCAL)	582
Pax Romana	606
Standing Conference of Rectors and Vice-Chancellors of the European Universities	569
Unesco	527
Union internationale des Etudiants (UIE)	603
Union mondiale des Etudiants juifs (UMEJ)	610
Unión de Universidades de América Latina (UDUAL)	571
Union des Universités arabes	553
World Student Christian Federation (WSCF)	608
World Union of Jewish Students (WUJS)	610
World University Service (WUS)	601
Other International Organizations	617
Autres Organisations Internationales	617

GPSR Compliance

The European Union's (EU) General Product Safety Regulation (GPSR) is a set of rules that requires consumer products to be safe and our obligations to ensure this.

If you have any concerns about our products, you can contact us on

ProductSafety@springernature.com

In case Publisher is established outside the EU, the EU authorized representative is:

Springer Nature Customer Service Center GmbH
Europaplatz 3
69115 Heidelberg, Germany